全面反映数字时代对市场营销的重要影响及其变化趋势

顾客浸入框架：以顾客浸入框架为基础，在塑造品牌、品牌对话、品牌体验和品牌社区等方面创造直接的和持续的顾客浸入，新的顾客浸入工具、实践和发展贯穿全书。

营销趋势和主题：增加了市场营销的新发展、新解读以及前沿主题，如大数据、人工智能和营销分析的新技术，全渠道营销和零售业的巨大变革，可持续性等。

数字营销技术：反映数字概念、技术和实践，包括数字、在线、移动和社交媒体参与技术，市场营销分析新技术与人工智能，数字营销工具等。

内容营销和营销传播：营销人员如何与顾客和媒体一起，在付费媒体、自有媒体、共享媒体中策划和分享营销内容。

全球范围内的可持续营销：强调全球营销和可持续营销，相关内容贯穿每一章，并通过第 15 章和第 16 章重点讨论。

友好的教学设计：包括一体化的开篇模块（学习目标、概念预览、开篇案例）、作者点评和图中注释、概念回顾与拓展以及全新的 16 个企业案例（附录 1）。

强化就业技能：各章"营销进行时"专栏深入探讨有关品牌营销战略和当代营销问题；附录 2 包含了详细的市场营销计划范本，有助于读者应用重要的市场营销计划概念；附录 3 综合介绍了市场营销财务分析的相关内容，有助于指导、评估和支持营销决策；附录 4 帮助读者做好职业规划。

加里·阿姆斯特朗（Gary Armstrong）

美国北卡罗来纳大学教堂山分校凯南 - 弗拉格勒商学院教授。拥有北卡罗来纳大学本科教学领域唯一永久捐赠教席，是唯一三次获得学校本科教学优秀奖的获奖者。由于在教学上的突出贡献，获得了 UNC 理事会奖，该奖项是由北卡罗来纳州 16 所大学联合授予的最高教学奖。在学术期刊上发表了众多文章，与多家公司合作开展营销调研、销售管理和营销战略制定。

菲利普·科特勒（Philip Kotler）

美国西北大学凯洛格商学院终身教授（S. C. Johnson & Son 荣誉教授），被誉为"现代营销学之父"。美国市场营销协会（AMA）设立的"杰出营销学教育工作者奖"首位获奖人。AMA 称他为"有史以来最具影响力的营销人"。著作众多，在学术期刊上发表论文 100 多篇，是唯一三次荣获"阿尔法·卡帕·普西奖"的学者。

王永贵

首都经济贸易大学党委常委、副校长、二级教授。国家杰出青年科学基金获得者，教育部长江学者特聘教授，国家"万人计划"领军人才，国务院学位委员会工商管理学科评议组专家、教育部工商管理类专业教指委委员、国家社会科学基金重大项目首席专家，首届全国优秀教材奖获得者，2014—2021 年高被引中国学者。在国内外权威期刊和《人民日报》等发表论文百余篇，主持国家社会科学基金重大项目、国家自然科学基金重点项目、省部级及以上课题近 20 项。

工商管理经典译丛　BUSINESS ADMINISTRATION CLASSICS

MARKETING
AN INTRODUCTION
FOURTEENTH EDITION

市场营销学

第14版

[美] 加里·阿姆斯特朗（Gary Armstrong）　著
菲利普·科特勒（Philip Kotler）

王永贵　陈晓易　等 译

中国人民大学出版社
·北京·

工商管理经典译丛
出 版 说 明

随着中国改革开放的深入发展，中国经济高速增长，为中国企业带来了勃勃生机，也为中国管理人才提供了成长和一显身手的广阔天地。时代呼唤能够在国际市场上搏击的中国企业家，时代呼唤谙熟国际市场规则的职业经理人。中国的工商管理教育事业也迎来了快速发展的良机。中国人民大学出版社正是为了适应这样一种时代的需要，从1997年开始就组织策划"工商管理经典译丛"，这是国内第一套与国际管理教育全面接轨的引进版工商管理类丛书，该套丛书凝聚着100多位管理学专家学者的心血，一经推出，立即受到了国内管理学界和企业界读者们的一致好评和普遍欢迎，并持续畅销数年。全国人民代表大会常务委员会副委员长、国家自然科学基金会管理科学部主任成思危先生，以及全国 MBA 教育指导委员会的专家们，都对这套丛书给予了很高的评价，认为这套译丛为中国工商管理教育事业做了开创性的工作，为国内管理专业教学首次系统地引进了优秀的范本，并为广大管理专业教师提高教材甄选和编写水平发挥了很大的作用。其中《人力资源管理》（第六版）获第十二届"中国图书奖"；《管理学》（第四版）获全国优秀畅销书奖。

进入 21 世纪后，随着经济全球化和信息化的发展，国际 MBA 教育在课程体系上进行了重大的改革，从 20 世纪 80 年代以行为科学为基础，注重营销管理、运营管理、财务管理到战略管理等方面的研究，到开始重视沟通、创业、公共关系和商业伦理等人文类内容，并且增加了基于网络的电子商务、技术管理、业务流程重组和统计学等技术类内容。另外，管理教育的国际化趋势也越来越明显，主要表现在师资的国际化、生源的国际化和教材的国际化方面。近年来，随着我国 MBA 和工商管理教育事业的快速发展，国内管理类引进版图书的品种越来越多，出版和更新的周期也在明显加快。为此，我们这套"工商管理经典译丛"也适时更新版本，增加新的内容，同时还将陆续推出新的系列和配套参考书，以顺应国际管理教育发展的大趋势。

本译丛选入的书目，都是世界著名的权威出版机构畅销全球的工商管理图书，被世界各国和地区的著名大学商学院和管理学院所普遍选用，是国际工商管理教育界最具影响力的教学用书。本丛书的作者，皆为管理学界享有盛誉的著名教授，他们的这些著作，经过了世界各地数千所大学和管理学院教学实践的检验，被证明是论述精辟、视野开阔、资料丰富、通俗易懂，又具有生动性、启发性和可操作性的经典之作。本译丛的译者，大多是国内各著名大学的优秀中青年学术骨干，他们不仅在长期的教学研究和社会实践中积累了丰富的经验，而且具有较高的翻译水平。

本丛书的引进和运作过程，从市场调研与选题策划、每本书的推荐与论证、对译者翻译水平的考察与甄选、翻译规程与交稿要求的制定、对翻译质量的严格把关和控制，到版式、封面和插图的设计等各方面，都坚持高水平和高标准的原则，力图奉献给读者一套译文准确、文字流畅、从内容到形式都保持原著风格的工商管理精品图书。

本丛书参考了国际上通行的 MBA 和工商管理专业核心课程的设置，充分兼顾了我国管理各专业现行通开课与专业课程设置，以及企业管理培训的要求，故适应面较广，既可用于管理各专业不同层次的教学参考，又可供各类管理人员培训和自学使用。

为了本丛书的出版，我们成立了由中国人民大学、北京大学、中国社会科学院等单位专家学者组成的编辑委员会，这些专家学者给了我们强有力的支持，使本丛书得以在管理学界和企业界产生较大的影响。许多我国留美学者和国内管理学界著名专家教授，参与了原著的推荐、论证和翻译工作，原我社编辑闻洁女士在这套书的总体策划中付出了很多心血。在此，谨向他们致以崇高的敬意并表示衷心的感谢。

愿这套丛书为我国 MBA 和工商管理教育事业的发展，为中国企业管理水平的不断提升继续做出应有的贡献。

中国人民大学出版社

　　自有幸与"现代营销学之父"菲利普·科特勒和加里·阿姆斯特朗合著了《市场营销学（第12版·全球版）》（2017），并接连主持翻译了菲利普·科特勒和凯文·莱恩·凯勒的经典巨著《营销管理》（第13版，2009；第14版，2012；第14版·全球版，2012；精要版·第6版，2017；亚洲版·第6版，2020）以及菲利普·科特勒和南希·李的《科特勒谈政府部门如何做营销》（2009）之后，我十分高兴再次接到邀请并翻译了加里·阿姆斯特朗和菲利普·科特勒合著的这本《市场营销学（第14版）》。

　　自1967年出版了《营销管理》以来，菲利普·科特勒教授一直紧跟时代的变迁，把握市场的脉搏以及市场营销研究与实践的新进展，以其智慧与行动谱写着《营销管理》的新篇章。相应地，即使在当今的信息大爆炸时代，这部营销管理的经典之作依然在同类教材中呈现出绝对优势，在世界各地持续地彰显着其生命力和影响力。可以说，菲利普·科特勒教授的市场营销管理理论与工具已经影响了并且正在影响着世界上众多的市场营销管理人员，他们都有意或无意地在各自的实践中学习和应用着菲利普·科特勒教授的市场营销理论与工具。2010—2011年在美国西北大学凯洛格商学院市场营销系访问期间，我有幸与大师多次接触，折服于大师在市场营销管理事业方面所表现出的热情、关注、专业和学识。

　　《市场营销学（第14版）》最大的特点是在经典的理论框架之中纳入了许多新概念、新实践、新技术和社会发展趋势及其深刻影响，探讨了大量前沿热点和营销情境，如数字、移动和社交媒体营销，全渠道营销，数字零售，内容营销，B2B社交媒体营销，动态定价，可持续营销，以及人工智能、增强现实技术和虚拟现实技术的应用与影响等。相应地，第14版也更新了全部章节的开篇案例和章末案例，更好地体现了市场营销管理的现实和前沿实践。

　　同时，第14版翔实地介绍和剖析了美国的市场营销环境，对那些想要了解美国市场和美国企业的管理者来讲是一部很好的参考书。实际上，在过去十几年里，我在学习、研究和参与创造这部好书的过程中，持续思考和努力编写一部根植于中国本土的市场营销教材。在长期的市场营销管理的教学与研究过程中，我持续不断地总结和创新有关中国市场营销的理论与实践，积极聆听来自清华大学、复旦大学、南京大学、南开大学、对外经济贸易大学、中国人民大学等高校教师和学生群体的反馈建议，将它们融入植根本土的市场营销教材——《市场营销》（中国人民大学出版社，2019，2022）的编写和更新当中，对中国的市场营销环境和中国企业的市场营销实践进行了大量解析。因此，我建议有兴趣的读者将这两本中外教材对照起来学习和阅读。

就像本书中所强调的，顾客价值共创在企业的营销实践中正发挥越来越重要的作用，本书的翻译出版也是一个价值共创的过程，是集体智慧的结晶。第14版翻译工作得以顺利完成，需要感谢很多在此过程中给予关心、支持和帮助的人。首先，要感谢参与本书初稿翻译工作的首都经济贸易大学陈晓易博士、东北财经大学刘菲博士、中南财经政法大学项典典博士、南京理工大学洪傲然博士、对外经济贸易大学张欣馆员，以及对外经济贸易大学和首都经济贸易大学的研究生：王帅、田庆宏、史梦婷、张仪、贾子楠、高乐伟、吴艳、肖海舰和徐志成。其中，我和陈晓易博士为全书的初校和终校工作付出了大量心血。其次，要感谢中国人民大学出版社的各位编辑。他们在本书的编辑和出版过程中付出了非常专业的努力，提供了高度热情的帮助与支持。

在翻译及校对过程中，译者始终坚持谨慎动笔、仔细求证，但受水平所限，疏漏之处在所难免，敬请广大读者批评指正。

王永贵

第 14 版的新内容

市场营销新气象

《市场营销学（第 14 版）》全面反映了以顾客价值、顾客浸入和顾客关系为核心的数字时代对市场营销产生影响的主要因素及其发展变化趋势。在第 14 版中，读者会发现一些关键的新变化和持续的优化：

● 顾客浸入框架：本版继续以顾客浸入框架为基础，在塑造品牌、品牌对话、品牌体验和品牌社区等方面创造直接的、持续的顾客浸入。同时，相关的新内容和新案例贯穿全书，包括最新的顾客浸入工具、实践和发展。

● 瞬息万变的营销趋势和主题：本版增加了有关传统市场营销的新发展、新解读，以及瞬息万变的前沿主题，如数字、移动和社交媒体营销；顾客浸入营销；大数据、人工智能和营销分析的新技术；营销调研中的重大数字转型；全渠道营销和零售业的巨大变革；即时的顾客倾听和市场营销；市场营销内容创造和原生广告；B2B 社交媒体和社交销售；在线与动态定价；可持续性；全球营销；等等。

● 在线、移动、社交媒体和其他数字营销技术：紧跟数字概念、技术和实践，已成为市场营销人员当前的首要任务和主要挑战。在本版中，每一章都对那些爆炸式发展的新内容进行了全面更新。其中，第 1 章、第 5 章、第 12 章和第 14 章重点阐述了数字、在线、移动和社交媒体参与技术；第 3 章和第 4 章特别突出了大数据、营销分析的新技术与人工智能；第 13 章深入探讨了全渠道零售和数字零售的重大转型；第 4 章和第 11 章论述了增强现实技术和虚拟现实技术在市场营销中的应用；第 1 章在"数字时代：在线、移动和社交媒体营销"内容模块中全面阐述了数字和社交媒体营销领域令人振奋的新进展；第 14 章深入讨论了数字营销工具，如网站、社交媒体、移动广告和应用程序、在线视频、电子邮件以及其他能够随时随地通过智能手机、电脑和其他数字设备来吸引消费者的数字平台。

● 内容营销和营销传播：第 14 版持续跟踪营销传播和品牌内容创造方面的快速变化。市场营销人员不再简单地设计整合营销传播项目，他们与顾客和媒体一起，在付费媒体、自有媒体、赢得媒体（如口碑）和共享媒体中策划、分享营销内容。你往往很难在其他营销书籍中找到对这些重要主题的最新阐述。

现实世界的新开篇案例、专栏、企业案例、正文示例

《市场营销学（第 14 版）》引入了新的开篇案例、专栏、企业案例、正文示例和章末练习，它们向读者展示了关键的品牌策略和当代营销问题，有助于读者把学到的东西应用到营销实践当中。

- 新的企业案例和章末练习：本版提供了 16 个更新的企业案例，读者可以通过这些案例把自己所学到的知识应用到企业实践当中。章末的问题讨论、复习题等都是本版最新修订的内容。
- 每章的开篇案例、专栏和正文示例的设计与更新：本版致力于将市场营销带入生活当中，反映为新的或经过重大更新的每章开篇案例、突出相关企业和市场营销问题的专栏以及新的正文示例等，贯穿全书。

解决教与学两方面的挑战

如今，市场营销就是要在快速变化、日益数字化和社交化的市场中吸引顾客并创造顾客价值。市场营销首先起步于了解顾客的需要和欲望，然后企业才能够确定为哪些目标市场提供最好的服务，并设计出富有吸引力的价值主张。通过这个价值主张，企业能够吸引和开发有价值的顾客。另外，市场营销人员今天的工作已不再仅仅是销售，他们还希望能够让顾客参与进来，构建起牢固的顾客关系，并使自己的品牌成为消费者对话和生活中富有意义的一部分。

在当今的数字时代，为了配合久经考验的传统营销方法，市场营销人员拥有令人眼花缭乱的新的在线、移动和社交媒体工具，他们可以随时随地地吸引顾客，并共同塑造品牌对话、体验和社区。如果市场营销人员能够把这些事情做好，他们将会在市场份额、利润和顾客资产等方面获得回报。在本书中，读者将会学到顾客价值和顾客浸入是如何推动每个有效的市场营销战略的。

五个重要的顾客价值与顾客浸入主题

本书聚焦于以下五个重要的顾客价值与顾客浸入主题：

1. 致力于创造顾客价值以便从顾客那里获得价值回报。当前，市场营销人员必须擅长吸引顾客、创造顾客价值和管理顾客关系。作为回报，他们可以从顾客那里获得以销售、利润和顾客资产为形式的价值。本书第 1 章以独特的五步骤市场营销过程模型的形式，介绍了新颖的顾客价值与顾客浸入框架，详细解释了市场营销是如何吸引顾客、创造顾客价值和获取价值回报的。本书在前两章对这个框架进行了详细的阐释，并将其贯穿本书其他章节之中。

2. 顾客浸入与当今的数字和社交媒体。新的数字和社交媒体已经在当今的市场营销中掀起了风暴，极大地改变了企业和品牌与顾客互动的方式，以及顾客联系和影响彼此的品牌行为的方式。本书全面探讨了令人振奋的新的数字、移动和社交媒体技术，这些技术有助于品牌与顾客进行更加深入的互动。例如，第 1 章突出了两个内容模块——"顾客浸入和当今的数字媒体与社交媒体"以及"数字时代：在线、移动和社交媒体营销"，并围绕相关主题进行了深入探讨；新修订的第 14 章阐述了数字化浸入工具和关系构建工具的新发展。本书的其余章节也更新和充实了大量有关数字与社交媒体营销工具应用的内容。

3. 塑造和管理强大的品牌以创造品牌资产。拥有强大品牌资产的定位良好的品牌，为创造顾客价值和构建有利可图的顾客关系奠定了坚实基础。市场营销人员必须对品牌进行强有力的

定位，并对品牌进行有效的管理，以便创造有价值的品牌体验。本书第 7 章中"品牌战略：打造强势品牌"的相关内容对品牌进行了深度剖析。

4. 衡量和管理市场营销回报。在经济不景气的时候，市场营销管理者更需要确保其市场营销投入是物有所值的。"营销责任制"——衡量和管理市场营销回报——已经成为当前战略营销决策制定中的重要组成部分。第 2 章和附录 3"营销计算"突出强调了营销责任制，全书也对营销责任制给予了足够的重视。

5. 全球范围内的可持续营销。当科技发展使整个世界变得越来越小且越来越脆弱时，市场营销人员必须以可持续的方式在全球范围内营销他们的品牌。第 14 版中新增的素材强调了全球营销和可持续营销的概念——既要满足顾客和企业的当前需要，也要保持或提高满足后代需求的能力。有关全球营销和可持续营销这两个主题的探讨贯穿于本书的每一章。其中，第 15 章和第 16 章分别重点探讨了这两个主题。

课程学习和特色

本书中有关章节开篇、章节内容和章后学习专栏的众多设计，能够帮助读者学习、融合和应用课程的主要概念。

● 一体化的章节开篇模块。生动的、一体化的章节开篇模块主要包括以下内容：每一章都提供了学习目标，这有助于读者预览本章内容；之后是概念预览，该部分简要预览本章的主要概念，将其与前一章的相关概念联系起来，并导入本章的开篇案例；最后，提供一个引人入胜、深入浅出的营销故事——开篇案例，由此导入本章的主要内容并激发读者兴趣。

● 作者点评和图中注释。在每一章中，作者点评通过介绍和解释主要章节内容和图表，使读者更容易理解，并提高学习效果。

● 概念回顾与拓展。每一章的末尾，都总结了本章的关键概念，提供了本章的练习题，学生可以通过这些问题来巩固和应用所学到的知识。学习目标回顾和关键术语部分回顾本章的关键概念，并将其与本章学习目标联系起来。此外，问题讨论有助于追踪并应用在本章学到的核心知识。

● 企业案例。附录 1 包含了 16 个全新的企业案例，帮助读者把主要的市场营销概念和批判性思维应用到真实的企业和品牌情境当中。

培养就业技能

● "市场营销进行时"专栏。每一章都包含"市场营销进行时"专栏，深入探讨有关品牌营销战略和当代营销问题。例如，你将会学习零售巨头沃尔玛公司和亚马逊公司如何在新的全渠道零售业中争夺霸主地位；网飞公司如何利用大数据和先进的市场营销分析技术打造个性化的顾客体验；苹果公司的产品尽管有较高的溢价，但为什么依然畅销；社交媒体 Instagram 如何在企业、广告顾客和用户中实现"三赢"；可口可乐公司一直是大众市场营销广告的大师，现在它又是如何掌握了数字、移动和社交媒体营销的；企业是如何越来越多地应用增强现实技术和虚拟现实技术来优化消费者的购物体验的；移动营销是如何在关键时刻吸引顾客的。据我们了解，很少有其他市场营销类书籍能够像本书这样把市场营销带入生活当中。

● 市场营销计划。附录 2 包含了详细的市场营销计划范本，能够帮助读者应用重要的市场营销计划概念。

● 营销计算。第 14 版对附录 3 做了创新性的修订，为读者综合介绍市场营销财务分析的相关内容，有助于指导、评估和支持市场营销决策。每章末尾的详细练习有助于读者将分析思维与财务思维应用到本章的概念学习中去，并很好地把本章内容与"营销计算"附录联系起来。

● 市场营销职业生涯。附录4旨在帮助读者探索市场营销的职业道路，并为读者提供找到最符合自身技能和兴趣的市场营销工作的相应路径。

加里·阿姆斯特朗
菲利普·科特勒

目 录
CONTENTS

第 3 篇　设计顾客价值驱动型营销战略与营销组合　155

第 1 篇

定义市场营销
和市场营销过程

第 **1** 章

市场营销：
创造顾客价值和吸引顾客

学习目标 1 定义市场营销并概括市场营销过程的主要步骤，参见"什么是市场营销"部分。

学习目标 2 解释了解顾客和市场的重要性，描述五个核心的顾客和市场概念，参见"了解市场和顾客需要"部分。

学习目标 3 识别顾客价值驱动型营销战略的核心要素，探讨为市场营销战略提供指引的市场营销管理导向，参见"制定顾客价值驱动型营销战略和计划"部分。

学习目标 4 讨论顾客关系管理，识别为顾客创造价值以及从顾客那里获取价值作为回报的战略，参见"管理顾客关系和获取顾客价值"部分。

学习目标 5 描述在关系时代改变市场营销场景的主要趋势和力量，参见"不断变化的市场营销场景"部分。

本章将向读者介绍一些市场营销的基本概念。首先，介绍什么是市场营销。简单来讲，市场营销就是吸引顾客，并管理那些能让企业有利可图的顾客关系。市场营销的目标，就是为顾客创造价值，进而从顾客那里为企业获取相应的回报。然后，重点阐述市场营销过程的五个主要步骤——了解顾客需要、设计顾客价值驱动型营销战略、制订整合营销方案、建立顾客关系、为企业带来价值。最后，探讨在数字、移动和社交媒体时代影响市场营销的主要趋势和力量。理解这些基本概念，可以为后面的学习打下牢固的基础。

下面就从亚马逊公司的一个市场营销实践故事开始。亚马逊是目前美国最大的一家电子商务公司。亚马逊成功的秘诀是什么？其实没有什么秘诀，最根本的就是以顾客为中心的理念。它对创造顾客价值、吸引顾客和管理顾客关系有着极大的热情。作为回报，顾客在进行网络购物时会选择亚马逊并对其保持高度的忠诚。读者会发现：创造顾客价值进而从顾客那里获取价值回报这一主题，贯穿本章以及全书的所有其他内容之中。

亚马逊公司：专注于创造顾客价值、吸引顾客和管理顾客关系

当顾客想购物尤其是在线购物的时候，很有可能首先想到亚马逊公司。1995 年，这家在线销售先驱首次打开了经营之门，在创始人——杰夫·贝佐斯（Jeff Bezos）位于西雅图郊区的车库里卖书。直到如今，亚马逊仍然在卖各种类型的图书。但现在它也销售其他几乎所有的商品，从电子产品、工具、家居用品、服装、杂货到裸钻、乐器和缅因州龙虾等。而且，亚马逊正在迅速扩张到在线销售以外的领域：不仅开办了实体店，还进入视频和音乐流媒体、云服务和物联网等领域。如果说有一家企业能代表如今世界的发展方向，那很可能就是亚马逊了。

从创办之初，亚马逊就实现了爆发式增长，其年销售额从 1997 年的 1.5 亿美元飙升到今天的 1 770 亿美元。在刚刚过去的三年时间里，亚马逊的收入又增长了三倍多。亚马逊在一年之内向 9 000 多万个 Prime 会员出售了 50 多亿件商品——也就是说，平均每秒钟就售出 159 件商品。目前，亚马逊是仅次于沃尔玛的美国第二大零售商。尽管在几年前看来是不可想象的，但按照目前的成长速度，亚马逊甚至可能在短短 6 年之内就超越强大的沃尔玛。

是什么让亚马逊取得了如此惊人的成功呢？杰夫·贝佐斯将其描述为："痴迷于顾客"（obsess over customer）。究其核心，即坚持不懈地以顾客为导向。亚马逊相信，如果做对顾客有价值的事情，利润就会随之而来。

亚马逊希望为其每一位顾客提供特殊的体验。即便是在几乎没有实际的人际互动的情况下，大多数亚马逊网站的常客与该公司的关系仍然是极其密切的。亚马逊致力于让每个顾客的体验都独一无二。例如，亚马逊网站用自己的主页向顾客致意，并基于顾客过去的购买和浏览历史以及顾客的购买模式提供个性化的网站内容和网站推荐。亚马逊认为，如果它有 3 亿名顾客，那么它就应该有 3 亿家商店。

亚马逊网站的访问者能获得独特的价值组合：大量的选择、良好的价值、低廉的价格和便利。但网站中的"探索"因素才是真正特别的购买体验。一旦登录亚马逊网站，顾客就会情不自禁地留下来浏览、了解和探索。亚马逊网站不仅仅是一个购物的地方，它实际上已经成长为一个在线社区，顾客可以在这里浏览产品、研究购买替代方案，并与其他访问者分享自己的意见和评论。通过这种方式，亚马逊不仅仅是在网上销售商品，而且是与顾客进行互动，创造直接的、个性化的顾客关系和令人满意的顾客体验。

从一开始的时候，选择、便利和价值就是亚马逊深思顾客体验的基石。亚马逊的首要目标，就是帮助顾客在最短的时间内、以合适的价格获得他们想要的任何商品。为了给顾客提供更多的选择和探索空间，亚马逊允许相互竞争的零售商——从母婴店到玛莎百货（Marks & Spencer）——通过亚马逊网站销售产品，从而创建了一个令人难以置信的虚拟购物商场。

亚马逊的创新也使订购和送货过程变得轻而易举。首先，它实现了一键式订购，顾客只需点击一下就可以购买产品，在预设的地点收货。亚马逊还开发了一键式快捷服务功能，这种快捷服务可以让顾客在亚马逊的移动应用程序上快速找到并重新订购自己喜爱的产品。如果手边没有智能手机或应用程序，配备了亚马逊 Echo 智能音箱的顾客还可以通过简单的命令来进行语音购物。亚马逊人工智能驱动的数字助理将为他们下单并发货。

至于送货，无论是线上还是线下，没有哪一个卖家能够比亚马逊更有效地将商品快速地送达顾客手中。就像在售卖产品和便利性一样，亚马逊也在售卖"速度"。在十多年前，当这家网络巨头首次推出 Prime 会员服务时，48 小时免费送货是闻所未闻的，而到今天这已经成为整个行业的标配了。如今，亚马逊推出了一项叫作"Prime Now"的服务，可以在两小时内将产品成功送到顾客手中。

为了打造更加快速、可靠的顾客收货体验，亚马逊持续地投入巨资：亚马逊正在迅速购置自

己的配送货车、卡车和波音767货机，这将使其减少对联邦快递公司（FedEx）、美国联合包裹运送服务公司（UPS）和美国邮政署（U.S. Postal Service）等第三方托运商的依赖。同时，亚马逊还在积极探索面向未来的选项，比如送货无人机和无人驾驶汽车等。

为了创造完美的顾客体验，亚马逊一直在追求创新。以亚马逊钥匙（Amazon Key）产品为例，只要199美元，就可以配备亚马逊新的云摄像头和兼容的智能门锁。在安装之后，亚马逊的送货员可以打开顾客的门锁，将包裹放在房间里，从而避免了包裹被偷或受恶劣天气影响。一旦货物送达，顾客就会收到一个通知，同时收到一段显示投递情况的短视频。

随着沃尔玛和其他零售商越来越多地侵入亚马逊所在的数字领域，这家在线零售商现在也在创建自己的实体店世界。亚马逊深悉：完整的顾客关系需要将线上和线下销售整合起来，打造当今消费者所期望的无缝跨渠道购物体验。例如，亚马逊收购了高档食品连锁企业全食超市（Whole Foods Market），这不仅加快了其进军食品零售领域的步伐，而且为其他种类商品的销售和更快速的配送提供了实体平台。此外，亚马逊还开设了亚马逊实体书店和Amazon Go实体杂货店，通过摄像头和传感器检测顾客从货架上拿了什么，在顾客"直接走出去"之后，将顾客购买的东西自动计入该顾客的账户，从而掀开了便利性方面的新尝试。

在未来10年里，我们能期待亚马逊做出哪些让顾客满意的全新变化呢？贝佐斯表示，这并不是最重要的问题。最重要的问题是什么不会改变。对亚马逊而言，那就是创造真正的顾客价值。贝佐斯说道："顾客想要快速送货；顾客想要更多的选择。所以……我们知道，我们今天投入到这些事情上的精力，10年以后仍将为我们的顾客带来可观的回报。"

因此，亚马逊已经成为执着于并成功地专注于为顾客提供价值的企业的典范。贝佐斯说："顾客一直对我们很忠诚，直到有第二家公司能够为他们提供更好的服务那一刻为止。"他接着说："我喜欢这样，这对我们来说是一种很大的激励。"[1]

今天，成功的企业都有一个共同点，强调以顾客为中心，并大力开展营销活动。这些企业，如亚马逊公司，都致力于满足目标市场中的顾客需求，都激励企业中的每个员工在创造价值的基础上帮助公司建立更加持久的顾客关系。

在当下，顾客关系和顾客价值显得尤为重要。面对技术的快速进步以及来自经济、社会和环境方面的严峻挑战，顾客正在重新评估自己同品牌的互动方式。新型数字技术、手机和社交媒体的发展，彻底改变了顾客的购物方式和互动方式，这反过来也要求企业必须创造出更多的营销战略和营销策略。基于真实且持久的顾客价值，建立起高质量的顾客浸入、顾客关系和顾客宣传，正变得史无前例地重要。

下面先介绍营销的基础知识，并在本章后面的内容中讨论顾客和市场营销人员所面临的激动人心的新挑战。

➡ 1.1　什么是市场营销

> **作者点评**
> 在学习市场营销之前，想一想如何回答这个问题。伴随着本章的学习，看看答案发生了怎样的变化。

市场营销与企业的其他职能的不同之处在于：市场营销直接与顾客打交道。尽管我们稍后会更为详细地探讨市场营销的定义，但是不妨先给出最简明的定义：市场营销就是吸引并管理有利可图的顾客关系。市场营销的双重目标是：通过承诺提供卓越的顾客价值来吸引新顾客，并通过交付价值和提升顾客的满意度来留住和深度开发现有的顾客。

举例来讲，亚马逊通过帮助顾客探寻和找到希望在线上购买的产品并向顾客提供世界一流的在线购买体验，占据线上市场的主导地位；脸书通过帮助用户与他人彼此联络与分享各自生活中的点点滴滴，在全球吸引了超过20亿的网络与手机活跃用户；星巴克则通过创造出大家都喜欢的温馨文化和归属感主导了美国户外咖啡市场。[2]

有效的市场营销对每个企业的成功都至关重要。那些大型营利性企业，如谷歌、塔吉特（Target）、可口可乐、宝洁和微软等，都是成功进行有效市场营销实践的典范。类似地，非营利机构，如大学、医院、博物馆、交响乐团，甚至教堂等，也都是如此。

其实，读者早已熟知市场营销，因为它就在读者的周围。市场营销以一些传统方式到达读者的身边。读者会在附近购物中心琳琅满目的货架上看到市场营销，会在充斥整个电视屏幕、杂志和邮箱的广告中看到市场营销。但是近几年，市场营销人员汇集了许多新的营销方法，从充满想象力的网站和手机应用程序，到在线视频和社交媒体等一切事物。这些新方法不仅爆炸式地向大众传播信息，还直接地、亲自地、互动式地与大众接触。今天，市场营销人员想让他们的品牌成为读者生活的一部分，并丰富读者的经历——在生活中享受这些品牌。

在家中、学校、工作单位、娱乐场所，无论读者做什么，几乎都处在市场营销的包围当中。但是，市场营销却远非消费者所看到的。在这一切的背后，是一个由人、技术和活动交织而成的巨大网络，它们争先恐后地吸引消费者的注意力，激发其购物欲望。本书将全面介绍当今市场营销的基本原理和实践。在本章中，我们首先分享市场营销的定义和市场营销过程。

1.1.1 市场营销的定义

"市场营销"一词的含义是什么？许多人仅仅把市场营销理解为推销和广告。这并不奇怪，因为我们每天都会受到电视广告、商品目录、销售人员的推销和在线广告的轮番轰炸。然而，推销和广告只是市场营销的冰山一角。

今天，要理解市场营销不能再从古老的"劝说和推销"的角度出发，而应该从满足顾客需要的新角度出发。如果市场营销人员能够让顾客有效参与，了解顾客的需要，开发出具有较高价值的产品，并能够很好地进行定价、分销和促销，那么他们很容易就可以销售这些产品。实际上，按照管理学大师——彼得·德鲁克（Peter Drucker）的说法，"营销的目标是将推销变得多余"[3]。因此，推销和广告只是更大的市场营销组合的一部分，而市场营销组合则是一系列满足顾客需要和建立顾客关系的营销工具。

从广义上讲，市场营销的定义为：个人和组织通过创造价值并与他人交换价值来获得所需和所欲的一种社会及管理过程。在较为狭义的商业背景下，市场营销涉及与顾客建立起有利可图的、追求价值的交换关系。因此，我们将**市场营销**（marketing）定义为企业为顾客创造价值并且建立起牢固的顾客关系，进而从顾客那里获得价值作为回报的过程。[4]

1.1.2 市场营销过程

图1-1展示了一个创造和获取顾客价值的、简单的市场营销五步骤模型。在前四个步骤中，企业致力于了解顾客、创造顾客价值以及建立牢固的顾客关系。在最后一个步骤，企业获取创造卓越顾客价值的回报。通过为顾客创造价值，企业从顾客那里获得价值，这些价值以销售额、利润和长期顾客资产的形式存在。

在本章以及之后的内容中，我们将重点讨论这个简易营销模型的各个步骤。在本章中，我们将回顾其中的每一个步骤，但是会把重点放在顾客关系方面——了解顾客、吸引顾客并建立起顾客关系以及从顾客那里获取价值。在第2章中，我们将会更加深入地探讨第二步和第三步——设计市场营销战略和制订市场营销方案。

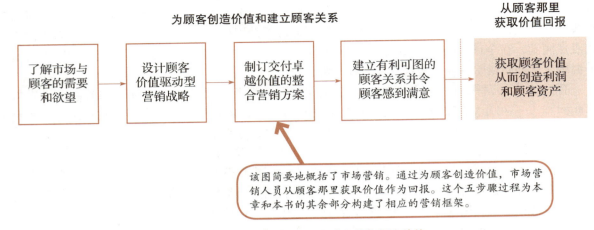

为顾客创造价值和建立顾客关系　　　　　　　　从顾客那里获取价值回报

了解市场与顾客的需要和欲望 → 设计顾客价值驱动型营销战略 → 制订交付卓越价值的整合营销方案 → 建立有利可图的顾客关系并令顾客感到满意 → 获取顾客价值从而创造利润和顾客资产

该图简要地概括了市场营销。通过为顾客创造价值，市场营销人员从顾客那里获取价值作为回报。这个五步骤过程为本章和本书的其余部分构建了相应的营销框架。

图 1-1　市场营销过程：创造和获取顾客价值

➡ 1.2　了解市场和顾客需要

作者点评
市场营销是为顾客创造价值的一切事物。作为市场营销过程的第一步，企业必须完全了解顾客和企业所在的市场。

首先，市场营销人员需要了解顾客的需要和欲望以及企业所在的市场。我们将讨论五个核心的顾客和市场概念：（1）需要、欲望和需求；（2）市场供应物（产品、服务和体验）；（3）顾客价值和满意；（4）交换和关系；（5）市场。

1.2.1　需要、欲望和需求

构成市场营销学基础的最基本概念就是人类的需要。其中，人类的**需要**（needs）是指感受到匮乏的一种状态，包括对食物、衣服、温暖和安全的物质需要，对归属和情感的社会需要，以及对知识和自我表达的个人需要。这些需要不是由市场营销者所创造出来的，而是人类本能最基本的组成部分。**欲望**（wants）是指人的需要在经过文化和个性的塑造之后所呈现的具体形式。一个饥饿的美国人可能会需要一个巨无霸汉堡包、一些炸薯条和一杯饮料，而一个巴布亚新几内亚人可能会需要芋头、米饭、山药和猪肉。同时，个人所处的社会也会对一个人的塑造产生影响。因此，欲望常常是用可满足需要的实物来描述的。若有购买力作为后盾，欲望就变成了**需求**（demands）。考虑到人们的欲望和资源是既定的，人们需要那些能够给他们带来最大价值并令其满意的产品和服务。

现在的企业都在不遗余力地去了解和想方设法弄清楚顾客的需要、欲望和需求。它们开展消费者研究并分析浩如烟海的顾客数据，观察线上和线下的顾客是如何购物和互动的。其中，包括最高管理层在内的企业各个阶层的成员都努力与顾客保持紧密联系。[5]

例如，为了近距离了解顾客的体验，爱彼迎（Airbnb）的首席执行官——布莱恩·切斯基（Brian Chesky）和他的联合创始人——乔·盖比亚（Joe Gebbia）经常待在企业的所在地。当爱彼迎在 2009 年上线第一批租户时，切斯基和盖比亚亲自上门拜访了纽约市的所有房东，并与他们建立起紧密的联系，一起撰写评论，确保他们与本公司的远大愿景相匹配。这样的私人拜访有助于企业根据真实的用户体验来制订新的顾客解决方案。类似地，塔吉特精力充沛的首席执行官——布莱恩·科内尔（Brian Cornell）也会在当地妈妈们和塔吉特的忠诚顾客的陪同下，不定期暗访塔吉特的各个门店。布莱恩·科内尔喜欢在商店四处探听消息，以便了解真实情况。这能给他一些"很棒的、创造性的反馈"。他和塔吉特的其他高管甚至会到顾客家中拜访，打开衣柜门，在衣柜里四处探索，以便了解顾客对他们公司产品的选择和购买习惯。

1.2.2 市场供应物——产品、服务和体验

顾客的需要和欲望是用市场供应物来满足的。其中，**市场供应物**（market offerings）是指提供给市场以满足人们的需要和欲望的那些产品、服务、信息和体验的组合。市场供应物的概念并不限于实物，还包括服务——供销售用的活动或利益，它们本质上是无形的，而且不能带来所有权的变化，如银行、航空、酒店、零售和家庭维修服务等。

更广义地讲，市场供应物还包括人员、地点、组织、信息或者观念等。例如，为了推广如何防范自杀，说唱歌手——罗吉克（Logic）与美国国家预防自杀生命线（NSPL）合作录制了一个7分钟的线上公益视频，将NSPL的电话号码嵌入了歌曲当中。这首单曲和视频的效果好得惊人。在歌曲和视频发布的当天，NSPL中心热线电话的拨打次数上升了25%以上，在谷歌中该号码的搜索次数翻了一倍。在接下来的几个月里，NSPL网站的访问量增加了30%以上。[6]

许多商家都存在这样一个误区，即更多地关注它们所提供的具体产品，而不是这些产品所能够带来的利益和体验。这些商家很可能患了所谓的**营销近视症**（marketing myopia）。它们太过专注于自己的产品，以至于只强调现有的需求，而忽略了顾客的潜在需要。[7]它们忘记了产品只是解决顾客问题的一个工具。一家生产1/4英寸钻头的制造商可能认为顾客需要一个钻头，但顾客真正需要的是一个1/4英寸的孔。当出现一种能更好地满足顾客的需要或者价格更便宜的新产品时，这些商家就会陷入困境。顾客的需要虽然没有发生变化，但是他们会想要其他的新产品。

聪明的市场营销人员不仅仅注重所销售产品和服务的属性，他们往往会看得更远。通过精心策划一些服务和产品，他们为消费者创造卓越的品牌体验。例如，布法罗辣鸡翅餐厅（Buffalo Wild Wings）不仅提供鸡翅和啤酒，还为顾客提供了终极的"鸡翅、啤酒、运动"狂热体验（参见市场营销进行时1-1）；迪士尼世界度假区（Walt Disney World Resort）不仅提供游乐场的游乐设施，还利用著名的迪士尼魔幻世界来精心策划家庭体验。[8]

每年，都有超过4 000万人涌向迪士尼世界度假区，这使其成为一大旅游胜地。那么，是什么吸引了这么多人呢？部分原因在于它的众多景点。该度假区有四大主题公园：魔法王国（Magic Kingdom）、未来世界（Epcot）、好莱坞影城（Hollywood Studio）和动物王国（Animal Kingdom）。珠峰探险、《暮光之城》恐怖塔、飞越太空山、翔天之旅、《玩具总动员》疯狂历险、地球号宇宙飞船历险、乞力马扎罗之旅和星际遨游等景点，遍布在这些主题公园中。但真正的"迪士尼魔力"在于：该公司十分热衷于"让人们快乐"和"让梦想成真"。

迪士尼公司竭尽全力地满足顾客极高的期望和梦想。员工们也都经过了精心的培训，知道如何帮助游客获得乐趣。迪士尼公司对其员工进行培训，使他们做到热心、乐于助人，而且总是友好示人。他们能够认识到自己从事的是娱乐行业，他们是"演员"，他们的工作职责是热情地、有见识地、专业地为迪士尼的"顾客"提供服务。无论是作为"安全负责人"（警察）、"运输负责人"（司机）、"监护负责人"（街道清洁工），还是作为"餐饮负责人"（餐厅工作人员），每一位"演员"在迪士尼乐园的"表演"中都扮演着至关重要的角色。因此，顾客不仅参观了迪士尼世界度假区，而且沉浸在精心设计的体验中——一个在现实中让你梦想成真的奇妙世界。

布法罗辣鸡翅餐厅：提升和强化体育迷们的体验

"鸡翅、啤酒、运动"，这是快速成长的布法罗辣鸡翅餐厅的座右铭。该餐厅的"B-Dubs"店——狂热的常客都知道——专注于食物和运动以及"两者之间的一切"。

毋庸置疑，布法罗辣鸡翅餐厅提供一切有关鸡翅和啤酒的组合。它能够提供的鸡翅种类异常丰富——有骨的、无骨的，而且还有5种干调味料和17种特色酱料，从Sweet BBQ（传统烧烤酱：令人满意的甜，没有辣味）到Desert Heat（包括烟熏、甜味和辣椒调料），再到新配方的Blazin'（辣得吓人，用印度魔鬼椒制造，非常辣）。为了让顾客喝个痛快，每家B-Dubs店提供多达30种生啤酒，顾客可以在本土啤酒、进口啤酒和精酿啤酒等丰富的品牌之间做出选择。在B-Dubs店，顾客是不会感到饥饿或口渴的。

不过，布法罗辣鸡翅餐厅成功的秘诀不仅仅在于销售鸡翅和啤酒获得利润，真正至关重要的是B-Dubs店提供的顾客体验。尽管顾客们确实对鸡翅赞不绝口——某个恰逢"超级碗"比赛日的星期天，整个连锁店销售了1 350多万只鸡翅，但更为重要的是，顾客来到B-Dubs店是为了看体育比赛、慷慨激昂地聊天、为他们喜欢的运动队加油、认识老朋友和结交新朋友——换言之，这是一种全新的饮食和社交体验。

有关B-Dubs店的一切，都是为了给所有的运动爱好者提供终极的体育体验而存在的。当顾客走进布法罗辣鸡翅餐厅的1 230家门店中的任意一家时，惊喜就开始了。这不是一般的昏暗和沉闷的体育酒吧。相反，B-Dubs店就像一个微型体育场，它有高高的天花板、充足的自然光、色彩鲜艳的家具和墙面装饰。最新的布法罗辣鸡翅"体育场"餐厅还划分出了多个无障碍区，包括一个酒吧区和一个单独的用餐区。而且，每个B-Dubs店都有60～70台大平板电视悬挂在墙上，不管顾客关注的球队或运动是什么，包括当地大学甚至高中赛事的直播等，在餐厅的吧台以及其他任何地方，坐在每一张桌子旁的顾客都可以确保自己找到了最好的观看座位。B-Dubs店创造了一个令人兴奋的环境，使之成为比赛之外最好的"东西"，甚至是更好的"东西"。

在布法罗辣鸡翅餐厅，每个人都有着自己的体验。实际上，这家连锁餐厅吸引了广泛的顾客群体，从热爱酒吧的体育忠粉到想在外面度过一个美好夜晚的家庭，都能在这里找到自己所偏好的体验。单身人士和情侣都喜欢去酒吧区，家庭则会选择铺有地毯的餐厅区域和包厢。除了在大屏幕上播放各种体育赛事以外，B-Dubs店还在餐桌旁边提供平板电脑，顾客可以在上面玩扑克牌或小游戏。此外，交互点唱机还可以让顾客控制餐厅音响系统所播放的音乐。

在B-Dubs店中，似乎总有一些吸引顾客并增强顾客体验的场景和设计。就拿"Blazin' Wing"挑战赛来说吧，它承诺，凡是能够在6分钟内用这家连锁店最辣的招牌酱料吃完一打鸡翅的顾客，都将获得一件T恤作为奖品，并在"荣誉墙"上赢得一席之地。Blazin'酱比一般的墨西哥辣椒酱要辣60倍，这可不是一件容易的事。在这6分钟的时间里，挑战者不允许使用餐巾或餐具，不可以吃或喝除了鸡翅以外的任何东西（也不可以蘸酱）。菜单上有很多警告，甚至建议大多数顾客不要尝试挑战。而且，在挑战之前，每位挑战者都会签署一份弃权声明书——自行承担可能由此而造成的一切损失、伤害、疾病或生命危险等负面结果。大家可以想象一下，当一项挑战在公共广播上这么宣布时，通常都会吸引一大群人过来观看。

布法罗辣鸡翅餐厅从来都不催促顾客，尽管很多餐厅都有着"吃完就走"的理念，即让尽可能多的付费顾客轮流使用每一张餐桌。但布法罗辣鸡翅餐厅的做法恰恰相反，它鼓励顾客停留更长的时间，尽情地享受食物，并沉浸到热烈的气氛当中。

为了实现上述这些目标，该连锁店在每家餐厅都设立了一个特殊的员工岗位。除了通常的服务员以外，每张餐桌都配有一位"顾客体验官"。这个体验官就像每场派对的主人一样，从一张桌子移动到另外一张桌子，与顾客聊天，为他们提供个性化的体验，以便确保他们的需求都能够得到满足。例如，如果顾客想要在一个屏幕上玩一个特别的游戏，并希望在旁边的屏幕上玩另一个游戏，顾客体验官就会伸出援手。想尝试新的酱料吗？如果想的话，顾客体验官同样会提供帮助，他会提出关于新酱料的建议，甚至还会拿出不同酱料的样品，并赠送免费薯条让顾客蘸着品尝。

增设顾客体验官岗位无疑是一笔很大的开支，特别是在所有的 1 230 家连锁店中还存在倒班的情况下。但是，布法罗辣鸡翅餐厅认为，这项支出的收益将会超过其成本。通过强化所有重要的顾客体验，使顾客逗留更长的时间，能获得更多的回报。实际上，与那些还没有配备顾客体验官的餐厅相比，配备了顾客体验官的布法罗辣鸡翅餐厅的顾客满意度和顾客忠诚度都创下了历史新高。

为了忠于自己的企业使命，布法罗辣鸡翅餐厅无论是在餐厅内部还是在餐厅外部都积极地与顾客进行数字化和社交化的互动活动。实际上，该公司还自信地宣称，它是餐饮行业中数字化粉丝参与度排名第一的品牌。B-Dubs 店的网站也十分活跃，每个月都可以吸引到 300 万访问者。该品牌在脸书上拥有 1 200 多万粉丝、在推特上拥有 69.9 万粉丝。同时，该餐厅还拥有非常活跃的 YouTube 和 Instagram 页面。最近，该餐厅又推出了 GameBreak——一款可以在餐厅内外玩的包含梦幻足球和其他游戏的应用程序。比较而言，GameBreak 的玩家访问的频率更高、停留的时间更长，而且玩家会倾向于多买一盒鸡翅或者买第二杯乃至第三杯啤酒。总之，布法罗辣鸡翅餐厅在线下和线上均进行了大量的促销活动。这些举措都激发和强化了同顾客之间的友谊。

关心顾客体验为布法罗辣鸡翅餐厅带来了丰厚的回报。B-Dubs 店现在已经成长为美国最大的鸡翅销售商和最大的生啤酒销售商。在过去的五年里，当其他休闲餐厅还在激烈的竞争和缓慢的成长状态中挣扎的时候，B-Dubs 店的销售额却猛增了 250%，利润更是增加了三倍。

资料来源：" Super Bowl's Annual Buffalo-Wing Binge Eased by Lower Prices," *Advertising Age*, February 2, 2018, http://adage.com/article/special-report-superbowl/super-bowl-s-annual-buffalo-wing-binge-eased-lower-prices/312209/; Demitrios Kalogeropoulos, "3 Reasons Buffalo Wild Wings Can Keep Soaring in 2015," *The Motley Fool*, January 9, 2015, www.fool.com/investing/general/2015/01/09/3-reasons-why-buffalo-wild-wings-can-keep-soaring.aspx; Bryan Gruley, "The Sloppy Empire: How Buffalo Wild Wings Turned the Sports Bar into a $1.5 Billion Juggernaut," *Bloomberg Businessweek*, April 13-19, 2015, pp. 62-65; Tanya Dua, " The Buffalo Wild Wings Recipe for the ' Ultimate Sports Experience '," August 4, 2015, https://digiday.com/marketing/buffalo-wild-wings-recipe-ultimate-sports-experience/; and www.22squared.com/work/project/buffalo-wild-wings; http://ir.buffalowildwings.com/financials.cfm, http://worldwidewingsus.com/default.aspx?Page=About, and www.buffalowildwings.com/en/, accessed September 2018.

1.2.3 顾客价值和满意

消费者通常会面对能够满足其特定需要的大量产品和服务。他们是如何在众多的市场供应物中进行挑选的呢？实际上，顾客会对不同的市场供应物所能提供的价值和满意形成期望，以此作为依据进行购买。满意的顾客会重复购买，并把他们的良好体验告诉其他人。与此相对，不满意的顾客通常会转向竞争对手，并且向他人传递有关这个产品的负面信息。

市场营销人员必须认真地设定正确的期望标准。如果期望设定得太低，他们虽然可以满足那些购买产品的人，但是不能招徕足够的购买者；如果期望设定得太高，购买者就会感到失望。顾客价值和顾客满意是构建和管理顾客关系的关键模块。我们将会在本章后面的内容中再次讨论这些核心概念。

1.2.4 交换和关系

当顾客决定通过交换来满足其需要和欲望的时候，就产生了市场营销。所谓**交换**（exchange），就是指通过提供某种东西作为回报，以便从别人那里获取自己所需要的物品的行为。从广义上来说，市场营销人员试图去诱发对某一供应物的反应。这种反应可能不只是简单的"购买"或"交易"产品和服务。例如，政治候选人想要的反应是"投他的票"，公益组织想要的反应是"加入组织"，交响乐团想要的反应是"观众"，社会活动团体想要的反应是"接受其观念"。

市场营销是由创造、维持、发展与目标顾客的交换关系的行为所组成的，这些行为涉及产品、服务、观念或其他物品。企业如果想要和顾客建立起牢固的关系，就需要通过持续提供卓越的顾客价值来实现。我们将在本章后面的内容中重点讨论管理顾客关系这一重要概念。

1.2.5 市场

交换和关系的概念可以引出市场的概念。所谓**市场**（market），就是指有关产品或服务的实际和潜在的一系列购买者。这些购买者都有特定的需要或欲望，通过交换关系可以满足他们的需要或欲望。

市场营销是指通过管理市场带来有利可图的顾客关系。但是，构建上述顾客关系是需要做些工作的。卖方必须搜寻买方，识别他们的需要，设计良好的市场供应物，设定合理的价格，有效地开展促销活动，并高效地进行储存和运输。消费者调研、产品开发、沟通、分销、定价和服务等都是其中的核心活动。

尽管我们通常认为市场营销是由卖方负责的，但实际上买方也在进行市场营销活动。当消费者寻找产品、与企业进行互动以获得相关信息以及进行购买的时候，他们也是在进行"市场营销"。实际上，今天的数字技术——从网站和智能手机应用到社交媒体的涌现——为消费者赋能，把市场营销变成了真正的双向活动。因此，除了顾客关系管理，当今的市场营销人员还必须有效地处理"顾客所管理的关系"（customer-managed relationships）。市场营销人员不能再仅仅询问"如何接触到我们的顾客"，而是要考虑"我们的顾客如何接触到我们"甚至"我们的顾客是如何相互影响和相互作用的"。

图 1 - 2 概括了现代市场营销系统的关键构成要素。具体而言，市场营销既涉及为终端消费者提供服务，同时也要面对竞争者。企业和它们的竞争对手都是通过调研和与消费者互动来了解消费者需要的。它们直接或通过营销中间商向消费者传递各自的市场供应物、信息和其他市场营销内容。系统中的所有成员都会受到一些主要的环境力量（人口、经济、自然、技术、政治以及社会／文化）的影响。

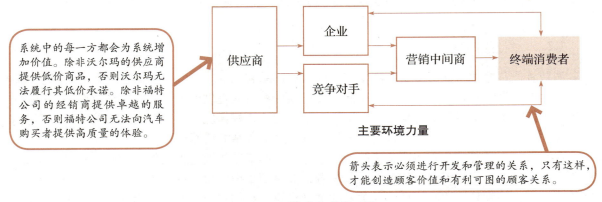

图 1 - 2 现代市场营销系统

系统中的每一方都在为下一级增加价值。箭头表示必须进行开发和管理的关系。因此，企业是否成功地建立了有利可图的顾客关系，不仅取决于它们自身的行为，而且取决于整个系统对终端消费者需要的满足程度。例如，除非沃尔玛的供应商提供低价商品，否则沃尔玛无法履行其低价承诺。类似地，除非福特公司的经销商提供卓越的服务，否则福特公司无法向汽车购买者提供高质量的体验。

→ 1.3 制定顾客价值驱动型营销战略和计划

1.3.1 顾客价值驱动型营销战略

在完全了解了消费者和市场之后，市场营销管理者就可以据此设计自己的顾客价值驱动型营销战略了。本书把**市场营销管理**（marketing management）定义为选择目标市场并与其建立起有利可图的关系的艺术和科学。市场营销管理者的目标是通过创造和交付卓越的顾客价值以及就价值进行沟通以便发现、吸引、维持和发展目标顾客。

作者点评
一旦企业完全了解了其消费者和市场，它还必须确定为哪些顾客提供服务以及如何给他们带来价值。

为了制定出成功的市场营销战略，市场营销管理者必须回答以下两个重要问题：我们将服务哪些顾客？（我们的目标市场是什么？）我们将如何最好地服务于这些顾客？（我们的价值主张是什么？）下面就对市场营销战略的概念进行简略讨论。在接下来的第2章和第6章中，会对这些概念进行深入的探讨。

选择目标顾客

企业首先必须确定为哪些顾客提供服务。为此，企业必须进行市场细分（market segmentation），进而选择自己希望提供服务的目标市场（target marketing）。有些人认为，市场营销管理就是为了发现尽可能多的顾客并努力增加顾客的需求。但是，市场营销管理人员都知道他们不可能在各个方面服务所有的顾客。如果试图服务所有的顾客，那么最终很可能一个顾客也服务不好。相反，企业只想选择那些它们可以很好地提供服务且有利可图的顾客。例如，诺德斯特龙（Nordstrom）把富裕的专业人士作为目标顾客，并且获得了盈利；达乐（Dollar General）则把中等收入的家庭作为目标顾客，并获得了盈利。

最后，市场营销管理者还必须决定他们想要服务的目标顾客到底是谁，搞清楚这些顾客的需求水平、时间和性质。简言之，市场营销管理就是顾客管理和需求管理。

选择价值主张

企业也必须确定如何服务目标顾客，即如何使自身在市场中脱颖而出并进行定位。一个品牌的价值主张（value proposition）是承诺传递给顾客以满足其需求的一系列利益和价值。捷蓝航空（JetBlue）通过把"人文关怀带回旅行"中，承诺"把顾客置于一切之上"。相反，精神航空（Spirit Airline）提供吸引人的票价："更少的钱，更多的出行。"希尔顿欣庭酒店（Homewood Suites by Hilton）希望顾客能自在舒适。凯悦酒店（Hyatt Regency）品牌则宣称，有时候"不在家真是太好了"，它的广告强调旅行中的享乐以及人们在商业旅行中所做的有趣的事情。亚马逊的Echo智能音箱"时刻处于待机状态，处于连接中，反应迅速。尽管问就是了"。相反，配有亚马逊Alexa的Sonos One是一个"为音乐爱好者设计的智能音箱"，它为用户提供Alexa的所有优势，同时具有高质量的音频效果。

这些价值主张将一个品牌与其他品牌区别开来。它们回答了顾客的问题，即"为什么我要买你们的品牌而不是你们竞争对手的品牌？"。企业必须设计出强有力的价值主张，使其在目标市场中获得最大的收益。

市场营销管理导向

市场营销管理旨在设计出可以与目标消费者建立有利可图关系的战略。但是什么样的理念（philosophy）才能指导这些市场营销战略？应如何确定顾客、组织和社会三者利益之间的比例？通常，这三者的利益会发生冲突。组织设计和执行市场营销战略可以基于五种不同的市场营销观念，它们是生产观念、产品观念、推销观念、市场营销观念和社会营销观念。

生产观念　生产观念（production concept）认为，消费者会喜欢那些随处可买到的价格低廉的产品，因此，管理部门应该把注意力集中在改进生产和分销效率方面。这是指导销售者最古老的观念之一。生产观念在一些情况下不失为有效的指导思想。例如，个人电脑制造商联想和家电制造商海尔通过低劳动成本、高效生产和大规模销售控制着竞争激烈、价格敏感的市场。尽管在某些情况下适用，但生产观念会导致营销近视症。采用这个理念的企业面临一个巨大的风险，即过于注重自己的生产经营而忽略了真正的目标——满足顾客需要和建立顾客关系。

产品观念　产品观念（product concept）认为消费者欢迎那些质量最优、性能最好、特点最多的产品。因此，企业应该对产品进行不断的改进。此时，产品的质量和改进是大部分市场营销战略的重要组成部分。但是，只关注产品同样会导致营销近视症。例如，有些制造商认为，如果它们能够制造出更好的捕鼠器，顾客就会纷纷找上门来。但是，它们经常惊讶地发现，购买者很可能要找的是一种更好的灭鼠方法，而不是一个更好的捕鼠器。比捕鼠器更好的灭鼠方法可以是化学喷剂、灭鼠服务、一只家猫或其他符合要求但又比捕鼠器更好的东西。此外，更好的捕鼠器可能卖不出去，除非制造商将它的设计、包装和价格做得十分诱人，把它放在便利的销售渠道中进行销售，并引起顾客的注意，而且要使购买者相信该捕鼠器比同类竞争对手的要好。

推销观念　许多企业都采取了**推销观念**（selling concept）。这种观念认为，除非企业开展大规模的推销和促销活动，否则消费者是不会购买本企业的产品的。推销观念通常适用于滞销商品，即购买者不会考虑购买的产品，如保险或献血等。因此，这些行业必须善于追踪潜在的购买者，并突出产品的好处。但是，这种强势的推销风险也很高：它注重的是做成买卖，而不是与顾客建立起长期有利可图的关系，其目的在于出售企业所制造的东西，而不是制造出市场上所需要的东西。推销观念假定"被诱导购买某产品的顾客会喜欢该产品"。或者，虽然他们不喜欢，但他们可能会忘记自己的失望，以后会再次购买。但这些前提假设通常都是错误的。

市场营销观念　市场营销观念（marketing concept）认为，组织目标的实现依赖于对目标市场需要和欲望的正确判断，以及以比竞争对手更有效的方式去满足消费者的要求。在这种观念的指导下，顾客关注点和价值才是实现销售和利润的途径。不同于以产品为中心的"生产和推销"（make-and-sell）的理念，市场营销观念是以顾客为中心的"感知和反应"（sense-and-respond）理念。企业的工作不是为产品找到正确的顾客，而是为顾客找到正确的产品。

图 1-3 对比了推销观念和市场营销观念的差异。其中，推销观念采用由内向外的视角，它从工厂出发，侧重于企业现有的产品，并且号召大力开展推销和促销活动，以实现销售盈利。这时，所强调的是征服顾客，即取得短期销售额，而不怎么关注谁在购买以及为什么购买。

图 1-3　推销观念与市场营销观念的比较

相比较之下，市场营销观念采用的是由外向内的视角，注重满足顾客的需要，以此产生利润。就像西南航空风趣活泼的创始人赫伯·凯莱赫（Herb Kelleher）提出的那样："我们没有市场营销部，只有顾客部。"市场营销观念往往从界定明确的市场出发，关注的是顾客的需要，并整合所有影响顾客的营销活动。作为回报，市场营销观念依靠同正确的顾客建立起长期关系而获得盈利。当然，这些都是必须以创造顾客价值和提升顾客满意为基础的。

采用市场营销观念，不仅仅意味着简单地回应顾客阐明的愿望与需要。顾客驱动型（customer-driven）企业会深入研究顾客需求，收集新的产品创意以及测试产品改进情况。当存在清晰的需求，当顾客知道他们自己想要什么的时候，这种顾客驱动型市场营销通常会产生良好的效果。

但是，在很多情况下，顾客并不知道自己想要什么，或者不知道存在什么样的可能性。记得亨利·福特（Henry Ford）曾经评论道："如果去问顾客他们需要什么，他们很可能告诉我他们需要一匹快马。"[9]例如，在20年前，有多少消费者想过需要现在司空见惯的产品，比如平板电脑、智能手机、数码相机、24小时在线购物，或者GPS？上述这类情况唤起了对驱动顾客型（customer driving）营销的需求——比顾客自身更了解他们的需要，无论现在还是未来，都努力创造出同时满足现实需要和潜在需要的产品和服务。正如富有传奇色彩的苹果公司前任首席执行官——史蒂夫·乔布斯（Steve Jobs）所指出的："我们的工作就是在顾客知道自己需要什么之前率先发掘出顾客的需要……我们的任务就是去阅读那些还没有写在纸上的东西。"[10]

社会营销观念　社会营销观念（societal marketing concept）提出的质疑是：市场营销观念是否忽略了消费者短期需要和消费者长期福祉之间可能存在的冲突？那些满足目标消费者短期需要和欲望的企业，总是从消费者的长远利益出发行事了吗？社会营销观念认为，市场营销战略应该以一种能够同时维持和改善消费者福利和社会福祉的方式向顾客提供价值。它唤起了对可持续营销（sustainable marketing）的需要，这是一种对社会和环境负责的营销方式，既可以满足消费者和企业的现有需求，也可以保持或者提高我们的子孙后代满足其需求的能力。

实际上，许多领先的商业和营销思想家甚至倾向于从更广泛的角度来理解社会营销观念，他们正在传播"共享价值"（shared value）的概念。[11]这一概念认为，是社会需要，而不仅是经济需要定义了市场。共享价值的概念强调在创造经济价值的同时也要为社会创造价值。越来越多的企业以它们精明的商业运作方式而闻名，如通用汽车、谷歌、IBM、英特尔、强生、雀巢、联合利华以及沃尔玛，这些企业重新思考社会绩效和企业绩效之间的相互作用。它们不只关心短期的经济利益，同样也关心顾客的福祉、对它们的业务至关重要的自然资源的枯竭、重要供应商的福利以及它们开展生产和销售活动所在社区的经济福利。

如图1-4所示，企业在设定市场营销战略的时候应该权衡以下三个要素：企业、消费者以及社会。规模不大但快速成长的杰尼美味冰激凌（Jeni's Splendid Ice Creams），就是以这种方式来进行经营的。[12]

杰尼美味冰激凌在其独家专卖店制作和销售优质的手工冰激凌，口味富有异国情调，如山羊奶酪配红樱桃、野莓薰衣草和雷司令水煮梨冰沙。但杰尼美味冰激凌不仅仅制作和销售冰激凌，它同时赋予自身重要的使命，采用"伙伴模式"（fellowship model）同社区一起为社区制作最棒的冰激凌。杰尼美味冰激凌的招牌上非常自豪地写着："与世界各地的种植者、制作者和生产商共同制作的冰激凌，让世界充满爱。"

为了完成宏伟的使命，杰尼美味冰激凌精心采购原材料，包括使用健康的水果和蔬菜、当地食草奶牛的奶、附近农场的香料和野花蜂蜜以及公平贸易的香草和高品质巧克力。杰尼美味冰激凌一直坚持：直接采购原材料、以公平的价格购买原材料、尽可能少地对环境产生影响、创造和重塑社区。它指出："我们每天开门后，都跟邻居一起度过美好时光，我们希望当地居民和游客成为我们的合作伙伴。我们把冰激凌店看作一个社区。"得益于它的社会使命，杰尼美味冰激凌的生意逐渐红火起来了。在过去15年的时间里，该企业已经从一家小型的当地企业发展为在10个城市拥有34家冰激凌店的企业，而且所有这些店铺都有忠实的追随者。你可以在3 000多家杂货店中找到杰尼美味冰激凌，这表明了做好事对社区和企业都有好处。

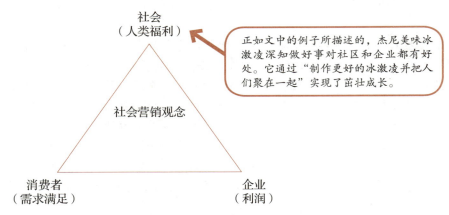

图1-4 社会营销观念下需要考虑的三个要素

1.3.2 制订整合营销计划和方案

企业的市场营销战略应该明确自己服务的顾客到底是哪些群体，并明确到底如何为这些顾客创造价值。然后，市场营销人员需要制订出整合营销方案，真正地把预期的顾客价值交付给目标顾客。其中，市场营销方案是通过把市场营销战略转变为实际行动来建立顾客关系的。在这一过程中，主要是靠企业的市场营销组合工具（marketing mix）实现的。

主要的市场营销组合工具包括四大类，也就是平时我们所说的市场营销组合4P，即产品（product）、价格（price）、渠道（place）和促销（promotion）。为了践行自己的价值主张，企业首先必须创造出能够满足目标顾客需求的市场供应物（产品），还必须为供应物定价（价格），并确定如何将供应物交付给目标顾客（渠道），最后，企业必须努力吸引目标顾客并与目标顾客就供应物进行沟通，努力使他们相信供应物的优点（促销）。为此，企业需要把每一个市场营销工具融入全面整合的市场营销方案当中，并与被选定的顾客进行沟通，向他们交付预期的顾客价值。本书将在后面的章节中进一步详细探讨市场营销方案和市场营销组合。

概念应用

请在这里暂停并反思一下。到目前为止，你已经学习了市场营销中的哪些内容？暂时抛开本书所给出的较为正式的定义，试着形成自己对市场营销的独特理解。

● 请用自己的话来说明什么是市场营销，然后写下自己所给出的定义。在你的定义中，是否已经包含了顾客价值、吸引顾客和构建顾客关系等关键概念？

● 对你而言，市场营销意味着什么？它是如何影响你的日常生活的？

● 还记得上一次购买的运动鞋是什么品牌的吗？请描述你与你买过的著名鞋类品牌的关系。

1.4 管理顾客关系和获取顾客价值

1.4.1 吸引顾客并管理顾客关系

市场营销过程的前三个步骤——了解市场和顾客需要、设计顾客价值驱动型营销战略以及制订市场营销方案，都是为接下来的第四个步骤也是最重要的步骤服务的，即建立和管理有利可图的顾客关系。首先，我们将探讨顾客关系管理的基础知识；接下来将研究企业如何在数字和新媒体营销时代与顾客进行更深入的互动与交流。

> **作者点评**
> 做好市场营销过程的前三个步骤，为市场营销过程的第四步——建立和管理顾客关系——做了很好的铺垫。

顾客关系管理

顾客关系管理可能是现代市场营销中最重要的一个概念。从广义上来讲，**顾客关系管理**（customer relationship management）是指通过交付卓越的顾客价值和赢得顾客满意来构建和维护有利可图的顾客关系的整个过程。它主要涉及获取顾客、维持顾客以及开发顾客三个方面。

关系构建的基石：顾客价值和满意 构建起可持续的顾客关系的关键，就是创造卓越的顾客价值和满意。满意的顾客往往更加忠诚，并且能够给企业带来更多的业务。

吸引和挽留顾客是一项艰难的工作。通常，顾客会面临许多令人眼花缭乱的、可供选择的产品和服务。顾客会从提供最高**顾客感知价值**（customer-perceived value）的企业那里购买产品。其中，顾客感知价值就是相对于竞争者对手的同类供应物而言，顾客对从某个市场供应物中所获得的利益与为获得该供应物所付出的成本之间的平衡与考量。重要的是，顾客通常并不能"准确""客观"地评判价值，他们往往是按照自己所感知的价值来采取相应行动的。

然而，对于有些消费者来说，价值可能意味着付出更多的代价才能得到更多。例如，施坦威（Steinway）钢琴——任何一架施坦威钢琴的价格都是相当高昂的，但是对于那些拥有该产品的人而言，施坦威钢琴是具有巨大价值的。[13]

一架施坦威三角钢琴的售价通常在 7 万美元到几十万美元之间。其中，最受欢迎的型号约为 8.7 万美元。但是如果去询问任何一位拥有施坦威三角钢琴的人，他都会告诉你，当谈到施坦威钢琴的时候，价格并不重要，体验才是其中最重要的。施坦威公司所制造的钢琴质量非常出色，每架施坦威钢琴都是由 12 000 多个零部件制作而成的，而且这个过程一般都需要一整年的时间。但更为重要的是，购买了施坦威钢琴的顾客都领悟到了施坦威的奥秘。施坦威这个名字让人联想到古典音乐会的舞台，联想到拥有和使用施坦威钢琴演奏的名人和演奏家。但是，施坦威钢琴并不只是为世界级钢琴家和富人们准备的。在所有购买施坦威钢琴的顾客当中，99% 的顾客都是只在自己的居所里弹奏钢琴的业余爱好者。

那么，与价格较低的钢琴相比，施坦威钢琴是否值得它的高价呢？对于许多消费者来说，答案是否定的。但是，对于施坦威公司的顾客而言，无论一架施坦威钢琴的价格是多少，其为拥有一架施坦威钢琴所支付的价格显得微不足道。正如一位施坦威钢琴的用户所说："对我而言，如果钢琴演奏缺了施坦威的话，就像是歌唱家突然失声了一样。"类似地，另外一位顾客说："我跟施坦威钢琴的关系和友谊，是一生中最重要、最美好的东西。谁会用价格来衡量这些超凡的体验呢？"

顾客满意（customer satisfaction）取决于一件产品的感知效能与顾客期望的匹配程度。如果产品效能低于顾客的期望，顾客就会感到不满意；如果效能符合期望，顾客就会感到满意；如果效能超过期望，顾客会感到非常满意或者惊喜。

杰出的营销企业通常都会尽其所能让重要的顾客感到满意。许多研究表明：高水平的顾客满意往往可以带来更高水平的顾客忠诚，进而带来更好的企业绩效。企业都想方设法地取悦目标顾客，但聪明的企业通常都是仅仅做出自己能够履行的适当承诺，然后实际提供高于自己最初承诺的产品或服务，并以此来取悦目标顾客。欣喜的顾客不仅会重复购买，而且会变成自愿的营销伙伴和"传道者"，他们积极主动地向其他人传播自己的美好体验。

对于那些想要给顾客带来惊喜的企业来说，非凡的价值和服务已经成为其公司文化的重要组成部分了。例如，里昂比恩公司（L. L. Bean）——美国标志性的户外服装和装备零售商，在创建之初始终坚持这样一个原则：让顾客满意是构建持久顾客关系的关键所在。[14]

年复一年，里昂比恩公司几乎在所有顶级服务公司榜单中都名列前十，其中就包括君迪公司（J. D. Power）公布的"顾客服务冠军"榜单。里昂比恩公司的顾客服务文化根深蒂固。早在 100 多年前，其创始人——里昂·莱昂伍德·比恩（Leon Leonwood Bean）在创立公司时就以彻头彻尾的顾客满意哲学为经营理念。他当时是这样表述的："我认为只有在产品 / 服务被消费完毕而且顾客满意的时候，销售才真正结束。"时至今日，里昂比恩公司的顾客仍然可以在产品购买后的一年之内无条件退货。

里昂比恩公司的顾客服务哲学，或许就体现在创始人里昂·莱昂伍德·比恩关于什么是顾客的答案中。到目前为止，他的答案依然是里昂比恩公司价值观的核心所在。他指出："在里昂比恩公司里，顾客——无论是顾客本人，还是顾客的邮件——是最重要的。顾客并不依赖于我们（指里昂比恩公司）而存在，但我们却要依赖于我们的顾客。而且，顾客并不是来打断我们的工作的，他们才是我们工作的最终目的，我们并不是给顾客帮忙才去给他们提供服务的，而是顾客给了我们机会，让我们有机会为他们提供服务。顾客来到我们这里，也并不是为了争辩什么或表达幽默。顾客来到我们这里，是带着他们的需要来的。因此，我们的工作就是满足顾客的这些需要，而且是以对顾客有利，对我们也有利的方式来加以满足。"里昂比恩公司的前首席执行官——里昂·戈尔曼（Leon Gorman）补充说："许多人都对什么是顾客服务有着精辟的论述，但顾客服务实际上是日复一日、持续进行、永无终结、需要持续坚持、富有同理心的一类活动。"

其他在让顾客惊喜和顾客服务方面负有盛名的企业还包括美捷步（Zappos.com）、亚马逊、福乐鸡（Chick-fil-A）、诺德斯特龙以及捷蓝航空等。然而，企业不一定非要提供夸张的服务才能让顾客感到惊喜。例如，朴实无华的连锁超市——奥乐齐（ALDI）就拥有高满意度的顾客，尽管他们得自己打包物品而且还不能刷卡。奥乐齐凭借每天的低价和质量良好的产品来取悦顾客，吸引他们再次回来购物。因此，顾客满意不仅来自良好的服务行为，也来自企业传递其基本价值主张和帮助顾客解决购物问题的能力。[15]

尽管以顾客为中心的企业都力求比竞争对手赢得更高的顾客满意，但它们并没有试图让顾客满意最大化。企业总是可以通过降低价格和提高服务水平来提高顾客满意度，但这将导致企业利润的降低。因此，市场营销的目的是创造有利可图的顾客价值。这就需要非常微妙的平衡：市场营销人员需要创造更多的顾客价值和更高的顾客满意，但是又不能倾其所有。

顾客关系水平和工具　企业可以根据目标市场的性质在很多不同水平上构建顾客关系。其中的一个极端是：拥有许多低利润顾客的企业可以追求基本的顾客关系水平。例如，宝洁公司的汰渍品牌从不给它的消费者打电话来了解他们，往往通过品牌建设广告、网站和社交媒体来构建顾客关系。与此相对的另外一个极端是：在顾客较少但利润较高的市场中，卖方想要与它们的关键顾客构建起全面的合作关系。例如，宝洁公司的销售代表与经销汰渍产品的沃尔玛、克罗格（Kroger）和其他大型零售商紧密合作。在这两个极端水平中间，还存在可供企业选择的其他水平的顾客关系，企业可以根据自己的实际情况做出灵活的选择。

除了持续提供卓越的顾客价值和赢得更高的顾客满意之外，市场营销人员也可以利用一些特殊的营销工具来构建更加牢固密切的顾客关系。例如，许多企业通过高频率的营销计划来奖励那些经常购买或大量购买的顾客。其中，航空公司采用了常客计划，酒店则为常客升级房间档次，超市给非常重要的顾客提供更优惠的折扣。

如今，几乎每个品牌都有自己的忠诚奖励计划。这些计划往往能够提高和强化顾客的品牌体验。例如，捷蓝航空的真蓝忠诚计划，不仅提供了常见的老顾客积分和奖励，还增加了一些相当不错的升级福利，如没有使用日期限制、可以家庭共享。更重要的是，真蓝忠诚计划还使顾客的体验更加个性化。具体而言，每位真蓝忠诚计划的会员都有着个性化的网页和移动页面，其中有一个类似仪表盘的功能，能够显示自己的可用积分、捷蓝历史活动记录、与捷蓝的积分奖励合作伙伴构建起关联以及旅行和航班计划的专属链接等。个性化的页面使真蓝忠诚计划的会员能够轻松地管理自己的积分和奖励，同时它也是一个方便的一站式旅行计划工具。上述所有这些功能都是针对单个会员的个人信息而设计的。正如一位真蓝忠诚计划的会员所描述的："一旦你成为真蓝忠诚计划的正式会员之后，尽情填写个人信息吧。上传自己魅力四射的自拍照作为会员照片，选择自己偏好的捷蓝航空目的地，甚至可以设计终极梦想之旅——弗吉尼亚的蓝色山脊山脉（Blue Ridge Mountains）……"[16]

顾客与品牌的关系正在发生重大的变化。当今的数字技术——互联网、手机以及社交媒体的蓬勃发展——已经深刻地改变了人们互通互联的方式。相应地，这些事件也对企业和品牌如何与顾客进行联系以及顾客之间如何联系产生了巨大的影响，并最终对彼此的品牌行为产生了巨大的影响。

顾客浸入和当今的数字媒体与社交媒体

数字化时代产生了一系列新型顾客关系构建工具，从网站、在线广告和视频、手机广告和手机应用程序以及博客，到在线社区和推特、脸书、YouTube、Snapchat、Instagram 等主要的社交媒体。

以前的企业往往专注于对广泛的顾客进行大规模营销。相比之下，今天的企业则倾向于利用网络、手机和社交媒体来细化目标顾客的选择，使目标顾客更加深入地参与营销、更加积极地进行互动。因此，以前的市场营销主要是对消费者进行品牌营销，而当今的市场营销则是**顾客浸入营销**（customer-engagement marketing）——在形成品牌对话、品牌体验和品牌社区中培养直接的、持续的顾客浸入。顾客浸入营销不仅仅是向消费者推销某个品牌，其目标是使某个品牌真正成为消费者交谈和生活中富有意义的一个重要组成部分。

互联网和社交媒体的迅猛发展大大推动了顾客浸入营销的发展。与过去相比，今天的消费者掌握着更多的信息，联系也更加紧密，而且具有更大的控制权。被赋予权力的消费者拥有更多的品牌信息，他们拥有丰富的数字平台可以传播信息并与他人分享对品牌的评价。因此，市场营销人员不仅要接受顾客关系管理，还要接受顾客对特定关系的管理，即顾客通过与企业或其他顾客连接来形成和分享自己的品牌体验。除了建立品牌忠诚度和促进顾客的购买之外，市场营销人员还希望培养更多忠诚的品牌宣传员——让满意的顾客同周围的其他顾客围绕着企业的品牌来展开良好的互动。

更多的消费者赋权意味着企业不能再依赖于传统的入侵式市场营销。相反，企业必须进行吸引式营销——创造可以成功吸引顾客的市场供应物和信息，而不是去打扰他们。因此，大多数市场营销人员不仅在践行大众媒体营销，还积极利用网络、手机和社交媒体营销的丰富组合来促进品牌与顾客的融合与对话，并强化顾客代言和推动顾客彼此之间的品牌传播。

例如，企业在社交媒体网站发布最新的广告和视频，希望它们可以像病毒般在目标顾客群体中进行传播。企业积极主动地出现在脸书、Instagram、推特、Snapchat、YouTube、Google+ 以及其他社交媒体上，主动发起与顾客的对话以及顾客彼此之间的对话，解决顾客服务的问题，研究顾客的反应，并对相关文章、网络和移动营销网站、竞赛、视频和其他品牌活动进行流量推广。它们推出自己的博客、移动应用程序、品牌微型网站和消费者生成的评论系统，所有这些都是为了能够在更加个性化的、更具交互性的层面上促进顾客浸入。有技巧地使用社交媒体，往往可以吸引顾客加入品牌塑造，继而鼓励顾客谈论品牌并向其他人宣传品牌。

顾客浸入营销的关键，是找到一些可以融入消费者社交对话的方式，以便在对话中渗透与品牌息息相关的信息。简单地发布一个幽默的视频、创建社交网络主页或者开通博客都是不够的。成功的顾客浸入营销意味着为消费者的生活和对话做出相关的、真实的贡献。例如，巴克公司（Bark）每个月都会定期地给订购用户寄送巴克盒（BarkBox），为他们的爱犬提供玩具和美食。[17]

巴克公司把巴克盒订购服务销售给爱狗人士，但巴克公司并没有使用入侵式的、硬性推销产品的方式，而是采用幽默的方式与顾客在共同爱好方面进行互动。巴克公司由爱狗人士成立，所以它很容易就与相关群体——"像我们一样的爱狗群体"——建立起密切的关联。该公司的市场营销人员通过社交媒体分享公司原创的喜剧视频和相关故事——与我们生活在一起的宠物狗以及这些宠物狗都做了哪些有意思的事，这些故事比推销订阅服务本身更能够让爱狗人士与巴克公司努力建立真正的联系。巴克公司的一位负责内容创建的员工指出："我们一般都从谈论宠物狗开始，并围绕宠物狗跟相关人群构建起联系。实际上，公司 85% 的内容都不会提及巴克盒订购服务。"巴克公司致力于同顾客构建起真正的联系。正如巴克公司的营销主管所说的："无论我们是在讲一个蠢蠢的笑话，还是在分享煽情故事，我们都必须确保它们有着真实的氛围。"

巴克公司如上所述的与顾客构建起联系的做法吸引了大量的追随者，其订购服务拥有 50 万个用户，在脸书和 Instagram 上的粉丝数量超过了 400 万。巴克公司制作的一条以母亲节为主题、讲述狗妈妈的洗脑说唱视频吸引了 4 200 万的点击率。忠诚的顾客也帮助巴克公司开展相应的营销工作，他们会通过定期发布照片和视频来展示他们的狗狗是如何急切地撕开每月的巴克盒的。该公司播出的首个大型电视节目，很大程度上就是受到了用户在社交媒体中发布的创作内容的启发。正如巴克公司的一位市场营销人员所说的："是的，我们是想要向你销售一些东西，但即使你不需要，我们也相信我们制作的内容会给你带来一定的价值。"

消费者生成内容营销

消费者生成内容营销（consumer-generated marketing）是顾客浸入营销的一种方式。通过这种方式，消费者在形成自己或他人的品牌体验中发挥作用。这可能发生在未被邀请的消费者在社交媒体及数字论坛里的交流中。然而，越来越多的企业开始邀请消费者在塑造产品和品牌内容方面扮演更加活跃的角色。

有些企业会询问消费者关于新产品和服务的想法。例如，奥利奥（Oreo）举办了一场"我的奥利奥创意大赛"，邀请粉丝们提出新的口味创意。三款最终入围的口味在各大卖场上架两个月之后，粉丝们在网上投票选出冠军，冠军可获得 50 万美元奖金。再如，在"我的星巴克创意"网站上，星巴克收集顾客关于新产品、店面变化以及其他任何可以让星巴克体验变得更好的创意。该网站邀请顾客分享他们的创意，并对其他人的创意进行投票和讨论。同时，顾客还可以查看星巴克已经实施了哪些创意。[18]

另外一些企业则邀请顾客积极参与制作广告和社交媒体内容。例如，全电动汽车制造商——特斯拉（Tesla）举办了一场粉丝制作广告大赛，通过公众投票（推特点赞）从十个入围者中选出三个"最具吸引力的低预算"广告。特斯拉公司在推出 Model 3 轿车的同时，在网上发布了入围广告，吸引了数以百万计的浏览量，并引发了特斯拉忠实粉丝之间的密切互动。其中，前三名的一位得主是明尼苏达州的 YouTube 博主索尼娅·贾桑斯基（Sonja Jasansky），她拍摄了"索尼娅的超快特斯拉粉丝视频"（Sonja's Super Quick Tesla Fan Video），这是一个超快、超炫酷的视频，突出了特斯拉的特色，并揭示了常见的误区。[19]

类似地，激浪（Mountain Dew）也利用用户生成内容对其限时重新推出的标志性 Baja Blast 口味进行宣传。它首先在脸书、Snapchat、Instagram 和推特上发布了 Baja Blast 口味将要回归的提示信息，并推出了设计完善的 Rogue Wave 社交媒体活动。例如，在 Snapchat 上，该品牌展示了饮料瓶的炫酷视频，激浪的粉丝们纷纷通过推特和其他社交媒体进行了回应。激浪的数字品牌经理指出："我们的粉丝甚至还制作了拼贴画，把过去几天里有关 Baja Blast 的图片都收集起来，向公司的其他会员顾客传递信息——Baja Blast 快回来了。"随后，激浪在社交媒体和关于男士生活方式的网站上制作广告，并将消费者的推文融入其中。结果是：关于 Baja Blast 口味的网络评论猛增了 170%。[20]

尽管上述这些企业大获成功，但是利用消费者生成内容可能是一个费时、费力、费钱的过程，企业可能发现很难从收集的大量内容中挖掘出哪怕一丁点的"黄金"。此外，由于消费者对于社交媒体内容拥有绝对的掌控权，采纳他们的意见有时也会适得其反。在这方面，一个典型的例子就是：麦当劳公司在推特上发起了一项著名的活动，并使用了标签"McDStories"，希望它能够激发关于快乐饮食的温馨故事。然而，推特用户"操纵"了这一目标，他们通过发布一些不那么令人愉快的信息，讲述自己在这家快餐连锁店的糟糕经历，把"McDStories"变成了批判标签。尽管麦当劳公司在两个小时后就撤销了这一活动，但几周甚至几个月以后，这个标签仍在热议当中。[21]

随着消费者联系得越来越紧密、拥有越来越多的授权以及数字技术和社交媒体的蓬勃发展，消费者品牌浸入——无论是否受到市场营销人员的邀请——都将成为越来越重要的营销力量。通过丰富的消费者自制视频、分享的评论、博客、移动 App 和网站，消费者在形成自己和他人的品牌体验的过程中正发挥着日益重要的作用。进行互动交流的消费者在产品设计、使用、包装、定价和销售等方面具有话语权。因此，企业必须拥抱这股巨大的消费者授权浪潮，并掌握和运用新的数字和社交媒体关系工具，否则就有落伍的危险。

伙伴关系管理

时至今日，当提到创造顾客价值和构建牢固的顾客关系时，市场营销人员都知道他们不能再单打独斗了。他们必须与不同的营销伙伴紧密合作。除了做好顾客关系管理，市场营销人员还必须做好**伙伴关系管理**（partner relationship management）——跟企业内部的其他部门和企业外部的人或实体紧密合作，共同给顾客创造更大的价值。

市场营销人员历来的职责都是了解顾客，并把顾客需求传达给企业的其他部门。但是，在今天这个更加注重联系的世界中，每个企业的职能部门都可以与顾客互动。新的理念是，不管在企业里的工作是什么，我们都必须了解营销并以顾客为焦点。为了创造顾客价值，企业必须把所有部门都联系到一起，而不是让它们各自行事。

同时，市场营销人员也必须与供应商、渠道商和企业之外的其他个体或实体成为合作伙伴。其中，市场营销渠道包括分销商、零售商以及其他连接企业和买方的人；供应链描述了从原材料到零部件再到提供给最终买家的最终产品的较长通道。通过供应链管理，企业正在加强与供应链上其他伙伴的联系。这些企业深深地知道：自己的命运取决于整个供应链在与其他竞争对手的竞争中的实际表现。

1.4.2 从顾客那里获取价值

如前所述，本章的图 1-1 概括了市场营销过程的前四个步骤，即通过创造和交付卓越的顾客价值来吸引顾客和构建顾客关系。第五个步骤是获取销售额、市场份额以及利润等形式的价值作为回报。通过创造卓越的顾客价值，企业赢得顾客满意，而这些满意的顾客会忠诚于企业的产品与服务，并有可能购买更多的产品或服务，同时向他人宣传企业的品牌。这也意味着企业获取了更大的长期回报。在这里，我们将讨论创造顾客价值的结果：顾客忠诚和挽留、市场份额和顾客份额以及顾客资产。

提升顾客忠诚和挽留

好的顾客关系管理可以提高顾客满意度，而满意的顾客则会变得更加忠诚，并向其他人宣传企业及其产品。有研究表明，不满意的顾客、稍微满意的顾客以及完全满意的顾客在忠诚度方面存在着很大差别。其中，满意度轻微的下降甚至会导致忠诚度巨大的下滑。因此，顾客关系管理的目标不仅是提高顾客满意度，而且包括让顾客觉得欣喜。

一般而言，保持顾客忠诚可以为企业带来可观的经济效益。忠诚顾客会消费更多，并且逗留时间也更长。有研究表明，获得一位新顾客的成本往往是挽留一位老顾客的 5 倍左右。反过来，顾客流失的代价是相当高昂的。失去一位顾客不仅意味着失去一份销售额，而且意味着失去顾客未来重复购买的可能性。例如，以下是对**顾客终身价值**（customer lifetime value）的经典阐释。[22]

在康涅狄格州和纽约州经营 4 家高利润超市的斯图·伦纳德（Stew Leonard）曾经指出，每次看到一位生气的顾客，就仿佛看到 5 万美元飞出了他的商店。为什么？因为每位顾客平均每次花费 100 美元，一年购物 50 次，会留在这个地区 10 年。如果这位顾客有不愉快的体验而转向其他超市，斯图·伦纳德将会失去 5 万美元的终身收入。如果失望的顾客向其他顾客讲述其不愉快的经历而导致他们也离开的话，损失则会更大。

为了让顾客不断重复购买，斯图·伦纳德创建了一家被《纽约时报》（New York Times）称为"乳品店中的迪士尼"的商店——因商店里穿着制服的人、定期的娱乐活动、宠物动物园以及充斥着整个商店的电子动画而闻名。这家微不足道的小乳品商店 1969 年创建，发展势头惊人。它在最初的商店外建造了 30 个附属建筑，现在每周都可以服务 30 多万名顾客。其商店充满激情的顾客服务方式为它赢得了一大批忠诚的顾客。

斯图·伦纳德不是唯一一位会评估顾客终身价值的人。例如，据雷克萨斯公司估计，一位满意和忠诚的顾客的终身销售额超过 60 万美元；而星巴克公司的顾客终身价值估计超过 1.4 万美元。[23]事实上，企业可能会在与顾客的某一项交易上发生亏损，但它仍然可以从长期的顾客关系中获利。这意味着企业必须站在更高的立场并把目标定在构建顾客关系上。顾客的喜悦会使其与品牌建立起一种情感联系，而不仅仅是理性的偏好，正是这种联系会让顾客不断地重复购买。

增加顾客份额

除了挽留优质顾客来获取顾客终身价值以外，良好的顾客关系管理还可以帮助市场营销人员增加**顾客份额**（share of customer）——顾客在一家企业的消费额占该顾客同类消费总支出的百分比。因此，银行想要增加"钱包份额"，超市和餐厅想要得到更多的"胃口份额"，汽车企业想要增加"车库份额"，而航空公司则想要更多的"旅行份额"。

为了增加顾客份额，企业可以给现有顾客提供更多的选择，或者以交叉销售和升级销售的方式向现有顾客推销更多的新产品和新服务。例如，亚马逊公司就很擅长利用自己与世界各地的 3 亿名顾客的关系来增加每个顾客的支出预算。[24]

一旦登录亚马逊网站，顾客经常会比预期购买得更多。亚马逊会不遗余力地设法达到这一目的。这个线上巨人正在不断地扩展商品种类，打造理想的一站式购物平台。基于顾客的每一项购买记录和搜索历史，亚马逊会向顾客推荐他们可能感兴趣的其他相关产品。这个推荐系统可以影响高达35%的总销售额。亚马逊独创的 Prime 会员制度和 Prime Now 服务同样也有助于进一步提升顾客份额。一位分析人员说，在过去两年中，亚马逊独创的 Prime 会员人数增长了一倍，达到了 9 000 万。而且，平均而言，Prime 会员的消费额已达到非 Prime 会员消费额的 4.6 倍。

提升顾客资产的价值

到此为止，我们不仅了解了获取顾客的重要性，而且了解了挽留顾客和强化顾客关系的重要性。企业的价值来自现有的和未来的顾客的价值。顾客关系管理应该采取长期的视角，企业不仅想要获取有利可图的顾客，而且要努力占有他们更多的购物份额并获取顾客的终身价值。

什么是顾客资产 顾客关系管理的终极目标是提升顾客资产的价值。[25]其中，**顾客资产**（customer equity）就是企业全部现有的和潜在的顾客的终身价值的总和。因此，它是对企业顾客基础的未来价值的一种衡量。企业拥有的有利可图的忠诚顾客越多，其顾客资产的价值也就越高。顾客资产可能是比销售额和市场份额更好的衡量企业绩效的指标。相对而言，销售额和市场份额反映的是过去，而顾客资产显示的是未来。下面来看一看凯迪拉克公司的例子。[26]

20世纪七八十年代，凯迪拉克拥有一批最忠诚的顾客，凯迪拉克的豪华汽车的市场占有率在1976年达到了51%。从市场份额和销售额的角度来看，该品牌的未来似乎非常乐观。但是，顾客资产指标却显示出悲观的景象。凯迪拉克的顾客都在变老（平均年龄60岁），平均顾客终身价值也在降低。凯迪拉克的许多购买者都在驾驶他们一生中的最后一辆车。因此，尽管凯迪拉克当时的市场份额良好，但其顾客资产却并非如此。

比较一下凯迪拉克和宝马。年轻有活力的形象并没有让宝马赢得最初的市场竞争。但是，它却让宝马赢得了更年轻的顾客（平均年龄大约40岁）和更高的顾客终身价值。结果是：在接下来的几年里，宝马的市场份额和利润一路飙升，而凯迪拉克的财富却严重缩水。到了20世纪80年代，宝马超越了凯迪拉克。近年来，凯迪拉克试图通过前沿的、高性能的设计，以年轻一代的顾客为受众群体来重振雄风。最近，凯迪拉克更是通过以"力量、性能和设计"为基础的营销宣传，在年轻顾客群体当中把自己标榜为世界新标准，从而在市场定位上同宝马和奥迪等有效地区分开来。在最近的广告宣传中，凯迪拉克以年轻的成功人士为主角，积极邀请消费者一起"敢非凡"（Dare Greatly）和"驾车闯天涯"（Drive The World Forward）。因此，尽管凯迪拉克目前仍然落后于其他高端品牌，但近年来其在豪华车市场的份额已经有了小幅上升。这个故事的意义在于：市场营销人员不应该只关注现有的销售额和市场份额。顾客终身价值和顾客资产才是这场"游戏"的根本。

与正确的顾客建立正确的关系 企业应该审慎地管理自己的顾客资产，并把顾客看作可以管理和最大化的一种资产。但是，并不是所有的顾客，甚至不是所有的忠诚顾客都是好的投资对象。令人惊讶的是，有些忠诚顾客不一定是有利可图的顾客，而有些不忠诚的顾客却是有利可图的。企业应该获取和挽留哪些顾客？

在实践中，企业可以通过潜在利润率对顾客进行分类，根据顾客的潜在盈利水平的不同，有差别地管理与不同顾客的关系。图1-5依据潜在利润率和预期忠诚度将顾客划分为四个关系群体[27]，每一个群体都需要不同的关系管理战略。其中，"陌生人"显示出潜在利润率及预期忠诚度都很低的特点，企业供应物和他们的需要几乎无法匹配。对这些顾客的关系管理战略很简单：不要对他们进行任何投资，争取在每一笔交易中都赚钱。

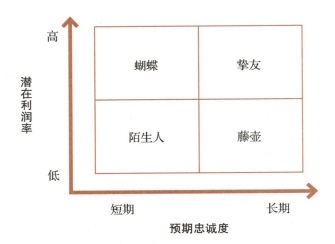

图 1－5　顾客关系群体

"蝴蝶"是潜在有利可图但不忠诚的顾客。企业供应物和他们的需要之间存在良好的匹配关系，但是，就像真正的蝴蝶一样，我们只能欣赏它的片刻美丽，之后它们就会翩然而去。在这方面，一个例子是股票市场投资者。他们经常大量买卖股票，喜欢猎取最好的交易，但是没有跟任何一家经纪公司建立起定期的联系。试图把蝴蝶变成忠诚顾客的努力往往是较难以成功的。相反，企业应该享受"蝴蝶"停驻瞬间的美好。企业应该与他们进行令人满意的、有利可图的交易。当顾客从企业购买产品或服务的时候，企业应该在短时间内获取尽可能多的业务。然后，企业应该终止投资，直到下一轮循环开始。

"挚友"是有利可图的、忠诚的顾客。他们的需要和企业的供应物之间有很高的匹配度。企业想要通过持续的关系投资来取悦、培养、挽留顾客并帮助这些顾客成长。企业想要把"挚友"变成忠实的粉丝，即那些总是有规律地重复购买企业产品并把好的体验告诉其他人的顾客。

藤壶是具有很高忠诚度但不太盈利的顾客。他们的需要和企业供应物之间是有限匹配的。在这方面，一个例子是银行的小顾客，他们有规律地办理银行的业务，但是不能带来足够的利润。他们可能是最麻烦的顾客。企业也许可以通过向他们增加销售、提高费率或减少服务来提高盈利水平。但是，如果他们不能变得有利可图的话，企业可能应该终止与他们的关系。

例如，百思买（Best Buy）提供了一个具有吸引力的退货政策，但公司发现有一小部分顾客会滥用这一政策。为此，百思买聘请了一家外部公司——Retail Equation 来跟踪和评估顾客的退货行为，并给特定的顾客一个分值。这项制度安排旨在识别出具有下面特点的、1% 的购物者——其行为体现为退货欺诈或滥用。超过一定分值的购物者会接到通知，其未来的退货要求将会被拒绝。即便这意味着公司会失去这个顾客，但百思买仍然坚持这么做。[28]

在这里，很重要的一点是：不同类型的顾客往往需要不同的顾客吸引战略和关系管理战略，企业的目的是同正确的顾客构建起正确的关系。

概念应用

到此为止，我们已经学习了很多相关概念。下面就暂停一下，谈谈你对市场营销的理解。
- 用你自己的话来阐述什么是市场营销以及市场营销试图达到的目的。
- 亚马逊在管理顾客关系上做得怎么样？它使用的是哪一种顾客关系管理战略？沃尔玛使用的是哪一种顾客关系管理战略？
- 想象一家把你视为"挚友"的企业。它应该运用什么样的战略来维护与你的关系呢？

➡ 1.5 不断变化的市场营销场景

市场每天都在发生着巨大的变化，正因为如此，那些服务市场的人也需要变化。

在这一部分，我们将探讨改变市场营销局面和挑战市场营销战略的主要趋势和力量。我们将着眼于四个主要的进步：数字时代、非营利营销的发展、快速全球化以及可持续营销。

1.5.1 数字时代：在线、移动和社交媒体营销

数字技术的爆炸式发展深深地影响了我们的生活方式——交流、分享信息、娱乐以及购物。欢迎来到物联网（Internet of Things）时代，在这个全球化的环境中，每一件事和每一个人之间都有着某种数字化联系。现在有超过40亿人——占世界人口的52%——连接着网络；在美国，超过80%的成年人拥有智能手机。随着数字技术在未来的飞速发展，这些数字只会越来越大。[29]

大部分消费者对所有数字化相关产品都非常着迷。例如，有一项研究表明：71%的美国人在睡觉时会把手机放在身边，3%的美国人睡觉时握着手机。在美国，每10个年轻人中就有6个人使用在线流媒体服务观看电视，85%的美国成年人通过移动设备查阅新闻。对于市场营销人员而言相当重要的是：美国消费者的网上购物占总购买额的比例为9%。而且，据估计，美国零售业总销售额的一半以上都直接或间接地受到网络调研的影响。[30]

消费者对数字和移动技术的喜爱，使它们成为那些试图吸引顾客的市场营销人员的利器。所以，互联网以及数字和社交媒体的快速发展，如风暴般地影响整个营销世界也就不足为奇了。**数字和社交媒体营销**（digital and social media marketing）是指使用数字营销工具，如网站、社交媒体、手机应用程序和广告、在线视频、电子邮件、博客以及其他数字平台，让消费者通过他们的电脑、智能手机、联网电视和其他数字设备随时随地互动交流。如今，看起来似乎每家企业都在通过网站、脸书网页、Instagram帖子、Snapchat故事及YouTube上的病毒式广告和视频、多媒体邮件和手机应用程序来接触顾客，解决他们的问题，帮助他们进行购物。

在最基本的层面上，市场营销人员建设企业网站和品牌网站，以便提供信息和推销企业的产品。许多企业还建立了在线品牌社区，顾客可以聚在一起交流关于品牌的信息。例如，美妆产品零售商丝芙兰（Sephora）的Beauty Insider社区——"世界最大的美容论坛"——就是一个蓬勃发展的在线社区，顾客可以在在线社区提问、分享想法和评论、发布照片，并从其他爱好者那里获得建议和灵感。类似地，索尼公司的PlayStation论坛也已成为PlayStation PS4游戏爱好者的社交中心。粉丝可以追踪有关PS4的社交媒体帖子，观看最新的PS4视频，发现哪一种PS4游戏在社交网络上流行，分享内容，并与其他粉丝进行互动，而且全部都是实时的互动。[31]

除了品牌网站，大部分企业还将社交和移动媒体整合到它们的市场营销组合方案当中。

社交媒体营销

发展到今天，我们实际上很难找到哪个品牌网站，甚至是传统的媒体广告，没有把企业的品牌跟脸书、Instagram、推特、YouTube、Snapchat、Pinterest、领英（LinkedIn）或其他社交媒体网站相连接。可以说，社交媒体给企业提供了令人振奋的机会，让它们可以用来拓展顾客浸入，促使顾客关注并讨论某个品牌。

一些社交媒体是相当庞大的——脸书每个月的活跃用户数量超过了20亿，Instagram拥有超

> **作者点评**
> 市场营销不是在真空环境中发生的。在前面，我们已经讨论了市场营销过程的五个步骤。接下来，我们将考察这个一直变化的市场是如何影响消费者和服务营销人员的。我们将在本书第3章中更为深入地探讨这些方面以及其他的市场营销环境因素。

8 亿用户，推特拥有超过 3.28 亿用户，Snapchat 公司拥有 2.55 亿用户，在线社交新闻社区——Reddit 每个月有来自 185 个国家和地区的近 2.34 亿访客。但规模较小、关注度更高的社交媒体网站也在蓬勃发展，如 CafeMom 网站，这是一个拥有 2 000 万母亲的在线社区，她们在在线社区、脸书、推特、Pinterest、YouTube、Google+ 和移动网站上交流沟通、给出建议、娱乐和给予安慰。实际上，即使是很小的网站也很能吸引活跃的观众。例如，Birdpost.com 网站的受众群体是狂热的鸟类爱好者们，Ravelry.com 网站是为钩编爱好者而设计的。[32]

在线社交媒体提供了一个数字家园，人们可以在这里连接和分享生活中的重要信息和重要时刻。因此，它们实际上为进行实时营销提供了理想的平台。通过这个平台，市场营销人员可以把本企业的品牌同重要的潮流话题、现实世界中的事件、个人场景或消费者生活中的其他事件联系起来，让消费者立即参与其中。例如，糖果制造商——玛氏公司（Mars）推出的一项名为"士力架饿计算"（Snickers Hungerithm）的社交媒体活动，就成功地做到了这一点，收效显著。在"士力架饿计算"的社交媒体活动中，玛氏公司实时监测互联网中人群的"情绪"波动，并在互联网上的人群"饥饿"（即愤怒指数增高）的时候，向消费者提供实时的价格折扣（参见市场营销进行时 1-2）。

| 市场营销进行时 1-2 |

"士力架饿计算"活动：让顾客实时参与进来

玛氏公司是世界上第一大糖果制造商，其旗舰品牌"士力架"是世界上的第一大糖果品牌。长期以来，士力架品牌一直致力于它的承诺，即制作以牛轧糖、焦糖和花生为馅料的巧克力棒，具有让人填饱肚子和补充能量的显著特性。

在过去的几年里，玛氏公司通过其有趣的活动来拓展士力架品牌的定位。该项活动以怪诞的广告和其他方式展示了人们在饥饿的时候会变成另外一个人，而一旦吃了"士力架"之后，他们就又变回了自己。

该项社交媒体活动的一个主题就是："当饥饿的时候，你就不是你了"。其中涉及一个基本的诉求，那就是赶走饥饿。这个定位无论对于女性还是男性，无论对于年长者还是年轻一代，无论对于上班族还是学生群体，无论对于美国还是澳大利亚甚至是俄罗斯（士力架品牌的第二大市场）的消费者，都具有强大的吸引力。而且，这一吸引力是即时性的——饥饿感是由生理和情感两个方面的需求所引发的，在一天里面会经常出现。

糖果属于冲动类消费品。在任何特定的购买场合，消费者都会有几十种甚至上百种选择。因此，如果士力架品牌想成为人们追捧的品牌，那么当情绪袭来的时候，它就需要成为人们的首选。考虑到这一点，士力架品牌在澳大利亚发起了一项名为"饿计算"的创意营销活动。这项活动既呈现了"你不是你"的饥饿感的即时性，也借助了社交和移动媒体的实时功能。

基于人们在饥饿时会变得暴躁这一特点，士力架品牌开发了一种算法，即"饿计算"——通过检测社交媒体上的聊天内容来实时衡量公众的普遍烦躁情绪。在麻省理工学院（MIT）和谷歌公司的帮助下，"饿计算"分析了推特、脸书和 YouTube 等平台上每天约 14 000 条社交媒体推文，研究了 3 000 个常用的单词和短语，甚至解析了俚语和讽刺。然后，玛氏公司把公众情绪与 7-11 便利店里销售的士力架价格实时地联系起来。网友越愤怒（表明了人越饥饿），当地 7-11 便利店里的士力架价格就会越低，价格降幅可以高达 82%。

玛氏公司通过大量的电视广告、网络视频和社交媒体推文等推出"饿计算"活动。在首次推出"饿计算"活动后，玛氏公司指出网络上也可能存在着愤怒。但是，如果这都是由网民的饥饿感导致的，那会怎么样呢？结论就是：网络愤怒感等于降价的士力架。当天气不好的时候，人们可以购买到降价的士力架产品。那出现政治丑闻呢？答案同样是降价的士力架产品。那出现陨石撞击呢？肯定还是降价的士力架呀！

由数字和移动技术驱动的"饿计算"活动锁定人们产生情绪的高峰时刻和地点，如交通堵塞、恶劣天气、引人注目的体育赛事或两极分化的政治事件。该活动通过在脸书和推特上有关突发性政治、社交和娱乐新闻等推文中的实时回复，向消费者发送即时的优惠券，并引导顾客到最近的 7-11 便利店购买士力架产品。

"饿计算"活动的实时设计是真实的，其促销活动每 10 分钟更新一次，每天更新 144 次。"饿计算"活动网站不断发布新的价格和情绪指标，玛氏公司还围绕士力架产品跟澳大利亚的两个顶级早间电视节目合作，定期更新士力架的价格和情绪指标。在澳大利亚追踪"饿计算指数"逐渐成了一种娱乐消遣，吸引了大量消费者深入地参与其中。

"饿计算"活动产生了惊人的效果。在这项促销活动中，士力架产品的销量居然猛增了67%，其在脸书的流量增加了 1 740%，士力架品牌在推特上的曝光率也增加了 120%。为了在其他地方复制这项活动的成功，玛氏公司现在已经在全球范围内选择性地推出了士力架"饿计算"活动。

大幅降价可能伴随风险。但在玛氏公司"饿计算"活动的案例中，士力架品牌战略性地将其价格折扣跟该品牌的本质联系起来，创造了有价值的消费者参与体验。根据玛氏公司首席营销官的观点，"饿计算"活动精准地反映了我们一直在寻找的"数字甜蜜点"，巧妙地为产品找到了一种现实联系，并成功地吸引到了每个人的注意力和想象力。

资料来源：Emily Abrams, "7 Surprising Facts Every Snickers Lover Should Know," *Swirled*, February 14, 2018, https://swirled.com/snickers-facts/; Erik Oster, "Clemenger BBDO Melbourne Programs 'Hungerithm' for Snickers," *Adweek*, May 26, 2016, www.adweek.com/agencyspy/clemenger-bbdo-melbourne-programs-hungerithm-for-snickers/110055; T. L. Stanley, "How Snickers Used Social Media Outrage to Fuel the Year's Most Innovative Media Plan," *Adweek*, September 17, 2017, p.14; Karlene Lukovitz, "Snickers Brings 'Hungerithm' to the U.S.," *Mediapost*, November 27, 2017, www.mediapost.com/publications/article/310600/snickers-brings-hungerithm-to-the-us.html; and www.mediacom.com/en/work/hungerithm, accessed September 2018.

应用社交媒体可能包括一些像比赛或促销这样的简单活动——在脸书上集"赞"、推特与 Instagram 的转发或 YouTube 的视频发布等。但今天，越来越多的品牌开始筹划大规模的、精心整合的社交媒体宣传活动。例如，能量饮料制造商——红牛（Red Bull）利用广泛的社交媒体组合来连接和激发粉丝的热情。迄今为止，该公司在脸书上有超过 5 000 万粉丝，在推特上有 200 万粉丝，在 Instagram 上有 800 万粉丝。红牛的高能社交媒体页面上几乎没有提及该公司的产品。相反，他们宣传红牛的"踩大油门 / 要快点"（pedal-to-the-metal）的生活方式，并提供了一个可以让粉丝与该品牌相互联系、粉丝之间互联互通的场所，粉丝们可以在这里分享在极限运动、音乐和娱乐等方面的共同兴趣。正如一位分析师所指出的，现在，红牛不仅仅是一家能量饮料制造商，而且是体育活动的高端品牌。[33]

移动营销

移动营销可能是发展最快的数字营销平台。智能手机是常用的、全天在线、更具针对性和高度个性化的设备，这使得它成为购买过程中让顾客随时随地交流互动的理想工具。例如，星巴克的顾客用他们的手机来寻找最近的星巴克店铺、了解新产品、下单和支付，这一切都可以通过人工智能驱动的、能语音激活的星巴克虚拟助手来完成。

据统计，在每 5 位智能手机用户中，就有 4 位用户使用手机进行购物。他们通过应用程序或移动网络浏览产品信息、比较价格、阅读在线产品评论，然后在家中、工作场所甚至商店中进行购买。同时，大约有 35% 的网购是在移动端进行的。因此，为了吸引移动端的购物者，移动广告正在激增，目前已经占到所有数字广告支出的 75%。[34]

市场营销人员使用移动渠道来刺激即时消费行为，并使购物变得更加容易，同时也丰富了品牌体验，触达到了忙碌的消费者。例如，塔可贝尔（Taco Bell）利用移动广告在其认为的"关键时刻"触达自己的消费者。[35]

2016 年塔可贝尔持续推广其早餐产品，作为其计划的一部分，该连锁店在消费者开启新的一天的时候，就使用了针对性强的移动广告来触达消费者。它根据消费者早上首先使用哪些应用程序、最喜欢的新闻应用程序或者一天中什么时候看了早餐食谱等特定行为来定向发布移动广告。正如在该活动中负责媒体购买的代理公司的一位高管所指出的："我们正想方设法融入消费者早晨的各种行为当中。"同时，塔可贝尔还利用谷歌的 Waze 和其他的导航和交通应用程序，对移动广告进行地理定位，甚至提供附近商店的导航指引。通过这些方式，塔可贝尔能够根据每位顾客的行为、体验和环境定制相应的移动广告。就像代理公司的高管所指出的："在营销塔可贝尔的早餐的时候，移动营销使该公司融入了消费者的体验当中，而且是在消费者早上一睁开眼睛的时候就融入其中了。"

尽管在线、社交媒体和移动营销有着巨大的潜力，但大多数市场营销人员仍然需要学习如何有效地利用它们。其中，关键是要将新的数字化方式和传统营销相融合，以制定出彼此匹配的整合营销战略和营销组合。本书通篇都会讨论数字和社交媒体营销问题——它几乎触及市场营销战略和市场营销策略的每一个细节。在学习了市场营销的基础知识之后，我们将在本书第 14 章更加深入地探讨数字营销和直复营销的内容。

大数据和人工智能

随着数字技术的飞速发展，市场营销人员现在可以收集大量的数据。他们正在利用各种信息源，包括从顾客交易到网站和社交媒体监测、连接的物联网设备和许多其他设备中流出的实时数据。企业可以利用这些大数据来获得深入的顾客洞察、个性化的市场营销方案，并改善顾客浸入和顾客服务。

为了理解和运用所有这些大数据，并利用这些数据造福于顾客和品牌，市场营销人员正在转向更加先进的市场营销分析。例如，人工智能已经在市场营销领域崭露头角。人工智能涉及机器思考和机器学习，其方式与人类的感知趋同，但它却有更强的分析能力。市场营销人员可以使用人工智能，以闪电般的速度分析数据，运用这些洞察实时地吸引顾客，并帮助顾客完成购买过程。

人工智能赋能的应用程序相当广泛，包括顾客服务聊天机器人和虚拟助手等，如亚马逊 Echo 智能音箱的 Alexa、苹果的 Siri 以及 IBM 近乎人性化的人工智能超级计算机沃森（Watson）等。例如，有一家医药制造商最近就利用 IBM 的沃森计算机，根据当地的实时天气数据和所在地区的花粉数量，为需要抗过敏药物的顾客制作了个性化的移动广告。我们将在本书第 4 章更加深入地探讨大数据和人工智能领域令人惊喜的新发展。

1.5.2　非营利营销的发展

近些年来，市场营销成为许多非营利组织战略的重要组成部分，如高校、医院、博物馆、动物园、交响乐团、基金会等。在争夺支持和会员方面，美国的非营利组织也面临着激烈的竞争。出色的市场营销往往可以帮助它们吸引会员以及获得资助和支持。

例如，非营利性的圣犹达儿童研究医院（St. Jude Children's Research Hospital）拥有特别的使命：寻找医疗解决方案，挽留孩子的生命。通过其附属机构和在世界各地的临床试验，圣犹达儿童研究医院每年直接为大约 7 500 名患者提供服务，但每个家庭从来都没有收到过来自圣犹达儿童研究医院的治疗、旅行、住房或食物账单。为了完成这一使命，圣犹达儿童医院通过强大的组织营销为其 200 多万美元的日常运营预算筹集了资金。[36] 其中，筹款工作包括公共服务公告、名人名流代言、企业合作以及积极举办和参与各种日益广泛的线上筹款活动。同时，圣犹达儿童研究医院与超过 70 家企业密切合作，如塔吉特、达美乐（Domino's）、威廉姆斯－索诺玛（Williams-Sonoma）、富豪影院（Regal Cinemas）和 Expedia 等，这些公司都参与了其年度致谢和捐赠活动。上述活动使得圣犹大儿童研究医院成长为一个无处不在的品牌，每年从私人捐赠者那里获得超过 13 亿美元的收入。在以往的捐赠者中，既有学龄前儿童和专业人士，也有学生和 80 岁老人，范围相当广泛。

另外一个例子是世界自然基金会（WWF），这是一个全球性的非营利性保护组织，其使命是保护自然和野生动物。世界自然基金会利用领先的市场营销手段来筹集大量资源，以完成其使命。最近，它所开展的"最后自拍"活动就是一个例子。

世界自然基金会的这个自拍活动背后的想法是：世界濒危野生动物物种正在逐渐从地球上消失，就像 Snapchat 的快照一样快。为了表达这一观点，世界自然基金会向其全球关注者发送了 9 秒钟的濒危动物快照，同时附上了"不要让其成为最后的自拍"的话语，并敦促收件人截图。在短短 8 小时内，这项活动就产生了 5 000 条推特，获得了 600 万次的浏览阅读。短短一周内，就有 4 万条推文，并被 1.2 亿用户浏览阅读。总的来说，该活动吸引了一半以上的推特用户参与进来，并帮助世界自然基金会在短短三天内完成了每月的筹款目标，在世界自然基金会的网站领养的动物数也达到了创纪录的新高。更广泛地说，由于这些营销努力，尽管世界自然基金会的营销预算有限，但它还是在一年内筹集了近 2.9 亿美元的资金，其中 1/3 以上来自个人捐助者。

另外，政府机构也对市场营销表现出越来越大的兴趣。举个例子，军队通过制订和实施市场营销计划来征募新兵，各级政府机构正在设计社会营销活动以便鼓励节约能源、关注环境，或者阻止吸烟、吸毒和肥胖。就连曾经墨守成规的美国邮政署也开发出了创新的营销手段来销售纪念邮票，推广其优先邮递服务，进一步提升其现代化的、竞争性的组织形象。据统计，美国政府实际上已成为美国第 40 大广告客户。[37]

1.5.3 快速全球化

正如市场营销人员在重新定义自己同顾客的关系，他们也在以新的视角重新审视自己同周围世界的关系。今天，几乎每一家企业，无论其规模大小，都在某种程度上受到全球竞争的影响。美国本地花店可能从墨西哥苗圃购买鲜花；美国的大型电子产品制造商在本土市场可能面临着来自韩国的竞争对手的竞争；刚起步的互联网零售商可能会发现，在美国消费品生产商把新产品推广到海外新兴市场的同时，自己也获得了来自世界各地的订单。

欧洲和亚洲跨国企业娴熟的营销技巧给美国企业带来了挑战。丰田、雀巢和三星等企业在美国市场上的表现，往往优于美国本土的竞争对手。同样，各行各业的美国企业也开展着真正意义上的全球业务，在全球范围内生产和销售其产品。比较典型的是，麦当劳通过在全球 100 多个国家中的 36 000 多家当地餐厅，目前每天为 6 900 万名顾客提供服务，其收入的 75% 来自美国以外的其他地区。类似地，耐克公司在 190 个国家拥有经营业务，在非美国地区的销售额占其全球销售额的 53%。[38] 如今，企业不仅在国际市场上销售更多的本国生产的商品，而且在国外采购更多的供应品和零部件，并为世界各地的特定市场开发新产品。

因此，世界各国的管理者越来越多地从全球视角，而不是本地视角来看待企业所在的行业、竞争对手和机会。他们不禁要问：什么是全球营销？它和本土营销有何不同？全球竞争对手和各种势力会对我们的业务产生什么样的影响？我们应该在多大程度上"走出去"？我们将在本书第 15 章更详细地探讨全球营销。

1.5.4 可持续营销——对更多环境和社会责任的呼唤

市场营销人员正在重新审视与社会价值观、责任以及地球的关系。随着保护消费者利益运动和环境保护运动的日趋成熟，有必要呼吁市场营销人员推动可持续的市场营销实践。企业道德和社会责任几乎变成了每个商业场所的热门话题。几乎没有一家企业可以忽视这个更新的、要求严苛的环保运动。每个企业行动都会影响顾客关系。今天的顾客期盼企业能够以对社会和环境负责的方式来交付价值。

当然，社会责任和环保运动在未来可能会向企业提出更高更严苛的要求。有些企业抵制这些运动，只在立法强制或消费者强烈抗议时才会做出让步。然而，富有远见的企业会欣然地接受它们对周围世界的责任，它们认为可持续营销是一个通过做好事获得成功的机会。它们寻求既可以满足当下需求，又可以服务顾客和社区长期利益的创新方式。

一些企业，如添柏岚（Timberland）、本杰瑞（Ben & Jerry's）、瓦比·帕克（Warby Parker）和其他一些企业，开始通过强化公民意识和责任感而使自己同其他企业区分开来。例如，作为一家成功的物美价廉的眼镜线上制造商，瓦比·帕克公司总是带着某种目的去销售自己的眼镜。[39]

瓦比·帕克公司在创建之初就有着崇高的经营目标：以革命性的低价提供专业设计的眼镜，并争做具有领先的社会意识的企业。在创建之初，它就通过砍掉经销商、自行设计眼镜和直接在网上吸引顾客等方式，以非常低的价格向目标顾客销售高品质的眼镜：购买瓦比·帕克公司的眼镜，会使顾客幸福地展示美丽容颜，而且花费不高。

除了为顾客带来价值以外，瓦比·帕克公司还有更广泛的社会使命。瓦比·帕克公司了解到，全世界有近 10 亿人需要眼镜但无法拥有。为了帮助人们解决这个问题，瓦比·帕克公司推出了"买一副，送一副"（Buy a Pair，Give a Pair）活动并承诺：每卖出一副眼镜，就会有另一副分发给有需要的人。到目前为止，瓦比·帕克公司已经通过该活动分发了 300 多万副眼镜。该公司认为，所有人都有权利"欣赏世界"。除了获得社会声誉之外，瓦比·帕克公司的"买一副，送一副"活动使企业和顾客都有着很好的经济收益。仅仅用了 8 年的时间，瓦比·帕克公司的年销售额就已经超过了 2.5 亿美元，估值高达 17.5 亿美元。正如瓦比·帕克公司的联合创始人——尼尔·布鲁门塔尔（Neil Blumenthal）所指出的：企业是可以在做"好事"的同时盈利的。"优质的眼镜，完美的结果。"

对市场营销人员来说，可持续营销既是机遇也是挑战。我们将在本书第 16 章中更详细地探讨可持续营销问题。

1.5.5　所以什么是市场营销？

作者点评
还记得图 1-1 对市场营销过程的概括吗？基于本章讨论的所有内容，我们扩展了这一模型并为本书余下的内容提供了清晰的路线图，以便帮助读者更好地学习市场营销。

在本章的一开始，图 1-1 展示了市场营销过程的简单模型。到目前为止，我们已经讨论了该过程的全部步骤。图 1-6 勾勒出一个扩展的模型，可以帮助读者把所有内容都整合在一起——完整版。什么是市场营销？简单来说，市场营销就是企业为顾客创造价值并建立有利可图的顾客关系，进而从顾客那里获得价值作为回报的过程。

在市场营销过程中，前四个步骤关注的是为顾客创造价值。企业首先应该通过研究顾客需要和管理营销信息全面了解市场。然后，企业需要根据对两个简单问题的回答设计顾客价值驱动型营销战略。其中，第一个问题是："我们将为哪些顾客提供服务？"（市场细分和目标市场选择）好的营销企业都知道：自己不可能在所有方面给所有顾客提供服务。相反，它们需要将资源集中在可以最好地为之提供服务并能够获得最多利润的那些顾客身上。第二个营销战略问题是："我们怎样最好地服务目标顾客？"（差异化和定位）这就要求市场营销人员描绘出独特的价值主张，即企业通过交付什么样的价值来赢得目标顾客。

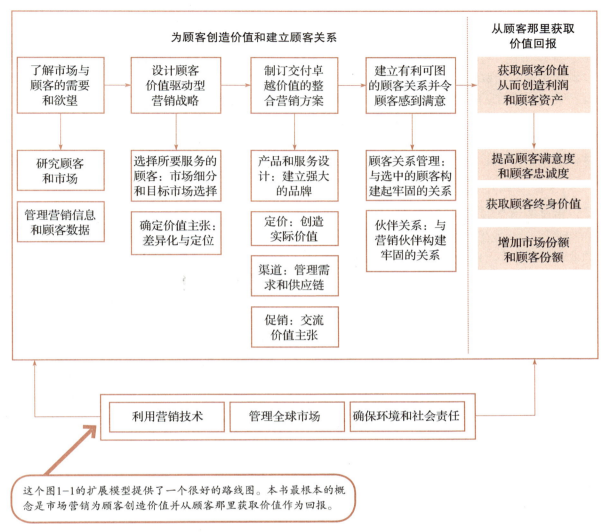

为顾客创造价值和建立顾客关系

从顾客那里获取
价值回报

| 了解市场与顾客的需要和欲望 | 设计顾客价值驱动型营销战略 | 制订交付卓越价值的整合营销方案 | 建立有利可图的顾客关系并令顾客感到满意 | 获取顾客价值从而创造利润和顾客资产 |

研究顾客和市场

管理营销信息和顾客数据

选择所要服务的顾客：市场细分和目标市场选择

确定价值主张：差异化与定位

产品和服务设计：建立强大的品牌

定价：创造实际价值

渠道：管理需求和供应链

促销：交流价值主张

顾客关系管理：与选中的顾客构建起牢固的关系

伙伴关系：与营销伙伴构建牢固的关系

提高顾客满意度和顾客忠诚度

获取顾客终身价值

增加市场份额和顾客份额

利用营销技术　　管理全球市场　　确保环境和社会责任

这个图1-1的扩展模型提供了一个很好的路线图。本书最根本的概念是市场营销为顾客创造价值并从顾客那里获取价值作为回报。

图1-6　市场营销过程的扩展模型

　　然后，企业需按照既定的市场营销战略制订相应的整合营销方案。该市场营销方案应该由市场营销组合要素——4P所构成，旨在把市场营销战略转化为对顾客的实际价值。企业开发产品并为这些产品建立起卓越的品牌识别度，通过对供应物定价以便创造实际的顾客价值，通过分销使目标顾客可以获得这些供应物。最后，企业设计相应的促销方案吸引顾客并与目标顾客交流其价值主张，说服顾客购买企业的产品和服务。

　　在市场营销过程中，或许最重要的步骤就是与目标顾客构建起以价值为导向的、有利可图的关系。市场营销人员通过顾客关系管理来创造顾客满意和顾客欣喜。它们让顾客在创建品牌对话、体验和社区的过程中进行交流互动。不过，在创造顾客价值和构建顾客关系的过程中，企业绝对不能单独行动。企业必须同企业内部和整个营销体系中的营销伙伴紧密合作。因此，除了进行良好的顾客关系管理和顾客浸入营销，企业还必须进行良好的伙伴关系管理。

　　市场营销过程的前四个步骤为顾客创造了价值。在最后一步，企业通过从顾客那里获取价值来形成牢固的顾客关系。交付卓越的价值可以提升顾客的满意度，而满意的顾客又会持续购买企业的产品和服务，并为企业的品牌代言和做推荐。这有助于企业获取顾客终身价值和更高的顾客份额。当然，结果就是企业增加了长期顾客资产。

　　最后，面对持续变化的市场营销场景，企业必须考虑其他三个因素。在构建顾客和伙伴关系的时候，企业必须利用数字时代的营销技术和全球化机会，并以对环境和社会负责的方式行事。

图1-6给出了本书后面章节的路线图。其中，第1章和第2章阐述市场营销过程，强调构建顾客关系和获取顾客价值；第3章到第5章探讨市场营销过程的第一步——了解市场营销环境、管理营销信息以及理解消费者与组织购买行为；第6章深入探讨两个主要的战略决策：选择为哪些顾客提供服务（市场细分和目标市场选择）和确定价值主张（差异化和定位）；第7章到第14章依次讨论市场营销组合的关键变量；最后两章探讨特殊的市场营销问题：全球营销和可持续营销。

1.5.6　培养职业技能

市场营销是一门振奋人心的、快速变化的学科，并提供了一系列有价值的职业。参阅附录4"市场营销职业生涯"，看看这些职业中的哪一类适合自己。但是，即使不打算从事市场营销或商业领域的工作，读者在这门课程中所学到的经验也会对自己选择的职业以及生活有所帮助。通过学习本书的内容，读者将会获得并应用一系列至关重要的技能，这些都是雇主认为对职场成功非常重要的技能。而且，这些技能也将对塑造自己的就业能力产生重要影响。

在学习本课程的过程中，读者在学习和评估营销战略和问题的同时，也会提高自己的批判性思维和解决问题的能力。在学习市场营销人员如何通过广告、数字、社交媒体和其他宣传活动吸引消费者并构建品牌关系的时候，读者也在扩展自己的说服沟通技能。而且，读者也将了解技术和营销分析是如何戏剧性地重塑营销世界的。同时，读者甚至可以应用其中一些技术来完成自己的营销问题分析。此外，在理解市场营销人员是如何与营销团队中的其他人以及企业其他部门的管理者密切合作以制定整体组织战略和战术的时候，读者也将了解协作和团队合作的重要性。从本书第1章到最后一章，读者也必将学到更多关于商业道德和社会责任的知识。

在本课程的学习中，授课老师将帮助读者通过有价值的课程作业（也许来自本书的章末练习、案例或附录）来提高自己的批判性思维、分析能力、沟通能力、演讲能力和团队合作能力。最后，除了商业应用之外，读者也会发现：市场营销也可普遍地应用到自己的生活当中。在接下来的生活中，读者可以更有效地把自己推销给别人。事实上，一些雇主在面试的时候最喜欢的策略就是提出这样的挑战性问题："假装你是一件产品，向我推销你自己。"在学习了这门课程之后，相信读者会事先准备好答案。

学习目标回顾

今天，成功的企业——无论其规模大小，也无论它是营利性的还是非营利性的，无论是国内的还是全球的——都以顾客为中心，并且都非常重视市场营销。市场营销的目标就是吸引顾客和管理有利可图的顾客关系。

学习目标1　定义市场营销并概括市场营销过程的主要步骤。

市场营销就是企业为顾客创造价值并吸引顾客和构建有利可图的顾客关系，进而从顾客那里获得价值作为回报的过程。一般而言，市场营销过程主要包括五个步骤。其中，前四个步骤是为顾客创造价值：第一步，市场营销人员需要了解市场与顾客的需要和欲望；第二步，市场营销人员以获取、维持和发展目标顾客为目标来设计顾客价值驱动型营销战略；第三步，市场营销人员制订交付卓越价值的整合营销方案；前三个步骤是第四个步骤的基础，第四步是建立有利可图的顾客关系并令顾客感到满意；第五步，企业通过从顾客那里获取价值来形成牢固的顾客关系。

学习目标2　解释了解顾客和市场的重要性，描述五个核心的顾客和市场概念。

卓越的市场营销企业总是不遗余力地去了解顾客的需要、欲望和需求，这有助于企业设计满足需求的供应物和构建起以价值为导向的顾客关系。这样，企业可以获取顾客终身价值和更多的顾客份额。结果就是企业长期顾客资产价值的提升。

核心的顾客和市场概念包括需要、欲望和需求；市场供应物（产品、服务和体验）；顾客价值和满意；交换和关系；市场。企业通过提出价值主张，即向顾客承诺满足其需要的一系列利益，来满足顾客的需要、欲望和需求。价值主张是通过提供市场供应物来实现的，它可以为顾客带来价值和赢得顾客满意，从而与顾客建立长期的交换关系。

学习目标 3 识别顾客价值驱动型营销战略的核心要素，探讨为市场营销战略提供指引的市场营销管理导向。

为了设计市场营销战略，企业必须首先确定为哪些顾客提供服务。要解决这个问题，企业需要将市场划分为顾客细分市场（市场细分）并选择想要培育的顾客细分市场（目标市场选择）。接下来，企业必须确定如何给目标顾客提供卓越的服务（如何在市场上把自己跟竞争对手区别开来和进行定位）。

市场营销管理可以采用五种导向中的任何一种。其中，生产观念认为管理的任务就是提高生产率和降低价格；产品观念认为消费者欢迎那些质量最优、性能最好、特点最多的产品，因此几乎不需要促销活动；推销观念认为除非企业采用大规模的推销和促销活动，否则消费者不会购买足够多的产品；市场营销观念认为组织目标的实现依赖于对目标市场的需要和欲望的正确判断，以及以比竞争对手更有效、更高效的方式让目标市场满意；社会营销观念认为通过可持续营销战略来创造顾客满意和长期社会福祉是达成企业目标和履行责任的关键所在。

学习目标 4 讨论顾客关系管理，识别为顾客创造价值以及从顾客那里获取价值作为回报的战略。

从广义上讲，顾客关系管理是指通过交付卓越的顾客价值和赢得顾客满意来吸引顾客、构建和维护有利可图的顾客关系的过程。其中，顾客浸入营销的目的是在形成品牌对话、体验和社区的时候，通过直接

和持续的顾客浸入使品牌成为消费者交谈和生活中富有意义的重要组成部分。

顾客关系管理和顾客浸入的目标是产生高质量的顾客资产。其中，顾客资产是指企业所有顾客的终身价值的总和。构建持久关系的关键，是创造卓越的顾客价值和赢得顾客满意。作为给目标顾客创造价值的回报，企业以利润和顾客资产的形式从顾客那里获取价值。

学习目标 5 描述在关系时代改变市场营销场景的主要趋势和力量。

市场营销舞台正在发生剧烈的变化。数字时代创造了令人振奋的、了解个体顾客并与他们构建关系的新方式。因此，数字、社交和移动媒体的进步席卷了整个营销世界。在线、社交媒体和移动营销提供了激动人心的新机会，企业可以更有选择性地确定目标顾客，让顾客进行更深入的交流互动。

如今的大数据和人工智能等高级营销分析技术，正在改进市场营销人员了解顾客和同顾客互动的方式。关键是要将新的数字技术和方法与传统的市场营销相结合，以创建更加协同的整合营销战略和市场营销组合。

在最近几年，市场营销已经成为许多非营利组织，如大学、医院、博物馆、动物园、交响乐团、基金会的战略的重要组成部分。同样，在逐渐缩小的世界里，许多市场营销人员正与全球顾客和营销伙伴建立起密切联系。今天，几乎每一家企业，无论其规模大小，都或多或少地参与到全球竞争中来。最后，市场营销人员正在重新审视他们的道德和社会责任，时代正呼吁他们对社会和环境承担更大的责任。

总之，正如本章所讨论的，可以将市场营销的主要发展总结成一个简单的概念：吸引顾客、创造和获取顾客价值。如今，各种类型的市场营销人员都在利用新的机会同顾客、营销合作伙伴以及他们周围的世界建立起富有价值的关系。

关键术语

市场营销（marketing）
需要（needs）
欲望（wants）
需求（demands）
市场供应物（market offerings）
营销近视症（marketing myopia）
交换（exchange）
市场（market）

市场营销管理（marketing management）
生产观念（production concept）
产品观念（product concept）
推销观念（selling concept）
市场营销观念（marketing concept）
社会营销观念（societal marketing concept）
顾客关系管理（customer relationship management）
顾客感知价值（customer-perceived value）

顾客满意（customer satisfaction）

顾客浸入营销（customer-engagement marketing）

消费者生成内容营销（consumer-generated marketing）

伙伴关系管理（partner relationship management）

顾客终身价值（customer lifetime value）

顾客份额（share of customer）

顾客资产（customer equity）

数字和社交媒体营销（digital and social media marketing）

问题讨论

1. 市场营销过程如何为顾客和企业创造价值？（AACSB*：书面和口头交流；反思性思考）

2. 什么是市场供应物？请列举一个最近满足了自己需要和欲望的市场供应物。（AACSB：书面和口头交流；反思性思考）

3. 定义市场营销管理，并解释市场营销管理人员是如何设计成功的市场营销战略的。（AACSB：书面和口头交流；反思性思考）

4. 讨论顾客满意的概念，解释顾客关系管理和顾客感知价值是如何影响顾客满意度的。（AACSB：书面和口头交流；反思性思考）

5. 创造卓越顾客价值的结果是什么？企业为什么要关注这些结果？（AACSB：书面和口头交流；反思性思考）

6. 阐明数字和社交媒体营销的重要性。（AACSB：书面和口头交流；反思性思考）

营销伦理

有人在看着你么？

零售商通常会跟踪顾客的购物模式，并针对其提供特别的优惠。例如，CVS 公司有一张 Extracare 卡，在结账时刷卡消费，可以享受折扣，同时顾客还可以拿到名为"Extra Bucks"的额外优惠券——可以在未来的购物中作为现金使用。在后台，CVS 公司收集了顾客的购买数据，并利用汇总数据针对顾客个人提供特殊优惠。最近没有购物的顾客会在邮件中收到折扣或线上优惠券，以激励他们再次光顾并购买 CVS 公司的产品。经常购物的顾客可以通过扫描如上所述的额外优惠券，获得店铺内的折扣和优惠。

1. 市场营销人员追踪消费者的购买行为是否正确？消费者是否应该关心自己的哪些信息被使用了？（AACSB：书面和口头交流；伦理理解和推理；反思性思考）

2. 讨论市场营销人员使用数据来销售产品的其他例子。这是否符合道德规范？（AACSB：书面和口头交流；伦理理解和推理）

营销计算

吉列试图消除竞争

宝洁公司的剃须刀品牌——吉列（Gillette）正面临着来自消费趋势和新兴数字竞争对手的挑战。吉列和其竞争对手——舒适（Schick）一直都专注于产品创新和更高的价格。事实上，吉列的剃须刀刀身最初包含两个刀片，然后是三个，现在是五个。现在的剃须刀产品，有着可以让刀片转动的旋转球，有些还是可振动的。吉列品牌最近还申请了一项可加热剃须刀的专利。然而，每增加一项性能，价格也就会相应地上涨。尽管吉列提供的优质产品使它可获得 15 亿美元的年销售收入，但它仍面临着"留胡须"这一持续趋势所带来的威胁，比如"胡渣"或"胡茬"的造型不太可能在短期内消失。在线新秀品牌，如 Dollar Shave Club、Harry's 和 800Razor.com 也在蚕食着吉列的销售额。当吉列的 Mach3 剃须刀专利到期时，竞争对手——舒适推出了一款价格更低的兼容刀片。尽管吉列在男士美容市场上仍占有 50% 以上的市场份额，但其市场份额已经从 2010 年的 70% 开始逐年下降。为了重新赢得市场份额，吉列 2016 年成立了吉列剃须俱乐部。但该品牌最重要的变化是：减少对产品创新的关注，实施平均 12% 的全面

---

*　AACSB：国际商学院协会。本书的问题讨论符合 AACSB 的多个学习主题。本书余同。

降价。

1. 假设边际贡献为 60%，那么在全面降价 12% 的情况下，要实现盈亏平衡（即维持目前的总利润）需要多少销售额？请参阅附录 3 "营销计算"，以便了解如何进行分析。（AACSB：书面和口头交流；分析性思考）

2. 这意味着销售额应实现什么样绝对增长和百分比增长？（AACSB：书面和口头交流；分析性思考）

企业案例

适合本章的企业案例见附录 1。

企业案例 1 福乐鸡：先更好，再更大。 福乐鸡公司坚持做生意最可持续的方式是提供所能提供的最好的顾客体验的哲学理念，悄然发展成最大的鸡肉连锁店。

企业案例 4 Qualtrics：管理完整的顾客体验。 Qualtrics 是在线调查的先驱。现在，它利用在线调查来管理顾客体验。

企业案例 11 Bass Pro Shops：为讨厌购物的人打造自然主题公园。 Bass Pro Shops 公司通过提供最广泛的产品分类，以参与式体验吸引顾客，成为最大的体育用品零售商。

复习题

1. 比较和对比需要、欲望和需求。市场营销人员能够影响其中哪一个概念？（AACSB：沟通；反思性思考）

2. 当纽约市提出对软饮料的大小实行限制时，将特定的产品单列出来进行限制是否公平？分别从政府、软饮料销售商和消费者的角度讨论这个问题。（AACSB：书面和口头交流；反思性思考）

注释

公司和市场营销战略：

合作促进顾客浸入、创造顾客价值和构建顾客关系

第**2**章

学习目标

学习目标 1 阐释公司战略规划及其四个主要步骤，参见"公司战略规划：定义市场营销的角色"部分。

学习目标 2 讨论如何设计业务组合并制定成长战略，参见"设计业务组合"部分。

学习目标 3 说明市场营销在战略规划中的作用以及市场营销如何同其合作伙伴一起创造并交付顾客价值，参见"市场营销计划：合作构建顾客关系"部分。

学习目标 4 描述顾客价值驱动型营销战略的各个要素、组合及其影响因素，参见"市场营销战略与市场营销组合"部分。

学习目标 5 列出市场营销管理的主要职能，包括市场营销计划的构成要素，并探讨考核与管理市场营销投资回报率的重要性，参见"管理市场营销努力和市场营销投资回报率"部分。

概念预览

在本书第 1 章中，我们深入探讨了市场营销过程。正是通过这样的市场营销过程，企业为顾客创造了价值，然后从顾客那里获取了价值回报。本章将深入挖掘市场营销过程的第二步和第三步：设计顾客价值驱动型营销战略和制订整合营销方案。首先将重点探讨公司的整体战略规划，这将为企业的市场营销战略和计划提供指引；然后讨论市场营销人员在战略规划的指导下是如何紧密地与企业内外部伙伴合作为顾客创造价值的；接下来将阐述市场营销战略和计划——如何选择目标市场、进行市场定位、制定市场营销组合并管理市场营销方案；最后探讨管理市场营销努力和市场营销投资回报率的重要步骤。

首先，我们来看一下优秀的星巴克公司和该公司优秀的市场营销战略故事。在早期，星巴克获得了巨大的成功，它不仅专注于咖啡，而且专注于喝咖啡的体验。后来，该公司经历了从繁荣到衰退再到繁荣的跌宕起伏的过程。一路走来，星巴克了解到好的市场营销战略不仅仅意味着成长、销量和利润，还意味着能够巧妙地吸引顾客并为他们创造价值。就其核心而言，星巴克不只是卖咖啡，它卖的是"星巴克体验"。

星巴克的市场营销战略：提供"星巴克体验"

星巴克咖啡公司成立于 1971 年，1982 年霍华德·舒尔茨（Howard Schultz）加入星巴克，他将欧式咖啡店带到了美国，从而改变了整个咖啡行业。他认为，人们需要放慢脚步，"闻闻咖啡"，享受生活。结果就是霍华德·舒尔茨掌管下星巴克以一种全新的战略来吸引顾客并创造顾客价值。

星巴克为顾客提供了所谓的"第三空间"，这是一个远离家庭和工作的地方。在星巴克，气味、研磨咖啡豆的声音以及观看咖啡师调配和冲泡品牌特色咖啡的过程，已经与咖啡本身一样，成为顾客体验的重要组成部分。

在之后的 20 年里，顾客们纷纷涌向了星巴克咖啡店。到 2007 年，大约有 15 000 家星巴克门店遍布全美乃至全球，该公司的销售额和利润就像一杯热咖啡的蒸汽一样"蒸蒸日上"。然而，星巴克的巨大成功也吸引了众多的竞争对手。似乎每一家竞争对手——从独立的咖啡店到快餐店——都在兜售各自品牌的优质咖啡。

为了在日益激烈的咖啡市场中保持惊人的增长，星巴克制定了雄心勃勃的成长战略。它以惊人的速度开设新店，似乎到处都是。例如，在芝加哥的一个三街区内，就开设了六家时髦的咖啡店；在纽约市，一家梅西百货（Macy's）店里就有两家星巴克门店。事实上，如此之多的门店挤在一起，导致一个讽刺性刊物刊登了这样的标题："一家新的星巴克门店开在现有星巴克门店的洗手间里。"该公司在美国各地设立了星巴克自助服务点和咖啡亭，从塔吉特的各个店铺、各大超市到各酒店大堂，从航空公司到汽车经销店等服务场所，都能看到星巴克咖啡店。

然而，星巴克越发展，越偏离促使其成功的核心使命和价值观。该公司近乎痴迷地专注于为了成长而成长，开始对珍贵的"星巴克体验"造成了伤害。星巴克远离了其作为一个温暖、亲切的咖啡店的初心，开始变成咖啡因加油站了。更重要的是，这个高端品牌后来发现，自己竟然在同麦当劳等品牌竞争大量相同的顾客。

霍华德·舒尔茨于 2000 年卸任了星巴克的首席执行官（CEO），但他对于上面的现象也表达了自己的担忧。在 2007 年给公司管理层的一份备忘录中，舒尔茨感叹，公司的推式成长（push for growth）导致星巴克正在"失去灵魂"。舒尔茨说得没错，星巴克确实出现了问题。到 2008 年初，当舒尔茨重新担任星巴克总裁兼首席执行官的时候，该公司发现自身处于水深火热之中。有史以来第一次，美国门店的平均交易量在下降，同店销售额增长放缓。仅仅在之前两年内，星巴克的股价就下跌了近 80%。

然而，舒尔茨并没有让品牌消失，而是迅速地采取行动，恢复其荣耀。他减缓星巴克新开门店的速度，关闭表现不佳的分店，并更换了公司的大部分高层管理人员。最重要的是，舒尔茨制订了重新确立品牌核心使命和价值观的计划，并将公司的重心重新放在为顾客提供真正的星巴克体验上。

为了强调这一点，舒尔茨耗资 3 000 万美元，将 1 万名星巴克店长送到新奥尔良，重新进行提升士气的培训和指导。不久之后，星巴克将其在美国的所有分店关闭了 3 个小时，并在全美范围内对其员工进行培训，让他们了解产生令人满意的顾客体验的基本知识。

这些早期的行动开启了星巴克持续更新的过程。通过新产品、创新的门店形式和新平台来吸引顾客，星巴克重新点燃了其顾客体验。除了对招牌咖啡产品的改进，星巴克还开发了一系列新产品，将星巴克体验带入新的领域。例如，在几年前，星巴克成功地推出了 Via 咖啡，这是一款在家里和在店铺里一样好喝的速溶咖啡。此后，星巴克开发或收购了各种品牌，并在整个星巴克连锁店内进行销售，其中包括 Fizzio（新鲜碳酸饮料和手工制作的苏打水）、Teavana（瓶装手工冰茶）和 Evolution Fresh（冷压果蔬汁）等。为了完善星巴克体验，连锁店还扩大了其优质食品的选择范围。现在，它提供从热的早餐主食到三明治、蛋白质盒和蛋白质碗以及酸奶和水果等各种食品。

该公司还推出了新的门店形式，如高端星巴克臻选烘焙工坊（Starbucks Reserve Roasteries）——一部分是咖啡吧，一部分是体验精品店，还有一部分是烘焙工坊。这些旗舰店正在缓慢推出，而且只在全球最国际化的城市，如上海、米兰、纽约、东京和芝加哥等地区推出。在其他地区，星巴克正在创建 30 多家星巴克臻选门店（Starbucks Reserve Bars）——规模更小、更私密的咖啡店。

除了员工培训、新产品和创新的门店形式外，星巴克一直坚持通过数字技术和移动平台提高顾客浸入度并成为品牌社区领导者。星巴克非常成功的忠诚奖励计划拥有 1 500 万个会员。通过星巴克的移动应用程序，会员可以提前下单、支付、赚取奖励，并了解新产品和特别优惠。目前，该应用程序产生的订单占所有店内交易的 20%。

如今，重新焕发活力的星巴克再次与顾客充分互动，提供独一无二的"星巴克体验"。销售额和利润也再一次得到提升。每个星期，都有 23.8 万名星巴克员工在 75 个国家的 2.7 万多家门店，面对面地为 7 500 多万名顾客提供服务。在过去的 5 年时间里，星巴克公司的年收入以两位数的速度增长，利润也创下了历史新高。

星巴克故事的寓意在于：好的市场营销战略意味着要把精力集中在创造顾客价值上。企业的目标不仅是成长、销售或利润，还应该是以一种有意义的方式去吸引顾客，为他们创造价值。如果一家企业重视顾客浸入和顾客价值，就一定会取得良好的业绩。[1]

➡ 2.1　公司战略规划：定义市场营销的角色

> **作者点评**
> 公司整体战略规划指导着市场营销战略和市场营销计划，公司整体战略和市场营销战略一样，必须以顾客为导向。

为了长期生存和发展，每家公司都必须基于具体的情况、机会、目标和资源找到最合理的策略。这是**战略规划**（strategic planning）的重点——形成并保持组织目标、组织能力与不断变化的营销机会之间战略匹配的过程。

战略规划为公司的其他规划奠定了基础。通常，公司要制订年度计划、长期计划和战略规划。其中，年度和长期计划针对公司的现有业务，旨在将它们维持下去。与此相反，战略规划根据不断变化的环境对公司进行调整以便抓住各种机会。

在公司层面，公司的战略规划过程从确立总体目标和使命开始（如图 2-1 所示）。之后，这个使命变成指导整个企业的、详细的支持性目标。接下来，由公司总部来决定哪些业务和产品组合是最有利于本公司的，并决定给予每一种业务组合多少支持。然后，要为每一项业务和产品制订详细的市场营销方案以及其他职能计划，以便为整个公司的计划提供支持。因此，市场营销计划发生在业务单位、产品和市场三个层面，它针对具体的市场营销机会制订更详细的计划以对公司的战略规划提供支持。

2.1.1　定义市场导向的使命

一个组织的存在是为了有所成就，管理者需要明确组织存在的目的到底是什么。确定合理的使命应该从以下几个问题入手：我们的业务是什么？我们的顾客是谁？顾客看重的是什么？我们的业务应该是什么？这些看似简单的问题其实是最难回答的。成功的企业不断提出这些问题，并认真彻底地做出解答。

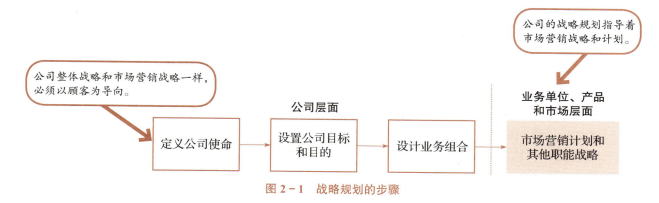

公司整体战略和市场营销战略一样，必须以顾客为导向。

公司的战略规划指导着市场营销战略和计划。

公司层面

业务单位、产品和市场层面

定义公司使命 → 设置公司目标和目的 → 设计业务组合 → 市场营销计划和其他职能战略

图 2 - 1　战略规划的步骤

许多组织都制定了正式的使命宣言来回答这些问题。**使命宣言**（mission statement）是组织对要在大环境下完成的目标的一种陈述。作为一只"看不见的手"，明确的使命宣言指导着组织中的每一位成员。

一些企业狭隘地将自己的使命定义在产品或技术层面（"我们生产和销售家具"或"我们是一家化学药品加工企业"）。但使命宣言应该是市场导向的，应该从满足顾客基本需求的角度定义。产品和技术最终都会过时，但基本的市场需求可能会永远持续下去。例如，照片分享网站Pinterest没有把自己定义为一个在线发布图片的场所，它的使命是为人们搭建社交媒体平台，收集、组织和分享他们热爱的事情。类似地，微软公司的使命不是创造世界上最好的软件、技术和产品，而是对全世界的人进行赋能，让人们能够取得更多的成就。表 2 - 1 提供了其他一些例子，对比了产品导向和市场导向的业务定义。[2]

表 2 - 1　产品导向和市场导向的业务定义

企业名称	产品导向的定义	市场导向的定义
星巴克	我们销售咖啡和简餐	我们销售"星巴克体验"，这种体验能够丰富人们当下的生活。一个人，每次一杯奇妙的咖啡
Panera	我们销售快餐	我们给顾客提供"应有的食物"：味道好的食物；感觉好的食物；对自己和周围世界有益的食物
Instagram	我们是发布照片和视频的社交应用程序	我们帮助消费者捕捉并分享世界的时刻
家得宝（Home Depot）	我们销售工具和房屋维修用品	我们帮助消费者打造梦想家园
美国国家公共电台（NPR）	我们是一个公共广播网	我们为公众提供更多的信息——通过对事件、思想和文化的深入理解和欣赏而受到挑战和激励
丝芙兰	我们是美妆产品零售商	我们销售的是生活方式和展示自我的方式：帮助顾客释放他们的美丽潜力
丽思卡尔顿	我们出租房间	我们创造丽思卡尔顿酒店体验——难忘的一夜，远远超出客人的期望
沃尔玛	我们经营折扣商店	我们每天提供低价，给普通老百姓提供和富人买相同东西的机会。"省钱让生活更美好"

使命宣言应该是具体的、有意义的，而且要具有激励作用。很多时候，使命宣言是出于公关目的来撰写的，缺乏具体可操作的指导方针。真正的使命宣言应该强调企业的优势，有力地展示

企业如何赢得市场。

最后，正如我们在开篇的星巴克的故事中所发现的那样，企业的目标不应该是更多的销售和利润，利润只是为顾客创造价值的一种回报。与此相对，使命应该专注于顾客及企业创造的顾客体验。例如，丽思卡尔顿并不把自己仅仅看作在出租房间，而是以创造"丽思卡尔顿体验"为己任，即使生活富有生气、充满幸福感并努力满足顾客的潜在需要和欲望。丽思卡尔顿用具体的服务步骤来贯彻这一使命，每个员工都可以通过这些步骤帮助企业将使命转变成现实。[3]类似地，爱彼迎也不仅仅是帮助人们找到住处，它让人们有一种四海为家（Belong Anywhere）的感觉——旅行时把自己看作当地人，沉浸在当地的文化和体验之中（参见市场营销进行时 2-1）。

| 市场营销进行时 2-1 |

爱彼迎的使命：四海为家——不只是待在那里，而是生活在那里

爱彼迎已经彻底改变了酒店业。在十几年的时间里，这家将住在陌生人家里的方式普及化的科技创业公司，已经在世界上 191 个国家和地区建立了拥有 450 万个房源和 3 亿名客人的全球网络。这是惊人的，尤其是与全球最大的连锁酒店——拥有 90 多年历史的万豪国际集团（Marriott International）——在 122 个国家的 6 500 个物业中拥有 120 万间客房的规模相比较。爱彼迎已经变得如此广为人知，以至于很多顾客都把这个品牌当作动词来使用——例如，"我们去芝加哥过周末吧，就在市中心爱彼迎个地方吧！"

这一切都源于爱彼迎创始人——布莱恩·切斯基（Brain Chesky）和乔·盖比亚（Joe Gebbia）决定以每晚 40 美元的价格将公寓楼上的三个气垫床出租（因此 air（空气）被放入了爱彼迎的英文名称（Airbnb）中），以赚取一些额外的收入，来帮助他们支付公寓租金。切斯基和盖比亚很快意识到，预订气垫床的人得到的不仅仅是一个便宜的住处，他们得到了一种真实的"像当地人一样"的生活体验。这个想法造就了今天的爱彼迎——一个在线住宿平台，为需要住宿的人和有空余房间的房主牵线搭桥。

从概念上看，爱彼迎的基本模式相当简单。它从房东开始——爱彼迎的官方术语，指的是有空余房间出租的房主——他们在爱彼迎上注册并接受合法性审查。房源的形式五花八门，从沙发、单间、套间或公寓，到停泊的游艇、整栋房子，甚至是一座城堡。有些房东甚至会出租院子供客人搭帐篷。每个地点都像它的主人一样独一无二。

对于客人来说，跟爱彼迎公司打交道，就像在网上购买或预订其他任何东西一样。注册用户可以通过城市、房间类型、价格范围、设施、房东语言等选项进行搜索。大多数房源都提供了照片和细节，让潜在的客人很好地了解住宿情况。客人可以在预订前与潜在的房东联系，提出问题，最后通过爱彼迎公司进行预定，费用支付通过一个安全的界面来完成。当客人到达住所时，房东会迎接他们或者安排他们入住。

起初，爱彼迎吸引的大多是寻找廉价和酷炫住处的冒险旅行者。其他潜在顾客则避而远之，不愿接受与陌生人同住的风险或不适。但当这一概念流行起来以后，爱彼迎得到了迅速发展。比起传统酒店提供的千篇一律的房间和毫无个性的旅行体验，人们更热衷于爱彼迎的本真性和独特体验。

这一认知标志着爱彼迎及其创始人的一个重大转折点。切斯基和盖比亚开始意识到：爱彼迎所提供的，其实远不止出租空间。

为了寻找答案，爱彼迎的团队采访了全球数百位客人和房东。他们一次又一次地听到客人说，他们最不希望成为游客。与此相反，爱彼迎的客人希望自己成为内部人，与当地人打交道并沉浸在当地的文化体验之中。据该公司称，有 86% 的用户选择爱彼迎，是因为他们想过得更像当地人，他们想要体验当地生活的归属感。

于是，在 2014 年，爱彼迎推出了新的公司使命：帮助创造一个世界，在这里，顾客可以有一种四海为家的感觉——可以生活在任何一个地方并融入其中，而不仅仅是旅行。新的使命激发了新的品牌标语——"四海为家的归属感"和新的品牌符号，精心构思的品牌符号包含爱彼迎英文名称中的"A"、一颗心和一枚定位销。

爱彼迎的"四海为家的归属感"使命，不仅仅是公司总部墙上的一块牌匾，也不仅仅是网站页面上一句鼓舞人心的宣言。相反，这个使命推动着整个公司的一切工作，从旅行产品到市场营销活动。爱彼迎认为自己不仅仅是一个房间提供者，而是一个独特又真实的"归属"体验的策划者。

爱彼迎的体验精髓植根于该公司的房东，爱彼迎将其视为一线顾客。该公司已经培养了一个庞大的全球住宿供应商社区，他们是爱彼迎使命的真正信徒。爱彼迎鼓励房东遵循一定的准则。然而，尽管指导准则可能会建议向客人提供某些服务，比如接机或徒步旅行，但爱彼迎给予房东完全的自主权，以塑造独特的客人体验。最重要的准则是：创造四海为家的归属感。

在启动新的使命之后不久，切斯基在巴黎举行的爱彼迎年度房东活动——爱彼迎开放交流会上向众多房东致辞。他说，世界上最特别的不仅仅是自己的那一个家，其实整个生命都很特别。作为演讲的一部分，切斯基分享了与父母在巴黎参加当年爱彼迎开放交流会时的体验图片。随后，切斯基展示了他父母在巴黎第二天的图片，在爱彼迎的一些金牌房东的指导下，他们从当地人的角度体验了这座城市。他们在一家地道的路边咖啡馆喝咖啡、在花园里散步、在一家舒适的巴黎夜总会喝酒跳舞。切斯基进一步指出，我们似乎不像是去巴黎旅游的人，我们似乎就居住在巴黎。

爱彼迎很快指出，"归属感"不一定是与房东一起喝茶和吃饼干。许多房东并不住在他们提供的房间中。实际上，许多客人也不想见房东。从更广泛的意义上讲，归属感是指在他人的空间中闲逛，并有人分享当地经验，即使房东不在场也是如此。这意味着顾客冒险去参观体验自己可能不会看到的本地景点、去做他们原本不会做的事情。爱彼迎认为最佳的"归属感"体验是一次转型之旅。

为了拓宽新使命下的服务范围，爱彼迎推出了体验平台，让顾客不仅可以预订住宿，还可以和当地人一起进行为期一天或两天的旅行，包括在自然保护区里和狼群一起徒步旅行、在当地人的合唱团中唱歌、在佛罗伦萨和两位厨师一起做一顿意大利面。

此外，爱彼迎还推出了一系列扩展的住宿体验。其中，爱彼迎优选服务（Airbnb Plus）提供了一系列高品质、设备齐全的房屋，房东以好评和注重细节而著称。而对于真正挑剔的顾客来说，爱彼迎卓越服务（Airbnb Beyond）则在奢侈的住宅中提供了高端奢华的选择，比如预订管家或私人厨师等。

在广告宣传活动中，爱彼迎推出了"不是去那里旅行，而是居住在那里"，从而进一步体现了该公司的使命和定位。在不同的广告中，爱彼迎传递了人们在东京艺术家阁楼的体验、在洛杉矶安静的度假地或舒适的巴黎公寓的体验。但这些广告表明，客人得到的不仅仅是一个住宿的地方。有一则广告里出现的是到巴黎地标景点——如埃菲尔铁塔、凯旋门——的沉闷的标准化旅游范式，并训诫道："不要去巴黎，不要去巴黎旅行，请不要去巴黎旅行。"然后，广告中画面一转，出现了像当地人那样纵情嬉闹和闲逛的温馨画面，并大力推荐"在巴黎生活，哪怕只生活一天也行"。对于爱彼迎而言，公司的使命就这样完成了。通过爱彼迎，客人真正实现了四海为家。

资料来源：Leigh Gallagher, " How Airbnb Found a Mission and a Brand," *Fortune*, January 1, 2017, pp. 56-62; Leigh Gallagher, " Here's How ' Experiences ' Are Doing So Far," *Fortune*, October 23, 2017, http://fortune.com/2017/10/23/airbnb-ceo-experiences-new-york/; Katie Richards, " Put Away the Selfie Stick and Live Like a Local, Urges Airbnb's

New Campaign, " *Adweek*, April 19, 2016, www.adweek.com/brand-marketing/put-away-selfie-stick-and-live-local-urges-airbnbs-new-campaign-170920/; Ruth Reader, " On Its 10th Birthday, Airbnb Just Launched High-End Options to Lure Discerning Travelers, " *Fast Company*, February 22, 2018, www.fastcompany.com/40534726/on-its-10th-birthday-airbnb-just-launched-high-end-options-to-lure-discerning-travelers; Max Chafkin, " Airbnb Opens Up the World? " *Fast Company*, February 2016, pp. 76-95; and additional information from www.airbnb.com and https://blog.atairbnb.com/belong-anywhere/, accessed September 2018.

2.1.2　设置公司目标和目的

公司的目标应该细化到各个管理层。每个管理人员都应该有自己的目标并负责实现这些目标。例如，大多数美国人都知道 CVS 健康公司（CVS Health）是一家连锁零售药店，销售处方药和非处方药、个人护理产品以及一系列便利商品和其他物品。但 CVS 健康公司的使命却要广泛得多。[4]

CVS 健康公司的广泛使命导致了其目标的层次性，包括业务目标和市场营销目标。其中，CVS 健康公司的总体业务目标是增加便利性、降低成本并提高保健质量。它通过在自己的零售药店销售产品以及通过研究、消费者宣传教育及支持同保健相关的项目和组织而在整个健康管理中发挥更积极的作用，进而实现上述目标。

然而，这些活动的成本很高，必须通过提高利润来提供资金。因此，提高利润成为 CVS 健康公司的另一个主要目标。具体而言，提高利润可以通过增加销售或降低成本来实现，而增加销售可以通过提高顾客浸入度和提高公司在医疗保健市场中的份额来实现。相应地，上述这些目标就成了该公司目前的市场营销目标。

公司必须制定相应的市场营销战略和计划来支持上述目标的实现。为了提高顾客的参与度、销售额和市场份额，CVS 健康公司已经重新调整和拓宽了其产品和服务线。例如，它最近停止了烟草产品的销售，这些项目与其 "更好的健康" 的使命不相符。而且，它还在 9 600 家门店中的 1 100 多家门店设置了 CVS 一分钟诊所（CVS MinuteClinic），患者可直接进入，无需提前预约。自 2000 年以来，该诊所已经为超过 3 400 万人次的患者提供了非预约医疗服务。CVS 健康公司还扩大了其顾客服务活动的范围，包括为有慢性病诊疗需求和特殊健康需求的顾客提供量身定制的医疗建议。

这是 CVS 健康公司广义的市场营销战略。针对每个市场营销战略，公司还必须做出更为详细的规定。例如，CVS 健康公司迅速扩大的一分钟诊所服务需要公司从事更多的广告和促销活动，这些工作需要详细地加以阐明。这样一来，CVS 健康公司的广义目标就转化为当前阶段的一系列具体的短期目标和市场营销计划了。

2.2　设计业务组合

在公司使命宣言和目标的指导下，管理层必须对其业务组合——构成公司的业务和产品的组合进行规划。其中，最好的**业务组合**（business portfolio）能够完美地将公司的优势和劣势与环境中的机会匹配起来。

大多数大型企业都有复杂的业务和品牌组合。例如，读者可能知道玛氏公司是世界头号糖果制造商。这家价值 350 亿美元的巨头拥有一些世界上最受欢迎的糖果品牌，包括 M&M's、士力架、玛氏、Twix、Skittles、Starburst、Altoids 以及 Wrigley 和 Orbit 口香糖。它还拥有 Uncle Ben's 大米品牌。

但你知道吗？玛氏公司也是一家世界领先的宠物营养和保健品公司，其领先的宠物食品品牌包括 Iams、Royal Canin、Eukanuba、Whiskas 和 Pedigree。它还拥有多家宠物医院、狗狗日托和兽医服务公司，包括 Banfield、Blue Pearl 和 VCA 宠物医院。玛氏公司在犬类 DNA 检测和 GPS 宠物追踪监控方面的业务也在不断增长。总的来说，玛氏公司销售的宠物护理产品和服务比糖果还要多。对如此复杂的业务组合进行战略规划和市场营销计划是一项艰巨且关键的任务。然而，通过巧妙的组合管理，玛氏公司基于造福所有人的公司使命以及质量、责任、互助、效率和自由这五项指导原则，有利可图地对其广泛的业务组合进行了有效管理。[5]

业务组合规划包括两个步骤：首先，企业必须分析目前的业务组合，并确定哪些业务应该加大投资，哪些应该减少投资，哪些应该撤资；其次，根据业务增减制定战略，打造未来的投资组合。

2.2.1　分析当前的业务组合

战略规划的主要任务就是**业务组合分析**（portfolio analysis）——管理人员评估公司的产品和业务。一般而言，企业往往更乐于在更赚钱的业务上加大投资，而逐步减少或放弃较薄弱的业务。管理人员的第一步就是确定企业的核心业务，即所谓的战略业务单位（SBU）。其中，战略业务单位可以是企业的一个部门、部门中的一条产品线，有时也可以指一个产品或品牌。然后，管理人员会进一步评估各战略业务单位的吸引力，决定对每个战略业务单位进行多少投资。设计业务组合时，可以考虑符合企业核心理念与竞争力的产品和业务。

战略规划的目的是使企业能够最大限度地发挥自身优势，并充分利用一切有利机会。出于这个原因，大多数标准投资组合分析方法从两个重要方面评估企业的战略业务单位：该战略业务单位的市场或行业吸引力和企业在市场或行业中的地位。在各种评估方法中，最知名的业务组合规划方法是由管理咨询领导品牌波士顿咨询集团（Boston Consulting Group，BCG）开发的。[6]

2.2.2　波士顿咨询集团法

使用经典的波士顿咨询集团法，企业可以根据**成长 - 份额矩阵**（growth-share matrix）对其所有战略业务单位进行分类，如图 2 - 2 所示。其中，纵轴的市场增长率说明市场吸引力，横轴的相对市场份额代表企业在该市场上的实力。该矩阵主要描述了以下四种类型的战略业务单位：

1. 明星。明星代表的是高成长、高份额的业务或产品，往往需要进行大量投资来帮助它们快速成长。最终其成长速度会放缓，可能转变成现金牛。

2. 现金牛。现金牛是低成长、高份额的业务或产品。这些成功的战略业务单位只需要少量投资，就可以保持自己的市场份额。这些业务所产生的大量现金，可用于企业支出并支持其他需要投资的战略业务单位。

3. 问号。问号是高速成长的市场中的低份额业务或产品。这类业务往往需要大量的现金来保持自己的份额，更不用说增加份额了。管理人员必须认真思考哪些业务应该建设成明星业务，哪些应该加以淘汰。

4. 瘦狗。瘦狗是低成长、低份额的业务和产品。它们可能会赚足够的钱来维持自己的生存，但不可能赚大钱。

矩阵中的 10 个圆圈分别代表企业目前的 10 个战略业务单位。如图 2 - 2 所示，该公司目前拥有两个明星、两个现金牛、三个问号和三个瘦狗业务或产品。其中，圆圈的面积与其所代表的业务销售额成正比。这家公司的业务还不错，虽然算不上好。该公司希望投资有潜力的问号

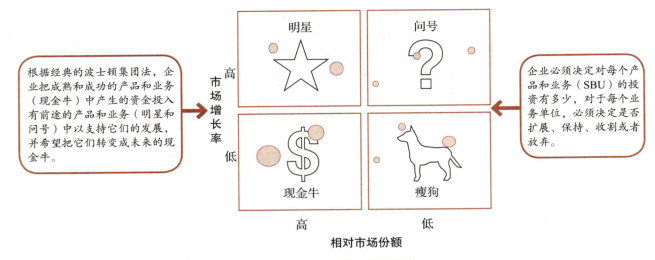

根据经典的波士顿集团法，企业把成熟和成功的产品和业务（现金牛）中产生的资金投入有前途的产品和业务（明星和问号）中以支持它们的发展，并希望把它们转变成未来的现金牛。

企业必须决定对每个产品和业务（SBU）的投资有多少，对于每个业务单位，必须决定是否扩展、保持、收割或者放弃。

图 2 - 2　BCG 成长 - 份额矩阵

业务以将其转型成明星业务，并维持明星业务，以便市场成熟时可以转型成现金牛业务。幸运的是，该公司目前拥有两个规模还可以的现金牛业务，其收入可以帮助公司投资到问号、明星和瘦狗业务中。对于瘦狗和问号业务，该公司应该果断采取一些行动。

　　将战略业务单位分好类之后，该公司还必须决定每个业务在未来扮演什么样的角色。对每个战略业务单位而言，企业可以在上述四种类型中加以选择，它可以加大对业务单位的投资以扩展自己的市场份额。或者，它可以只投资一点，保持战略业务单位的现有水平。当然，也可以不顾长期影响而收割短期利润。最后，企业还可以放弃某个战略业务单位，如销售出去，并把资源投入其他业务单位之中。

　　随着时间的推移，战略业务单位在矩阵中的位置也会发生相应的变化。许多业务开始的时候是问号，如果效益很好，就能转型成为明星。当市场增速放缓的时候，可能又转型为现金牛。不过，所有业务最后都得淘汰，或变成瘦狗进入其生命周期的末端。因此，企业需要不断增加新产品和新业务。其中，总有几种业务会发展成为明星业务，最终转型成给其他业务创造资金的现金牛业务。

成长 - 份额矩阵的问题

　　成长 - 份额矩阵和其他方法彻底改变了战略规划。然而，这类方法也有其自身的局限性：难度大、浪费时间、执行成本高。管理人员会发现很难界定战略业务单位并衡量其市场份额与增长率。此外，这些方法专注于现有业务的分类，对未来的规划没什么帮助。

　　基于这些问题，很多企业都放弃了这些正规的矩阵方法，而选择更契合自己具体情况、更个性化的方法。此外，以前的战略规划工作由公司总部的高层管理人员亲自处理，而今天的战略规划工作已经下放。越来越多的企业把战略规划的责任交到由各部门管理人员所组成的跨职能团队的手中，因为这些人更接近市场。在数字时代，这类管理人员拥有丰富的、最新的数据，可以迅速调整计划，以应对市场中不断变化的情境和实践。

　　业务组合规划也是一项富有挑战性的工作。例如，作为一家价值 1 240 亿美元的工业集团，通用电气（GE）拥有相当广泛的业务组合，同时在几十个消费品和工业品市场上展开经营活动。[7]

───────────────

　　当大多数消费者看到熟悉的通用电气标志时，他们想到的是家用电器和照明产品。但近年来，通用电气已经对其庞大、复杂的业务组合实施转型，从原来的提供消费产品和金融服务逐渐转向了数字工业公司——更加聚焦于新的公司使命——创造下一个数字工业时代，以便创造世界、改变世界、推动世界进步和解决世界问题。目前，通用电气公司旗下的一系列战略业务单位——如通用电气交通、通用电气电力、通用电气可再生能源、通用电气航空、通用电气医疗等——提供的产品和服务从喷气发动机、柴电机车、风力涡轮机、海上钻井解决方案到航空航天系统和医疗成像设备等。此外，通用电气资本更是提供广泛的金融产品和服务。

目前，在通用电气的年收入中，只有不到2%来自消费产品。该公司出售了其庞大的通用电气资本的金融服务部门，并将其整个家电部门出售给了海尔公司。这样的业务组合决策对通用电气的发展有着巨大的影响。例如，在出售家电部门之前，通用电气仅家电和照明业务的年收入就高达88亿美元，超过了捷蓝航空、金宝汤（Campbell's Soup）、哈雷-戴维森（Harley-Davidson）和好时（Hershey）等公司的总收入。管理通用电气广泛且复杂的业务组合，需要大量的管理技能，正如通用电气长期以来的口号所暗示的那样——梦想启动未来。

2.2.3 制定成长与精简战略

除了评估当前的业务，设计业务组合还包括寻找企业未来应该考虑的业务和产品。企业要想更有效地展开竞争、满足公司股东的要求和吸引顶尖人才，就需要不断地发展壮大自己。与此同时，企业也应该注意不要把发展本身作为目标。企业的目标应该是"盈利性成长"。

为了实现企业盈利性成长，市场营销应该担负起其中的主要责任。市场营销需要识别、评估和选择市场机会，制定战略并抓住机会。想要更好地识别成长机会，本书建议使用**产品/市场拓展方格**（product/market expansion grid），如图2-3所示。[8]下面将运用产品/市场拓展方格对星巴克公司进行分析。

图2-3 产品/市场拓展方格

正如开篇案例中所提到的，仅仅用了40年时间，星巴克以惊人的速度，从西雅图的一家小咖啡店成长为一家营业收入超过220亿美元的富有强大竞争力的企业。目前星巴克在全球75个国家和地区拥有超过27 000家门店。成长是星巴克保持领先的引擎。为了在竞争日趋激烈的咖啡市场上保持惊人的成长，星巴克必须制定一个雄心勃勃、多管齐下的成长战略。[9]

首先，星巴克的管理人员应该考虑该公司是否可以实现更深层次的**市场渗透**（market penetration）——不改变原有产品，针对现有消费者完成更多的销售。它可以考虑在当前的市场上增加新的门店，使顾客更容易光顾。事实上，星巴克一年在美国新开了800多家新店。星巴克也可以在其移动应用程序中添加新功能，以提高顾客的参与度和品牌忠诚度。例如，新增的"我的星巴克咖啡师"功能可以让顾客通过语音指令或消息向人工智能驱动的虚拟咖啡师点餐。同时，星巴克在广告、价格、服务、店内设计或者菜单选择方面的改进，可能也会鼓励消费者经常光顾、停留时间更久或者在每次光顾的时候消费更多。在星巴克，得益于不断扩大的食品菜单，在过去的四年里，仅早餐产品的销售额就翻了一番。目前，食品销售占星巴克总收入的20%。

其次，星巴克可能会考虑**市场开发**（market development）——为现有产品识别和开发新的市场。例如，管理人员可能会考虑新的消费者市场，鼓励新的顾客群光顾星巴克咖啡店，或者鼓励他们消费更多。管理人员也可能考察新的区域市场。目前，星巴克在非美国市场，尤其是在亚洲市场上扩张迅速。例如，在过去五年里，星巴克在中国的门店数量从 800 家增长到 3 200 家，平均每 15 小时就有一家新店开业。

再次，星巴克可以考虑**产品开发**（product development）——向现有市场提供改进产品或者新产品。例如，为了在快速成长的、小包装的单一服务饮料市场上分一杯羹，星巴克开发了自己的速溶咖啡 Via，并以 K-Cup 胶囊的形式销售咖啡和茶，以便配合克里格（Keurig）家庭自助咖啡机。同时，星巴克继续扩张其在杂货店铺销售的即饮饮料产品线，如星巴克 Doubleshot、浓缩冰咖啡经典（Iced Expresso Classics）和星巴克 Refreshers 等即饮咖啡。

最后，星巴克可以考虑**多元化**（diversification）成长战略——在目前的产品或市场之外新设或者购买新的业务。例如，该公司最近打造了超高端星巴克臻选品牌系列，以高端沉浸式体验为特色的星巴克臻选烘焙工坊和星巴克臻选门店等。而在星巴克臻选门店里，该公司开设了 Princi 面包店和咖啡店——根据意大利著名面包师 Rocco Princi 的食谱，提供手工制作的意大利食品——从新鲜出炉的面包和糕点到三明治。星巴克还在尝试独立的精品 Princi 面包店，使公司超越了咖啡和简餐店的范畴。这种向高端食品和饮料的多元化发展与该品牌的"星巴克体验"定位非常吻合。

企业不仅要为扩展业务组合制定战略，而且可能需要制定精简战略。一家企业决定放弃某种产品或某个市场的原因是多方面的。企业可能增长得太快，或进入了一些其缺乏经验的市场。而且，市场环境也可能发生变化，使得部分产品或市场利润不高。例如，在经济困难时期，许多企业可能会放弃盈利较少的产品和市场，以便将其有限的资源集中在拳头产品上。最后，有些产品或业务单位也会过时，并最终消失。

当企业发现品牌或业务已经无利可图或不再符合其整体战略时，就必须慎重地调整、终止或放弃它们。比如，在过去的几年里，宝洁公司已经出售了几十个主要品牌——从 Crisco、Folgers、Jif 和品客（Pringles）到 Duracell 电池、Right Guard 除臭剂、Aleve 止痛剂、封面女郎（CoverGirl）和蜜丝佛陀（Max Factor）化妆品、威娜（Wella）和伊卡璐（Clairol）护发产品以及 Iams 和其他宠物食品品牌，以便能够更加关注家庭护理和美容美发产品。近年来，通用汽车公司也削减了对业务组合中表现不佳的多个品牌的投入，包括奥兹莫比尔（Oldsmobile）、庞蒂亚克（Pontiac）、土星（Saturn）、悍马（Hummer）和萨博（Saab）等。薄弱的业务通常需要管理人员给予不成比例的额外关注。但管理人员应该把精力集中在那些有前途的发展机遇上，而不是浪费精力去挽救那些没有希望的业务。

➡ 2.3　市场营销计划：合作构建顾客关系

作者点评
市场营销部门不能独自创造顾客价值，市场营销部门必须和企业内部的其他部门紧密合作，形成一个有效的企业内部价值链，并与其他企业合作，在市场营销系统中创建有效的外部价值交付网络，以便共同为目标顾客提供服务。

企业的战略规划决定了该企业经营的业务种类，并设定了每种业务的目标。在每个业务单位中，企业还应该制定更详细的规划。各业务单位主要的职能部门包括市场营销、财务、会计、采购、运营、信息系统和人力资源等，各部门必须共同努力实现既定的战略目标。

市场营销在企业的战略规划中起着关键的作用，这主要表现在以下几个方面：首先，市场营销提供了一个指导思想——市场营销理念，即企业战略应该围绕着创造顾客价值与同重要的消费群体构建有利可图的关系来展开；其次，市场营销可以识别有吸引力的市场机会，并评估企业利用这些机会的潜力，从而给战略规划人员提供有用的信息；最后，在各个业务单位中，市场营销为完成单位目标设计相应的战略。各业务单位的目标设定之后，市场营销的任务是帮助贯彻落实，并最终实现盈利。

顾客价值是市场营销人员取得成功的关键因素。然而，正如本书第 1 章所提及的，尽管市场营销起着主导作用，但它无法单独为顾客创造卓越的价值。它只能吸引、维持及扩大顾客群体。除了顾客关系管理，市场营销人员还必须进行伙伴关系管理。市场营销人员必须同企业内部的不同部门的人员紧密合作，以形成有效的企业内部价值链来为顾客提供服务。此外，他们还必须与市场营销系统中的其他企业有效合作，形成具有竞争力的、卓越的外部价值交付网络。下面我们具体介绍企业价值链与价值交付网络的概念。

2.3.1 与企业其他部门建立伙伴关系

企业内部的每个部门都可以说是企业内部**价值链**（value chain）的一个环节。[10] 也就是说，每个部门都开展价值创造活动——设计、生产、营销、交付并支持该企业的产品。企业的成功，不仅取决于各部门的工作业绩，而且取决于不同部门之间如何协调它们的活动。

举个例子，True Value Hardware 公司的目标是以实惠的价格为顾客提供他们所需要的五金和家居装修产品，同时提供一流的客户服务以创造顾客价值和赢得顾客满意。在众多合作者中，零售业合作社的市场营销人员发挥着重要作用，他们了解顾客的需求，并帮助 3 500 家独立的 True Value Hardware 零售商以有竞争力的价格在他们的货架上摆放顾客需要的产品。他们准备广告和产品销售计划，并协助顾客提供客户服务。通过这些活动和其他活动，True Value Hardware 公司的市场营销人员能够帮助企业为顾客提供价值。

然而，True Value Hardware 公司的市场营销人员，无论是在公司总部还是在各个门店，都需要公司其他职能部门的帮助。True Value Hardware 公司的能力——"帮助顾客从这里开始、正确地开始"——取决于：采购人员寻求供应商并以低价进货的能力；信息技术人员提供快速准确的信息，了解每家商店出售哪些产品的能力；运营人员提供高效的、低成本的商品处理和配送服务的能力。

一家企业的价值链是否强大，往往取决于其中最薄弱的环节。成功取决于各部门增加顾客价值的工作业绩以及企业协调各部门活动的能力。True Value Hardware 公司的市场营销活动——"每个项目背后都是真正的价值"，使组织中的每个人，包括店内经理、员工、总部运营经理和营销调研分析师等，都认识到了解连锁店顾客的需求和欲望十分重要，帮助顾客处理家庭装修项目也很重要。

所以，理想的情况是企业内部的不同职能部门协调工作，为顾客创造价值。但在实践中，各部门之间往往充斥着冲突和误解。市场营销部门需要站在消费者的角度看问题，但当市场营销人员试图令顾客满意的时候，可能会导致其他部门的业绩评价指标不够理想。市场营销部门的行动可能会增加采购成本，打乱生产计划，增加库存，而且可能会加大预算负担。因此，其他部门可能会抵制市场营销部门的工作。

市场营销人员必须想办法让所有部门都能"站在消费者的立场上思考"，并打造一个平稳运行的价值链。如今，与顾客的接触需要整个公司的投入。因此，无论是企业的会计、运营经理、财务分析师、IT 专家，还是人力资源经理，都需要了解市场营销以及在为顾客创造价值时自己所发挥的作用。[11]

2.3.2 与市场营销系统中的其他企业建立伙伴关系

在创造顾客价值的时候，企业不仅要着眼于内部价值链，而且要着眼于由供应商、分销商及最终消费者组成的价值链。我们再来看一看赛百味公司（Subway）的例子。人们涌进赛百味门店，并不仅仅是因为他们喜欢赛百味的三明治。在全世界，赛百味的价值交付系统提供了新鲜的、快速的、美味的、定制的、便宜的三明治。只有与加盟商、供应商和其他伙伴合作，共同履行其"按需生产"的承诺，赛百味才算得上高效，才能成功兑现其"提供顾客想要的三明治"这一承诺。

如今，越来越多的企业与供应链中的其他成员——供应商、分销商及最终顾客——展开合作，提升顾客**价值交付网络**（value delivery network）的业绩水平。竞争只存在于个体竞争者之间的日子已经不复存在了，现今的竞争存在于竞争对手创造的不同的价值交付网络之间。因此，丰田公司与福特公司的业绩较量，取决于它们各自的整体价值交付网络之间的竞争。即使福特汽车是最好的，但如果丰田汽车的经销商网络能够提供更多令顾客满意的销售和服务的话，那么福特公司还是可能会在竞争中输掉。

概念应用

在这里先暂停一会儿，应用你在本章所学习的内容回答以下问题：

● 为什么在市场营销中要讨论公司的整体战略规划？战略规划跟市场营销有什么关系？

● 星巴克的战略和使命是什么？在帮助星巴克完成战略和使命的过程中，市场营销扮演了什么角色？

● 星巴克的其他部门扮演了什么角色？该公司的市场营销部门是如何同其他部门合作以使整体顾客价值最大化的？星巴克的供应商和分销商扮演了什么角色？

➡ 2.4　市场营销战略与市场营销组合

> **作者点评**
> 我们已经知道了公司整体战略的来龙去脉，接下来我们来探讨顾客价值驱动型营销战略和营销方案。

战略规划明确了企业的总体目标和使命。图 2-4 描绘了市场营销的作用，并概括了顾客价值驱动型营销战略和市场营销组合的主要管理活动。

其中，顾客处于中心位置。企业的目标就是为顾客创造价值，构建能够带来利润的顾客关系；接下来是**市场营销战略**（marketing strategy）——市场营销逻辑，企业希望借此创造顾客价值，并构建起有利可图的顾客关系。企业确定自己将服务哪些顾客（市场细分和目标市场选择）以及服务方式（差异化和定位）。为此，企业需要先确定整个市场，然后将其细分为更小的市场，选择其中最有前途的细分市场，着重服务并满足这些细分市场上的顾客需要。

在市场营销战略的指导下，企业需要进一步设计整合营销组合方案——由它所支配的多个因素组成——包括产品、价格、渠道和促销。为了找到最好的市场营销战略和组合，企业致力于进行市场营销分析、市场营销计划、市场营销执行和市场营销控制。通过这些活动，企业观察市场营销环境中的参与者和各个因素，并做出适应性调整和部署。下面就简单地介绍一下其中的每一种活动。在本书后面的章节中，我们将进行更深入的讨论。

2.4.1　顾客价值驱动型营销战略

要在当今竞争激烈的市场中取得成功，企业必须以顾客为中心。企业必须从竞争对手那里赢得顾客，通过提供更大的价值保持并壮大顾客群体。但在满足顾客之前，企业必须首先了解顾客的需要和欲望。因此，有效的市场营销需要认真进行顾客分析。

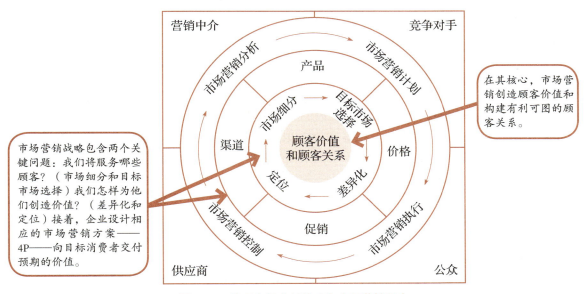

图 2-4　管理市场营销战略和市场营销组合

企业已经认识到，企业是无法为某一市场上的所有消费者提供有利可图的服务的——至少不是以同样的方式服务所有的消费者。在市场上，存在着太多不同类型的消费者，他们提出了太多不同的需求。一般而言，大多数企业都有一些地方比其他企业做得更好。因此，任何企业都必须对整个市场进行细分，选择最好的那个细分市场，设计并制定相应的市场营销战略以服务所选择的细分市场并赚取利润。上述这个过程，主要包括市场细分、目标市场选择、差异化和定位。

市场细分

市场是由不同类型的顾客、产品和需求构成的。市场营销人员必须确定哪些细分市场上存在着最好的市场机会。企业可以对消费者进行分类，然后有针对性地提供不同的产品和服务。例如，企业可以根据地理、人口统计学特征、消费心理和行为因素以多种方式对消费者进行细分。**市场细分**（market segmentation）就是企业根据消费者的不同需求、特点、行为，及其对特殊产品和市场营销战略与市场营销组合的不同要求把一个市场切割成不同顾客群体的过程。

每个市场都可以进行细分并包括多个细分市场，但并不是所有的市场细分方法都同样有用。例如，如果购买泰诺（Tylenol）的低收入人群和高收入人群对于市场营销努力的反应是一致的，那么企业将其区分开来就没有什么意义。**细分市场**（market segment）是由对企业既定的市场营销努力做出类似反应的消费者构成的。以汽车市场为例，喜欢大且舒适的汽车、不在乎价格的消费者组成了一个细分市场，主要考虑价格和保养成本的消费者构成了另外一个细分市场。因此，同一种车型很难成为上述两个细分市场上所有消费者的第一选择。一般而言，比较明智的做法是：企业集中精力满足其中一个或多个细分市场的独特需要。

目标市场选择

在完成了市场细分之后，企业可以选择进入其中一个或多个细分市场。**目标市场选择**（market targeting）就是评估每个细分市场的吸引力并选择进入其中一个或多个。企业应该选择进入那些可以创造最大顾客价值并能维持经营的细分市场。

资源有限的企业可以选择只服务其中一个或多个独具特色的细分市场或利基市场。这些市场补缺企业专注于服务大型竞争对手所忽略或忽视的那一部分细分市场。例如，迈凯伦公司（McLaren）曾在一年内销售了 3 340 辆性能非常高的汽车，同时价格也非常高。迈凯伦 570S 车型的价格为 18.8 万美元，而定制的 FI 车型的价格更是达到了惊人的 83.7 万美元。在实践中，大多数市场补缺企业并非如此独特。作为一家盈利水平还不错的低成本竞争企业，忠实航空公司

（Allegiant Air）为了避免与大型航空公司的直接竞争而瞄准了较小的、易被忽视的市场和首次乘机的旅客。忠实航空公司给自己的定位是"飞那些大型航空公司不飞的地方"。

比较而言，大型企业（如本田和福特这样的汽车企业）可能会提供相对完整的产品系列，以满足所有不同细分市场的独特需要。当然，企业也可以选择只服务其中几个相关的细分市场——他们也许来自不同的细分顾客群体，但其基本需求却是相同的。例如，Gap 公司致力于为不同年龄、不同收入和不同生活方式的顾客提供服饰，它旗下的品牌包括 Gap、香蕉共和国（Banana Republic）、老海军（Old Navy）、Athleta 和 INTERMIX 等。而且，Gap 公司甚至将品牌细分到更小的利基市场，如 Gap、GapKids、babyGap、GapMaternity 和 GapBody。[12]

大多数企业在进入新市场的时候，往往倾向于只服务于其中的一个细分市场；如果成功的话，它们会进入更多的细分市场。例如，大约在 50 年前，西南航空公司就进入了竞争激烈的航空市场，这是一家为得克萨斯州和美国其他西南各州的一些二线机场提供服务的新兴的、廉价的通勤航空公司。凭借其早期在利基市场上的成功，西南航空公司目前已经成长为美国第二大航空公司，为美国和其他 10 个国家／地区的 100 个主要目的地提供服务。这家成功的、市值 210 亿美元的航空公司已经连续 45 年获利。[13]最近，特斯拉先是专注于一个狭窄的高科技利基市场，然后扩展到经营更多的大众市场车型，打入了一个由成熟的、财力雄厚的竞争对手主导的汽车行业（参见市场营销进行时 2 - 2）。

┃ 市场营销进行时 2 - 2 ┠

特斯拉：走在从新锐市场补缺者到大众市场品牌领先者的快车道上

进入现代汽车行业，几乎是一项不可能完成的任务。这个行业的特点是：根基稳固且财大气粗的竞争对手、极高的启动成本和令人窒息的法规。在过去的时间里，有些企业已经尝试过了——还记得 20 世纪 80 年代初的德劳瑞恩公司（DeLorean）吗？该公司只生产了 9 000 辆汽车，就以失败而告终了。即使是强大的通用汽车公司，在推出土星汽车品牌之后仅 10 年也以失败而告终。

再后来，特斯拉公司来了，它是一家雄心勃勃的创业公司。但特斯拉并没有正面应对丰田、福特、本田和通用汽车等大型企业的竞争，而是从后面静悄悄地开始行动。当汽车行业巨头们仍在销售传统的内燃机汽车时，特斯拉开始专注于一个很小的细分市场——高性能全电动汽车利基市场，其目标是一小部分富裕的、对技术痴迷的顾客。由科技企业家和商人——埃隆·马斯克（Elon Musk）创立的特斯拉公司，在 2008 年推出了第一款汽车 Roadster。作为一款双座敞篷跑车，Roadster 一面世就震惊了整个汽车界。当时，各大汽车公司已经开始涉足全电动汽车。但大多数电动汽车不过是美化了的"高尔夫球车"，主要吸引的是具有环保意识的买家。这些电动汽车动力不足、充电速度缓慢，而且行驶范围十分有限。

相比之下，特斯拉的 Roadster 电动汽车则是一款真正的跑车。它的底盘部件得到路特斯公司（Lotus）的许可授权。同时，Roadster 汽车还拥有强大的全电动动力系统，并成为第一款采用锂离子电池的量产电动汽车。它的续航里程超过 200 英里，使用家用快速充电器的话，只需要 4 个小时就能充满电。Roadster 电动汽车不仅仅外形养眼，它的速度从 0 提升到 60 英里／小时只需要不到 4 秒钟的时间，比所有的量产超级跑车都要快。尽管 Roadster 电动汽车的基本售价为 10.9 万美元，而且在装配线上还要等待很长的时间，但富人和名流还是将其抢购一空。特斯拉在全球 30 个国家销售了 2 450 辆 Roadster 电动汽车，然后在 2012 年逐步淘汰了这种车型。

从一开始，特斯拉就计划拓宽其电动汽车利基市场。基于 Roadster 电动汽车的早期成功经验，特斯拉在 2012 年推出了 Model S 电动汽车，这是一款豪华的四门轿车，可以体面地停在宝马 7 系或奔驰 S 级轿车旁边。Model S 电动汽车的起售价约为 7 万美元，拥有 335 英里的续航里程。利用新的超级充电技术，它可以在短短 15 分钟内充满行驶 180 英里所需要的电量。

　　与传统内燃机汽车相比，虽然特斯拉的 Model S 电动汽车在续航和充电方面依然处于劣势，但却为其目标群体——富有冒险精神、崇尚科技感的豪华汽车买家提供了一系列令人眼花缭乱的优点。在实用性方面，Model S 的车主们会笑着向朋友们展示汽车的"后备箱"——这是特斯拉对前车盖下的额外储物空间的称呼——这里以前是汽车发动机的位置。此外，Model S 还提供了一个面向后方的第三排儿童座椅，使其成为唯一一款可以容纳 7 名乘客的四门轿车。

　　但 Model S 的极致性能和诱人技术，才是它真正与众不同的地方。首先，Model S 的速度超快。在"狂暴"（Ludicrous）模式下，该车的时度从 0 提升到 60 英里仅仅需要 2.275 秒，比兰博基尼、法拉利或除保时捷 918 Spyder 之外的其他跑车都要快。其次，Model S 的科技含量超高。例如，它配备了一系列自动驾驶功能，包括自动泊车、智能巡航控制等功能，甚至可以在短时间内接管方向盘。特斯拉宣称，该公司的所有车辆都配备了完全自动驾驶所需要的硬件，并会在软件和法规允许的情况下自动完成自我升级。此外，车主与他们的特斯拉有着一种近乎个人之间的关系，车主可以通过一个应用程序与汽车进行亲密交流，让其跟踪并管理着汽车设置和性能中的每一个细节。

　　为了进一步扩大其电动汽车的市场份额，特斯拉还增加了 Model X 车型，这是一款中型豪华跨界 SUV，拥有与 Model S 类似的创新功能。特斯拉的电动汽车销量稳步增长，至今总销量已经超过了 30 万辆，成为全球最畅销的全电动汽车。然而，与世界主要汽车制造商所创造的销售数字相比，这只是杯水车薪。特斯拉将目标投向了更广阔的空间。

　　特斯拉并不满足于做一家高端的汽车制造商。接下来，它一头扎进了打造适合大众市场的电动汽车的产品线。在 2015 年，它宣布开发 Model 3 车型计划，这是一款与奥迪 A4 和宝马 3 系差不多大小的小型跑车。虽然不如特斯拉的其他车型豪华，但 Model 3 车型承诺"一切都可以有——续航能力、经济性和汽车性能"，基本价格仅为 3.5 万美元。

　　公众的反应相当迅速。当 Model 3 车型在 2016 年巴黎车展上预展时，人们的期待已经达到了狂热的程度。在一周之内，特斯拉就收到了 32.5 万份预购订单，每份订单都有 1 000 美元的可退还订金，代表着 140 亿美元的未来销售额，并为特斯拉的研发和生产提供了 3.25 亿美元的急需资金。特斯拉公司宣布于 2017 年底交付首批 Model 3 电动汽车，并迅速将产量提升至每周 1 万辆的水平。同时，这个当时仍处于起步阶段的品牌还宣布了一个令人瞠目结舌的目标，即在 2018 年实现 50 万辆的电动汽车总产量。

　　到 2017 年 7 月，当交付第一辆 Model 3 电动汽车时，特斯拉手中的订单已经超过了 45 万辆。这款创新的汽车没有前格栅（没有发动机要冷却，所以不需要格栅），仪表盘除了一个中央安装的 15 英寸 LED 屏幕外，没有任何仪表或显示器（该车最终设计为完全自动驾驶）。最初的顾客和汽车记者对这款车的方方面面都赞不绝口——从其先进的技术和驾驶体验到其高质量的配置和装饰。甚至，有人把 Model 3 车型比作福特的 T 型车，认为它也会对人类交通产生十分重要的影响。

　　不过，Model 3 电动汽车的最大问题是：特斯拉的生产速度不够快。制造工厂方面的重大挫折让特斯拉的生产量远远低于计划数字，导致预购订单无法完成，特斯拉远未达到所承诺的 50 万辆的目标。随着老牌汽车制造商投入资源开发自己的电动汽车来应对特斯拉的挑战，特斯拉面临的可能是一条未知的、杂乱而坎坷的道路。例如，大众汽车公司——全球最大的汽车制造商，拥有大众、奥迪、宾利、保时捷和兰博基尼等品牌，计划在 2025 年之前推出 50 款电动汽车车型，实现 300 万辆的电动汽车年销量。

　　然而，尽管道路上存在着潜在的颠簸，特斯拉仍在继续其从新锐电动汽车制造商迈向完全大众化品牌的伟大旅程。它正在进一步丰富其电动汽车产品组合，包括自动驾驶电动半挂车和新款 Roadster 车型——该车有望打破速度、加速度、续航和酷炫的纪录。尽管未来仍存在着不确定性，但特斯拉已经走得很远，比历史上任何一家初创汽车公司都要快。特斯拉之于汽车，就像革果长期以来之于电子消费产品一样，都是具有相似创新领导力和狂热追随者的品牌。尽管前路坎坷，但特斯拉的现有顾客和潜在顾客对该品牌的热情依然坚定不移。

资料来源：Bob Sorokanich, "Can Tesla's Most Affordable Model Kick-Start the Electric Car Revolution?" *Road & Track*, January 12, 2018; John Rosevear, "Volkswagen's Electric-Car Program Is about to Blow Right Past Tesla," *Forbes*, March 14, 2018, www.fool.com/investing/2018/03/17/volkswagens-electric-car-program-is-about-to-blow.aspx; Jeff Dyer and Hal Gregersen, "Tesla's Innovations Are Transforming the Industry," *Forbes*, August 24, 2016, www.forbes.com/sites/innovatorsdna/2016/08/24/teslas-innovations-are-transforming-the-auto-industry/#3d71735219f7; J. Jennings Moss, "Musk: Tesla Model 3 Production 'Incredibly Difficult and Painful'," *Silicon Valley Business Journal*, April 11, 2018, www.bizjournals.com/sanjose/news/2018/04/11/musk-telsa-model-3-production-elon-musk-tsla.html; and other information from www.tesla.com, accessed September 2018.

差异化和定位

在决定了要进入的细分市场之后，企业必须确定针对不同目标市场所提供的产品应该有什么样的差别以及希望在这些细分市场上占据什么样的地位。其中，所谓**定位**（positioning）就是为自己的产品在目标消费者心目中寻找并占据一个相对于竞争产品而言明确的、独特的、理想的位置。在进行定位的时候，市场营销人员需要把自己的产品跟竞争品牌区分开来，使其在目标市场中获得最大的优势。

例如，Panera 面包店为你呈现"食物本该有的样子"；在温迪快餐，"质量是我们成功的秘诀"。汽车共享服务商来福车对自己的定位是"你的有车的朋友"；优步则是"每个人的专属司机"。宝马公司承诺提供"纯粹的驾驶乐趣"；斯巴鲁公司（Subaru）的定位是"自信驰骋"（Confidence in Motion）。

有关定位的简单声明，实际上构成了企业产品营销战略的核心。举例来说，斯巴鲁公司"自信驰骋"定位中的"自信"反映了斯巴鲁公司通过安全、可靠和耐用来建立信任的长期承诺以及顾客拥有斯巴鲁汽车的乐趣和安心。该品牌长期开展的"爱"活动则倡导安全、有爱的生活方式。"驰骋"则与斯巴鲁公司所瞄准的千禧一代以及他们忙碌的、不断变化的生活方式相一致。[14]

在进行品牌定位的时候，企业首先要确定可能存在的顾客价值差异，这些差异提供了借以定位的竞争优势。一家企业可以给顾客创造出比竞争对手更多的顾客价值，具体可以通过收取比竞争对手更低的价格，或提供比竞争对手更多的利益（以使高价收费显得合理）来实现。如果企业承诺了创造更大的价值，那它就必须兑现承诺。因此，有效的定位往往是从**差异化**（differentiation）开始的。企业一旦选择了理想的定位，就必须采取强有力的措施向目标消费者传递和沟通这样的定位。企业的整个营销计划都应该支持所选择的定位战略。

2.4.2　制订整合营销组合方案

在确定好整体营销战略后，企业就可以开始规划其**市场营销组合**（marketing mix）的细节了。市场营销组合是现代市场营销的主要概念之一。所谓市场营销组合，就是企业可以配套使用的一系列策略性市场营销工具，以便在目标市场上产生预期的效果。市场营销组合由可供企业使用的、可以对吸引顾客和交付顾客价值产生影响的所有工具构成，在实践中，常常把上述工具划分为四大类型，就是我们经常说的 4P，即产品、价格、渠道和促销。图 2-5 描绘了每一大类下具体的市场营销工具。

产品是指企业提供给目标市场的产品和服务的组合。福特公司的翼虎（Escape）由螺母和螺栓、火花塞、活塞、头灯以及数以千计的其他零件组成。福特提供多种型号的翼虎和几十个可选功能。这款车还配备全套服务并提供全面的保修，小到排气管都在保修范围之内。

价格是顾客获得产品所要支付的货币。福特会帮助经销店计算出每辆翼虎汽车的建议零售价，但经销商很少收取全价。相反，它们会与每一位顾客谈价钱，提供折扣、以旧换新补贴和

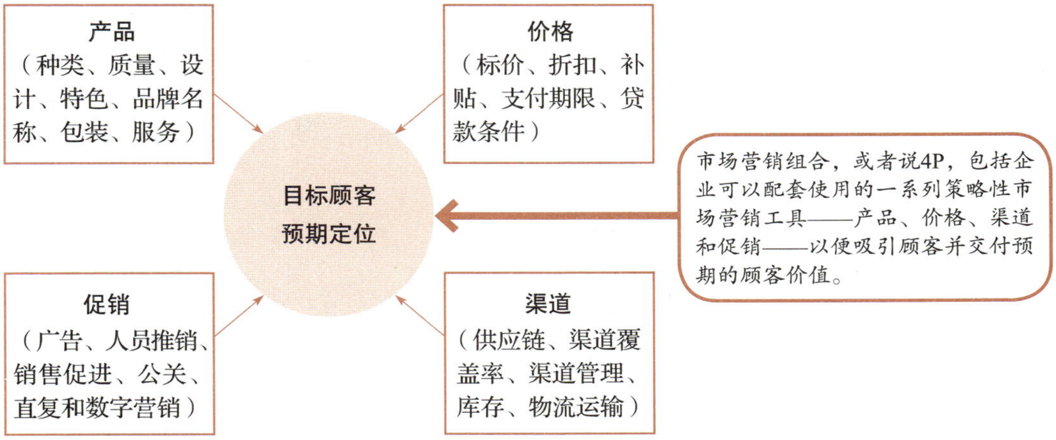

图 2-5　市场营销组合中的 4P

贷款条件等。这些措施使它们可以调整价格，以便适应当前的竞争和经济形势，并使价格与买家对汽车价值的看法大体一致。

渠道包括企业将产品交付到目标消费者手中的所有活动。福特与很多独立经销商合作，以出售各种车型。福特精心筛选自己的经销商，并向自己选择的经销商提供大力支持，而经销商一般持有一定数量的福特汽车库存，将它们展示给潜在买家，然后协商价格，最终完成销售并提供售后服务。

促销是指宣传产品的优点并说服目标顾客购买的所有活动。福特每年在美国花费超过 24 亿美元的广告费，目的是向消费者宣传其品牌和车型。[15]经销店的销售人员帮助潜在买家选车，并说服他们福特汽车是最适合他们的汽车。福特公司及其经销商也会开展特别推广活动，包括促销、现金返还和低贷款利率等，以增加顾客的购买欲望。福特的脸书、推特、YouTube、Instagram 和其他社交媒体平台也吸引着本品牌和公司其他品牌的粉丝。

有效的市场营销方案是各种市场营销组合要素融合在一起的整合营销方案，旨在吸引顾客和在给顾客带来价值的同时实现企业的营销目标。通过在目标市场上建立强有力的定位，市场营销组合发挥了战略性的作用。

一些批评者认为，4P 组合忽略或者轻视了某些重要的活动。他们会问："服务在哪里？"不能因为服务（service）不是以字母 P 开头的单词就忽略它。其实，服务，如银行、航空和零售服务，也是产品。我们可以称其为服务产品。批评者又会问："包装在哪里？"市场营销人员则会回答，"包装是产品决策之一"。如图 2-5 所示，可能许多营销活动都没有直接出现在市场营销组合的 4P 里，但它们已经包含在 4P 当中。实际上，问题不在于是否应该有 4 个 P、6 个 P 还是 10 个 P，而在于制订整合营销方案时什么样的框架是最有用的。

但是，还有另外一种合理的担忧，即 4P 理念是卖方的市场观，而不是买方的观点。从买方的角度来看，在这个注重顾客价值与顾客关系的时代，4P 最好变成 4A（见表 2-2）。[16]

表 2-2　4P 与 4A

4P	4A
产品	可接受性（acceptability）
价格	可支付性（买得起）（affordability）
渠道	可获得性（accessibility）
促销	可知晓性（awareness）

　　在上面这个更加以顾客为中心的框架中，可接受性是指产品超出顾客期望的程度；可支付性是指顾客愿意并能够支付产品价格的程度；可获得性是指顾客能够轻易获得产品的程度；可知晓性是指顾客被告知产品功能、被说服试用、被提醒再次购买的程度。显然，4A 与传统的 4P 密切相关。产品设计影响可接受性，价格影响可支付性，渠道影响可获得性，促销影响可知晓性。市场营销人员最好能先考虑 4A 组合，再在平台上构建 4P 组合。

→ 2.5　管理市场营销努力和市场营销投资回报率

2.5.1　管理市场营销努力

> **作者点评**
> 刚刚我们阐述了市场营销管理中的市场营销，现在我们来关注市场营销管理中的管理。

　　在市场营销管理中，企业除了要善于市场营销，还要注意管理。管理市场营销过程，主要是履行如图 2-6 所示的五个市场营销管理职能——分析、计划、执行、组织和控制。首先，企业要制定整个企业的战略规划，然后将其分解成每个部门、每种产品、每个品牌的市场营销计划和其他计划。通过执行和组织，企业可以把相应的计划付诸实施。控制包括考核和评估市场营销活动的结果，并在必要时采取纠正措施。最后，市场分析提供了所有其他市场营销活动所需要的信息和评价。

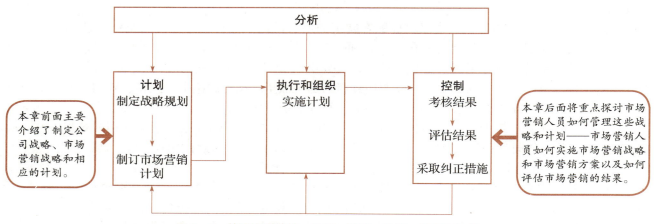

图 2-6　管理市场营销：分析、计划、执行、组织和控制

市场营销分析

　　市场营销管理职能始于对企业情况进行全面的分析。为此，市场营销人员需要进行 **SWOT 分析**（SWOT analysis），以便评估企业的整体优势（strengths）、劣势（weaknesses）、机会（opportunities）和威胁（threats）（如图 2-7 所示）。其中，优势包括企业的内部能力、资源以及有助于企业为顾客提供服务并实现其目标的积极情境因素；劣势包括企业的内部局限性和造成干扰的负面情境因素；机会是外部环境中的有利因素或趋势，企业或许能够将其利用起来；威胁是可能对企业的业绩造成挑战的外界不利因素或趋势。

　　企业应该分析自己所在的市场和所处的市场营销环境，以便发现有利机会并识别环境威胁。同时应该分析自身的优势和劣势以及当前和计划中的市场营销活动，以便确定企业可以好好地利用哪些机会。SWOT 分析的目标是将企业的优势与环境中的有利机会匹配起来，同时消除或克服自身劣势并将外部威胁最小化。市场营销分析可以为其他各项市场营销管理工作提供信息，本书将在第 3 章更充分地讨论市场营销分析问题。

图 2-7　SWOT 分析：优势（S）、劣势（W）、机会（O）和威胁（T）

市场营销计划

通过战略规划，企业自己决定每个业务单位具体要干什么。而市场营销计划则涉及选择有助于企业实现整体战略目标的营销战略。每个业务、产品或品牌都需要详细的市场营销计划。那么市场营销计划是什么样子的呢？我们接下来的讨论将集中于产品或品牌营销计划。

表 2-3 列出了典型的产品或品牌营销计划的关键要素（市场营销计划案例参见附录 2）。其中，计划之初要编写行动纲要，快速回顾主要的评估、目标和建议；计划的主要部分应该对市场营销现状以及潜在的威胁和机会进行详细的 SWOT 分析，后面则是描述品牌的主要目标，并概述实现这些目标的市场营销战略的细节。

表 2-3　市场营销计划的内容

关键要素	目的
行动纲要	为管理评价提供有关计划的主要目标和建议的简单概括，以便让高层管理人员可以快速地获悉计划的关键要点。
市场营销现状	描述目标市场和企业的定位，其中包括有关市场、产品性能、竞争、分销等方面的信息。本部分主要包括以下内容： ● 市场描述：界定产品市场和具体细分市场；对顾客需求和可能影响顾客购买行为的市场营销环境要素进行评估。 ● 产品评估：分析产品线上各主要产品的销售额、价值和毛利润。 ● 竞争性分析：识别出主要的竞争对手，并对其市场地位和产品质量、定价、分销和促销战略进行评估。 ● 分销评估：对主要分销渠道的最新发展状况和最近销售趋势进行评估。
威胁和机会分析	对企业产品所面临的主要威胁和机会进行评估，帮助管理人员预测可能对企业及其战略产生影响的有利因素与不利因素。
目标和问题	描述希望在计划期内实现的市场目标，并讨论影响其实现的关键问题。
市场营销战略	概述各个业务单位希望用来吸引顾客、创造顾客价值、构建顾客关系，以及确定目标市场、定位与市场营销费用的内在逻辑。企业为了从顾客那里得到价值回报应如何为顾客创造价值？概述每个市场营销组合要素的具体战略，并解释如何应对威胁、机会以及市场营销计划早期所指出的重要问题。
行动方案	将市场营销战略转变成可以回答下列问题的行动方案：要做什么？什么时候做？谁来做？要花多少钱？
预算	从本质上看，有关市场营销的预算就是一张预计损益表，它体现了预计收入以及生产、分销和市场营销的预计成本。其中的关键是预计利润水平。预算是材料采购、生产调度、人员规划和市场营销作业的基础。
控制	概括出用于监测进展情况的控制工作，让管理人员及时地评价执行结果并及时地发现没有达到目标的现货产品。其中，也包括对市场营销投资回报率的考核。

市场营销战略一般包括针对目标市场、定位、市场营销组合和市场营销支出水平的具体战

略。它概述了企业计划如何吸引目标顾客、为目标顾客创造价值并获得价值回报。在本部分，计划编制人员需要回答每个战略如何对相应的威胁与机会做出回应以及如何解决计划之初的一系列关键问题。下面几个部分将介绍执行市场营销战略的具体行动方案以及支持性市场营销预算的相关细节。最后一部分概述控制措施——它们将用来监测计划执行的进展情况、衡量市场营销投资回报率，并在需要时及时采取纠正措施。

市场营销执行

好的战略规划仅仅是市场营销走向成功的第一步。如果企业未能正确地加以执行，再好的市场营销战略也没有用。**市场营销执行**（marketing implementation）就是将营销计划付诸实施以实现战略营销目标的过程。比较而言，市场营销计划解释了应该采取什么样的市场营销活动以及为什么的问题，而市场营销执行则对执行人、地点、时间及方式做出了明确阐述。

许多管理人员认为，"正确地做事情"（执行）与"做正确的事情"（战略）一样重要，前者甚至更为重要。但事实上，两者均是成功的关键，企业可以通过有效地执行市场营销计划来获得竞争优势。一家企业可以有和其他企业基本相同的战略，但通过更快或更好的执行来赢得市场。然而，执行很难。相比之下，市场营销战略规划反而比较容易。

在这个联系日益紧密的世界里，市场营销体系的各层人员必须携手合作，共同实施市场营销战略和计划。以约翰迪尔公司（John Deere）为例，该公司的住宅、商业、农业和工业设备的市场营销执行，都需要组织内外成千上万人的日常决策和行动。市场营销经理需要对目标市场、品牌推广、产品开发、定价、促销和配送做出决策。同时，他们还需要与工程师就产品设计进行沟通，与制造商就生产和库存水平进行沟通，与财务部门就资金和现金流问题进行沟通。此外，他们也需要跟外部的人联系，如策划广告活动的广告公司以及提供宣传支持的新闻媒体等。与此同时，销售人员进一步敦促并支持独立的约翰迪尔公司的经销商和像劳氏（Lowe's）这样的大型零售商努力说服住宅、农业和工业顾客，让他们深信约翰迪尔公司是最好的选择。

市场营销部门的组织

企业必须设计一个市场营销组织来执行市场营销战略与计划。如果企业规模非常小，那么一个人就可以完成所有的研究、销售、广告、顾客服务和市场营销等工作。但随着企业规模的不断扩大，就需要设立市场部门来计划和执行市场营销活动。在大型企业，这个部门通常包含许多不同领域的专家——产品和市场经理、销售经理和销售人员、市场研究人员和广告专家等。

为了领导这样庞大的市场营销组织，许多企业都设立了专门的首席营销官（CMO）职位。首席营销官专门负责企业的整体营销运作，在企业的高级管理层中代表着市场营销这一部分业务。首席营销官这一职位，将市场营销与其他 C 级高管的工作放在了同等重要的地位，这些高管有首席运营官（COO）和首席财务官（CFO）等。作为高层管理者中的一员，首席营销官的职责是为顾客代言。为此，许多企业都将其顶级市场营销人员称为"首席顾客体验官"或"首席顾客价值官"。[17]

现代营销部门可以用多种形式进行组织。其中，在市场营销组织中，最常见的是职能组织形式。在这种组织形式中，不同的市场营销活动是由不同职能的专家负责的——销售经理、广告经理、营销调研经理、顾客服务经理或是新产品经理。如果一家企业在全国或全球范围内开展业务，通常采用的是地区组织形式。其中，销售和市场营销人员被分配到特定的国家和地区。另外，拥有不同产品或品牌的企业，往往会采用产品管理组织形式。对于将一个系列产品销售给不同类型市场及有着不同需求和喜好的顾客的企业而言，市场或顾客管理组织形式可能是最好的选择。最后，销售不同产品并在不同地域与市场发展业务的大型企业，通常使用职能组织形式、地区组织形式、产品管理组织形式和市场管理组织形式的结合体。

近年来，市场营销组织正变得越来越重要。越来越多的企业正在把重心从品牌管理向顾客管理转移——从只是管理产品或品牌的盈利能力转移到管理顾客盈利性和顾客资产上来。它们认为，自己并不是在管理品牌组合，而是在管理各类顾客组合；不是在管理一个品牌的命运，而是在管理顾客品牌体验和顾客关系。

市场营销控制

由于市场营销计划的执行过程中会出现很多意外，所以市场营销人员必须进行**市场营销控制**（marketing control）——评估市场营销战略和计划的结果，并在必要时采取纠正措施，以便确保企业目标的实现。具体而言，市场营销控制包括以下四个步骤：首先，管理人员设置具体的市场营销目标。其次，衡量企业在市场上的表现。再次，总结预期和实际业绩之间产生差异的原因。最后，管理人员采取纠正措施，以减少目标和实际绩效之间的差距。为此，可能需要改变市场营销的行动方案，有时甚至会改变市场营销的目标。

运营控制往往涉及对照年度计划检查企业的当前表现并在必要时采取纠正措施，目的是确保该公司实现销售、利润和其他列在年度计划中的目标。同时，还要考核不同产品、不同地区、不同市场及不同市场营销渠道的盈利能力。战略控制则往往涉及观察企业的基本战略是否与其机会相匹配。市场营销战略和方案可能很快就会过时，因此每家企业都应该定期评估其总体市场思路。

2.5.2　衡量及管理市场营销投资回报率

市场营销管理人员必须确保他们的营销资金用对了地方。在过去，许多市场营销人员在大规模且开销高的市场营销项目和华而不实的广告活动上进行投入，没有认真考虑其经济回报。他们的目标往往是笼统的，即"建立品牌和消费者的偏好"。他们认为，市场营销会产生无形的效果，其本身无法用生产率或收益的形式来加以衡量。

> **作者点评**
> 衡量市场营销投资回报率已经成为一个重要难题。举例来说，"超级碗"的广告吸引了超过 1 亿的消费者，但 30 秒的广告要花费 400 万美元。试问应该如何从销售、利润和构建顾客关系的角度来衡量该投资回报率？

然而，那些自由挥霍的日子已经被一个新的市场营销衡量和问责时代所取代。与以往相比，如今市场营销人员需要负责地将自己的战略和战术与可衡量的市场营销绩效衡量指标与经济成果联系起来。其中，一个重要的市场营销绩效衡量指标就是**市场营销投资回报率（市场营销 ROI）**（marketing return on investment（marketing ROI））。市场营销投资回报率是由市场营销投资净回报除以市场营销投资成本得出的，它衡量了市场营销活动中的投资所带来的利润。

市场营销投资回报率往往难以衡量。在衡量财务投资回报率的时候，无论是回报还是投资都以货币为唯一衡量单位。举例来说，在购买一台设备的时候，购买支出产生的回报是相当直观的。然而，到目前为止，市场营销投资回报率并没有一致的定义。例如，类似参与度和品牌建设的影响是很难用钱来衡量的。

企业可以采用标准的市场营销绩效衡量指标来评估市场营销投资回报率，这些指标有品牌知名度、销售额或市场份额等。许多企业把这些指标列入市场营销仪表盘——将各种指标放在一起综合考察战略营销的业绩。正如汽车仪表盘可以提醒司机汽车运行情况的细节一样，市场营销仪表盘可以向市场营销人员展示市场营销评估的各项指标情况，以便在调整市场营销战略的时候作为参考。例如，威富公司（VF Corporation）使用市场营销仪表盘追踪其 30 个休闲类服装品牌的业绩，其中包括威格（Wrangler）、Lee、乐斯菲斯（The North Face）、范斯（Vans）、诺蒂卡（Nautica）、7 For All Mankind、添柏岚等。威富公司的市场营销仪表盘不仅跟踪其品牌资产和发展趋势、广告占有率、市场份额、线上人气和全球主要市场的市场营销投资回报率，而且会跟踪竞争品牌的表现。[18]

然而，除了标准的市场营销指标以外，市场营销人员越来越多地使用对销售产生影响的顾客导向型指标，如顾客获取、顾客浸入度、顾客体验、顾客保有率、顾客终身价值和顾客资产等。这些指标不仅代表企业目前的市场营销业绩，而且透露了牢固的顾客关系所能带来的未来业绩。图2-8将市场营销支出视为一种投资，它以盈利性更强的顾客关系给企业带来更多的回报。[19]在市场营销上进行投资，往往可以提高顾客价值、顾客浸入度和顾客满意度，从而吸引更多顾客并维系已有顾客。这增加了顾客终身价值和公司整体的顾客资产。实际上，顾客资产的提高相对于市场投资的成本，决定了市场营销投资回报率。

正如一位首席营销官所说的："你必须获得那些更深层次的互动指标，它们表明利用市场营销投资，有不同的项目能够促进与顾客的互动并最终推动顾客购买行为和收益。"[20]

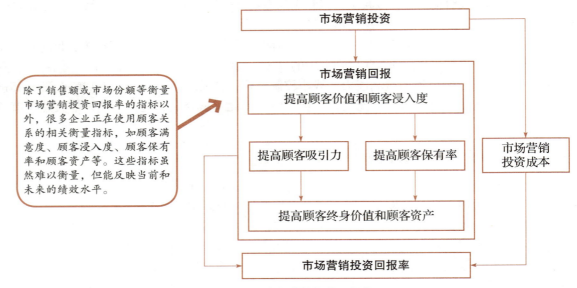

除了销售额或市场份额等衡量市场营销投资回报率的指标以外，很多企业正在使用顾客关系的相关衡量指标，如顾客满意度、顾客浸入度、顾客保有率和顾客资产等。这些指标虽然难以衡量，但能反映当前和未来的绩效水平。

图 2-8　市场营销投资回报率

资料来源：Adapted from Roland T. Rust, Katherine N. Lemon, and Valerie A. Zeithaml, " Return on Marketing: Using Consumer Equity to Focus Marketing Strategy," *Journal of Marketing*, January 2004, p. 112. Used with permission.

学习目标回顾

在第1章中，本书定义了什么是市场营销，并概述了市场营销过程的主要步骤。在本章中，本书进一步探讨了公司战略规划和市场营销在组织中的作用。我们还更深入地阐述了市场营销战略和市场营销组合，并回顾了主要的市场营销管理职能。所以，读者现在已经大体上了解了现代市场营销的基本原理。

学习目标1　阐释公司战略规划及其四个主要步骤。

战略规划为公司的其他规划奠定了基础。市场营销有助于企业的战略规划，整体规划决定了市场营销在其中的作用。

战略规划包括制定长期的生存战略和发展战略，一般包括以下四个主要步骤：（1）定义公司使命；（2）设置公司目标和目的；（3）设计业务组合；（4）制订各职能部门计划。企业的使命应该以市场为导向，切合实际、具体，能够起到激励作用，并与市场环境一致。然后，需要把企业的使命转化为详细的支持性目的和目标，从而对业务组合决策提供指导。此外，每个业务和产品都必须制订符合企业整体规划的、详细的市场营销计划。

学习目标2　讨论如何设计业务组合并制定成长战略。

在企业的使命宣言和目标的指导下，管理人员要规划其业务组合或构成企业的业务及产品的集合。企业希望自己设计出的业务组合能够使其优势和劣势与环境中的机会相适应。要做到这一点，就必须分析和调整目前的业务组合，制定成长与精简战略以调整未来的业务组合。企业可以使用正式的业务组合规划方法。许多企业正在设计更加个性化的业务组合规划方法，以便更加适合本企业的实际情况。

学习目标 3 说明市场营销在战略规划中的作用以及市场营销如何同其合作伙伴一起创造并交付顾客价值。

根据战略规划，企业的主要职能部门包括市场营销、财务、会计、采购、运营、信息系统、人力资源等，各部门必须共同努力实现企业战略目标。市场营销在企业的战略规划中起着十分关键的作用，因为它为企业提供了市场营销理念，并收集了关于各类有吸引力的市场机会的信息。在各业务单位里，市场营销决定了实现其目标的战略，并帮助其贯彻落实以便赚取利润。

市场营销人员不能独自为顾客创造卓越的价值，他们必须实施伙伴关系管理，与其他部门密切合作，以形成有效的内部价值链来为顾客提供服务。同时，他们还必须与市场营销系统中的其他企业进行有效合作，以便形成具有竞争力的价值交付网络。

学习目标 4 描述顾客价值驱动型营销战略的各个要素、组合及其影响因素。

顾客浸入、顾客价值和顾客关系是市场营销战略和市场营销方案的中心。通过市场细分、目标市场选择、差异化和定位，企业把总的市场划分成小的细分市场，选择最适合自己的细分市场，并决定在选择的细分市场里如何给目标顾客创造和交付价值。然后，企业要设计出能够在目标市场上得到积极反应的整合营销组合方案。市场营销组合一般包括产品、价格、渠道和促销决策，即我们平时所说的 4P。

学习目标 5 列出市场营销管理的主要职能，包括市场营销计划的构成要素，并探讨考核与管理市场营销投资回报率的重要性。

为了找到最好的市场营销战略和市场营销组合并加以利用，企业需要进行市场营销分析、计划、执行、组织和控制。其中，市场营销计划的主要组成部分是行动纲要、市场营销现状、威胁和机会分析、目标和问题、市场营销战略、行动方案、预算和控制。执行战略往往比战略规划还要难。为了取得成功，企业必须具备高效的执行能力——将市场营销战略付诸市场营销实践。

现代市场营销部门可以由一种或几种组织形式所构成：职能组织形式、地区组织形式、产品管理组织形式或市场管理组织形式。在这个注重顾客关系的时代，越来越多的企业正在将其组织重心从产品和地域管理向顾客关系管理转移。市场营销组织会进行市场营销控制，其中包括运营控制和战略控制。

市场营销问责制比以往任何时候都更加重要。市场营销管理人员必须确保他们的市场营销资金用对了地方。在经济不景气的时期，市场营销人员面临着更大的压力，要证明他们在创造价值而没有白白浪费市场营销成本。因此，市场营销人员越来越重视对市场营销投资回报率的评估。他们越来越多地采用以顾客为中心的市场营销绩效衡量指标，以便为战略决策提供关键信息。

关键术语

战略规划（strategic planning）

使命宣言（mission statement）

业务组合（business portfolio）

业务组合分析（portfolio analysis）

成长 - 份额矩阵（growth-share matrix）

产品 / 市场拓展方格（product/market expansion grid）

市场渗透（market penetration）

市场开发（market development）

产品开发（product development）

多元化（diversification）

价值链（value chain）

价值交付网络（value delivery network）

市场营销战略（marketing strategy）

市场细分（market segmentation）

细分市场（market segment）

目标市场选择（market targeting）

定位（positioning）

差异化（differentiation）

市场营销组合（marketing mix）

SWOT 分析（SWOT analysis）

市场营销执行（marketing implementation）

市场营销控制（marketing control）

市场营销投资回报率（市场营销 ROI）（marketing return on investment（marketing ROI））

问题讨论

1. 讨论市场营销在整个公司战略规划中所起到的作用。（AACSB：书面和口头交流）

2. 企业是如何评估和分析其业务组合的？（AACSB：书面和口头交流；反思性思考）

3. 描述价值链和价值交付网络之间的差异。（AACSB：书面和口头交流；反思性思考）

4. 企业为什么要使用市场细分、目标市场选择、差异化和定位来实施有效的市场营销战略？（AACSB：

书面和口头交流）

5. 什么是市场营销组合？为什么市场营销组合对企业的市场营销战略很重要？（AACSB：书面和口头交流；反思性思考）

6. 讨论五个市场营销管理职能。（AACSB：书面和口头交流）

营销伦理

创造价值还是分散消费者的注意力？

在 2014 年初，奇波雷墨西哥烧烤（Chipotle Mexican Grill）宣布将停止在其餐厅中使用转基因原料。许多评论家对该公司的这一举措表示赞赏。然而，这家快餐连锁店的批评者指出，奇波雷墨西哥烧烤缺乏证据来支持其反对转基因的立场。他们怀疑奇波雷墨西哥烧烤的反转基因声明只是一个策略，以转移消费者对更大问题的注意力：奇波雷墨西哥烧烤在卫生方面存在一定的风险。可以说，奇波雷墨西哥烧烤的反转基因策略可能为其赢得了一些注重健康的顾客，但与此同时，有些顾客在奇波雷墨西哥烧烤的一些分店用餐后就生病了，这使人们对奇波雷墨西哥烧烤的食品处理和卫生安全产生了怀疑。

史蒂夫·埃尔斯（Steve Ells）是奇波雷墨西哥烧烤的创始人和联合首席执行官，他强调指出："奇波雷墨西哥烧烤反转基因食材的决策，是我们公司迈向远景目标的又一进步——我们想要改变人们对快餐的看法和吃法。快餐食品并不一定意味着它必然与含有防腐剂、填充剂、稳定剂、人工色素和人工香精的精加工廉价食材相关联。"然而，事实证明，让奇波雷墨西哥烧烤的供应链摆脱转基因食材是十分困难的。它的基本原料中发现了转基因材料，如发酵粉、玉米淀粉、芥花油和大豆油、玉米面和糖，而许多非转基因原料则供不应求。例如，某一次，奇波雷墨西哥烧烤发现它无法向其所有分店提供足够的非转基因猪肉来制作肉酱。鉴于供应链方面的挑战，奇波雷墨西哥烧烤最后决定在食物制作中使用非转基因产品，但继续供应一些使用转基因玉米甜味剂的软饮料。

1. 奇波雷墨西哥烧烤专注于消除转基因原料的做法是否为顾客创造了价值？请为这一市场营销战略辩论。（AACSB：书面和口头交流；伦理理解和推理）

2. 从伦理道德的角度，讨论奇波雷墨西哥烧烤对采购非转基因食品表示了高度关注，而不是去关注食品安全。奇波雷墨西哥烧烤在食品安全方面的疏忽导致了许多顾客生病（感染大肠杆菌、诺如病毒和沙门氏菌等）。讨论奇波雷墨西哥烧烤在应对由此产生的负面形象方面依然面临的挑战有哪些。（AACSB：书面和口头交流；反思性思考；伦理理解和推理）

营销计算

脸书与谷歌

脸书和谷歌都是科技行业的巨头。然而，如果只比较销售额，考虑到谷歌某一年的销售额是脸书的三倍以上，读者可能会认为谷歌的市场营销能力远胜于脸书。但比较净利润的话，脸书以微弱的优势胜过了谷歌。显然，销售额和利润为比较企业的盈利能力提供了信息，但在这些数据背后，是关于市场营销努力在创造销售额和利润方面的效率问题。

附录 3 "营销计算"中讨论了本章所描述的市场营销投资回报率标准之外的、有关市场营销利润衡量的其他标准。请查阅附录，利用两家企业如下的收入报表信息回答问题（所有数据均以千美元计）。

	脸书	谷歌
销售额	40 653 000	110 855 000
毛利	35 199 000	65 272 000
市场营销费用	5 431 501	16 875 750
净收入（利润）	15 920 000	12 662 000

计算每家公司的利润率、净营销贡献、市场营销销售回报率和市场营销投资回报率。请问哪家公司表现得更好呢？（AACSB：书面和口头交流；信息技术；分析性思考）

企业案例

适合本章的案例见附录 1。

企业案例 2　脸书：让世界更加开放和互联。脸书公司通过专注于自己的使命——"给人们分享的力量，让世界更加开放和互联"，积累了超过 20 亿的月活跃用户。

企业案例 8　博世：通过专注于产品本身创造更好的产品。50 多年来，博世公司通过专注于创造卓越产品的战略获得了成功。

企业案例 13　宝洁：通过顾客业务开发进行销售。宝洁公司采用了"顾客业务开发"的销售策略，通过确保其零售顾客的成功而获得成功。

复习题

1. 解释市场细分、目标市场选择、差异化和定位在实施有效的市场营销战略中的作用。（AACSB：沟通）

2. 市场营销人员越来越需要对市场营销绩效承担责任。除了本章和附录 3 中所描述的市场营销人员用来衡量市场营销绩效的各种指标之外，还存在哪些可以让市场营销人员用来展示市场营销绩效的衡量指标？把自己的发现写成一份简短的报告。（AACSB：书面和口头交流；反思性思考）

注释

第 **2** 篇

理解市场和顾客价值

第**3**章 市场营销环境分析

学习目标

学习目标 1　描述影响企业顾客服务能力的环境因素，参见"微观环境和宏观环境"部分。

学习目标 2　解释人口和经济环境的变化对市场营销决策的影响，参见"人口环境和经济环境"部分。

学习目标 3　识别企业自然环境和技术环境的主要趋势，参见"自然环境和技术环境"部分。

学习目标 4　解释政治环境和文化环境的重要变化，参见"政治－社会环境和文化环境"部分。

学习目标 5　讨论企业如何对市场营销环境做出反应，参见"对市场营销环境的反应"部分。

概念预览

到目前为止，读者已经了解了与消费者构建有利可图的关系的过程中所需要的基本的市场营销概念和步骤。接下来，本章将进一步阐述市场营销过程的第一个步骤——了解市场与顾客的需要和欲望。在本章，读者会发现：市场营销是在复杂且不断变化的环境中进行的。环境中的其他利益相关者——供应商、营销中间商、顾客、竞争对手、公众和其他群体——可能配合公司运营，也可能背离公司运营。主要的环境因素——人口、经济、自然、技术、政治和文化——会帮助企业创造市场营销机会、抵御威胁，并影响企业构建顾客关系的能力。为了制定有效的市场营销战略，企业必须首先了解自身所处的环境。

首先，我们来看看微软公司。这个科技巨头在整个 20 世纪 90 年代和 21 世纪截至目前的大部分时间里，一直主导着计算机软件世界。长期以来，其 Windows 和 Office 产品一直是个人计算机市场中的必备产品。但是，随着独立的个人计算机的衰落和数字连接设备（从智能手机和平板电脑到智能电视）的激增，强大的微软公司发现：自己在快速变化的环境中难以找到相应的位置。然而，这家科技巨头现在已经开始重塑自己，努力使自身成为消费者在后个人计算机时代离不开的一个品牌。

微软公司：适应快速变化的市场营销环境

在 20 年前，当人们谈论高科技的时候，就意味着在谈论万能的个人计算机（PC）。英特尔公司提供了个人计算机的微处理器，戴尔和惠普等制造商则在制造和销售这些计算机。但真正统治个人计算机行业的，却是微软公司——它出产的操作系统让大多数个人计算机能够很好地运行。作为占主导地位的软件开发商，微软几乎在每台售出的电脑上都安装了 Windows 操作系统和 Office "生产力套装"软件。

Windows 操作系统的巨大成功，推动着微软的收入、利润和股票价格达到了令人惊讶的程度。自 2000 年开始，微软公司就已经成为企业史上最有价值的公司之一。在那些令人振奋的日子里，没有哪家企业比微软公司意义更重大。从竞争的角度来看，也没有任何企业比它更加强大。

但时代在发生变化。在进入新世纪的第一个十年里，随着全世界爱上了一大堆诱人的、新的数字设备和技术，个人计算机的销售增长趋于平缓。计算机行业迅速从固定的单个的个人计算机转向了相互连接的移动设备，这些设备将用户与开放的、不断变化的信息、娱乐和社交世界紧密地联系在一起。但与个人计算机不同的是，这些移动设备并不需要微软公司的 Windows 系统。

在新的数字连接世界中，微软公司发现自己落后于更有魅力的竞争对手——谷歌、苹果、三星，甚至也落后于亚马逊和脸书。上述这些竞争对手提供了完整的数字产品系列——不仅仅是软件，还包括智能设备、连接技术，甚至还成为数字目的地（digital destinations）。尽管微软的财务实力依旧强大，并仍然是世界上占主导地位的个人计算机软件供应商，但它却失去了往日的一些光彩。与此相应，微软的成长也开始停滞不前，利润在 2000 年初的水平上徘徊了十几年，甚至更久。微软需要与时俱进，而且需要快速地做出改变。

于是，微软开始了一场大刀阔斧的转型，以便使自己更好地适应新的数字世界秩序。微软不仅仅是一家个人计算机软件开发商，它致力于成为一家全线数字化竞争者。为了与时俱进，该公司奉行了"移动优先，云计算优先"（mobile first，cloud first）的新战略。它为自己的 Windows 操作系统开发了一个移动版本，这是该公司长期以来的摇钱树。同时，微软还推出了 Office 365，这是一款基于云的办公应用订阅版，是在市场上占主导地位的办公应用套件。

与此同时，微软推出了一连串新的、改进的或刚刚收购的数字产品和服务。这些产品和服务包括 Skype 升级版、OneDrive 云存储解决方案，甚至还有创新的数字硬件产品线——微软 Surface 平板电脑和微软 Surface Book 笔记本电脑等。微软希望这些产品和服务能够引领人们使用更多创新的 Windows 设备。此外，微软也曾认真地涉足手机业务，先是收购后来又卖掉了手机制造商诺基亚公司。据传，微软很快就会推出基于 Windows 的 Surface 手机。微软希望其 Surface 系列和 Xbox 游戏机一起，能够让它更好地接触到个人计算机之外的三个重要数字屏幕——平板电脑、电视和手机。

但即使有了这些新的举措，微软发现自己仍然在追逐而不是引领新的数字竞争对手。微软的 Windows 操作系统仍然主导着日渐衰落的个人计算机市场，但其移动版本只占据了由苹果的 iOS 系统和谷歌的安卓系统主导的移动操作系统市场中的一小部分。虽然其 Surface 平板电脑和笔记本电脑表现良好，但仍然远远落后于苹果和三星的产品。而且，微软还没有推出一款成功的 Surface 手机。

因此，为了继续进行大规模的变革，微软又进行了一次重大转型。它首先提出了新的使命。微软早期的使命是："在每个家庭的每张桌子上都放一台计算机"。直到 2013 年，这一使命才转变成另外一个更宏大但仍以产品为中心的使命："为个体和组织提供一整套产品与服务组合，以便对地球上的每个人进行赋能，无论他们是在家里、在办公室里，还是在旅途当中"。2015 年，微软宣布了一个更为简洁的使命："让地球上的每个人和每个组织都能实现更多的目标"。

新使命的重点不是设备和服务，而是结果。不再是努力在移动设备和操作系统领域追赶竞争对手，微软现在决定在生产力工具方面引领市场。微软不再坚持把 Windows 操作系统作为其未来发展的关键，而是将其生产力应用程序和服务直接引入云技术中。以前的微软公司并不关心用户运行的是什么应用程序，只要你在 Windows 操作系统上运行就可以。在经过如上所述的戏剧性的转型之后，新的微软并不在乎你运行什么操作系统，只要你使用微软的应用程序和服务就好。

微软的云产品的核心，是其老牌的 Office 工具，包括 Word、Excel、PowerPoint 和其他生产力应用程序。尽管竞争对手——谷歌和苹果都有文字处理软件、电子表格和演示文稿应用程序，但无论是对于大型企业、小型企业、学生，还是家庭用户来说，Office 软件仍然是他们完成任务的黄金标准。在过去，Office 软件是和 Windows 操作系统捆绑在一起的。但微软现在的计划是让任何人都能使用 Office 软件。Office 365 订阅服务可以从云端访问，并可在任何设备或操作系统（iOS、安卓或 Windows）上运行。

可获得性只是一个开始。微软的目标是让 Office 365 成为一个全新的、基于云服务的在线服务家族的核心，这些服务可以无缝地协同工作。为此，除了移动版的 Word、Excel 和 PowerPoint 之外，微软还一直在为 Office 365 产品组合添加一组不断扩展的移动生产力应用程序，如 Outlook Mobile（电子邮件）和 To-Do（任务管理）。此外，基于云计算的 Office 365 软件还增加了用户注册其他微软服务的可能性，如 Skype、OneDrive 云服务或 Power BI 数据分析和洞察工具等。

在微软的新方向中，另外一个关键部分就是人工智能，这是数字巨头——亚马逊、谷歌、三星和 IBM 的最新战场。例如，微软的 Windows 10 人工智能语音助手 Cortana 已经安装在全球数亿台 Windows 设备上了。但是，Cortana 目前还无法与亚马逊的 Alexa、苹果的 Siri 或谷歌的"OK，Google"相提并论。然而，微软最近与亚马逊合作，使它们以前相互竞争的智能语音助手开始相互配合。这一合作，让亚马逊的 Echo 用户可以访问微软的生产力应用程序。反过来，微软的 Cortana 用户可以访问亚马逊 Alexa 的智能家居功能，如流媒体音乐和控制智能家居设备。

所以，这已不再是以前的微软了。随着大刀阔斧的转型顺利进行，微软现在似乎正在做出正确的举措，以便能够与时俱进。因此，微软的销售和利润增长已有所回升。虽然 Windows 操作系统仍然是微软公司目前成功的关键组成部分，但该公司的未来仍在于云计算等新业务。2017年，微软的商业云计算收入已经接近 190 亿美元，占其总收入的 20% 以上，领先于亚马逊、IBM 和其他一系列竞争对手，并正赢得云计算的市场竞争。

然而，能否继续取得成功，取决于微软能否有效地适应甚至引领市场营销环境中的瞬息万变。"微软面临着巨大的机遇，"微软首席执行官说，"为了抓住它，我们必须目标明确，前进得更快，并继续变革。"[1]

企业的**市场营销环境**（marketing environment）由影响企业市场营销管理能力的外部个体、实体或其他因素所组成。其中，企业的市场营销管理能力主要指构建和维护与目标顾客的关系的能力。像微软一样，企业必须持续观察和适应时刻变化的环境，有时甚至需要引领这些变化。

不同于企业的其他部门，市场营销人员必须扮演环境趋势的跟踪者和机会的搜寻者。虽然组织中每位市场营销经理都应该观测外部环境，但是市场营销人员还有两个特殊的技能。他们有严谨的方法——营销调研、营销情报和营销分析方法——收集市场营销环境的信息和生成有关市场营销环境的洞见。当前，市场营销人员正花费更多时间来收集和分析顾客与竞争对手的环境信息。通过认真分析环境，市场营销人员可以调整其市场营销战略以应对新的市场挑战和把握新的市场机会。

3.1 微观环境和宏观环境

市场营销环境包含微观环境和宏观环境。其中，**微观环境**（microenvironment）由影响企业的顾客服务能力的、与企业密切相关的因素所组成，如企业自身、供应商、营销中间商、顾客、竞争对手和公众；**宏观环境**（macroenvironment）由影响微观环境的社会因素构成，如人口、经济、自然、技术、政治和文化因素。我们首先来看一下企业的微观环境。

> **作者点评**
> 微观环境包括所有积极或消极的、极大影响企业为顾客创造价值和构建顾客关系的因素。

3.1.1 微观环境

市场营销管理工作通过创造顾客价值和顾客满意来构建企业与顾客的关系。然而，市场营销经理所做的，并不只是这些。图 3－1 展示了市场营销的微观环境的主要因素。成功的市场营销需要与企业内的其他部门、供应商、营销中间商、竞争对手、公众和顾客构建合作关系，从而形成企业的价值交付网络。

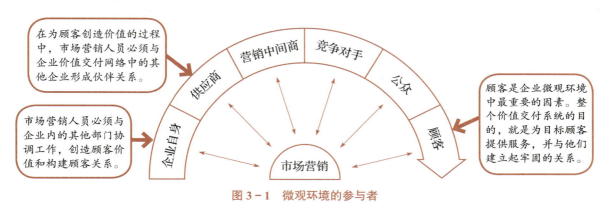

图 3－1　微观环境的参与者

企业

在设计市场营销计划并进行市场营销管理的时候，往往会涉及企业内部的各个群体，如公司高管以及财务、研发、采购、运营、人力资源和会计部门等。所有这些群体均来自企业的内部环境。其中，公司高管负责制定本企业的愿景、使命、长远战略和政策；市场营销经理在公司高管制定的公司战略和计划的指导下进行决策。正如本书在第 2 章中所探讨的，市场营销经理必须与企业内部的其他部门紧密合作。在市场营销导向下，企业的所有部门——从研发部门、财务部门到法务部门、人力资源部门等，都必须承担起理解顾客需要和创造顾客价值的责任。

供应商

供应商是企业整个顾客价值交付网络中的重要一环。它们提供了企业生产产品和服务所需要的资源。供应商的问题可能会严重影响市场营销。因此，市场营销人员必须关注供应品的可获得性和供应成本。供应短缺或延迟、自然灾害和其他活动的发生，都会在短期内影响企业的销售业绩，长期来看还会降低顾客满意度。此外，供应品的成本增加也会导致产品成本和售价的提高，进而影响销量。

如今，大多数市场营销人员都把供应商视为创造和交付价值过程中的合作伙伴。例如，家具零售商宜家深知与其广泛的供应商网络建立密切关系的重要性。[2]

宜家是世界上最大的家具零售商，是经典的全球知名品牌。2017 年，这家斯堪的纳维亚的零售商在全球 49 个市场的 403 家大型门店吸引了超过 9.36 亿人次访问。同时，该公司还有 23 亿人次的网站访问量，创造了超过 470 亿美元的销售额。宜家的发展势头良好——仅在过去三年当中，销售额就攀升了24%。但宜家成长的最大障碍，并不是开设新店和吸引顾客，而是需要找到足够多的、合适的供应商来帮助它设计和生产产品——那些被顾客从商店中买走的数十亿美元的产品。目前，宜家依靠来自 51 个国家的 1 000 多家供应商为其货架供货。按照目前的增长速度，这个数字在未来十年里可能要翻一番。

宜家的使命是为顾客创造更美好的日常生活，提供时尚且简单实用的家居用品。而且，价格低廉，以便让尽可能多的顾客都能买得起。但是，在销售价值数十亿美元的产品之前，宜家必须首先建立一个强大、可靠的供应商合作伙伴网络，以帮助其设计和制造所有这些产品。宜家不只是向供应商购买产品。一件宜家新产品的设计过程，可能需要长达三年的时间。宜家的设计师从基本的顾客价值主张开始，在整个新产品设计过程中会与关键供应商密切合作，将这一主张变为现实——完善设计、改善功能和降低成本。

营销中间商

营销中间商（marketing intermediaries）主要包括经销商、物流公司、营销服务代理商和金融中介机构等，它们帮助企业促销、销售产品，并将产品送到最终购买者手中。其中，经销商是帮助企业找到顾客或将产品销售给顾客的渠道商，包括批发商和零售商，选择经销商伙伴，并不是一件容易的事；物流公司帮助企业储存和运送商品；营销服务代理商包括营销调研公司、广告代理公司、媒介公司以及帮助企业制定目标并将产品销售到正确市场的咨询公司；金融中介机构包括银行、信贷公司、保险公司以及帮助企业进行融资、抵御买卖商品相关风险的其他企业。

像供应商一样，营销中间商是企业整个价值交付网络的一个重要组成部分。当前，市场营销人员已经意识到将营销中间商视为合作伙伴的重要性，而不是将其视作简单的产品销售渠道。当可口可乐成为麦当劳、温迪、赛百味等快餐连锁店的独家饮料供应商时，它提供的不仅仅是饮料，同时还承诺提供强大的营销支持。[3]

可口可乐让公司内部的跨职能团队了解每个零售合作伙伴的业务细节。该公司和合作伙伴进行了大量关于饮料消费者和市场份额的调研，并根据美国的邮政编码分析了各个地区的人口情况，帮助合作伙伴确定哪些可乐品牌在各自区域更受欢迎。可口可乐甚至还研究了菜单的设计，以了解什么样的布局、字体、字母大小、颜色和视觉效果能够诱导消费者订购更多的食品和饮料。基于这样的理解，可口可乐的餐饮服务解决方案团队还制订了相应的营销计划和确定了相应的销售工具，帮助零售合作伙伴提高它们的饮料销量和利润。可口可乐在 www.CokeSolutions.com 网站专门为零售商提供了丰富的信息、业务解决方案和销售技巧、数字和社交媒体营销的建议以及绿色环保等方面的技巧。这样紧密的伙伴关系，使可口可乐成为美国软饮料市场上长期以来的领导者。

竞争对手

市场营销理念指出：想要取得成功，企业必须提供比竞争对手更大的顾客价值和更高的顾客满意度。因此，市场营销人员必须做得更多，而不仅仅是迎合目标消费者的需要。他们还必须获得战略优势，明确定位自己的产品，使之在消费者的脑海中区别于竞争对手的产品。

在实践中，并不存在适合所有企业的单一的、有竞争力的市场营销战略。每个企业都应该根据竞争对手的情况、自身的规模和行业地位等因素，制定自己的市场营销战略。在一个行业中，占据主导地位的大型企业可以使用的战略，小型企业可能负担不起。不过，仅仅规模大还是不够的。对于大型企业而言，既存在着成功的市场营销战略，也存在着失败的市场营销战略。对于小型企业而言，它们也可以制定出自己的市场营销战略，获得比大型企业更高的回报率。

公众

企业的市场营销环境还包括各种公众。**公众**（public）即任何享有实际或潜在利益的、能够影响组织目标实现能力的群体。一般而言，企业的市场营销面临以下七种公众：

● 财务公众：这个群体影响着企业获得资金的能力。银行、投资分析师、股东等都是主要的财务公众。

● 媒体公众：这个群体传播新闻、专题、社论观点等内容，主要包括电视台、报纸、杂志以及博客和其他社交媒体。

● 政府公众：企业管理层必须考虑政府的作用和影响。市场营销人员必须向企业律师团队咨询产品安全、广告真实性和其他相关事项。

● 市民行动公众：企业的市场营销决策可能受到消费者组织、环保团体、少数族裔和其他团体的质疑，其公共关系部门能够帮助企业保持与消费者和公民团体的联系。

● 内部公众：这个群体包括员工、管理人员、志愿者和董事会。大型企业利用通信和其他方式通知和激励其内部公众。当员工对他们所在的企业感觉良好时，这种积极的态度会渗透到外部公众中去。

● 普通公众：企业需要考虑普通公众对其产品和活动的态度。公众对企业的印象会影响顾客的购买行为。

● 当地公众：这一群体包括附近的居民和社区组织。大型企业通常会努力成为其所在社区的负责任的成员。

企业既要为主要公众，也要为其顾客市场制订营销计划。例如，家居用品零售商家得宝通过其慈善捐赠部门——家得宝基金会回馈当地公众。[4]

家得宝基金会有一个简单的使命宣言：改善人们的家庭和生活。通过对当地非营利组织的支持、赠款，无数员工的志愿服务时间以及自然灾害救济，该基金会专注于为退伍军人修缮和翻新房屋和设施——退伍军人在回归平民生活的时候，经常会面临经济和物质困难。为此，该基金会向帮助开发和修缮退伍军人住房的非营利组织提供退伍军人住房补助金。通过一项名为 Team Depot 的（由该公司员工主导的）志愿者计划，家得宝公司的员工在当地社区提供志愿服务，对退伍军人的生活产生有意义的影响。自 2011 年以来，家得宝基金会已经改善了超过 37 000 个退伍军人的住所和设施。

顾客

顾客是企业微观环境中最重要的一个因素。整个价值交付网络的目的，就是给目标顾客提供服务，并与他们构建起稳定的关系。企业可能会选择以下五种顾客市场中的任意一种作为自己的目标顾客：消费者市场由购买商品和服务的个人和家庭组成，一般用于个人消费；在组织市场上购买商品和服务，是为了在后续的生产过程中进一步处理或使用；在经销商市场购买商品和服务，则是为了转售以获利；政府市场由购买商品和服务的政府机构组成，用来提供公共服务，或将商品、服务转让给有需要的人；国际市场是由其他国家的买家组成的，包括消费者、生产者、经销商和政府等。每种市场都要求卖方认真研究该市场的特殊性。

3.1.2 宏观环境

企业和所有其他利益相关者都在一个大的宏观环境下展开运营。不同的宏观环境对企业而言可能是机会，也可能是威胁。图 3-2 描述了企业的六大宏观环境因素。面对时常动荡变化的市场营销环境因素，即使实力最强大的企业也会变得脆弱不堪。在宏观环境中，有些因素是不可预见、不可控的，还有些因素则可以通过一些技巧来预测和处理。那些能够了解和适应它们所处环境的企业，往往可以茁壮成长。

作者点评
宏观环境由影响微观环境中的利益相关者的多种因素构成。

相对而言，做不到这一点的企业就很可能会面对危机。曾主导市场的领先者，如施乐（Xerox）、西尔斯百货（Sears）和索尼等——都已经吸取了这方面的教训。在本章接下来的部分，我们将解读这些因素并看看它们是如何影响企业的市场营销计划的。

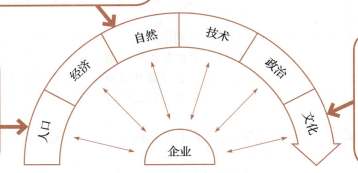

对自然环境的关注，已经催生了一场所谓的绿色运动。例如，添柏岚公司的任务就是开发对环境危害较小的产品。

人口结构的变化意味着市场和市场营销战略的变化。例如，网飞创建了一个"只为孩子"的门户网站和应用程序，目标群体是当今快速增长的、年轻的、精通技术的"Z世代"。

市场营销人员也希望在其市场和社区中成为有社会责任感的公民。例如，在线眼镜销售商——瓦比·帕克公司是基于一项事业而成立的：公司每卖出一副眼镜，就会向有需要的人免费分发一副眼镜。

图 3-2　企业宏观环境的主要影响因素

➡ 3.2　人口环境和经济环境

3.2.1　人口环境

人口统计学（demography）是有关人口的密度、规模、区域、年龄、性别、职业和其他统计特征的研究。人口统计学特征是市场营销人员主要的关注点，因为它涉及人，而市场是由人组成的。世界人口正在爆炸式增长。世界人口已超过 74 亿，预计到 2030 年超过 86 亿。[5]全球大规模且高度多样化的人口，给市场营销带来了机遇与挑战。

世界人口环境的变化对企业产生了重大影响。因此，市场营销人员需要密切关注人口趋势和市场发展，并认真分析年龄和家庭结构的变化、区域人口的变化、教育的特点和人口的多样性。在下面的内容中，本书重点讨论美国的人口趋势。

人口年龄结构的变化

目前，美国人口已超过了 3.32 亿，预计在 2030 年前后达到 3.6 亿左右。[6]美国最重要的人口趋势变化，就是年龄结构的变化。由于出生率的下降和预期寿命的延长，美国人口正在迅速变老。在 1970 年，中位年龄为 28 岁；到了 2016 年，中位年龄达到了 38 岁。[7]这种人口老龄化将对市场和服务对象产生重要影响。美国人口包含着几个代际群体。本书在这里重点讨论四个最大的群体——"婴儿潮"一代、X 世代、千禧一代和 Z 世代，以及他们对当今企业的市场营销战略的影响。

"婴儿潮"一代　目前，美国**"婴儿潮"一代**（baby boomers）的人口共有 7 400 万，他们是在 1946 年至 1964 年战后的"婴儿潮"时期出生的人。多年来，"婴儿潮"一代一直是塑造市场营销环境的最强大力量之一。到今天，最年轻的"婴儿潮"一代 50 多岁，最年长的已经 70 多岁，基本均进入了退休状态。

"婴儿潮"一代是美国历史上最富有的一代。如今，"婴儿潮"一代约占美国总人口的 22%，但掌控着美国42%的消费能力。[8]"婴儿潮"一代构成了利润丰厚的市场，包括金融服务、新住房和房屋改造、汽车、旅游和娱乐、外出就餐、健康和健身产品以及其他几乎所有的产品和服务。

如今，对一些市场营销人员来说，流行的做法是将目光从"婴儿潮"一代的身上移开，对准倍受追捧的千禧一代。有些人可能会刻板地认为，年长的"婴儿潮"一代停留在过去、与世隔绝、对新产品不感兴趣。然而，如果认为年长的"婴儿潮"一代正在逐步退出或放慢速度，那就大错特错了。如今，许多"婴儿潮"一代并没有那样看待自己，而是认为自己进入了新的生活阶段。

更为活跃的"婴儿潮"一代并不打算随着年龄的增长而放弃他们年轻的生活方式。例如，50岁以上的成年人占美国当前豪华旅游支出的80%。与人们普遍认为他们墨守成规的看法相反，最近的一项调查发现：82%的"婴儿潮"一代对新品牌持有开放的态度。"婴儿潮"一代并没有科技恐惧症，他们在数字技术方面上也很活跃，而且越来越精通社交媒体。据统计，约有70%的"婴儿潮"一代现在正在使用移动互联网。而且，他们是增长最快的网购人群，消费额比年轻一代更多。[9]

因此，尽管"婴儿潮"一代可能会购买很多帮助他们应对衰老问题的产品——从维生素到血压计，再到Good Grips厨房工具，但他们倾向于欣赏那些能够激发其年轻思维的市场营销人员，而不是把他们当作老年人对待的市场营销人员。例如，永明人寿保险公司（Sun Life）曾经做过一项研究，该研究发现：老年消费者因许多品牌似乎不了解他们而感到"困惑、恼火和被逗笑"。基于上述研究发现，永明人寿保险公司推出了一项"欢迎来到50岁以上生活"的活动，专门去挑战那些固有观念。[10]

类似地，沃尔格林公司（Walgreens）发起了一项名为"Carpe Med Diem"的活动，告诉"婴儿潮"一代如何"抓住每一天"，以便从生活中以及在沃尔格林公司的医疗保险D部分（Medicare Part D）处方药保险中获得更多益处，包括让他们看起来和感觉良好的产品，而不仅是处方药费用的节省。[11]

X世代   在"婴儿潮"之后，出现了"出生率低下"的另外一代人，这代人在1965—1980年之间出生，有5 500万人。[12]作家道格拉斯·库普兰（Douglas Coupland）称他们为**X世代**（generation X）。

与在他们之前的"婴儿潮"一代和之后的千禧一代相比，X世代的人数要少得多，他们是一个有时被忽视的"中间"消费群体。虽然他们追求成功，但与其他群体相比，他们不那么物质化；他们重视体验，而不是获取。对于许多身为父母和房主的X世代来说，包括孩子和年迈的父母在内的家庭才是第一位的，事业则是第二位的。

从市场营销的角度来看，X世代是一个相对喜好怀疑的群体。他们是理智的购物者，在考虑购买之前会对产品进行大量研究，重视质量而不是数量，往往不太能接受公开的市场营销宣传。但是，一旦他们找到了某一个品牌，他们往往会比其他代际群体更加忠诚。同时，他们更容易接受那些取笑传统和习俗的、不太庄重的广告宣传。许多X世代都是在互联网出现之前长大的，并在年轻的时候适应了数字技术。现在，大多数人都已经完全适应了互联网，并体会到了新技术的好处。

现在，X世代的人基本上是40多岁或50岁出头，许多人正在扮演主导角色。他们已经越来越多地取代了"婴儿潮"一代的生活方式、文化和价值观。他们坚定地投入自己的事业当中，许多人都是自豪的房主，家庭也在不断壮大。而且，他们是迄今为止受教育程度最高的一代人，每年都拥有巨大的购买力。虽然X世代占美国成年人总数的比例不到1/4，但他们的收入却占全美总收入的29%。[13]

由于潜力巨大，许多品牌和企业都将X世代的人口作为自己的主要目标群体。例如，82%

的 X 世代的人口都拥有自己的房子，这使他们成为家居和房屋领域市场营销人员的重要顾客群体。家居装修零售商——劳氏公司向 X 世代的房主大力推销，敦促他们"永远不要停止改善"。通过广告、在线视频和大量的社交媒体，劳氏公司为各种室内和室外家居装修项目和装修问题提供相关的想法和建议，为忙碌的 X 世代房主和他们的家人提供让生活更简单的解决方案。该公司的"我的劳氏"应用程序，就像一个 24 小时不间断的家庭装修管家，让顾客可以为家中的每个房间建立档案，对自己在劳氏公司所购买的产品进行归档。顾客还可以建立带有照片的产品清单，随时收到诸如更换暖气过滤器等重要提醒，甚至在计划启动家庭装修项目时直接在线咨询劳氏公司的员工。[14]

千禧一代 终有一天，"婴儿潮"一代和 X 世代都会把主导权交给**千禧一代**（millennials）（也叫 **Y 世代**（generation Y）或回声潮一代）。千禧一代是"婴儿潮"一代的孩子们，出生于 1981 年至 1997 年之间，共有 7 500 万人或更多。比较而言，千禧一代使 X 世代相形见绌，现在比"婴儿潮"一代的人数还要多。20 岁至 30 岁多岁的千禧一代，就其人数而言，拥有着巨大的购买力。无论现在还是未来，他们都是一个巨大且有吸引力的市场。

所有的千禧一代人口都有一个共同特点，那就是他们对数字技术的强适应性。他们不只使用科技，更将其视作一种生活方式。千禧一代是在充斥着电脑、电话、卫星电视、iPod、iPad 和在线社交媒体的环境中成长起来的第一代人。因此，他们以一种全新的方式与品牌互动，比如通过移动或社交媒体。在最近进行的一项针对千禧一代的调查中，当问及他们的大部分购物最常在什么地方进行时，有 75% 的人表示是在手机或笔记本电脑上完成的。而且，有 92% 的人表示更愿意通过网络或移动设备办理银行业务。[15]

比起市场营销人员的推销，千禧一代更追求真实性、价值和塑造自己的品牌体验以及与他人分享的机会。与其他代际群体相比，他们更注重节俭、实用、可连接、可移动并且是缺乏耐心的。"千禧一代愿意与品牌建立联系，容易被碎片化的内容（付费的或者免费的）吸引，对新信息和富有智慧的产品感兴趣，"一个分析师指出，"然而，主要值得注意的是，所有这些都需要以富有效率、易消化和变化的方式去满足。"[16]

现在，许多品牌都在针对千禧一代的需求和生活方式推出特定的产品和营销活动。例如，许多金融服务企业正在摆脱它们曾经呆板的形象，努力使它们的品牌对于移动优先的千禧一代消费者更具吸引力。请参阅五三银行（Fifth Third Bank）的实例。[17]

五三银行明白：对于时间紧迫的千禧一代来说，等待是很难接受的。因此，该银行推出了一个名为"无需等待"的新活动，展示其移动应用程序是如何让银行业务不再需要等待。该活动针对的是越来越多对传统银行业务感到厌烦的年轻消费者。其中，"无需等待"活动包括电视广告，也包括一系列数字视频和社交媒体内容，甚至还有一个新颖的手机游戏，旨在吸引那些缺乏耐心、精通社交媒体的千禧一代顾客。这些不落俗套的数字视频提供了幽默的比较：使用五三银行应用程序存入支票的速度，比仓鼠吃五个奶酪球的速度还要快，或者比手风琴演奏者演奏《玛丽有只小羊羔》的速度还要快。该活动还推出了一个动画手机游戏——"TXTvsTXT"，用来测试用户的短信发送速度。你不会想到这款手机游戏是由银行推出的，这款手机游戏为精通发信息的千禧一代提供了一种独特的方式，让他们测试自己的手指点击技能，挑战脸书上的朋友，而且可以获得不同类型的徽章。千禧一代"想要更快，不管是在文本对话中还是在五三银行的移动应用程序上查看余额，"五三银行首席营销官说，"我们的手机银行省去了银行业务的等待时间，而且我们相信这项活动告诉我们这件事很有趣，引人入胜。"

Z 世代 紧随千禧一代之后的，是 **Z 世代**（generation Z），即 1997—2016 年之间出生的年轻人。在美国，大约有 8 000 万 Z 世代的人，他们构成了重要的儿童和青少年市场。据估计，他们每年要花费 430 亿～1 430 亿美元的自有资金，并影响高达 3 330 亿美元的家庭支出。[18]这些年

轻消费者代表着未来的市场，他们现在所构建的品牌关系将会影响他们在未来的购买决策。

与千禧一代相比，Z世代的鲜明特征是他们对数字技术的熟练度和适应度。Z世代将Wi-Fi、智能手机、平板电脑、互联网游戏以及数字和社交媒体视为理所当然。他们一直拥有这些东西，这就使得这个群体具有高度的移动性、连接性和社交性。一位分析师调侃道："早晨一醒来，他们就在线上。"还有人说，他们具有"数字基因"。[19]

在社交和购物的时候，Z世代的人往往是把线上的和线下的世界完美地融合在一起。根据最近的一项研究成果，尽管他们还很年轻，但有超过一半的Z世代青少年在购买产品或让他们的父母为自己购买产品前会做产品调查。而且，约有39%的Z世代女孩会从社交媒体上寻找购物灵感，有35%的人会阅读品牌的新闻简报，有33%的人不介意品牌与他们喜欢的、有影响力的人合作。在网购的Z世代中，有超过一半的人更喜欢在网上购物，产品类别包括电子产品、书籍、音乐、运动器材、美容产品、衣服、鞋子和时尚配饰等。[20]

几乎各行各业的企业都在推销针对Z世代的产品和服务。然而，对Z世代及其父母的市场营销却面临着特殊的挑战。传统媒体对这个群体仍然很重要。但市场营销人员知道：他们必须在Z世代人口聚集和购物的地方跟他们见面。越来越多的是在网络和移动世界里实现接触。虽然13岁以下的人群仍然被禁止使用Periscope、Snapchat和Instagram等社交媒体，但至少在官方看来，社交媒体对年长的Z世代人口起到了至关重要的营销作用。今天的年轻人是出了名的善变和难以捉摸。因此，关键是要让这些年轻消费者参与进来，让他们帮助定义自己的品牌体验。例如，为了更深入地吸引年轻消费者，乐斯菲斯甚至邀请这些年轻的消费者帮助企业设计户外服装和装备。[21]

在夏令营中，乐斯菲斯的青少年设计团队与9～12岁的青少年及其父母举行了焦点小组访谈，以便了解他们对该公司儿童户外服装的意见和看法。乐斯菲斯的一位市场营销人员指出："我们发现这些孩子刚刚开始有自己的个人风格，也开始影响他们父母的购买行为。"于是，为了进一步吸引这些孩子，乐斯菲斯发起了一场设计大赛，邀请6～12岁的小艺术家们提交新的服装和装备设计，以便诠释该品牌"永不停止探索"的口号对他们的意义。获奖者的作品将出现在该品牌的青少年系列当中。乐斯菲斯的青少年设计团队的一位市场营销人员说："孩子是我们灵感的主要来源，我们做的东西要'有趣'，这一点很重要。如果让孩子们帮助设计我们的产品，那该多有趣。"诸如此类的参与努力和参与活动，让乐斯菲斯逐步成长为当今青少年市场上最热门的品牌之一。

在面向Z世代的市场营销中，有一个需要特别关注的顾虑，那就是可能会涉及儿童的隐私以及他们面对市场营销宣传的脆弱性。因此，面向这个群体展开市场营销的企业必须负起责任来，否则就有可能引起父母和公共政策制定者的愤怒或攻击。

代际营销　市场营销人员是否需要为每一代人都制订独立的产品和营销计划呢？一些专家特别提醒市场营销人员，在每次创造出对另一代人特别具有吸引力的产品或信息时，都要小心地完成老一代目标消费者的善后工作。另外一些专家则提醒说，每一代人都跨越了十几年的时间并经历了不同的社会经济水平。例如，Z世代从青少年到20岁出头，每个子群体都有自己的信念和行为模式。

因此，市场营销人员需要在每个子群体中找到更加精确的、与年龄相对应的细分市场。更重要的是，简单地按照出生日期对消费者进行分类的话，可能没有按照生活方式、生命阶段或者购买产品时所寻求的共同价值观进行细分那么有效。本书将会在第5章和第6章讨论市场细分的不同方法。

变化中的美国家庭

传统家庭是由丈夫、妻子和孩子（有时还有祖父母）组成的。然而，美国历史上的两个孩子、两辆车的郊区家庭的模板，最近逐渐失去了往日的光泽。

在美国，如今只有不到一半的家庭包含已婚夫妇，比 1940 年的 76% 有所下降。在美国 1.258 亿个家庭中，有 18 岁以下子女的已婚夫妇只占 20%。没有孩子的已婚夫妇占 30%，单亲家庭占 9%。有 35% 的家庭为"非家庭户"——独居的单身人士或没有亲属关系的男女成年人共同生活。[22]

越来越多的人正在离婚或分居、不结婚、晚婚、再婚或不打算生孩子。目前，17% 的新婚夫妇是跨种族或跨族裔的。[23]当今，美国现代家庭组成的变化越来越多地反映在流行电影和电视节目当中，如《摩登家庭》（Modern Family）和亚马逊的《透明家庭》（Transparent）。市场营销人员必须考虑到非传统家庭的特殊需求，因为他们现在比传统家庭增长得更快。每个群体都有着独特的需求和购买习惯。

此外，职业女性的数量也在大大增加，从 1970 年占美国劳动力的 38% 增长到现在的 47%。在有 18 岁以下子女的家庭中，美国女性现在占主要家庭经济支柱的 42%。在有孩子的已婚夫妇组成的家庭中，60% 是双职工家庭；27% 的家庭是只有丈夫工作。同时，更多的男性在妻子上班的时候，留在家里照顾孩子和家庭。[24]

越来越多的企业正在调整它们的市场营销方式，以便反映和适应美国家庭的动态变化。例如，在以家庭为导向的广告中，父亲曾经被忽视，或者被描绘成"笨蛋"，但如今广告商展示了更多有爱心、有能力的父亲。例如，没有人会对卫生纸这样的商品投入太多心思，但佐治亚－太平洋公司（Georgia-Pacific）却创新性地为其 Angel Soft 牌卫生纸进行定位：柔软而坚强。它通过一则温暖人心的广告，讲述了一位单亲父亲抚养一个女儿的过程：从婴儿到成年。广告显示，这位敏感、富有爱心的父亲独自帮助女儿跨越了幼年和青少年时期的所有障碍。该系列的另一则广告显示：一位充满爱心的父亲在其十几岁的儿子与初恋情人分手之后对其进行劝告和安慰。[25]

其他一些广告也反映了现代美国家庭不断发展的多样性。例如，作为金宝汤公司品牌定位宣传活动——"成真，现实生活"（Made for Real. Real Life）的一部分，该公司最近推出了这样一则广告——《你的爸爸》：有一对现实生活中的同性恋人模仿达斯·维达（Darth Vader）在著名的《星球大战》中的台词"我是你的爸爸"，给他们的儿子喂食金宝汤的星球大战汤（Campbell's Star Wars soup）。这则广告和其他广告活动一样，使品牌与企业的宗旨保持一致。类似地，通用磨坊公司（General Mills）围绕脆谷乐（Cheerios）拍了一系列广告，以一对跨族裔夫妇和他们的女儿为主角，描绘了典型的年轻家庭场景——从女儿在得知脆谷乐对心脏有益之后把脆谷乐倒在熟睡的爸爸胸前。[26]

人口的区域流动

美国是一个流动国家，每年大约有 11% 的美国居民在迁移中。在过去的几十年里，美国的人口逐渐从"冰雪地带"向"阳光地带"转移。西部和南部的人口有所增长，中西部和东北部各州的人口则有所减少。[27]这种人口变化引起了市场营销人员的兴趣，因为不同地区的人，其购买方式是不同的。

此外，一个多世纪以来，美国人一直在从农村地区向大都市区迁移。在 20 世纪 50 年代，他们从城市大规模地迁往郊区。如今，向郊区的迁移仍在继续。越来越多的美国人迁往"小都市区"，即位于拥挤的大都市区之外的小城市，如北达科他州的米诺特、北卡罗来纳州的布恩、密歇根州的特拉弗斯城和新罕布什尔州的康科德。这些较小的微型城市具有相比于大都市地区的许多优势——就业、餐馆、分流、社区组织，而且没有高度城市化地区的人口拥挤、交通堵塞、高犯罪率和高财产税。[28]

人们居住地点的变化，也引起了人们工作地点的变化。例如，向小都市区和郊区的迁移导致"远程办公"的人数迅速增加，即借助个人计算机、平板电脑、智能手机和宽带互联网，在家里或远程办公室进行远程工作。最近的一项研究发现：43% 的美国就业者至少有一段时间在进行远程工作。[29]

相应地，许多市场营销人员转而关注有利可图的远程办公市场。例如，思杰系统公司

（Citrix）的 GoToMeeting 和思科系统公司（Cisco）的 WebEx 等在线应用程序，可以帮助远程办公或远程工作的人员之间进行联系。从 Salesforce.com 到谷歌、IBM 和 Slack 等，都提供云计算应用，让人们可以通过互联网和移动设备在任何地方进行协作。例如，有人把 Slack 应用程序描述为"类固醇式的消息应用程序"：它提供共享的数字工作空间，通过实时的个人和群组消息、聊天室、文件共享、视频通话以及与其他基于云计算的应用程序和服务的集成，把远程办公室和远程团队的人们联系起来。Slack 应用程序是"全世界数百万人每天工作的地方"[30]。

此外，对于不能完全在家办公的远程办公人员，ShareDesk、DaVinci 和 Regus 等公司都会出租设备齐全的共享办公空间。只需支付每天 / 月 / 年的费用，那些不在办公室工作的远程办公人员就可以租用共享空间，其中包括与普通办公室相同的设施，从联网的电脑、打印机、复印机到会议室和休息空间等。

更好的教育、更多的白领、更多的专业人士

美国人口的受教育程度越来越高。例如，根据 2015 年的数据，在 25 岁以上的美国人口中，有 90% 的人完成了高中学业，有 34% 的人拥有学士学位或更高学位。在 1980 年，以上比例分别为 66% 和 16%。[31] 同时，劳动力大军也逐渐变得更加"白领化"。如今，专业人员的就业率增长最快，制造业工人的就业率增长反倒最慢。从 2014 年到 2024 年，在预计就业率增长最快的 30 个职业中，大多数都需要某种类型的中学后教育。[32] 受过良好教育的专业人员数量的增长，不仅会影响人们购买的东西，而且会影响他们的购买行为。

多样性的增加

各国的民族和种族构成各不相同。美国通常被视为一个大熔炉，不同种族、不同文化的群体融为一体，更加趋同。事实上，美国似乎是融合多种群体但各自仍保持着原本重要的价值观和文化差异的"沙拉碗"。

相应地，市场营销人员面临日益多样化的市场。无论是在国内还是在国外，他们的业务范围变得更加国际化。在美国人口当中，西班牙裔约占 18%，非洲裔占比超过 13%，亚裔约占 6%，其余的少数族裔群体为夏威夷原住民、太平洋岛民、美国印第安人、因纽特人或阿留申人。预计在未来的几十年里，美国的少数族裔人口将会呈现出爆炸式增长。到 2060 年，西班牙裔将占总人口的 28% 左右，非洲裔将占 14% 左右，亚裔将增加到 9%。[33]

从宝洁、沃尔玛、麦当劳到丰田和万豪酒店等众多大型企业，现在都把专门设计的产品、广告和促销活动对准一个或所有这些群体。

一个富有吸引力的多元化群体是残障人士。每五个美国成年人中就有一个人是残障人士，这代表着一个年消费能力在 2 000 亿～ 5 500 亿美元的市场。大多数残障人士都是积极的消费者。例如，一项研究发现：这一群体每年在 7 300 万次商务或休闲旅行中花费了 173 亿美元。[34] 企业应该如何与残障人士消费者建立起联系呢？许多市场营销人员都已经意识到：世界上的残障人士和非残障人士其实是一样的。麦当劳、威瑞森、三星、诺德斯特龙、本田和苹果都把残障人士群体视为市场营销的主流市场。

例如，在苹果的一个 iPad Air 产品广告中，现实生活中的旅行作家——切丽·金（Chérie King）带着 iPad Air 环游世界，iPad Air 帮助她在全球环境中穿梭旅行。她传递真爱、发照片、写文章，并让 iPad Air 翻译她想跟店主和其他不懂英语的人说的话。只是到了广告的最后，观众才发现她原来是一名聋哑人。[35]

另外一个例子是丰田公司，该公司在平昌冬奥会和残奥会期间开展的"开启无所不能"活动中包含突出运动员克服行动困难的励志广告——基于真实故事的广告。其中，有一则名为《好机会》（Good Odds）的广告，介绍了加拿大残障高山滑雪运动员劳伦·伍尔斯滕克罗夫特（Lauren Woolstencroft），她出生时左臂肘部以下和双腿膝盖以下都是缺失的，但她克服了巨大的困难，成为传奇的残奥会金牌得主。[36]

随着美国人口的日益多元化，成功的市场营销人员将继续推进其市场营销计划的多样化，以便利用快速增长的细分市场的机会。

请深入思考人口统计学因素是如何影响我们每个人的，又是如何影响市场营销战略的。

● 把人口统计学因素的发展变化应用到自己的生活中。请具体列举出一些人口统计学因素变化如何影响你和你的购买行为的例子。

● 列举一家对代际细分市场（"婴儿潮"、X世代、千禧一代或Z世代）、变化中的美国家庭、多样性增加等人口环境变化适时做出良好反应的企业。将该企业与在这方面做得比较差的一家企业进行比较。

3.2.2 经济环境

作者点评

宏观环境既可以提供机会，也可以造成威胁。例如，在后萧条时代，人们对消费更加敏感，结果"价值"成为市场营销的关键词。

市场既需要人，也需要购买力。**经济环境**（economic environment）是由影响人们购买能力和消费模式的经济因素组成的。经济因素会对消费者的消费和购买行为产生巨大的影响。例如，2008—2009年的大衰退及其创伤对美国消费者造成了沉重打击。在经历了20年的过度消费之后，新的经济现实迫使消费者将他们的消费与收入保持一致，并重新考虑自己的购买重点。

在当今的后经济衰退时代，消费者的支出水平再次上升。然而，即使经济有所改善，美国人也没有恢复到以前的自由消费方式，而是保持着对节俭的热情。每个代际群体都面临着各自的财务挑战。例如，"婴儿潮"一代的消费者正在关注他们的退休金账户；X世代的消费者面临着养家糊口、送孩子上大学、赡养年迈父母的财务责任；千禧一代的消费者则面临着偿还学生贷款和购买新房的费用。

因此，许多美国消费者现在都在生活方式和消费模式上采取了返璞归真的态度，而这种态度可能会在未来几年之内持续存在。新的、更加节俭的消费价值观，并不意味着人们已经甘于匮乏的生活。随着经济的好转，消费者又开始沉迷于奢侈品和大件商品的购买，只是更加理性而已。实际上，消费者越来越寻求自己所购买的产品价值更大化。反过来，各行各业的企业——从塔吉特这样的折扣商到雷克萨斯和蒂芙尼（Tiffany）等奢侈品牌——都在其产品和市场营销宣传中特别注重性价比、实用性和耐用性。

例如，多年以来，折扣零售商塔吉特越来越注重其"期望更多"的价值主张。该公司精心树立的"高档折扣店"形象，成功地将其与沃尔玛更为务实的"最低价格"定位区分开来。但在经济不景气的时候，随着买家越来越多地转向亚马逊等低价、便捷的在线零售商，许多消费者担心塔吉特更加时尚的商品和时髦的市场营销也意味着更高的价格。因此，塔吉特将平衡点更多地转向了其宣传口号中的"少花钱"，以便确保其价格与沃尔玛的价格一致，并让顾客知道这一点。虽然塔吉特的市场营销依然别致和时尚，但现在强调的是实用的价格和节俭的诉求。可以"买得更多"，在塔吉特的使命中占有突出的位置。[37]

在适应经济形势的过程中，不少企业可能会倾向于削减市场营销预算和降低价格，以"哄骗"顾客打开自己的钱包。然而，尽管削减成本和提供特定的折扣可以是重要的市场营销战略，但聪明的市场营销人员都明白：在错误的地方进行削减，可能会损害长期的品牌形象和顾客关系。实际上，企业所面临的挑战在于如何平衡品牌的价值主张与当前时代的关系，同时也要提升长期的品牌资产。因此，在不确定的经济时代里，许多市场营销者并没有削减价格，而是在价格上守住底线，并解释为什么其品牌是物有所值的。

市场营销人员应该关注对市场有很大影响的主要经济变量的变化，如收入、生活成本、储蓄和借贷模式等。企业通过经济预测来观察这些变量的变化。企业不必因经济衰退而一蹶不振，也不一定在经济繁荣时手头拮据。在适当的预警下，企业完全可以有效利用经济环境的变化来谋得发展。

3.3　自然环境和技术环境

3.3.1　自然环境

自然环境（natural environment）是指可以作为市场营销者的投入或受到市场营销活动影响的物理环境和自然资源。在最基本的层面上，在物理环境中发生的意外事件（天气或自然灾害等）会影响企业及其市场营销战略。举例来说，在最近一个寒冷的冬天里——极地漩涡这个词在美国人的词汇中出现了——从花店和汽车经销商到餐馆、航空公司和旅游景点等一系列企业的销售都受到了影响。相反，恶劣的天气又促进了对盐、吹雪机、冬季服装和汽车维修中心等的需求。

> **作者点评**
> 如今，明智的企业都制定可持续发展战略，以便创造地球可以支撑的世界经济。

虽然企业无法阻止自然事件的发生，但它们应该准备好预案以应对突发状况。例如，联邦快递和 UPS 等运输企业就在其员工中保留了气象学家团队，以便预测可能会阻碍在世界各地准时交货的天气状况。[38]

从更广的层面上来说，对环境的可持续性的担忧在过去几十年中逐渐显现。世界上很多城市的空气污染、水污染都达到相当严重的程度。同时，人们对全球变暖的担忧也愈演愈烈。很多环境学家甚至担心人类迟早会被垃圾所掩埋。

市场营销人员应该注意到自然环境变化的几个趋势。其中，第一个趋势就是原材料短缺。空气和水似乎是无限的资源，但是有些人已经预见到了长远的危险。空气污染使世界上很多大城市的居民感到窒息，水资源短缺是美国和世界其他一些地区的重大问题。到 2030 年之前，世界上超过 1/3 的人将面临水不够喝的问题。[39]可再生资源，如森林和粮食被不断地使用；不可再生资源，如石油、煤炭和多种矿物质也面临严重的问题。企业制造产品都需要这些珍贵的资源，即使这些资源是可获得的，也有获取成本不断高涨的问题。

第二个趋势是污染加剧。如化学产品和核废料的不当处置，海洋中具有高度危险性的汞含量水平，土壤和食物供给中化学污染物数量的增加，以及非生物降解的塑料瓶和其他包装材料垃圾充斥在环境中等。

第三个趋势是在自然资源管理中政府干预的增加。不同国家的政府对于保护环境的重视程度是不同的。一些国家，如德国政府就非常看重环境质量。另一些国家，特别是贫困国家，很少会在污染治理方面下功夫。

在美国，环境保护署（Environmental Protection Agency）成立于 1970 年，专门负责拟订并实施污染标准，进行污染研究。未来，在美国展开经营活动的企业将会受到来自政府更严的管控和更大的压力。现在，许多市场营销者不只是满足相关制度的要求，而且积极帮助寻求解决世界能源和材料问题的方案。

对自然资源问题的担忧，衍生出所谓的环境可持续性运动。如今，受到启发的企业在环境保护方面的努力已经超越了政府制度所要求的范畴。它们制定相应的战略和实践方案来支持**环境可持续性**（environmental sustainability）——付出努力来创建地球能够支撑的世界经济。环境可持续性意味着在满足当前需求的同时，不损害后代满足其需求的能力。

很多企业用环保产品来对消费者需求做出回应。还有一些企业则在开发可回收、可降解包装材料，以便实现更好的环境控制和更节能的运营。例如，通过自身的环境可持续性行动及其对供应商行动的影响，沃尔玛公司近年来已成为世界上的超级"生态保姆"。[40]

说到可持续性，也许沃尔玛是做得最好的之一。首先，沃尔玛正在推出新的高效商店，每一家都比上一家更加节能。这些商店使用风力涡轮机来产生能源，使用高输出线性荧光灯来减少商店使用的能源，并使用本地景观来减少浇水和施肥。同时，商店的供暖系统使用熟食店油炸锅的回收食用油以及来自轮胎和润滑油快运中心的机油。所有有机废物，包括农产品、肉类和纸张，都会被拉到一家专门的企业，然后变成花园的护根物（土壤有机覆盖物）。沃尔玛力争最终在其所有商店和配送中心使用 100% 的可再生能源（目前为 26%），并将垃圾零排放到垃圾填埋场（目前已降低到只有 19%）。

沃尔玛不仅对自己的经营进行"绿化"，还向其庞大的供应商网络传达了生态法则，让它们也这样做，要求它们检查其产品的碳生命周期，并重新思考如何采购、制造、包装和运输这些商品。而且，沃尔玛还形成了"沃尔玛可持续性指数"计划，帮助供应商了解、监测和提高其产品和供应链的可持续性。因此，沃尔玛的供应商已经减少了能源、水、材料、有毒成分和其他投入，同时也为自己以及沃尔玛商店和消费者减少了废物和排放。凭借其巨大的购买力，沃尔玛甚至可以让最强大的供应商屈服。在对供应商提出环保要求的时候，沃尔玛甚至比政府监管机构更有影响力。环境保护署只能进行名义上的罚款，而沃尔玛却可以威胁到一家供应商的大量业务。

越来越多的企业逐渐意识到，对顾客和地球有益的东西也可以是有价值的。例如，沃尔玛的生态收费不仅仅是为了做正确的事情，还具有良好的商业意义。更有效的操作和更少的产品浪费不仅对环境有利，而且能为公司节省资金。

现如今，企业不只是在做善事。越来越多的企业都把环境可持续性作为其核心使命的一部分。

3.3.2　技术环境

技术环境（technological environment）可能是影响我们这个时代最显著的因素了。科技创造了诸如抗生素、空中旅游、互联网、智能手机以及无人驾驶汽车等奇迹。同时，它也创造了恐怖的核弹、突击步枪等。我们对技术的态度，主要取决于我们对它所产生的奇迹印象更深刻一点，还是对它所造成的麻烦印象更深刻一些。

数字技术和物联网的出现，创造了一个美好的市场营销新世界。看似无休止的数字进步，正在影响消费者了解、选择、购买和体验品牌的各个方面。反过来，数字时代也为市场营销者提供了令人兴奋的机会，使他们能够了解消费者和创造新产品，并以更直接、更有意义的方式吸引顾客。在 20 年前，即使是眼界开阔的未来学家也很难想象今天的数字世界。

数字化已经成为我们（作为消费者）生活与工作不可分割的一部分。读者可以在自己所购买的产品中看到这一点：从 Fitbits 和苹果手表等可穿戴技术到 Nest 监控器、Sonos 无线扬声器和谷歌智能家居小装置，再到特斯拉等以数字技术为中心，甚至可以在短时间内实现自动驾驶的汽车。同时，读者也可以从人们的购买方式中看到这一点——从店内购物到网络和移动购物的大规模转变，到对应用程序和聊天机器人的依赖，再到享受增强现实和其他数字技术魔法所带来的品牌体验方式等。当然，有关这一点，也可以从人们同品牌的互动方式中看出来：通过数字品牌社区、网络和移动应用程序以及常伴——社交媒体进行互动。需要更多购物信息或帮助吗？如果是的话，那么只需要询问亚马逊的 Alexa 智能助手或苹果的 Siri 智能助手就可以了，甚至还可以让这些智能设备帮助顾客进行购买。今天，消费者的生活，或者说我们的全部生活——是与所有数字事物不可分割地联系在一起的。数字化已经成为我们工作和生活的一部分，几乎就像丹·布朗（Dan Brown）小说中所说的那样：一位未来学家预言人类最终会进化成一半是人类，一半由人工智能驱动的机器。虚构？牵强附会？谁也不知道。

迪士尼充分利用数字技术在其迪士尼世界度假区创造了神奇的顾客体验。在五年前，迪士尼就推出了"我的迪士尼体验"——一款网络和移动应用程序，可以帮助游客规划行程，然后在度假区内实时管理他们的游玩。该体验的核心是一个名为"MagicBand"的腕带，依靠射频识别技术（RFID）实现。[41]

在迪士尼世界度假区里，带着 MagicBand 腕带，将会让顾客获得全新的体验。在 MyMagic+ 云服务端注册之后，顾客只要轻轻一抖手腕就可以进入乐园或景点、购买晚餐或纪念品、在某些景点插队，甚至是打开酒店的房门。然而，迪士尼刚刚开始尝试利用 MagicBand 的潜力，来给顾客提供个性化的体验。未来的应用可能更加神奇。想象一下这样的场景：孩子们在乐园里可以获得米老鼠的拥抱、白马王子的鞠躬；有人亲切地叫着孩子的名字并向他打招呼，还祝他生日快乐；基于乐园提前给出的顾客基本信息，顾客可以随时和身边的游客聊天。你和你的家人或朋友走散了吗？没问题。快速在最近的引导处扫一下你的 MagicBand 腕带，它就可以指出你的具体位置；MagicBand 腕带还可以跟顾客的智能手机连接起来，为顾客提供在乐园内游玩的相关信息，如乐园特色、活动等待时间、快速通道提醒以及顾客自己的预订安排等。当然，MagicBand 腕带还为迪士尼提供了顾客活动等方面的移动数据，从而有助于企业提高顾客的引导、服务和销售水平。如果觉得包含的信息太多的话，MagicBand 腕带还提供隐私选项。例如，家长提前设定，不允许MagicBand 腕带获得孩子的名字。总之，这样的数字技术保证了迪士尼的顾客能够获得更为全面的服务体验。

技术环境正在迅速变化，持续地创造着新的市场和新的机会。然而，每一项新技术都会取代老技术。晶体管的出现重建了真空管行业，数字摄影的诞生影响了整个电影业，数字下载和流媒体使光盘业务和图书业务逐渐没落。当老产业抵触或忽视新技术时，它们的业务必将走向衰退。因此，市场营销者应该密切关注技术环境及其发展变化。企业若是跟不上时代的发展，就会发现自己的产品逐渐趋于淘汰。如果这样的事情发生了，就会错过许多新的产品和新的市场机会。

随着产品和技术变得越来越复杂，公众需要知道这些产品是安全的。因此，政府机构需要调查并禁止潜在不安全产品的生产。在美国，食品和药品监督管理局（FDA）制定了复杂的法规来测试新产品。消费品安全委员会（CPSC）也为消费品制定了相应的安全标准，并对达不到标准的企业进行处罚。不过，上述这些规定也导致研发成本大大增加，新产品创意诞生与上市之间的时间间隔也更长。市场营销者应该了解这些法规，并将其运用到新技术和新产品的开发中去。

➡ 3.4 政治 / 社会环境和文化环境

3.4.1 政治 / 社会环境

市场营销决策受政治环境变化的强烈影响。其中，**政治环境**（political environment）是由影响和限制特定社会中各种组织和个人的法律、政府机构和压力团体组成的。

法律合规业务

即使是最坚定的自由市场主义者也认为，系统最好在一定的制度约束下运行。周密的监管可以鼓励竞争、确保商品和服务市场的公平性。因此，政府制定公共政策，以指导商业发展。换言之，政府通过制定成套的法律和法规

> **作者点评**
> 即使是最坚定的自由市场主义者也认为，系统最好在一定的制度约束下运行。但制度范畴之外，大多数企业需要对社会负责。本书将在第 16 章中深入探究市场营销和社会责任话题。

来督促企业从事对社会整体有益的业务。几乎每一项市场营销活动，都会受到法律和法规的制约。

影响世界各地商业发展的法律逐年稳步增加。美国和许多其他国家都有很多涉及法律的问题，如竞争、公平贸易惯例、环境保护、产品安全、广告真相、消费者隐私、包装和标签、定价和其他重要领域的问题（参见表 3-1）。

表 3-1 美国影响市场营销的主要法律法规

法律法规	目的
《谢尔曼反托拉斯法》(Sherman Antitrust Act)（1890 年）	禁止在州际商业中限制贸易或竞争的垄断和活动（价格垄断、掠夺性定价）。
《纯净食品和药品法》(Pure Food and Drug Act)（1906 年）	创建了食品和药品监督管理局。该局禁止生产或销售掺假或虚假标识的食品和药品。
《克莱顿法》(Clayton Act)（1914 年）	对《谢尔曼反托拉斯法》进行补充，禁止某些类型的价格歧视、独家经营和搭售条款（要求经销商在卖方的产品系列中增加产品）。
《联邦贸易委员会法》(Federal Trade Commission Act)（1914 年）	成立了联邦贸易委员会，负责监督和纠正不公平的贸易方法。
《罗宾逊-帕特曼法》(Robinson-Patman Act)（1936 年）	修订《克莱顿法》，将价格歧视界定为非法行为。授权联邦贸易委员会对数量折扣做出限制，禁止某些经纪人津贴，并禁止促销津贴，除非是按比例平等的条件提供。
《惠勒-李法》(Wheeler-Lea Act)（1938 年）	将欺骗性、误导性和不公平的做法定为非法，无论是否损害竞争。将食品和药品广告置于联邦贸易委员会的管辖之下。
《兰哈姆商标法》(Lanham Trademark Act)（1946 年）	保护和规范独特的品牌名称和商标。
《国家交通和安全法》(National Traffic and Safety Act)（1958 年）	规定建立汽车和轮胎的强制性安全标准。
《公平包装和标签法》(Fair Packaging and Labeling Act)（1966 年）	规定对消费品的包装和标签进行管理，要求制造商说明包装里有什么、谁制造的以及包括多少。
《儿童保护法》(Child Protection Act)（1966 年）	禁止销售危险玩具和物品，它规定了儿童防护包装的标准。
《联邦卷烟标签和广告法》(Federal Cigarette Labeling and Advertising Act)（1967 年）	要求香烟包装上必须有以下声明："警告：吸烟有害健康。"
《国家环境政策法》(National Environmental Policy Act)（1969 年）	确立了国家环境政策。在 1970 年重组计划中成立了环境保护署。
《消费品安全法》(Consumer Product Safety Act)（1972 年）	成立消费品安全委员会，授权其制定消费品安全标准以及对不遵守这些标准的具体处罚。
《马格努森-莫斯保证法》(Magnuson-Moss Warranty Act)（1975 年）	授权联邦贸易委员会确定消费者保证的规章制度，并为消费者提供获得赔偿的机会，如集体诉讼。
《儿童电视法》(Children's Television Act)（1990 年）	限制在儿童节目中播放的商业广告数量。
《营养标签和教育法》(Nutrition Labeling and Education Act)（1990 年）	要求食品标签提供详细的营养信息。
《电话消费者保护法》(Telephone Consumer Protection Act)（1991 年）	确立了避免不受欢迎的电话招揽的程序。限制市场营销人员使用自动电话拨号系统和人工或预先录制的语音。
《美国残疾人法》(Americans with Disabilities Act)（1991 年）	规定在公共场所、交通和电信方面对残疾人的歧视为非法。
《儿童在线隐私保护法》(Children's Online Privacy Protection Act)（2000 年）	禁止网站或在线服务运营商在未获得父母同意的情况下收集儿童的个人信息，并允许父母审查从其子女那里收集的信息。
《谢绝来电实施法》(Do-Not-Call Implementation Act)（2003 年）	授权联邦贸易委员会向销售商和电话营销商收取费用，以实施和执行全国性的谢绝来电登记制度。
《反垃圾邮件法》(CAN-SPAM Act)（2003 年）	规范非应邀商业电子邮件的分发和内容。
《金融改革法》(Financial Reform Law)（2010 年）	设立了消费者金融保护局，负责制定和执行向消费者推销金融产品的规则。该局还负责执行《贷款真相法》《住房抵押贷款披露法》和其他旨在保护消费者的法律。

了解特定市场营销活动涉及的公共政策，并不是一件简单的事情。在美国，国家、州、地方等不同层级都制定了相关的法律，这些规定往往交叉重叠。例如，在达拉斯销售的阿司匹林产品同时受联邦标签法和得克萨斯州广告法的约束。此外，法律法规的条款是不断变化的；去年被允许的，今年可能就禁止了。因此，市场营销人员必须努力跟上法律法规的条款的变化并随时精准理解其内涵。

出于多方面的考虑，政府颁布了一系列商业法规。第一个目的是保护竞争中的所有企业。虽然企业高管可能会鼓励竞争，但当竞争威胁到他们时，他们可能会试图压制竞争。因此，立法的通过是为了定义和防止不正当竞争。在美国，这类法律是由联邦贸易委员会和总检察长办公室的反托拉斯处强制执行的。

政府管制的第二个目的是保护消费者免受不公平商业行为的侵害。有些企业，如果任其自由发展的话，可能会制造伪劣产品、侵犯消费者隐私、用广告误导消费者，甚至通过包装和定价欺骗消费者。不公平的商业行为，已经得到界定并由相关机构进行管制。

政府管制的第三个目的是保护社会利益，反对不受控制的商业行为。商业性的营利活动无法永远创造更好的生活质量。法规的产生，就是为了确保企业对其生产的产品承担社会责任。

从事国际市场营销的人员可能会遇到几十个甚至上百个各国机构制定的贸易政策和法规。在美国，国会设立了联邦监管机构，如联邦贸易委员会、食品和药品监督管理局、联邦通信委员会（Federal Communications Commission）、联邦能源监管委员会（Federal Energy Regulatory Commission）、联邦航空管理局（Federal Aviation Administration）、消费品安全委员会、环境保护署等。这些机构在执行法律时有一定的自由裁量权，它们可能会对企业的市场营销业绩产生重大影响。

新的法律和执法行为将会继续增长。企业高管必须规划自己的产品和市场营销方案，关注相关法律的最新发展状况。此外，市场营销人员还需要了解关于保护竞争、消费者和社会的主要法律，弄清楚地方、州、国家和国际层面的不同法规。

强调具有道德和社会责任感的行为

书面规则不可能涵盖所有可能的市场弊端。而且，现行法律往往是通过不同组织来实施的。除了书面的法规以外，企业的业务还会受到社会规范和职业道德规范的制约。

社会责任行为 开明的企业鼓励其管理人员密切关注监管制度要求范围之外的事情，那就是"做正确的事"。这些对社会负责的企业积极寻求各种方法来保护消费者和环境的长期利益。

几乎市场营销的每一个环节，都会涉及道德和社会责任问题。但遗憾的是，因为这些问题通常会涉及利益冲突，善意的人们只可以在特定情况下反对某些做法。因此，许多工业和行业协会都会给出道德方面的建议。现在，为了解决复杂的社会责任问题，越来越多的企业正在制定政策、指导方针和其他对策。

在线、移动和社交媒体营销的繁荣，带来了一系列新的道德和社会责任问题。批评者最担心在线隐私问题，因为存在着大量可被获得的用户个人数据。用户本身提供了一些信息，他们自愿将高度私密的信息放在社交网站上，如脸书或领英，任何人使用电脑和手机都很容易搜索到他人的信息。

但是，大部分信息都是企业以一种系统化的方式进行开发的，以便有助于它们更多地了解自己的顾客，消费者个人往往没有意识到自己正在被企业监测。合法的企业会跟踪消费者在其网站上的浏览和购买行为，并收集、分析和共享消费者在其在线网站上一举一动的数据。批评者则担心：这些企业可能知道得太多了，进而利用消费者数据获取优势，使买卖双方变得不再平等。

虽然大多数企业完全披露了自己的互联网隐私政策，并且尝试利用数据使其顾客受益，但是确实存在着数据滥用的现象。近年来，脸书、雅虎、艾奎法克斯（Equifax）、塔吉特、优步（Uber）和索尼等大型企业的消费者数据泄露事件，已经威胁到了数亿甚至数十亿人的隐私。[42] 因此，越来越多的企业正在加强数据安全，公共政策制定者也在采取行动以保护消费者的隐私。在本书

第 4 章和第 16 章中，我们会更加深入地讨论这些以及其他社会营销问题。

善因营销　为了履行自己的社会责任，建立更加积极的企业形象，很多企业都努力把自己跟一些有价值的事件关联起来。目前，每个产品似乎都被"捆绑"在一些事件上。例如，美国电话电报公司（AT&T）与竞争对手——威瑞森、斯普林特（Sprint）和 T-Mobile 联合发起了"可以等待"（It Can Wait）活动，呼吁所有年龄段的人承诺开车时绝不发短信，期望以此解决开车时发短信而引发的安全问题。州立农业保险公司（State Farm）通过"好邻居"（Neighborhood of Good）计划，加强了其"好邻居"的定位。该计划鼓励保单持有人在其社区的慈善组织中担任志愿者。鳄鱼公司（Lacoste）与世界自然保护联盟（International Union for Conservation of Nature）合作推出了限量版的 Polo 衫，并将其鳄鱼标志换成了 10 种濒危动物的图像，所得款项用于支持该组织的动物保护工作。惠而浦公司（Whirlpool）的 Care Counts 洗衣计划，则是在学校里放置了洗衣机和烘干机，让那些有困难的孩子们可以拥有干净的衣服，增加他们的自信心和出勤率。该项目提高了 90% 参与儿童的出勤率。[43]

有些企业设定了与善因营销相关联的使命。在"以价值观为主导"的理念下，它们的任务是用商业让世界变得更美好。例如，长期以来，联合利华公司旗下的本杰瑞公司一直以自己是一家"价值主导型企业"而自豪，该公司为每一个与品牌相关的人——从供应商到员工，再到顾客和社区——共同创造了"互联共荣"。[44]

根据其使命三部曲，本杰瑞公司希望制造出梦幻般的冰激凌（产品使命），管理企业以实现可持续的财务增长（经济使命）。本杰瑞公司用行动来支持其使命的达成。例如，该公司致力于使用健康、天然、非转基因、公平贸易认证的原料，并从当地农场直接购买。它还投资于风能、太阳能和碳中和业务。同时，该公司的"关爱乳业"计划帮助农民在农场尝试和从事更多的可持续发展实践。本杰瑞基金会每年向美国各地的社区服务组织和项目提供近 200 万美元的基层拨款。此外，本杰瑞公司还经营着 14 家伙伴店（PartnerShops）——由社区非营利组织独立拥有和经营的冰激凌店。该公司对这些店免收标准加盟费。

善因营销已经成为企业捐赠的主要形式。通过将购买本公司的产品或服务与善因或慈善机构联系起来，善因营销让企业实现了"做好事"的目的。除了社会责任之外，善因营销也能同时为企业带来良好的经济效益。例如，本杰瑞公司的使命是以价值观为主导，或者更可能就是因为这一使命，本杰瑞公司才成为全美第二大冰激凌品牌，仅次于 Breyers 品牌，年销售额接近 5 亿美元。除了提高出勤率以外，惠而浦公司的"关爱计划"也提升了其企业形象，使其获得了价值3.5 亿美元的媒体印象（media impressions），在脸书和 YouTube 上获得了超过 1 200 万的视频浏览量，显著地提升了顾客购买该品牌的意向。[45]

善因营销也引起了一些争议。有批评者担心，善因营销是一种销售战略，而不是一种给予战略，是一种过度炒作的市场营销方式。因此，采用善因营销的企业可能会发现：企业需要在自己的品牌形象提升和被认为是商业炒作之间把握一种平衡。然而，如果处理得当的话，善因营销确实可以使企业和慈善机构双方从中获益良多。企业获得了有效的市场营销工具并建立起了正面的品牌形象，慈善机构或善因事件则得到了社会关注、重要的资金来源和公众的支持。据统计，美国在善因营销方面的支出，已经从 1990 年的 1.2 亿美元暴涨到 2018 年的 20 多亿美元。[46]

> **作者点评**
> 文化因素强烈地影响着人们的思考和消费方式。因此，市场营销者对文化环境十分感兴趣。

3.4.2　文化环境

文化环境（cultural environment）由影响社会基本价值观、认知、偏好和行为的制度或其他因素组成。人们在一个特定的社会中成长，形成了自己的信念和价值观。人们采纳了界定自己与他人关系的某种世界观。下面的文化特征会影响市场营销决策的制定。

文化价值观的持久性

在一个特定的社会里，人们秉承着某种信念和价值观。人们的核心信念和价值观有高度的持久性。例如，大多数美国人信奉个人自由、努力工作、结婚、成就和成功。这些信念塑造了日常生活中更加具体的态度和行为。核心信念和价值观由父母传递给孩子，并被学校、企业和政府不断地进行强化。

附属信念和价值观则往往更加开放和易变。例如，相信婚姻是一种核心信念，而相信人们应该在年轻的时候结婚则是一种附属信念。市场营销者往往有机会改变人们的附属信念，但很难改变人们的核心信念。例如，家庭计划的市场营销者可以说服人们晚一点结婚，但无法说服他们不结婚。

附属文化价值观的转变

虽然核心价值观是持久的，但文化的波动确实是会发生的。看看流行音乐团体、电影人物和其他知名人士对青少年发型和服装的影响，就不难理解这一点。市场营销者需要预测文化转变以发现新的机会和威胁。社会主流文化和价值观是由人们自己形成并表达的，但同时也可以通过组织、社会、自然和宇宙来体现。

人们有关自我的看法 人们有关自我的观点各不相同，有些强调服务自己，有些强调服务他人。有些人追求个人享乐，想要乐趣、变化和解脱；有些人寻求自我实现，并通过宗教、娱乐、追求事业或其他生活目标来达成。有些人把自己看成是分享者和加入者，有些人则视自己为个人主义者。人们使用的产品、品牌和服务，其实都是自我表达的一种手段，顾客倾向于购买符合自己观点的产品和服务。

市场营销者可以通过品牌定位来吸引具有特定自我观点的某个细分市场。例如，考虑一下斯佩里公司（Sperry），它是众所周知的 Top-Sider 品牌船鞋的制造商。[47]

在 1935 年，斯佩里公司首次推出了其标志性的 Top-Sider 品牌船鞋，作为应对波涛汹涌的大海和湿滑甲板的一款完美防滑船鞋。这一航海主题目前仍然是斯佩里公司定位的重要组成部分。该品牌最近推出的"期待艰苦跋涉"（Odysseys Await）营销活动，证实了这款鞋子是为那些不甘停留在原地的冒险者设计的。该活动的目标顾客是那些"无畏的消费者"——活跃的千禧一代，他们认为自己是冒险的、可信的、大胆的、有创造力的。"期待艰苦跋涉"活动将该品牌与海洋重新联系起来了，让那些无畏的消费者进行航海冒险。斯佩里公司的 Top-Sider 不仅仅是一双鞋，它是顾客自我和生活方式的一种体现。

人们关于他人的看法 人们对他人的态度以及与他人的互动，会随着时间的推移而不断发生改变。最近几年，有些分析师担心，随着人们把头埋进社交媒体页面、邮件和短信里，数字时代会使人们之间的互动逐渐消失。与此相对，如今的数字技术似乎形成了大众交融的新趋势。利用线上社交媒体和移动通信技术，人们实际上并没有减少互动，反而比以前沟通得更多了。总的来说，越多的人在网上相遇、建立关系、发送短信和进行社交活动，他们就越有可能在现实世界中见面。

然而现在，即使人们在一起的时候，也通常处于"群体性孤独"的状态。人们可以在自己的小空间里或坐或走，与小屏幕和键盘交流。一位专家将当下的沟通技巧描述为"在给某个人发信息的同时与其他人保持眼神交流；这很难，但能做到"。她说："通过使用技术设备，我们能够彼此在一起，同时也和其他人保持联系，不管他们身处何方。"[48] 因此，由新技术所驱动的沟通是祝福还是诅咒，仍是一个备受争议的问题。

这一新的互动方式，强烈地影响着企业如何推销自己的品牌、如何与顾客进行沟通。消费者深入到他们的朋友网络和在线品牌社区中，去了解和购买产品，并塑造和分享品牌体验。因此，对于品牌来说，要确保它们也能够深入到这些网络中去。

人们关于组织的看法　人们对待企业、政府机关、工会、大学和其他组织的态度各不相同。总的来说，人们愿意为大型机构工作，并期望这些机构反过来开展社会工作。

在过去的20年里，人们对美国企业、政府组织和机构的信心和忠诚度急剧下降。在工作场所，组织的忠诚度呈现出整体下降趋势。一波又一波的企业裁员潮催生了更多的愤世嫉俗和不信任。仅仅在过去十年时间里，重大的企业丑闻、消费者数据泄露、华尔街银行家贪婪无能的故事以及其他令人不安的活动，都导致人们对大型企业越来越失去信心。如今，许多人并没有将工作视为满足感的来源，而是将其视为赚钱以享受非工作时间所必需的苦差事。这种趋势表明，组织需要找到新的方法来赢得消费者和员工的信心。

人们关于社会的看法　人们对社会的态度各不相同——爱国者要守护它，改革者要改变它，不满者想要抛弃它。人们对社会的态度影响了各自的消费模式及其对市场的态度。

在过去的20年里，人们的爱国主义情绪逐渐飙升。比如，一些市场营销者开始重提本国制造的宣传。虽然大多数这样的市场营销努力都为大家所接受，但这种市场营销有时可能会很棘手。

人们关于自然的看法　人们关于自然界的态度也各有不同。一些人认为人类应该遵守自然规则，一些人认为人与自然是和谐统一的，还有一些人试图掌控自然。不过，长期趋势是，人们会通过技术和对自然多样性的认知逐渐征服自然。然而，最近人们认识到，自然是有限且脆弱的，它会被人类的肆意活动所破坏。

这种对自然事物的重新热爱，创造了可观的消费市场。消费者在寻求自然、有机和有营养的产品，他们寻求从天然的、有机的、有营养的产品到节能汽车和替代药物的各类产品。例如，现在，美国的有机或天然食品市场每年的零售额都达到了470亿美元，估计到2021年将以每年14%的速度增长。[49] 通用磨坊公司旗下的 Annie's Homegrown 公司以可持续发展的纯天然食品——从通心粉和奶酪到比萨饼、面食、小吃、汤类、麦片、酸奶和沙拉酱等（以可持续发展的方式生产和销售），迎合了这一市场。[50]

Annie's Homegrown 的宗旨是用营养丰富的食品和"永远善待地球"的负责任行为，创造更加快乐、更加健康的世界。Annie's Homegrown 的产品都是由其农场合作伙伴种植的简单的、天然的原料制成的。该公司宣称："我们的产品中不含'任何人工的东西'，如果不符合这一标准，那肯定不是 Annie's Homegrown 的产品。"该公司与其食品供应系统合作伙伴之间密切合作，共同推动可持续发展和有机标准。Annie's Homegrown 还把产品包装作为其可持续发展实践的重中之重——按重量计算，Annie's Homegrown 90%以上的包装都是可以回收的。最后，Annie's Homegrown 还通过各种计划回馈社会，如可持续农业奖学金、学校花园计划以及支持志同道合的组织，致力于让地球成为一个更好的生活和饮食场所。Annie's Homegrown 在每件产品上都贴上了"兔子印章"，并承诺"为每只兔子提供有机食品"。为人类创造美好的食物，对 Annie's Homegrown 来说也是好事。仅仅在过去的四年时间里，该公司的销售额就几乎翻了一番，达到近5亿美元。

人们关于宇宙的看法　最后，人们对宇宙的起源和自己在宇宙中的位置的认识，也是不尽相同的。虽然大多数美国人都信奉宗教，但这些年来，宗教信仰和实践在逐渐减少。根据最近的一项研究成果，现在几乎有1/4（24%）的美国人说自己并没有任何特定的信仰，而十年之前仅有约16%。在30岁以下的美国人群中，超过1/3的人说自己目前没有加入任何宗教组织。[51]

然而，事实上，信奉宗教的人在减少并不意味着人们放弃了他们的信仰。一些未来学家注意到：人们对精神生活的兴趣的提升，也许是作为寻找新的内在目的的一部分而出现的。人们逐渐远离物质主义，更愿意谋求更持久的价值，关注家庭、社区、地球、信仰和明辨是非。他们称其为"精神"，而非"宗教"。最近的一项调查结果表明，虽然近年来美国人的宗教信仰越来越少，但对"精神上的安宁和幸福感"以及"对宇宙的惊奇"有深刻感受的人群比例却在上升。[52] 精神主义的变化，影响着消费者的一切，从他们每天看什么电视、读什么书到购买什么产品和服务。

3.5 对市场营销环境的反应

曾经有人说："世界上有三种企业，即促使事态发展的企业、看着事态发展的企业和对事态发展感到惊讶的企业。"很多企业都在关注市场营销环境的变化，并将其视作一个必须应对和适应的不可控因素。它们被动地接受市场营销环境，而不尽力去改变它。它们分析环境因素，制定可以帮助企业避免威胁，同时利用环境所提供的机会的战略。

还有一些企业对市场营销环境采取主动进攻的姿态。与假定企业的战略选择要受市场营销环境的制约不同，它们认为要制定能够改变市场营销环境的战略，而不是由环境来决定企业的战略。这类企业及其产品会创造新的产业和塑造新的产业结构，其中包括福特的 T 型车、苹果的 iPod 和 iPhone 以及谷歌的搜索引擎等。

除此之外，比起简单地观察环境并对环境做出反应，有些先动型企业甚至会采取激进的行动来影响公众以及市场营销环境中的各个因素。这类企业有的会雇用说客去影响立法和媒体活动，以便获得口碑良好的新闻报道；有的通过"软文"（表达一定观点的广告）和博客来影响公众舆论；有的通过诉讼、向监管机构投诉以保持与竞争对手处于相同地位；有的签订合同协议，以便更好地控制自己的销售渠道。

通过采取行动，企业往往可以解决看似无法控制的环境事件。例如，尽管有些企业会试图隐瞒对其产品的负面评价，但也有一些企业积极处理各种虚假信息。其中，Newell Rubbermaid 公司旗下的 Crock-Pot 慢炖锅品牌就是这样做的，当一期热门电视节目错误地将该产品描述为潜在的家庭火灾危险物品，Crock-Pot 做出了自己的选择。[53]

这件事发生在美国全国广播公司（NBC）的热门电视节目——《我们这一天》中。在节目中一位受人爱戴的长者去世了，他在匹兹堡的房子在火灾中被烧毁，火灾的起因是一只有问题的慢炖锅，很像是祖母们在 20 世纪 70 年代使用的 Crock-Pot 慢炖锅。有关该事件的信息像病毒一样迅速传播开来，给 Crock-Pot 品牌带来了危机。数以千计的观众在推特上表达了他们的悲痛和扔掉 Crock-Pot 慢炖锅的打算。

Crock-Pot 公司没有坐以待毙，而是用幽默和事实迅速做出了反应。该公司创建了有史以来第一个推特账户——CrockPotCares，并在脸书和其他社交媒体上发布了一则幽默的"破坏者警报"，配有破碎的心脏图片和匹兹堡钢铁人球队对 Crock-Pot 慢炖锅的支持，并写道："受美国人喜爱的父亲和丈夫本应有一个更好的离开方式，Crock-Pot 慢炖锅跟大家一样伤感，但把 Crock-Pot 慢炖锅扔掉，只会让这场悲剧雪上加霜……祖母会不开心的。"在随后的一周时间里，Crock-Pot 品牌继续在网上倾听和回应，表达了关切，并跟进事态。通过传统媒体宣传和社交媒体的分享，Crock-Pot 慢炖锅品牌指出：在过去将近 50 年时间里，我们卖出了 1 亿只 Crock-Pot 慢炖锅，但我们从来没有收到任何类似于节目中虚假事件的消费者抱怨或投诉。由于其迅速做出"我们也很想念他，但这是事实"的回应，Crock-Pot 品牌逃过了一劫，几乎没有受到长期的损害。

市场营销管理并不总能控制环境因素。在很多情况下，企业只能简单地观察环境并做出反应。例如，在试图影响人口迁移、经济环境或重大文化价值观方面，企业往往收效甚微。但是，只要有可能，聪明的市场营销管理者就会采取主动而非被动的方式来塑造市场营销环境（参见市场营销进行时 3－1）。

在社交媒体时代：当对话变得不愉快

市场营销者将互联网和社交媒体誉为吸引顾客和培养顾客关系的重要新途径。反过来，如今更有能力的顾客也会使用数字媒体跟企业以及其他顾客分享自己的品牌体验。所有这些交流对企业和顾客都有帮助。但在有些时候，诸如此类的对话可能也会变得很糟糕。考虑一下下面几个例子：

● 肯德基迎来了历史上最糟糕的一周。它的鸡肉用完了。这次失误迫使该公司关闭了其在英国的 900 家餐厅中的大部分餐厅。结果，顾客不满意并由此引发了一场社交媒体风波。新闻工作者采访了愤怒的顾客，并将这些片段发布到网络上，然后坐看这些素材被迅速传播。在一个片段中，一名女子大声抱怨，她是被迫在汉堡王餐厅吃饭的。在另外一个片段中，有个年轻女孩指着身后停止营业的肯德基店说："看看吧，它们在放松，它们很开心。但很抱歉，我非常恼火。"

● 全食超市对人们在网上批评其昂贵的美食产品并不陌生。但是，农产品区的一个实验却引起了极大的轰动。为了满足人们对便利性的强烈需求，这家食品连锁店将预先去皮的单个橙子放在独立的塑料容器中，价格令人瞠目结舌，每磅 5.99 美元。但是一条推文引起了该公司的注意。一位名叫娜塔莉·戈登（Nathalie Gordon）的顾客在在线图片分享社区——Imgur 上看到了一张供奉橙子的照片，于是推特上转发了这张照片，并指出："大自然已经给了橙子皮来包裹它，为何需要多此一举浪费那么多塑料？"话题标签 #OrangeGate 很快就被炒热了，其中充斥着对全食超市的负面报道和记录。

互联网和社交媒体颠覆了企业和消费者之间的传统权力关系。在过去，不满的消费者只能对企业服务代表大吼大叫，或者在街角大声抱怨。现在，只需一部智能手机或平板电脑，他们就可以将其公开，在社交媒体网站、博客，甚至是专门针对他们最不喜欢的企业的网站上向数百万人宣泄不满。

一些网上攻击是合理的抱怨，应该予以处理。然而，另外一些只不过是匿名的、报复性的诽谤，它们恶意诋毁品牌和企业声誉。有些攻击只是一时的困扰，而另外一些攻击则会引起极大关注，并带来真正的麻烦。

企业应该如何应对网络攻击？对于目标企业来说，真正的困难在于弄清楚自己能够在多大程度上保护自己的形象，而不会使局面恶化。所有专家似乎都同意的一点是：不要试图以牙还牙。这种批评往往是基于消费者真正的担忧和未解决的愤怒。因此，最好的策略可能是主动监测并真诚回应他们所表达的担忧。

例如，肯德基最初试图用轻松的推文来让愤怒的英国顾客冷静，却让他们更加恼火。后来，肯德基认真对待，和顾客一起对自己说了一句出人意料的话。它制作了一整版广告，内容是一个空的肯德基桶。广告的后面接着一份诚恳的道歉："对不起，炸鸡店竟然无鸡可卖，太不应该了。真是太对不住顾客了，感谢你们的宽容。"这则广告与英国人的幽默感完美契合。这种艺术性的回应，在社交媒体上引起了很高的赞誉。当肯德基餐厅在接下来的一周内重新开张的时候，它们再次向成群结队涌来的、欢快的顾客提供炸鸡。

类似地，全食超市也在几个小时内对 #OrangeGate 做出了回应，并对顾客的病毒式推文做出了回应："是我们的错。听你们的，让橙子待在天然的包装——橙子皮中。"第二天，全食超市甚至还发布了一则幽默的自我批评。在一张放在玻璃罐中的四个橙子的图片上，写着这样的标题："剥皮多此一举"全食超市的迅速回应，使 #OrangeGate 的负面势头减弱，并为该公司赢得了赞扬。

现在，许多企业都已经建立了专家团队，负责监测在线对话，并同不满意的消费者进行接触。例如，西南航空公司有一个先进的社交媒体倾听中心，由 40 名顾客服务专业人员组成，他们 24 小时倾听并回应顾客的在线需求。他们跟踪推特的评论，监测脸书的群组，与博主互动，并跟踪在 YouTube、Instagram、Flickr 和领英等网站上有关该企业的评价信息。因此，如果有人在网上发表评论，西南航空公司可以及时以个人方式做出回应。

不久前，西南航空公司的团队就帮助该公司避免了一场可能是公关灾难的事件。当时，在纽约至达拉斯的航班上发生了引擎爆炸，碎片穿过窗户，并导致该航空公司有史以来的首例乘客死亡。以应急策略著称的西南航空公司，仅在事件发生的几分钟之后，甚至在航班上的乘客纷纷发布该事件的视频、图片和推文的时候，其社交媒体倾听中心的工作人员就已经做出了反应。他们精心制作了真诚、发自内心的回应，并将社交媒体上的帖子发送给各个部门的人员，以协助回应工作。很快，发帖的乘客就称赞了这家公司。

因此，通过监测和积极应对环境中看似不可控的事件，企业可以防止负面因素失控，甚至可将其转化为正面因素。

资料来源：David Kerley, " Behind the Scenes with Southwest Airlines' Social Media ' Listening Center '," *ABC News*, November 21, 2017, http://abcnews.go.com/US/scenes-southwest-airlines-social-media-listening-center/story?id=51297908; Conor Shine, "Southwest's Heavy Heart: How The LUV Airline Is Responding to the Worst Accident in Its History," *Dallas News*, April 22, 2018, www.dallasnews.com/business/southwest-airlines/2018/04/22/southwests-heavy-heart-luv-airline-responded-worst-accident-history; Jennifer Earl, " Whole Foods Responds to $6 Pre-Peeled Orange Twitterstorm," *CBS News*, March 8, 2016, www.cbsnews.com/news/whole-foods-responds-to-6-pre-peeled-orange-twitterstorm/; Chris Matyszczyk, " Many KFCs Are Still Closed Because They Have No Chicken," *Inc.*, February 18, 2018, www.inc.com/chris-matyszczyk/kfc-is-still-short-of-chicken-one-customer-just-let-colonel-know-how-big-of-a-mistake-hes-made.html; Robbie Abed, " KFC Just Handled a Public Relations Crisis Perfectly with a Single Picture," *Inc.*, February 23, 2018, www.inc.com/robbie-abed/kfc-just-handled-a-public-relations-crisis-perfectly-with-a-single-picture.html.

学习目标回顾

在本章和接下来的两章中，读者可以学到有关市场营销环境以及企业如何分析环境以更好地了解市场与顾客的知识。企业必须持续关注和管理市场营销环境，以便寻求机遇和抵御威胁。市场营销环境包含可能会影响企业与目标市场进行有效沟通能力的所有因素。

学习目标 1　描述影响企业顾客服务能力的环境因素。

企业的微观环境包括企业周遭的个体或实体，它们共同形成企业的价值交付网络，或影响企业的顾客服务能力，主要包括企业的内部环境——企业内部的各个部门以及不同的管理层次——它们会影响企业市场营销决策的制定；市场营销渠道企业——供应商、营销中间商、实体分销公司、营销服务代理商和金融中介机构——与企业合作创造顾客价值；竞争对手会促进企业更努力地服务好自己的顾客；不同种类的公众对企业满足特定目标市场的能力有实际的或潜在的影响。此外，存在着五种类型的顾客市场：消费者市场、组织市场、经销商市场、政府市场和国际市场。

宏观环境由影响整个微观环境的更大的社会因素组成。构成企业宏观环境的六种因素分别是人口、经济、自然、技术、政治 / 社会和文化因素。这些因素塑造了企业的机会，也对企业构成了威胁。

学习目标 2　解释人口和经济环境的变化对市场营销决策的影响。

人口统计学是关于人口特征的研究。如今的人口环境通过人口年龄结构的变化，持续变化的家庭构成情况，地理人口变化，更好的教育、更多的白领、更多的专业人士等来加以体现。经济环境包括影响购买能力和消费模式的因素。经济环境的特点是寻求更大价值的、更加节俭的消费者有所增加——追求合理的价格及更好的质量和服务。反过来，许多企业——从塔吉特这样的折扣商到雷克萨斯这样的奢侈品牌——都在各自的产品和市场营销宣传中注重性价比、实用性和耐用性。

学习目标 3　识别企业自然环境和技术环境的主要趋势。

自然环境变化显示出三大趋势：原材料短缺、污染加剧、自然资源管理中政府干预增加。环境问题可以创造市场营销机会，也可以对企业造成威胁。技术环境既创造机遇，也带来挑战。数字化进步的冲击，正在影响着消费者了解、选择、购买和体验品牌的各个方面。反过来，数字时代也给市场营销人员带来了激动人心的机会，让他们可以更好地了解消费者和创造新产品。

学习目标 4　解释政治环境和文化环境的重要变化。

政治环境包括影响和限制市场营销活动的法律、机构和团体。政治环境正在发生变化，这一变化影响到全球范围的市场营销：管制业务的立法有所增加、政府机构强有力的执法以及对道德和社会责任的重视。文化环境由影响社会基本价值观、认知、偏好和行为的制度等组成。环境变化有以下趋势：技术驱动的沟通方式、对制度的信任减少、越来越强的爱国主义、对自然更多的感恩、变化的精神生活以及寻找更有意义和更持久的价值。

学习目标 5　讨论企业如何对市场营销环境做出反应。

企业可以被动地接受市场营销环境，将其视为不可控的、被迫接受的因素，避免威胁并利用可能的机会。或者，它们也可以采取主动的态度，尝试改变环境而不是简单地对它做出反应。可能的话，企业应该尽量主动，而不是被动反应。

关键术语

市场营销环境（marketing environment）
微观环境（microenvironment）
宏观环境（macroenvironment）
营销中间商（marketing intermediaries）
公众（public）
人口统计学（demography）
"婴儿潮"一代（baby boomers）
X 世代（generation X）

千禧一代（Y 世代）（millennials（generation Y））
Z 世代（generation Z）
经济环境（economic environment）
自然环境（natural environment）
环境可持续性（environmental sustainability）
技术环境（technological environment）
政治环境（political environment）
文化环境（cultural environment）

问题讨论

1. 定义市场营销环境，并讨论企业市场营销环境的两个组成部分的内容。（AACSB：书面和口头交流）
2. 营销中间商是什么？为什么营销中间商对市场营销人员来说如此重要？（AACSB：书面和口头交流；反思性思考）
3. 讨论人口年龄结构的变化对消费者支出和购买行为的影响。为什么这一趋势对市场营销人员很重要？（AACSB：书面和口头交流；反思性思考）

4. 描述市场营销人员在不断变化的经济环境下所面临的挑战。市场营销人员在向当今的顾客提供价值时应该考虑哪些因素？（AACSB：书面和口头交流）
5. 讨论自然环境和影响未来市场营销计划的三个趋势。（AACSB：书面和口头交流）
6. 为什么市场营销人员要密切关注文化环境？（AACSB：书面和口头交流）

营销伦理

什么年龄才算太年轻？

沃尔玛推出了一个针对女孩的化妆品系列。据《华尔街日报》报道，沃尔玛推出的这一 geoGirl 化妆品系列主要面向 10～12 岁女孩的需求。geoGirl 系列不含有化学物质（邻苯二甲酸盐和对羟基苯甲酸酯）、合成色素和香料，市场营销人员可以向父母们推广这类"环境友好型"产品。利用这一需求趋势，塔吉特

也推出了 Hello Kitty 系列产品。同时，10～12 岁男孩也没有被忽视，Axe 公司销售了一系列巧克力味的身体喷雾，Old Spice 公司开发了 Swagger 沐浴露。近年来，临近青春期的女孩的自我形象得到了特别的关注。一些儿童成长专家指出，化妆对于年轻女孩来说是过于注重外表；而另外一些人则说，一点口红不

应该引起太多担忧。

1. 利用环保主义等运动来推销不相关的产品，是一种恰当的商业策略吗？（AACSB：书面和口头交流；伦理理解和推理）

2. 除了过分强调儿童的外表问题以外，市场营销人员在为这类产品开展宣传活动时还应该考虑哪些因素？（AACSB：伦理理解和推理）

营销计算

老龄化的美国

当市场营销人员关注千禧一代开始做出同事业和家庭有关的首次重大消费决策时，他们不应该忘记另外一代人：老龄化的"婴儿潮"一代。到 2060 年，美国 65 岁及以上的人口将增加到近 1 亿。导致这一趋势的原因之一就是这一群体的规模——7 600 万人生于 1946 年至 1964 年之间。另外一个主要因素是美国人的寿命在延长。在 1950 年的时候，平均寿命是 68 岁，但现在是 78.7 岁。而且，由于男性吸烟率的降低，男女之间的寿命差距也正在不断缩小。除了寿命延长以外，家庭也呈现出分散化趋势——随着孩子们开始自己的事业并建立自己的家庭，他们不再待在家乡附近。这些因素导致了对老年人护理服务的更大需求。诸如"探访天使"（Visiting Angels）和"妈妈生活的地方"（A Place for Mom）等服务已经大量涌现。到 2030 年，需要养老院护理的"婴儿潮"一代的人数可能会增加 75%，到 2050 年，阿尔茨海默病患者的数量可能会增加三倍。下表显示了 2011 年和 2016 年（有数据可查的最新年份）美国 65 岁及以上人口的估计数据。

	2011 年	2016 年
总人数	41 364 093	49 244 195
男性	17 932 803	21 792 826
女性	23 431 290	27 451 369

1. 计算一下在 2011 年至 2016 年期间，65 岁及以上人口总人数、男性、女性的变化百分比。（AACSB：分析性思考）

2. 对比 2011 年和 2016 年的数据，65 岁及以上的女性比男性多多少？在每一年中，女性占人口的比例分别是多少？根据这些数据，读者可以得出哪些结论？（AACSB：书面和口头交流；分析性思考）

企业案例

适合本章的案例见附录 1。

企业案例 3　Fitbit：乘着健身浪潮走向辉煌。 Fitbit 是如何创造出快速增长的可穿戴技术类别的？通过在正确的时间推出正确的产品。

企业案例 7　MINI：专注于本质——最大化体 验。宝马公司的 MINI 品牌大获成功，在满足当前消费者需求的同时，也保留了原有品牌的特色。

企业案例 14　OfferUp：移动时代的移动解决方案。 通过利用现代方法来专注本地二手市场，OfferUp 公司对日渐老化的 Craigslist 平台构成了真正的威胁。

复习题

1. 什么是环境可持续性，为什么它对市场营销人员越来越重要？

2. 讨论最近技术环境中影响市场营销的变化。它是如何影响买方行为的？又是如何改变市场营销的？

注释

管理营销信息以获取顾客洞见

第 **4** 章

概念预览

本章将继续探讨市场营销人员如何更好地获得顾客洞见和市场洞见。读者会了解企业如何开发和管理关于各个重要市场因素的信息，其中包括顾客、竞争者、产品和市场营销方案等。想要在当今的市场上取得成功，企业就必须知道如何将来自许多新来源的大量营销信息转化为全新的顾客洞见，这将有助于企业更有效地吸引顾客并为顾客创造和交付更大的价值。

下面就让我们从一个关于营销调研和顾客洞见的故事开始。长期以来，宝洁公司一直被视为全球首屈一指的大众消费品公司。宝洁公司数十年来的成功，源于其塑造并推广了自己的转型品牌，更好地满足了消费者的欲望和需要。为了做到这一点，宝洁公司首先必须发现并深入了解目标顾客的需要和欲望。显然，这种了解来自缜密的营销调研。

宝洁公司的营销调研：创造令人难以抗拒的卓越体验

宝洁公司制造和销售一系列令人印象深刻的食品、美容和家居产品，其中包括大家所熟悉的大品牌，如汰渍、吉列、帮宝适、爱他美、风倍清（Febreze）、佳洁士和潘婷等。总的来说，宝洁在市场上拥有 65 个最畅销的消费品牌，为 180 个国家和地区的近 50 亿消费者提供产品和服务，年收入达 650 亿美元。宝洁的品牌组合中包括 23 个价值超过 10 亿美元的品牌。过去很多年里，宝洁也是世界领先的广告顾客。

宝洁的目标是创造创新的品牌，以便为顾客创造令人难以抗拒的卓越体验。但是，在这个瞬息万变的时代，若要创造出这种令人难以抗拒的卓越体验，宝洁首先必须对消费者不断变化的需求和行为有持续性的深入、新鲜的洞见，并不断地审视和设计使企业的品牌具有不可抗拒的优势的策略。

宝洁是如何获得这些消费者洞见的呢？答案是通过营销调研——大量的营销调研。每年，宝洁在营销调研上的投资约为 3.5 亿美元，要进行 15 000 多项调研，并与 500 多万名消费者积极进行互动，从而积累了大量的信息和见解，能够深入地洞察消费者需要什么以及他们如何思考、行动和购买。宝洁采用了广泛的调研方法，从传统的大规模消费者调查、小规模焦点小组访谈和店内调研到在线小组、实时关注社交媒体上的用户分享、移动调查和大数据分析等。

多年来，宝洁的营销调研造就了一系列令人印象深刻的创新产品，并在营销方面获得了巨大的成功。想想宝洁的风倍清除味剂。风倍清除味剂是作为"气味中和剂"开发的。在充满"气味掩盖"的空气清新剂类别中，风倍清除味剂是一个突破性的创新。但仅仅几年之后，风倍清除味剂的销售就开始下滑了。为了找出原因，宝洁公司进行了室内使用测试，由调研人员组成小组来观察并采访风倍清除味剂的使用者和非使用者。这些小组得出了这样的关键消费者洞见：大多数风倍清除味剂购买者并不是为了消除特定的气味——比如，将其用于那些难闻的旧运动鞋或宠物窝。相反，他们是在正常的清洁工作之后使用这一产品，例如，在用真空吸尘器吸完房间之后喷洒在地毯上，以此来进一步确认清洁度。

基于如上所述的消费者洞见，宝洁重新设计了这一产品并对其重新进行定位。宝洁在原产品中增加了温和且清新的气味，以加强风倍清除味剂的"气味中和"特性。现在，风倍清除味剂有各种各样的气味，其中包括新鲜的松树气味、竹子气味和檀香气味。宝洁随后发起了一场"快乐呼吸"的重新定位奖励活动，极大地展示了风倍清产品"清除异味"的能力。风倍清除味剂迅速成长为宝洁价值 10 亿美元的品牌之一。

很久以前，宝洁就掌握了消费者沉浸式调研的科学和艺术——"生活于其中"——由宝洁的工作人员组成的小组会与消费者一起生活、工作和购物，以便深入了解他们的想法、感受、需求和行为。例如，在几年前，宝洁使用沉浸式调研找出了自己的产品——Ariel Ultra（非美国市场旗舰洗涤剂品牌的超浓缩版本）在墨西哥地区销售不佳的原因。Ariel Ultra 以更少的用量提供更强的清洁能力，其目标顾客是墨西哥的中产阶层家庭，这是一个以价值为导向的群体，他们没有过多空间来储存大包装的洗涤剂。然而，就在仅仅几个月令人失望的销售业绩之后，宝洁暂时将 Ariel Ultra 从商店货架上撤下来了，并重新考虑其营销战略。

传统的市场调查和焦点小组访谈提供了一些答案：首先，墨西哥消费者根本不相信少量浓缩的 Ariel Ultra 能够提供同样的清洁能力。其次，对墨西哥女性来说，泡沫是洗涤剂发挥作用的标志，但 Ariel Ultra 没有泡沫。因此，宝洁的调研人员通过"生活于其中"的沉浸式调研，深入挖掘消费者的偏好以及产品在墨西哥地区滞销的原因。该调研小组后来了解到，对于墨西哥的家庭主妇来说，洗衣是最重要的家务，她们希望确保衣服能够穿得长久，并使家人外表光鲜。同时，调研人员也注意到，90% 的墨西哥女性使用织物柔顺剂，而宝洁公司的管理者以前却认为这种产品很少使用。最后，他们还发现，数百万墨西哥农村家庭没有自来水，或者每天只有几个小时有自来水。妇女们要么手洗衣服，要么用需要手动换水的半自动洗衣机，洗完之后进行两次漂洗，柔顺之后再进行两次漂洗。

在有了这些深入的了解之后，宝洁重新配制了 Ariel Ultra 产品，以减少漂洗次数和用水量。同时，它还推出了当妮—漂净（Downey Single Rinse）系列产品。该组合将之前的六步洗衣过程简化为三个步骤——洗涤、添加柔顺剂，然后漂洗一次即可。随后，宝洁发起了一场宣传活动，强调其洗衣产品可以为女性节省时间、精力和用水量。结果，这个重新推出的品牌极大地扩大了宝洁在墨西哥中低收入家庭洗衣市场中的份额。

除了传统的调研方法，宝洁还完善了当今的数字调研平台，从在线小组、网络跟踪和移动调查到大数据收集和分析。在这类调研中，有一部分是由传统方法数字化改造而成的。例如，当宝洁了解到"当宝宝需要更大号的纸尿裤时，帮宝适的顾客竟然被竞争品牌抢走了"，于是它开发了一个移动应用程序，通过日常记录，跟踪参与的顾客对该品牌的使用情况。移动应用程序数据显示，因换成大尺寸而导致的品牌转换与感知到的纸尿裤性能没有关系。相反，由于更大尺寸的帮宝适形状不同，父母认为有潜在的尺寸适合问题。父母在商店里也很难确定大号帮宝适是哪种尺寸。这些调研结果帮助宝洁找到了简单的解决方案——改变纸尿裤的设计，使其更加合身，并对既有的包装进行了修改，以更快、更清晰地传达所需的尺寸信息。这些修改和完善最终使得品牌转换行为减少，帮宝适市场份额增加。

宝洁的研究人员也掌握了今天的"大数据"技术。例如，该公司从其遍布全球的数千个面向消费者的网站中积累了大量的数据，并不断地对这些数据进行加工处理，以了解顾客的需求。宝洁密切监控在线、移动和社交媒体环境，实时研究和回应消费者的行为、想法和讨论。例如，当有人把汰渍产品浇在纳斯卡代托纳 500 的赛道上，以清理失事后泄漏的燃料，使比赛继续进行时，汰渍的调研人员发现了社交媒体上的大量讨论，并迅速推出了利用这一事件的广告宣传。

宝洁还利用复杂的分析方法，从自己所积累的大数据中挖掘出消费者洞见，并将其转化为可以付诸实践的营销策略。首先，宝洁将挖掘出来的消费者洞见通过市场营销人员电脑上的"决策界面"传递给他们，让他们在电脑界面可以深入了解各种重要的市场信息。此外，宝洁还在世界各地建立了 50 多个"商业圈"，即高科技数字中心，管理者们可以在这里沉浸式地观看在大屏幕上显示的实时信息。这种实时研究分析，有助于宝洁的市场营销人员在快速变化的环境中做出更快、更好的决策。

那么，宝洁是如何创造那些令人无法抗拒的卓越体验的呢？答案是对消费者的欲望和需要深入、新鲜的洞见。宝洁是如何获得这些消费者洞见的呢？答案是通过营销调研——大量的营销调研。[1]

正如宝洁的故事所表明的：好的产品和营销计划往往始于好的顾客信息和顾客洞见。同时，企业还需要关注和收集竞争对手、经销商、其他参与者和市场变动的信息。但是，不仅仅是收集信息，市场营销人员还必须努力利用这些信息深入实时地洞察自己的目标顾客和目标市场。

4.1　营销信息和顾客洞见

为了创造顾客价值并与他们建立起有意义的关系，市场营销人员首先必须获得关于顾客需要和想法的新鲜的、深入的洞见。这样的顾客洞见必须源自良好的营销信息。企业可以利用这些富有价值的顾客洞见来培育自己的竞争优势。

虽然顾客洞见和市场洞见对于创造顾客价值和建立起顾客关系至关重要，但是这些洞见却很难获得。顾客需求和购买动机往往并不明显，消费者通常无法准确地告诉企业他们自己到底需要什么以及为什么会购买。为了获得准确的顾客洞见，市场营销人员必须有效地管理来源广泛的营销信息。

4.1.1 营销信息与当今的"大数据"

随着信息技术最近的爆炸式发展，企业现在可以产生和找到大量的营销信息了。营销界充满了来自无数来源的信息，不仅包括从企业的营销调研和内部顾客交易数据中所收集的数据，而且包括从社交媒体监控、互联互通的设备和其他数字来源流入的实时数据。

如今，消费者自己正在产生大量的营销信息。通过智能手机、个人电脑和平板电脑——进行在线浏览、写博客、使用应用程序和社交媒体互动、发送短信和视频以及地理定位数据——消费者现在自愿向企业和其他消费者提供一波自下而上的信息潮。

大多数市场营销管理者非但不缺乏信息，反而被数据淹没了，而且经常不堪重负。这个现象可以用**大数据**（big data）这一概念来体现。大数据一词指的是由当今复杂的信息生成、收集、存储和分析技术产生的巨大而复杂的数据集。每天，全世界的人和系统都会产生接近 2.3 万亿字节的数据。这些数据足够填满 5.68 万亿张老式光盘，其高度足以往返月球 9 次。在当今世界上，大约 90% 的数据都是在过去两年中所产生的。[2]

大数据给市场营销人员带来了巨大的机遇和挑战。有效利用这些过剩数据的企业，往往可以获得丰富、及时的顾客洞见。然而，访问和筛选这么多数据是一项艰巨的任务。例如，当可口可乐公司或苹果公司等大型消费品牌在推特、博客、社交媒体帖子和其他来源上监控关于其品牌的在线讨论时，每天都可能会接收到惊人的 600 万条公开对话，一年累计超过 20 亿条。这远远超过了任何管理者所能消化的信息。

因此，市场营销人员不需要更多的信息，他们需要的是更好的信息，是更好地利用他们已经掌握的信息。正如一位大数据专家所描述的：下雨的时候，你不能直接喝水。雨水必须被收集、净化，然后进行包装并交付给需要喝水的那些人。人们对大数据的处理和利用方式是类似的，大数据仅仅是最初的原材料，在真正产生价值之前必须对其进行加工处理，这是必须经历的关键步骤。[3]

4.1.2 管理营销信息

营销信息的真正价值在于如何使用这些信息，在于它所提供的**顾客洞见**（customer insights）。基于这样的想法，从百事、星巴克、麦当劳到谷歌和盖可保险（GEICO）等，都对其营销信息和调研职能进行了重组。它们建立了顾客洞见挖掘团队——由这类团队从营销信息中挖掘出具有操作性的顾客洞见，并与营销决策者进行战略合作以充分应用这些洞见。[4]

在几年以前，百事的各个营销调研部门主要扮演数据提供者的角色。但时至今日，它们的角色完全不同了。今天，它们是综合的"顾客洞见挖掘团队"，负责在品牌、业务和消费者中心挖掘和提供顾客洞见。这些团队从日益丰富和不断发展的各种来源收集顾客信息并挖掘顾客洞见——如杂货店的收银机、焦点小组访谈和市场调查以及潜意识的举措，甚至包括跟顾客生活在一块和观察顾客本人以及监测顾客的数字和社交媒体行为等。而且，这些团队还在不断地评估各种新方法，以便揭示出可能会预测市场行为的消费者真相。然后，顾客洞见挖掘团队会利用所收集的数据和观察结果，再加上专业的直觉判断，进而生成具有真正商业价值的、富有操作性的顾客洞见。最后，它们会与百事以及激浪、纯水乐（Aquafina）和百事的其他品牌的团队分享这些顾客洞见，以便帮助他们做出更好的决策。

除了通过基于事实的传统演示、报告和电子表格传递数据和研究发现之外，顾客洞见挖掘团队还以更加吸引人的、更易于理解和消化的方式来分享自己的见解。例如，百事北美饮料公司的顾客洞见挖掘团队甚至还开发出一种顾客洞见 App，以便向营销和品牌决策者传播定制化的数据和内容。百事的顾客洞见挖掘团队不仅收集和分发数据，也是战略营销合作伙伴。百事一位负责顾客战略和洞见的管理者曾经指出："我们推动着那些最终实现可持续成长的营销决策，以便对企业利润产生实质性影响。"

因此，企业必须设计有效的营销信息系统，在正确的时间、以正确的方式向管理者提供正确的信息，并帮助他们使用这些信息来创造顾客价值、促进顾客浸入和构建起更牢固的顾客关系。**营销信息系统**（marketing information system）由专门评估信息需求、开发所需信息以及帮助决策者使用信息来生成并验证可操作的顾客洞见和市场洞见的人员和程序组成。

如图 4-1 所示，营销信息系统的起点和终点都是信息使用者——营销管理者、内部与外部合作伙伴以及其他需要营销信息的人。首先，营销信息系统和信息使用者进行交互，以评估信息需求；其次，营销信息系统与营销环境互动，并通过企业内部数据库、营销情报、营销调研来开发所需要的信息；最后，营销信息系统帮助使用者分析和利用信息，以便获取顾客洞见，辅助制定营销决策，以及对吸引顾客和构建顾客关系进行管理。

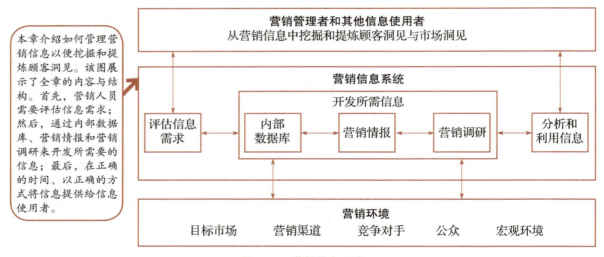

本章介绍如何管理营销信息以便挖掘和提炼顾客洞见。该图展示了全章的内容与结构。首先，营销人员需要评估信息需求；然后，通过内部数据库、营销情报和营销调研来开发所需要的信息；最后，在正确的时间、以正确的方式将信息提供给信息使用者。

图 4-1 营销信息系统

4.2 评估营销信息需求和开发数据

4.2.1 评估营销信息需求

作者点评

营销信息系统的起点是使用者，终点也是使用者——需要评估他们的信息需求，然后传递信息以满足这些需求。

营销信息系统主要为企业的营销管理者及其他部门的管理者提供服务。然而，它同时也为外部的合作伙伴，如供应商或营销服务机构提供信息。例如，沃尔玛的零售链系统就授权其主要的供应商获取相关信息，包括顾客的购买模式、库存水平以及在过去 24 小时里哪些商店出售了哪些商品等等。[5]

好的营销信息系统能够在管理者想要得到的信息和他们真正需要且又能得到的信息之间实现平衡。一方面，有些管理者寻求的是任何能够得到的信息，而不会认真考虑他们真正需要什么信息，但信息过多和信息太少都是有害的；另一方面，有些管理者可能会忽略他们应该知道的信息，或者压根就不知道应该去寻求他们本应该得到的那些信息。例如，营销管理者应该知道竞争对手下一年度所要推出的某个新产品的计划。但由于不知道这个新产品，所以他们可能没有想到要求提供这些方面的信息。营销信息系统必须密切监测营销环境，以便在决策者必须做出重大营销决策时为其提供信息。

最后一点，收集、分析、存储及提供信息的成本可能会快速增加。因此，企业必须清楚信息所带来的利益是否高于获取该信息的成本，而信息的价值和成本往往都是很难估量的。

4.2.2　开发营销信息

市场营销人员可以从企业内部数据库、营销情报和营销调研中获得所需要的信息。

作者点评
问题的关键不在于寻找信息；在当前这个大数据时代，世界上充斥着来自大量来源的海量信息。真正的挑战是从内部和外部的信息中找到合适的信息，并将其转化为顾客洞见。

内部数据

许多企业建立了庞大的**内部数据库**（internal databases），它是从企业网络内部的各个数据来源中收集的关于消费者和市场信息的集合。数据库里的信息有多种来源：市场部门提供有关顾客特征、销售交易和网站访问的信息；顾客服务部门提供有关消费者满意和服务问题的记录信息；会计部门提供有关销售、成本和现金流量的详细记录信息；生产部门报告有关生产计划、装运和存货的情况信息；销售部门报告经销商的反应和竞争对手的活动信息；市场营销渠道合作伙伴则提供 POS 交易的数据。利用这些信息，可以获得富有竞争力的顾客洞见，进而增强企业的竞争优势。

例如，金融服务提供商——USAA 保险公司利用其广泛的数据库，根据单个顾客的具体需求提供定制化的服务，从而赢得了令人难以置信的忠诚的顾客。[6]

USAA 保险公司主要通过电话、互联网和移动渠道的直接营销，向美国军人及其家人提供金融服务。该公司维护着一个庞大的顾客数据库——该数据库通过顾客调查、交易数据直接收集有关顾客的购买历史和相关信息，同时也收集顾客在其网站和社交媒体网站上的浏览行为信息。通过利用该数据库，USAA 保险公司可以根据单个顾客的需求制订相应的直复营销方案。例如，对于期待退休的顾客，USAA 保险公司会发送关于财产规划的信息。如果这个顾客家里有上大学的孩子，USAA 保险公司则会向这些孩子发送关于如何管理他们信用卡的信息。

曾经有一位记者（他是 USAA 保险公司的顾客）兴奋地讲述了 USAA 保险公司是如何帮助他教其女儿开车的。临近女儿生日，USAA 保险公司在她拿到驾照之前寄来了一份基于个性化研究定制的"材料包"，帮助顾客教女儿如何开车，帮助她进行练习。在女儿拿到驾照后，还帮助他们就什么是安全驾驶达成了一致意见。通过对其数据库的这种巧妙利用，USAA 保险公司为自己的每个顾客提供了独特的服务，从而使顾客的满意度和忠诚度达到了传奇般的高水平。更为重要的是：这家价值 270 亿美元的公司的顾客挽留率竟然高达 98%。

内部数据库的运用比其他信息来源更快捷、更便宜，但也存在着一些问题。内部信息是为其他目的而收集的，所以对于制定营销决策来说可能不够全面，或者形式并不适合。同时，内部数据可能很快就会过时，要花大力气才能使数据库里的信息始终保持更新状态。最后，大企业所产生的信息量相当巨大，在管理上需要高度复杂的设备和技术。

竞争性营销情报

竞争性营销情报（competitive marketing intelligence）是指对公开可获得的有关消费者、竞争者及市场发展状况的信息进行的系统采集与分析。竞争性营销情报的目标是，通过了解消费环境、评估和跟踪竞争对手的行动以及提供机会与危险的早期警报来改进企业的战略决策。营销情报技术主要包括：直接观察消费者、向企业员工提问、跟踪竞争对手的产品、在互联网上进行调研以及监测网络热点事件等等。

优质的营销情报可以帮助市场营销人员深入地了解消费者是如何谈论企业的品牌并如何与企业的品牌建立起关系的。许多企业都派出了训练有素的观察团队，在顾客使用和谈论公司的产品时，混入顾客当中并与其进行交谈。另一些企业则会经常监测消费者的在线聊天。

例如，万事达卡（MasterCard）的数字情报指挥中心——"对话组"（conversation suite）——实时地监测、分析和响应全球各地的数百万个品牌相关对话。[7]

万事达卡的对话组可以实时监测56个市场、27种语言的在线品牌相关对话。它跟踪社交网络、博客、在线和移动视频以及传统媒体——任何可能包含万事达卡相关内容或评论的数字场所。在万事达卡位于纽约的总部，该对话组的工作人员与各个部门的管理者聚集在一块巨型LED屏幕前。屏幕上显示着正在进行的全球品牌对话的摘要，每四分钟刷新一次。每天，由市场营销和顾客服务人员组成的小组都在这个指挥中心待上两三个小时。

万事达卡利用自己在对话组中所看到的、所听到的和所学到的东西来进行产品改进和营销优化，跟踪品牌的性能，并激发有意义的顾客对话和顾客浸入。同时，万事达卡还培训了"社会大使"，他们可以加入在线对话，直接与顾客和品牌影响者接触与互动。

与此同时，企业还需要积极地监控竞争对手的活动。它们可以监控竞争对手的网络和社交媒体网站。例如，亚马逊公司的竞争情报部门经常从竞争对手的网站购买商品，以分析和比较它们的种类、速度和服务质量。当然，企业也可以使用互联网来搜索特定的竞争对手名称、事件或趋势，以了解跟竞争对手有关的最新状况。实际上，追踪消费者对竞争品牌的讨论，往往与追踪消费者对企业自身品牌的讨论一样具有启发性。

企业可以利用竞争性营销情报来获得有关竞争对手行动和战略的早期信息，以便提前做好快速响应的准备。例如，三星经常监测苹果推出的最新iPhone、iPad和其他设备的实时社交媒体信息，以便迅速为自己的Galaxy S智能手机和平板电脑制定相应的营销对策。当苹果首席执行官蒂姆·库克在台上发布备受期待的最新机型时，三星的营销战略家们则会挤在数百英里外的作战室的屏幕前，看着这些产品的推出。他们不仅仔细监测每一个新设备功能的展示，而且监测涌入博客和其他社交媒体的在线消费者的评论情况。在消费者和竞争对手的实时数据激增时，三星也会主动发布回应。就在苹果新机型上架的短短几天里，三星已经在电视、印刷媒体和社交媒体上发布了回应，将顾客的兴奋点重新引向本公司的Galaxy系列产品。[8]

许多竞争对手的情报都可以从企业内部收集到，内部来源包括企业的高管、工程师和科学家、采购代理和销售人员等。而且，企业也可以从供应商、经销商和关键顾客那里获得相关的重要情报信息。当然，情报搜索者也可以在数千个在线数据库中进行搜索。有些数据库是免费的。例如，美国证券交易委员会（U. S. Security and Exchange Commission）的数据库提供了大量关于公共竞争对手的财务信息，美国专利局（U. S. Patent Office）和商标数据库显示了竞争对手提交的专利信息。可供企业订阅的付费在线数据库和信息搜索服务有3 000多个，如D&B Hoover's、律商联讯（LexisNexis）和邓白氏（Dun & Bradstreet）。实际上，今天的市场营销人员只需要敲几下键盘，就能获得大量的有关竞争对手的信息。

情报和监控游戏是双向的。面对竞争对手强大的竞争性营销情报工作，大多数企业都会采取措施来保护自己的信息。企业应该尝试对自己的营销情报工作进行研究，寻找潜在的破坏性信息泄露。企业应该把一切可以在公共记录中找到的信息收集并保护起来，包括招聘信息、法庭记录、公司广告和博客、网页、新闻稿、在线商业报告、顾客和员工在社交媒体上发布的信息以及可以被竞争对手获取的其他信息。

在实践中，营销情报的使用越来越多，这也引发了道德问题。一些情报收集技术可能涉及有问题的道德规范。显然，企业应该利用公开可用的信息。但是，不应该不择手段地去窥探竞争对手的信息。现在，有了所有合法的情报来源，企业不再需要违反法律或公认的道德准则来获取好情报了。

4.3 营销调研

除了需要一般消费者、竞争对手和有关事件的情报信息以外，市场营销人员还需要进行正式的营销调研，以便为特定的营销状况和营销决策提供富有价值的顾客洞见和市场洞见。例如，星巴克可能想知道顾客对一份新的早餐菜单有什么反应，谷歌可能想知道在线搜索和移动搜索的用户对其网站的重新设计会做出什么样的反应，三星可能想知道有多少人以及什么样的人会购买它的下一代超薄电视机。在这种情况下，管理者就需要进行营销调研了。

> **作者点评**
> 营销情报涉及积极扫描一般的营销环境，而营销调研则涉及更聚焦的研究，以便获得与具体营销决策相关的顾客洞见。

营销调研（marketing research）是一个组织面临的与特定市场营销决策相关的数据的系统设计、收集、分析和报告。在市场上，企业使用营销调研的情况有很多。例如，营销调研可以帮助市场营销人员评估市场潜力和市场份额状况，帮助他们了解顾客满意程度及其购买行为，帮助他们衡量和评价定价、产品、分销和促销活动的有效性等。

有些企业拥有自己的营销调研部门，这些部门与营销管理者就营销调研项目协同工作。当然，也有些企业经常雇用外部调研专家来进行营销调研，并向其咨询具体营销问题的解决方法。有时候，企业只是购买由外部企业所收集的数据，以帮助它们做出营销决策。

4.3.1 传统营销调研正在转型

近年来，随着一系列新的数字化数据采集技术的出现，传统的营销调研经历了一次重大转型。传统的主要调研方法，如调查研究和焦点小组访谈，虽然仍然很普遍和有效，但正在逐步让位于更新、更敏捷、更直接和成本更低的数字化数据收集方法。这些新方法——从实时社交媒体、网站、在线反馈监控到移动设备跟踪——对传统营销调研构成了相当的威胁。[9]

今天，快速敏捷的决策，往往需要快速敏捷的营销信息和研究——称为即时研究。在这种情况下，速度往往比研究的严谨性和精确性更为重要。为此，营销调研人员必须适应信息的新步伐。尽管它的作用正在发生变化，但是传统的营销调研仍然被广泛使用，并且依然非常重要。对于许多营销决策来说，信息的质量和严谨性往往比速度、便利性和低成本更为重要。传统的调研方法，虽然往往更为耗时和更为昂贵，但可以进行更为深入、更为集中的探索，特别是深入探索某种消费者态度和行为产生的理由和原因等。[10]

因此，在面临威胁的同时，新型数字调研平台的兴起也给营销调研行业带来了巨大的机遇。传统和新的数字化方法相结合，往往可以极大地提高市场营销人员收集、分析、沟通信息并从消费者和市场数据中获得洞见的效率，并改善其效果。

这时，市场营销人员的关键作用就是将传统方法和新方法融合到统一的营销信息系统当中，从而产生敏捷、深入且完整的营销信息和市场洞见。新的数字化方法可以提供即时的、可行的实时数据访问，包括消费者的需求、时间、地点以及购买活动和反应方式等。这使传统的营销调研方法可以从繁重的营销调研任务中解放出来，更为深入、严格地探索顾客态度和行为的原因所在。"尽管数字手段可以带来所有好处，"分析师说，"但它们不应当仅仅被视为现有方法的替代，而是被视为能够补充和完善以前方法的新方法。"[11]

一般而言，营销调研过程主要包括以下四个步骤（见图 4-2）：确定问题和调研目标、制订调研计划、实施调研计划、解释和汇报调研结果。

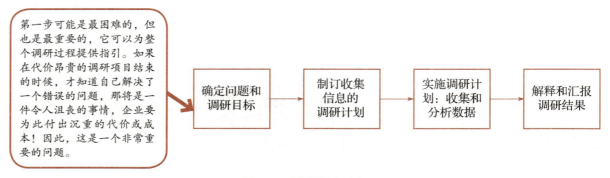

第一步可能是最困难的，但也是最重要的，它可以为整个调研过程提供指引。如果在代价昂贵的调研项目结束的时候，才知道自己解决了一个错误的问题，那将是一件令人沮丧的事情，企业要为此付出沉重的代价或成本！因此，这是一个非常重要的问题。

确定问题和调研目标 → 制订收集信息的调研计划 → 实施调研计划：收集和分析数据 → 解释和汇报调研结果

图 4-2　营销调研过程

4.3.2　确定问题和调研目标

营销管理者和调研人员必须紧密合作，以便确定问题并设定一致的调研目标。营销管理者最清楚制定营销决策所需要的信息，而调研人员最了解营销调研以及如何获取相关信息。确定问题和调研目标，往往是整个调研过程中最困难的一步。管理者可能知道出了问题，但可能并不知道确切的原因。

在确定了调研问题之后，管理者与调研人员必须设定具体的调研目标。营销调研计划可分为以下三种：**探索性调研**（exploratory research），目标是收集初步信息，以便确定要调研的问题并提出假设；**描述性调研**（descriptive research），目标是对诸如某一产品的市场潜力和购买某产品的消费者的人口统计学特征与态度等问题进行详细描述；**因果性调研**（causal research），目标是检验假设的因果关系。例如，如果一家私立大学的学费削减 10% 的话，入学率的增长能否抵消削减的学费？市场营销人员经常以探索性调研为开端，之后会做描述性或因果性调研。

对调研问题与目标的描述，将对整个调研过程提供有效的指引。管理者和调研人员应该将这一描述整理成正式的书面材料，以确保调研目标和预期结果协调一致。

4.3.3　制订调研计划

在确定了问题和调研目标之后，调研人员必须确定所需要的准确信息，进而制订有效收集信息的计划，并提交给管理层。调研计划应该简述现有信息的来源，说明具体的调研方法、接触方式、取样计划和调研人员用来收集新信息的工具等。

我们必须把调研目标转化为具体的信息需求。例如，假设福乐鸡公司想知道消费者对菜单上增加素食"鸡肉"会有什么反应。根据一份报告，现在超过 6% 的美国人认为自己是素食主义者，三年前则只有 1%。然而，快餐连锁店的素食食品通常仅限于配菜，比如不加奶酪的薯条或沙拉。[12]增加素食餐有助于吸引新的消费者，并使福乐鸡公司成为素食产品的市场领导者。为此，该营销调研可能需要以下具体信息：

● 福乐鸡公司现有顾客的人口统计学、经济和生活方式特征：当前顾客是否有不吃肉的家庭成员？或者福乐鸡需要瞄准新的消费者群体吗？

● 更广泛的快餐和快速休闲食客的特点和常规做法：他们对这些餐厅有什么需求和期望？他们在哪里、什么时候以及怎么样光顾餐厅？他们是否看重现有产品中的质量、价格和服务水平？在拥挤的快餐市场中，新的福乐鸡产品需要强有力的、相关的、独特的定位。

● 对福乐鸡公司的顾客体验的影响：素食"鸡肉"产品的质量会与著名的鸡肉三明治一样吗？

● 福乐鸡公司员工对素食"鸡肉"的反应：餐厅员工会购买这种非传统产品吗？他们能否适当地准备它们并加以展示？

● 素食"鸡肉"的销售和利润预测：素食"鸡肉"能否创造足够多的新销量，并成为一项持久的、有利可图的菜单项目？

在实践中，福乐鸡公司的市场营销人员需要如上所述的这些信息以及许多其他类型的信息，以便决定是否引入素食"鸡肉"，以及如果引入的话，最好的方法是什么。

调研计划应该以书面形式呈现。当调研计划庞大、复杂或是由外部企业进行调研时，书面计划就显得特别重要了。一般而言，调研计划应该包括所提出的管理问题、调研目标、需要得到的信息和调研结果将如何帮助管理者做出决策等。此外，调研计划中还应当包括调研成本信息。

为了满足管理者的信息需求，调研计划可能也要求收集二手数据、原始数据或者两者兼顾。其中，**二手数据**（secondary data）是指已存在的、为其他目的而收集的信息；**原始数据**（primary data）是指为当前目标而专门收集的信息。

4.3.4　收集二手数据

调研人员通常会从收集二手数据开始。企业的内部数据库提供了很好的开端，企业也可以探索各种各样的、范围广泛的外部数据来源。

企业可以从外部供应商那里购买二手数据。例如，尼尔森公司（Nielsen）出售从 25 个国家超过 25 万个家庭收集到的有关购物者洞见的数据，其中包括试用和重复购买、品牌忠诚和购买者的人口统计学特征等衡量指标；Experian Simmons 公司进行了一项全方位的消费者调研，提供关于美国消费者的全面信息；Kantar Futures 公司提供监测服务，销售关于重要的社会和生活方式趋势的信息，能够向市场营销人员提供"关于塑造明天（和今天）市场的任何事情的基本的观点：从广泛的社会变化到突破趋势和独一无二的顾客细分"。上述这些企业和其他企业一道，提供高质量的数据，以满足各种各样的营销信息需求。[13]

通过各种在线商业数据库，营销调研人员也可以自己进行二手数据的检索。一般的数据库服务，如 ProQuest 和律商联讯等，使营销决策者能够很容易得到海量的丰富信息。除了提供收费信息的商业网站以外，几乎每个行业协会、政府机构、商业出版物和新闻媒体都会提供一些有用的免费信息，以帮助营销决策者找到所需要的网站或应用程序信息。

在寻找相关的二手数据来源方面，互联网搜索引擎也可以提供很大的帮助。不过，这种方式也可能是令人沮丧甚至是低效的。例如，福乐鸡公司的市场营销人员在谷歌上搜索"快餐素食鸡肉"，可能会得到超过 4 200 万条搜索结果。这时，对于任何一个营销调研项目来讲，找到结构合理的、精心设计的网络搜索引擎通常是个不错的开端。

一般而言，二手数据的获得往往比原始数据要快，而且成本相对较低。同时，二手数据来源有时还可以提供私人企业无法直接获得或收集起来过于昂贵的数据。例如，对于像可口可乐或汰渍这样的消费品品牌来说，对零售店进行持续审计以了解关于自身和竞争对手品牌的市场份额、价格和陈列情况的信息，往往是过于昂贵的。但市场营销人员可以从艾利艾咨询机构（IRI）购买商店的销售数据和审计数据，后者可以提供美国各地 10 多万家零售商店的具体数据。[14]

不过，二手数据也可能会出现问题。一般来说，调研人员往往无法从二手数据来源获得自己所需要的全部数据。例如，福乐鸡公司无法从快餐相关的二手数据库中找到关于消费者对素食鸡肉的反应的既有信息。有时即使可以找到相关的数据，但那些二手数据可能也不是很有用。因此，调研人员必须仔细判断二手数据的价值，以便确保这些数据是相关的（能够满足调研计划的需要）、准确的（被可靠地收集与报告）、及时的（是当前决策所需的充足的最新资料）和公正的（被客观地收集与报告）。

4.3.5　收集原始数据

二手数据为营销调研提供了很好的起点，并能帮助确定调研问题和调研目标。然而，在大多数情况下，企业还必须收集原始数据。表 4-1 展示了制订原始数据的收集计划时需要做出的几个方面的决策：调研方法、接触方式、抽样计划和调研工具。

表 4-1　原始数据的收集计划

调研方法	接触方式	抽样计划	调研工具
观察	邮件	抽样单位	调查问卷
调查	电话	样本规模	物理工具
实验	当面	抽样程序	
	在线		

调研方法

收集原始数据的调研方法主要包括观察研究法、调查研究法和实验研究法。下面逐一加以描述。

观察研究法　观察研究法（observational research）是指通过观察相关的人、行为和场景来收集原始数据。例如，作为一家食品零售商，Trader Joe's 通过考察交通状况，社区邻里状况以及竞争对手——全食超市、Fresh Market 和其他零售连锁店的位置来对新店选址进行评估。

调研人员经常对消费者行为进行观察，以便收集那些靠简单地询问顾客无法获得的顾客洞见。例如，达美乐公司的许多新菜单项目都来自各个门店。在那里，由特许经营人去实地观察顾客的特殊要求，并据此相应地调整既有产品。然后，达美乐会把新的菜单创意送到公司的测试厨房。达美乐配备有 12 个感官品评室（sensory booths），新菜单创意就是在这里进行测试的。而且，每个品评室都有个槽，用于将比萨饼滑向受试者，以获得关于产品外观、口味和偏好的反馈。除了测试新产品，达美乐还使用品评室来测试现有产品的改进和对新供应商提供的原材料的反应。[15]

市场营销人员不仅要观察消费者做了什么，而且要观察消费者说了什么。正如前面所讨论的，市场营销人员经常要倾听社交媒体和网站上的消费者对话。从自然的反馈中所观察到的信息，往往是结构化和形式化的调研方法无法获取的。

许多企业现在都在使用**民族志研究法**（ethnographic research）。民族志研究法就是派遣观察员去观察"自然环境"中的消费者，并与消费者进行互动的一种调研方法。观察员可能是受过训练的人类学家和心理学家，或企业的调研人员和管理人员。以财务软件 Turbo Tax 和 QuickBooks 的开发商财捷集团（Intuit）为例[16]：

大多数企业都想靠近自己的顾客，财捷集团把它做到了极致。在该集团的"跟我回家"（follow-me-home）活动中，训练有素的小型员工团队会访问顾客的家和办公室，观看顾客在现实生活中是如何体验本公司的产品的——从拆除外包装到应用软件过程中的所有环节。不过，该团队不会对顾客进行访谈，只是观察顾客的一举一动。正如财捷集团首席执行官布兰德·史密斯（Brand Smith）所描绘的：在每次访问之后，团队都会立即汇报情况。这样，就可以很快地勾勒出顾客体验的完美画面了。每年，财捷集团都会在"跟我回家"活动中花费 10 000 小时左右，而史密斯本人每年也会花费 60 ～ 100 个小时进行这类访问观察。"潜在的现实是，你不可能（总是）相信顾客告诉你的，"一个观察者说，"顾客行为就是真相。"史密斯表示同意："你从'跟我回家'活动中得到的，无法从数据流中得到。你能够亲眼看到他们并且感受到他们的情绪。"

类似地，全球品牌公司朗涛（Landor）推出了一项名为"朗涛家族"（Landor Families）的民族志研究活动。在过去 7 年里，朗涛对 11 个法国家庭进行了密切观察和跟踪。朗涛的调研人员每年会拜访这些家庭两次，深入研究他们的冰箱、食品购买行为和他们的看法。调研人员还会同这些家庭一起在当地的超市购物，并在他们网上购物时观察他们的行为。另外，上述家庭每月都会提供在线报告，详细说明自己的购物行为和看法。朗涛的家庭研究项目为其顾客——如达能（Danone）、卡夫食品（Kraft Foods）和宝洁等——提供了丰富的顾客行为洞见。当今的大数据分析，也可以为消费者的购买行为提供重要洞见。不过，朗涛的家庭计划的目的是探索产生那些顾客行为的原因。[17]

观察研究法和民族志研究法往往能够发现传统的调查问卷法或焦点小组访谈无法发现的各种细节和特征。比较而言，传统的定量研究方法寻求验证既定的假设，获得有关产品或战略问题的明确答案，而观察研究法则可以产生全新的、顾客不愿意或无法提供的顾客洞见和市场洞见。它提供了一个观察窗口，帮助决策人员了解顾客的无意识行为以及未表达出来的需要和感受。

然而，有些事情是观察不到的，如感情、态度和动机或私人行为等。同时，长期的或不经常的行为也很难进行观察。由于这些局限性，调研人员在使用观察法的同时，也会使用其他数据收集方法。

调查研究法 作为使用最广泛的一种原始数据收集方法，**调查研究法**（survey research）是收集描述性信息的最佳方式。如果企业想要了解人们的知识、态度、偏好或购买行为，往往可以通过直接询问个人来获得答案。

调查研究法的主要好处是灵活性强，可以用来收集不同场合的许多信息。调查研究法可以通过电话或邮件、当面访谈或在线方式进行，几乎能够解决所有营销问题。

然而，调查研究法也存在一些问题。例如，有时人们无法回答特定的调查问题，因为他们不记得或从来没想过他们做了什么、为什么会去做，或者是不愿意回答陌生提问者的提问或涉及个人隐私的问题等。被调查者也可能在不知道问题答案时乱答一通，以显得自己聪明或知道得多。有时，他们想帮助调研人员，于是尽可能提供让调研人员高兴的答案。最后一点是，忙碌的人可能不愿意抽出时间来回答问题，或者可能会反感别人打扰他们的个人生活。

实验研究法 如果说观察研究法适合于探索性调研，调查研究法适合描述性调研的话，那么**实验研究法**（experimental research）最适合收集因果关系的信息。实验研究法涉及挑选适合的目标群体，区别对待它们、控制无关因素并检查不同群体的反应。因此，实验研究法力图解释因果关系。

例如，在菜单中加入一种新的三明治之前，麦当劳公司可以事先进行实验，以便检验不同价位对销售量的影响。麦当劳公司可以在一个城市以一种价格推出新的三明治，而在另一个城市以另外一种价格推出该产品。如果两个城市的情况相似，而且为新三明治所做的其他营销活动也相同的话，那么两个城市的销售差别就与价格不同有关。

在线控制实验比较简单，可以直接使用，而且并不昂贵，还能够揭示结果。例如，为了测试必应（Bing）搜索引擎中广告标题形式的变化带来的结果，微软实施了一个在线"A/B测试"或"分割测试"，在其中，一组用户看到的是旧的标题形式（A版本），另一组用户看到的是新的标题形式（B版本）。仅仅在数小时内，新的标题形式在没有损害用户体验的情况下，带来了令人惊讶的12%的广告收入增长。毫无疑问，微软采用了新形式。今天，微软和其他数字公司，如亚马逊、谷歌、脸书都实施了数千项控制实验，每年有数百万用户参与。[18]

接触方式

调研人员可以通过邮件、电话访谈、面访或在线等不同接触方式收集信息。每种接触方式都有其特定的优势和劣势。

邮件、电话访谈和面访　邮件问卷（mail questionnaires）可以较低的人均成本收集大量信息。与通过电话或当面回答陌生调研人员的问题不同，邮件问卷的应答者可能会就更私人的问题给出更为诚实的回答，而且其间并没有调研人员来左右应答者的问题。然而，邮件问卷的灵活性不高，所有应答者都要以固定的顺序来回答同样的问题。同时，邮件调查所需要的时间一般较长，而回复率（即寄回填好问卷的人数）往往较低。此外，调研人员往往无法控制邮件问卷的对象。即使有良好的邮寄目录，实践中也很难控制到底是由"谁"来填写问卷的。由于存在如上所述的缺点，越来越多的市场营销人员转而采用更加迅速、更加灵活和成本更低的电子邮件、在线调查或手机调查方式。

电话访谈（telephone interviewing）是快速收集信息最好的方式之一，而且往往比邮件问卷灵活得多。调研人员可以解释较难的问题，还可以根据收到的答案跳过一些问题而询问别的问题。与邮件问卷相比，电话访谈的回复率相对要高一些，对访谈对象的控制也要好得多。而且，调研人员可以对符合要求的应答者进行访谈，甚至可以指定访谈对象。

然而，与邮件问卷相比，电话访谈的人均调查成本较高。而且，人们不一定愿意与访谈者探讨个人问题。同时，使用该方法还可能会受到访谈偏见的影响，常见的访谈偏见包括访谈人员的说话方式、如何提出问题以及可能会影响应答者回答问题的其他因素。最后，在这个存在来电黑名单、顾客厌烦骚扰、有来电显示和移动电话的时代，潜在的受访者越来越多地不接或挂断访谈者的电话，而不是和他们交谈。结果就是，尽管电话访谈仍然是一个有价值的营销调研方法，但近年来它的使用率已经下降了。[19]

面访（personal interviewing）有两种主要形式——个人访谈（individual interviewing）和群体访谈（group interviewing）。其中，个人访谈可以在家中或办公室里、大街上或购物中心进行。这样的谈话很灵活，受过训练的询问者能够引导询问方向、解释复杂问题并在需要时进行深入挖掘。他们可以向访谈对象展示实际的产品、广告或包装，并观察被访谈者的反应与行为。然而，个人访谈的成本可能比电话访谈高3～4倍。

焦点小组访谈　群体访谈一般由6～10人组成，他们与受过培训的主持人谈论有关产品、服务或某个组织的问题，而且参加者往往能够得到一些报酬。主持人会鼓励大家轻松自然地讨论问题，以获得人们的真实感受与想法。同时，主持人要保证讨论过程始终是围绕着特定主题进行的，所以又叫**焦点小组访谈**（focus group interviewing）。

在传统的焦点小组访谈中，调研人员和市场营销人员需要从单向镜后面观看小组讨论的整个过程，并以书面或视频的形式记录讨论内容以供后续进行研究。现在焦点小组访谈的调研人员经常使用视频会议和互联网技术将远距离之外的市场营销人员与现场焦点小组连接起来。与观察研究法一样，焦点小组访谈已成为获悉消费者想法和感受的主要的定性营销调研工具之一。在焦点小组访谈中，调研人员不仅能够了解消费者的想法和意见，也可以观察他们的面部表情、肢体动作、小组互动和对话情况。然而，焦点小组访谈也面临着一些挑战：企业通常采用小样本，以控制时间和成本，这就很难确保访谈结果具有充分的代表性。此外，在他人面前的时候，参与焦点小组访谈的消费者并不总是以开放和诚实的态度展示他们自己的真实感受、行为和意图。

为了克服这些问题，许多调研人员正在完善焦点小组访谈的设计。有些企业正在改变进行焦点小组访谈的环境，帮助消费者变得更加放松，以便获得更为真实的回应。例如，雷克萨斯公司会在顾客家中举办"与雷克萨斯共度良宵"（An Evening with Lexus）的晚宴，向豪华汽车的购买者群体近距离地了解他们购买或不购买雷克萨斯产品的原因。此外，也有一些企业使用沉浸式小组——在没有焦点小组主持人在场的情况下，由消费者组成的小型访谈小组与产品设计师进行直接的、非正式的互动。

调研和创新咨询公司 The Mom Complex 使用沉浸式小组访谈来帮助联合利华、强生、金佰利－克拉克（Kimberly-Clark）、家乐氏（Kellogg）、儿乐宝（Playskool）和沃尔玛等企业的品牌市场营销人员了解顾客洞见，直接与"妈妈顾客"建立起联系并进行互动。[20]

根据 The Mom Complex 公司的数据，美国的 8 000 万名妈妈掌控着全美 2.4 万亿美元家庭购买额中 85% 的份额。不过，3/4 的妈妈表示：市场营销人员并不知道做母亲是什么感觉。为了改变这种状况，The Mom Complex 公司安排了"妈妈沉浸式访谈活动"。在该访谈活动中，品牌市场营销人员与母亲群体直接进行互动，母亲们在两小时的访谈中会获得大约 100 美元的报酬。如前所述，焦点小组访谈的做法往往是：市场营销人员在单面镜后面观察妈妈们有关品牌的讨论。但这次不同，The Mom Complex 公司安排参与者和市场营销人员坐在同一个房间里直接互动。在主持人的引导下，妈妈们首先向市场营销人员介绍真实情况，然后和市场营销人员一起解决具体的品牌问题——无论是新的产品理念、当前的产品问题，还是产品定位和沟通策略问题。

相对于更多以数字为导向的大数据驱动研究而言，个人访谈和焦点小组访谈可以增加个人色彩。它们可以为数据和分析背后的动机和感觉提供更加丰富的见解。当真实地听到别人说那些话的时候，事情才真正变得更有意义。因此，焦点小组访谈仍然是最广泛使用的定性研究工具。

在线营销调研 互联网的发展对营销调研的开展产生了巨大的影响。越来越多的调研人员通过**在线营销调研**（online marketing research）——互联网调查、在线专家访谈、在线实验以及在线焦点小组访谈和品牌社区——来收集原始数据。

在线调研可以采取多种形式。企业可以使用互联网作为调查媒介，把调查问卷直接放在网站或社交平台上，或使用电子邮件邀请顾客来回答相应的问题。当然，企业也可以举办在线专家访谈，以便获得定期的专家反馈，或者举行现场讨论或组织在线焦点小组访谈。同时，调研人员还可以进行网上实验。他们可以在不同网站上或不同的时间，对不同的价格、标题或产品特性进行实验，以便了解某个决策的相对有效性。此外，他们可以建立虚拟的购物环境，并利用它们来测试新产品和市场营销计划的有效性。当顾客访问网站或转到其他网站时，企业可以根据顾客的点击量来了解顾客的行为特征。

互联网特别适合进行定量研究。例如，进行市场调查和收集数据。现在，超过 90% 的美国人使用互联网，这使互联网成为一个优质的调查渠道，具备广泛的消费者代表性。[21] 由于传统调查方法回复率的下降和成本的上升，互联网迅速取代了电子邮件和电话而成为主要的数据收集方法。

在线调研具有许多优势，这是传统的电话访谈、邮件和面访方法所不具备的。其中，最明显的优势是速度快、成本低。调研人员可以快速地、轻松地通过电子邮件或在特定网站上发布信息的方式，同时对数千名受访者进行调查。而且，受访者的回复几乎是瞬间完成的：由于是受访者自己输入信息，在拿到信息的时候，调研人员可以直接汇总、审核和进行数据共享。

在线调研的成本远远低于通过邮件、电话访谈或面访进行调查的成本。换句话说，使用互联网节约了大部分邮资、电话费、访谈和数据处理成本。此外，样本规模对成本的影响也微乎其微。一旦调查问卷设置完毕，10个受访者和1万个受访者的在线成本差别不大。

在线调研的低成本特点，使得这种方法日益为各种规模的企业所青睐，无论是大型企业还是小型企业，概莫如此。事实上，利用互联网，某个领域的研究专家现在几乎可以胜任任何一项调研任务。即使是技术不够娴熟的调研人员，也可以通过在线调研服务，如 Google Surveys（www.google.com/analytics/surveys）、Snap Surveys（www.snapsurveys.com）和 SurveyMonkey（www.surveymonkey.com）等平台，在几分钟之内创建和发布定制化的在线或移动调查。

基于互联网的调查往往更具互动性和吸引力、更容易完成。而且，这种方式比传统的电话或邮件调查的侵扰程度更低。因此，基于互联网的调查往往可以获得更高的回复率。互联网是一种很好的媒介，可以使调查覆盖那些难以触及的消费者，如难以捉摸的青少年、单身人士、富裕人士和受过良好教育的受众等。互联网调查也可以覆盖那些忙碌的人，从职场母亲到企业高管等。这些人具有很好的代表性，他们往往可以在自己方便的时间和地点给出回应。

正如尽可能利用互联网进行定量调查和数据收集一样，市场营销人员现在也采用基于互联网的定性研究方法进行营销调研，如在线焦点小组访谈和社交网络等。互联网提供了一种快速、低成本的方式来获得定性的顾客洞见。一种主要的基于互联网的定性研究方法是**在线焦点小组**（online focus groups）。例如，在线调研公司——FocusVision 公司所提供的 InterVu 服务，就是利用网络会议在世界任何地方、任何时间同偏远地区的参与者进行焦点小组访谈。参与者可以使用自己的摄像头，在家里或办公室参加焦点小组访谈会议，观看和倾听小组访谈的内容，并实时进行互动和面对面的讨论。[22] 这样的焦点小组访谈可以在任何语言环境中进行，并可进行同声传译。这种低成本的方法，将来自不同国家或地区的人很好地联系在一起。调研人员几乎可以从任何地方实时观察和参与访谈，从而节约旅行、住宿和必要的设备成本。最后，尽管在线焦点小组访谈需要提前安排，但其效果却是立竿见影的。

尽管得到了快速的发展，但是基于互联网的定量和定性研究方法均存在一些缺点。其中，一个主要问题就是无法控制访谈对象到底是谁。如果没有见到受访者，往往很难知道他们到底是怎样的人。针对诸如此类的样本选择和场景问题，许多在线调研公司开始通过选定特定社区和使用受访者专家库的方法来加以克服。另外，许多企业也在开发自己的社交网络，并利用它们来获取顾客信息和顾客洞见。

许多企业现在已经开发了自己的"洞见社区"，从中获取顾客的反馈和洞见。例如，ESPN 公司就拥有一个很好的数字洞见社区，叫作 FANography 社区。[23]

ESPN 公司的 FANography 社区包括 12 000 名 ESPN 的忠实粉丝，他们不断提供各种主题的反馈，从市场营销和广告活动到节目内容。例如，当 ESPN 想要了解球迷是否仍然喜欢美国男子职业篮球联赛（NBA）圣诞日的促销活动，即在 NBA 新闻发布会上出现圣诞老人，FANography 社区成员的反应表明：这些促销活动很受欢迎——事实上，球迷们吵着要更多。在另外一个案例中，ESPN 想要知道在周一晚间足球赛的宣传中，美国国家橄榄球联盟（NFL）球员球衣颜色的不一致是否会让观众感到困惑。因此，该公司邀请了 FANography 社区成员参加一个快速反应测试，以便确定球队球衣颜色的关联性。根据洞见社区的反馈，ESPN 重新设计了未来的促销活动。

ESPN 还努力让 FANography 社区成员感到自己是真正的内部人。它每个季度都向他们发送定制设计的社区简报——FANNewsletter，展示社区中其他人是如何回答问题的以及他们的反馈是如何得到使用的。此外，ESPN 还为 FANography 社区会员建立了一个私人的脸书群组，24 小时不间断地进行体育主题的对话，并抢先发布企业的重大新闻。

在线的行为和社交追踪及定位　近年来，互联网已经成为进行调研和开发顾客洞见的重要工

具。当前，市场营销人员的在线调研手段不仅仅局限于结构化的在线调查、焦点小组访谈和网络社区，他们也越来越关注挖掘互联网上那些自发的、非结构化的、自下而上的顾客信息。传统的营销调研可以让市场营销人员了解消费者对结构化和针对性调研问题的理性反应，而在线倾听顾客声音则可以让市场营销人员了解消费者主动提供的信息。

在线追踪消费者与浏览顾客在企业的品牌网站或购物网站（如亚马逊网站或百思买网站）上的回复和评论一样简单。这意味着需要使用先进的在线分析工具来深入分析消费者在社交媒体网站（如脸书、Yelp、YouTube、推特）上发表的与品牌相关的大量评论和消息。在线倾听顾客的声音，往往可以了解消费者对某个品牌的真实评价或感受。

在线聆听和吸引顾客，往往可以提供富有价值的见解，有助于企业了解消费者对特定品牌的看法或感受。同时，这也可以提供建立积极的品牌体验和关系的机会。现在，许多企业都擅长在线聆听顾客的声音并做出快速适当的响应。如前所述，越来越多的企业正在建立社交媒体指挥中心，并通过这个中心对数字环境进行搜寻，并分析与品牌有关的评论和对话，以获得营销洞见。

消费者在互联网上做了什么——搜索了什么、访问了什么网站、购买了哪些音乐和节目、如何进行购物，对市场营销人员来讲往往是弥足珍贵的。今天，市场营销人员都在忙着挖掘这些信息。因此，在实践中有一个术语叫作**行为定位**（behavioral targeting），指的是市场营销人员利用在线收集到的消费者数据进行广告定位并投向特定的消费者。而且，市场营销人员可以运用社交定位，挖掘个人在线社交网络活动，以便进行更高效的定位广告和营销活动。

在线倾听、行为定位和社交定位往往可以帮助市场营销人员利用互联网上的大量消费者信息。然而，随着市场营销人员越来越善于利用社交媒体和其他互联网资源，许多批评者开始担心消费者的隐私会受到侵犯。在什么情况下在线调研会越过消费者追踪的底线呢？支持者认为，行为定位和社交定位的利大于弊。但是，对于许多消费者和公众支持者而言，在线追踪消费者并实行广告跟进却常常让人感到毛骨悚然（参见市场营销进行时4-1）。

| 市场营销进行时 4-1 |

行为定位和社交定位：是高级营销还是会让人毛骨悚然？

随着网络浏览、社交媒体、移动应用程序、在线购物和其他互联网活动的蓬勃发展，越来越多的市场营销人员现在可以实时获取大量的在线消费者信息。消费者访问了哪些网站？进行了哪些搜索？使用了哪些应用程序？如何进行购物？购买了哪些东西？与谁进行了互动？诸如此类的信息都可以在他们浏览互联网时以数字形式显示出来，以供挖掘。

通常，市场营销人员会使用高级的大数据工具对海量的在线和移动数据进行精确细致的分析，并利用这些分析结果来锁定顾客并推出个性化的营销广告。在如今的互联网上，每个人都知道你是谁。通过结合线上和线下数据，市场营销人员可以获悉特定顾客的年龄、性别、住址、是否喜欢狗、最近在亚马逊网站上购买了什么以及上周日早上花了1小时21分钟在ESPN.com网站上浏览了大学篮球新闻和比分等。

市场营销人员利用如上所述的所有数据来提供个性化的广告和产品，这些广告和产品完全针对个体消费者，无论他们在互联网上，还是在商店里。这就是所谓的行为定位——跟踪消费者的在线行为，并利用他们来为特定的顾客提供定位广告和个性化产品或服务。正是因为这样，所以假设某一顾客在谷歌网站上搜索自己正在考虑购买的三星电视机，当他下次访问脸书或自己最喜欢的购物网站时很可能就会看到这种类型的电视机；或者当某个顾客在当地沃尔格林超市的某个区域购物时，他很可能会在手机上收到该店另外一个区域的实时广告通知。

上面所描述的已经很了不起了，但网络分析和定位却可以使在线监测更进一步——从行为定位到社交定位。其中，行为定位追踪的是消费者在整个网站的活动，社交定位则可以充分挖掘个人在社交媒体上的连接和对话。有研究表明，消费者在购物时很喜欢模仿他们的朋友，而面对自己朋友所使用的品牌的广告，其做出反应的概率往往要高出五倍。就其实质而言，社交定位实际上是把顾客数据与社交网站的社交互动数据联系起来了。

因此，可能不是因为顾客最近搜索过跑鞋（行为定位）而弹出美捷步公司的跑鞋广告，而是因为该顾客在 Instagram 或推特上保持联系的朋友上周刚刚从美捷步买了这双鞋（社交定位），所以该顾客才会收到有关该跑鞋的广告。

社交定位甚至可以捕捉实时的对话动态。例如，除了针对 24 ～ 26 岁既是体育迷又是汽车爱好者的男性之外，雪佛兰公司还针对这些消费者在"超级碗"比赛期间在推特 App 上的有关足球的谈论，进一步提高其广告信息的针对性。在使用该 App 时，雪佛兰公司的目标消费者可能会看到这样一条广告：提示他们在 YouTube 上查看雪佛兰公司的"超级碗"视频。

行为定位和社交定位往往需要高级的数据分析，所以许多市场营销人员都寻求专业的广告网络商的服务——这些广告网络商一般都有着奇特的名字，如 Taboola、PulsePoint 和 Adknowledge。这些数字广告网络商通过与数百家甚至数千家网站进行合作，获得顾客的浏览数据。这些合作伙伴提供了大量关于顾客网站浏览历史、网站和移动网站的使用情况、电子购物车内容，以及有关其他顾客行为、地点和时间等细节的数据。

然后，广告网络商应用强大的大数据分析能力来识别具有相似兴趣、需求、行为和互联网习惯的消费者。这使它们可以将一组网站的受众数据与另外一组网站上的广告位结合在一起。有了这些信息，广告网络商下面就可以跟广告商合作以购买针对正确顾客的精准广告。所以，如果你正在浏览草坪和花园网站，那么下次访问 Weather.com 网站时看到施可得（Scotts）草坪产品的广告时，完全没有必要感到惊讶。或者，如果曾经在 Edmunds.com 或 nadaguides.com 等网站上寻求过购车建议，那么下次在阅读谷歌网站的新闻以便了解美国和全世界发生的事情时，很可能会看到自己感兴趣的汽车广告。

主要的社交媒体都在很大程度上深入实践了行为定位。脸书、谷歌、Instagram、推特、Snapchat 和其他社交媒体都深入挖掘用户的数据，以帮助广告商更准确地定位自己的目标消费者。例如，每月大约有 20 亿人使用脸书。基于高级的大数据分析，脸书提供了强大的受众选择工具，可以帮助广告商在脸书上锁定正确的顾客群体，甚至锁定正确的消费者个体。

广告商可以根据人口统计学特征（年龄、性别、受教育程度、关系状况，甚至工作职位等）、地点（居住的地方，或者可能是距商店的远近）、兴趣（如爱好或喜欢的娱乐方式）或行为（购买的东西、设备的使用或其他活动）来锁定脸书用户。或者，脸书也可以帮助广告商创建"自定义受众"，找到并接触同样使用脸书的现有顾客及其联系人。此外，广告商甚至可以建立脸书所说的"相似受众"，即那些在脸书上的行为反映了其目标顾客的行为的群体。由于这种高级的定位能力，脸书现在获取了所有在线广告费用中 20% 以上的份额，仅次于谷歌（后者占据了 40% 以上的份额）。

在线分析、行为定位、社交定位，对市场营销人员来说，都是伟大的技术，因为它们都努力从互联网上海量消费者信息中挖掘顾客洞见。不过，最大的问题是什么？可能读者已经猜到了。随着市场营销人员越来越善于挖掘网站和移动网站、社交媒体和其他数字领域的信息，消费者的隐私会怎么样呢？哪里是高级的在线调研与不受欢迎的隐私侵犯的界线呢？

支持者声称，行为定位和社交定位通过反馈与消费者兴趣更相关的广告和产品，使消费者的受益多于信息滥用所造成的损失。但对许多消费者和公众倡导者来说，在网上跟踪消费者，并把广告精准地投放给他们，感觉上绝不仅仅是毛骨悚然那么简单。

尽管有这样的担忧，但行为定位和社交定位的应用仍在继续增长，并且变得越来越智能化。实际上，如果有适当的保障措施，它们有望为企业和顾客带来更多收益。那些有能力深入挖掘顾客数据并以有意义、有价值的方式做出回应但又不越界的市场营销人员，将会茁壮成长起来。不过，这可能是一个微妙的平衡过程。

资料来源：See Hal Conick, "Where Does Convenience Turn Creepy?" *Marketing News*, April/May 2017, p.10; Lara O'Reilly, "Snapchat Is About to Introduce Something Advertisers Have Been Wanting for Ages: Behavioral Targeting," *Business Insider*, August 26, 2016, www.businessinsider.com/snapchat-to-launch-behavioral-targeting-for-advertisers-2016-8; "Google and Facebook Tighten Their Grip on US Digital Ad Market," *eMarketer*, September 21, 2017, www.emarketer.com/Article/Google-Facebook-Tighten-Grip-on-US-Digital-Ad-Market/1016494; and "Choose Your Audience," www.facebook.com/business/products/ads/ad-targeting, accessed September 2018.

监管机构和其他机构正在介入。美国联邦贸易委员会建议建立一个"请勿跟踪"系统（相当于网上的谢绝来电登记），这将使人们可以选择拒绝在网上监视他们的行动。然而，进展是复杂且缓慢的。与此同时，许多主要的互联网浏览器和社交媒体已经注意到了这些问题，并在其服务中增加了扩展的隐私保护功能。[24]

抽样计划

营销调研人员往往从总的消费者群体中抽取一小部分样本进行研究，然后得出关于总体的结论。**样本**（sample）是指从总体中挑选出来的、能代表总体的一部分调研对象。在理论上，样本应该具有代表性，以便调研人员能够准确地估量总体的想法与行为。

样本设计需要做出如下三个主要决策：首先，调查对象是谁（抽样单位是什么）？答案并不一定总是明确的。例如，为了研究家庭购买汽车的决策过程，调研人员应该询问丈夫、妻子、其他家庭成员、经销商的销售人员，还是询问上述所有人呢？调研人员必须事先决定需要什么信息，从哪里能够得到这些信息。其次，应该调查多少样本（样本的规模有多大）？一般而言，大样本要比小样本可靠，但没有必要为了得到可靠答案而去调查整个目标市场或其中的大部分群体。实际上，只要选择得当，选择占总体不到 1% 的样本就可以提供可靠的答案。

最后，如何选取样本（抽样程序是什么）？表 4-2 描述了不同的抽样类型。其中，概率抽样意味着总体中的每个人都有被抽中的机会，而且调研人员可以计算样本误差的置信区间。如果概率抽样成本太高或耗时太长，那么市场营销人员就会采取非概率抽样。不过，很难衡量该方法的抽样误差。不同的抽样方法有着不同的成本和时间限制，其准确程度和统计属性也各不相同。因此，最佳方式的选择取决于调研项目的需要。

表 4-2　抽样的类型

概率抽样	
简单随机抽样	人口中的每个成员都有一个已知的、相等的被抽中的机会。
分层随机抽样	人口被划分为相互排斥的几个群体（如年龄组），从每个群体中随机抽取样本。
集群（地区）抽样	人口被划分为相互排斥的群体（如街区），调研人员抽取群体进行访谈。
非概率抽样	
便利性抽样	调研人员选择最容易获得信息的人群样本。
判断性抽样	调研人员使用他的判断力来选择那些有可能从中获得准确信息的人群样本。
配额抽样	调研人员在几个类别中的每个类别中找到并访谈规定数量的人员。

调研工具

在收集原始信息的过程中，营销调研人员有两种主要的调研工具可供选择：调查问卷和物理工具。

调查问卷　调查问卷是目前最常用的工具，可以面对面进行，也可以通过电话或网络来完成。调查问卷非常灵活，有多种提问题的方式。其中，封闭式调查问卷给出了所有可能的答案，调研对象从中选择即可，如多选题和量表题；开放式调查问卷允许应答者用自己的话来回答问题。在一次对飞机乘客所做的调查中，西南航空公司可能会这样提问："你对西南航空公司的印象如何？"或者可以让乘客完成一个开放的句子："当我选择航空公司时，最看重的是……"一般而言，开放式调查问卷比封闭式调查问卷更能揭示人们的想法，因为对应答者的回答没有任何限制。

在探索性调研中，开放式调查问卷特别有用，因为探索性调研要了解人们想什么，而不是衡量有多少人这样想。相对而言，封闭式调查问卷所提供的结果往往比较容易解释和分类。调研人员还应该注意问题的措辞和顺序：应该使用简单、直接、无偏见的词句，问题应有逻辑上的顺序。第一个问题应该尽可能激发人们的兴趣，较难或私人的问题考虑放到问卷的最后，这样，应答者就不会产生抵触心理。

物理工具　虽然调查问卷是使用最多的一种调查工具，但有时也需要使用物理工具来监测消费者的行为。如尼尔森媒体研究（Nielsen Media Research）把收视记录仪安装到选定的家庭以记录哪些人观看了哪些节目；零售商使用条码阅读器以记录购物者购买的商品；其他人员使用手机的 GPS 技术追踪商店和商店附近消费者的流动情况。

当今的大数据、物联网世界已经产生了大量来自互联网连接设备的信息。迄今为止，全球有500多亿台物联网连接设备，其中还不包括电脑和电话。[25] 上述的物联网连接设备主要包括智能电视、智能家居设备、数码相机、车载导航系统以及机器人真空吸尘器。物联网连接设备为收集消费者的移动、行为和活动数据提供了巨大的潜力。

还有一些调研人员应用了神经营销学，他们利用脑电图（EEG）和核磁共振成像（MRI）技术来跟踪脑电活动，以便了解消费者的真实感觉和反应。神经营销学的测量通常是与生物计量学的测量（如心率、呼吸频率、汗液水平、面部和眼部运动）相结合的，这样可以为企业提供洞见，使它们了解是什么让消费者对其品牌和营销产生兴趣或反感的。例如，调研公司尼尔森和美国公益广告协会（Ad Council）利用神经营销学来提高宠物收容所项目（Shelter Pet Project）的广告效果，该项目是一项旨在提高收容所宠物收养率的公益活动。[26]

尼尔森利用神经科学的方法，绘制了人脑对现有的宠物收容所项目的公益广告做出的反应以及对广告中的犬类明星小狗朱尔斯做出的反应。调研人员利用脑电图和眼球追踪测量的组合来确定该广告对观众注意力、情感投入和记忆激活的影响——以秒为计算单位的不同时间以及不同场景中的影响。他们发现，当朱尔斯出现在屏幕上时，观众的注意力和情绪参与度都有所提高。同时，他们也了解到，广告的结尾造成了混乱，朱尔斯、标志和网址都在争夺观众的注意力。于是，该创意团队重新编辑了广告，增加了朱尔斯在屏幕上的时间，并强化了广告的结尾和行动的呼应以及有关收养活动的号召。随后，他们进行了第二轮神经科学测试。结果显示，重新制作的广告能够更好地吸引观众的注意力，让他们更持续地参与进来，并提高了广告的回忆度。这样，在新广告推出之后的三个月内，宠物收容所的收养项目网站流量增加了一倍多，从而对宠物收容所中的宠物产生了真正生死攸关的影响。

虽然神经营销技术可以逐秒测试消费者的参与和情绪反应，但这样的大脑反应可能难以加以解释。因此，神经营销学常常跟其他研究方法结合起来使用，以便更全面地了解消费者的想法。

4.3.6　实施调研计划

调研人员下一步要做的，就是把营销调研计划付诸实施，这一步主要包括实际收集、整理和分析数据。其中，信息收集可以由企业的营销调研人员进行，也可以委托其他企业去完成。调研人员必须密切关注整个调研过程，以便确保整个调研计划都得到了正确的实施。调研人员应该对以下几个问题保持特别的警惕：数据收集技术、数据质量和相应的时间进度情况。

调研人员必须整理和分析收集到的数据，分离出重要的信息和洞见。当然，他们也需要对数据进行检查，以确保其准确性和完整性，然后把数据转换成代码，以便进行计算机分析。最后，调研人员把结果列表并计算平均值及其他统计值。

4.3.7 解释和汇报调研结果

在这一步骤，调研人员应该努力去解释调研结果，进行总结，并向管理者汇报调研结果。调研人员不应该让管理者淹没在大量的数字和统计技术中，而应该提供对管理者决策有用的重要结果。

然而，解释工作并不仅仅是调研人员的事。调研人员是调研设计及统计分析的专家，但营销管理者更了解自己所面临的市场问题和应该做出的决策。如果管理者盲目地从调研人员那里接受错误的解释，那么做得再好的营销调研也毫无意义。类似地，管理者也可能会带有自身的偏见，他们往往更容易接受同自己预期的结果相同的调研结论，而拒绝那些他们从未曾预料到或不想要的结果。因此，营销管理者应该同调研人员紧密合作，共同解释调研结果，双方对于调研过程和由此做出的决策共同承担责任。

概念应用

到目前为止，我们已经探讨了很多领域的问题。下面请休息一分钟，看看自己能否运用所学的营销调研过程来分析具体问题。

- 福乐鸡公司的品牌经理可以运用哪些类型的调研来了解顾客的偏好和购买行为？请制订一个简短的调研计划来评估消费者对福乐鸡公司的新产品线的潜在反应。
- 你能否运用营销调研过程来分析自己的职业发展机会和工作机会？（把自己当作是一种"产品"，并将雇主当作潜在"顾客"。）你的调研计划是什么样的？

➡ 4.4 分析和利用营销信息

针对内部数据库、竞争性营销情报和营销调研收集的信息，通常还需要做进一步的分析。运用这些信息可以获取关于消费者和市场的洞见，这有助于提升营销决策水平。在上述分析过程中，管理者可能需要使用相关的技术手段，包括运用高级统计分析技术，以便更深入地了解一组数据之间的关系。同时，信息分析可能还会涉及分析模型的运用，这有助于市场营销人员做出更好的营销决策。一旦信息处理和分析完毕，必须在适当的时间提供给适当的决策者。在下文中，我们将对如何分析和利用营销信息做更为深入的探讨。

> **作者点评**
>
> 我们已经对顾客关系管理进行了一般性的探讨。在本部分内容中，"顾客关系管理"将被赋予数据管理的意义，指从所有来源获得和使用顾客数据以便更好地管理顾客互动、接触顾客和建立顾客关系。

4.4.1 顾客关系管理

如何最好地分析和使用个体顾客数据也引发了一些特殊的问题。例如，大多数企业都被淹没在海量的顾客信息中。事实上，明智的企业会在每个可能的顾客接触点上获取顾客信息。这些接触点包括顾客与企业的每一种联系：顾客购买、与销售团队的接触、拨打服务与支持电话、访问网站、满意程度调查、收付款的互动和营销调研等。

但遗憾的是，这些信息通常会广泛地散布在整个组织当中，或深埋在彼此割裂的企业数据库中。为了解决这些问题，许多企业现在转向**顾客关系管理**（customer relationship management，CRM）来管理关于顾客的详细信息，并认真管理每个顾客接触点，以便最大限度地提高顾客忠诚度。

许多企业的顾客关系管理是由 Salesforce.com、甲骨文、微软和 SAS 等公司所提供的复杂软件和分析工具组成的，这些工具整合了所有来源的顾客信息和市场信息，对其进行分析，并应用这些结果，企业可建立更牢固的顾客关系。顾客关系管理整合了企业的销售、服务和营销团队，旨在强化对个体顾客的了解，并提供了一个 360 度的顾客关系全景图。例如，大都会人寿保险公司（MetLife）使用了一种称为"大都会人寿墙"（The MetLife Wall）的顾客关系管理系统。[27]

大都会人寿保险公司的销售和服务代表所面临的最大的顾客服务挑战，就是如何快速找到并获取顾客信息——不同的记录、交易和互动，这些信息存储在公司几十个不同的数据位置和格式文件中。大都会人寿墙系统成功地解决了这个问题，它使用类似脸书的界面，能够提供公司每个顾客的服务体验综合视图。这个创新的顾客关系管理系统可以从公司的 70 个系统中提取顾客数据，其中包含 4 500 万份顾客协议和 1.4 亿次交易。它将特定顾客的所有信息和相关链接放到屏幕上的单一记录当中，并近乎实时地进行更新。现在，由于大都会人寿墙系统的应用，只需要一次点击，而不是像过去那样要点击 40 次，销售和服务代表就可以看到特定顾客的各种保单、交易和索赔及索赔额的完整视图。而且，他们还可以便利地了解该顾客在不同接触点上同公司的所有互动历史。所有这些信息，都统一在相同的时间点上。大都会人寿墙系统极大地推动了公司的顾客服务和交叉销售工作。公司的一位营销主管说，该系统也对"顾客满意度产生了巨大影响"。

通过使用顾客关系管理，企业可以更好地了解顾客，进而可以提供更高水平的顾客服务并开发出更为深入的顾客关系。例如，企业可以利用顾客关系管理来识别出高价值顾客，更有效地瞄准这些顾客，向他们交叉销售本企业的产品，并根据这些顾客的具体要求提供定制化的产品和服务。

4.4.2　大数据、营销分析和人工智能

正如本章开头所描述的，如今的大数据可以产生巨大的影响。但简单地收集和存储大量数据并没有什么价值。市场营销人员必须从堆积如山的海量数据中筛选出"宝石"——能够产生顾客洞见的那些信息。一位数据专家曾经指出："正确的数据胜过大数据。"[28]这就是营销分析工作。

营销分析（marketing analytics）由分析工具、技术和流程组成，市场营销人员通过运用分析工具、技术和流程在大数据中挖掘出有意义的模式，以便获取顾客洞见并衡量营销绩效。市场营销人员将营销分析应用于从网络、移动站点和社交媒体跟踪，顾客交易和参与，以及其他大数据来源收集的大量复杂数据中。例如，网飞公司利用复杂的大数据分析来获取顾客洞见，然后利用这些洞见为顾客提供他们想要的东西。[29]

迄今为止，网飞公司播放的电影和节目内容，比其他任何视频服务都要多。在全球范围内，网飞公司的 1.1 亿付费用户观看着约 2.5 亿小时的电影、电视节目和网飞公司的原创内容。但是，当狂热的网飞爱好者忙着观看网飞公司的视频时，网飞公司也在忙着对他们进行观察——而且是非常密切地进行观察。每天，网飞公司都会跟踪和分析数千万次搜索、评级和播放的用户数据。该公司庞大的数据库包含着每个用户的每一个观看细节——关于他们在什么时间、什么地点，用什么设备观看什么节目的实时数据，甚至他们在节目中按下暂停、倒退或快进键的时间。同时，网飞公司还聘请专家对视频进行分类，包括数百个

特征，如动作、语气、类型、颜色、音量、场景以及许多其他特征。此外，网飞公司还从尼尔森、脸书、推特和其他来源购买消费者信息，作为该企业十分庞大的数据库的有益补充。

　　网飞公司利用如上所述丰富的数据库，建立了详细的用户个人资料，然后利用这些资料为每位用户量身定制观看体验，并做出个性化的推荐。正如一位分析师所说的："再也不会有'今晚没有电视节目'或'我不知道该看哪个节目'这样的说法了。"网飞公司会根据用户之前所观看的内容给出个性化的推荐。网飞公司坦言，公司拥有1.1亿个不同版本的"网飞提供物"，全球每个用户都有一个特定的版本。此外，网飞公司还利用这些数据进行评估，看看自己还应该获得或制作哪些额外的内容。

　　这类分析一般都采用了**人工智能**（artificial intelligence，AI）技术，这一技术让机器可以像人类一样思考和学习，但分析能力更强。人工智能已经在营销领域——以及世界上其他一切领域——掀起了风暴。现在，营销人员正将人工智能应用到从大数据分析到吸引顾客，再到制作个性化广告和销售工作中来。虽然仍处于起步阶段，但人工智能却为营销提供了巨大的潜力（参见市场营销进行时4-2）。[30]

┃ 市场营销进行时 4-2 ┃

人工智能在营销中的应用："比火或电更火的生意"

　　一大早，你正准备出门开始新的一天，这时你有想喝第一杯咖啡的冲动。上了私家车后，你点开手机里的星巴克应用程序，选择"常规"选项。这时，星巴克的虚拟咖啡师用她亲切的、欢快的声音回答："一大杯焦糖拿铁咖啡！"然后，她礼貌地建议你吃早餐——佛蒙特州的坚果松饼——这并不是你的习惯，但听起来确实不错。于是，你同意了。"谢谢！您的订单将在5～7分钟准备好，"她确认道，"你想用信用卡支付吗？"你走进商店，绕过长长的队伍，拿到了你预定的咖啡——不费吹灰之力。欢迎来到人工智能的世界。

　　这只是人工智能在营销领域爆炸式发展的一个例子。长期以来，星巴克一直致力于尖端技术——该公司25%的交易是通过智能手机应用程序实现的。但"我的星巴克咖啡师"绝不仅仅是一个点餐应用程序，它使用人工智能来创造个性化的顾客体验，并管理实时的顾客互动。当然，在互动过程中，它会充分运用顾客过去的交易和偏好数据、人口统计学数据、商店趋势和库存信息，以及当地交通和天气状况等信息。

　　人工智能正在席卷全世界，其中包括智能机器——以一种看起来像人类的方式进行思考和学习，但具有更强的分析能力。人工智能爆发式增长背后的推动力是大数据。原始数据从各处流入：顾客的交易和交互数据、网络和社交媒体数据、新闻和环境数据以及超过500亿个连接设备的数据——从消费者可穿戴设备和GPS技术到家用恒温器、洗衣机和汽车。企业需要为自己的品牌和消费者收集和分析所有这些数据。

　　人类的大脑根本无法应对当今的海量数据。但机器却可以。然而，人工智能不仅仅是收集和统计堆积如山的数据，它还能以闪电般的速度对数据进行分析，以获得深刻的洞见，并将其应用于完成指定的任务。人工智能边做边学——它处理的数据越多，就会变得越聪明、越准确。"人工智能是我们要前往的星球，"一位人工智能专家说，"机器学习是运载我们到达这颗星球的火箭，而大数据则是燃料。"

　　市场营销人员使用人工智能来评估、定位、服务顾客，并向顾客销售产品。反过来，人工智能可以帮助顾客管理他们的生活和购买。它可能会通过聊天（Facebook Messenger或Slack）或语音（亚马逊的Alexa虚拟助手）向来福车（Lyft）请求搭车。或者，它可能是IBM的沃森超级计算机，通过大量的数据来挖掘关于顾客和市场的洞见，帮助市场营销人员加强他们的定位，实现顾客浸入，设计新产品，甚至实时制作更好的广告。

　　今天的机器很聪明，也很有人性。IBM的沃森计算机"非常爱说话；它能够讲笑话、回答问题和写歌"，一位观察者说，"谷歌的人工智能够比专业人士更好地读懂唇语，仅用数小时就能熟练地玩电子游戏。麻省理工学院的人工智能能够提前两秒预测到视频中的行为。特斯拉的人工智能为其创新性的自动驾驶赋能。"

像亚马逊这样的公司已经掌握了人工智能，利用洞见和互动，让它理解并服务顾客。亚马逊的 Echo 将 Alexa 的人工智能魔法带给了近 5 000 万个美国家庭。除了调节家用电器、控制音乐、记录购物清单、发送短信和回答有关任何主题的问题外，Echo 和其他类似的人工智能设备，如谷歌的 Home，已经成为可语音激活的个人购物助理。从宝洁、高乐氏（Clorox）到 1-800-Flowers 等公司都在努力完善方法以接近进行语音购物的 Echo 用户。在亚马逊的购物和视频网站上，人工智能提供推荐功能以帮助消费者决定买什么、看什么。"亚马逊将越来越多地向你出售你甚至不知道你需要的东西，因为它已经知道你喜欢什么并且倾向于购买什么。"一位分析师说。亚马逊在这方面非常擅长，甚至考虑采用所谓的"预测性交付"，给消费者送去他们甚至还没有订购的东西。如果顾客不想要，他们可以免费保存。尽管这种送货方式可能还需要一段时间，但亚马逊利用这种人工智能预测，在仓库甚至卡车上保持正确的库存，以支持其越来越受欢迎的一天甚至一小时送货承诺。

许多零售商都在使用人工智能来改善他们为顾客提供服务和销售的方式。例如，家装零售商劳氏在加利福尼亚州的一些商店推出了 LoweBots——一种 5 英尺高、完全可移动、人工智能驱动的机器人，在商店里巡回帮助顾客。LoweBots 筛选出可能需要帮助的顾客，并通过语音和触摸屏与他们接触。这些人工智能机器人利用商店和外部数据来回答顾客的问题，提供解决方案，引导顾客找到商店里的商品（或在线订购没有库存的商品）。它们甚至提供文字和视频教程。同时，LoweBots 一直关注着商店层面的数据，并分析顾客的购物模式。

人工智能不仅仅是为顾客服务。它也帮助市场营销管理者形成市场营销战略和策略。例如，IBM 围绕其人工智能超级计算机沃森成立了一个名为沃森广告（Watson Advertising）的新部门。沃森首次获得公众认可是在《危险边缘》（Jeopardy）节目中击败人类参赛者并赢得 100 万美元。沃森每秒钟可以摄取数亿页的数据。IBM 现在正将沃森的才能转向市场营销。

通过这样的分析，沃森可以为市场营销人员提供精准、实时的顾客观点，并将其学到的见解付诸行动，利用其人工智能能力进行数据分析、媒体规划、受众定位和实际内容创作等一切工作。例如：

> 作为丰田活动的一部分，沃森变成了一个广告文字撰稿者，根据"大数据分析"科技爱好者的兴趣为丰田 Mirai 车型制作文字信息。早些年，它还变成医生，在解答关于各种流感症状的问题时推销 Theraflu 感冒药。对于金宝汤来说，沃森戴上厨师帽，利用关于顾客位置和手头的原料的数据，在展示广告中提供个性化食谱。作为布洛克税务公司（H&R Block）的主要合作伙伴，沃森变成了税务专家，利用人工智能帮助顾客寻求税金减免。

IBM 最近收购了气象公司（Weather Company），该公司每 15 分钟为 22 亿个地点提供天气预报，让沃森可以根据大量的数据判断天气如何影响消费者的情绪、健康和购买行为。最近，它利用这些天气数据、消费者的谷歌搜索和花粉浓度的组合，向一家药品制造商建议在不同的市场上何时使用哪种媒体。

尽管有这些卓越的应用，人工智能仍处于早期阶段。作为一个行业，人工智能的年收入将从目前的 6.5 亿美元飙升至 2025 年的近 400 亿美元，这还不包括人工智能将促成的数万亿美元的零售销售。

资料来源：" Google CEO: AI Is a Bigger Deal than Fire or Electricity," *Fast Company*, January 19, 2018, www.fastcompany.com/40519204/google-sundar-pichai-ai-is-a-bigger-deal-than-fire-or-electricity; Hal Conick, " The Past,

Present, and Future of AI in Marketing," *Marketing News*, December 29, 2016, pp. 27-35; Erik Wander, "Welcome to the Machine," *Adweek*, December 4, 2017, p. 16; Marty Swant, "As IBM Ramps Up Its AI-Powered Advertising, Can Watson Crack the Code of Digital Marketing," *Adweek*, September 25, 2017, pp. 19-23; Lauren Johnson, "5 Bleeding-Edge Brands That Are Infusing Retail with Artificial Intelligence," *Adweek*, January 2, 2017, www.adweek.com/digital/5-bleeding-edge-brands-are-infusing-retail-artificial-intelligence-175312/; and Lauren Hirsch and Michelle Castillo, "Amazon Has Big Plans for Alexa Ads in 2018," *CNBC*, January 2, 2018, www.cnbc.com/2018/01/02/amazon-alexa-is-opening-up-to-more-sponsored-product-ads.html.

顾客关系管理、大数据分析和人工智能所带来的好处，并不是没有成本或风险的。其中，最常见的错误就是将顾客关系管理、营销分析和人工智能仅仅视为一种技术，管理者被淹没在大数据的细枝末节之中，却忽视了大局。或者，他们让机器来做决策，而不是自己思考。[31] 然而，单靠技术并不能建立有利可图的顾客关系。企业不能仅仅通过安装一些新的软件来改善顾客关系。相反，市场营销人员应该从顾客关系管理的基本原理入手，然后应用高科技的数据和分析解决方案。他们必须把注意力首先集中在"关系"上——这是顾客关系管理的精髓所在。

4.4.3 发布和利用营销信息

只有当企业利用信息做出更好的决策时，营销信息才有价值。因此，营销信息系统必须可以向管理者和其他营销决策者或每天与顾客打交道的人提供这些信息。

在许多情况下，这意味着要为管理者提供定期的业绩报告、最新情报和有关调研结果的报告。但营销管理者同样需要针对特殊场合和现场决策的非常规信息。例如，对于同一个重要顾客打交道时遇到困难的销售经理而言，他所需要的是一份关于该顾客上一年度销售额和利润率的报告。或者，某个品牌经理可能希望了解网友对最近的广告宣传活动的热议。发展到今天，企业越来越需要以一种及时、用户友好的方式来生成信息。

许多企业都使用内部网和内部顾客关系管理系统来辅助实现上述目标。这些系统提供了可以获得的调研和情报信息、顾客联系信息、报告、共享工作文件以及更多的其他信息。例如，电话和网上礼品零售商 1-800-Flowers.com 的顾客关系管理系统可以向一线员工提供实时获取顾客信息的权限。当回头客来电话时，该系统可以立即调出先前的交易数据和顾客的其他信息，帮助销售代表更有针对性地做好顾客服务。例如，某个顾客经常为妻子买郁金香，销售代表就可以向该顾客介绍最好的郁金香和相关礼物。这种做法可以为企业创造更高的顾客满意度和忠诚度，从而进一步提高企业的销售额。1-800-Flowers.com 的一位高级管理人员指出："我们可以实时地做到这一点，从而为顾客提供卓越的体验。"[32]

实际上，越来越多的企业允许自己的顾客和价值网络成员通过外部网访问顾客账户、产品和其他相关信息。供应商、顾客、经销商和其他网络成员可以访问该企业的外部网，并实时地更新账户信息、进行采购、核对订单和库存情况等，以便实现更好的顾客服务。例如，在线鞋类和配件零售商美捷步认为，供应商是"美捷步家庭的一个重要部分"，是其通过优秀的顾客服务为顾客带来惊喜（"WOW"）的关键组成部分。因此，它将供应商视为自己的重要合作伙伴，包括与他们共享信息。通过该企业的外部网——ZUUL 外联网（美捷步公司统一用户登录），成千上万的供应商可以访问与品牌相关的库存水平、销售数据甚至获利情况。此外，供应商还可以使用 ZUUL 与美捷步公司的创意团队进行互动，输入建议的订单，以供美捷步公司的顾客参考或批准。[33]

在现代技术的帮助下，营销管理者几乎可以在任何时间、任何地点直接进入公司的信息系统。他们在家庭办公室、酒店房间或当地的星巴克通过笔记本电脑、平板电脑或智能手机接入系统。这种系统让他们能够直接迅速地获得所需信息，并根据自己的需求进行取舍。

让我们稍做休息，回想一下，脑海中一定要形成营销信息系统的"大框架图"。

● 营销信息系统的总体目标是什么？各个环节是如何连接的？每个环节有什么贡献？再看看图 4-1，它提供了一个关于本章内容的很好的结构框架。

● 将营销信息系统框架应用于匡威公司（Converse）。如何评估匡威公司营销管理者的信息需求？如何开发所需要的信息？如何帮助管理者分析和使用这些信息来获取顾客洞见和市场洞见？

➡ 4.5　其他需要考虑的营销信息

作者点评
我们通过探讨三个特殊的营销信息话题来结束本章的学习。

本节将从两个特殊的角度讨论营销信息：小企业与非营利组织的营销调研和国际营销调研。最后，我们将讨论营销调研中的公共政策和伦理道德问题。

4.5.1　小企业与非营利组织的营销调研

像大企业一样，小企业也需要市场信息以及顾客洞见和市场洞见，而这些内容都需要通过营销调研来获得。小企业和非营利组织的管理者常认为，只有那些有高额调研预算的大公司里的专家才能进行营销调研。大规模的营销调研的确超出了大多数小企业的预算，但是，本章所讨论的营销调研技术中有许多可以为小企业所用，它们没有那么正式，成本很低甚至没有。

小企业无需花费大量资金即可获得很多有用的市场洞见和顾客洞见。以 GoldieBlox 公司为例[34]：

作为斯坦福大学的一名工程专业学生，黛比·斯特林（Debbie Sterling）对进入工程专业的女性人数之少感到不安。因此，她创建了 GoldieBlox，一家媒体和玩具公司，制作和销售互动书籍、应用程序、视频和建筑玩具，旨在鼓励女孩热爱科学、技术、工程和数学（STEM）。

在创办公司之前，基于自己拮据的自筹资金，斯特林从非正式的、负担得起的营销调研开始。她花了一年的时间挖掘已发表的关于女孩如何学习的研究。她研究了玩具行业，并与神经科学家和学前班教师交谈。她观察玩耍中的儿童，并在玩具店的"粉色通道"上寻找灵感和想法。通过研究，斯特林发现了一些关于女孩如何玩耍以及她们喜欢什么玩具的真相。她的发现为 GoldieBlox 公司的创始概念、产品设计和市场营销提供了基础。斯特林的基础研究得到了回报。迄今为止，GoldieBlox 公司的应用程序下载量已超过100 万次，并在全球 6 000 多个主要零售点销售了 100 多万件以叙述故事为导向的建筑玩具。

因此，小企业和非营利组织可以通过观察、二手数据搜索或使用小型便利性样本的非正式调查获得良好的营销洞见。此外，许多协会、当地媒体和政府机构也为小型组织提供了特别的帮助。例如，美国小企业管理局（U. S. Small Business Administration）提供了几十种免费的出版物和一个网站（www.sba.gov），提供从创办、融资、扩大小企业到订购名片的各种建议。其他优秀的小企业研究资源包括美国人口调查局（www.census.gov）和经济分析局（www.bea.gov）。

最后，小企业可以在互联网上以非常低的成本收集到大量信息。它们可以搜寻竞争者和顾客的网站并利用搜索引擎调查具体的公司和问题。

总而言之，二手数据收集、观察、调查和实验都能被小型组织在低预算的情况下有效地加以利用。虽然这些非正式的调查方法不会很复杂，也不昂贵，但是仍需认真对待。管理人员必须仔细思考调研的目标，提前找出问题，辨认由小样本以及技术水平一般的调研人员造成的误差，并进行系统的调研。[35]

4.5.2　国际营销调研

国际调研人员与国内调研人员遵循同样的调研程序：首先确定调研问题，然后制订调研计划，最后解释与汇报结果。不过，国际调研人员面临的问题更多、更复杂。国内调研人员面对的是国内基本相似的各个市场，国际调研人员面对的却是不同国家的千差万别的市场。这些市场在经济发展水平、文化与风俗及购物方式等方面差别很大。

在许多外国市场，国际市场营销人员很难得到有用的二手数据。美国的营销调研人员可以从很多国内调研机构获得可靠的二手数据，但是许多国家几乎没有营销调研服务。有些大型国际调研服务公司在许多国家开展业务。例如，世界最大的营销调研公司之一——尼尔森公司在100 多个国家和地区设有办事处，不过，大多数公司仅在屈指可数的几个国家经营。[36]因此，即使能得到二手数据，也是从许多不同来源获得的以国家为单位的数据，很难对其进行整合或比较。

由于缺乏可靠的二手数据，国际调研人员不得不自己收集原始数据。这样做时，调研人员会面对许多国内调研人员不会遇到的问题。例如，他们会发现连确定有效的样本都很困难。美国的调研人员可以利用电话号码簿、人口调查数据以及其他一些社会经济数据来建立样本。但是，这样的数据来源在许多国家非常缺乏。

选定样本之后，美国的调研人员很容易通过电话、邮件、当面或在线的方式接触调研对象。但在世界其他一些地方，通过邮件或电话接触调研对象没有这么容易。结果是，数字化调查成为进行国际营销调研的主要方式。然而，数字技术的使用在世界的各个地方有所不同。例如，美国的许多数字化调查都是设计在台式机或笔记本电脑上运行的。然而，印度或非洲等新兴市场的多数消费者跳过了这些技术，主要通过移动设备接入互联网。这类市场的调研必须专门针对移动设备设计，因为移动设备有其固有的局限性。[37]

不同国家的文化差异也给国际市场营销人员带来了很多问题。语言是其中最明显的障碍。例如，调查问卷要用一种语言来准备，然后翻译成所调研国家的语言。答案必须再翻译成原来的语言以便分析与解释。这样就增加了调研成本，也增加了出错的概率。

把调查问卷从一种语言翻译成另一种语言可不是件容易的事。许多俚语、词组和说法在不同的文化中含义并不相同。例如，一位丹麦的高管说："查看那些从英语中翻译过来并被不同翻译程序翻译回英语的东西，你会深感震惊。例如，'眼不见心不烦'（out of sight, out of mind）变成了'看不见的东西很疯狂'（invisible things are insane）。"[38]

不同国家的消费者对待营销调研的态度也不相同。有些国家的人可能很愿回答问题，而在另一些国家，可能没人愿意回答问题。有些国家的风俗可能禁止人们与陌生人谈话。在有些文化习俗中，调查问题常被认为是侵犯隐私。例如，在一些国家，男女混合的焦点小组访谈是禁忌，对只有女性参与的焦点小组访谈进行摄像也是不被允许的。另外，由于一些国家的高文盲率，即使被调查者愿意回答，他们也可能无法回答。

尽管存在这些问题，但随着全球营销的发展，全球性公司别无选择，必须进行这样的调研。虽然国际调研的成本高、问题复杂，但不做调研的成本（用失去的机会和犯的错误来衡量的话）可能更高。认识到这一点，许多国际营销调研所面临的问题就能得到克服。[39]

4.5.3　营销调研中的公共政策与伦理道德问题

大多数营销调研对于公司和它的消费者来说都有益处。通过营销调研，公司更加了解消费者的需要，因而能提供更令人满意的产品和服务。然而，营销调研的不正当使用也可能伤害或困扰消费者。营销调研中两个主要的公共政策与伦理道德问题是对消费者隐私的侵犯和调查结果的滥用。

对消费者隐私的侵犯

许多消费者对营销调研持积极的看法，相信它很有用处。一些人实际上喜欢被调查，喜欢发表自己的意见。然而，另一些人强烈反对或不信任营销调研，他们不喜欢正常的工作生活被调研人员打断。他们担心市场营销人员正在建立关于顾客个人信息的庞大数据库，或者担心调研人员使用复杂的技术来探测他们深藏的情感，在他们购物或网上浏览与互动时进行追踪和监视，然后利用所获信息来操纵他们的购买。

例如，塔吉特最近让一些顾客感到非常不安，因为该公司利用他们的购买历史来判断他们即将有一个孩子，包括对孩子性别和预产期精确得可怕的估计。[40]

塔吉特给每一位顾客提供了一个与他的姓名、信用卡或电子邮件地址相关联的顾客 ID 号码。然后，它详细跟踪顾客的购买行为，以及来自其他来源的人口统计学信息。通过研究以前在婴儿登记册中登记的妇女的购买历史，塔吉特发现，它可以根据每个顾客在 25 个产品类别中的购买模式，为她制定一个"怀孕预测"分数。它利用这个分数开始向准父母发送个性化的婴儿相关物品的优惠券，并根据他们的怀孕阶段进行调整。

这个策略似乎具有很好的营销意义，通过吸引准父母，塔吉特可以在他们的家庭发展过程中把他们变成忠实的买家。然而，事实证明，许多顾客对塔吉特在她们告诉家人和亲近的朋友之前就知道她们怀孕的事感到惊恐，她们想知道塔吉特还在跟踪和分析什么事情。

在挖掘顾客信息时，市场营销人员必须注意不要越过隐私线。但是，当涉及营销调研和隐私问题时，没有简单的答案。例如，一些零售商使用在一只眼睛里藏有摄像头的人体模型来记录顾客的人口统计学信息和购物行为，以便为他们提供更好的服务，这究竟是好事还是坏事？我们应该赞扬还是反对那些监测消费者在脸书、推特、Instagram、YouTube 或其他社交媒体上的发帖以努力提高反应速度的公司？当市场营销人员跟踪消费者的手机使用情况以发布基于位置的信息、广告和优惠时，我们应该担心吗？请看下面这个例子。[41]

SAP 公司的消费者洞察 365 服务帮助移动服务提供商"提取有关用户（及其）以移动为中心的生活方式的数据"。该服务监测了 2 000 万～2 500 万个跨多个运营商的移动订阅者个体多达 300 次的移动网络浏览、文本信息、电话和其他每天的移动事件。一位分析师指出，通过将移动数据与其他信息相结合，该服务能够告诉企业"购物者是正在手机上查看竞争对手的价格，还是只是给朋友发电子邮件。它能够告诉它们在上午 10 点和中午之间商店访问者的年龄范围和性别，并且根据购物者的浏览历史获得他们的位置和人口统计学信息。零售商可能会利用信息在一天中的不同时间调整商店的陈列以吸引特定的细分顾客，或者帮助决定在哪开设新店"。尽管这些信息可以帮助市场营销人员为目标顾客提供更有用的服务，但从消费者隐私的角度来看，这可能"有点太过分了"。

消费者隐私日益成为营销调研行业的一个主要问题。公司在发掘有价值的消费者数据时，面临数据敏感性和维持消费者信任的挑战。同时，消费者要在个性化和隐私之间进行取舍。"关于在线隐私的争论源于一种市场营销悖论，"一位隐私专家说，"网上购物者希望企业根据他们的想法和需求提供个性化、及时的服务，但他们厌恶公司追踪他们的在线购买和浏览历史。"关键问题是：什么时候公司会突破收集和使用顾客数据的底线？最近的一项调查表明，近一半的美国成年人担心，他们很难或根本无法控制公司在线收集他们的个人信息。

隐私问题如果得不到解决，可能会导致消费者愤怒与不合作，政府也会加大干预。因此，营销调研行业正在考虑侵犯隐私问题的几种对策。一个例子是营销调研协会（Marketing Research Association）的"你的观点很有用"和"应答者权利法案"计划，其目的是告知消费者营销调研的益处，并将电话推销和数据库的建立区分开来。[42]

众多大型组织——包括 IBM、微软、脸书、花旗集团、美国运通甚至美国政府——都任命了自己的首席隐私官（chief privacy officer，CPO），其工作职责就是保护消费者的隐私。最后，如果调研人员以有价值的东西换取信息，顾客就会乐意提供信息。例如，亚马逊网站的顾客并不介意该公司为得到未来产品建议而建立一个消费者购买产品的数据库。这一做法节省了时间并提供了价值。对调研人员来说，最好的办法就是仅询问他们需要的信息，负责地使用该信息来提供价值，在没有消费者允许的情况下避免分享信息。

调研结果的滥用

调查研究可能成为有力的说服工具，公司经常把研究结果用于广告和促销。今天，许多调查研究看起来只不过是宣传赞助商产品的工具而已。有些时候，营销调研就像是专门为预期的效果而设计的。例如，黑旗公司（Black Flag）的一个调研曾经问道："蟑螂盘能够慢慢地毒死一只蟑螂。这只蟑螂临死时会回到巢穴并在死后被其他蟑螂吃掉。于是，这些蟑螂都中毒并死掉。你们认为这种产品杀死蟑螂的有效性是多少？"79% 的人表示有效。

几乎没有广告顾客公开操纵调研方案或公然歪曲结果——大部分的滥用都发生在比较微妙的地方。争议往往出现在有效性、理解和调研结果的使用上。几乎任何调研结果都可以基于调研人员的偏见和观点做出不同的解读。

认识到营销调研可能被滥用，一些组织——包括美国市场营销协会（American Marketing Association）、营销调研协会和美国调研组织委员会（Council of American Survey Research Organizations，CASRO）——制定了调研的道德规范及行为准则。例如，CASRO 对调研的标准和道德规范有明确的说明，其中概述了调研人员的责任，包括保密、尊重隐私和避免骚扰。它还概述了向顾客和公众报告结果的主要责任。[43]

总之，不道德或不合适的行为不可能简单地由规范来调整。每个公司都应在营销调研与公布结果时承担起社会责任，以保护消费者和自己的权益。

学习目标回顾

为了创造顾客价值，与他们建立有意义的关系，市场营销人员必须首先获得全新的洞见，深入了解顾客的需求和欲望。这些洞见来自良好的营销信息。随着市场营销技术爆炸式的发展，公司现在可以获得大量的信息，有时甚至是过量的信息。将大量顾客信息转化为可操作的顾客洞见和市场洞见是一项挑战。

学习目标 1 解释信息对于获取市场洞见和顾客洞见的重要性。

好的产品和市场营销计划都是从彻底了解顾客需求开始的。因此，为了提供更高的价值并让顾客满意，企业需要可靠且充足的信息。企业也需要有关竞争对手、经销商和市场中其他角色的信息。越来越多的市场营销人员将信息视为一种对做出较好决策的投入以及一种重要的战略资产和市场营销工具。

学习目标 2 定义营销信息系统并讨论其组成部分。

营销信息系统由专门评估信息需求、开发所需信息以及帮助决策者使用信息来生成并验证可操作的顾客洞见和市场洞见的人员和程序组成。一个设计得很好的信息系统的起点和终点都是信息使用者。

营销信息系统首先是评估信息需求。营销信息系统主要服务企业的市场营销和其他管理人员，也可以向外部合作伙伴提供信息。然后在内部数据库、营销情报活动和营销调研中开发信息。内部数据库提供企业自己业务和部门的信息。这种数据的获得快速且便宜，但是往往需要适应市场营销决策的制定。营销情报活动提供有关外部营销环境发展状况的日常信息。营销调研指收集一个组织面临的与特定市场营销问题相关的信息。最后，营销信息系统帮助使用者分析和利用信息以发展顾客洞见、制定市场营销决策以及管理顾客关系。

学习目标 3　简述营销调研的具体步骤。

近年来，随着一系列新的数字化数据采集技术的出现，传统的营销调研经历了一次重大转型。传统的主要调研方法，如调查研究和焦点小组访谈，虽然仍然很普遍和有效，但正在逐步让位于更新、更敏捷、更直接和成本更低的数字化数据收集方法。尽管它的作用正在发生变化，但是传统的营销调研仍然被广泛使用，并且依然非常重要。

营销调研过程的第一步是确定问题和调研目标，调研目标可能是探索性、描述性或因果性的。第二步是制订调研计划，即从原始或二手来源中收集数据。第三步是实施调研计划，要求通过收集、处理和分析数据来完成。第四步是解释和汇报调研结果。进一步的信息分析能帮助市场营销管理者更好地利用信息，他们可以利用先进的统计方法与模型来得到更精确的结果。

内部和外部二手数据来源通常比原始数据来源更快且成本更低。二手数据来源有时可以提供企业靠自己的力量无法获得的数据。然而，在二手数据来源中或许没有所需数据，即使发现数据，也可能在很大程度上不能使用。调研人员必须仔细判断二手数据的价值来确保它相关、准确、及时和公正。原始数据的调研也必须以这些标准来评判。每一种原始数据的收集方法——观察、调查和实验——都有它自己的优点和缺点。同样，各种调研方式——邮件、电话访谈、面访和在线——都有其利弊。

学习目标 4　解释企业如何分析和利用营销信息。

在内部数据库、营销情报或营销调研中收集到的信息通常需要进行更深入的分析。为了分析顾客数据，许多企业获得或开发了特殊的软件和分析技术——顾客关系管理——以便整合、分析和应用它们数据库里大量的顾客数据。营销信息只有在用来做出更好的营销决策时才有价值。因此，营销信息系统必须使管理人员和其他市场营销决策者或与顾客打交道的人得到所需信息。在有些情况下，这意味着提供定期报告和最新情报；在其他情况下，它意味着为特殊情况和现场决策提供非常规的信息。许多企业使用内部网和外部网来辅助这一过程。现代技术使市场营销管理者几乎能够在任何时间、任何地点直接获得营销信息。

学习目标 5　讨论营销调研人员面临的一些特殊问题，包括公共政策和伦理道德问题。

有些市场营销人员面临特殊的营销调研情况，如那些在小企业、非营利组织或在国际环境中进行调研的市场营销人员。小企业和非营利组织也可以在有限的预算下进行有效的调研。国际营销调研人员所应采取的步骤同国内营销调研人员是一样的，但面临的问题更多、更复杂。所有的组织都应该对营销调研的主要公共政策和伦理道德问题做出负责的回应，包括对消费者隐私的侵犯和调研结果的滥用。

关键术语

大数据（big data）

顾客洞见（customer insights）

营销信息系统（marketing information system）

内部数据库（internal databases）

竞争性营销情报（competitive marketing intelligence）

营销调研（marketing research）

探索性调研（exploratory research）

描述性调研（descriptive research）

因果性调研（causal research）

二手数据（secondary data）

原始数据（primary data）

观察研究法（observational research）

民族志研究法（ethnographic research）

调查研究法（survey research）

实验研究法（experimental research）

焦点小组访谈（focus group interviewing）

在线营销调研（online marketing research）

在线焦点小组（online focus groups）

行为定位（behavioral targeting）

样本（sample）

顾客关系管理（customer relationship management，CRM）

营销分析（marketing analytics）

人工智能（artificial intelligence，AI）

问题讨论

1. 为什么公司在管理营销信息时理解和利用顾客洞见很重要？（AACSB：书面和口头交流；反思性思考）

2. 解释营销情报与营销调研有何不同。哪个对公司更有价值？为什么？（AACSB：书面和口头交流；反

思性思考）

3. 市场营销人员大量使用原始数据和二手数据。什么是原始数据？什么是二手数据？每一种有什么优点或缺点？（AACSB：书面和口头交流；反思性思考）

4. 讨论进行在线营销调研的优势。（AACSB：书面和口头交流）

5. 什么是顾客关系管理？它与大数据、营销分析和人工智能有何关系？提供使用人工智能的公司的示例。（AACSB：书面和口头交流；反思性思考）

营销伦理

脸书的剑桥分析数据丑闻

2018 年初，当得知唐纳德·特朗普（Donald Trump）竞选团队雇用的政治数据公司剑桥分析（Cambridge Analytica）获取了多达 8 700 万脸书用户的私人数据时，脸书遭到了猛烈的批评。脸书用户的个人资料包含用户身份信息、好友网络、点赞和其他数据，这些数据可以用来定位美国选民并影响他们的行为。数据泄露引发了一个重要问题，即这家社交媒体巨头如何保护其为自己的市场定位活动而收集和使用的大量用户信息。脸书创始人兼首席执行官马克·扎克伯格（Mark Zuckerberg）承认脸书在充分保护用户数据不被

利用方面犯了一个"巨大的错误"。

1. 脸书和其他公司利用顾客档案信息来推销产品和服务是错误的吗？它是帮助了顾客还是伤害了他们？解释你的想法。讨论其他公司利用网上收集的顾客数据定位顾客的例子。（AACSB：书面和口头交流；伦理理解和推理）

2. 在今天的数字环境中，脸书应该采取哪些措施来更新其数据使用方式，以更好地保护用户？作为消费者，你最重视的保护措施是什么？（AACSB：书面和口头交流；伦理理解和推理）

营销计算

信息的价值

进行调研的成本很高，必须将成本与所收集信息的价值进行权衡。考虑一家面临竞争对手降价的公司。公司是应该降低价格以保持市场份额，还是应该维持当前价格？该公司已经进行了初步研究，显示了在竞争对手的两种回应（维持价格，或者进一步降低价格）之下每个决策的财务结果。该公司对竞争对手能否进一步降低价格并不十分有信心，并将该结果的概率（p）确定为 0.6，这意味着其他结果，即该竞争对手维持价格将有 40% 的机会出现（$1-p = 0.4$）。下表显示了这些结果。

公司举措	竞争对手的回应	
	进一步降低价格 $p = 0.6$	维持价格 $1 - p = 0.4$
降低价格	150 000 美元	180 000 美元
维持价格	100 000 美元	200 000 美元

例如，如果公司降低价格，而竞争对手进一步降低价格，则公司将变现 15 万美元，依此类推。根据此信息，可以使用以下公式确定公司每个行为（降低价格或维持价格）的预期货币价值（EMV）：

$$EMV = p \times \text{财务结果}_p + (1-p) \times \text{财务结果}_{(1-p)}$$

该公司将选择预期提供最大 EMV 的行动，这可能需要更多信息，但是值得为这些信息进行花费吗？评估附加信息价值的一种方法是使用以下公式计算完全信息的期望值（EMV_{PI}）：

$$EMV_{PI} = EMV_{\text{certainty}} - EMV_{\text{best alternative}}$$

其中：

$$EMV_{\text{certainty}} = p \times \text{最好财务结果}_p + (1-p) \times \text{最好财务结果}_{(1-p)}$$

如果完全信息的价值大于开展调研的成本（即 $EMV_{PI} >$ 调研成本），则应进行调研；如果附加信息的价值小于获得更多信息的成本，则不应进行调研。

1. 计算两个公司行动的预期货币价值。公司应该采取什么行动？（AACSB：书面和口头交流；分析性思考）

2. 完全信息的期望值是多少？如果进行更多调研的费用为 5 000 美元，那么应该进行吗？（AACSB：书面和口头交流；分析性思考）

企业案例

适合本章的案例见附录 1。

企业案例 4　Qualtrics：管理完整的顾客体验。 Qualtrics 是在线调查的先驱。现在，它利用在线调查来管理顾客体验。

企业案例 7　MINI：专注于本质——最大化体验。 宝马公司的 MINI 品牌大获成功，在满足当前消费者需求的同时，也保留了原有品牌的特色。

企业案例 12　领英：用整合营销传播打破白领刻板印象。 领英发起了第一次大众媒体整合营销传播活动，旨在改变人们普遍认为它的服务只针对白领阶层的看法。

复习题

1. 什么是神经营销学？它在营销调研中有什么作用？为什么这种方法通常与其他方法相结合？（AACSB：沟通）

2. 请举例说明营销调研可能对参与者造成的伤害。许多企业都有一个类似于政府的"共同规则"所要求的审查过程。写一份简短的报告，解释这条规则，以及你将如何把它应用到你的例子中。（AACSB：书面和口头交流；反思性思考）

注释

第5章 理解消费者行为与组织购买行为

概念预览

在前面的章节中,读者已经了解了市场营销人员是如何获得、分析和利用信息的,进而发展了顾客洞见,学会了评估市场营销方案的相关内容。在本章中,我们将继续深入学习市场中最重要的元素——顾客。市场营销的目的就是吸引顾客并影响顾客的思维方式与行为方式。为了影响购买行为的本质、时间和方式,市场营销人员应该先了解其背后的原因是什么。首先,我们来看一看终端消费者购买行为的影响因素和过程,然后着眼于组织市场的购买行为。通过本章的学习,读者将会发现:理解购买行为是至关重要的环节,也是十分困难的环节。

为了更好地认识理解消费者行为的重要性,我们从底特律的高档商品制造商——Shinola 公司开始。Shinola 的名字和它在底特律的根基,似乎与它制造和销售的高档奢侈品并不协调,但在深入了解之后,读者就会发现:Shinola 公司的一切,都是与精心打造的美国品牌形象紧密地结合在一起的,并与顾客购买行为所依据的深厚情感和动机完全一致。

Shinola 公司：生于底特律的奢侈品牌

Shinola 公司成立还不到十年，已成功在市场上推出了售价在 550 ～ 850 美元之间的高档手表系列。Shinola 公司选择把总部设在底特律——曾经象征着坚韧不拔的美国制造业和创造力的地方，后来陷入破产和绝望的境地。与该公司的标志一起，每件 Shinola 产品都有一个简单的宣传语"底特律制造"。

自成立以来，Shinola 公司就迅速扩展产品类别，包括高端自行车、服装、皮革配件和音频设备。在 2013 年的时候，该公司销售额只有 2 000 万美元，但几年之内，就飙升到 1.25 亿美元。顾客可以在全球近 1 000 家商店找到 Shinola 公司的产品，包括诺德斯特龙、内曼·马库斯、萨克斯第五大道和布鲁明戴尔等高端百货商店。该公司已经开设了 27 家自有商店，并拥有爆炸式的在线需求。而且，看起来 Shinola 公司好像才刚刚起步。

这样的成功似乎令人惊讶。乍一看，Shinola 公司的名字和它在底特律的根基似乎与它制造和销售的高价奢侈品并不相称。但深入思考之后不难发现：Shinola 公司的一切，都与精心打造的美国品牌形象紧密结合在一起。

为什么选取 Shinola 这个名字？为什么选择在底特律开店？通过把 Shinola 这个品牌与底特律勤劳的人民、坚韧不拔的精神和精湛的工艺等"遗产"联系起来，就很好理解：Shinola 公司销售的不仅仅是手表和自行车，它销售的是一个美国制造卷土重来的故事。

从莱特兄弟限量版朗威尔（Runwell）自行车（2 950 美元）到带留声机扬声器的蓝牙播放器（400 美元，还有不少顾客在预订等待），再到限量版的穆罕默德·阿里手表（Mohammad Ali watch）——向塑造这位著名斗士一生的六项原则，即信念、尊重、奉献、自信、给予和精神致敬，Shinola 公司的产品和品牌的每一个方面都体现了美国人的智慧和制造的根基。尽管价格昂贵，但 Shinola 公司的新产品和限量版产品经常销售一空。

Shinola 公司的产品既经典又现代，而且简洁实用。这些产品都有终身质保，是为了代代相传，而不是在使用几年后就丢弃到垃圾场。许多购买者认为，他们所购买的 Shinola 产品是值得展示的艺术品。

不仅仅是产品，Shinola 公司的制造工艺和供应商的运作模式也支持其美国形象。Shinola 公司宣布对员工负责，并做出承诺。它以创造美国就业机会为荣。在创建之初，Shinola 公司有大约 100 名当地产业工人，公司引进了世界上最好的瑞士钟表师来培训他们如何用传统的方式手工制造手表。

Shinola 公司支付给员工的工资也高于市场水平，并提供优厚的福利。所有 600 名员工都会光顾该公司的零售店，以便能够更加清楚地了解他们为之制造产品的顾客和顾客购买的动机。此外，Shinola 公司还有一个内部晋升的政策。今天，Shinola 公司的许多运营经理最初都在该公司担任过保安、门童和送货员。

随着业务扩展到其他领域，Shinola 公司仍然致力于与主要位于美国的供应商展开合作。皮革制品来自芝加哥的霍文制革厂（Horween），自行车框架和前叉是由总部位于威斯康星州的沃特福德公司（Waterford）手工制造的，转盘的零部件来自新泽西州的 VPI 工业公司。

与其产品的感觉保持一致，Shinola 公司的零售店是其品牌形象的最终体现。零售店内充斥着工业感——风化砖、漆木、玻璃、不锈钢和暴露在外的铁桁架。而且，零售店鼓励顾客去看一看、摸一摸、听一听。此外，Shinola 公司的零售店也不仅是购物的地方，它是温暖和充满吸引力的活动中心，店内设有咖啡吧，还有威士忌品酒会或美发等定期活动，吸引顾客在那里闲逛。

Shinola 公司顾客购买行为背后的强烈情感和动机可能在该品牌最近推出的"让我们卷起袖子"的广告活动中得到了最好的体现。正如一位广告分析师所指出的，这一广告活动传递了激动人心的战斗口号：一起来，努力工作共创美好。同时，它也彰显了热爱劳动、大汗淋漓和勇于献身的价值观，并强化了"一起干"的激情。种植、成长、建造、焊接，无论你是白领还是蓝领，工作机会有的是，所有人都各得其所。另外，在该广告活动中，许多广告只显示了黑白文字本身，没有鲜亮的产品照片或其他修饰。其他广告中的主角则是那些通过自己的努力工作回馈社会的人。

因此，Shinola 公司销售的不仅仅是手表、自行车或皮革配件，该公司销售的是底特律的风土人情、真实的情感和卷起袖子的生活方式，这些都是消费者对该品牌的感情和行为的核心所在。[1]

Shinola 公司的例子表明，许多层面的因素都会影响消费者的购买行为。消费者的购买行为虽然不太容易理解，却是市场营销管理中至关重要的环节。首先，我们来探讨消费者市场和消费者购买行为的动态过程，然后研究组织市场和组织市场的购买过程。

5.1 消费者市场及消费者购买行为

消费者购买行为（consumer buyer behavior）是指终端消费者的购买行为，即个人和家庭为了满足自身消费需要而购买产品与服务的行为。所有这些终端消费者构成了**消费者市场**（consumer market）。美国的消费者市场由超过 3.27 亿人组成，他们每年消费价值超过 12 万亿美元的商品和服务，创造了世界上最具吸引力的消费者市场之一。[2]

世界各地的消费者在年龄、收入、教育水平和品位方面存在巨大的差异，他们会购买形形色色的产品和服务。那么是什么造成了消费者之间的差异呢？又是什么影响他们选择不同的产品、服务和品牌（企业）呢？在这里，我们将分析影响消费者行为的一系列有趣的因素。

> **作者点评**
> 从某种意义上来说，消费者市场和组织市场的购买行为是相似的。但是，二者在很多方面又有很大的区别。我们从挖掘消费者购买行为开始，稍后再探讨组织购买行为。

5.1.1 消费者行为模型

消费者每天都会做出许多购买决策，这正是市场营销人员的关注点。大多数大型企业都仔细研究消费者的购买决策，分析消费者购买什么、在哪里购买、如何购买、花了多少钱、何时购买以及为何购买等问题。市场营销人员可以通过研究消费者的实际购买行为来了解他们所购买的商品、购买地点以及花费的金额，但是要了解消费者购买行为的原因却并不容易，这些答案常常深藏在消费者的内心深处。事实上，消费者通常自己都不知道影响他们购买的因素有哪些。

对于市场营销人员来说，核心问题是：消费者会对企业可能使用的各种各样的销售行为做出怎样的反应？其中，消费者购买行为的刺激－反应模型，是这一问题的出发点（见图 5-1）。如图 5-1 所示，营销刺激因素和其他刺激因素进入消费者黑匣子当中，然后促使消费者做出一定的反应。市场营销人员必须找出消费者黑匣子中到底发生了什么。

> **作者点评**
> 尽管如图 5-1 所示的模型看起来很简单，但理解购买行为的原因却非常困难。正如一位专家所说的："思维就是个旋转的、杂乱无章的、到处跳跃的大规模神经元。"

我们可以测量有关消费者购买行为的"什么""何地""何时"。但要"看清"消费者的内心、弄清购买行为的原因是非常困难的（这就是为什么把它称为黑匣子）。市场营销人员付出了大量的精力和金钱，试图弄清楚是什么让顾客心动。

环境		消费者黑匣子	购买者的反应
营销刺激因素	**其他刺激因素**	消费者特征 消费者购买决策过程	购买态度和偏好 购买行为：消费者购买的东西、何时、何地、价格、买多少 品牌忠诚和企业关系
产品	经济		
价格	技术		
渠道	社会		
促销	文化		

图 5 - 1　购买行为模型

市场营销人员想知道在消费者黑匣子中，刺激是如何转化成行为反应的。其实，这一过程包括两个部分：首先，消费者特征影响了消费者是如何看待刺激以及对刺激做出反应的；这些特征包括各种文化、社会、个人和心理因素。其次，消费者购买决策过程本身影响了消费者的个人行为。在实际购买决策之前很久，上述购买决策过程——从需求识别、信息搜索和替代方案评估到购买决策和购买后行为——就已经开始了，并在之后持续很长时间。为此，我们需要考察影响购买行为的消费者特征，然后讨论消费者购买决策过程。

5.1.2　影响消费者行为的特征

消费者的购买行为受到文化、社会、个人和心理特征等多方面因素的影响，详情可参见图 5 - 2。在大多数情况下，市场营销人员往往无法控制这些因素，但必须考虑这些因素及其影响。

文化因素

文化因素对消费者行为有着广泛且深刻的影响。市场营销人员需要清楚消费者的文化、亚文化和社会阶层等因素所发挥的作用。

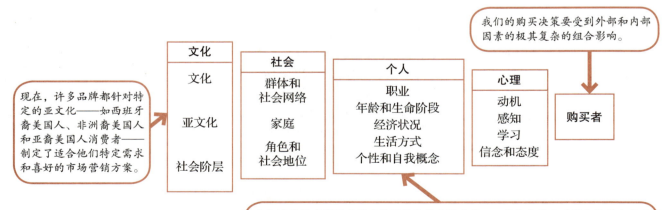

现在，许多品牌都针对特定的亚文化——如西班牙裔美国人、非洲裔美国人和亚裔美国人消费者——制定了适合他们特定需求和喜好的市场营销方案。

我们的购买决策要受到外部和内部因素的极其复杂的组合影响。

人们的购买决策反映并改善了他们的生活方式——他们在这个世界上的整个行动和互动模式。例如，零售商 Title Nine 公司所销售的不仅仅是女性服装，它向"有能力做不平凡事情的普通女性"销售生活方式。

图 5 - 2　影响消费者行为的因素

文化 文化（culture）是一个人的需求和行为的最基本动因。在很大程度上，人类行为都是后天习得的。一个孩子从自己的家庭和其他重要机构学习基本的价值观、观念、需求和行为。在中国，人们通常学习或接触的是以下社会主义核心价值观：富强、民主、文明、和谐、自由、平等、公正、法治、爱国、敬业、诚信、友善。每个群体或社会都有一种文化，这种文化对购买行为的影响在不同地区和国家之间的差异可能很大。

市场营销人员总是试图识别文化的变化，以便发现消费者可能需要的新产品。例如，与健康和健身有关的文化兴起创造了庞大的相关产业，如健康和健身服务、健身器材和服装、有机食品以及健康饮食等产业。

亚文化 每种文化都包含着更小范围的**亚文化**（subcultures），即一个群体因具有共同的生活经历而持有相同的价值体系。具体而言，亚文化涉及国籍、民族、宗教和地理区域等。许多亚文化都形成了重要的细分市场，市场营销人员常常为满足他们的特定需求而设计出专门的产品和市场营销项目。例如，西班牙裔美国人、非洲裔美国人和亚裔美国人是美国的三个重要亚文化群体。

西班牙裔代表着一个巨大的、快速成长的市场。美国 5 900 多万西班牙裔消费者的年总购买力为 1.7 万亿美元。在未来几十年里，美国西班牙裔人口将会激增，到 2060 年，将占美国总人口的近 29%。[3] 而且，西班牙裔是一个年轻的群体，平均年龄只有 29 岁。在西班牙裔市场中，存在着许多基于国籍、年龄、收入和其他因素的不同细分市场，一家企业的产品或信息可能与其中某个细分市场更相关，如墨西哥人、哥斯达黎加人、阿根廷人或古巴人。

虽然西班牙裔消费者与主流购买人群有着许多共同特征和行为，但也存在明显差异。他们更倾向于以家庭为导向，让购物成为一种家庭事务——孩子们对他们购买的品牌有很大的发言权。与他们比较年轻相一致，西班牙裔在移动和社交网络上比其他群体更为活跃，这使得数字媒体成为触达这一群体的理想选择。

从宝洁、麦当劳、AT&T、沃尔玛、州立农业保险（State Farm）到谷歌、亚马逊和欧莱雅等公司，都为这一快速成长的消费者群体制定了特别的目标。例如，丰田公司与其长期的广告代理公司 Conill 合作，开展了许多面向西班牙裔的市场营销活动，使其成为西班牙裔消费者最喜欢的汽车品牌。想想该公司曾经获奖的"不仅仅是一辆车"的活动。[4]

为了庆祝其成为最受美国西班牙裔消费者喜爱的汽车品牌的第 10 个年头，丰田公司开展了一项专门面向西班牙裔的主题活动——"不仅仅是一辆车"。这次活动引发了西班牙裔对他们的汽车的特殊喜爱，并引发了他们倾向于给任何东西，包括他们自己拥有的汽车起超级个人化绰号的风潮。该活动为西班牙裔顾客提供具有其独一无二的汽车名称的免费名牌，它们与丰田公司官方名牌的字体和材料相同。现在，除了丰田公司和车型名称以外，他们还可以用自己个性化的官方品牌徽章来装饰他们的汽车——无论是佩佩、厄尔尼诺、特鲁诺（"雷霆"）、怪兽，还是普通的奥利弗、埃莉或罗利卡罗拉。

赢得奖项的"不仅仅是一辆车"的活动，在西班牙裔和他们的丰田汽车之间建立起了强烈的情感联系。自该活动开始以来，顾客已经订购了超过 15 万个个性化的顾客名牌，远远超过了开始设定的 2.5 万个的目标。成千上万的品牌粉丝在活动网站和其他社交媒体上发布图片，分享他们爱车的故事。现在，丰田正在努力把"不仅仅是一辆车"的活动推向新的阶段，比如吸引一些粉丝，将他们的爱车的故事融入公司的广告当中，或者让顾客去想象一下以他们的爱车为特色的广告可能会是什么样子的，然后挑选出最好的创意制作成真正的广告。

非洲裔美国人越来越富裕，消费越来越成熟。美国近 4 700 万黑人消费者拥有 1.5 万亿美元的年购买力。虽然比其他细分市场更注重价格，但黑人也表现出对质量和选择性的强烈兴趣。同

时，对这类消费者而言，品牌真的很重要。此外，非洲裔美国人是数字和社交媒体的重要用户，企业可以通过丰富多样的市场营销渠道触达这些消费者。[5]

许多企业——从福特、丰田和现代等汽车制造商到宝洁等消费品企业，甚至还包括非营利组织和政府机构，如美国林务局（U. S. Forest Service），都为非洲裔美国人开发了特殊的产品和市场营销计划。例如，美国林务局和美国公益广告协会联合发起了"发现森林"公共服务运动，以便提高城市家庭对儿童参加户外活动和亲近大自然的好处的认识。美国林务局的最近一轮活动专门针对非洲裔美国家庭：[6]

超过2.45亿美国人生活在国家森林或草原周边100英里以内。然而，有研究表明：在6～12岁的非裔美国儿童当中，只有37%经常参加户外活动，而在同年龄组的美国人当中这一比例是67%。为了缩小这一差距，美国林务局和美国公益广告协会制作了一系列有关"发现森林"的公共服务信息。其中就有专门针对非洲裔美国家庭的宣传，诸如带有"拔掉插头""好奇心在哪里盛开""互联"等标题的广告，就传递了户外活动所带来的健康和福祉信息。最近的"互联"活动以熟悉的社交媒体用语为特色，如"流媒体""互联网""推特"等，突出了可供选择的一系列户外冒险活动，专门为那些短暂离开互联网的家庭准备。

亚裔美国人是美国人口中最富裕的群体。这是一个相对受过良好教育的群体，现在人数有2 000多万，年购买力为1万亿美元。亚裔美国人是美国成长最快的细分人群。像其他的亚群体一样，他们也是一个多样化的群体。其中，华人是最大的群体，其次是菲律宾人、印度人、越南人、韩国人和日本人。例如，2010年美国人口普查广告使用的语言包括日语、汉语、韩语、越南语、泰语、柬埔寨语等。[7]

作为一个群体，亚裔美国人往往购物频繁，是所有族裔中最有品牌意识的。他们对品牌非常忠诚，尤其是对那些努力与他们建立起关系的品牌。因此，许多企业现在都瞄准了亚裔美国人市场。例如，许多零售商，尤其是像布鲁明戴尔这样的奢侈品零售商。它们雇用会说中文的员工，提供以中国为主题的时装和其他商品，并以亚洲文化展示为特色。布鲁明戴尔公司甚至还在美国许多商店中推出了季节性的限量版流动式精品店。[8]

在布鲁明戴尔公司推出的流动式精品店中，展示着丰富的红色、金色等中国传统吉祥颜色的图案，以高端的中国主题时装和其他专为中国春节庆祝活动打造的商品为特色，还举办一些地方赞助的娱乐活动，如舞狮、书法、灯笼制作、品茶和十二生肖美甲活动等。除了流动式精品店之外，布鲁明戴尔公司还在庆祝春节前的几天和几周时间里，在精心定位的传统和在线媒体上用中文做广告和进行促销。据统计，这家零售商在全美有175名讲中文的员工。

超越专门以西班牙裔、非洲裔和亚裔消费者为不同的细分市场，许多市场营销人员现在采用了**全面营销战略**（total market strategy）——一种把族裔主题和跨文化视角融入主流营销的做法。其中，一个典型的例子是以脆谷乐（Cheerios）和宜家公司为代表的品牌，通过一般性的商业广告，以跨族裔的混血家庭为目标市场。全面营销战略迎合的是不同亚文化细分市场中消费者的相似性，忽略其差异性。[9]

丰田公司也采用了全面营销战略，既包括针对特定亚文化群体的不同广告，也包括针对一般市场的跨文化广告。[10]

丰田公司凯美瑞品牌的"直觉"营销活动有一部分是针对西班牙裔、非洲裔和亚裔美国人的细分市场，由专门的广告公司实施。例如，一则名为《魅力》的广告捕捉到了一对华裔父女之间的联系，他们分享了新凯美瑞令人兴奋的技术特点，强调了家庭和技术对亚裔美国消费者的重要性；另外一则名为《叛逆》的广告用英语和西班牙语播出，显示了一个年轻的西班牙裔男子开着一辆红色凯美瑞，犹豫着是否要拒接母亲的电话。这是一个基于对西班牙裔年轻一代洞见的前卫举措。此外，还有一则名为《昂首阔步》的广告，其主角是一位非洲裔美国人，他把买比萨饼的例行公事变成了"一种很酷的风格"。

与此同时，"直觉"活动还包括由跟丰田公司合作的一般市场广告公司制作的主流广告。这些广告吸引了品牌、多元文化和单一营销战略的经理所称的"整个跨文化市场"。它们在一个单一的整体主题下采用了不同的参与者和环境组合，该主题侧重于共享的跨文化消费者价值观，而不是文化差异。

因此，丰田公司似乎在一个综合的全面营销战略下涵盖了所有的细分市场。正如丰田公司的一位高级品牌经理所指出的："在主流的广告中，人们希望可以看到各个族裔的人群，这就像现在大多数美国人都已经习惯于多族裔混居。同时，在专门瞄准特定族裔的聚焦广告中，如果某个族裔的顾客希望有机会专门跟本族裔的其他人沟通的话，那么他的这种诉求也可以在丰田公司有关凯美瑞品牌的广泛营销活动中得到满足。

社会阶层　几乎每个社会都有社会阶层结构。**社会阶层**（social class）是指社会中相对持久和有秩序的划分，划分出的每一阶层成员有着相似的价值观、兴趣爱好和行为方式。社会科学家认为美国包括七个社会阶层：上阶层、下阶层、中上阶层、中产阶层、工人阶层、上下阶层和下下阶层。

社会阶层并不是由诸如收入等某一个因素单独决定的，而是由社会声望、收入、教育、财富等多种因素共同决定的。在社会体系中，不同社会阶层的成员扮演着不同的、特定的角色，通常无法改变自己的社会地位。但社会阶层之间的界限并不是固定的和僵化的。人们可以进入更高的社会阶层，也可能落入更低的社会阶层。

市场营销人员对社会阶层很感兴趣，因为特定社会阶层的人群往往表现出类似的购买行为。不同的社会阶层在服装、家具、旅游和休闲活动、金融服务和汽车等领域表现出不同的产品和品牌偏好。

社会因素

消费者的行为也会受到社会因素，比如消费者的小群体、家庭以及社会角色和社会地位等的影响。

群体和社会网络　一个人的行为习惯会受到某个群体（group）的影响。对个人有直接影响并且当事人也身在其中的群体，通常称为成员群体（membership groups）。与此对应，**参照群体**（reference groups）则提供了直接（面对面的互动）或者间接的比较点或参照点，以影响一个人的态度或者行为。一般来说，人们常常被自己非隶属的参照群体所影响。例如，人们想要归属于一个期望群体（aspirational group），这就像一个篮球运动员希望有朝一日可以像勒布朗·詹姆斯（LeBron James）那样在 NBA 打球一样。

为此，市场营销人员都在努力辨别他们目标市场中的参照群体。参照群体通过使人们接受新的行为和生活方式来影响人们的态度和自我意识，并且通过制造压力来影响人们对产品和品牌的选择。在不同产品和品牌中，群体的影响也是有差异的。当产品被购买者所尊敬的人注意到时，群体的影响力通常是最大的。

对于易受到强大群体影响的产品品牌的市场营销人员而言，他们必须搞清楚怎样才能找到**意**

见领袖（opinion leader）——在参照群体中因为拥有特殊技能、知识、个性或其他特征而可以向他人施加社会影响的人，也有些专家将其称为有影响力的人物或领先采用者。当这些富有影响力的人物发表意见的时候，消费者一般都是很乐意听取的。市场营销人员要尽力找出他们产品的意见领袖，并针对他们展开自己的市场营销工作。

口碑效应（word-of-mouth influence）对消费者的购买行为具有强大的冲击力。相比于广告或者推销员推荐等商业渠道而言，信任的朋友、同事或者其他消费者的个人评价和推荐可能更加可信。近期的一项研究表明：有92%的消费者认为朋友或家庭的推荐比其他任何广告形式的推荐都更为可信。大多数口碑效应是自然发生的：消费者就他们正在使用的一个品牌开始聊天，或者他们对产品有这样那样的强烈感受。然而，市场营销人员应该创造机会，让消费者开展一些有关他们品牌的积极谈话，而不是顺其自然。

影响者营销（influencer marketing）包括招募或谋求已有影响者或创造新的影响者来传播关于企业品牌的信息。例如，化妆品品牌封面女郎围绕由知名"惹是生非的"品牌影响者——那些突破障碍的女性——所组成的新的多样化团队，开展了"我就是我化妆的样子"（I Am What I Make Up）的广告活动，这些品牌影响者都把品牌口号带入了自己的生活当中。其中，影响者团队包括凯蒂·佩里（Katy Perry）、HBO电视剧《不安感》的主演伊萨·雷（Issa Rae）、美食网主持人阿伊莎·库里（Ayesha Curry）、健身大师马西·阿里亚斯（Massy Arias）、69岁的模特梅伊·马斯克（Maye Musk）和职业摩托车赛车手舍琳娜·莫瑞达（Shelina Moreda）。在该活动中，具有影响力的封面女郎使用自己的语言，以个性化和真实的方式解释了"我就是我化妆的样子"对她们来说意味着什么。[11]

其他市场营销人员正在利用**在线社交网络**（online social networks），即人们社交或交流信息和意见的在线社区来塑造影响力，例如博客（Mashable、Engadget、Gizmodo）和留言板（Craigslist）、社交媒体网站（脸书、推特、YouTube、Instagram、Snapchat、领英），甚至还有公共购物网站（亚马逊和Etsy）等。市场营销人员正在努力利用这些社交网络和其他网络口碑的力量来影响其推广产品和构建更密切的顾客关系的机会。他们希望利用数字、移动和社交媒体成为消费者在对话和生活中进行互动的一部分。

许多影响者营销活动会涉及同那些已经在互联网上出名的、自我成就的影响者群体，从社交媒体大V到独立博客等建立起关系。在实践中，关键是要找到那些拥有强大的相关追随者网络、可信的声音以及同品牌高度契合的在线影响者。塔吉特的儿童服装系列——Art Class就是由孩子们来为自己设计的，它在很大程度上依靠受欢迎的年轻网络影响者来获得设计灵感和展开市场营销。15岁的洛伦·格雷（Loren Gray）（有650万Instagram粉丝）、16岁的尼亚·苏族（Nia Sioux）（有450万Instagram粉丝）和雅各布·马丁（Jacob Martin）（拥有30.9万Instagram粉丝）等青少年社交媒体大V与他们的粉丝分享了与塔吉特合作创造独特的、个人化的Art Class服装系列的的乐趣。[12]

类似地，顾客无疑会遇到像为哈雷-戴维森公司写博客的自行车手以及为全食超市或Trader Joe's写博客的美食家。宝洁、麦当劳、沃尔玛和迪士尼等公司也同有影响力的"妈妈博主"或"社交媒体妈妈"密切合作，把她们变成了其品牌的拥护者（参见市场营销进行时5-1）。

┃ 市场营销进行时 5-1 ┣

挖掘社交媒体妈妈作为品牌大使

美国的妈妈们构成了一个巨大的市场。据统计，女性占所有消费者购买的85%，全美8 500万妈妈的年度消费支出总额为2.4万亿美元。同时，妈妈们也是社交媒体的热情分享者和在线购物爱好者。她们的社交媒体使用度比普通人高20%，有44%的妈妈在过去一周内用智能手机购物。

另外，许多妈妈还严重依赖社交媒体同其他妈妈分享经验，包括品牌和购买体验。例如，有多达 1 420 万的美国妈妈写博客，约有 440 万妈妈博主正在影响着 100 万或更多的追随者。妈妈博主使用的社交媒体平台包括 Instagram（"Instamoms"）、脸书和推特等。此外，Pinterest 和 YouTube 也很受欢迎。实际上，这样的妈妈影响者也是十分重要的。在社交媒体上，大约有 55% 的妈妈经常根据她们在博客和其他社交媒体上发现的个人故事、推荐和产品评论来做出自己的购买决策。

鉴于这些相当惊人的数字，许多市场营销人员现在都通过挖掘或利用有影响力的社交媒体妈妈的网络，将她们变成品牌大使，以便充分利用妈妈对妈妈的影响力，这并不令人惊讶。下面就列举三个这方面的例子：麦当劳、沃尔玛和迪士尼。

麦当劳的妈妈博主。 麦当劳有计划地同关键的"妈妈博主"构建起联系，这些博主影响着美国的持家者，并影响着家庭的饮食选择决策。例如，麦当劳最近接待了 15 位有影响力的妈妈博主，让她们参观了麦当劳的芝加哥地区总部，并支付了所有费用。博主们参观了设施（包括试验厨房），会见了麦当劳的美国区总裁，并在附近的麦当劳叔叔之家跟罗纳德（Ronald）合影。

麦当劳知道这些妈妈博主有着大量的忠实粉丝，并且在各自的博客中谈论很多关于麦当劳公司的事情。因此，麦当劳通过让博主了解该公司的幕后情况，把她们变成其信徒。麦当劳并不试图告诉博主们在社交媒体上的参观帖子应该说什么，它只是要求她们写一份真实的旅行回顾。然而，由此产生的帖子（每个帖子都承认博主与麦当劳公司的关系）大多是非常积极的。由于这项工作和其他类似的努力，美国各地的妈妈博主们现在都对麦当劳有了更多的了解，并与之建立起了联系。

沃尔玛妈妈。 沃尔玛召集了一个由 11 名有影响力的妈妈博主组成的小组——最初被称为"11 位妈妈"（ElevenMoms），后来人数迅速增加到了 22 名——以便"代表所有妈妈们的声音"。后来，这个小组被称为"沃尔玛妈妈"。这些有影响力的社交媒体妈妈代表了所有妈妈，向沃尔玛提供顾客的意见，并反过来代表着沃尔玛公司面向庞大的社交媒体粉丝。沃尔玛将其描述为"像你一样的妈妈"，沃尔玛的妈妈博主们代表了美国妈妈在地理、族裔和年龄方面的情况。正如沃尔玛所指出的："沃尔玛的妈妈博主跟美国的其他妈妈十分相似，她们知道如何在家庭、工作、琐事、搜寻找不到的垒球手套和所有其他事情方面求得平衡，她们总是在寻求省钱和生活得更好的新方式。"

沃尔玛妈妈成为重要且有影响力的沃尔玛品牌大使。通过调查、焦点小组访谈和店内活动，妈妈博主们和她们的读者向沃尔玛及其供应商提供了自己对其商店和产品的关键看法。另外，沃尔玛妈妈还创造了相关的故事、图片和视频——从省钱建议到产品评论，再到工艺建议和食谱——并通过沃尔玛的在线平台和社交媒体网站进行分享。

沃尔玛妈妈收到了产品样品和补偿。她们的帖子经常提到沃尔玛所销售的产品以及沃尔玛公司网站上产品的链接。但是，沃尔玛和沃尔玛妈妈都知道，她们的力量取决于她们的真实性和她们与粉丝之间建立起来的信任。因此，在沃尔玛的敦促和全力支持下，这些妈妈发布她们喜欢的任何东西，并分享她们真诚的意见。如果没有这些，沃尔玛妈妈发布的内容将被视为只是付费的促销活动。

在八年之后，沃尔玛告别了其官方的"11 位妈妈"计划。然而，基于学到的宝贵经验，沃尔玛积极吸引更广泛的"妈妈对妈妈"的社交媒体影响者参与其中。

迪士尼社交媒体妈妈。 迪士尼早就认识到了妈妈们在社交媒体中的力量以及妈妈们在各自的家庭度假计划中的重要性。该公司组建了一个名为"迪士尼社交媒体妈妈"的团队，包括大约 1 300 名精心挑选的妈妈博主（和一些爸爸）、旅游博主和积极关注迪士尼的社交媒体发布者。

迪士尼寻找有影响力的妈妈，她们符合该品牌的家庭友好焦点、大量使用社交媒体并且在线下和线上都活跃在她们自己所在的社区。雷切尔·皮策尔（Rachel Pitzel）就是其中的一个代表，她是两个孩子的母亲，也是 Momme 俱乐部的前任首席执行官。其中，Momme 俱乐部是一个社会与教育团体，为母亲、准父母和家庭赞助活动，并维护着活跃的博客。另外一个代表是温迪·赖特（Wendy Wright），她有两个孩子，并负责他们的家庭教育，也是一位高产的博客作者。温迪称自己是一个"迪士尼狂热分子"（她给她的猫起名叫米奇和米妮）。她的博客总是充满了对参观迪士尼公园的建议、举办迪士尼主题派对的技巧以及对迪士尼电影的评论。

迪士尼社交媒体妈妈没有报酬。她们之所以参与进来，是因为她们对迪士尼的一切都充满了热情。然而，她们确实从迪士尼那里得到了特殊的教育关注、内部信息和偶尔的额外津贴。例如，每年迪士尼都会邀请 175 ～ 200 名妈妈和她们的家人参加在佛罗里达州举行的一年一度的迪士尼社交媒体妈妈庆祝活动，这个为期四天的旅行折扣很高。庆祝活动是公共关系活动、教育会议和家庭度假的结合，为这些重要的妈妈影响者提供了大量的迪士尼魔法。

迪士尼社交媒体妈妈没有义务发布任何关于迪士尼公司的信息，迪士尼也没有告诉她们在发布信息的时候应该说什么。然而，最近的庆祝活动却产生了 28 500 条推文、4 900 张 Instagram 照片、88 篇博客文章，其中充满了有关游乐设施的评论、家庭与迪士尼人物见面的视频以及一系列压倒性的积极评论。迪士尼的社交媒体妈妈活动只花了该公司很少的钱，但该公司有效地利用了妈妈们的影响力，帮助将迪士尼的神奇精灵信息传递给了重要的买家群体。

资料来源：Holly Pavlika, " Millennial Moms Are Asked 9.6 Times a Month for Recommendations," *MediaPost*, November 10, 2017, www.mediapost.com/publications/article/310052/millennial-moms-are-asked-96-times-a-month-for-re.html; Neil Patel, "9 Things We Can Learn from the Mom Blog Industry," *Forbes*, November 3, 2016, www.forbes.com/sites/neilpatel/2016/11/03/9-things-we-can-learn-from-the-mom-blog-industry/#1ac630062181; Keith O'Brien, " How McDonald's Came Back Bigger Than Ever," *New York Times*, May 6, 2012, p. MM44; " How Walmart Made 11 Moms Become Its Brand Ambassadors," October 14, 2015, http://crezeo.com/how-11-moms-became-walmart-brand-ambassadors/; Lisa Richwine, " Disney's Powerful Marketing Force: Social Media Moms," *Reuters*, June 15, 2015, www.reuters.com/article/us-disney-moms-insight-idUSKBN0OV0DX20150615; John Andrews, " Influencer Marketing 2018: The Rise of the Personal Influencer," *Good Audience*, December 31, 2017, https://blog.goodaudience.com/influencer-marketing-2018-the-rise-of-the-personal-influencer-81f0c514eec3; and " Social Media Moms," https://twitter.com/disneymoms?lang=en, accessed September 2018.

本书将在第 14 章中更深入地探讨在线和社交媒体等市场营销工具。然而，尽管目前很多关于影响者营销的讨论都集中在数字、移动和社交媒体上，但大多数品牌对话仍然是以传统的方式——面对面的交流进行的。因此，有效的口碑营销项目通常都是从产生人与人之间关于品牌的对话开始的，并整合线下和线上的社会影响战略。就其实质而言，口碑营销项目的目标就是让顾客参与到品牌中来，把他们变成品牌的拥护者，帮助他们在现实和数字世界中与他人分享自己的品牌激情和体验。

家庭 家庭成员会显著地影响购买者的行为。家庭是社会中最重要的消费者购买组织，这方面已经积累了大量的研究成果。市场营销人员感兴趣的是家庭中丈夫、妻子和孩子在不同的产品和服务购买过程中所扮演的角色和影响力。

一般而言，丈夫和妻子的参与程度因产品类别和购买过程的不同阶段而存在很大的不同。而且，购买角色会随着消费者生活方式的变化而不断发生变化。例如，在美国，传统上妻子被认为是家庭在食品、家庭用品和服装方面的主要购买者。但是，随着 71% 的母亲现在外出工作以及丈夫愿意进行更多的家庭购买，这一切在最近几年发生了变化。近期的调查研究显示：有 41%的男性现在是其家庭日常用品的主要购买者，有 39% 的男性负责其家庭的大部分洗衣工作，有大约 1/4 的男性说自己负责家庭的所有烹饪工作。与此同时，女性在新技术购买上的支出现如今要比男性多 2 ~ 3 倍，并影响了 80% 以上的新车购买决策。[13]

这种角色转换标志着一种新的市场营销现状。对于传统上只面向女性或男性销售产品的行业——从食品杂货和个人护理产品到汽车和电子消费产品——的市场营销人员而言，他们现在正变得更加谨慎地瞄准相反性别的消费者。例如，通用磨坊公司最近推出的"如何做爸爸"（How to Dad）活动，将爸爸描绘成一个在家里身兼数职的超级英雄，这与食品广告中经常出现的笨手笨脚的爸爸形象截然不同。这位爸爸做了所有正确的事情，包括给孩子吃健康的麦片早餐。类似地，在美国国家橄榄球联盟季后赛期间播放的一则 90 秒的芭比娃娃广告，展示了爸爸和女儿一起玩芭比娃娃的温馨场景。[14]

孩子也可能对家庭购买决策产生很大影响。据统计，美国的孩子影响了 80% 的家庭购买决策，每年的支出高达 1.2 万亿美元。在最近的一项调查中，有青少年的父母表示，他们的孩子对所有事情都有很大的影响，从在哪里吃饭（95%）和度假（82%）到使用什么样的移动设备（63%）和购买什么品牌的汽车（45%）。[15]

各行各业的市场营销人员都在其市场营销计划中认识到了家庭的这种影响。例如，本田公司奥德赛厢式旅行车的一则名为《保持和平》的广告宣传满足了整个家庭的创新功能。"孩子们高兴了，父母也高兴，因此，本项新活动的目标是传达全新的本田奥德赛的连接性、功能性和灵活性，以及使每个人都沉浸在家庭的欢乐气氛中的有趣的驾驶。"一位本田的市场营销人员说。[16]

角色和社会地位　一个人归属于许多群体，如家庭、俱乐部、组织或者在线社区。个人在群体中的位置可以通过其角色和地位来确定。其中，一个人的角色是指周围群体期待其从事的任何活动。每个角色都具有一定的社会地位，反映了社会给予他的尊重。通常，人们会根据自己的角色和地位来选择相应的产品。例如，一位职场母亲需要扮演不同的角色：在企业里，她是品牌经理；在家里，她是妻子和母亲；在她最爱的体育项目中，她是酷爱运动的球迷。作为一名品牌经理，她会购买与其在企业所扮演的角色类型相匹配的衣服。在体育活动中，她可能会穿上自己所喜欢球队的衣服。

个人因素

购买者决策也会受到个人特质的影响，如购买者的职业、年龄和生命阶段、经济状况、生活方式、个性和自我概念等。

职业　一个人的职业会影响其所购买的商品和服务。蓝领工人倾向于购买更耐用的工作服，企业高管则更多地购买商务套装。市场营销人员试图找出那些对自己的产品和服务有着高于平均水平的兴趣的职业群体。一家企业甚至可以专门生产某一特定职业群体所需要的产品。例如，Red Kap 公司为汽车和建筑行业制造坚固耐用的工作服。自 1923 年以来，该公司就一直践行其"做得好"的口号——制作"工作服，做得更好"。该公司告诉顾客："你不是通过走捷径而取得今天的成就的。你知道伟大的工作始于一点一滴的汗水、决心和自豪感。这就是我们与众不同的地方，这就是我们的工作服更坚韧、更时髦、更出色的原因。"[17]

年龄和生命阶段　在不同生命阶段，人们不断改变所购买的商品与服务。对食品、衣服、家具和消遣娱乐的品位，通常会随着年龄的增长而发生变化。同时，购买决策还会受到家庭生活阶段的影响——随着时间的推移，家庭走向成熟可能会经历不同的阶段。生命阶段的变化通常是由人口统计学特征和一些改变人生的事件所引起的，如结婚、生孩子、购房、离婚、孩子上大学、个人收入改变、离家和退休等。市场营销人员通常都依据目标市场的生命阶段为其开发相应的产品和市场营销计划。

尼尔森公司的 PRIZM 就是相对领先的生命阶段划分系统之一。PRIZM 将所有美国家庭分为 66 个不同的生命阶段，根据富裕程度、年龄和家庭特征等将其划分为 11 个主要的生命阶段。这种分类考虑了许多人口因素，如年龄、教育、收入、职业、家庭组成、族裔和住房以及行为和生活方式因素，如购买、休闲活动和媒体偏好等。

主要的 PRIZM 生命阶段的群体包括"奋斗的单身人士""中年成功人士""年轻的成功者""维持家庭者""富裕的空巢者""保守的精英"等。其中，又包含了"明亮灯光与城市""孩子和小巷""灰色力量""大城市的蓝调"等子类别。"年轻的成功者"群体由时髦的、20 多岁的单身者组成，他们在大都市的街区或附近租房居住。他们的收入从工人阶层到富裕阶层不等，但整个群体倾向于自由主义，听小众音乐，并享受热闹的夜生活。[18]

生命阶段细分为所有行业的市场营销人员提供了非常强大的市场营销工具，以便能够更好地找到、理解和吸引目标消费者。有了关于消费者生命阶段构成的数据，市场营销人员就可以根据人们的消费方式以及与品牌和周围世界的互动，设计有针对性的、可操作的、个性化的活动了。

经济状况　一个人的经济状况将会影响其购物场所与产品选择。市场营销人员需要关注个人收入、储蓄、利率的变动趋势。在当今这个注重价值的时代，大多数企业都已采取措施，通过重新设计、重新定位和重新定价其产品和服务来创造更多的顾客价值。例如，近年来，高档折扣店——塔吉特更加强调"期待更多，花费更少"的一面。亚马逊收购了全食超市之后不久，这家网络巨头就对这家高档食品杂货连锁店的高价格动了刀。为了帮助削弱该连锁店的"全食超市，全价支付"的高价形象，亚马逊迅速将全食超市关键品类的价格削减了 40% 之多。[19]

生活方式　来自相同亚文化、社会阶层和职业的人，也可能有完全不同的生活方式。**生活方式**（lifestyle）是由个人消费心态所表达出来的一种生活模式。它包括衡量顾客的主要 AIO 维度：活动（activities，包括工作、爱好、购物、运动、社会活动）、兴趣（interests，包括食物、时尚、家庭、娱乐）和观点（opinions，关于他们自己、社会问题、商业、产品）。生活方式不仅刻画了个人的社会阶层或个性，还描绘了一个人在世界上的活动以及与他人互动的模式。

如果加以认真运用的话，生活方式这一概念可以帮助市场营销人员了解日趋变化的顾客价值观以及它们如何影响顾客的购买行为。实际上，顾客不只是购买产品本身，他们所购买的还包括这些产品所代表的价值观和生活方式。例如，Title Nine 公司的市场远不止女性服装。

Title Nine 公司以帮助结束高中和大学体育中的性别歧视的联邦法律命名，它销售"便于冒险的运动和体育用品"，代表着一种参与运动的生活方式。"我们提倡女性参与体育运动和健身。"Title Nine 指出。在 Title Nine 公司的网站和社交媒体网站、商品目录和博客上，充斥着坚强、自信和活跃的女性形象，她们穿着运动服在山路上奔跑，和她们的狗一起穿雪鞋，在热带潟湖中站立划船，或者穿着休闲、俏皮的服装出现在滑雪胜地小镇上。Title Nine 公司的模特都是真实的人。该公司通过积极的社交媒体和零售店赞助的当地活动，突出女性的生活方式和故事。正如 Title Nine 公司所强调的，"她们是可以做不平凡的事情的普通女性"，"而且就像你们很多人一样，设法把运动和健身融入自己忙碌的生活当中"。这就是 Title Nine 公司所推崇的 T9 生活方式。

市场营销人员可以通过提供特殊的产品和市场营销手段为基于生活方式的细分市场服务。这种细分市场取决于家庭特征，或者对户外活动的兴趣爱好，或者是人们吃的食物。

个性和自我概念　一个人清晰的个性特征会影响到他的购买行为。**个性**（personality）指的是一个人或一组人所具有的明显的心理特征。个性特征通常可以用自信、主导性、社交性、自主性、防御性、适应性和侵略性等词语来描绘。在分析顾客对特定产品或品牌的选择的时候，个性是非常有用的。

事实上，品牌也有个性，顾客倾向于选择那些跟他们个性相匹配的品牌。其中，品牌个性是赋予特定品牌的人类性格特征的组合。既有研究归纳了五种品牌个性：真挚（务实、诚实、健康和乐观）、兴奋（勇敢、精力充沛、富有想象力和新潮）、能力（可靠、机智和成功）、高雅（有魅力、上流社会和迷人）、粗犷（户外、结实）。[20]

大多数知名品牌都与某一特定特质密切相关：福特公司 F150 皮卡与"粗犷"相关，苹果公司与"兴奋"相关，《华盛顿邮报》与"能力"相关，Method 品牌与"真挚"相关，而古驰品牌则与"高雅"相关。许多品牌都是围绕着这些特征来塑造自己的定位和品牌故事的。例如，正如我们在开篇案例中所了解到的，快速成长的生活方式品牌——Shinola 公司精心打造了一个"真实的底特律"形象，使其成为美国最热门的品牌之一。

许多市场营销人员使用跟个性有关联的概念——自我概念（也叫自我形象）。自我概念是指人们所拥有的物品形成并反映着他们的自我认同，即"我们买什么，我们就是什么样的人"。因此，为了理解消费者行为，市场营销人员必须首先去了解消费者的自我概念与其所有物之间的关系。

因此，品牌会吸引那些拥有相同个性特征的人。例如，MINI 汽车具有一眼就能看出的个性，它是一款灵巧、时髦但功能强大的小型车。有时，MINI 车主称自己为"MINIacs"，他们与自己的汽车有着强烈的情感联系。不只是针对特定的人口群体，MINI 汽车还吸引个性群体——那些"喜好冒险、崇尚个人主义、思想开放、有创造力、精通技术、心态年轻"的人，就像这款车一样。[21]

心理因素

一个人的购买选择还会受到四种主要的心理因素的影响：动机、感知、学习以及信念和态度。

动机 在一个特定的时期，每个人都有着很多需要。一些是生理上的需要，它们是由紧张状态引起的，如饥饿、口渴或不舒服等。另外一些则是心理上的需要，它们来自对认可、尊重或归属感的需要。需要在达到一定程度之后，就会变成动机。所谓**动机**（motive）或**驱动力**（drive）就是一种迫使人们寻求满足感的需要。心理学家们已经发展出人类动机理论，在这方面有两个知名的理论，分别是弗洛伊德和马斯洛的理论，它们在消费者分析和市场营销方面具有不同的意义。其中，弗洛伊德认为，人们在很大程度上没有意识到真实的心理力量可以塑造他们的行为。他的理论表明：一个人的购物抉择是由潜意识的动机决定的，这些动机连购物者自己也不完全明白。因此，一位上了年纪的"婴儿潮"一代的顾客购买了一辆运动型宝马敞篷车，可能的解释是：他只是单纯地喜欢风拂过头发的感觉。更深入的解释则是：他想要给别人留下他很成功的深刻印象。再深入一些，他为了重温年轻和自我的感觉而购买了这辆车。

许多企业都雇用心理学家、人类学家和其他社会学家展开动机调查。例如，一家广告机构采用一对一的类似心理疗法的访谈法去探究消费者的内心活动；另外一家企业则让消费者描述他们最喜欢的动物或汽车品牌，然后以此来评估与之有关的许多品牌的声望。当然，还有一些企业借助催眠、梦境疗法或柔光和音乐来探索消费者内心的秘密。这些投射技术看似很笨拙，有些市场营销人员对于这种毫无意义的动机调查不屑一顾，但是许多市场营销人员都在使用这种情感化的方法——有时叫作阐释性消费者调查——去探寻消费者内心深处的世界并借此制定更好的市场营销战略。

马斯洛设法解释为什么人们在特定的时期会被一定的需要所驱动。为什么有的人在个人安全上花费了太多的时间和精力，有的人却在赢得别人尊重上费神呢？马斯洛的答案是人的需要是有层次之分的，如图 5-3 所示，从最有压力的底部到压力最小的顶部[22]，包括了生理需要、安全需要、社交需要、尊重需要和自我实现需要。一个人首先尽力满足最重要的需要，当这一需要得到满足的时候，它便不再是一个动机，之后人们便去满足下一个重要的需要。例如，饥饿之人（生理需要）不会对艺术界（自我实现需要）最近发生的事情感兴趣，也不会对他人如何看待、评价自己（社交或尊重需要）感兴趣，甚至也不会对吸入的空气质量感兴趣。但是，当眼下的重要需要得到满足之后，下一个重要的需要便开始发挥作用了。

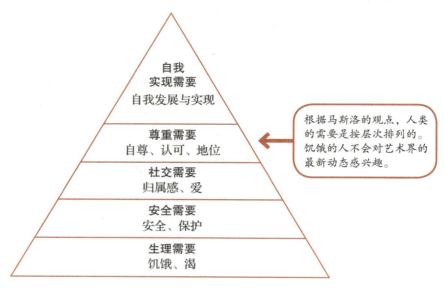

图 5-3　马斯洛的需要层次论

感知　一个有进取心的人是时刻准备行动的。但到底如何行动会受到他对周围情况感知的影响。我们都是通过信息流来学习的，而信息来源于五种感觉：视觉、听觉、嗅觉、触觉和味觉。然而，每个人都会使用自己的方式去收集、组织、解释所感知的信息。其中，**感知**（perception）就是人们通过选择、组织、解释信息而形成对世界有意义的描述的过程。

一般来讲，人类的感知过程包括以下三种——选择性注意、选择性扭曲和选择性保留。正是因为感知过程可能是不一样的，所以人们对相同刺激才会形成不同的感知。人们每天都会接触到大量的刺激。例如，一个人每天接触到大约 3 000 ～ 10 000 条广告信息——从电视广告和杂志广告到广告牌，从社交媒体广告到智能手机上的帖子。人们不可能把注意力集中在他们周围的彼此存在竞争关系的所有刺激上。[23] 选择性注意（selective attention）——人们从所接触的事物中筛选出大部分信息的倾向——意味着市场营销人员必须努力吸引消费者的注意力。即使注意到的刺激并非总是以有意的方式出现，但每个人仍然会把外界信息融入自己的思想当中。选择性扭曲（selective distortion）则描述了这样一种趋势：人们会用一种支持他们所相信的事实的方式去解释信息。人们会忘记很多学过的东西，但倾向于保留支持自身态度和信念的那些信息。选择性保留（selective retention）意味着消费者倾向于记住自己所喜爱品牌的优点，而忽视其他竞争品牌的优点。由于存在选择性注意、选择性扭曲和选择性保留，所以市场营销人员必须努力工作，以便获得他们想要的足够信息。

有趣的是，一方面，大多数市场营销人员担心自己提供的信息不会被消费者注意到，另一方面，有些消费者担心自己无意中会受到潜意识广告（subliminal advertising）中所包括的营销信息的影响。在 50 多年前，有一位研究员指出：在新泽西州电影院的屏幕上，每 5 秒就有 1/300 秒会看到"吃爆米花"和"喝可口可乐"的字样。虽然观众并没有下意识地去识别这些信息，但是它们却利用潜意识吸引了观众的视线，并使爆米花和可口可乐的购买量分别提高了 58% 和 18%。结果，广告商和消费者保护组织突然之间就对潜意识下的感知产生了强烈的兴趣。虽然该研究员后来承认是自己编造了数据，但这一问题并未消失。有些消费者依旧担心他们会被潜意识的信息所操控。

心理学家及消费者研究人员的大量研究表明，在潜意识信息与消费者行为之间存在很少的联系，甚至全无联系。但近期的脑电波研究却发现，在特定的环境中，我们的大脑可能会记录潜意识的信息。然而，评论家却说潜意识广告根本没有这样的能力。[24]此外，主流的市场营销人员并不把这些信息放入他们的广告内容中。一个来自美国广告代理商协会 (American Association of Advertising Agencies) 的经典广告取笑潜意识广告。"所谓的'潜意识广告'根本不存在，"这则广告说，"然而，异想天开确实在发生。"

学习 人们会从日常行为中学习。**学习**（learning）描述了由经验引起的个人行为的变化。学习理论家认为，大多数人类行为都是通过学习获得的。学习是通过欲望、刺激物、信号、反应和巩固相互作用而发生的。欲望是一种能够引起行动的强烈的内部刺激物。当有特定的刺激物的时候，这种欲望就会变成动机。比如，自我实现需要可能会促使人们去买一台照相机。同时，消费者对特定需要的反应，通常会被周围的各种信号所制约。信号是确定人们反应的时间、地点以及如何反应的次要刺激物。比如，一个人可能会在超市的橱窗里看到不同牌子的照相机、听到不同的促销价，或者跟朋友讨论有关照相机的话题。所有这些信号都可能成为影响消费者偏好于自己所购买的产品的重要因素。我们假设有个消费者购买了一台尼康（Nikon）照相机。如果这次购买经历令人满意的话，那么该消费者使用相机的次数就会越来越多，他的反应也会不断得到强化。那么等到下次再去购买照相机、双筒望远镜或者其他类似产品的时候，他购买尼康品牌产品的概率就会更大。对于市场营销人员而言，学习理论的重要性在于它可以将对产品的需求与强烈的购买欲望相结合，恰当运用激励信号并提供积极的强化，进而增加产品的需求量。

信念和态度 通过实践与学习，人们就获得了信念和态度。这些信念和态度又会反过来作用于他们的购买行为。其中，**信念**（belief）即一个人对某种事物所持有的描述性看法。信念可能来自知识、观点，也可能掺杂着某些情感因素。市场营销人员对于人们如何形成对特定产品和服务的信念很感兴趣，因为这种信念可以帮助新产品和新品牌树立形象，从而影响消费者的购买行为。如果某些信念是错误的并且妨碍了商品的购买，市场营销人员就会发起一些活动以更正这些错误信念。

人们对宗教、政治、服饰、音乐、食品等几乎一切事物都有自己的态度。所谓**态度**（attitude），就是描述一个人对某一事物或观点的相对稳定的评价、感觉及倾向。态度将人们置于一个思维框架之中，即喜欢或讨厌、靠近或远离某一事物。购买照相机的人可能持有以下态度："购买最好的产品""日本制造的电子产品世界领先""创造力和自我表现是生活中最重要的事之一"。如果真的如此，尼康品牌的照相机无疑会与消费者的态度相匹配。

态度一般很难改变。一个人的态度会形成一种模式，想要改变一种态度，需要在其他方面做出艰难的调整。因此，企业通常会将它们的产品融入消费者已有的态度当中，而不是试图去改变消费者的态度。当然，也有例外情况。重新定位或品牌延伸往往需要改变态度。例如，引入一个反常识的、创新品牌就是如此。在这方面有一个经典的例子：Beyond Meat 公司是一家初创企业，它试图通过创造更加健康、更加环保、以植物为原料的牛肉和鸡肉替代品来颠覆庞大的肉类行业。[25]

Beyond Meat 公司声称，该公司发明了一种素食汉堡包——超越汉堡（Beyond Burger），其味道与牛肉汉堡包一样。然而，对于大多数持怀疑态度的美国人来说，至少在一开始，这似乎好得令人难以置信。

从广泛的社会层面来看，这听起来很棒。然而，改变个人消费者对肉类根深蒂固的态度，将会带来真正的挑战。美国人爱吃肉——他们是世界上人均肉食量最多的国家之一。但如果口味合适，像超越汉堡这样的产品就有着巨大的市场潜力。Beyond Meat 公司有了一个好的开始。仅仅一年之后，"素食肉"就在5 000 多家杂货店——包括全食超市和西夫韦（Safeway）——以及 BurgerFi's 和 TGI Friday 等餐厅出售了。

对许多消费者来说，该产品的味道是真正使态度改变的东西。"如果研究出一种多汁又美味的素食汉堡，而且'我不相信它是'素食汉堡包的观点在实验室中听起来很科幻，那么未来就在这里。"一位食物评论家说。另一位则说："烹饪的时候它像牛肉饼一样发出滋滋声，我们知道，滋滋声才是卖点。"

现在，我们知道了有很多因素都可以影响消费者行为。因此，消费者的选择是社会、个人和心理因素相互作用的结果。

5.2 购买决策过程

> **作者点评**
> 实际的购买决策是一个更长的购买过程的一部分——从认识到需求再到购买后的行为。市场营销人员希望参与到整个买方决策过程中去。

我们已经了解了影响消费者的诸多因素，下面就来看看消费者是如何做出购买决策的。如图 5-4 所示，购买决策过程分为以下五个阶段：识别需求、信息搜寻、选择方案评价、购买决策和购后行为。很明显，购买过程始于实际购买之前，在购买之后仍然持续。市场营销人员需要关注整个购买过程，而不仅仅是购买决策。如图 5-4 所示，在每一次深思熟虑的购买活动中，消费者都会经历上述五个阶段。但是消费者可能很快或很慢地经历整个购买过程。在日常购买活动中，消费者经常跳过其中的几个阶段或者将这几个阶段的顺序打乱，这在很大程度上取决于消费者的性格、所购产品和实际的购买状况。例如，一位购买常用牙膏品牌的消费者会意识到购买牙膏的需要，然后直接做出购买决策，而跳过了信息搜寻和选择方案评价这两个阶段。然而，我们之所以使用如图 5-4 所示的模型，是因为它展示了当消费者面临一个全新又复杂的购买情境时考虑的所有因素。

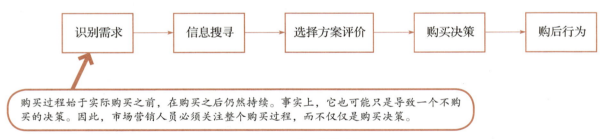

图 5-4 购买决策过程

5.2.1 识别需求

购买过程始于识别需求——买方意识到需要解决的问题或需要。这种购买需求可能是由内部刺激物（internal stimuli）激发出来的，当人的一种正常生理需求（如饥渴）上升到足够高的水平时，就会转化为一种驱动力（动机）。需求也可能被外部刺激物（external stimuli）所激发。譬如，一个广告或者一次与朋友的讨论，就可能会使人考虑购买一辆新车。在这一阶段，市场营销人员应该研究消费者并查明是哪种需求或问题出现了，需求是由什么引起的，这种需求又是如何将消费者引向特定产品的。

5.2.2 信息搜寻

一位兴致勃勃的消费者可能会但也可能不会搜寻更多的信息。如果消费者的动机很强烈，并且令人满意的产品唾手可得，那么他很可能当即就买下来了。如果不是那样，消费者可能会在脑海中保留这一需求或者进行与该需求相关的信息搜寻。例如，一旦消费者决定要购买一辆新车，至少该消费者会留意汽车广告、朋友的爱车以及有关汽车的谈话，或者，该消费者会去浏览网页、与朋友交谈，或通过其他渠道去获取信息。

消费者可以从任何渠道获取信息。这些渠道有个人渠道（家庭、朋友、邻居、熟人）、商业渠道（广告、销售人员、经销商网站、包装、展示）、公共渠道（大众媒体、消费者评定组织、社交媒体、在线搜索和同行评议）以及经验渠道（测试和使用产品）。这些信息渠道因产品和购买者不同而会产生不同的影响。一般来讲，消费者从商业渠道获取的产品信息最多，这些渠道常常是由市场营销人员所控制的。然而，最有效的渠道却是个人渠道。

正常来讲，商业渠道让消费者知晓产品信息，个人渠道则会帮助消费者判断或评价产品。广告活动产生的效果，很少能与一位邻居靠在篱笆上吹捧你正在考虑的这个产品"真是棒极了"相媲美。渐渐地，这个"邻居的篱笆"数字化了。如今，人们可以通过社交媒体自由分享有关产品的观点、形象和经验。买家则可以在亚马逊、百思买以及 Yelp、TripAdvisor 和 Epicurious 等网站上找到大量用户评论以及他们正在考虑的产品。在过去的十年时间里，Yelp 公司的用户写了超过 1.63 亿条关于当地餐馆、服务行业、艺术和娱乐活动以及各个城市其他服务的评论。[26]尽管 Yelp 公司和其他网站的单个用户评论在质量上差别很大，但整个评论体系通常都可以提供可靠的产品评估——直接来自那些实际购买和体验过产品的顾客的指尖。该网站每月都会有大约 1.75 亿寻求评论和评级的独立访问者。正如 Yelp 公司所指出的："你可能需要一个包含任何产品的评论的地方，我们知道这个地方。"

在获得更多信息之后，消费者会增加对参考品牌、产品特点的认知和了解。在搜寻汽车信息的过程中，顾客可能会了解到几个可供参考的品牌。这些信息可能会让消费者在经过深思熟虑之后舍弃某些品牌。企业必须设计市场营销组合来让消费者更好地了解自己的品牌，同时谨慎地识别消费者的信息来源渠道并评价每种渠道的重要性。

5.2.3　选择方案评价

我们已经清楚消费者是如何利用信息做出品牌选择的。接下来，市场营销人员需要了解选择方案评价，即消费者如何在众多可供选择的品牌中做出选择。遗憾的是，在所有购买情境中，消费者不会使用单一的评价程序。相反，多个评价程序往往会发挥巨大作用。

消费者如何评价购买选择方案，往往取决于个人情况和具体的购买情境。在有些情况下，消费者通过精打细算和逻辑思考进行选择评价。在另外一些情况下，相同的消费者可能会只做一点评价或根本不做任何评价。相反，他们凭冲动和直觉进行购买。有时候，消费者自己就可以做出购买决策；有时候，他们会向朋友、网络和销售人员征求建议。

假定一位消费者已经把汽车的选择范围缩小至三个品牌，并且他对汽车的四种属性——价格、风格、使用的经济性以及保修情况感兴趣。或许，他已经对每个品牌的每种属性都进行了评价，并形成了一定的看法。显而易见，如果一辆车在这四个方面的评价结果都最好，那么市场营销人员可以预测到，他最终一定会选择这辆车。然而，毫无疑问，不同的品牌有不同的产品诉求。消费者可能会基于某种属性做出选择，这样就很容易预测消费者的选择。如果某位消费者更看重风格，他就会购买一辆自己认为最有风格的汽车。但是大部分消费者会考虑多种属性，而每个属性的重要性又不相同。这时，市场营销人员就需要通过了解消费者分配给每个属性的权重，来可靠地预测消费者所需要的车型。

市场营销人员应该研究消费者的心理，从而了解消费者是怎样评价品牌选择的。如果市场营销人员知道评价过程是怎样进行的，他们就可以一步一步地影响消费者的决策。

5.2.4　购买决策

在评价阶段，消费者会对品牌进行排序，从而形成相应的购买意图。一般来说，消费者的购买决策更倾向于首选品牌。但是，有两个因素会影响消费者的购买意图和购买决策。其中，第一个就是其他人的态度。如果一个对消费者来说比较重要的人认为，他应该买廉价的车，那么他想要购买高价车的欲望就会降低。

另外一个因素是不能预测的情境因素。消费者可能会基于预期收入、预期价格和预期产品收益这些因素形成购买意图。然而，突发事件会改变消费者的购买意图。例如，经济衰退、同行降价或者朋友对消费者中意的汽车感到失望，这些都是突发事件，都有可能影响消费者的购买意图。因此，偏好或者购买意图并不总是影响消费者实际的购买选择。

5.2.5　购后行为

市场营销人员的工作并没有因为产品的购买行为而终止。在购买产品之后，消费者可能会对产品感到满意或者不满意，进而影响到市场营销人员比较关心的消费者购后行为。那么是什么决定了消费者的满意度呢？答案是消费者的预期和产品的实际性能之间的比较。如果产品的实际性能达不到预期，消费者就会对其感到失望。如果刚好符合预期，消费者就会感到满意。但如果超出预期，消费者就会感到十分满意。对于上面的第一种情况，预期与实际性能的差距越大，顾客就越不满意。因此，建议卖家仅仅承诺它所能提供的服务，而不是夸大其词。这样，消费者的满意度会高一些。

然而，基本上所有的大宗购买都会导致**认知失调**（cognitive dissonance），或者因购后冲突而导致不适。在购买之后，消费者会因为所选品牌的利益而感到满意，也会因为未购买品牌所显现的缺点而暗自庆幸。但是，每次购买都会有妥协。所以，消费者也会因为所选品牌的缺点和未购品牌的好处而感到不舒服。因此，消费者会因为所买的每样东西产生购后失调。

为什么满足消费者需求这么重要呢？消费者满意度是与消费者构建合适关系的关键所在——是保持和增加客源以及获得消费者终身价值的关键。满意的消费者会成为回头客、积极地跟别人谈论所购产品、不再将心思花在品牌与广告的比较上，并从企业购买其他相关产品。许多市场营销人员所做的，会超出顾客的预期——他们的目的就是取悦顾客。

一个对产品不满意的顾客则会有不同的表现。坏的口碑往往比好的口碑传播得更远、更快，它会快速破坏顾客对企业及其产品的态度。企业不能指望不满意的顾客会自愿讲出他们的怨言。大部分不愉快的顾客从来都不会主动告诉企业它们存在的问题。因此，企业要定期测量顾客满意度，设立相应的机构鼓励顾客说出他们的怨言。这样，企业就可以知道产品的实际效果以及如何改进产品了。

通过研究顾客的全部决策过程，市场营销人员有可能找出帮助顾客的方法。例如，如果顾客因为对产品没有需求而无动于衷，那么市场营销人员就可以向顾客发送广告信息，以引起他们的需求和欲望。同时，也可以向顾客展示它们的产品能解决顾客哪些方面的问题。如果顾客已经了解了产品的信息，但因为对产品的印象不太好而不愿意购买的话，那么市场营销人员就必须找到可以改变产品或者顾客感知的方法。

➡ 5.3　新产品的购买决策过程

> **作者点评**
> 下面我们看一些影响新产品购买决策的因素。

现在，我们来考虑一下顾客是如何做出新产品购买决策的。所谓**新产品**（new product），就是潜在顾客认为新颖的产品、服务或概念。它可能存在一段时间，但是我们的关注点应该放在顾客第一次看到产品时是如何了解它的以及是否愿意接受它。本书把一个人从最初听说一个新产品到最后采用它所经历的心理过程定义为**采用过程**（adoption process）。将采用（adoption）定义为一个人愿意经常使用这种产品的决策。[27]

5.3.1 采用过程的几个阶段

一般而言，消费者接受一个新产品要经历以下五个阶段：

认知：消费者已经知道新产品但尚未获得产品信息。

兴趣：消费者开始搜集有关资料。

评价：消费者开始考虑此产品是否实用。

试用：消费者小规模地试用新产品以便提高对产品价值的评价。

采用：消费者决定定期且充分地使用新产品。

这种模式建议新产品的市场营销人员帮助消费者顺利通过上述这些阶段。如果一家企业发现许多消费者正在考虑它的产品，但仍在犹豫是否购买的话，它可能会提供销售价格信息或专门的促销信息，以便帮助消费者渡过决策难关。例如，当 Beyond Meat 公司的产品首次进入超市时，该公司提供了"免费试用"的优惠券，在超市提供免费的素食牛肉和素食鸡肉产品。这一促销活动有助于让感兴趣的消费者采取下一步行动，即尝试该产品。

5.3.2 创新中的个体差异

人们乐意尝试新产品的程度是不同的。在每个领域中，都有消费先锋和早期采用者，其他个体接受新产品则相对较晚。如图 5-5 所示，可以把消费者分为不同类型的采用者。[28] 如曲线所示，经过一个缓慢的开始阶段之后，采用新产品的人数逐渐上升。新产品采用人数不断上升，最终会达到饱和水平。创新者是指那些最早采用新产品的前 2.5% 的消费者（超过平均采用时间 2 个标准差）；早期采用者是接下来的 13.5% 的消费者（超过平均采用时间 1 ~ 2 个标准差）；然后就是早期大众、晚期大众以及落后的采用者。

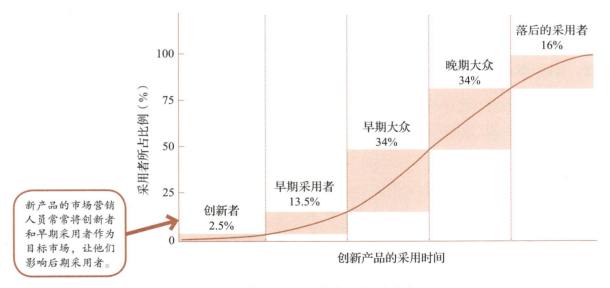

图 5-5　基于采用时间的产品采用者分类

这五种采用者往往持有不同的价值观。其中，创新者喜欢冒险，愿意冒一定的风险去尝试新产品；早期采用者往往谨慎对待引导，他们是社区的意见领袖，接纳新事物较早，但是比较小心；早期大众大多是慎重的，虽然他们算不上接受新事物的领先者，但采用时间比普通人早；晚期大众对事物持有怀疑态度，只有在大多数人尝试新产品之后，他们才会接受；落后的采用者往往被传统所束缚，他们怀疑各种变化，只有当新事物变成传统时，他们才会接受它。

产品采用者的分类为创新型企业提供的建议是：企业应该研究产品的创新者和早期采用者的特征，并将最初的市场营销努力瞄向他们。

5.3.3　产品特征对采用率的影响

新产品的特征会影响其采用率。有些产品几乎是一夜成名，例如，苹果公司的 iPod、iPhone 和 iPad 在首次投放市场的时候，就以惊人的速度被顾客从零售商的货架上买走了。与此相对，有些产品则要经历过一段时间才能得到市场的认可。例如，全电动汽车于 2010 年首次在美国市场推出，由日产聆风和特斯拉 S 型等车型所引领。然而，尽管最近销量有所回升，但电动汽车在美国汽车总销量中的占比仍然远低于 1%，要取代汽油动力汽车，可能还需要几年甚至几十年的时间。[29]

在影响新产品采用率方面，有五个特征是尤为重要的。下面就用全电动汽车的采用率的例子来加以说明。

相对优势：创新产品比现有产品优越的程度。全电动汽车不需要汽油，使用清洁、成本较低的能源，这必将增加其采用率。然而，由于这类产品续航里程有限，而且初期成本较高，这无疑又会减少其采用率。

兼容性：创新产品符合潜在消费者的价值观和感受的程度。电动汽车的驾驶方式与汽油动力汽车相同。然而，它们与美国目前的加油网络却不兼容。插入式充电桩很少，而且距离相对很远。这样一来，提高采用率将取决于充电桩网络的发展，这可能需要相当长的时间。

复杂性：理解与使用创新产品的困难程度。电动汽车驾驶起来没有什么不同，也不复杂，这将有助于加快其采用速度。然而，新技术的"概念复杂性"和对其工作效果的担忧降低了其采用率。

可分割性：创新产品在一定条件下可以有限试用的程度。消费者可以试驾电动汽车，这对采用率是一个积极因素。然而，目前拥有和充分体验这些新技术的高价格可能会降低采用率。

传播性：新产品使用结果可以被观测或者可以被他人描述的程度。电动汽车便于展示和描述，它们的使用将会在消费者中得到更快的传播。

除如上所述的五个主要特征，诸如初装费及使用过程中的花费、风险与不确定性和社会认可度等特征也会影响产品的采用率。因此，研发新产品及制订市场营销计划的时候，市场营销人员必须调查清楚所有的影响因素。

概念应用

以下三个问题可以用来检验你在本章第一部分所学的概念及其应用程度。

● 想一想最近的一次大型购买。在实际购物的时候，你遵循了哪些具体步骤？哪些主要因素影响了你的决策？

● 选择一个本书在前面章节中讨论过的企业或品牌——如亚马逊、耐克、微软、星巴克、网飞、苹果和宝洁等，也可以是其他企业或其他品牌。你所选的企业或品牌是如何运用其对顾客及其购买行为的理解来构建更好的顾客关系的？

● 想一想以英特尔或通用电气为代表的企业，它们把产品卖给电脑制造商和其他企业，而不是卖给终端消费者。以英特尔或通用电气为代表的企业面向组织顾客的市场营销战略，跟旨在把产品卖给终端消费者的苹果公司的市场营销战略有什么不同？本章接下来将讨论这个问题。

➡ 5.4 组织市场及组织购买行为

大多数大型企业都会以这样或那样的方式把自己的产品卖给其他组织。例如，IBM、波音、杜邦、卡特彼勒（Caterpillar）、通用电气以及不计其数的其他企业，都把自己的大多数产品卖给了其他企业。甚至有些为终端消费者制造产品的大型消费品企业也必须先把自己的产品销售给其他企业。例如，通用磨坊公司拥有许多为人熟悉的消费品牌——Big G 麦片（脆谷乐、Wheaties、Trix、Chex、Total、Fiber One）、烘焙产品（Pillsbury、Betty Crocker、Bisquick、Gold Medal 面粉）、零食（Nature Valley、Bugles、Chex Mix）、Yoplait 酸奶、哈根达斯冰激凌等。但是要想将这些品牌的产品卖给最终消费者，通用磨坊需要先把它们卖给批发商和零售商，然后再由后者为消费者市场提供服务。

> **作者点评**
>
> 对于大部分消费者来说，组织市场是在幕后运作的。你所购买的大多数东西，在你看到它们之前，都涉及很多组织购买。

组织购买行为（business buyer behavior）指的是一个组织购买产品或服务是为了将它们投入其他产品或服务的生产、销售、出租或应用当中。同时，也包括零售业和批发公司以二次销售和出租为目的而购买产品的行为。在**组织购买过程**（business buying process）中，组织顾客首先是确定组织需要购买的产品和服务，然后在众多可供选择的供应商和品牌中进行评估和筛选。从事 B2B 业务的市场营销人员必须尽最大努力去了解组织市场和组织购买行为。然后，和直接销售产品给终端消费者的企业一样，他们也需要通过创造卓越的顾客价值同组织顾客构建起有利可图的关系。

5.4.1 组织市场

组织市场很大。事实上，组织市场比消费者市场涉及更多的金额和产品类别。譬如，固特异（Goodyear）轮胎的生产和销售中就涉及大量的组织市场交易。许多供应商向固特异出售橡胶、钢铁、设备以及生产轮胎所需要的其他物资。然后，固特异把轮胎成品销售给零售商，零售商再把它们卖给消费者。因此，许多次的企业购买只是为了顾客的一次购买。此外，固特异还可以把轮胎作为原始设备部件销售给制造商，由它们把轮胎安装在新汽车上，或是卖给那些拥有自己车队的企业——拥有小汽车、卡车和其他车型的企业，用于其汽车轮胎的日常更换。

在某些方面，组织市场和消费者市场很相似。它们都涉及一些人——打算购买商品并且为了满足需求而做出购买决策的人。然而，组织市场在许多方面又不同于消费者市场，主要的区别涉及以下几个方面：市场结构与需求、购买单位性质、决策类型和决策过程。

市场结构与需求

在通常情况下，组织市场的营销人员所面对的购买者的数量，往往比消费者市场上的营销人员所面对的购买者数量更少，但规模更大。在某些大型组织市场上，一小部分组织顾客常常占据很大的购买比例。譬如，当固特异将备用轮胎卖给最终消费者的时候，它的潜在市场包括全世界几百万名车主。但在组织市场上，固特异的命运常常仅仅取决于能否从为数不多的几个汽车制造商那里得到订单。

此外，许多组织市场的需求都缺乏弹性，而且波动较大。许多组织产品的总需求受价格变化的影响不大，尤其是在短期之内。皮革价格的下降，一般不会导致各大鞋类产品制造商购买更多的皮革，除非它会导致鞋类产品的价格下降，并进一步增加了消费者对鞋类产品的需求。而且，对许多组织产品和服务的需求，往往会比对消费品和服务的需求变化得更多、更快。消费者需求很小百分比的增加，往往可以导致组织市场需求的大幅增加。

最后，组织市场的需求是**派生需求**（derived demand）——组织对产品和服务的需求源于消费者对消费品的需求。譬如，对戈尔特斯（Gore-Tex）品牌面料的需求，来自消费者对使用了戈尔特斯面料的户外服装品牌的购买需要。如果市场对这些服装品牌商品的需求增加，那么对戈尔特斯面料的需求也会相应地增加。为了扩大市场需求，戈尔特斯会针对最终消费者做广告，并让他们明白戈尔特斯面料的优点。同时，戈尔特斯也在自己的网站上（www.gore-tex.com）出售使用了戈尔特斯面料的多个企业的产品，从 Rukka、Marmot、乐斯菲斯、伯顿（Burton）和里昂比恩到安德玛（Under Armour）等。因此，世界各地的消费者都学会了寻找熟悉的戈尔特斯品牌标签，结果是戈尔特斯以及与其合作的消费者市场上的各大品牌实现了共赢。[30]

购买单位性质

与消费者购买行为相比较而言，组织购买通常会涉及更多的决策参与者和专业购买工作。组织购买经常是由受过专门培训的代理商完成的，他们会花时间去学习如何更好地进行购买。购买越复杂，参与制定决策过程的人也就越多。一般而言，在购买大宗商品时，技术专家和高层管理人员会组成购买委员会。此外，B2B 市场的营销人员往往会面对一群更高水平、更训练有素的购买经理。为了应对这些训练有素的购买团队，企业也必须拥有训练有素的市场营销人员和销售人员。

决策类型和决策过程

与消费者市场的顾客相比，组织顾客通常面临着更为复杂的购买决策。组织购买经常涉及大量资金、复杂的技术和对经济利益的考虑，而且需要与来自购买组织的不同层级的人员进行互动。因此，组织购买过程往往更漫长，也更为正式。大型组织购买通常需要详细的产品说明、书面的购买订单、谨慎的供应商搜索和正式的审批。

最后，在组织购买过程中，买方和卖方都是彼此依赖的。B2B 市场的营销人员会全力以赴，并在整个购买过程中和他们的顾客紧密合作。在整个购买过程中——从帮助顾客发现问题、找到解决方法到支持售后运行，市场营销人员经常为个别顾客提供定制化的产品和服务。从短期来看，满足顾客当前需求的供应商会拿到订单。然而，从长远来看，B2B 市场的营销人员通过满足顾客当前的需求，与他们合作一起解决问题，从而保留了客源。以农业和食品巨头嘉吉公司（Cargill）的可可和巧克力部门为例。[31]

嘉吉公司的可可和巧克力部门向世界各地的组织顾客销售可可和巧克力产品，包括玛氏和亿滋国际（Mondelēz）等巨头。但是嘉吉公司之所以成功，在于其并不仅仅向这些大客户销售产品。相反，嘉吉公司与它们密切合作，运用其深厚的巧克力专业知识和广泛的食品知识，帮助这些组织顾客使用其产品更好地为消费者服务，并获得更多利润。例如，嘉吉公司的研究人员让自己的组织顾客了解最新的全球消费食品趋势，研发团队为组织顾客提供个性化的产品开发支持，技术服务专家则在解决产品成分和应用挑战方面为顾客提供帮助。"不管你是需要进行实验室工作，还是成品的试验工作，抑或是在产品投产、可持续发展解决方案、定价服务或者原材料价格变动方面提供帮助，"嘉吉公司指出，"嘉吉的应用专家都可以协助你——从开发新的最终产品配方、更好地为你的产品定价，到更快地将产品投入市场。"因此，嘉吉公司销售的不仅仅是可可和巧克力，它还帮助顾客成功使用它所销售的产品。实际上，嘉吉公司的目标是应用自己在巧克力和食品方面的知识专长，向目标顾客提供更多的机会来拓展其可可和巧克力产品及其应用相关的业务并实现成长：帮助顾客在当下和未来走向繁荣和发展。

正如嘉吉公司的案例所表明的那样，组织顾客和供应商的关系近年来已经从完全的对手关系转变为密友关系了。事实上，不管是生产自己需要的产品还是卖给其他顾客，许多组织顾客都在进行**供应商开发**（supplier development），并系统地开发供应商 - 伙伴关系网络，以便确保产品和材料安全可靠的供应——组织顾客利用这些产品和材料来生产自己的产品或销售给其他顾客。譬如，沃尔玛公司没有采购部门，但它设置了供应商开发部门。作为一家大型零售商，沃尔玛公司知道不能仅仅依靠自己有需要就可以完成购买的现有供应商。相反，沃尔玛公司拥有着庞大的供应商－伙伴关系网络，它们每年向沃尔玛公司提供价值数千亿美元的商品并由后者销售给终端消费者。

5.4.2 组织购买行为

在最基本的层面上，市场营销人员都想知道组织购买者会对企业的各种营销刺激做出什么样的反应。图 5－6 展示了组织购买行为模型。在这个模型中，营销刺激和其他方面的刺激对购买组织产生了影响，并且产生了某种程度的顾客反应。为了设计出更好的市场营销战略，市场营销人员必须搞清楚：为了把营销刺激转变为购买行为，购买组织内部到底发生了什么。

作者点评
组织购买决策可以从日常购买延伸到非常复杂的购买，涉及很少或很多决策制定者和购买影响因素。

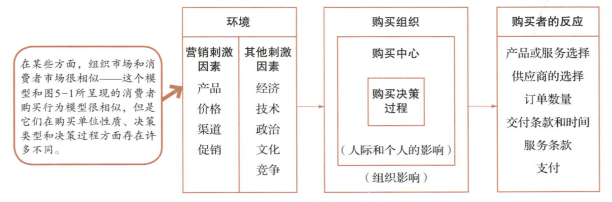

图 5－6 组织购买行为模型

在组织内部，购买活动主要由以下两部分组成：购买中心（包括所有参与购买决策的人）以及购买决策过程。正如图 5－6 所表明的，购买中心和购买决策过程受到内部组织因素、人际因素、个人因素以及外部环境因素的影响。概括而言，这个模型（见图 5－6）提出了关于组织购买行为的四个问题：组织购买者会做出什么样的决策？谁会参与组织购买决策过程？影响购买者的主要因素是什么？组织购买者是怎样做出购买决策的？

5.4.3 购买情况的主要类型

组织购买情况主要分为三种。[32] 在**直接重购**（straight rebuy）中，买方重新订购货物时不发生任何变动，通常由购买部门按照惯例进行处理。为了维持业务，原来的供应商要努力保持产品质量和服务水平。新的供应商则积极开拓机会，提高价值，利用现有供应商的不足，争取让顾客考虑自己。

在**修订重购**（modified rebuy）中，买方想要改变产品的规格、价格、条款或寻求更合适的供应商。原有的供应商会倍感压力，努力表现出最好的一面以免失去顾客。新的供应商可能会把修订重购看作一次提供更好的产品和服务以及获得新业务的机会。

全新购买（new task）是指组织顾客首次购买某种产品或服务的一种组织购买情况。在这种情况下，成本或风险越高，参与决策的人数也就越多，企业收集信息所耗费的精力也就越大。全新购买对市场营销人员来说是全新的挑战，同时也是最好的营销机会。市场营销人员不仅要采取各种有效的方式接近影响购买的决策人物，而且要提供帮助和各种信息。顾客在直接重购中需要做出的决策数量最少，在全新购买中需要做出的决策数量最多。

许多组织顾客都更喜欢从唯一一家销售商那里购买一整套问题解决方案，而不是分别从几个供货商那里购进零散的产品和服务，然后整合到一起。企业会与能够提供最完备系统方案来满足其顾客需求并能解决问题的供应商签约。这种**系统销售**（systems selling）或**解决方案销售**（solutions selling）通常是赢得和控制市场份额的一种关键的组织市场营销战略。下面来看一下 IBM 和它的顾客六旗娱乐公司（Six Flags Entertainment Corporation）的案例。[33]

六旗娱乐公司在北美经营着 19 个区域性主题公园，以令人兴奋的游乐设施和水上景点、世界级的过山车以及特别的表演和音乐会为主要特色。为了给游客带来有趣、安全的体验，六旗娱乐必须仔细有效地管理成千上万的公园资产——从游乐设施和设备到建筑等。为此，六旗娱乐需要一种工具，在其位置相对分散的全部公园中有效且高效地管理所有这些资产。于是，六旗娱乐转向 IBM，IBM 的软件——Maximo 资产管理软件——能够很好地解决这个问题。

但是，IBM 不仅把软件交给六旗娱乐，并祝愿它能顺利实施，而且，IBM 的 Maximo 软件专业服务小组把这款软件与一整套服务整合起来，确保该软件能够正常运行。IBM 与六旗娱乐携手合作，对相关的应用程序进行定制，并在六旗娱乐相对分散的设施中进行战略实施并确保该软件正常运行，同时还提供现场沉浸式培训服务和规划研讨会。因此，IBM 销售的不仅是软件，更是针对六旗娱乐复杂资产管理问题的完整解决方案。

5.4.4　组织购买过程的参与者

谁会参与这些组织顾客所需要的价值数万亿美元的产品和服务的购买呢？在购买组织中做决策的单元叫作**购买中心**（buying center），它包含所有参与购买决策的个人和群体，包括产品或服务的使用者、购买决策制定者、购买决策的影响者、实际购买者以及控制购买信息的人。

在购买组织中，购买中心并不是一个一成不变的群体，它由一组承担不同购买任务的人组成。在组织内部，购买中心的规模和组成会随着产品和购买情况而有所变化。对于一些常规购买来说，一个人——假定是一名购买经理——可能会承担所有购买中心的任务，独自完成购买决策。但对于更为复杂的购买来说，一个购买中心也许会包含 20～30 位来自组织中不同级别、不同部门的人员。购买中心的概念给组织市场的营销人员带来了挑战，他们必须去了解一项购买决策的参与者是谁、每个参与者的影响力以及他们所使用的评估标准。显然，这都是非常困难的。

购买中心通常都包括一些确定的参与者，他们会正式参与购买决策。例如，购买一架商务专机的决策很可能涉及企业的 CEO、主要飞行员、购买人员和一些法律工作人员、高层管理人员以及其他人员。它也可能会涉及一些不明显的、非正式的参与者。其中，某些人可能会实际做出购买决策或者对购买决策产生重大影响。例如，购买哪种商务专机的决策最后可能交由一位对飞机感兴趣并且对其了解颇多的董事会成员来完成。这位董事会成员也许在幕后操纵这一决策。另外，许多组织购买决策还取决于不断变化的购买中心参与者以及他们之间复杂的相互作用。

5.4.5　影响组织购买者的主要因素

当组织购买人员制定购买政策的时候，他们经常会受到许多因素的制约。有些市场营销人员认为他们主要受到经济因素的影响，并认为购买人员更喜欢出价最低、产品质量最好、服务最完善的供应商。这些供应商都把注意力集中在如何给顾客提供较大的经济利益上。尤其是在面临经济困难的时候，这些经济因素对于大多数购买者来说是非常重要的。然而，组织购买者最终会受到经济和个人双重因素的影响。组织购买者都是非常人性化、善于交际的，而不是冷漠、精明、没有人情味的。他们都是讲情讲理的。

如今，大多数 B2B 市场的营销人员都已经意识到情感在组织购买决策中具有重要作用。请看下面的例子。[34]

USG 公司是一家为建筑和重新改造行业提供建筑材料的领先制造商。鉴于其受众主要是建筑承包商、建筑师和建筑商等，读者可能会认为 USG 公司的 B2B 广告将侧重于详细的性能特征和产品优势，如强度、抗冲击性、安装方便性和成本等。实际上，USG 公司也确实宣传了这些好处。然而，该公司的 B2B 广告画面却具有决定性的情感冲击力。例如，USG 公司混凝土结构板的整体销售和营销强调了耐用性、重量轻和易于安装等特点，相对来说传统的灌浇混凝土则相对较重、耗时久且昂贵。USG 公司结构板广告没有直接说明它的好处，而是展示了一个戏剧性的画面：一名结构工程师的手脚被一只从灌浇混凝土地板下钻出来的混凝土章鱼的触角抓住了。广告问道："灌浇混凝土把你拉回去了吗？"然后，让顾客自己到 USG 公司的网站上了解详细的性能特点并进行比较。这则广告和 USG 公司的其他广告都指出：即使是在严重依赖性能的组织市场购买决策当中，情感因素也是可以发挥作用的。

图 5-7 列出了影响组织购买的不同因素——环境的、组织的、人际的，还有个人的因素。组织购买者在很大程度上会受到当前和期望的经济环境因素的影响，比如基本需求水平、经济前景和资金成本等。另外一个环境因素就是关键材料的供应商。很多企业都愿意购买或保留稀有材料，以便确保该材料足量供给。顾客也会受到技术、政治和竞争等因素的影响。最后，文化和风俗也能够强烈地影响顾客对市场营销人员的行为和策略的反应。在国际市场环境中更是如此。组织购买者必须留意上述影响因素，了解它们是怎样影响顾客的，并试着把环境挑战转变为相应的机遇。

图 5-7　组织购买行为的主要影响因素

组织因素（organizational factors）也很重要。每个购买组织都有自己的目标、战略、结构、系统和过程，所以市场营销人员必须好好地理解这些要素，并特别关注以下问题：购买决策有多少人参与？他们是谁？他们的评价标准是什么？企业对购买者有什么样的政策和限制？

由于购买中心经常包括很多互相影响的参与者，所以人际因素也会影响组织购买过程。然而，评估这样的人际因素和团队动态往往是一件很困难的事。购买中心的参与者都不会带着标签，标明他们是"主要决策制定者"还是"没有影响力"。最高级别的购买中心参与者也不总是最有影响力的。购买中心的参与者可能会影响购买决策，因为他们掌管着奖赏和惩罚，有的人人缘好、有专门技术或者与其他重要的参与者有特殊关系。人际因素通常都很微妙。市场营销人员必须尽可能去理解这些因素，并围绕它们设计自己的市场营销战略。

组织购买决策过程的每个参与者都会带有个人动机、看法和偏好。这些因素通常会受到个人特点，如年龄、收入、受教育水平、职业身份、个性和对风险的态度等的影响。同时，不同的购买者也有不同的购买风格。有些人可能是技术型的，他们会在选择供应商前对竞争性提案做出深入分析。另外一些购买者可能是直觉型的，他们擅长让卖方与另一方竞争以达成最好的交易。

➡ 5.5 组织购买决策过程

图 5-8 列出了组织购买决策过程的八个主要阶段。[35]面对全新购买情境的组织顾客经常会经历购买决策过程的所有阶段，修订重购或直接重购的顾客可能会跳过其中的某些阶段。我们来看一看典型的全新购买情境下的各个阶段。

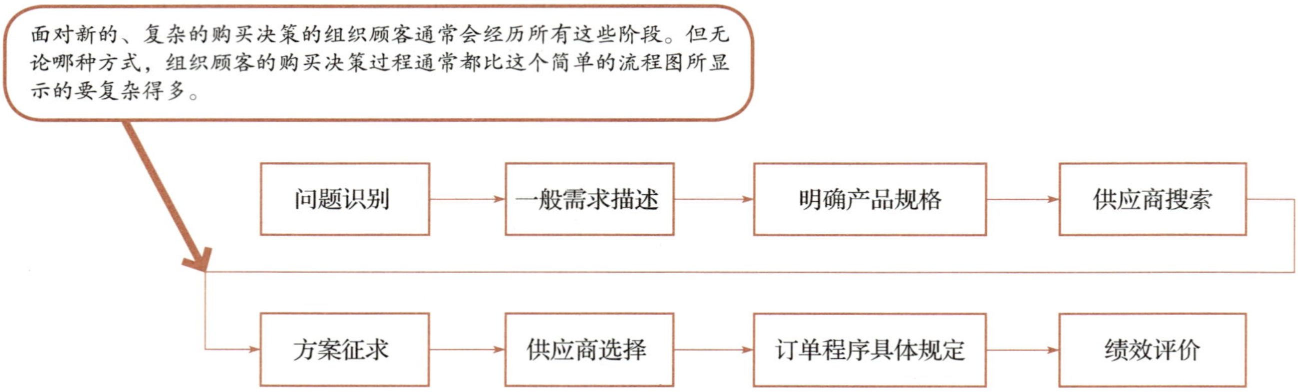

> 面对新的、复杂的购买决策的组织顾客通常会经历所有这些阶段。但无论哪种方式，组织顾客的购买决策过程通常都比这个简单的流程图所显示的要复杂得多。

问题识别 → 一般需求描述 → 明确产品规格 → 供应商搜索

方案征求 → 供应商选择 → 订单程序具体规定 → 绩效评价

图 5-8 组织购买决策过程的阶段模型

5.5.1 问题识别

购买决策过程始于问题识别，即企业员工认识到可以通过特定产品或服务来解决一个问题或满足一个需求。问题识别通常都源于组织内部或外部的刺激。在组织内部，企业可能决定推出需要新的生产设备和材料的新产品，或者一台机器设备可能发生了故障而需要新的零部件。当然，也可能是购买经理对当前供应商的产品质量、服务或价格不满意。从外部来看，顾客可能在贸易展上获得了一些新的想法，看到了广告或网站，或者接到销售人员可以提供更好的产品或更低的价格的电话。

事实上，组织市场营销人员经常会提醒顾客注意一些潜在问题，然后展示它们的产品和服务如何提供解决方案。例如，咨询公司埃森哲（Accenture）获奖的《高绩效交付》B2B 广告，就是这么做的。这则广告指出，企业迫切需要跟上数字技术的发展步伐，埃森哲数字部门可以帮助企业成功地吸引顾客。该广告的画面显示，有飞蛾被明亮的智能手机屏幕所吸引。埃森哲的解决方案是：我们的产业专长连同我们在交互、分析和移动方面的整合能力，可以帮助顾客抓住一切创新和竞争机会。该系列的其他广告也讲述了埃森哲帮助顾客认识和解决各种其他问题的成功故事。[36]

5.5.2 一般需求描述

在认识到需求之后，组织顾客接下来需要准备一份一般需求描述，描述所需物品的特点和数量。对于标准物品，这个过程一般没有什么问题。然而，对于复杂的产品，购买者可能需要与其他人——工程师、用户、顾问密切合作来界定这种产品。购买团队可能希望对拟购产品的可靠性、耐用性、价格和其他所需属性的重要性进行排序。在这个阶段，敏锐的组织市场营销人员往往可以帮助组织顾客界定其需求，并提供关于不同产品特性的价值信息。

5.5.3　明确产品规格

接下来，购买组织需要进一步明确拟购产品的技术规格。这项工作通常是在价值分析工程团队的帮助下进行的。其中，产品价值分析是一种降低成本的方法，具体就是对拟购产品的各个零部件进行仔细研究，以确定它们是否可以重新设计、标准化或通过成本更低的生产方法进行制造。该团队决定最佳的产品特性，并详细地加以说明。对于卖方，也可以使用这个价值分析工具来获取新顾客。通过向组织顾客展示制造物品的更好方法，外部的卖家可以将直接重购的情况转化为全新购买的情况，进而使自己有机会获得新的业务。

5.5.4　供应商搜索

下一步，购买者需要进行供应商搜索，以便找到最佳的供应商。购买者可以通过查阅贸易目录、在线搜索或打电话给其他企业寻求建议，并编制一份合格的供应商清单。如今，越来越多的企业转向利用互联网来搜寻供应商。对市场营销人员来说，这使得竞争环境变得更加公平——互联网使小型供应商获得了许多与大型竞争对手相同的优势。一般而言，购买任务越新，产品越复杂，成本越高，购买者花费在寻找供应商上的时间也就越多。供应商的任务就是想方设法让自己出现在行业有影响力的供应商目录当中，并在市场上建立起良好的声誉。销售人员应该关注组织顾客寻找供应商的全过程，以便确保他们的企业会在组织顾客的考虑之列。

5.5.5　方案征求

在组织购买决策过程的方案征求阶段，购买者会邀请合格的供应商提交方案。作为回应，有些供应商会让购买者访问它们的网站或阅读宣传材料，或者派一名销售人员拜访潜在顾客。然而，当拟购产品复杂或昂贵的时候，购买者通常会要求每个潜在供应商提供详细的书面建议或正式方案。

组织市场营销人员必须熟练地研究、撰写和提交方案，以回应购买者。方案应该是一份市场营销文件，而不仅仅是技术文件。销售展示应该能够激发顾客的信心，并应该使市场营销人员所属的企业可以在竞争中脱颖而出。

5.5.6　供应商选择

现在，购买中心的成员会审查方案，并选出一家或多家供应商。在供应商选择过程中，购买中心通常会列出所需的供应商特质及其相对重要性。这些特质包括产品和服务质量、声誉、准时交货、有道德的企业行为、诚实沟通和有竞争力的价格。购买中心的成员将会根据这些特质对供应商进行评级，并确定最佳供应商。

在做出最终选择之前，购买者可能会尝试与首选的供应商进行谈判，以便获得更好的价格和条款。最后，他们也可能会选择一家或几家供应商。许多购买者更喜欢多个供应来源，以避免完全依赖于某一家供应商，并允许在一段时间内对几家供应商的价格和性能进行比较。如今，供应商开发经理们都希望开发出完整的供应商－伙伴关系网络，以便帮助企业为其顾客创造更多的价值。

5.5.7　订单程序具体规定

在这一阶段，购买者需要准备一份订单程序具体规定，主要包括与所选供应商的最终订单以及相应的技术规格、所需数量、预期交付时间、退货政策和保修等项目。在涉及维护、修理和操作等购买的情况下，购买者可以使用一揽子合同，而不是定期购买。一揽子合同可以建立起一种长期关系。在这种关系中，供应商承诺根据顾客需要在一段时间内，以商定的价格向顾客供应产品或服务。

许多大型组织顾客现在都在实行由供应商管理库存的策略，它们将订购和库存责任移交给供应商。在这种制度安排下，购买者直接与主要的供应商分享有关销售和库存的信息。然后，供应商实时监控库存，并根据顾客需要自动补充库存。例如，沃尔玛、塔吉特、家得宝和劳氏等大型零售商的大多数主要供应商，都承担着管理库存的责任。

5.5.8　绩效评价

在这一阶段，购买者对供应商的绩效进行评价。购买者可能会联系用户——使用供应商产品的人，要求他们评定对供应商的满意度。绩效评价可能会使得购买者继续、修改或放弃未来的购买安排。因此，在这一阶段，销售人员的工作就是监控购买者所重视的那些因素，以确保购买者给出预期的满意度。

总之，图 5 - 8 所展示的八个阶段的购买决策过程模型提供了一个简单的组织购买决策过程描述，而且是全新购买任务情况下的相对完整的购买决策过程。然而，实际过程常常要复杂得多。在修订重购或直接重购的情况下，可能会压缩或跳过其中的某些阶段。每个组织都以自己的方式进行购买，每种购买情况都有其独特的要求。

在上述购买决策过程的不同阶段，购买中心的不同人员可能会参与其中。尽管购买决策过程的某些阶段通常都会发生，但购买者并不总是按照相同的顺序进行决策，他们可能会增加其他阶段。一般来说，购买者都会重复其中几个特定的环节。最后，特定的顾客关系可能会同时涉及许多类型的购买决策，而且所有这些决策都处于购买决策过程的不同阶段。因此，销售人员必须对顾客关系进行全面管理，而不仅仅是关注单次的购买行为。

➡ 5.6　运用数字和社交媒体营销来吸引组织购买者

> **作者点评**
> 近年来，与消费者市场营销一样，信息技术以及在线、移动和社交媒体营销在组织市场营销舞台上也呈现出爆炸式增长态势。

正如市场营销的其他领域一样，信息技术以及在线、移动和社交媒体的爆炸式发展也改变了组织市场购买行为和组织市场营销过程的面貌。在下面的内容中，本书将讨论以下两个重要的技术进步：电子采购与在线购买以及 B2B 数字和社交媒体营销。

5.6.1　电子采购与在线购买

信息技术的进步极大地影响了组织市场购买过程的面貌。在线购买，通常也称**电子采购**（e-procurement），在最近几年得到了快速的发展。在 20 年前，在线购买几乎还不为人知，但如今在线购买已经成为大多数企业的标准程序。反过来，组织市场营销人员可以向购买者在线发送市场营销信息，提供产品和服务，提供顾客支持服务，并与顾客保持良好的合作关系。

企业可以通过多种途径实现电子采购。其中之一就是逆向拍卖（reverse auctions），即将购买需求发布到互联网上，吸引供应商竞标报价。企业也可以通过电子化交易平台发布信息。通过这个平台，企业可以联合行动以加速交易过程。另外一种方式是企业建立自己的采购网站。例如，通用电气公司就用这种方式发布购买需求、招标、商议条款和下订单。或者，企业还可以向主要的供应商发送外部网链接（extranet links），同戴尔或者史泰博（Staples）等企业开设账号，直接从它们那里购买仪器设备、生产原料以及其他供应品。史泰博还设置了一个专门面向组织市场购买的部门——史泰博商业优势部（Staples Business Advantage），它专门为任意规模的组织顾客提供办公用品并满足其服务购买需求，小到 20 个员工的企业，大到《财富》1 000 强企业。

组织市场的电子采购带来了很多好处。首先，它降低了交易成本，为买家和供应商带来了更高效的采购。电子采购缩短了下订单和交货之间的时间。其次，在线购买计划也消除了与传统的申请及订购程序相关的文书工作，并帮助组织更好地跟踪所购买的东西。除了节省成本和时间以外，电子采购还将购买者从大量的繁重工作和文书工作中解放出来。然后，他们可以专注于更具战略性的问题，如寻找更好的供应来源、与供应商合作以降低成本并开发新产品等。

然而，电子采购的迅速普及也带来了一些问题。例如，尽管互联网使供应商和顾客能够共享商业数据，甚至在产品设计上进行合作，但它也会对几十年的顾客‑供应商关系造成不利影响。现在，许多买家都利用互联网的力量让供应商彼此之间展开竞争，并在逐次购买的基础上搜索更好的交易、产品和交货时间。

5.6.2　组织市场的数字和社交媒体营销

为了应对组织顾客向在线购买的快速转变，如今的组织市场营销人员正在使用广泛的数字和社交媒体营销方法——从网站、博客、移动应用程序、电子通信和专有在线网络到主流社交媒体，如脸书、领英、YouTube、Google+（一个多语种的社交网络和身份服务网站）和推特等——来吸引组织顾客并随时随地地管理顾客关系。

组织市场数字和社交媒体营销不仅在增长，而且是在爆炸式增长。数字和社交媒体营销已经迅速成为吸引组织顾客的新方式。例如，马士基航运公司（Maersk Line）是世界领先的集装箱运输公司，通过在 160 个国家的 374 个办事处为组织顾客提供服务。[37]

你可能不会想到一家老牌集装箱运输公司会有什么新时代的市场营销方式，但可以再想一想。马士基航运公司是所有行业中最具前瞻性和成就感的组织市场数字和社交媒体营销商之一。马士基已经在社交媒体领域全速前进，在脸书、领英、推特和 YouTube 等主要社交媒体上拥有 8 个全球账户。马士基还拥有超过 110 万的脸书粉丝，每个帖子的平均参与率为 7%，这使得脸书平台已经成为吸引广大顾客和其他对该品牌感兴趣的利益相关者的重要平台。在 Instagram 上，马士基分享了顾客和员工的形象和相关故事，以便进一步提高公司品牌的可视化程度。在 YouTube 上，该公司发布了详细介绍马士基航运公司的活动、服务和人员的信息和教育视频。此外，马士基在其推特上提供了最新的新闻和事件，与其 133 000 多名推特粉丝进行对话和交流；该公司的领英账户也拥有超过 147 500 名粉丝，让马士基能够吸引顾客、意见领袖和行业影响者，他们与航运和物流专家分享信息，并讨论行业挑战和机遇。为什么要使用上述这些社交媒体呢？"目的就是通过使用社交媒体更接近我们的顾客。"马士基如是说。

与传统媒体和销售方式相比，数字和社交媒体可以创造更多的顾客浸入和互动。组织市场营销人员都知道，他们的目标并不是真实的企业本身，而是在企业中影响购买决策的那些人。如今，组织市场购买者总是跟数字设备联系在一起，无论是电脑、平板电脑还是智能手机。

数字和社交媒体在吸引这些永远联系在一起的组织购买者方面发挥着重要作用，这是人员销售所无法做到的。新的数字方法取代了销售代表在工作中拜访组织顾客或在贸易展上与他们会面的旧模式，促进了卖方工作人员和购买组织中广泛的人员之间随时随地的联系。数字和社交媒体也使卖家和买家都能够更多地控制和获取重要信息。组织市场营销一直都采用社交网络营销方法，今天的数字环境提供了一系列令人兴奋的、新的网络工具与应用。

面对组织市场，有些企业错误地认为，今天的数字和社交媒体主要是针对消费产品和服务企业的，对它们有用。但事实是，不管什么行业，数字平台都可以成为吸引顾客和其他重要公众的强大工具。例如，工业巨头通用电气公司使用广泛的数字和社交媒体，不仅直接吸引了其组织顾客并提高了服务质量，而且可以更为广泛地讲述那些引人注目的通用电气品牌故事，始终保持企业的相关性、时代性和可触达性（参见市场营销进行时 5-2）。

｜ 市场营销进行时 5-2 ｜

通用电气公司：组织市场的数字和社交媒体营销模式

很少有品牌比通用电气更为消费者所熟悉。130 年来，美国人家里堆满了通用电气的产品——从通用电气灯泡到冰箱、炉灶、洗衣机和烘干机、微波炉以及其他数百种印有通用电气文字标识的产品。但有一个事实可能会让你大吃一惊。近年来，该公司已经出售了几乎所有的消费品业务。在通用电气 1 200 亿美元的年销售额中，现在只有不到 2% 是来自消费品业务。

现在，通用电气几乎所有销售额都来自能源、运输和医疗保健行业的工业产品和服务。除了灯泡，通用电气还销售喷气式飞机发动机、巨型风力涡轮机、柴油机车以及水处理系统和高科技医疗成像设备等。通用电气自诩为"数字工业公司"，它的一个使命是"创造下一个工业时代，建设、走向、赋能和治愈世界"。

喷气式飞机发动机？柴油机车？风力涡轮机？许多人都把"工业的"解释为"沉闷的"，它很难成为刺激数字和社交媒体内容的绝佳素材。但通用电气并不这么认为。通用电气有个品牌故事——一个关于大型、糟糕的机器和创新技术正在改变世界和我们生活的方式的故事。通用电气认为，数字技术是分享这个品牌故事的理想平台。因此，通用电气已经成为在组织市场上使用数字和社交媒体的典范。

在核心层面上，通用电气通过各种平台很好地涵盖了数字基础设施，这些平台直接通知和吸引组织顾客，并将他们与通用电气的销售人员联系起来，促进顾客购买和顾客关系的发展。例如，通用电气的各个分部——从通用电气航空到通用电气医疗保健和通用电气能源——提供了数十个特定行业的网站，包含了数千个单独的站点区域和数万个页面，向其组织顾客提供购买解决方案、产品概述、详细的技术信息、在线视频和网络研讨会、实时聊天和实时顾客支持等产品和服务。

通用电气还通过在脸书、推特、领英、Google+、Salesforce.com，甚至 Instagram 和 Pinterest 等主要社交媒体上的全面存在，帮助其销售团队更有效地吸引组织顾客。从本质上来说，通用电气认为商业是社会性的。

但是，通用电气对数字和社交媒体最具启发性的应用，远远超出了直接吸引和支持顾客的基本内容。通用电气利用数字平台接触其他重要公众。正如通用电气的全球媒体总监所指出的，知道通用电气的人越多，喜欢该公司的人也就越多，所以它们的数字内容战略就是发现和讲述通用电气在创新、技术、大数据和保健等方面的精彩故事，目标就是使通用电气品牌具有相关性、时代性和可触达性，这是一项非常适用于数字和社交媒体的任务。通用电气的首席营销官曾经指出："没有人会记得产品的规格和属性，但吸引人的精彩故事却可以把公司品牌与人们的生活联系起来，进而使得通用电气具有相关性、深刻性并且是充满生机的、幽默的，很可能也是令人难忘的。"

为此，在过去几年里，通用电气发布了一系列引人注目的数字内容，将品牌与消费者联系起来，并将这家有 130 年历史的公司定位为新数字工业时代的、年轻的当代技术领先者。例如，通用电气最早也最成功的社交媒体活动之一就是 #sixsecondscience，这是当时在推特平台 Vine 板块（现在已经不再使用）上发起的一个项目。该活动邀请人们利用 6 秒以内的短视频分享自己最喜欢的科学实验。在一周之内，该活动就吸引了 400 个短视频，包括从如何用一堆沙子、醋和小苏打进行火山喷发实验到自制的特斯拉线圈（一种发电装置）的演示。目前，该项活动在 Tumblr

上进行，它赢得了相关的奖项和赞誉。但更重要的是，该项活动吸引了人们的注意力，使他们愿意在通用电气品牌上投入一些时间。

你可能会发现，通用电气已经积极地融入几乎所有的主流社交媒体。通用电气在 Instagram、Snapchat、脸书、Pinterest、YouTube 和其他社交媒体上向那些技术爱好者介绍该公司的创新工业产品和技术的原始之"美"。例如，通用电气最近在一座活跃的尼加拉瓜火山上安装了传感器，这些传感器可以为早期预警探测系统提供有关大气压力、地球引力和气体活动的实时数据，帮助预测火山何时爆发。该公司利用社交媒体来捕捉和跟踪这一过程。同时，通用电气还在 Snapchat 上记录了前往火山中心的旅程，然后在 Instagram 上制作了一系列视频，同时在脸书上设置了问答环节。

按照通用电气首席营销官的观点，公司在社交媒体方面的努力有效地展示了通用电气大机器的规模和壮观场面。事实上，通用电气在 Pinterest 网站设立的第一个板块就是"厉害了，机器"。其他板块包括"厂房现场""思想与机器""精湛机器"。

通用电气还发布了一个创新的日常在线 B2B（组织市场）博客，名为"通用电气报告"，其中包括类似科幻小说的故事，主题包括月球动力、数字病理学和手工 3D 打印等。该博客包含了来自通用电气各种来源的原始内容，包括通用电气车库——旨在通过提供一个合作空间，让技术专家、企业家和普通美国人能够参与 3D 打印机、计算机控制的铣床、激光切割机和注塑机的实践体验，从而重振创新和制造。与通用电气的其他数字内容一样，通用电气报告提供了易于理解的材料，让人们对科技的未来感到兴奋，同时将通用电气定位为一家引领人们走向未来科技的企业。

通用电气还掌握了数字视频内容的艺术。一个例子是该公司获奖的"童话般的想象"活动，它包含一系列神奇的视频广告，通过一个惊讶的年轻女孩的眼睛展示了通用电气的产品线范围。虽然这些视频可以在传统电视上作为广告播放，但它们在通用电气的社交媒体频道发布，结果提升了大量的在线流量。

因此，通过在数字技术方面的努力，通用电气更像一个品牌内容出版商——实时创造、策划和塑造品牌内容和对话，而不太像一家广告商。通用电气的首席营销官开玩笑说："我们并不是简单地坐在那里说你看我们今天多酷呀！因为我们在这工作，所以我们总是觉得自己制造的东西就是最酷的。我们应该思考到底是哪些人在分享我们在科学、技术和工程领域的激情和兴趣，然后我们要跟他们打成一片。通过不同的社交媒体平台，我们可以找到把科技带入生活的各种方式，以新鲜的、超出预期的、容易接近的方式去讲述有关我们正在从事的事业的故事，如向世界各地的 10 亿人口供应电力等。"

总之，很少有公司比通用电气的数字和社交媒体做得更好。正如一位分析师所指出的："如果说到创新的社交媒体活动，通用电气常常要领先于大多数市场营销人员几光年，更不用说领先于所在行业多长时间了。"

资料来源：Charlotte Rogers, "GE's CMO on Redefining Marketing at the 'Pretty Damn Cool' Brand," *Marketing Week*, January 11, 2017, www.marketingweek.com/2017/01/11/general-electric-cmo-redefining-marketing/; Katie Richards, "GE's Chief Marketing Officer on Storytelling in the New Digital Industrial Era," *Adweek*, October 12, 2015, pp. 11-12; Bill Sobel, "GE's Linda Boff: Content Created to Help Is What Sells," *CMSWire*, September 24, 2015, www.cmswire.com/cms/customer-experience/ges-linda-boff-content-created-to-help-is-what-sells-027470.php; Robert Elder, "General Electric's Social Media Strategy Erupts," *Business Insider*, August 5, 2016, www.businessinsider.com/general-electrics-social-media-strategy-erupts-2016-8; Emily Copp, "Learn About GE's Winning Social Media Strategy—Direct from the CMO," *Hootsuite*, June 1, 2017, https://blog.hootsuite.com/hootcast-ge-linda-boff/; and www.youtube.com/watch?v=Co0qkWRqTdM, www.gereports.com, www.pinterest.com/generalelectric/, www.ge.com, and www.ge.com/investor-relations, accessed September 2018.

学习目标回顾

本章是讲述理解市场及顾客的三章内容中的最后一章。在这里，本书深入地探讨了消费者和组织购买行为。美国的消费者市场由超过 3.27 亿人组成，他们每年消费价值超过 12 万亿美元的商品和服务，创造了世界上最具吸引力的消费者市场之一。组织市场比消费者市场涉及更多的资金和产品类别。了解购买行为是市场营销人员面临的最大挑战之一。

学习目标 1　理解消费者市场及消费者购买行为的主要影响因素。

消费者市场包括所有为了满足自身消费需要而购买产品与服务的个人和家庭。消费者购买行为的简单模型表明：营销刺激因素以及其他重要的影响因素会进入消费者的"黑匣子"。概括而言，这个"黑匣子"主要由两个部分组成：消费者特征和消费者购买决策过程。一旦进入"黑匣子"，这些输入就会导致消费者做出相应的反应，如购买态度、购买偏好及购买行为。

消费者的购买行为主要受到以下四类消费者特征的影响：文化因素、社会因素、个人因素和心理因素。了解这些因素可以帮助市场营销人员更好地辨别有购买意向的消费者，提供符合消费者需求的商品以更好地满足消费者的需求。其中，文化因素是个人需求和行为最基础的决定性因素。不同文化、亚文化、社会阶层的人对产品的需求及品牌的偏好也是不同的。社会因素，如一些小群体、社会网络及家庭等，也强烈地影响着人们在商品及品牌上的选择行为。个人因素，如年龄、生命阶段、职业、经济状况、生活方式及个性等也可以产生相似的影响。最后，消费者的购买行为还会受到以下四个心理因素的影响：动机、感知、学习以及信念和态度。其中每个因素都为理解"黑匣子"的运作原理提供了不同的视角。

学习目标 2　识别并讨论购买决策过程的各个阶段。

在发生购买行为的时候，消费者会经历这样的购买决策过程：识别需求、信息搜寻、选择方案评价、购买决策和购后行为。其中，识别需求是消费者认识到一种产品或一项服务可以解决当前问题或满足当前需求的过程。一旦需求得到了确认，消费者就会转移到信息搜寻阶段。在掌握了相关信息之后，消费者会进入选择方案评价阶段，并认真地对各种品牌进行评价。在这之后，消费者做出购买决策并最终购买产品。在购买决策过程的最后阶段，消费者还会基于对消费活动的满意或不满意状况做出相应的购后行为。市场营销人员需要理解消费者在不同阶段的消费行为及其产生的影响。

学习目标 3　描述新产品的采用及扩散过程。

产品的采用过程一般是由以下五个阶段组成的：认识、兴趣、评价、试用和采用。新产品的市场营销人员必须思考如何帮助消费者完成上述这些过程。至于新产品的扩散过程，由于消费者和产品特征不同，消费者做出反应的速度也不尽相同。消费者可能是创新者、早期采用者、早期大众、晚期大众和落后的采用者。针对每一类人群，企业需要采取不同的市场营销战略。市场营销人员希望产品可以引起那些潜在的早期采用者尤其是意见领袖的注意。

学习目标 4　定义组织市场并识别影响组织购买行为的主要因素。

组织市场是由那些购买产品与服务是为了生产其他产品与服务的组织构成的，或者是由那些购买是为了销售、出租或供应这些产品或服务给其他人或单位的机构构成的。与消费者市场比较而言，组织市场的顾客较少，但规模较大，而且在地理位置上可能更加集中。组织市场的需求是派生需求，其购买决策往往涉及更多且更为专业的购买者。

根据直接重购、修订重购以及全新购买三种购买情况，组织购买者会做出不同的决策。组织购买者做出购买决策的单位——购买中心——由扮演不同角色的人组成。组织市场营销人员需要明确以下信息：谁是购买中心的主要参与者？他们在什么样的决策中发挥影响力，影响力如何？每位决策参与者使用什么样的评估标准？组织市场营销人员还需要了解购买过程中环境因素、组织因素、人际因素和个人因素的影响。

学习目标 5　列举并定义组织购买决策过程的各个阶段。

组织购买决策过程一般可以分成以下八个主要阶段：问题识别、一般需求描述、明确产品规格、供应商搜索、方案征求、供应商选择、订单程序具体规定、绩效评价。对于面临全新购买情境的顾客而言，他们常常会经历如上所述的所有阶段。与此相对，进行修订重购和直接重购的顾客则会跳过其中的某些阶段。企业必须管理好所有的顾客关系，其中包括处于购买决策过程不同阶段的许多购买决策。

学习目标 6 讨论在线、移动和社交媒体对 B2B 市场营销的改变。

最近，信息技术和数字技术的进步催生了电子采购。通过这种方式，组织顾客可以在网上购买各种各样的产品和服务。组织市场营销人员越来越多地通过数字、移动和社交媒体同顾客在网络上建立起联系，以便吸引顾客、共享市场营销信息、销售产品和服务、提供顾客支持服务，并保持持续的顾客关系。与销售代表在工作中拜访组织顾客或在贸易展上与他们会面的旧模式不同，新的数字方法可以在任何时间、任何地点促进卖方的工作人员和购买组织中广泛的人员之间的联系。

关键术语

消费者购买行为（consumer buyer behavior）

消费者市场（consumer market）

文化（culture）

亚文化（subcultures）

全面营销战略（total market strategy）

社会阶层（social class）

参照群体（reference groups）

意见领袖（opinion leader）

口碑效应（word-of-mouth influence）

影响者营销（influencer marketing）

在线社交网络（online social networks）

生活方式（lifestyle）

个性（personality）

动机（驱动力）（motive（drive））

感知（perception）

学习（learning）

信念（belief）

态度（attitude）

认知失调（cognitive dissonance）

新产品（new product）

采用过程（adoption process）

组织购买行为（business buyer behavior）

组织购买过程（business buying process）

派生需求（derived demand）

供应商开发（supplier development）

直接重购（straight rebuy）

修订重购（modified rebuy）

全新购买（new task）

系统销售（解决方案销售）（systems selling（solutions selling））

购买中心（buying center）

电子采购（e-procurement）

问题讨论

1. 讨论市场营销人员在评估消费者的购买决策时必须注意哪些影响消费者行为的特征。（AACSB：书面和口头交流；反思性思考）

2. 什么是全面营销战略？市场营销人员为什么要使用这种方法？提供一个最近使用全面营销战略的产品或服务的例子，并讨论其中哪些因素会使其有效或无效。（AACSB：书面和口头交流；多样化和多文化的工作环境；反思性思考）

3. 影响消费者购买行为的四个心理因素是什么？列举并解释这四个因素。（AACSB：书面和口头交流；多样化和多文化的工作环境；反思性思考）

4. 采用过程的各个阶段都是什么？描述一下学生在选择学院或大学时是如何经历上述采用过程的。（AACSB：书面和口头交流；反思性思考）

5. 简要讨论组织购买者的直接重购和修订重购。它们有哪些相同点和不同点？什么时候用一种方法比用另一种方法更有益？（AACSB：书面和口头交流；反思性思考）

6. 描述组织市场营销人员用来吸引顾客的工具。组织市场上的社交媒体营销面临着哪些挑战？（AACSB：书面和口头交流；反思性思考）

营销伦理

极致水

水就是水，对吗？并非如此。据说贝弗利山庄（Beverly Hills）90H20 水是由世界级的水专家团队连同一位鉴水师共同设计的。作为世界最佳水的获奖者，这种水来自加利福尼亚山区。一箱 24 瓶，价格为 72

美元。它不是人们平时喝的那种水。酸碱度为 7.5 的"光洁"水富含矿物质和电解质。在高级餐厅、美食市场和豪华酒店中可以看到这种水,但它只在加利福尼亚出售。贝弗利山庄 90H20 水并不是唯一的奢侈水,实际上它还算是有点便宜的。菲力科·贝弗利山庄(Fillico Beverly Hills)(来自日本)瓶装水每瓶价格为 100 美元。这还不包括金银瓶盖——如果你想要的话,价格要加

倍。Acqua di Cristallo Tributo a Modigliani 金瓶水,每瓶要卖 60 000 美元,价格位居所有瓶装水之首!

1. 哪些购买因素最有可能对购买奢侈瓶装水的消费者产生最大的影响?(AACSB:书面和口头交流;反思性思考)

2. 讨论瓶装水行业的道德问题。(AACSB:书面和口头交流;伦理理解和推理)

营销计算

评估替代品

消费者评估备选方案的一种方法就是确定重要的属性,并评估备选方案在这些属性上的表现。假设有个消费者正面临着在不同的健身中心之间做出选择。每一个供消费者思考的属性,如价格、提供的课程等,都会被赋予一个分数,以反映消费者对该属性的重视程度。在这个例子中,假设消费者给每个属性打 1 ~ 10 分,以反映该属性对他的重要程度。然后,消费者在每个属性上对各个可供选择的方案(也就是他认为某个选择方案在每个属性上的表现情况)进行评估。例如,在下表中,位置(重要性得分为 9)是该消费者认为最重要的属性。该消费者认为,Peak 健身中心在这个属性上的表现最好,因为离他家是最近的,所以他给这个属性打了 8 分(分数越高,表示消费者认为其表现越好)。不过,他也认为这一选择方案是最贵的(该消费者给价格打 3 分)。他认为,Revolution 健身中心的价格是最好的,但它的位置相

对较远。对于这位消费者来说,提供的课程是最不重要的属性。通过每个属性的重要性评级乘以该备选方案对该属性的表现评价,可以计算出每个备选方案在该属性上的得分。然后,将这些分数相加,就可以确定该健身中心最终的得分了。例如:Revolution 健身中心的分数 = 5 × 10 + 9 × 5 + 6 × 5 + 2 × 6 = 50 + 45 + 30 + 12 = 137。类似地,消费者可以遵循上述的程序计算出可供选择的每家健身中心的最终得分,并选择得分最高的健身中心。

1. 分别计算 24/7 健身中心和 Peak 健身中心的分数。该消费者可能会选择其中哪家健身中心?(AACSB:书面和口头交流;分析性思考)

2. 这个消费者最不可能选择哪家健身中心?讨论该健身中心的市场营销人员可以通过哪两种方式来提高消费者加入其健身中心的可能性。(AACSB:书面和口头交流;反思性思考;分析性思考)

需要考虑的属性	每个属性的重要性	考虑的替代方案		
		Revolution 健身中心的表现	24/7 健身中心的表现	Peak 健身中心的表现
价格	5	10	7	3
位置	9	5	6	8
运营时间	6	5	10	4
提供的课程	2	6	3	8

企业案例

适合本章的案例见附录 1。

企业案例 5　Spanx:改变行业对内衣的看法。为了彻底改变女性内衣市场,Spanx 首先必须改变女性对塑身衣的看法。

企业案例 1　福乐鸡:先更好,再更大。通过了解顾客群体是谁以及是什么驱使他们购买福乐鸡公司

的产品,福乐鸡公司已经悄然发展成为最大的鸡肉连锁店。

企业案例 11　Bass Pro Shops:为讨厌购物的人打造自然主题公园。Bass Pro Shops 公司通过吸引每个人,甚至是那些讨厌购物的人购物,成长为最大的体育用品零售商。

复习题

1. 讨论生活方式是如何影响消费者的购买行为的？市场营销人员是如何衡量生活方式的？（AACSB：书面和口头交流；反思性思考）

2. 描述影响新产品采用率的各个特征。哪些特征将影响美国消费者接受上述新型数字和社交媒体服务的速度？（AACSB：书面和口头交流；反思性思考）

注释

第 **3** 篇

设计顾客价值驱动型营销战略与营销组合

顾客价值驱动型营销战略：
为目标顾客创造价值

学习目标

学习目标1 界定顾客价值驱动型营销战略的主要步骤——市场细分、目标市场选择、差异化和定位，参见"市场营销战略"部分。

学习目标2 列举并讨论消费品市场和组织市场上市场细分的主要依据，参见"市场细分"部分。

学习目标3 阐述企业如何识别出有吸引力的细分市场并选择市场定位战略，参见"目标市场选择"部分。

学习目标4 讨论企业如何对产品进行差异化和定位以实现竞争优势的最大化，参见"差异化与定位"部分。

概念预览

到目前为止，读者已经学习了市场营销是什么，也明确了消费者和市场的重要性。下面本书就带领读者深入学习市场营销战略与策略。本章将进一步探讨顾客价值驱动型营销战略中的关键决策：将市场细分成有意义的顾客群体（市场细分）、选择想要服务的顾客群体（目标市场选择）、开发最能为目标顾客提供服务的市场产品（差异化），并在顾客心中为上述产品找到一个理想的位置（定位）。本章还会探讨市场营销人员是如何把策略性的4P营销组合工具运用到实践当中去的。

在开始探讨市场细分、目标市场选择、差异化和定位之前，让我们先来看看唐恩都乐（Dunkin'）的例子。在这几年时间里，唐恩都乐已经成长为一家实力强大的企业集团，与星巴克齐名。但是，唐恩都乐又不同于星巴克。事实上，它也并不想成为星巴克，其目标顾客跟星巴克有着完全不同的价值主张。唐恩都乐的经营理念是希望顾客能够自由地自取咖啡，而不是需要额外的服务。

开篇案例

唐恩都乐：目标消费人群是普通大众

几年前，唐恩都乐向美国各城市的几十位忠实顾客每周支付 100 美元，让他们在星巴克购买咖啡。同时，这家咖啡连锁店也向星巴克的顾客支付相同的费用，请他们去做相反的事情，即购买唐恩都乐的咖啡。后来，在对这两个群体进行访谈和研究的时候，唐恩都乐发现这些顾客是如此两极分化，以至于研究人员把他们称为两个截然不同的"部落"。而且，每个部落的顾客都特别讨厌那些使另外一个部落的顾客忠诚于所偏好的咖啡店的任何东西。唐恩都乐的粉丝认为，星巴克是自命不凡的、赶时髦的；与此相对，星巴克的忠实粉丝则认为，唐恩都乐是朴素的、没有创意的。

唐恩都乐迅速发展成为一家全国性的咖啡巨头，与美国最大的咖啡连锁店——星巴克不相上下。但相关研究却证实了这样一个简单的事实，那就是唐恩都乐不会取代星巴克。事实上，它也并不希望自己成为星巴克。为了成功，唐恩都乐必须有自己的明确愿景，即它想为哪些顾客提供服务以及如何提供服务。唐恩都乐和星巴克的目标顾客是非常不同的群体，他们都希望从最喜爱的咖啡店得到非常不同的东西。星巴克被强烈地定位为一种"第三空间"——在家庭和办公室之外——拥有沙发、折中主义音乐和充满艺术气息的墙壁；而唐恩都乐则被定位为明显具有一种更接地气的、"普通人"的魅力。

唐恩都乐的研究表明，其粉丝对星巴克的氛围感到不解和反感。他们抱怨带着笔记本电脑工作的顾客让他们很难找到座位，他们不喜欢星巴克的"tall""grande""venti"等代指小杯、中杯和大杯咖啡的行话，而且他们也不明白为什么有人会为一杯咖啡付那么多钱。唐恩都乐的广告代理公司的高层管理人员指出："星巴克的顾客就好像是一群在探讨地球人的火星人。类似地，那些当初收到唐恩都乐支付的货币并被邀请购买唐恩都乐咖啡的星巴克顾客，在唐恩都乐享用咖啡也觉得特别不自在。星巴克的顾客无法忍受自己在唐恩都乐不再有特殊待遇的事实。"

考虑到二者的顾客是不同的，存在着如上所述的对立意见并不令人惊讶。唐恩都乐的顾客更多的是中等收入的蓝领和白领工人，受众群体包括所有年龄段、族裔和收入的人。相比之下，星巴克的目标顾客则是高收入人群和专业人群。但唐恩都乐的研究人员认为：使上述这两个顾客部落与众不同的原因，更多的是想法，而不是顾客的收入水平。唐恩都乐部落的成员希望成为普通人群中的一员，而星巴克部落的成员则希望作为独立的个体脱颖而出。

唐恩都乐的定位是以合理的价格为工薪阶层的顾客提供简单的食物。它被誉为"早晨的加油站"，普通人可以每天在这里得到他们对甜甜圈和咖啡因需求的满足。但为了吸引顾客的注意力和加速扩张，唐恩都乐的各大连锁店也开始向高档发展。唐恩都乐对其门店进行了修整，增加了新的菜单项目，如拿铁、冰沙、桃子味咖啡、焦糖味咖啡以及非早餐项目。同时，唐恩都乐还对店面和氛围进行了大大小小的重新设计，包括增加免费 Wi-Fi、数字菜单、为笔记本电脑和智能手机用户提供更多的电源插座以及播放轻松的背景音乐等。此外，唐恩都乐还让其加盟商以四种星巴克式颜色方案中的任何一种来重新装饰其店面，包括"黑暗烘焙""卡布奇诺混合咖啡""爵士啤酒"等。

然而，在向高档迈进的同时，唐恩都乐也努力不疏远传统的顾客群体。即使是在新改造后的商店里，也是没有沙发的。在顾客抱怨唐恩都乐称一款新的热三明治为"帕尼尼"（panini）过于花哨之后，唐恩都乐甚至将它重新命名为"有馅三明治"（stuffed melt）。后来，当忠实的顾客认为这个名字太让人困惑的时候，唐恩都乐完全放弃了这个名字。正如唐恩都乐负责顾客洞见的供应链副总裁所描述的："我们必须特别小心翼翼，唐恩都乐的顾客都是善于拆穿广告的人。"

在过去的几年里，唐恩都乐和星巴克各自针对自己的顾客群体，趁着美国人对咖啡的渴求不断增长的浪潮实现了快速发展。虽然唐恩都乐的市场份额仍然小于星巴克——星巴克占据了美国市场 40% 的份额，而唐恩都乐只占据了 22%——但是唐恩都乐目前是美国成长最快的快餐和咖啡连锁店，该公司希望能通过持续的重新定位和升级保持自身的竞争优势。最近，唐恩都乐宣布，它将从自己以前的 Dunkin' Donuts 的名称中删除 Donuts 这个词，这意味着唐恩都乐的定位发生了一些变化。"就叫我们 Dunkin'。"连锁店人员说。唐恩都乐计划最终将其门店数量增加一倍，从目前的约 9 000 家增加到 18 000 家（星巴克在美国有 14 000 家门店）。

然而，在追求成长的过程中，唐恩都乐必须忠实于其顾客人群的需求和偏好。事实上，最近的调查结果显示：顾客认为唐恩都乐的菜单和运营有些太过复杂了，有点太过做作了。为此，该公司宣布了新一轮对菜单和门店进行重新设计的决定，以便让品牌回归初心，为核心顾客提供他们想要的东西，而不需要太多过于花哨的东西。

唐恩都乐现在正在精简其菜单——逐步取消诸如冰沙、风味咖啡饮料、百吉饼和西式大饼等选择，逐步减少各种烘焙食品和午后三明治等产品。实际上，唐恩都乐甚至还简化了其种类繁多的甜甜圈的选择，从大约 30 个品种简化为最受顾客喜爱的 18 个"核心甜甜圈"产品。而且，该公司的定位强调了饮品（扩大了咖啡的选择范围）、速度、便利（增加了免下车点餐服务、外卖服务和通过移动应用程序进行的即时订购服务）和价值（比更高档的连锁店"便宜一半"）。

概括而言，唐恩都乐的目标市场和市场定位可以很好地体现在其长期口号"美国离不开唐恩都乐"当中。该公司致力于提供优质的咖啡、甜甜圈和其他食品、简单友好的环境以及富有竞争力的价格，并以此吸引着众多的美国消费者。

到目前为止，唐恩都乐发展得很顺利。过去 11 年里，在一项领先的顾客忠诚度和参与度的调查中，唐恩都乐在咖啡类别中名列前茅，超过了排名第二的星巴克。根据调查结果，在口味、质量和顾客服务等方面，唐恩都乐一直是能够持续满足或超越顾客期望的顶级品牌。没有太多花哨的东西，只是满足唐恩都乐顾客部落的日常需求。[1]

今天，众多企业都意识到：它们不可能吸引市场上的所有顾客，或者说至少不能以同一种方式吸引所有的顾客。购买者数量太多，又分散在各处，其需求和购买行为也不尽相同。此外，企业服务不同细分市场的能力也有所差异。与此相应，像唐恩都乐这样的企业，必须识别出自己能够服务得最好、最能获利的那一部分市场，必须能够设计出顾客价值驱动型营销战略，以便与合适的顾客建立起正确的关系。为此，大多数企业都摒弃了大众市场营销，而选择了目标市场营销：识别细分市场，从中选择一个或多个细分市场，然后针对每个细分市场开发相应的产品和市场营销计划。

6.1 市场营销战略

图 6-1 展示了顾客价值驱动型营销战略设计的四个主要步骤。在前两个步骤中，企业要选择自己希望服务的顾客。其中，**市场细分**（market segmentation）就是把一个市场划分成有不同需求的不同顾客群体，这些群体有着不同的需求、特征或行为，而且这些群体需要不同的市场营销战略及其组合。企业可以选择使用不同的方式去进行市场细分并对每个细分市场进行描述。**目标市场选择**（market targeting or targeting）包括去评估每个细分市场的吸引力，进而选出自己希望服务的一个或多个细分市场。

从概念上看，市场营销往往可以归结为两个问题：（1）我们将为哪些顾客提供服务？（2）我们将如何为他们提供服务？当然，这种问题听起来简单但做起来很难。相比同行业的竞争对手而言，我们的目标就是能够为所服务的顾客创造更卓越的价值。

选择希望服务的顾客

市场细分
把整个市场细分为更小的子市场

目标市场选择
选择进入一个或多个细分市场

为目标顾客创造价值

决定价值主张

差异化
区分市场提供物，以便创造卓越的顾客价值

定位
在目标顾客心中定位市场提供物

图 6 - 1　设计以顾客为导向的营销战略

在后两个步骤中，企业需要围绕价值主张做出决策——自己如何为目标顾客创造价值。其中，**差异化**（differentiation）实际上包括区分企业的市场提供物，以便创造卓越的顾客价值。**定位**（positioning）则体现在相比于竞争对手而言，企业准备通过一种什么样的市场提供物在目标顾客心中占据一个清晰、独特、理想的位置。下面我们依次讨论这些步骤。

6.2　市场细分

在任何一个市场上，顾客由于存在着不同的需求、资源、位置、购买态度、购买行为而彼此区分开来。通过市场细分，企业将庞大的、多样化的市场划分为小的细分市场。在这些细分市场中，企业可以为顾客提供与其独特需求相匹配的独特产品和服务，从而更有效率和效果地满足顾客的需求。下面将讨论四个重要的细分主题：消费品市场细分、组织（工业品）市场细分、国际市场细分和有效市场细分的要求。

> **作者点评**
> 市场细分解决了一个听起来很简单的市场营销问题：我们将为哪些顾客提供服务？

6.2.1　消费品市场细分

并不存在单一的方法来进行市场细分。市场营销人员必须尝试不同的市场细分变量，通过独立的变量或变量的组合来进行细分，以便找到审视市场结构的最佳方法。

表 6 - 1 概述了可能用于消费品市场细分的重要变量。下面就以地理变量、人口统计学变量、心理变量和行为变量为例加以说明。

表 6 - 1　针对消费品市场的主要细分变量

细分变量	举例
地理	国家、地区、州、县、市、社区、人口密度（城市、郊区、农村）、气候
人口统计	年龄、生命周期阶段、性别、收入、职业、教育、宗教、族裔、代际
心理	生活方式、个性
行为	时机、利益、使用者状态、使用水平、忠诚度

地理细分
地理细分（geographic segmentation）将市场分成不同的地理区域，如国家、地区、州、县、

市或者是社区。企业可以决定在一个或几个地理区域经营或在所有区域展开经营，但要注意需求在不同的区域之间有区别。当前，许多企业都将自己的产品、广告、促销和销售人员进行本土化调整，以便适应个别地区、城市和社区的特殊需求。

例如，由于较小市场或大城市中密集的城市社区不适合大型郊区超级商店，许多大型零售商——从塔吉特和沃尔玛到科尔士百货（Kohl's）以及史泰博——现在都在开设小型店面，以适应这些地方的需要。例如，塔吉特将于未来三年内在大学城和拥挤的城市地区开设 100 多家小规模的连锁店。这些商店的规模大约是普通塔吉特商店的 1/5。这些较小的商店提供有限的产品种类，并且会为当地顾客提供定制化服务以创造个性化的购物体验。例如，其校园商店的设计，是为了适应大学生忙碌、注重预算的生活方式。而且，每家小型商店都会分析其顾客的特点、购买情况和反馈以便确定商品的种类。佛罗里达州的塔吉特校园商店与西北大学（Northwestern University）附近的校园商店有很大不同。塔吉特在芝加哥的贝尔蒙特商店的特色是出售芝加哥小熊队的装备，以配合其在瑞格利球场附近的位置。[2]

数字和移动技术的快速发展也引起了跨越地域的社群营销的激增——针对使用数字和社交媒体的当地社区的消费者。例如，为了更快地使咖啡和促销活动送达或触达顾客，唐恩都乐与导航应用程序 Waze 合作。无论身在何处，唐恩都乐的顾客都可以打开 Waze 应用程序，找到最近的唐恩都乐位置（包括地图），使用该应用程序提前订购，而唐恩都乐会在他们到达前把相应的订单准备好。

另外，许多主要的社交媒体，如脸书和 Instagram，也让广告商根据地理位置选择受众。公司可以与谷歌地图签约，在谷歌搜索中显示其位置和广告。例如，在搜索"我附近的汽车修理店"时，会跳出来一些广告，从当地的西尔斯百货服务中心到当地的汽车修理店。如果你搜索"纽约波基普西市的酒店"，搜索结果从上往下依次是 Expedia.com、Booking.com，Tripadvisor.com 和 KAYAK.com 的广告，然后是几个特定的酒店列表，并有网站链接和地图显示每个位置。这种跨越地区的定位，让广告商可以根据当地消费者的位置和搜索意图来定制营销内容。

人口统计学细分

人口统计学细分（demographic segmentation）将市场按照年龄、生命周期阶段、性别、收入、职业、教育、宗教、族裔和代际等变量划分成不同的子市场。

人口统计学因素是消费品市场细分中最常见的变量。之所以这样，是因为：第一，消费者的需求、欲望和使用率与人口统计学变量密切相关；第二，与别的变量相比，人口统计学变量更容易测量。即使市场营销人员先以其他变量进行了市场细分，如消费者所寻求的利益或行为，他们也应该清楚该市场的人口统计学特征，以便可以有效地评估目标市场的规模。

年龄与生命周期阶段 消费者的需求与欲望会随着年龄而发生变化。一些企业选择利用**年龄与生命周期细分**（age and life-cycle segmentation），为不同年龄与生命周期的消费群体提供不同的产品与市场营销战略。例如，宝洁公司的佳洁士亮白牙膏以年长者为目标顾客——它帮助"年长者把牙渍变成更亮白的笑容"。佳洁士儿童防蛀牙膏则以幼儿为目标顾客，以《冰雪奇缘》（Frozen）和《星球大战》（Star Wars）中的人物作为包装的装饰，并提供应用程序"以帮助孩子甚至是不情愿的孩子刷牙更长时间"[3]。

市场营销人员在使用年龄和生命周期进行市场细分时，必须保持必要的小心谨慎，防止刻板印象。尽管一些 80 多岁的老人符合有固定收入的老态龙钟的刻板印象，但其他老人却可能仍在滑雪和打网球。同样，一些 40 岁左右的夫妇正在送他们的孩子上大学，而另外一些则可能刚刚开始新的家庭。因此，年龄有的时候并不能很好地预测一个人的生命周期、健康状况、工作或家庭状况、需求和购买力。

性别 长期以来，**性别细分**（gender segmentation）广泛地应用于服装、化妆品、洗漱用品、玩具和杂志等产品市场。例如，宝洁公司是第一批根据性别进行市场细分的企业之一——Secret

就是专门面向女性消费者的止汗剂品牌，企业利用相应的包装和广告来吸引女性消费者的注意力和强化女性形象。

最近，男性个人护理行业出现了爆炸式增长，许多以前主要为女性服务的化妆品品牌——从欧莱雅、妮维雅（Nivea）、丝芙兰到联合利华的多芬——现在都成功地推出了男士系列产品。例如，多芬品牌提供全系列的沐浴露、身体乳、止汗剂、面部护理和头发护理产品。[4]

与此相对，那些传统上以男性为目标市场的品牌现在也正在以女性为目标市场。例如，为了迎合"运动休闲"的趋势，越来越多的女性将运动作为日常时尚，运动服装制造商和零售商——从安德玛公司到迪克体育用品公司（Dick's Sporting Goods）——都在加强针对女性消费者的市场营销投入。如今，女性群体在所有体育用品购物者中的占比已经达到了 50%。

迪克体育用品公司最近推出了有史以来第一个直接针对女性健身的系列广告，作为其"你将成为谁？"市场营销活动的一部分。广告的主角是那些必须在忙碌的生活中实现其健身目标的女性消费者。在该系列的第一则广告中，一位母亲慢跑（而不是开车）去学校接她的孩子们。[5]

收入　长期以来，汽车、服装、化妆品、金融服务和旅游等产品或服务的市场营销人员经常使用**收入细分**（income segmentation）。许多奢侈品和便利服务企业都将目标市场定位在富人消费者身上。例如，有些信用卡公司专门针对富裕顾客推出了提供奢侈服务和更多优惠的高级卡，但需要收取高额的年费。以美国运通公司为例，美国运通公司白金卡的会员年费为 550 美元。同时，它提供了特殊的机场休息室使用权、航空公司积分、优步积分、酒店和租车连锁店的贵宾等级以及额外的航空公司旅行积分等福利。但是，对于真正富有的人来说，美国运通公司提供的百夫长黑卡可能是世界上最独特的信用卡。百夫长黑卡针对的目标群体是年收入至少 100 万美元、年消费 10 万～ 45 万美元甚至更高的高净值人群。申请者必须接受邀请，持卡人需要支付 7 500 美元的入会费，另外每年支付 2 500 美元。黑卡会员可以获得白金卡持有人无法获得的独家体验，其中许多都是保密的。例如，它包括百夫长礼宾，这是一种可以满足顾客每一个需求的私人助理，如在热门餐厅的优先座位、演出门票的优先购买权以及对异国度假的调研等。当然，美国运通黑卡还具有其他卡所不具备的地位和身份的象征。[6]

并非所有使用收入变量进行市场细分的企业都针对富裕阶层。例如，许多零售商——如达乐、Family Dollar 和 Dollar Tree 连锁店——都成功地瞄准了中低收入群体。这类商店所瞄准的市场是收入低于 3 万美元的家庭。当 Family Dollar 公司的选址专家为新店选址时，他们寻找的是中低层社区，那里的人们往往穿着不那么昂贵的鞋子，开着漏着油的旧车。凭借其低收入战略，一元店现在是美国增长最快的零售店。

心理细分

心理细分（psychographic segmentation）根据购买者的社会阶层、生活方式或个性等将市场分成若干子市场。同一个人口统计学细分群体会有不同的心理特征。

在本书第 5 章，我们讨论了消费者购买产品是如何反映他们的生活方式的。相应地，市场营销人员可以根据消费者的生活方式进行市场细分，并基于生活方式的吸引力制定相应的市场营销战略。例如，零售企业——Anthropologie 公司，凭借其异想天开的、类似"法国跳蚤市场"的商店氛围，推销波希米亚式生活方式；Athleta 公司通过瑜伽、跑步和其他运动服装以及城市休闲、彩妆等，向女性消费者推销一种城市运动的生活方式。

快餐企业——Panera 面包店迎合了人们不仅想要味道好的食物，而且想要对他们健康有益的食物的生活方式需求。为了更好地满足这一健康生活方式群体的需求，Panera 面包店宣布：它将很快从食品中去除 150 多种人工防腐剂、甜味剂、色素和香精。随后，它发起了一项名为"食物本该如此"的营销活动，展示快乐的顾客在 Panera 面包店吃得更好。"我们的所有食物百分百纯净。"一则广告指出。Panera 认为，食物不仅仅是用来填饱肚子的。"食物应当美味，应当看起来很好。它应当对你和周围的世界都有好处。这才是食物该有的样子。"如果这种想法符合你的生活方式，"那就来吧，这是我们在这里的真正价值"[7]。

市场营销人员还使用个性特征变量来进行市场细分。例如，洛伊斯酒店（Loews）是一家提供高级个人服务的豪华精品连锁酒店，该酒店根据"人物"特征对市场进行细分，如"周末探险者夫妇""自信的商务旅行者""认真的规划者""豪华度假者""度假家庭""洛伊斯的粉丝"等。这家连锁酒店为每个细分市场的顾客在计划和入住洛伊斯酒店的各个阶段——洛伊斯称之为"智慧旅程"——制定了个性化的报价、信息和媒体计划。例如，针对豪华旅行者的沟通可能从一封电子邮件开始，通过特别的房间升级来提供卓越的体验机会。然后，洛伊斯的应用程序能够提供额外的入住前选项，如预订高级餐厅等功能。一旦到达酒店，个性化的旅行者就会收到根据他们的喜好定制的高接触、个性化的关注。例如，应用程序会通知他们有特别的"厨师品尝"或水疗护理。在开始使用"智慧旅程"方法之后的一年时间里，洛伊斯酒店的顾客电子邮件参与率提高了 40%，再预订率提高了 20%。[8]

行为细分

行为细分（behavioral segmentation）根据购买者对一件产品的了解程度、态度、使用情况或反应来划分消费者群体。许多市场营销人员都确信：行为变量是市场细分的最好起点。

时机　企业可以根据顾客产生购买想法、实际购买或使用所购买物品的场合（时机）进行市场细分。**时机细分**（occasion segmentation）可以帮助企业提升产品的使用率。金宝汤公司在寒冷的冬季为其汤类产品做了大量的广告。十几年来，星巴克公司以其南瓜拿铁来迎接秋天的到来。每年，只在秋季销售的南瓜拿铁为星巴克公司带来了 8 000 万美元的收入。[9]

还有一些企业试图通过在非传统时机进行推广来提高消费水平。例如，大多数消费者在早上喝橙汁，但橙子供应商却把橙汁作为也适合一天中其他时间的一种凉爽、健康的提神饮料来进行推广。类似地，虽然消费者倾向于在一天的晚些时候喝软饮料，但激浪品牌却推出了 Mtn Dew A. M.（激浪和橙汁的混合饮料）并以此来增加早晨的消费量；塔可贝尔公司试图通过推广 Mtn Dew A. M.（只在塔可贝尔出售）、自营的 A. M. Crunchwrap 及其他早餐产品来提升公司在早晨的业务。

寻求的利益　一种强有力的市场细分方式是根据购买者从产品中寻求的不同利益来对他们进行区分。**利益细分**（benefit segmentation）往往需要找到人们在一种产品类别中所寻求的主要利益、寻求每种利益的人群类型以及提供每种利益的主要品牌。

例如，购买可穿戴健康和活动设备的人正在从产品中寻找各种各样的好处，从计步和卡路里燃烧到心率监测、高性能锻炼跟踪和报告。为了满足这些不同的健康偏好，Fitbit 将健康和健身追踪设备主要细分为三个子市场：日常健身、积极健身和高强度健身。[10]

日常健身的顾客，有些想要基本的健身记录。因此，Fitbit 公司提供了最简单的"健身系列"设备，为这些消费者提供"健身并玩得开心"的设备。它记录步数、距离、消耗的卡路里和活动时长等。在另一个细分市场，即积极健身细分市场中，高科技的手表的宣传口号是"为你的生活而设计的手表"，它提供了更为先进的功能，如 GPS 跟踪、心率监测、全天活动跟踪、自动锻炼跟踪和记录、睡眠监测、数字支付、文本通知、音乐控制、个人指导和洞察以及与 Fitbit 智能手机和计算机应用程序的无线同步等功能。总之，一个人无论想要什么样的利益组合，在 Fitbit 公司的健身产品和应用系列中，都能找到。

使用者状态　市场营销人员可以把顾客细分为产品的非使用者、前使用者、潜在使用者、首次使用者与常规使用者等不同类型。一般而言，市场营销人员往往希望强化并留住老用户，吸引列入目标市场范围的非使用者，努力唤醒并恢复与前使用者的关系。潜在使用者群体往往包括那些面临着生命周期阶段变化的人，如刚刚有孩子的父母、新婚夫妇等，他们可能会成为活跃的重度使用者。例如，为了让新手父母有一个正确的开始，宝洁公司努力确保大多数美国医院向新生儿提供帮宝适尿不湿，然后致力于使它们成为医院的首选。[11]

使用水平　市场营销人员也可以把顾客细分为轻度使用者、中度使用者与重度使用者。其中，重度使用者占整个市场的比例往往很小，但消费份额通常很高。例如，快速发展的快餐连锁店——Bojangles' Famous Chicken'n Biscuits 就特别重视迎合其核心常规顾客的口味和偏好，据此来设计自己的产品和服务。[12]

那些渴望得到大量 Bojangles' Famous Chicken'n Biscuits 的招牌炸鸡、现做饼干和"传奇甜茶"的顾客，是 Bojangles' Famous Chicken'n Biscuits 的粉丝和热爱者。北卡罗来纳州的布兰登·桑德斯（Brandon Sanders）是一名 36 岁的篮球教练，他就是一位典型的 Bojangles' Famous Chicken'n Biscuits 粉丝。布兰登在该品牌 715 家门店中的 100 多家吃过饭。布兰登对 Bojangles' Famous Chicken'n Biscuits 的痴迷，始于其童年的家庭聚餐。他祖父家当时经常叫该品牌的外卖，他外祖父家当时特别喜欢在该品牌的门店就餐。所以布兰登欣然接受了 Bojangles' Famous Chicken'n Biscuits 的两种消费方式。在成年之后，他已经减少了去 Bojangles' Famous Chicken'n Biscuits 就餐的次数——现在他每周只去两次到三次。但是他认为，在肯德基或其他炸鸡店吃饭是"没有灵魂"的就餐。

忠诚度　市场营销人员还可以根据顾客的忠诚度来进行市场细分。顾客可能会对品牌（如汰渍）、商店（如塔吉特商店）、公司（如苹果公司）表现出一定的忠诚度。因此，可以依据忠诚度将顾客细分成不同的群体。一些顾客非常忠诚，他们一直购买同一个品牌的产品或服务，并迫不及待地将它介绍给其他人。例如，不管有些用户是否拥有苹果品牌的电脑、手机或 iPad，他们对苹果品牌的忠诚都坚如磐石。一端是安静的、满意的苹果用户，他们拥有一台或几台苹果设备，利用它们收发电子邮件、浏览网页、发短信和构建社交网络；另一端是苹果的狂热追求者，即所谓的"果粉"，他们一听到有关最新的苹果产品的消息就会告诉任何人。对于这些忠诚的用户而言，他们往往处在苹果公司 iPad、iPhone、iTunes 王国的最前沿。

其他一些顾客则只有几分忠诚度——他们对一种产品的两三个品牌保持一定的忠诚，或者是只支持其中一个品牌，但偶尔会购买其他品牌的产品；还有一些顾客则对任何品牌都不忠诚，他们每一次购物都想有所改变，或者只购买优惠促销的产品。

企业通常可以从对顾客忠诚度的模式分析中获益。为此，企业首先应该去研究自己忠诚的顾客。实际上，高度忠诚的顾客是企业的一项资产，他们经常通过个人的口碑宣传与社交媒体来提升某一品牌。为此，有些企业不仅仅是针对忠诚的顾客展开营销，它们想方设法地让忠诚的顾客投入更多，并跟这些忠诚的顾客一道来塑造企业的品牌，宣传企业的品牌故事。例如，仅次于可口可乐和百事的美国第三大软饮料品牌激浪，已经把忠实的顾客变成了"激浪王国"的超级粉丝（参见市场营销进行时 6 - 1）。

| 市场营销进行时 6 - 1 |

激浪：与品牌超级粉丝一起"拥有朝气"

也许没有哪个品牌能比百事公司的激浪更有激情地建立起忠诚度，吸引追随者。以杰森·亨珀利（Jason Hemperly）为例，这个害羞的高中生让祖母用压扁的激浪饮料罐为他做了一套舞会晚礼服。还有切斯特·阿特金斯（Chester Atkins）和他的妻子艾米（Amy），他们有着相配的激浪标志文身，他们用装满柑橘味绿色饮料的香槟酒杯来庆祝求婚。还有来自密西西比州杰克逊的克里斯·惠特利（Chris Whitley），他每周喝大约 40 罐激浪，收藏了大量的激浪 T 恤和帽子，而且他绝对崇拜最近退役的纳斯卡车手和激浪发言人——小戴尔·恩哈特（Dale Earnhardt, Jr.）。

　　这些非常忠诚的顾客共同组成了"激浪王国"，他们使激浪品牌成为百事最畅销的品牌之一。激浪品牌狂热的超级粉丝仅占其顾客数量的 20%，但他们的消费量却占该品牌总销量的 70%，真是令人难以置信。多亏了这些粉丝，尽管软饮料在过去十年的整体销售失去了活力，但激浪品牌的销售仍然保持稳定。现在，这个大受欢迎的、价值 90 亿美元的品牌已经成长为美国第三大软饮料品牌，仅次于巨头可口可乐和百事。

　　这种忠诚度和销售额不是从品牌的包装瓶和包装罐中自然而然产生的。激浪饮料向其超级粉丝进行了大力推销。该品牌的长期口号是"拥有朝气"，激浪品牌称其为"标志性的战斗口号和品牌信条"，这也是该品牌定位的"极限时刻和兴奋"的具体体现。据估计，激浪品牌每年在"拥有朝气"广告和其他广告上的花费超过了 8 000 万美元。其中，45% 都花费在数字媒体上。

　　但激浪王国的市场营销仅仅是激浪品牌成功的一部分原因，更深层原因则在于：该品牌通过积极吸引超级粉丝和创建紧密的品牌社区来提高顾客忠诚度。激浪品牌不仅仅是向忠实顾客推销产品，它还让顾客成为建立品牌的伙伴，成为品牌故事的一部分。

　　例如，多年来，通过一些激浪"全民活动"，激浪让其爱好者在各个层面参与品牌的塑造。在激浪"全民活动"中，激浪品牌的粉丝通过在线和社交媒体参与了从选择和命名新口味、设计包装罐，到提交和选择电视广告，甚至选择广告机构和媒体的所有活动。结果，激浪"全民活动"催生了诸如 Voltage 和 White Out 等热门口味。更重要的是，该活动目前已经成为优质的论坛，让年轻的、精通数字技术的激浪顾客相互了解彼此，使激浪成为大家的品牌。

　　激浪在忠诚的激浪粉丝中创造黏性和社区，并将自己视为终极生活方式下的一个品牌。在线下，十多年来，激浪与美国全国广播公司（NBC）体育台合作赞助激浪巡回赛，在美国主要城市举行夏季和冬季激动人心的体育赛事。在激浪巡回赛中，超级粉丝们可以亲身体验激发肾上腺素的激浪生活方式，并与"激浪王国"的其他粉丝们分享自己的体验。激浪品牌的首席营销官表示，"拥有朝气"这一口号是"关于享受当下的"，这与该品牌的年轻（主要是千禧一代）男性的目标市场高度吻合。"除了粉丝对激浪品牌的热爱之外，真正将'激浪王国'团结起来的是追逐感觉的想法，"他说，"不管是你翻跟头时的快感，还是在舞台上完成表演时的快感，激浪品牌的系列活动都是对这种行动感的一种庆祝。"

　　在线上，激浪品牌的几十个在线、移动和社交媒体网站提供了更多的娱乐和社区建设方式，而不仅仅是产品信息。例如，"拥有朝气"官方网站是其所倡导生活方式的信息聚集地，超级热情的粉丝们可以在这里查看最新的"拥有朝气"活动、广告和视频，在游戏区闲逛，或者关注极限运动的运动员在滑板（尼克·塔克（Nick Tucker）、肖恩·马尔托（Sean Malto）和西奥蒂斯·比斯利（Theotis Beasley））、单板滑雪（丹尼·戴维斯（Danny Davis）和茱莉亚·玛丽诺（Julia Marino））、篮球（罗塞尔·威斯特布鲁克（Russell Westbrook））甚至钓鱼（杰拉尔德·斯温德尔（Gerald Swindle））等方面的相关活动。

　　但激浪超级粉丝的终极数字聚集地是一个叫"绿色标签"的社区，这是一个由激浪品牌创建的关于青年文化的网络和社交媒体社区，它涵盖了与激浪品牌相关的体育、音乐、艺术和风格的内容。

　　绿色标签社区持续不断地制作吸引人的内容，让超级粉丝与该品牌互动。绿色标签社区还催生了一些雄心勃勃的项目，如激浪品牌的绿色标签体验——展示激动人心的激浪巡回赛的有线电视系列片以及《热血滑板》（We Are Blood）——一部跟踪世界各地的业余和职业滑手的电影，让世界各地的滑手可以一起庆祝因滑板运动而建立起来的联系。目前，绿色标签社区的流量是激浪品牌网站的 5 倍。

　　总之，在吸引忠诚顾客并让他们参与品牌方面，很少有品牌能够与激浪相提并论。相应地，激浪品牌粉丝们的忠诚度也使"激浪王国"在竞争对手面临衰退的情况下仍然能够保持活力。实际上，正如其高级市场营销经理所指出的：真正让激浪品牌在饮料产品（特别是碳酸软饮料产品）中脱颖而出的，是该品牌所拥有的高度忠诚的顾客基础。对于这些超级粉丝而言，他们从激浪品牌中所获得的远远超越了他们自己所饮用的东西。如果引用百事首席执行官的话来说，对这些忠诚的粉丝而言，激浪品牌实际体现了一种态度，一种爽到极点的态度。

20 岁的超级粉丝史蒂文·科尔尼（Steven Kearney）从八年级开始就每天都喝激浪饮料。科尔尼收集了 80 个老式包装罐和包装瓶——在每次有新口味发布时，他都会收集一个新包装罐作为纪念。他在大学广播电台主持节目时，在开始的一刻总是会打开一罐激浪饮料，与一群好朋友一起谈天说地，并把这些朋友称为"激浪伙伴"。

资料来源：Peter Hartlaub, " Sweet! America's Top 10 Brands of Soda," *NBC News*, www.nbcnews.com/id/42255151/ns/business-us_business/t/sweet-americas-top-brands-soda/#.Wm-X76inGw4, accessed March 2018; Joshua Hughes, " Mountain Dew Launches New ' Do the Dew ' Campaign," *World Branding Forum*, January 10, 2017, https://brandingforum.org/advertising/mountain-dew-launches-new-dew-campaign/; Jillian Berman, " Here's Why Mountain Dew Will Survive the Death of Soda, " *Huffington Post*, January 25, 2015, www.huffingtonpost.com/2015/01/26/mountain-dew-regions_n_6524382.html; Venessa Wong, " Nobody Knows What Mountain Dew Is, and That's the Key to Its Success, " *Buzzfeed*, November 1, 2015, www.buzzfeed.com/venessawong/what-is-mountain-dew#.ikdN7aw8X; " Advertising Spending on Selected Beverage Brands in the United States," *Statista*, www.statista.com/statistics/264985/ad-spend-of-selected-beverage-brands-in-the-us/, accessed September 2018; and www.mountaindew.com and www.greenlabel.com, accessed September 2018.

有些企业实际上是让忠诚者为自己的品牌工作。通过研究其不忠诚的顾客，一个公司能够发现哪种品牌与自身的竞争最为激烈。通过观察那些正在远离其品牌的顾客，公司可以了解其市场营销中存在的弱点，并采取行动加以纠正。

使用多种市场细分标准

市场营销人员很少把市场细分限定于一个或几个变量。通常，他们都倾向于综合使用多种市场细分标准去识别出更小、更精准的目标市场群体。有些商业信息服务商，如尼尔森、安客诚（Acxiom）、Esri 和 Experian 提供多变量市场细分系统，将地理、人口统计学、生活方式和行为数据结合起来，帮助企业将其市场细分到地区、社区甚至家庭。

例如，安客诚公司的 Personicx 生命阶段聚类系统就把美国家庭划分为 21 个不同的生命阶段大类，在此基础上又进一步细分成 70 个不同的群组，每个家庭都在这 21 个大类和 70 个群组之中。[13] Personicx 生命阶段聚类系统还为每个细分市场提供了丰富多彩的描述性名称，如"巅峰庄园""天空之城和越野车""玩具和婴儿""乡村单身者""'卡车'和'时尚'""田园家庭""市中心的居民""吝啬的抵押人""卡通和汽车"等。

每个细分市场都有自己的人口统计学特征、生活方式、喜好以及购买行为的模式。通过使用该系统，市场营销人员可以对消费者是谁以及他们可能购买的东西进行惊人的精确描绘。例如，该系统的"卡通和汽车"群组由稳定的中等收入、已婚、30 岁左右的夫妇和他们各种年龄的孩子组成。他们在收入、受教育程度和房屋价值方面均处于中等水平，能够让其家庭舒适地生活。同时，在该群组中，西班牙裔和蓝领职业群体高度集中。"卡通和汽车"群组的消费者往往驾驶厢式旅行车和皮卡去给孩子购买大量的衣服和鞋子，喜爱参观动物园和主题公园以及露营等家庭活动。[14]

该系统和其他类似的系统可以帮助市场营销人员将顾客和地点细分。这种丰富的细分为所有类型的市场营销人员提供了一种强大的工具，可以帮助企业准确地识别和更好地了解关键的顾客群，进而更有效地接触他们，并根据他们的具体需求定制相应的市场产品和信息。

6.2.2 组织（工业品）市场细分

顾客与组织市场营销人员利用许多相同的变量来进行组织市场细分。例如，他们可以依据地理区域、人口统计学特征（产业、企业规模）或寻求的利益、使用者状态、使用水平和忠诚度等进行市场细分。然而，组织市场营销人员也可以利用其他变量来进行市场细分，如顾客活动的特点、购买方式、情境因素与个人特征等。

几乎每一家企业都至少服务于某个组织市场。例如，星巴克已经为不同的细分市场制订了不同的营销方案，如学院和大学、政府和军队以及办公咖啡等。在办公咖啡细分市场上，星巴克向各种规模的企业提供种类繁多的服务，帮助企业在办公地点为员工提供星巴克咖啡及相关产品。星巴克帮助这些组织顾客设计最好的解决方案，包括其咖啡（星巴克咖啡、西雅图最佳咖啡和 Torrefazione Italia 品牌咖啡）、糖浆与品牌纸质品及使用方法——冲泡、自助服务或即饮等。例如，学院和大学部门有各种提供星巴克产品的平台，如优质自助服务平台、即饮平台和特许店。星巴克不仅为其商业顾客提供咖啡、茶和纸制品，而且提供设备、培训以及营销和销售支持等。[15]

实际上，许多企业都建立了独立的系统以应对大客户或位于各地的顾客。例如，办公家具制造商——Steelcase 公司将顾客分成以下几个细分市场：医疗保健、教育、酒店、法律、美国和加拿大政府以及州和地方政府等。在此基础上，该公司的销售人员会与公司的独立经销商密切合作，共同为每个细分市场上更小的、当地的或区域性的顾客提供产品和服务。然而，许多拥有多个办公地点的企业顾客，如埃克森美孚（ExxonMobil）或 IBM 等，往往有着特殊的需求，这些需求可能已经超过了单个经销商的能力范围。为此，Steelcase 公司会让全国客户经理帮助其经销商网络为业务遍布全国的客户提供服务，同时让其全球客户经理去处理跨国和国际客户服务。[16]

6.2.3　国际市场细分

很少有企业能够拥有足够的资源或意愿在遍布全球的国家开展业务。虽然像可口可乐或联合利华这样的大企业在全球 200 多个国家销售它们的产品，但绝大多数跨国公司都只专注于更小的市场范围。不同的国家，即使是那些相距很近的国家，在经济、文化和政治构成上也会有很大的不同。因此，正如它们在国内市场所做的那样，跨国公司需要根据购买需求和行为对其全球市场进行细分。

企业可以运用一个或一系列变量对国际市场进行细分。具体而言，它们可以根据地理位置进行市场细分，也可以按照不同的区域对国家进行细分，如西欧、环太平洋、中东或非洲等。其中，地理细分假设地理上接近的国家在习惯与行为上有许多共同点。虽然这一假设具有普遍性，但也有一些例外。美国市场营销人员将中美洲与南美洲的国家归为一类。然而，多米尼加共和国与巴西的相似程度还不及意大利与瑞典。另外，许多中美洲和南美洲的国家甚至不说西班牙语，例如有超过 2 亿的巴西人说葡萄牙语，另外一些国家则有数百万人说各种印第安方言。

当然，企业也可以依据经济因素细分世界市场。不同国家可以依据人口收入水平或总体经济发展水平来进行划分。一个国家的经济结构塑造了国民的产品与服务需求以及存在的市场营销机会。例如，许多国家正将目标市场指向金砖国家——巴西、俄罗斯、印度、中国及南非，它们是世界上快速发展的经济体，人们的购买力也随之快速增长。

此外，企业还可以依据政府的类型与稳定性、对外资企业的接受程度、金融制度、官僚主义程度等政治与法律因素对各个国家进行细分。同时，也可以依据官方语言、宗教、价值观与态度、风俗与行为规范等文化因素对国家进行分类。

按照如上所述的变量，如地理、经济、政治、文化或其他因素来进行国际市场细分，存在着一个重要前提，那就是细分市场上存在着国家集群（一系列具有相似性的国家）。然而，随着卫星电视、互联网等新型通信技术的发展，市场营销人员可以重新定义具有相似观念的顾客市场，而不再关注这些顾客在全球所处的具体位置。利用**市场间细分**（intermarket segmentation，也称**跨市场细分**（cross-market segmentation）），市场营销人员可以把具有相似需求与购买行为的消费者作为一个统一的细分市场，而不论这些消费者是否位于不同国家。例如，零售商 H&M 公司向 43 个国家注重时尚但节俭的购物者提供低价的时尚服装和配饰。类似地，可口可乐针对青少年推出了特殊的营销活动——青少年是全球软饮料的核心消费者。2020 年，在全世界人口中，大约 1/3（约 25 亿人）还不到 18 岁。可口可乐通过音乐和娱乐等青少年普遍感兴趣的主题涉足了这一重要市场。例如，在 2016 年奥运会期间，可口可乐发起了"#ThatsGold"社交媒体活动，通过有关影响者、音乐家和奥运运动员的稳定内容达到了吸引 13 ～ 20 岁年轻人的目的。这场活动创造了数百万的浏览量、曝光次数、评论和分享。[17]

6.2.4　有效市场细分的要求

需要明确的是，虽然有许多市场细分的方法，但并不是所有的市场细分都是有效的。例如，食盐的购买者可以细分为金发和深色头发的消费者。但是，头发的颜色明显不会影响食盐的购买量。此外，如果所有食盐购买者每个月的购买量相同，盐是一样的，价格也一样，企业根本就无法从市场细分中获利。

有效的市场细分应该遵循的原则有：

- 可测量性：细分市场的规模、购买力与构成等，必须尽可能做到可以衡量。
- 可触达性：能够有效地触达并服务该细分市场。
- 可持续性：细分市场的规模和获利空间要足够大。一个细分市场应该是尽可能大的同质群体，这样才值得制订市场营销计划。例如，汽车制造商不会为身高 2 米以上的消费者专门开发汽车。
- 差异性：细分市场在概念上应该具有可辨识性，能够对不同的市场营销组合元素和活动做出不同的响应。例如，如果男性与女性对软饮料的市场营销努力反应相似，他们就不应该成为两个不同的细分市场。
- 可执行性：能够设计出有效的活动以吸引并服务该细分市场。例如，虽然一个小型航空公司识别出了七个细分市场，但是它的员工数量太少，因此难以针对每个细分市场制定特定的市场营销活动。

概念应用

请在这里暂停并回顾一下市场细分：跟你做生意的企业是如何运用我们刚刚所学习的市场细分的概念的呢？

- 除了上面列举的例子之外，你还能找到进行了刚才讨论的不同类型市场细分的具体例子吗？
- 运用所学的市场细分变量，对美国鞋业市场进行细分。请描述每个主要的细分市场及其子市场。在继续阅读下面的内容时，请记住这些细分市场。

➡ 6.3　目标市场选择

6.3.1　细分市场的评价

在对不同细分市场进行评价的时候，企业通常必须关注以下三个因素：细分市场的规模与成长性、细分市场的结构吸引力以及企业的目标与资源。首先，企业选择拥有适当规模与成长性的

作者点评

在完成了市场细分之后，需要回答图 6-1 所示的看似简单的第一个市场营销战略问题：企业将为哪些顾客提供服务？

细分市场。但是"适当规模与成长性"是个相对的概念。对每一家企业来说，最大规模的、成长最快的细分市场并不总是最有吸引力的。对于小型企业而言，它们可能缺乏服务大规模的细分市场的技能和资源，或者它们发现这些细分市场上的竞争实在是太激烈了。为此，这些企业可能不得不将目标定位于规模与吸引力较小一点的细分市场。从绝对意义上讲，这些细分市场对它们来说利润可能更高。

同时，企业也需要考察那些影响长期细分市场吸引力的结构性因素。[18] 例如，如果一个细分市场包括许多强有力且富有侵略性的竞争对手，或者进入这个细分市场的门槛比较低，那么这个细分市场的吸引力就会减弱。许多现实的或潜在的替代品，可能会限制细分市场中的产品价格与利润。另外，购买者的议价能力也会影响细分市场的吸引力。与销售者相比，如果购买者有较强的议价能力，它们就会尽力压价、要求更多的服务，并加剧市场竞争，所有这些都是影响销售成本的重要因素。最后，如果一个细分市场包括那些能够控制价格、降低订单产品质量或减少订单数量的强势供应商，那么这个细分市场的吸引力就会更弱。

即使一个细分市场有合适的规模与成长性且拥有结构吸引力，企业也必须考虑其目标与资源。由于与企业的长期目标并不一致，或者企业可能缺乏在细分市场上获得成功的技能与资源，有些充满吸引力的细分市场也会很快被放弃。例如，汽车市场中经济型细分市场是巨大的，而且成长迅速。但是考虑到企业的目标与资源，对于豪华汽车制造商梅赛德斯－奔驰来说，进入经济型细分市场可能毫无意义。一般而言，企业应该仅进入那些能够创造优质顾客价值、拥有竞争优势的细分市场。

6.3.2　目标细分市场的选择

在对不同的细分市场进行评价之后，企业还必须决定选择哪些及多少个目标细分市场来展开自己的经营活动。**目标市场**（target market）指企业决定为之提供服务的那一部分市场，通常包括一群具有共同需求或共同特征的购买者。企业可以在不同的水平上进行目标市场选择。如图 6－2 所示，企业通常可以进行广泛的目标市场选择（无差异市场营销），也可以进行非常细化的目标市场选择（小众市场营销），或是在二者之间某个水平上（差异化市场营销或聚焦性市场营销）进行目标市场选择。

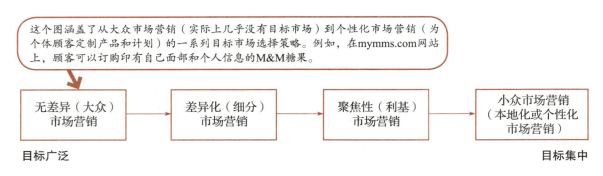

图 6－2　目标市场选择战略

无差异市场营销

在应用**无差异市场营销**（undifferentiated marketing）或**大众市场营销**（mass marketing）战略时，企业决定忽略各个细分市场的差异性，仅推出一种产品来服务整个市场。这样的市场营销战略关注的是消费者共同的需求，而不是差异性需求。企业会设计一款产品或一个市场营销计划去吸引最大数量的购买者。

正如在本章前面所提及的，绝大多数现代市场营销人员都强烈怀疑这种市场营销战略的合理性。显然，开发一种产品或品牌以满足所有消费者是很困难的。此外，实施大众市场营销的企业往往很难与实施聚焦性市场营销战略的企业展开有效竞争，因为后者往往更能满足特定的细分市场（利基市场）的独特需求。

差异化市场营销

在应用**差异化市场营销**（differentiated marketing）或**细分市场营销**（segmented marketing）战略的时候，企业决定同时经营几个细分市场，并为每个细分市场设计不同的产品。例如，宝洁公司在美国市场上至少有六个洗涤剂品牌（汰渍、格尼、奇尔、时代、卓夫特和波德），它们在超市货架上相互之间展开竞争。然后，宝洁公司又进一步细分每个洗涤剂品牌，以便服务更精细的利基市场。例如，顾客可以购买汰渍的许多子品牌——从汰渍经典洗衣液到汰渍冷洗液，从汰渍洗衣球到汰渍轻柔、汰渍除臭或汰渍柔顺洗衣液。

通过向不同的细分市场推出相应的产品与市场营销方案，企业期望在每个细分市场获取更高的销售量与竞争优势。与在所有细分市场推行无差异市场营销战略相比，在几个细分市场上提升竞争优势能够给企业带来更大的销售量。例如，通过使用差异化市场营销战略，宝洁公司在价值 150 亿美元的美国洗衣粉市场上占据了 61% 的市场份额。令人难以置信的是，仅仅汰渍系列的品牌，就占据了北美洗涤剂销售总额的 40%。[19]

差异化市场营销也增加了相应的商业成本。实际上，企业可能会发现，开发与生产 10 个单位的 10 个不同产品比 100 个单位的同一产品成本更高。为单一细分市场单独开发一个市场营销计划，也需要额外的营销调研、预测、销售分析、促销计划与渠道管理努力。类似地，在不同的细分市场推行不同的广告活动，也增加了市场营销成本。因此，当决定实施差异化市场营销战略时，企业必须对销售的增加与成本的增加进行权衡。

聚焦性市场营销

在应用**聚焦性市场营销**（concentrated marketing）或**利基市场营销**（niche marketing）战略的时候，企业力争在一个或几个细分市场或利基市场上追求尽可能多的市场份额，而不是庞大市场中的小份额。以 Stance 公司为例[20]：

"蕾哈娜（Rihanna）设计了它们，杰斯（Jay-Z）为它们歌唱，很多地方 Stance 袜子常常脱销。"一位观察者说。它们甚至成为 NBA 的官方袜子，也是许多职业球员在比赛日最爱穿的袜子。作为占领利基市场的市场补缺者，Stance 公司销售袜子，而且把卖袜子作为自己的主要业务。然而，它却在强大竞争对手的阴影下蓬勃发展，这些竞争对手只是把卖袜子作为副业。在几年前，Stance 公司的创始人发现袜子市场是一个巨大的，但在很大程度上被忽视和低估的市场。

为此，Stance 公司开始为袜子品类注入新的活力，在创造出质量卓越的袜子的同时也展现出了其乐趣、风格和地位。结果，Stance 公司完成了自己的使命。现在，顾客可以在 40 多个国家的商店里看到色彩斑斓的 Stance 舒适但古怪的袜子，从当地的冲浪店到 Foot Locker 商店，再到诺德斯特龙、布鲁明戴尔和梅西百货等商店。一双 Stance 袜子的售价从 10 美元到 40 美元不等。在创建最初的 4 年里，Stance 公司售出了超过 3 600 万双袜子。这对 Hanes 公司等大型竞争对手来说是小事一桩，但对 Stance 公司来说却是有利可图的。接下来有什么市场机会呢？另外一个经常被忽视的利基市场是男士内衣市场。

通过实施聚焦性市场营销战略，企业凭借对利基市场中消费者需求的了解以及它的特殊声誉获得了有利的市场地位。通过微调产品特性、价格与活动，满足细分市场的独特需求，企业往往能够开展更为有效的市场营销活动。面向自己能够提供最佳服务、获取最大利润的消费者，企业可以更有针对性地设计相应的产品或服务、渠道与沟通活动，进而提高其市场营销的效率和效果。

利基市场营销战略可以使小型企业集中资源，去关注那些大型企业认为不太重要或所忽视的利基市场。许多企业都以利基市场为契机，对抗资源丰富的强大竞争对手，然后逐渐成长为在更广泛市场上的有力竞争者。例如，西南航空公司一开始只提供得克萨斯州州内的通勤服务，但是现在已经成为全美最大的航空公司之一。此外，汽车租赁公司——Rent-A-Car 最开始也只是建立了覆盖社区的网络，而不是与赫兹（Hertz）、安飞士（Avis）在机场展开竞争，现在它已是美国最大的汽车租赁公司了。类似地，亚马逊公司一开始也仅仅是在网上销售书籍，但现在作为美国最大的的在线企业销售几乎所有商品。

聚焦性市场营销战略还可以确保企业实现高额利润。不过，该战略也伴随着高风险。如果细分市场令人失望，或者强大的竞争对手决定动用更多资源进入同一个细分市场，那么所有产品依赖于一个或几个细分市场的企业可能会遭受挫折。出于这些原因，许多企业更愿意同时在多个细分市场上展开多元化经营。例如，可口可乐公司的创投和新兴品牌部门面向利基市场推出了一系列小众饮料，所推出的品牌包括 Honest Tea（全美最大的有机瓶装茶品牌）、NOS（一种受汽车爱好者欢迎的能量饮料）、FUZE（一种融合了茶、水果和其他口味的饮料）、Topo-Chico（优质气泡矿泉水）、Zico（纯优质椰子水）、Odwalla（天然饮料）、Fairlife（超滤牛奶）和许多其他品牌。这些品牌使可口可乐公司得以在较小的专业市场上展开有效竞争，有些品牌未来将会发展成为某一领域的强势品牌。[21]

小众市场营销

实施差异化市场营销战略的企业与实施聚焦性市场营销战略的企业，都会调整其产品与市场营销活动，以便满足不同细分市场和利基市场的需求。然而，他们并没有针对每一个顾客来定制其产品。**小众市场营销**（micromarketing）是指调整产品与市场营销活动去迎合特定的消费者与当地消费者的口味。实施小众市场营销战略的企业在每个顾客身上看到个体，而不是从每个个体身上看到顾客。一般来说，小众市场营销包括本地化市场营销与个性化市场营销。

本地化市场营销　本地化市场营销（local marketing）指调整品牌与促销以满足当地消费群体（城市、社区，甚至专卖店）的需要。例如，万豪集团万丽酒店（Renaissance Hotels）有一个"领航者计划"，让其全球 160 多家生活时尚酒店中的每一家都能提供本地化的顾客体验。[22]

万丽酒店的"领航者计划"通过细微的本地化来为每个酒店的顾客推荐目的地当地的美食、购物、娱乐和文化体验，呈现个性化和当地面貌。该计划由每个地点的万丽酒店"领航者"负责。例如，工作于纽约时代广场万丽酒店的詹妮弗·波尔图洪多（Jennifer Portuhondo）就是这样的领航者，她是纽约当地人。一般而言，领航者都是经过大量培训的当地人，他们对目的地怀有极大的热情，通常与当地有着密切的个人联系。基于数小时的密集培训，加上他们自己的个人经历和不断的学习，他们帮助顾客去体验每家酒店附近的美妙绝伦。

此外，万丽酒店还邀请每个城市的当地人参加，邀请他们通过社交媒体跟随当地的领航者，并在系统中添加他们自己的最爱，从而创建每个酒店让顾客惊喜的独特体验版本。然后，领航者对提交的建议进行筛选，并将最佳建议与他们自己的建议放在一起，在其网络、移动和社交媒体渠道进行分享，如在酒店大堂的平板电脑，或在纸质版的本地领航者指南中加以分享。

通信技术的进步催生了本地化市场营销的高科技版本——基于位置的精准营销。由于智能手机和平板电脑集成了地理定位技术的最新进步，越来越多的企业现在可以密切地跟踪消费者的定位，并快速地传递本地化交易和相关信息，无论消费者身在何方。以 REI、星巴克、沃尔格林和梅西百货等为代表的零售商都加入到了本地化的行列。例如，沃尔格林使用其移动应用程序，根据消费者的人口统计数据和之前的购买模式，在消费者在商店过道上浏览时，将店内通知和个性化优惠结合起来发送给特定的消费者。

然而，本地化市场营销也存在一定的缺点。由于降低了规模经济，本地化市场营销可能增加了制造和营销成本。当企业想尽力去满足不同区域和本地市场的不同要求时，还可能会导致某种物流问题。然而，随着企业面临日益分散的市场以及新的支持性数字技术的发展，本地化市场营销往往利大于弊。

个性化市场营销　作为一种极端形态，小众市场营销表现为**个性化市场营销**（individual marketing）——调整产品与营销活动以满足个体消费者的需求与偏好。个性化市场营销也称一对一市场营销、大规模定制和个体市场营销。

大规模市场营销的广泛应用掩盖了这样的事实：几个世纪以来，消费者都是作为个体接受服务的：裁缝缝制服装、鞋匠设计鞋子、木匠制作订单上的家具等。今天，新科技让许多企业重返定制营销成为可能。更详细的数据库、自动化生产、柔性管理、交互式沟通媒介（如手机与互联网）整合在一起，促进了大规模定制的兴起。其中，大规模定制是企业与广大消费者一对一交互的过程，为满足个体需求来设计相应的产品与服务。

当今，企业对一切都在进行定制，从艺术品、耳机、运动鞋到瑜伽垫和食物。在 mymms.com 上，喜爱糖果的人能购买印有他们孩子与宠物图案的 M&M 巧克力豆；访问彪马工厂可以在线设计和订购个性化的运动鞋；位于奥兰多的 JH Audio 可以按照顾客的耳形制作个性化的耳机，提供最匹配、更安全的耳机。该公司甚至可以在微小的耳塞上激光打印一些个性化设计——有的顾客希望印上小山羊，有的顾客则希望印上小狗。

另外一个极端是"定制"奢侈品。只要愿意出价，富有的顾客可以购买定制的商品，从爱马仕和古驰的定制时装及配饰到阿斯顿·马丁或劳斯莱斯的定制汽车。[23]

95% 的劳斯莱斯的顾客都以某种方式定制他们的汽车。顾客可以坐下来与劳斯莱斯公司的定制设计团队——色彩专家、皮革工匠、木工大师——在一个充满图像、材料和其他灵感元素的休闲室里设计他们自己独特的产品。想把外部油漆和内部皮革与顾客最喜欢的淡粉色皮革手套相匹配吗？没问题。想要定制门把手、在头枕上缝上你的姓名缩写和有意义的标志，或安装贝母镶嵌物、鳄鱼皮座椅、兔皮内衬或桃花心木装饰？都很容易做到。例如，某位顾客甚至希望其汽车内饰是由最近倒在其庄园里的一棵树制成的。在分析了样品之后，这位顾客的树就被制成了他所定制的劳斯莱斯汽车仪表盘和门板。

除了定制产品以外，市场营销人员还一对一地提供个性化广告信息、营销报价和服务接触。考虑到今天的数据和分析技术，所有的顾客浸入都可以根据个体顾客的特征、偏好和行为进行微调。

选择目标市场战略

当企业选择目标市场战略的时候，需要考虑许多因素。哪种战略是最好的，往往取决于企业的资源。当企业资源有限时，聚焦性市场营销可能更有意义。同时，最好的战略也取决于产品的差异化程度。例如，无差异市场营销更适合标准化的产品，如葡萄柚或钢材。在设计上存在差异的产品，如相机与汽车等，则更适合采用差异化市场营销或聚焦性市场营销。此外，产品生命周期可能是另外一个需要考虑的因素。当企业生产新产品的时候，推出唯一版本的产品可能会比较实际，因为无差异市场营销或聚焦性市场营销此时更有价值。当产品进入成熟阶段，差异化市场营销通常是较好的选择。

另外一个影响因素是市场差异性。如果绝大多数消费者都拥有相同的品位、购买同样数量的产品、对市场营销活动的反应一致，那么无差异市场营销往往是合适的选择。最后，竞争对手的市场营销战略也很重要。当竞争对手采用差异化或聚焦性市场营销时，企业采取无差异市场营销简直就是自取灭亡。与之相对，当竞争对手采用无差异市场营销时，企业可以采用差异化市场营销或聚焦性市场营销，通过关注具体细分市场的顾客需求来获取竞争优势。

目标市场选择的社会责任

明智的目标市场选择通过聚焦细分市场以满足消费者需求与获取最大利润来改善企业的经营效率与效果。目标市场选择也有益于消费者——企业通过提供定制的产品以服务具体的消费者群体。然而，目标市场选择有时也会产生争论与焦虑。其中，最大的问题通常是将有争议的或存在潜在风险的产品提供给弱势消费者群体。

例如，快餐连锁店近年来就是否将市中心的少数派消费者确定为目标群体而发生争执。人们批评快餐企业向低收入的美国城市居民推销他们高脂肪、高盐的食物。与郊区居民相比，这些消费者更可能成为重度消费者。类似地，有些大银行与贷款机构利用穷人无法承担但有吸引力的利率，将目标市场锁定在贫困的城市社区，并因此遭到了批评。

儿童常常被看成是尤其容易受到伤害的群体。由于营销对象是儿童，许多产业（从谷物、软饮料、快餐到玩具、时装）的市场营销人员因此遭受了严厉批评。批评者担心：用可爱的动画人物展示广告可能会突破儿童的心理防线。近年来，麦当劳公司受欢迎的开心乐园套餐（Happy Meals）把一些出现在儿童电影里的小玩意与富含脂肪、卡路里的饮食联系在了一起，并因此受到了健康饮食提倡者和家长们的批评。麦当劳公司回应称：开心乐园套餐整体上热量降低了20%，添加了水果，并宣传开心乐园套餐只含牛奶、水和果汁。同时，它还减少了糖分，提供的有机苹果汁糖分含量从之前的 19 克减少到只有 8 克。[24]

数字技术可能会让儿童更容易遭受目标市场营销信息的侵蚀。传统针对儿童的电视和纸质印刷广告通常都包含明显的宣传标语，父母比较容易监测和控制。然而，数字化营销可能被微妙地嵌入内容当中，并通过小屏幕设备发送给儿童。这时，即使是最警惕的家长也很难注意到。在数字平台中，教育、娱乐和商业内容之间的界限往往是模糊的。因此，随着儿童消费越来越多的在线和数字内容，专家建议家长们密切监督儿童所使用的数字设备。

更广泛地说，互联网和包括智能手机在内的其他精细定位的媒介发展，引发了对潜在的目标市场选择滥用的担忧。互联网使更精准的目标市场选择成为可能，让问题产品的制造商与造假的广告可以直接面向最容易受到伤害的顾客群体。肆无忌惮的市场营销人员可以通过电子邮件向数以百万毫无防备的消费者发送欺诈信息。例如，联邦调查局的互联网犯罪投诉中心（Internet Crime Complaint Center）网站在一年内就收到近 30 万起投诉。[25]

当今，市场营销人员也在使用复杂的分析技术来跟踪消费者的数字移动，并建立起了包含高精确度个人信息的详细顾客档案。然后，他们利用这些信息来锁定个别消费者，并推送个性化的品牌信息和产品或服务。然而，在运用诸如此类的目标市场选择战略的时候，市场营销人员往往需要在更好地服务消费者和偷偷地追踪消费者之间小心行事。

你的智能手机对你有多了解？笔记本电脑能讲什么故事？事实上，消费者数字设备可能比消费者自己更了解自己。智能手机和其他数字设备已经成为我们生活的重要组成部分。无论消费者做什么——在工作、娱乐、社交、购物——消费者的手机、平板电脑、笔记本电脑或台式电脑几乎都是消费者行动的一部分。这些电子设备如影随形，给消费者带来快乐、帮助消费者联系朋友、使消费者进行网络浏览和购物、给消费者带来新闻和信息，甚至偷听/收看最隐私的声音、文本和电子邮件。实际上，越来越常见的场景是：这些设备与市场营销人员分享所有的个人信息。现在，企业已经开发出了一系列精密的新技术来提升自己在挖掘消费者需求与偏好等方面的洞察力。对于品牌和市场营销人员来说，这些信息是非常珍贵的。

市场营销人员认为使用这些个人信息，是为了更好地服务于消费者和企业。消费者从真正理解他们需求并且他们真正感兴趣的品牌那里，接收到针对性强的相关信息和产品。然而，许多消费者和隐私拥护者都担心：这种隐私信息在肆无忌惮的市场营销人员手中可能会给消费者造成更多的伤害，而不是带来预期的好处。不少市场营销人员常常把大数据和精准锁定，当作偷偷接近消费者和勾勒顾客画像的手段，而不是为了更多地了解消费者和为他们提供更好的服务。如果能够得到更好的服务或获取更有利的交易，大多数消费者还是愿意分享一些个人信息的，但许多消费者担心市场营销人员可能会滥用这些隐私信息。

因此，在目标市场营销过程中，关键的问题实际上不是目标是谁，而是如何锁定目标对以及为什么要锁定这样的目标。当市场营销人员不公平地将那些易受伤害的细分市场作为自己的目标，或者用令人质疑的产品或战略针对他们并企图以牺牲目标市场的利益来获利的时候，分歧和争论就产生了。为此，履行社会责任的市场营销提倡目标市场细分与选择不仅要服务于企业的利益，而且要考虑目标消费者的利益。

概念应用

下面先暂停一下，并开始进行全面分析。

● 在前面的概念应用中，你对美国鞋业市场进行了细分。请参考图 6-2，选择鞋业市场中的两家企业，然后描述这两家企业的市场细分与目标市场选择战略。你能想到其中哪一家企业选择许多细分市场，哪一家企业仅仅关注一个或几个细分市场吗？

● 你选择的企业是如何让自己的产品与形象与众不同的？在目标顾客的心目当中，每一家企业在差异化方面都做得好吗？本章最后一节将讨论这类定位问题。

6.4　差异化与定位

除了决定以哪些细分市场为目标市场之外，企业还必须提出自己的价值主张——它如何为目标细分市场创造差异化的价值，并在这些细分市场中确定自己的位置。**产品定位**（product position）指消费者依据产品的属性对产品进行定义的方式，即确定与竞争产品相比，该产品在目标顾客心目当中的位置。产品是在工厂中生产的，但品牌却是扎根在消费者的心目当中的。

作者点评

当企业回答了听起来简单的第一个问题（我们将为哪些顾客提供服务？）之后，一定会问第二个问题（我们将如何为他们提供服务？）。

在汽车市场上，本田飞度（Fit）和日产 Versa 都定位于经济型，梅赛德斯和凯迪拉克则定位于豪华型，保时捷和宝马则定位于性能型。

有时，消费者头脑中承载着过多的产品与服务信息。当他们做出购买决策的时候，无法每一次都重新进行产品评估。为了简化购买过程，消费者将产品、服务和企业整理分类，并在自己的心目当中对其进行定位。其中，产品定位是与其他竞争产品相比，消费者对该产品的感知、印象与感觉的组合。

不管市场营销人员是否提供帮助，消费者都会进行产品定位。但是，市场营销人员并不想在产品定位上听之任之。他们必须设计定位，在选定的细分市场中赋予产品最大优势。同时，他们也必须设计相应的市场营销组合来打造好自己所设计的产品定位。

6.4.1　定位图

在设计差异化与定位战略时，市场营销人员经常会绘制一幅感知的定位图，它显示出消费者在重要的购买维度上对其品牌与竞争品牌的认知。图 6-3 展示了一幅大型豪华运动型多用途车（SUV）的定位图。[26] 在图 6-3 中，每个圈的位置是该品牌在价格与导向（豪华和性能）这两个维度上的感知定位，圈的大小则代表该品牌的相对市场份额。

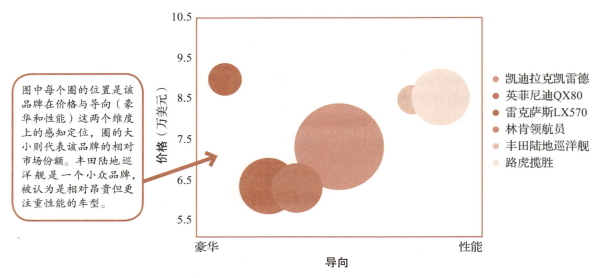

图中每个圈的位置是该品牌在价格与导向（豪华和性能）这两个维度上的感知定位，圈的大小则代表该品牌的相对市场份额。丰田陆地巡洋舰是一个小众品牌，被认为是相对昂贵但更注重性能的车型。

凯迪拉克凯雷德
英菲尼迪QX80
雷克萨斯LX570
林肯领航员
丰田陆地巡洋舰
路虎揽胜

图 6 - 3　大型豪华运动型多用途车（SUV）的定位图

因此，顾客把市场领导者凯迪拉克凯雷德视为价格适中、宽敞、豪华 SUV，兼顾豪华与性能。这一例子中，凯雷德被定位为一款都市豪华车，性能则指马力与安全性。而且，在凯雷德的广告中，顾客会发现根本就没有提及越野探险。

6.4.2　选择差异化与定位战略

有些企业发现，选择差异化与定位战略是一件很容易的事情。例如，在特定的细分市场中，如果有足够多的追求高质量的消费者，那么以质量闻名的企业可能就会在新的细分市场中继续同样的定位。但是在很多情况下，追求同样定位的企业可能会有两三家，每家企业都不得不找到其他方法使自己与竞争对手区别开来。换句话说，每家企业都会使自己的产品差异化，建立独特的价值以便吸引细分市场中的大量顾客。

除此之外，品牌定位要能够满足目标市场的需求和偏好。例如，正如本章的开篇案例中所讨论的那样，虽然唐恩都乐和星巴克都是咖啡店，但它们瞄准的是不同的顾客群体，而且这两家店的顾客喜欢的东西也不一样。其中，星巴克瞄准的是更加高端的专业人士，它将自己定位成精英们在家和办公室之外的第三空间；而唐恩都乐瞄准的则是普通人，显然更加强调低端的、大众的市场定位。正是因为对独特的消费群体提出了正确的价值主张，所以它们在市场上都获得了成功。

一般而言，差异化与定位主要包括以下三个步骤：识别能构建市场地位的一系列价值差异与竞争优势；选择合适的竞争优势；选择总体定位战略。企业必须有效地向市场沟通和传递自己所选择的定位。

识别可能的价值差异与竞争优势

为了与目标顾客建立起有利可图的关系，市场营销人员必须比竞争对手更好地理解顾客的需求，并能够交付更多的顾客价值。从某种程度上来说，通过向市场提供卓越的顾客价值而实现的企业差异化与定位的水平，往往决定了企业所展现的**竞争优势**（competitive advantage）。

但是，坚实的市场定位不能建立在空口许诺上。如果企业把自己的产品定位为提供最好的质量与服务，那它必须对产品进行差异化，以便交付承诺过的质量与服务。企业不能仅仅用标语和口号大声喊出它们的定位，而应向标语注入活力。例如，在线鞋类和配件销售商美捷步"以服务为动力"的定位，如果没有真正出色的顾客关怀作为支持，就会显得相当空洞。实际上，美捷步集结了整个组织和全部员工，努力为顾客提供最好的服务。这家在线销售商的核心价值是：向顾客交付令人惊喜的卓越服务。[27]

为了找到差异点，市场营销人员必须认真考虑顾客对企业产品或服务的总体体验。一家敏锐的企业会通过每一个顾客接触点去寻找差异化方法。企业通过哪些具体方法将自身或其市场供应物区分出来呢？答案是可以在产品、服务、渠道、人员或形象等方面进行差异化。

通过产品差异化，企业可以使自己的品牌在产品特点、性能或风格与设计上与其他品牌区分开来。因此，高端音响品牌博世（Bose）对其产品的定位是：为用户提供创新的、高质量的听觉体验。博世承诺"通过研究提供更好的声音"。类似地，宝马公司则把自己定位为：可以带来操控快感的终极驾驶机器。

除了具体产品差异化，企业也可以对关于产品的服务进行差异化。有些企业通过快速、便捷的服务成功地实现了服务差异化。例如，Quicken Loans 的火箭贷款（Rocket Mortgage）部门不仅提供抵押贷款，其在线网站或移动应用界面还可以让用户轻松上传财务细节，并在短短几分钟内获悉贷款结果。同时，也有其他企业承诺提供高质量的顾客服务。例如，在航空公司顾客满意度不断下降的时代，新加坡航空公司（Singapore Airlines）通过一流的顾客关怀和空乘人员的魅力成功地实现了差异化。

选择渠道差异化的企业，可以通过设计渠道覆盖范围、渠道专业知识与渠道业绩来获取竞争优势。例如，亚马逊公司与盖可保险公司利用运作顺利的直销渠道成为行业中的佼佼者。当然，企业也可以通过人员差异化——雇用、培训比竞争对手更好的员工来获取有利的竞争优势。其中，人员差异化要求企业务必仔细挑选与顾客联系的员工，并好好培训他们。例如，长期以来，韦格曼斯（Wegmans）一直都被公认为顾客服务冠军，其购物者具有"近乎痴狂"的忠诚度。韦格曼斯卓越的顾客服务正是源自其精心挑选、悉心培训的快乐的员工，是他们向顾客传递着韦格曼斯对顾客的承诺。每一天，顾客都会在韦格曼斯获得最好的服务。例如，韦格曼斯的收银员只有在接受了 40 个小时的培训之后，才可以真正接触顾客。实际上，正如韦格曼斯负责人力资源的副总裁所指出的，员工是企业最大的资产。[28]

即使在竞争产品看起来都十分相似的情况下，顾客也可以从公司或品牌的形象中感知到细微的差异。在实践中，公司形象或品牌形象往往体现出其产品的独特利益和定位。然而，塑造强大且独特的形象是一项十分艰苦的创造性工作。一般而言，企业是很难通过几则广告在一夜之间就在公众心目当中树立自己的"光辉形象"的。例如，如果丽思卡尔顿意味着质量卓越的话，那么其形象必然是靠丽思卡尔顿的一言一行来支撑并逐渐塑造出来的。

公司的标识，如麦当劳公司的金色拱门、谷歌公司多彩的标识或苹果公司咬了一口的苹果，往往都可以提供显著的公司或品牌识别和形象的差异。有些企业围绕着名人来建立自己的品牌形象，如请迈克尔·乔丹（Michael Jordan）、科比·布莱恩特（Kobe Bryant）、勒布朗·詹姆斯（LeBron James）作为篮球鞋与球服的代言人。有些企业甚至与颜色建立起关联，如可口可乐（红色）、IBM（蓝色）、UPS（棕色）。综上所述，企业所选的标识、人物和其他形象元素必须能够通过广告进行传播以便有效传递企业形象或品牌个性。

选择合适的竞争优势

假设一家企业非常幸运地发现了若干个能够带来竞争优势的差异点，那么这时它就必须做出选择，进而据此确定自己的定位战略。该企业必须确定存在着多少差异点以及选择其中的哪些差异点来进行传播。

存在多少个可以传播的差异点　许多市场营销人员认为，企业应该积极地面向目标消费者宣传一种利益。例如，广告总监罗瑟·瑞夫斯（Rosser Reeves）指出，企业应该为每个品牌开发出独特的销售主张，并坚持下去。每个品牌都应该选择其中的一个属性，并在这个属性上标榜自己"第一"。在当今这个存在过度沟通的信息时代，购买者更倾向于记住第一。因此，沃尔玛宣传其无与伦比的低价，汉堡王标榜个性化选择——"我选我味"（Have it your way）。

　　有些市场营销人员认为，企业应该依据多个差异点来进行定位。当有两家或两家以上的企业都宣称自己在某个属性上是最好的，就很有必要依据多个差异点进行定位。例如，如前所述，丰田公司将其陆地巡洋舰定位为豪华和良好的越野性能。陆地巡洋舰始于1951年，是一款四轮驱动的吉普车，旨在征服世界上最艰苦的地形和最恶劣的气候。近年来，该车保留了这种冒险和性能定位，但增加了豪华属性。丰田公司所面临的挑战是：要让买家相信"一个品牌可以同时提供豪华和越野两种性能"[29]。今天，大众市场被分解为许多小的细分市场，因此企业与品牌都努力拓展其定位战略，以便吸引更多的细分市场。

　　要传播哪些差异点　不是所有的品牌差异点都是有意义的或是值得的，也不是每一种差异点都有可能创造企业成本或顾客利益。从某种程度上来说，一个差异点是否值得传播主要取决于下面的标准：

- 重要性：该差异点可以向目标顾客交付一种高价值的利益。
- 区别性：竞争对手无法提供这种差异，或企业能够以完全不同的方式提供这种差异。
- 优越性：与顾客以别的方式获取的相同利益相比，该差异点更加优越。
- 可沟通性：对顾客来说，该差异点是可沟通的、可见的。
- 优先性：竞争对手不能轻易复制该差异点。
- 可支付性：购买者支付得起这种差异。
- 可获利性：企业推出这种差异点是有利可图的。

　　许多企业尝试推出过一些差异点，但无法通过如上所述的一个或多个标准测试。新加坡威斯汀·史丹佛酒店（Westin Stamford Hotel）一度宣称自己是世界上最高的酒店，但这个差异点对大多数游客来说并不重要，结果它倒闭了。同样，可口可乐公司经典的产品失败案例——New Coke——在可口可乐核心饮用者中没有通过优越性和重要性测试。

　　广泛的盲味测试表明：60%的软饮料消费者选择了一种新的、更甜的可口可乐配方，而不是原来的可乐。跟百事可乐相比，52%的人选择了新款可乐。因此，可口可乐放弃了其原始配方的可乐，并大张旗鼓地宣传New Coke（一个更甜的版本）。然而，可口可乐的该项研究却忽视了使可口可乐130多年来广受欢迎的许多无形因素。对于忠实的可乐饮用者来说，经典的可口可乐与棒球、苹果派和作为美国形象代表的自由女神像并列。事实证明，可口可乐的品牌差异不仅在于口味，还在于传统与信念。由于放弃了原来的配方，可口可乐公司践踏了一大批忠实的、喜欢可口可乐原始配方的可乐饮用者的敏感神经。仅仅过了三个月，可口可乐公司就恢复了经典的可乐配方。

　　为产品和服务选择植根于定位的竞争优势，是一项很困难的任务。然而对企业来说，这样的选择却是非常关键的。选择合适的差异点，往往有助于某个品牌从众多的竞争对手中脱颖而出。

　　选择总体定位战略

　　品牌的完整定位，即品牌的**价值主张**（value proposition）——品牌差异化和定位所体现的全部利益组合。它回答了顾客的如下问题："我们为什么要购买这个品牌？"例如，宝马品牌致力于通过"终极驾驶机器"提供操控乐趣的价值主张，主要取决于其性能以及豪华性与风格。其价格也超出了普通轿车，但就利益组合来看是相当合理的。

　　图6-4指出了企业产品定位时可供选择的各个价值主张。在该图中，五个浅色方格代表着成功的价值主张——差异性和定位给企业带来了竞争优势。比较而言，三个白色方格则表示失败的价值主张。中间的深色方格代表了边际价值主张。在下文，我们将重点讨论五个成功的价值主张：高价高利、同价高利、低价同利、超低价低利与低价高利。

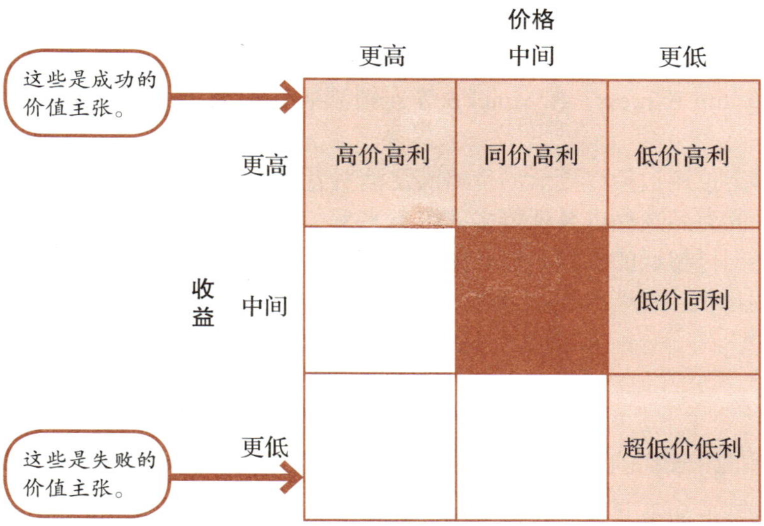

价格

| 更高 | 中间 | 更低 |

这些是成功的价值主张。→

收益

更高	高价高利	同价高利	低价高利
中间			低价同利
更低			超低价低利

这些是失败的价值主张。→

图 6-4 价值主张

高价高利 高价高利定位主要指推出高端产品或服务，并收取高价以弥补高昂的成本。高价高利的市场供应物不仅质量高，而且可以给顾客提供某种优越感，它通常代表了地位与高品质的生活方式。四季酒店（Four Seasons Hotels and Resorts）、百达翡丽（Patek Phillippe）手表、星巴克咖啡、路易威登手提包、梅赛德斯汽车、SubZero 电器——其中的每个品牌都声称自己在质量、工艺、耐用性、性能或风格方面表现卓越，因此收取较高的价格。

类似地，Hearts on Fire 钻石品牌的市场营销人员成功地创造了一个高价高利的利基市场——全世界最完美的切割钻石。Hearts on Fire 品牌的钻石有着独特的"心与箭"设计。用放大镜从底部看，会看到一个由八个心形组成的完美戒指；从顶部看，则会呈现火焰迸发般的光芒。该公司指出，Hearts on Fire 品牌钻石并不适合所有人，它是专门为那些期待更多并可以付出更多的消费者准备的。跟市场上类似的竞争对手的钻石产品相比，Hearts on Fire 品牌的钻石往往会收取 15% ~ 20% 的溢价。[30]

虽然高价高利可能获利丰厚，但这种战略也容易遭受攻击。它经常引来声称质同价低的模仿者。例如，高价高利品牌星巴克现在就面临着多个"精品"咖啡竞争对手的挑战，如麦当劳和当地的高端咖啡供应商。此外，奢侈品在经济繁荣时代特别热销，但是在经济不景气时却存在着风险，因为这时消费者在支出方面会变得更加谨慎。

同价高利 企业可以通过推出同价的高质量同类产品来攻击竞争对手的价值主张。例如，塔吉特将自己定位为"高档折扣店"。它声称会在商店氛围、服务、时尚商品和经典品牌形象方面提供更多的服务，但价格与沃尔玛、科尔士百货和其他折扣店相当。

低价同利 低价同利可能是一个强有力的价值主张——每个人都喜欢划算的交易。在现实世界中，以沃尔玛为代表的折扣店和以开市客、PetSmart 和 DSW Shoes 为代表的"品类杀手店"都采用了这种定位战略。它们并不声称提供差异化或更好的产品，而是强调提供许多与商场或专卖店相同品牌的产品，但因为其超强的购买力与低成本运营优势可以为顾客提供更低的价格。实际上，也有一些企业推出了低价的模仿产品，以期从市场领先者手里抢走顾客。例如，亚马逊公司推出了金读之光（Kindle Fire）平板电脑，比苹果公司的 iPad 和三星 Galaxy 便宜 40%。

超低价低利 市场上几乎总是存在着价值不太高的产品，但它们的成本往往更低。几乎很少有人需要或能够在所有购买活动中都选择最好的产品。在许多情况下，为了追求低价，消费者往往会欣然接受差一些的产品或者放弃产品的一些性能。例如，许多只想住宿的游客并不愿意为不必要的东西付钱，比如游泳池、配套餐厅或枕边的薄荷糖。Ramada Limited、假日快捷酒店（Holiday Inn Express）和Motel 6等连锁酒店就取消了一些附加的项目，并以此调低收费。

超低价低利的定位还包括以更低的价格满足消费者对性能或质量较低的要求。例如，开市客仓储商店提供较少的商品选择以及低得多的服务水平，但其价格却低得惊人。类似地，在奥乐齐杂货店，顾客需要支付超低的价格，但必须在额外的服务方面退而求其次。换句话说，奥乐齐实施了超低价低利的价值主张：装饰又不能吃，那么为什么要为它们买单呢？（参见市场营销进行时6-2。）

市场营销进行时 6-2

奥乐齐超低价低利的价值主张：装饰又不能吃，那么为什么要为它们买单呢？

当谈到世界上最大的食品连锁店时，顾客可能会想到世界上最大的零售商沃尔玛，也许还会想到美国最大的食品杂货商克罗格。有一个名字可能不会出现在顾客的脑海当中，那就是总部设在德国的折扣杂货店奥乐齐。然而，令人惊讶的是，奥乐齐的全球销售额超过了840亿美元，是全球第八大零售商，也是仅次于克罗格的第二大杂货零售商。更重要的是，奥乐齐正在美国和其他国家的市场上掀起风暴，其增长速度超过了任何一家较大的竞争对手。

奥乐齐是怎么做到的呢？那就是采用简单的超低价低利的价值主张。在奥乐齐，顾客获得的利益可能较少，但顾客花的钱却更少。该连锁店以日常超低的价格为顾客提供基本的优质日常用品，并提供基本服务。如今，许多杂货商都在吹嘘低价。但在奥乐齐，超低价是一个绝对的事实。奥乐齐重新设计了食品购物体验以降低成本，并为顾客提供声称比竞争对手低50%的价格。

为了获得超低的价格，奥乐齐的顾客必须在许多他们期待从竞争对手那里得到的额外服务方面做出让步。例如，顾客只能拥有更少的选择。为了降低成本和价格，奥乐齐经营规模较小的节能商店（约为传统超市的1/3大小），每个商店只经营约1 800种流通最快的杂货（一般超市经营着约40 000种）。奥乐齐很少经营全国性品牌。它所经营的产品，大约90%都是奥乐齐商店的自有品牌。（奥乐齐声称顾客是为产品本身付费，而不是为品牌广告和营销付费。）奥乐齐从来不会进行促销定价或价格匹配——它只是坚持其高效的每天超低价格。奥乐齐指出：我们从来不去对照竞争对手的产品价值，因为那将意味着提高我们的产品价格。

在削减成本和将节省的费用让利给顾客方面，奥乐齐从来都是不遗余力。就连顾客自己都会帮助奥乐齐保持低价：他们自己带袋子（或者从奥乐齐商店购买，支付少量费用）、自己打包杂货（奥乐齐商店不提供打包机）、自己归还购物车（拿回25美分的押金）。但对奥乐齐的粉丝来说，即使他们在选择和服务方面得到的更少，但节省下来的一切都是十分值得的。

虽然奥乐齐降低了运营成本，但这并没有影响其质量。凭借其商店品牌的优势，奥乐齐对其货架上的产品质量进行了充分的管理与控制，而且各连锁店都承诺自己销售的所有产品都经过了新鲜和美味的认证。

为了提高其商品的质量，奥乐齐逐渐增加了通常与"折扣"物品无关的商品。除了典型的罐头、盒装和冷冻食品之外，奥乐齐还经营新鲜肉类、烘焙食品和新鲜农产品。同时，它还提供各种常规和定期的特色商品，如Mama Cozzi's Pizza Kitchen的肉类三合一佛卡夏、Appetitos菠菜洋蓟酱和全天然芒果调味汁等。奥乐齐甚至还提供无麸质和有机食品。凭借这些商品和其干净、明亮的门店，奥乐齐的目标顾客不仅仅是低收入人群，而且包括节俭的中产阶层和中上阶层顾客。

这些对德国购物者来说都不是新闻，他们几十年来一直都喜欢奥乐齐。在德国，这家连锁店经营着 4 200 多家商店，是德国折扣杂货店的领航者。这也许可以解释为什么沃尔玛在进入德国市场仅仅 9 年后就放弃了。面对奥乐齐这样的竞争对手，沃尔玛通常的低价优势对节俭的德国消费者来说还是太贵了。

奥乐齐的超低价低利价值主张并不适合所有顾客。一些购物者喜欢低价格、基础品类和简单的商店氛围，而另外一些人则无法想象没有竞争对手所提供的一些奢侈品和设施的生活会是什么样的。但大多数在奥乐齐商店购物的顾客很快就成为其真正的粉丝。实际上，有关消费观念转变的证据在网上广为流传，顾客互相推荐奥乐齐及其商品。例如，一位顾客在网上留言：我最近到奥乐齐商店购物了，省的钱让人目瞪口呆。另一位为家人购物但预算紧张的母亲也是奥乐齐商店的狂热粉丝，她以前需要在报纸上搜索优惠券，并在两三家杂货商店购物。现在，她在奥乐齐商店一次就能买到清单上的所有东西，还能省下不少钱去购买清单上没有的额外物品。她说："我无法相信我节省了多少钱！奥乐齐商店目前是我购物时的第一选择。"

有了上述经营理念和"无损失"的价值主张，奥乐齐正在美国市场上迅速扩张。这在饱和的美国零售行业中是一项巨大的成就，因为该市场上的大多数连锁超市都在停滞不前或销售下降。就连明星公司——克罗格令人印象深刻的连续 13 年的销售增长也结束了。

这对奥乐齐来说是个好消息，对顾客来说也是如此。

资料来源："Global Powers of Retailing 2018," Deloitte, www2.deloitte.com/content/dam/Deloitte/uk/Documents/consumer-business/deloitte-uk-global-powers-of-retailing-2018.pdf; Haley Peterson, "The Retail Apocalypse Is Heading Straight for Kroger, Whole Foods, and Aldi," *Business Insider*, August 5, 2017, www.businessinsider.com/retail-apocalypse-coming-for-grocery-stores-2017-8; Craig Rosenblum, "Aldi's Jason Hart: Relentless Focus on Cutting Costs," *Supermarket News*, December 16, 2015, http://supermarketnews.com/limited-assortment/aldis-jason-hart-relentless-focus-cutting-costs#ixzz3wb9dWnMj; Jeff Daniels, "US Grocery Battle Heats Up with German Retailer Seen as 'Disruptive' Force," *CNBC*, June 14, 2017, www.cnbc.com/2017/06/14/us-grocery-battle-heats-up-with-german-players.html; "German Grocery Chain Aldi to Invest $34 Billion to Expand U.S. Stores," *Fortune*, June 12, 2017, http://fortune.com/2017/06/12/german-grocery-chain-aldi-expand-stores/; Barbara Thau, "What Aldi, BJ's, and Ethan Allen Aim to Do in 2018," *Forbes*, January 26, 2018, www.forbes.com/sites/barbarathau/2018/01/26/aldi-bjs-ethan-allen-ceos-outline-top-2018-goals-what-you-didnt-hear-at-the-big-retail-show/#124e9e8f1349; and www.aldi.us, accessed September 2018.

低价高利 低价高利当然是最成功的价值主张。在市场上，许多企业都声称会这么做。在短期内，一些企业确实会获得较高的市场地位。例如，家得宝公司开业时承诺：与当地的五金商店和家居装饰连锁店相比，该公司可以提供最多的产品选择、最好的服务和最低的价格。

然而，从长期来看，企业会发现实际上很难维持这种"双优"的定位。通常，由于成本会越来越高，所以往往很难持续兑现这一承诺。如果企业继续维持这种"双优"定位，可能会败给那些更专注的竞争对手。例如，面对来自劳氏的直接竞争，家得宝公司必须决定其竞争活动是主要基于卓越服务还是低成本。

总之，每个品牌都必须选择其中一个定位战略以满足目标顾客的需求。其中，高价高利指向一个目标市场，低价低利则指向另一个目标市场，以此类推。在任何一个市场上，成功定位的企业，都有着自己的独特生存空间。重要的是，企业必须开发出一种适合自身的成功定位战略。

进行定位陈述

企业与品牌定位都应在**定位陈述**（positioning statement）中予以概括。定位陈述应该遵循下面的格式：面向 +（目标细分市场和需求）+ 我们（品牌）体现了什么样的（概念）+（差异点）。[31] 例如，流行的数字信息管理应用软件——印象笔记（Evernote）是这样进行定位陈述的：面向繁忙的、有记录信息需求的多任务工作人群，印象笔记软件是一款优秀的数字内容管理应用程序，它可以帮助目标顾客利用计算机、电话、平板和网络工具，从日常生活和工作中更便利轻松地捕捉点滴时刻与想法并记录下来。

需要注意的是，定位陈述首先要提出产品的品类身份（数字内容管理应用程序），然后指出与其他品类成员的差异性（更便利轻松捕捉点滴时刻与想法并记录下来）。印象笔记通过记笔记、拍照片、创建待办事项目录、设置语音提醒等功能帮助用户记住一切，同时十分便利轻松，用户可以在任何地点（家中、办公室、路上）使用任何设备记录上述内容。

把产品归为某一个具体的品类，可以说明它与这个品类中的其他产品具有的相似属性。但对于该产品而言，其卓越性是建立在跟其他同类产品的差异性的基础上的。例如，美国邮政署像UPS和联邦快递一样运送包裹，但它的特快专递（Priority Mail）却以便利、低价、统一收费的箱子和信封区别于其竞争对手。

6.4.3 沟通与践行所选择的定位

一旦选择某个定位，企业就必须采取有力的行动，面向目标顾客进行沟通、宣传和践行自己所选择的定位。而且，企业的所有市场营销组合策略都必须支持其特定的定位战略。

企业定位不能只说不做。如果企业决定定位于高品质的产品和服务，那么首先就必须明确提出这一定位。相应地，企业的市场营销组合（产品、价格、渠道和促销）设计也必须包括定位战略中的策略性细节。因此，一家选择"高价高利"定位战略的企业应该知道自己必须生产出高品质的产品，索取高价，通过高端经销商进行分销，并通过高端媒介做好广告宣传。同时，该企业也必须雇用和培训更多的服务人员，找到声誉良好的经销商，并设计出能够传递优质服务的销售与广告信息。这是该企业建立起一致且可信的高价高利定位的唯一途径。

在实践中，企业常常会发现：想出一个好的定位战略，往往比执行这一定位要容易得多。建立起某一定位或改变定位，通常要花费很长的时间。与此相对的是，花了几年才建立起来的定位战略可能很快就过时了。一旦企业建立起某一定位，就必须通过一贯的行为与沟通来维持这一定位。同时，企业还必须密切监测自己的定位并随着时间的推移而动态调整其定位，以便适应不断变化的消费者需求与竞争对手的战略。企业应该努力避免突变，因为这可能会使消费者感到迷茫。企业的产品定位应该逐渐演进，以便适应不断变化的市场营销环境。

学习目标回顾

在本章中，读者学习了顾客价值驱动型营销战略的主要构成：市场细分、目标市场选择、差异化和定位。市场营销人员知道企业无法成功吸引市场上的所有顾客，或至少不能用同样的方法去吸引所有顾客。因此，当前的大多数企业都在进行目标市场营销——识别细分市场，从中选择一个或多个细分市场，然后针对每个细分市场开发相应的产品和市场营销组合。

学习目标1 界定顾客价值驱动型营销战略的主要步骤——市场细分、目标市场选择、差异化和定位。

顾客价值驱动型营销战略从选择所要服务的顾客开始，并提出能够给予目标顾客最优服务的价值主张，具体包括以下四个步骤：一是市场细分，即依据顾客的不同需求、特征或行为将市场分成不同部分，这些顾客可能需要不同的产品或市场营销组合。二是目标市场选择。在识别出不同的顾客群体之后，评价每个细分市场的吸引力，并从中选择一个或多个细分市场作为企业的目标市场。三是差异化，即对市场产品进行差异化，进而创造卓越的顾客价值。四是定位，即在目标顾客心目中确立企业的产品地位。顾客价值驱动型营销战略是为了与正确的顾客建立起正确的关系。

学习目标2 列举并讨论消费品市场和组织市场上市场细分的主要依据。

在实践中，并不存在放之四海而皆准的唯一的市场细分方式。市场营销人员需要使用不同的变量进行市场细分，看看哪个细分市场能够提供最好的市场机会。对于面向消费品市场的市场营销而言，主要的市场细分变量包括地理、人口统计学、心理与行为。其中，在地理细分变量中，可以根据不同的地理区域，如国家、地区、州、县、市或者社区来进行市场细分；在人口统计学细分变量中，可以基于年龄与生命周期阶段、性别、收入、职业、教育、宗教、族裔与代际等将市场细分成不同的子市场；在心理细分变量中，可以基于社会阶层、生活方式或个性等，把市场细分成几个不同的子市场；在行为细分变量中，可以基于消费者对产品的了解程度、态度、使用情况或对产品的反应等对市场进行细分。

许多用于消费品市场的细分变量同样可以用于组织市场细分。不过，组织市场上可以通过组织人口统计学特征（产业、企业规模）、运营特征、购买方式、情境因素和个人特征等变量来进行市场细分。细分市场的有效性依赖于细分市场的可测量性、可触达性、可持续性、差异性和可执行性。

学习目标 3　阐述企业如何识别出有吸引力的细分市场并选择市场定位战略。

为了识别出最好的细分市场，企业首先应该评价每个细分市场的规模与成长性、结构吸引力以及同企业的目标与资源的匹配程度。然后，企业需要从四个目标市场战略中做出选择——从最广泛的目标市场到尽可能小的目标市场。第一，企业可以忽略细分市场的差异性，选择采用范围广泛的无差异（大众）市场营销。这个过程涉及用同样的产品、以同样的方式对所有消费者进行大规模生产、分销与促销。第二，企业还可以采用差异化（细分）市场营销——向不同的细分市场推出不同的产品。第三，企业也可以采用聚焦性市场营销（利基市场营销），只关注一个或几个细分市场。第四，企业也可以采用小众市场营销，它是调整企业的产品与市场营销活动以迎合具体个体与地点的过程，主要包括本地化市场营销和个性化市场营销。企业具体选择哪一种定位战略，主要取决于企业的资源、产品差异、产品生命周期阶段、市场变化与竞争性市场营销战略等。

学习目标 4　讨论企业如何对产品进行差异化和定位以实现竞争优势的最大化。

一旦企业决定了拟进入的细分市场，它应该选择相应的差异化与定位战略。其中，差异化与定位主要包含以下三个步骤：识别能构建市场地位的一系列价值差异与竞争优势、选择合适的竞争优势、选择总体定位战略。

品牌的完整定位也称为其价值主张——品牌定位的所有利益组合。一般来说，企业会从以下五种成功的价值主张中选择其中的一个：高价高利、同价高利、低价同利、超低价低利和低价高利。企业与品牌定位应该在定位陈述中得以体现。其中，定位陈述指明了目标细分市场及其需求、定位的概念与具体的差异点。此外，企业还必须进行有效的沟通，向市场传达自己所选的定位的信息。

关键术语

市场细分（market segmentation）

目标市场选择（market targeting or targeting）

差异化（differentiation）

定位（positioning）

地理细分（geographic segmentation）

人口统计学细分（demographic segmentation）

年龄与生命周期细分（age and life-cycle segmentation）

性别细分（gender segmentation）

收入细分（income segmentation）

心理细分（psychographic segmentation）

行为细分（behavioral segmentation）

时机细分（occasion segmentation）

利益细分（benefit segmentation）

市场间（跨市场）细分（intermarket（cross-market）segmentation）

目标市场（target market）

无差异（大众）市场营销（undifferentiated（mass）marketing）

差异化（细分）市场营销（differentiated（segmented）marketing）

聚焦性（利基）市场营销（concentrated（niche）marketing）

小众市场营销（micromarketing）

本地化市场营销（local marketing）

个性化市场营销（individual marketing）

产品定位（product position）

竞争优势（competitive advantage）

价值主张（value proposition）

定位陈述（positioning statement）

问题讨论

1. 明确并简要描述设计顾客价值驱动型营销战略的四个主要步骤。（AACSB：书面和口头交流）

2. 人口统计学细分变量在消费品市场中是如何使用的？请提供一个市场营销人员运用人口统计学变量进行市场细分的例子。（AACSB：书面和口头交流；反思性思考）

3. 描述市场营销人员是如何进行组织市场细分的；组织市场细分战略与消费品市场细分战略有何不同？（AACSB：书面和口头交流）

4. 企业在决定拟服务多少个细分市场的时候，可以思考四种目标市场选择，请比较分析它们，并为每一种目标市场选择提供一个案例。（AACSB：书面和口头交流；反思性思考）

5. 一家企业如何通过差异化来获得竞争优势？请为本章所讨论的每种差异化提供一个案例。（AACSB：书面和口头交流）

6. 什么是价值主张？讨论可供企业选择的、用于产品定位的、成功的价值主张（五种），并举例说明。（AACSB：书面和口头交流）

营销伦理

忠实航空公司：价值创造还是风险飞行？

随着成百上千万的美国乘客选择航空旅行来到达他们的预定目的地，忠实航空公司通过提供超低的票价、优质的服务以及卓越的投资回报占领了市场。虽然忠实航空以其低廉的票价而闻名，但它现在也以其机械故障而闻名。根据2018年的"60分钟"调查，忠实航空公司拥有业内最古老的机队，在2016年1月至2017年10月一共经历了100多起严重的机械事故，从发动机故障和起火、中止起飞、客舱内烟雾到快速下降和飞行控制故障等。专家认为：忠实航空公司的问题源于其积极降低成本的业务实践。该公司已经连续60个季度实现盈利，利润率接近30%。为了取得这些成果，忠实航空公司尽可能地维持或降低成本，并尽可能地保持其机队的飞行频率。

1. 长期以来，众多企业一直在努力平衡自己的利润需求和顾客价值。忠实航空公司是如何在航空业中进行差异化和定位的？这种差异化和定位战略是如何影响其公司决策的？（AACSB：书面和口头交流；伦理理解和推理）

2. 请列举另外一家定位方式与忠实航空公司存在明显不同的航空公司的例子。你愿意乘坐哪家航空公司的航班呢？（AACSB：书面和口头交流；反思性思考）

营销计算

发现血栓、消除血栓并拯救生命

中风是美国人的第五大死因，每年夺去超过13万人的生命。据统计，美国每年有近80万人中风，平均每40秒就有一个新患者出现。实际上，这一统计数据已不像过去那么严峻。新的技术和治疗方法正在提高最常见类型的中风患者的存活率，这种中风是由血块堵塞向大脑供血的血管所引起的。如果患者在症状出现后的6～24小时接受治疗——该手术被称为血栓切除术——可以切除或清除凝块，并提高生存率。然而，只有不到5%的患者在这个短暂的时间窗口内出现症状。神经分析公司（Neural Analytics）有一个解决方案——Lucid机器人系统。该系统是两种产品的组合：经颅超声系统和机器人系统。其中，超声系统是从病人耳朵附近的一个天然"大脑窗口"拍摄的，可以让医务人员看到血块是否阻碍了血液流动；

机器人系统使用人工智能，将拍摄的图像与数千张系统存储的严重中风的图像进行比较，以确定拯救生命的血栓切除手术方案。该系统将帮助医院急诊科更好地识别符合血栓切除术条件的10%～15%的中风患者，并将他们送往美国100家经过认证中的中风诊疗中心中的一个。神经分析公司计划首先向医院销售其Lucid机器人系统，最终目标是为美国所有应急响应车辆配备一个低成本的便携式系统。

1. 美国有5 534家经过认证的医院，其中95%的医院有急诊科。假设Lucid机器人系统的价格是50 000美元，有急诊科的医院均购买一套系统。请使用本书附录3"营销计算"中描述的连锁比率法来计算该产品的市场潜力。（AACSB：分析性思考）

2. 大约有50 000辆紧急救援车辆由私人救护车公

司、市政消防部门和医院运营。假设便携式 Lucid 机器人系统的价格为 5 000 美元，每辆应急车配备一套

系统，请计算该目标市场的潜力。（AACSB：分析性思考）

企业案例

适合本章的案例见附录 1。

企业案例 6　5 小时能量：无需饮料即可获得数小时的能量。 为了打入竞争激烈的含咖啡因的饮料领域，5 小时能量首先专注于瞄准有未满足的需求的顾客市场。

企业案例 7　MINI：专注于本质——最大化体

验。宝马公司的 MINI 品牌大获成功，在满足当前消费者需求的同时，也保留了原有品牌的特色。

企业案例 15　欧莱雅：美丽联合国。 通过在将品牌标准化以实现全球影响力和对品牌进行调整以满足当地市场的需求与期望之间实现最佳平衡，欧莱雅已经成为世界上最大的化妆品公司。

复习题

1. 请描述市场营销人员如何划分国际市场；什么是市场间细分？（AACSB：沟通）
2. 请讨论谷歌眼镜设备在组织和机构市场中应用的想

法。如何将这些应用程序整合到在线、移动和社交媒体营销中？（AACSB：书面和口头交流；信息技术；反思性思考）

注释

第 **7** 章

产品、服务和品牌：
创造顾客价值

学习目标

学习目标1 定义并描述产品和服务的主要分类，参见"什么是产品"部分。

学习目标2 描述企业有关单个产品、服务、产品线和产品组合的决策，参见"产品与服务决策"部分。

学习目标3 识别影响服务营销的四个基本特征以及服务所需要的其他营销条件，参见"服务营销"部分。

学习目标4 讨论品牌战略——企业对打造和管理品牌所做的决策，参见"品牌战略：打造强势品牌"部分。

概念预览

在学习了顾客价值驱动型营销战略之后，本章开始，我们将进一步研究市场营销组合，即市场营销人员用来实施战略并交付卓越顾客价值的各种市场营销战略工具。在本章和下一章，我们将探讨企业是如何开发并管理产品及品牌的。在此基础上，进一步探讨定价、分销和营销传播工具。其中，产品和品牌通常是市场营销需要首先考虑的要素，也是最基本的要素。下面我们从一个看似简单的问题开始：什么是产品？事实证明，答案并不是那么简单。

为了更深入地理解"什么是产品"这一问题，我们将从耐克公司的案例开始。耐克是世界领先的运动服装公司，也是世界上最知名的品牌之一。耐克公司生产好产品。但对其顾客来说，耐克公司的产品远不止是创新的跑鞋和运动服装。实际上，耐克是一种运动灵感，一种想做就做的态度和全面的品牌体验。该品牌的卓越成功，来自深入的品牌－顾客互动以及公司同顾客及顾客之间密切联系的品牌社区。

耐克公司：不仅提供创新的运动装备，而且提供全面的品牌体验

耐克公司的"对勾"无处不在！当你找到体育专栏，或者观看篮球比赛或收看足球比赛时，试着数一下"对勾"的数量。在过去的 50 年里，通过创新的市场营销，耐克已经将无处不在的"对勾"打造成为世界上最知名的品牌符号之一。

产品创新一直是耐克成功的基石。无论是篮球、橄榄球和棒球，还是高尔夫、滑板、自行车和徒步旅行，耐克都制造了出色的鞋子、服装和装备。从一开始，耐克就彻底改变了体育营销。为了建立品牌形象和扩大市场份额，耐克在大牌代言、引人注目的促销活动和预算、富有刺激性的"想做就做"（Just Do It）广告等方面花费巨资，超过了竞争对手。竞争对手强调技术性能，而耐克则建立了顾客浸入和顾客关系。

除了鞋子，耐克还推销一种生活方式、一种对运动的激情、一种想做就做的态度。顾客不仅仅是穿着耐克鞋子，他们同时也在体验这种精神。很少有品牌能够比耐克在其顾客的生活和与顾客的对话中更有存在感和更有价值。

无论是通过大型媒体广告、Niketown 商店的现场活动、当地的耐克跑步俱乐部、Nike+ 移动应用程序，还是通过该公司大量的社区网络和社交媒体网站，越来越多的消费者都与耐克品牌紧密联系起来。在过去，要想与顾客建立紧密联系，往往需要在大型媒体广告和名人代言人上比竞争对手进行更多的投资。但在当今的数字时代，耐克正在打造一种新的品牌-顾客联系，一种更深入、更个性化、更有吸引力的联系。尽管耐克仍在传统广告上投入巨资，但它现在将大部分市场营销预算用于尖端的数字和社交媒体营销方面，以便突出与顾客的互动与强化品牌参与、品牌体验和社区关系。

耐克对数字营销的创新性运用处于领先地位。在最近的一家数字咨询公司所推出的排名中，耐克在 70 家运动服装公司中赢得了"数字智商顶级天才"的称号，另外一家公司则把耐克列为社交媒体营销领域的头号品牌。实际上，这并不奇怪。耐克在 Instagram、脸书、推特和 YouTube 等社交媒体平台上一直保持着巨大的影响力。例如，耐克的脸书主页有 2 900 多万个赞，耐克足球页面有 4 500 万个赞，耐克篮球页面有 850 多万个赞，Nike+ Run Club 有 1 700 万个赞，耐克的 Instagram 粉丝超过了 7 900 万，仅次于《国家地理》杂志。

不仅仅是数字，耐克的社交媒体形象也深深地吸引了顾客，他们彼此谈论耐克品牌，并把这个品牌融入自己的日常生活当中。耐克不仅仅是销售鞋子，它还使用充满情感的故事和其他内容来"定义高光时刻"——通过相信更多而获得更大成就的人——吸引消费者的注意力。关于双腿截肢的布莱克·利珀（Blake Leeper）的图片就是其中的一个例子，图片中他正在跑道上做伸展运动，旁边是他的义肢，文字说明是："任何人都可以找到借口停下来，但请找一个坚持下去的理由。"再如，美国女子足球队赢得国际足球联合会（FIFA）世界杯冠军后的照片，其文字说明是："这是团队的力量。"这种"高光时刻"通常可以为耐克赢得 50 多万个赞。这样的市场营销内容从来都没有提到耐克的"产品"，而是关于让耐克成为一些更重要的事情的一部分。

耐克利用丰富的体验来联系消费者。例如，该公司成功地将说唱歌手——肯德里克·拉马尔（Kendrick Lamar）从锐步吸引到自己的明星代言人的行列。为了吸引拉马尔在社交媒体上的大量粉丝，耐克还制作了一款特别版的 Cortez 跑鞋，命名为 Cortez Kenny。在 2018 年格莱美颁奖前夕推出这款新鞋之前，这款新鞋的预告帖已经吸引了数百万的点击量，拉马尔在格莱美颁奖典礼上获得了年度最佳说唱专辑奖。

耐克还在社交媒体上展开了迄今为止最为雄心勃勃的内容创作努力之一。它创造了

Breaking2 活动，这是一次登月般的尝试，旨在实现大多数跑步专家认为不可能实现的目标——打破两小时的马拉松极限。耐克花了数年时间计划 Breaking2 活动的每个细节。它招募了世界上最快的三个运动员，其中包括肯尼亚的埃鲁德·基普乔格（Eliud Kipchoge）。耐克付钱给他们，让他们放弃其他马拉松比赛，专注于破纪录的尝试。它为跑步者配备了专门设计的耐克 Zoom Vaporfly Elite 轻型鞋。为了考虑最佳的温度、风和海拔条件以及扁平的椭圆形和渐进的转弯等因素，耐克选择了世界一级方程式锦标赛意大利蒙扎赛道。同时，耐克还组建了一个由 30 名世界级跑步运动员组成的团队，作为领跑者和先行者。这些团队甚至还进行了风洞实验来设定最佳的牵引力阵型。在比赛结束时，基普乔格的用时仅比 2 小时的目标多了 25 秒，但比之前的世界纪录快了 2 分 32 秒。Breaking2 活动使耐克品牌与世界跑步界的接触激增。脸书、Instagram、推特和 YouTube 上的独家直播和帖子获得了近 600 万的点击量。在接下来的几周和几个月的时间里，#breaking2 标签在网上引发了大量讨论，尤其是带动了晨跑。相应地，Breaking2 纪录片也吸引了超过 170 万的点击量。

耐克还通过开创性的移动应用程序创建了顾客品牌社区。例如，耐克的 Nike+ 和 Nike+ Run Club 应用程序已经帮助耐克公司成为世界各地数百万顾客日常健身活动的一部分。无论是跑步、跳跃、棒球、滑冰、跳舞、飞叠杯还是追赶小鸡，用户都可以使用 Nike+ 系列应用程序来"释放自己的潜力"。Nike+ 应用程序让运动员每天设计自己的训练、使用训练工具、跟踪个人进步，在前进中获得额外的激励，并与耐克社区的朋友和其他人分享和交流经验。Nike+ 创建了一个庞大的全球品牌社区，在全球拥有数千万注册用户。

因此，耐克公司的产品不仅仅是运动鞋和运动服。对顾客来说，耐克品牌代表着一种态度、一种运动激情以及围绕该品牌的一种深厚的亲缘关系和社区意识。耐克公司的产品不仅仅是一件可以穿的东西，它已经成为消费者生命和时代的重要组成部分。因此，耐克公司仍然是世界上最大的运动服装公司，比竞争对手阿迪达斯公司的规模要大 40% 以上。更令人印象深刻的是，尽管竞争压力越来越大，耐克公司仍然占据了 46.5% 的美国运动鞋市场份额，排名第二的阿迪达斯公司只占据了 11.3% 的市场份额。在过去 10 年，尽管经常动荡的零售市场让许多运动服装竞争对手喘不过气来，但耐克公司的全球销售额和收入却几乎翻了一番。[1]

耐克公司的故事表明：在打造顾客关系的过程中，市场营销人员必须创建和管理连接顾客的产品和品牌。本章以一个看似简单的问题开始：什么是产品？在回答这个问题后，再去看一下消费品市场与组织市场上的产品分类，然后探讨市场营销人员围绕单个产品、产品线和产品组合的重要决策。之后，本章会考察一种特殊形式的产品——服务，它具有哪些特征和独特的市场营销要求？最后，本章将研究另外一个相当重要的问题：市场营销人员如何打造和管理产品及服务品牌。

➡ 7.1　什么是产品

作者点评

正如你将会看到的，这个看似简单的问题有一个非常复杂的答案。例如，回想一下耐克公司的开篇案例。耐克公司的"产品"是什么？

本书认为，**产品**（product）是提供给市场的，供关注、购置、使用或者消费的，可能满足某种需求或需要的任何事物。从广义上来说，产品不但包括有形物品，如汽车、计算机、手机，而且包括服务、事件、人员、场所、组织、创意或者是上述内容的混合体。本书中所使用的"产品"是广义的，涵盖了各种形式的产品概念。因此，苹果手机、丰田凯美瑞、星巴克的抹茶咖啡都是产品。同时，到拉斯维加斯旅行、Schwab 在线投资服务、脸书个人主页以及来自家庭医生的建议等也都属于产品。

由于服务在全球经济中占有重要地位，本书将对服务给予特别的关注。**服务**（service）是一种特殊形式的商品，一般由无形的活动、利益或者满足感构成，其结果不涉及所有权。比如，金融、酒店、航空旅行、零售、无线通信以及家具维修服务等。本章后面的内容将对服务做进一步探讨。

7.1.1 产品、服务和体验

产品是整个市场供应物的关键要素。市场营销组合规划以创造能够为目标顾客提供价值的供应物为起点。这些供应物构成了企业打造有利可图的顾客关系的基础。

企业的市场供应物通常包含有形的商品和服务两部分。其中，一种极端的情况是：市场供应物全部由有形商品构成，如香皂、牙膏或者食盐，没有任何附加于产品的服务；另外一种极端情况是市场供应物全部是服务，如医师考试或者金融服务。在这两种极端之间，许多市场供应物都是产品和服务的组合。

如今，随着产品和服务日益商品化，许多企业都开始步入为顾客创造价值的新境界。为了使商品差异化，企业逐渐突破了简单地制造产品和提供服务，越来越重视创建和管理顾客的品牌体验。

对于有些企业来说，体验一直是市场营销的重要组成部分。例如，迪士尼公司通过电影和主题公园制造了梦想和回忆——主题公园的演员能够让每位顾客惊喜连连。如今，各种类型的企业都在重塑传统产品和服务来打造顾客体验。例如，苹果公司非常成功的零售店不只是销售企业的产品，它创造了一种吸引人的苹果品牌体验。[2]

苹果商店是一个非常诱人的地方。在那里，有很多"让人感觉舒服"的体验。商店的设计干净、简单，就像苹果公司的 iPad 或轻薄的 MacBook Air。熙熙攘攘的商店感觉更像是社区中心，而不是零售店，成群的顾客在那里体验商品，兴奋地谈论着所有与苹果有关的东西。当然，商店鼓励更多的购买行为，也鼓励顾客逗留，桌子上放满了功能齐全的 Mac、iPad 和 iPhone 产品，让顾客尝试和体验，几十名耐心的苹果员工在旁边回答问题，回应着顾客的每一个奇思妙想。这些商店还在"天才吧"提供专业的技术支持，并安排了满满一排的工作坊，让不同体验水平的顾客了解苹果设备，并探索其创造性的点点滴滴。你不只是去了苹果商店，你在那里的体验是任何其他消费电子公司都无法比拟的。

7.1.2 产品和服务的层次

产品规划者需要从三个层次来考虑产品和服务（如图 7-1 所示），每个层次都会增加顾客价值。其中，第一个也是最基本的层次就是核心顾客价值，它强调的是：顾客究竟买的是什么？在设计产品时，市场营销人员必须首先界定顾客所寻求的、核心的、解决问题的利益和服务。购买唇膏的女性买的不只是唇膏的颜色。露华浓公司（Revlon）的查尔斯·瑞福森（Charles Revson）很早就发现了这个奥秘。类似地，买哈雷-戴维森摩托车的人所购买的，也不仅仅是一台能把他们从 A 地送到 B 地的机器。[3]

在哈雷-戴维森爱好者的头盔和皮衣之下，你想象不到会是一个怎样的人。可能是一个有文身和乱发的人，但也有可能是一位首席执行官、投资银行家或美食家。平均而言，哈雷-戴维森摩托车的顾客是 50 多岁的男性，家庭收入的中位数为 8.7 万美元。如今，超过 12% 的哈雷-戴维森购买者是女性。

但不管他们是谁，哈雷－戴维森品牌的粉丝们都觉得该品牌有着不可动摇的吸引力。哈雷－戴维森品牌的核心吸引力是：自由、独立、力量和真实。哈雷－戴维森公司并不只是卖摩托车，它出售的更是自我表达、生活方式、抱负和梦想。哈雷－戴维森摩托车会让人重拾斗志，宣告自由和独立。这是一种让中年会计师穿上黑色镶钉皮衣并暂时忘掉借方和贷方的体验。

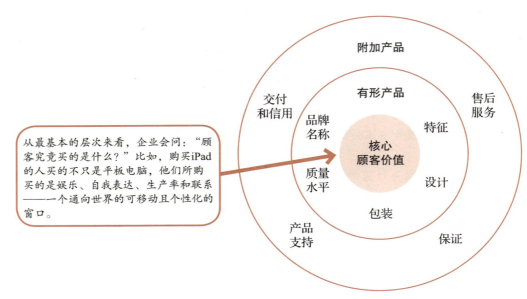

图 7 - 1　产品的三个层次

在第二个层次上，产品规划者必须将核心利益转化为有形产品。他们需要开发产品和服务的特征、设计、质量水平、品牌名称以及包装。比如，一辆哈雷－戴维森摩托车就是有形产品，其名称、样式、特征、声音、部件和其他属性都经过精心组合，以便传递自由和独立的核心顾客价值。

在第三个层次上，产品规划者必须通过提供额外的顾客体验和服务，在核心利益和有形产品周边创造出附加产品。因此，当顾客购买一辆哈雷－戴维森摩托车产品时，哈雷－戴维森公司及其经销商会向顾客提供零件和工艺的保修，并在需要时提供快速维修服务，设置摆满配件的展厅。如果顾客有问题，还可以使用网站和移动网站来获得贴心的服务。此外，哈雷车主会（H. O. G.）还有额外的福利，如路边援助、H. O. G. 集会和其他活动以及定期发行的《HOG 杂志》，里面充斥着 H. O. G. 的新闻、产品信息、骑行故事等。

顾客把产品看作能够满足其需求的、复杂利益的集合。在开发产品时，市场营销人员首先必须识别顾客在产品中寻求的核心顾客价值。然后设计有形产品，找到恰当的方式去塑造附加产品，以便创造顾客价值并实现顾客体验的最优化。

7.1.3　产品和服务分类

根据使用产品和服务的消费者类型，可以广泛地把产品和服务分成以下两类：消费品和工业品。从广义上来说，产品也包括可以进行市场营销的对象，如体验、组织、人员、场所和观念。

消费品

消费品（consumer product）是指最终消费者用于个人消费的产品和服务。市场营销人员通常根据顾客如何购买来进一步区分这些产品和服务。消费品包括便利品、选购品、特殊品和非渴求品。这些产品在顾客购买方式上有所不同，因此，市场营销方式也不尽相同（见表 7 - 1）。

表 7-1 消费品的市场营销考虑因素

市场营销考虑因素	消费品的种类			
	便利品	选购品	特殊品	非渴求品
顾客购买行为	经常购买；很少计划；很少进行比较或者花费精力；顾客浸入度低	不常购买；大量的计划，并花费较多精力；对品牌的价格、质量和款式进行对比	强烈的品牌偏好；花费较多精力购买；很少进行品牌对比；价格敏感度低	对产品认知度很低（或者说即使知道，也几乎没什么兴趣，甚至有点反感）
价格	低价	较高价	高价	不一定
分销	分销广泛；地点便利	在少量专营店有选择地分销	仅在每个市场区域的一个或者几个专营店分销	不一定
促销	由生产商大规模促销	生产商和经销商共同做广告和人员推销	生产商和经销商共同进行更精准细致的有针对性的促销	生产商和经销商大做广告和人员推销
举例	牙膏、杂志和洗衣液	大家电、家具和服装	奢侈品，比如劳力士手表或者高档水晶	人寿保险或者红十字会组织的献血

便利品（convenience product）是顾客经常、直接、很少比较和花费精力去购买的消费品和服务，如洗衣液、糖果、杂志和快餐等。便利品通常价格低，市场营销人员在很多网点进行销售，以便顾客有需要或需求时可以方便地购买。

选购品（shopping product）是顾客不常购买且对其适用性、质量、价格和款式进行仔细对比的消费品和服务。购买选购品的时候，顾客往往会花费更多的时间和精力来收集信息并进行比较，如家具、服装、大家电和酒店服务等。选购品的市场营销人员通过少量的专营店分销其产品，但是会为顾客提供更深层次的服务来帮助顾客进行比较。

特殊品（specialty product）是具有一定的特质和品牌识别度，并有相当一部分顾客群体愿意花费精力购买的消费品和服务，如特定品牌的汽车、高价的摄影设备、名牌服装、美食以及医疗或法律专家的服务。兰博基尼汽车就属于购买者不惜长途跋涉去购买的特殊品。消费者通常不会对特殊品进行比较，他们只把时间花费在同销售自己所需产品的经销商的接洽上。

非渴求品（unsought product）是顾客不了解或者即使了解一般也没有购买意愿的消费品。大多数的创新产品在消费者通过广告了解之前，都是非渴求品。典型的顾客了解但属于非渴求品的例子包括人寿保险、提前计划的葬礼服务以及红十字会组织的献血等。由于其自身性质，非渴求品需要大量的广告、人员推销和其他市场营销努力。

工业品

工业品（industrial product）是买来用于再加工或者商业经营的产品。因此，消费品与工业品的区别在于购买产品的目的不同。如果消费者购买割草机是在家里使用，那么它就是消费品；如果同一个消费者买了同样的割草机用于美化环境的生意，那它就是工业品。

工业品和服务的三个类别分别是材料和零部件、资本品以及补给品和服务。其中，材料和零部件又包括原材料、制造材料和零部件。原材料由农产品（小麦、棉花、家畜、水果、蔬菜）和天然产品（鱼、木材、原油和铁矿石等）组成；制造材料和零部件主要包括组成物料（铁、纱线、水泥、电线）和元器件（小电机、轮胎、铸件）。大多数制造材料和零部件直接销售给工业用户。对于工业品而言，价格和服务是主要的市场营销因素；品牌和广告往往不那么重要。

资本品是帮助购买者生产或运营的工业产品，主要包括设施和配套设备等。其中，设施主要是大宗购买品，如建筑物（工厂、办公室）和重型设备（发电机、钻床、大型计算机系统和电梯）；配套设备主要包括轻便的工厂设备和工具（手动工具、升降式装卸车）及办公设备（计算机、传真机、办公桌）。它们的使用寿命往往比设施要短，在生产流程中起辅助作用。

最后一类工业品是补给品和服务。其中，补给品主要包括生产补给品（润滑剂、煤、纸张和铅笔）和维修保养品（油漆、钉子和扫帚）。补给品是工业领域的便利品，因为顾客购买补给品时所进行的比较和花费的精力往往最少。服务包括维修和保养服务（玻璃清洁和电脑维修）及商业咨询服务（法律、管理咨询和广告）。通常，这些服务都是根据合同进行供给的。

组织、人员、场所和观念

除了有形的产品和服务，市场营销人员还需要把产品的概念扩展到其他市场供应物，包括组织、人员、场所和观念。

组织通常会举办一些旨在"推销"本组织的活动。组织营销（organization marketing）包括打造、维护或者改变目标顾客对特定组织的态度的一系列活动。实际上，无论是营利组织还是非营利组织，都会进行组织营销。

商业公司通过赞助公共关系或企业形象营销活动来进行自我营销并改善自身形象。例如，通用电气长期开展的"梦想启动未来"活动，将这家工业巨头宣传成了一家拥有极具想象力的工业产品和技术并正在改变世界的公司。例如，有一则获奖的电视广告叫作《童年梦想》，该则异想天开的广告通过一个小女孩——她的妈妈在通用电气公司工作——的大眼睛，让通用电气的产品栩栩如生，从喷气式飞机发动机、柴油机车到巨型风力涡轮机，再到医院诊断机器等。通用电气表示，它正在建设、推动、移动和拯救世界。不只是想象，通用电气公司在行动。[4]

人员也可以成为一种"产品"。人员营销（person marketing）包括一系列打造、维护和改变对某些特殊人物的态度和行为的活动。这些人物包括总统、娱乐明星、体育明星以及专业人士（如医生、律师和建筑师等），他们通过人员营销来建立威望。一些企业、慈善机构和其他组织请知名人士来帮助其销售产品或者推广慈善事业。例如，某运动产品公司每年花费近100亿美元与全球几乎所有可以想到的运动项目的明星签订代言协议，包括网球名将莎拉波娃（Sharapova）和罗杰·费德勒（Roger Federer），世界足球超级巨星克里斯蒂亚诺·罗纳尔多（Cristiano Ronaldo）和内马尔（Neymar），现任和前NBA全能明星迈克尔·乔丹、勒布朗·詹姆斯和凯文·杜兰特（Kevin Durant）等头条人物。[5]

场所营销（place marketing）是打造、维护或者改变人们对某个场所的态度和行为的一系列活动。城市、州、地区乃至国家为了吸引游客、新的居民、会议以及公司办公室和工厂等，会展开竞争。例如，"底特律城市"（Detroit's city）网站宣传底特律最好的餐厅、可做的事情和可参加的活动；澳大利亚旅游局（Tourism Australia）提供了一个网站和一个智能手机应用程序，里面有视频、度假想法、目的地信息以及旅行者计划在澳大利亚度假可能需要的任何其他信息。[6]

观念（ideas）也可以进行营销。所有的市场营销都是观念的营销。但在这里，我们关注的是"社会观念"（social ideas）。这个领域又称**社会营销**（social marketing）——运用传统的商业营销概念和工具去影响人的行为，从而改善个人和社会福祉。

许多企业通过从事社会营销来支持他们相信的观念。例如，微软公司的"成为下一个"（Be What's Next）鼓励女孩进入技术和科学领域。该公司通过鼓舞人心的广告、社交媒体视频和活动以及专门的网站来推广该计划。该网站还提供了一个名为"职业探索者"（Career Explorer）的体验工具，由职业社交网站领英提供支持，向女孩们展示如何在特定领域追求自己的兴趣和技能。微软公司指出：当我们鼓励女孩去追求科学、技术、工程和数学（STEM）以后，我们解决问题的潜力翻了一番。如果女孩继续留在STEM领域，她可能会成为改变世界的人之一。[7]

社会营销活动涵盖了广泛的问题。例如，美国公益广告协会（www.adcouncil.org）已经开展了数十个社交广告活动，涉及医疗保健、教育、环境可持续性、防止青少年欺凌和应对性骚扰等问题。但社会营销涉及的，远不止广告，它涉及广泛的市场营销战略和市场营销组合工具，旨在带来有益的社会变化。[8]

7.2 产品与服务决策

市场营销人员的产品与服务决策往往包括三个层面：单个产品和服务决策、产品线决策、产品组合决策。下面分别对此进行讨论。

> **作者点评**
> 在回答了"什么是产品"这个问题之后，我们继续深入了解企业在开发和营销产品及服务时必须做的具体决策。

7.2.1 单个产品和服务决策

图 7-2 展示的是在开发和营销单个产品及服务时需要做出的重要决策，主要聚焦在产品属性、品牌、包装、标签和品牌标识、产品支持服务方面。

> 不要忘记图7-1。这些决策的重点都是创造核心顾客价值。

图 7-2　单个产品和服务决策

产品属性

产品或者服务开发包括界定其可以提供的利益。这些利益是通过产品属性，如质量、特征以及款式和设计来传递和实现的。

产品质量　产品质量（product quality）是可供市场营销人员使用的主要定位工具之一。质量会影响产品或者服务的表现，因此它与顾客价值和满意度紧密相关。从狭义的角度来说，可以把质量定义为"没有缺陷"，但大多数市场营销人员并不会局限在这个狭义的定义范围之内。他们常常从为顾客创造价值和实现顾客满意的角度来定义质量。美国质量协会（American Society for Quality）将质量定义为产品或者服务满足顾客显性或隐性需求的固有特性。类似地，西门子公司认为质量是让"我们的顾客回头而不是产品回头"[9]。

全面质量管理（total quality management，TQM）是一种让企业全员参与，持续改善产品、服务和经营质量的方法。对于最优秀的企业来说，顾客驱动质量已经成为一种经营方式。如今，越来越多的企业开始采取质量回报方法，将质量视为一种投资，通过质量投入改善经营成果。

产品质量有两个维度：水平和一致性。在开发产品的时候，市场营销人员必须首选能够支持产品定位的质量水平。在这里，产品质量是性能质量——产品实现其功能的能力水平。比如，一辆劳斯莱斯提供的性能质量就要高于一辆雪佛兰，前者驾驶更加平稳，提供更加奢华的享受，品质也更为稳定。一般而言，企业不会提供最高等级的性能质量，也很少有顾客想要购买或买得起太高质量水平的产品，如劳斯莱斯汽车、维京（Viking）厨房用品或者劳力士手表。事实上，企业往往会选择与目标市场需求以及同类竞争产品相符的质量水平。

除了质量水平，高质量也意味着质量的高度一致性。在这里，产品质量是一致性质量——没有缺陷且在实现既定水平的性能方面保持一致。所有企业都应该努力达到高水平的"一致性"质量水平。从这个意义上讲，雪佛兰和劳斯莱斯的质量是一样的。尽管雪佛兰的性能和劳斯莱斯不一样，但是它在满足顾客期待的"物有所值"的质量一致性方面，可以与劳斯莱斯相媲美。

同样，快速增长的经济型连锁酒店 Americas Best Value 酒店并不提供豪华的丽思卡尔顿体验。然而，它始终如一地履行它的承诺，给顾客最好的性价比。它的酒店始终如一地提供靠谱的住宿和可靠的服务。正如一位满意的顾客所承认的："这个价格太棒了！我们得到了一个很好的价格，房间不大，但干净舒适。前台经理很友好，也非常朴实。"通过不断满足并超越顾客的质量预期，Americas Best Value 酒店最近获得了美国经济型酒店市场上顾客满意度最高的 J. D. Power 奖。[10]

产品特征　同一产品呈现的特征可能是多种多样的。没有任何附加物的、朴素的产品，是最基本的产品模式。在此基础上，企业可以增加更多的产品特征。产品特征是把企业的产品同竞争对手的产品区别开来从而实现差异化的有力工具。提供新的、有价值的产品特征，是企业在市场中取得竞争优势的有效手段。

那么企业应该如何识别新颖的产品特征？企业应该增加哪些产品特征？为此，企业应该定期地对顾客进行问卷调查，并询问以下问题：你觉得该产品如何？产品的哪些特征是你最喜欢的？为了改善产品，我们应该增加哪些产品特征？这些问题的答案能够给企业提供有关产品特征的丰富信息。企业可以就这些特征对顾客价值和企业成本逐一进行评估。那些顾客价值远高于企业成本的特征，应该被纳入产品当中。

产品款式和设计　另一种增加顾客价值的手段，是使产品款式和设计多样化。其中，设计是比款式内涵更广泛的概念；款式只是对产品外观的简单描述。款式可能吸引眼球，也可能让人感到乏味。好的款式往往会吸引注意力，并给人带来愉悦，但不一定会让产品的性能更为突出。与款式不同，设计不限于表面，它还深入产品的核心。一般而言，好的设计往往会让产品既美观又实用。

好的设计并不是始于头脑风暴法和样品的制作。在实践中，设计往往从观察顾客开始，深刻地理解顾客的需求，创造他们的产品使用体验。而且，产品设计者应该少考虑产品的技术规格，更多地去考虑顾客如何使用产品以及如何从产品中受益。例如，利用基于消费者需求的智能设计，Sonos 公司创造了一种无线的、支持互联网的扬声器系统。它不仅易于使用，而且使整个房子都充满了美妙的声音。[11]

在过去，建立一个全屋娱乐或音响系统往往需要在墙壁、地板和天花板上铺设电线，造成很大的麻烦，且费用高昂。如果搬家的话，也无法把它带走。Sonos 公司将家庭音响和影院系统提升到了一个与数字时代相称的新水平。这家创新的企业创造了一种无线扬声器系统，不仅时尚，而且易于设置、使用、移动，从而满足了不断变化的需求。有了 Sonos 公司的产品，顾客只需要在智能手机上点击一个应用程序，就可以在家中任何地方通过各种时髦的扬声器传输高质量的声音。巧妙的设计为 Sonos 公司带来了丰厚的回报。该公司成立于 2002 年，目前年销售额已经增长到了约 10 亿美元。

品牌

或许对于专业的市场营销人员来说，最与众不同的技能就是对品牌的打造和管理。**品牌**（brand）是用来识别制造商或者销售商的产品或服务的名称、术语、标志、符号、设计或者是它们的组合。顾客把品牌看作产品的重要组成部分，品牌会增加顾客的购买价值。顾客会赋予品牌意义并建立与品牌的关系。因此，品牌的意义远不只是产品的物理属性。请看下面的故事：[12]

---

1 月的某个晚上，世界上最优秀的小提琴家之一乔舒亚·贝尔（Joshua Bell）在波士顿庄严的交响乐大厅演奏，大厅座无虚席，平均每个座位的价格为 100 美元。凭借乔舒亚·贝尔品牌的实力，这位才华横溢的音乐家在世界各地的演出通常都能吸引大量的观众。三天之后，作为《华盛顿邮报》社会实验的一部分，

贝尔出现在华盛顿特区地铁站，当早晨的通勤者络绎不绝地经过时，贝尔穿着牛仔裤、T 恤衫，戴着华盛顿国民队棒球帽，拿出了他那把价值 400 万美元的斯特拉迪瓦里小提琴，把打开的琴盒放在脚边，开始演奏他在波士顿交响乐大厅演奏的那些受人尊敬的经典曲目。在接下来的 45 分钟里，大约有 1 100 人经过，但很少有人停下来听，贝尔总共赚了 32 美元。没有人认出这个"没有品牌的"贝尔，所以很少有人欣赏他的艺术。这个实验显示出强大品牌的意义。

由于品牌的重要性，如今几乎所有东西都有品牌。盐的包装袋上有品牌，普通的螺栓螺母上也会贴有分销商的标签，汽车零部件，包括火花塞、轮胎和滤光器上都有和汽车制造商不同的品牌标识。连水果、蔬菜、奶制品和禽肉类产品也都有自己的品牌，如 Cuties 橘子、都乐（Dole）沙拉、万多福（Wonderful）开心果、Perdue 鸡肉和 Eggland's Best 鸡蛋以及墨西哥鳄梨。

品牌通常可以通过很多方式给予消费者帮助。品牌名称帮助消费者识别对自己有用的产品。品牌展示了产品质量和一致性的相关信息，总是选购同一品牌的消费者知道他们每次购买时都会获得同样的产品特征、利益和质量。品牌也会给卖方带来一些优势。卖方的品牌名称和商标是对其独特产品特征的保护，以免竞争对手仿效。品牌化可以帮助卖家细分市场。例如，丰田公司拥有雷克萨斯、丰田和赛恩（Scion）等众多品牌，每个品牌下又有很多子品牌，比如凯美瑞、卡罗拉、普锐斯、雅士力、坦途等。

最后，企业可以根据独特的产品质量属性来构造故事，而品牌名称往往是这类故事的基础。例如，墨西哥鳄梨（Avocados From Mexico）——代表墨西哥鳄梨种植者、包装商以及美国进口商和包装商的非营利组织，旨在说服美国消费者，让其相信鳄梨是一种必须吃的零食。更重要的是，它想让消费者知道，墨西哥鳄梨代表着优质鳄梨，能够创造美好的时光、美味的食物和健康。为了推广其品牌，该组织每年在广告上花费 2 000 万美元，包括连续四届"超级碗"比赛的大额预算广告。在某一年的"超级碗"比赛中，墨西哥鳄梨是 Instagram 和推特上被提及最多的广告顾客，而"#墨西哥鳄梨世界（#Guacworld）"则是使用最多的标签。由于这样的品牌建设，美国的鳄梨销量在过去几年中出现了两位数的增长，墨西哥鳄梨现在占美国鳄梨销量的近80%。[13]我们将在本章后面更详细地讨论品牌策略。

包装

包装（packaging）包括对产品的容器或者包装物的设计和生产。在传统上，包装的基本功能就是保存和保护产品。如今，包装逐渐成为重要的市场营销工具之一。竞争的加剧和对零售货架的争抢，意味着包装也必须承担更多销售任务——从吸引买方、传递品牌定位到完成销售。正如某个包装专家所评论的："并不是每个消费者都会看到品牌广告，或者通过社交媒体看到品牌的活动，但是每个购买产品的顾客都会接触到产品的包装。"因此，看似不起眼的包装代表了重要的市场营销空间。

越来越多的企业逐渐意识到了好的包装对唤起消费者品牌认知的重要作用。比如，超市平均储存 38 000 种商品，而沃尔玛超市储存了 142 000 种商品。根据最近的一项研究，有 55% 的购物者是在购物时决定购买什么品牌的。在这种激烈竞争的环境下，包装可能是卖方影响买方的最好和最后的机会。因此，包装本身就成为一种重要的促销媒介。[14]

创新的包装可以让一家企业拥有领先于竞争对手的优势，并促进销售。独特的包装甚至可能成为品牌标识的重要组成部分。例如，一个普通的棕色纸盒上印着人们熟悉的亚马逊商标的弧形箭头，有人把它解读为从 a 到 z 的字母，甚至解读成一个笑脸，它让人毫不怀疑是谁把包裹放在了家门口。类似地，蒂芙尼独特的蓝色盒子体现了这家珠宝零售商的优质传统和定位。[15]

设计糟糕的包装会让消费者感到头疼，并使企业失去销量。想想那些难以打开的包装，如带有刺破手指的铁丝纽结的包装或密封塑料盒包装的东西，它们甚至会引发愤怒，每年都有成千上万的人因为被商品包装物割伤和刺伤而进医院。另外一个包装问题是过度包装，比如一个小小的

U 盘装在超大的硬纸板和塑料包装中，然后装在一个巨大的瓦楞运输纸箱里。过度包装造成了大量浪费，让那些关心环境的消费者感到十分沮丧。

在做出包装决定的时候，企业还必须注意到日益受到关注的环境问题。幸运的是，许多企业都通过减少包装和使用对环境负责的包装材料来实现环保。近年来，产品安全也成为包装决策中的一个主要问题。例如，让我们看一下宝洁的汰渍洗衣凝珠和单次用量包装的洗衣粉。为了防止孩子们误食这些五颜六色、看起来像糖果但有毒的产品，宝洁花了三年时间完善了"儿童保护包"（Child-Guard Pack），这是一种带有防止儿童打开的拉链的软袋，还有"儿童保护桶"（Child-Guard Tub），它的盖子可以防止儿童挤压和扭转。这些包装创新可能拯救了宝洁的汰渍洗衣凝珠和单次用量包装的洗衣粉。当前，单次用量包装产品占了近期洗衣粉品类增长的 90%，占品类总销售额的 15% 左右。宝洁的汰渍洗衣凝珠和 GainFlings！洗衣凝珠占据了这类单次用量包装产品销售额的近 80%。[16]

标签和品牌标识

标签可以是贴在产品上的简单标记，也可以是作为包装一部分的复杂图形。通常，标签具有多种功能。其中，最简单的是，标签可以用来区分产品或品牌，比如贴在橙子上面的新奇士（Sunkist）标签；标签也可以对产品的几个方面做出描述：制造者、制造地点、时间、内容、如何使用以及如何安全使用等。最后，标签还有助于推广品牌、支撑品牌定位和连接顾客。对于许多企业来说，标签已经成为广义的市场营销活动中重要的元素之一。

标签和品牌标识能支撑品牌定位并实现品牌的个性化。事实上，它们可以成为品牌与顾客联系的关键元素。顾客往往会对作为品牌象征的标签产生强烈的依赖。想想谷歌、可口可乐、推特、苹果等公司的标志所唤起的感觉吧。对于企业而言，它们必须不时地重新设计标签。例如，从雅虎、eBay、西南航空到温迪（Wendy's）、必胜客、Black+Decker 和好时等品牌，都曾经成功地调整了自己的标签，使其富有时代性，并满足了新的数字设备和互动平台，如移动应用程序和社交媒体的需求（参见市场营销进行时 7-1）。

┃ **市场营销进行时 7-1** ┣━━━━━━━━━━━━━━━━━━━━━━━━━━━

数字时代的品牌标识改造

如今，似乎每家企业都在对自己的标识进行大改造。从谷歌、好时、奥迪、必胜客、美国航空，到西南航空和 IHOP，都是旧的不去，新的来。这种重新设计标识的做法可能是有风险的。品牌标识就像一双旧鞋，熟悉又舒适，而顾客往往不喜欢改变。既然有风险，那么为什么有这么多企业要重新设计自己的标识呢？

企业往往都精心严谨地制作简单、容易识别的标识，以便让顾客快速识别它们的品牌，并引发积极的联想。然而，当今的数字世界往往要求品牌标识扮演更多的角色。标识不再只是放置在印刷页、包装、电视广告、广告牌或商店显示屏上的一个静态符号。相反，今天的标识还必须满足日益多样化的数字设备和媒体的需求。在包装上或杂志广告上看起来很棒的品牌标识，在智能手机屏幕上的社交媒体环境中可能会遭遇惨败。

如今，标识必须在各种尺寸的屏幕上脱颖而出，从大屏幕电视到平板电脑、手机，甚至智能手表。通常，它们还必须作为网站、手机和社交媒体页面上的交互式图标或动画活动指示物。因此，各家企业都在调整自己的标识，以使其与快速发展的数字时代保持同步。

大多数标识的修改都着眼于创造更简单、更明亮、更现代的设计，在数字屏幕和平台上能够更好地呈现。例如，好时公司将其标识从深色底色搭配浅色字母改为白色底色搭配深色字母，同时还将其长期以来用锡箔纸包裹的好时之吻形象替换成了更为现代的剪影版本。类似地，必胜客公司的新标志由一个简单的比萨饼形状的圆形组成，品牌名称和熟悉的屋顶符号变为白色；而西南航空也从巨型飞机图像下的黑色全大写字母变成了标题格式的亮蓝色字母，并搭配标志性的彩虹色心形图标。

诸如此类的重新设计往往有着多个目标，但主要目标是使标识更适合数字设备。例如，旧的 IHOP 标识中，白色字母被放置在蓝底上，还有一条向下弯曲的红色条幅，上面写着"restaurant"。现在，IHOP 的字母是白底蓝字，这种设计在大多数网页、手机和社交媒体网站的白色背景下显得更为突出。新标识还用"O"和"P"下面一条向上弯曲的红线取代了旧的、"皱眉头"的"restaurant"条幅，从而创造了一个笑脸，为品牌增添了乐趣。

今天的许多标识往往都是去文字化的，而且常常是只使用一个品牌符号，完全不提品牌名称。想想苹果、推特和爱彼迎。汽车制造商奥迪最近重新设计了它的标识，去掉了红色的奥迪字样。其标志性的四个三维互锁的铬环变成了黑色，并让环本身成为标识。新的标识看起来更朴素，但也没有那么多使用限制，在今天的数字格式中更具互动性，从汽车内的屏幕到奥迪的网站、移动应用程序，甚至是可穿戴设备均可使用。扁平的黑色标识不再与奥迪的文字标志捆绑在一起，它可以与任何数量的定位短语和互动功能一起出现。

一些标识的重新设计还要深入得多。例如，考虑最近谷歌对人们熟悉的蓝色、红色、绿色和黄色标识的更改。乍一看，变化似乎不大，顾客甚至都没有注意到这些变化。字母的颜色基本保持不变，就像已经与谷歌品牌联系在一起的童真品质一样。最大的区别是：在新的字体中，谷歌将其旧的有衬线字体（在字母的末端有短线）改为无衬线字体（没有线），其结果是一个更为简单、干净、易读的标识。简洁的字体比华丽的字体更容易缩小，因此更容易在各种屏幕上传播。谷歌指出，自己的新标识在 2.5 英寸的安卓腕表上同在 50 英寸的电视屏幕上一样易读。

但是，谷歌不仅改变了标识的字体，还创造了一整套适合数字时代的新的品牌标识工具。例如，在意识到 6 个字母对某些用途来说太多了之后，谷歌也修改了它的"favicon"（"最爱图标"（favorite icon）的简称，有时也被称为网站图标、标签图标或 URL 图标）——一个新的无衬线字体"G"被分割成了四种熟悉的谷歌颜色。它还设计了一个现代的四色麦克风图标，用户可以在安卓设备上点击它来进行语音识别。同时，它还精心制作了一组四个动画点（每种颜色各一个），用于在互动和缓冲时刻表示诸如等待、思考、说话和回复等活动。

所有的谷歌标识元素现在都无缝地组合在了一起。谷歌标识不再只是一个位于在线搜索栏上方的静态标志，而成了一套完整的动态符号，在当今的数字屏幕和平台上，为该品牌和它的许多功能都带来了活力。

企业在改变品牌标识时需要谨慎行事。一般来说，这种改变通常都需要巨大的投资。例如，西南航空公司看似简单的标识重新设计需要做出全面的改变，几乎涉及企业运营的方方面面。想想所有看到的西南航空的标识，从它的广告、网络、社交媒体活动到飞机上的图形、机场大门的设计，再到公司信笺。一切都得重新制作，以便反映新的标识的外观。这个过程需要资源，因此在战略上必须精确地稳步推进。

也许更重要的是，旧的标识往往将品牌与消费者的内心紧密地联系在了一起。有研究表明：消费者对一个品牌的依恋越强烈，他们就越不愿意改变标识。例如，尽管大多数专家都同意好时公司的新标识是一个巨大的改进，但有些消费者却犹豫不决，认为亲吻的剪影就像一坨"大便"。当美国航空公司用一个更现代的版本取代其广为人知的、已有 45 年历史的"AA eagle"标识时，新标识触发了该品牌粉丝和批评者的负面情绪。虽然重新设计可能早该进行了，但粉丝们却为放弃经典设计而感到惋惜。有批评者声称，花在重新粉刷飞机上的数百万美元本应该用于改善航空公司的顾客服务。

上述这些例子突出了人们与品牌的视觉表现之间的强大联系。当需要更改标识时，最好的办法就是提醒顾客即将发生的更改，并解释为什么需要做出更改。谷歌在一段广为流传的视频中成功地做到了这一点：该视频展示了其标识的演变过程以及最近重新进行设计的原因。这就是其大规模标识改造进行得如此顺利的重要原因之一。

资料来源：Miriam Harris, " The Biggest Logo Redesigns of 2017/2018, " *Digital Arts*, January 12, 2018, www. digitalartsonline.co.uk/news/graphic-design/biggest-logo-redesigns-of-2017-18/#7; Mark Wilson, " Google's New Logo Is Its Biggest Update in 16 Years, " *Fast Company*, September 1, 2015, www.fastcodesign.com/3050613/googles-new-logo-is-its-biggest-update-in-16-years; " Four Rings to Rule Them All, " *Brand New*, April 27, 2017, www.underconsideration. com/brandnew/archives/new_global_identity_for_audi_by_strichpunkt_and_kms_team.php; Richard Feloni, " Did You Notice That These 20 Companies Changed Their Logos This Year? " *Business Insider*, October 27, 2015, www. businessinsider.com/corporate-logo-changes-2015-10; Lauren Entis, " Why We Hate Logo Redesigns, " *Entrepreneur*, September 11, 2015, www.entrepreneur.com/article/250559; " You Like Your Logo, but Does Joe Consumer, " *Advertising Age*, October 30, 2017, pp. 14-15; " Google, Evolved, " www.youtube.com/watch?v=olFEpeMwgHk, accessed September 2018; and www.youtube.com/watch?v=0PU7KX3i2pM and www.usatoday.com/videos/tech/2015/09/01/71532636/, accessed September 2018.

然而，企业在改变这些重要的品牌符号的时候必须小心谨慎。消费者往往会与品牌的视觉表现形成强烈的联系，并可能对变化做出激烈的反应。比如，在几年前，当 Gap 公司对其旧标志——众所周知的蓝色底色搭配白色字母——进行更现代的重新设计时，顾客看到新的标签后很恼火，在网上向该公司施压。仅仅在一个星期之后，Gap 公司就恢复了旧的标签。

除了一些优势，包装和标签方面的法律问题也一直备受关注。1914 年的《联邦贸易委员会法》指出，虚假的、具有误导性和欺骗性的标签或者包装会导致不公平竞争。标签也可能会误导消费者，可能对重要成分描述不足或者没有必要的安全提示。因此，联邦和州通常都对标签进行立法以便规制。其中，最著名的就是 1966 年颁布的《公平包装和标签法》，该法设置了有关包装的强制性要求，鼓励行业形成自发的包装标准，并允许联邦机构在特殊行业中设立相应的包装法规。1990 年的《营养标签和教育法》指出，销售者需要提供有关食品的详细营养信息。近来，美国食品和药品监督管理局开展的活动也对低脂、高纤维等术语的使用提出了要求。为此，市场营销人员必须确保标签包含所有的必要信息。

产品支持服务

顾客服务是产品战略的另一个要素。企业通常都会提供支持服务，这种服务在企业提供的整体产品中所占的比例并不一致。在本章后面的部分中，我们会探讨服务本身作为一种产品的情况。在这里，我们将讨论的是作为有形产品补充内容的服务。

支持服务是顾客整体品牌体验的重要组成部分。雷克萨斯汽车公司知道，好的市场营销并不以实现销售为目的。在销售之后让顾客满意，是建立持久关系的关键所在。雷克萨斯公司相信，如果能够让顾客满意，并且持续让顾客满意的话，那么公司就会拥有一个终身的顾客。因此，各地的雷克萨斯汽车经销商几乎会不惜一切代价去关心顾客，期待他们再次光临。[17]

典型的雷克萨斯 4S 店一点也不典型。例如，除了设有星巴克咖啡店外，佛罗里达州的一家雷克萨斯 4S 店还有四把按摩椅、两个推杆果岭、两个顾客休息室和一个图书馆。在雷克萨斯汽车 4S 店，顾客服务远比设施更加卓越。从一开始，雷克萨斯公司就致力于革新汽车拥有者的体验。

当然，雷克萨斯公司知道，永远没有必要提供最好的 4S 店体验之旅。因此，它从一开始就制造出令顾客满意的汽车。该公司承诺将制造"有史以来最好的汽车"——几乎不需要维修的高质量汽车。雷克萨斯公司也承诺把顾客作为重要的个人来加以对待。因此，当汽车确实需要维修时，雷克萨斯公司会不遗余力地让它变得简单并减少维修的痕迹。许多经销商甚至会上门取车，然后在维修结束后把车送回。同时提供免费的清洁服务，汽车送回时一尘不染。顾客甚至会惊喜地发现，他们不仅修好了车门的凹痕，而且帮助汽车恢复其刚出厂时的光泽。

从各方面来看，雷克萨斯公司实现了其雄心勃勃的顾客满意承诺。它创造了似乎是世界上最满意的车主。雷克萨斯公司不仅在行业质量评级中经常名列前茅，而且在美国和全球的顾客满意度评级中也出类拔萃。"除了雷克萨斯汽车，我妻子再也不会买别的汽车了，"一位满意的雷克萨斯车主说，"他们到我家来，把车开走、更换润滑油、修好，然后再开回来。她终生忠于雷克萨斯汽车品牌。"

设计支持服务的第一步，是定期做顾客调查，以评估目前服务的价值并从顾客那里获取有价值的想法。在评估了提供给顾客的各种支持服务以后，企业可以采取一系列措施来解决问题，并且提供新的服务，这样既可以使顾客满意，也能增加企业的收益。

现在，许多企业综合运用电话、电子邮件、互联网、交互式语音和交互式数据等高科技手段来提供支持服务，这在以前是不可能实现的。例如，家居用品零售商劳氏在其实体店和网上都提供了卓越的顾客服务，使购物变得更加容易，能够更好地解答顾客的问题并处理问题。顾客可以通过电话、电子邮件（CareTW@lowes.com）、网站、移动应用程序和 @LowesCares 获得劳氏的广泛支持。劳氏的网站和移动应用程序可以直接链接到购买指南和用法图书馆。在其门店，劳氏为员工配备了装有定制应用程序和附加硬件的苹果手机，让他们可以在不离开顾客的情况下执行服务任务，如查看附近商店的库存、查询特定顾客的购买历史、分享操作视频以及查看竞争对手的价格等。在加利福尼亚的一些商店里，劳氏甚至正试着在商店里放置交互式、会说话的移动人工智能机器人（称为 LoweBots）。这些机器人可以在顾客进入时向他们打招呼，回答他们最棘手的问题，并引导他们找到自己想要的任何商品。[18]

7.2.2　产品线决策

除了单个产品和服务的决策之外，产品战略也要求企业建立起产品线。在这里，**产品线**（product line）指的是一系列相关的产品，这类产品可能功能相似、具有相同的销售途径或者在同一价格范围内销售给同一顾客群。例如，万豪旗下有不同档次的酒店。

产品线的主要决策包括确定产品线长度（product line length）——产品线中产品的数量。如果管理者可以通过增加产品来提升利润，则说明产品线过短；如果可以通过减少产品提升利润，则说明产品线过长。管理者需要定期对产品线进行分析，评估每个产品的销量和利润，并了解每个产品是如何影响产品线的整体业绩的。

一般而言，企业可以通过两种途径来扩大自己的产品线：产品线扩张（product line filling）和产品线延伸（product line stretching）。其中，产品线扩张包括在现有的产品线范围内增加更多的产品。进行产品线扩张的原因主要有：获取额外利润、满足经销商的要求、利用过剩的生产能力、成为领先的全生产线公司、通过填补产品空白来阻止竞争对手的介入等。但是，产品线的过度扩张，可能会造成产品之间的相互竞争和顾客混淆。因此，企业要保证新产品和现有产品存在明显的区别。

产品线延伸指的是企业在现有的产品线范围外拓展产品线的长度。企业的产品线延伸可以是向下延伸，也可以是向上延伸，或者是双向延伸。位于高端市场的企业可以向下延伸它们的产品线。例如，梅赛德斯通过 CLA 产品线向下延伸，以吸引更年轻的首次购买者。一家企业可以向下延伸以填补市场空白，以便避免吸引新的竞争对手，或应对竞争对手对高端市场的攻击。当然，鉴于低端市场增长速度更快，企业也可以增加低端产品。此外，企业也可以向上延伸其产品线。有时，企业向上延伸是为了给现有产品增加声誉或获得更高的利润率。宝洁公司在 Cascade 洗碗剂和 Dawn 洗碗皂等品牌上就采取了这一做法，增加了价格较高的"白金"版本。

随着企业的成长和扩张，许多企业都在扩张和延伸自己的产品线。以宝马集团为例[19]：

多年来，宝马集团已经从一个单一品牌、5种型号的汽车制造商变身为拥有3个品牌、14个系列和数十种型号的强大品牌。该公司通过迷你库柏（MINI Cooper）生产线向下扩张，通过劳斯莱斯生产线向上扩张。它的宝马系列车型囊括了从低端到高端以及介于两者之间的各种车型。该品牌的7个"系列"产品线涵盖从入门级的1系超小型车到豪华紧凑型的3系轿车，再到中型的5系轿车，最后到豪华的全尺寸7系轿车，X1、X3、X4、X5和X6 SUV系列，M系列性能车型，以及i3和i8混合动力车，填补了相应的市场空白。因此，通过巧妙的产品线扩张和延伸，在坚持其高端定位的同时，宝马集团现在拥有了成功吸引富人、超级富豪和希望成为富人的顾客的多个品牌和产品线。

7.2.3 产品组合决策

一个组织拥有的几条产品线，构成了其产品组合。其中，**产品组合**（product mix or product portfolio）指的是企业在市场上销售的所有产品线和产品。例如，高露洁－棕榄公司最出名的可能是其牙膏和其他口腔护理产品，但事实上，高露洁－棕榄是一家价值达152亿美元的消费品公司，生产和销售由几十个广为人知的产品线和品牌组成的完整产品组合。高露洁－棕榄公司将其产品主要分为四个系列：口腔护理、个人护理、家庭护理和宠物营养。其中，每一条产品线都包括许多品牌和产品。[20]

企业的产品组合一般有四个重要维度：宽度、长度、深度和关联度。其中，产品组合的宽度（width）指的是企业拥有的产品线的数量。例如，高露洁－棕榄公司销售相当广泛的产品组合，包括几十个品牌所组成的高露洁护理产品。

产品组合的长度（length）指的是在产品线内企业所提供的产品数量的总和。高露洁－棕榄公司的每条产品线都有几个品牌。例如，它的个人护理产品线包括Softsoap液体肥皂和沐浴露、Tom's of Maine、Irish Spring香皂、Speed Stick除臭剂、Afta以及高露洁洗漱用品和剃须用品等；家庭护理产品线包括Palmolive和AJAX洗碗机产品、Suavitel织物护理剂和Murphy Oil Soap清洁剂等；宠物营养产品线则包括希尔斯宠物食品公司（Hill's Science Diet）的多个宠物食品品牌。

产品组合的深度（depth）指的是产品线中每种产品所提供的版本数量。高露洁－棕榄公司的牙膏种类繁多，从全效牙膏、光感白牙膏、去牙垢防护牙膏到抗过敏牙膏、牙釉健牙膏、Previ Dent牙膏和儿童牙膏，每一种都有其独特的形式和配方。例如，顾客可以买到高露洁全效牙膏的普通型、清洁薄荷型、高级美白型、深度清洁型、全日修复型、二合一液体凝胶型或其他几个版本。

最后，产品组合的关联度（consistency）是指各产品线在最终用途、生产条件、分销渠道和其他方面相互关联的程度。高露洁公司的产品线由于都是消费品且分销渠道相似，因此关联度较高。如果产品组合中的产品对购买者来说功能不同，那么产品线的关联度就不会那么高。

这些产品组合维度能够帮助企业界定其产品战略。一般而言，企业可以通过四种途径来扩大自己的业务。企业可以增加产品线以拓宽其产品组合。通过这种方式，企业在原有的产品线声誉的基础上建立起新的产品线。企业也可以通过扩张现有的产品线成为产品更全面的企业。同时，企业还可以丰富每个产品的品种，从而深化产品组合。最后，企业还可以提升或者降低产品线的关联度，这取决于企业希望在单一领域还是在几个领域打造其知名度。

有时，企业需要精简自己的产品组合，削减业绩不好的产品线，以便实现重新聚焦。例如，宝洁公司奉行一个宏大的品牌战略，在食品、家庭护理、美容等领域建立了价值230多亿美元的品牌。在过去的十年里，这家消费品巨头已经出售了几十个不再符合其不断发展的重点或十亿美元门槛的主要品牌，从Jif花生酱、Crisco酥油、Folgers咖啡、品客薯片、Sunny Delight饮料到Noxzema护肤品、Right Guard除臭剂、Aleve止痛剂、Duracell电池、封面女郎和蜜丝佛陀化妆品、威娜和伊卡璐护发产品，以及 Iams 和其他宠物食品品牌。通过这些资产剥离，宝洁公司将自己的投资和精力集中在 65 个核心品牌上，而这些品牌是其销售额和利润的主要来源。[21]

> **概念应用**
>
> 请在这里暂停一会儿并回顾前文。为了更好地了解企业所提供的产品有多复杂，我们可以思考一下宝洁公司的产品组合。
>
> ● 利用宝洁公司的官方网站（www.pg.com）、年度报告和其他资源，建立该公司所有产品线和产品系列的列表。在所整理的列表中，哪些产品让你感到比较意外？
>
> ● 宝洁公司的产品关联度如何？宝洁公司最近放弃或出售了哪些产品/品牌？该公司调整其产品组合所遵循的总体战略或逻辑是什么？

➡ 7.3 服务营销

近年来，服务业发展迅速。目前，服务业占美国国民生产总值（GDP）的近 80%。在全球范围内，服务业的发展速度也很快，占据了世界生产总值的近 63%。[22]

> **作者点评**
> 正如本章开头所说的，服务也是产品，是一种无形的产品。因此，我们之前所探讨的有形产品话题也适用于服务。但是在这个部分，我们会单独探讨服务的特征及其市场营销需求。

服务业千差万别。一方面，政府通过法庭、就业服务、医院、部队、警察和消防部门、邮政服务以及学校等来提供服务；另一方面，非营利组织通过博物馆、慈善机构、大学、基金会和医院等来提供服务。另外，大量的商业组织则通过航空公司、银行、保险公司、咨询机构、医疗和法律机构、娱乐和通信公司、地产公司、零售百货店及其他渠道来提供服务。

7.3.1 服务的本质和特征

企业在设计市场营销方案时必须考虑到服务的四个基本特征，即无形性、不可分割性、异质性及易逝性（如图 7-3 所示）。

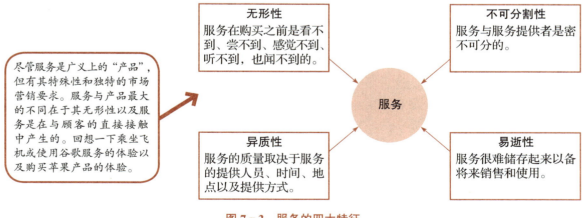

尽管服务是广义上的"产品"，但有其特殊性和独特的市场营销要求。服务与产品最大的不同在于其无形性以及服务是在与顾客的直接接触中产生的。回想一下乘坐飞机或使用谷歌服务的体验以及购买苹果产品的体验。

无形性
服务在购买之前是看不到、尝不到、感觉不到、听不到，也闻不到的。

不可分割性
服务与服务提供者是密不可分的。

服务

异质性
服务的质量取决于服务的提供人员、时间、地点以及提供方式。

易逝性
服务很难储存起来以备将来销售和使用。

图 7-3 服务的四大特征

服务的无形性（service intangibility）指的是在购买之前，服务是看不到、尝不到、感觉不到、听不到，也闻不到的。例如，人们在进行整容手术之前并不知道结果如何，航空公司的顾客也仅仅是拿到机票并得到承诺——乘客和行李会同时安全抵达目的地，但结果如何在实际乘坐之前并未可知。实际上，为了减少不确定性，购买者寻求的是服务质量的信号。他们通过可见的地点、人员、价格、设备和沟通等因素来判定质量如何。因此，服务提供者的任务，就是让服务在一个或者更多方面有形化，并传递有关质量的正确信息。奥斯卡健康保险公司（Oscar Health）在这方面做得就很好。[23]

对大部分人来说，传统的健康保险公司不过是不露面的公司实体而已。对于那些不是通过雇主来购买健康保险的个人来说，在公开市场上购买保险可能是一个复杂的、充满不确定的过程。快速成长的初创公司奥斯卡健康保险公司正在通过自己的行动改变上述的一切。

奥斯卡健康保险公司主要以网络为基础，以熟悉数字技术的年轻消费者为目标，提供简单、实惠的健康保险计划。而且，该公司提供了一系列的高科技功能，使用户体验更加个性化和有形化。奥斯卡健康保险公司拥有的创新网络和移动应用程序，使会员更容易管理他们自己的医疗保健，其顾客可以使用这些应用程序做许多事情，从访问自己的历史健康信息和账户信息，到寻找医生进行免费的线上咨询和拿到处方。

奥斯卡健康保险公司还提供全天候的免费医生咨询和远程医疗服务。该公司指出："这实现起来非常简单。"只要打开奥斯卡健康保险公司的应用程序，请求与医生进行通话，大约 10 分钟之后顾客就会接到医生的电话。顾客甚至还可以附上自己病症的图片。个性化和有形化的用户体验，为奥斯卡健康保险公司带来了回报。在大型医疗保险公司纷纷缩减个人医疗服务的时候，奥斯卡健康保险公司却在壮大。在过去的三年里，奥斯卡健康保险公司的业务从 4 万名会员和 2 亿美元的年收入，激增到大概 25 万名会员和 10 亿美元的年收入。

有形的商品是先生产和储存，然后再进行销售和消费。相比之下，服务则是先进行销售，然后同步生产和消费。**服务的不可分割性**（service inseparability）指的是服务与服务提供者不可分割，不管提供者是人还是机器。如果是服务业的员工提供服务，那么员工本身就是服务的一部分。顾客不只是购买和使用服务，他们也在服务的交付中发挥了作用。顾客的协同生产，让提供者和顾客互动成为服务营销的一个重要特征。供应商和顾客都会影响服务结果。

服务的异质性（service variability）指的是服务的质量不但取决于提供服务的人，也受时间、地点以及提供方式的影响。例如，某些酒店，如万豪，提供的服务就好于同行。但是，拿某一家万豪酒店来说，前台的某个员工面带微笑并且办事高效，而就在他不远处的另外一位员工有可能态度不好且办事拖沓。即使是万豪酒店的同一位员工的服务质量，也会随着他遇见顾客时的状态和心情而有所不同。

服务的易逝性（service perishability）指的是服务很难储存起来以备将来销售和使用。有些医生会向患者收取违约金，因为这种服务价值只有在预约的时间内才有效。如果患者不及时出现的话，相应的服务价值也就不复存在了。当需求稳定时，服务的易逝性不是什么问题。但是，当需求波动的时候，服务企业通常都会遇到困难。例如，在高峰时期，公共交通公司往往需要准备比平时更多的车辆。因此，服务企业通常要设计出更好的供需战略。酒店和旅游胜地在淡季会以较低的价格来吸引更多的游客，饭店会雇用临时工来应对旺季的服务需求。

7.3.2 服务企业的市场营销战略

如同制造企业一样，优秀的服务企业也需要通过市场营销战略在选定的目标市场上进行定位。Rent-A-Car 公司指出，"你只管驾驶汽车，其他的由我们来负责"；Zipcar 公司则在顾客需要汽车的时候便利地提供；CVS 药店强调健康至上；沃尔格林公司特别关注快乐和健康；圣犹达儿童研究医院（St. Jude Children's Research Hospital）致力于寻找针对儿童的治疗方案。上述这些企业和其他服务企业通过传统的市场营销组合活动来确立自己的地位。然而，由于服务不同于有形的产品，它们往往需要额外的市场营销方法。

7.3.3 服务利润链

在服务业中，顾客和一线员工的互动共同创造了服务。有效的互动，往往取决于一线服务员工的技能和协助这些员工的流程。因此，成功的服务企业既关注顾客，也关注员工。它们理解**服务利润链**（service profit chain），知道服务企业的利润与员工和顾客满意度是紧密相连的。服务利润链主要由以下五个环节构成[24]：

- 内部服务质量：出众的员工甄选和培训、优质的工作环境以及对与顾客打交道的员工的强力支持，这会带来满意的、高效的服务人员。
- 满意的、高效的服务人员：更满意、忠诚和勤奋的员工，会创造更高的服务价值。
- 更高的服务价值：更有效率和效果的顾客价值创造和服务交付，会带来更多满意且忠诚的顾客。
- 满意且忠诚的顾客：满意的顾客会保持忠诚、重复购买并向其他顾客推荐，这会促成良性的服务利润和增长。
- 良性的服务利润和增长：实现卓越的服务企业绩效。

例如，为了让顾客满意，四季酒店不仅制定出一套以顾客为中心的市场营销战略，从酒店高层做起并向下面分解开来，而且把顾客满意作为每个员工的主要工作。当然，这一切都始于满意的员工。[25]

四季酒店持续完善了深度接触、精心提供服务的艺术。无论是在毛里求斯四季度假胜地的热带岛屿天堂，还是在撒哈拉沙漠以南的塞伦盖蒂四季酒店的豪华"营地"，每晚支付 1 000 美元或更多的顾客都希望四季酒店能够理解他们的需求。对于这些顾客，四季酒店并没有让他们失望。是什么让四季酒店如此特别？这真的不是什么秘密。这主要源于四季酒店员工的素质。四季酒店知道，快乐、满意的员工会带来快乐、满意的顾客。因此，就像对待顾客一样，四季酒店特别尊重并呵护自己的员工。

四季酒店聘用最优秀的员工，给他们优厚的待遇、仔细的指导，给他们灌输自豪感，并对他们的杰出服务行为进行奖励。在四季酒店，对待员工就像对待最重要的顾客一样。例如，所有员工，从打扫房间的服务员到总经理，都在酒店食堂一起用餐（免费）。所有员工，凡在酒店工作满一年，每年都可以在四季酒店免费住六个晚上。员工感到自己和他们服务的顾客一样重要并被关怀，这激励着员工在工作中努力提供更高水平的服务。由于这些措施，四季酒店的全职员工的年流动率仅为 18%，是行业平均水平的一半。四季酒店已连续 20 年入选《财富》杂志"最适宜工作的 100 家公司"榜单。这是四季酒店成功的最大秘诀。

服务营销需要的不仅是运用 4P 进行传统的外部营销。如图 7-4 所示，服务营销还需要内部营销和互动营销。其中，**内部营销**（internal marketing）指的是企业必须引导和激励与顾客接触的员工，并支持服务员工像一个团队那样努力为顾客提供满意的服务。市场营销人员必须让组织中的每个员工都以顾客为中心。事实上，内部营销必须优先于外部营销。例如，四季酒店从聘用合适的员工开始，精心安排入职培训并激励员工提供无与伦比的顾客服务。这是为了确保员工信任企业品牌，从而真正兑现品牌对顾客的承诺。

互动营销（interactive marketing）指的是服务质量在很大程度上取决于服务过程中买卖双方的互动。在产品营销中，产品质量很少取决于产品是如何获取的。但是在服务营销中，服务质量既取决于服务交付者，也取决于交付的质量。因此，服务营销人员必须掌握互动营销技巧。四季酒店只选择具有"服务热情"的员工，并在如何与顾客互动方面对他们进行认真的指导，以此满足顾客的需求。所有新雇员都需要完成 3 个月的培训，以改善他们与顾客互动的技巧。

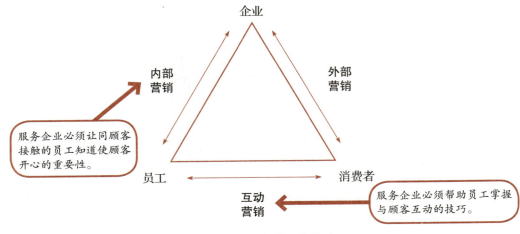

图 7 - 4　服务的三种类型

如今，随着竞争的加剧和成本的提升以及生产率和质量的下降，人们往往需要掌握更多的服务营销技能。概括而言，服务企业通常面临三项主要的营销任务：提高服务差异化水平（service differentiation）、提高服务质量（service quality）和提高服务生产率（service productivity）。

服务差异化管理

如今价格竞争日益激烈，服务营销人员经常抱怨在实现同竞争对手比较而言的服务差异化方面困难重重。从顾客的角度来看，不同提供者所提供的服务往往是相似的，他们更关心的是价格而不是提供者。解决价格竞争的办法就是开发差异化的服务供应物、差异化的交付和差异化的形象。

其中，供应物中可以包括让一家企业的产品区别于另外一家企业的创新特色。例如，阿联酋航空公司（Emirates）最近在其波音 777 飞机上增加了头等舱套房服务，包括延伸到天花板的推拉门、可挂衣服的衣橱、有 2 500 个频道的无线平板电脑、32 英寸电视屏幕、个人迷你酒吧以及包含呵护皮肤的睡衣和护肤品的"创意套装"。有些零售商的与众不同之处在于：它们所提供的往往远远地超出了它们的库存产品。在几家大型 REI 门店中的任何一家，消费者在购买商品之前都可以通过店内的山地自行车测试道、装备测试站、巨大的攀岩墙或店内模拟阵雨来获得亲身体验。

服务企业可以通过更多更可靠的顾客服务人员来打造更卓越的服务交付环境，或者设计更好的交付流程来实现服务交付（delivery）的差异化。例如，很多杂货店都提供线上购物和送货服务，与需要驾车前往、停车、排队和搬运商品回家相比，这是一种更好的购物方式。CVS 药店通过其自有店面和塔吉特商店的一分钟诊所来提供快速、方便的上门医疗服务，使患者不必为免疫接种、治疗小病和其他保健需求而跑到医生的办公室去等待很长的时间。

最后，服务企业还可以通过品牌和标识实现自身形象的差异化。著名的服务人物和符号包括盖可保险的壁虎、前进保险（Progressive Insurance）的 Flo、麦当劳的金色拱门、好事达保险（Allstate）的双手、推特的小鸟，以及长着雀斑、红发、扎辫子的温迪女孩等。另外，肯德基上校也已经成为一个流行文化人物。在过去的几年里，十几位名人，从罗伯·洛（Rob Lowe）、乔治·汉密尔顿（George Hamilton）、诺姆·麦当劳（Norm McDonald）到乡村歌手雷巴·麦肯泰尔（Reba McEntire）等，都在一系列令人愉快的广告中塑造了自己的形象。

服务质量管理

服务企业可以通过不断交付更高质量的服务把自己与竞争对手区别开来。与之前提到的一些制造商一样，大部分服务企业已经投身到顾客驱动的质量活动当中。同产品营销人员一样，服务提供商需要识别目标顾客在服务质量方面有哪些期待。

但相比产品质量，服务质量往往更难以定义和判断。例如，对理发的质量评价就没有对吹风机的质量评价那么容易达成一致意见。顾客挽留率（customer retention）或许是衡量服务质量好坏的一个标准。一家服务企业留住顾客的能力，往往取决于它为顾客带来价值的一致性如何。

优秀的服务企业会设置较高的服务质量标准，并会认真地观察自己和竞争对手的服务质量。它们并不满足于良好的服务，而是努力争取百分百的零缺陷服务。98% 的绩效标准看起来已经是一个不错的数字了，但如果使用这个标准，美国邮政服务每小时就会丢失或误投 35.3 万件邮件，美国药店每周会误填超过 150 万张处方。[26]

不像产品制造厂家可以不断地调整机器和输入，直到一切都很完美，服务质量总是伴随着员工和顾客之间的互动而动态变化。尽管很努力，但是就算最好的企业也会偶尔延期交付、烤焦牛排或者雇用了脾气暴躁的员工。良好的服务补救（service recovery）可以带来更多的顾客购买和更高的顾客忠诚。事实上，相对于一切都十分顺利的情况，好的补救往往会带来更多的顾客购买和更高的顾客忠诚。

越来越多的企业会对一线员工进行服务补救培训。例如，星巴克的咖啡师会学习 LATTE 方法，以便识别不满的顾客并以积极的方式解决他们的问题。LATTE 方法是指：倾听（listen）顾客的意见、认可（acknowledge）他们的抱怨、采取行动（take action）解决问题、感谢（thank）他们并解释（explain）问题发生的原因。通过倾听和采取积极的行动，星巴克的员工经常能够把不满意的顾客变成高兴的顾客。[27]

如今，脸书、Instagram 和推特等社交媒体帮助企业通过服务来降低顾客的不满。正如本书第 4 章所讨论的，现在不少企业都对数字空间进行监控，以便快速地发现顾客的问题并实时地做出响应。例如，西南航空公司有一个 29 人的专门团队，每月会回复大约 8 万条脸书和推特上的帖子。西南航空公司和其他航空公司已经善于对社交媒体的询问和评论做出快速的反应。最近的一项研究表明：西南航空公司在推特上对顾客的响应时间平均只有 6 分 36 秒。快速周到的反应，往往可以把一个不满意的顾客转变成品牌的拥护者。[28]

服务生产率管理

随着成本的迅速增加，服务企业面临着提升服务生产率的巨大压力。在实践中，可以通过以下几种方式加以实现。企业可以通过更好地培训现有员工或者雇用新的员工，让他们更努力或者更熟练地工作；或者通过牺牲部分质量来提高服务数量。最后，企业也可以借助科技的力量。我们通常会想到制造业可以借助科技力量来节约时间和成本，而实际上科技在提升服务者的生产率方面也具有巨大的潜力。

但是，企业必须避免因过度追求生产效率而降低了质量。试图削减服务和降低成本，虽然可以在短期内为公司带来更高的效率，但是会削弱企业在创新、维持服务质量、响应顾客需求和要求方面的长期能力。一些航空公司就有这样的惨痛教训，它们试图通过节约的方式来应对成本上升的压力：大多数乘客都用过取代人工服务的"省时"登机自助机，大多数航空公司停止了一些免费供应，如机舱内的小零食，还开始收取额外费用，包括旅客随身登机的行李和靠近过道的座位等。结果，顾客对这些航空公司避之不及，抱怨连连。这些公司在试图改进生产率的同时，却破坏了顾客服务。

因此，在改进服务生产率的时候，企业必须铭记如何为顾客创造和传递价值，而不是简单地把"服务"从服务中剥离出来。事实上，为了改进服务质量，企业可以考虑适当降低服务生产率，相应地让服务维持较高的价格和利润。

　　现在，让我们暂停一下。尽管我们说过服务也是广义的产品，但是服务有着其独特性和独特的市场营销要求。为了更好地理解这一概念，先选择一个传统的产品品牌，比如本田，然后再选择一个服务品牌，比如西南航空或者麦当劳。之后进行对比：

● 所选择的产品品牌和服务品牌在独特性和市场营销要求方面存在着什么相似之处？

● 这两个品牌的独特性和市场营销要求存在着什么不同？这些不同在品牌营销战略中是如何体现的？牢记这些差异，然后一起学习本章中的最后一部分内容。

➡ 7.4 品牌战略：打造强势品牌

作者点评

品牌对顾客来说代表着产品或服务的一切。同样，品牌对企业来说也是宝贵的资产。例如，当听见有人说可口可乐时，你想到、感受到或者记住的是什么？类似地，在听别人说到塔吉特和谷歌时，你又想到、感受到或者记住了什么？

　　一些分析师认为，品牌是企业主要的永久性资产，比企业的产品和设备更加持久。[29]

　　品牌是强大的资产，必须悉心进行开发和管理。在这一部分内容中，我们会探讨打造和管理产品与服务品牌的关键战略。

7.4.1 品牌资产和品牌价值

　　品牌不只是名称和符号。品牌是企业与顾客关系中的关键因素。品牌代表着顾客对产品及其性能的认知和感受。对顾客来说，品牌就是有关产品或服务的一切。总之，品牌存在于顾客的头脑当中。[30]

　　强势品牌具有更强大的品牌资产。**品牌资产**（brand equity）指的是知道品牌名称的顾客对其产品及市场营销的不同反应。品牌资产是衡量品牌在获取顾客偏好和忠诚度方面的效果的标准之一。面对同一种产品，当顾客对品牌产品比对那些普通的或者无品牌产品表示出更多偏好时，那么品牌就具有了积极的品牌资产。反之，品牌就具有消极的品牌资产。

　　品牌在市场中的价值和拥有的影响力是不同的。有些品牌，如可口可乐、迪士尼、通用电气、麦当劳、哈雷－戴维森等，已经成为传奇的标识，在市场上拥有长达数十年的影响力，影响了好几代人。还有一些品牌，如亚马逊、谷歌、Instagram、爱彼迎、优步和 Waze 等则创造了新的令消费者兴奋的事物和忠诚度。这些品牌能够在市场中取得成功，并不只是因为它们提供了具有特别优势的产品或可靠的服务，还在于它们打造了与顾客之间的密切联系。

　　人们确实与品牌有关系。例如，对世界上超过 8 亿的 Instagram 用户来说，Instagram 品牌所代表的不仅仅是照片和视频分享服务，其意义在于通过照片同朋友分享一系列重要时刻。这意味着顾客可以通过共同的经历使同朋友和家人的关系更加亲密，无论是一只新的小狗、有人要结婚了、孩子迈出了第一步，还是在夏威夷看到了美丽的双彩虹，等等。[31]

　　Young & Rubicam 广告公司的品牌资产评估模型利用顾客感知的四个维度来测量品牌强度：差异性（品牌在市场上的独特程度）、相关性（品牌满足顾客需求的程度）、认知度（顾客对品牌认识和理解的深度）和地位（顾客对品牌重视和尊敬的程度）。具有强势品牌资产的品牌往往在上述四个维度上评分都很高。品牌必须具有自己的独特之处，否则顾客就没有选择这个品牌的理由。但是，即使某个品牌的差异程度很高，也并不意味着顾客一定会购买。品牌必须在顾客需求的相关方面具有突出的优势。但是具备了差异性和相关性还不能说是稳操胜券。在顾客对品牌做出反应之前，他们必须先要知道和了解品牌。这种熟悉会促成强大的、积极的顾

客 – 品牌联结。[32]

因此，积极的品牌资产往往来源于消费者对品牌的感觉和同品牌的联系。具有高品牌资产的品牌，是企业十分宝贵的资产。**品牌价值**（brand value）是估算品牌全部财务价值的过程。这种价值的测量一般是比较困难的。谷歌品牌价值高达 2 460 亿美元、苹果为 2 350 亿美元、微软为 1 430 亿美元、亚马逊为 1 400 亿美元、脸书为 1 300 亿美元、AT&T 为 1 150 亿美元。其他世界上最有价值的品牌还包括维萨、腾讯、IBM、麦当劳和威瑞森等。[33]

高品牌资产通常可以给企业带来很多竞争优势。强势品牌享有较高的顾客认知度和忠诚度。由于顾客都希望在商店内销售某一特定品牌，因此企业有了更多与零售商议价的筹码。当品牌代表良好的声誉，企业更容易进行品牌和产品线延伸。强势品牌为应对激烈的价格竞争提供了保障。

综上所述，强势品牌为打造牢固的、有利可图的顾客关系奠定了基础。奠定了品牌资产基础的是顾客资产，即所有忠诚的顾客为企业带来的利润总和。强势品牌很重要，但它真正代表的是能为企业带来利润的忠诚顾客的总和。有效的市场营销应该聚焦在顾客资产的经营上——运用品牌管理作为主要营销工具来提升顾客资产。因此，企业需要考虑的不是品牌组合，而是顾客组合。

7.4.2 打造强势品牌

品牌化对于市场营销人员而言是具有挑战性的决策。如图 7 - 5 所示，品牌战略决策主要包括：品牌定位、品牌名称选择、品牌归属和品牌开发。

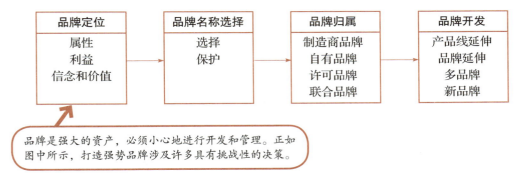

图 7 - 5　主要的品牌战略决策

品牌定位

市场营销人员需要在目标顾客的头脑中对品牌进行清晰的定位。具体而言，他们可以在三个层次上对品牌进行定位。[34] 在最底层，他们可以基于产品属性对品牌进行定位。例如，惠而浦可以将其主要的家电产品定位在品质、选择、风格、创新等属性上。然而，一般来说，属性是品牌定位中最不理想的层次。竞争对手可以很容易地复制属性。更重要的是，顾客可能对属性并不感兴趣，因为他们感兴趣的是属性能为他们做些什么。

将品牌名称与需要的利益相结合，往往能够进行更好的品牌定位。因此，惠而浦可以超越产品的技术属性，聚焦在给顾客带来的利益方面，如省去烹饪和清洁的麻烦、更节能或更时尚的厨房等。以利益为目标的成功品牌还包括联邦快递（保证准时送达）、沃尔玛（省钱）和 Instagram（捕捉和分享瞬间）。

最强势的品牌会超越如上所述的产品属性或者利益定位。它们从坚定的信念和价值方面进行定位，从深层的情感层面吸引顾客。例如，惠而浦公司的研究表明：家用电器对消费者来说不仅仅是"冰冷的金属"，它们在顾客生活和关系中发挥的价值有着更深层次的意义。于是，惠而浦推出了十分重要的定位活动——"关爱每一天",它基于用惠而浦电器照顾顾客所爱之人的温暖情感。在一则广告中,一位父亲在儿子的午餐中留下了一张纸条,背景音乐是约翰尼·卡什(Johnny Cash)演唱的《你是我的阳光》;另外一则广告是妈妈和女儿围绕着他们的旋涡式洗衣机-烘干机进行互动。将"冰冷的金属"温暖化,对惠而浦产生了奇妙的效果。在短短 6 个月内,该品牌的销售额增长了 6.6%,市场份额增长了 10%,在社交媒体上的积极情绪飙升了 6 倍。[35]

盛世长城广告公司(Saatchi & Saatchi)认为,品牌应该努力成为"爱的标志",品牌、产品或者服务应能够"激发超乎寻常的品牌忠诚度"。从苹果、谷歌、迪士尼、可口可乐到 Trader Joe's、脸书和 Pinterest,都实现了这样的状态,拥有许多忠实的顾客。具有"爱的标志"的品牌具有强大的情感影响力。顾客不只是喜欢这些品牌,他们与品牌之间建立起了强有力的情感联系。[36]例如,迪士尼就是一个典型的"爱的标志"品牌。正如一个关于迪士尼世界度假区的常规性评论所指出的:"我深爱迪士尼的一切,并与之联系在一起。走在路上第一次看到灰姑娘城堡时,我激动得心跳不止。它是我生命中的永恒时刻。无论我在看什么……魔法、奇迹和各种可能性都会再次出现,我感觉到一股幸福的浪潮在涌动,笑容轻松地爬到我的脸上,没有任何强迫和渲染。这是一个真实的、真正的笑脸。"[37]

进行品牌定位时,市场营销人员必须设定品牌任务和品牌需要实现的愿景。品牌是企业对顾客的承诺,即持续地交付特殊的属性、利益、服务和体验。品牌承诺必须简单、真诚。例如,Motel 6 酒店承诺提供干净的房间、低廉的价格和优质的服务,但是不承诺奢侈的装修和宽敞的浴室。作为对比,丽思卡尔顿酒店提供的则是奢华的房间和令人难忘的体验,但是不承诺价格低廉。

品牌名称选择

好的品牌名称会为产品增色不少。但找到最佳品牌名称却是一项艰巨的任务。一开始,要仔细地审视产品和产品利益、目标市场和所提出的市场营销战略。而且,品牌命名要综合运用科学、艺术和一点儿直觉。

一般而言,理想的品牌名称应该具有以下特征:(1)能够展示产品的利益和质量,比如 Beautyrest、Slimfast、脸书、爱彼迎。(2)应该易读、好认和好记,比如 iPad、汰渍、Jelly Belly、推特、捷蓝。(3)品牌名称应该与众不同,比如 Panera、Swiffer、美捷步、Nest。(4)品牌名称应该具有延伸空间。亚马逊最开始是一家网络图书销售公司,但是它的名称允许其拓展到其他业务领域。(5)品牌名称应该易于翻译成外语,如 Coca-Cola 中文翻译为可口可乐,寓意美味的乐趣。(6)品牌名称应该可以注册并受到法律保护。品牌名称如果对已有的其他品牌名称构成侵权,就无法注册。

选择新的品牌名称是一项艰苦的工作。大概在 10 年前,品牌名称追求标新立异(雅虎、谷歌)或者直接使用虚构的名称(诺华(Novartis)、安内特(Aventis)、埃森哲),但现在流行的是利用名称打造品牌,并且具有实际意义。例如,Silk(豆奶)、Method(家用产品)、Smartwater(饮料)和 Snapchat(照片通信应用程序)都是简单直白的品牌名称。但是随着商标申请数量剧增,可用的新名称越来越难以找到。你可以亲自试试看:选择一种产品,看看是否可以想到一个更好的名称。Moonshot、Tickle、Purple、Treehugger、Avocado、Simplicity、Mindbender 如何?到网上用谷歌搜索一下就会发现,这些名称都已经被注册了。

一旦选定了品牌名称,就要进行保护。许多企业努力把品牌名称打造成产品品类的代表。Kleenex、JELL-O、BAND-AID、Scotch Tape、Velcro、Formica、Magic Marker、Post-it Notes 和 Ziploc 等品牌名称在这方面获得了成功。但是,这种成功有可能会影响企业对品牌名称的所有权。许多原来受保护的品牌名称,比如玻璃纸(cellophane)、阿司匹林(aspirin)、尼龙(nylon)、煤油(kerosene)、油毡(linoleum)、溜溜球(yo-yo)、弹簧垫(trampoline)、自动扶梯(escalator)、保温瓶（thermos）和脆麦片（shredded wheat），现在是任何销售商都可以使用的名称。

为了保护品牌，市场营销人员需要谨慎地使用"品牌"（brand）这个词和注册商标，比如"邦迪牌创可贴"（BAND-AID® Brand Adhesive Bandages）。类似地，最近的一则面巾纸广告建议广告商和其他人在名称 Kleenex 后面应该总是跟着注册商标符号和"品牌纸巾"字样。

企业经常会不遗余力地保护自己的名称和品牌符号。例如，旅行者保险公司（Travelers）热衷于寻找哪怕是最轻微侵犯其商标——红色雨伞标志的企业。最近，它威胁要对阿拉斯加州安克雷奇的一家小型咨询公司诉诸法律行动，因为这家公司在名字上方挂了一把伞。这样的行动看似没有必要，但对旅行者品牌来说却是严肃的事情。[38]

品牌归属

制造商在品牌归属上主要有四种选择。产品可以作为全国性品牌或者制造商品牌来发布，比如三星和家乐氏就用自己的品牌名称来销售产品（三星 Galaxy 平板电脑和家乐氏麦片）。制造商还可以把产品卖给分销商，由分销商给产品一个自有品牌（也称商店品牌或者零售商品牌）。大部分制造商都会创立自己的品牌名称，其他一些则会以许可的形式进行销售。最后，两家企业还可以推出联合品牌。我们下面一一加以讨论。

全国性品牌和商店品牌 全国性品牌（或者制造商品牌）一直是零售业的主力。但是现在，越来越多的零售商和批发商都建立了自己的**商店品牌**（store brand）或者**自有品牌**（private brand）。很多商店品牌在过去十多年中实力逐渐增强，在经济不景气的时候，商店品牌会经历发展的热潮。

许多大型零售商巧妙地销售各种类型的自有品牌商品。例如，克罗格的自有品牌——Private Selection、Heritage Farm、Simple Truth、Psst、Check This Out 以及其他品牌——在这家巨型杂货零售商的销售额中占比高达 25%，每年价值近 230 亿美元。杂货连锁店奥乐齐超过 90% 的销售额来自自有品牌，如 Baker's Choice、Friendly Farms、Simply Nature 和 Mama Cozzi's Pizza Kitchen。甚至在线零售商亚马逊也开发了稳定的自有品牌，主要包括 AmazonBasics（主要是电子产品）、Amazon Elements（营养补充剂）、Strathwood（户外家具）、GoodThreads（男装）和 Denali（工具）。[39]

作为曾经的普通品牌或者无名品牌，如今的商店品牌正在摆脱全国性品牌仿冒品这一形象。现在，商店品牌可以提供更多选择，它们迅速具备了知名品牌的质量。事实上，塔吉特和 Trader Joe's 等零售商已经超越了很多全国性品牌的竞争对手。克罗格甚至还提供了克罗格品牌保证。因此，消费者热衷于商店品牌，不光是因为价格因素。在某些情况下，消费者甚至愿意为被定位为美味或高端商品的商店品牌支付更多的费用。除了价格和价值，顾客体验也已经成为商店品牌成功背后的一个重要动机（参见市场营销进行时 7-2）。

| **市场营销进行时 7-2** |

商店品牌：价格固然重要，但更重要的是顾客体验

商店品牌正在迅速增长，从杂货和服装到家居用品、电子消费产品和工具等类别，商店品牌正在从全国性品牌手中夺取市场份额。省钱是商店品牌正在迅速增长的原因之一。但是，商店品牌只是廉价、无名的山寨品的时代已经过去了。如今的商店品牌在质量上往往与全国性品牌不相上下，而且它们得到了零售商的支持，其声誉与全国性品牌制造商的声誉相当，甚至超过了它们。例如，你和哪个品牌的关系更密切，是卡夫还是 Trader Joe's？是威格还是塔吉特？

除了提供物有所值的商品之外，大型零售商还提供一些名牌制造商所无法提供的东西——购物便利和多种多样的产品选择。商店品牌有助于减少购买的工作量。如今，顾客的选择太多

了。商店品牌可以减少做出品牌选择所需要的时间和精力。例如，开市客将其非常成功的科克兰（Kirkland Signature）品牌贴在十几个类别的产品上，从食品和服装到保健和美容用品、家居和清洁用品，甚至宠物用品。因此，无论你是购买洗衣粉、婴儿湿巾还是红鲑鱼，在开市客做出选择都是很容易的。

同样，去一次塔吉特商店会让顾客接触到各种各样的商店品牌，包括 Archer Farms 和 Market Pantry（食品和杂货）、Wondershop（假日零食）、Simply Balanced（有机和健康食品）、Threshold（高级家居商品）、Room Essentials（经济实惠的家居商品）、Goodfellow & Co（男装）, JoyLab（女装）、Cat & Jack（儿童服装）和 Up & Up（各种类别的低价必需品）。如果顾客喜欢塔吉特，那么他们很有可能会喜欢其商店品牌。尽管塔吉特近年来在零售市场上举步维艰，但其商店品牌却一直是一盏明灯。塔吉特现在拥有 20 多个商店品牌，其中 10 个品牌的年销售额达到 10 亿美元。例如，仅在几年前推出的 Cat & Jack 儿童服装系列，现在以超过 20 亿美元的收入在行业中居于领先地位。

与早期不同的是，消费者已经学会了信任大型商店品牌，就像他们信任销售这些品牌的商店一样。例如，顾客来到 Trader Joe's 商店，是因为它的商店品牌，因为该时尚零售商销售的所有产品。Trader Joe's 商店销售的是顾客在其他地方买不到的新奇品牌，而且价格非常划算，并有无条件退款政策的支持。

Trader Joe's 品牌真的和全国性品牌一样好吗？在许多情况下，它们是由同一家制造商生产的。Trader Joe's 公司很少生产它所销售的产品。相反，它与第三方生产商合作，其中许多都是全国性品牌制造商，他们同意以 Trader Joe's 的标签销售部分产品。虽然这家零售商对其供应商的身份讳莫如深，但分析师们已经查出了许多 Trader Joe's 产品的制造商。这些公司包括 Wonderful Pistachios、Naked Juice、Tate's Bake Shop、Tribe Mediterranean Foods、Snack Factory、Stauffer's 以及 ConAgra（Hunt's 品牌食品的制造商）等大型企业集团。但是，Trader Joe's 公司的粉丝并不认为该零售商的商品是来自其他地方的"普通货"。

当涉及品牌营销时，零售商往往比制造商品牌的市场营销人员有另外一个很大的优势，那就是直接接触顾客并控制着顾客体验。或许没有哪家零售商比亚马逊更了解这一点。十多年前，亚马逊在推出 Kindle 电子阅读器时就开始涉足商店品牌。从那以后，亚马逊在几乎所有可以想象得到的领域都推出了大量的自有品牌。这很有意义。一旦进入亚马逊网站，顾客可以获得广泛的亚马逊商店品牌选择，这减少了顾客购买的不确定性，并使他们的购物车更容易装满。如果顾客可以直接购买 AmazonBasics 品牌的电缆或电池，并相信会得到良好的质量和价值（由顾客评论证实），那么他们为什么还要花时间去评估一长串的品牌呢？

AmazonBasics 品牌是亚马逊的谋生之道，它占该公司自有品牌总收入的 85%，涵盖了广泛的日常电子产品和家庭用品，从电子配件和电池到床单、浴巾、刀套和瑜伽垫；Amazon Essentials 品牌涵盖基本的服装项目；Amazon Elements 品牌则包括维生素、营养补充剂以及其他与健康和锻炼相关的产品。

但是，亚马逊现在正在迅速地从基本款、必需品转向更为时尚、更有品位的商店品牌。它最近推出的商店品牌包括 Lark & Ro（时尚女装）、Mae（内衣）、Franklin Tailored（男装）、Buttoned Down（男士衬衫）、Goodthreads（男士休闲服）、Scout + Ro（童装）、Pinzon（装饰相关的床单和浴室配件）、Presto!（生物基家用清洁剂）、Mama Bear（婴儿用品）以及 Wickedly Prime 和 Happy Belly（美味的小吃）。

尽管亚马逊的商店品牌还是个新生事物，但其正在迅速发展。一年间，亚马逊旗下品牌的销售额就平均增长了 90%。例如，AmazonBasics 电池的销量增长了 93%，并很快占亚马逊所有电池销量的 94%；Amazon Elements 品牌婴儿湿巾的销量增长了 266%，很快就会超过帮宝适和好奇；另外，Lark & Ro 的销售额去年也翻了一番。

可以说，商店品牌正在帮助亚马逊在一些意想不到的领域主导零售。例如，依赖其自有品牌和全国性品牌的销售，亚马逊现在惊人地占据了美国服装和鞋类销售 40% 的份额。根据专家预测，亚马逊将很快超过沃尔玛，成为美国最大的服装零售商。

我们很容易理解以 AmazonBasics、Amazon Essentials 和 Amazon Elements 命名的商店品牌产品销售的迅猛增长。当购物者在日常商品上看到可信的亚马逊名称时，他们相信自己会以公平的价格获得更加优质的商品。亚马逊 Prime 服务会在几小时或几天内将商品送到顾客家门口，如果他们的产品有问题，亚马逊会毫不犹豫地给予解决。

但对于未标注"Amazon"字样的商店品牌而言，亚马逊必须努力建立起顾客信任、满意度和宣传。按照其一贯的做法，对于其商店品牌，亚马逊正在将顾客体验置于短期利润之上。举个例子，亚马逊最近与时装设计师杰姬·威尔逊（Jackie Wilson）会面，讨论生产一款女性针织上衣，然后以亚马逊自有品牌的形式出售。威尔逊随后指出，亚马逊的质量标准与名牌服装销售商不相上下。"亚马逊并不是非常关注卖出了多少产品，也并不专注于利润。"威尔逊说。威尔逊的公司为科尔士百货、美国鹰牌服饰（American Eagle Outfitters）以及杰西彭尼生产服装。"亚马逊关注顾客满意，它希望获得五星好评。"

资料来源：Daphne Howland, "AmazonBasics Is Crushing Other Private Brands," *Retail Dive*, September 29, 2017, www.retaildive.com/news/amazonbasics-is-crushing-other-private-brands/506116/; Tony Garcia, "Amazon's Apparel Business Could Grow to as Much as $85 Billion in Sales by 2020," *Market Watch*, December 10, 2017, www.marketwatch.com/story/amazons-apparel-business-could-to-grow-to-as-much-as-85-billion-in-sales-by-2020-2017-12-05; Matthew Boyle, "How Private Labels Caught the Public Eye," *Bloomberg BusinessWeek*, December 18, 2017, pp. 13-14; Tara Johnson, "The Complete List of Amazon's Private Label Brands," *CPC Strategy*, July 5, 2017, www.cpcstrategy.com/blog/2017/07/amazons-private-label-brands/; Vince Dixon, "What Brands Are Actually behind Trader Joe's Snacks," *Eater*, August 9, 2017, www.eater.com/2017/8/9/16099028/trader-joes-products; and www.amazon.com/amazonbasics, https://www.amazon.com/Amazon-Elements-Premium-products-Transparent-origins-Exclusive-to-Prime/b?ie=UTF8&node=10166275011, and www.amazon.com/stores/page/F8FB6F3C-F896-455C-BC52-7879F4CEF0CF, accessed September 2018.

在所谓的全国性品牌和自有品牌的品牌战争中，零售商具有很多优势。它们掌控着供应哪些产品、产品在货架上的位置、产品的价格、哪些产品可以获得推广等。零售商通常都会把自有品牌产品的价格定得比同类全国性品牌低，这样可以吸引对价格比较关注的购买者。尽管商店品牌的建立需要付出努力，并且还要支付一些成本用于储存和推广，但是它们会为零售商带来更多的利润。它们为零售商提供了竞争对手所没有的产品，这样就给零售商带来了更多的客流量和忠诚度。零售商 Trader Joe's 拥有约 90% 的门店品牌，它在很大程度上控制着自己品牌的命运，而不是依赖生产商来制造和管理更好地为顾客服务所需的品牌。

对于商店品牌而言，全国性品牌还必须强调其价值主张，尤其是在吸引如今更加节俭的消费者的时候。许多全国性品牌正在反击，推出更多的折扣和优惠，以捍卫自己的市场份额。然而，从长远来看，领先的品牌营销人员必须通过投资新品牌、新功能和质量改进来进行竞争，以便使它们与众不同。他们必须设计强有力的广告方案，以便保持较高的认知度和偏好。他们还必须找到与主要分销商合作的方法，以便实现分销经济性和提高联合业绩。

许可品牌 大多数制造商花费数年的时间和数百万美元来打造自己的品牌。但是，一些企业可获得之前由其他制造商创立的名称或符号、名人的姓名或者是流行电影或小说里的角色的使用许可。在付费之后，这些对象都可以成为广为认可的品牌名称。

服装和配饰销售商通过支付大笔专利费用，将知名时尚革新者的名字或首字母印在自己的衬衫、领带、亚麻制品和行李箱上，如卡尔文·克莱恩（Calvin Klein）、汤米·希尔费格

（Tommy Hilfiger）、古驰（Gucci）或阿玛尼（Armani）。儿童产品的销售商想把所有的著名卡通人物的名字印在衣服、玩具、学习用品、床单、布偶、午餐盒、麦片和其他东西上。目前准许使用的名称包括经典的芝麻街（Sesame Street）、迪士尼、芭比、星球大战、史酷比（Scooby-Doo）、Hello Kitty 和苏斯博士（Dr. Seuss），还有近年来流行的玩具小医生（Doc McStuffins）、怪物高中（Monster High）、冰雪奇缘、小黄人大眼萌（Minions）等。如今，很多畅销的玩具都来源于电视和电影中的形象。

近年来，姓名和角色授权业务发展迅速。全球特许产品的年零售额从 1977 年的 40 亿美元增长到 1987 年的 550 亿美元，发展至今已超过 2 720 亿美元。对许多企业来说，许可经营是一项高利润业务。例如，Nickelodeon 公司非常受欢迎的海绵宝宝（SpongeBob SquarePants）在过去 15 年里创造了约 120 亿美元的代言交易。迪士尼是世界上最大的授权商，拥有大批流行人物，从迪士尼公主和迪士尼仙女到《玩具总动员》和《星球大战》中的英雄以及米奇和米妮等经典人物。据报道，迪士尼人物曾在全球商品销售中获得了 566 亿美元的年收入。[40]

联合品牌　当不同企业的品牌名称同时出现在一个产品上时，就产生了**联合品牌**（co-branding）。联合品牌具有很多优势，因为每个品牌在不同的产品中影响不同，联合品牌打造了更大的顾客吸引力和更多的品牌资产。例如，谷歌与奥利奥合作，将其安卓操作系统的一个版本命名为安卓奥利奥，为两个品牌创造了一种有趣的联想，具有很大的轰动价值。宣伟公司（Sherwin-Williams）和 Pottery Barn 联手创造了一个特殊的宣伟油漆颜色系列，旨在与 Pottery Barn 的家具和装饰品完美协调。类似地，塔可贝尔和多力多滋合作创造了 Doritos Locos Tacos。塔可贝尔在开始的 10 周内就卖出了 1 亿份。很快，它又推出了 Cool Ranch 和 Fiery 版本，此后销量超过了 10 亿份。不仅仅是打造联合品牌，这些企业还共同生产这些产品。

联合品牌能够充分利用两个品牌的互补优势。它使得企业将其现有品牌扩展到一个它可能难以单独进入的领域。例如，耐克和苹果联合推出了 Nike + iPod 运动套件），让跑步者可以将耐克鞋和 iPod 连接起来，实时跟踪和提高跑步性能。Nike + iPod 的布局让苹果在运动和健身市场占有了一席之地。同时，它也帮助耐克为其顾客带来了新的价值。

不过，联合品牌也有其局限性。这种关系通常会涉及复杂的法律合同和许可。合作双方必须谨慎地进行广告、销售推广和其他市场营销工作。最后，联合品牌双方必须相信对方能够珍惜自己的品牌。如果其中一方的品牌声誉受损的话，那么联合品牌也会受到影响。

品牌开发

一般而言，企业有四种方法进行品牌开发（见图 7-6）：产品线延伸、品牌延伸、多品牌或新品牌。

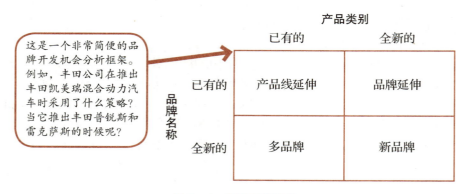

图 7-6　品牌开发战略

产品线延伸　**产品线延伸**（line extension）是指企业将品牌名称延伸到已有产品品类的新款

式、颜色、尺码、配料或口味上。例如，多年来，肯德基在其原有配方的带骨肯德基炸鸡之外拓展了吮指鸡肉系列。它现在提供烤鸡肉、无骨炸鸡、嫩鸡肉、辣鸡翅、炸鸡块、鸡肉爆米花块、鸡肉三明治，还有 Go Cups——将鸡肉和土豆块装在一个方便杯中，让顾客可以边走边吃。

企业也可以把产品线延伸作为一种低成本、低风险引进新产品的方式。企业可能想要满足顾客对产品多样性的需求、使用过剩的产能，或是想要零售商提供更多的货架空间。但是产品线延伸也有一些风险。延伸过度的品牌可能会让顾客感到困惑，最终导致品牌失去意义。

有时候，额外的延伸并不会给产品线带来多少价值。例如，最初的多力多滋玉米片在美国已经演变出许多种口味，从 Nacho Cheese 和 Taco 到 Tapatio、Chile Limon 和 Salsa Verde 等各种口味——但经典的多力多滋薯片好像是完全不同的另一种口味的产品。[41] 一种新口味的薯片是从企业自己的销售中抢走了份额，还是抢占了竞争对手的市场份额？这种增值又有多少？产品线延伸的最优状态是从竞争品牌那里抢走销售份额，而不是蚕食自己企业其他产品的市场份额。

品牌延伸 品牌延伸（brand extension）是把现有品牌名称延伸到新品类中的新产品或者改进产品上。例如，谷歌拥有的 Nest 品牌，最初是时尚、联网、学习型恒温器，这种恒温器可以通过电话远程控制，现在已经扩展到了一系列智能和时尚的家居产品，包括烟雾和一氧化碳报警器、家用监控摄像头、家庭安全报警系统和智能门铃。此外，该公司正在将 Nest 产品线拓展到 Works with Nest，这是一款与多个合作伙伴共同开发的应用程序，它可以使其智能设备对从无钥匙门锁、家庭照明到家用电器和健身追踪带等一切设备进行交互和控制。所有的延伸都符合 Nest 品牌的智能家居使命。[42]

如今，大多数新产品都是已经成功的品牌的延伸。与建立新品牌相比，品牌延伸可以以更低的开发成本立即创造新产品的熟悉度和接受度。例如，这不是为顾客的移动设备提供的任何新的无线充电设备，而是 Duracell 公司的 Powermat 系列；这不仅仅是一种新的、无名的非处方助眠药，而是 Vicks ZzzQuil 系列。像 Duracell 公司的 Powermat 系列和 Vicks ZzzQuil 系列这样的延伸产品很有意义——它们与核心品牌的价值联系得很好，并且建立在其既有优势之上。

同时，品牌延伸也存在着一些风险，延伸可能会混淆主品牌的形象。例如，Zippo 香水或 Fruit of the Loom 洗衣粉怎么样？如 Cheetos 润唇膏、亨氏宠物食品、高露洁即食食品和 Life Savers 口香糖等品牌延伸，都遭遇了失败。[43] 此外，一个品牌的名称可能并不适合一个特定的新产品，即使它制作得很好、令人满意。试想一下，顾客会考虑乘坐猫头鹰航空公司（Hooters Air）的飞机，还是穿着依云（Evian）的水垫文胸？（两者都失败了。）如果一个品牌延伸失败了，有可能还会损害顾客对同一品牌其他产品的态度。因此，一家企业不能只是把一个熟悉的品牌名称贴在另外一个类别的产品上。良好的品牌延伸应该与母品牌相适应，母品牌应该能够为延伸的新品类带来竞争优势。

多品牌 企业通常会对某特定产品品类的许多品牌进行市场营销。在美国，百事至少在市场上推广了 8 种软饮料（百事可乐、Sierra Mist、激浪、Manzanita Sol、Mirinda、IZZE、Tropicana Twister 和 Mug Root Beer）、3 种运动与能量饮料（Gatorade、AMP Energy 和 Starbucks Refreshers）、5 种瓶装茶饮料和咖啡（Brisk、Pure Leaf、SoBe、Starbucks 和 Tazo）、5 种瓶装水（纯水乐、H2OH!、Ocean Spray PACt、Propel、SoBe）以及 9 种果汁饮料（Brisk、都乐、Looza、Ocean Spray、Tropicana 等）。而且每个品牌又都有很多子品牌。比如，纯水乐旗下有常规的纯水乐、纯水乐 Flavorsplash 和纯水乐 Sparkling。

多品牌（multibranding）策略通过打造各种特征来吸引不同的细分市场、锁定更多零售商的货架空间并获取更多的市场份额。例如，尽管百事的许多品牌在超市中互相竞争，但是品牌整体上比其他单一品牌的市场份额更高。同样，通过在不同细分市场进行多品牌定位，百事的 8 种软饮品牌联合在一起，就获得了比任何单一品牌本身所能获得的更多的市场份额。

多品牌的一个主要缺点是每个品牌可能只取得少量市场份额，没有一个品牌获利特别多。企业可能不再将资源广泛分散到众多品牌中，而是选择把一些品牌打造成高盈利的品牌。这些企业应该减少特定品类的品牌数量，并设定更严格的品牌筛选程序。这种情况在通用汽车公司就曾发生过。近年来，通用汽车公司对其产品组合进行了大幅缩减，精简的品牌包括土星、奥兹莫比尔、庞蒂亚克、悍马和萨博。

新品牌　企业也许认为现有品牌名称的影响力会不断衰减，因此需要一个全新的品牌名称。或者当企业进入一个全新的品类市场，而现有的品牌名称都不适合时，就需要创建一个新的品牌名称。比如，丰田公司针对豪华车消费者创建了单独的雷克萨斯品牌。

与多品牌一样，如果企业提供太多的新品牌，可能会稀释企业的资源。在某些行业里，比如大众消费品市场，顾客和零售商注意到现有的品牌过多且区别不大。因此，宝洁、百事、卡夫、通用汽车和其他大型消费品公司的市场营销人员开始使用大品牌（megabrand）战略，淘汰发展缓慢和相对疲软的品牌，把市场营销预算用于那些在其品类市场中数一数二的产品。

7.4.3　品牌管理

企业必须对品牌进行谨慎的管理。首先，必须就品牌定位与顾客不断地进行沟通。大品牌的市场营销人员通常会花巨额广告费来打造品牌知名度、顾客偏好和忠诚度。例如，可口可乐每年花费 40 亿美元用于全球品牌推广，通用汽车花费近 53 亿美元，联合利华花费 86 亿美元，而宝洁花费惊人的 105 亿美元。[44]

如此规模的广告营销，有助于建立品牌认知度、品牌知识，或许还能进一步强化消费者的品牌偏好。事实上，品牌维护不是靠广告，而是靠顾客的品牌体验（brand experience）。如今，顾客可以通过广泛的接触和重要的触点来了解品牌。其中既包括广告，也包括个人的品牌体验、口碑、社交媒体、公司官方网站和其他渠道。企业必须像重视广告制作那样重视这些重要的触点并进行管理。[45]

只有在企业中的所有人赋予品牌活力时，产品定位才能得到充分的展现。因此，企业需要让每个员工都以顾客为中心。为此，更好的做法是：企业进行内部品牌建设，帮助员工理解品牌，并培养对品牌承诺的热情。许多企业甚至对分销商和经销商进行培训和鼓励，以使它们更好地为顾客提供服务。

最后，企业需要定期审查品牌的优势和劣势。它们应该询问：我们的品牌在实现顾客真正重视的利益方面做得是否够好？品牌是否进行了合理的定位？我们所有的消费者都支持品牌定位吗？品牌经理是否了解品牌对顾客的意义？品牌是否有合适的、持续的支持？品牌审查应该发现哪些品牌需要更多的支持、哪些品牌需要放弃、哪些品牌由于顾客偏好的改变和新竞争者的出现而需要进行重新定位。

学习目标回顾

产品不仅仅是一些可见特征的组合。每个提供给顾客的产品或服务都可以从三个层次来理解。其中，核心顾客价值是顾客购买产品时所寻求的核心的、解决问题的利益；有形产品围绕核心利益而存在，包含质量水平、特征、设计、品牌名称和包装等；附加产品是有形产品加上各种附带的服务和利益，包括保证、免费送货、安装和维修等。

学习目标 1　定义并描述产品和服务的主要分类。
从广义上来说，产品是提供到市场上满足某种需求和需要，且能引起关注、购置、使用、消费的任何东西。产品既包括有形产品，也包括服务、事件、人员、场所、组织、创意或者是上述内容的混合体。其中，服务是由活动、利益、满足感构成，提供到市场上用于销售的无形产品，如银行、酒店、报税和房屋修理等服务。

根据使用的消费者类型，产品和服务可以分为以下两类：消费品——最终消费者购买——根据购买习惯可以进行细分，如便利品、选购品、特殊品、非渴求品；工业品——购买用于再加工或者商业经营——包括材料和零部件、资本品以及补给品和服务。其他可以销售的对象，如组织、人员、场所和观念，也可以看作产品。

学习目标 2 描述企业有关单个产品、服务、产品线和产品组合的决策。

单个产品决策涉及产品属性、品牌、包装、标签和品牌标识、产品支持服务。其中，产品属性包括产品质量、特征、款式和设计。品牌决策包括选择品牌名称和形成品牌战略。包装提供许多关键利益，如保护、经济实用、方便和推广等。包装决策通常包括设计能够识别、描述或者对产品进行推广的标签。企业也会提供产品支持服务，它能够提升顾客服务水平和顾客满意度，并且增强企业的竞争力。

大多数企业会开发产品线而不是单一产品。产品线是在功能、顾客购买需求或分销渠道方面相关联的一组产品。所有由某一特定销售商提供给顾客的产品线和产品构成了产品组合。产品组合可以通过四个维度来描述：宽度、长度、深度和关联度。这些维度是企业开发产品战略的工具。

学习目标 3 识别影响服务营销的四个基本特征以及服务所需要的其他营销条件。

服务有四个关键特征：无形性、不可分割性、异质性和易逝性。每个特征都会引发问题和市场营销要求。市场营销人员需要努力找到相应的方式让服务更容易被感知、提升与产品不可分割的服务提供者的效率、应对服务的异质性、对服务质量进行标准化、改进需求变动和供应能力来应对服务的易逝性。

好的服务企业既关注顾客，又关注员工。它们对服务利润链有着深入的理解——这个利润链把企业利润与顾客和员工满意度联系起来。服务营销战略不但需要外部营销，还需要激励员工的内部营销以及在服务提供者中改善服务交付技巧的互动营销。为了取得成功，服务营销人员必须实现具有竞争性的差异化、提供高水平的服务质量并找到提升服务生产率的方式。

学习目标 4 讨论品牌战略——企业对打造和管理品牌所做的决策。

一些分析师把品牌看作企业最持久的宝贵资产。品牌不只是名称和符号，它们体现了产品或服务对消费者意味着什么。品牌资产是指知道品牌名称的顾客对其产品或服务的不同反应。一个具有强大品牌资产的品牌，是企业非常宝贵的资产。

在品牌建设的过程中，企业需要做出有关品牌定位、品牌名称选择、品牌归属和品牌开发方面的决策。其中，最有力的品牌定位是围绕顾客的信念和价值实现的；品牌名称选择包括对产品利益、目标市场和市场营销战略的审查，并基于此寻找最佳品牌名称。制造商在品牌归属上有四种选择：可以发布全国性品牌（或者制造商品牌）、卖给使用自有品牌的分销商、通过许可品牌来推广或者同另外一家企业推出联合品牌。企业在品牌开发中也面临着四种选择：产品线延伸、品牌延伸、多品牌和新品牌。

企业必须谨慎地打造和管理品牌。定位品牌必须不断地与顾客沟通。广告在这方面会提供帮助。但是，品牌维护不是通过广告而是通过顾客的品牌体验实现的。顾客通过广泛的接触和互动来了解品牌。企业必须关注这些重要的触点，就像对广告制作一样重视。企业必须定期审查品牌的优势和劣势。

关键术语

产品（product）

服务（service）

消费品（consumer product）

便利品（convenience product）

选购品（shopping product）

特殊品（specialty product）

非渴求品（unsought product）

工业品（industrial product）

社会营销（social marketing）

产品质量（product quality）

品牌（brand）

包装（packaging）

产品线（product line）

产品组合（product mix or product portfolio）

服务的无形性（service intangibility）

服务的不可分割性（service inseparability）

服务的异质性（service variability）

服务的易逝性（service perishability）

服务利润链（service profit chain）

内部营销（internal marketing）

互动营销（interactive marketing）

品牌资产（brand equity）

品牌价值（brand value）

商店品牌（自有品牌）(store brand（private brand））

联合品牌（co-branding）

产品线延伸（line extension）

品牌延伸（brand extension）

问题讨论

1. 定义消费品。描述每种消费品的特征，并给出每种消费品的示例。（AACSB：书面和口头交流；反思性思考）

2. 说出并解释市场营销人员在开发和营销单个产品和服务时必须做出的五个重要决策。（AACSB：书面和口头交流）

3. 解释产品线和产品组合之间的差异，并举例说明产品线和产品组合。（AACSB：书面和口头交流）

4. 描述服务利润链并举例。（AACSB：书面和口头交流；反思性思考）

5. 讨论品牌资产和品牌价值。市场营销人员如何利用这些来打造强势品牌？（AACSB：书面和口头交流；反思性思考）

6. 解释企业在开发品牌时的四种选择，并举例说明每种选择。（AACSB：书面和口头交流；反思性思考）

营销伦理

解锁许可？亚马逊的进门/车内送货服务

随着网上购物的迅速发展，将包裹安全地运送到最终目的地和减少包裹盗窃，越来越成为人们关注的重要问题。亚马逊已经认识到这些需求，正在为其8 500 万 Prime 会员解决这些问题。这家在线零售巨头现在不是把包裹送到顾客的家门口，而是提供安全的进门和车内配送服务。亚马逊最近推出了 Amazon Key 服务，这款服务使用了智能锁和基于云的安全摄像头，允许亚马逊的快递员在顾客不在家的时候将包裹投递到顾客家中。Amazon Key 的安装套件售价为 250 美元。此外，亚马逊还在测试一项免费的包裹车内配送服务，该服务适用于配备了通用汽车的 On-Star 或沃尔沃的 On-Call 技术的汽车。为了进行车内配送，亚马逊的员工必须能够获取汽车的 GPS 位置和车牌号。

亚马逊的这些服务似乎提供了很多好处。然而，有些消费者会拒绝。他们担心亚马逊用于送货上门的云摄像头可能会被黑客入侵，而车内配送服务甚至没有视频监控。亚马逊坚持认为，顾客在任何时候都掌握控制权，有使用多个通知和随时阻止访问的选项。

1. 你会使用 Amazon Key 服务吗？为什么？你什么时候最有可能使用这项服务？（AACSB：书面和口头交流；反思性思考）

2. 在消费者考虑采用这项服务之前，亚马逊必须解决哪些道德问题？（AACSB：书面和口头交流；反思性思考；伦理理解和推理）

营销计算

含纤维的健怡可乐

可口可乐几年前在日本有限的市场上推出了 Coca-Cola Plus，现在计划在日本全国范围内加以推广。Coca-Cola Plus 是一种零热量的苏打水（基本上是健怡可乐），其中含有 5 克不易消化的膳食纤维，称为糊精。虽然有些人可能只是把它叫作加了泻药的健怡可乐，但在日本，Coca-Cola Plus 却被吹捧为一种健康食品，可以抑制脂肪的吸收，并使血液中的甘油三酯保持在适度水平。事实上，该产品已经获得了日本政府的"金标签"，被指定为政府批准的特殊健康用途食品（FOSHU）。虽然新的 Coca-Cola Plus 的批发价更高（每瓶 470 毫升的 Coca-Cola Plus 为 1.20 美元，而原来的健怡可乐为 1.15 美元），但它也有更高的可变成本（每瓶 0.65 美元，原产品为 0.55 美元）。虽然一些健怡可乐的消费者会转而购买 Coca-Cola Plus，但该公司相信，这款新产品会因其有益健康而吸引新的顾客。可口可乐对在日本推出新产品并不陌生。该公司又相继推出了 Coca-Cola Coffee Plus 和首款酒精饮料 Lemon Do。

1. 可口可乐的品牌发展战略是什么？（AACSB：书面和口头交流；反思性思考）

2. 假设可口可乐希望在推出后的第一年销售 500 万瓶 Coca-Cola Plus 产品，但其中 60% 的销售将来自那些通常购买健怡可乐的消费者。假设健怡可乐的销售量通常为每年 3 亿瓶，而该公司在推出 Coca-Cola Plus 的第一年会增加 50 万美元的固定成本，新产品是否会给该公司带来利润呢？参考附录 3 "营销计算"中 "市场营销策略的财务分析" 部分，以了解如何进行这一分析。（AACSB：书面和口头交流；分析性思考）

企业案例

适合本章的案例见附录 1。

企业案例 7　MINI：专注于本质——最大化体验。 宝马公司的 MINI 品牌大获成功，在满足当前消费者需求的同时，也保留了原有品牌的特色。

企业案例 5　Spanx：改变行业对内衣的看法。 Spanx 以一个全新的品牌提供卓越的产品，彻底改变了女性内衣的世界。

企业案例 12　领英：用整合营销传播打破白领刻板印象。 领英发起了第一次大众媒体整合营销传播活动，旨在改变人们普遍认为它的服务只针对白领阶层的看法。

复习题

1. 描述市场营销人员如何通过管理服务差异性而不是通过定价将自己的供应物与竞争对手区分开来。描述一个服务提供者成功将自己的供应物与竞争对手区分开来的例子。（AACSB：沟通；反思性思考）

2. 产品的包装必须满足许多标准，例如可持续性、便利性、安全性、效率性、功能性和市场性。调查 "包装奖" 并分析获奖产品在包装上所做出的努力。描述组织主办的赛事、获胜者的选择标准和一个获奖的包装。（AACSB：书面和口头交流；信息技术）

注释

第**8**章

新产品开发与产品生命周期管理

学习目标

学习目标1 阐述企业如何寻找和开发新产品创意,参见"新产品开发战略"部分。

学习目标2 列举并定义新产品开发流程的每个阶段以及管理这一流程需要考虑的主要问题,参见"新产品开发流程"部分。

学习目标3 描述产品生命周期各阶段以及相应的市场营销战略,参见"产品生命周期战略"部分。

学习目标4 讨论两个额外的产品问题——产品决策与社会责任,国际产品与服务营销,参见"关于产品和服务的额外思考"部分。

概念预览

在之前的章节中,我们已经学习了市场营销人员如何管理与开发产品和品牌。在此基础上,本章将重点讨论两个产品主题:新产品开发和通过产品生命周期来管理产品。可以说,新产品是企业的生命线。然而,新产品开发是有风险的,很多新产品都遭遇了失败。因此,本章首先将展示寻找和培育成功的新产品的过程。产品一经推出,市场营销人员总是希望其生命力长久且旺盛。其次,读者会发现每一件新产品都要经过多个生命周期阶段,并且每个阶段都需要不同的市场营销战略和策略来应对新的挑战。最后,本章重点讨论产品决策中的两个问题:产品决策与社会责任,国际产品与服务营销。

说到新产品开发方面的开拓者,当属三星公司。作为世界领先的电子产品制造商和世界上最具创新力的企业之一,三星公司在过去的20年里通过建立以顾客为中心的创新文化,源源不断地开发出了具有惊艳的设计、创新的科技、丰富的功能并令人赞不绝口的新产品。

三星：用新产品创新让顾客的生活更加丰富

三星品牌对读者来说并不陌生，你也许拥有一部热销的三星新款 Galaxy 智能手机，也许已经用上了能够显示超过 10 亿种颜色的 QLED 智能电视。三星公司生产几乎所有类别的"必备"电子产品，包括电视和平板显示器、平板电脑和手机、可穿戴设备和智能家居设备，甚至是全系列的家用电器。

然而在 25 年以前，三星并不是领先的品牌，甚至不为人所知。当时，索尼是世界上最受欢迎的品牌，三星只是一个韩国的山寨品牌。无法支付索尼系列产品价格的消费者，才会选择去开市客商店购买三星的产品。1993 年，三星决定放弃制造廉价仿冒品的战略，开始赶超索尼这一强大的竞争对手。然而，要想取代索尼在电子产品行业中的巨头地位，三星首先必须彻底改变自己的企业文化，即从山寨到领先。三星意识到，只有在创新上超过索尼，才能真正地超越索尼。

三星想要打造世界一流的品牌，并成为具有开创性的领导者。为此，三星重新聘请了一批年轻的设计师和管理者，他们推出了一大批面向高端用户的时尚、前卫且外观漂亮的产品，而不是单调乏味的山寨产品。三星将这批产品称为"精致生活的艺术作品"。此外，每个新产品还要通过"Wow"（表示赞叹）测试。如果在市场测试期间没有得到"Wow"的反应，就会返回到设计室里继续改良。除了尖端的技术和时尚的设计，三星始终把顾客放在其创新活动的核心，其主要创新目标是改善顾客的体验，并为人们的生活带来真正的改变。

凭借以顾客为中心的新产品战略，三星在不到 10 年的时间里成功地超越了索尼。如今，三星的年收入为 1 740 亿美元，是索尼年收入的 2.5 倍。三星不仅扩大了公司规模，还实现了它所寻求的新产品"Wow"的效果。例如，近年来，三星在美国国际设计优秀奖（IDEA）——设计界的奥斯卡奖——发布会上一直占据主导地位，这一奖项根据外观、功能和灵感思维来评判新产品。

在这个数字、互联和移动的时代，除了与索尼竞争之外，三星更多的是在与苹果等创新领先者竞争。而在与苹果的竞争中，三星不只是保持自身优势。例如，在移动设备领域，三星的市场份额已经跃升至行业前列。就在几年前，三星的目标是将其智能手机市场份额从 5% 提高到 10%。但 Galaxy 系列的成功，让三星的全球份额飙升至 26%，超过了苹果公司的 17%。更重要的是，三星曾通过为苹果智能手机提供 OLED 显示器、NAND 闪存和 DRAM 芯片，从苹果最新款手机的成功中赚了数十亿美元。

三星的另外一个优势，也是苹果没有解决的技术难题——大屏幕。事实上，三星已经连续 11 年成为全球电视机销售的领先者。它的智能电视不仅提供手势控制、语音控制和人脸识别功能，还通过连接技术让电视用户使用脸书、Skype、流媒体在线内容，控制他们的设备和使用他们喜欢的应用程序。在这个互联时代，控制多种屏幕的技术让三星在竞争中占据了优势。今年，三星将用颇具挑战性的数字语音助手——Bixby 更新其所有电视。

然而，三星也意识到，今天"必须拥有"的产品可能明天就会被淘汰。未来的成长将不仅仅来自更大的电视机和更好的智能手机。这家电子巨头一直在寻找下一个必备品，而不考虑产品类别。为此，三星在全球的市场情报和产品创新团队不断研究产品使用、购买行为和生活方式的变化趋势，并通过获取消费者洞见和创新的方法来满足消费者的需求。

例如，三星正在大力投资物联网（IoT），或者三星喜欢使用的名称——"智联网"，即在全球环境中，从家用电子产品和家电到汽车、建筑甚至服装，一切都以数字方式与其他事物相连。一位三星的高管表示："我们相信使用物联网应该像按下开关一样简单。"三星希望"帮助消费者获得无缝的、简单的互联生活可能带来的好处"。

鉴于三星已经在几乎所有的电子产品类别中制造产品，物联网为其未来的创新和成长提供了肥沃的土壤。三星正在开发一个"联通性网络"，将其产品与其他事物连接起来。三星公司的目标是开发"与生活同步"的物联网产品和技术。该公司已经推出了许多智能产品，包括智能电视系列产品、数十种家用电器、智能集线器和传感器以及移动应用程序，这些产品可以将设备相互连接，并与用户连接起来。该公司还推出了自己的智能设备云——为其所有物联网产品和服务打造统一的生态系统。

三星目前的物联网产品线只是冰山一角。据估计，网络设备的数量已经从几年前的大约 10 亿部激增到今天的 200 多亿部。所有迹象都表明，物联网设备的数量将继续飞速增长。三星声称：未来其所有产品都将实现互联互通。

这种创新为三星提供的不仅仅是新产品。三星曾经是一个"先破后立"的品牌，即只有当产品需要修理或更换时，顾客才会来购买。但随着物联网业务的发展，三星现在致力于在顾客日常生活的方方面面建立起有意义的顾客关系。一位分析师表示："三星的想法是：随着消费者与设备的联系越来越紧密，他们与品牌的联系也会越来越紧密，更多的设备意味着三星将有更多机会与用户建立起终身的忠诚关系。"

在 25 年前，没有人预测到三星会从一个低成本的山寨产品制造商成长为一家提供时尚、高性能、行业领先产品的世界领先的创新者。但通过致力于以顾客为中心的新产品创新，三星确实做到了这一点。即使是在最近几年，也很少有人预测到三星会是创造世界互联的重要推手。然而，三星似乎已经在实现这一目标的路上了。

三星的首席执行官表示："我们必须向消费者展示物联网能够给他们带来什么好处，物联网可以实现什么，从而改变我们的经济、社会和我们的生活方式。"三星的另外一位高管补充道："我们将专注于创造令人惊叹的体验，专注于做顾客认为正确的事情。"简而言之，三星会提供让顾客感到"Wow"的产品和服务。[1]

正如三星的故事所表明的那样，擅长开发和管理新产品的企业所能获得的回报将是巨大的。而且，每个产品似乎都要经历一个生命周期：上市，然后经过几个阶段，伴随着新产品的到来而最终灭亡，新产品为顾客创造新的或更大的价值。

产品的生命周期给市场营销人员提出了以下两大挑战：首先，因为所有产品最终都会走下坡路，所以企业必须善于开发新产品，以取代旧产品（新产品开发的挑战）；其次，面对不断变化的顾客、技术和竞争对手，企业必须善于在产品的各个阶段调整其市场营销战略（产品生命周期战略的挑战）。下面，先来看看寻找和开发新产品的问题，然后再考虑使产品成功地经历生命周期的各个阶段所面临的产品管理问题。

➡ 8.1 新产品开发战略

作者点评

新产品是一家企业的命脉。随着旧产品的成熟和消退，企业必须开发新的产品来取代它们。例如，虽然 iPhone 和 iPad 问世才十多年，但它们现在是苹果最畅销的两款产品。

企业一般可以通过两种方式来获得新产品：一是通过收购——购买整个公司、专利或生产别人产品的许可；二是通过企业自己的**新产品开发**（new product development）。新产品开发指的是企业通过自己的研发力量开发原创产品、升级产品、改进产品和新品牌。本章重点关注新产品开发。

对于顾客和市场营销人员而言，新产品是非常重要的：它们为顾客的生活带来了新的解决方案和多种可能性，而且是企业成长的重要来源。在当今快速变化的环境中，许多企业的发展都依赖于新产品。例如，3M 公司的首席执行官估计，该公司去年 40% 的收入来自近五年新开发的产品。近年来，新产品几乎完全改变了苹果公司。十多年前推出的 iPhone 和 iPad，如今是苹果公司最畅销的两款产品，仅 iPhone 就为苹果公司带来了逾 70% 的全球总收入和 93% 的设备销量。[2]

然而，创新非常昂贵且风险巨大。新产品面临着很高的失败率。据估计，由现有企业推出的所有新产品中，有 60% 都以失败告终；有 2/3 的新产品甚至都没有发布。[3] 为什么这么多的新产品会失败呢？存在着几个原因：虽然创意不错，但企业可能会高估市场的规模；实际的产品可能设计不当，或者定位失误、投放时期不当、定价过高、缺乏广告；即使市场调研结果不佳，某个高管也可能会推出他最喜欢的创意；有时，产品开发的成本高于预期，有时竞争对手的反击比预期的更加猛烈。

因此，企业面临这样一个困境：它们必须开发新产品，但是失败率远超过成功率。要开发出成功的新产品，企业就必须了解自己的顾客、市场、竞争对手，并懂得如何开发那些向顾客提供卓越价值的产品。

8.2 新产品开发流程

企业不能将开发新产品视为碰运气，必须进行强有力的新产品规划，并建立起系统的、以顾客为导向的、寻求和培育新产品的开发流程。图 8 - 1 展示了这一流程中的八个阶段（或步骤）。

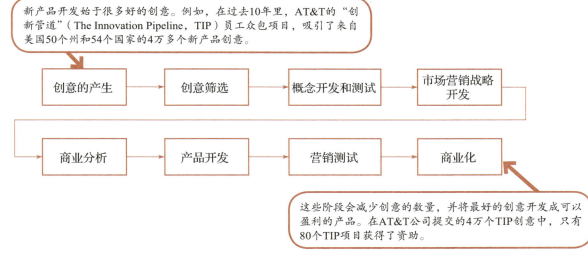

图 8 - 1　新产品开发的主要阶段

8.2.1　创意的产生

新产品始于**创意的产生**（idea generation）——对新产品创意的系统搜索。一家企业通常要产生数百个甚至是数千个创意，才能从中找到几个好的创意。新产品的创意主要来源于内部和外部，如顾客、竞争对手、分销商和供应商等。

内部创意来源

使用内部来源，企业可以通过正式的研发发现新的创意。例如，福特在硅谷设有一个创新和移动中心，配备了工程师、应用程序开发者和科学家，他们的工作涉及方方面面，从无人驾驶汽车到让消费者通过车内设备控制家庭供暖、照明和电器的 Nest 应用程序。福乐鸡也建立了三个大型创新中心。其中一个名为 Hatch，是一个创意孵化中心。在这里，福乐鸡的员工和合作伙伴探索食品、设计和服务方面的新创意。这是一个"构思、探索和想象未来"的地方，孵化新的食物和餐厅的创意并将它们付诸实践。[4]

除了内部研发，企业还可以选择从它的雇员——从管理人员到销售人员、科学家、工程师和生产人员——那里收集创意。许多企业开发出成功的内部创业项目，以鼓励员工提出新产品的创意。例如，AT&T 建立了一个名为 TIP 的内部在线创新社区，各个领域和级别的 AT&T 员工通过该社区提交对新产品和服务的创意，并进行讨论和投票。每个季度，得票最多的创意的"创始人"都会向 AT&T 的高管推销这些创意，高管们则会选出最好的三个创意进一步开发。自 2009 年设立以来，AT&T 员工已经向 TIP 社区提交了 4 万多个创意，企业已经资助了 80 多个从顾客服务提升到新产品推出的 TIP 项目。[5]

许多企业还会在企业内部定期举行"黑客马拉松"，让员工从日常工作中抽出一天或一周的时间来开发新的创意。这样的"黑客马拉松"在脸书非常出名。脸书的一名员工表示，在脸书公司的一场"黑客马拉松"中，"我们的数百名工程师在通宵编程会议中施展自己的才华，经常在几周之内就可以完成产品，并在网站发布内部和外部版本"。这家社交媒体巨头的"黑客马拉松"已经产生了"喜欢"按钮或好友标签等重大创新。这样的活动不仅能产生新的创意，而且能提升员工的士气和参与度。正如这位员工所解释的那样："'黑客马拉松'催生的同事情谊、生产力以及偶尔的疯狂，帮助脸书公司实现了今天的成就。"[6]

外部创意来源

企业还可以从大量的外部来源中获取优秀的新产品创意。比如，分销商和供应商也可以献计献策。分销商贴近市场，可以传递关于顾客问题和创造新产品可能性的信息；供应商能够告诉企业可用于开发新产品的新概念、技术和材料。

竞争对手是另外一个重要来源。企业可以关注竞争对手的广告，以便获取有关其新产品的线索；企业也可以购买竞争对手的新产品，进行拆解观察以便了解其产品是如何运转的，再结合竞争对手的销售额分析，以便决定自己是否要推出一个新产品。其他的创意来源包括贸易杂志、展览和研讨会等以及政府机构、广告公司、市场调研公司、大学和商业实验室、发明家等。

也许，新产品创意最重要的来源是顾客。企业可以分析顾客的问题和各种投诉，以便找到更好地解决顾客问题的新产品。它们也可以邀请顾客分享自己的建议和创意。例如，领先的顾客关系管理解决方案公司——Salesforce 举办了一个在线思维碰撞（IdeaExchange）活动，邀请顾客就新的软件功能和产品改进提出建议、讨论和投票。在过去的 10 年里，顾客已经提交了 6 万多个创意，并投下了数百万张选票。通常来说，最好的结果更多是来自持续的合作和头脑风暴，而不是最初的创意。Salesforce 公司的一位高管估计，一个产品管理团队有 1/3 的创意受到了该活动的影响。该活动也通过建立双向关系让顾客感到了被倾听和被重视，进而大大改善了顾客体验。[7]

众包

更广泛地说，许多企业正在开发众包或开放式创新的产品创意项目。**众包**（crowdsourcing）敞开了创新之门，邀请社区中的人——顾客、员工、独立科学家和研究人员，甚至是广大群众——参与到新产品的创新过程当中。利用公司内外部广泛的资源，往往可以产生意想不到的新创意。

各个行业中大大小小的企业都在众包产品创意，而不是仅仅依靠自己的研发实验室。例如，运动服装制造商安德玛（Under Armour）清楚：无论公司内部有多少顶尖的开发人员，有时创造出优秀的创意的唯一途径就是走出公司。因此，为了寻找下一个产品创意，安德玛赞助了一项名为"未来秀创新挑战赛"（Future Show Innovation Challenge）的年度众包比赛。[8]

未来秀创新挑战赛邀请来自美国各地的企业家和发明家提交新产品的创意。然后，安德玛团队从数千名参赛选手中挑选出 12 名进入决赛的选手。他们将在由 7 名评委组成的评审团面前，在一场引人注目的、类似《创智赢家》（*Shark Tank*）的电视真人秀中展示自己的产品。胜出者将获得 5 万美元的奖金和一份与安德玛合作开发获奖产品的合同。安德玛的首席执行官凯文·普兰克（Kevin Plank）表示：未来秀创新挑战赛的目标，是"吸引顶级创新者带着令人惊叹的产品来找安德玛"。第一个获胜创意，也是普兰克目前最喜欢的，是一款为专业运动员设计的拉链——只用一只手就能轻松拉上的拉链。两年来，安德玛的内部研发团队一直在努力研发一款更好的拉链，但该公司负责创新的副总裁表示："我们未能成功。"这个简单的拉链只是未来秀创新挑战赛几十个新产品创意中的一个，但就其本身而言，它让整个众包努力变得有价值。安德玛公司的创新负责人说："我们需要足够谦虚，下一个伟大的产品可能就来自某个在大学里打橄榄球的孩子，他碰巧有一个更好的创意。"

因此，真正创新的企业不只依赖于某一种来源的新产品创意。相反，它们发展广泛的创新网络，从每一个可能的来源——员工、顾客、外部创新者那里——捕捉创意和灵感。

8.2.2 创意筛选

创意产生的目的是形成大量创意，后续阶段的目标就是减少创意的数量。其中，第一个减少创意的阶段是**创意筛选**（idea screening），这有助于发现好的创意，同时尽快摒弃不好的创意。在后期阶段，产品开发成本会大幅上升，因此企业希望只使用那些可以转变为盈利产品的创意。

许多企业都要求管理人员撰写正式的新产品创意书，新产品委员会对此进行审查。新产品创意书中描述了产品或服务、建议使用的顾客价值主张、目标市场和竞争。同时，创意书还对市场规模、产品价格、开发时间和成本、制造成本以及收益率做出一些粗略的估计。然后，新产品委员会根据一套通用指标对这些创意进行评估。

一位市场营销专家提出了一种名为"R-W-W"（real，win，worth doing）并且包含三个问题的新产品筛选框架。[9] 首先，是真的吗？（是否对该产品存在需求和欲望？顾客会购买吗？是否有一个清晰的产品概念？）这样的产品能否满足市场需求？其次，我们能赢吗？（产品能否提供可持续的竞争优势？企业是否具有支持产品成功的资源？）最后，是否值得这样做？（该产品是否符合企业的整体发展战略？是否提供了足够的利润空间？）在开发新产品创意之前，企业需回答上述这三个问题。

8.2.3 概念开发和测试

一个有吸引力的想法必须开发成**产品概念**（product concept）。了解产品创意、产品概念和产品形象之间的区别是很重要的。其中，产品创意是一个能让企业看到自己提供给市场的可能的产品的想法；产品概念是用有建设性的消费者语言来详细地描述产品创意；产品形象是消费者感知实际或潜在产品的方式。

概念开发

假设一家汽车制造商开发出了一款实用的电动汽车。其最初的模型是一款时尚、动感的敞篷跑车，售价超过 100 000 美元。之后又开发了一款全尺寸运动轿车，售价为 71 000 美元。[10] 然而，在不久的将来，该制造商计划推出一款面向大众市场的更实惠的紧凑车型，它将与市面上最近推出的混合动力或全电动汽车展开竞争，如雪佛兰沃蓝达（Chevy Volt）、日产聆风（Nissan Leaf）、起亚 Soul EV 和雪佛兰 Bolt EV。这辆全电动汽车能够在 5 秒之内从 0 加速到 60 英里 / 小时，使用 120 伏电源充电 2 小时即可行驶 310 英里，每英里成本约 1 美分。

展望未来，市场营销人员的任务是将新产品开发为产品概念，并明确每一个概念对顾客能够产生多大的吸引力，最终在其中选择出一个最佳的产品概念。例如，我们可以为这款电动汽车创建以下产品概念：

- 概念 1：作为第二辆家庭用车，价格适中的小型车可以用于在城镇周围驾驶和探亲访友。
- 概念 2：中等价位的运动型小汽车，吸引年轻的单身人士和夫妻。
- 概念 3："绿色"汽车，吸引那些想要实用和低污染交通工具的环保人士。
- 概念 4：高端中型多功能汽车，吸引那些喜欢 SUV 的大空间但在意油耗的人。

概念测试

概念测试（concept testing）要求用目标消费者群体测试新产品概念。给消费者呈现的概念可以是象征性的，也可以是具体形象的。下面是关于产品概念 3 的一些细节：一款高效且带来驾驶乐趣的五座小型全电动汽车。这辆全电动汽车是可靠的、无污染的交通工具。它充电一次即可行驶 310 英里，每英里只需要花费几美分，可替代有污染、高油耗的汽车，全配置的售价为 35 000美元。

在试图将产品概念变为实际的新产品之前，许多企业都会定期邀请消费者测试新产品概念。对于一些概念测试，一句话或一幅图片的说明可能就够了。然而，有关某一概念更具体、更形象的展示会增加概念测试的可靠性。消费者在看到产品概念之后，可能会被要求回答类似表 8 - 1所列的问题。

表 8 - 1　全电动汽车概念测试的问题

1. 你是否了解电动汽车的概念？	6. 在何种情况下，相比于传统汽车你会更喜欢全电动汽车？
2. 你是否相信对汽车性能的描述？	7. 这辆车的合理价格是多少？
3. 与传统汽车相比，全电动汽车主要的优点是什么？	8. 谁会参与这种车的购买决策？谁来驾驶？
4. 与油电混合动力汽车相比，它有哪些优势？	9. 你会买这种车吗？（肯定会；也许会；也许不会；绝对不会）
5. 你认为该汽车在哪些方面有待提高？	

有关上述这些问题的答案，往往有助于企业决定哪些产品概念最具有吸引力。例如，最后一个问题询问消费者的购买意向。假设 2% 的消费者说他们"肯定会"买，另外有 5% 的消费者表示"也许会"买。那么企业就可以用这些数字来推测目标市场的销售量。即使如此，估计值仍是不确定的，因为人们不可能始终言行如一。

8.2.4　市场营销战略开发

假设汽车制造商发现电动汽车测试中最好的是概念 3，那么下一步就是**市场营销战略开发**（marketing strategy development），即设计一个初步的市场营销战略，将这款新车推向市场。

市场营销战略说明主要由三部分组成。其中，第一部分包括目标市场介绍；预计的价值主张；销量、市场份额和最初几年的利润目标。例如：目标市场是年轻、受过良好教育、收入中上等的个人、夫妻或小家庭，他们寻求实用、环保的交通工具。该车被定位为带来更多的驾驶乐趣，相比于今天的燃油汽车和混合动力汽车，其污染更少。该公司的目标是第一年销售 5 万辆汽车，且亏损不超过 1 500 万美元；第二年销售 9 万辆汽车，并实现利润 2 500 万美元。

市场营销战略说明的第二部分，是概述产品计划的价格、分销和第一年的营销预算。例如：该电动汽车将提供红、白和蓝三种颜色，并有全套配件作为标准配置。零售价为 35 000 美元，经销商赚取标价的 15%。每月销售超过 10 辆车的经销商将从每辆车中获得 5% 的额外返利。5 000 万美元的营销预算将按 30：40：30 的比例分配给全国媒体宣传活动、网络和社交媒体营销以及当地的事件营销。广告和网站将强调该汽车的驾驶乐趣、高地位和低排放。第一年，营销调研将花费 20 万美元，以便调查购买该汽车的车主以及他们的满意度。

市场营销战略说明的第三部分介绍预计长期销售额、利润目标和市场营销组合战略。例如：我们打算占据汽车市场长期份额的 3%，并且实现 15% 的税后投资回报率。为了实现这一目标，公司将逐渐改善产品质量。在竞争条件和经济允许的情况下，在第二年和第三年提高产品价格。总营销预算每年将提高约 10%。在第一年后，营销调研费用将降到每年 6 万美元。

8.2.5　商业分析

管理层在确定产品概念和市场营销战略后，就可以评估该方案的商业吸引力了。**商业分析**（business analysis）涉及对新产品的销售额、成本、利润的审视，以便确定它们能否满足企业的目标。如果满足了企业目标，就可以转移到产品开发阶段了。

为了估计销售额，企业可能会参考类似产品的销售历史并进行市场调查。为了评估风险的范围，可以估算出最小和最大销售额。做出销售预测后，管理人员可以估算产品成本和利润，包括市场营销、研发、运营、会计和财务费用。然后，企业可以使用销售额和成本数据来分析新产品的财务吸引力。

8.2.6　产品开发

对于许多新产品概念而言，一个产品可能仅停留在文字描述、图片或者粗糙的模型。如果产品概念通过了商业测试，就进入**产品开发**（product development）阶段。在这个阶段里，研发或工程部门会将产品概念变为实际的产品。产品开发往往需要巨大的投资。产品开发将决定产品的创意是否可以变成一个可行的产品。

研发部门将开发和测试一个或多个产品概念的实体版本。研发部门希望设计出让顾客满意的原型，并且这个原型能够迅速按照预算成本进行生产。根据不同的产品和方法，开发一个成功的原型可能需要数天、数周、数月，甚至是数年。

在通常情况下，产品应该经过严格的测试，以便确保它们既安全又有效，或者让顾客认为它们有价值。企业可以自己做产品测试，也可以外包给专门从事测试的公司。

市场营销人员往往会邀请顾客参与到产品测试当中。例如，高性能的跑步装备和服装制造商布鲁克斯（Brooks）就招募了一支"实验室小白鼠"队伍和"穿戴测试者"（Wear Testers）用户队伍来测试其产品。该公司在总部的生物力学实验室对"小白鼠"进行研究，让它们穿着布鲁克斯装备上跑步机，观察他们如何跑步，以确保布鲁克斯产品起到了促进作用，而不是阻碍作用。穿戴测试者则实际使用布鲁克斯跑鞋和装备，并就适合度、设计、风格和功能等提供反馈报告。公司指出，"这做起来很简单，我们寄给你装备，由你去使用。你可以在晨跑时、比赛时、阳光下和雪地里使用我们的产品。你可以在任何时间和任何地点使用它，然后让我们知道产品对你有没有用。你的反馈将有助于决定我们未来所有产品的适合度、功能和设计"[11]。

一种新的产品必须具有顾客所需要的功能，同时也要传达顾客的心理特征。例如，全电动汽车应该以精心打造、舒适性和安全性来吸引顾客。管理层必须了解如何让顾客认为一辆汽车是精心打造的。对于一些顾客来说，这意味着该车具备坚实的车门；而对其他顾客来说，这可能意味着该车在碰撞测试中能够承受严重的撞击。顾客测试是指顾客试驾汽车并对其属性进行评估。

8.2.7　营销测试

如果产品通过了概念测试和产品测试，下一阶段要进行的就是**营销测试**（test marketing），即将产品及其市场营销计划引入实际的市场环境当中。产品上市的花销巨大，而在全面上市之前，营销测试往往可以给市场营销人员推广产品的经验。在实践中，可以让企业测试其产品和整个市场营销计划——目标与定位战略、广告、分销、定价、品牌与包装以及预算水平。

营销测试数量因产品不同而存在差异。当引入一种新产品需要的投入巨大且风险很高时，或当管理层对产品及其市场营销计划没有把握时，企业往往要做多次营销测试。例如，塔可贝尔花了三年的时间、经过了 45 个原型才最终推出了多力多滋玉米饼，现在它是该公司历史上发布的最成功的产品。星巴克花了 20 年的时间来开发星巴克 VIA 速溶咖啡——这是它有史以来推出的风险最大的产品之一。星巴克 VIA 速溶咖啡在芝加哥和西雅图的星巴克门店进行了几个月的测试之后，才在全美范围内发布，现在是最畅销的咖啡品牌。[12]

然而，营销测试的成本往往是很高的，而且需要时间，这可能会使企业错失市场机会或者让竞争对手获得竞争优势。当开发和推出新产品的成本较低，或当管理层对新产品满怀信心时，企业可少做或不做营销测试。例如，很多企业往往不测试那些简单的改良产品，或是模仿竞争对手的仿制品。

企业也可以缩短或跳过测试，以便在快速变化的市场中获取优势。例如，为了顺应数字化和移动趋势，星巴克在很短的时间内就推出了一款不太完美的移动支付应用程序，然后在推出后的 6 个月内逐步解决缺陷。现在，通过星巴克应用程序进行的移动支付，占星巴克在美国所有交易的 30% 以上。星巴克的首席数字官表示："不完美的产品是不能被接受的，我们愿意创新、加快市场营销速度，并百分之百地保证它是完美的。"[13]

企业可以使用控制营销测试法或模拟营销测试法来替代广泛的、昂贵的标准营销测试法。使用控制营销测试法，即在顾客和商店的控制组中测试新产品和新战略。结合每个被测消费者的购买信息与消费者个人信息以及收看电视的情况，公司可以提供每家店每周关于测试产品的销售报告以及店内推销和家庭推广的影响。使用模拟营销测试法，研究人员可以在实验商店或模拟网上购物环境中测试消费者对新产品和市场营销战略的反应。这两种方法都降低了营销测试的成本，加快了测试进程。

8.2.8　商业化

营销测试给管理层提供了用于决定是否推出新产品的信息。如果企业要进行**商业化**（commercialization），即向市场推出新的产品，将会承担高昂的成本。例如，企业可能需要购买或租用生产设备。在第一年里，花费在新产品广告、促销和其他市场营销方面的费用，可能高达数亿美元。比如，任天堂（Nintendo）一个月内在介绍其 Switch 手机 / 混合游戏系统的电视广告上花费约 1 800 万美元，汰渍品牌在竞争激烈的美国洗衣粉市场上投入了 1.5 亿美元来推出汰渍洗衣凝珠。为了推出 Surface 平板电脑，微软公司在电视、报纸、广播、户外、互联网、活动、公共关系和抽样调查等方面花费了 4 亿美元。[14]

企业在推出新产品之前，必须首先决定推出时间。如果新产品将蚕食企业其他产品的销售，那么企业可能会推迟其上市时间。如果产品可以进一步改进，或者经济状况下滑，那么企业可能要等到下一年再推出新产品。

但是，如果竞争对手正准备推出新产品，那么该企业可能会马上推出自己的新产品。接下来，企业必须决定在哪里（单一地点、区域市场、全国市场或国际市场）推出其新产品。有些企业可能很快在全国市场上推出其新产品。具备国际分销系统的企业还可以在全球范围内迅速推出其新产品。例如，苹果同一天在全球 55 个国家推出了 iPhone X，这是其有史以来最快的全球发布速度。[15]

8.2.9　新产品开发的管理

如图 8-1 所示，新产品开发流程突出了寻找、开发和投放新产品所需要关注的重要活动。然而，新产品开发不只是包含一系列的阶段，企业必须采用系统的方法来管理这一流程。成功的新产品开发，往往需要以顾客为中心、以团队为基础，同时还需要系统的努力。

> **作者点评**
> 最重要的是，新产品开发必须关注顾客价值的创造。三星的一位高管说："我们从市场上获得创意，市场是重要的驱动力。"

以顾客为中心的新产品开发

最重要的是，新产品开发必须以顾客为中心。在寻找和开发新产品的时候，企业往往过分依赖研发实验室中的技术研究。但是，成功的新产品开发却始于透彻地了解顾客的需要和价值。**以顾客为中心的新产品开发**（customer-centered new product development）关注寻找解决顾客难题的新途径，并创造出令顾客满意的卓越体验。

有一项研究表明：最成功的新产品是那些差异化的、解决顾客的主要问题并提供令人信服的顾客价值主张的产品。同时，另外一项研究则显示，直接让顾客参与新产品创新过程的企业，其资产回报率是其他企业的两倍，营业收入是其他企业的三倍。因此，顾客参与新产品开发流程对产品成功产生了重要的积极影响。

全球领先的玩具制造商乐高集团（The LEGO Group，TLG）就是以顾客为中心的新产品开发战略的坚定拥护者。[16]

在 15 年之前，乐高集团的业绩不断下滑，亏损严重，濒临破产。在这个互联网、视频游戏、移动设备和高科技玩具占主导的时代，乐高积木等传统玩具已不再受到欢迎。因此，乐高集团开始一砖一瓦地重建其老化的产品线。然而，乐高集团的转型并非始于设计实验室的工程师们，而是始于倾听和吸引顾客。

例如，乐高集团将研究人员嵌入各个家庭当中，观察玩耍的孩子、采访父母，并与顾客一起购物。这项研究使研究人员产生了很多新的创意。例如，乐高集团长期以来只提供基本的、非结构化的建筑积木，并认为这可以培养孩子们的创造力。但在当今科技发达的世界里，孩子们很容易感到无聊，并且喜欢更加结构化的游戏体验。因此，现在的乐高集团为孩子们提供了看似无穷无尽的主题选择、专门的套装包，并附有详细的说明。孩子们可以通过这些套装建造从消防车和直升机到梦想中的忍者城堡等任何东西。有研究表明：对现在的孩子们来说，数字世界和现实世界是融为一体的。这一观点促使乐高集团推出了"One Reality"创新产品，该产品可以用乐高积木在手机或平板电脑通过软件进行搭建，完美地将数字世界和现实世界的游戏体验结合在了一起。

乐高集团还积极利用其活跃的用户社区来获取新的顾客洞见和创意。例如，乐高创意网站（类似于 Kickstarter 的品牌版）邀请顾客提交各种各样的创意，并对其他人的创意进行评估和投票。平均每年，乐高创意网站都会产生四种由顾客启发的新产品。这种与顾客共同创造的结果之一，就是产生了乐高集团有史以来最受欢迎的产品——LEGO MINDSTORMS，这是一系列完整的、配有硬件和软件的建筑套件，用于制作可以通过智能手机应用程序编程的可定制机器人。正是因为实施了以顾客为中心的新产品开发战略，乐高集团现在与美泰公司（Mattel）并驾齐驱，成为世界上最大的玩具制造商。正如一位分析师所指出的，乐高集团已经成长为玩具界的苹果公司。

因此，今天的创新型企业已经走出了研发实验室，与顾客建立起密切联系，以便寻找满足顾客需求的新方法。以顾客为中心的新产品开发始终坚持了解顾客，并让顾客参与产品开发流程。

基于团队的新产品开发

良好的新产品开发还需要企业整体的和跨职能部门的努力。如图 8-1 所示，有些企业有序地组织新产品开发流程，它们从创意的产生开始，至商业化结束。使用这种有序的产品开发方法，在新产品移交给下一个部门和进入下一个阶段之前，不同部门要独立完成所处流程的阶段性工作。这种有序的、一步一步的流程可以帮助企业控制复杂的甚至是危险的项目。但这种缓慢的有序工作也可能是有害的。在瞬息万变、竞争激烈的市场当中，这样缓慢但明确的产品开发可能会导致产品失败，使企业的销售额和利润受到损失，甚至使企业的市场地位岌岌可危。

为了更快地开发和投放新产品，许多企业都使用了**基于团队的新产品开发**（team-based new product development）方法。使用这一方法，企业的各个部门在跨职能团队中密切合作，减少了产品开发流程中的重复阶段，节省了时间并提高了效率。企业聚集了一批来自不同部门的人，从新产品开发到结束都在一起工作，替代了新产品之前在部门间进行传递的过程。这些人员通常来自市场营销、财务、设计、制造和法律等部门，甚至来自供应商和顾客企业。在按照顺序开发的过程中，在某个阶段遇到的瓶颈会减慢整个项目的进度。使用基于团队的开发方法时，如果在某个地方遇到困难，那么会有人专门来解决这个问题，团队中的其他人则可以继续工作。

然而，基于团队的方法也有一定的局限性。例如，相比于有序开发方法而言，基于团队的开发方法有时会造成更多的组织关系紧张和混乱局面。但是在快速变化且面临越来越短的产品生命周期的行业中，快速灵活的产品开发所带来的回报要远远大于风险。越来越多的企业都将以顾客为中心的新产品开发与基于团队的新产品开发方法相结合，更快地投放合适的新产品，并获得了巨大的竞争优势。

系统的新产品开发

最后，新产品开发流程应该是全面系统的，而不是分割的、杂乱无章的。否则，创意很难浮出水面，很多好的创意也会停滞和消亡。为了避免这些问题，企业可以配备一个创新管理系统，用来收集、浏览、评估和管理新产品的创意。

具体而言，企业可以委任一名受人尊敬的资深人士作为创新经理，还可以建立基于网络的创意管理软件系统，并鼓励企业的所有利益相关者，如供应商、分销商和经销商等，都参与到寻找和开发新产品的过程中来。同时，企业可以成立一个跨职能创新管理委员会来评估所提出的新产品创意，并将好的创意推向市场。此外，企业也可以制订奖励计划，以便奖励那些贡献最佳创意的人员。

创新管理的系统方法产生了两个好的结果：首先，它有助于营造出创新型企业文化。这种企业文化表明高层管理者支持、鼓励和奖励创新。其次，它会催生出很多新产品创意，企业可以从中发现一些特别棒的创意。新颖的好创意会得到更系统的开发，以期获得更大的成功。如果缺乏传声筒或高管的倡导，好的创意往往不久就会搁浅。

因此，新产品的成功不仅要求提出一些好的创意，努力把它们变成产品并找到顾客，更要求一个系统的方法，用来寻找可以创造有价值的顾客体验的新途径，从创意的产生和筛选，再到制造满足顾客需求的产品。

不仅如此，成功的新产品开发还需企业的承诺。在三星、谷歌、苹果、3M、宝洁、通用电气等新产品开发能力出众的公司中，整个企业的文化就是鼓励、支持和奖励创新。例如，在谷歌公司及其母公司 Alphabet 公司，创新不仅仅是一个过程，它是公司基因的一个重要组成部分（参见市场营销进行时 8-1）。

│ 市场营销进行时 8-1 │

谷歌公司：新产品登月工厂

谷歌公司的创新是疯狂的。在过去的 15 年时间里，它在所有最具创新力的公司榜单中都稳居前五名。谷歌拒绝接受现状。它不断进行创新，不断进入新的市场，应对新的竞争对手。

谷歌最初是一家在线搜索公司。尽管来自微软和雅虎等巨头的竞争令人生畏，但谷歌还是取得了惊人的成功。在美国，谷歌的在线搜索市场份额达到了 63%。它在移动搜索市场上占据了 94% 的份额。谷歌还在在线和移动搜索相关的付费广告营业收入中占据了市场主导地位，2017 年这部分营业收入即占其 1 109 亿美元营业收入的 86%。谷歌正以惊人的速度增长，它的收入在过去四年里增长了一倍多。

但谷歌已经迅速超越了其在线搜索和传统的广告业务。在谷歌公司看来，信息是一种自然资源——一种需要挖掘、提炼的资源，而且是分布广泛的。这个宽泛的使命，给了谷歌的工程师和开发人员一张空白的画布、一个宽泛的画笔以及大量的创新动力。在许多企业，新产品开发是一项谨慎的、循序渐进的工作，可能需要数年时间才能展开。但相比之下，谷歌无拘无束的新产品开发却在以光速进行着。谷歌的创新者实施新产品和服务的时间，往往比大多数竞争对手改进和批准最初创意的时间还要短。谷歌宁愿看到项目迅速失败，也不愿意看到一个精心策划的、拖延的项目失败。当谷歌的开发者面临两条路，但又不确定该走哪一条时，他们总是选择最快的那一条。

谷歌以混乱的创新过程而闻名，它催生了一股永无止境的多样化产品热潮，其中许多产品都是各自领域的市场领导者。尽管这些创新各不相同，但许多都或多或少地与谷歌的互联网信息使命联系在一起。谷歌取得极大成功的事物有电子邮件服务（Gmail）、绘制和探索世界的项目（谷歌地图和谷歌地球）、数字媒体商店（Google Play）、在线支付服务（谷歌钱包）、照片共享服务（谷歌图片）、手机操作系统（谷歌安卓系统）、云计算服务（谷歌云）、在线社交网络（Google+）、云友好的互联网浏览器（Chrome）等。

虽然谷歌在传统上专注于基于软件的创新，但它最近也已经开始进军硬件领域，比如 Pixel 手机、平板电脑和笔记本电脑、人工智能虚拟助手（谷歌家居和谷歌助手）、连接的智能家居设备（Nest）、最先进的虚拟现实头盔（Daydream VR）、小型无线智能相机（Google Clips）等。谷歌通过给普通的硬件注入复杂的算法和人工智能，将其硬件与庞大的信息世界无缝地连接在一起。例如，其 Pixel 2 手机即使只有一个摄像头，也能将标准的快照变成美丽的图像；Pixel Buds 不仅仅是无线耳机——它们与谷歌助手相连接，并将谷歌翻译放在前台和中心位置，让人们可以用多种语言与他人交谈；而 Google Clips 则使用人工智能自动识别很棒的表情、灯光和构图来捕捉各种各样的自然图像。

谷歌收购了 Nest Labs 公司，这是其进入物联网领域的第一步。随后开发的谷歌家居和谷歌助手为 Nest Labs 快速增长的智能家庭呈现提供了语音控制和人工智能技术。Nest Labs 现在拥有越来越多的智能和时尚家居控制和监控设备以及来自其他公司的与 Nest Labs 智能产品配套的产品，从 LED 灯泡、电器开关、洒水系统到一系列厨房和家用电器。在谷歌公司巨大的创新能力的支持下，Nest Labs 很快会高效地帮助消费者管理他们的整个家庭，这将是一个巨大的潜在市场。

谷歌天马行空的创新过程也让该公司偏离了其主要的信息使命的道路——从自动驾驶汽车到地球成像卫星，甚至到延长人类寿命等。事实上，谷歌已经创造了如此多的新项目，以至于它创建了一个更广泛的组织——一家名为 Alphabet 的母公司——来容纳所有这些项目。

谷歌是 Alphabet 最大的子公司，它继续提供信息和互联网相关的软件和硬件产品。与谷歌公司一起，Alphabet 为谷歌更深远的项目和业务集合提供了独立的家园——这些项目和业务包括 Alphabet 所谓的"登月"——那些超前的、令人叹为观止的理想主义的长线项目。如果获得成功，它们将会深刻改变人们的生活方式。为了推进"登月"，公司还创建了 X——一个秘密的创新实验室——这是书呆子（某种程度上）的天堂，负责开发那些即使对 Alphabet 来说也显得很超前的新东西。

创新实验室是 Alphabet 公司的孵化器，为一些惊天动地的项目提供服务，这些项目从长远来看可能会也可能不会得到回报。为了获得批准，这些项目必须旨在解决一个影响数百万甚至数十亿人的大问题，提出解决该问题的根本办法，并需要有突破性的技术来实现该解决方案。X的幕后隐藏着许多奇异的项目，如 Project Loon（高空气球网络）、Project Malta（基于盐的储热系统）、Project Wing（无人机产品交付系统）和 Project Makani（类似风筝的风能生产）等。

除了 X 项目之外，Alphabet 还有 Fiber 项目（正在全美范围内推广的超高速光纤互联网服务）和 Waymo 项目（自动驾驶汽车项目，其任务是使人和物的移动变得安全和容易）。另外，鲜为人知的是，Alphabet 公司还包括以下投资部门：GV（为大胆的新创业公司提供资金）和 CapitalG（为长期科技项目提供资金）。此外，Alphabet 还有 Verily 项目（保健项目，如血糖监测隐形眼镜）和 Calico 项目（研究对抗与年龄有关的疾病和延长寿命）。

最后，在谷歌（以及 Alphabet），创新不仅仅是一个过程，它是公司基因的一个重要组成部分。谷歌公司的一位科学家指出："在谷歌，哪里会出现创新？答案是遍地都是。"

> 与不同级别、不同部门的谷歌员工交谈，会发现一个强有力的主题：这些人觉得他们的工作可以改变世界。谷歌的奇迹在于，它能够不断地向员工灌输一种无所畏惧的创造力和雄心壮志。谷歌的工作，就是在这种情境下进行思考和构建的。说到创新，谷歌是与众不同的。但这种区别是无形的。它存在于空气中，扎根于这个地方的精神里。

资料来源：David Pierce, "One Man's Quest to Make Google's Gadgets Great," *Wired*, February 8, 2018, www.wired.com/story/one-mans-quest-to-make-googles-gadgets-great/; Rob Price and Mike Nudelman, "Google's Parent Company, Alphabet, Explained in One Chart," *Business Insider*, January 12, 2016, www.businessinsider.com/chart-of-alphabet-google-parent-company-infographic-x-gv-2016-1?r=UK&IR=T; Chuck Salter, "Google: The Faces and Voices of the World's Most Innovative Company," *Fast Company*, March 2008, pp. 74-88; Alan Boyle, "Inside the X 'Moonshot Factory': Here's Where Google's Ideas Take Flight (or Fizzle)," *Geek Wire*, November 26, 2017, www.geekwire.com/2017/inside-x-moonshot-factory-heres-googles-ideas-take-flight-flop/; Nick Statt, "Nest Is Rejoining Google to Better Compete with Amazon and Apple," *The Verge*, February 9, 2018, www.theverge.com/2018/2/7/16987002/nest-google-alphabet-smart-home-competition-amazon-alexa-apple; and https://abc.xyz/and http://investor.google.com, accessed September 2018.

概念应用

我们先休息一下。让我们回顾一下企业应该如何寻找并开发新产品：
- 假设由你来提名"年度最佳新产品"，你会提名哪些产品？为什么？看看自己可以从其中一种新产品开发流程中学习到什么。
- 运用刚刚学到的新产品开发流程，构思一个关于零食的创意，并制作一个投放市场的简要计划。请尽量保持轻松，并从中找到乐趣。

➡ 8.3 产品生命周期战略

作者点评
一家企业的产品就像生命一样，会经历诞生、成长、成熟到衰退的过程。为了保持活力，企业必须不断地开发新产品，并在整个生命周期内有效地管理它们。

在投放了新产品之后，管理层希望该产品生命力旺盛且持久。虽然不指望该产品能够长盛不衰，但企业想获得可观的利润来抵消所有的投入和风险。管理者注意到每个产品都会有一个生命周期，虽然事先可能并不知道该周期的确切形状和长度。

图 8-2 展示了一个典型的**产品生命周期**（product life cycle，PLC）——一个产品的销售额和利润在生命周期中的变化过程。一般而言，产品生命周期有五个阶段：

1. 产品开发阶段。始于企业寻找和开发新的产品创意。在产品开发阶段，销售额为零，企业的投资成本最高。

2. 导入阶段。产品在投放到市场后销售缓慢增长的阶段。这个阶段没有盈利，但企业却花了大量费用。

3. 成长阶段。市场认可度快速提升和利润增长的阶段。

4. 成熟阶段。销售增长放缓的阶段，因为大部分潜在购买者接受了这个产品。竞争加剧导致市场营销费用上升，利润保持平稳或下降。

5. 衰退阶段。在这一阶段，销售额下降、利润减少。

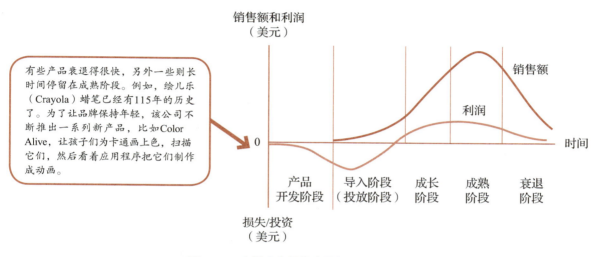

图 8-2　产品生命周期中的销售额和利润

不是所有的产品都会经历产品生命周期的五个阶段。有些产品在导入之后便很快地消亡了；有些产品却可能拥有极长的成熟阶段，还有些产品进入衰退阶段后，通过强有力的促销或重新定位又回到了成长阶段。一个管理良好的品牌，似乎也可以长盛不衰。老品牌，如可口可乐、吉列、美国运通、富国银行、亨氏和桂格，在经营 100 多年之后依然风生水起；健力士（Guinness）啤酒诞生已超过 250 年；TABASCO 辣椒酱虽然已有"超过 140 年的历史，但仍然能够征服市场"。

产品生命周期的概念可以用来描述产品类型（燃油动力车）、产品形式（越野车）或者品牌（福特翼虎）。在上述这三种情境中，产品生命周期的概念不尽相同。产品类型拥有最长的生命周期，很多产品类型的销售会长时间地停留在成熟阶段。产品形式往往有标准的生命周期，如固定电话和录像带这样的产品形式都遵循一个规律，即从导入阶段、快速成长阶段、成熟阶段到衰退阶段。

由于不断变化的竞争和市场响应，特定品牌的生命周期可以迅速地发生变化。例如，虽然衣物洗涤剂（产品类型）有相当长的生命周期，但洗衣产品形式和特定品牌的生命周期往往较短。洗衣粉（产品形式）已经逐渐被洗衣液和洗衣凝珠所取代。如今美国知名的洗衣粉品牌是汰渍和 Gain，而 100 年前的领先品牌则是 Fels-Naptha、Octagon。

产品生命周期的概念也可以应用到风格、时尚和潮流之中。其特殊的生命周期，如图 8-3 所示。其中，**风格**（style）是一种基本的、独特的表达方式。例如，住宅的风格（农场式、过渡式）、服装的风格（正式、休闲）和艺术的风格（现实主义、超现实主义、抽象主义）。某种风格一旦形成，便会持续几个世代。风格也有一个周期，呈现出几个时期的不同品位。

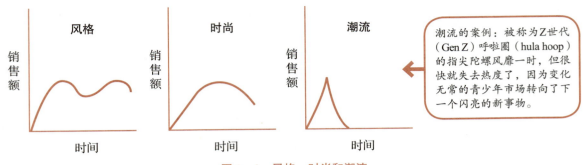

图 8-3　风格、时尚和潮流

时尚（fashion）是当前在某一领域被人们所接受或流行的风格。例如，20世纪八九十年代比较正式的职业装，让位于21世纪早期的商务休闲装。时尚发展缓慢，会流行一段时间，然后慢慢衰退。

潮流（fad）是一段由消费者对产品或品牌热捧所导致的销售激增的短暂时期。[17]潮流可能是普通生命周期的一部分，最近扑克筹码及配件销售量激增就属于这种情况。或者，潮流可以贯穿品牌或产品的整个生命周期。

例如，指尖陀螺——一个小的，有三个分叉的滚珠轴承装置，人们可以轻弹或旋转来释放压力，或仅仅因为它很有趣而玩它。它被称为Z世代的呼啦圈，在2017年初席卷了青春期前儿童和青少年市场。到当年5月初，这些小玩意儿在每日在线玩具销售中所占的份额达到了惊人的17%。然而，像大多数潮流一样，销量很快就开始下滑。到了6月，玩具反斗城（Toys "R" Us）和沃尔玛等大型商家开始大量销售这种小玩意，它们变得太普通了，已经不酷了。学校开始禁止这些玩具，防止它们分散学生的注意力。众所周知，当善变的青少年对一件事物失去了兴趣，就会转去追求下一个闪亮的新事物。其他潮流还包括自拍杆、橡皮筋和精灵宝可梦等。[18]

市场营销人员可以将产品生命周期概念作为一个用于描述产品和市场如何运转的框架。产品生命周期的概念有助于市场营销人员为不同的生命周期阶段制定良好的市场营销战略。但是，在使用产品生命周期概念预测产品的性能或制定市场营销战略时，也可能会遇到一些实际问题。例如，在实践中，很难预测每个产品生命周期阶段的销售水平、每一阶段的长度和产品生命周期曲线的形状。使用产品生命周期概念来制定市场营销战略，可能也比较困难，因为战略既是产品生命周期的原因，也是产品生命周期的结果。产品当前所处的生命周期阶段给出了最佳的市场营销战略的建议，而市场营销战略会反过来影响产品在后续阶段的表现。

此外，市场营销人员不应该完全遵循传统的产品生命周期阶段来推出自己的产品。相反，可以打破生命周期阶段的"规则"，以意想不到的方式重新定位自己的产品。这样一来，有可能拯救那些成熟或衰退的产品，使其重新回到产品生命周期的成长阶段。或者，可以跨越障碍，直接推动新产品进入成长阶段。

产品生命周期暗示企业必须不断创新，否则可能有灭亡的风险。无论目前的产品多么成功，企业为了未来也获得成功，必须巧妙地管理现有产品的生命周期。为了实现增长的目标，企业必须不断开发可以为顾客带来新价值的产品（参见市场营销进行时8-2）。

｜ 市场营销进行时 8-2 ｜

财捷集团：重塑和产品生命周期

在1983年，当财捷集团（Intuit）首次推出其个人财务软件Quicken时，它进入了一个因个人电脑激增而竞争激烈的市场。在最初的财务软件竞争参与者中，只有财捷集团生存了下来。而且不仅仅是生存，财捷集团还占据了市场主导地位。2017 年，该公司售出了价值超过 50 亿美元的软件，而且其收入一直在以两位数的速度增长，利润也达到了历史新高。财捷集团的 QuickBooks 现在在小型企业会计软件市场中占据了 80% 的市场份额。2017 年，顾客使用财捷集团的 TurboTax 准备了大约 3 500 万份美国个人所得税申报表，几乎是 H&R Block 的软件和服务公司所准备的 1 900 万份申报表的两倍。

财捷集团长期成功的背后是什么呢？财捷集团依靠"创造性破坏"的产品生命周期战略而不断发展壮大。财捷集团并没有对其成功的产品进行保护和培育，而是在竞争对手之前系统性地改造它们。因此，财捷集团的产品永远处于产品生命周期的成长阶段，从未达到过成熟阶段或进入衰退阶段。

为了保持这种创造力，财捷集团还积极且执着地研究它的顾客和市场。它寻找意料之外或无法解释的现象，也就是它所谓的"品味惊喜"，并把它们变成机会。例如，对 Quicken 个人理财软件的早期用户的调查，得出了一个令人惊讶的结果：当被问及他们是在家里还是在办公室使用 Quicken 时，一半的人说他们是在办公室使用。研究人员可能会认为，这意味着 Quicken 用户在工作中花时间来平衡他们的支票簿和支付账单。但深入挖掘之后，财捷集团发现，Quicken 用户并不是在工作时间来处理自己的个人财务；他们正在使用 Quicken 来管理他们的小型企业财务。由于大型企业使用的商业会计软件过于复杂，小企业主在他们的业务中往往会选择使用不那么复杂的 Quicken 软件。

因此，尽管 Quicken 在这一领域的销售非常好，财捷集团还是开发了用户友好的小型企业财务软件——QuickBooks。QuickBooks 的功能达不到市场领先的商业会计软件功能的一半，售价却是它们的两倍，高达 99 美元，但它击中了市场的要害，仅用了两个月的时间就超越了当时的市场领导者。如今，凭借其 80% 的市场份额，QuickBooks 占据了财捷集团收入的一半。

最近，财捷集团的研究人员注意到，其 Mint 在线理财系统的一些用户与 Mint 其他目标用户即年轻专业人士的行为有所不同。这些用户使用 Mint 来管理自营企业的收入和支出。很多用户都是"零工"，如优步或来福车的司机、爱彼迎的房东、受雇于企业从事短期活动的独立承包商、自由职业者等。因此，财捷集团专门为独立承包商新开发了一款 QuickBooks 软件，这是该公司在爆炸式增长的"零工经济"中增长最快的产品。

许多企业都在等待危机或竞争的颠覆，然后再去破坏一个成功的产品，而财捷集团则希望成为自己的颠覆者。多年以来，该公司经常重塑其产品，以应对市场的变化，不让自身在竞争中衰落。例如，当微软公司在 20 世纪 80 年代末推出 Windows 系统时，尽管市场上大多数人仍在使用旧的 MS-DOS 操作系统，但财捷集团还是很迅速地增加了 Quicken 和 QuickBooks 的 Windows 兼容版本。几年之后，在万维网的早期，财捷集团顺利地将其产品放到网上。随着移动时代的到来，财捷集团重新设计了自己的产品，早在智能手机和平板电脑市场饱和之前就完善了其移动应用程序。

财捷集团正在进行其历史上影响最为深远的革新之一。财捷集团不仅仅是简单地销售软件产品和服务，而是努力成为一个开放的平台。转变始于 5 年前看似简单的洞察。"小型企业平均使用 16 ～ 20 款应用程序，我们占了其中的 3 个，"财捷集团的首席执行官回忆道，"我们必须开放我们的平台，相信它能使我们的顾客更加忠诚，并且能够让我们获得将要解决的问题的洞见。"

为此，财捷集团创建了一个在线平台，外部开发者可以上传与 Intuit 产品配合使用的应用程序。例如，美国运通公司现在就提供了一款免费应用程序，可以自动将运通卡交易转移到用户的 QuickBooks 在线账户。这是一款凭财捷集团自身永远无法开发出来的应用程序，美国运通公司的应用程序让两家企业都从中受益，让两家企业共同的顾客更加便利。

开放平台带来的风险是：它可能会把控制权拱手让给外部力量，其中一些可能是潜在的竞争对手。然而，财捷集团却运营得很好。在短短五年的时间里，与财捷集团的产品配套的应用程序数量已经从 3 个飙升至现在的 1 400 个。这种开放的合作已经把财捷集团转变成为一个生态系统，一个顾客、会计人员、应用程序开发者和财捷集团可以互动的品牌社区，使所有人从中受益。

例如，财捷集团发现与会计师合作的小型企业更容易取得成功，而财捷集团已经与 60 万名使用其税务软件的会计师建立了联系。在认识到这个机会之后，财捷集团创造了一个匹配功能，将 QuickBooks 在线用户与会计师联系起来。仅去年一年，该功能就帮助 60 万家小型企业获得了专业的会计服务。这对财捷集团来说是一次巨大的胜利，该功能帮助 QuickBooks 在线顾客的续订率从 75% 提高到惊人的 91%。

竞争对手无法轻易复制财捷集团的创新性破坏过程，其创新已经深深地扎根于财捷集团的文化和运营之中。为了支持创新，财捷集团将 19.3% 的收入用于研发，而谷歌和微软的这一数字分别为 15.5% 和 14.5%。为了培养一种创新和再创造的氛围，财捷集团呼吁包括高层管理人员在内的各级员工允许错误和失败，并从错误和失败中学习。同时，财捷集团还组建了一个"创新催化剂"内部社区，社区员工在经过培训之后，可以指导和激励其他员工进行创新。此外，它还鼓励整个公司的员工把 10% 的时间花在非结构化的项目上，以便寻找新创意。

《财富》杂志最近发布了"未来 50 家公司"榜单，该榜单列出了在未来几年最有可能蓬勃发展并迅速增加收入的公司。财捷集团的重塑过程、文化和成功使其在此榜单上名列第八位。长期以来，财捷集团都在其创造性破坏和重塑的口号下欢迎每一项新的挑战。

资料来源：Geoff Colvin, "How Intuit Reinvents Itself," *Fortune*, October 20, 2017, http://fortune.com/2017/10/20/how-intuit-reinvents-itself/; Rich Karlgaard, "How 34-Year-Old Intuit Became Tech's Resilient Force," *Forbes*, April 25, 2017, www.forbes.com/sites/richkarlgaard/2017/04/25/how-34-year-old-intuit-became-techs-resilient-force/#22a67a4864b2; Thomas Lockwood and Edgar Papke, "How Intuit Used Design Thinking to Boost Sales by $10 Million in a Year," *Forbes*, October 31, 2017, www.fastcodesign.com/90147434/how-intuit-used-design-thinking-to-boost-sales-by-10m-in-a-year; "Innovation Catalysts," www.intuitlabs.com/innovationcatalysts/, accessed September 2018; and information from www.intuit.com, accessed September 2018.

我们已经在本章的第一部分介绍了产品生命周期的产品开发阶段。现在，我们来看看其他生命周期阶段的战略。

8.3.1　导入阶段

导入阶段（introduction stage）始于新产品的首次投放。导入阶段需要时间，并且在这段时间里销售增长缓慢。现在众所周知的产品，如冷冻食品和高清电视，在进入更快速的成长阶段之前，都在导入阶段徘徊了很多年。

相比于其他阶段，该阶段的利润为负，因为销售量较低，而且分销和推广费用较高。吸引分销商的注意以及建立自己的库存，都需要很多资金。告知消费者并让他们尝试新产品的促销花费也比较高。因为在这一阶段市场还没有为产品改进做好准备，企业及少量竞争对手所生产出来的产品都是基础款。这些企业关注那些最有可能购买其基础款产品的顾客。

一家企业，特别是市场先行者，必须选择与预期产品定位相一致的投放战略。企业应该认识到，最初的战略对产品整个生命周期而言，仅仅是宏伟的销售计划的第一步。如果先行者选择采取"杀戮式"投放战略，它可能为求短期收益而牺牲长期收益。如果从一开始就按套路出牌，那么先行者就有最佳时机去建立和保持自己的市场领导地位。

8.3.2　成长阶段

如果新产品满足了市场需求，它将进入**成长阶段**（growth stage）。这时，产品的销售量迅速攀升。早期采用者会继续购买，其他消费者会跟着他们购买，特别是当他们听到良好的口碑时。

受到盈利机会的吸引，新的竞争对手将会进入市场。为此，企业将不断推出新的产品功能，而市场也将不断扩大。日益增加的竞争对手会导致经销网点数量的增加和销售量的突变，以便保持足够的经销商库存。此时，产品价格不变或略有下降。企业在相同或略高的水平上维持着它们的促销支出。当然，培育市场仍然是企业的目标，但目前企业必须同时应对来自竞争对手的竞争。

由于成长阶段的推广费用被不断增长的销售量所分摊，而且单位制造成本在降低，所以产品的利润水平有所增加。企业可以使用几个战略来维持市场的快速增长：提高产品质量，并增加新的产品功能和模式；进入新的细分市场和分销渠道；把旨在建立产品知名度的广告换成一些劝说购买的广告，并在合适的时间降低价格来吸引更多的买家。

在成长阶段，企业面临高市场占有率与高利润的权衡。通过对产品的大力改进、推广和分销，企业可以获得市场主导地位。然而，这样的做法等于放弃了高利润，企业只能在下一阶段再实现高利润的目标。

8.3.3 成熟阶段

在某些时候，产品的销售增长速度会放缓。这时，产品就进入了**成熟阶段**（maturity stage）。成熟阶段的持续时间通常比之前的各个阶段都要长，这给市场营销管理带来了强有力的挑战。大多数产品都处在生命周期的成熟阶段，因此大部分市场营销管理所针对的都是成熟阶段的产品。

销售增速放缓将会导致许多生产商的众多产品等待出售。反过来，这种产能过剩将导致更为激烈的竞争。竞争对手开始打起了价格战，增加广告和促销的开支，还增加了产品开发预算，以便更好地升级产品。这些做法都会导致利润的下滑。这时，一些实力较弱的竞争对手开始退出，行业中最终只剩下成熟的竞争对手。

虽然许多产品在成熟阶段似乎长时间保持原样，但最成功的产品实际上需要不断地进行开发，以便满足不断变化的消费者需求。产品经理应该做的，不仅仅是凑热闹或捍卫自己的成熟产品，因为好的进攻才是最好的防御。他们应该考虑改进市场、市场供应物和市场营销组合。

在改进市场的过程中，企业可能会试图通过寻找新的顾客和细分市场为其品牌增加销量。例如，通常针对男性买家的哈雷 - 戴维森摩托车和 Axe 香水，目前推出的产品和市场营销方案也瞄准了女性消费者。相反，通常定位于女性顾客的 Weight Watchers 和 Bath & Body Works 却推出了针对男性的产品和方案。

当然，企业也可以寻找增加现有顾客使用量的方法。例如，金宝汤公司通过提供饮食理念和食谱，鼓励人们更多地消费公司的汤饮和其他产品。通过使用金宝汤厨房网站或手机应用程序（www.campbells.com/kitchen/），膳食规划者可以搜索或分享食谱，创建自己的个人食谱库，学习吃得更为健康的方法，计算膳食成本，并建立每日或每周的膳食计划。在金宝汤公司的脸书、Pinterest 和推特网站上，消费者可以加入并在金宝汤厨房社区中实现信息分享。

此外，企业还可以尝试改进产品，改变产品的特征，如质量、功能、款式、包装或技术平台，以便留住现有顾客或吸引新顾客。因此，很多经典的玩具和游戏厂商针对当前痴迷于技术的孩子而改良自己的产品——增加新的数字版本或插件。例如，拥有 115 年历史的绘儿乐品牌已经使其产品线实现了现代化，以满足新一代顾客对技术的偏好。通过绘儿乐"我的虚拟时装秀"绘图套件和应用程序，孩子们首先使用提供的彩色铅笔和画板来设计时装，然后用智能手机或平板电脑拍下这些设计的照片，看着他们的原创作品在应用程序中神奇地出现在 3D 模特上——这些 3D 模特大步地走在米兰、纽约和巴黎的虚拟 T 台上。[19]

最后，企业还可以尝试改进市场营销组合——通过改变一个或多个市场营销组合要素来提高销售业绩。企业可为买家提供新的或改进的服务，通过降价来吸引新用户和竞争对手的顾客，推出一个更好的广告活动或使用积极的促销手段——贸易协议、降价出售、奖金和比赛。除了定价和促销以外，企业还可以开拓新的市场营销渠道来服务新的用户。

百事就是成功地利用了这些市场、产品和市场营销组合改进的方法，不断地重振其久经沙场的桂格品牌。[20]

拥有 100 多年历史的桂格品牌的表现与其年龄完全不符。近年来，桂格品牌在传统的燕麦产品之外，增加了占领货架的新的现代产品和一整套现代市场营销手段。马来西亚最近的一则广告声称："我们改造了燕麦。我们给它调味。100 多年来，我们一直尝试用燕麦来制作让人饱腹的早餐产品，让它为顾客提供一天的精力，这一点永远不会停止。"为此，桂格品牌提供了一个完整且不断发展的系列，包括能量丰富的冷热麦片、零食棒、饼干和其他产品，为当代家庭提供健康的生活方式选择。

不仅仅是增加新产品，桂格品牌还将品牌的每一个元素进行现代化改造，以保持其新鲜感。为了适应年轻家庭趋向移动和互联的生活方式，桂格品牌的市场营销活动中还融入了数字媒体，包括移动广告、广泛的社交媒体内容和信息丰富的社区网站（www.quaker.com.my）。

8.3.4　衰退阶段

大多数产品形式和品牌的销售最终都会下滑。下滑速度可能是缓慢的，如邮票和计算机主机，也可能是快速的，如录像带。销售也可能骤降至零，抑或是下降到较低的水平并持续多年。这就是**衰退阶段**（decline stage）。

销量下降的原因有很多，包括技术进步、消费者口味的变化以及竞争的加剧等。由于销售额和利润下滑，一些企业会选择退出市场。那些没退出的企业可能也会淘汰自己的产品。此外，它们可能会放弃较小的细分市场和分销渠道，或是削减推广预算，并进一步降低价格。

对于企业而言，经营一款疲软的产品往往代价高昂，这不仅体现在利润方面，而且有很多隐性成本。疲软的产品可能会占用管理人员过多的时间，往往需要频繁地调整价格与库存。如果把花在疲软产品广告和销售队伍上的注意力放在"健康"的产品上，可能会赚取更多的利润。一个产品的失败，可能会导致顾客担忧该企业及其生产的其他产品。不过，最大的成本可能在于未来。保留疲软产品可能会推迟对替代品的开发和搜索，导致不和谐的产品组合，降低当期利润，削弱企业的根本。

出于这些原因，企业必须识别出处于衰退阶段的产品，并做出保留、收割或淘汰的决定。管理层可能决定保留其品牌，重新定位或激活，以期让它重新返回产品生命周期的成长阶段。雷德福莱尔（Radio Flyer）——这个 100 岁的童车制造商就做到了这一点。[21]

十九年前，雷德福莱尔公司还在走下坡路，而且利润颇低。但该品牌并未屈服于产品生命周期，而是策划了一次转型。该公司派出设计师走访全美各地的家庭、操场和人行道，观察现在的孩子们是如何使用四轮车、三轮车和其他产品的。在总部，该公司建立了一个可以在人行道上进行测试的游戏实验室，并对孩子们如何骑车进行了录像。同时，他们还研究了孩子的父母。雷德福莱尔公司的首席执行官表示：他们会请孩子的母亲把四轮车放进后备厢里，看是否不得当或不合适。

这种以顾客为中心的新产品开发获得了丰厚的回报。例如，在观察了小孩子如何骑玩具车后，雷德福莱尔团队设计出了一种滑板车，它的甲板更宽，有两个前轮，而且骑起来不那么摇晃。这家公司的首席执行官表示："我们从没有这类产品，它现在成了儿童滑板车里的头号品牌……"正是由于这款滑板车和其他产品的成功，雷德福莱尔公司才再次提高了盈利水平，并在最近获得了福布斯美国最佳小型企业的荣誉。

管理层也可能会决定收割产品，这意味着会降低各种成本（厂房与设备、维修、研发、广告和销售队伍），以期维持销售。如果成功的话，收割战略会在短期内增加企业的利润。最后，管

理部门可能会决定淘汰产品。企业可以将产品出售给另外一家企业，或干脆清算它的残值。近年来，宝洁公司已经出售了几个规模萎缩或衰退的品牌，如 Folgers 咖啡、Crisco 起酥油、Comet 清洁仪、Sure 除臭剂、Duncan Hines 蛋糕粉、封面女郎及蜜丝佛陀化妆品、金霸王电池和 Iams 宠物食品等等。

表 8-2 总结了产品生命周期后四个阶段每个阶段的关键特征，同时还列出了每个阶段的市场营销目标和战略。[22]

表 8-2 产品生命周期的特征、市场营销目标和战略汇总

	导入阶段	成长阶段	成熟阶段	衰退阶段
特征				
销售量	低	快速增长	达到顶峰	下降
成本	单位顾客成本高	单位顾客成本一般	单位顾客成本低	单位顾客成本低
利润	亏损	增长	高	下降
顾客	创新者	早期采用者	主流采用者	落后的采用者
竞争对手	少量	数量增加	稳定并开始下降	数量下降
市场营销目标				
	创建产品认知，鼓励顾客试用	市场份额最大化	维护市场份额的同时使利润最大化	减少支出并榨取品牌收益
战略				
产品	提供基础产品	提供产品延伸、服务和保修	丰富品牌和样式	淘汰疲软产品
价格	成本加成定价	渗透市场定价	匹配或击退竞争对手定价	削减价格
分销	选择性分销	密集性分销	更密集的分销	逐步淘汰不盈利的分销渠道
广告	在早期采用者和经销商之间建立产品认知	在大众市场培育知名度和兴趣	强调品牌差异和利益	减少到保持核心顾客忠诚所需的程度
促销	加大促销力度以吸引顾客试用	减少到利用有大量消费需求的水平	增加到鼓励品牌转换的水平	减少到最低水平

资料来源：Based on Philip Kotler and Kevin Lane Keller, *Marketing Management*, 15th ed. (Hoboken, NJ: Pearson Education, 2016), p. 358. © 2016. Printed and electronically reproduced by permission of Pearson Education, Inc., Hoboken, New Jersey.

➡ 8.4 关于产品和服务的额外思考

> **作者点评**
> 让我们再看几个产品问题，包括监管和社会责任问题以及国际产品与服务营销的特殊挑战。

总结一下关于产品和服务需要额外思考的问题：产品决策与社会责任；国际产品与服务营销。

8.4.1 产品决策与社会责任

市场营销人员应该认真考虑在收购或淘汰产品、专利保护、产品质量和安全以及产品保修方面的公共政策和法律。就新产品而言，如果会导致削弱竞争，政府可能会阻止企业通过收购来增加产品。企业在淘汰产品之前一定要知道自己对供应商、经销商和顾客承担一定的法律义务。在开发新产品时，企业也必须遵守美国的专利法，企业不能让自己的产品与另外一家企业的现有产品雷同。

制造商必须遵守有关产品质量和安全的特定法律。《联邦食品、药品和化妆品法》保护消费者免受伪劣食品、药品和化妆品的侵害。各种法律规定了肉禽加工行业的卫生条件。同时，规范纺织品、化学用品、汽车、玩具、药品的立法也已获得通过。1972 年成立的消费品安全委员会有权禁止或查封有潜在危害的产品，并对违法行为给予严厉处罚。

如果消费者因产品的设计缺陷而受到伤害，他可以起诉制造商或经销商。最近一项关于制造企业的调查发现，产品责任是诉讼案件的第二大主题，仅次于劳工和就业问题。每年，美国地区法院会面临数以千计的产品责任诉讼案。尽管制造商有过错的案件只占所有产品责任案件很小的比例，但一旦被判有罪，罚金将高达几千万甚至数亿美元，其中，集体诉讼案的赔偿金额甚至高达几十亿美元。例如，承认公司在柴油发动机汽车上做手脚以在排放测试中作弊之后，大众汽车公司披露，其 2.0 升柴油发动机的排放测试结果造假，大众汽车公司面临一场涉及 47.5 万车主和租赁者的集体诉讼，预计需偿付 150 亿美元。[23]

这种诉讼导致产品责任险的保费大幅度上涨，这在某些行业引发了较大的问题。一些企业通过提高价格将这些高利率转嫁给消费者。其他企业则被迫叫停高风险的产品线。现在有些企业还任命了产品管家，其工作就是通过积极地深挖产品中的潜在问题，保护消费者免受伤害，同时保护企业免于责任。

8.4.2　国际产品与服务营销

国际产品和服务营销人员也面临着特殊的挑战。首先，他们必须弄清楚应该向哪些国家导入以及导入什么样的产品和服务。然后，他们还必须决定为了进入全球市场应该如何规范或调整其产品和服务。

一方面，企业要规范自己的产品。标准化常常有助于企业塑造全球一致的形象，同时降低种类繁多的产品所需要的设计、制造和市场营销成本；另一方面，世界各地的市场和消费者相差甚远，企业需要通过调整自己的产品以便对这些差异做出回应。例如，麦当劳在 100 多个国家展开运营，当地人对食物的偏好有时差异很大。因此，尽管在世界上的大多数地区都能够找到它的招牌汉堡包和薯条，但该连锁店还增加了额外的菜单项目，以满足当地市场顾客的独特味蕾。麦当劳在挪威提供三文鱼汉堡，在日本提供虾汉堡，在泰国提供武士猪肉汉堡，在马来西亚提供鸡肉粥，在夏威夷提供午餐肉和鸡蛋。在德国的麦当劳门店里，顾客会看到 Nürnburger（三个大香肠放在软面包卷上，还有大量的芥末酱）；在以色列，有 McFalafel（鹰嘴豆馅饼，搭配西红柿、黄瓜和奶酪，上面涂有塔希尼酱）；在土耳其的菜单上还有巧克力橙子油炸饼（巴西加了香蕉，埃及加了芋头，夏威夷加了菠萝）。

在全球许多主要市场，麦当劳不仅调整了菜单，还调整了餐厅的设计和运营。例如，麦当劳法国公司将自己重新定位为一家法国公司，以适应法国顾客的需求和偏好。[24]

一位观察家指出：法国这个拥有高级美食、美酒和奶酪的国度，是大家最不看好的麦当劳能够生意兴隆的地方。然而，法国却成为这家快餐巨头在全球市场上的第二大盈利市场。尽管巴黎的麦当劳最初可能看起来很像芝加哥的麦当劳，但是麦当劳已经根据当地顾客的喜好对其法国业务进行了认真的调整和优化。尽管麦当劳的大部分收入仍然来自汉堡包和薯条，但是麦当劳法国公司已经更改了自己的菜单，以迎合法国人的口味。例如，它提供的汉堡包配有法国奶酪，如山羊奶酪、康塔尔奶酪和蓝纹奶酪，涂有全谷物法国芥末酱。法国消费者喜欢法棍面包，所以麦当劳在其餐厅里烘焙新鲜的长棍面包，并把它们做成法式 McBaguette 三明治的形式出售。

各地的麦当劳最大的不同不是在食物上，而是在餐厅本身的设计上。麦当劳已经适应了法国人的生活方式。例如，法国人的用餐时间往往较长，每次消费的食物更多。因此，麦当劳改进了餐厅的内部装修，以创造一个舒适、温馨的环境，让顾客愿意在这里逗留，也许顾客会因此多点一杯咖啡或一份甜点。麦当劳法国公司甚至还提供餐桌服务。因此，法国顾客每次在麦当劳门店的平均消费，往往是美国顾客的四倍。

服务营销人员在"走出去"的时候，也会面临特殊的挑战。一些服务行业在开展国际业务方面拥有悠久的历史。例如，商业银行是第一个在国际领域开疆拓土的行业。银行业必须提供全球服务，以便满足本国客户在海外的外汇和信贷需求。近年来，许多银行都实现了真正的全球化。以德意志银行为例，它在超过 70 个国家，通过 2 400 个分支机构服务超过 2 800 万客户。对于那些开展国际业务的世界各地的客户，德意志银行不仅能在法兰克福，而且能在苏黎世、伦敦、巴黎、东京和莫斯科为其筹集资金。[25]

零售商是最晚走向全球化的服务企业。由于国内市场趋于饱和，美国零售商，如沃尔玛、欧迪办公（Office Depot）和萨克斯第五大道等公司，正在向海外市场快速扩张。例如，沃尔玛现在在 28 个国家拥有超过 11 700 家门店，其国际业务销售额占其总销售额的 24%。外国零售商也在采取类似的举措。亚洲消费者现在可以在法国家乐福超市购买美国的产品。家乐福是全球第七大零售商，仅次于沃尔玛、开市客、克罗格、德国的施瓦茨（Schwarz）、沃尔格林和家得宝等，目前在 30 多个国家经营着 12 000 多家门店。它在欧洲、巴西和阿根廷是主要的零售商，也是中国市场上的大型外国零售商之一。[26]

全球服务企业的增长趋势将延续下去，特别是在银行、航空、电信和专业服务领域。如今，服务企业不再简单地追随它们的制造业客户。相反，它们在国际扩张中遥遥领先。

学习目标回顾

企业现有产品的生命周期是有限的，必将被新的产品所取代。但新产品可能会失败——创新的风险与回报同样吸引人。成功创新的关键在于以顾客为中心、依靠整个企业的努力、制订强有力的计划以及系统的新产品开发流程。

学习目标 1 阐述企业如何寻找和开发新产品创意。

企业从各种渠道寻找并开发新产品创意。许多新产品创意来源于内部。企业进行正式的研发，或者从员工的想法中挑选创意，敦促他们去思考和开发新产品创意。其他的创意来源于外部，企业可以跟踪竞争对手的产品，或者从那些接近市场的分销商和供应商身上获取创意，因为它们可以传递关于顾客的问题和新产品的可能性信息。

也许，新产品创意最重要的来源是顾客自己。企业可以观察顾客，邀请他们提交自己的意见和建议，甚至邀请顾客参与新产品开发流程。许多企业正在开发众包或开放式新产品创意方案，邀请社区中的顾客、员工、独立科学家、研究人员乃至广大群众参与到新产品创新流程中来。真正的创新企业的新产品创意，并不会依赖于其中的某一种来源。

学习目标 2 列举并定义新产品开发流程的每个阶段以及管理这一流程需要考虑的主要问题。

新产品开发流程主要包括八个阶段。这一流程始于创意的产生，接下来是创意筛选，它基于企业自己的标准减少创意的数量。经过筛选阶段的创意，会进入概念开发阶段，用消费者的语言来描述新产品创意。这个阶段还包括概念测试，即一组目标消费者对新产品概念进行测试，以确定该概念对消费者是否有较大的吸引力。具有实力的概念会进入市场营销战略开发阶段。在这一阶段里，新产品从产品概念发展成为最初的市场营销战略。在商业分析阶段，企业进行销售额、成本和利润的预测，以便确定新产品是否有可能实现企业的目标。如果得到积极的结果，那么创意将通过产品开发和营销测试变得更加具体化，最终在商业化过程中投放到市场中。

新产品开发不仅仅涉及一系列阶段，企业还必须采取全面系统的方法对这一流程进行管理。成功的新产品开发需要以顾客为中心、以团队为基础，并付出系统的努力。

学习目标 3 描述产品生命周期各阶段以及相应的市场营销战略。

每种产品都有一个生命周期，它承载着一系列千变万化的问题与机遇。典型产品的销售曲线呈 S 形，分为五个阶段。其中，周期始于企业发现并开发新产品创意的产品开发阶段。由于产品刚刚分销到市场上，导入阶段的销售增长缓慢、利润较低。如果成功，产品会进入成长阶段。在这个阶段，销售额会迅速增长，利润也会逐渐增长。接下来是产品销售增长放缓和利润稳定的成熟阶段。最后，产品将进入销售和利润萎缩的衰退阶段。企业在这个阶段的任务是识别正在衰退的产品，并做出保留、收割或淘汰的决定。在产品生命周期的不同阶段，往往需要采用不同的市场营销战略和策略。

学习目标 4　讨论两个额外的产品问题——产品决策与社会责任，国际产品与服务营销。

市场营销人员必须考虑两个额外的产品问题。第一个问题是社会责任，包括收购或淘汰产品、专利保护、产品质量和安全以及产品保修方面的公共政策和法律；第二个问题涉及国际产品与服务营销面临的特殊挑战。国际市场营销人员必须决定如何规范或调整自己的产品和服务，以应对全球市场。

关键术语

新产品开发（new product development）
创意的产生（idea generation）
众包（crowdsourcing）
创意筛选（idea screening）
产品概念（product concept）
概念测试（concept testing）
市场营销战略开发（marketing strategy development）
商业分析（business analysis）
产品开发（product development）
营销测试（test marketing）
商业化（commercialization）
以顾客为中心的新产品开发（customer-centered new product development）
基于团队的新产品开发（team-based new product development）
产品生命周期（product life cycle，PLC）
风格（style）
时尚（fashion）
潮流（fad）
导入阶段（introduction stage）
成长阶段（growth stage）
成熟阶段（maturity stage）
衰退阶段（decline stage）

问题讨论

1. 解释企业如何获得新产品以及为什么这对企业和顾客来说都是重要的过程。（AACSB：书面和口头交流；反思性思考）

2. 为什么有那么多新产品失败了？（AACSB：书面和口头交流）

3. 什么是创意的产生？列出并解释新产品的创意来源。（AACSB：书面和口头交流；反思性思考）

4. 产品创意、产品概念和产品形象有何不同？这些概念分别处于产品生命周期的哪个位置？（AACSB：书面和口头交流）

5. 说明产品生命周期的五个阶段。产品生命周期对市场营销人员有什么启示？（AACSB：书面和口头交流）

6. 讨论企业在国际市场进行产品营销时所面临的特殊挑战。（AACSB：书面和口头交流）

营销伦理

自动驾驶汽车

通往自动驾驶汽车的道路可能就在眼前。但是，随着自动驾驶汽车进入市场，汽车制造商在实现这一目标的道路上可能会遇到曲折。像 Waymo、通用汽车、特斯拉，甚至优步和来福车这样的公司都在试验各种自动驾驶汽车技术，这些技术可能会在未来三年内出现在街道上。高盛集团 (Goldman Sachs) 预测，"自动驾驶出租车将帮助打车和拼车业务从 50 亿美元成长到 2030 年的 2 850 亿美元……没有司机，营业利润率可能在 20% 左右，是现在汽车制造商的两倍多。如果能够实现这种增长和盈利——可能性很大——这将是通用汽车每年所创造利润的将近三倍"。随着这一潜在利润丰厚的技术的问世，消费者和行业组织，如公路安全保险协会（Insurance Institute for Highway Safety），开始对安全措施和开发现实的消费者期望表示关注。自动驾驶汽车在公共道路上的测试项目已经造成了一些事故，其中一些还造成了死亡。

1. 讨论围绕测试和引进自动驾驶汽车的伦理问题。是否有足够的研究来支持这些新产品的主张和安全性？（AACSB：书面和口头交流；伦理理解和推理）

2. 你会使用这样的产品吗？为什么？（AACSB：书面和口头交流；反思性思考）

营销计算

牙科上门服务

随着人口老龄化和病人害怕坐在无菌的牙科诊所里，牙医们在牙科上门服务领域找到了市场机会。Blende 牙科集团已经开始在旧金山和纽约提供从常规检查、清洁到根管治疗的各种服务。一些病人很富有，喜欢私人服务，而另外一些病人则是残疾人或长期居家不能去牙科诊所的老人。在家里再造一个牙科诊所，往往需要额外的设备，如看起来像射线枪的便携式 X 光机、无菌水箱、牙钻、灯和笔记本电脑等，还需要有一辆车。单是一台便携式 X 光机就要 8 000 美元。请参考附录 3 "营销计算"中的"增加分销覆盖率"回答以下问题：

1. 与这项服务相关的固定成本有哪些？假设增加这项移动服务，固定成本将增加 36 000 美元，期望的边际贡献为 60%，请确定需要多少销售额才能在提供这一额外服务的固定成本增加的基础上实现收支平衡。（AACSB：书面和口头交流；分析性思考）

2. 除了常规的事务性工作外，牙医在提供这项服务之前还必须考虑哪些因素？（AACSB：书面和口头交流；反思性思考）

企业案例

适合本章的案例见附录 1。

企业案例 8 博世：通过专注于产品本身创造更好的产品。 由于专注于创造卓越的产品，而非利润最大化，博世成为最受消费者信赖的电子品牌。

企业案例 3 Fitbit：乘着健身浪潮走向辉煌。 Fitbit 是如何创造出快速增长的可穿戴技术类别的？通过在正确的时间推出正确的产品。

企业案例 6 5 小时能量：无需饮料即可获得数小时的能量。 为了打入含咖啡因的饮料市场，5 小时能量创造了一种全新的产品。

复习题

1. 讨论一家企业在产品生命周期的成熟阶段如何维持其成功的产品，并提供本章未提到的案例。（AACSB：沟通）

2. 如果一家企业决定将其产品商业化，它需要做出哪些决定？（AACSB：书面和口头交流）

注释

定价：
理解并获取顾客价值

第 **9** 章

学习目标

学习目标1 定义价格并识别三种主要的定价策略；讨论在制定价格时，理解顾客感知价值、企业成本和竞争对手策略的重要性，参见"主要定价策略"部分。

学习目标2 确定并定义影响企业定价决策的其他重要的外部和内部因素，参见"影响价格决策的其他内部和外部因素"部分。

学习目标3 描述新产品定价的主要策略，参见"新产品定价策略"部分。

学习目标4 解释企业如何制定不同价格以使产品组合的盈利最大化，参见"产品组合定价策略"部分。

学习目标5 讨论企业如何根据不同的顾客和情况调整价格，参见"价格调整策略及价格变动"部分。

学习目标6 讨论影响定价决策的主要公共政策问题和关键法律，参见"公共政策与定价"部分。

概念预览

本章将重点讨论第二个重要的市场营销组合工具——定价。如果有效的产品开发、促销、分销播下了商业成功的种子，那么合理的定价就是收获。利用不同的市场营销组合活动来成功地创造顾客价值的企业，也需要从它们所制定的价格中获取相应的价值。在本章中，我们将讨论定价的重要性，阐述三种主要的定价策略，进而探讨影响定价决策的内部与外部因素。

首先，让我们来看看苹果公司的溢价定价策略。苹果公司的定价远远高于其他定价最高的竞争对手。但苹果公司对消费者的吸引力从来都不在于价格。相反，其愿景一直是提供创新的设计和卓越的用户体验，使价格在热衷于苹果产品的消费者心目中变得不再那么重要。

苹果公司：溢价定价，物有所值

苹果公司是典型的溢价定价品牌。无论是 iPhone、iPad、Mac 笔记本电脑，还是苹果手表（Apple Watch），消费者为其支付的价格都比其竞争产品高得多。例如，苹果公司的 iPhone 的平均售价接近 800 美元，几乎是手机行业平均价格的三倍。同样，一台标准的 MacBook Pro 也比类似的戴尔或惠普电脑贵出 300 美元。

然而，尽管价格如此之高，狂热的顾客依旧排队抢购最新款的苹果产品。因此，苹果公司的产品仍然畅销。这让苹果公司的竞争对手十分羡慕：苹果公司的定价最高，却依然能够在大多数产品类别上获得领先的市场份额。苹果公司是如何做到这一点的呢？

对于苹果公司来说，成功从来都不在于价格。相反，它一直关注用户体验。许多科技公司制造的产品可能只会帮助顾客完成手头的任务。但是苹果公司创造的是"生活如此美好"的体验。苹果公司的用户喜欢苹果设备简洁、充满风格的设计，并认为苹果产品更好用，也更容易使用。

苹果公司痴迷于强化用户体验，这体现在该公司所做的每一件事上。苹果公司一直是创新的领导者，生产出一个又一个尖端产品。甚至在消费者自己还不知道他们想要什么时，苹果公司就已经生产出了消费者想要的产品。正因如此，苹果公司领导了一场又一场革命。苹果公司一直有一种天赋——能巧妙地将技术与人们的需求结合在一起，让其顾客处于潮流的最前端。

反过来，苹果公司也培养了一大批狂热的苹果爱好者。40 多年来，苹果用户一直认为苹果是"酷"的代名词。在顾客购买了一款苹果产品时，顾客就加入了一个由苹果品牌的狂热粉丝组成的社区。铁杆粉丝提到"苹果"这个词，就会为这个品牌的优越性而欣喜若狂。这种热情和支持使苹果产品超越了价格的限制。苹果粉丝不仅愿意花更多的钱，而且在内心深处也相信，他们所获得的价值完全值得更高的价格。

苹果手表是苹果公司溢价定价的最佳例证之一。苹果公司并不是推出智能手表的先锋。在苹果公司之前，已经有数十家企业在销售各种价位的可穿戴设备了。在苹果手表发布的前一年，竞争对手以平均 189 美元的价格售出了 680 万只智能手表。苹果公司推出了三个版本的智能手表。其中，最便宜的基础款是 Apple Watch Sport，售价为 349 美元，几乎是行业平均价格的两倍。另外一个极端是超高端的 Apple Watch Edition，由 18k 纯金和蓝宝石水晶玻璃制成，售价高达 1.7 万美元，但这没有吓走顾客。目前，苹果手表的年销量约为 1 300 万只，在大幅扩张的智能手表市场中占据了近 50% 的份额。

广泛而言，苹果公司提高价格的能力为其带来了惊人的收入和利润。以智能手机市场为例，苹果公司占据了 15.2% 的全球市场份额，仅次于三星公司的 21.9%。然而，由于其极高的价格和利润率，它获得了全球智能手机利润的 72%，是三星公司（24%）的三倍。同样，苹果公司只占据个人电脑市场中 7% 的份额，却占据了 60% 的利润。

总的来说，在过去的四年里，苹果公司的销售额达到了 2 290 亿美元，增长了 34%，在《财富》500 强企业中排名第三，超过了通用汽车和通用电气等传统的工业巨头。品牌追踪机构 Interbrand 最近将苹果公司评为全球最有价值的品牌，飙升的股价使苹果公司成为全球最有价值的公司，超过了谷歌公司的母公司 Alphabet。

然而，即使取得了这些成功，苹果公司的溢价定价策略也存在一些风险。例如，在一些市场上，特别是世界上快速增长的新兴市场，苹果公司的高价非常容易受到低价竞争对手的攻击。以中国为例，这个竞争异常激烈的智能手机市场占据了全球智能手机市场的 1/3。而在中国，苹果公司的市场份额目前排在第五位，落后于快速增长的本土竞争对手华为公司和小米公司。

中国市场领军企业华为公司近年来增长迅速，2020年超越三星和苹果成为全球最大的智能手机生产商。华为公司提供了一系列功能与苹果公司相同或相似的手机，但价格却要低得多。同样，小米公司在过去5年里，通过生产低成本的智能手机、笔记本电脑和其他智能产品，逐渐为人所知。小米公司将强大的技术和令人惊叹的设计融入低价手机当中，售价仅为苹果手机的零头。

一位科技板块的博客作者表示："小米公司以其智能的设计和较低的价格，瞄准了有技术倾向、使用网络，且买不起顶级苹果或三星手机的年轻人。"这类消费者在中国、印度和巴西等新兴市场，构成了科技行业增长最快的细分市场。到目前为止，苹果公司并没有而且也不打算为这类消费者提供负担得起的价格，因为低端产品根本不符合苹果公司的经营风格或高端定位。

不过，通过迎合中国和其他新兴经济体中越来越富裕的消费者，苹果公司仍在这些市场中蓬勃发展。这些消费者希望获得与苹果公司相关的奢侈品和体验，并负担得起苹果公司产品的价格。和其他市场一样，如果消费者买得起，苹果设备就是物有所值的。例如，还记得那款定价很高的 Apple Watch Edition 吗？在中国市场上，它在不到一个小时的时间内就销售一空。

因此，无论是在国内还是在国外，苹果公司的溢价定价策略可能仍将是成功的。道理很简单：真正优质的产品，才能获得优质的价格。[1]

如今的企业面对的是残酷并且瞬息万变的价格环境。作为价值追求者的消费者给很多企业施加了价格压力。由于近些年来的经济紧缩以及互联网定价能力，再加上许多像沃尔玛和亚马逊这样的价格驱动型零售商，如今更多节俭的消费者得以追求省钱的购物策略。与之对应，看上去似乎所有企业都在寻求让产品降价的办法。

然而，降价通常不是最好的解决办法。不必要的降价，可能会导致企业利润流失和具有破坏性的价格战。降价这一行为还会导致企业品牌贬值，只因它们向消费者传达了一个信号——售价比企业带给消费者的价值更重要。与之相反的是，无论是在经济繁荣时期，还是经济萧条时期，企业所销售的恰恰都是产品的价值，而非价格。在某些情况下，这意味着企业要把更少的产品低价处理，但在大多数情况下，这意味着企业要说服消费者：用更高的价格购买企业的产品是值得的，原因就在于消费者从中获得了更多的价值。

从狭义上来讲，**价格**（price）就是购买一件产品或一项服务所收取的费用，而广义上的价格是消费者为了从消费一件产品或一项服务中获益而放弃的价值的总和。古往今来，价格一直都是影响买家选择的主要因素。虽然近几十年来一些非价格因素变得越来越重要，但即便如此，价格依旧是决定企业市场份额和收益的最重要因素之一。

价格是市场营销组合中唯一产生收益的因素，其他所有的因素都只反映了成本。同时，价格还是所有市场营销组合中最为灵活多变的一个。不像产品特征和渠道保障等，价格是可以很快变化和调整的。此外，价格也是市场营销主管人员面临的首要难题，并且很多企业都不能妥善处理价格问题，更有一些管理者把价格看作极为头疼的难题。相比之下，他们更关注其他的市场营销组合要素。

然而，聪明的经营者往往会将价格视为创造和获取顾客价值的关键战略工具。价格对一家企业的盈亏底线有着直接的影响。价格策略上的一点点变动，可能就会给企业带来很多利润收入。更重要的是，作为企业总体价值主张的一部分，价格在创造顾客利益及建立顾客关系上扮演着十分重要的角色。所以，聪明的市场营销人员都会把价格看作一个重要的竞争因素，而不是回避价格问题。[2]

➡ 9.1 主要定价策略

企业收取的价格会落在某一个区间之内，既不会过低导致企业收益甚微，也不会过高使消费者丧失消费欲望。图 9-1 总结了定价时需要考虑的主要因素。其中，顾客价值感知决定了价格的上限，如果顾客觉得价格高于他们对产品的价值感知，他们便不会购买。同时，产品成本决定了产品价格的下限。如果企业以低于产品成本的价格出售商品，企业的利益将会受损。在这两个极端之间确定合适的价格时，决策者必须综合考虑内部和外部的多个因素，其中包括竞争对手的策略和价格、整体市场营销战略及其组合以及市场性质与需求。

作者点评
设定正确的价格，往往需要考虑很多因素，这是市场营销人员面临的最困难的任务之一。然而，正如本章开篇案例所表明的，制定并实施正确的定价策略是企业成功的关键所在。

图 9-1 给出了三种主要的定价策略：基于顾客价值定价、基于成本定价和基于竞争定价。

如果消费者觉得产品价格高于其对产品的价值感知，他们就不会购买产品。而如果价格低于产品成本，那么企业将无法盈利。所以要在这两点之间制定出正确的定价策略，既能保证顾客价值得以交付，也可保证企业获得利润。

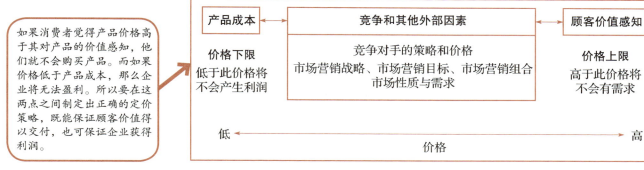

图 9-1 定价时的考虑因素

9.1.1 基于顾客价值定价

最终，消费者会判定产品的价格是否合适。因此，在定价的时候，就像其他的市场营销组合决策一样，必须先从顾客价值入手。当消费者购买一件物品时，他们会用一些有价值的东西（价格）去交换另外一些有价值的东西（拥有或使用该产品的收益）。有效的顾客导向定价策略包括先去了解顾客觉得购买该物将会获得多少价值，然后设定一个正好契合那个价值的价格。

作者点评
像市场营销中的其他因素一样，好的定价通常始于顾客及其对价值的感知。

基于顾客价值定价（customer value-based pricing）就是以顾客感知价值为定价的核心。基于价值定价意味着卖方不能先设计出产品和市场营销计划之后再确定价格。价格是在市场营销计划确定之前，随着市场营销组合其他因素的变化而变化的。

图 9-2 将基于价值定价和基于成本定价进行了对比。尽管成本在定价中是一个需要考虑的重要因素，但基于成本定价通常是由产品驱动的。每当企业生产出一款不错的产品时，就会加总制造该产品的成本。之后，它就会设计一个可以弥补成本并获得预期收益的价格。接下来，必须通过市场让消费者相信以这个价格购买该产品是值得的。如果事实证明价格过高，那么企业必须接受该产品的低利润或低销量，二者都会导致企业的利润不够理想。

基于顾客价值定价正好相反。企业首先要评估顾客需求和价值感知，然后根据顾客感知价值设定相应的目标价格。目标价值和价格会驱动企业做出不同的成本决策和产品设计决策。所以，产品定价始于对顾客需求和价值感知的分析。最后，价格的确定往往需要与顾客感知价值相匹配。

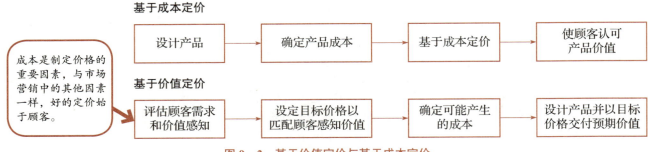

基于成本定价

设计产品 → 确定产品成本 → 基于成本定价 → 使顾客认可产品价值

成本是制定价格的重要因素，与市场营销中的其他因素一样，好的定价始于顾客。

基于价值定价

评估顾客需求和价值感知 → 设定目标价格以匹配顾客感知价值 → 确定可能产生的成本 → 设计产品并以目标价格交付预期价值

图 9 - 2　基于价值定价与基于成本定价

然而，很重要的一点是要记住"物有所值"并不等于低价格。举例来说，一只百达翡丽手表很贵，价格从 2 万美元到 50 万美元不等。但对于那些拥有百达翡丽手表这样的奢侈品的人来说，它具有很高的价值，是值得购买的。[3]

需要注意的是，为什么一块价值 2 万美元，甚至 50 万美元的手表，并不算昂贵，而且实际上价值巨大呢？每块百达翡丽手表都是由瑞士手表制造商用最好的材料手工制作的，甚至可能需要一年多的时间才能完成。除了精确计时，百达翡丽手表也是很好的投资。它们的价格很高，而且随着时间的推移，它们的价值会保持甚至增加。许多款式都获得了极高的地位，并成为世界上最令人向往的手表。但百达翡丽手表不仅仅是一种报时工具或一项好的投资，更重要的是它的情感和情绪价值。这些手表是珍藏着宝贵记忆的独特财产，是珍贵的家庭财富。百达翡丽手表不是为一代人而设计的，而是为多代人。因此，即使人们以两倍的价格购买了百达翡丽手表，也觉得它值得这一价格。

企业经常会发现，有时很难评判顾客对一件产品的价值感知。比如，计算一家高档餐厅的原料成本很简单，但是评价顾客在其他方面，比如口味、环境、放松程度、社交和地位等方面的满意度很困难。这些价值是主观层面的东西，会因顾客和环境的差异而发生变化。

不过，顾客会用他们的感知价值来判断一种产品的价格，因此企业必须去衡量这种顾客感知价值。有时，企业询问顾客会为了一件产品以及它带来的好处支付多少钱。有时，企业会做实验来测试不同产品的感知价值。俄罗斯有这样一句谚语：市场上有两种傻瓜，一种是问得太多，另一种是问得太少。如果卖家收取的价格高于顾客的感知价值，那么产品的销售就会变得很困难；如果卖家收取的价格低于顾客的感知价值，产品就会卖得很好，但是产生的收益就会远远少于按照感知价值制定的价格的收益。

我们下面主要研究两种定价方法：产品价值定价和附加价值定价。

产品价值定价

近年来，顾客对产品价格和质量的态度产生了根本性的持续转变。越来越多的顾客希望知道自己的钱花得是否物有所值。相应地，很多企业改变了自己的定价方法，并尽量与经济环境和顾客对价格的认知保持一致。为此，越来越多的市场营销人员采用**产品价值定价**（good-value pricing），以公道的价格为顾客提供最优的产品和服务组合。

在多数情况下，产品价值定价适用于不太贵且有品牌的产品。例如，克罗格有三个低价产品系列——Heritage Farm、Check This Out 和 Psst，为节俭的顾客提供鸡肉、卫生纸和糖等日用品的最低价格。但"物有所值"是一个相对的概念，即使是高端品牌也可以推出物有所值的产品。梅赛德斯 - 奔驰公司就推出了入门级车型 CLA Class，起价仅为 31 500 美元。[4]

在另外一些案例中，产品价值定价则涉及现有品牌的重构，比如相同价格质量更高或者相同质量价格更低。甚至有些企业提供的产品价值有所降低，相应的价格则降低更多。例如，乘客乘坐精神航空公司（Spirit Airlines）的低价航班时，并不能享受更多的免费服务，但他们却依旧喜欢购买低价机票（参见市场营销进行时 9 - 1）。

| **市场营销进行时 9 - 1** |

精神航空公司的物有所值：得到的少，但是支付的更少

对精神航空公司感到不满的顾客经常在社交媒体上发布大量的消极评论，这或许并不是大多数企业想要听到的反馈。而且，除了社交媒体上的负面评价之外，精神航空公司给顾客留下了不靠谱的印象，连续三年成为美国顾客满意度指数中评分最低的航空公司。

因此，精神航空公司一定是走在破产和毁灭的道路上，对吗？恰恰相反，精神航空公司是美国增长最快的航空公司之一，去年它的收入增长速度是其主要竞争对手的两倍。该公司的所有航班几乎都是满座。而且，它每个季度都能获得可观的利润，这在淡旺季分明的航空业是一项很难实现的成就。精神航空公司是如何做到的呢？实际上，该公司正是因为掌握了产品价值定价这门艺术和科学。

精神航空公司是一家无与伦比的"超低成本航空公司"。因此，其价格能够在某种情况下比其竞争对手低 90%。但是，为了从这种超低票价中获利，顾客必须接受更少的服务。买一张精神航空公司的机票，只会给顾客一个飞往目的地的航班座位。如果顾客想要得到更多，那么顾客就得多付钱。在所谓的"裸价"下，精神航空公司对所有额外服务收费。这正好印证了我们常说的"一分钱一分货"。

例如，大多数航空公司都会提供免费饮料，而精神航空公司则对一瓶水或一罐苏打水收费 3 美元。需要枕头或毛毯，则需要另外支付 7 美元；选座需要支付 15 美元，让值机人员打印登机牌需要额外支付 10 美元；一个全尺寸的随身行李要另外支付 55 美元。更糟糕的是，精神航空公司的座位之间间隔更小（精神航空公司称之为小而舒适的座位），而且座位不能向后倾斜。如果顾客想要更多的空间、畅快的呼吸，那就需要付费获得一个出口处或与头等舱空间相同的前排座位。

精神航空公司将其定价行为称为"褶边控制"（frill control），并认为这让顾客对他们想要支付什么、不想支付什么有更多的控制权。该公司指出，其他航空公司所谓的免费苏打水和额外的腿部空间并不是真正的免费。无论顾客是否愿意，他们都必须按包括全部费用的票价进行支付。在精神航空公司的航班上，乘客却可以做出选择。尽管这种做法听起来让人感到耳目一新，但一些顾客认为这些额外的服务并不值钱。而且，更糟糕的是：他们认为这是不公平且具有欺骗性的。社交媒体上也常常会有这样的抱怨：他们最后的花费比直接购买其他航空公司的机票还要高。

精神航空公司在回应顾客投诉时采取了强硬的态度。当顾客要求价格补偿时，精神航空公司坚持了自己的立场。该公司解释说，额外收费是自愿选择的，不是强制性的。基本票价包括乘客到达目的地所需要的一切费用。精神航空公司的首席执行官表示："我们并没有对卫生间收费，也不会那么做，因为这不是一个可以选择的事情。"

精神航空公司并没有逃避其糟糕的顾客服务记录，反而把它当作是一种荣誉徽章。最近的一项研究显示：在向美国运输部提出的投诉中，精神航空公司排在了最后，这成为其炫耀的功绩。在这项研究的 5 年时间里，在每 10 万名精神航空公司的乘客中，平均只有 8 人会发起投诉，精神航空公司为他们提供了 24 美元的折扣。"没错，超过 99.99% 的顾客没有向运输部投诉，"精神航空公司在新闻稿中指出，"对于 0.01% 的顾客——好吧，我们知道我们不是适合所有人的航空公司（尽管我们欢迎他们再次乘坐我们的航班以省钱）。"

该公司还对自己的定价表示肯定，并指出，对于那些提前花时间去了解定价政策的顾客来说，该公司提供了大量关于其票价涵盖范围的信息。实际上，精神航空公司的在线网站提供了"精神 101：飞行指南"。其中，该公司详细地介绍了顾客所支付的费用都涵盖了什么以及如何使

精神航空公司的裸价系统对顾客更加有利。尽管有少数人认为自己被欺骗了，但大多数精神航空公司的顾客似乎都清楚地知道自己得到了什么，并且对此感到满意。当被问及她们是否对在航班上花费 3 美元购买水而感到不满时，一位乘客表示完全不会。大多数精神航空公司的乘客也持同样的态度，他们非常乐意通过放弃额外的服务来获得超低的票价。

为了了解清楚事实，一位航空分析师对精神航空公司进行了全面的测试。一位乘客从底特律到拉瓜迪亚的单程机票只花了 63 美元，比购买达美航空公司、美国联合航空公司的机票节约了大约 300 美元，之后他分享了自己的经历。"飞机着陆后我转向我的朋友说：'我不明白——人们都在抱怨些什么？'"他认为，大多数不满都源于误解——如果人们提前了解了精神航空公司的政策，那就可以避免不愉快的意外和他们不想要的附加条款。同时，他还建议，如果顾客想要娱乐的话，那就带上自己的移动设备，并提前做好计划，在登机前购买好零食和饮料。此外，顾客需要提前把随身行李或托运行李的费用也算进去，这样才能计算出真正的票价；或者轻装上阵，把所有东西都塞进一个小的手提包或背包里，这样就可以免费带上飞机了。另外，对于飞行时间不超过 3 小时的航班来说，挤一点也没那么糟糕。

对于那些抱怨额外花费比节省的钱还多的消费者来说，官方数据表明事实并非如此。精神航空公司的总票价（包括所有费用在内）仍然是业内最低的，平均比竞争对手低 40%。尽管价格极低，但由于每英里的座位成本是行业最低的，精神航空公司仍然可以获得行业领先的利润率。例如，精神航空公司从每位乘客那里获得的总收益，还不到美国联合航空公司实现收支平衡所需的一半。在过去的四年里，尽管面临着来自大型竞争对手的挑战，精神航空公司的年收入还是增长了 60%，超过了 26 亿美元，而净收入却增长了近 237%。而且，有意思的是，超过一半的收入来自非机票销售。

因此，精神航空公司以其超低成本的方式实现了蓬勃发展。虽然顾客在航班中不会得到很多服务，但话说回来，顾客也不需要为自己得不到的服务多付一分钱。在到达目的地之后，顾客的口袋里会有更多的钱。如果支付额外的费用让顾客觉得烦恼的话，那就干脆不要购买。或者顾客可以直接选择另外一家航空公司，并预先支付全部费用。精神航空公司不会在短期内免费提供这些额外服务。

资料来源：Based on information from Adam Levine, "Could Rising Fuel Prices Lift Spirit Airlines in 2018?" *The Motley Fool*, January 2, 2018, www.fool.com/investing/2018/01/02/could-rising-fuel-prices-lift-spirit-airlines-2018.aspx; "Company Case Spirit Airlines: The Lowest Possible Price—At All Costs," accessed at www.chegg.com/homework-help/questions-and-answers/company-case-spirit-airlines-lowest-possible-price-costs-note-planet-earth-never-fly-sp-q16992319, July 2018; "If Spirit Airlines Is So Unpopular, Why Are Its Flights So Full?" *CBS News*, March 23, 2014, www.cbsnews.com/news/if-spirit-airlines-is-so-unpopular-why-are-its-flights-so-full/; Jared Blank, "3 Myths about Spirit Airlines," *Online Travel Review*, September 10, 2012, www.onlinetravelreview.com/2012/09/10/3-myths-about-spirit-airlines-or-my-flight-on-spirit-was-perfectly-fine-really/; Justin Bachman, "Spirit Airlines Sees All Those Passenger Complaints as Mere Misunderstandings," *Bloomberg Businessweek*, April 18, 2014, www.businessweek.com/articles/2014-04-18/spirit-airlines-passenger-complaints-part-of-its-business-model; Kathryn Vasel, "America's Least Favorite Airline (Hint: It's Not United)," *CNN*, April 25, 2017, http://money.cnn.com/2017/04/25/pf/best-worst-airline-customer-satisfaction/index.html; and http://marketing.spirit.com/how-to-fly-spirit-airlines/en/, http://ir.spirit.com/financials.cfm, and www.spirit.com, accessed October 2018.

在零售行业中，天天低价（EDLP）策略是一个重要的产品价值定价范例，其实施的低价策略是持续性的，而非短暂的。例如，利德连锁超市（Lidl）采用天天低价策略，提供高质量、低价格的商品。然而，运用最好的还是沃尔玛，正是沃尔玛对这一策略做出了概念上的界定。除了每个月少数商品有促销活动，沃尔玛还承诺其销售的所有商品均实行低价。相比之下，高低定价（high-low pricing）则是每天都制定很高的价格，但不断地对部分商品低价促销。例如，科尔士百货和梅西百货等，就是利用高低定价策略，经常会向商场会员开展特价日、"早鸟"优惠和赚取积分等活动。

附加价值定价

附加价值定价并非简单地向顾客收取他们愿意支付的价格，也并非实行低价策略来提升竞争力。很多企业都会采用**附加价值定价**（value-added pricing）策略。不同于为了抗衡竞争对手而降低价格，这一方法是通过增加特色或服务来提升区分度，进而提高产品的价格。例如，高端音响品牌——博世就不会通过打折或销售低端、实惠的扬声器、耳机和家庭影院系列产品来击败竞争对手。相反，在过去 50 多年的时间里，博世将大量资源投入研究和创新当中，以创造出符合其溢价的高质量产品。博世推出了一系列具有突破性创新和高品质的产品，为顾客带来了附加价值。博世的产品价格不菲，但也正因为如此，它在市场中始终保持着领先地位。[5]

9.1.2 基于成本定价

顾客感知价值为产品的价格设置了上限，产品成本则为其设置了下限。**基于成本定价**（cost-based pricing）以产品的生产、分销和市场营销成本为基础，加上企业面临风险和努力付出所应得到的合理利润回报。企业的产品成本，是其定价策略中需要考虑的一个重要因素。

> **作者点评**
>
> 成本设定了价格的下限，但企业的目标并非总是成本最小化。事实上，许多企业为了获得更高的价格和利润都投资了更高的成本，有兴趣的读者可以想一下百达翡丽手表或博世音响产品。其中的关键是管理成本和价格之间的差距，即企业向顾客交付了价值。

一些企业，如沃尔玛和精神航空，它们在各自的行业内努力成为低成本供应商。低成本匹配低价格，虽然利润率低，但能实现薄利多销。然而有些企业，诸如苹果、宝马和施坦威等，它们特意提升成本，并增加价值，所以可以要求更高的价格和利润率。例如，施坦威制作的一架手工钢琴要比雅马哈（Yamaha）贵很多。高成本必然要求高质量，所以吸引眼球的 8.7 万美元的价格似乎变得合理了。对于那些购买施坦威钢琴的人来说，价格不算什么，施坦威钢琴的体验是最重要的。因此，关键是要管理成本和价格之间的差距，即企业向顾客交付了多少价值。

成本类型

企业成本分为两种形式：固定成本和可变成本。其中，**固定成本**（fixed costs）就是我们常说的**间接费用**（overhead），即不随产量和销售量变动的成本。例如，不管企业的产出如何，它们每个月必须支付房租、采暖费、利息以及员工薪资；**可变成本**（variable costs）则是随着产出水平的变化而发生变化的成本。三星生产每一部智能手机或平板电脑的成本包括芯片、电线、塑料、包装以及其他投入。虽然生产单位产品的成本趋于一致，但之所以称作可变成本是因为总成本会随着产量的变化而变化。**总成本**（total costs）是固定成本及任意产品数量下可变成本的加总。管理人员若要给既定产品定价，其价格至少要覆盖所有的生产成本。

企业必须谨慎对待其产品成本。如果企业的生产成本高于竞争对手且销量少于竞争对手，那么企业就需要制定较高的价格或者降低利润，但这样会将企业置于不利的竞争地位。

成本加成定价

成本加成定价（cost-plus pricing）或**加成定价**（markup pricing）是最简单的定价方法，即在成本上加上一定比例的利润。例如，电子产品零售商向生产商支付 20 美元购买闪存驱动器，但销售价格为 30 美元，即在成本上加 50%，零售商的边际收入是 10 美元；如果零售商的运营成本是 8 美元，那么它的边际利润就是 2 美元。如果生产商生产闪存驱动器的标准成本是 16 美元，定价为 20 美元，需要在成本上增加 25% 的比例。

采用加成的方法是否有意义？一般情况下，是没有意义的。因为任何忽视顾客需求和竞争对手价格的定价方法，往往都不能得出最佳价格。然而，成本加成定价仍受欢迎存在着诸多原因：首先，对销售商而言，相比需求，它们更加了解成本。将价格与成本挂钩，销售商可以简化定价。其次，如果一个行业内的所有企业都用这一方式进行定价，那么每个企业所定的价格将趋于一致，并且价格竞争水平会降到最低。

另外一种基于成本定价的方式是**盈亏平衡定价**（break-even pricing），又叫**目标利润定价**（target return pricing）。企业试图确定一个可以保持盈亏平衡或者实现目标利润的价格。目标利润定价利用盈亏平衡图的概念，展示出不同销售量水平上的总成本和预期总收入。图9-3是闪存驱动器生产商以前所使用的盈亏平衡图，其固定成本是600万美元，单位产品的可变成本是5美元。可变成本加上固定成本构成总成本，总成本随着产量的增加而增加。总收入曲线的斜率表示价格。这里的价格是15美元（比如，企业的收入是1 200万美元，产量是80万单位，单位产品的价格就是15美元）。

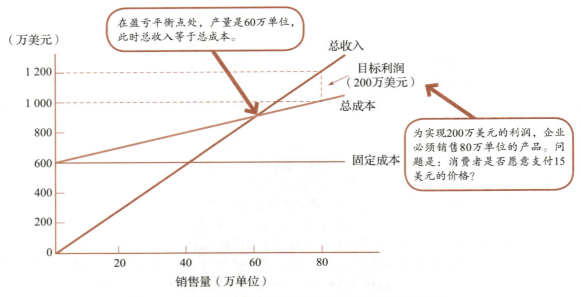

图9-3　决定目标利润价格和盈亏平衡销售量的盈亏平衡图

价格为15美元时，生产商必须卖出60万单位的产品才能达到盈亏平衡（盈亏平衡销售量＝固定成本÷（价格－可变成本）＝6 000 000÷（15－5）＝600 000）。也就是在这一点上，总收入等于总成本（900万美元），没有产生利润。如果闪存驱动器生产商想要得到200万美元的利润回报，就必须至少销售80万单位的产品，当销售额为1 200万美元时才能弥补1 000万美元的成本并获得200万美元的利润。如果企业将价格定在20美元，要实现既定利润，销售量要比价格为15美元时少很多。也就是说，产品价格越高，企业的盈亏平衡点就越低。

然而，这一方式的主要问题是没有考虑顾客价值以及价格和需求之间的关系。当价格提升时，需求一般是降低的，虽然盈亏平衡点处于低位，但由于价格高昂，消费者不会有过多的消费。比如，在既定的固定成本和可变成本下，假设闪存驱动器生产商要实现既定利润，需要将价格定在30美元，但现实是很少有消费者愿意支付超过25美元的价格。在这样的情况下，企业要想降低盈亏平衡点就必须削减成本，如此才能实现消费者所期待的低价。

因此，尽管盈亏平衡分析和目标利润定价可以帮助企业确定实现利润的最低价格，但它们并没有考虑到价格和需求之间的关系。若要采用这种方式，企业必须考虑价格对销售量的影响以及在任一可能的价格上需要达到的销售量。

9.1.3　基于竞争定价

基于竞争定价（competition-based pricing）指的是定价时以竞争对手的策略、成本、价格及产量为参考的定价方法。消费者会根据竞争对手提供的相似产品的价格来判断产品的价值。

企业在评估定价策略时，往往需要提出这样一些问题：首先，与竞争对手相比，自己的产品能够给消费者带来什么样的顾客价值？如果消费者感到企业产品能够带来更大的顾客价值，那么可以对产品制定较高的价格；如果消费者感到某一产品与竞争对手所提供的产品相比带来的顾客价值较少，那么必须制定较低的产品价格或者让消费者感受到较高的顾客价值。

接下来需要考虑的是：当前的竞争对手有多强大？它们目前的定价策略是什么？如果一家企业面临的是众多小型竞争对手，并且它们的产品价格相对较高，那么就可以采取低价策略将竞争对手驱逐出市场。但如果市场被一家较大的企业所主导，并且其价格很低，则要考虑将增值的产品和服务以较高的价格瞄准那些未被占领的利基市场。

重要的是，企业的目标并不是匹配或击败竞争对手的价格。相反，其目标是根据相对价值来设定自己产品的价格。如果一家企业为顾客创造了更大的价值，那么设定更高的价格是合理的。例如，卡特彼勒公司生产高质量的重型建筑和采矿设备。尽管它的价格高于小松公司（Komatsu）等竞争对手，但它还是主导着整个行业。一位组织顾客曾经问卡特彼勒公司的经销商，如果能够以 42 万美元的价格买到一辆相同的小松推土机，为什么还要花费 50 万美元购买一台大型的卡特彼勒推土机呢？这位经销商给出了如下的著名分析：

420 000 美元	与竞争对手持平时卡特彼勒推土机的价格
50 000 美元	卡特彼勒卓越的可靠性和耐久性所带来的附加值
40 000 美元	卡特彼勒的终身运营成本较低所带来的附加值
40 000 美元	卡特彼勒优质服务所带来的附加值
20 000 美元	卡特彼勒较长的零件保修期所带来的附加值
570 000 美元	卡特彼勒推土机的增值价格
−70 000 美元	折扣
500 000 美元	最终价格

因此，尽管顾客在最初购买卡特彼勒推土机时支付了 8 万美元的溢价，但他们却在产品生命周期内获得了 15 万美元的附加值。最终，顾客还是选择了卡特彼勒公司的推土机。

考虑到竞争对手的价格，需要使用什么原则来指导决策的制定？答案很简单，但很难实施：无论价格是高、是低还是适中，企业都必须确保在此价格下为顾客提供卓越的价值。

9.2 影响价格决策的其他内部和外部因素

除了顾客感知价值、成本和竞争对手的策略，企业还需要考虑其他一些内部和外部因素。其中，影响价格制定的内部因素有企业整体的市场营销战略、市场营销目标和市场营销组合以及其他一些需要考虑的组织因素；外部因素包括市场的性质、需求以及其他环境因素。

9.2.1 企业整体的市场营销战略、市场营销目标和市场营销组合

价格只是企业众多市场营销战略的一个方面。因此，在制定价格之前，企业必须为其产品或服务制定整体的市场营销战略。有时，一个企业的整体战略是围绕其产品或服务的价格和价值所制定的。如果一家企业选择了目标市场并精心确定了市场定位，那么包括价格在内的市场营销组

合战略就要稳步向前推进。例如，特斯拉公司瞄准了高端的技术驱动型买家，为他们提供高级的全电动汽车。如此高的目标市场和定位，使该公司决定采用溢价定价策略。

相比之下，有时候企业的战略是围绕价格和价值来制定的。例如，杂货零售商 Trader Joe's 依靠其独特的价格－价值定位，赢得了一大批追求货真价实商品的忠诚顾客。[6]

Trader Joe's 对食品的价格－价值等式进行了独特的调整，被称为"廉价美食家"。它以低廉的价格提供美食级别的独一无二的产品，并提供节日、假期般的气氛，使购物充满了乐趣。Trader Joe's 是一个美食家的天堂，从玉米饼干、有机草莓柠檬水、奶油瓦伦西亚花生酱、公平贸易咖啡到泡菜炒饭和三倍姜汁的姜饼等，应有尽有。而且，店里 90% 的品牌都是自有品牌。从绝对值来看，这里的价格并不低，但与顾客在其他商家那里购买的同等质量的"酷"产品相比，它们真的很便宜。

价格的制定在帮助企业完成不同层面的目标时，发挥着重要的作用。企业可以通过定价来吸引新顾客，并挽留现有的顾客；也可以通过制定较低的价格来阻止其他竞争对手进入市场，或者制定与竞争对手类似的价格以确保市场的稳定；当然，企业也可通过价格的制定保持顾客忠诚，给予经销商最大的支持，或者规避政府的干预。暂时降价，可以提升品牌热度；提高价格可以帮助拉升企业其他产品的销售。

价格决策必须与产品设计、分销、促销相互协调，形成一个持续有效的市场营销组合。在市场营销组合中，其他一些变量可能会影响价格决策。比如，定位高端、高质量的产品必须收取较高的价格，只有这样才能覆盖其较高的生产成本；若为了支持产品分销商，企业在制定价格时必须为分销商提供足够的利润空间。

很多企业经常在价格的基础上对产品进行定位，然后根据价格调整其他需要收费的市场营销组合决策。因此，价格是一个关键的产品定位因素，决定了产品的市场、竞争和设计。当今，很多企业都采用目标成本法来支持这种价格定位战略。**目标成本法**（target costing）颠覆了首先设计新产品，然后制定价格，最后问"这样的价格能卖出去吗？"的传统过程。相反，目标成本法基于对顾客价值的考虑，先从制定理想的销售价格开始，目标成本的设定要能够实现所制定的价格。比如，当初本田汽车公司在设计本田飞度时，以 13 950 美元为起点，并且始终考虑每 33 英里一加仑汽油的标准，设计出了一款时尚、轻便的小型车，在既定成本下提供给顾客应有的价值。

有些企业并不强调价格，它们使用其他市场营销组合工具来创造非价格导向的定位。在多数情况下，最好的策略不是收取最低价格，而是选择特定的细分市场并制定较高的产品价格。例如，Sleep Number 公司为其床垫产品注入很高的价值，并收取很高的价格，以便与其价值相匹配。

Sleep Number 公司的床垫可以让顾客将每一侧都调整到期望的硬度和支撑水平。利用"SleepIQ"技术，顾客可以追踪并优化自己的夜间睡眠。SleepIQ 技术可以监测睡眠时间、心率、呼吸率、活动和其他指标。然后，SleepIQ 应用程序会报告顾客晚上的 SleepIQ 得分和顾客的睡眠情况。这款应用程序甚至还会建议顾客做出一些调整，以改善自己的睡眠质量。Sleep Number 公司的儿童床垫系列则帮助父母跟踪自己孩子的睡眠情况。它甚至能让父母知道孩子晚上什么时候起床了，而且还包括专门针对头部不舒服的头部倾斜装置、为养成良好睡眠习惯提供的星星奖励以及智能的"怪兽探测器"。Sleep Number 公司的床垫比传统床垫贵，价格从 900 美元到 7 000 美元不等，质量好的传统床垫只需要 1 000 美元甚至更少。但是，对 Sleep Number 公司感到满意的顾客却愿意花费更多的钱来获得更多价值。毕竟，一夜好眠是无价的。[7]

因此，在定价时，市场营销人员必须考虑整体的市场营销战略和市场营销组合。但是，即使价格引人注目，市场营销人员也应该记住顾客很少完全根据价格来决定购买什么产品。相反，就支付价格和获得收益而言，顾客总是在寻求给他们带来价值最大化的产品。

9.2.2　组织因素

管理层必须决定组织内由谁制定价格。通常，企业有多种定价方式。在小型企业，价格通常由管理层而非市场营销或促销部门来制定。在大型企业里，价格通常是由区域经理或产品经理来制定的。在工业品市场上，市场营销人员被允许在一定范围内与顾客协商价格。甚至有些高层管理人员会制定定价目标和政策，同时也会接受较低层管理人员和市场营销人员的价格建议。

在工业品领域（航空、航天、钢铁、铁路、石油），定价是一个非常关键的因素，企业常常会让定价部门来制定最合理的价格，或者帮助其他部门制定价格，这些部门负责向市场营销部门或者高层管理者汇报。其他一些影响价格制定的人物还包括销售经理、产品经理、财务经理以及会计等。

9.2.3　市场和需求

如前所述，制定合理的价格起始于很好地理解顾客感知价值对顾客所愿意支付的价格的影响。无论是个体消费者还是工业品购买者，都会权衡产品和服务的价格与所获的利益。因此，在制定价格之前，市场营销人员必须理解产品价格和产品需求两者之间的关系。在这一部分，我们将进一步探讨价格和需求之间的关系，同时探讨在不同类型的市场上两者的关系是如何变化的。我们先介绍价格 – 需求关系分析的方法。

在不同类型市场中的定价

卖方定价的自由程度因不同类型市场而异。在实践中，经济学家区分了四种不同类型的市场。其中，每个类型的市场面对不同的定价挑战。

在完全竞争的市场中，市场是由众多买方和卖方组成的，交易的商品同质性较高，比如麦片、铜或者金融债券等。任何单一的买方或卖方都不能影响市场上的价格。在完全竞争的市场中，市场营销调研、产品研发、定价、广告或者促销活动所能发挥的作用很少或者根本不发挥作用。一般而言，在这样的市场中，卖方不会在市场营销战略上花费太多的时间。

在垄断竞争市场中，市场是由很多买方和卖方组成的，市场价格是由一系列价格而非单一价格组成的。之所以会存在不同的价格，是因为卖方能够对产品进行细分。正是由于众多竞争对手的存在，每家企业都不能像在寡头垄断市场中那样影响竞争对手的定价策略。通常，卖方尝试为不同的顾客细分市场提供差异化的产品，除了价格，卖方还会利用品牌、广告以及促销等手段将自己的产品与竞争对手区分开来。因此，谷歌公司的 Pixel 智能手机通过强大的品牌和众多差异性功能，与其他竞争对手的产品区分开来，并成功地削弱了价格所带来的影响。Pixel 手机承诺提供更生动的画面、更漂亮的人像、最好的智能手机相机、更快的电池充电、防水的机体、免费的云存储、谷歌智能镜头（Google Lens）、谷歌助手所提供的更多帮助、更多的乐趣、更多的回忆和其他价值。为了推广 Pixel 2 产品并推广这些差异性功能，谷歌公司在一个月内就投入了近4 000 万美元进行电视广告宣传。[8]

在寡头竞争市场中，市场是由几个大的卖方组成的。例如在美国，康卡斯特（Comcast）、Spectrum、AT&T 和 Dish Network 等几家供应商，控制着有线 / 卫星电视市场的大部分市场份额。因为卖家很少，每个卖家都对竞争对手的定价策略和市场营销行动时刻保持警惕，并立即做出反应。在用户争夺战中，价格是一个主要的竞争工具。例如，为了从竞争对手那里吸引顾客，它们会使用打折、免费升级设备和锁定价格等措施。

在完全垄断市场中，市场仅由一个卖方来主导。其中，这一卖方可能是政府垄断者（美国邮政署），也可能是受管制的私人垄断者（如电力公司），还可能是不受管制的私人垄断者（如戴比尔斯（De Beers））。在每种情境下，价格的制定都会有所不同。

分析价格－需求关系

企业制定任何一个价格，都会刺激不同的市场需求。价格水平和相应的需求水平之间的关系体现在如图9-4所示的**需求曲线**（demand curve）中。需求曲线解释的是在一定时期内不同价格下顾客购买的单位数量。在通常情况下，需求和价格是负相关关系，即价格越高，需求越低。因此，当企业把价格由 P_1 升至 P_2 时，产品的销量会减少。总之，在消费者预算有限的情况下，价格越高，购买量就会越少。

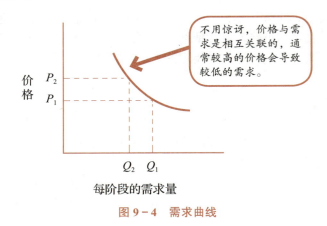

图9-4　需求曲线

理解某一品牌的需求曲线，对进行正确的价格决策非常重要。康尼格拉食品公司（ConAgra Foods）在为其 Banquet 冷冻晚餐产品定价时，就吸取了这一教训。[9]

始于1953年，Banquet 晚餐的收费一直约为1美元。这也是消费者一直以来所期望的价格。1美元的价格成为该品牌吸引力的关键组成部分。在六年前，当康尼格拉食品公司试图将 Banquet 晚餐的标价从1美元提高到1.25美元以弥补商品成本价格的上涨的时候，消费者并不买账。销售额的急剧下降，迫使康尼格拉食品公司以折扣价格出售多余的晚餐，又将价格降回到1美元。为了在这个价格上可以赚钱，康尼格拉食品公司试图通过缩小分量和用较便宜的原料替代较昂贵的原料来更好地管理成本。但随着商品价格持续上涨，已经不能提供一顿像样的1美元 Banquet 晚餐了。因此，它谨慎地再次提高了价格，但一些小型餐点的价格仍然是1美元。例如，鸡柳晚餐仍然有通心粉和奶酪，但不再包括巧克力蛋糕。但是索尔斯伯利牛肉饼等经典菜肴现在已提升至1.25美元了，康尼格拉食品公司推出了 Banquet 精选食谱，价格惊人，仅为1.5美元。提价之初，该品牌的销量出现了一些下降，但没有人担心会产生多么严重的后果。

大多数企业通过估计不同价格下的需求量来绘制相应的需求曲线。不同的市场，需求曲线也会有所不同。在垄断市场上，需求曲线显示的是不同价格下总的市场需求。如果一家企业面临着激烈的竞争，那么该企业在不同价格下的需求则取决于竞争对手的价格是否变化。

需求的价格弹性

在实践中，市场营销人员还需要知道**价格弹性**（price elasticity）的概念，即价格调整时需求是如何变化的。如果价格调整不会引起需求的变动，那么需求是缺乏弹性的，但如果价格发生微小的变化，而需求的变动很大，那么需求就是富有弹性的。

如果需求是富有弹性的，那么卖方可以考虑降低价格，因为较低的价格常常可以带来更多的收入。只要生产和销售产品所产生的额外费用不超过额外收入，那么这种做法就是有意义的。同时，大多数企业希望避免采用将产品转化为低价商品的定价方法。近些年来，在取消管制以及由互联网、移动设备和其他科技所带来的实时比价的推动下，消费者对价格变得更加敏感，消费者关注的商品从电话、电脑逐渐过渡到轿车等。

9.2.4 经济因素

经济条件会对企业的定价策略产生非常重要的影响。诸如繁荣、衰退、通胀以及利率等经济因素，都会影响价格决策，因为这些因素能够影响消费者的支出、消费者对价格和价值的感知，甚至会影响企业生产和销售产品的成本。

在 2008—2009 年的大萧条之后，很多消费者开始重新思考价格 – 价值等式，他们倾向于捂紧腰包，更加关注价值。即使在经济复苏之后，消费者还是会继续他们节俭的生活方式。所以，很多市场营销人员将关注的重点放到了物有所值的定价策略上。

面对新的经济环境，最为常见的反应是降低价格、大打折扣。而且，数以千计的企业已经在这样做了。较低的价格可让产品变得更加实惠，有助于刺激短期销售。然而，降低价格这种方式可能会产生长远的影响。例如，低价可能意味着更低的边际收益，过多的折扣可能会让消费者觉得产品过于廉价。如果一家企业降低价格，那么即使经济复苏，企业也很难将价格再调高到原来的水平。

有些企业则保持原来的价格，但在价值定位中对"价值"进行了重新界定。其他企业则可能开发了不同的价格等级，增加了更加实惠的产品线和高端的产品线，以便满足不同顾客群体的不同偏好。例如，针对预算有限、成本意识较强的顾客，宝洁公司提供了一些低价版的品牌产品，如 Bounty、Charmin Basic 以及汰渍品牌的低价产品——汰渍 Simply Clean & Fresh。与此同时，在高端市场上，宝洁公司推出了一些品牌的高端版本，如 Bounty DuraTowel 和 Cascade Platinum 洗碗机洗涤剂，它们性能卓越，价格高达中端市场版本的两倍。

请记住，即使在经济困难的情况下，消费者也不会仅仅基于价格购买商品。他们依然基于产品价值来考虑所要支付的价格。因此，不管价格是高还是低，企业都需要保证让顾客真正感受到"物有所值"。

9.2.5 其他外部因素

除了市场和经济这两大因素以外，企业在制定价格时还必须考虑其他外部因素。企业必须清楚在外部环境中哪些因素会影响其价格策略。经销商如何应对不同的价格？企业必须制定出可以让经销商获得公平利润的价格，鼓励它们的支持，帮助它们有效地销售其产品。在各个外部因素中，政府是另外一个影响企业价格决策的重要因素。最后，社会关注也是需要考虑的外部影响因素。在制定产品价格时，一家企业的短期销售目标、市场份额甚至是利润预期等，在外部因素的干扰下都可能不得不进行相应的调整。在本章后面的内容中，我们将重点考察公共政策的影响。

概念应用

顾客价值这一概念对好的定价和成功的市场营销都非常重要。让我们稍做休息，以确保我们已经理解了价值的真正含义。

● 前面所介绍的施坦威钢琴的售价高达 8.7 万美元，对于想拥有它的顾客而言，这一钢琴的价值非常高。这一认识符合你对价值的看法吗？

● 选择同一类别的两个竞争性品牌（手表、香水、电子产品、酒店），两个品牌的价格不同，有高有低，哪一个品牌提供了最大的价值？

● "价值"是否意味着"低价格"？如何区分这些概念？

9.3　新产品定价策略

作者点评

为新产品定价或许更具有挑战性。想一下为新手机（如苹果手机）定价时所需要考虑的全部因素。更麻烦的是：在产品设计之初就需要考虑定价问题以及市场营销需要考虑的其他因素。

定价策略在产品的不同生命周期阶段会不断地发生变化。在新产品导入阶段，定价更具有挑战性，企业推出新产品时往往面临着第一次定价的挑战。为此，企业可以采用两种主要的策略：市场撇脂定价和市场渗透定价。

9.3.1　市场撇脂定价

很多企业为新研发的产品制定较高的价格，以便从市场中层层获利。苹果公司经常使用**市场撇脂定价**（market-skimming pricing）（也称**撇脂定价**（price skimming））策略。当苹果公司推出新款 iPhone 手机、iPad 平板或 Mac 电脑时，其初始价格往往都很高。随着新版本的推出，价格会逐渐降低。通过这种方式，苹果公司从不同的细分市场中撷取了最大的利润。例如，正如开篇案例所描述的，通过实施巧妙的溢价定价策略，苹果公司获得了全球 72% 的智能手机利润。

市场撇脂定价仅在特定条件下才有意义。首先，产品质量和产品形象足以支撑高价格，众多消费者愿意以高价购买这一商品；其次，生产少量产品时的成本不能太高，以避免失去收取高价的优势；最后，竞争对手难以进入市场迫使价格下降。

9.3.2　市场渗透定价

除了设定较高的初始价格并在细分市场中层层撷取利润的定价方式以外，另外一些企业采用了**市场渗透定价**（market-penetration pricing）。它们在一开始就制定一个较低的价格，以便快速进入市场，吸引大量的消费者，并占领较大的市场份额。销量大增可以降低成本，进而可以让企业制定更低的价格。比如，AGIT Global 公司使用市场渗透定价来快速增加目标消费者对其 Wavestorm 冲浪板的需求。[10]

在 Wavestorm 出现之前，冲浪者和潜在冲浪者通常在当地冲浪商店购买定制的或高端的冲浪板。通常，入门级别的冲浪板的价格在 800 ～ 1 000 美元。AGIT Global 公司却有不同的想法，它的使命是让成年人和儿童都能够更容易冲浪。就在十年前，该公司开始大量生产高质量的泡沫软冲浪板，并在大型商店以市场渗透价格进行出售。例如，最初在开市客商店出售的入门级蓝白 Wavestorm 冲浪板，价格只有 99.99 美元。在十年之后，这种冲浪板在开市客商店的售价是 149.99 美元。得益于市场渗透定价，Wavestorm 现在已成为市场领导者，销量大约是第二大冲浪板品牌的 5 倍。这种便宜的冲浪板甚至成为高级冲浪者的最爱，他们会买给自己的朋友或孩子。

为了让低价策略能够奏效，还必须满足一些条件：首先，市场对价格必须高度敏感，这样，低价格才能增加更多的市场销量；其次，生产和分销产品的成本必须随着销量的增加而减少；最后，低价必须能够保证竞争力，并且采用市场渗透定价策略的企业必须保持低价定位，否则，低价优势仅仅是暂时的。

9.4 产品组合定价策略

当某一产品是产品组合的一部分时，其定价策略往往会发生变化。在这种情况下，企业寻求的是能够带来最大收益的价格组合。由于不同产品有着不同的需求和成本，其所面临的竞争程度也不尽相同，所以会给定价带来不少困难。现在，我们来看看表 9-1 中所总结的五个产品组合的定价情况：产品线定价、可选产品定价、附属产品定价、副产品定价和捆绑产品定价。

> **作者点评**
> 很多单一产品只是更为广大的产品组合的一部分，企业要根据特定的情况进行定价。例如，吉列的 Fusion 剃须刀价格很低，但是顾客一旦购买了剃须刀，就可能成为高利润产品剃须刀替换刀片的"俘虏"。

表 9-1　产品组合定价

定价情景	描述
产品线定价	为整个产品线定价
可选产品定价	为主体产品的可选产品或附件产品定价
附属产品定价	为配合主体产品使用的产品定价
副产品定价	为要处理的低价值副产品定价，以摆脱该产品或从中获利
捆绑产品定价	为捆绑销售的产品定价

9.4.1　产品线定价

企业经常会研发一系列产品，而非生产单一的产品。在**产品线定价**（product line pricing）中，管理层必须决定在为系列产品定价时的阶梯变化。一般而言，价格阶梯的设定，应该考虑到产品线中不同产品的成本差异。更重要的是，还应该考虑到不同产品特色给消费者带来的价值感知差异。

例如，财捷集团提供了一整套的 Quicken 财务管理软件版本，包括入门版、豪华版、顶级版、家庭和商务版，其价格分别为 59.99 美元、89.99 美元、129.99 美元和 159.99 美元。尽管生产高级版本的成本并不比初始版本高多少，但许多买家都乐于支付更高的价格来获得额外的高级功能，如财务规划、退休和投资监控工具。其中，Quicken 软件就是通过感知价值差异来建立价格差异的。

9.4.2　可选产品定价

很多企业会采用**可选产品定价**（optional-product pricing）的方式为与主体产品配套的可选产品甚至附件产品进行定价。例如，购买汽车的人可能会订购导航系统或者高端娱乐系统；购买冰箱的人可能会选择购买制冰机；购买电脑的时候，顾客可以从眼花缭乱的处理器、硬盘、系统、软件以及服务计划中进行选择。为这些不同的可选产品定价，往往是一个棘手的问题。企业必须知晓哪些项目包含在基本价格之内，哪些项目是可供选择的。

9.4.3　附属产品定价

有些企业生产的产品必须配合主体产品使用。对这类产品而言，企业可以采用**附属产品定价**（captive-product pricing）策略。其中，比较常见的附属产品有剃须刀的刀片、视频游戏、墨盒、电子书等。生产商对主体产品（剃须刀、视频游戏机、打印机、平板电脑）的定价往往比较低，但对附属产品的定价却很高。例如，亚马逊在 Kindle 阅读器和平板电脑上几乎没有利润。它的 8 英寸 Fire 平板电脑售价不到 80 美元，而 8 英寸的 iPad 平板电脑售价却超过了 300 美元。然而，亚马逊希望通过销售更多的亚马逊 Prime 会员、电子书、音乐、电影、订阅服务和其他服务设备的内容来弥补相应的损失。亚马逊的首席执行官杰夫·贝佐斯宣称："我们想在人们使用我们的设备，而不是购买我们的设备时赚钱。"[11]

附属产品可以占品牌销售和利润的很大一部分。例如，长期以来，吉列公司一直以低价销售剃须刀，并通过价格更高、利润率更高的替换刀片来赚钱。吉列公司一年内售出了价值超过 5 亿美元的替换刀片，价格高达每盒 5 美元。然而，采用附属产品定价的企业也必须谨慎行事。在主体产品和附属产品的价格之间找到平衡点，是一项很困难的工作。此外，如果消费者被诱导购买的附属产品的价格过高，他们可能会对该品牌产生抱怨。例如，消费者由于疲于购买价格昂贵的吉列刀片，转而购买 Dollar Shave Club 和 Harry's 等新兴低价自有品牌的剃须刀。结果，近年来，吉列公司的市场份额有所下降。为了在竞争中获取优势，吉列公司最近被迫全面降价 15%～20%。[12]

在服务业中，附属产品定价也叫两段定价（two-part pricing）。企业把服务的价格分为固定费用和变动使用费用两个部分。因此，在六旗主题公园或其他游乐园内，人们在购买当日门票或季票之后，还需要支付额外的费用，以便享用食物和公园的其他特色服务。

9.4.4　副产品定价

在生产产品和服务的过程中，通常会有副产品产生。若副产品没有价值并且在处理它们时会花费很多成本，则会影响对主体产品的定价。采用**副产品定价**（by-product pricing）策略的时候，企业可以为这些副产品搜寻市场，以抵消处理它们产生的成本，从而使主体产品的定价更具有竞争力。

其实，副产品本身也可以变成盈利的物品，即变废为宝。例如，威斯康星州的奶酪制造商在奶酪制作过程中，会使用一种盐溶液。后来，它们为这种剩余的盐溶液找到了新用途。如今，它们不再付钱让人处理盐溶液，而是把它卖给当地的公路部门，用来融化道路上的结冰。除此之外，在新泽西州，泡菜制造者也出售他们剩下的腌料汁并有类似的用途；在田纳西州，酿酒厂会出售马铃薯汁，这是伏特加蒸馏的副产品。在全美各地的许多公路上，公路工作人员一直使用一种名为 Beet Heet 的产品，它是由甜菜腌制副产品制成的。这些腌料汁唯一的副作用是有轻微的气味。[13]

9.4.5　捆绑产品定价

销售人员将产品捆绑在一起降价销售，就是所谓的**捆绑产品定价**（product bundle pricing）。例如，快餐店会把汉堡包、薯条和软饮料放在一起，并制定一个"组合"价格来进行销售。微软的 Office 是作为一组计算机软件的组合，包括 Word、Excel、PowerPoint 和 Outlook。康卡斯特、AT&T、Spectrum、威瑞森和其他通信公司会将电视服务、电话服务和高速网络服务捆绑在一起以较低的价格进行出售。捆绑产品定价可以促进消费者的消费，但是只有总价低到一定程度的时候，更多的消费者才会去购买。

➡ 9.5　价格调整策略及价格变动

作者点评
设定基础价格只是开始。当顾客和环境发生变化时，企业必须调整其定价。什么时候顾客支付的价值才是最终的建议零售价？

通常，企业会根据顾客和瞬息万变的环境来调整其产品或服务的基础价格。这里，我们总结了七种价格调整策略：折扣和补贴定价、细分定价、心理定价、促销定价、地理定价、动态定价以及国际定价（见表 9-2）。

表 9 - 2　价格调整策略

价格调整策略	描述
折扣和补贴定价	通过降价来奖励提前支付或批量购买的顾客
细分定价	根据顾客、产品和地区的不同调整价格
心理定价	根据心理效应调整价格
促销定价	暂时降低价格以刺激短期销售
地理定价	根据顾客的地理区域调整价格
动态定价	不断调整价格以适应不同顾客、不同环境的特点和需求
国际定价	根据国际市场调整价格

9.5.1　折扣和补贴定价

为了答谢顾客的某种行为，如提前支付、批量购买、淡季购买，大多数企业会动态地调整其基础价格。这种价格调整策略称为折扣和补贴定价策略，实践中有很多种形式。

折扣（discount）的一种形式为现金折扣，在买家支付账单时会直接降价。在这方面，一个典型的例子是"2/10，net 30"，它表示信用期限是 30 天，如果买方在 10 天内付款，则可以享受 2% 的折扣。数量折扣是指购买大量产品或服务的买家所获得的折扣。另外，卖家可能还会提供功能性折扣（也称商业折扣），对象是执行某些功能，如销售、储存、记账的贸易渠道成员。此外，季节性折扣是指在淡季购买产品或服务的买家可以获得的相应折扣。

补贴（allowance）是另外一种降价形式。例如，以旧换新时给予的降价就是补贴。以旧换新补贴在汽车行业最为常见，它也适用于其他耐用品。此外，促销补贴是为奖励经销商参加广告和销售支持计划而采取的降价形式。

9.5.2　细分定价

企业通常会根据顾客、产品和地点等的不同调整价格。在**细分定价**（segmented pricing）策略中，企业会以两种或更多的价格卖出产品和服务，这些价格并不是基于成本的不同而制定的。

细分定价有多种形式。其中，在顾客细分定价中，不同的顾客会为同样的产品或服务支付不同的价格。例如，博物馆和电影院对学生和老年人的收费可能更低；劳氏公司为现役军人和退伍军人提供 10% 的军人折扣；沃尔格林公司定期举办老年人折扣日活动，为美国退休者协会（AARP）会员和 55 岁及以上的 Balance Rewards 会员提供 20% 的价格折扣。

在产品细分定价中，不同类型的产品其价格是不同的，但不是基于成本的不同。例如，从纽约到伦敦的往返经济舱机票价格为 1 100 美元，而商务舱机票高达 6 500 美元甚至更多。虽然商务舱的乘客可以享受更为宽敞、舒适的座椅，更高品质的食品和服务，但是因此而产生的成本差别却远远少于乘客额外支付的价钱。尽管如此，有支付能力的乘客还是愿意为舒适的服务支付额外的价钱。

地点细分定价是指企业根据不同的地理位置收取不同的价格，即使每个地理位置的成本是相同的。例如，美国州立大学对于外州的学生收取更高的学费，剧院提高特定座位的票价。最后，时间细分定价是指价格受到季节、月、日甚至小时的影响。例如，电影院白天收取日场价格，度假村在工作日或特定季节会给予一定的折扣。

当然，细分定价要想成为一种有效的策略，也必须满足一定条件：该市场必须是分割的，不同的细分必须显示出不同程度的需求。同时，分割并进入市场的成本，不能超过通过价格差异所获得的额外收入。当然，细分定价还必须是合法的。

最重要的是，细分定价应该能够反映顾客感知价值的真实差异。支付高价的消费者必须感受到更高的价值，否则，这种做法只会引起顾客的反感。例如，纽约市消费者事务部（DCA）的一项调查发现：女性消费者对支付"粉红税"（pink tax）感到非常不满，即购买与男性消费者一样的产品时却需要为特定性别的包装支付更高的价格。[14]

DCA 比较了近 800 种男女版产品的价格，其中包括儿童玩具和服装、成人服装、个人护理产品和家居用品。这项研究发现：面向女性的商品比面向男性的同类商品平均贵 7% 左右。在护发方面，女性为洗发水、护发素和发胶等产品多花了 48% 的价钱；女性剃刀盒的价格也贵了 11% 左右。例如，一家大型连锁药店以 14.99 美元的价格出售 Schick Hydro 5 剃刀盒，而其姐妹品牌——Schick Hydro " Silk"几乎相同的一个紫色盒子，售价为 18.49 美元。在另外一个案例中，塔吉特商店以 24.99 美元的价格出售男孩款的红色 Radio Flyer 滑板车，但同样的粉色的女孩款滑板车的售价却为 49.99 美元。在 DCA 报告发布之后，塔吉特商店降低了粉色滑板车的价格，称价格不匹配是"系统错误"。虽然没有法律禁止基于性别的定价差异，但这种明显的差异可能会损害品牌的信誉和声誉。

最后，企业还必须特别小心，不要把支付低价的顾客视为"二等公民"。否则，从长远来看，这种做法会引起顾客的不满和反感。例如，近年来航空公司就在两类顾客中引发了不满。购买商务舱或头等舱的乘客经常觉得航空公司漫天要价，同时，购买经济舱的乘客感觉他们被忽视或没有得到应有的重视。

9.5.3　心理定价

价格可以传递一定的产品信息。例如，许多消费者利用价格来判断产品质量。例如，一瓶 100 美元的香水可能只包含价值 3 美元的香料，但有些人却愿意支付这 100 美元，因为这个价格说明了一些特别的信息。

在使用**心理定价**（psychological pricing）策略时，卖家不仅需要考虑经济学方面的问题，还需要考虑心理学方面的问题。例如，消费者通常认为价格较高的产品具有更好的质量。当他们可以通过回顾过去与该产品相关的经验来判断产品质量时，他们就很少利用价格来判断产品质量。但是，当他们由于缺乏信息或技能不能判断产品质量时，价格就成为一个重要的质量信号。举例来说，每小时收费 50 美元的律师和每小时收费 500 美元的律师，哪个更好一些？实际上，顾客必须深入挖掘两位律师的信息，以便客观地回答这个问题。但即使是这样，顾客可能仍然无法做到判断准确。不过，大多数消费者会简单地认为：价格较高的律师会更好。

心理定价的另外一种形式是**参照价格**（reference prices）。买方看到了某个特定的产品时，会在自己心中设定一个参照价格。其中，参照价格可能是通过考察目前的价格、回忆过去的价格或评估购买情况来确定的。卖家可以利用消费者的参照价格来设定产品的价格。例如，杂货店零售商可能会将自有品牌的麦片的售价定为 2.49 美元，接近家乐氏品牌的售价 3.79 美元。或者，企业也可以提供更多昂贵但卖得不好的款式，与定价不高的产品形成对比，显得定价不高的产品既有质量又不那么贵。例如，威廉姆斯－索诺玛（Williams-Sonoma）公司出售一款售价为 279 美元的面包机。然后，该公司又增加了一款售价为 429 美元的面包机。昂贵的型号以失败告终，但便宜型号的销量却翻了一番。[15]

在大多数购买行为中，消费者没有足够的技能或信息来弄清楚他们是否支付了合理的价钱。他们没有时间、能力或兴趣去研究不同的品牌或商店，比较价格并获得最优惠的价格。但是，他们却可以通过某种产品的价格相比其他产品的价格是高还是低，来获得某些线索。有趣的是，这样的定价线索往往是由卖家提供的，比如特卖标志、价格比较保证、亏本价格以及其他线索。

即使是微小的价格差异，也可以反映出产品的差异。以 9 或 0.99 结尾的定价，通常传递了价格便宜的信号。在实践中，这样的价格随处可见。例如，浏览塔吉特、百思买或者 Overstock.com 等折扣公司的网站时，顾客会发现这些网站上几乎每种价格都以 9 结尾。相比之下，高端零售商可能更喜欢以整数结尾的价格（如 6 美元、25 美元或 200 美元）。当然，还有的商家喜欢在常规定价的商品上以 00 美分结尾，同时在打折商品上以 99 美分结尾。

高端手机制造商苹果公司利用"9"结尾，以此减轻其作为市场上最高价位手机给消费者所带来的心理压力。例如，在推出 iPhone X 时，它的起价为 999 美元，略低于当时关键的市场门槛 1 000 美元。从心理的角度来看，这 1 美元的差距大得惊人。有趣的是，苹果公司将 iPhone X 在英国的起价定为 999 英镑（约 1 400 美元）。[16]

虽然实际价格差异可能很小，但这种心理策略的影响却可能很大。例如，在一项研究中，被试者被要求仅仅基于价格说出自己对收费分别是 299 美元和 300 美元的两种激光视力矫正手术选择的可能性。虽然实际价格差异只有 1 美元，但研究发现，心理差异的要大得多——价格为 300 美元的产品更受欢迎。被试者认为 299 美元的手术价格更加便宜，较低的价格引起了对质量和风险的更大担忧。一些心理学家甚至认为，每个数字都有象征意义和视觉效应，应该在定价中予以考虑。就像"8"带有圆弧，往往可以带来舒缓的感觉；而"7"是有棱角的，往往会带来不和谐的感觉。[17]

9.5.4 促销定价

在**促销定价**（promotional pricing）中，企业会暂时使它们产品的定价低于标价——有时甚至低于成本——创造购买的兴奋感和紧迫感。促销定价有多种形式。销售者只是提供正常折扣价格，以便增加销售并减少库存。卖家还会在某些季节使用特殊事件定价方式吸引更多的顾客。因此，电视和其他电子消费产品通常在 11 月和 12 月进行促销，以便吸引假日购物者。限时优惠，比如在线销售，通常可以创造购买的紧迫感，令购买者觉得获得该产品是一种幸运。有些时候，制造商会直接向在规定的时间内从经销商那里购买产品的消费者返还现金。在实践中，现金返还多流行于汽车制造商、手机生产商和小家电生产商当中。不过，这种策略也可用于消费品。部分厂家提供低息贷款、延长保修期或免费维修，以便降低消费者所感知到的"价格"。这种做法受到了汽车行业的青睐。

促销定价可以帮助顾客克服购买决策过程中的困难。例如，为了鼓励消费者转而使用微软的 Windows 10 操作系统，微软推出了一项简单的促销活动：在微软商店购买售价 599 美元或更高价格的配备 Windows 10 系统的新电脑时，消费者的旧设备可以折价 200 美元。

当用户在购买新产品的时候，苹果将其旧设备（MacBook 或 iMac）抵扣的价格提高到了 300 美元。微软曾向以 MacBook Air 折价购买 Surface Pro 的用户提供最高 650 美元的优惠。这种激进的价格促销可以有效地激励用户的再购买和换新行为。但是，促销定价也可能会产生不良影响。例如，在大多数节假日，市场上充斥着各种各样的价格竞争。一般而言，地毯式轰炸营销往往会导致消费者的流失和定价混乱；过于频繁地使用促销会让消费者产生"促销倾向"，即在购买之前就认为该产品会降价，因此等到降价的时候再去购买。例如，家居用品零售商 Bed Bath & Beyond 公司的大多数常客去购物的时候，手里都会拿着一叠 8 折或 5 美元的优惠券。事实上，近年来，更高的优惠券兑换率已经越来越多地吞噬了零售商的利润率。[18]

9.5.5 地理定价

企业也可以针对美国或世界不同地区的不同顾客进行不同的定价。企业应该冒着失去顾客的风险，向遥远地区的顾客设定较高的产品价格以便弥补高昂的运输费用，还是无论他们在哪里都收取相同的价格呢？我们将基于下面的假设情况来看看五种**地理定价**（geographical pricing）策略：

The Peerless Paper 公司位于佐治亚州亚特兰大市，购买其产品的客户遍布美国。其货运成本较高，并且影响到了一些公司——顾客从这些公司购买它的产品。该公司希望制定一个地理定价策略。它试图针对三类客户——客户 A（亚特兰大）、客户 B（印第安纳州布卢明顿）和客户 C（加利福尼亚州康普顿）设定 1 万美元订单的价格。

The Peerless Paper 公司的一种选择，是要求每个客户支付从亚特兰大工厂到客户所在地点的运费。这三类客户都需要支付出厂价 1 万美元，客户 A 需要额外支付 100 美元的运费，客户 B 需要额外支付 150 美元的运费，客户 C 则需要额外支付 250 美元的运费。这就是所谓的离岸定价（free on board），即货物的价格并不包括运输费用。这样一来，工厂将运输责任转移给了客户，让客户支付从工厂到目的地的运费。离岸定价的支持者认为，由于每个客户付出了成本，因此这是评估运费最公平的做法。然而，它的缺点是对于遥远地区的客户来说，购买产品的成本较高。

统一交付定价（uniform-delivered pricing）与离岸定价恰恰相反。企业向所有客户收取同样的价格（包含运费），无论他们在哪里。其中，运费包含在平均货运成本当中，假设为 150 美元。这种定价策略对亚特兰大的客户来说费用较高（本来应该支付 100 美元的运费，现在却付 150 美元），但对康普顿的客户来说费用较低（本来应该支付 250 美元的运费，现在却只付 150 美元）。虽然亚特兰大的客户更喜欢其他采用离岸定价策略的公司，但是 The Peerless Paper 公司会因为采用统一交付定价策略而受到加利福尼亚州客户的青睐。

区域定价（zone pricing）是处于离岸定价和统一交付定价之间的一种定价策略。企业设置两个或更多价格区间。在所有成交价格区间中，区域较远的客户成交价格相对较高。例如，The Peerless Paper 公司可以向所有东部客户收取 100 美元的费用，向中西部客户收取 150 美元的费用，向西部客户收取 250 美元的费用。以这种方式，在相同价格区间内的客户没有获得价格优势。例如，亚特兰大和波士顿的客户支付了相同的总价。然而，亚特兰大的客户支付了波士顿客户的部分运费，这可能会遭到客户的抱怨。

基点定价（basing-point pricing）是指卖方选择一个特定的城市作为"基点"，向所有客户收取从该基点城市到客户所在位置的运费，而不管货物实际在哪两个地点之间进行运输。例如，如果 The Peerless Paper 公司将芝加哥作为基点城市，那么向所有客户收取的费用都是 1 万美元出厂价加上从芝加哥至客户所在位置的运费。这意味着亚特兰大的客户支付的运费，就是从芝加哥到亚特兰大的运输费用，即使货物是从亚特兰大发出的。如果所有的销售者都使用相同的基点城市，那么所有客户的运费价格将是相同的，从而消除了价格竞争。

最后，对于急于与某一特定客户或特定地理区域的客户达成交易的卖家而言，它可能会选择免收运费定价（freight-absorption pricing）策略。使用这种策略的时候，卖方为了达成交易必须支付所有的实际运费。卖方这样做的原因可能是：如果它可以得到更多的业务，那么平均货运成本就会降低，足以弥补其额外的运输成本。企业通过免收运费定价策略来渗透进市场，可以在竞争日益激烈的市场上保住自己的市场地位。

9.5.6 动态定价

纵观历史，价格一般是由买家和卖家协商制定的。固定价格政策是指对所有买家制定同一个价格。在 19 世纪末零售业大规模发展的时期，这是一种比较流行的做法。今天，大多数价格依然采取这种方式来确定。然而，一些企业正在扭转固定价格政策这一趋势。它们倾向于使用**动态定价**（dynamic pricing）策略，即根据顾客的特点和需要不断地调整其价格。

　　动态定价为市场营销提供了许多优势。从零售店、航空公司、酒店到球队，各个行业都在根据需求、成本、竞争对手价格的变化来调整其价格。可能按天调整价格，有时甚至按小时调整特定项目的价格。

　　市场营销人员也倾向于使用动态定价来调整自己产品的价格，并为其顾客提供个性化的定价。近年来，每个卖家都对竞争对手和自己的所有商品定价了如指掌。例如，在这个大数据的时代，亚马逊、里昂比恩或苹果等公司可以挖掘其数据库来衡量消费者的购物欲望、购买意向，查询竞争对手的价格，并根据购物者的情况和行为提供即时的个性化报价，以此为依据为其产品进行定价。

　　如今，网上的报价很可能是基于特定顾客搜索和购买的商品、为其他商品支付的金额以及他们是否有能力也愿意花费更多的钱。例如，最近在网上购买飞往巴黎的头等舱机票或定制梅赛德斯轿车的消费者，可能会在购买博世公司的妙韵收音机（Wave Radio）时收到更高的报价。相比之下，如果一个人的在线搜索和购买历史比较普通，他购买同一台收音机时可能会获得 5% 的折扣和免费送货服务。

　　动态定价并不只是发生在网上。例如，许多商店和其他组织都会按天、按小时甚至是按分钟来调整其价格。例如，科尔士百货在其商店中使用电子价格标签，根据供应、需求和商店流量等因素即时调整价格。现在，它可以像在线竞争对手一样，以小时为单位开展销售活动。

　　优步和来福车等拼车服务商在闲时或高峰时段也会动态地调整车费，这种做法称为峰时定价（surge pricing）。类似地，供求关系决定着每分钟的价格调整，从剧院门票到停车位，再到高尔夫球场的草坪费。例如，一个 11 英里长的路段，根据交通情况的不同，收费从 94 美分到 8.38 美元不等。[19]

　　动态定价在许多情况下是有意义的，它可以根据市场情况和消费者偏好调整其价格。然而，如果做得不好，可能会引发侵蚀利润的价格战，进而损害顾客关系和顾客信任。因此，企业必须十分小心，不要越过智能动态定价策略和破坏性定价策略之间的界限。顾客可能会对他们所看到的不公平定价行为或价格欺诈感到不满。例如，有报道称：可口可乐计划推出智能自动售货机服务，根据室外温度动态调整其价格，消费者对此反应十分强烈。执行不当的动态定价，也会引起购物者的困惑或不满。例如，一位知情人士透露，亚马逊的自动动态定价系统在一天内根据大量的市场因素，对网站上多达 8 000 万件商品的价格进行动态调整。想想下面这个亚马逊购物者的经历[20]：

　　南希·普朗姆利（Nancy Plumlee）刚刚开始玩麻将，这是一种起源中国的游戏。她浏览了亚马逊网站，筛选了相关商品之后，选定了一套 54.99 美元的麻将。她把它放在购物车里，然后继续挑选记分卡和游戏配件。在几分钟之后，她查看了一下自己的购物车，发现 54.99 美元的麻将涨到了 70.99 美元。普朗姆利根本就不敢相信会这样。她查了一下电脑的浏览记录，原价确实是 54.99 美元。因此，她下定决心，把商品从购物车中剔除出去，重新把同款商品加入购物车。这一次，麻将的价格从 54.99 美元提高到了 59.99 美元。这感觉不像是诚实的商业交易。于是，普朗姆利打电话给亚马逊公司，说服了这家在线零售商退还给她 5 美元。

　　然而，就像动态定价对卖家有利一样，消费者也可以利用它来为自己谋利。有了互联网，拥有智能手机的消费者现在可以在家、商店或其他任何地方在线比较价格。他们可以从 ShopSavvy、亚马逊的 Price Check 或 Price.com 等移动应用程序上获得即时产品并进行价格比较。事实上，零售商们发现，网上比价给消费者带来了太多的优势。这些信息可以让购物者利用卖家之间不断变化的价格，抢购最划算的商品，并利用零售商的差价补偿政策，在网上以更低的价格

购买商品。

　　零售商现在正在采取策略来对抗这种跨渠道比价和购物，甚至将其转化为一种优势。例如，百思买有着最低价格保证，它将自身价格与主流在线商家或竞争对手的价格进行比较。百思买认为，一旦把价格作为一个购买因素加以考虑的话，就可以利用非价格优势将购物者转化为实体店的买家，这些非价格优势包括：即时、就近、专业员工提供的个人协助、在线订购商品、在实体店取货或退货等。同时，百思买也加强了自己的在线和移动营销。

9.5.7　国际定价

　　对于那些在国际市场上销售产品的企业而言，它必须确定产品在不同国家的销售价格。在某些情况下，企业可以制定一个全球统一价。例如，波音公司以同一价格向各地出售客机，无论买家是在美国、欧洲还是在其他地区的国家。然而，大多数企业会对价格进行调整，以便反映当地的市场条件和成本因素。

　　企业在特定国家制定的价格，往往取决于很多因素，包括经济条件、竞争状况、法律法规以及批发和零售系统的性质。消费者价值感知和偏好也可能因国家而异，因此价格上也会有所不同。或者，企业在不同的市场上有不同的市场营销目标，这就需要改变其定价策略。

　　例如，苹果公司利用溢价策略，在发达国家细分的成熟市场和新兴市场中为较富裕的消费者推出精致的、功能丰富的高端智能手机。相比之下，苹果目前面临的压力是对老款手机进行降价销售，并为发展中国家规模庞大但不太富裕的市场开发更为便宜、更加基础的手机。在发展中国家，即使降价销售的老款苹果手机，售价也是竞争对手低价手机的 3 ～ 5 倍。苹果公司最新推出的高端手机在中国的富裕消费者中卖得很好，而且利润丰厚。[21]

　　在制定国际价格的时候，成本发挥着非常重要的作用。出国旅行的游客常常会惊讶地发现：那些在国内相对便宜的商品在其他国家可能价格高得离谱。一条在洛杉矶售价 54 美元的李维斯牛仔裤，在巴黎会卖到 118 美元；在美国售价 5.04 美元的麦当劳巨无霸，在挪威却卖到了 7.85 美元，在巴西也卖到了 5.65 美元；在意大利米兰一个售价 140 美元的古驰手提包，在美国市场上可能要卖到 240 美元。

　　在某些情况下，这样的价格升级可能源于不同的销售策略或市场条件。然而，在大多数情况下，可能仅仅是由于在另外一个国家更高的销售成本——额外的运营成本、产品调整的成本、运费和保险、进口关税和税收、汇率波动以及实物分销成本。

　　当企业试图进入新兴市场时，价格成为国际营销战略的一个关键因素。在通常情况下，进入这类市场意味着选择以中国、印度、俄罗斯和巴西等为代表的国家正在激增的中等收入群体为目标，这些国家的经济持续快速地增长。然而最近，随着全球经济疲软导致的美国国内市场和新兴市场发展的放缓，很多企业都把目光移向了一个新目标，即所谓的"金字塔底层"，这是一个尚未开发的巨大市场，由世界上最贫穷的消费者所构成。

　　就在不久前，许多品牌在发展中国家的市场推销其产品时，无论是消费品，还是汽车、电脑和智能手机，首选的方式都是为现有型号贴上新的标签，然后以更高的价格卖给少数有能力购买的人。然而，这样的定价方式使新兴市场上数千万贫穷消费者没有能力购买这些产品。因此，许多企业为这些市场开发了更小量、更基础、更实惠的产品版本。例如，联合利华公司——多芬、夏士莲、立顿和凡士林等品牌的制造商——缩小了包装，并制定了即使是世界上最贫穷的消费者也能负担得起的价格。同时，它还推出了一次用量包装的洗发水、洗衣粉、面霜和其他产品，每包只要几便士。因此，即使到了今天，联合利华公司 57% 的收入仍然来自新兴经济体。[22]

　　尽管这一策略对联合利华公司来说是成功的，但大多数企业逐渐明白：要想将产品顺利地卖给金字塔底层，需要的不仅仅是重新包装或拆分现有的产品以及低价销售。跟更为富裕的消费者一样，低收入购买者也想要既有功能性又能够满足其心理需要的产品。因此，时至今日，许多企业正通过不断的创新来创造不仅可以以非常低的价格出售，而且能够为金字塔底层的消费者带来更多价值的产品。

国际定价也存在着很多特殊问题和复杂性，我们将在本书第15章对此展开更为详细的讨论。

9.5.8　价格调整

在制定了价格体系和策略之后，企业经常会面临发起价格调整或应对竞争对手的价格调整的情况。

发起价格调整

在某些情况下，企业可能发现需要降价或提价。在这两种情况下，企业必须预测买方和竞争对手可能出现的反应。

发起降价　有几种情况可能会导致企业考虑降低价格：一种情况是产能过剩，另外一种情况是激烈的价格竞争或经济萧条导致需求的下降。在这些情况下，企业可能会大幅削减价格，以便提高销量和市场份额。但是航空、快餐、汽车等行业在近几年却认识到，在一个产能过剩的行业中，降价可能会导致价格战，因为竞争对手会努力维持自己的市场份额。

> **作者点评**
>
> 企业应该在什么时候以及如何调整其价格？假如成本上升压缩了企业的利润，那么该怎么办？假如经济下滑，顾客对价格变得更敏感，又该怎么办？假如一个主要的竞争对手提高或降低了其产品价格，企业应该怎么办？如图9-5所示，企业面临着很多价格调整的选择。

当然，企业也可能会为了利用成本领先优势主导市场而降价。企业可以在一开始就比竞争对手的成本更低，或者降低价格以获得市场份额，这将带来更大的销售量，进而降低成本。例如，联想公司使用积极的低成本低价格策略来增加其个人电脑在发展中国家的市场份额。同样，中国智能手机市场的领导者华为公司，凭借极具性价比的产品迅速进入印度等其他新兴市场以及美国等发达国家市场。[23]

发起提价　一次成功的提价，往往可以极大地提高企业的利润水平。例如，如果企业的利润率是销售额的3%，那么在不影响销售量的情况下，提升1%的价格将会使利润额增长33%。当然，提价的一个主要因素可能是成本上涨。成本上涨压缩了企业的利润率，进而导致企业将增加的成本转嫁给自己的顾客。引起提价的另外一个因素是需求过旺：当企业不能完全满足顾客的需求的时候，企业可能会选择提升产品价格，或者限量向顾客供应其产品，也可能是两种方案兼而有之。

如果提高了价格，企业必须避免被认为是抬高价格的幕后黑手。例如，当汽油价格快速上涨时，气愤的顾客经常会指责石油公司以消费者的利益为代价使自身更富有。日积月累，顾客最终会远离那些他们认为定价过高的企业，甚至是整个行业。在极端的情况下，哄抬物价甚至可能会导致政府监管的风险增加。

有些措施可以避免这些问题：一是围绕任何提价，保持公平感。企业应该与顾客进行沟通，告诉他们为什么要提升价格，以便使提价得到顾客的支持。

只要有可能，企业还应该在不提价的情况下，考虑采用满足高成本或高需求的方法。例如，企业可以考虑更具成本效益的方法来生产或分销产品，也可以缩小产品或用不太贵的原料进行生产，而不是提高价格。金佰利－克拉克公司通过在相同价格的产品中减少厕纸或面巾纸数量的方式，间接地提高了商品的价格。最近，亿滋国际将其三角巧克力（Toblerone）的分量减少了约12%，但是并没有缩短巧克力棒的长度，而是通过增加字母之间的间距，挖去了更多的巧克力。英国消费者发现了三角巧克力的标志性形状的明显变化，并因为无法忍受这种涨价方式而在网上进行抱怨。[24]

购买者对价格调整的反应　顾客并不总是用简单的方法来解释价格的调整。通常，提价会降低销量。对于购买者来说，这可能具有一些积极意义。例如，如果劳力士最新款的手表提价了，你会想到什么？一方面，顾客可能会认为这款手表独一无二或质量更好；另一方面，顾客可能会认为劳力士仅仅是贪得无厌，想收取顾客所能承受的最高价格。

类似地，顾客对降价也可能有多种解释。例如，如果劳力士突然降价了，你会想到什么？顾客可能会想到这款高档产品很划算。然而，顾客更可能会想到：手表质量下降了或奢侈品牌的形象受损了。价格的调整，特别是价格下降，往往会对顾客看待品牌产生不利的影响。

竞争对手对价格调整的反应　在进行价格调整时，企业不仅要考虑顾客的反应，而且要考虑竞争对手的反应。当销售同种产品的企业数量较少时，当产品同质化时，当买方充分了解产品和价格时，竞争对手最有可能对产品的价格调整做出反应。

企业如何预测竞争对手可能做出的反应？这个问题是相当复杂的，因为像顾客一样，竞争对手可以对企业的降价做出不同的理解。它可能会认为该公司正在试图抢占更大的市场份额，或者该公司经营不善，或者该公司正试图用低价来提升销量。当然，也可能是该公司想让整个行业降价来增加总的需求。

为此，企业必须猜测每个竞争对手可能的反应。如果所有竞争对手表现相同，就相当于只分析一个典型的竞争对手。相反，如果竞争对手的表现不同——可能因为公司规模、市场份额或政策等方面存在差异，那么对每个竞争对手进行单独的分析就十分必要了。然而，如果有些竞争对手将对价格调整做出相同的反应，那么我们有理由预测其他企业也会做出类似的反应。

应对价格调整

我们可以反过来看问题：一家企业如何应对竞争对手做出的价格调整？一般而言，企业需要考虑以下几个问题：为什么竞争对手会调整其价格？价格的变动是暂时的，还是永久的？如果不对价格调整做出应对，企业的市场份额会发生什么样的变化？其他竞争对手会对价格调整做出应对吗？除了这些问题，企业还必须考虑自己的情况和策略以及顾客对价格调整的可能反应。

图9-5展示了企业评估和应对竞争对手降价的几种方法。假设企业知道某个竞争对手已经降低了其产品的价格，并确定此降价很可能会对自身的销量和利润产生不利影响，那么该企业可能会决定维持当前的价格和利润率，因为该企业可能会认为这样做不会失去太多的市场份额。不过，该企业也可能会降低自己的产品价格，这当然会失去很多利润。此外，该企业也可能会决定等待，当掌握更多关于竞争对手价格调整的影响的信息时，再做出应对。然而，等待太久，可能会让竞争对手变得更加强大、更加自信。

如果企业决定采取有效的应对措施，可能会存在以下四种做法：其一，企业可以通过降价与竞争对手的价格相匹配。企业可能认为市场是价格敏感型的，当竞争对手的价格较低时，自己会失去较多的市场份额。然而，降价会降低企业在短期内的利润。一些企业可能会通过降低它们的产品质量、服务水平和营销传播费用来保持其利润率。但这样做，最终会损害企业长期的市场份额。企业应该在降价的同时尽量保持其产品质量。

其二，企业也可以维持原价，努力提高顾客价值感知。企业可以改善营销传播的定位，强调其产品与低价竞争对手相比所表现出来的相对价值。企业可能会发现：维持价格和投资以便提高价值感知，可能比降价和低利润经营更为划算。

其三，企业可以改善质量并提高价格，使其品牌向更高的价格——价值定位移动。质量越好，就越能创造更高的顾客价值，这证明了较高的价格是合理的。相应地，较高的价格也可能会使企业保持较高的利润。

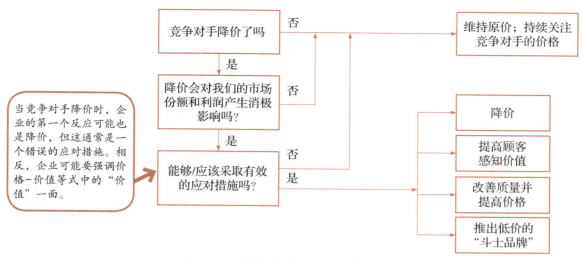

图 9-5　评估和应对竞争对手的价格调整

其四，企业还可以推出低价的"斗士品牌"（fighter brand）——在生产线中增加低价的产品项目或创建一个独立的低价品牌。如果正在失去的特定细分市场是价格敏感型的，而且不会对较高质量做出反应，那么推出低价的"斗士品牌"就是必要的。全食超市用 365 Everyday Value 来命名一种小型的、以价值为导向的连锁店，作为对 Trader Joe's 和利德、奥乐齐等低价竞争对手的一种回应。它瞄准的是聪明、技术导向型，但又节俭的年轻消费者，他们认为在全食超市进行奢侈消费是不必要的。[25]

在紧缩的经济环境下，为了应对商店品牌和其他低价进入者，宝洁公司将一些品牌转变为"斗士品牌"。宝洁公司为几个主要品牌都推出了低价的基础版本。例如，汰渍 Simply Clean & Fresh 比普通汰渍洗涤剂便宜约 35%，它对顾客的钱包也更加友好。然而，企业在引进"斗士品牌"时一定要特别小心，因为这种品牌可能会损害主要品牌的形象。此外，尽管它们可能使廉价产品的购买者远离低价竞争对手，但也会夺走企业高利润品牌的生意。

➡ 9.6　公共政策与定价

价格竞争是自由市场经济的一个核心要素。企业不得随意制定自己的产品价格。很多联邦、州甚至地方法规都会对定价的公平性进行控制。此外，企业还必须考虑更广泛的社会定价问题。例如，在制定价格时，制药企业必须平衡好开发成本和利润目标之间的关系，以防止与药品消费者关乎生死的需求形成冲突（参见市场营销进行时 9-2）。

> **作者点评**
> 定价决策往往会被社会和法律问题所制约。例如，思考一下制药行业，迅速上涨的处方药价格是否合理？或者，制药企业是否通过欺骗那些别无选择的消费者来发不义之财？政府应该介入吗？

│ **市场营销进行时 9-2** │————————————————————————

药品定价：没有简单的答案

历年来，美国制药业都是最赚钱的行业之一。在过去 5 年里，标普医药精选行业指数是标准普尔 500 指数的两倍。一般而言，我们会称赞这些表现出色的企业和行业。然而，当涉及制药企业时，批评者声称："健康"的销售和利润对消费者来说可能却不是那么"健康"。

不知为何，当得知强生、罗氏（Roche）、辉瑞（Pfizer）、诺华、默克（Merck）和葛兰素史克（Glaxo SmithKline）等大型制药企业获取了巨大利润时，许多消费者都对其留下了不太好的印象。这就像当汽油价格猛涨时，石油公司却在获利一样。尽管大多数消费者感谢制药企业生产了大量的有益药物，但消费者们却担心：制药行业的成功，可能是以牺牲消费者的利益为代价的。

2017 年，美国人在处方药上花费了大约 4 570 亿美元，比前一年增长了 5.8%。近年来，处方药的价格迅速上涨，医疗保健的费用也继续飙升。例如，在 2008 年至 2016 年期间，大众品牌药品价格上涨了 208%。

批评者指出：制药市场上没有很好地发挥竞争的作用，因而导致了制药企业可以收取过高的价格。与购买其他消费品不同，患者无法推迟药品的购买。而且，消费者通常也不会购买最便宜的药物，他们只会按照医生的指示服药。因为开处方的医生并不为他们推荐的药物付费，所以他们并不在意价格。此外，第三方支付者——保险公司、健康计划和政府项目——通常会支付全部或部分账单。最后，专利保护以及开发和测试新药所需要的巨额投资和时间，也导致了医药价格的上涨。

批评者还认为：这些市场因素使制药企业可以自由地实行垄断定价，有时会出现不公平的做法，甚至是价格欺诈。在这方面，一个经典的案例是企业家马丁·什克雷里（Martin Shkreli）及其企业图灵制药（Turing Pharmaceuticals）收购了有着 62 年历史的达拉匹林（Daraprim），这是艾滋病患者使用的救命药物。之后，图灵制药立即把达拉匹林的价格从 13.50 美元一粒提高到了 750 美元一粒，涨幅超过了 5 000%。与此相对，这种药片本身的生产成本仅为 1 美元。

大型制药企业永远不会犯下这样的暴行。默克的首席执行官承诺，"默克绝不会这样做"。然而，主流制药商每年都会将抗癌、糖尿病、多发性硬化症和降胆固醇药物的价格提高 10% 左右甚至更多，这比通货膨胀的速度要快得多。再举个例子，诺华公司所出售的抗肿瘤药物格列卫（Gleevec）在 2001 年首次上市时，价格已经相当昂贵了，一年的供应量约为 3 万美元。然而，由于未知的原因，诺华公司又将格列卫的价格提高了两倍多。一位产业经济学家评论说：她找不到任何经济学理论来解释制药企业是如何制定或提高药品价格的。

一些新的救命药的价格似乎更加高昂。例如，最近被批准的治疗癌症新药 Bavencio，患者每年要花费大约 15.6 万美元去购买；而一种新的治疗肌肉萎缩症的药物，最近以每年 30 万美元的价格首次亮相，价格之高令人瞠目结舌。但是，即使是已经在市场上销售了很长时间的旧药，也会出现大幅涨价。例如，尽管并没有改进，但胰岛素的价格在 2002 年至 2013 年期间增加了两倍。类似的是，有着 40 年历史的 EpiPen（肾上腺素笔，一种拯救生命的抗过敏药物）的价格在过去 10 年中增加了 500%，这引发了公众的愤怒。

批评者指出：更糟糕的是，制药企业每年在直接面向消费者的广告方面的投入超过了 64 亿美元，并花费 240 亿美元对医生进行营销。这些营销手段在导致价格上涨的同时，也增加了对昂贵药物的需求。因此，最严厉的批评者表示：大型制药企业可能通过推销和对产品制定超出许多患者支付能力范围的价格而不公平地获利，甚至会以牺牲患者的生命为代价。

但药品定价问题还有另外一面。制药业的支持者指出：这些年来，制药企业已经开发出了一系列稳定的药物，改变了人们的生活。开发这些新药既存在风险又昂贵，需要大批科学家、昂贵的技术和多年的努力，但不一定能够成功。2017 年排名前 10 位的制药企业在研发方面的经费加起来超过了 760 亿美元，超过其销售总额的 65%。平均而言，一种新药上市可能需要 12～15 年的时间，成本在 6.6 亿～27 亿美元之间。因此，支持者表示：虽然新药的价格看起来很高，但企业需要更多资金去开发新的重要药物。

诸如此类的争议还在继续。随着药品价格的攀升，制药企业面临着越来越多的来自联邦政府、保险公司、医疗服务提供商和消费者权益保护组织的压力，它们对制药企业的定价进行限制。然而，许多制药企业并没有等待出台更严格的价格法规或简单地认为自身的做法理所应当，他们正在主动地采取行动。例如，一些企业已经承诺将平均价格涨幅等同于或低于通货膨胀率。另外一些企业则采用分级定价，根据各国的支付能力，在不同国家以不同的价格销售药品。目前，大多数制药企业都发起了病人援助项目，向那些负担不起的患者免费或低价提供处方药，并定期为全球各地的救灾工作提供免费药品。

总之，药品定价并不是一个容易的问题。对制药企业来说，这不仅仅是销售和利润问题。在制定价格时，短期财务目标必须将社会因素的影响考虑在内。例如，葛兰素史克公司内在的使命是"帮助人们做得更多、感觉更好、活得更长久"。完成这一使命，代价不菲。大多数消费者都明白这一点，他们知道无论如何都要付出一些代价，但他们真正想要的只是能够在这个过程中得到公平的对待。

资料来源："Why Our Drugs Cost So Much,"*AARP Bulletin*, May 2017, www.aarp.org/health/drugs-supplements/info-2017/rx-prescription-drug-pricing.html; "U.S. Oncologists Decry High Cost of Cancer Drugs," *Health Day*, July 23, 2015, http://consumer.healthday.com/cancer-information-5/mis-cancer-news-102/u-s-oncologists-speak-out-on-high-cost-of-cancer-drugs-701616.html; Rafi Mohammed, "It's Time to Rein In Exorbitant Pharmaceutical Prices," *Harvard Business Review*, September 22, 2015, https://hbr.org/2015/09/its-time-to-rein-in-exorbitant-pharmaceutical-prices; Benjamin Siegel and Mary Bruce, "Former Pharma Big Martin Shkreli Boasted '$1 Bn Here We Come'," Documents Say," February 2, 2016, http://abcnews.go.com/Politics/pharma-big-martin-shkreli-boasted-bn-documents/story?id=36671216; Nancy Yu, Zachary Helms, and Peter Bach, "R&D Costs for Pharmaceutical Companies Do Not Explain Elevated US Drug Prices," *Health Affairs*, March 7, 2017, www.healthaffairs.org/do/10.1377/hblog20170307.059036/full/; Richard Harris, "R&D Costs for Cancer Drugs Are Likely Much Less Than Industry Claims, Study Finds," *NPR*, September 11, 2017, www.npr.org/sections/health-shots/2017/09/11/550135932/r-d-costs-for-cancer-drugs-are-likely-much-less-than-industry-claims-study-finds; and "Our Mission and Strategy," http://us.gsk.com/en-us/about-us/our-mission-and-strategy/, accessed October 2018. For more on the biopharmaceutical industry viewpoint, see www.goboldly.com, accessed October 2018.

在美国，影响定价的最重要的几部法律是《谢尔曼反托拉斯法》《克莱顿法》《罗宾逊－帕特曼法》，它们最初是用来遏制垄断的形成和规范可能会不公平地限制贸易的商业行为。因为这些联邦法律只适用于州际贸易，所以一些州为本地化运营的企业也制定了类似的条款。

图 9-6 展示了定价中的主要公共政策问题，其中包括某一渠道内潜在的破坏性定价行为（价格垄断和掠夺性定价）以及不同渠道间的潜在破坏性定价行为（维持零售价格、歧视性定价和欺骗性定价）。[26]

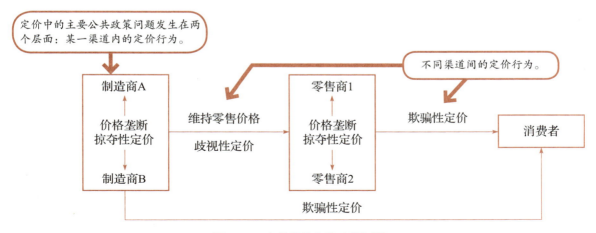

图 9-6　定价中的公共政策问题

9.6.1　渠道内定价

联邦法律在价格垄断（price-fixing）方面规定，卖家不能与竞争对手商定价格。否则，就有合谋定价之嫌，而价格垄断本身是非法的。也就是说，政府不接受以任何借口进行的价格垄断。因此，被发现有此行为的企业会被处以巨额罚款。最近，州政府和联邦政府在汽油、保险和混凝土、信用卡、光盘和计算机芯片等行业中加大对价格垄断的管制。价格垄断在很多国际市场上也是被禁止的。例如，苹果公司曾因与出版商合谋操纵电子书的价格被罚款 4.5 亿美元。类似地，美国四大航空公司——联合航空、达美航空、西南航空和美国航空因为合谋人为抬高机票价格以牟取巨额利润，面临一场代价高昂的集体诉讼和美国司法部（U. S. Department of Justice）的调查。[27]

卖家也被禁止使用掠夺性定价——以低于成本的价格销售产品以打击竞争对手，或者通过使竞争对手出局来获得更高的长期利润。它能够保护小型卖家免受更大卖家的侵害——更大的卖家有可能在短时间内以低于成本的价格销售产品或者把小型卖家赶出这个行业。最大的问题是确定什么构成掠夺性定价行为。为了摆脱过剩的库存而以低于成本的价格出售商品并不被认为是掠夺性的；为了驱逐竞争对手而以低于成本的价格出售商品则是。因此，特定的行为是否具有掠夺性取决于目的，而目的是很难被确定或证明的。

近年来，一些有实力的大企业被指控实施掠夺性定价。然而，把指控变成真实的诉讼却是很困难的。例如，很多出版商和书商都控诉亚马逊公司的掠夺行为，尤其是在图书的定价方面。[28]

很多书商和出版商都抱怨亚马逊的图书定价政策正在摧毁这一行业。亚马逊经常打折销售最畅销的精装书。现在，亚马逊以跳楼价销售电子书，目的是为其 Kindle 电子阅读器赢得顾客。这些价格非常低的书籍对参与竞争的书商造成了相当大的损害。他们中的很多人认为：亚马逊的定价是一种掠夺性行为。一些行业组织认为，这种做法损害了美国读者的利益，并使整个图书行业陷入困境，阻碍了思想的自由流动。然而，亚马逊却从未受到掠夺性定价的指控，原因是很难证明这种亏本定价是故意的掠夺行为，而非单纯的良性竞争行为。

9.6.2　渠道间定价

《罗宾逊－帕特曼法》旨在通过确保卖家为某一交易层面上的顾客提供同样的价格条款来防止不公平的价格歧视。例如，每家零售商都有权从某个制造商那里获得同样的价格条款，无论该零售商是 REI 公司（美国户外用品零售商），还是当地的自行车店。然而，如果卖家能够证明在向不同的零售商销售时其成本是不同的，那么价格歧视是允许存在的。例如，将大量自行车卖给 REI 公司时单位产品的成本，往往要比将几辆自行车卖给当地经销商的单位成本低。

如果卖家为不同的零售商生产不同质量的同一产品，那么此时卖家的价格歧视行为也是允许的，但卖家必须证明这些差异是合理的。此外，在基于"诚信"的"商业竞赛"中也可以应用价格歧视，只要确保价格歧视是暂时的、局部的、防守的，而非进攻性的就可以了。

同时，法律还禁止维持零售（或转卖）价格，即制造商不能要求经销商按照指定的零售价来销售它们的产品。尽管制造商可以向经销商提出一个建议零售价，但是它并不能拒绝向那些采取自主定价的经销商出售产品，也不能通过运输延迟或拒绝广告补贴来惩罚经销商。例如，佛罗里达州总检察长办公室因耐克公司涉嫌规定鞋和衣服的零售价格而对其展开调查。涉及的事件是：那些没有按照耐克公司认为的合适的价格出售最贵的耐克鞋的零售商，可能遭遇了耐克公司的断货。

当经营者利用使人误解或虚假的价格诱骗消费者时，欺骗性定价就发生了。这可能涉及虚假的参考价格或比较价格，即零售商人为设置较高的常规价，然后宣布以低于之前的常规价进行"甩卖"。例如，奢侈服装和配饰零售商——迈克·科尔斯公司（Michael Kors）最近就一起集体诉讼达成了和解，该诉讼指控其在直销店使用欺骗性定价。该零售商被指控在产品上贴上虚假的建议零售价，以使其所谓的折扣价格更具有吸引力，而实际上这些产品只在直销店销售。这种人为的比较定价在零售业是相当普遍的。[29]

尽管比较定价主张是合法的——如果它们是真实的——但联邦贸易委员会的"打击欺骗性定价指南"警告卖家不要做以下宣传：（1）降价，除非是从通常的零售价格中节省；（2）工厂价或批发价，除非这些价格确实是他们宣称的那样；（3）不完美商品的可比价值的价格。[30]

其他的欺骗性定价问题还包括扫描仪欺诈和价格混乱。基于扫描仪的计算机结算系统的普遍使用，导致了越来越多的顾客抱怨零售商要价过高。不过，大多数要价过高都是源于管理不善，例如未将当前价格或销售价格录入系统。然而，有些则是故意行为。

很多联邦和州的法律都禁止欺骗性定价。例如，《汽车信息披露法》要求汽车制造商在新车的车窗上附上一则声明，说明制造商的建议零售价、可选设备的价格和经销商的运输费用。然而，有信誉的卖家往往超越了法律所要求履行的义务。实际上，公平地对待顾客、确保顾客充分了解价格和价格条款，是构建强大、持久的顾客关系的重要组成部分。

学习目标回顾

价格决策会受到诸多因素的影响，如企业、环境、竞争等。

学习目标1 定义价格并识别三种主要的定价策略；讨论在制定价格时，理解顾客感知价值、企业成本和竞争对手策略的重要性。

如前所述，价格是消费者为了获取一件产品或一项服务的收益所放弃的价值的总和。基于顾客价值定价、基于成本定价和基于竞争定价是三种主要的定价策略。好的定价，始于对一项产品或服务能够给顾客带来的价值有着全面的理解。价格的确定，要求了解这一价值。

一方面，顾客对产品价值的感知为价格设置了上限。如果顾客觉得价格高于产品价值，他们就不会购买产品。另一方面，企业和产品成本则设置了价格的下限。如果产品价格低于其成本，那么该企业将很难保证利润收入。在这两个极端值之间，顾客会根据竞争对手提供的相似产品的价格而对产品价值做出评判。因此，企业在制定价格时需要考虑以下三个因素：顾客感知价值、企业成本和竞争对手的定价策略。

成本是制定价格时需要考虑的一个重要因素。然而，基于成本定价通常是由产品驱动的。企业会设计出它们认为不错的产品，为其制定包含成本和预期利润的价格。如果价格定得过高，企业可能面临降低价格或降低销量的抉择，而任何一个选项都会影响企业

的利润。基于价值定价的过程则正好相反。企业会预估顾客需求及顾客感知价值，然后设定一个可以匹配目标价值的价格，目标价值和价格会驱动企业关于设计产品和控制成本的决策。所以，价格的设定，需要与顾客感知价值相匹配。

学习目标2 确定并定义影响企业定价决策的其他重要的外部和内部因素。

其他影响定价决策的内部因素包括企业整体的市场营销战略、市场营销目标和市场营销组合等。价格仅仅是企业市场营销战略的一个因素。一旦企业确定了目标市场，其市场营销组合战略，包括价格因素，就需要稳步推进。在一般情况下，定价目标应该包括维系顾客、建立有利可图的顾客关系、规避竞争、支持经销商并获取它们的支持以及规避政府的干预。定价策略必须与产品设计、分销和促销策略协调一致，并形成持续有效的市场营销计划。为了实现定价目标和定价决策，管理层需要明确组织内谁对价格的制定负责。

定价需要考虑的外部因素有市场的性质和需求以及其他环境因素，如经济状况、经销商需求和政府行为等。当然，价格是否合适，最终取决于消费者的态度。消费者会通过感知价值来权衡价格——如果价格超过价值，消费者会放弃购买。所以，企业需要了解诸如需求曲线（价格－需求关系）和价格弹性（消费者对价格变化的敏感程度）等概念。

经济状况会对价格决策产生很大的影响。经济衰退会迫使消费者重新思考价格 - 价值关系。为此，市场营销人员也需要做出响应，他们会更加强调"物有所值"的定价策略。即使在经济困难时期，消费者也不会完全根据价格来购买产品。因此，无论价格是高还是低，企业都应该确保消费者花的钱是值得的。

学习目标 3　描述新产品定价的主要策略。

定价是一个动态过程。有些企业会制定出相应的价格体系，以便覆盖企业的所有产品。然后，企业会根据时间的变动动态调整这一价格体系，使价格能够适合不同的消费者和不同的环境。定价策略通常还会随着产品生命周期而发生变化。在为创新产品定价时，企业通常会采用市场撇脂定价，一开始为产品制定较高的价格，然后从不同细分市场中获取最大的收入；或者采取市场渗透定价，在一开始设定较低的价格，以便深度渗透市场，获取较大的市场份额。

学习目标 4　解释企业如何制定不同价格以使产品组合的盈利最大化。

当产品是产品组合的一部分时，企业往往会寻求制定一系列价格以确保实现利润最大化。在产品线定价中，企业为所有产品制定阶梯价格。此外，企业还为可选产品（主体产品之外的可选产品或附件产品）、附属产品（必须与主体产品一起使用的产品）、副产品（生产主体产品时产生的垃圾或残余物）以及捆绑产品（捆绑在一起降价销售的产品）定价。

学习目标 5　讨论企业如何根据不同的顾客和情况调整价格。

企业会根据消费群体和情况的不同而采用多样化的定价策略。一种策略是折扣和补贴定价。企业会给予现金、数量、功能性或季节性折扣，或者是不同类型的补贴。另一种策略是细分定价，企业销售的产品包含两种或多种价格，以适应不同的顾客、产品形式、地点或时间要求。有的时候，企业在定价时不只是考虑经济性，心理定价可能更能反映消费者对产品的潜在购买意图。在促销定价中，企业将折扣或临时降价销售作为一个特别的事件，有时甚至是低于成本价出售产品。还有一种策略是地理定价，企业会根据顾客的地理位置远近来定价。在动态定价中，企业为适应每个顾客的特点和个性化需求而不断地调整其价格。最后，国际定价指的是企业调整其产品价格以适应不同条件、不同市场的预期。

企业在考虑进行价格调整时，必须考虑顾客和竞争对手的反应。发起降价和提价可能会带来不同的结果。购买者对价格调整的反应，往往会受到他们如何看待价格调整意图的影响。竞争对手的反应，则来源于对每种情况的一系列反应策略或全新分析。

在应对竞争对手的价格调整时，有很多因素需要考虑。面对竞争对手发起的价格调整，企业必须尽量了解竞争对手的意图以及此变动可能持续的时间和相应的影响。如果迅速反应是可取的，那么企业应该预先计划自己在应对竞争对手的价格行为时所做出的反应。面对竞争对手的价格调整，企业可以静观事态的发展、降价、提高顾客感知价值、改善质量并提高价格或推出低价的"斗士品牌"。

学习目标 6　讨论影响定价决策的主要公共政策问题和关键法律。

价格竞争是自由市场经济的核心要素。在定价方面，企业通常不能随意进行定价。市场营销人员必须遵守联邦、州和当地的定价法律。此外，企业还必须考虑更为广泛的社会定价问题。定价方面的主要公共政策问题包括渠道内定价（价格垄断和掠夺性定价）和渠道间定价（维持零售价格、歧视性定价和欺骗性定价）等潜在的破坏性定价方式。有信誉的企业可能会超越法律的要求，公平地对待自己的顾客，以确保他们完全理解价格和定价条款，这是建立强大、持久的顾客关系的重要组成部分。

关键术语

价格（price）
基于顾客价值定价（customer value-based pricing）
产品价值定价（good-value pricing）
附加价值定价（value-added pricing）
基于成本定价（cost-based pricing）
固定成本（间接费用）（fixed costs（overhead））
可变成本（variable costs）
总成本（total costs）

成本加成定价（加成定价）（cost-plus pricing（markup pricing））
盈亏平衡定价（目标利润定价）（break-even pricing（target return pricing））
基于竞争定价（competition-based pricing）
目标成本法（target costing）
需求曲线（demand curve）
价格弹性（price elasticity）

市场撇脂定价（撇脂定价）（market-skimming pricing
（price skimming））

市场渗透定价（market-penetration pricing）

产品线定价（product line pricing）

可选产品定价（optional-product pricing）

附属产品定价（captive-product pricing）

副产品定价（by-product pricing）

捆绑产品定价（product bundle pricing）

折扣（discount）

补贴（allowance）

细分定价（segmented pricing）

心理定价（psychological pricing）

参照价格（reference prices）

促销定价（promotional pricing）

地理定价（geographical pricing）

动态定价（dynamic pricing）

问题讨论

1. 为什么制定并实施正确的定价策略对一家企业的成功至关重要？（AACSB：书面和口头交流）

2. 描述成本加成定价，企业如何在基于成本的定价模型中使用固定成本和可变成本？（AACSB：书面和口头交流）

3. 解释价格 – 需求关系。在不同类型的市场上进行定价时，卖家必须考虑哪些因素？（AACSB：书面和口头交流）

4. 描述两种新产品定价策略，并提供一个例子来加以说明。讨论在每种策略下，企业推出新产品时所面临的挑战。（AACSB：书面和口头交流）

5. 当产品作为产品组合的一部分时，为什么可能会需要改变其定价策略？五种产品组合定价策略分别是什么？（AACSB：书面和口头交流；反思性思考）

6. 比较固定定价和动态定价，并说明如何使用这两种定价策略以及它们分别适用于哪些情况。（AACSB：书面和口头交流）

营销伦理

不再划算

在过去几年里，细心的购物者可能会发现：他们在杂货店里花了差不多同样多的钱，但购买的商品却少了。许多食品价格都上涨了，食品制造商正面临着和消费者同样的挑战。随着原材料和运输费用的增加，要想盈利，就需要做出有效应对。SupermarketGuru.com 的编辑菲尔·伦珀特（Phil Lempert）指出："事实是，如果你查看美国农业部的预测，你会发现食品将越来越贵。结果是，食品公司将做如下事情中的某一件：提高价格而包装不变、减少包装内的数量或者两者兼具。"

1. 消费者每周都会购买许多相同的杂货。在某些情况下，产品的价格可能和以前一样，外观也一样，但每份的数量却减少了。如果没有让消费者意识到这种变化，这是欺骗吗？这和欺骗性定价有区别吗？请加以解释。（AACSB：书面和口头交流；伦理理解和推理；反思性思考）

2. 列出你从杂货店、一元店或便利店所购买的产品清单，如果出现价格上涨或包装中的数量减少了，你意识到这样的变化了吗？请加以解释。（AACSB：书面和口头交流；反思性思考）

营销计算

Rock Bottom 公司的促销定价

Rock Bottom 公司是一家在线高尔夫设备零售商，销售球杆、球鞋、球和所有高尔夫球员可能需要的其他小工具。它们的价格比大多数实体高尔夫和体育用品零售商的价格要低。如果有限时促销活动，尤其是在重大节假日前后，它们的价格会更低。例如，在父亲节的促销活动中，Rock Bottom 公司在低价的基础上，为一些精选的球杆和测距仪又提供了 50 美元的优惠，而这些商品通常要花上几百美元。目前，Rock Bottom 公司提供的 Tour Edge EX10 Driver 的售价是 249.99 美元，比其他商店便宜 50 美元。为了让大家知道这一优惠，Rock Bottom 公司投入 1 万美元在 www.golfchannel.com 和 www.pga.com 等高尔夫相关网站上投放横幅广告。Rock Bottom 公司明白促销价格会降低每笔交易的利润，但也知道这样的定价会让买家感到兴奋和紧迫，因为促销价格提供的时间有限。事实上，Rock Bottom 公司对过去父亲节促销活动的研究表明：大多数交易都是男性为自己购买商品。

1. 假设 Rock Bottom 公司的销售成本是 60%，计算一下 Rock Bottom 公司在促销价格实行前和促销价格之后每件 Tour Edge EXIC Driver 产品的利润率。促销定价对每售出一件 Rock Bottom 产品的利润率有什么影响？参考附录 3 "营销计算" 中的 "定价、盈亏平衡和利润分析"，了解如何进行此类分析。（AACSB：书面和口头交流；分析性思考；反思性思考）

2. 假设花在横幅广告上的 1 万美元是与此推广相关的唯一固定成本，为了使促销达到收支平衡，Rock Bottom 公司需要额外卖出多少产品？（AACSB：分析性思考）

公司案例

适合本章的案例见附录 1。

企业案例 9　Trader Joe's：廉价美食——在价格 - 价值等式上做出特殊调整。 Trader Joe's 通过提供极致的性价比来提供卓越的顾客价值。

企业案例 5　Spanx：改变行业对内衣的看法。 Spanx 以优质的产品和较高的价格，彻底改变了女性内衣的世界。

企业案例 10　塔吉特：当日送达业务强有力的竞争者。 为了保持其在折扣零售业的增长，塔吉特公司最近收购了当日送达的货运公司——Shipt，并取得了惊人的成功。

复习题

1. 描述成本加成定价方法，讨论为什么市场营销人员使用它，即使它不是最好的定价方法。（AACSB：沟通）

2. 对比固定成本和可变成本，讨论它们在定价中的重要性。（AACSB：书面和口头交流；反思性思考）

注释

第 10 章

市场营销渠道：
交付顾客价值

概念预览

在这一章里，我们来探讨第三个市场营销组合工具——分销。企业在为顾客创造价值、建立有利可图的顾客关系方面很少孤军奋战。大多数企业只是一个较大的供应链和销售渠道中的一环。因此，一家企业的成功不仅取决于自身优秀的表现，还要取决于自身的表现相较于整个市场营销渠道和竞争对手是否也足够优秀。

本章先探讨市场营销渠道的性质以及市场营销人员的渠道设计和管理决策等。接下来，将重点介绍市场实体分销或所谓的营销物流，该领域的重要性和复杂性都在快速提升。在下一章，本书会深入阐述两个主要的渠道中间商：零售商和批发商。

首先，我们来看看网飞公司。通过创新分销渠道，网飞公司已经成为世界上最大的视频订阅服务提供商。但是，正如棒球明星尤加·伯拉（Yogi Berra）在措辞混乱（他曾经说过"未来已今非昔比"）时所获得的知名度，甚至超越了他作为棒球选手时的出色表现所获得的知名度，为了在不断发展的视频行业中保持领先地位，网飞公司必须继续以惊人的速度进行创新，否则就有可能被淘汰。

网飞的渠道创新：抛弃过去，寻找未来

网飞一次又一次地通过创新在视频娱乐分销领域取得了领先地位。在 21 世纪初，网飞革命性的 DVD 邮寄服务创新，使得除了最强大的电影租赁商店之外的所有商店都破产了。在 2007 年，网飞开创性地进入数字流媒体领域，再次革新了人们获取电影和其他视频内容的方式。从那时起，网飞就使其服务可以通过所有的数字和移动设备来获取并使用。同时通过制作原创内容，网飞继续开辟着新天地。在网飞的带领下，视频发行领域现在已经成为新兴技术和高科技竞争者的大熔炉，既提供令人心动的机会，也带来令人厌恶的风险。

看看百视达公司（Blockbuster）就知道了。这家实体电影租赁连锁店曾经是电影行业中的老大。然后，提供 DVD 邮寄服务的网飞出现了。首先是数千人，然后是数以百万计的用户被网飞公司的创新分销模式所吸引，这使在市场中处于领先地位的百视达措手不及，并最终拱手让出自己的市场份额。在 2010 年，随着网飞的崛起，曾经强大的百视达陷入了破产。

百视达的故事凸显了当今视频发行业务充满变数的特点。仅仅在过去的几年里，大量可供用户选择的视频播放平台纷纷涌现。在网飞崛起和百视达暴跌的同时，Coinstar 公司的红盒（Redbox）又不知道从哪里冒出来了，建立起了一个全新的、每天 1 美元的 DVD 租赁亭的全美网络。然后，Hulu 和 Crackle 等高科技公司开始通过广告支持的免费观看模式来推动按需数字流媒体的发展。

一路走来，网飞都采取了大胆的行动来保持领先的竞争地位。例如，到 2007 年，网飞已寄出了 10 亿张 DVD。但是，网飞及其首席执行官里德·哈斯廷斯（Reed Hastings）并没有满足于当前的成功，而是将目光投向了当时具有革命性的新视频发行模式：将网飞的内容传送到每一个连接互联网的屏幕上——从笔记本电脑到可上网的电视再到智能手机和其他支持 Wi-Fi 的设备。网飞推出了即时观看（Watch Instantly）服务，作为月付费服务的一部分，它允许会员将电影流传到他们与互联网连接的设备上，即使这牺牲了该公司仍然火爆的 DVD 邮寄业务。

尽管网飞并不是数字流媒体的先驱，但它为改进技术和建立最大的流媒体内容库投入了大量的资源。它建立了庞大的用户群，销售额和利润也随之飙升。凭借其庞大的实体 DVD 库以及可通过 200 种设备访问的 2 万多部高清电影的流媒体库，似乎没有什么能够阻止网飞公司的成长势头。

但是，网飞在取得令人震惊的成功的同时，也引来了一大批足智多谋的竞争对手。谷歌的 YouTube 和苹果的 iTunes 等视频巨头也开始出租电影的下载，Hulu 公司和亚马逊也扩展了其流媒体库，并通过 Hulu Plus 和 Amazon Prime Video 增加了基于订阅的流媒体服务。为了保持领先地位，甚至是为了生存，网飞需要继续保持努力创新的步伐。因此，在 2011 年夏天，其首席执行官哈斯廷斯实施了一项雄心勃勃但风险很大的行动：全力投资数字流媒体。他将网飞仍在蓬勃发展的 DVD 邮寄服务拆分成一项独立的业务，并收取单独的订阅费用。

尽管随着顾客的流失，网飞的订阅用户数量暂时有所下降，但哈斯廷斯仍然坚持采取一个富有远见的举动。现在，网飞比以往任何时候都更加关注流媒体视频。在该公司目前的 1.18 亿付费用户当中，约有 96.5% 的用户现在只使用流媒体。网飞的用户每月流媒体电影和电视节目的播放时间达到了惊人的 42 亿小时。在普通的周末晚上，网飞占据了北美家庭互联网流量的 1/3。而且，网飞已将全球业务扩展到了 190 多个国家。现在，流媒体收入几乎构成了网飞快速增长的全部。

尽管取得了持续的成功，但网飞知道并不能停下创新的脚步。市场竞争继续以极快的速度在发展。例如，亚马逊的 Prime Instant Video 为其 Prime 会员提供访问其不断扩大的电影和电视

节目库的流媒体服务，且不收取额外费用。类似地，YouTube 的红色订阅服务也得到了其母公司——谷歌的支持，提供无广告的视频访问，并提供会员专享的原创节目和来自顶级 YouTubers 的电影。尽管网飞一直是削减有线电视服务的主要力量——让消费者放弃传统的有线电视或卫星电视服务，转而青睐于超高清流媒体视频，但传统的网络和服务也在用自己的订阅流媒体选项进行反击，如康卡斯特的 Xfinity Streampix、HBO Now、CBS All Access 和 DirectTV Now 等。上面所列举的，仅仅是众多竞争对手中的几个例子。一些服务商甚至还提供电视直播的流媒体访问服务。

多年来，随着整个行业进入以流媒体为主的传输模式，网飞知道视频内容——而不仅仅是传输功能——是在视频传播领域保持领先地位的关键。鉴于其先发优势，网飞在内容竞赛中仍然领先。但随着更多的竞争对手疯狂地与大型电影和电视内容提供商签订合作合同，内容许可协议的获取变得更加困难和昂贵。

因此，在另外一次创新的转折中，为了减少对外部资源内容的依赖，网飞一直在以迅猛的速度制作和发行自己的原创内容。七年前，它以 1 亿美元的高价战胜 HBO 和 AMC，获得了《纸牌屋》前两季视频的独家播放权，震惊了整个行业。该剧获得了巨大的成功，此后网飞又迅速开发了其他原创剧集，包括《无为大师》(Master of None)、《我本坚强》(Unbreakable Kimmy Schmidt)、《夜魔侠》(Daredevil) 和《女子监狱》(Orange Is the New Black) 等。

尽管网飞的流媒体竞争对手再次通过创建自己的原创内容紧跟其后，但网飞仍然占据上风。2017 年，网飞发行了大约 126 部原创电视剧或电影，比任何一个网络平台或有线频道都要多。网飞每个月都会发布大量内容，其视频库以爆炸式的速度在增长，包括很多原创电视剧、电影、纪录片、喜剧特别节目等，甚至还有已经退休的深夜传奇人物——大卫·莱特曼（David Letterman）的脱口秀系列。

网飞这样的努力，迫使该行业的其他对手争相跟上。然而，网飞却刚刚开始。在接下来的一年里，网飞将在原创内容上花费更多。它计划推出 80 部原创电影，比所有主要好莱坞电影公司产量的总和还要多。其意图很明显：在更加动荡的流媒体视频环境中，网飞打算通过锁定其内容的所有权来控制自己的命运。根据网飞高管的说法，在一年之内，该公司庞大的视频库中有一半将是原创内容。

因此，从 DVD 邮寄服务到即时观看，再到几乎所有设备上的视频流，然后到原创内容为主导，网飞通过做自己最擅长的事情——创新和革新分销来保持市场领先地位。在《快公司》(Fast Company) 杂志公布的最具创新性的 50 家公司名单中，网飞公司名列第二，仅次于苹果公司。在过去三年中，网飞的收入和流媒体订阅人数翻了一番，其股价在过去五年中更是飙升了 1 000%。

下一步该做什么？没有人真正知道。但是有一件事情可以肯定：无论发生什么事情，如果网飞公司不能引领变革，那么它就有可能被迅速超越。在这个瞬息万变的行业中，新招数很快就会过时。为了保持领先地位，正如本文的标题所表明的那样：网飞必须"抛弃过去，寻找未来"[1]。

网飞的故事告诉人们：良好的分销策略可以极大地提高顾客价值，进而为企业创造竞争优势。需要注意的是：企业本身并不能给顾客带来价值，他们必须在一个更大的价值交付网络中与其他公司密切合作。

➡ 10.1　供应链和价值交付网络

生产一件产品或提供一项服务，并让买家可以轻松获取，不仅需要与顾客建立起密切的关系，而且要与企业供应链上主要的供应商和经销商建立起密切的关系。这种供应链是由上游和下游的合作伙伴组成的。供应链上游的企业为制造产品提供所需要的原材料、零部件、信息、资金和专业知识。市场营销人员会一如既往地关注供应链的下游——面向顾客的市场营销渠道（或分销渠道）。下游市场营销渠道合作伙伴，如批发商和零售商，是企业和顾客之间的重要纽带。

"供应链"这一术语可能过于局限，因为它是从生产和销售的角度来看待企业的。它只是表明原材料、生产性投入以及工厂产能应该作为市场营销计划的出发点。比较而言，"需求链"这一术语或许更好，因为它反映了市场感知与回应的全过程。根据这一观点，市场营销计划从识别目标顾客的需求开始，企业通过组织一连串的资源和活动，最终达到创造顾客价值的目的。

然而，即使用需求链来解释商业行为，可能还是有些局限性，因为它将商业视作一个步骤接一个步骤的行为，从购买到生产再到消费的线性行为。相反，如今大多数大型企业都在建设和管理一个复杂的、不断发展的价值交付网络。正如本书第 2 章所定义的那样，**价值交付网络**（value delivery network）由企业、供应商、分销商和最终顾客构成，它们互为"合作伙伴"，共同完善整个系统的运作。例如，丰田公司制造了大量的汽车。但仅仅为了制造和销售其众多产品线中的一个——比如说，其最畅销的凯美瑞汽车——丰田就在企业内部管理着庞大的人员网络，从市场营销人员和销售人员到财务人员和运营人员。同时，它还协调成千上万的供应商、经销商、广告代理商和其他市场营销服务企业的工作。这些企业必须共同努力，为顾客创造价值，并建立起其品牌的市场定位。

本章的重点是市场营销渠道，即价值交付网络的下游。我们将研究市场营销渠道的四个主要问题：市场营销渠道的性质是什么，它们为何如此重要？渠道企业是如何相互作用和组织，以便更好地发挥市场营销渠道的作用？企业在设计和管理市场营销渠道方面会面临什么样的问题？在吸引和满足顾客方面，物流和供应链管理起着怎样的作用？在下一章，我们将从零售商和批发商的角度来研究市场营销渠道。

10.1.1　市场营销渠道的性质和重要性

极少生产商直接将产品出售给终端用户，大多数都是通过中间商将产品推向市场的。它们试图建立起**市场营销渠道**（marketing channel）或**分销渠道**（distribution channel），即一组相互依存的组织，它们帮助消费者或企业用户获得可供使用或消费的产品或服务。

一家企业的市场营销渠道决策直接影响着其他所有的市场营销决策。就定价来说，它取决于企业是否与全国折扣连锁店合作，是否采用优质的专卖店，是否直接通过网络将产品销售给消费者。企业的销售队伍和沟通决策也取决于其市场营销渠道合作伙伴需要多少说服力、培训、激励和支持。类似地，企业是否开发或收购新产品，也可能取决于这些产品是否符合渠道成员的能力。

企业往往忽略自己的分销渠道，因此有时会遭受损失。与此相反，很多企业采用富有想象力的分销系统，以获得竞争优势。汽车租赁公司——Rent-A-Car 通过建立机场租赁办公室，彻底颠覆了汽车租赁业务；苹果公司通过 iTunes 向 iPod 用户销售音乐产品，彻底改变了音乐零售市场；联邦快递公司富有创造性的、卓越的分销系统，使它成为快递行业的领导者；优步和爱彼迎凭借共享模式，颠覆了出租车和酒店业务。类似地，亚马逊则永远改变了零售业的面貌，它不利用实体店来销售商品，逐渐成长为互联网上的"沃尔玛公司"。

分销渠道的决策往往会涉及对其他企业的长期承诺。例如，福特、麦当劳等可以很容易地改变其广告、定价或促销计划。它们可以放弃旧的产品，推出新的产品以满足市场需求。但是，当它们通过与加盟商、独立经销商或大型零售商签订合同来建立分销渠道时，即便情况发生了变化，它们也不能轻易用企业自有的商店或网站来替换这些渠道。因此，管理层设计分销渠道时必须非常谨慎，不仅要考虑目前可能的销售环境，而且要考虑未来的销售环境。

10.1.2 渠道成员如何增加价值

为什么生产商要将一定的销售任务分给渠道合作伙伴？毕竟，这样做意味着在推销方式和顾客定位上放弃了一定的控制权。生产商使用中间商，因为它们会以更高的效率将产品推向目标市场。利用它们的人脉、经验、专业性、经营规模，中间商通常能够取得比生产商更好的成绩。

图 10-1 展示了中间商创造经济价值的过程。图 10-1 中的 A 部分展示了三个生产商，通过使用直复营销，每个生产商都获得了三个顾客。此系统需要 9 个不同的渠道交易。图 10-1 中的 B 部分展示了三个生产商使用一个分销商，这个分销商联系着三个顾客，该系统仅需要 6 个渠道交易。以这种方式，中间商减少了生产商和消费者需要做的工作。

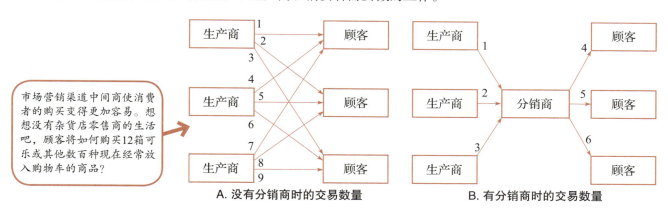

图 10-1 分销商如何减少渠道交易的数量

但从经济系统的角度来看，营销中间商的作用在于将生产商生产的产品改造成消费者想要的产品。生产商大批量生产几种商品，但消费者想要各式各样的商品，且每种商品的需求量一般很小。渠道成员从许多生产商那里批发大量的产品，并将其按照市场进行细分，为消费者提供所需的更小数量和更为广泛的产品种类。

例如，联合利华公司每个星期都生产数百万块多芬美肤皂。但是，一位顾客很可能一次只需要买几块。因此，大型食品、药品和折扣零售商，如西夫韦、沃尔格林和塔吉特，都会整车购入多芬美肤皂然后放在商店的货架上。反过来，一位顾客可能只买一块多芬美肤皂，但他的购物车里却装满了牙膏、洗发水等自己需要的相关产品。因此，中间商在平衡供给与需求方面发挥着重要作用。

在将产品和服务提供给消费者的过程中，消费者也许并不知道在什么时间、什么地点，向谁买这些产品或服务，那么渠道成员就担任起沟通桥梁的角色，从而增加了顾客价值。实际上，渠道成员起着许多关键作用。例如，一些成员可以协助完成下面的交易功能：

- 信息：收集和发布在市场营销环境中进行规划所需要的关于消费者、生产商及其他环节人员的信息，并帮助传递这些信息。
- 推广：形成并传播极具说服力的供应信息。
- 联络：寻找潜在买家并与之沟通。
- 匹配：形成商品以满足买家的需要，包括制造、分级、组装、包装等活动。
- 谈判：在价格及其他条件上达成一致，使商品所有权得以转移。

在交易达成之后，其他渠道成员帮助执行如下功能：

- 物流：运输和储存货物。
- 融资：获取并使用资金以支付渠道工作的成本。
- 承担风险：承担市场营销渠道运行时的风险。

问题不在于这些功能是否需要执行（它们必须执行），而在于由谁来执行。如果这项任务交给生产商，它的成本将会上升，因而价格会更高。当其中一些任务交给中间商的时候，生产商的成本和价格可能会低一些，但中间商会收取更多的费用以支付它们的成本。在市场营销渠道的分工中，渠道成员应各自发挥所长，创造最大的价值。

渠道层级的数量

企业可以用不同的方式设计自己的分销渠道，以便将产品和服务提供给消费者。每一层的营销中间商都处于某一个**渠道层级**（channel level）上，在为消费者提供商品的过程中发挥着一定的作用。因为无论是生产商，还是终端消费者，都会参与其中，所以他们都是市场营销渠道的一部分。

中间商的数量体现了市场营销渠道的长度。图 10-2 展示了不同长度的消费品营销渠道和工业品营销渠道。A 部分展示了几个常见的消费品营销渠道。其中，渠道 1 称为**直复营销渠道**（direct marketing channel），没有中间商参与其中，由企业直接销售产品给消费者。例如，Pampered Chef 公司、玫琳凯化妆品公司等通过家庭和办公室的销售聚会以及在线网站和社交媒体来销售自己的产品；盖可保险公司、Quicken Loans 公司、Omaha Steaks 公司通过互联网、手机和电话渠道直接向顾客进行销售。A 部分的其他渠道是**间接营销渠道**（indirect marketing channel），有一个或多个中间商参与其中。

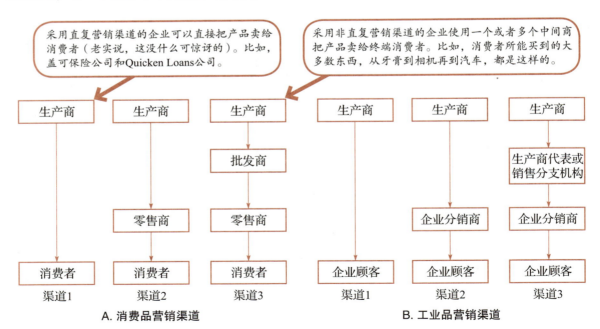

图 10-2　消费品和工业品营销渠道

B 部分则展现了一些常见的工业品营销渠道。工业品的市场营销人员可以派自己的销售队伍直接销售产品给企业顾客。或者，生产商可以将商品销售给各类中间商，由这些中间商再将商品卖给企业顾客。尽管还有其他层级更多的消费品营销渠道和工业品营销渠道，但这些渠道并不常见。从生产商的观点来看，层级越多，其控制权就越小，渠道的复杂性也就越大。此外，渠道中所有机构都由几类"流"连接起来，包括实体产品流、所有权流、现金流、信息流和促销流。由于这几类"流"的存在，即使存在一个或少数层级的渠道也会非常复杂。

10.2 渠道行为和组织

分销渠道并不只是由各种"流"连接起来的各种企业的简单组合，而是一个复杂的行为系统。在这个系统中，个人与企业进行互动，以实现个人、企业及渠道的目标。一些渠道系统中的互动非常不正式，企业之间组织得也很松散；另一些渠道中的互动却很正式，这些互动是在强有力的组织结构的指导下进行的。此外，渠道系统并非是一成不变的。新型中间商一旦出现，整个渠道系统也随之发生变化。下面我们将介绍渠道行为，以及在完成渠道工作的过程中各渠道成员是如何进行组织的。

> **作者点评**
> 渠道不仅仅是由纸上的方框和箭头组成的。它们是由通过互动来实现个人和集体目标的企业和个体所组成的行为系统。正如一些群体一样，它们有时在一起运转良好，有时却不尽如人意。

10.2.1 渠道行为

市场营销渠道是由为共同利益而建立合作关系的多家企业组成的，它们之间相互依赖。例如，福特公司的经销商依赖于福特公司，因为是福特公司设计出满足顾客需求的汽车。反过来，福特公司依靠经销商来吸引顾客，说服他们购买福特汽车并提供售后服务。福特公司的经销商彼此依赖，以获得良好的销售业绩，提供良好的服务，保持品牌的声誉。事实上，福特汽车每个经销商的成功，都取决于整个福特汽车市场营销渠道与其他汽车生产商渠道之间的竞争。

每个市场营销渠道成员都有自己的独特作用。例如，电子产品生产商三星的作用是生产消费者喜爱的电子产品，并通过在全国范围内投放广告来刺激需求；百思买的作用是在消费者接触到的地方展示这些三星产品，回答买家的问题，并完成销售。当每个成员都承担自己最擅长的任务时，整个渠道的工作才是最有效的。

在理想的情况下，由于各级渠道成员的成功取决于整个渠道的成功，渠道上的所有企业都应该密切合作。它们应该明白并接受自己的角色，协调它们各自的活动并彼此合作，以便完成整体渠道的目标。然而，个体渠道成员很少有这样开阔的视野。合作实现整个渠道的目标，有时也意味着放弃个体企业的目标。虽然渠道成员之间互相依赖，但它们经常单独行动以获得短期最大利益。在分工和奖励方面，渠道成员也往往意见不一。这种在目标、任务和奖励上的分歧，会导致**渠道冲突**（channel conflict）的出现。

水平冲突发生在市场营销渠道同一层级的企业之间。例如，芝加哥的一些福特汽车的经销商可能会抱怨，本市其他经销商定价太低或在服务范围之外的地方打广告，从而夺走了自己的销售量；假日酒店的加盟商可能会抱怨其他的假日酒店经营者乱收费或服务质量较差，影响了假日酒店的整体形象。

垂直冲突即同一市场营销渠道内部不同层级企业之间的冲突，这种冲突更为常见。例如，麦当劳公司最近与其 3 100 个独立加盟商团队之间的冲突日益加剧。[2]

最近，对麦当劳的加盟商的一项调查显示，加盟商对麦当劳的不满情绪很大。一些冲突源于近年来全系统销售的放缓，这让双方都感到紧张。最基本的冲突是财务问题。麦当劳通过基于系统总销售额的特许经营权使用费来赚钱。相比之下，加盟商则靠利润——除去成本后的剩余部分赚钱。为了扭转销售下滑的局面，麦当劳加大了对超值折扣（推出了超值菜单）的重视，该策略增加了麦当劳的销售额，但挤压了加盟商的利润。同时，加盟商还抱怨这个策略增加了一些受欢迎但更为复杂的菜单项目——如可定制的汉堡、新鲜牛肉、麦咖啡饮料和全天早餐，这些项目为麦当劳带来了顶线增长（即营业收入增长），但为加盟商增加了准备、设备和人员成本，同时也影响了服务的速度。麦当劳还要求加盟商对餐厅进行昂贵的升级和检修，如增加自助点餐机。总而言之，尽管最近销售额有所回升，但加盟商仍然心存不满。最近的调查结果显示：麦当劳目前与加盟商的关系评分为 1.81 分（满分为 5 分），处于"一般"到"差"的范围，这是历史上最低的分数。这对麦当劳来说是令人担忧的，因为麦当劳 80% 以上的店面都是由加盟商经营的。有研究表明，加盟商的满意度和顾客服务之间有着紧密的联系。

一些渠道冲突是以良性竞争的形式存在的。这样的竞争对渠道来说是可取的。没有竞争，渠道可能会变得被动，不去创新。例如，麦当劳与其加盟商之间的冲突可能代表着正常的渠道合作伙伴各自权利的妥协。然而，严重的或长期的冲突可能会影响渠道的效率，并对渠道关系造成不利影响。麦当劳应该认真管理渠道冲突，以防失控。

10.2.2　垂直营销系统

渠道要想在整体上表现良好，就必须明确各渠道成员的作用，并加强对渠道冲突的管理。如果渠道内某个扮演领导角色的企业、机构或机制有权分配任务和管理冲突，那么这个渠道会有更好的表现。

从以往来看，传统分销渠道一直缺乏这样的领导和权力，这往往导致破坏性冲突及表现不佳。多年来，渠道最大的发展之一就是垂直营销系统的出现，该系统给渠道注入了领导力量。图 10-3 对比了两种渠道的安排。

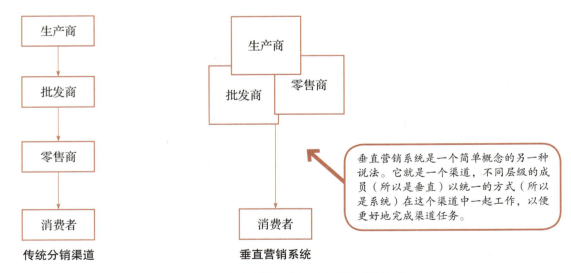

图 10-3　传统分销渠道和垂直营销系统的对比

传统分销渠道（conventional distribution channel）由一个或多个独立的生产商、批发商和零售商组成，每一方都是寻求自身利润最大化的独立企业，甚至不惜以损害整体利益为代价。没有一个渠道成员可以控制其他成员，也不存在分配任务和解决渠道冲突的正式途径。

与此相反，**垂直营销系统**（vertical marketing system，VMS）是一个由生产商、批发商和零售商组成的统一系统。一个渠道成员控制着其他成员，与它们签署合同，或者拥有很大的权力以至于它们必须合作。垂直营销系统可以由生产商、批发商或零售商所主导。

下面我们将介绍三种主要的垂直营销系统：公司式、合同式和管理式。每种系统都使用不同的手段在渠道内建立领导地位并分配权力。

公司式垂直营销系统

公司式垂直营销系统（corporate VMS）集生产和分销阶段于一体。通过正规的组织渠道进行协调和冲突管理工作。例如，食品杂货巨头克罗格公司拥有并经营 38 家食品加工厂——17 家乳制品厂、7 家面包厂、5 家食品厂、1 家熟食厂、2 家冷冻面团厂、2 家饮料厂、2 家奶酪厂、2 家肉类加工厂。这给了它从工厂到商店的渠道，使其控制了货架上 13 000 种自有品牌商品的 40% 以上。[3]

同样，鲜为人知的意大利眼镜生产商陆逊梯卡（Luxottica）生产许多著名的眼镜品牌，包括其自有的雷朋（Ray-Ban）、欧克利（Oakley）、Persol 和 Vogue Eyewear 品牌，以及授权品牌，如博柏利（Burberry）、香奈儿（Chanel）、Polo Ralph Lauren、唐娜·凯伦（DKNY）、普拉达（Prada）、范思哲（Versace）和迈克·科尔斯。然后，陆逊梯卡公司通过自己拥有的一些全球最大的眼镜连锁店（亮视点（LensCrafters）、Pearle Vision、Sunglass Hut、Target Optical 和 Sears Optical）等控制这些品牌的分销。总体而言，通过垂直整合，陆逊梯卡控制了美国眼镜市场 60%～80% 的市场份额。陆逊梯卡最近与全球最大的镜片生产商依视路公司（Essilor）合并，从而对其供应链有了更多的垂直控制。[4]

合同式垂直营销系统

合同式垂直营销系统（contractual VMS）是由不同层级的独立生产商和分销商通过合同联合起来所形成的，这些公司通过合同结合在一起，以获得比自己经营更多的利润或销售额。渠道成员之间通过合同协调活动并管理冲突。

特许经营组织（franchise organization）是合同关系中最常见的类型。在这个系统中，一个称为特许权拥有者的渠道成员把生产—分销过程的几个阶段连接起来。仅在美国，近 74.6 万个特许经营点就创造了 4 250 亿美元的经济产出。[5] 从汽车旅馆和快餐店再到牙科中心和约会服务，从婚礼顾问和杂工服务到殡仪馆、健身中心、搬家服务和美发沙龙，几乎每种业务都通过特许经营得到了快速发展。

特许经营使具有良好商业理念的企业家能够快速并有利可图地发展自己的业务。例如，以 Sports Clips 美发公司为例——这是一家以运动为主题的面向男性的美发店，它是一个可以让顾客的头发"进入状态"的地方。通过特许经营，自 20 世纪 90 年代中期以来，Sports Clips 美发公司发展迅速。目前，该公司在美国和加拿大拥有 1 700 多家分店，每年的总销售额超过了 6 亿美元。2017 年，Sports Clips 美发公司在《企业家》特许经营 500 强名单中排在第 10 位，仅次于麦当劳、7-11、唐恩都乐和塔可贝尔等特许经营巨头。[6]

一般而言，特许经营有三种类型。第一类是生产商倡导的零售商特许经营制度。例如，福特公司及其独立特许经销商网络；第二类是生产商倡导的批发专营制度，如可口可乐公司的特许装瓶商（批发商），它们来自世界各地，购入可口可乐糖浆浓缩液，然后装瓶并将成品销售给当地零售商；第三类是服务企业倡导的零售商特许经营制度。例如吉米·约翰斯公司（Jimmy Johns）及其在美国的 2 600 多家特许经营餐厅。其他例子也随处可见，从汽车租赁公司（赫兹、安飞士）、服装零售商（The Athlete's Foot、Plato's Closet）、酒店（假日酒店、汉普顿酒店（Hampton Inn））到教育（Huntington Learning Center、Kumon Math & Reading Centers）和私人服务（Two Men and a Truck、Mr. Handyman、Anytime Fitness）。

大多数消费者无法分辨合同式和公司式垂直营销系统，这显示了合同式组织在与公司链竞争中的成功。下一章将对各种合同式垂直营销系统进行更加充分的讨论。

管理式垂直营销系统

在**管理式垂直营销系统**（administered VMS）中，领导权并不取决于共同所有权或合同关系，而是取决于一个或几个占据主导地位的渠道成员的规模和权力。一家顶级品牌生产商能够与经销商建立强大的贸易合作关系，并获得它们的支持。例如，宝洁和苹果可以要求许多经销商在产品展示、货架空间、促销活动和价格政策上进行不寻常的合作。反过来，大型零售商，如沃尔玛、家得宝、克罗格和沃尔格林等可以对其商品的生产商施加巨大的影响。

例如，沃尔玛在与其消费品供应商之间的常规交锋中，通常会有自己的套路。其中，沃尔玛这个美国最大的杂货商，在美国所有杂货店销售中占有超过21%的份额。以该公司的供应商 Clorox 公司为例，尽管 Clorox 强大的消费者品牌偏好使其具有强大的谈判能力，但沃尔玛显然持有更多的底牌。沃尔玛的销售额占 Clorox 销售额的27%，而 Clorox 的产品不足沃尔玛产品采购量的1%，这使得沃尔玛成为其迄今为止最主要的合作伙伴。实际上，不只是 Clorox，Cal-Maine 食品公司及其 Eggland's Best 品牌几乎有30%的销售额都依赖于沃尔玛，但其销售额仅占沃尔玛销量的0.1%。由此可见，对于这些品牌来说，与巨型零售商保持牢固的关系至关重要。[7]

10.2.3　水平营销系统

另外一种渠道是**水平营销系统**（horizontal marketing system），即两个或两个以上同一级别的企业联合起来，寻求新的市场营销机会。通过合作，企业可以整合各自的资金、生产及市场营销资源，取得任何一家企业都无法独自取得的成就。

企业也可以联合竞争对手或者非竞争对手的力量。它们可能暂时或永久合作，或创建一个单独的企业。例如，塔吉特与非竞争对手星巴克合作，在其商店中设置咖啡店。星巴克公司从塔吉特巨大的客流量中获益，而塔吉特则让其购物者喝上星巴克咖啡并准备购物。此外，塔吉特还与 CVS 健康合作，通过"店中店"的形式在塔吉特商店中经营 CVS 药店和"一分钟诊所"。这种合作关系使 CVS 健康在塔吉特商店内的黄金位置拥有了1 700多家药店和80家诊所。这使得塔吉特能够专注于其核心的产品设计、商品销售和市场营销优势，但同时还可以为顾客提供他们想要的专业药店和保健服务。[8]

这样的渠道安排在全球范围内可以顺利运作。例如，世界上大多数主要航空公司已经加入了三个主要的全球联盟之一：星空联盟（Star Alliance）、天合联盟（Skyteam）或寰宇一家（Oneworld）。星空联盟由28家"和谐相处"的航空公司所组成，其中包括美国联合航空公司、加拿大航空公司（Air Canada）、汉莎航空公司（Lufthansa）、中国国际航空公司、土耳其航空公司（Turkish Airlines）和其他20多家航空公司。它每天向全球1 300多个机场提供18 500多个航班。这种联盟将各个承运人联系在一起，形成了庞大的全球航空旅行网络，联盟有共同的品牌和市场营销，在机场里有共同的位置，有联程调度和更顺畅的全球航班连接以及共享奖励和会员特权。[9]

10.2.4　多渠道分销系统

过去，许多企业都采取单一渠道运作单一市场或细分市场。今天，随着顾客细分和渠道可能性的增加，越来越多的企业开始采用**多渠道分销系统**（multichannel distribution systems）。当企业采用两个或更多的市场营销渠道，以便触达一个或多个顾客细分市场时，多渠道分销便产生了。

图 10-4 展示了一个多渠道分销系统。在该图中，生产商通过产品目录、电话营销以及互联网直接向消费者细分市场1进行销售，通过零售商服务消费者细分市场2，通过分销商和经销商

间接将商品销售给工业品细分市场 1，通过自己的销售团队将商品销售给工业品细分市场 2。

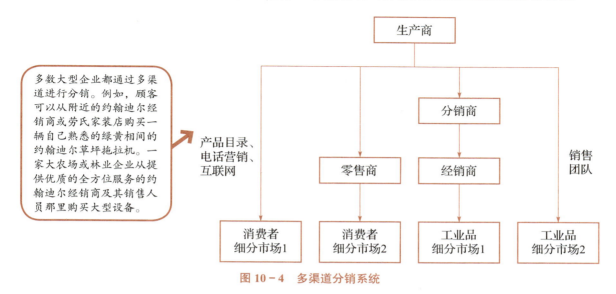

多数大型企业都通过多渠道进行分销。例如，顾客可以从附近的约翰迪尔经销商或劳氏家装店购买一辆自己熟悉的绿黄相间的约翰迪尔草坪拖拉机。一家大农场或林业企业从提供优质的全方位服务的约翰迪尔经销商及其销售人员那里购买大型设备。

图 10-4　多渠道分销系统

现今，几乎每一家大企业以及许多小企业都通过多种渠道来分销商品。例如，约翰迪尔公司通过多种渠道，包括约翰迪尔零售店、劳氏家装店及在线销售，将草坪和园艺拖拉机、割草机以及户外供电产品销售给消费者和工业品用户。同时，该公司还通过其经销商网络出售拖拉机、联合收割机、播种机以及其他农业设备，并提供维修保养服务。而大型建筑和林业设备的销售，则由精选的、能够提供全方位服务的约翰迪尔经销商及公司内部销售团队去完成。

对于那些面对大且复杂市场的企业而言，多渠道分销系统具有许多优势。随着新的渠道投入使用，企业增加了销售、扩大市场覆盖范围和收益的机会，并调整其产品和服务，以便满足不同顾客群体的具体需求。但是，控制这种多渠道系统日益困难。当有更多的渠道来争夺顾客和销售量时，冲突便会产生。例如，当约翰迪尔公司开始通过劳氏家装店销售指定的商品时，许多经销商开始怨声载道。为了避免网络营销渠道中的冲突，该公司把网络销售权也交给了经销商。

10.2.5　改变渠道组织

技术变革和直复营销与在线营销的爆发式增长，对市场营销渠道的性质和设计产生了深远的影响。其中，一个主要的趋势是**去中介化**（disintermediation），这是一个有着明确信息和重要影响的词。当产品生产商或服务提供商剔除中间商环节而直接接触终端用户时，或全新类型的渠道中间商取代传统中间商时，去中介化便产生了。

因此，在许多行业里，传统的中间商渐渐被弃置一旁，就像网络营销人员从传统实体零售商那里抢生意一样。例如，苹果公司的 iTunes 和亚马逊公司在线音乐下载服务几乎让传统的音乐商店零售商破产，实体音乐销售现在只占据不到 22% 的音乐市场收入。然而，反过来，流媒体音乐服务，如 Spotify、Amazon Prime Music 和苹果公司的音乐服务，现在也正在破除数字下载服务的中介环节。目前，音乐下载占音乐行业收入的比例越来越小，仅为 24%，而流媒体的占比却增长到了 51%。[10]

对生产商和经销商来说，去中介化既是机遇也是挑战。创新者能够找到给渠道增加价值的新方法，从而挤走传统经销商以赚取利润。例如，基于应用程序的乘车服务公司——来福车和优步迅速崛起，通过提供更好的顾客体验和更低的价格，迅速颠覆了传统的出租车和汽车租赁服务（参见市场营销进行时 10-1）。

| 市场营销进行时 10-1 |

来福车：城市交通渠道的颠覆和去中介化

虽然很少见，但是每隔一段时间，就会有一家完全颠覆传统产品或服务的分销方式的企业出现。联邦快递彻底改变了小型包裹递送渠道，亚马逊从根本上改变了零售业，而苹果的 iTunes 和 iPod 则改变了音乐传播的方式。现在，基于移动应用程序的来福车和优步的乘车服务出现了，它们正在彻底改变城市的交通方式。这些快速成长的初创公司正在迅速地使传统的出租车和租车服务去中介化。

当谈到基于移动应用程序的城市乘车服务时，顾客首先想到的可能是市场领导者优步。但是，排名第二的来福车开创了共享汽车的概念。在优步出现之前，来福车的雏形是 Zimride，这是一款拼车应用程序，旨在为周末和假期回家的大学生提供拼车服务。然而当 Zimride 演变为来福车时，优步已经有了充足的资金和强大的实力。虽然来福车现在的增长速度比优步快得多，但相比于优步，其市场份额还是少得多。来福车在美国共享出行市场中占据了约 1/3 的份额，而优步则占据着 2/3 的份额。

为什么现在有这么多顾客不再选择传统的出租车服务而选择来福车和优步这样的新来者呢？这都是为了方便和省心。来福车的智能手机应用程序可以让乘客在任何地点叫到最近的车，然后在地图上追踪它的位置。来福车的应用程序提前向乘客提供准确的车费估算（通常比普通出租车的收费低很多），消除了不确定性和乘客的猜测。在乘车结束之后，乘客只需离开即可。来福车会自动从乘客的信用卡中扣除费用，从而消除了通常麻烦的付款环节。从纽约到旧金山再到北卡罗来纳州的阿什维尔，然后到佐治亚州的雅典，全美各地都是同样的流程。

从一开始，来福车就致力于顾客的体验。长期以来，美国传统的城市运输渠道一直为出租车公司和地方政府之间类似于卡特尔的关系所控制，其特点是价格高且服务差。来福车推出了由普通人驾驶的汽车出行服务，以合理的价格为乘客提供友好的服务。它鼓励乘客坐在前排并与司机畅谈。来福车标榜"快乐的司机，快乐的乘客"。

将来福车的体验与使用传统出租车时经常令人不安的体验进行比较，一位商业记者描述了这样一个场景：在出租车站排队等候时，司机试图让另外一位可能的乘客——一位完全陌生的人——共同乘坐出租车，从而增加他的收费。出租车本身又旧又脏，座位破损不堪。在整个乘车过程中，出租车司机可能会通过耳机与别人进行电话交谈，在繁忙的城市街道上心不在焉地行驶可能会引起安全问题，而且司机可能会说听不懂的、难以理解的英语。"结果，这被证明是件好事，"报告者称，"因为我听不懂他因为我没有给他足够的小费而辱骂我。"

因此，来福车的颠覆性创新为一个渴望变革的行业带来了一股新鲜空气。尽管来福车和优步之间的竞争加剧，但这两家公司都从对方的成功中受益。消费者越是接受这种打车模式，新渠道相对于传统渠道就越能发展壮大，随之便会为两家公司创造更多的机会。其中，最受威胁的是传统的出租车公司和汽车租赁公司，现在它们的顾客和司机正逐渐青睐于来福车公司和优步公司。

来福车不可能在短期内赶上优步。凭借先发优势和投资者的雄厚资金，优步在迅速增长，并占据了美国出租车市场 90% 的份额。而且，优步还在全球范围内迅速扩张——它现在为全球 60 多个国家的 400 个城市提供服务。来福车刚刚开始就面向全球。但在 2017 年，优步被一系列丑闻所影响，从其联合创始人、时任首席执行官特拉维斯·卡兰尼克（Travis Kalanick）的公开不当行为，到优步司机遭受到的不公平待遇，到窃取别人的技术，再到糟糕的企业文化中的性骚扰等指控。优步的顾客以社交媒体驱动的"抵制优步运动"（#deleteUber）作为回应，这使得优步损失了不少顾客和市场份额。

优步的市场份额下降，来福车的市场份额却在飙升。尽管优步的销售额在这一年中有所恢复并略有增长，但来福车在优步的低迷阶段得以迅速发展，其司机和乘客数量都翻了一番。

来福车的未来一片光明。随着消费者不断从出租车市场转移到新的乘车服务方式中来，其市场还会持续增长。一些人甚至逐渐不再自驾出行，而使用来福车和优步的叫车应用程序作为他们唯一的汽车出行方式。在过去的一年中，有将近1/4的美国成年人在进行汽车买卖，其中，有近10%的人没有用新车替换旧车，而是选择依靠来福车或优步出行。除了乘客出行服务以外，来福车和优步还在利用司机通过自己的平台运送其他东西——从外卖食品到零售包裹。

但展望未来，来福车知道去中介化是一把双刃剑。现在正在对传统的城市交通服务进行破坏的乘车公司，本身也容易受到下一个大事件的破坏。在这种情况下，下一个大事件可能就是无人驾驶汽车。无人驾驶汽车的广泛使用，曾经是一个遥远的幻想，但现在已成定局——这只是个时间问题。还有什么出行方式比使用无人驾驶汽车更好？因此，来福车和优步都在大力投资无人驾驶汽车技术，希望在新一轮竞争对手之前革新自己的创新乘车渠道。

无人驾驶汽车行业正处于巨大的变化之中。从通用汽车、福特到谷歌和亚马逊，各大巨头都在开发自己的无人驾驶车队，甚至已经开始研究建立自己的打车和送货服务。例如，通用汽车旗下的 Cruise Automation 公司已经试验了一款新的打车软件，让旧金山的员工可以使用其无人驾驶汽车。与来福车或优步合作，可能会帮助这些公司更快地起步和运营。

来福车认识到自己缺乏独立完成任务的资源，因此正在寻求合作。它已经与几家无人驾驶技术开发商建立起了合作伙伴关系，包括通用汽车的 Cruise Automation、福特和谷歌的 Waymo 自动驾驶汽车项目。来福车正在创建自己的自动驾驶技术开发项目，该项目将开发一个开放的自动驾驶平台，汽车制造商可以将该平台接入任何汽车当中，使其成为来福车的无人驾驶汽车供应商，这是来福车迄今最大的举措。

来福车的创新打车模式正在颠覆和取代传统的竞争对手，而且这家年轻的公司本身也面临着来自更多新技术的颠覆。为了更好地发展，甚至为了生存下去，来福车必须继续进行创新，在竞争对手之前使自己的分销模式也实现去中介化。

资料来源：Brett Williams, "Americans Have Started to Ditch Their Cars for Uber and Lyft," *Mashable*, May 26, 2017, https://mashable.com/2017/05/25/cars-replaced-by-ride-hailing-poll/#Z0bZc.OFoOqY; Michal Lev-Ram, "Scandals and Missteps at Uber Have Given Lyft a Chance to Catch Up in the Ride-Sharing Race," *Fortune*, July 19, 2017, http://fortune.com/2017/07/19/uber-vs-lyft-race/; Jim Edwards, "Uber Has Changed My Life and as God Is My Witness I Will Never Take a Taxi Again" *Business Insider*, January 22, 2014, www.businessinsider.com/uber-has-changed-my-life-and-as-god-is-my-witness-i-will-never-take-a-taxi-again-where-available-2014-1#ixzz3TYF7ZY29; David Z. Morris, "Lyft Could Have One-Third of the U.S. Rideshare Market by Christmas," *Fortune*, November 12, 2017, http://fortune.com/2017/11/12/lyft-us-rideshare-market-report/; Biz Carson, "Lyft Doubled Rides in 2017 as Its Rival Uber Stumbled," *Forbes*, January 16, 2018, www.forbes.com/sites/bizcarson/2018/01/16/lyft-doubled-rides-in-2017/#5afda477d6be; Olivia Solon, "Is Lyft Really the 'Woke' Alternative to Uber?", *The Guardian*, March 29, 2017, www.theguardian.com/technology/2017/mar/29/is-lyft-really-the-woke-alternative-to-uber; Arian Marshall, "The Ride-Hailing Business Is Now Way Bigger Than Uber and Lyft," *Wired*, February 28, 2018, www.wired.com/category/transportation/; and www.lyft.com, accessed October 2018.

反过来，传统中间商也必须不断创新，以避免被淘汰。例如，玩具反斗城开创了超级市场模式，一度使其成为顾客购买玩具和婴儿产品的首选，也使得大多数小型独立玩具店倒闭。但近年来，玩具反斗城却未能适应玩具市场销售的重大转变——先是向沃尔玛和塔吉特等大型折扣商的转变，然后是向亚马逊等网商的转变。目前，相当比例的玩具和婴儿产品的购买在线上进行，而玩具反斗城在这方面的转变却严重滞后。亚马逊现在的在线玩具销售额是玩具反斗城的三倍，沃尔玛紧随其后。因此，玩具反斗城于近期停止了业务，并关闭了商店。[11]

像经销商一样，为了保持竞争力，产品和服务生产商也必须开发新的渠道机会，如互联网、移动和其他直接渠道。然而，开发这些新渠道往往会使它们与已建立的渠道直接竞争，从而导致冲突。为了缓解这个问题，企业通常会想办法让直销成为整个渠道的优势。例如，为了避免在线和移动渠道销售的冲突，摩托车制造商哈雷－戴维森通过其独立经销商进行所有的在线销售。[12]

　　每年，哈雷－戴维森向忠实的哈雷粉丝销售价值超过 11 亿美元的零部件、配件、品牌服装和其他日用商品，这些占到其年收入总额的 20% 以上。因此，在网上销售此类产品以接触更多顾客是有意义的。但是，通过在线销售，哈雷－戴维森有可能疏远其 700 多家独立的美国经销商，因为这些经销商希望在他们的商店中销售这些高利润的商品。为了避免经销商冲突，该公司在线销售产品，但只能"作为经销商的代理商"进行销售。当哈雷－戴维森接受网上订单时，它会要求顾客选择一家经销商的店进行购买，从而把经销商作为顾客体验的中心。然后，无论这些物品是由哈雷－戴维森发货，还是由哈雷－戴维森的各个经销商发货，抑或是由顾客到某个商店提货，经销商都将从销售中获得利润。因此，哈雷－戴维森的直复营销和移动营销对企业及其渠道合作伙伴都是有好处的。

概念应用

　　到此，暂停一会儿，运用我们刚刚学习过的市场营销渠道概念做些分析工作。

● 比较盖可保险公司和福特公司的市场营销渠道。画一幅图，展示各自渠道里的中间商。这两家公司使用的是什么样的渠道系统？

● 在各自的渠道中，每个渠道成员起着什么样的作用，承担什么样的责任？这些渠道成员携手合作会在多大程度上影响整个渠道的成功？

➡ 10.3　渠道设计决策

作者点评

正如市场营销中的其他环节一样，良好的渠道设计基于对顾客需求的细致分析。请记住，市场营销渠道是真正的顾客价值交付网络。

　　现在，我们来看看生产商面临的几个渠道设计决策。在设计市场营销渠道时，生产商要琢磨什么是理想的，什么是实际的。一家资金有限的企业在刚开始时，通常会在小范围的市场区域内开展业务。在这种情况下，决定哪个渠道最好可能并不是问题，问题在于如何说服中间商把选择的渠道运作起来。

　　如果成功的话，新企业可以通过现有的中间商在新市场开设分公司。在较小的市场上，企业可能会直接将产品销售给零售商；在较大的市场上，它可能会通过经销商进行销售。在该国的一个地区，它可能会授予独家经营权；在另外一个地区，它可能会通过所有可行的渠道进行销售。另外，它也可能会开设一个互联网商店，把产品销售给门店不太接触得到的消费者。这样的话，渠道系统需要不断演进，以便符合市场情况并抓住市场机会。

　　然而，为了获得最大效益，渠道分析和决策应该更有目的性。**市场营销渠道设计**（marketing channel design）要求分析顾客需求、设置渠道目标、确定主要备选渠道、评估主要备选渠道。

10.3.1　分析顾客需求

　　如前所述，市场营销渠道是整体顾客价值交付网络的一部分。每个渠道成员、每一个渠道层级，都在为顾客增加价值。因此，设计市场营销渠道应该以发现目标顾客的需求为起点。顾客是希望从附近的地点购买，还是愿意去更远且集中的地点购买？顾客愿意亲临专柜，还是通过电话或网络购买产品？他们更重视商品品种的多样化，还是更倾向于产品单一而专业？消费者是想要更多的附加服务（送货、安装、维修），还是想在其他地方获得这些服务？交付越快，品种选择越多，附加服务越多，渠道的服务水平才越高。

但是考虑到最短时间交货、最多品种选择和最多服务不太可能实现或不太切合实际，企业及其渠道成员未必有足够的资源或技能去提供所有顾客想要的服务。此外，如果要提供更高水准的服务，那么渠道成本会更高，消费者就需要支付更高的价格。现代折扣零售的成功表明：消费者通常接受较低的服务水平来换取较低的价格。例如，与韦格曼斯、Publix、克罗格、Trader Joe's、全食超市或任何其他杂货零售商相比，沃尔玛在杂货零售商的顾客购物体验和满意度排名中通常接近末位，然而，它却占据了美国食品杂货市场 21.5% 的份额。[13]

但是，许多企业都将自己定位在更高的服务水平上，而顾客愿意支付更高的价格。例如，沃尔玛通常在杂货零售商顾客满意度的排名中接近垫底，而东海岸连锁超市韦格曼斯则一直名列前茅。[14]

韦格曼斯以其广泛的选择、干净的店面、非常高的服务水平以及训练有素和友好的员工而自豪。一位顾客在 Yelp 网站上评论说："毫无疑问这是周围最好的超市，员工的知识和帮助是惊人的。"另外一位顾客说："除了地球上所有的东西都可以选择和令人目不暇接之外，这是一个了不起的地方。……好吧，我被打动了！"结果，该公司有了一批忠诚的顾客。据报道，演员亚历克·鲍德温（Alec Baldwin）的母亲拒绝从纽约搬到洛杉矶，因为她不想放弃她最喜欢的韦格曼斯商店。尽管在沃尔玛商店购物可能会省钱，但对于忠诚的韦格曼斯购物者来说，更高的质量和非凡的服务是值得支付更高的价格的。

因此，企业必须考量消费者的需求，不仅要考虑满足这些需求的可行性和成本，而且要考虑消费者的价格偏好。

10.3.2 设置渠道目标

企业应根据其设定的顾客服务水平来设计自己的市场营销渠道。在通常情况下，企业可以辨识出不同的细分市场有着不同级别的服务需求。企业应该决定服务哪些细分市场以及在各个市场上使用哪种渠道最好。在每个细分市场上，企业都希望满足顾客服务需求的总渠道成本最小化。

影响企业市场营销渠道目标的，还有该公司的性质、产品、营销中间商、竞争对手和营销环境等因素。例如，企业的规模和财务状况决定了可以自己承担哪些市场营销职能，哪些必须交给中间商来负责。例如，销售易腐产品的企业可能需要采用直销，以避免延误和经手太多。

在某些情况下，一些企业可能希望在销售竞争对手产品的地点或附近与其展开竞争。例如，美泰克公司（Maytag）希望其家电与竞争品牌的产品放在一起进行展示，以便消费者可以货比三家。在其他情况下，企业可能会避免使用竞争对手的渠道。例如，Pampered Chef 公司通过其遍布全球的 60 000 多名顾问直接向消费者出售优质厨房工具，而不是与其他厨房工具制造商正面交锋，争夺在零售店中的稀缺位置。斯特拉 & 多特公司（Stella & Dot）通过 50 000 多个独立销售代表销售其优质的珠宝，这些销售代表在家里举办类似特百惠公司（Tupperware）的"商品秀"（trunk shows）。[15] 盖可保险公司和 USAA 主要通过电话和互联网渠道，而不是代理商渠道，来向消费者销售保险和银行产品。

最后，经济条件和法律限制等环境因素也可能影响市场营销渠道目标及设计。在经济低迷时，生产商想用最省钱的方式配送其货物、缩短渠道、去除不需要的服务，以便降低商品的最终价格。

10.3.3　确定主要备选渠道

企业在确定了市场营销渠道目标之后，接下来应该根据中间商的类型、数量以及每个渠道成员的责任确定主要备选渠道。

中间商的类型

企业应该确定能够胜任其渠道工作的渠道成员的类型。大多数企业都有很多渠道成员可供选择。举个例子，直到最近，戴尔公司只是通过其成熟的电话和网络营销渠道将产品直接销售给终端消费者和企业用户，并且利用直销队伍与大型企业、机构和政府买家合作。但是，为了吸引更多的消费者并赶上惠普公司等竞争对手，戴尔公司现在通过百思买、史泰博和沃尔玛等零售商间接地销售其产品。其他间接渠道包括增值分销商、独立分销商，还有开发计算机系统和根据中小型企业的特殊需求定制应用程序的经销商。

在一个渠道中使用多种类型的经销商，既有优点也有缺点。例如，除了直销，通过零售商和增值分销商，戴尔公司可以接触到更多不同类型的买家。然而，新的渠道更加难以管理和控制。此外，直接和间接渠道将会互相争夺同一个顾客群体，造成潜在的渠道冲突。事实上，戴尔公司经常会"卡在中间"，它的直销代表抱怨其与零售商存在竞争，而它的增值分销商却抱怨"直销代表正在削弱它们的业务"。

中间商的数量

企业还必须确定每个层级上渠道成员的数量。一般而言，企业可以采取三种策略：密集分销、独家分销以及选择性分销。便利品和普通原材料生产商通常采用**密集分销**（intensive distribution）——在尽可能多的销售网点铺货的策略。这些产品必须是消费者随时随地想买就能买得到的。比方说，牙膏、糖果和其他类似商品在数百万网点进行销售。这样一来，不仅使品牌曝光度最大化，也在最大程度上给予消费者方便。宝洁、可口可乐、金佰利－克拉克等消费品公司，就是以这种方式分销产品。

与此相反，一些生产商故意限制经手它们产品的中间商数量。这种做法的极端形式就是独家分销，生产商赋予少数经销商在各自分销范围内**独家分销**（exclusive distribution）的权力。采用独家分销的，往往都是奢侈品牌。百年灵（Breitling）手表的定位是"为专业人士打造"，销售价格从 5 000 美元到超过 10 万美元。这个品牌的手表在相应区域市场上，只通过少数授权经销商来进行销售。例如，该品牌仅通过芝加哥的一家珠宝商和整个伊利诺伊州的六家珠宝商进行销售。独家分销提高了百年灵公司独特的定位，并赢得了更多的经销商支持和顾客服务。

密集分销和独家分销之间还有一种**选择性分销**（selective distribution）——使用一个以上但不是所有中间商分销企业产品。大多数电视机、家具和家用电器品牌，使用这种方式进行分销。例如，室外电力设备制造商 STIHL 公司并不通过大型零售商，如劳氏、家得宝或西尔斯百货销售其链锯、鼓风机、树篱修剪机和其他产品。相反，它通过精选的独立硬件团队、草坪经销商和花园经销商进行销售。通过使用选择性分销，STIHL 公司可以与经销商建立良好的工作关系，并期望获得高于平均水平的销售业绩。同时，选择性分销还能提升 STIHL 品牌的形象，并通过更高附加值的经销商服务来获得更高的利润。STIHL 公司的广告说："我们每天都在依靠我们精选的经销商，你也可以。"

渠道成员的责任

生产商和中间商必须在合作条款和每个渠道成员的责任上达成一致意见。它们应该商定价格政策、销售条件、分销权限以及每一方必须提供的具体服务。生产商应该给产品标价并给中间商一个合理的折扣价。同时，它还要规定每个渠道成员的分销区域，并在安排新的经销商时保持谨慎小心。

双方的服务和义务需要详细阐明，特别是特许经营和独家分销渠道。譬如，赛百味公司为加盟商提供了专有配方和操作系统、促销和广告支持、强化培训、选址协助和一般管理指导。反过来，加盟商必须满足该公司物理设施和食品质量的标准、提供所要求的信息、购买指定的食品、配合新的促销计划、支付广告费用，并向赛百味公司支付 8% 的特许权使用费。[16]

10.3.4　评估主要备选渠道

假设一家企业已经确定了几个备选渠道，并希望选择最能满足其长期目标的那个，该公司就要对每个备选渠道的经济性、可控性和适应性进行评估。

在经济性方面，企业会比较各个备选渠道的预期销售额、成本和盈利能力。对每个备选渠道需要投资些什么？回报是什么？同时，企业还必须考虑可控性。中间商参与通常意味着它们在产品的市场营销上具有一定的控制，其中一些比其他中间商拥有更多的控制权。在其他条件相同的情况下，企业往往更愿意保持尽可能多的控制权。最后，企业还必须考虑适应性。渠道内合作往往是长期的，但企业希望保持渠道的灵活性，从而适应环境的变化。因此，值得注意的是，渠道的长期适应性应该优先于渠道的经济性和可控性。

10.3.5　设计国际分销渠道

国际营销人员在设计渠道时，往往面临很多复杂的问题。每个国家都有自己独特的分销系统，经过长时间的演变，各个国家的渠道系统之间有着很大的区别。因此，国际营销人员必须按照每个国家的现有结构调整自己的渠道策略。

为每个国家 / 地区市场服务的中间商的数量和类型以及为这些中间商服务的运输基础设施，也存在着巨大的差异。例如，大规模的零售连锁店主导着美国市场，但其他国家 / 地区的大部分零售业务则是由小型独立零售商来完成的。在印度或印度尼西亚，数百万零售商经营着小商店或在公开市场上进行销售。

即使在拥有类似类型卖家的世界市场中，零售业的做法也会有很大不同。例如，在中国的主要城市，你会发现许多沃尔玛、Tesco 和其他零售超市。在西方市场上，在这些商店中销售的消费品牌主要依赖于自助服务，但在中国市场，各品牌则会雇用大批身着制服的店内促销员——称为"推销员"——来分发样品并向顾客推销产品。在北京的一家沃尔玛门店里，在任何一个周末，你可能都会发现 100 个或更多这样的促销员在向顾客介绍来自卡夫食品、联合利华、宝洁、强生和一系列当地竞争对手的产品。一家中国零售营销服务机构的负责人表示："中国消费者通过媒体了解品牌名称，但他们希望在购买之前感受一下产品并进行详细的了解。"[17]

在新兴市场分销时，企业通常还必须克服分销基础设施和供应方面的挑战。例如，在尼日利亚，达美乐比萨不得不在许多餐馆后面挖井和安装水处理设备来获得干净的水。同样，当在南非难以获得优质牛肉，汉堡王最终投资了 500 万美元建设自己的本地牛场，而不是从当地牧民饲养的、骨瘦如柴的牛身上购买稀缺的牛肉。[18]巴西东北部亚马孙河流域缺乏便利的陆路网络，为了更好地服务该地区的顾客，雀巢公司甚至推出了"漂浮超市"，将商品直接送到顾客手中。这艘船为 18 个河边小镇的 80 万名消费者提供了 300 种不同的雀巢产品，在每个站点停留一天的时间。[19]

➡ 10.4　渠道管理决策

> **作者点评**
> 现在，是时候来讨论采用既定渠道的设计和与渠道成员合作的话题了。

在斟酌其渠道选择并最终确定最佳渠道设计之后，企业必须采用和管理选定的渠道。**营销渠道管理**（marketing channel management）需要选择、管理与激励每个渠道成员，并适时评估他们的表现。

10.4.1　选择渠道成员

生产商吸引合格的营销中间商的能力有所不同，一些生产商能够轻松签下渠道成员并成功合作。当丰田公司首次在美国推出雷克萨斯系列时，很容易就获得了新的经销商。事实上，它还得拒绝许多其他经销商。

另一些生产商则必须努力工作才能获得足够的、合格的中间商。例如，天美时公司（Timex）第一次尝试通过常规饰品店出售廉价手表时，大多数珠宝店都拒绝合作。随后，该公司设法使其手表进入大众商品市场。事实证明，这是一个明智的决定，因为大众商品的销售增长迅速。

即使是知名品牌也可能不太容易获得并留住其所需的分销商，尤其是与强大的经销商打交道时。例如，亚马逊网站拒绝出售谷歌的 Nest 智能家居产品线、谷歌家居语音助手扬声器或 Pixel 智能手机，称它们与自有的 Amazon Echo 和其他产品存在着竞争关系。反过来，谷歌也将其 YouTube 从亚马逊的 FireTV 和 Echo Show/Spot 流媒体产品中移除了。两家数字巨头之间的斗争，剥夺了这两家公司的重要分销机会，同时也给它们的共同顾客带来了不便。[20]

在选择中间商时，企业也应该明确优秀的中间商有哪些特点。它们会评估每个渠道成员的经营年限、经营的其他产品、地点、成长和盈利记录、合作性以及声誉。

10.4.2　管理与激励渠道成员

在选择之后，渠道成员必须得到持续的管理并主动做到最好。企业不仅要借助中间商销售，还要向中间商销售以及和它们一起进行销售。大多数企业都视其中间商为一线顾客和合作伙伴。它们实行强有力的合作伙伴关系管理，同渠道成员建立起长期的合作伙伴关系。这就缔造了一个满足企业及市场营销合作伙伴需求的价值交付系统。

管理渠道时，企业必须说服经销商，它们都是有凝聚力的价值交付系统的一部分，只要共同努力，就能创造更大的成就。企业还必须与渠道中的其他公司紧密合作，寻找更好的方式为顾客带来价值。因此，亚马逊和宝洁紧密合作，实现了在网上销售商品并从中获利的共同目标。从汽车制造商丰田到化妆品制造商欧莱雅等，都与其庞大的供应商网络建立起了有益的关系，从而共同获得竞争优势（参见市场营销进行时 10-2）。

｜ 市场营销进行时 10-2 ｜

与渠道伙伴合作，为顾客创造价值

如今，成功的企业知道自己不能独自为顾客创造价值。企业必须创建由供应商、生产商和经销商所组成的、能够共同努力完成工作的、有效的价值交付系统。与供应商和经销商建立伙伴关系，可以产生巨大的竞争优势，就像下面这些例子所表明的那样。

丰田公司

与供应商有着令人满意的关系，是丰田公司取得惊人成功的基石。从历史上看，丰田公司的美国竞争对手经常通过自我服务、强硬的交易来疏远他们的供应商。"美国汽车制造商为它们的购买设定年度成本削减目标，"一个供应商说，"为了实现这些目标，它们做任何事情。它们进行'恐怖统治'，情况一年比一年糟。"

相比之下，丰田公司早就知道与供应商建立密切关系的重要性。丰田公司没有压榨他们，而是与它们紧密合作以满足它们非常高的期望。丰田公司了解供应商的业务，开展联合改进活动，帮助培训供应商员工，提供日常绩效反馈，并积极寻找供应商关注的问题。甚至，丰田公司还用年度绩效奖来表彰顶级供应商。

因此，在过去 17 年中的 15 个年头里，丰田公司都在备受推崇的北美汽车供应商工作关系指数研究中获得了最高的供应商关系分数。该研究在与供应商的财务往来、重视供应商和公平对待它们、公开和诚实的沟通以及提供盈利机会等方面对企业进行评级。这项研究表明，丰田公司的供应商认为自己是这家汽车巨头的真正合作伙伴。

如此高的供应商满意度，意味着丰田公司可以依靠供应商来帮助其提高自身质量、降低成本并快速地开发新产品。例如，丰田公司曾经发起过一项计划，将其下一代汽车所需购买的 170 种零件的价格降低 30%，供应商对此没有任何抱怨。相反，它们积极响应计划，相信丰田公司将帮助它们实现降价目标，从而使它们在未来更具竞争力和盈利能力。总之，让供应商满意，有助于丰田公司生产成本更低、质量更高的汽车，这进而也会带来更满意的顾客。

欧莱雅公司

欧莱雅公司是世界上最大的化妆品制造商，拥有 35 个全球品牌，从美宝莲和科颜氏到兰蔻和丽得康（Redken）等。像丰田公司一样，欧莱雅广泛的供应商网络——从聚合物到脂膏到喷雾器和包装，再到生产设备和办公用品，对其成功至关重要。

因此，欧莱雅将供应商视为值得尊敬的合作伙伴。一方面，它对供应商在设计创新、质量和社会责任行为方面有很高的期望。该公司仔细筛选新的供应商，并定期评估现有供应商的表现。另一方面，欧莱雅与供应商密切合作，帮助它们达到严格的标准。一些企业可能会对供应商提出不合理的要求，为了短期利益"压榨"它们，而欧莱雅公司则在互利和增长的基础上建立长期的供应商关系。

凭借公司广泛的供应商网络，"欧莱雅不仅仅从其供应商那里购买产品和服务。团队非常尊重供应商，尊重它们的文化、成长和员工"。"基于信任、共同的兴趣和高标准"，欧莱雅公司致力于创造"稳定和可持续的"供应商关系。因此，欧莱雅 75% 以上的供应商都已经与其合作了 10 年或更长的时间。其中，大多数合作伙伴已经合作了数十年。公司的采购主管说："首席执行官希望欧莱雅成为最优秀的企业和世界上最受尊重的公司之一。获得尊重也意味着获得供应商的尊重。"

亚马逊公司和宝洁公司

直到最近，如果从亚马逊的网站订购了 Bounty 纸巾、帮宝适纸尿裤、Charmin 卫生纸或其他几十种宝洁消费品，它们很可能是通过复杂的配送路线被送到顾客手中。

例如，这些纸巾很可能是宝洁在宾夕法尼亚州东北部的一家大型工厂生产的，然后用拖车运送到附近的唐克汉诺克仓库，在那里它们被卸载，与其他宝洁的商品重新包装，然后运送到亚马逊位于弗吉尼亚州的配送中心。在配送中心，它们被卸下并存放起来，然后最终由亚马逊员工拣选打包，并通过 UPS、联邦快递或美国邮政署运送到顾客手中。

但是如今，亚马逊和宝洁建立起合作关系，从而为这类商品开辟了一条新的更简单和低成本的分销途径。例如，现在，在宾夕法尼亚州的仓库中，宝洁的员工无需将卡车上的宝洁产品重新装箱并运送到亚马逊配送中心，只需将货物运到自己仓库内的围栏区域即可，该区域由亚马逊进行管理。亚马逊员工从那里直接将商品打包、贴标签，并直接运送给在线订购商品的顾客。亚马逊称这种分销途径为 Vendor Flex，它正在彻底改变人们购买低价、低利润的日常家用产品的方式。

亚马逊的 Vendor Flex 项目将渠道合作提升到了一个全新的水平，在"同一个帐篷里"为合作伙伴双方创造了优势。对亚马逊来说，Vendor Flex 项目降低了在自己的配送中心储存大件商品的成本，并为更多利润率更高的商品腾出了空间。这种共享安排，让亚马逊可以在不占用更多配送中心空间的情况下，扩大其商品包装选择。例如，宝洁的仓库还存有其他受欢迎的宝洁家用品牌，从吉列剃须刀到潘婷洗发水和汰渍洗衣液。最终，在源头设点保证了亚马逊公司的即时供货，有利于快速向顾客交付宝洁公司的产品。

宝洁也受益于上述的 Vendor Flex 项目伙伴关系。通过削减向亚马逊配送中心运输货物的成本，宝洁节省了资金。这反过来也让宝洁向这家电子商务巨头收取更具竞争力的价格。尽管宝洁是一家出色的店内品牌营销者，但相对来说，它仍然是网络销售的"新人"，这已是该公司的首要任务之一。通过 Vendor Flex 项目合作，宝洁在网上推广其品牌时，可以获得亚马逊的专业帮助。

亚马逊和宝洁的合作，看起来是两家公司的理想搭配。如果宝洁想在网上更好地销售其品牌，还有谁是比亚马逊这个无可争议的网上零售巨头更好的合作伙伴呢？如果亚马逊想要更好地销售家庭生活用品，还有谁是比宝洁这个公认的消费包装商品营销巨头更好的合作伙伴呢？在亚马逊的 Vendor Flex 项目下，这些行业领导者可以发挥各自的分销能力，从而使自己及其共同服务的消费者从中受益。

资料来源：George Anderson, " Why Amazon Is Trying to Convince CPG Giants to Go Direct-to-Consumers," *Forbes*, April 7, 2017, www.forbes.com/sites/retailwire/2017/04/07/why-amazon-is-trying-to-convince-cpg-giants-to-go-consumer-direct/#789427a94607; Jeffery K. Liker and Thomas Y. Choi, " Building Deep Supplier Relationships," *Harvard Business Review*, 2004, pp.104-113; Alex Short, " Amazon and P&G Blow Business Collaboration Wide Open!" *Vizibl*, July 21, 2015, http://blog.vizibl.co/amazon-pg-blow-business-collaboration-wide-open/; Serena Ng, " Soap Opera: Amazon Moves In with P&G," *Wall Street Journal*, October 15, 2013, p. A1; " GM Jumps to Third Place, Nissan Falls to Last, in Annual Study of Automakers' Relations with Suppliers," May 15, 2017, www.ppi1.com/wp-content/uploads/2017/11/2017-wri-press-release-05-15-17-final.pdf; and www.toyotasupplier.com, https://toyotasupplierdiversity.com/, and www.loreal.com/_en/_ww/html/suppliers/, accessed October 2018.

例如，重型设备制造商卡特彼勒与其最优秀的经销商网络携手合作，共同掌控着世界建筑、采矿和伐木设备业务。

重型设备制造商卡特彼勒公司生产新颖且高质量的工业设备产品。但是，如果你问问卡特彼勒公司的任何人，他们都会指出：卡特彼勒公司独占鳌头的最重要原因，是其遍布全球的 172 个独立经销商出色的分销网络。经销商是处在第一线的，产品出厂之后，会由经销商接管。同时，它们也是顾客直接面对的人。因此，卡特彼勒公司将经销商视为其内部合作伙伴，而不是向经销商销售或通过经销商进行销售。当卡特彼勒的大型设备发生故障时，顾客知道他们可以依靠卡特彼勒及其代理商网络来获得帮助。强大的经销商网络使卡特彼勒变得强大，反之亦然。从更深层次来看，经销商在卡特彼勒运营的几乎每个方面，都起着至关重要的作用，从产品设计和交付到服务和支持。由于与经销商的密切合作，卡特彼勒公司在重型建筑、采矿和伐木设备的全球市场上占据主导地位。它的顾客熟悉的黄色拖拉机、履带牵引装置、装载机、推土机和卡车占据了全球重型设备业务的绝对份额，几乎是排名第二的小松公司的两倍。

现在，许多企业正在安装集成的高科技合作关系管理（PRM）系统，以便协调它们的全渠道市场营销工作。正如他们使用顾客关系管理软件系统来帮助管理与重要顾客的关系一样，企业现在可以使用 PRM 和供应链管理（SCM）软件来帮助招聘、培训、组织、管理、激励和评估与渠道合作伙伴的关系。

10.4.3　评估渠道成员

企业必须定期检查渠道成员各方面的表现，如销售配额、平均库存水平、送货时长、受损或遗失商品的处理、配合公司促销、培训项目以及顾客服务等。

企业应该评选并奖励表现好的、为顾客增加价值的中间商。那些业绩不佳的则应该给予协助，并在别无他法时予以撤换。最后，企业应该对渠道合作伙伴的需求保持敏感。那些对待合作伙伴不善的企业不仅可能失去伙伴的支持，而且可能会面临法律问题。下文将介绍企业和其他渠道成员的各种权利和职责。

10.4.4　公共政策和分销决策

在大多数情况下，企业在法律上可以自由安排适合自己的渠道。事实上，制定影响渠道的法律，是为了防止一些企业使用排他性策略阻止另外一些企业利用某些渠道。大多数渠道法律都涉及渠道成员的权利与职责。

许多生产商和批发商都想为自己的产品开发排他性渠道。当卖家只允许特定的销售网点销售其产品时，这种策略称为独家分销。当卖家要求这些经销商不再销售竞争对手的产品时，这种策略称为独家交易（exclusive dealing）。双方都能够受益于独家协议：卖方获得更多忠诚可靠的经销商，而经销商获取稳定的供应来源和强大的卖家支持。但这种独家协议剥夺了经销商从其他生产商进货的机会。1914 年的《克莱顿法》中涉及独家经营合同，只要双方自愿签订协议，同时不实质性减少竞争或没有意图造成垄断，就完全合法。

独家经营往往包含独家地域协议（exclusive territorial agreements）。生产商可能同意在某一地域范围内不再同其他经销商合作。或者，经销商可能同意在自己的专卖范围内只经销该产品。第一个做法是在特许经营制度下用来提高经销商的积极性和忠诚度的。这是完全合法的，因为销售商没有法律义务在自己的销售点之外销售产品。第二个做法，即生产商试图阻止经销商在其专卖范围外经营，已经成为一个重要的法律问题。

对于大品牌生产商来说，可能只有当经销商购入其产品线的一部分或全部时，它才会授予经销商经销权，这就是所谓的全线逼销（full-line forcing）。这样的捆绑协议（tying agreements）并不一定是非法的，但如果严重妨碍市场竞争的话，就违反了《克莱顿法》。这种做法可能会使消费者无法自由选择各种同类竞争品牌。

最后，生产商可以自由地选择经销商，但终止经销权会受到一定的限制。在一般情况下，生产商可以出于某些原因收回经销权，但在某些情况下则不能。例如，如果经销商拒绝在一个有争议的法律安排中进行合作，如独家经营或捆绑协议，生产商无权收回经销权。

概念应用

在这里再次暂停一下，我们来比较卡特彼勒和麦当劳的市场营销渠道系统。

● 画出卡特彼勒和麦当劳的市场营销渠道系统。在渠道层级、中间商类型、渠道成员角色和职责及其他特征方面，它们有什么不同？这两个系统设计得怎么样？

● 评估卡特彼勒和麦当劳管理并支持各自渠道的成绩。其效果如何？

➡ 10.5　营销物流与供应链管理

在当今的全球市场上，产品销售有时比产品交付更加容易。企业必须决定储存、处理、配送的最佳方式，这样顾客才能在正确的时间、合适的地方得到自己想要的产品和服务。物流效率对顾客满意度和企业成本都有很大影响。这里，我们将讨论供应链中营销物流的性质和重要性、可持续供应链、物流系统的目标、

作者点评

市场营销人员曾将其称为"实体分销"，但正如其名称所表明的，营销物流无论是在重要性，还是在复杂性和成熟度等方面，都有新的发展。

主要的物流功能以及整合物流管理的必要性。

10.5.1　营销物流的性质和重要性

对于一些管理人员而言，营销物流仅指卡车和仓库。但是，现代物流远不止于此。**营销物流**（marketing logistics）也称**实体分销**（physical distribution），它以盈利为目的，包括规划、实施和控制实体流程（商品、服务及从原产地到消费点的相关信息），以便满足顾客的要求。简而言之，它将正确的产品在合适的时间、合适的地点配送给正确的顾客。

过去，物流规划人员通常从工厂开始接手产品，然后试图找到低成本方案以便将商品交付给顾客。然而，今天以顾客为中心的物流是从市场开始的，再反向抵达工厂甚至最开始的供应商那里。营销物流不仅包括出货配送（将产品从工厂运出，送至分销商处，最终送到顾客手中），而且包括进货配送（将产品和原材料从供应商那里运至工厂）以及逆向配送（重复使用、回收、翻新或处置损坏、卖不出去和由消费者或经销商退回的过剩产品）。也就是说，它涉及供应商的整个**供应链管理**（supply chain management）——管理原材料、产成品，以及供应商、企业、经销商和最终消费者之间相关信息的增值过程的上游和下游，如图 10-5 所示。

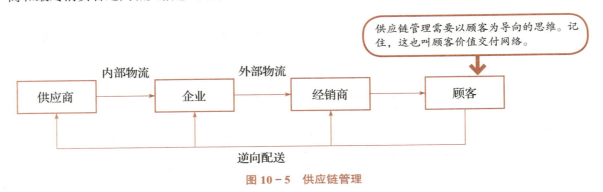

图 10-5　供应链管理

物流管理者的任务是协调供应商、采购代理、市场营销人员、渠道成员和顾客的活动。这些活动包括：预测、信息系统、采购、生产计划、订单处理、库存、仓储和运输计划等。

如今，企业更加重视物流有几个原因：

第一，企业可以通过完善的物流为顾客提供更好的服务或以更低的价格获得强大的竞争优势。

第二，完善的物流既可以为企业，也可以为顾客节省巨大的成本。平均产品价格中有高达20% 是运输成本，这远远超过了广告和其他市场营销成本。美国的企业 2017 年花费了 1.39 万亿美元，大约占 GDP 的 7.5%，用于包装、捆绑、装卸、整理、重装及货物运输等。这高于全球除19 个国家以外的其他任何一个国家的 GDP。通用汽车公司在任何时间都有数亿吨的成品车辆、生产零件和售后零件在运输过程中，每年的物流费用约为 80 亿美元。削减哪怕一小部分物流成本，都可能省下一大笔钱。例如，通用汽车公司最近宣布了一项后勤改革方案，仅在北美市场实施两年就可以为该公司节省近 20 亿美元。[21]

第三，商品种类爆炸式增长需要完善的物流管理。例如，在 1916 年，一家普通的 Piggly Wiggly 杂货店仅有 605 种商品。今天，一家 Piggly Wiggly 杂货店的库存商品为 20 000 ~ 35 000 种，根据店面大小略有不同。沃尔玛购物中心商店出售 142 000 种产品，其中 30 000 种是杂货产品。[22] 订购、运输、储存和控制如此众多的产品，是一个相当大的物流挑战。

信息技术的改进，也为物流效率的提升创造了条件。今天，越来越多的企业都在使用复杂的供应链管理软件、基于互联网的物流系统、销售点的扫描仪、射频识别标签、卫星跟踪以及订货和支付数据的电子传输。这些技术可以让它们通过供应链快速高效地管理货物、信息和资金的流通。

第四，比起其他市场营销功能，物流更能影响环境及企业为环境可持续发展所做出的努力。运输、仓储、包装等物流功能通常是供应链上对企业环境影响最大的。与此同时，它们也是最能节约成本的环节之一。换句话说，发展绿色供应链不仅是对环境负责，而且是有利润空间的。

10.5.2 可持续供应链

企业有很多理由减少其供应链对环境所产生的影响。首先，如果企业不愿意采用环保的方式，那么世界各地所颁布的一系列可持续发展法规将会强制它们这样做。一方面，许多大客户——从沃尔玛到联邦政府——都要求这样做。另一方面，甚至是消费者也要求这样做。根据一项调查，73% 的千禧一代消费者愿意为可持续产品支付更高的费用。[23] 因此，环境的可持续性已经成为影响供应商选择和绩效评估的一个重要因素。但是，也许比不得不做更重要的是：设计可持续的供应链是一件正确的事情。这是企业为拯救我们的世界、为子孙后代做出贡献的另外一种方式。

这些都是很有意义的事情。事实证明，企业有着更直接、更实际的动力实现供应链的绿色化。可持续的渠道不仅对世界有好处，而且对企业节约成本也有好处。制造最多环境问题的，是物流活动，如运输、仓储和包装等，同时这些环节也占据物流成本的很大一部分。企业通过提高效率来绿化其供应链，更高的效率意味着更低的成本和更高的利润。换句话说，发展可持续的供应链，不仅是对环境负责，而且能够提高企业的盈利能力。以李维斯公司为例[24]：

在李维斯公司的牛仔裤生产过程中，水对每一个步骤都至关重要。制作一条李维斯 501 牛仔裤，往往需要消耗 3 781 升水，这大约是一个美国家庭三天的用水量。为了节约用水，李维斯公司推出了一系列名为 Water＜Less 的创新技术，仅在牛仔裤的整理过程中就能节约高达 96% 的水。到目前为止，Water＜Less 创新技术已经节省了 20 多亿升水。除了对地球有益之外，Water＜Less 创新技术还对李维斯公司节约成本有益，这一技术为该公司节省了 160 多万美元。李维斯公司的可持续发展副总裁指出："可持续发展实际上能够节约成本，因为根据定义，如果更具有可持续性的话，就会消耗更少的资源，这意味着企业的投入成本更少。"

除了制造环节之外，牛仔裤对环境的最大影响还发生在购买后的护理上。因此，为了节省更多的水，李维斯公司推出了不需要机洗的 Water＜Less 系列的牛仔裤。该公司告诉消费者，少洗牛仔裤，用冷水洗后晾晒，往往可以使牛仔裤的整个生命周期对气候变化的影响降低 50%。再次强调，对消费者有利的，也是对李维斯公司有利的。李维斯公司的可持续发展副总裁表示："以一个不断革新的品牌而著称，也帮助李维斯公司度过了困难时期。毕竟，消费者喜欢一家推崇可持续发展的企业。"

10.5.3 物流系统的目标

有些企业将自己的物流目标描述为以最低的成本提供最优质的顾客服务。但遗憾的是，虽然这听起来很美好，但没有物流系统既可以最大限度地提高顾客服务水平，又能使配送成本最小化。最优质的顾客服务往往意味着交货迅速、大量的库存、灵活的商品组合、自由退货政策和其他服务等，所有这些都提高了配送成本。相比之下，配送成本最小化则意味着交货速度慢、库存较少且运输量更大，这意味着整体顾客服务的较低水准。

因此，营销物流的目标应该是以最低成本为顾客提供既定水平的服务。企业必须首先调查顾客配送服务的重要性，然后为每个分区设置所需要的服务水平。目标是利润最大化，而不是销售量最大化。因此，企业必须权衡提供更高水平服务的好处与成本。有些企业提供的服务比竞争对手要少，价格也较低。其他企业则选择提供较多的服务，但收取较高的费用以弥补更高的成本。

10.5.4　主要的物流功能

给定一组物流目标，企业可据此设计一个在实现这些目标的同时成本最小化的物流系统。一般而言，主要的物流功能是仓储、库存管理、运输和物流信息管理。

仓储

生产周期和消费周期很难重合，所以大多数企业必须在等待订单时就囤货。例如，Snapper、Toro 及其他割草机制造商的工厂全年都在生产，并为春夏购买旺季储存产品。仓储功能解决了顾客对商品数量及购买时间的要求不同的问题，保证顾客可以随时买到想要的商品。

一家企业必须决定所需仓库的数量、类型以及仓库的位置。企业可能会使用储存仓库或配送中心。其中，储存仓库可以囤货一段时期或者长期囤货。与此相反，**配送中心**（distribution centers）则是为了配送产品，而不是仅仅储存它们。它们是大型的高度自动化仓库，从各工厂和供应商那里收货、拿订单、有效率地储存货物，并将货物尽快运送给顾客。

例如，亚马逊在美国运营着 70 多个巨型配送中心，又称订单履行中心，负责填写在线订单并处理退货。这些中心非常庞大且高度自动化。例如，位于加利福尼亚州特雷西的亚马逊公司配送中心占地 120 万平方英尺（相当于 27 个足球场）。在该中心，有 4 000 名员工控制着 2 100 万件物品的库存，每天向北加利福尼亚和西北太平洋部分地区的亚马逊的顾客运送多达 700 000 个包裹。在某一年的"网络星期一"期间，亚马逊的配送中心网络以每秒超过 740 件的速度完成了全球的顾客订单。[25]

就像现在的大多数东西，仓储在最近几年里也经历了技术上的巨大变化。过时的材料处理方法，逐渐被需要更少员工的新型自动化系统所取代。计算机和扫描仪读取订单，并直接用吊车、电动起重机（electric hoists）或机器人来收集货物，将其移至装卸站并开具发票。例如，亚马逊使用机器人大军来提高其订单履行中心的效率。[26]

当你从亚马逊的网站购买商品时，订单很有可能仍然是由人工来记录、处理和包装的。然而现在，亚马逊配送中心的员工得到了一支由 10 万多个矮胖的、软垫凳大小的、荧光橙色机器人组成的团队的协助，这些机器人由数字巨头——亚马逊的机器人部门开发。机器人将货架上的商品送到工人手中，工人随后将订单装进箱子。这些机器人使仓库的相关工作变得不那么烦琐，员工的体力消耗也不那么大，同时提高了效率，让顾客可以订购诸如牙线等小东西，并在两天内收到商品。所谓的"魔法货架"会自己移动到工人面前，红色激光则指向要挑选的物品。然后，机器人会帮助整理好新的货架。这些超级高效的机器人每周七天、每天 16 小时不知疲倦地工作。他们从不抱怨工作量，也不要求加薪，而且几乎不需要维护。亚马逊的一名仓库主管说："机器人会一整天都一样地工作，而且它们的肚子不会咕咕叫。"

库存管理

库存管理也影响着顾客的满意度。管理者必须在库存太少和库存太多之间保持平衡。库存太少，顾客想买时，企业面临着拿不出产品的风险。为了解决这个问题，企业可能需要紧急运送或生产。库存太多又会产生不必要的库存成本及报废。因此，在库存管理中，企业必须平衡库存扩大的成本及其所带来的销售量和利润。

许多企业通过即时物流系统极大地降低了自己的库存和相关费用。用这样的系统，生产商和零售商储存少部分零件或商品，它们往往只能维持几天。新货恰好在需要时到达，而不是一直储存在仓库里。即时物流系统需要准确地预测以及快速、频繁、灵活地实现交付，以便一有需要，新的供给就到了。这种系统能省下一大笔装卸和搬运成本。

在库存管理方面，沃尔玛不允许供应商随意交货。沃尔玛的目标是货架上有足够但不多的库存，它要求商店"按时、足额"交货。错过指定交货时间的供应商，往往需要付出代价。一位分析师表示："晚了两天？罚款。早一天？罚款。准时交货但货物没有包装好？罚款。"虽然这种交货政策似乎很严厉，但沃尔玛还是为库存太少（销售损失）或太多（库存持有成本）付出了巨大的代价。一名沃尔玛的运营经理表示："库存的可变性是供应链中最棘手的问题。"[27]

市场营销企业总是在寻找新的方法来提高库存管理的效率。例如，许多企业现在都使用某种形式的射频识别或"智能标签"技术。通过这种技术，所有商品，如鲜花、时装、剃须刀和轮胎等，都会被嵌入一个小型发射器芯片，这些小型发射器芯片会被放置在产品、包装和运输托盘上。这种智能标签可以使整个供应链——占产品成本的75%——实现智能化和自动化。许多资源丰富的大型营销企业，如沃尔玛、梅西百货、宝洁和IBM，正在投入巨资，以充分开发射频识别技术。

运输

运输企业的选择也会影响到产品定价、交货速度以及货物在交接时的状况，所有这些都将影响到顾客的满意度。在给仓库、经销商和顾客发货时，企业可以选择下列五个主要运输方式：卡车、铁路、水运、管道及空运。如果是数字产品的话，还可以选择互联网。

卡车的运输份额稳步增加，现在占美国运输总量的64%。卡车的路线和时间表非常灵活，通常能够比铁路提供更快的服务。短距离运输高价值商品，卡车运输很有效。近年来，卡车运输公司已经得到了全面的发展，成为全球运输服务的全方位服务提供者。例如，大型货运公司现在提供从卫星跟踪、基于互联网的货运管理、物流规划软件到跨境运输业务的一切服务。[28]

铁路承担了美国在运总货物周转量的10%。在长途运送大量的散装产品，如煤、砂、矿产以及农林产品等方面，铁路是最划算的运输方式之一。近年来，铁路公司针对特殊货物设计新的设备以提升顾客服务水平，如提供平台型铁路货车以运输卡车拖车（驮背运输），并提供在途服务，如在途中将货物发往不同的目的地或在途中处理货物。

水运承担了美国在运总货物周转量的约4%。货物量大时，可以考虑选择轮船和驳船，利用美国沿海和内河航道进行运输。虽然在运送体积大、价值低、不易腐烂的货物，如沙子、煤炭、粮食、石油和金属矿石时，水运的成本非常低，但它是最慢的方式，并且易受天气的影响。

管道承担了不到18%的美国在运总货物周转量，是将石油、天然气和化学品从生产地运输到目标市场的专门途径。大多数管道都是由所属人用来运送自己的产品的。

虽然空运承担了不到1%的美国在运总货物周转量，但它却是一种重要的交通运输方式。空运费用比铁路或卡车运输要高得多，但对速度有要求或需要运到很远的市场时，空运是一项理想的选择。最常使用空运的是易腐（鲜鱼、鲜花）和价高量少（技术设备、珠宝）的产品。企业或许会发现：空运也可以降低库存水平、包装成本及所需仓库的数量。

互联网通过卫星、电缆、无线信号或电话线将数字产品从生产商那里交付给顾客。软件厂商、媒体、音乐和视频公司及教育行业等，都在利用互联网传输数字产品。互联网保持着低产品流通成本的潜力，飞机、卡车和火车运输的是货物和包裹，而数字技术传输的是信息数据。

托运人也会使用**联运**（multimodal transportation）——两种或更多运输方式的结合。铁路和卡车组合形成驮背运输；水运和卡车组合形成鱼背运输；水运和铁路组合形成铁渡运输；空运和卡车组合形成飞卡运输。组合模式的优势在于：能够解决单一模式难以完成的运输任务。而且每种组合都会使托运人获得优势。例如，驮背运输不仅比卡车单独运输更便宜，而且更加灵活和便利。众多物流公司都提供单一来源的联运解决方案。

物流信息管理

企业通过信息管理其供应链。渠道合作伙伴常常共享信息，以做出更好的物流决策。从物流的角度来看，信息流，如顾客的交易、结算、运输和库存水平，甚至是顾客资料，都同渠道运作水平密切相关。企业在获取、处理和共享渠道信息上，需要做到简单、方便、快捷、准确。其中，信息可以通过多种方式共享与管理，但大多数共享是通过基于互联网的电子数据交换（electronic data interchange，EDI）实现的，这些电子数据主要是通过互联网进行传输的。例如，沃尔玛公司需要与超过 10 万个供应商通过 Retail Link 销售数据系统进行电子数据交换。如果新的供应商不具备电子数据交换能力，沃尔玛公司将与它们一起寻找并利用其他工具。[29]

在某些情况下，供应商除了为顾客生成订单外，还要为它们安排送货方式。许多大型零售商，如沃尔玛和家得宝，都与宝洁或摩恩（Moen）等大型供应商紧密合作，建立了供应商管理库存（vendor-managed inventory，VMI）系统或连续库存补充系统。使用 VMI 系统，顾客的实时销售数据和当前的库存水平都可以与供应商实现分享。供应商则担负起管理库存和送货的全部责任。一些零售商甚至将库存和运输成本转嫁给了供应商。这种系统需要买方和卖方之间密切合作。

10.5.5　整合物流管理

如今，越来越多的企业采用**整合物流管理**（integrated logistics management）的理念。这个概念认为提供更好的顾客服务及降低配送费用，往往需要团队合作，无论在企业内部，还是在所有渠道组织之间。在企业内部，各个部门要密切配合，以最大限度地提升自己的物流绩效。在企业外部，企业必须整合其与供应商和顾客的物流系统，以便最大限度地提高整个销售网络的绩效。

企业内部跨职能团队合作

在大多数企业，不同部门负责不同的物流活动，如市场营销、销售、财务、运营和采购。在很多时候，每个部门都尽力使自己的业绩最大化，而不是考虑其他部门的利益。然而，运输、库存、仓储和信息管理活动以不同方式相互作用。库存水平较低时，库存成本也低，但是有可能会降低顾客服务水平，增加缺货、延期交货、特殊生产运行以及快速货物运输等方面的成本。由于分销业务有得有失，不同部门的决策必须协调一致，以便实现更好的整体物流绩效。

整合供应链管理的目标，就是协调企业所有的物流决策，部门之间密切的合作关系可以通过几种方式来实现：有些企业创建了物流委员会，其中各经理负责不同的物流活动；企业还可以设立连接不同功能领域物流活动的供应链经理职位。例如，宝洁公司就设立了管理所有产品类别的供应链活动的产品供应经理。另外，许多企业都设有掌握跨职能权力的物流副总裁。

最后，企业也可以采用复杂、系统的供应链管理软件——大小软件企业，从甲骨文、SAP 到 Logility 等，都可以提供。例如，甲骨文公司的供应链管理软件可以帮助企业"通过将传统供应链转变为集成价值链获得可持续优势，并推动创新"[30]。它协调供应链的各个方面，从价值链协作到库存优化，再到运输及物流管理的每一个环节。重要的是，企业必须协调其物流和市场营销活动，以合理的成本创造较高的市场满意度。

建立物流合作伙伴关系

企业只完善自己的物流系统是远远不够的，它们还必须与其他渠道伙伴合作，完善整个渠道的分销。渠道成员在创造顾客价值、建立顾客关系上紧密相连。一家企业的分销系统往往是另外一家企业的供应系统。每个渠道成员的成功，都依赖于整个供应链的表现。例如，宜家可以生产独具风格但价格实惠的家具，并打造出"宜家生活"，完全依赖整个供应链能够以最高效率和以顾客为导向来运作，这包括成千上万的商品设计者和供应商、运输公司、仓库和服务提供商。

明智的企业会协调其物流战略，并与供应商和顾客建立起强有力的伙伴关系，以便完善顾客服务和降低渠道成本。许多企业都建立起了跨职能、跨公司的团队。例如，雀巢公司的普瑞纳（Purina）宠物食品部，在沃尔玛总部所在地——阿肯色州本顿维尔拥有一支数十人的队伍。普瑞纳沃尔玛团队成员与沃尔玛的同行共同努力，想方设法降低其分销系统的成本。合作不仅有利于普瑞纳和沃尔玛，而且有利于它们共同的终端消费者。

其他企业通过共享项目成为合作伙伴。例如，许多大型零售商与供应商实施合作项目。家得宝公司允许其主要供应商将其门店作为新销售计划的试验场。供应商在家得宝花时间研究其产品的销售及顾客如何与产品形成联系，然后制定专门针对家得宝及其顾客的市场营销方案。显然，供应商和顾客都能从这种伙伴关系中受益。问题的关键是，所有的供应链成员必须在给最终消费者带来价值的过程中共同努力。

第三方物流

尽管大多数大型企业都喜欢制造和销售产品，但很多企业却对相关的、繁重的物流工作感到厌倦。它们讨厌工厂补给及出货时所进行的包装、装卸、分类、储存、重装、运输、清关和跟踪。现今，越来越多的企业将其物流的一部分或全部外包给**第三方物流提供商**（third-party logistics（3PL）provider），比如 Ryder、Penske Logistics、BAX Global、DHL 物流、联邦快递物流和 UPS。

例如，UPS 知道，对于许多企业来说物流都是一个噩梦，而物流正是该公司最擅长的。对其供应链上的顾客来说，UPS 代表了"物流问题的解决者"。在基础层面，UPS 可以简单地处理一家企业的包裹运输；在较深的层面，UPS 可以帮助企业完善自己的物流系统，以便降低成本和更好地为顾客提供服务；在更深的层面，企业可以让 UPS 公司接管并管理其部分或全部的物流业务。

例如，UPS 不仅为在线零售商 Overstock 公司运送包裹，而且以一种有效的、令顾客满意的方式管理着 Overstock 公司复杂的订单退货流程。电子产品制造商东芝让 UPS 负责其全部笔记本电脑的维修过程。顾客只需将计算机放在附近的 UPS 商店中，然后 UPS 就会将它们转送到其世界港中转中心附近的 UPS 维修处进行维修。在 UPS–东芝模式下，电脑维修过程非常高效，以至于第一天送来的笔记本电脑往往在第二天就会送回给用户。UPS 说："顾客期望从你这里得到全世界，我们可以帮你实现。"[31]

UPS 等第三方物流提供商能够帮助顾客收缩效率低下且冗长的供应链、削库存，并使物流变得更快速可靠。一项调查显示：90% 的《财富》500 强企业正在使用第三方物流服务（也叫外包物流或合同物流）。而在 2001 年，使用第三方物流服务的企业仅占 46%。通用汽车、宝洁和沃尔玛，每一家都使用 50 家或更多的第三方物流服务商。[32]

企业利用第三方物流提供商有以下几个原因：首先，由于它们的主要任务是把产品推向市场，因此使用这些提供商是正确的，因为它们往往能以较低的成本更有效地做到这一点；其次，外包物流可以使企业更专注地处理自己的核心业务；最后，物流公司更加了解日益复杂的物流环境。

学习目标回顾

有些企业不太在意其分销渠道；然而，其他企业使用富有想象力的分销系统谋求了竞争优势。一家企业的市场营销渠道决策直接影响着其他所有的市场营销决策。管理层必须结合当前的需求与未来可能的销售环境谨慎地做出渠道决策。

学习目标 1　解释为什么企业要使用市场营销渠道，并讨论这些渠道的功能。

企业不能独立为顾客创造价值，它必须在合作伙伴网络（价值交付网络）里工作来完成这一任务。单

个企业和品牌之间并没有竞争，但其整个价值交付网络之间却有激烈的竞争。

大多数生产商利用中间商将它们的产品推向市场。它们打造了市场营销渠道（或分销渠道）——参与生产产品或提供服务，并将其提供给消费者或企业用户的一组相互依存的组织。通过它们的人脉、经验、专业化和经营规模，中间商通常可以使企业获得比自己独立运营更好的业绩。

市场营销渠道发挥着许多关键作用。在协助完成

交易方面，一些渠道收集和发布所需的规划信息、协助交流、形成并传播极具有说服力的市场营销沟通技巧，并进行联络（寻找潜在买家沟通）、匹配（按买家的需要调整订单）工作，就协议价格和其他使合作达成的条款进行谈判。此外，其他作用还包括通过提供物流（运输和储存货物）、融资（获取并使用资金以支付渠道工作的成本）及承担风险（承担渠道工作的风险）来协助完成交易。

学习目标 2　探讨渠道成员如何互动以及如何组织以发挥渠道的功能。

当每个渠道成员都承担其最擅长的任务时，市场营销渠道工作将是最有效的。从理论上看，因为渠道成员个体的成功取决于整个渠道的成功，所以渠道所有的企业都应该密切合作。它们应该了解并接受自己的角色，协调它们的目标和活动并配合以实现整个渠道的目标。通过密切的合作，它们可以更有效地感知、服务和满足目标市场。

在大型企业里，正式的组织结构分配任务，并提供所需的领导力。但在由独立企业所组成的分销渠道中，领导力和权力都没有正式确立。在传统上，分销渠道一直缺乏分配任务和管理冲突所需要的领导才能。然而，最近几年，新型营销渠道组织的出现，提供了更强有力的领导才能，其整体业绩有所提高。

学习目标 3　识别企业主要的市场营销渠道选择。

市场营销渠道选择有很多，有直接销售，也有使用一个、两个、三个或更多中间商渠道层级的。市场营销渠道面临持续的，有时甚至是戏剧性的变化。三个最重要的趋势是垂直营销系统、水平营销系统和多渠道分销系统的增长。这些趋势影响了渠道的合作、冲突和竞争。

渠道设计从分析顾客需求和设置渠道目标及其约束开始。接着，根据中间商的类型与数量、渠道成员的责任确定主要的渠道方案。然后，根据经济性、可控性和适应性等标准来评估每个市场营销渠道方案。

具体而言，有效的营销渠道管理，要求选择合格的中间商并激励它们，企业必须对个体渠道成员定期地进行评估。

学习目标 4　说明企业如何选择、激励和评估渠道成员。

生产商获得合格的营销中间商的能力是不同的。有些生产商很轻松地就能获得市场营销渠道成员，而其他生产商必须下足功夫才能获得足够的合格中间商。在选择中间商时，企业应该评估每个渠道成员的条件，并选择那些最符合其渠道目标的成员。在做好选择之后，还必须不断激励渠道成员全力以赴。企业不仅通过中间商进行销售，而且要与它们携手合作。因此，企业应该加强与渠道成员之间的伙伴关系，以创造同时满足生产商和合作伙伴需求的市场营销系统。

学习目标 5　讨论营销物流的性质和重要性及整合物流管理。

营销物流（或实体分销）是潜在地节约成本并提高顾客满意度的一个重要环节。营销物流不仅涉及出货物流，而且涉及进货物流和逆向物流，即涉及整个供应链管理——管理着供应商、企业、经销商和终端用户之间的增值流。没有哪个物流系统既可以最大限度地提高顾客服务水平，又能够使配送成本最小化。相反，物流管理的目标是以最低成本达到目标服务水平。一般而言，主要的物流功能是仓储、库存管理、运输和物流信息管理。

整合物流管理的概念，强调的是完善的物流管理需要团队合作，包括企业内部各职能领域及整个供应链中的各种组织之间的密切配合。企业可以通过建立跨职能物流团队、整合供应链管理岗位以及拥有跨职能权力的物流高管职务来实现物流和谐。

渠道合作伙伴关系可以采取跨公司团队、项目共享和信息共享系统的形式。如今，一些企业将其物流外包给第三方物流提供商，以节约成本、提高效率，并更快、更高效地进入全球市场。

关键术语

价值交付网络（value delivery network）

市场营销渠道（分销渠道）(marketing channel (distribution channel))

渠道层级（channel level）

直复营销渠道（direct marketing channel）

间接营销渠道（indirect marketing channel）

渠道冲突（channel conflict）

传统分销渠道（conventional distribution channel）

垂直营销系统（vertical marketing system，VMS）

公司式垂直营销系统（corporate VMS）

合同式垂直营销系统（contractual VMS）

特许经营组织（franchise organization）

管理式垂直营销系统（administered VMS）

水平营销系统（horizontal marketing system）

多渠道分销系统（multichannel distribution systems）

去中介化（disintermediation）

市场营销渠道设计（marketing channel design）

密集分销（intensive distribution）

独家分销（exclusive distribution）

选择性分销（selective distribution）

营销渠道管理（marketing channel management）

营销物流（实体分销）（marketing logistics（physical distribution））

供应链管理（supply chain management）

配送中心（distribution centers）

联运（multimodal transportation）

整合物流管理（integrated logistics management）

第三方物流提供商（third-party logistics（3PL）provider）

问题讨论

1. 描述一个价值交付网络的例子，并阐述它与供应链有何不同，然后加以解释。（AACSB：书面和口头交流；反思性思考）

2. 比较直复营销渠道和间接营销渠道，并对每种类型的市场营销渠道进行举例分析。（AACSB：书面和口头交流）

3. 阐述传统分销渠道、垂直营销系统和水平营销系统之间的区别。（AACSB：书面和口头交流）

4. 生产商需要什么样的渠道设计决策才能获得最大效益？（AACSB：书面和口头交流；反思性思考）

5. 物流经理如何有效地管理供应链？为什么企业需要密切地关注物流管理？（AACSB：书面和口头交流；反思性思考）

6. 阐述整合物流管理的定义，并讨论其在实现企业目标中的重要性。（AACSB：书面和口头交流；反思性思考）

营销伦理

单人驾驶的货运飞机？

航空业正在发生一种可能的转变。美国联邦航空管理局和国会议员正在调查立法，允许货运飞行员操作单人驾驶的航班。目前，正在研究哪些技术是实现单人驾驶飞机所必需的，但航空公司飞行员似乎并不赞同这种做法。国际卡车司机兄弟会航空部（International Brotherhood of Teamsters Airline Division）认为，单人驾驶飞行是不安全的，这会使得货物和公众处于危险之中。此外，它们还会影响主要物流公司的人员配备水平，如 UPS 和联邦快递。如果这个想法开始流行并被立法者和公众所接受，这种做法也可能会运用于客运航空公司，甚至自动驾驶飞机也会成为一种可能。即便如此，行业安全组织依然表示：公众正在关注自动驾驶汽车的情况，以确定这种技术是否可行。

1. 讨论单人驾驶货机的利弊，并给予解释。（AACSB：书面和口头交流；反思性思考）

2. 如果航空业转向单人驾驶飞行，那么航空公司的飞行员会面临哪些伦理冲突？（AACSB：书面和口头交流；反思性思考）

营销计算

源头饮酒

禁令之后的"三层体系"要求大多数州将酒精的生产、分销与零售分开。在 2011—2015 年的爆炸式增长期间，精酿啤酒在啤酒市场中所占的比例翻了一番，供应几乎无法跟上需求，因此"三层体系"对精酿啤酒商来说并没有什么影响。然而，去年在"三层体系"的影响下，精酿啤酒量仅仅增长了 1.6%，这导致精酿啤酒商纷纷转向直接分销以寻求增长。增加直接分销方式主要是通过经营酒吧和啤酒屋，这些方式使销量增长了 24%。酒吧位于运营的啤酒厂内，消费者可以在那里购买啤酒，而啤酒屋是有啤酒厂的餐馆。现在，这类场所几乎占美国所有酒吧数量的 10%，在丹佛和圣地亚哥的酒吧中占比高达 35%。2013 年，美国法律放宽了三层体系，即允许啤酒制造商每年销售 5 000 桶用于现场消费，这导致了啤酒销量的减少，一些精酿啤酒连锁店正在得克萨斯州等地关闭分店。对于这一改变，小型精酿啤酒制造商非常兴奋，因为与使用经销商和酒吧的间接渠道相比，他们直接销售所获得的利润更高。啤酒制造商每桶精酿啤酒的平均成本是 60 美元，卖给经销商的价格是 90 美元，然后经销商以 120 美元的价格转卖给酒吧。每桶啤酒可装满 100 多个 14.5 盎司的玻璃杯，这是酒吧里通常倒入 16 盎司玻璃杯的量，毕竟还需要为啤酒泡沫留出空间。一个酒吧每倒一杯精酿啤酒的成本是 0.88 美元，酒吧行业的标准酒水成本是 20%。这意味着消费者支付价格的 20% 是酒吧的销售成本，剩下的 80% 则是酒吧的利润。

1. 如果所需要的 80% 的利润率是基于销售价格，请计算出酒吧出售一杯 14.5 盎司精酿啤酒的价格。该酒吧在一杯精酿啤酒上的加价是多少？请参考附录 3 中"基于外部因素定价"，了解如何进行这一分析。

（AACSB：分析性思考）

2. 计算啤酒制造商每份 14.5 盎司（一杯）精酿啤酒的成本。根据啤酒制造商在酒吧或啤酒屋的销售价格，啤酒制造商将以什么价格出售这杯啤酒才能达到 80% 的利润率？如果这杯啤酒的售价与普通酒吧的售价相同，那么啤酒制造商将实现多少美元和百分比的利润率？与"三层体系"的间接渠道相比，啤酒制造商使用直接渠道是否更好？（AACSB：书面和口头交流；分析性思考；反思性思考）

企业案例

适合本章的案例见附录 1。

企业案例 10　塔吉特：当日送达业务强有力的竞争者。 为了保持其在折扣零售业的增长，塔吉特公司最近收购了当日送达的货运公司——Shipt，并取得了惊人的成功。

企业案例 3　Fitbit：乘着健身浪潮走向辉煌。

Fitbit 是如何创造出快速增长的可穿戴技术类别的？通过在正确的时间推出正确的产品。

企业案例 14　OfferUp：移动时代的移动解决方案。 通过专注于本地二手市场的纯移动方式，并克服 Craigslist 的缺点，OfferUp 现在对分类广告的领导者构成了真正的威胁。

复习题

1. 为什么会出现渠道冲突？请回答并描述各种类型的渠道冲突。（AACSB：沟通）
2. 零售商应该对其他国家的服装供应商工厂的安全状况负责吗？请对此进行讨论。（AACSB：书面和口头交流；反思性思考；伦理理解和推理）

注释

第 **11** 章

零售和批发

学习目标

学习目标 1 阐述零售商在分销渠道中扮演的角色，并描述零售商的主要类型，参见"零售"部分。

学习目标 2 讨论零售商是如何利用全渠道零售来满足当今数字化的、互联互通的消费者的跨渠道购物需求的，参见"全渠道零售：融合店内、在线、移动和社交媒体渠道"部分。

学习目标 3 描述零售商的主要市场营销决策，参见"零售商的市场营销决策"部分。

学习目标 4 探讨零售业的主要趋势和发展，参见"零售业的趋势和发展"部分。

学习目标 5 阐述批发商的主要类型及其市场营销决策，参见"批发"部分。

概念预览

在这一章里，我们将更加深入地阐述中间营销渠道的两大功能：零售和批发。你已经对零售有所了解——我们每天都在接受不同类型、不同规模的零售商所提供的服务。其中，可能既有线上的零售商，也有线下的零售商。然而，我们可能对幕后的有关批发商的一系列工作知之甚少。在本章中，我们将研究不同类型零售商和批发商的特点、它们做出的市场营销决策以及未来的趋势。

说到零售商，不得不提到沃尔玛。这家超级零售商所取得的巨大成就，是它专注于为顾客创造价值的结果。但伴随着近年来消费者购物习惯朝着数字化和移动端的转变，这家大型线下零售商已然陷入了与另外一家零售巨头——亚马逊的生死之争。

开篇案例

沃尔玛公司：零售新世界中的巨人之战

沃尔玛的规模几乎难以想象。它是世界上最大的零售商，也是世界上最大的公司。2017年，它的销售额达到了令人难以置信的4 850亿美元，是竞争对手——塔吉特、梅西百货、西尔斯百货、杰西彭尼和科尔士百货销售额总和的三倍还多。如果沃尔玛是一个国家，其销售额在世界GDP中的排名则为第24位，落后于瑞典，领先于波兰。

沃尔玛是众多消费产品类别（包括杂货、服装、玩具和宠物护理产品等）的头号销售商。平均而言，沃尔玛每周通过28个国家或地区的11 600多家商店为超过2.6亿顾客提供服务。沃尔玛对美国经济的影响，也是难以想象的。它是美国最大的劳动力雇主，在美国，每219个适龄工人中，就有一名是沃尔玛的员工。

沃尔玛长期致力于低价的价值主张，通过日复一日地以"无与伦比的低价"提供种类繁多的商品选择而迅速成长。没有其他零售商能够像沃尔玛那样，实现了每日低价和一站式购物。在这些低价商品的背后，沃尔玛就像一部精益的、严格的分销机器，它具有业内最完善的成本结构。沃尔玛的低成本源自其高效的分销、先进的信息技术以及对供应商严格的采购策略。

在过去的几十年中，沃尔玛一直在零售业中居于主导地位。然而，尽管取得了惊人的成功，但近年来，强大的沃尔玛也面临着一系列挑战。即使其成长得如此壮大，但这个已经接近成熟的巨人很难再维持其"青年时期"的快速增长。在过去的几年里，门店的销售增长停滞不前。想想看：即使只要求自己的销售实现6%的增长，沃尔玛也必须增加290亿美元的新销售额。这样的销售额增长，将超过《财富》500强中除前100家左右的企业的总销售额——其中包括麦当劳、固特异、梅西百货、脸书——或是相当于通用磨坊公司营业额的两倍。

沃尔玛最近的萎靡不振不仅在于其规模，还在于消费者购买方式发生了巨大变化。尽管沃尔玛仍然主导着商店零售业，并且战胜了大多数基于商店的竞争对手，但消费者越来越多地转向数字和移动购买行为。因此，沃尔玛现在正在与外另一个零售业巨头——在线销售商亚马逊一争高下。

美国的整体零售额每年仅增长几个百分点，而在线销售额则以每年15%的速度在迅猛增长。亚马逊在美国所有在线销售中占了惊人的44%的份额。沃尔玛的收入每年仅增长1～2个百分点，而亚马逊的销售额在过去3年中却增长了两倍多，达到了1 770亿美元。尽管这在几年前看来是不可想象的，但根据一些估计，亚马逊可能会在几年内在总收入方面彻底超过沃尔玛公司。

沃尔玛最近的一波三折以及沃尔玛和亚马逊两大巨头之间的激烈争斗，为当今零售世界乃至更为广阔的世界提供了生动的例子。数字和在线技术已经重塑了世界运转的基础。沃尔玛现在正热火朝天地重新制定其战略，以便满足当今移动优先、全渠道消费者的需求。越来越多的消费者可以在家中、工作场所、商店或在任何地方，随时通过各大数字平台进行购物。

在这场巨人之战中，每一家企业都有其优势。例如，没有哪一家企业比沃尔玛在实体零售方面做得更好；反过来，也没有哪一家企业比亚马逊更擅长在线零售。但是现在，每家企业都在入侵对方的领域，希望为顾客提供实体店铺和数字化购买的无缝融合。简言之，沃尔玛希望在亚马逊成为新的沃尔玛之前成为新的亚马逊。

就其本身而言，亚马逊正在为其强大的在线帝国添加实体零售业务。例如，它收购了高档杂货连锁店——全食超市，这不仅将加快其进军杂货零售的步伐，还将提供一个实体商店平台来销售和交付其他种类的商品。而且亚马逊还在开设技术先进的实体书店，并尝试推出前瞻的"Amazon Go"杂货店（无人便利店），这些商店使用摄像头和传感器来检测顾客从货架上拿走的东西，让顾客直接"离开商店"，自动将顾客所购买的商品记入顾客的账户。亚马逊已经与科尔士百货建立起了合作伙伴关系，由科尔士百货负责处理亚马逊的退货。此外，亚马逊正在某些科尔士百货店铺或其他的零售店铺内测试其"店中店"（store-within-a-store）的概念。所有这些实体店的举措，都采用了大量的数字、在线和移动技术，帮助亚马逊连接数字世界和实体世界。

沃尔玛仍然具有巨大的实体店优势。而且它继续通过装饰商店和扩展其自有品牌商品的产品线来增强这种优势，这些商品是消费者在亚马逊的网站上根本无法买到的。此外，在过去的几年中，沃尔玛也投入了巨资来构建其全渠道功能，希望能够更好地服务于当今"忙碌的家庭"。在这些家庭中，金钱的使用需要精打细算，父母都忙于工作，所以他们在家里和工作中都被拴在了手机上，他们寻求更多的便利和更多的节约。

首先，沃尔玛扩展了其在线和移动选项，升级了自己的网站和移动应用程序，以便改善其在线购物体验。在短短的一年时间里，它将在线提供的商品数量增加了两倍以上，从 2 000 万种增加到 7 000 万种。沃尔玛甚至还与谷歌达成了协议，通过谷歌家居进行语音购物，并且成为谷歌购物网站上的特色零售商。此外，为了增强其在线形象并了解有关数字交易的更多信息，沃尔玛也开启了一系列收购。它首先以 33 亿美元的价格收购了在线折扣零售商 Jet.com 公司，后来又抢购了许多时尚的利基网站（电商公司），如男士服装零售商 Bonobos、女士复古服装零售商 ModCloth、鞋类零售商 ShoeBuy、户外装备网站 Moosejaw 和家居用品商 Hayneedle 等。

其次，为了使从沃尔玛在线购买更加容易操作并利用其商店位置，沃尔玛正在将在线和移动服务链接到其庞大的商店网络之中。现在，它提供免费的两天送达服务，无需像亚马逊那样收取会员费，并且正在探索当日送达。沃尔玛已经在其美国 1/4 的门店中增加了直接购买或路边提货的方式，许多商店现在都设有"取货台"，顾客可以通过简单地扫描订单号来获取在线订购的商品。此外，沃尔玛还重新设计了其退货流程，顾客可以在沃尔玛的应用程序上发起退货，然后在商店里通过快速购物通道进行快速处理。

沃尔玛正在整合其线上与线下渠道，成为一家全渠道的零售商。沃尔玛新的价值主张完全可以从其最近的市场营销活动——"通往沃尔玛的更多方式"系列活动中总结出来。在这类市场营销活动的广告中，沃尔玛显示了忙碌的家庭在其移动应用程序上轻松地订购日常物品，然后在路边取货或在门口从亮蓝色沃尔玛盒子中将商品取回家。

沃尔玛的全渠道营销努力正在获得丰厚的回报。它的在线销售额正以两位数的速度增长，使其远远领先于其主要的折扣店和百货商店等竞争对手。尽管沃尔玛在线上仍然远远落后于亚马逊，但亚马逊无法与沃尔玛的庞大商店网络相提并论。从长远来看，谁拥有更多的商店或更多的在线网络并不重要。零售业的未来，属于那些可以将数字世界和实体世界最好地融合为无缝的全渠道体验的商家，这样商家更能够适应当今消费者的灵活购物方式。

在重新界定自己如何更好地践行承诺——"更低的价格、更好的生活"——方面，沃尔玛看起来更像是一家初创企业，而不是年迈的商业巨头。[1]

沃尔玛的故事，为研究当今瞬息万变的零售世界奠定了基础。本章将重点探讨零售和批发问题：第一部分将介绍零售的本质和重要性、零售商的主要类型、零售商所做的市场营销决策以及零售业的未来；第二部分将围绕上述这些方面展开对批发商的探讨。

➡ 11.1　零　售

什么是零售？我们知道开市客、家得宝、梅西百货、百思买以及塔吉特等都是零售商，而亚马逊、当地的汉普顿酒店、给病人看病的医生也是零售商。其中，**零售**（retailing）包括出于个人而非商业用途，直接向终端消费者销售产品或服务的所有活动。许多机构——制造商、批发商和零售商——都在经营零售业务。但大多数零售贸易是由**零售商**（retailers）完成的——零售商就是以零售业务为主要收入来源的企业。在绝大多数市场营销渠道中，零售起着非常重要的作用。零售商每年从终端消费者手里赚得的利润逾 5 万亿美元。[2]

11.1.1　零售：连接品牌与消费者

零售商在整个购买过程以及购买的那一刻将品牌与消费者联系起来。事实上，许多市场营销人员正在接受**购物者营销**（shopper marketing）的理念，聚焦整个市场营销过程，从产品和品牌的开发，到物流、推广和交易，目的是把进店的顾客转变为购买者。当然，每个精心设计的市场营销活动的重点，都是顾客的购买行为。购物者营销的理念应该与购物过程本身进行协调。

购物者营销是围绕着宝洁长期以来所称的"关键时刻"——购物者在商品货架前考虑商品的最为关键的 3 ～ 7 秒钟展开的。然而，随着在线和移动购物的迅猛增长，零售的"关键时刻"不再仅仅发生在实体商店当中。谷歌定义了"零关键时刻"和"微时刻"，即当消费者转向其在线或移动设备进行搜索、了解或购买商品时的短暂决策时刻。根据谷歌的数据，一方面，消费者在 90% 的"微时刻"中，不会想到任何品牌；另一方面，73% 的消费者在零售研究的"微时刻"中，是根据哪个品牌最有用做出购买决策的。[3]因此，如今购物者营销和"购买点"已经远远超出了店内购买。

11.1.2　不断变化的零售模式

在线和移动技术已经引起了人们购买方式和购买地点的巨大转变。如今，消费者越来越成为全渠道的购买者，他们几乎不区分店内购物还是在线购物。对他们来说，零售购买的路径已经跨越了多个渠道。

消费者越来越多表现为"移动优先"的购物者，他们在移动设备上开始（有时甚至是结束）自己的购买过程。其中，这一购买过程通常包括在线研究产品并从在线零售商那里购买产品，而无需踏入零售商店。这一购买过程也可能会涉及使用智能手机即时地或者在零售商店过道中研究购买情况。尽管 90% 的购买仍是在商店中进行的，但最近的一项研究发现：移动设备推动了一半以上的零售。到 2021 年，基于智能手机的零售额将占在线销售额的 24%。[4]

购买方式的这种巨大转变，已经引起了零售行业的巨大动荡。在线购买的增长，意味着对实体店和购物中心的需求的减少。随着亚马逊和其他在线商家的蓬勃发展，传统的商店零售商开始感到苦恼。在过去的六年时间里，亚马逊实现了蓬勃发展，其规模像三个西尔斯百货。有些分析师将其称为"零售业末世"（retail apocalypse）。近年来，零售破产和商店关闭已飙升至创纪录的水平。即使在整体零售支出增长的情况下，从西尔斯百货、杰西彭尼和梅西百货到科尔士百货和 The Limited 等零售业巨头，也因其销售停滞和利润缩水而关闭了商店。甚至像沃尔玛、塔吉特和百思买这样的零售业明星，也在争先恐后地适应当今互联消费者所带来的新零售挑战。[5]

鉴于消费者在购买方面的这些令人难以置信的变化，专家们预测了零售业的终结甚至是实体商店的最终灭亡，但这不太可能。亚马逊不太可能吞并所有的实体零售业。但问题不再局限于在线卖家与实体商店之间的对抗。相反，未来成功的零售商必须采用**全渠道零售**（omni-channel retailing）策略，通过整合店内、在线和移动购物渠道，创造无缝的跨渠道购买体验。因此，为了满足在购物时跨越多种渠道的顾客的需求，传统的实体零售商正在将数字购物、在线购物和移动购物渠道快速地集成到自己的零售运营当中。而且，许多曾经只在线上销售的零售商（如亚马逊、Warby Parker 和 Blue Nile）也正在建立自己的实体店。

在本章后面的部分和第 14 章中，我们将详细讨论在线零售和全渠道零售。由于大部分零售仍然发生在实体商店中，我们首先探究各种类型的实体零售商。

11.1.3　商店零售商的类型

零售商有各种类型和规模，从当地的美发沙龙或家族式餐厅，到专卖连锁零售商，如 REI 和威廉姆斯－索诺玛，再到大型折扣店，如开市客和沃尔玛。表 11－1 概括出了商店零售商的主要类型，我们将在之后的章节中进行讨论。实际上，零售商可以根据几个不同的特点进行分类，包括它们提供的服务量、产品线的广度和深度、制定的相对价格以及各自的组织方式等。

表 11－1　商店零售商的主要类型

类型	描述	示例
便利商店	分布在居民区的小型商店，一周 7 天 24 小时营业，经营品种有限、周转率高的便利品。	7－11、Circle K、Speedway、Sheetz
超级商店	经营的商品满足消费者对日常食品、非食品商品的需求，包括结合超级市场、折扣店和品类杀手的超级购物中心。其中，品类杀手专门销售一系列特定种类的商品。	沃尔玛超级购物中心、塔吉特超级商店、Meijer（折扣店）、百思买、Petco、史泰博、Bed Bath & Beyond（品类杀手）
廉价零售商	低于正常批发价或零售价出售商品的零售商，包括所有权和经营权归生产商所有的厂家直销店、所有权和经营权归企业或大型零售公司的分支机构所有的独立廉价零售商、以较大折扣向缴纳会费的会员出售有限商品的仓储俱乐部。	Mikasa（厂家直销店）、TJ Maxx（独立廉价零售商）、开市客、山姆会员店（Sam's Club）、BJ's（仓储俱乐部）
折扣店	出售价格低、利润低、销量大的标准商品。	沃尔玛、塔吉特、科尔士百货
专卖店	经营的产品线较为狭窄，但品种齐全，如服装店、体育用品商店、家具店、花店和书店	REI、Sunglass Hut、丝芙兰、威廉姆斯－索诺玛
百货商店	经营的产品类型较多，主要有服装、家具和家居用品，各种产品由采购专员或商人设立单独的部门进行管理。	梅西百货、西尔斯百货、内曼·马库斯
超级市场	经营的商品满足消费者对食品、杂货和家居用品的需求，是低成本、低利润、销量大的大型自助商店。	克罗格、Publix、西夫韦、SuperValu

服务量

不同类型的顾客和产品需要不同的服务。为了满足顾客不同的服务需求，零售商可以提供三种服务水平：自助服务、有限服务和全方位服务。

自助服务零售商服务于那些为了省时省钱而愿意进行"寻找—比较—选择"的顾客。自助服务是所有折扣运营的基础，通常销售便利品的零售商（如超市）以及品牌知名度很高的快速消费品零售商，如塔吉特或科尔士百货会提供这种类型的服务。有限服务零售商，如西尔斯或杰西彭尼，会为顾客提供较多的服务，这是因为顾客对商品信息的需求较多。这些增加了运营成本，从而导致较高的商品价格。

全方位服务零售商，如高端的专卖店和一流的百货商店。其中，前者如蒂芙尼、威廉姆斯 – 索诺玛，后者如诺德斯特龙百货商店和美国主营奢侈品的高端百货商店——内曼·马库斯，它们会在购物的每个阶段为顾客提供服务和帮助。全方位服务零售商通常会向顾客提供他们需要的、想要的或建议的特殊商品。它们提供更多的服务，这样做会导致更高的运营成本，于是它们通过提高售价来弥补其增加的运营成本。

产品线

零售商还可以按照产品线的长度和宽度进行划分。有些零售商如**专卖店**（specialty store），其产品线很狭窄，但品种齐全。现如今，专卖店蓬勃发展。市场细分、市场定位和产品专业化的发展，刺激了对专注于特殊产品和领域的商店的需求的增长。

相比之下，**百货商店**（department store）则有着范围很广的产品线。近年来，百货商店遭受两面夹击：一面是更集中、更灵活的专卖店；另一面是更高效、更低价的折扣店。对此，许多百货商店进行促销定价，以便应对折扣所带来的威胁。其他的百货商店则加紧利用商店品牌和独家品牌的"店中店"形式与专卖店进行竞争。例如，诺德斯特龙、萨克斯第五大道、内曼·马库斯等零售商以及其他高端百货商店，都通过强调独家商品和高品质的服务来提升其业绩。

向在线购买和移动购买的转变，也给百货商店造成了沉重打击，导致诸如西尔斯百货、杰西彭尼、梅西百货和迪拉德百货（Dillard's）等大型连锁百货公司关闭其门店并调整其策略。大多数大型连锁百货公司都增加了直接和在线销售，但要赶上零售界的亚马逊公司，还有很长的路要走。[6]

超级市场（supermarket）是零售商店中顾客光顾最为频繁的商店。然而现如今，由于人口增速放缓以及来自折扣店（沃尔玛、开市客、达乐）和食品专卖店（全食超市、Trader Joe's 公司、奥乐齐、Sprouts 和利德）的竞争的加剧，超级市场面临着销售额增速放缓的挑战。像百货商店一样，超级市场也面临来自亚马逊和其他在线购物方式的挑战，如蓝围裙（Blue Apron）和 HelloFresh 等食品和菜单交付服务。到 2025 年，在线杂货店购物估计将占杂货零售总额的 20% 左右。现在，超过一半的杂货店购买都受到了消费者在网上看到的内容的影响。[7]

在争夺市场份额的竞争中，一些超级市场通过削减成本、提高运营效率和降低价格，与开市客和沃尔玛等大型折扣店正面竞争。其中，WinCo 公司就是一个例子，它是美国西部快速发展的区域性杂货连锁店，直接与强大的沃尔玛相竞争，其定位为"超级市场低价领导者"。WinCo 公司的商店规模大、效率高、简洁，只经营种类有限的基本快速运输商品，顾客可以通过自助打包和支付现金（不接受信用卡）来帮助降低成本。通过这样做，WinCo 公司不仅在价格方面与沃尔玛公司旗鼓相当，而且经常会压低价格。

还有一些超级市场已经向高档化发展，提供更好的商店购物环境和更高质量的食品，如自有面包房、熟食柜台、天然和有机食品以及新鲜的海鲜柜台等。当然，也有一些企业正在添加在线购买选项，如在线订购送货上门、店内提货或路边提货等。他们正在加强自己的网站和移动应用购物清单、菜单和膳食创意以及其他功能。

便利商店（convenience store）是销售快速周转的便利品的小型商店。由于香烟销售的减少和汽油价格上涨，这些商店的销售几年来一直停滞不前，现在正在逐渐增长。很多便利连锁商店试图通过重新定位来拓宽自己的市场，在原有年轻、蓝领男性消费者市场之外，吸引更多的女性购物者。它们通过供应新鲜食品和提供更清洁、安全、高档的环境，来摆脱之前所树立的为男性提供汽油、啤酒、香烟或在滚筒烧烤机上卖干瘪的热狗的"卡车商店"的形象。

许多便利店都在扩大自己的产品种类，以便吸引"补货"的购物者，即距离大型杂货商店较远、想要随时顺便购买商品的人。例如，中西部的杂货连锁店 Kwik Trip 就扩展了其服务范围，为顾客提供下班回家做饭时必备商品的一站式服务。[8]

走进 Kwik Trip 公司的门店，顾客可以购买到从馒头、面包和牛奶到新鲜农产品、沙拉和新鲜肉类的所有商品。是的，新鲜的肉类，如牛肉馅、卤肉、鸡肉和牛排——只要是需求量大的，都可以买到。要说服顾客在以销售香烟、啤酒和彩票而闻名的商店购买新鲜食品，并不容易。Kwik Trip 公司战略性地在其商店门口提供一箱冷鲜肉、新鲜蔬菜和水果，以便让购物者意识到 Kwik Trip 公司是他们的"邻里市场"——一个可以停下来购买晚餐所需物品的场所。Kwik Trips 公司不仅提供新鲜的必要食材，而且提供新鲜的樱桃、桃子和草莓等时令产品。这种"补货"方法对于 Kwik Trip 公司来说是成功的，特别是在农村地区，该连锁店有助于弥补农村杂货店衰落而留下的市场空白。

超级商店（superstore）比一般的超级市场大得多，提供种类繁多的日常食品、非食品类产品和服务。沃尔玛、塔吉特、Meijer 以及其他折扣零售商都设有超级购物中心（supercenter），它是食品店和折扣店的大型结合体。一家传统杂货店每周的营业额约为 39.75 万美元，而沃尔玛超级购物中心每周带来约为 125 万美元的销售额。[9]

近年来，超级商店得到了快速发展，这类商店就是所谓的**品类杀手**（category killers），如百思买、家得宝、Petco 和 Bed Bath & Beyond。它们的特点是商店的规模像候机大厅那样大，并对某一特定的产品有着精细的纵深分类。品类杀手涉足很多产品线，包括电子产品、家居装饰品、书籍、婴儿车、玩具、家庭用品、聚会用品、运动用品甚至宠物用品。

最后，对于很多零售商来说，产品线就是一项服务。**服务零售商**（service retailer）包括酒店和汽车旅馆、银行、航空公司、餐馆、大学、医院、电影院、网球俱乐部、保龄球俱乐部、维修服务中心、美发厅和干洗店等。在美国，服务零售商的发展速度比产品零售商还要快。

相对价格

我们可以根据零售商索要的价格来对它们进行分类（如表 11 - 1 所示）。绝大多数零售商索要一般的价格，提供一定质量的产品和服务。有些零售商则以较高的价格提供较高质量的产品和服务。以低价为特色的零售商包括折扣店和廉价零售商。

折扣店　折扣店（discount store），如塔吉特、科尔士百货、沃尔玛等，以较低的价格销售标准商品，以便实现较低的利润和较高的销量。早期的折扣店通过提供较少的服务，并在租金较低的偏远地区设立仓储式商店来缩减开支。如今，折扣店在节约成本、提高运营效率的同时，也在努力改善其购物环境和提高服务质量。

领先的仓储式折扣店，如沃尔玛、开市客和塔吉特等，已成为零售市场的主导者。然而，在当前经济环境下，小型折扣店逐渐兴起。举个例子，现如今一元店已成为发展最快的零售业态。在这之前，一元店出售的大多数是新奇的小玩意、工厂尾单、清仓商品，且大部分售价都在 1 美元。不过，现在不同了，达乐公司——美国最大的低价折扣零售商——做出强有力的价值承诺：每天都省钱，每天都省时。[10]

达乐的口号并不是为了做做样子。这是对商店价值承诺的谨慎声明。该零售商的目标是，在一个小而方便的位置，以每日低价的方式提供精选的流行品牌。达乐精简产品线，而更小的商店（平均每个沃尔玛超级购物中心能容纳超过 25 个达乐商店）可以让顾客快速购物——平均每个顾客在商店停留不超过 10 分钟。据估计，其店内的流行品牌产品的价格比杂货店的价格低 20% ~ 40%，与沃尔玛处于同等水平。总而言之，达乐的表现强劲。虽然其他零售商正在以前所未有的速度关闭商店并遭到亚马逊和沃尔玛的碾压，但达乐正在每年开设超过 900 家新店，其收入也以两位数的速率增长。便利和低价，看起来永不过时。

廉价零售商　随着主要折扣店的升级，新一波**廉价零售商**（off-price retailer）逐渐涌入，填补了低价格、高销量的空缺。传统的折扣店以正常的批发价采购商品，并接受较低的利润来保持低价。与之相反，廉价零售商以比正常批发价更低的价格进行采购，售价低于零售价格。如今，在很多领域中都可以见到廉价零售商的身影，从食品、服饰、电子产品到低成本银行业和折扣经纪业务。

廉价零售商的三种主要类型包括**独立廉价零售商**（independent off-price retailer）、厂家直销店（奥特莱斯店）和仓储式俱乐部。其中，独立廉价零售商的所有权和经营权或者归企业所有，或者归大型零售公司的分支机构所有。尽管很多廉价零售商由小型个体企业所有，但绝大多数大型廉价零售商归较大的连锁零售公司所有。例如，TJ Maxx、Marshalls 和 HomeGoods，都归 TJX 公司所有。当然，其中还包括网络零售商，如 Overstock.com。其中，TJ Maxx 承诺将品牌和设计师时装的价格降至百货商店的 20% ~ 60%。那么它是如何履行这一承诺的呢？其买家一直密切关注每一笔交易以寻找购买机会。[11]

厂家直销店（factory outlet）由制造商，如 J. Crew 公司、Gap 公司、李维斯公司等所有并经营，有时聚集在直销购物中心和价值零售中心（valueretail center）。在这些中心里，十几家直销店以低于零售价 50% 的价格大范围销售尾货、折扣商品或者非常规商品。直销购物中心主要由制造商的直销店组成，而价值零售中心则把制造商直销店与廉价零售店和百货商店的清仓折扣店结合在一起。

购物中心正在提高档次——甚至在它们的描述中去掉了"工厂"二字。越来越多的直销购物中心现在进军奢侈品牌，如蔻驰（Coach）、Polo Ralph Lauren、乔治·阿玛尼（Giorgio Armani）、博柏利以及范思哲等品牌。随着消费者对价值越来越注重，甚至有些高端零售商也在加速厂家直销策略，将重心放在了一些直销店上，如 Nordstrom Rack、Neiman Marcus Last Call、布鲁明戴尔的直销店以及萨克斯第五大道等。现在，很多企业都把直销店视为处理问题商品的途径和给新商品增加销量的渠道。将高端品牌与低价格联系起来，也获得了很多购物者的青睐，其效果在经济衰退时期更为明显。

仓储俱乐部（warehouse club），或称批发俱乐部、会员仓储店，如开市客、山姆会员店和 BJ's，它们在庞大却简陋的仓库式设施中经营，只提供很少的附加服务。用这样仅提供最低标准服务的环境作为交换，它们的售价确实非常低，某些品牌的商品还会有惊人的折扣。近年来，仓储俱乐部的成长十分迅速，不仅吸引低收入消费者来寻求价格低廉的商品，也促使消费者在这里选购从必需品到奢侈品等大范围的商品。

开市客现在是全球第二大零售商，仅次于沃尔玛。低价是开市客公司经营理念中很重要的一个方面，但真正使得开市客与众不同的，是它所销售的商品以及它所营造的购物紧迫感（参见市场营销进行时 11-1）。

| **市场营销进行时 11-1** |

开市客：竞争对手无法比拟的市场营销魔法

零售巨头沃尔玛习惯于攻击竞争对手。在消费类电子产品方面，它使百思买感到"头痛"；在狗粮方面，它比 PetSmart 或 Petco 的销售量更多；它提供的服饰产品比 Gap、American Eagle Outfitters 和 Abercrombie & Fitch 的总和还要多。沃尔玛在美国杂货市场所占据的份额超过了 14%，其杂货店的销售量是杂货零售商克罗格的两倍。几乎所有的零售商，不管是什么类别，都在想方设法与沃尔玛竞争并生存下去。

但现在要分享的，并不是关于沃尔玛的故事，而是关于开市客的故事。开市客是一个有活力的仓储零售商，与沃尔玛的山姆会员店展开正面竞争，并赢得了胜利。山姆会员店的规模很大，拥有 600 多家商店和 570 亿美元的收入，如果山姆会员店是一家独立的公司，那么它将成为美国第八大零售商。但说到仓储式零售，开市客才是更强势的那一个。

开市客的门店比山姆会员店多 20%，但其收入却是山姆会员店的两倍有余，而且领先差距每年都在扩大。开市客以 1 290 亿美元的销售额成为全球第二大零售商，仅次于沃尔玛公司。2018 年，开市客在《财富》500 强公司中的排名上升到了第 16 位。不像山姆会员店的收入正在维持不变或是有些下降，开市客的销售额正在迅速增长。在过去的四年中，开市客的收入增长了 23%，利润增长了 35%。开市客是如何在自己的低价游戏中击败山姆会员店的呢？实际上，两家零售商在很多方面都非常相似。但在商店内部，开市客增添了山姆会员店无法比拟的某种市场营销技巧。

让我们从相似之处开始介绍。开市客和山姆会员店都是仓储式零售商。它们都以极低的价格向支付年度会员费的购物者提供种类繁多的全国品牌和自有品牌商品的有限选择。两家零售商都有大约 4 000 种商品，通常只有大包装商品（一般的超市库存 40 000 种，沃尔玛超级购物中心约 150 000 种）。为了保持成本和价格的低廉，二者都选择开设大型、通风良好的朴素店铺，并利用其强大的购买力向供应商索要低价。

价格是其成功的重要组成部分，开市客和山姆会员店似乎都沉迷于以尽可能低的价格出售每件商品。但是，开市客不仅着眼于较低的折扣价格，相比于最终价格，它更着眼于通过低溢价来实现更高的顾客价值。从一开始，折扣在开市客就是一个"坏词"，它表示"廉价"。相反，开市客的策略是通过低利润为顾客提供最佳价值，无论是在食品杂货方面，还是在高价葡萄酒方面。开市客的营业利润率平均只有 3.2%，少得可怜。类似地，山姆会员店的利润率也只有 3.5%。

开市客和山姆会员店都擅长低成本运营和低价。那到底是什么让开市客与众不同的呢？这与开市客的差异化价值主张有关——与其所售卖的产品以及它让消费者感受到的购物体验中的紧迫感有关。山姆会员店和其他批发零售商都主张低价，而开市客则是零售业的一块寻宝地——低端和高端产品都以超低折扣价格出售。除了加仑罐装的花生酱、四包一组的牙膏和 2 250 支装的棉签（在其他仓储俱乐部中广受欢迎）之外，开市客还提供种类繁多的高品质产品（甚至是奢侈品），而且都以诱人的低利润进行出售。

2017 年，开市客售出了超过 1.1 亿个热狗－苏打水组合（和以往的 30 多年一样，仍然只要 1.5 美元）。与此同时，它出售了超过 10 万克拉的钻石，单件钻石产品的最高售价为 10 万美元。开市客是全美最大的家禽销售商（每天卖出将近 70 000 只烤鸡，价格为每只 4.99 美元，而在假日期间则有 100 万只火鸡出售），同时也是全美最大的优质葡萄酒卖家（其商品中甚至包括每瓶 1 750 美元的白马酒庄顶级葡萄酒）。亚利桑那州的开市客曾经以 17 000 美元（实际上有 6 000 美元的折扣）出售了限量版的麦卡伦－莱俪（Macallan-Lalique）单麦芽苏格兰威士忌。开市客网站还曾经以 129 999.99 美元的价格提供了毕加索的画作。

开市客也为乏味的购物环境注入了新的活力。在常规的日常必需品销售中，开市客还提供盛大的、产品系列不断变化的特价产品售卖活动，包括安德鲁·马克（Andrew Marc）、卡尔文·克莱恩（Calvin Klein）、香奈儿、普拉达和百年灵等品牌，而且这些产品的价格是顾客在其他地方没办法获得的。同时，它也以最低的价格出售优质的电子产品和家用电器。事实上，开市客出售的物品中，有 25% 被指定为"珍贵物品"（开市客公司的说法）。交易进行得很快、多样的品种和优惠的价格，使人们拿着钱包不断回来再次购买。

一旦进入开市客，许多顾客就会受到"开市客效应"的影响——花的钱比他们计划的更多。开市客的首席执行官说："当人们说'我讨厌你们这些家伙，我在这买了四样东西，花了我 400 美元'，这正是我们所喜欢的。"正如一个报告者所声明的，有些顾客甚至成为"开市客迷"（Costcoholics）。

我的一个好朋友最近热情地谈论开市客，讲述她每周都要情不自禁地在那购物 2～3 次。她说，有时候她甚至并不计划买什么东西，她只是喜欢在有两个足球场那么大的仓储式零售商店闲逛，寻找新奇的东西。她还关注每周最大的奢侈品"惊喜"会是什么——诸如沃特福德水晶（Waterford Crystal）、蔻驰手提包或欧米茄手表，它们以令人震惊的低价被迅速售出。而且，她甚至会在没有购买意图时购物，她说，她总是发现有些东西引诱她去购买。

曾几何时，只有广大平民百姓才在低价零售商那里购物。但是开市客改变了这一切，不需要节约的消费者也来到这种零售店购物了。这并非偶然，开市客公司的商店往往位于比山姆会员店更加富裕的地方，开市客会员的平均家庭收入接近 10 万美元。

开市客的才能甚至延伸到了其商店自有品牌——柯克兰（Kirkland Signature）。山姆会员店的 Member's Mark 商店品牌涵盖了种类有限的常规售价的食品、日用品和服装系列，而开市客的柯克兰品牌则种类繁多。顾客寻求柯克兰的产品不仅是为了价格，它的质量也很好。开市客的顾客可以购买柯克兰品牌的任何东西，从 19 美元一瓶的柯克兰签名系列门多萨马尔贝克（Malbec）红酒到 2 299 美元的柯克兰 Braeburn 编织火坑露台五件套，再到价格为每人 3 799 美元的七天法国河上乘船游览套餐。

因此，在仓储会员零售店中，是开市客正在打压着竞争对手，而不是沃尔玛。事实上，强大但沮丧的沃尔玛多年来一直在努力使其山姆会员店变得更像开市客。开市客不仅仅是一个"堆得高、卖得便宜"的大卖场，也不仅仅是一个购买大宗消费品的地方。每家开市客公司的店铺都是一个零售剧场，可以为顾客创造购买的紧迫感和兴奋感。

资料来源：Benjamin Romano, " Booming Costco Courts Millennials with Online and Delivery, but Stores Still Rule," *Seattle Times*, February 1, 2018, www.seattletimes.com/business/retail/booming-costco-courts-millennials-with-online-and-delivery-but-stores-still-rule/; Robin Lewis, " ' Costoholics ' : Costco's $113.7 Billion Addicts," *Forbes*, February 16, 2016, www.forbes.com/sites/robinlewis/2016/02/16/costcoholics-costcos-113-7-billion-addicts/#179cdc9b5f73; " Global Powers of Retailing 2018," Deloitte, www2.deloitte.com/global/en/pages/consumer-business/articles/global-powers-of-retailing.html, accessed May 2018; Stan Laegreid, " The Choreography of Design, Treasure Hunts, and Hot Dogs that Have Made Costco So Successful," *Fast Company*, January 24, 2014, www.fastcompany.com/3025312; " There Is Something Off with Costco," *Seeking Alpha*, December 9, 2017, https://seekingalpha.com/article/4130830-something-costco; and information from www.corporate.walmart.com, www.costco.com, and http://phx.corporate-ir.net/phoenix.zhtml?c=83830&p=irol-newsArticle&ID=2305024, accessed October 2018.

组织方式

尽管很多零售商都是独立经营的，但是越来越多的零售商以公司或合作组织的方式结合在一起。表 11 - 2 描述了零售组织的四种主要类型——公司连锁店（corporate chains）、自愿连锁店（voluntary chains）、零售合作组织（retailer cooperatives）和特许经营组织（franchise organizations）。

表 11 - 2　零售组织的四种主要类型

类型	描述	举例
公司连锁店	同一所有者集中控制的两家或两家以上的直销店。公司连锁店以各种零售形式出现，其中以百货商店、折扣店、食品店、药店和餐馆最为常见。	梅西百货（百货商店）、塔吉特（折扣店）、克罗格（杂货店）、CVS（药店）等
自愿连锁店	由批发商发起的独立零售商集团，从事集体采购和共同促销。	国际独立零售商联盟（IGA）、Western Auto（汽车供应商）、True Value（五金）
零售合作组织	由独立零售商组成的联合经营组织，实行集中采购和统一推广。	Associated Grocers（杂货）、Ace Hardware（五金）
特许经营组织	介于特许商（制造商、批发商或服务组织）和加盟商（有偿获得特许经营体系中一个或多个单元的所有权和经营权的独立商业者）之间的一种合同式组织。	麦当劳、赛百味、必胜客、捷飞络（Jiffy Lube）、Meineke Mufflers、7 - 11

公司连锁店（corporate chains）是同一所有者集中控制的两家或两家以上的直销店。它们比起独立经营来说有很多优势，公司连锁店的规模使得它们可以以较低的价格进行大批量采购，从而获得规模经济效益。同时，它们还可以雇用专业人员处理诸如定价、促销、采购、库存管理和销售预测之类的事务。

公司连锁店的巨大成功，促使很多独立商店按照以下两种合约形式进行联合：一种为自愿连锁店——由批发商发起的独立零售商集团，从事集体采购和共同促销，比如 IGA 和 Western Auto 公司；另外一种是零售合作组织——由独立零售商组成的联合经营组织，实行集中采购和统一推广，比如 Associated Grocers 公司和 Ace Hardware 公司。这些联合组织使独立零售商在采购和促销方面获得规模经济效益，以此在价格上与公司连锁店相抗衡。

还有一种合约零售组织是**特许经营**（franchise）组织。特许经营组织和其他合约体系（自愿连锁店和零售合作组织）的主要区别在于，特许体系通常是基于某种由特许商所开发的独特产品或服务，可能是商业模式，也可能是商标、商誉，或是专利。特许经营风行于快餐店、汽车旅馆、健身中心、汽车销售和服务经销商以及不动产代理等领域。

然而，特许经营覆盖的领域远远超过了快餐店和健身中心。特许经营组织目前已经延伸到了各行各业。例如，Mad Science Group 公司的特许经销商把自己的科技项目拓展到了学校、侦察部队以及生日派对；Soccer Shots 公司也提供了一些项目，可以为 2～8 岁的儿童在日托中心、学校和公园讲解足球的基本技巧；Mr. Handyman 公司为房主提供维修服务，Merry Maids 公司为房屋提供清洁服务，而 Mosquito Joe 公司则提供庭院除蚊服务；H&R Block 公司的特许经营商提供税务筹划服务，该公司的 10 000 多个零售办事处中有超过 1/3 是由加盟商拥有和运营的。[12]

特许经营现在已经占到全美总零售额的 45%。如今，如果顾客在城市街区漫步或是在一条街道上行驶，看不到麦当劳、赛百味、捷飞络或是假日酒店，几乎是一件不可能的事情。最知名、最成功的特许经销商之一麦当劳，已经在超过 100 个国家设立了 3.6 万家连锁店，其中有 1.4 万家开在了美国本土。它每天服务的顾客多达 6 900 万人，整个系统的年销售额逾 940 亿美元。在全世界，大约有 80% 的麦当劳店的所有权和经营权归特许经销商所有。[13]

> **概念应用**
>
> 在这里暂停一下，想想读者平常接触过的不同类型的零售商，它们经营的产品有很多是重叠的。
>
> ● 选择自己熟悉的一种产品：照相机、微波炉、修剪草坪的工具或是其他产品。在两种类型完全不同的商店里购买该产品，选择一家折扣店或品类杀手，再选一家百货商店或更小的专卖店。然后，在网上购买该产品。比较三种购物方式在产品种类、服务和价格方面有什么不同。如果你打算购买该产品，会选择在哪里购买？为什么？
>
> ● 上述购物过程对于互相竞争的店铺形式的未来发展有什么样的启示？

➡ 11.2 全渠道零售：融合店内、在线、移动和社交媒体渠道

正如本章前面所讨论的，近年来，零售购物过程发生了根本性的变化。不久之前，购物主要包括挨个逛商店或者翻阅购物目录、收集产品信息、进行价格比较，并购买商品。可如今，在这个充满各种网站、智能手机、移动应用程序、社交媒体和其他数字化平台的时代里，购物通常会涉及一系列令人眼花缭乱的渠道和平台。

> **作者点评**
>
> 为了在这个零售业动荡的时代取得成功，传统零售商必须适应当今数字化的顾客购物方式，提供无缝的跨渠道购买体验。

在线零售正在蓬勃发展。尽管在线购买目前仅占美国零售总额的9%，但其增长速度却要比整个零售购买的增长速度快得多。2017 年，美国在线零售额比上一年增长了16%，而总体零售额只增长了4.4%。除了直接的在线销售外，零售商在线网站、移动应用程序和社交媒体等也影响了大量的店内购买。据估计，美国零售总额的一半以上，是直接在线上交易或受到在线浏览的影响。[14]

当今的全渠道消费者可以随时随地在线研究产品和价格，然后在家中、工作场所、商店或任何其他地方进行数字购物。他们搜寻零售商的网站和社交媒体，以便获取购买想法、灵感和建议。他们可能会在商店中看到商品并在线订购，也可能是在网上看到商品后去线下购买，还可能是在线购买商品后去店内取货或要求送货上门。根据最近的一项研究，将近60%的购物者在购物时会在智能手机上研究产品信息，54%的购物者会在购物时比较价格。[15]

人们购物方式的巨大转变，要求商店零售商的运作方式也随之发生变化。其中，全渠道购买则要求零售商进行全渠道零售，将所有可用的购物渠道和设备整合成无缝的顾客购物体验。而且，店内零售和在线零售之间的界限也正在迅速模糊化。大多数顾客不再需要决定是在商店还是在线购物。当今的全渠道购买者在整个购买过程中会无缝地在在线和实体店渠道之间进行转移。他们已经习惯了随时随地进行研究和购买——无论是在商店中、在网上，还是在旅途中，甚至是在商店中上网。

全渠道零售商成功地将虚拟世界和现实世界融合在了一起，从而占据了在线销售增长中越来越大的份额。实体店运营商正在通过网站、手机应用程序和社交媒体等向数字世界进行扩张。同时，包括亚马逊公司在内的许多在线商家正在通过展厅、快闪店、自己的门店以及其他与购物者面对面的方式进入实体世界。

零售商了解到，使用智能手机的购物者所做的工作，远远不止查看在线价格。在更多时候，他们正在填补信息空白。这种类型的活动说明了数字零售和商店零售是如何结合在一起完成销售的。

但是，全渠道零售不仅仅是帮助店内顾客在移动设备上进行跨店购物。因此，它要求在购买过程中，从发现到购买的全过程，细致地整合店内外的所有可用的购物渠道。为此，大多数大型零售商现在都在增加自己的在线和数字销售选择，并将它们与实体商店联系起来。

例如，沃尔玛已经加强了对店内取货和免费两天送达的重视。它告诉顾客，他们可以从其网站上进行订购，在当天免费取货，并在不满意的情况下轻松地将商品退还给商店。现在，顾客在沃尔玛的网站购买的所有商品中，有一半是在店内取货的，而且经常会在访问期间购买额外的商品。同样，塔吉特最近收购了当日送达服务企业 Shipt。与 Amazon Prime 一样，塔吉特在主要城市地区的顾客可以支付会员年费，享受网上订单的当日交付服务。

除了网站之外，全渠道零售商还整合了其他数字购物渠道。沃尔玛、塔吉特、梅西百货和其他主要零售商还提供了方便的移动应用程序，将顾客吸引到它们的网站和商店中，让他们准备购物清单，然后帮助他们找到商店内的商品，并向他们的手机发送每日提醒和独家折扣信息。最近的一项研究表明：44%的购物者定期或不定期地在零售店内用手机从该店的网站上购物。沃尔玛通过移动设备出售的商品中，有10%是在沃尔玛实体商店内进行的。[16]

社交媒体在全渠道零售中也发挥着重要作用。在2017 年，有30%的购物者是通过社交媒体进行购物的，有44%的购物者是通过社交网络发现了新产品，有49%的购物者是根据来自社交媒体的推荐购买的。反过来，大多数大型商店零售商现在也都广泛地使用社交媒体来吸引顾客、建立社区，并使顾客同它们的网站和商店联系起来。[17]

但是，仅仅创建数字友好的商店、功能强大的网站以及广泛的社交媒体影响，并不能构成良好的全渠道零售。关键是要整合这些要素，以便创造当今顾客所寻求的关键、无缝、随时随地的全渠道购物体验。考虑一下运动鞋和服装巨头 Foot Locker 公司的情况。该公司经营着多家连锁店，包括 Foot Locker 和 Champs Sports。[18]

Foot Locker 公司成功地实现了全渠道零售。它的线上零售与实体店运营实现了无缝连接，提供"在线购买，商店发货"和"在线购买，店铺取货"等选项。顾客可以在社交媒体中方便地找到 Foot Locker 公司：它在 Instagram、脸书、Snapchat、推特、YouTube 和 Pinterest 平台上拥有超过 1.5 亿粉丝。在这里，Foot Locker 公司建立了顾客社区，成功地将顾客吸引到它们的在线商店和实体店铺中。

Foot Locker 公司的全渠道实力，在其 Foot Locker、Champs Sports 和其他商店中得到了充分的体现。这家连锁店的销售人员具备与顾客相同的移动端调研技能。销售人员手持平板电脑，使用有关产品和竞争对手优惠的在线信息，与顾客沟通合作并对顾客进行指导。同时，Foot Locker 公司还训练商店的员工不单是以价格吸引顾客，更要通过以面对面接触的方式为顾客增加价值来吸引顾客。凭借着 3 300 家门店和自己的线上店铺，Foot Locker 公司可以帮助顾客塑造几乎任何类型的购物体验，包括在线零售商无法提供的广泛服务、付款和交付选项。当其他鞋类和服装零售商难以抵御像在线明星美捷步这样的网络销售商时，Foot Locker 公司的在线销售一直都是一个亮点。现在，它的在线销售量占总销售额的 12%，其中的一半是来自移动设备购买。而且其在线销售额正以每年 20% 的速度稳定增长。

11.3 零售商的市场营销决策

零售商总是在寻找能够吸引和留住顾客的、新的市场营销战略。在过去几年里，零售商依靠独特的产品和更多更好的服务来招揽顾客。如今，零售商的商品品种和服务的相似度越来越高。顾客会发现，绝大多数消费品牌不仅百货商店里有，在大众商品折扣店、廉价折扣店以及互联网上都可以找到。因此，对于零售商来说，实现商品差异化已经变得越来越难。

> **作者点评**
> 不用奇怪，零售商必须与其他任何企业一样，进行相同类型的市场细分、定位和市场营销组合决策。

零售商的服务差异化程度也在逐步缩小。很多百货商店都精简了自己的服务，而众多折扣店却在丰富自己的服务。除此之外，消费者也变得越来越精明，对价格的敏感度越来越高。他们认为，没有理由为同一品牌支付更高的价格，特别是在服务差异化水平降低的情况下。基于这些原因，很多零售商都在重新思考自己的市场营销战略。

如图 11-1 所示，零售商所面临的主要市场营销决策包括零售市场细分和目标市场选择、商店差异化和定位以及零售市场营销组合等。

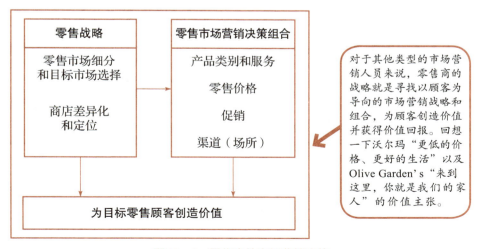

图 11-1 零售商的市场营销决策

11.3.1　市场细分、目标市场选择、差异化和定位决策

零售商首先要进行市场细分，并确定它们的目标市场，然后决定如何在该市场中确立自己的差异化和定位。商店的目标顾客群体是高端顾客、中端顾客还是低端顾客？目标顾客想要多种多样有深度的产品线、便利的服务，还是低价格？只有确定和概述出它们的市场，零售商才能就产品类别、服务、价格、广告、商铺装潢或其他支持其市场定位的要素做出一致的决策。

成功的零售商都能十分清楚地定义自己的目标市场，并不断强化自己的市场定位。例如，Trader Joe's 公司通过"便宜精美的菜肴"这一价值主张来强化自己的独特定位，而沃尔玛公司则坚定地将自己定位于向顾客提供低价商品。

有了明确的目标和定位，零售商才能够与强有力的竞争对手进行有效抗衡。例如，将小型零售商 In-N-Out 汉堡公司与行业巨头麦当劳进行比较：In-N-Out 汉堡公司现在在少数几个州拥有不到 400 家商店，销售额约为 6 亿美元；而麦当劳则在 100 多个国家或地区拥有 36 000 家商店，整个公司的年销售额超过 940 亿美元。In-N-Out 汉堡公司如何与世界上最大的快餐连锁店展开竞争？它无法展开竞争——至少不能直接竞争。In-N-Out 汉堡公司的成功之处，在于其通过精心的定位，使自己远离麦当劳公司。[19]

In-N-Out 汉堡公司从来没有想过像麦当劳那样迅速地发展并扩大菜单选项和零售店分布区域。相反，它不可思议地通过缓慢扩张和维持不变获得了蓬勃的发展。其汉堡包是由纯牛肉制成的，不含添加剂、填充物或防腐剂，而且它们始终采用新鲜食材，而不是冷冻食材；薯条是用整个土豆制成的；奶昔是用真正的冰激凌制成的。在 In-N-Out 汉堡餐厅里，顾客不会找到冰柜、加热灯或微波炉。与麦当劳公司不断推出新菜单项目不同，In-N-Out 汉堡公司坚持做该连锁店一直以来最擅长的事情：制作真正好吃的汉堡包、薯条和奶昔，仅此而已。

此外，In-N-Out 汉堡公司的菜单选项是定制化的，而不是标准化的。修改菜单在 In-N-Out 汉堡公司的店铺里是非常普遍的，以至于出现了一个不在菜单上公布的"秘密"订购代码。例如，了解情况的顾客可以点"动物风格"的汉堡包（有腌菜、额外的酱料、烤洋葱和芥末油炸肉饼等）。虽然菜单上有"2×2"（Double-Double）（双倍肉、双倍奶酪），但汉堡也可以点 3×3 或 4×4 的。类似地，炸薯条也可以定制，有全熟和火候较轻的版本。这个秘密菜单使顾客感到很特别。同时，让顾客感到特别的还有 In-N-Out 汉堡公司外向的、热情的、有能力的员工，他们可以提供意想不到的友好服务，这些都是顾客在麦当劳找不到的。最后，不同于麦当劳一味地对扩张的痴迷，In-N-Out 汉堡公司缓慢而稳定的成长意味着顾客不会在每个角落都找到其店铺。In-N-Out 商店的稀缺性只会增加它的吸引力。顾客经常不辞辛劳地驱车远行来吃 In-N-Out 汉堡公司的食品。

因此，In-N-Out 汉堡公司无法与麦当劳庞大的规模经济、令人难以置信的批量购买力、超高效的物流以及低廉的价格相提并论。然而，它甚至根本就没有去尝试那样做。通过将自己定位在远离麦当劳公司和其他大型竞争对手的位置上，In-N-Out 汉堡公司赢得了疯狂的追随者。在顾客满意度方面，In-N-Out 汉堡公司定期公布其获得了市场上所有快餐门店的最高顾客满意度得分。在午餐时间，其任何一家店的门口都会排起长队，而且 In-N-Out 汉堡公司每家店的平均销售额是行业平均水平的两倍。

11.3.2　产品类别和服务决策

零售商必须就三种主要的产品变量做出决策：产品类别、服务组合和商店氛围。这些决定比其他任何决定都可以帮助商店零售商与在线卖家区分开来。当然，商店零售商必须在其市场营销

组合中添加有效的在线元素。但是，它们还必须利用亚马逊无法匹敌的资产，如自有品牌、个人服务和商店体验。

"当亚马逊迅速改变时，零售商也必须迅速转变，"一位零售专家说，"亚马逊得到的越多，它为新鲜的当地替代品创造的机会就越多。亚马逊越提倡机器效率，温馨和个性化服务的空间就越大。人们通过人工智能助手 Alexa 与亚马逊互动得越多，就越渴望他人的洞察力和个人联系。"[20]

零售商的产品类别应该符合目标购物者的期望，同时有别于其他零售商。其中一种策略就是提供具有高度针对性的产品组合：Lane Bryant 公司销售大码服装；Five Below 公司提供了"价格优惠的热销商品"，定价都为 1～5 美元；Battery Depot 公司提供了几乎所有可以想象得到的备用电池。另外，零售商还可以通过提供其他竞争对手没有的商品（如拥有专有权的自有品牌或全国品牌）来实现差异化。例如，科尔士百货获得了销售知名品牌，如 Simply Vera Vera Wang 品牌时装，以及 Food Network 品牌的厨房工具、厨具和家电产品线的独家权利。同时，科尔士百货还提供自有品牌产品线，如 Sonoma、Croft & Barrow、Candies 和 Apt.9 等。

服务组合也可以帮助零售商实现差异化。举个例子，有些零售商邀请顾客以面对面、电话或平板电脑的形式，向服务代表进行询问或是咨询。家得宝公司为自己动手的顾客提供了多样化的服务组合，从"如何做"课程到"自己动手"以及儿童工作坊等。类似地，诺德斯特龙公司也提供一流的服务，并承诺"不惜一切代价照顾好自己的顾客"。

商店氛围是零售商的另一个秘密武器。零售商希望营造出一种独一无二的购物体验，既能够适应目标市场，又能刺激消费者的购买欲望。很多零售商都实施了体验式零售（experiential retailing）。例如，高端家居用品零售商 Restoration Hardware（RH）公司在芝加哥、亚特兰大、丹佛、坦帕和好莱坞推出了新一代家具的陈列——既是商店，也是室内设计工作室，还可以是餐厅和住处。[21]

试想一下如下的场面：抿一杯好酒，周围是高级家具和水晶吊灯，伴随着舒缓的背景音乐，场内的顾客不确定是再要一杯葡萄酒，还是一顿简单的午餐，或是两者都要。相反，顾客可能决定买下所坐过的家具。当然，顾客并非是在高级餐厅，而是在芝加哥的 RH 工作室，一个由 RH 公司推出的新零售概念店。大多数零售家具店只不过以实用的方式展示他们的商品，但 RH 公司的工作室并非如此。RH 公司的亚特兰大工作室是位于占地 2 英亩的庄园中的一处 70 000 平方英尺、6 层楼高的大型建筑物，配有一个 40 英尺高的入口圆形大厅，有双楼梯、花园、露台、一个 50 英尺长的闪闪发光的游泳池以及一个屋顶公园。它的室内外空间是 RH 公司商品的陈列场所：从玻璃器皿到家具，从地毯到花园用品。但那感觉更像一个放大的"家"。顾客不仅能看到各式家具，而且能试用。"我们创造了空间，在这参观我们新房的顾客说'我想住在这里'，"首席执行官说，"我进入零售业将近 40 年，此前我从没听顾客说他们想住在零售商店里。"

成功的零售商都在精心设计顾客的购物体验。下次，当进入一家零售店——不论是销售电子产品、五金产品，还是高级时装——请驻足仔细地观察自己的周围，打量这家店的布局，聆听店内的背景音乐，闻闻店里的芳香。店内的每个细节，从布局、灯光到音乐甚至味道都是经过店主精心雕琢的，为的就是塑造顾客体验，最终目的是让他们自愿打开钱包。

例如，许多大型零售商开发了只有在他们的商店才能闻到的标志性气味。[22] 随时健身公司（Anytime Fitness）使用"灵感"——一种桉树薄荷香味，以便在不同店面之间创造出一种统一的香味，并掩盖"健身房"的味道。布鲁明戴尔百货使用多样化的气味：婴儿用品商店里使用婴儿爽身粉的柔和香味，泳装区使用椰子的香味，贴身衣物使用丁香的香味，在节日期间使用糖饼和常青树的香味。实际上，气味也可以巧妙地强化品牌的形象和定位。例如，奥兰多的 Hard Rock

Café 酒店在其大堂中添加了一种海洋的味道，以便让客人感觉仿佛入住了海滨度假胜地（尽管该酒店距离海岸还有一个小时的路程）。为了把顾客吸引到酒店楼下经常被忽视的冰激凌店，该酒店还在楼梯顶部使用了焦糖曲奇香味，在底部则使用了华夫饼干香味。在这种安排之后的六个月里，其冰激凌的销量猛增了 45%。

这种体验式零售证实了零售店不仅仅进行简单的商品分类，还为顾客创造体验的环境。

11.3.3　价格决策

零售商的价格决策必须符合其目标市场和定位、产品和服务类型、竞争以及经济因素等。所有的零售商都希望在标高价的同时获得较大的销量，但是鱼和熊掌往往不可兼得。大多数零售商会在高售价低销量（绝大多数专卖店）与低售价高销量（大卖场和折扣店）之间做出选择。

因此，拥有 120 年历史的 Bergdorf Goodman 公司通过销售香奈儿、普拉达、爱马仕和 Jimmy Choo 品牌的服装、鞋子和珠宝，来迎合上流社会的消费者。高档消费市场的零售商为顾客提供贴心的服务，如私人购物助理、在店内展示本季流行趋势、提供一些鸡尾酒和点心。相比之下，TJ Maxx 公司之所以以折扣价销售名牌服饰，是因为其针对的是美国中产阶层。由于每周会上架一些新产品，折扣店对喜欢讨价还价的购物者来说是一个"寻宝"的好去处。

零售商必须决定在多大程度上使用降价和其他促销手段。一些零售商从不开展促销活动，它们注重产品和服务质量，并以此同其他零售商展开竞争。例如，很难想象 Bergdorf Goodman 店里的香奈儿手提包"买一赠一"，即使是在经济衰退时期。其他零售商——如沃尔玛、开市客和 Family Dollar——高喊"天天低价""价格不变"的口号，实际上天天低价的商品却可能少之又少。

其他零售商（如梅西百货、科尔百货、杰西彭尼）常常使用高 - 低定价（high-low pricing）策略——在日常生活中标高价，外加频繁的甩卖以及其他促销活动，以此来提高商店的客流量，营造出一个低价的假象，或是招揽愿意以全价购买其他商品的顾客。最近，激烈的在线和线下零售的竞争，也导致了这种高低定价策略的实施——零售商纷纷降价促销，诱使喜欢低价的顾客进入各自的商店。当然，价格策略取决于零售商的整体市场营销战略、竞争对手的定价方法以及经济环境等因素。

11.3.4　促销决策

零售商采用广告、人员推销、促销、公共关系以及直复营销和社交媒体营销等促销手段中的任意一种或多种来触及目标顾客。它们在报纸、杂志、电台和电视上做广告，也通过报纸插页和产品目录来进行宣传。商店的推销人员负责迎接顾客，满足其需求并与其建立起友好关系。一般而言，促销活动包含店内展示、陈列、销售和忠诚计划等。公共关系活动，如新店开张、特殊事件、新闻简报、博客、商店杂志以及公益活动，对零售商来说也是非常有利的。绝大多数零售商都通过网站和数字化目录、在线广告和视频、社交媒体、手机广告和应用程序、博客、电子邮件等同顾客密切互动。不管是大型零售商，还是小型零售商，都会进行社交媒体促销。

数字促销让零售商通过精心设计的目标信息向个人顾客提供个性化服务。例如，CVS 药店向其连锁店的 8 000 万名 ExtraCare 忠诚计划会员发送个性化周报。顾客可以通过登录他们在 CVS.com 的个人账户或者通过他们手机上的 CVS 应用程序来查看名为"我的每周广告"的个性化通知。基于 ExtraCare 忠诚计划会员的特点和以前的购买记录，个性化促销突出了每个特定顾客特别感兴趣的销售项目和特别优惠。例如，如果一个顾客买了某种洗发水，当它在"我的每周广告"上出售时，CVS 公司会将其高亮地显示出来。或者，当过敏顾客所在地区的花粉浓度很高时，他们可能会在应用程序上收到特殊的广告和促销提醒。收到个性化数字促销的 CVS 药店 ExtraCare 忠诚计划会员，往往会比没有收到的顾客节省很多钱。[23]

11.3.5 渠道决策

实体店零售商通常会指出的零售成功的三个重要因素：地理位置、地理位置、地理位置！对零售商来说，选择能够接触到与其定位相一致的目标市场的地理位置是非常重要的。苹果将其店铺设在高档购物中心和时尚购物区，比如开在芝加哥的密歇根大道或曼哈顿的第五大道，而不是在城镇边缘。相反，Trader Joe's 则选择租金低、不太繁华的地段，以便节省成本并支持它的"便宜精美的菜肴"定位。小型零售商可能别无选择，只能选择它们能够找到的或是能够负担得起房租的任何位置。比较而言，大型零售商通常都会聘请专业人士利用先进的方法来进行选址。

如今，很多商店都聚集在一起，以便提高对顾客的吸引力，为顾客提供一站式的购物便利。中央商务区是零售聚集的主要形式，一直持续到 20 世纪 50 年代。每个大城市和城镇都有一个中央商务区，聚集了百货商店、专卖店、银行和电影院。当人们开始迁往郊区时，这些中央商务区由于交通、停车和犯罪等问题开始衰败。

近年来，很多城市都把零售商整合起来，希望可以重振市区购物中心，然而成败参半。**购物中心**（shopping center）是将多个零售商作为一个整体来进行计划、开发、经营和管理的零售商业集合体。一个区域购物中心或区域购物商场，是所在地区最大的也是最吸引人的购物中心或购物商场，其中的商店数量从 50 家到 100 多家不等，一般包括两家或两家以上的全线百货商店。一个社区购物中心包含的商店数量为 15～50 家，通常包括一个百货商店或杂货铺、超级市场、专卖店，有时还有银行。大多数购物中心是街区购物中心或商业街，一般只有 5～15 家商店。这些购物中心离消费者很近、很方便，通常包括一家超级市场，可能还有一家折扣店，另外还有很多服务商店，如干洗店、药店、五金店、餐馆或其他商店。[24]

先锋购物中心（power centers）是大型的开放式购物中心，由一系列零售商店组成，包括庞大的、独立的零售店，如沃尔玛、家得宝、开市客、百思买、Michaels、PetSmart 和欧迪办公等。每个商店都有自己的入口，入口直通停车场，方便那些只光顾一家商店的购物者。相对地，生活方式中心是小型的、露天商场，里面包括高档商店、便利店，还有一些非零售设施，如游乐场、溜冰场、旅馆、餐饮场所和电影院等。

过去的几年，对购物中心来说实属困难时期。长期以来，美国一直经历着"购物中心过剩"（overmailled）的情况——从 1970 年至 2015 年间，美国购物中心的增长率是人口增长率的两倍。最近，购物者被网上购物渠道所吸引，减少了对购物中心的需求。随着百货商店陷入困境和专业连锁店以前所未有的速度关闭店铺，美国封闭式商场的空置率飙升。尽管最大的、最好的区域性购物中心仍然在蓬勃发展，但许多较弱、较小的区域性购物中心则艰难度日。先锋购物中心也受到了沉重的打击，因为它们的大型零售商租户，如凯马特（Kmart）、电路城（Circuit City）、博德斯书店（Borders）、摩雯思（Mervyns）和 Linens N Things 等纷纷倒闭了，而其他公司，如百思买、巴诺书店（Barnes & Noble）和欧迪办公等，也已经减少了其商店数量或缩小了规模。总之，根据一项预测，2022 年，美国购物中心每四个中可能就有一个会倒闭。[25]

尽管面临着这些严峻的预测，但实力较强的商场的前景仍然是光明的。传统购物中心正在重塑自我，以便满足顾客不断变化的需求。它们正在增加生活元素，如健身中心、餐厅、儿童游乐区、公共区域和多功能影院等，以使自己更加社会化和更受欢迎。总的来说，今天的购物中心更像是去闲逛的地方，而不仅仅是购物的地方。

➡ 11.4　零售业的趋势和发展

零售商的运营环境残酷且充满不确定性。这样的环境既提供了巨大的商机，同时也存在巨大的威胁。消费者的人口统计数据、生活方式和消费模式都在发生迅速的变化，零售技术也是这样。为了取得成功，零售商需要谨慎地选择目标细分市场，并给自己以稳固的定位。在计划和执行竞争策略时，零售商需要把下列零售业的发展趋势考虑在内。

11.4.1　紧缩的消费

在经济繁荣时代过后，大萧条使得很多零售商从顶峰跌入谷底。即使在复苏时期，零售商也能够感受到消费者消费模式的转变所带来的影响。

一部分零售商依旧可以在经济低迷时期获利。例如，随着消费者越来越精打细算和盘算着如何缩减购物开支，大型折扣店，如开市客，则抢先从喜欢讨价还价的消费者那里觅得商机。价格导向型零售商和低售价零售商，如奥乐齐、达乐和 TJ Maxx 等，已经吸引了更多节俭型买家的份额。

然而，对于其他零售商来说，面对消费者支出的不断紧缩，它们需要调整市场营销战略和策略。随着经济的改善和消费者保持其更加节俭的方式，许多零售商为自己的定位增加了新的价值宣传。从沃尔玛到梅西百货，再到克罗格和全食超市等零售商，都加强了对更经济的自有品牌的重视。类似地，为了与 Panera 面包店和墨西哥连锁餐厅等快餐店的蓬勃发展展开竞争，传统餐厅也推出了自己的增值服务。例如，Applebee 公司有一个 20 美元的套餐，包括两份正餐和一份开胃菜，总共只需 20 美元；TGI Fridays 公司提供 Fridays 5 套餐——"精选美味饮品和开胃菜，每份 5 美元。顾客可以随时甚至在深夜，获得所有想要的选择"。

在应对经济变化时，零售商必须注意其短期行为不能损害其长期形象和地位。例如，削减成本和大幅打折可能会增加即时销售量，但会损害品牌忠诚度。一位分析师将其称为"死亡折扣"，并指出"几乎所有的零售商——无论是高端还是低端——都已深陷折扣不再是额外好处，而是顾客的一种期待的陷阱"[26]。在当地的购物商场中漫步，就可以证实这一说法。

典型的零售商梅西百货就陷入了这个陷阱。为了支撑销售，它提供了源源不断的深层折扣，结果损害了其利润率。为了增加利润，它集中了商品销售并减少了销售人员，从而减少了顾客服务。由于采取了这种行动，梅西百货的销售和利润在过去几年中不断下降。[27] 梅西百货和其他零售商不应该依赖于削减成本和降低价格，而应该在其长期的商店定位策略中专注于创造更大的顾客价值。

11.4.2　零售形式更新、零售生命周期缩短和零售趋同

为了适应新的市场行情和顾客需求，新的零售形式不断涌现，但是新零售形式的生命周期却在缩短。百货商店用了大约 100 年的时间，才达到成熟阶段；而很多刚刚兴起的零售形式，如仓储商店，仅用了 10 年时间就达到了成熟阶段。在这样的环境中，看似非常稳固的零售定位可能很快会崩溃。1962 年（沃尔玛和凯马特创立的年份）的十大折扣零售商，没有一家存活至今。即使是最成功的零售商，也不能因为拥有成功模式而高枕无忧。为了保持成功的势头，它们必须不断地做出调整。

新的零售形式总是层出不穷。最近一鸣惊人的零售趋势是网上零售，线上的以及线上与线下相结合的零售商，通过网站、手机应用程序和社交媒体进行交易。此外，其他类型的创新也时

常出现。例如，很多零售商正在尝试限时的快闪店，这种方式能够使零售商向季节性购物者推广它们的品牌，并在繁华区域进行造势。购物中心也纷纷加入快闪选项，以便不断带来新鲜感。大型购物中心运营商西蒙公司（Simon）在其纽约地区的一个购物中心内设立了一个永久性快闪区域，名为"The Edit @ Roosevelt Fields"，提供短期租赁（相较标准的 5 ～ 10 年租赁），举办多场快闪活动，主要是在线零售商想尝试线下零售以接触到那些可能因看不见、摸不到而对在线购买犹豫不决的消费者。The Edit @ Roosevelt Fields 的零售商的组合是定期轮换的。最近在 The Edit @ Roosevelt Fields 中出现的快闪零售商包括 Lively（内衣）、Beltology（皮带）、Raden（箱包）、JARS（甜点）和 Winky Lux（化妆品）等。[28]

与快闪销售相对应的在线和移动方式，是在线"闪售"（flash sales）。闪售最初出现在诸如 Gilt 公司和 Zulily 公司等只做闪售的平台上，人们发现闪售有助于清理库存，也能引发热度和购买热情。例如，塔吉特对特定产品系列进行为期一天的销售，例如在 10 月的某一天售卖万圣节系列服装；亚马逊全年都在进行闪售，特别是在假期期间。闪售往往在短时间内提供有限的数量，每个顾客只能购买一件，售完即止。[29]

如今，零售形式呈现出趋同趋势。越来越多不同类型的零售商以同样的价格，向相似的顾客群体销售同样的产品，部分原因是互联网带来的价格透明性。例如，顾客可以在百货商店、折扣店、廉价零售商、家居装饰店、电子产品超级商店或大量的网站上购买名牌家电。这些形式的零售商都在为相同的顾客展开竞争。顾客如果在家得宝或劳氏找不到想要的微波炉，也许可以在街对面的塔吉特或百思买找到更为便宜的，或者在亚马逊网站或 Build.com 上进行订购。消费者、产品、价格和零售商的结合，称为零售趋同。这种趋同意味着零售商之间将会出现更为激烈的竞争，在产品类型差异化方面会面临更大的困难。

11.4.3 巨型零售商的兴起

大型量贩商和专卖店的兴起、垂直营销系统的形成、零售联合和兼并的浪潮等，都孕育了大批具有强大力量的巨型零售商。利用其规模和采购能力，这些零售巨头能够为顾客提供更大范围的商品选择、更好的服务以及更大幅度的价格优惠。它们通过压榨那些弱小的竞争对手而变得更加强大。

巨型零售商打破了零售商和制造商之间的平衡。少数零售商现在已经控制了触及庞大的消费者群体的渠道，这使得它们在处理与制造商的关系时处于有利地位。举个例子，顾客可能没有听说过专业涂料和密封剂制造商——RPM International 公司，但顾客可能用过一个或多个其家喻户晓的品牌，如 Rust-Oleum 涂料、Plastic Wood 与 Dap 填充剂、Mohawk 与 Watco 抛光剂以及 Testors 水泥和涂料等，消费者可以在当地的家得宝商店里买到上述商品。家得宝公司是 RPM International 公司非常重要的客户，占其销售额的很大一部分。然而，家得宝公司 946 亿美元的销售额却是 RPM International 公司 48 亿美元销售额的近 20 倍。因此，零售巨头能够并且经常利用这种能力迫使 RPM International 和其他小型供应商做出某些让步。[30]

11.4.4 零售技术的重要性日益突出

随着数字零售和全渠道零售变得日益寻常，作为竞争武器，零售技术也变得越来越重要。稳步发展的零售商都在利用先进的信息技术和软件系统来进行更准确的预测、控制库存成本、与供应商实现电子化交互、在分店之间相互发送信息，甚至在分店范围内进行销售。零售商采用精密系统进行扫描结账、射频识别库存追踪、商品处理、信息共享以及同顾客进行交互。

或许，零售技术中最令人瞠目结舌的进步，在于零售商对顾客的评估方式以及与顾客之间的联系方式。在这个大数据时代，大大小小的零售商都可以将高级的分析应用于堆积如山的线上和线下数据，以便洞悉顾客的需求和行为。利用人工智能，零售商可以根据顾客个体的需求为其量身定制商品、促销、推荐和提供服务。

随着在线和移动购物的激增，零售顾客的购物行为和期望也发生了重大的变化，大量的零售商正在将现实世界和数字世界融合在一起，以便创建新时代的体验式零售环境。例如，在 AT&T 公司位于芝加哥的新旗舰店中，顾客可以坐在数十个位置中的任何一个，体验最新的手机软件和电子产品。使用 iPad 的热情的员工与顾客打成一片，讨论技术并提供实际的帮助和建议。借助 130 个数字屏幕和 18 英尺长的电视墙，这个开放空间的各个方面都旨在让顾客了解未来的无线技术和服务，并让他们体验 AT&T 公司的设备和服务对其生活所产生的影响。[31]

许多其他先进技术也正在以其独特的形式参与到零售展示中来。其中一种是信标技术。当顾客在商店中进行购物时，蓝牙连接可以通过顾客的智能手机招呼和吸引顾客。例如，当顾客决定进入塔吉特商店时，信标信号会唤醒他们的智能手机塔吉特应用程序。然后，当购物者在店内移动时，该应用程序会在地图上显示他们的位置，而且会显示在他们购物清单中商品的位置，并识别附近的最划算交易。基于信标的塔吉特技术可能很快就会具备扫描即走功能，该功能可以简单地跟踪顾客选择的商品并自动从信用卡中予以扣款，而无需去结账。[32]

其他零售商正在尝试使用增强现实（AR）和虚拟现实（VR）技术来增强购物体验。例如，在乐斯菲斯的曼哈顿商店中，顾客可以戴上虚拟现实头盔，这些头盔能把他们带到远足、攀岩甚至是高台跳伞的地方，使用乐斯菲斯的设备，他们可以体验到从 420 英尺高的悬崖上跳下的刺激；万豪酒店的宾客可以戴上虚拟现实眼镜，近距离游览夏威夷或伦敦等地。类似地，英特尔还开发了一种名为"MemoryMirror"的"智能"更衣室，购物者可以在其中使用增强现实技术，只要挥挥手就可以改变服装和颜色。尽管增强现实和虚拟现实技术现在还难以普及而且价格高昂，但其前景却十分可期（参见市场营销进行时 11 - 2）。[33]

市场营销进行时 11 - 2

零售业中的 AR 和 VR：购物体验的扩展与增强

改造陈旧的厨房或浴室，可能是一项艰巨的任务。为此，许多顾客挥挥手说："算了！"为了帮助解决顾客的这一难题，家居装饰零售商劳氏创建了一个名为 Holoroom 的虚拟现实程序，该程序可以帮助商店的顾客重新装修房间，查看效果而不需要真的推倒一堵墙。

Holoroom 让顾客使用店内的平板电脑应用程序设计理想的房间，选择橱柜、台面、水龙头、电器、瓷砖和油漆颜色，各种配置应有尽有（当然，所有这些都是劳氏公司的产品）。然后，顾客戴上 Oculus Rift 头盔，站在重新设计的 3D 虚拟现实空间中。根据所看到的，顾客可以对设计进行微调，直到看起来恰到好处。然后，可以将其导出到 YouTube 360 中，以便在家里用谷歌公司的 Cardboard 进行共享和查看。

欢迎来到快速发展的零售世界，AR 和 VR 正在快速普及。零售商越来越多地使用复杂的数字技术来扩展和增强顾客的购物体验，将外部世界引入商店中来，并将其商店带到外部世界。它们使用人工智能推动下的 AR 和 VR 技术，来创建超越现实世界限制的、增强型的、个性化的、高参与度的零售体验。

AR 将数字增强的对象与现实世界的图像融合在一起。AR 可以帮助消费者在购买产品之前对其进行设计、试用和可视化处理。例如，丝芙兰门店的"虚拟艺术家"化妆应用程序可以扫描顾客的脸部，让其尝试不同的眼妆、唇妆和面部化妆的组合，直到找到自己喜欢的妆容。同时，它还提供"虚拟教程"，向顾客展示如何进行化妆，并将其结果以数字化的方式体现在他们的脸上。同样，宣伟公司的"色彩虚拟"应用程序可以让顾客"在涂抹之前先上色！"——上传实际的房间图像，并对其进行虚拟绘画。

AR 增强了顾客的现有环境，而虚拟现实则使他们沉浸在全新的虚拟环境当中。例如，汽车制造商奥迪已在许多经销商展厅中安装了 VR。顾客可使用平板电脑选择任何奥迪车型，并自定义每个元素。然后，他们戴上头戴式设备和耳机，在虚拟现实中体验定制汽车的外观、内饰和声音。他们也可以在车外移动，打开后备厢和车门，在引擎盖下进行检查，甚至坐在驾驶员座位上。未来的版本甚至可能会增加皮革装饰的凉爽触感和浓郁的新车气味。

零售商可以使用 VR 来帮助顾客在模拟的真实环境中体验产品。例如，沃尔玛正在试验增强"情境购物体验"的 VR 应用程序。这家零售业巨头的创新部门 8 号店（Store No.8）（以沃尔玛创始人山姆·沃尔顿（Sam Walton）记忆中作为"试验"的一家早期门店命名）最近展示了一个 VR 应用程序，使购物者可以在虚拟的优胜美地国家公园（Yosemite National Park）中试用露营装备。尽管沃尔玛没有空间在实体店中搭建帐篷，但可以借助 VR 让顾客体验其全部产品。

除了使用 VR 吸引顾客进入商店或为他们提供店外体验之外，无论顾客身在何处，零售商都可以使用 VR 将它们的商店带到顾客面前。通过使用人工智能技术，这种虚拟商店可以根据每位顾客的人口统计学特征、偏好、购买历史和行为，提供个性化的互动体验。因为某些 VR 设备可以准确跟踪用户查看的内容，所以虚拟商店应用程序可以使用 AI 技术，根据顾客最感兴趣的内容来适配单个购物者的体验。

AR 和 VR 仍处于起步阶段。硬件仍然昂贵且不便携，同时虚拟应用程序对购物者的影响仍然未经测试且无法确定。因此，零售商仍仅是试用这些富有潜力的技术以吸引顾客。但是大多数零售商都把人工智能推动下的 AR 和 VR 视为未来的趋势。一位 VR 顾问指出："当您将 VR 或 AR 这样的三维世界与人工智能系统结合起来时，突然间，这种体验会超过我们之前已经实现的一切。"

资料来源：Based on information from Dan Tynan, "Find Your Virtual Intelligence," *Adweek*, December 4, 2017, pp. 18-19; Tim Nudd, "Future of Retail? Nike's Cool New Toy Lets You Design and Print Customer Sneakers in an Hour," *Adweek*, September 6, 2017, www.adweek.com/creativity/future-of-retail-nikes-cool-new-toy-lets-you-design-and-print-custom-sneakers-in-an-hour/; "Real-Time Retail," *Adweek*, June 20, 2016, pp. 23-25; Ashley Carman, "Sephora's Latest App Update Let's You Try Virtual Makeup on at Home with AR," *The Verge*, March 16, 2017, www.theverge.com/2017/3/16/14946086/sephora-virtual-assistant-ios-app-update-ar-makeup; "Audi Launches Virtual Reality Technology in Dealerships," October 30, 2017, www.audi-mediacenter.com/en/press-releases/audi-launches-virtual-reality-technology-in-dealerships-9270; Carolanne Mangies, "Is Marketing Ready for VR/AR in 2018?," *Smart Insights*, January 11, 2018, www.smartinsights.com/digital-marketing-platforms/video-marketing/is-marketing-ready-for-vr-ar-in-2018/; and "Lowe's Holoroom, Virtual Reality for Retail—3D Furniture Cloud VR Showroom," www.marxentlabs.com/ar-videos/lowes-holoroom-retail/, accessed October 2018.

11.4.5 绿色零售

如今的零售商正在积极采用有利于环境可持续发展的方案。它们以绿色的方式经营商店，推出更多的环保产品，采用使顾客更有责任感的方案，并与渠道伙伴合作以减少对环境的影响。

在最基本的层面上，大多数大型零售商通过可持续建筑设计、施工和运营来使其商店更加环保。例如，家居零售商宜家的"为人类和地球带来正向改变"（People & Planet Positive）的可持续发展战略，规定了其长期目标是实现 100% 的可持续发展。[34]

"为人类和地球带来正向改变"的战略，始于使宜家在 29 个国家或地区的 355 家巨型门店更加节能和高效。为了为其门店供电，宜家承诺拥有和运营 416 台风力涡轮机，并安装了 750 000 块太阳能电池板，其中 90% 的美国门店都装有太阳能电池板。在宜家门店内，只使用节能 LED 灯照明。大多数门店还对店内顾客餐厅的食物垃圾进行分类处理，或者将其发送到处理中心，把它们转变为动物饲料或沼气——作为汽车和公共汽车的燃料。一些宜家的门店还提供顾客回收中心，用于回收塑料、纸张、节能灯、电池甚至报废电器等产品。

零售商也在"绿化"自己的产品种类。例如，宜家现在在店内只销售 LED 照明产品，并且其销售的家居产品越来越多地使用可持续、可再生的棉花、木材和其他资源制成。宜家公司的供应商也必须遵守零售商的供应商行为准则可持续性标准（IWAY，即《宜家家居用品采购标准》）。宜家公司的目标，是使其所有的家居用品都由可再生、可循环或可回收的材料制成。

许多零售商推出了帮助消费者做出更加环保的决策的项目。史泰博的"善待地球"方案宣称"做出不同的尝试其实很简单"，它可以帮助顾客识别其商店出售的绿色产品，并回收打印机墨盒、手机、电脑和其他办公产品。史泰博每年回收约 3 000 万个打印机墨盒和 1 000 万磅废旧机器。[35]

最后，许多大型零售商联合供应商和分销商的力量，以便创造出更多、更好的可持续产品、包装和配送系统。例如，亚马逊与生产商密切合作，目的是减少并简化产品的包装。除了自身大量的可持续发展举措之外，沃尔玛还运用其巨大的购买力，敦促其供应商团队减少对环境的破坏。同时，沃尔玛甚至还开发出全球范围内的可持续产品指数（Sustainable Product Index），借此来对供应商进行评估。此外，它还计划将其转化为消费者更易于理解的评价标准，以便帮助他们做出更加环保的购买决策。

绿色零售给高端和低端产品都带来了效益。其中，可持续性措施通过吸引消费者支持环保型卖家及其产品，帮助提升零售商的高端产品的销量。它们还可以通过降低成本来促进低端产品的销售。例如，亚马逊减少包装的做法，提高了顾客购物的便利性，在节省包装成本的同时也消除了因包装而产生的不愉快。类似地，宜家公司的节能建筑呼吁顾客为拯救地球共同做出贡献，其运营成本也随之降低。

11.4.6 主要零售商的全球扩张

越来越多拥有独特经营方式和强大品牌定位的零售商，开始向其他国家进军。很多零售商为了逃离本国饱和的市场开始向国际扩张。多年来，一些美国的零售巨头，如麦当劳公司，以其高超的市场营销技能成为全球瞩目的明星企业。

然而，大多数美国零售商在全球扩张方面仍然落后于欧洲和亚洲企业。在全球排名前 20 位的零售商当中，有 10 家是美国公司，但只有 5 家（沃尔玛、家得宝、沃尔格林、亚马逊和开市客）在北美以外建立了分店。在全球排名前 20 位的零售商当中，有 12 家非美国零售商，其中有 8 家至少在 10 个国家建立了分店。已经实行国际化运作的外资零售商包括法国的家乐福、达能集团和欧尚集团以及德国的麦德龙、利德和奥乐齐。此外，还有英国的 Tesco 和日本的 7-11。[36]

国际零售业在带来挑战的同时，也带来了机遇。当跨越国家、大陆和文化时，零售商可能面临明显不同的零售环境。想要在国外再创佳绩，简单地调整在本国运作良好的操作流程通常是不够的。相反，在走出去的时候，零售商必须了解并满足当地市场的需求。

概念应用

下面暂停一下，思考以下几个问题。有专家预测：网络零售最终会取代实体零售成为人们主要的购物方式。对此，你是怎么看的？

● 在巴诺书店的网站（www.bn.com）上购买一本好书，花点时间浏览其网站，看看它提供了哪些服务。然后，在附近的巴诺实体书店或其他书店买书。比较一下两种购物体验的不同之处。你更倾向于在哪里购物？在什么样的场合？为什么？

● 巴诺书店营造了很理想的供人们"闲逛"的"社区"。从这个层面上讲，与它相比，巴诺书店的网站做得如何？

● 巴诺书店是否在各种社交媒体上努力为其零售商和顾客创建社区？例如，请查看下面的网站：www.facebook.com/barnesandnoble; www.instagram.com/barnesand-noble/; www.pinterest.com/barnesandnoble。

11.5 批 发

批发（wholesaling）包括将产品和服务出售给那些出于转售或商业用途的购买者的全部活动。我们把那些主要从事批发活动的企业称为**批发商**（wholesaler）。

批发商主要从生产商那里进货，然后再卖给零售商、行业用户和其他批发商。因此，很多全国最大、最重要的批发商对终端消费者来说，都是默默无闻的。例如，你对麦克森公司（McKesson）了解多少？麦克森公司是一家价值达 1 910 亿美元的巨大的多元化保健服务提供商，并且是美国领先的药品、健康和美容护理、家庭保健以及医疗用品和设备产品的批发商。另外一家批发商艾睿电子公司（Arrow Electronics），每年通过遍布 90 多个国家的 465 个地区的全球网络向超过 125 000 个原始设备制造商和商业顾客提供价值达 240 亿美元的计算机芯片、电容器以及其他电子产品和计算机组件。另外，你可能从来就没有听说过固安捷公司（Grainger），即使它是一个非常知名的、在 150 多个国家拥有 320 多万个企业客户和机构客户的大型公司。[37]

固安捷公司也许是你从未听说过的最大的市场领导者。它是一家有 100 亿美元业务的公司，向 320 万个活跃顾客提供来自 5 000 家制造商的超过 160 万个维护、维修和运行（MRO）类产品。通过分支网络、服务中心、销售代表、产品目录以及网站，固安捷公司将顾客同供应商联系起来，以保证顾客的设备运行良好——从灯泡、吸尘器、展示柜到螺母、螺栓、电机、阀门、电动工具、测试设备和安全用品，各种设备应有尽有。固安捷公司拥有近 600 家分支机构、33 个区域分销中心、2.5 万名员工，以及每天可以处理 10 多万个交易的富有创新性的网站。固安捷公司的顾客包括从工厂、汽修厂、食品杂货店到学校和军事部门等各种各样的组织。

固安捷公司的运营基于这样一个简单的价值定位：让顾客更轻松地以更低价格找到并购买 MRO 产品。自创立以来，固安捷公司就将自己定位为提供维护设备的一站式商店。从更广泛的层面来看，它为顾客提供有关 MRO 问题的解决方案，并以此同顾客建立起长期业务关系。固安捷公司的销售代表就像顾问一样，为顾客提供一系列帮助，从改进供应链管理到减少库存和理顺仓库的运营。

所以，你怎么会从来都没有听说过固安捷呢？也许是因为固安捷在不那么耀眼的 MRO 供应商世界中运营吧，它对每个企业来说都是非常重要的，但对消费者来说可能就不那么重要了。此外，与大多数批发商一样，固安捷公司在幕后运作，主要向其他企业进行销售。

为什么批发商对卖家来说如此重要？例如，一个生产商为什么要通过批发商进行销售而不是直接把产品卖给零售商或消费者呢？理由很简单，批发商通过执行以下一项或几项渠道功能增加了价值：

- 销售和促销：批发商的销售团队能够帮助制造商以较低的成本接触到很多小型客户。由于批发商接触面较广，因此它比制造商更能获得购买者的信任。
- 采购和商品分类管理：批发商能够根据顾客所需要的商品类型来选购商品，以此减少顾客的工作量。
- 化整为零：批发商事先大批量采购，然后分成小部分销售（把大批量的货物化整为零），以此为顾客节省支出。
- 仓储：批发商拥有仓储，因此降低了供应商和顾客的仓储成本和风险。

- 运输：批发商能够为购买者提供快捷的运输，因为和生产商相比，它们离顾客更近。
- 融资：批发商通过提供信贷服务为顾客融资，通过提前订购并按时支付为供应商融资。
- 承担风险：批发商通过取得商品的所有权，并承担商品因盗窃、损坏、变质和过期而产生的成本来承担风险。
- 市场信息：批发商为供应商和消费者提供有关竞争对手、新产品以及价格发展趋势的信息。
- 管理服务和建议：批发商经常帮助零售商培训销售人员，改进商店布局和展示，建立会计和库存控制系统。

11.5.1　批发商的类型

如表 11 - 3 所示，批发商主要有以下三种类型：商业批发商，经纪人和代理商，制造商和零售商的分支机构和办事处。其中，**商业批发商**（merchant wholesaler）是批发商中最大的独立群体，其业务量占所有批发业务的 50%。商业批发商主要包括两种类型：完全服务批发商和有限服务批发商。相比之下，完全服务批发商为供应商和顾客提供一系列完整的服务，而有限服务批发商只提供较少的服务。在分销渠道中，不同类型的有限服务批发商承担着不同的专业化功能。

表 11 - 3　批发商的主要类型

类型	描述
商业批发商	对商品拥有所有权的独立存在的企业，分为完全服务批发商和有限服务批发商。
完全服务批发商	提供全方位服务：仓储、维持销售团队、商业信贷、运输及促销支持。完全服务批发商包括批发销售商和产业分销商。
批发销售商	以零售商为服务对象、提供全方位服务的批发商。综合商品批发商经营多条产品线；综合产品线批发商只经营一两条产品线，但有一定的深度；专用品批发商主要经营某条产品线的部分产品。
产业分销商	专门向制造商而不是零售商供应商品。提供多项服务，比如存货、信贷和运输。其经营范围大小不一，可能只经营一种产品、一条综合产品线或某条特定的生产线。
有限服务批发商	提供的服务比完全服务批发商少的批发商。有限服务批发商有六种。
现购自运批发商	经营快速流通的有限的产品，以小型零售商为销售对象，不赊销、不送货。
卡车批发商	主要执行推销员和送货员的职能。主营易腐商品（如牛奶、面包和点心），现金出售，运送给各超市、小型零售商店、医院、餐厅、工厂自助食堂和旅馆等客户。
承销批发商	不承担库存和商品管理。接到订单后，挑选一个制造商，由该制造商将商品直接运送给顾客，主要从事重工业产品，比如煤炭、木材和重型机械等的运营。
批发代销商	以杂货店和药店零售商为服务对象，主营非食品类商品。批发代销商派货车向商店运送玩具、五金、保健和美容护理产品或其他商品，负责给商品定价、保鲜，设置售点货架并登记库存。
农场主合作社	为农场主成员共同所有，是负责将农产品组织到当地市场上销售的批发商。农场主合作社不断改善产品质量，提升合作社的名气，比如阳光少女加州（Sun-Maid）葡萄干、新奇士（Sunkist）橙或者 Diamond 坚果。
邮购或网络批发商	给零售商、工业企业和机构客户寄送产品目录或维护网站的批发商，主要经营珠宝、化妆品、特色食品以及其他小商品，其顾客主要是边远地区的小企业。
经纪人和代理商	对货物没有所有权，促进买卖并从售价中获取佣金。一般按产品线或顾客类型进行区分。
经纪人	撮合买卖双方达成互惠互利的协议。由雇用经纪人的组织支付报酬，经纪人对货物没有所有权，不参与财务活动，不承担风险，如食品经纪人、房地产经纪人、保险经纪人和证券经纪人。
代理商	比经纪人更固定和长久地代表买方或卖方，主要有四种。

续表

类型	描述
制造商代理商	代理两个或多个互补产品线的制造商。通常代理服饰、家具和电子产品等。代理对象包括无力承担销售团队费用的小型制造商以及为了开拓新领域或覆盖那些不能支持全职销售人员的领域的大型制造商。
销售代理商	依照合同有权代理厂家的所有产品。销售代理商以销售部门的身份提供服务，对产品价格、条款以及销售条件有重大影响，常见的有纺织品、工业机器和设备、煤炭、化工和金属行业。
采购代理商	与买主保持较长期的关系，为买主采购商品，并提供收货、验货、储存、送货等服务。采购代理商帮助客户以合理的价格获取最好的商品。
代销商	占有有形产品并进行销售谈判。最常被不想自己销售农产品的农民用于农产品市场营销。代销商把一卡车的商品运到一个中心市场，寻求以最佳价格出售，扣除佣金和费用，将余额交付给生产者。
制造商和零售商的分支机构和办事处	批发业务由买方和卖方处理，而不是通过独立的批发商。独立的分支机构和办事处专注于销售或采购。
销售分支和办事处	由制造商设立以提高库存控制、销售和促销水平。销售分支维持库存，存在于木材以及汽车设备和零部件行业等。销售办事处没有库存，在干货和小商品行业具有重要作用。
采购办事处	其角色类似于经纪人或代理商，但它是购买者组织的一部分。许多零售商在主要的市场中心，例如纽约和芝加哥设立采购办事处。

经纪人和代理商与商业批发商的区别主要体现在以下两个方面：它们不具有商品所有权，而且仅执行几项功能。与商业批发商一样，它们一般专门为某个产品线或某一类型的消费者提供服务。其中，**经纪人**（broker）负责把买方和卖方聚集到一起，协助它们进行谈判；**代理商**（agent）则长期担任买方或卖方的代理人。其中，制造商代理商又称为制造商代表，是代理批发商中最常见的类型。批发商的第三种主要类型是**制造商和零售商的分支机构和办事处**（manufacturers' and retailers' branches and offices），由卖方或买方自己完成批发业务，而不通过独立的批发商。

批发商的市场营销决策

批发商如今面临着日益增长的竞争压力、更加苛求的顾客、日新月异的技术，以及大型行业、机构和购买者更加直接的采购项目。因此，它们必须重新审视自己的市场营销战略。和零售商一样，批发商的市场营销决策包括市场细分和目标市场选择、差异化和定位、市场营销组合（产品和服务组合、价格、促销和渠道）（如图 11 - 2 所示）。

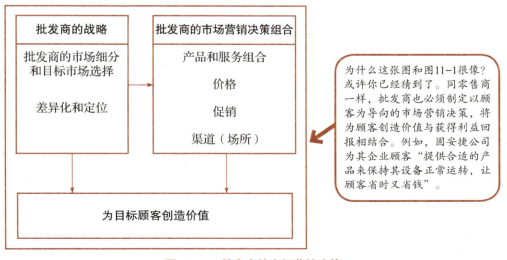

图 11 - 2　批发商的市场营销决策

市场细分、目标市场选择、差异化和定位决策

批发商跟零售商一样，也必须明确目标市场，并有效地进行市场定位——毕竟它们不可能为每一个人都提供令人满意的产品或服务。批发商可以因顾客的规模（如仅仅是大型零售商）、顾客的类型（如仅仅是便利店）、服务需求（如需要信用担保的顾客）或者其他因素而存在差异。在目标市场中，它们可以找到那些可获利的顾客，为其设计更好的产品或服务，并与这些顾客建立起良好的关系。而且它们能够使用自动订货系统，建立管理培训和咨询系统，或发起自愿连锁组织。此外，它们还可以通过要求更大的订货量或者对小型顾客加收服务费将那些无利可图的顾客拒之门外。

市场营销组合决策

与零售商一样，批发商必须对自己的产品和服务组合、价格、促销和渠道等做出决策。批发商可以通过它们所提供的产品和服务来增加顾客价值。它们经常要承受巨大压力，不仅经营全线产品，而且要准备充足的库存以备即时交货。而这些都可能会给它们造成利润损失。如今，不少批发商都在削减自己所经销的产品线，只选择那些利润率较高的产品线。而且它也在重新思考究竟哪些服务在建立稳固的顾客关系中最为重要，哪些服务应当去除，哪些服务需要向顾客收费。对批发商来说，关键在于寻找对目标顾客最有价值的服务组合。

价格也是批发商决策中一个很重要的因素。批发商通常按照商品成本的标准百分比的方式进行定价，所赚取的利润一般比较微薄。由于零售和工业顾客面临销量和利润压力，这些顾客转而向批发商寻求更低的价格。如果批发商能够提高供应商的销售额，它们可能会要求供应商给予更大的价格优惠。

尽管促销是批发商成功的重要因素，但绝大多数批发商并没有把促销放在心上。它们对广告、促销、人员推销和公共关系的运用都是零散的、无计划的。像其他企业做好市场营销工作一样，批发商也需要团队合作来进行销售，并努力建立起密切的顾客关系和为主要顾客提供卓越的服务。当然，批发商也需要采取一些零售商经常使用的非人员促销等技术手段。此外，它们需要制定一套整体促销战略，并尽可能地充分利用供应商的宣传资料和促销活动。

数字和社交媒体正在发挥着越来越重要的作用。例如，固安捷公司一直在脸书、YouTube、推特、领英和 Instagram 上保持活跃。同时，固安捷公司也提供了功能丰富的手机应用程序。在它的 YouTube 频道，固安捷公司列出了超过 700 部影片，主题从企业本身及其产品和服务到降低库存成本。

最后，渠道的选择也很重要。批发商必须慎重地选择它们的地理位置、配套设施和网络位置。曾经，批发商可以在低租金、低税率的地区选址，在厂房、设备和系统方面投入极少的资金。而现在，随着技术的快速发展，沿袭这样的做法往往会导致陈旧过时的系统，无法适应资料处理、订单处理和交货等业务的需要。

近年来，一些大型批发商已经意识到这个问题，它们通过投资建设自动化的仓库和 IT 系统来应对不断增长的成本。订单从零售商的 IT 系统直接传送到批发商那里，商品由机械装置运送到用以装配的运输平台。现代的批发商正在根据目标顾客的需求来调整自己的服务。当然，它们也通过互联网进行交易。如今，网络采购的销售额占批发商总销售额的比例已达到50%。[38]

11.5.2　批发业的发展趋势

如今，批发商也面临着严峻的挑战。对更高效率的需求，是最持久的趋势之一，它依然影响着整个产业。紧张的经济形势和零售商困境，导致了对更低价格的需求，并淘汰了那些无法在既定成本和质量的基础上增值的供应商。积极进取的批发商，正在不断寻求能够满足其供应商和目标顾客需求的更好办法。它们意识到：自己存在的唯一理由，就是通过提高整个市场营销渠道的

效率和效益来获得增值。

不论哪个类型的市场营销者，其目标都是建立可以增值的顾客关系。例如，以市值550亿美元的食品批发分销公司西斯科公司（Sysco）为例，该公司主要在"幕后"开展自己的业务，为超过425 000家餐馆、学校、医院和其他在外用餐的商业顾客提供服务。[39]

无论是休斯敦Reliant体育场的热狗、泽西·迈克公司（Jersey Mike's）的原味意大利面包、希尔顿酒店的蟹饼，还是当地医院食堂的火腿和奶酪三明治，都很有可能是由美国顶级食品供应商西斯科公司提供原料。从一箱箱的海鲜、鸡肉和牛肉到25磅的袋装大米或意大利面，再到加仑装的番茄酱或调味汁以及一箱箱的塑料手套和一壶壶的洗涤剂，西斯科公司提供了经营饮食场所所需要的一切东西。西斯科公司之所以对顾客那么有价值，原因就在于该公司可以采购和交付比顾客自己所期望的更可靠、更有效、更便宜的原材料。

例如，西雅图派克市场（Pike Place Market）的标志性餐厅Lowell's通过西斯科公司的在线订购系统方便地采购几乎所有产品。西斯科公司的自动配送中心可以快速、准确地处理订单。然后，Lowell's餐厅本身或在西斯科公司的销售人员和调度员的帮助下，通过"我的西斯科卡车"（My Sysco Truck）应用程序跟踪单个订单的交货位置。西斯科公司不断寻求新的方法来增加价值和建立信任，从产品的安全可追溯性到从本地中小型农场、牧场和加工商那里采购产品，以便满足那些以可持续发展和社区为业务定位的顾客的需求。

大型零售商和大型批发商之间的界限越来越模糊。很多零售商现在也经营批发商的业务，比如批发商俱乐部和超级中心。反过来，一些大型批发商也在筹备它们自己的零售业务。例如，SuperValu公司一直都被归类为食品批发商，但它也是最大的食品零售商之一。该公司约有1/3的销售额来自其Cub Foods、Farm Fresh、Hornbacher's、Shop'n Save和Shoppers商店。[40]

批发商也会持续地改善为零售商所提供的服务——零售定价、合作广告、市场营销和管理信息服务、会计服务、线上交易等。然而，更加注重价值的外部环境以及对更完善服务的需求，进一步压缩了批发商的利润空间。那些没有找到行之有效的办法来为顾客提供价值的批发商，很快就会遭到淘汰。但幸运的是，随着计算机化、自动化和网络化系统的广泛应用，批发商会控制订购、运输及库存等方面的成本，以提升其生产力。

学习目标回顾

零售和批发有很多组织，它们负责把产品和服务从生产商那里交付到顾客手中。在这一章中，我们学习了零售的本质和重要性、零售商的主要类型、零售商所做的市场营销决策以及零售业的未来。随后，我们又就如上所述的几方面对批发商进行了讨论。

学习目标1 阐述零售商在分销渠道中扮演的角色，并描述零售商的主要类型。

零售包括出于个人而非商业用途，直接向终端消费者销售产品或服务的所有活动。在购买过程的最后阶段，零售商在连接品牌和消费者中发挥着十分重要的作用。购物者营销涉及整个市场营销过程，在顾客走进销售点时将其转变为购买者，无论他们是想在商店、网络，还是在手机上进行购物。

如今数字化的、互联互通的消费者在购物和购买方式上的巨大转变，引起了零售行业的巨大动荡。如今的买家是全渠道消费者，他们在购物时常常会跨越多个渠道，从而改变了零售商店在购买过程中的作用。随着亚马逊公司和其他在线商家的蓬勃发展，传统的商店零售商一直在挣扎中度日。未来成功的零售商必须采用全渠道零售策略，创造无缝的跨渠道购买体验，整合店内、在线和移动购物。

零售商店的类型和规模各种各样，新的零售类型也层出不穷。零售商可以按照它们能够提供的服务量（自助服务、有限服务和全方位服务）、产品线（专卖店、百货商店、超级市场、便利商店、超级商店及服务零售商）以及相对价格（折扣店和廉价零售商）进行分类。如今，很多零售商以公司和合作组织（公司连锁店、自愿连锁店、零售合作组织和特许经营组织）等形式联合起来。

学习目标2　讨论零售商是如何利用全渠道零售来满足当今数字化的、互联互通的消费者的跨渠道购物需求的。

在这个充斥着网站、智能手机、移动应用程序、社交媒体和其他数字事物的时代，零售购物过程已经发生了根本性的变化。如今，全渠道购买者在整个购买过程中都可以轻松地在在线和实体店渠道之间转换。消费者往往随时随地地在线研究产品和价格，然后在家中、工作场所、商店或其他任何地方进行数字购物。人们购物方式的巨大转变，要求商店零售商的运作方式也发生相应的巨大变化。全渠道购买要求全渠道零售，将所有可用的购物渠道和设备整合到无缝的顾客购物体验当中。

全渠道零售不仅仅是帮助店内顾客在移动设备上进行跨店购物，也需要仔细地整合店内外所有可用的购物渠道，从购买过程中的寻找商品一直到最终的购买行为。为此，大多数大型零售商现在都在增加其在线和数字销售选择，并将它们与实体商店联系起来。在上述工作中，关键是要整合这些元素，以便创造关键、无缝、随时随地的全渠道购物体验，而这正是当今顾客所追求的。

学习目标3　描述零售商的主要市场营销决策。

零售商总是在寻找能够吸引和挽留顾客的新的市场营销战略。它们所面临的主要市场营销决策，包括市场细分和目标市场选择、商店差异化和定位以及零售市场营销组合等。

零售商首先必须进行市场细分，进而确定它们的目标市场，而后决定如何在市场中形成差异化和定位。那些试图满足"每个人的需求"的零售商，注定是失败的。相反，成功的零售商能够找准目标市场，并在市场中站稳脚跟。

明确目标市场并进行有利的定位之后，零售商还必须制定自己的零售市场营销组合——产品和服务组合、价格、促销以及渠道。零售商店所提供的，不仅仅是各种各样的产品。如今，除了提供产品和服务以外，成功的零售商还要精心设计顾客购物体验的方方面面。零售商的价格策略必须同其目标市场和定位、产品和服务组合以及竞争力相匹配。零售商采用广告、人员推销、促销、公共关系以及直复营销和社交媒体营销等促销手段中的任意一种或多种来触及目标顾客。在线、移动和社交媒体工具在帮助零售商吸引顾客方面，发挥着越来越重要的作用。最后，零售商店的选址也非常重要，要选择能够接触到与其定位相一致的目标市场的地理位置。

学习目标4　探讨零售业的主要趋势和发展。

许多零售商都处于艰难的、充满变数的环境当中，机遇与挑战并存。经过多年的经济繁荣时期，零售商现在已经适应了新的经济现实和更加节俭的消费者。新的零售形式层出不穷。然而与此同时，越来越多不同类型的零售商以同样的产品和价格（零售趋同），为相似的顾客群体提供服务，这使得差异化的实施十分困难。零售业的其他趋势包括巨型零售商的兴起、零售技术的重要性日益突出、绿色零售的兴起以及主要零售商的全球扩张等。

学习目标5　阐述批发商的主要类型及其市场营销决策。

批发包括将产品和服务出售给那些出于转售或商业用途的购买者的全部活动。批发商主要有以下三种类型：首先，商业批发商拥有商品的所有权，包括完全服务批发商和有限服务批发商；其次，经纪人和代理商没有商品的所有权，但是从协调买卖双方中获取佣金；最后，制造商和零售商的分支机构和办事处越过独立的批发商自主经营。

同零售商一样，批发商也必须仔细寻找目标市场，进行强有力的市场定位。此外，和零售商一样，批发商也要对产品和服务组合、价格、促销和渠道做出市场营销决策。积极进取的批发商，往往不断寻求能够满足其供应商和目标顾客需求的更好办法。

它们意识到，从长远来看，它们存在的唯一理由，就是通过提高整个营销渠道的效率和效益来获得增值。不论哪个类型的市场营销者，其目标都是建立可以增值的顾客关系。

关键术语

零售（retailing）
零售商（retailers）
购物者营销（shopper marketing）

全渠道零售（omni-channel retailing）
专卖店（specialty store）
百货商店（department store）

超级市场（supermarket）
便利商店（convenience store）
超级商店（superstore）
品类杀手（category killers）
服务零售商（service retailer）
折扣店（discount store）
廉价零售商（off-price retailer）
独立廉价零售商（independent off-price retailer）
厂家直销店（factory outlet）
仓储俱乐部（warehouse club）

公司连锁店（corporate chains）
特许经营（franchise）
购物中心（shopping center）
批发（wholesaling）
批发商（wholesaler）
商业批发商（merchant wholesaler）
经纪人（broker）
代理商（agent）
制造商和零售商的分支机构和办事处（manufacturers' and retailers' branches and offices）

问题讨论

1. 定义全渠道零售，并说明其与购物者营销的联系。（AACSB：书面和口头交流）
2. 讨论对零售商进行分类的四个特点。（AACSB：书面和口头交流）
3. 解释零售商在设计战略以吸引和挽留顾客时必须要考虑的各种市场营销决策。（AACSB：书面和口头交流）
4. 零售商面临着哪些主要趋势和新的发展？这些发展如何影响它们的竞争策略？（AACSB：书面和口头交流；反思性思考）
5. 列出并描述批发商为零售商和消费者增加价值的功能。（AACSB：书面和口头交流）
6. 讨论批发商面临的市场营销组合决策。批发商目前面临着哪些挑战？（AACSB：书面和口头交流）

营销伦理

拥抱开市客公司的优点

作为一家《财富》500强公司，仓储式零售巨头开市客已成功地将自己定位为一家先进的零售商，以低廉的价格为其会员群体提供优质的产品和服务。开市客还因为吸引、照顾和留住员工而建立起了良好的声誉。开市客的业务触及8个国家，在全球拥有225 000多名员工，并实施了最前沿的雇主行动。例如，将员工医疗保健覆盖面扩大至兼职员工，并提高了平均工资水平。美国零售工人的平均小时工资为11.39美元。开市客的起薪为每小时11.50美元，但其大多数员工的平均时薪约为21美元。开市客85%以上的员工都享有公司提供的卫生保健待遇。开市客的首席执行官克雷格·杰林内克（Craig Jelinek）认为，如果员工拥有良好的医疗保健并能赚取生活费用，就会有更多的钱被注入当地经济中。值得注意的是，开市客70%以上的员工通过公司的内部激励政策被提拔到更高的职位。此外，开市客还雇用退伍军人和代表商店所在社区的多元化团队成员。除了积极的工作场所文化之外，开市客还实施了广泛的可持续性措施，旨在最大限度地减少对环境的影响，包括废物管理、食品捐赠、使用可持续性渔场、保护动物以及建立LEED认证的仓库。所有这些因素都促使开市客公司荣登《福布斯》"美国最佳雇主"第5名和"世界最有价值品牌"第86名。

1. 其他公司可以从开市客的社会责任和伦理商业行为中学习到什么？（AACSB：书面和口头交流；伦理理解和推理）
2. 讨论仓储俱乐部在提供有限的产品选择时所面临的好处和局限性。（AACSB：书面和口头交流；反思性思考）

营销计算

提供餐包的杂货店

美国人有一半的食物支出都花费在外出就餐上，而且许多在家里吃的饭菜实际上并不是在家里烹制的，这种趋势正在影响着杂货店的销售额。最近，诸如Blue Apron、Plated、Hello Fresh等公司已经开始提供餐包，其中包括可以在家中烹饪的预先计量好的食材，这进一步削弱了杂货店的销售额。尽管餐包行业的年销售额已激增至 20 亿美元，但在实现规模和盈利能力方面仍然存在一些问题。为了解决这个问题，Hello Fresh 公司和 Blue Apron 公司正在通过超市和批发俱乐部经销餐包。当然，也有一些餐包公司被杂货连锁店收购。例如，美国最大的连锁超市克罗格刚刚宣布收购最大的私人餐包公司 Home Chef。除了增加在线送货以外，克罗格还打算在其商店中出售餐包。但是，餐包业务对克罗格来说可能是困难的。负责在线餐包订购的运营者发现：提供过多的食谱选择可能并不是一件好事。那么，提供多少种食谱是最佳的呢？克罗格认为，它的免订购要求和价格（两人份的餐包为 14 ～ 18 美元，而普通送货上门的餐包为 50 美元或更高）将会吸引更多的销售。但是，要找到餐包产品和库存水平的恰当平衡，却是具有挑战性的。

如果没有储存足够的商品，会导致销售的损失；但是库存过多又会增加成本并降低利润，特别是易腐烂可能造成的损失。显然，这两种情况都会降低利润水平。衡量经销商库存管理有效性的一个标准，是其存货周转率（制造商也称其为库存周转率）。零售商希望以尽可能少的库存实现大量销售，同时保持足够的库存以满足顾客需求。为了确定这一点，克罗格计划在选定的商店中进行短期市场测试，以便确定最佳库存水平。

1. 利用这些数据，确定克罗格在一次市场测试中的餐包的每周存货周转率。请参考附录 3 "营销计算"中的"分析比率"，了解如何计算库存周转率。（AACSB：分析性思考）

2. 解释问题 1 的答案。克罗格的每周存货周转率是好还是不好？应该考虑哪些因素来确定？（AACSB：书面和口头交流；反思性思考）

企业案例

适合本章的案例见附录 1。

企业案例 11　Bass Pro Shops：为讨厌购物的人打造自然主题公园。 Bass Pro Shops 公司通过提供最广泛的产品分类，以参与式体验吸引顾客，成为最大的体育用品零售商。

企业案例 9　Trader Joe's：廉价美食——在价格 - 价值等式上做出特殊调整。 Trader Joe's 通过提供极致的性价比来提供卓越的顾客价值。

企业案例 10　塔吉特：当日送达业务强有力的竞争者。 为了保持其在折扣零售业的增长，塔吉特公司最近收购了当日送达的货运公司 Shipt，并取得了惊人的成功。

复习题

1. 描述购物中心的类型，并给出你所在社区或附近城市中的具体例子。（AACSB：沟通；反思性思考）

2. 经过精心设计的零售店氛围可以影响购物者。选择既有实体商店又有在线商店的零售商，描述其实体店氛围的元素，如颜色、灯光、音乐、气味和装饰。该商店的氛围体现了什么样的形象？考虑到该商店的商品分类和目标市场，这种形象是否合适？实体店氛围的哪些元素是其在线商店氛围的一部分？零售商是否将实体店的氛围与在线业务结合起来了？请做出详细阐述。（AACSB：书面和口头交流；信息技术；反思性思考）

注释

第12章

顾客浸入和传播顾客价值：
广告与公共关系

学习目标

学习目标 1 定义传播顾客价值的五个促销组合工具，参见"促销组合"部分。

学习目标 2 讨论不断变化的传播环境和对整合营销传播的需求，参见"整合营销传播"部分。

学习目标 3 描述和讨论制订广告计划的主要决策，参见"广告和主要的广告决策"部分。

学习目标 4 阐述企业如何利用公共关系与公众沟通，参见"公共关系"部分。

概念预览

在本章和接下来的两章里，我们将学习最后一个市场营销组合工具：促销。企业不仅为顾客创造价值，还必须明确地、具有说服力地传播顾客价值。促销不是单一的工具，而是一系列工具的组合。在理想的情况下，根据整合营销传播的概念，企业会精心地协调那些促销元素来传达清晰的、一致的、令人信服的企业信息和产品信息。

首先，我们将介绍不同的促销组合工具；其次，我们会考察快速变化的传播环境，尤其是数字、移动和社交媒体，以及对整合营销传播的需求；最后，我们将重点关注两个促销工具：广告和公共关系。第13章中将介绍其他两个促销组合工具：销售促进和人员推销。第14章将探讨直复营销、在线营销、社交媒体营销和移动营销。

让我们先来看一个精彩的整合营销传播活动。在竞争激烈的零食和糖果行业，一些知名品牌正在为生存而战，富有创意且深入人心的士力架广告——"当饥饿的时候，你就不是你了"——为这个品牌带来了新的活力。无论在哪里看到这个广告——在电视上、手机上、朋友发的帖子上或者在士力架商品的包装上——富有想象力的画面都能够以一种引人入胜、令人难忘的方式清晰持续地将品牌的"士力架让人满足"和"当饥饿的时候，你就不是你了"的定位推向高潮。它还使士力架品牌成为全球领先的糖果品牌。

开篇案例

士力架："当饥饿的时候，你就不是你了"

一切都始于 2010 年"超级碗"比赛中一个经典的士力架广告。在这则广告中，在一场社区橄榄球比赛上，当时 80 多岁的金发女郎贝蒂·怀特（Betty White）表现很糟糕。但当她咬了一口士力架之后，她变回了一个年轻的、健硕的橄榄球运动员，并且打球的风格也恢复了。这则广告以现在大家很熟悉的口号——"当饥饿的时候，你就不是你了"结束，后面是品牌标语"士力架让人满足"。

贝蒂·怀特的广告引起了极大的轰动，使当时停滞不前的士力架品牌重新焕发了活力。根据尼尔森公司的说法，这个广告是当年"超级碗"比赛中"最受欢迎的广告"，并且在《今日美国广告》（USA Today Ad）排行榜上获得了最高分。这则广告引发了病毒式传播，在网上获得了数千万的浏览量，并获得了似乎无止境的媒体关注。"当饥饿的时候，你就不是你了"，这则广告语成为士力架品牌得以长期经营的基础，并且是一项非常成功的整合营销传播活动，将士力架品牌推到了全球糖果市场的前列。

每个出色的营销传播活动都始于独特的品牌信息，这使品牌与众不同。几十年来，玛氏公司一直将士力架作为一个非常重要的品牌进行经营：士力架品牌的表现也让人满意。士力架比大多数糖果棒更美味，它将巧克力、牛轧糖和焦糖等成分与花生的蛋白质结合在一起。"士力架让人满足"的广告语也体现了它可以填饱肚子。在这次宣传活动之前，士力架品牌把这种巧克力棒作为一种膳食替代品，向年轻的运动型男性进行推荐。例如，一个经典的平面广告显示：一位妈妈让儿子去进行橄榄球训练，只给他带了一个士力架能量棒。

但是到了 21 世纪初，士力架品牌却陷入了困境。它的定位变得陈旧；其销售和市场份额趋于平缓。显然，该品牌需要一个创新的概念——能够使士力架品牌重新振作并扩大其市场吸引力的东西。玛氏公司并没有放弃其既定的定位，而是以全新的"当饥饿的时候，你就不是你了"主题对其进行了扩展。因此，虽然"士力架让人满足"仍然是该品牌的基本定位，但"你就不是你了"是创造性的"好主意"，它以一种巧妙的、引人入胜的方式将定位带入顾客的生活当中。

"当饥饿的时候，你就不是你了"利用了人们一种强烈且普遍的情感诉求——饥饿。他覆盖了相当广阔的市场，几乎每个人都知道饥饿意味着什么。这个定位对于男性和女性都一样；对于年轻人和老年人也一样；对于办公室的白领、工厂的蓝领，抑或学生也都是一样的。它跨越了全球文化的界限。最终，"你就不是你了"的广告主题给顾客以无穷无尽的想象以及诙谐幽默的乐趣，使得该品牌跨越了各个传播平台进行传播。

从首个贝蒂·怀特的"超级碗"广告开始，"你就不是你了"活动在 80 多个国家或地区产生了很多创意广告。在一则电视广告中，已故的罗宾·威廉姆斯（Robin Williams）扮演了一个足球教练，指导他的球队制作气球动物和茶点，然后"仁慈地消灭它们"。另外一则是士力架品牌在第 49 届"超级碗"比赛中名为《脱线家族》的广告，其中粗野的丹尼·特雷乔（Danny Trejo）扮演咆哮的马西亚（Marcia）、古怪的史蒂夫·布西米（Steve Buscemi）扮演不满的简（Jan）。就人们对广告的印象是否深刻而言，该广告在当年的"超级碗"广告中排名第三，并赢得了有史以来的首个"超级克里奥"（Super Clio）（广告界的奥斯卡奖（the Academy Awards of advertising））。在第 50 届"超级碗"比赛期间，另外一则士力架品牌广告模仿了玛丽莲·梦露的标志性照片——她穿着一件白色连衣裙站在微风拂过的地铁栏杆边上。只是这次，上升的气流使脾气暴躁的威廉·达福（Willem Dafoe）瘦弱的腿和紧身衣露了出来。仅在士力架品牌的 YouTube 频道上，该广告就吸引了超过 1 100 万的观看次数。

"你就不是你了"活动也可以在平面广告上得到很好的效果。一则平面广告显示：三名短跑运动员在跑道上处于起跑位置，其中一人面向的方向是错误的。另外一张照片显示了四名足球运动员处于阻挡任意球的位置，他们都用双手捂住重要的身体部位，但有一个人毫无防备，双手举过头顶，运动衫遮住了他的脸。还有一则广告没有使用人类形象就表达出了观点。它利用了角色颠倒的方式，在广告中一只斑马紧追一头狮子。每一则简单的广告都有士力架的标语"当饥饿的时候，你就不是你了。士力架让人满足"。

除了电视和平面广告之外，"你就不是你了"活动还在一系列数字、移动、定位和其他媒体上进行了全面整合和包装。士力架的"能量棒"糖果包装纸强化了活动信息，标签上有情绪描述词，如暴躁的、呆头呆脑的、古怪的、烦躁的、傲慢的、乖戾的、傻乎乎的和情绪化的。士力架品牌还敦促顾客用贴有适当标签的士力架棒，来吸引那些行为异常的朋友。玛氏公司甚至制作了一个巧妙的两分钟迷你现实秀视频，突出了一个士力架电话接线员派遣自行车信使将包装纸送到应得的候选人手中。

在士力架品牌的"当饥饿的时候，你就不是你了"活动中，众多数字元素旨在吸引顾客参与进来，并让顾客创新更多的内容。例如，一场"与你的士力架一起自拍"的比赛，邀请了该品牌1 100多万名脸书粉丝分享"当饥饿的时候，你是谁"的照片——获胜者获得了10万美元和他自己的个性化士力架产品。士力架品牌的"你就不是你了 YouTube"活动签约了13个有影响力的YouTubers，共吸引了700万订阅用户，展示了他们自己的"你就不是你了"的时刻。一项全球推特活动询问用户当饥饿时会发生什么，仅在一周内就吸引了近500万条推文。

在另外一项数字活动中——这次是在英国——英国名人们发布了四条"与众不同"的推文，比如职业足球运动员里奥·费迪南德（Rio Ferdinand）发布推文"真的很喜欢编织"；模特凯蒂·普莱斯（Katie Price）在推特上发布推文，宣传士力架能量棒，并引用广告口号"当饥饿的时候，你就不是你了"。这种数字化活动有效地吸引了该品牌精通数字化的粉丝，在给他们带来乐趣的同时，进一步增加了对士力架品牌的塑造。

尽管平台多种多样，但无论使用什么平台（印刷品或包装、电视、笔记本电脑、手机屏幕或其他任何平台），士力架品牌的广告活动都不仅仅是一些零散的优秀观点的集合。该广告系列之所以如此强大，是因为其所有组成部分都在为品牌的广告语"士力架让人满足"和"当饥饿的时候，你就不是你了"进行了精心宣传。这条信息以一种深入人心的方式触动了人们的情感——在有一段时间没有吃饭时，顾客可能会有点不舒服。无论顾客身处世界何处，也无论顾客如何接收信息，这些活动都传递了一个清晰、一致的品牌信息。

因此，在八年多之后，广受欢迎的士力架品牌"你就不是你了"系列活动仍在流行。在这项活动开始之前，士力架品牌正在失去其市场份额。然而，在贝蒂·怀特的广告在"超级碗"比赛中播放后不久，士力架品牌就超越了玛氏公司自己的M&M's品牌，成为最畅销的糖果产品之一。而且这一市场地位至今仍然保持着。随着产品线的不断扩大，价值35亿美元的士力架品牌现在包括士力架杏仁口味、士力架花生酱方块、士力架饼干和士力架冰激凌条等不同产品，它们为玛氏公司的年度总收入贡献了10%以上的份额。这在很大程度上要归功于其创新性的"当饥饿的时候，你就不是你了"的整合营销传播活动。对企业及其顾客而言，士力架品牌的主张好像比以往更加真实了："士力架让人满足。"[1]

建立良好的顾客关系不仅需要开发出好的产品、制定出具有吸引力的价格，并让它出现在目标顾客身边，而且企业必须向顾客传播其价值观，并且不浪费任何一次传播机会。所有的传播都必须详细地做好计划，并融入整个项目当中。正如构建和保持其他类型的关系重在良好的沟通一样，传播也是企业努力吸引消费者并建立起有益的顾客关系的关键所在。

➡ 12.1　促销组合

企业整体的**促销组合**（promotion mix）——也叫**营销传播组合**（marketing communications mix）——包含具体的广告、销售促进、人员推销、公共关系以及直复营销和数字营销等，企业可以使用这些工具来引导传播顾客价值和构建顾客关系。这五个主要的促销工具定义如下。[2]

● **广告**（advertising）：由特定的赞助商付费，对观念、产品或服务进行的非人员展示和推广。

● **销售促进**（sales promotion）：短期激励以促进产品或者服务的购买或销售。

● **人员推销**（personal selling）：企业的销售团队与顾客进行人际互动，以达到吸引顾客、销售和建立顾客关系的目的。

● **公共关系**（public relations）：与企业的不同公众建立起良好的关系，获得有利的宣传，形成良好的企业形象，并及时处理和阻止不利的谣言、报道和事件。

● **直复营销和数字营销**（direct and digital marketing）：直接吸引精心定位的目标顾客和顾客社区，以便获得快速的反应和建立起持久的顾客关系。

其中，每类工具都涉及用于同顾客进行沟通的具体促销工具。例如，广告包括广播、印刷品、互联网、手机、户外和其他形式；销售促进包括折扣、优惠券、展示和说明等；人员推销包括销售展示、促销展出和激励计划等；公共关系包含新闻发布、赞助、事件和网页发布等；直复营销和数字营销包括直邮、电子邮件、目录、网络、社交媒体和移动营销等。

与此同时，营销传播也不限于这些特定的促销工具。产品的设计和价格、包装的颜色和形状以及商店所有和销售有关的东西，都在向购买者传递相关信息。因此，尽管促销组合是企业的主要传播活动，但整个市场营销组合——促销、产品、价格和渠道——必须加以协调，才能产生最大的影响。

➡ 12.2　整合营销传播

在过去的几十年里，市场营销人员完善了大众营销艺术：向广大顾客销售高度标准化的产品。在这个过程当中，他们开发了高效的大众传媒传播技术来支持其战略。现在，大型企业经常投资数百万甚至上亿美元，在电视、杂志或者其他大众媒体上做广告，把信息传递给上千万的消费者。然而，今天的市场营销人员面临着新的营销传播现实，也许没有哪个领域像营销传播那样改变得如此深刻，这让营销传播人员感到既兴奋又焦虑。

12.2.1　新的营销传播模式

几个主要因素正在改变营销传播的现状。首先，消费者正在改变，在这个数字和无线通信时代，他们拥有更强的获取信息的能力，而不是仅仅依靠市场营销来提供信息；他们可以使用互联网或者其他技术获取自己想要的信息，也可以跟其他消费者轻松取得联系，以交换品牌相关信息，甚至创建他们自己的品牌信息和品牌体验。

其次，市场营销战略也在不断地发生变化。随着大众市场变得碎片化，市场营销人员正在从大众营销往其他方向转移，他们越来越多地开发重点营销项目，目的是在微观市场中和顾客建立起更为密切的关系。

最后，通信技术的全面进步也导致企业和顾客沟通的方式发生着巨大的变化。数字时代催生了许多新的信息和传播工具——从智能手机和平板电脑到互联网的方方面面（品牌网站、电子邮件、博客、流媒体内容、社交媒体和在线社区、移动网络等等）。它们爆炸式的增长对营销传播产生了显著的影响。正如大众营销曾经促使新一代大众媒体传播增长一样，新的数字媒体正在催生出新的营销传播模式。

虽然网络电视、杂志、报纸和其他传统媒体仍然非常重要，但是它们的优势正在不断减少。现在广告顾客选择范围更加广泛、专业化程度更高、针对性更强的媒体，向较小的细分顾客群体传递更加个性化的互动信息。这些新媒体涉及专业的有线电视频道、视频制作网站和分类网站、电子邮件、博客、手机优惠券以及迅速成长的各类社交媒体等，这些新媒体在市场营销中掀起了一股浪潮。

一些广告专家预测：传统的大众媒体传播模式终将过时。大众媒体成本在上升，观众在萎缩，杂乱的广告越来越多；观众通过视频流或者数字视频录像机（DVR）技术来控制信息的曝光，这使他们能够跳过电视商业广告。因此，怀疑主义者认为：市场营销人员将会把大部分的营销预算从主流的传统媒体转移到数字和其他新媒体中。

近年来，尽管电视仍然是一种强大的广告媒体，但电视广告支出的增长已经开始停止或有所下降；杂志、新闻报纸和广播也失去了可观的份额。与此同时，数字媒体的支出则激增。全球数字广告支出总额以每年18%以上的速度增长，超过了电视广告支出。到2020年，数字媒体占据大约50%的广告支出。到目前为止，增长最快的数字广告是手机广告，占所有数字广告支出的75%。[3]

越来越多的大型广告客户——从宝洁到联合利华——正朝着"数字第一"的品牌建设方向发展。例如，世界上最大的广告商之一——联合利华公司现在在其超过90亿美元的全球营销预算中，将多达30%的资金用于数字媒体。在美国和中国等国家，数字媒体占其市场营销预算的近50%。[4]一些市场营销人员现在几乎完全依赖数字和社交媒体。例如，有些公司现在已经完全放弃了电视广告，只使用数字渠道来接触年轻消费者。[5]

在营销传播的新时代，通过摒弃传统的打断消费者、强迫他们接受公众信息的方式，新媒体让市场营销人员通过更多的互动和有吸引力的方式把信息传递给小众消费者。想想只能看电视的那些日子。现在，消费者几乎可以在任何一个小屏幕（电视、笔记本电脑、手机或者平板电脑）上观看他们喜欢的节目，而且他们可以选择在期望的任何时间和任何地点观看电视节目。越来越多的节目、广告和视频只能在网络上观看。

尽管预算转向数字媒体，但对于大多数企业而言，传统大众媒体仍然占据其促销预算的大部分比重，这种情况不会很快就发生改变。因此，与其说传统媒体模式快速衰落，不如说大多数市场营销人员预见到了新的营销传播模式将是一个不断变化的混合体，包括传统媒体和一系列能够以更具个性化和互动性的方式进入更精准的消费者社区的网络、移动和社交媒体。最后，不论是哪种传播渠道，关键是要把所有的媒体整合为一种途径，吸引消费者，传播品牌信息，加强消费者的品牌体验。

随着营销传播环境的变化，营销传播者的角色也在发生变化。许多市场营销人员不再只是制作和投放"电视广告""平面广告"或"Snapchat品牌故事"，而是更广泛地将自己视为**内容营销**（content marketing）管理者。因此，他们通过付费、自有、赢得和共享的传播渠道组合来创建、激发和分享品牌信息以及与顾客之间的对话。这些渠道包括传统媒体和新媒体以及受控和不受控的媒体。一位广告公司高管指出，这不再仅仅是广告。"现在，它与（交流）内容和渠道，而不仅仅是信息本身相关。它绘制顾客旅程，并与顾客对话，在整个旅程的不同接触点引导参与、购买、忠诚和宣传。"[6]（参见市场营销进行时 12 - 1）。

| **市场营销进行时 12 - 1** ├────────────────────────────

不要叫它广告：这是内容营销

在过去的时代，对广告商来说，生活很简单。当一个品牌需要广告宣传时，每个人都知道怎么做。品牌团队和广告公司首先构思出创意策略，然后制订媒体计划，制作并投放一组电视广告、杂志广告或报纸广告，还可能发布新闻稿来炒作新闻。但在当前的数字时代，把设计清晰的广告投入明确具体的媒体渠道，已经行不通了。

相反，传统广告和新的数字广告之间的界限正日益模糊。为了保持相关性，今天的品牌信息必须是社交的、移动的、互动的、多平台的。一位行业内部人士指出："今天的媒体图景更加多元化——广播、有线电视、流媒体；网络、平板电脑和智能手机；录像、多元媒体、社交媒体、品牌内容、横幅广告、应用程序、应用程序广告、交互式技术产品。"

新的数字模式对广告的定义产生了质疑。"到底是什么广告？"一个挑衅性的标题问道。有人认为，不管怎么称呼它，但"不要叫它广告"。根据目前许多市场营销人员的说法，这是"内容营销"，创造和传播广泛的引人注目的内容组合，以便吸引顾客并与其建立起关系，同时让顾客之间也建立起关系，促使他们采取行动并向其他人宣传该品牌。为了满足当今的数字和社交媒体机器，并维持"永远在线"的消费者对话，各品牌需要在各种传统的和数字平台上不断提供新鲜内容。

许多广告商和市场营销人员现在都将自己视为内容营销管理者，他们创造、激励、共享和策划市场营销内容，包括他们自己提出的内容以及消费者或其他人创作出的内容。他们不再使用传统的媒体细分，而是采用一种新的框架，这种框架建立在营销内容的创建、控制以及传播的方式和对象上。具体而言，新的分类确定了四种主要的媒体类型：付费、自有、赢得和共享（POES）。

付费媒体——由市场营销人员付费的促销渠道，包括传统媒体（如电视、广播、印刷品或室外）以及在线和数字媒体（付费搜索广告、网络和社交媒体展示广告、移动广告或电子邮件营销等）。

自有媒体——由企业拥有和控制的推广渠道，包括企业网站、企业博客、自有社交媒体、专有品牌社区、销售团队和活动等。

赢得媒体——公共关系媒体渠道，如电视、报纸、博客、在线视频网站和其他不由市场营销人员直接付费或控制的媒体，但由于观众、读者或用户的兴趣而包含了相关内容。

共享媒体——消费者与其他消费者共享的媒体，如社交媒体、博客、移动媒体、病毒式传播渠道以及传统的口碑传播等。

在过去，广告商一直专注于传统的付费（广播、印刷品等）或赢得（公共关系）媒体。然而，现在的内容营销人员已经增加了新的数字自有（网站、博客、品牌社区）和共享（网络社交、移动、电子邮件）媒体。在过去，成功的付费广告本身就是目的；而现在，市场营销人员正在发展整合营销内容，以综合所有 POES 渠道的力量。因此，许多电视广告不再仅仅是电视广告，它们是"视频内容"，顾客可以在任何地方看到，可以在电视屏幕上，也可以在平板电脑或手机上。其他视频内容看起来很像电视广告，但从来没有打算在电视上播放，如发布在网站或社交媒体上的在线视频。同样，印刷的品牌信息和图片也不再只是出现在精心设计的杂志广告或目录中。相反，这种由各种来源所创造的内容，可能会出现在从正式广告和在线品牌页面到移动和社交媒体以及独立博客的任何地方。

新的"内容营销"活动看起来与以往的"广告"活动有很大不同。以墨西哥领先的啤酒品牌喜力（Heineken）的 Tecate 啤酒为例。在墨西哥，Tecate 通常代表男性的事物，包括在墨西哥最受欢迎的足球运动。但是在世界杯足球赛期间，Tecate 面临着艰难的创意挑战。它想对球迷狂热地进行营销，但不能直接提到世界杯或墨西哥国家队，因为这些都是由竞争对手科罗娜（Corona）啤酒赞助的。因此，Tecate 没有只做那些无聊的预算高的电视广告，而是发起了一场新颖的、内容丰富的"足球绅士"活动，其影响远远超越了传统媒体。

Tecate 公司的"足球绅士"活动认为：在世界杯期间，真正的 Tecate 男人必须平衡他生活中的两个重要部分：爱人和足球。因此，该项活动旨在通过成为"完美的绅士"来帮助男性成功地兼顾他们的爱情生活和足球比赛。这场运动是围绕一封 185 页的情书展开的，这封情书需要 90 分钟才能读完（这恰好是一场足球比赛的时长）。

在一场大型比赛前一分钟播出的开场电视广告中，男子将这封情书交给了自己的爱人，并恳求她立即阅读，她被他浪漫的、发自内心的话语迷住了，以至于都没有注意到他去看世界杯比赛了。在观看比赛期间，有五个电视节目、一个活动网站和 47 个脸书帖子实时地关注着这封情书的阅读，并进行更新。最后一则赛后广告显示：当他的爱人从狂喜中走出来并投入他的怀抱时，男人及时赶到家迎接她。然后，男人可以为下一场比赛下载完整的情书，并通过改变爱人名字的方式来进行定制；16 000 人这样做了，并体验了阅读真正的情书的感觉。

"足球绅士"内容活动巧妙地整合了 POES 的各种渠道，产生了引人注目的效果。世界杯期间，Tecate 公司的销售额增长了 11%。在为期四个月的活动中，该品牌的 YouTube 粉丝增加了228%，脸书粉丝增加了 120 万，并引发了一系列媒体报道和社交媒体热议。该活动的广告和视频获得了 1 700 万的点击率，并占据了世界杯期间点击率最高的 10 个广告中的两个。"足球绅士"活动被广告行业出版物《广告时代》评为年度最佳整合营销传播活动。

因此，不能再仅仅称之为"广告"了。如今不断变化的、有时混乱的营销传播环境，要求我们不仅仅是在界定明确的、严格控制的媒体空间创造和投放广告。如今的市场营销人员，还需要是营销内容战略家、创造者、连接者和催化剂，管理与顾客和顾客之间的品牌对话，并帮助这些对话在流动的混合渠道中发挥作用。虽然这是一个很高的要求，但是在如今的新思维下，任何事情都是可以实现的。

资料来源：See Evelyn Timson, "Understanding Paid, Owned, Earned and Shared Media," *Business West*, February 7, 2018, www.businesswest.co.uk/blog/understanding-paid-owned-earned-and-shared-media; "How PESO Makes Sense in Influencer Marketing," *PR Week*, June 8, 2015, www.prweek.com/article/1350303/peso-makes-sense-influencer-marketing; Randall Rothenberg, "What Is Advertising Anyway?" *Adweek*, September 16, 2013, p. 15; Laurel Wentz, "Integrated Campaign of the Year: 'Soccer Gentleman' for Tecate," *Advertising Age*, August 3, 2015, http://adage.com/article/print/299755; Gini Dietrich, "Why and How PR Pros Should Adopt the PESO Model," *PR Daily*, January 23, 2018, https://www.prdaily.com/mediarelations/Articles/Why_and_how_PR_pros_should_adopt_the_PESO_model_23870.aspx; and "Soccer Gentlemen," *Facebook Studio*, www.facebook-studio.com/gallery/submission/soccer-gentlemen-4, accessed October 2018.

12.2.2 对整合营销传播的需求

媒体和传播途径以更加丰富的组合方式变化，这给市场营销人员提出了挑战。今天的消费者被来源广泛的商业信息所轰炸，企业常常无法整合各种传播渠道，结果导致面向消费者的传播一团糟。大众媒体广告说一件事情，而店内促销却传出不同的信号，企业网站、社交媒体帖子、视频或电子邮件上又说着截然不同的事情，这会使消费者产生困扰。

问题是这些营销传播来自企业的不同部门。在广告信息策划之后，由广告部门或者广告代理公司加以实施。企业其他部门或代理商则负责公共关系、促销活动、互联网或社交媒体。这些企业已经区分了它们的传播工具，但消费者却没有。这些来源的混合传播，会导致消费者品牌认知的模糊。在消费者的思维中，来自不同来源的同一个品牌的相关内容——无论是"超级碗"广告、店内展示、移动应用，还是朋友的社交媒体帖子——都会融合成一条关于品牌或企业的信息。来自不同来源的冲突内容，会导致公司形象、品牌定位和顾客关系的混乱。

在线、移动和社交媒体营销提供了巨大的机会，同时也带来了挑战。它为市场营销人员提供了丰富的新工具来理解和吸引顾客。同时，它也使整个营销传播变得更加复杂和分散。挑战是如何将它们有组织地整合在一起。为此，越来越多的企业采用**整合营销传播**（integrated marketing communications，IMC）的概念。如图 12 - 1 所示，企业整合了自己的许多沟通渠道，以便传播清晰的、一致的、令人信服的企业信息和品牌内容。

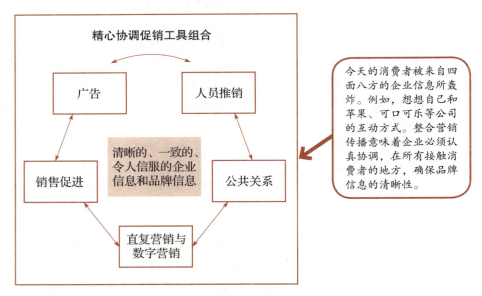

图 12 - 1　整合营销传播

在一般情况下，不同的媒体在吸引和说服消费者方面发挥着不同的作用。例如，最近的一项研究显示：超过 2/3 的广告商及其代理正在计划跨多个观看平台，如传统电视和数字、移动和社交媒体，推出自己的视频广告活动。这种跨平台的活动结合了电视的核心优势——覆盖面广以及数字媒体更好的定位、互动和参与等优点。但这些不同的媒体必须在整合营销传播计划下严谨地加以协调，才能充分发挥其作用。

在整合营销传播方面，一个很好的例子是汽车制造商路虎公司的市场营销活动，该活动将传统媒体的影响力和覆盖面与数字媒体的优势相结合，以便创造更加深入的顾客浸入。[7]

拥有 70 年历史的路虎揽胜（Range Rover）品牌使用了大量的优秀传统媒体。它投放了包括"超级碗"广告在内的大预算电视广告，来宣传其豪华性能和户外探险的定位。同时，它也在 AMC、ESPN、Food Network 和 NFL Network 上播放更有针对性的广告，并在《建筑辑要》《绅士季刊》《连线》《时尚》《华尔街日报》等杂志上刊登这些广告来支持前面的大众市场广告。

同时，路虎揽胜的活动还包括精心整合的网络和社交媒体内容，用传统媒体无法做到的方式来丰富顾客的体验。例如，在该品牌网站的"路虎故事"栏目中，探险摄影师在游记中讲述了他们乘坐路虎车穿越崎岖的道路和身处如画的风景时的个人经历，每个故事都配有令人惊叹的视觉效果。但是，这仅仅是个开始。该品牌最近又制作了一个视频系列，记录了一对夫妇携他们年幼的孩子驾驶路虎发现（Land Rove Discovery）在欧洲旅行期间的冒险经历，并制作了一个 360 度的视频，使观众可以在第 35 届美洲杯足球比赛之前在百慕大与路虎团队同行。

路虎品牌通过社交媒体与品牌粉丝分享这些视频故事以及其他一些精心制作的内容。该品牌拥有 1 590 万脸书粉丝、195 000 名 YouTube 用户、680 000 名推特粉丝以及 350 万 Instagram 粉丝，他们在每篇帖子中都有成千上万的参与量。相比之下，竞争对手的社交媒体追随者则相形见绌（例如，竞争对手丰田公司的陆地巡洋舰品牌只有 31 万脸书粉丝和 3.2 万 Instagram 粉丝）。无论在什么平台上，所有内容，从电视广告到网络视频到 Instagram 帖子，都是在路虎揽胜"超越"这一豪华探险的口号下进行精心协调的。整合营销活动更多的是加强揽胜体验和保持顾客的深度参与，而不是销售汽车。

在过去，没有人或部门来思考不同促销工具的传播角色和协调促销组合工具。为了实现整合营销传播，一些企业任命了市场营销总监，由其全面负责本企业的传播工作，这有助于形成更强的传播一致性和更好的销售效果。由于公司形象是在不断扩大的跨平台传播活动中形成的，所以企业通过将责任放在某个领导者手中来整合公司形象。

12.2.3　塑造整体的促销组合

整合营销传播的概念意味着企业必须精心地把促销工具融入整个促销组合当中，但是怎样决定使用什么样的促销组合工具呢？同一行业的企业在设计它们的促销组合时存在很大的不同。例如，化妆品公司玫琳凯把大量资金花费在人员推销和直复营销上，而竞争对手封面女郎却把大量的资金花费在消费者广告上。现在，让我们看一下影响市场营销人员选择促销工具的主要因素。

> **作者点评**
> 在本部分，我们将看到市场营销人员如何把各种营销传播工具融合成一个顺利运转的促销组合。

促销工具的性质

每个促销工具都有不同的特点和成本，市场营销人员在确定促销组合时必须充分了解这些特点。

广告　广告能够以较低的成本把信息传递给地理上分散的买家，而且卖家还可以多次重复发送相关广告信息。例如，电视广告可以覆盖海量的观众。据统计，超过 1.03 亿美国人观看了最近的"超级碗"比赛，每周有多达 2 600 万粉丝收看《我们这一天》的最新一季。更重要的是，一则受欢迎的电视广告的影响范围可以通过在线和社交媒体不断扩大。例如，Supercell 公司的《部落冲突：复仇》移动游戏在第 49 届"超级碗"上的广告由利亚姆·尼森（Liam Neeson）主演。除了在大型比赛期间有超过 1 亿的电视观众之外，该广告还成为当年 YouTube 上观看人数最多的"超级碗"广告。到年底时，更是在 YouTube 上获得了惊人的 8 200 万浏览量。因此，对于希望接触到海量受众的企业来说，电视是合适的选择。[8]

除了海量的观众，大范围广告还会对卖方的规模、流行性和成功起到积极作用。因为广告的公共性质，消费者更倾向于认可广告宣传的产品。而且广告富有表现力，它允许企业使用艺术化的视觉效果、印刷品、声音和色彩，戏剧化地展示其产品。一方面，广告可以为某个产品建立起长期形象（比如可口可乐）；另一方面，广告还可以引发快速的销售（比如科尔士百货的周末特价广告）。

不过，广告也有一些缺点，虽然它能够很快地覆盖大量人群，但是没有人情味，缺乏销售人员的直接说服力。在大多数情况下，广告只能进行单向传播，观众觉得没有必要进行关注或回应。此外，广告也可能非常昂贵，虽然报纸和广播电台的广告预算较少，但其他形式的广告，如网络和电视广告则往往需要巨额预算支出。例如，亚马逊 Echo 产品的长达 90 秒的 Alexa Loses Her Voice "超级碗"广告仅购买媒体时间就花费了 1 490 万美元，相当于每秒钟超过 16.5 万美元，这还不包括广告的制作成本。

人员推销　人员推销在既定的购买过程中是最有效的工具，特别是在弄清购买者的偏好、信念和行为的时候。它涉及两个人或更多人之间的互动，所以每个人都可以观察其他人的需求和特点，进而做出快速调整。人员推销还允许各种各样的顾客关系的涌现，从平淡的销售关系到个人友谊。高效的销售人员会把顾客的利益放在心上，为顾客解决问题以便建立起长期关系。最后，在人员推销时，顾客感觉非常有必要倾听和回应，尽管有时只是礼貌性地回复："不用，谢谢。"

　　然而，这些独特的性质需要付出代价，销售团队需要付出比广告更长期的投入，广告花费可以及时调整，销售队伍却很难改变。人员推销也是企业最昂贵的促销工具。虽然每个行业会有差异，但每个促销电话平均花费在 600 美元以上。美国企业的人员推销支出大概是广告支出的三倍。[9]

　　销售促进　销售促进活动包括各种各样的工具——优惠券、竞赛、打折、赠品和其他方式，各有其特点。它们能够吸引消费者的注意力，提供强大的购买激励，令产品引人注目，并促进低迷的销售。销售促进欢迎并奖励快速的反应。广告里会说"购买我们的产品"，而销售促进却会说"现在就购买"。不过，销售促进的效果往往是短暂的，在建立消费者的长期品牌偏好和顾客关系上，往往不如广告和人员推销那么有效。

　　公共关系　公共关系是非常可信的，新闻报道、专题、赞助以及新闻事件等，与广告比较起来让人觉得更加真实可信。而且公共关系也可以覆盖很多回避销售人员和广告的潜在顾客——信息以"新闻"的形式传递给买家，而不是一种指向销售的传播。同时，公共关系还可以美化公司形象和产品。市场营销人员往往对公共关系使用不当，或者将其当作事后的选择。然而，成熟的公共关系活动与其他促销工具组合使用，是非常经济有效的。

　　直复营销和数字营销　直复营销有多种形式——从邮件、目录、电话营销到互联网、手机和社交媒体营销，它们有鲜明的特点。而且直复营销更有针对性：信息通常直接传递给特定顾客或者顾客社区。此外，直复营销也具有及时性和个性化的特点：信息很快就能准备好——甚至是实时的——以吸引特定的顾客或者品牌群体。最后，直复营销是可互动的，它允许市场营销团队同顾客进行对话，信息能够根据顾客的反应做出改变。因此，直复营销和数字营销非常适合具有高度针对性的市场营销工作以及建立起一对一的顾客关系。

促销组合策略

　　市场营销人员可以选择两种基本的促销组合策略：推式策略和拉式策略。图 12 - 2 对比了这两种促销策略，列出了每种具体的促销工具在推拉策略中的重要程度。其中，**推式策略**（push strategy）是通过营销渠道把产品"推"向终端消费者。生产商将它们的市场营销活动（主要是人员推销和商贸促进）指向渠道成员，指引它们向终端消费者分销产品。例如，约翰迪尔公司很少向终端消费者促销它的割草机、花园拖拉机和其他产品。相反，它的销售团队同劳氏、家得宝、独立经销商、其他渠道成员一起工作，把约翰迪尔的产品推向终端消费者。

　　使用**拉式策略**（pull strategy）时，生产商的市场营销活动（主要是广告和消费者促销）指向终端消费者，引导他们购买产品。比如，宝洁通过电视和杂志广告、网络和社交媒体品牌网站以及其他渠道，直接向消费者推销其汰渍洗衣产品。如果拉式策略产生效果，消费者就会向沃尔玛、塔吉特、克罗格、沃尔格林或亚马逊等零售商要求购买该产品，继而这些零售商会从宝洁公司那里购买商品。因此，在拉式策略的作用下，消费者需求通过渠道"拉动"产品的销售。

　　一些工业品企业只使用推式策略，一些直销企业只使用拉式策略，大部分企业则把两者结合起来使用。例如，宝洁每年在全世界花费超过 43 亿美元，用于面向消费者的市场营销和销售促进，以便建立品牌偏好并把消费者吸引到商店购买其产品。[10]同时，宝洁也利用分销商的销售队伍和商贸促进，把自己的品牌推到分销渠道当中，达到消费者有需求时就可以在商店购买的目的。

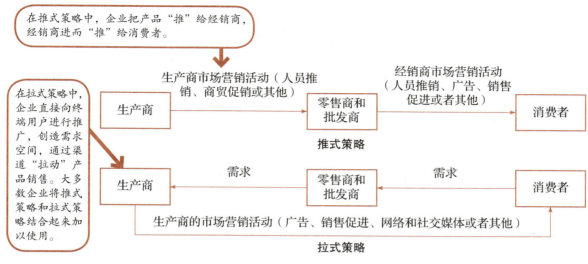

在推式策略中，企业把产品"推"给经销商，经销商进而"推"给消费者。

在拉式策略中，企业直接向终端用户进行推广，创造需求空间，通过渠道"拉动"产品销售。大多数企业将推式策略和拉式策略结合起来加以使用。

生产商市场营销活动（人员推销、商贸促进或其他）

经销商市场营销活动（人员推销、广告、销售促进或者其他）

生产商 → 零售商和批发商 → 消费者

推式策略

生产商 ← 需求 ← 零售商和批发商 ← 需求 ← 消费者

生产商的市场营销活动（广告、销售促进、网络和社交媒体或者其他）

拉式策略

图 12-2 推式和拉式策略的对比

企业在设计促销组合策略时通常会考虑很多因素，包括产品类型和市场。例如，不同促销工具在消费品市场和工业品市场的重要性是不同的。一般而言，消费品（B2C，企业对消费者）企业通常会更多地使用拉式策略，把较多的资金投入广告中，其次是销售促进、人员推销和公共关系。相比之下，工业品（B2B，企业对企业）企业市场营销人员倾向于使用推式策略，把较多的资金投入人员推销上，其次才是销售促进、广告和公共关系。

概念应用

在这里暂停一下，让我们回顾并复习一下刚刚学到的内容：
- 整合营销传播和促销组合概念是如何联系起来的？
- 传播环境的改变是如何影响企业与你之间沟通产品和服务的方式的？假如你来到新车市场，你应该从哪里了解不同的车型？可以从哪里搜索信息？

➡ 12.3 广告和主要的广告决策

广告的历史可以追溯到有记载的历史的最早期。考古学家在地中海附近挖掘出标志不同事件和商品的东西。罗马人在墙上绘画以呈现角斗士的打斗场面，腓尼基人沿着行进路线在大石头上作画来推广他们的商品。在希腊的黄金时代，街头叫卖者会叫卖牲畜和手工艺品，甚至售卖化妆品。

作者点评

我们对广告已经有所了解——我们每天都在接触它。但在这里，我们将重点考察企业如何做出广告决策。

然而，现代广告和早期广告的效果相去甚远。现在，美国的广告顾客每年用于广告媒体的开销大约为 2 000 亿美元；全球广告支出约为 5 580 亿美元。作为全球最大的广告顾客，宝洁在美国广告上的花费达到近 43 亿美元，在全球广告上的花费高达 105 亿美元。[11]

尽管大部分广告都被商业公司所使用，但广泛的非营利组织、专家和社会机构也使用广告向不同的目标大众推广它们的事业。事实上，排名第 46 位的广告支出者，就是一家非营利组织——美国政府，它在很多方面都做广告。广告是有效的告知和说服方式，如为了在全球销售可口可乐、帮助吸烟者戒烟，以及指导人们如何过上更健康的生活等。[12]

如图 12 - 3 所示，在制定广告计划时，市场营销管理人员必须做出以下四项重要的决策：设置广告目标、设定广告预算、制定广告策略（信息决策和媒体决策）、评估广告效果和广告投资回报率。

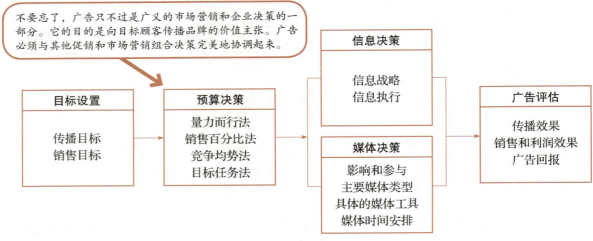

不要忘了，广告只不过是广义的市场营销和企业决策的一部分。它的目的是向目标顾客传播品牌的价值主张。广告必须与其他促销和市场营销组合决策完美地协调起来。

图 12 - 3　主要的广告决策

12.3.1　设置广告目标

第一个步骤就是设置广告目标。目标应该基于过去对目标市场、定位和市场营销组合所做的决策，这些决策定义了广告在整个市场营销计划中必须完成的工作。广告的总体目标是通过传播顾客价值，吸引顾客并建立顾客关系。下面将讨论具体的广告目标。

广告目标（advertising objective）是一个特定的传播任务，在特定的一段时间里由特定的目标受众来完成。广告目标根据它们的主要目的的不同可以分为：告知、说服和提示。表 12 - 1 列出了每种广告具体目标的例子。

表 12 - 1　可能的广告目标

告知型广告	
传播顾客价值	建议产品的新用途
建立品牌和公司形象	通知市场价格变化
向市场告知新产品	描述可用的服务和支持
说明产品的使用	纠正错误的印象
说服型广告	
建立品牌偏好	说服顾客立即购买
鼓励转换至该品牌	创造顾客浸入
改变顾客对产品价值的看法	建立品牌社区
提示型广告	
维护顾客关系	提示顾客去哪里购买产品
提示顾客可能将来会需要该产品	在淡季保持顾客对品牌的感知

在推介一种新产品类别的时候，告知型广告往往会得到大量的使用。在这种情况下，广告目标是建立基本的需求。例如，早期的全电动汽车制造商首先必须告知消费者这种新型产品的经济优势和性能优势。随着竞争的加剧，说服型广告会变得越来越重要。此时，企业的广告目标是

建立选择性需求。例如，随着电动汽车的流行，通用汽车公司正试图使消费者相信其雪佛兰 Bolt 比特斯拉 Model 3、丰田 Prius Prime 或日产聆风更具性价比。这种广告的目的是吸引顾客并创造品牌偏好。

有些说服型广告已经变成比较型广告或者是攻击型广告了。在这类广告里，企业直接把品牌和一个或者多个其他品牌进行对比。你能够看到的比较型广告几乎涉及所有的产品类别，从运动饮料、快餐、汽车租赁到信用卡、手机服务等。例如，长期以来，百事一直在投放直接针对竞争对手可口可乐的比较型广告。[13]

这始于多年前的"百事挑战"活动，百事的广告显示：在商场和其他公共场所进行的盲测中，消费者总是喜欢百事可乐的味道，而不是可口可乐的味道。从那以后，百事开始定期投放比较型广告，对其更大的竞争对手进行调侃，从显示圣诞老人（长期以来一直与可口可乐广告联系在一起）选择百事可乐而不是可口可乐的广告，到百事可乐送货司机偷拍可口可乐司机秘密喝下一罐百事可乐的照片。在另外的广告中，一位满脸幸福的百事可乐购买者则在嘲笑一位可口可乐的购买者。

比较型广告往往会引起争议。在很多时候，这正是使用它们的意义所在。既定的市场领导者希望将其他品牌排除在消费者的选择范围之外，而挑战者则希望撼动局面，将其品牌融入消费者的对话当中，并使自己与领导者处于平等的地位。例如，微软在比较型广告方面有很多历史经验，它既向市场领先的竞争对手发起挑战，也抵御来自挑战者的攻击（参见市场营销进行时 12-2）。

| **市场营销进行时 12-2** |

微软的比较型广告："我不能在我的 Mac 上做到这一点"

自从有广告以来，挑战者品牌就会通过比较型广告与市场领先者展开较量。例如，安飞士和赫兹、百事和可口可乐、唐恩都乐和星巴克等等，但很少有企业比微软公司更多、更好地利用了比较型广告发起挑战活动。在过去 10 多年里，它一次又一次地与苹果和谷歌等竞争对手正面交锋。

这一切都始于 10 多年之前。当时，苹果着手撬动微软对个人电脑市场的控制。长期以来，微软研发的电脑一直主导着市场，苹果的 Mac 电脑在利基市场上展开竞争。因此，苹果通过发起现在经典的"Get a Mac"的比较活动，向微软发出了第一次直接炮击。

"Get a Mac"广告中的两个人物——"Mac"和"PC"——就苹果 Mac 与微软基于 Windows 的 PC（个人电脑）的相对优势展开争论。广告将 Mac 描绘成一个穿着连帽衫的年轻、时髦、悠闲的人，而 PC 则是一个穿着有口袋的卡其裤、棕色运动外套，戴着过时眼镜的古板、糊涂、容易出错的中年书呆子。毫不奇怪，Mac 得到的青睐比过时的、不灵活的 PC 要多。在接下来的几年里，苹果不停地发布 Mac 与 PC 的比较型广告，抨击基于 Windows 的机器和它们的主人过时且落后。

踌躇满志的"Get a Mac"广告击中了竞争对手的要害。在随后的两年内，苹果的 Mac 电脑在美国个人电脑市场中的份额翻了一番，消费者对苹果电脑的价值认知也大幅上升。尽管苹果电脑被认为更加昂贵，但苹果在品牌指数（BrandIndex）上的得分却一度高达 70 分（该指数跟踪消费者对品牌价值的看法，分值从 -100 到 100）。与此同时，微软则在零分以下苦苦挣扎。

微软需要做出一些改变。因此，在苹果"Get a Mac"的攻势开始两年之后，微软通过发起"I'm a PC"运动进行了反击，其特点是与苹果广告中的 PC 角色一模一样。在第一则广告中，微软的角色穿着 PC 的呆板衣服，紧接着是一群日常 PC 用户——从环保人士、政治博主、综合格斗选手、混搭 DJ 到注重预算的笔记本电脑购物者和了解技术的学龄前儿童——每个人都宣称："I'm a PC。"

　　微软的"I'm a PC"活动引起了 Windows 用户的共鸣，他们不再需要坐视苹果的嘲弄。微软很快以新的宣传方式扩展了"I'm a PC"活动，将其扩展成一个更符合当时经济困境的活动。微软公司一边大肆做广告，一边通过真人秀节目进行宣传，这种新的比较型活动被称为"笔记本电脑猎人"。在节目中，消费者需要以低于 1 000 美元的价格购买电脑。一个又一个购物者走进了 PC 和 Mac 的零售商，发现以这个价格买到一台像样的苹果 Mac 电脑是不可能的，而最高配置的 Windows 笔记本电脑却远远低于这个价格。

　　如果说之前的"I'm a PC"广告引发了观念上的转变，那么"笔记本电脑猎人"系列确实起到了推动作用。在经济困难的情况下，这些广告意义重大，将苹果的电脑描绘成太贵、"太酷"的产品，而且与主流消费者脱节。这些挑衅性的广告将微软公司的品牌指数得分从不到零分提高到了 46 分，而苹果的得分则从此前的 70 分降低至只有 12 分。苹果用 Mac 与 PC 的比较广告对其进行了反击，该广告也是迄今为止最消极的回应之一。该广告被称为"破碎的承诺"，其特点是一个持怀疑态度的 Mac 攻击 PC，询问最新的 Windows 版本是否会消除以往 Windows 版本出现的问题。许多分析师认为，广告中尖刻的语气表明了苹果公司倍感压力，并开始采取防御措施。一反常态，Mac 似乎失去了冷静。

　　微软和苹果的广告冲突又持续了两年，双方都没有取得新的进展。事实上，不断的争吵似乎让两个品牌的消费者都感到了厌烦。因此，两家企业最终都取消了比较型广告，将广告的重点放在自身优势上，而非竞争对手的劣势。

　　然而，在几年之后，当微软推出其必应搜索引擎时，它再次启动比较型广告。不过，这次是作为攻击者，而不是被攻击者。为了让必应——一个远远落后于谷歌的搜索引擎——进入消费者的选择范围，微软发起了一个名为"Bing It On"的激进活动。这项活动要求用户在不知道结果是来自哪个搜索引擎的情况下，直接将必应搜索结果与谷歌搜索结果进行比较。据微软公司称，令许多人惊讶的是：进行比较的人以 2∶1 的比例分别选择了必应和谷歌。

　　微软以更为激进的"Scroogled"活动继续对谷歌施压，该活动攻击谷歌为"Scroogling"用户提供的搜索引擎不恰当地利用了用户的个人数据，从 Gmail 中的入侵性广告到与应用程序开发人员共享数据，以最大限度地增加广告利润。虽然有争议，但 Scroogled 活动让许多消费者以新的角度看待必应和其他微软产品与谷歌产品的区别。有研究表明，在访问 Scroogled.com 之后，谷歌对必应的好感度从 45 分下降到只有 5 分。在观看了 Scroogled 的广告之后，观众向朋友推荐必应的可能性增加了 7%。

　　在最近的一次比较活动中，针对 Surface Pro 平板电脑，微软再次将目光投向了主导高端平板电脑市场的苹果。但 Surface Pro 的宣传活动并没有以苹果极其成功的 iPad 为目标，而是直接挑战苹果的 MacBook Air 笔记本电脑，将 Surface Pro 定位为笔记本电脑的替代品，而不是 iPad 的替代品。例如，一则在线视频广告对微软的 Surface Pro 和苹果的 MacBook Air 进行了直观的、令人信服的对比。一则 Surface Pro 的电视广告让人想起最初的 Mac 与 PC 比较的广告：MacBook Air 用户起初为拥有苹果电脑而感到高兴，但看了一个又一个 Surface Pro 用户之后，MacBook Air 用户感到很沮丧。

　　尽管 Bing It On、Scroogled 和 Surface Pro 的比较活动现在已经成为历史了，但它们都实现了自己的目的——将微软的新产品（无论是必应，还是 Surface Pro 或其他产品）带入跟既有竞争对手竞争的行列。这些比较活动引发了争议，同时也引发了关于必应与谷歌或 Surface Pro 与 MacBook Air 相对优劣的激烈辩论。但是，这正是重点。既定的市场领导者希望维持现状并进行垄断，而市场挑战者则希望撼动局面，使其产品与市场领导者处于同等地位。这就是一个好的比较型广告活动的作用。

　　比较型广告对微软来说是有效的。微软的 Surface Pro 4 新广告和视频以及新的微软 Surface Book 混合型笔记本电脑/平板电脑的启动内容——其属性是"触摸的力量"，取代了以前的比较活动。他们直接瞄准苹果公司的竞争产品，将 Surface 系列定位为"功能更多"的设备。一段在线视频显示：一位快乐的用户在自己的微软 Surface Pro 触摸屏上进行操作。

资料来源：Mitchel Broussard, "Microsoft's Surface Book Ads Borrow Music from Apple to Focus on Things a Mac 'Just Can't Do'," *MacRumors*, March 9, 2016, www.macrumors.com/2016/03/09/microsoft-surface-book-ads/; Alex Wilhelm, "Microsoft's Scroogled Ad Campaign Appears to Be Working," *TechCrunch*, October 15, 2013, http://techcrunch.com/2013/10/15/microsofts-scroogled-ad-campaign-appears-to-be-working/; Tom Spring, "Microsoft Amps Up Apple Attack with Switch to Surface Campaign," *CRN*, December 20, 2014, www.crn.com/news/mobility/300075218/microsoft-amps-up-apple-attack-with-switch-to-surface-campaign.htm; Brian Fagioli, "Microsoft Acting Like Donald Trump by Attacking Apple MacBook in New Surface Book Videos," *BetaNews*, March 3, 2016, http://betanews.com/2016/03/07/microsoft-donald-trump-attack-apple-macbook-pro-surface-videos/; and https://mspoweruser.com/check-out-the-new-video-ads-for-surface-book-2-and-surface-pro/, accessed October 2018.

广告顾客应该谨慎地使用比较型广告。通常，这样的广告会招致竞争对手的回击，导致两败俱伤。愤怒的竞争对手可能会采取更加激进的行动，例如向美国商业促进局理事会（Council of Better Business Bureaus）的全国广告部自我监督组织进行投诉，甚至提起法律诉讼。想想竞争对手对 Chobani 公司比较型广告的反应。[14]

一则 Chobani Simply 100 酸奶的广告显示：一名女士仔细查看了 Yoplait Greek 100 酸奶外盒上的标签，然后迅速将其丢弃。这时广告配音响起："山梨酸钾？真的吗？这种东西是用来杀虫的。"广告指出 Chobani Simply 100 酸奶不含防腐剂。另一则广告描述了一位女士坐在游泳池边扔 Dannon Light and Fit 酸奶的容器，就像画外音说的那样，把它扔进垃圾桶。"三氯蔗糖，为什么？这种东西含有氯。Chobani Simply 100 是含有天然糖分的补充热量的酸奶。"竞争对手很讨厌这种嘲讽。Yoplait 品牌的制造商——通用磨坊公司对 Chobani 的误导性广告提起了诉讼。Dannon Light and Fit 公司的律师向 Chobani 发送了一封勒令停止通知函，要求它停止这一广告活动。反过来，Chobani 起诉了 Dannon Light and Fit，要求法院确认 Chobani 的广告没有误导性。在这两起诉讼中，法院裁定关于竞争对手的信息具有误导性，并裁定 Chobani 不能播放这些广告。

提示型广告对于成熟产品来说是很重要的：它有助于维持顾客关系，让顾客记住产品。可口可乐公司昂贵的电视广告，主要是为了建立并保持顾客与可口可乐的品牌联系，而不是告知或者说服顾客在短时间内购买其产品。

广告的目标是帮助消费者完成购买过程。有些广告旨在促使顾客立即采取行动。例如，Weight Watchers 公司的直接反应电视广告敦促消费者立即上网注册，沃尔格林的移动广告宣传周末特价商品，鼓励消费者立即光顾商店。然而，很多广告关注建立和强化长期的顾客关系，它们从不要求顾客直接购买。相反，这些广告的目标是改变消费者思考和感知品牌的方式。

12.3.2　设定广告预算

在确定广告目标之后，企业接下来就要为每个产品设定**广告预算**（advertising budget）。这里，我们来看看设定广告总预算的四种常见方法：量力而行法、销售百分比法、竞争均势法、目标任务法。

量力而行法

一些企业使用**量力而行法**（affordable method），它们根据企业能够支付的水平设置促销预算。小型企业经常使用这种方法，因为企业的广告费用不能超支。它们以总收入为起点，扣除营业费用和资本支出，然后把剩余的一部分资金投入广告当中。

很遗憾，这个预算设置方法完全忽略了促销对销售的影响。它把促销放在支出最后的位置，甚至在广告对企业成功是必不可少的情况下，也是如此。每年不确定的促销预算会导致制订长期市场营销计划很困难。尽管量力而行法可能会导致广告支出过度，但更多的是广告支出的减少。

销售百分比法

其他企业使用**销售百分比法**（percentage-of-sales method），以当前或者预测销售额固定的百分比设置促销预算，或者以单位销售价格的固定百分比设置预算。销售百分比法有一些优势：简单易用、能够帮助管理者思考促销支出、销售价格和单位利润之间的关系。

尽管声称有这些优势，但销售百分比法也很难立足。把销量视为促销的原因而不是结果，是个错误的做法。尽管很多研究都发现：促销支出和品牌实力之间有正相关关系，但这种关系被证明是结果和原因，而不是原因和结果。实力强大的品牌拥有更多的销售额，能够支付较高的广告预算。

因此，销售百分比法是基于可用的资金，而不是机会。它可能会阻止促销支出的增长，而促销支出的增加可能有利于扭转销售下滑的趋势。此外，因为预算会随着每年的销售额发生变化，所以长期计划往往很难制订。最后，这种方法不能为选择具体的百分比提供任何依据，除非有先例或竞争对手正在这样做。

竞争均势法

仍有一些企业使用**竞争均势法**（competitive-parity method），即设置它们的促销预算以便与竞争对手保持一致。它们监测竞争对手的广告，或者从出版物和贸易协会获得行业的促销支出数据，然后基于行业平均水平设置自己的预算。

有两种观点支持这种方法。首先，竞争对手的预算代表了这个行业的集体智慧；其次，和竞争对手花费一样有助于避免促销大战。但遗憾的是，没有哪个观点是有效的。没有理由相信竞争对手比企业自己更懂得如何确定促销支出，也没有证据表明基于竞争均势法的预算阻止了促销大战。

目标任务法

最合乎逻辑的预算设置方法是**目标任务法**（objective-and-task method），即企业基于它想要通过促销完成的任务来制定促销预算。这种方法需要：（1）制定具体的促销目标；（2）确定需要完成既定目标的任务；（3）评估执行任务的成本。这些成本的总和就构成了促销预算。

目标任务法的优点就是：它迫使管理人员阐明支出和促销结果之间的关系假设。但这也是最难使用的方法。通常，很难确定哪些特定的任务将来可以实现既定的目标。例如，假设三星希望其最新的智能手机型号在 6 个月的宣传期内达到 95% 的认知度。三星应该使用哪些具体的广告信息、市场营销内容和媒体计划来实现这一目标？这些内容和媒体的成本是多少？三星管理层必须考虑这样的问题，即使这常常很难做出回答。

无论使用什么样的方法，设置广告预算都并非易事。一家企业如何知道自己的支出金额是否正确？因为影响广告效果的因素太多了，其中有些是可控的，有些却是不可控的，所以衡量广告支出的结果仍然是一门不精确的科学。例如，盖可保险公司每年在获奖的广告活动上花费超过 10 亿美元，但这是太少、恰到好处，还是太多呢？在大多数情况下，市场营销人员在设定广告预算时，必须依靠大量的判断和更多的定量分析。

基于这种想法，在经济形势变坏时，广告往往是最先被砍掉的项目。削减品牌建设广告，对短期销售似乎没有危害。然而，从长期来看，削减广告支出会损害品牌形象和市场份额。事实上，当竞争对手减少支出时，企业可以保持或者增加它们的广告支出以获得竞争优势。

12.3.3　制定广告策略

广告策略（advertising strategy）主要包含两个元素：创造广告信息和选择广告媒体。在过去，企业往往把媒体计划视为信息创造过程的次要部分。在创意部门制作精良的广告之后，媒体部门开始选择并购买最好的媒体，然后把这些广告传递给所期望的目标受众。这通常会在创意人员和媒体策划者之间引起摩擦。

然而今天，媒体成本飙升，更加聚焦的目标市场策略，以及新的在线、移动和社交媒体的大量涌现，提升了媒体计划的重要性。决定使用哪种媒体（电视、报纸、杂志、网站、社交媒体、移动设备或者电子邮件）对广告活动来说，有时比创意元素更加重要。如今的品牌内容往往通过与消费者互动来共同创造。因此，越来越多的广告顾客精心策划，使它们的信息和传递信息的媒体和谐匹配。正如前面所讨论的，我们的目标是通过全方位的媒体——不管是付费、自有、赢得还是共享——来创建和管理品牌内容。

创造广告信息和品牌内容

无论多么大的广告预算，广告只有获得关注、吸引消费者和有效传达信息，才能算作成功。在今天费用高昂、混乱的广告环境里，好的广告信息和内容特别重要。

如今，美国普通家庭接收 200 多个电视频道，消费者有 7 200 多种杂志可供选择。[15] 再加上无数的广播电台和连续不断的目录、直邮、室外媒体、电子邮件，以及在线、移动和社交媒体的曝光，消费者在家里、工作场所和其他地方都会受到广告和品牌内容的轰炸。例如，美国人每年接触到大约 5.3 万亿个在线广告，每天接触到 5 亿条推文、576 000 小时的 YouTube 视频、Instagram 上分享的 9 500 万张照片、在 Pinterest 上分享的 500 万篇文章以及在脸书上分享的 47.5 亿条内容。[16]

打破混乱　如果密集的广告打扰了消费者，它也会给市场营销人员带来很多麻烦。以网络电视广告顾客所面临的情况为例，它们平均需要花费 35 万美元制作一则 30 秒的商业广告。此外，每次在一个受欢迎的黄金时段节目里播放，需要支付平均 12.3 万美元的费用。如果是一个特别受欢迎的节目，则会支付得更多，比如《橄榄球之夜》（70 万美元）、《我们这一天》（39.4 万美元）、《嘻哈帝国》（43.7 万美元），或者像"超级碗"这样的大型活动（平均每 30 秒 500 万美元！）。它们的广告夹在其他杂乱的商业广告、公告和网络促销之中，黄金时段每小时总共有近 20 分钟的非节目内容，平均每六分钟就被商业广告打断一次。这种混乱在电视和其他广告媒体中造成了日益恶劣的影响。[17]

在过去，电视观众几乎是广告顾客的忠实观众。但今天的观众拥有了全新且丰富的信息接收和娱乐选择方式——互联网、视频流、社交和移动媒体、平板电脑和智能手机等。越来越多的消费者正在成为"断线者"（cord cutters）——放弃有线电视和卫星电视的订阅，转而选择通常不含广告的互联网或无线流媒体服务。如今的消费者可以轻松地跳过、静音或屏蔽他们不想看的电视和数字内容。而且，越来越多的消费者选择不看广告。

因此，广告顾客不再通过传统媒体使用千篇一律且陈旧的信息内容来俘获消费者。为了获得并保持关注，现在的广告内容必须更好地进行计划，必须更具想象力，更令人感到愉快，更具情感体验。只是简单地打断或干扰消费者的方式，已经不再有效了。除非广告提供非常有趣的、有用的或者令人开心的信息，否则很多消费者都会跳过广告。

广告和娱乐的融合　为了打破混乱，许多市场营销人员都开始运用一种新的广告和娱乐融合方式，称为**麦迪逊和藤街**（Madison & Vine）。读者可能听说过纽约的麦迪逊大道，许多大型广告公司的总部就设在那里。读者也可能听说过 Hollywood & Vine，即加利福尼亚州的好莱坞大道和藤街的十字路口，这是美国娱乐业的象征。现在，麦迪逊大道和 Hollywood & Vine 已经形成一个新的十字路口——Madison & Vine——代表广告和娱乐的融合，努力创造新的途径，把更有吸引力的信息传递给消费者。

这种广告和娱乐的融合有两种形式：广告娱乐或者品牌娱乐。其中，广告娱乐的目标是让广告本身变得有趣、更有用，消费者想要观看。你可能会说，没有人会有目的地观看广告。再想想，"超级碗"比赛已经成为一个年度广告展示的盛会，每年数亿观众打开电视观看"超级碗"比赛，观看比赛的同时也观看了娱乐广告。而大赛前后在网上发布的广告及相关内容也吸引了数千万的浏览量。如今，在电视上看到一个有趣的广告之前，在 YouTube 上看到它也是很常见的事情。

广告商也在创造看起来不太像广告，而更像短片或节目的内容形式。一系列的品牌信息平台——从网络视频和博客到在线长视频（long-form online videos）和社交媒体推文——现在逐渐模糊了广告和其他消费者内容之间的界限。万豪酒店非常成功的《两个门童》系列视频就是例证之一。[18]

万豪酒店的《两个门童》长视频讲述了两个万豪门童令人激动的冒险故事，他们阻止了"生物机器人"的邪恶计划，这些机器人代表了个性化服务的非人性化。在洛杉矶、迪拜和韩国首尔等万豪酒店拍摄的《两个门童》视频，更多是娱乐视频，而非广告。然而，在视频中万豪酒店始终占据着显著位置，该视频传达了品牌精神，不是传统的以产品为中心的广告。这些获奖视频由该酒店自己的万豪内容工作室制作，获得了评论家们的好评和消费者的参与：这些视频在发布后的几个月内，在 YouTube 上获得了 500 万至 800 万的浏览量。最近的视频，更是带来了令人印象深刻的 2.47 亿次公共关系印象，广告价值约为 3 400 万美元。"中断式营销已经结束了，"万豪酒店的创意和内容营销副总裁指出，"我们的视频正在创造疯狂的品牌粉丝，并带动我们酒店的商业发展……在一个充斥如此多屏幕和营销信息的世界里，我们正肩负着停止打断消费者，用讲故事的方式打动他们的使命。"

市场营销人员已经测试了各种新颖的方法来打破混乱的局面，以便更有效地吸引消费者。例如，在宝洁公司最近的"超级碗"《这是汰渍广告》的视频中，《怪奇物语》（Stranger Things）的主演大卫·哈伯（David Harbour）要求观众质疑他们在比赛期间所看到的每一则广告。如果他们看到的是干净的衣服，那就是汰渍的广告。在比赛前的 15 分钟，一个 45 秒的广告为比赛做了铺垫，它展示了汽车、啤酒、剃须刀和其他广告的各种逗趣场景。"不，这是汰渍广告。""你是如何知道的？""看看这些干净的衣服。"随后每个广告都以像其他产品的经典广告的方式作为开端，然后揭示："这是汰渍广告。"在整场比赛中，这个聪明的系列广告让许多观众在广告开始的几秒钟内问道：这个广告是其他公司的广告，还是仍然是汰渍广告？[19]

其他品牌也使用了意想不到的转折方式来吸引顾客的积极参与。例如，杰西彭尼公司曾发布了语无伦次的推文，引起了广泛关注，并导致人们猜测要么该零售商的社交媒体负责人喝醉了，要么其社交媒体被黑客入侵了。最后杰西彭尼公司宣称：这个人戴着手套发布推文，以宣传其冬季商品。宝洁公司的 Charmin 品牌的 #tweetfromtheseat 推特活动，也使用了无厘头的幽默来创造参与感，并引发了热议。[20]

品牌集成（或品牌娱乐）包括使品牌变成其他娱乐形式或内容中不可分割的一部分。最常见的品牌集成形式是产品植入——将品牌作为道具嵌入节目中。例如，《威尔和格蕾丝》中的角色用星巴克杯子喝水、《小谢尔顿》中的 Jimmy Dean 香肠，或者《生活大爆炸》的角色在芝乐坊餐厅（Cheesecake Factory）工作，也可能是最新的《复仇者联盟》电影中黑寡妇骑着哈雷－戴维森 Livewire 的场景。

产品也常常被植入电影或电视节目的剧情当中。例如，《喜新不厌旧》（Black-ish）有一集的故事情节是围绕别克昂科拉（Encore）展开的，主人公德瑞（Dre）和鲍（Bow）为他们的女儿佐伊（Zoey）购买了这辆车。另外一集的剧情是基于竞技性的孩之宝的《大富翁》游戏编写的，它激发了每个家庭成员竞争的本能。在另外一个节目中，德瑞的广告公司讨论了宝洁公司的广告宣传活动，然后是德瑞学习如何应对他新检查出的 II 型糖尿病——剧间广告介绍了 Tresiba 长效胰岛素和糖尿病管理药物 Victoza，两者都是由制药巨头诺和诺德公司（Novo Nordisk）开发和销售的。《喜新不厌旧》其他剧集也涉及了众多品牌，从州立农业保险公司到迪士尼，都被精心地融入剧情之中。

品牌集成最初是为了电视而创造的，随后迅速蔓延到娱乐行业的其他领域。如果仔细看，你可能会在电影、电子游戏、漫画、百老汇音乐剧甚至流行音乐中看到许多产品植入。例如，广受好评的电影《乐高大电影》几乎是 100 分钟标志性的乐高积木的产品植入。一位作者写道："观众们愉快地坐着听电影般的推销……把它放在一个非常个人化的情境中，该电影展示了产品的广泛用途。电影的主要部分是乐高积木作为创意工具的令人惊叹的表现，而个人元素将本片提升为完美的植入式广告。"该电影上映后一年，乐高集团的销售额就提高了 13%。[21]

品牌集成的一种相关形式是所谓的**原生广告**（native advertising，也称为赞助内容）。广告或其他品牌制作的在线内容，看起来"原生"于它所在的网络或社交媒体网站。品牌内容在形式和功能上看起来都像它周围的其他自然内容。它可能是《赫芬顿邮报》、BuzzFeed、Mashable，甚至是《纽约时报》或《华尔街日报》网站上的一篇文章，由广告商付费、撰写和投放，但使用的格式与编辑人员撰写的文章相同。当然，也可能是品牌商制作的视频、图片、帖子或集成到社交媒体中的页面，如脸书、YouTube、Instagram、Pinterest 或推特中的页面，它们与这些媒体上的原生内容的形式和感觉相匹配。这方面的例子包括推特的推广推文、脸书的推广故事、BuzzFeed 的赞助帖子或 Snapchat 的"品牌故事"广告以及出现在应用程序的"故事"中的品牌帖子。

原生广告是一种越来越流行的品牌内容形式，它让广告商在品牌和消费者内容之间建立起了相关的联系。它绕过了广告拦截，似乎比弹出式广告或横幅广告的干扰性要小。最近的一项研究发现：观众对原生广告的关注度比横幅广告要高出 53%。因此，一项乐观的预测估计：在未来四年的时间里，广告商将把 25% 的市场营销预算从传统广告转移到原生和内容营销上。[22]

因此，Madison & Vine 是广告和娱乐业的交汇点，目标是让品牌信息成为更广泛的消费者内容和对话交流的一部分，而不是对其进行干扰或打断。正如广告公司智威汤逊（JWT）所指出的："我们认为广告需要停止打断人们感兴趣的东西，努力成为人们感兴趣的东西。"然而，广告商必须注意，新的交汇点本身可能并不会变得太拥挤。但是，随着所有新的品牌内容格式和集成的出现，Madison & Vine 有可能创造出更多的混乱，而这正是它最初作出突破的地方。在这一点上，消费者可能决定选择不同的路线。

信息战略 创建有效广告信息的第一步是制定信息战略——传播给消费者的一般信息。广告的目标是让消费者以特定的方式参与同企业及其产品的互动，消费者只有在他们觉得能够从中受益的时候才会参与并进行反馈。因此，制定有效的信息战略，需要从确定消费者利益的广告诉求开始。在理想情况下，信息战略会遵循企业的整体定位和顾客价值创造策略。

信息战略往往是对广告顾客利益和定位的简单、明确的概括。广告顾客必须创造一个引人注目的**创意理念**（creative concept）——或者大创意——使信息战略在生活中以独特的、令人难忘的方式加以呈现。在这个阶段，简单的信息创意能够成为伟大的广告活动。通常广告撰稿人和艺术总监团结协作会产生许多有创意的理念，他们期待其中的一个理念成为一个大创意。这些创意会以可视化的形式加以呈现，也可能是视图、短语或者是两者的结合。

创意会指导广告宣传活动中特定诉求的选择。一般而言，广告诉求应该有三个特点：第一，它们应该非常有意义，指出能够使消费者对产品感兴趣且需求更强烈的好处。第二，广告诉求必须是可信的，消费者必须相信产品或服务所带来的收益。第三，最有意义和可信的收益并不是最好的特性，广告诉求还应该与众不同。它们必须指出产品如何比竞争对手的产品更好。例如，拥有手表最有意义的好处就是能够知道最精确的时间。然而，很少有手表广告顾客选择这个特性。顾客可能会选择其他广告主题。多年以来，天美时（Timex）一直是比较实惠的手表。相反，劳力士的广告则强调品牌"完美来自不懈追求"的特性。

同样，工作靴最有用的好处是坚固耐用，但 Wolverine 公司通过与备受尊敬的卡特彼勒建筑设备品牌合作，使其 Cat Earthmovers 鞋类与众不同。Cat Earthmovers 靴子"诞生于推土机"。[23] " Cat Earthmovers 鞋类来自一个充满工业和行动的世界，"该品牌指出，"一个你可以创建任何东西的世界。在那里，努力就是一切，努力工作会获得回报。在那里，别人看到障碍，我们看到的则是机遇。"

信息执行　广告顾客必须把伟大的想法变成实际的广告，以捕获目标市场的注意力和兴趣。创意团队必须找到信息执行的最佳方式、风格、语调、用词和形式。信息以不同的**执行风格**（execution styles）呈现如下：

- 生活片段：这种风格展示了一个或多个"典型"的人在正常环境下使用产品。例如，宜家公司的内容——从微型网站和 Instagram 帖子到印刷广告和电视广告——展示了生活在使用宜家家具和家居用品布置的房间里的人们。

- 生活方式：展示产品符合特定的生活方式。例如，运动服饰广告展示了一位女性正在做复杂的瑜伽动作，并指出："如果你的身体是你的宫殿，那么就一步一步地建造它吧。"

- 幻想：这种风格围绕产品或其使用创造出一种幻想。例如，雀巢公司纯净水的一则广告显示：一个小女孩潜入一个充满水的梦幻之地，孩子们在缆车上吹泡泡、在云层中划船，暗示着"一个充满各种可能性的未来始于现在就喝瓶装纯净水"。

- 心境或形象：这种风格围绕产品或服务建立一种情绪或形象，如美丽、爱情、阴谋、宁静或骄傲，很少有关于产品或服务的声明。例如，惠普公司手机大小的 Sprocket 打印机的三分钟《小时刻》广告，通过印刷的图像捕捉到一位父亲和他上六年级的处于叛逆期的 12 岁女儿之间不断发展的关系。"抓住你爱的人，"广告敦促，"重塑记忆。"

- 音乐：这种风格表现了人物对产品的歌颂。例如，作为其"谨慎投保，无畏梦想"活动的一部分，美国家庭保险公司（American Family Insurance）将格莱美奖得主詹妮弗·哈德森（Jennifer Hudson）送到了亚特兰大的街头，与一位有抱负的街头艺人对唱，帮助其实现梦想。"有了正确的支持，梦想就有可能实现"，该广告指出。在另外一则音乐广告中，哈德森让莫尔豪斯学院合唱团（Morehouse College Glee Club）大吃一惊。

- 人格象征：创建一个代表产品的角色。这个角色可能是动画人物，如清洁先生（Mr. Clean）、盖可保险公司的壁虎或米其林人，也可以是真实人物，如前进保险公司代言人芙洛（Flo）女士、肯德基的桑德斯上校和麦当劳叔叔。

- 专业技术：展示企业制作产品的专业性。波士顿啤酒公司（Boston Beer Company）的吉姆·科克（Jim Koch）诉说他酿造三姆啤酒（Samuel Adams）的经验。

- 科学证据：通过调查或者科学证据来展示产品非常好，或者比其他品牌更好。多年来，佳洁士牙膏使用科学证据向消费者证明，佳洁士在防蛀牙方面比其他品牌做得更好。

- 作证或代言：这种风格以高度可信或讨人喜欢的来源为产品代言为特色。可能是普通人说他们有多喜欢一种特定的产品，例如，全食超市在其"价值观重要"的市场营销活动中就有各种真实的顾客；也可能是名人介绍产品，比如泰勒·斯威夫特（Taylor Swift）代言健怡可乐，或者 NBA 明星斯蒂芬·库里（Stephen Curry）代言安德玛品牌。

广告顾客也会为广告选择一个基调。例如，宝洁一直使用积极的基调，它的广告会说一些关于其产品的非常积极的事情。还有一些广告顾客使用冷幽默来独树一帜，多力多滋和汉堡王的广告以此闻名。

广告顾客在广告中必须使用令人难忘的、引人注意的词语。例如，镜片制造商亮视点公司的广告并不只是说它的处方太阳镜镜片能够保护顾客的眼睛，同时也强调它很好看。宝马公司没有宣称"宝马汽车是设计精良的汽车"，而是使用了更具创造性和影响力的措辞："终极驾驶机器"。恒适公司（Hanes）不是直接声明其袜子比便宜的袜子更耐穿，而是指出，购买便宜的袜子，你会漏出你的脚趾头。

最后，形式要素在广告效果和成本上同样也发挥了巨大的作用。广告设计上的小的变化，可能会产生不同的效果。在平面广告里，插图是读者首先注意到的东西，因此它必须足够醒目来吸引消费者的注意力。接着，标题也必须有效吸引目标人群，让他们想要阅读正文。最终，正文——广告的主要文本——必须简单且有力，让人信服。此外，这三个要素必须令人信服地向顾客展示价值。例如，Quicken Loans 公司为火箭抵押贷款做的一则广告中，大标题和小标题都是上下颠倒的，暗示广告中的人失重地漂浮着。好奇的读者被吸引着浏览广告，标题变得清晰。

消费者生成内容 利用今天的数字与社交媒体技术，许多企业鼓励消费者创造市场营销内容、信息和想法，甚至是真实的广告。有时候成果非常突出，但有时候很快会被遗忘。如果做得好，用户生成内容可以把顾客的声音融入品牌信息当中，并且产生强烈的顾客互动。

许多品牌举办竞赛，邀请消费者提交广告创意和视频。例如，在过去几年里，百事的多力多滋品牌举行了年度"冲击超级碗"竞赛，邀请消费者创建30秒广告视频，优胜者将获得高额的现金奖励，而且他们的广告会在"超级碗"比赛期间播出。在"冲击超级碗"比赛成功的基础上，多力多滋品牌开展了新的活动，全年制作有趣的、由粉丝创造的广告和其他内容。[24]

消费者生成内容可以让消费者成为品牌的日常组成部分。例如，时尚家居制造商 West Elm 开展了一项名为 #MyWestElm 的活动。该活动收集用户生成的、在网上分享的 West Elm 产品的照片，并在其网站、脸书、Instagram 和 Pinterest 网站上使用这些照片和该公司网上商店中类似产品的链接进行宣传。它甚至在产品页面上放置用户生成的照片，向买家展示其他顾客在现实世界中是如何使用其产品的。这些用户生成照片的点击率，是传统的专业制作照片的2.6倍。[25]

作为另外一个例子，鞋类品牌匡威（Converse）也没有依赖于强大的广告，而是让消费者共同创造品牌，共同撰写品牌故事。[26]

匡威品牌认识到：今天的年轻消费者不想要千篇一律地交付给他们的品牌，他们想要体验一个品牌，帮助去塑造它，并与其他志同道合者分享它，这就是其2015年"Made By You"活动背后的理念。该活动通过邀请人们分享自己独家定制的匡威鞋的照片以及他们与匡威一起经历的故事，来鼓励个性和自我表达。

"Made By You"的灵感来自这样一个现实：成千上万的消费者已经通过社交媒体分享他们穿着匡威帆布鞋的照片、视频和其他内容。该活动只是帮助激发和组织了消费者生成内容的过程。它汇集了世界各地的粉丝所提交的定制匡威鞋的照片，并在一个精心策划的在线集合中加以提供。该系列包括来自帕蒂·史密斯（Patti Smith）和安迪·沃霍尔（Andy Warhol）等名人的照片。但大部分创意图片来自普通但热情的匡威消费者。匡威公司将"Made By You"活动概括为：我们制造它们，但是"当你们穿上它们并做你们自己的事情的时候，它们真正的生活便开始了。你们定义它们，你们决定它们的旅程。它们开始庆祝你们的个性和自我表达。它们成为你们的一部分。它们是由你们设计的。"

然而，并不是所有的消费者生成内容活动都会大获成功。许多大型企业了解到：由业余爱好者制作的广告可能很不专业。如果做得好，消费者生成内容工作可以产生很多创造性的想法以及源自顾客真实体验的关于品牌的新视角。这样的活动，可以鼓励消费者参与，并讨论和思考品牌以及品牌价值。

选择广告媒体

选择**广告媒体**（advertising media）的主要步骤是：（1）确定范围、频率、影响和参与；（2）选择主要媒体类型；（3）选择具体的媒体；（4）确定媒体时间安排。

确定范围、频率、影响和参与度 为了选择媒体，广告顾客必须确定达到广告目标要求的范围和频率。其中，范围是指在既定时间内，目标市场里暴露在广告活动中的消费者的百分比。例如，广告顾客想在广告活动前三个月触及目标市场的70%。频率是目标市场中的人们暴露在广告信息中的次数。例如，广告顾客可能希望人均曝光次数为3次。

但是，广告顾客想要做的，不仅仅是在特定的时间内接触到一定数量的消费者，还必须确定期望的媒体影响——通过给定媒体曝光信息的质量价值。例如，同样的信息在一本杂志上（如《漫旅》（Leisure+Travel））可能比在另外一本杂志上（如《国家询问者》（National Enquirer））更可信。对于需要展示的产品，电视广告或在线视频可能比广播信息更有影响力，因为它们使用了图像、动作和声音。对于消费者对设计或品牌体验提供意见的产品而言，在网站或社交媒体页面上的宣传可能比直接邮寄效果更好。

更为普遍的是，广告顾客想选择能够使消费者参与进来，而不是简单地传达信息的媒体。对于观众来说，媒体的广告内容的关联性，通常比覆盖人群的数量重要得多。例如，当阿迪达斯希望与跑步爱好者和有影响力的人建立起个人联系时，它发起了"在这里创造传奇"的波士顿马拉松运动，为 3 万名马拉松参与者中的每一个人制作个性化的精彩视频。阿迪达斯利用选手穿戴的号码布上的射频识别芯片产生的数据和 26.2 英里赛道上的七个摄像头拍摄的视频片段，将个人亮点与一般的比赛场景和个性化音乐相结合，为 3 万名跑步者制作了 3 万个独特的视频。参赛者可以在比赛后几个小时内，在阿迪达斯的"在这里创造传奇"网站上检索到自己的视频，并通过脸书、推特、Instagram 和其他社交媒体进行分享。尽管该活动没有像电视广告活动那样吸引大量的观众，但这种超个性化和参与性，只有通过数字媒体才能实现。[27]

尽管尼尔森正开始对一些电视、广播和社交媒体的媒体参与度进行衡量，但在大多数情况下，测量方法仍然很难找到。目前的媒体衡量标准包括收视率、读者人数、听众人数和点击率等。然而，"参与"仅发生在消费者的头脑当中。要衡量有多少人接触到某个电视广告、视频或社交媒体帖子已经很困难了，更不用说衡量对该内容的参与深度了。尽管如此，市场营销人员还是需要知道顾客是如何与广告和品牌理念联系在一起的，这是更为广泛的品牌关系的一部分。

积极参与的消费者更有可能根据品牌信息采取行动，甚至与其他人分享这些信息。因此，可口可乐现在不再简单地追踪消费者对媒体投放的印象——有多少人看到、听到或阅读广告，而是追踪消费者对媒体投放的反应，如评论、点赞、上传照片或视频，或者在社交网络上分享品牌内容。如今，积极参与的消费者通常会产生比企业更多的品牌信息。

选择主要媒体类型　表 12－2 总结了主要媒体类型，如电视，数字、移动和社交媒体，报纸，直邮，杂志，广播，户外广告。每种媒体都有其优点和局限性。媒体策划者要选择那些能够有效果且有效率地把广告信息传递给目标消费者的媒体。因此，他们必须考虑每家媒体的影响力、信息有效性和成本。正如本章前面所讨论的，传统的大众媒体仍然占据今天媒体组合的绝大部分。然而，随着大众媒体成本的上升和受众的减少，企业现在纷纷增加了数字、移动和社交媒体，这些媒体成本更低、目标更有效，并且能更充分地吸引消费者。今天的市场营销人员正在形成付费、自有、赢得和共享媒体的完整组合，为目标消费者创造和提供吸引人的品牌内容。

表 12－2　主要媒体类型概述

媒体	优点	局限性
电视	良好的大众营销覆盖面；较低的单次曝光成本；结合图像、声音和动作；感染力强	绝对成本高；混乱；曝光时间短；受众选择少
数字、移动和社交媒体	高选择性；低成本；即时性；参与能力	潜在的低影响力；受众高度控制内容和曝光
报纸	灵活性；时效性；良好的本土市场覆盖；广泛的可接受性；较高的可信度	短暂的生命期；再现能力差；较少被传阅
直邮	较高的受众选择性；灵活性；同一个媒体里没有广告竞争；允许个性化	单次接触成本较高；垃圾邮件的形象
杂志	较高的地理和人口选择性；信誉和声望；方便读者传阅	广告采购提前期长；成本高；没有版面保证
广播	本地接受度高；较高的地理和人口选择性；低成本	只有声音；接触短暂；低关注度（隐约听到的媒体）；听众分散
户外广告	灵活性；高重复曝光；低成本；竞争少；良好的位置选择	受众选择性有限；创意受限

除了网络的爆炸式发展，移动、社交媒体，以及有线和卫星电视系统等也在蓬勃发展。这种系统允许单一的节目形式，如体育、新闻、营养、艺术、家居与园艺、烹饪、旅游、历史、金融等。时代华纳、康卡斯特和其他电视运营商甚至会测试一些系统，让它们针对特定社区或者特定类型顾客投放不同类型的广告。例如，西班牙语广告只会投放在拉美社区，只有宠物主人才会看到宠物食品广告。

最后，广告顾客正在努力寻找成本更低、更具针对性的方法来吸引和争取顾客，广告顾客发现了一个令人眼花缭乱的可替代媒体集合。目前，无论去哪里或者做什么，顾客都可能会遇到一些新形式的广告。

购物车上挂着的小广告牌，敦促顾客购买帮宝适。与此同时，商店的结账传送带上滚动着广告，推荐当地的雪佛兰经销商。走到外面，可能会有一辆城市垃圾车上呈现 Glad 垃圾袋的广告，或者有一辆校车展示着 Little Caesar's 比萨饼广告，抑或附近的一个消防栓上印有肯德基辣鸡翅的广告。当顾客走到棒球场，发现电子屏幕上播放着百威啤酒的广告。随着轰隆隆的雷声，雨点开始飘落，球场管理员用五颜六色的 Skittles 品牌 "Taste the Rainbow" 防水布覆盖球场内场。

今天，顾客几乎在任何地方都能找到广告：出租车上的电子信息牌与 GPS 位置传感器捆绑在一起，无论它们在哪里行驶，都可以宣传当地的商店和餐馆。航空登机牌、地铁旋转门、高速公路收费站大门、自动取款机、市政垃圾桶，甚至警车和医生检查台都在出售广告空间。一家企业甚至在免费提供给餐馆、体育场和商场的厕纸上出售空间——厕纸上有广告商的标识、优惠券和代码，顾客可以用智能手机扫描并下载数字优惠券或链接到广告商的社交媒体页面。

这些可替代的媒体似乎有点靠不住，有时候它们会激怒消费者，让消费者感到讨厌。但是对于许多市场营销人员来说，这些媒体可以省钱，可以瞄准那些被选中的，在某地居住、购物、工作和娱乐的消费者。

影响媒体选择的另外一个重要趋势，是媒体多任务者（media multitaskers）的快速增长，他们同时被多个媒体所吸引。例如，不难发现有些人在看电视的时候玩手机、发推文、和朋友在网上聊天，并在谷歌上查询产品信息。最近的一项调查发现：70% 的消费者在看电视时经常使用另外一种数字设备。另外一项研究也发现：千禧一代和 X 世代消费者在看电视时平均会参与三项额外的媒体活动，包括在线浏览、收发短信和阅读电子邮件。虽然其中一些多任务处理与电视观看有关，例如查找相关的产品和节目信息，但大多数都与正在观看的节目或广告无关。广告商在选择将要使用的媒体类型时，需要考虑这些媒体互动。[28]

选择具体的媒体　媒体策划者必须选择最好的媒体，即各媒体类型中的具体的载体。比如，电视载体包含《摩登家庭》和《ABC 今晚世界新闻》等；杂志载体包含《人物》《美好家园》《ESPN 杂志》等；在线移动载体包括推特、脸书、Instagram 和 YouTube 等。媒体策划者必须计算载体每覆盖 1 000 人所需要的成本（千人成本）。例如，《福布斯（美国版）》的一个整版全彩广告需要花费 163 413 美元，其读者规模是 90 万人，那么千人成本大约是 181 美元。同样的广告在《彭博商业周刊》上刊登可能只需花费 114 640 美元，但是只能覆盖 60 万人——千人成本大约为 191 美元。[29] 媒体策划者对每个杂志的千人成本进行排名，倾向于选择千人成本最低的杂志以覆盖目标人群。在上面的例子中，如果媒体策划者瞄准全球的商业经理，《彭博商业周刊》可能是最划算的，尽管千人成本更高。

媒体策划者还必须考虑不同媒体的广告制作成本。报纸广告的制作费用较低，绚丽的电视广告可能比较昂贵，许多在线和社交媒体广告的制作费用很少，但制作网站视频和系列广告时，费用会攀升。

在选择具体的媒体时，媒体策划者还必须平衡成本和媒体有效性之间的关系：第一，媒体策划者必须评估媒体的受众质量。对于好奇纸尿裤广告，《父母》杂志有很高的展露价值；而《马克西姆》杂志的展露价值较低。第二，媒体策划者还必须考虑顾客的参与度。例如，《时尚》杂志的读者，往往会比《人物》杂志的读者更关注广告。第三，媒体策划者应该评估载体的编辑质量，《人物》和《华尔街日报》往往比《明星》或《国家询问者》更可信、更有声望。

确定媒体时间安排　广告顾客还必须确定如何安排一年的广告。假设产品的销售高峰在 12 月份，3 月份的销售量开始下降（以冬季户外装备为例）。企业可以根据季节模式、反季节模式或者全年相同模式来选择广告时间。大多数企业都会做一些"季节性"的广告。例如，减肥产品和减肥服务的市场营销人员往往在年初之后加大宣传力度，瞄准那些在假期中胃口变好的消费者。例如，Weight Watchers 公司在 1 月份花费了超过其年度广告预算的 1/4。相比之下，多年来，复活节期间最受欢迎的棉花糖小鸡和兔子糖果 Peeps 则发起了一项"每天都是节日"的活动，以扩大复活节之外的需求。据估计，复活节占该品牌业务的 70%。该活动现在在情人节、万圣节、感恩节、圣诞节和其他节日推广新版本的 Peeps。一些市场营销人员只做季节性广告。例如，宝洁公司只在冬季和流感季为它的 Vicks NyQuil 药品做广告。[30]

今天的在线和社交媒体使广告顾客能够创作广告，及时回应重大事件。其中，一个经典的例子是，奥利奥利用与断电相关的推文对第 47 届"超级碗"比赛中的断电事件进行了回应。快速反应广告在 15 分钟内被转发和收藏了上万次，比起该品牌在第一个 15 分钟的奢华的广告，奥利奥这次的反应吸引了更多的关注。在更大的地域范围内，红顶酒店（Red Roof Inn）定期将航班跟踪服务公司——FlightAware 公司的航空公司航班数据，与谷歌的在线搜索广告联系起来，向面临航班取消的滞留旅客推送实时广告。例如，当芝加哥奥黑尔机场最近经历了一轮大规模的航班取消时，红顶酒店设法在谷歌"奥黑尔附近的酒店"搜索结果中获得最重要的广告位置，使得预订量增加了 60%。[31]

12.3.4　评估广告效果和广告投资回报率

测量广告效果和**广告投资回报率**（return on advertising investment）成为大多数企业的热点问题，尤其是在一个具有挑战性的经济环境里。即使随着经济复苏，市场营销预算再次上涨，广告顾客仍然紧攥着手里的钱且消费保守。很多企业的高管会问市场营销经理："我们怎么知道把多少钱花在广告上？""我们广告投资的回报是多少？"

广告顾客应该定期评估两种类型的广告效果：传播效果、销售额和利润效果。其中，测量广告或者广告活动的传播效果，能够说明广告和媒体是否很好地传播了广告信息。单个广告可以在投放前后进行测试。在广告投放之前，广告顾客可以向消费者展示广告，询问他们是否喜欢，并测量信息记忆程度或者态度变化程度。在广告投放之后，广告顾客可以测量广告如何影响消费者的产品认知、参与度、知识和偏好。当然，也可以在整个广告活动前后评估传播效果。

广告顾客很擅长测量广告或广告活动的传播效果。然而，广告的销售额和利润效果往往很难测量。例如，哪些销售额和利润是由特定的广告活动产生的？是提升了 20% 的品牌认知，还是 10% 的品牌偏好呢？销售额和利润受到很多其他因素的影响，例如产品功能、价格和可得性等，而不仅仅是广告。

测量广告的销售额和利润效果的一个方法是：把过去的销售额和利润与过去的广告支出相比。另外一种方法是做实验。例如，测试不同广告支出水平的影响。可口可乐公司改变在不同市场领域的广告支出，然后测量销售结果和利润水平的差异。更为复杂的实验可以包含其他变量，比如不同广告或媒体的使用。

然而，有很多因素会影响广告效果，其中有一些是可控的，还有一些是不可控的。因此，测量广告支出效果仍然是一门不精确的科学。在分析、评估广告绩效的时候，管理者通常依赖大量的定性分析和判断。在这个数字时代，尤其如此。现今大量的广告和其他内容是在虚拟实时的基础上制作和运行的。因此，尽管企业倾向于在投放传统的大预算媒体广告之前仔细地进行预测试，但数字营销内容往往都是未经测试的。

12.3.5 其他广告问题

在制定广告战略和规划时，企业还必须解决另外两个问题：第一，企业如何组织其广告功能——谁来执行广告任务？第二，如何让自己的广告战略和规划适用于复杂的国际市场？

组织广告

不同的企业会采用不同的方式组织广告。在小型企业里，广告可能由销售部门人员组织；大型企业拥有广告部门，它们的职责就是设置广告预算、与广告公司合作、处理非广告公司负责的广告。然而，大多数企业都使用外部的广告公司，因为它们拥有很多优势。

广告公司（advertising agency）是如何运作的呢？广告公司起源于 19 世纪中后期，为媒体工作的销售人员和经纪人承担向企业出售广告位置的任务。随着时间的流逝，销售人员开始帮助顾客准备它们的广告。最终他们组成机构并开始接触广告顾客，而且比媒体更贴近广告顾客。

现在的广告公司雇用一些专家，它们能够比企业内部员工更好地执行广告任务，也能够带来外部的观点以解决企业的问题，还有大量的与不同广告顾客合作的经验。所以，企业尽管拥有强大的广告部门，但也会使用广告公司。

一些广告公司的规模非常庞大。例如，美国最大的广告公司——Y&R 每年的总收入达到了 36 亿美元。这些年，很多企业通过兼并其他企业来获得成长和发展，于是就产生了巨大的控股公司。最大的巨无霸集团——WPP 包含几家大型广告公司、公共关系和促销公司，其全球总收入超过了 190 亿美元。[32]

大多数大型广告公司拥有员工和资源，能够为自己的顾客处理广告活动中各个阶段的工作，从制订市场营销计划到开展广告宣传活动，以及准备、投放广告并评估广告效果。大品牌通常会聘请几个广告公司来处理相关事务，从大众媒体广告活动到购物者营销和社交媒体内容等。

国际广告决策

国际广告顾客会遇到很多国内广告顾客不会遇到的复杂问题。其中，最基本的问题是国际广告应该如何适应不同国家的市场。

一些广告顾客试图使用高度标准化的全球广告来支持自己的国际品牌。也就是说，在曼谷举办的活动要和在巴尔的摩举办的活动一模一样。可口可乐就遵循"一个品牌"的战略，在全球"品味感觉"主题下，统一其创意元素和品牌展示。奥利奥最新的"打开奥利奥"在全球 50 个市场中传递着一个简单信息。在五年前，雪佛兰用一个更全球化的"寻找新道路"的主题，取代了以前以美国为重点的"雪佛兰驰骋至深"（Chevy Runs Deep）的定位和广告主题。一位通用汽车公司的营销高管表示：新主题"适用于所有市场"。现在，雪佛兰品牌在全球传达一致的信息。雪佛兰在 140 多个国家或地区销售汽车，目前有近 2/3 的销量是在美国以外的市场产生的，而十年前只有 1/3 左右。[33]

近年来，在线营销和社交媒体共享的日益普及，进一步推动了全球品牌广告标准化的需求。互联互通的消费者现在可以通过互联网和社交媒体轻松地跨越国界，这使得广告顾客很难以受控且有序的方式推出适应性活动。因此，至少大多数全球消费品牌要在国际上协调自己的数字网站。例如，从澳大利亚到阿根廷，再到法国、罗马尼亚和俄罗斯，世界各地的可口可乐网站和社交媒体网站惊人地一致。所有这些都以熟悉的可乐红、标志性的可乐瓶形状、可口可乐音乐和

"品味感觉"主题为特色。

标准化能够产生很多效益——较低的广告成本、更好的全球广告协调性和更为一致的全球形象。但它同样有缺点，最重要的是它忽略了不同国家市场因文化、人口和经济条件而差异很大的事实。因此，很多国际广告顾客"思维全球化、行动本地化"。它们制定全球广告战略使其全球工作更加有效和一致，然后调整广告计划以迎合当地顾客的需求和期望。例如，尽管维萨卡在全球范围内使用"心驰所向"的主题，但是在特定区域的广告会使用当地的语言和鼓舞人心的图像，使主题融入当地市场。

全球广告顾客也面临着一些特殊问题。例如，国与国之间的广告媒体成本和可得性差别非常大，国家在规范广告行为时程度也有所不同。许多国家有广泛的法律体系限制企业的广告支出、媒体使用、广告诉求的性质以及广告计划的其他方面。这些限制往往要求广告顾客根据国与国之间的区别调整其广告活动。

因此，尽管广告顾客可能会制定全球战略来指导自己的整体广告工作，但具体的广告计划必须适合当地的文化风俗、媒体特点和法规。

12.4　公共关系

作者点评

在不久前，公共关系因很少使用而被认为是市场营销里的冷门。这种情况正在快速发生转变，越来越多的市场营销人员意识到公共关系在品牌构建、顾客浸入和社会影响力方面的力量。

另外一个主要的大众促销工具是公共关系，包含一些旨在与不同公众建立良好关系的活动。公共关系部门可以执行以下职能[34]：

- 媒体关系或媒体代理：创建并在新闻媒体上投放有价值的信息来吸引消费者关注某个人、产品或服务。
- 产品和品牌宣传：宣传特定的产品和品牌。
- 公共事务：建立和维护与国家或当地社区的关系。
- 游说：建立和维护与立法者及政府官员之间的关系，以影响法律法规。
- 投资者关系：保持与股东和金融界其他人之间的关系。
- 开发：与捐赠者或者非营利组织成员共同努力，以获得财务或志愿者支持。

公共关系用于推销产品、人员、地点、想法、活动甚至是国家。企业常常利用公共关系与消费者、投资者、媒体和所在社区建立起良好的关系。公共关系经常被用来为有新闻价值的企业事件和行动建立支持。例如，在几年以前，CVS 宣布其大胆的决定：停止在其商店销售香烟和烟草制品，即使这意味着牺牲 20 亿美元的烟草相关收入。但 CVS 健康公司知道这个决定将会成为头条新闻，不过依然缺乏讲述完整故事的机会。于是，CVS 健康公司设计了全面的"CVS 退出为好"的公共关系活动，告诉消费者、华尔街和医疗保健界，这一决定对顾客和企业都有利。[35]

CVS 健康推出的公共关系活动，始于《纽约时报》《华尔街日报》《波士顿环球报》和其他主要报纸的整版广告以及以 CVS 健康企业领导人的视频公告为特色的多媒体新闻稿。广告和新闻发布解释停止销售烟草制品"是有利于消费者和公司的正确的事情"，与"我们的目的——帮助人们走上更健康的道路"一致。同时，CVS 健康还创建了信息丰富的 cvsquits.com 微型网站以及"CVS 退出"的标签和横幅，在其许多网站和社交媒体网站上宣布了这一决定。"CVS 退出"的故事，被主要的印刷和广播媒体传播得沸沸扬扬，创造了约 2 557 次广播提及和超过 2.18 亿次的总媒体印象。这一消息也在网上疯狂传播，成为脸书和推特上的热门话题，在社交媒体上被提及 20 万次，分享 15.2 万次。

在这一决定生效的当天，CVS健康的首席执行官敲响了纽约证券交易所的钟声，CVS健康的高管在纽约奥尔克市布莱恩特公园（Bryant Park）的一次活动中熄灭了一支50英尺高的香烟。这两个事件都得到了媒体的大量报道。最后，在停止出售烟草产品的同时，CVS健康还在全美范围内发起了一场帮助吸烟者戒烟的运动，从而进一步强化了它想要传达的信息，即"帮助人们走上更健康的道路"，并产生了更多正面新闻报道。

"CVS退出"的公共关系活动取得了令人印象深刻的效果。在国会上，8名参议院议员、12名众议院议员和其他有影响力的领导人发表声明：敦促其他零售商效仿CVS健康的做法。在声明发布之后的三周内，CVS健康的股价上涨了9.2%。一项调查显示，之前不在CVS药店购物的消费者有1/4表示，他们会在CVS健康停售烟草产品之后光顾CVS药店。实际上，人们把"CVS退出"公共关系活动称为年度公共关系周活动。

12.4.1　公共关系的作用和影响

像其他促销形式一样，公共关系能够吸引消费者，并使品牌成为他们生活和社交的一部分。然而，公共关系可以以比广告低得多的成本产生重要的影响。有趣的品牌故事、事件、视频或其他内容可以由不同的媒体报道或由消费者分享，从而产生与花费数百万美元的广告相同甚至更大的影响。比如汉堡王最近的公共关系举措[36]：

弗洛伊德·梅威瑟（Floyd Mayweather）与曼尼·帕奎奥（Manny Pacquiao）在拉斯维加斯的"拳王世纪之战"，是一场没有广告的、按次付费观看（PPV）的比赛。因此，当"The King"——汉堡王公司穿着长袍的古怪的陶瓷头"吉祥物"在"世纪之战"之前的退场中作为梅威瑟的随从出现时，引起了不小的轰动。除了全球440万观众观看了这场比赛的直播以外，脸书和推特上铺天盖地报道了"The King"，从而为这家汉堡连锁店带来了巨大的轰动效应。汉堡王向梅威瑟支付了大约100万美元，但这只是该企业在"超级碗"比赛30秒广告花费——500万美元的一小部分。一个月之后，这个吉祥物出现在了贝尔蒙特赛马场训练师鲍勃·巴弗特（Bob Baffert）身后的马主包厢里——他的马"美国法老"（American Pharoah）当天参加了令人羡慕的三冠赛。当电视摄像机在赛前对巴弗特进行扫视时，"The King"抢占了风头，这再次引起了社交媒体的热议。据报道，汉堡王只是把20万美元捐款给了一个与赛马有关的慈善机构，便获得了这次在贝尔蒙特赛马中的露面机会。

在另外一个巧妙的公共关系举措中，汉堡王向竞争对手麦当劳发出邀请，要求在"和平日"停火。汉堡王在网上发布了大量内容，并在《纽约时报》和《芝加哥论坛报》上刊登了整版广告，公开提议两家连锁店联合开发和销售McWhopper汉堡。所有收益都将捐给Peace One Day组织。麦当劳拒绝了，但这一公共关系举措为汉堡王带来了巨大的积极效应。通过这些及其他公共关系举措，汉堡王找到了一种加入日常社交媒体对话的方法。

尽管存在着很多潜在优势，但公共关系有时候也会受到市场营销界的冷落，因为它的使用有限且相对分散。公共关系部门往往位于公司总部或者由第三方广告公司负责。企业的员工忙于应对不同的公众——股东、员工、立法者和新闻媒体，以至于有可能忽略了支持产品营销目标的公共关系项目。此外，市场营销经理和公共关系从业人员并不总是说同样的话。许多公共关系从业人员认为自己的工作就是简单的传播；而市场营销人员更感兴趣的是，公共关系如何影响品牌塑造、销售、利润、顾客互动和人际关系。

然而，这种情况正在发生变化。尽管公共关系对大多数企业来说只占很小一部分预算，但公共关系仍是一个强大的品牌建设工具。尤其是在数字营销时代，广告和公共关系之间的界限越来越模糊。例如，品牌网站、博客、品牌视频、社交媒体开展的到底是广告活动还是公共关系呢？很可能两者都是。随着获得和共享的数字内容的快速增长，公共关系在营销内容管理方面发挥了更大的作用。

相对其他部门而言，公共关系部门更多地负责创建相关的营销内容以吸引消费者关注品牌，而不只是推送信息。"公共关系专业人员是一个组织的讲故事大师。换句话说，他们制作内容。"一位专家说。"社交媒体的兴起使公共关系专业人员从密室中——起草新闻稿、组织事件，走向品牌发展和顾客参与的前台。"另一位专家说。公共关系专业人员"具有优势，因为他们总是需要获得关注，尽管（广告人物）已经购买了关注"[37]。在整合营销传播项目计划中，公共关系要与广告携手同行，共同帮助企业构建顾客关系，提升顾客的参与度。

12.4.2　主要的公共关系工具

公共关系常常使用一系列工具。其中，一个主要的工具就是新闻。公共关系专业人员寻找或者创建有利于企业、产品或人员的新闻。有时，新闻会很自然地发生；有时，公共关系人员可以暗示那些会引发新闻的事件或者活动。另外一个常见的公共关系工具是特殊事件，从新闻发布会、演讲、品牌之旅，到精心设计的教育项目，旨在覆盖目标公众并引起他们的兴趣。

公共关系人员也需要准备书面材料来覆盖和影响他们的目标市场，包括年报、手册、文章和公司新闻及杂志等。视听材料，如在线视频，也越来越多地被当作传播工具加以使用。企业标识材料有助于建立企业形象，让公众可以快速地识别出来。标识、文具、宣传册、标志、商业形式、名片、建筑、制服和企业的汽车及卡车等，当它们引人入胜、别具一格而又令人难忘的时候，都可以变成有效的市场营销工具。最后，企业还可以通过向公共服务活动捐赠现金和投入时间来提升自己的商誉。

正如前面所讨论的，网络和社交媒体也是公共关系渠道。网站、博客和社交媒体，诸如YouTube、脸书、Instagram、Snapchat、Pinterest 和推特等，都为覆盖和吸引新顾客提供了新的方式。如前所述，讲故事和参与，是公共关系的核心优势，使用在线、移动和社交媒体往往可以更好地发挥这一作用。

和其他促销工具一样，在考虑何时以及如何使用公共关系时，管理人员应该确立公共关系的目标、选择公共关系信息和工具、实施公共关系计划并评估公共关系的效果。在企业的整合营销传播框架内，公共关系活动应该和其他促销活动协同一致。

学习目标回顾

在本章中，读者学习了企业如何运用整合营销传播让顾客浸入和传播顾客价值，同时也了解了两个主要的营销传播组合要素——广告和公共关系。现代市场营销不仅需要开发一款好的产品，为其制定有吸引力的价格，将其提供给目标顾客，进而创造顾客价值，而且必须明确地、具有说服力地向现有的和潜在的顾客传播价值。要做到这一点，必须综合运用五个营销传播组合工具，这需要在精心设计和实施的整合营销传播策略的指导下来完成。

学习目标 1　定义传播顾客价值的五个促销组合工具。

企业整体的促销组合——也叫营销传播组合——由具体的广告、销售促进、人员推销、公共关系、直复营销和数字营销等组成，有助于企业传播顾客价值和构建顾客关系。其中，广告由特定的赞助商付费，对观念、产品或服务进行展示和推广；相比之下，公共关系关注与企业的不同公众建立起良好的关系；人员推销通过企业的销售团队与顾客进行人际互动，达到吸引顾客、销售和建立顾客关系的目的；企业运用销售促进提供短期激励，以促进产品或者服务的购买或销售。最后，对于那些寻求来自目标顾客和顾客社区的快速反应的企业而言，使用直复营销和数字营销工具是刺激顾客并建立与他们的关系的有效手段。

学习目标2 讨论不断变化的传播环境和对整合营销传播的需求。

传播技术的爆炸式成长以及市场营销人员和顾客传播策略的变化，对营销传播产生了巨大的影响。新的数字和社交媒体催生了新的更具针对性的、社交性的、有吸引力的营销传播模型。连同传统传播工具一起，广告顾客现在有一系列的广泛选择——更具专业性和针对性的媒体——使用更具个性化和互动性的内容来吸引更小的细分市场。它们采用丰富且分散的媒体和促销工具来覆盖不同的细分市场，但冒着可能给顾客造成混乱的风险。为了避免这种情况，企业纷纷采用整合营销传播的概念。在整合营销传播策略的指导下，企业需要确定不同的促销工具所扮演的角色及其应用程度，认真协调好促销活动和重大活动开展的时间。

学习目标3 描述和讨论制订广告计划的主要决策。

广告——卖家使用付费、自有、赢得和共享的媒体来告知、说服和提示消费者其产品或组织——是一个强有力的促销工具，有很多形式和用途。广告决策主要包括目标设置、预算决策、信息决策、媒体决策以及最后的广告评估。其中，广告顾客应该设置明确的目标，即是否应该告知、说服和提示买家；设定广告预算可以采用量力而行法、销售百分比法、竞争均势法、目标任务法；信息决策则要求规划出"大创意"和信息战略并有效地加以实施；媒体决策包含确定范围、频率、影响和参与，选择主要媒体类型，选择具体的媒体，以及确定媒体时间安排。为了最大化广告活动的效果，企业必须对媒体决策严谨地加以协调。最后，广告评估要求评估广告投放前期、中期和后期的传播和销售效果，并测量广告投资回报率。

学习目标4 阐述企业如何利用公共关系与公众沟通。

公共关系涉及跟企业的不同公众建立起良好的关系，其职能包括媒体代理、产品宣传、公共事务、游说、投资者关系和开发等。一般而言，公共关系能够以更低的成本达到和广告一样的效果。在这个数字时代，广告、公共关系和其他内容之间的界限变得越来越模糊。随着赢得和共享数字内容应用的快速成长，公共关系在营销内容管理中也发挥着更大的作用。公共关系工具包括新闻、特殊事件、书面材料、视听材料、企业标识材料和公共服务活动等。

在考虑何时以及如何使用公共关系时，管理人员应该确立公共关系的目标、选择公共关系信息和工具、实施公共关系计划并评估公共关系的效果。在企业的整合营销传播框架内，公共关系活动应该和其他促销活动协同一致。

关键术语

促销组合（营销传播组合）(promotion mix (marketing communications mix))

广告（advertising）

销售促进（sales promotion）

人员推销（personal selling）

公共关系（public relations）

直复营销和数字营销（direct and digital marketing）

内容营销（content marketing）

整合营销传播（integrated marketing communications, IMC）

推式策略（push strategy）

拉式策略（pull strategy）

广告目标（advertising objective）

广告预算（advertising budget）

量力而行法（affordable method）

销售百分比法（percentage-of-sales method）

竞争均势法（competitive-parity method）

目标任务法（objective-and-task method）

广告策略（advertising strategy）

麦迪逊和藤街（Madision & Vine）

原生广告（native advertising）

创意理念（creative concept）

执行风格（execution styles）

广告媒体（advertising media）

广告投资回报率（return on advertising investment）

广告公司（advertising agency）

问题讨论

1. 市场营销人员如何利用五种促销工具向消费者传递清晰、一致的信息？（AACSB：书面和口头交流）

2. 定义内容营销和整合营销传播。市场营销人员如何将这些概念融合在一起，以有效触达目标顾客？（AACSB：书面和口头交流）

3. 市场营销经理在制订广告计划时应该考虑哪些主要决策？（AACSB：书面和口头交流）

4. 列出并解释制定广告策略的两个主要因素。（AACSB：书面和口头交流）

5. 对公共关系进行界定，并解释公共关系的诸多功能。（AACSB：书面和口头交流）

6. 讨论公共关系团队用来传播相关营销内容的主要工具。（AACSB：书面和口头交流）

营销伦理

道德推广？

联合利华公司的一个品牌在泰国的促销活动——"寻找 Citra 3D 亮肤女孩"遇到了一些问题：Citra 珍珠白防紫外线身体乳被推销为一种美白产品。皮肤美白在许多国家很受欢迎，因为较浅的肤色与较高的经济地位有关。然而，这种信念并不是市场营销人员创造的。人类学家指出，泰国文化长期以来一直将深色皮肤与田间农民和户外工人联系在一起，将浅色皮肤与更高的社会经济地位联系在一起。Citra 品牌的广告受到了批评，因为广告中有两个女学生，其中一个学生的肤色比另外一个浅，当被问到什么让她们"穿制服很出众"的时候，肤色较深的女学生看起来很困惑，没有回答，而肤色较浅的女学生则回答了 Citra 的产品口号。在社交媒体的强烈抗议下，Citra 品牌撤回了这则广告。但这并没有阻止一个相关联的奖学金竞赛。该竞赛为最能体现"产品功效"——最白的皮肤——的大学生提供 10 万泰铢（3 200 美元）的奖金。该品牌声称其产品有助于人们自我感觉良好，并增强他们的自尊心。

1. 由于浅色皮肤和皮肤美白在泰国受欢迎，市场营销人员提供和推广鼓励这种信念和相关行为的产品是否有错？解释其理由。（AACSB：书面和口头交流；反思性思考；伦理理解和推理）

2. 找一下市场营销人员推广基于文化的产品却产生争议的其他例子，这些产品可能被不认同该文化的人视为不恰当。（AACSB：书面和口头交流；反思性思考）

营销计算

永无止境的可乐大战

尽管碳酸饮料的消费一直在下降，但在北美这依旧是一个 810 亿美元的行业，远远超过了水（230 亿美元）和运动饮料（94 亿美元）等替代品。这就是为什么可口可乐和百事会一决高下。在过去的十年时间里，可口可乐的市场份额从 17.3% 上升到了 17.8%。这可能看起来并不显著，但一个百分点相当于市场销售额的 1%，所以半个百分点就代表 4.05 亿美元。百事的市场份额同期从 10.3% 下降到 8.4%，损失了 1.9 个百分点或者说 15 亿美元。不过，"战争"还没有结束。百事宣布增加 2018 年的广告预算。许多市场营销人员使用基于过去或预测销售额的销售百分比方法来预算下一年的广告支出，饮料行业的广告费平均占销售额的 4.1% 左右。下面是这两家企业的全球广告支出和销售收入（所有数字均以 10 亿美元计）。

年份	百事		可口可乐	
	广告投入	销售收入	广告投入	销售收入
2013	2.4	66.42	3.27	46.85
2014	2.3	66.68	3.50	46.00
2015	2.4	63.06	3.98	44.29
2016	2.5	62.80	4.00	41.86
2017	2.4	63.53	3.96	35.41

1. 计算两家企业每年的广告费占销售额的比例。每家企业五年期间的平均比例是多少？请参阅本章介绍的销售百分比法并了解该方法。（AACSB：分析性思考）

2. 百事决定将其 2018 年广告预算建立在饮料行

业广告费占销售额比率平均水平（4.1%）之上。如果百事公司依据 2017 年的销售额来计算其支出，那么它的广告预算是多少？增加了多少？（AACSB：分析性思考）

企业案例

适合本章的案例见附录 1。

企业案例 12　领英：用整合营销传播打破白领刻板印象。领英发起了第一次大众媒体整合营销传播活动，旨在改变人们普遍认为它的服务只针对白领阶层的看法。

企业案例 2　脸书：让世界更加开放和互联。脸书通过专注于自己的使命——"给人们分享的力量，让世界更加开放和互联"，积累了超过 20 亿的月活跃用户。

企业案例 14　OfferUp：移动时代的移动解决方案。通过专注于本地二手市场的纯移动方式，并克服 Craigslist 的缺点，OfferUp 现在对分类广告的领导者构成了真正的威胁。

复习题

1. 命名并描述用于呈现消息的各种执行风格，针对每种执行风格提供一个与本章内容不同的示例。（AACSB：沟通）

2. 讨论主要的广告目标，并就每个目标提供一个广告示例。（AACSB：书面和口头交流；反思性思考）

注释

第13章 人员推销和销售促进

概念预览

在上一章中，读者学习了如何通过整合营销传播来吸引顾客和传播顾客价值，同时也了解了促销组合的两个要素：广告和公共关系。在这一章中，我们将研究整合营销传播的另外两个要素：人员推销和销售促进。其中，人员推销是营销传播的人际交往工具，销售团队吸引顾客和潜在顾客，与其建立关系并进行销售；销售促进主要由各种短期激励工具构成，用来促进顾客对产品或服务的购买。需要注意的是，虽然本章将人员推销和销售促进作为独立的销售工具进行介绍，但它们应该与其他促销组合元素结合起来使用。

首先，我们讨论实际生活中的销售团队。当你想到销售人员时，可能会想到咄咄逼人的零售业务员、"叫卖"的电视推销员，或者老套的、热情待客的"二手车推销员"。但这样的刻板印象并不符合当今大多数销售人员的实际情况，销售人员不是通过占顾客的便宜，而是通过倾听顾客的需求并帮助制订解决方案来取得成功的。以顾客关系管理解决方案的行业领导者 Salesforce 公司为例：Salesforce 不仅提供市场领先的销售管理软件服务，还擅长实践它所宣扬的有效的人员推销理念。

Salesforce 公司：需要一支优秀的销售团队来销售 Salesforce 的产品

Salesforce 公司在规模达 250 亿美元的顾客关系管理解决方案市场中遥遥领先。Salesforce 公司的标识设置在一朵浮云的图像内，这强调了 Salesforce 非常成功的基于云的计算模式（无需安装或实际拥有软件）。如今基于云的系统很常见，但当 Salesforce 在近 20 年前率先提出这一概念时，它是最先进的。从那时起，该公司就成为领先的创新者，不断寻找新的方法来帮助顾客企业同其顾客建立起关系，并利用最新的在线、移动、社交、人工智能和云技术来实现更高的销售团队效率。

Salesforce 帮助企业"增强销售能力"，它提供所谓的"顾客成功平台"，即一系列基于云的销售管理软件工具，用于收集、组织、分析和传播有关企业的顾客、销售、个人销售代表和整体销售团队表现的深度数据。同时，Salesforce 的爱因斯坦人工智能系统甚至可以让顾客在没有自己的数据科学团队的情况下，根据销售数据预测顾客的结果。Salesforce 将所有这些数据和分析放在云端，以便能够随时随地通过台式电脑、笔记本电脑、平板电脑或智能手机等诸多可以在线访问的设备获取相关数据。此外，Salesforce 还整合了主要的社交媒体，在其 Salesforce Chatter 平台（类似于企业版的脸书）上提供有助于社交媒体监控以及实时顾客参与和协作的工具。

Salesforce 的创新性产品使其成为世界上最大，同时也是增长最快的顾客关系管理平台，领先于微软、甲骨文、SAP 和 IBM 等蓝筹股竞争对手。Salesforce 已经连续七年位列《福布斯》世界最具创新力企业榜单（World's Most Innovative Company）的前两名。随着数字化转型的进行，顾客关系管理市场呈现出快速增长的态势，Salesforce 制定了到 2022 年实现年收入 200 亿美元的目标。

在 Salesforce 的成功中，创新的产品和平台发挥了重要作用。但即使是最好的产品，也不能自动销售。该公司需要优秀的销售团队来销售其产品，同时该公司擅长实践自己所宣扬的、有效的人员推销。与购买其服务的众多企业一样，Salesforce 也有自己的一个经验丰富、训练有素、高度积极的销售团队，它将企业的产品带到顾客面前。在许多方面，Salesforce 自己的销售团队都是其所销售产品和服务的典范——不仅仅使用 Salesforce 云，而且更广泛地实现该公司向其顾客所承诺的"超强"销售团队。

在 Salesforce，创建一支优秀的销售团队是从招募和聘用顶尖的销售人员开始的。Salesforce 利用积极且挑剔的招聘计划，从全球销售代表候选人库中挑选出最优秀的人才。每年，Salesforce 平均只雇用超过 10 万名申请者中的 4.5%。对 Salesforce 来说，经验很重要，Salesforce 希望小型企业的销售代表至少有两年的销售经验，而大客户的销售主管则需要有 20 年的经验。为了找到这样有销售经验的候选人，Salesforce 也会搜寻竞争对手的新员工，依靠其高能量的文化和优厚的薪酬待遇吸引优秀的销售人员加入 Salesforce 的销售团队。

正如你所期望的那样，销售人员一旦被 Salesforce 聘用之后，就可以使用所有最新的高科技销售工具了。事实上，Salesforce 在销售团队自动化和顾客关系管理解决方案方面一直处于市场领先地位。但是，即使是 Salesforce 的创新产品也不会自动销售。该公司知道，它需要一支优秀的销售团队来销售产品。新员工的第一项主要任务，就是学习 20 小时的视频，了解 Salesforce 技术的来龙去脉。他们不仅要销售 Salesforce 技术，而且要会使用 Salesforce 技术。但 Salesforce 会首先告诉员工：尽管公司的云计算魔法技术可以帮助优化顾客联系和销售过程，但它并不能取代良好的个人销售技巧。因此，在培训和优化自己的销售团队时，该公司从讲授久经考验的销售基本原理开始，并以与时俱进的方式加以调整。

在 Salesforce 公司，良好销售的第一个基本要素是倾听和学习。当新员工参加在 Salesforce 大学开办的为期一周的销售训练营时，他们会了解到：他们应该通过提出探究性问题和促进顾客交流来构建顾客关系，并寻求了解顾客的情况和需要的一切。"85% 的销售人员从未停止去真正理解他们顾客的业务。"一位资深的 Salesforce 销售高管说。

了解顾客引向良好销售的第二个基本要素是同理心，即让顾客知道我们了解他们的问题，能够感受到他们的痛苦。同理心有助于形成融洽的氛围和赢得顾客的信任，这是完成销售和建立长期顾客关系的重要一步。倾听、学习和同理心是重要的第一步，未来还需要更多的工作。

下一步是提供方案，展示 Salesforce 公司基于云的解决方案是如何帮助顾客的，从而使销售团队在与顾客联系和向顾客销售方面更有效率和富有成效。Salesforce 公司认为，提供解决方案的最佳方式是讲好故事，强调其他顾客是如何用其产品取得成功的。在处理诸如"我不放心将数据放到云端""我当前的系统运行良好""它的成本太高"等反对意见时，Salesforce 公司告诉销售人员，故事是他们拥有的最强大的工具。

在竞争对手面前，Salesforce 的销售人员会非常主动积极。但销售人员所接受的训练是：要采取高姿态来推销 Salesforce 的长处，而不是强调竞争对手的短处。

因此，有效的专业销售不仅仅是让顾客高兴和表示友好，或者使用高科技的顾客关系管理工具和数据分析。尽管 Salesforce 号称拥有业内最好的销售和顾客联系工具，而且这些工具是由大数据、人工智能和其他许多新技术支撑的，但其销售代表仍然专注于传统的销售原则。在 Salesforce 公司或其他任何地方，好的销售都始于一些基本原则，如吸引和倾听顾客、理解并共情他们的问题、通过提供有意义的解决方案来建立关系和实现双赢等。这就是建立一支令人难以置信的优秀的销售队伍和 Salesforce 取得成功的方法。[1]

本章将研究另外两个促销组合工具：人员推销和销售促进。其中，人员推销包括与顾客的互动，从而进行销售并维持顾客关系；销售促进包括使用短期激励措施来刺激顾客的购买、经销商的支持和销售人员的努力。

➡ 13.1　人员推销

> **作者点评**
> 人员推销是促销组合中的人际交往工具。企业的销售团队依靠销售人员吸引顾客和建立顾客关系来创造及沟通顾客价值。

全世界的企业都在使用销售团队来销售自己的产品和服务，以服务于企业顾客和终端消费者。除了企业，许多其他类型的组织也拥有自己的销售团队。例如，高校为了吸引新学生使用招生人员，博物馆和美术机构通过筹款人联系捐赠者并筹集资金，甚至政府机构也会使用销售团队。例如，美国邮政署就是通过销售人员向企业顾客销售快递和其他邮寄解决方案的。在本章的第一部分，我们将研究人员推销在组织中的作用、销售人员的管理决策以及人员推销过程。

13.1.1　人员推销的本质

人员推销（personal selling）是世界上最古老的职业之一。对销售者的称谓有很多，包括销售人员、销售代表、代理商、地区经理、顾客经理、销售顾问和销售工程师等。

人们对销售人员有许多成见。一说起推销员，大家可能就会想起经典电视剧《办公室》中那个缺乏常识和社交技巧但有主见的德怀特·施鲁特（Dwight Schrute）的形象——米福林公司（Dunder Mifflin）纸张推销员的形象。或者也可能会联想到现实生活中负责"叫卖"的电视推销员，他们在告知型广告中兜售从 Flex Seal 到 INSANITY Workout 和 Power Air Fryer 的所有产品。然而，大多数销售人员与这些刻板形象有着天壤之别。

正如开篇有关 Salesforce 公司的案例中所提到的，大多数销售人员都是受过良好教育、训练有素的专业人士，他们为顾客增加价值并维护长期的顾客关系；他们倾听顾客的意见、评估顾客的需求，并集中企业的力量为顾客解决问题。最优秀的销售人员总是以互惠为宗旨，与顾客紧密合作。以通用电气公司的柴油火车头业务为例：

要卖出一批价值 200 万美元的高科技火车头，光靠说空话和热情的微笑是不够的。一笔大买卖很容易就能达到数亿美元。通用电气公司的销售人员领导着一个由企业专家组成的庞大团队，该团队中所有人都致力于寻找满足大客户需求的方法。销售过程可能是紧张、缓慢的，涉及来自购买组织各个层面的几十个甚至几百个决策者，以及一层又一层微妙的或不太微妙的购买影响因素。从第一次销售展示到宣布销售的那一天，一笔大的销售可能需要几年的时间。在接到订单之后，销售人员必须经常联系顾客，追踪顾客的设备需求，确保顾客始终满意。在这方面，真正的挑战是通过与买家建立起日复一日、年复一年的伙伴关系，在优质产品和密切协作的基础上，赢得并保持他们的业务。

销售人员（salesperson）这个词涵盖很多定位。一方面，销售人员可能只是订单接收者，如百货商店里站在柜台后面的售货员；另一方面，销售人员也可能是订单创造者，这个角色需要对产品和服务进行创造性销售、社交销售和关系建立，范围涉及家电、工业设备、飞机、保险和信息技术服务等。在本章中，我们关注创新的销售类型及如何建立和管理一个有效的销售团队。

13.1.2　销售团队的作用

人员推销是促销组合中的人际交往工具，它涉及销售人员和顾客之间的人际互动和接触，如面对面、电话、电子邮件、社交媒体、视频、网络会议等方式。在复杂的销售情况下，人员推销是非常有效的。销售人员可以深入挖掘顾客的需求来发现他们的问题，然后调整营销报价和演示策略，以此满足每个顾客的特殊需求。

每个企业的人员推销的作用不尽相同。有的企业根本就没有销售人员，比如只做网络销售的企业，或者通过制造商代表、销售代理或经纪人来做销售的企业。然而，在大多数企业里，销售团队都发挥着重要作用。比如，在 IBM、杜邦、通用电气等企业，销售人员直接面对顾客来销售其产品和服务。至于一些像宝洁这样的消费品企业，销售团队也扮演着重要的幕后角色，这些企业与批发商和零售商合作，以获得它们的支持，从而更有效地将企业的产品销售给最终买家。

连接公司与顾客的桥梁

销售团队是企业和顾客之间的关键环节。销售人员一般服务于两方——卖家和买家。首先，对顾客而言，他们代表企业，寻找和开发新的顾客并传达有关企业产品和服务的信息；他们通过与顾客接触、了解顾客的需求、提出解决方案，然后答疑、议价、成交以及维护顾客关系等，达到销售产品和服务顾客的目的。

同时，对企业而言，销售人员又代表顾客，在企业内部扮演着顾客利益"捍卫者"的角色，并负责管理买卖双方的关系。销售人员把顾客对产品的意见反馈给企业，即那些对产品负责的人。销售人员与企业其他的市场营销人员和非市场营销人员一起，通过了解顾客需求发掘出更大的顾客价值。

事实上，对于很多顾客来说，销售人员就是企业——他们所看到的企业的唯一有形表现形式。因此，顾客有可能对销售人员忠诚，继而对他们所代表的企业和产品产生依赖感。销售人员所享有的忠诚度，往往比他的顾客关系建立能力更为重要。与销售人员的紧密关系，将使顾客与该企业及其产品产生更为紧密的联系。相反，不尽如人意的顾客与销售人员的关系，可能会导致顾客与企业及其产品之间不良的关系。

市场营销和销售之间的协调

在理想的情况下，销售部门和其他市场营销职能（包括营销策划师、品牌经理、营销内容经理和研究人员）应当紧密合作，共同为顾客创造价值。然而，事实并不如人所愿，很多企业仍然把销售和市场营销分开来看待。一旦被分开，销售团队和市场营销团队就有可能相处得不好。当事情出错时，市场营销团队会将所有的过错归咎于销售人员的执行能力差，以至于浪费了他们绝妙的市场营销战略。相应地，销售团队也会责怪市场营销团队并未与顾客发生真正的接触。两个部门都不能完全认可另一方的价值。一旦这种不和谐延续下去，市场营销和销售之间的脱节就会损害顾客关系与企业绩效。

实际上，企业可以采取一些措施来使市场营销和销售的关系更加紧密。最起码可以通过安排一些联合会议，或者设立一些沟通渠道来增进双方的交流，目的在于为销售团队和市场营销团队创造一起工作的机会。例如，品牌经理和研究人员可以听听销售电话，或者旁听销售规划会议。相应地，销售人员可以参与市场营销策划会议，并分享所掌握的一手顾客信息。

企业也可以为销售团队和市场营销团队建立共享的目标和奖励系统，或指派特定的市场营销人员——销售联络人，即从市场营销团队里抽调一部分人与销售人员共同战斗，同时努力协调市场营销和销售计划。最后，企业可以任命一个高级营销主管来监督市场营销团队和销售团队。市场营销主管可以给市场营销团队和销售团队注入共同的价值目标——为顾客创造价值，继而使企业获得回报。[2]

13.2　管理销售团队

> **作者点评**
> 销售团队管理有另外一个定义：为了实现可获利的顾客关系而计划、组织、领导和控制人员联络项目的过程。这再一次说明：市场营销活动的目标是创造顾客价值，并建立顾客关系。

我们给**销售团队管理**（sales force management）下的定义是：分析、计划、执行和控制销售团队的活动，主要包括设计销售团队的战略和结构以及销售人员的招聘和选拔、培训、薪酬、监督和激励、评价。图13-1描述了主要的销售团队管理活动，这将在下面继续讨论。

13.2.1　设计销售团队的战略和结构

市场营销经理面临着如下有关销售人员战略和设计的问题：如何组织销售人员及他们的任务？销售团队的规模应该有多大？销售人员应该单独推销产品，还是跟企业的其他人员一起以小组为单位销售产品？他们应该到现场销售，通过电话销售，还是在网上销售？下面，我们将阐述这些问题。

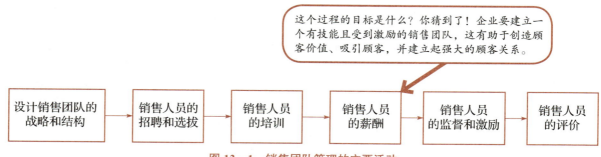

图13-1　销售团队管理的主要活动

销售团队的结构

企业可以根据任何一条产品线来划分销售责任。如果企业只针对一个行业且只拥有一条产品线，即便针对分散于各地的顾客展开销售，结构也很简单。在这种情况下，企业可以使用地区型销售团队结构。然而如果企业销售不同的产品，顾客类型也较多，那么它就需要采用产品型销售团队结构、顾客型销售团队结构，或是上述两种结构的结合。

在**地区型销售团队结构**（territorial sales force structure）下，每个销售人员都被分配到一个特定的地区，并在地区内向所有顾客推销企业的产品和服务。在这种销售结构下，销售人员的职责规定得非常明确。同时，这种结构也有助于鼓励销售人员建立当地的顾客关系，由此提升销售的效果。最后，每个销售人员都只在有限的地区内活动，差旅费用相对较低。地区型销售团队经常会得到各层销售经理的支持。例如，单个地区销售代表向地区销售经理报告，地区销售经理向区域销售经理报告，区域销售经理再向销售总监报告。

如果一家企业的产品数量多且种类复杂，那么可以采取**产品型销售团队结构**（product sales force structure）。在这种结构下，销售人员根据产品线来组织销售。例如，通用电气公司为其主营业务中的不同产品和服务部门雇用不同的销售人员，如企业为航空、能源、运输和医疗保健产品和技术配备了不同的销售人员。没有一个销售人员可以成为所有产品领域的专家，所以有必要对产品进行分工。类似地，通用电气医疗集团为影像诊断、生命科学和集成IT产品与技术配备了不同的销售人员。总之，像通用电气公司这样庞大复杂的企业会为自己的不同产品与服务配置数十种销售人员。

如果采用**顾客型（市场型）销售团队结构**（customer（market）sales force structure），企业可以按照不同顾客或不同产业来安排销售人员。企业可以依照产业的不同设置不同的销售团队，也可以根据是服务现有顾客还是寻找新顾客、是服务大型顾客还是一般顾客分别设置不同的销售团队。围绕顾客安排销售人员，可以帮助企业与重要的顾客建立起更紧密的关系。许多企业甚至还设置专门的销售团队来处理个别大型顾客的需求。例如，宝洁将销售代表整合到顾客业务开发（CBD）团队当中，宝洁公司的每个重要顾客，例如沃尔玛、西夫韦、CVS健康等，都会配备一个CBD团队。宝洁的沃尔玛CBD团队由200多名员工组成，他们与位于阿肯色州本顿维尔的沃尔玛合作。CBD团队把重点放在满足每个大型顾客的需求上。它让宝洁"作为'战略伙伴'与顾客合作来发展业务"，而不仅仅是简单地作为一家供应商。[3]

如果企业销售不同种类的产品给不同区域的多元化顾客，则会经常使用几种不同类型的销售团队结构，我们称其为复合型销售团队结构。具体而言，销售人员可以根据顾客、地区和产品的任意搭配来进行专业化分工。例如，宝洁或者采用顾客型销售团队结构（针对沃尔玛、西夫韦、CVS健康或其他大型顾客配备不同的销售团队），或者采用地区型销售团队结构（使用地区CBD代表、地区销售经理、区域销售经理等）。没有哪一种单一结构对所有企业和所有情况都适用，每家企业都应该选择最有利于满足顾客需求，最适合其总体市场营销战略的销售团队结构。

销售团队的规模

企业在确定了组织结构以后，就要考虑销售团队规模。一般而言，销售团队的规模从仅有几人到成千上万人不等。有些企业的销售团队规模非常大——如从所雇用的销售人员的数目上看，IBM有近40 000名、微软有18 300名、辉瑞有13 500名、三星有10 200名。[4]销售人员构成了上述企业最具生产力、最昂贵的资产之一。因此，其数量的增加也将增加其销售额和成本。

许多企业采用工作量方法来确定其销售团队的规模。采用此法的企业先根据顾客的规模、交易数量以及与维系顾客所需工作量相关的其他因素，将顾客分成不同的组别，然后再确定拜访这些顾客的理想次数以及所需要的销售人员的数量。

企业可能会做出如下考虑：假设有1 000名A类顾客和2 000名B类顾客。其中，A类顾客每年需要拜访 36 次，B 类顾客每年只需要拜访 12 次。在这种情况下，销售人员的工作量，即每年必须拜访的次数为 60 000 次（（1 000×36）+（2 000×12）= 36 000 + 24 000 = 60 000）。假设一般的销售人员每年能够完成 1 000 次访问任务，则该公司总共需要 60 名（60 000/1 000）专职销售人员。

有关销售团队战略和结构的其他问题

销售管理部门必须决定谁参与销售工作以及不同的销售及辅助人员如何合作。

外部和内部销售团队　企业可能有**外部销售团队（现场销售团队）**（outside sales force（field sales force））、**内部销售团队**（inside sales force）或两者兼而有之。其中，外部销售人员外出拜访顾客，内部销售人员在办公室通过电话、在线和社交媒体互动或接待顾客来访来开展业务。由于外部销售成本的增长以及在线、移动和社交媒体技术的发展，对于内部销售人员的使用近年来开始增长。有些内部销售人员为外部销售人员提供支持，让他们可以省下时间向主要顾客进行推销并寻找潜在的顾客。例如，技术销售支持人员提供技术信息并答复顾客的问题；销售助理为外部销售人员提供调研和行政支持。他们会跟踪销售线索，提前打电话确认会谈时间、追踪送货、回答顾客在联系不到销售人员时的提问。使用这种内部销售人员和外部销售人员的组合，往往可以为重要顾客提供更好的服务。内部销售人员提供日常的接待和支持，外部销售人员则与顾客进行合作并建立关系。

其他的内部销售人员不仅仅提供支持。例如，电话营销人员和网络销售人员使用电话、网络和社交媒体来寻找新的销售机会，了解顾客和他们的业务，或直接向顾客销售自己的产品与提供服务。电话营销人员和网络销售人员的做法，对小型的、难以接触的顾客而言非常有效率，而且成本较低。例如，根据产品和顾客的复杂性，一位电话营销人员每天可以与 20～33 个决策者沟通。相比之下，外部销售人员平均一天只能跟顾客有 4 次接触。另外，一次工业品（B2B）人员推销访问费用平均接近 600 美元，而一次常规的电话营销或在线联络的费用平均只有 20～75 美元。[5]

虽然联邦政府的谢绝来电登记抑制了对顾客的电话销售，但电话营销仍然是大部分工业品营销人员的重要工具。对一些较小的企业来说，电话和网络销售则是主要的销售手段。然而，大一些的企业也经常使用这种策略，要么直接向中小型顾客进行销售，要么协助它们的销售人员向大型顾客进行销售。

除了节省成本，在今天的数字、移动和社交媒体环境下，许多购买者更能够接受甚至倾向于电话和在线联络，而不是面对面联系。如今，顾客往往更加倾向于收集在线信息。一项研究表明：一个典型的买家只有在独立完成了大约 60% 的购买过程之后，才会与销售代表联系。然后，买家经常使用电话、在线会议和社交媒体互动来与卖家接触，并完成交易。

这些趋势的出现，使得电话和网络销售的增长比人员推销要快很多。最近的一项研究发现：内部销售职位的增长速度是外部销售职位增长速度的 300 倍。在大型企业里，超过 28% 的销售人员现在是内部销售代表；在小型企业里，有 47% 的员工都是内部销售代表。此外，内部销售和外部销售之间的界限正变得越来越模糊，出现了一种新型的职位"混合销售代表"———一种介于外部销售代表和内部销售代表之间的现代混合体———他们经常远程工作。现在，外部销售代表有将近一半的时间是在做远程销售，而不是召开面对面的会议。在过去的四年里，远程销售的时间增加了 80%。[6]

团队销售　随着产品越来越复杂，顾客群体变得更大，要求越来越苛刻，一位销售人员往往不能简单地满足所有大型顾客的需求。取而代之的是，多数企业正在使用**团队销售**（team selling）为大型顾客提供服务。销售团队可以发现单个销售人员无法发现的问题、解决方案和销售机会。这样的团队包括销售公司各个领域或者各个层次的专家——销售、市场营销、技术和支持服务、研发、工程、运营、财务及其他方面的专家。

在很多情况下，向团队销售的转型反映了购买组织的类似变化。许多大型顾客企业也实施了团队采购，这使得团队销售成为一种必然。在应对大且复杂的顾客的时候，一位销售人员不可能成为顾客需要的各种产品的专家。这时，销售将由高级顾客经理和顾客业务经理带领的战略顾客团队来完成。

例如，由 200 人组成的宝洁－沃尔玛 CBD 团队即是一个完整的、多功能的顾客服务单位。该团队包括一名 CBD 经理和几名 CBD 业务代表（每个业务代表负责一个特定的宝洁产品类别），并由市场营销策略、产品开发、运营、信息系统、物流、财务和人力资源等方面的专家共同提供支持。

团队销售也有一些不足之处。例如，销售人员往往求胜心切，倾向于通过突出的表现争取培训和奖励的机会。所以一旦习惯于对顾客全权负责，销售人员就可能难以同团队中的其他人一起工作，并信任他们。另外，销售团队也可能会让习惯于与一个销售人员打交道的顾客感到混乱或者烦琐。最后，评估团队销售工作中的个人贡献往往很困难，会产生一些棘手的奖励问题。

13.2.2　销售人员的招聘和选拔

组建成功的销售团队的核心，在于招聘和选拔优秀的销售人员。普通的销售人员与优秀的销售人员在业绩表现上会有天壤之别。在一个具有代表性的销售团队中，60% 以上的销售额是由 30% 优秀的销售人员创造的。因此，谨慎地选择销售人员可以大幅提高销售业绩。

除了销售业绩有差异，如果选拔工作没做好，还会导致较高的人员流动率。销售人员的离职会导致销售额的流失以及重新招聘和培训成本的增加。根据一家销售咨询公司的计算结果，糟糕的销售人员雇用所产生的总成本高达 47.5 万美元 / 年。[7] 另外，销售团队中新手过多也会降低工作效率，人员流动还会破坏重要的顾客关系和销售团队的士气。

好的销售人员和其他销售人员有哪些区别呢？为了更好地研究优秀的销售人员应该具有的品质，作为著名的盖洛普调查机构的一个部分——盖洛普咨询公司在采访了成千上万名销售人员之后得出结论：一个优秀的销售人员应该有四个非常重要的品质和能力，分别是内在驱动力、严谨的工作作风、促成买卖的能力、同顾客建立关系的能力。其中，同顾客建立关系的能力是最重要的。[8]

最优秀的销售人员会受到内在驱动力的激励，他们对卓越有着坚定的追求。有些销售人员追求金钱，追求他人认可，或者追求一种竞争并取胜的满足感。另外一些销售人员则追求更好地向顾客提供服务和建立顾客关系。最优秀的销售人员拥有这些激励因素中的一种或几种。带着这种与顾客相关的目的感进行销售，不仅可以使销售更加成功，而且会使销售更加有利可图，顾客对销售人员更加满意。[9]

优秀的销售人员也有严谨的工作作风。他们喜欢制订详细的、有组织的计划，并且能够按时执行。但是，如果销售人员不能达成更多的交易、建立更好的顾客关系，内在驱动力与自律性就毫无意义。优秀的销售人员可以掌握自己完成工作所需的技能和知识。最重要的是，顶尖的销售人员都是最棒的顾客问题解决者和关系建立者。他们明白顾客的需求。销售主管会用如下词语来描述顶尖销售人员：善于倾听、善解人意、有耐心、有爱心并且反应迅速。顶尖的销售人员还可以把自己放在顾客的位置，从顾客的角度来看待事情，他们不仅希望受顾客欢迎，更希望为顾客创造价值。

销售成功并无定律。每一个成功的销售人员都有不同的方法——一种最能发挥他独特优势和天赋的方法。例如，有些销售人员喜欢直面挑战和赢得人们支持时的激动感觉。换作其他人，可能会利用少许天赋来达到同一个目标。"事实是，没有两个优秀的销售人员是相似的，"一位销售顾问指出，"你可能在激烈的竞争中苦壮成长，尽管你的一个同事通过作为非常优秀的分析型问题解决者取胜。或者你可能在构建关系上具有卓越才能，而你的优秀的同事是一个杰出的战略者。更重要的是，你用自己的方式赢得生意。"[10]

　　在招聘的时候，企业应当分析一下具体的销售工作，并分析在该领域成功的销售人员的一些特征，从而识别出哪些特征是一个成功的销售人员所必备的。然后，企业需要招聘合适的销售人员。人力资源部门可以通过现有销售人员的推荐、就业中介、搜索互联网和在线社交媒体、在企业网站和行业媒体上刊登招聘广告，以及校园招聘等方式来招聘销售人员。另外一种方式是从其他企业吸引销售人员，这些人不怎么需要培训就能很快投入工作当中。

　　招聘工作会吸引很多求职者，企业必须从中选择最好的。选择的方式有很多，可以是一场最简单的非正式会谈，也可以是一场长时间的笔试加面试。许多企业都对应聘者进行正式的测验，一般考察销售能力、分析和组织技能、个性及其他特性。但是测验的成绩所给出的信息不见得全面，还应该考虑推荐信、工作经历以及面试反应等。

13.2.3　销售人员的培训

　　新的销售人员通常会花费数周或数月甚至一年或更长的时间来参加培训。在最初的培训结束之后，绝大多数企业会通过研讨会、销售会议或者在线学习为销售人员提供持续的培训。美国企业每年在销售培训上的花费约为 700 亿美元。虽然培训费用昂贵，但会给企业带来丰厚的回报。[11]

　　培训有多个目的。首先，销售人员需要了解顾客以及如何与他们建立关系。因此，培训项目必须让他们了解不同的顾客类型、顾客的需求、顾客的购买动机和购买习惯。培训还必须教会他们如何有效地进行销售以及销售过程的基本知识。同时，销售人员还需要了解企业、产品和竞争对手。因此，有效的培训计划可以告诉销售人员企业的目标、组织、产品和主要竞争对手的策略。

　　现如今，许多企业在销售培训项目中都增加了数字化的内容。在线培训的范围包括简单的、自定进度的文字和视频产品培训，基于互联网的销售练习，以及通过复杂的模拟重现现实生活中的销售电话动态。相比现场培训，在线培训可以减少差旅和其他培训成本，更少占用销售人员的时间，而且能够让销售人员按需培训，没有时间和地点的限制。虽然大多数在线培训都是基于网络的，但目前企业也可以通过几乎任何移动设备为任何地方的销售人员提供所需要的培训。

　　许多企业现在正在使用富有想象力的新数字技术来提供更有效率的销售培训，并为培训增加趣味性。例如，学习解决方案公司 Bottom-Line Performance 开发了一款名为 Knowledge Guru 的基于数字游戏的销售培训工具，帮助销售人员学习和记忆关键产品、企业和顾客的情况以及销售技能和流程。[12]

　　利用 Knowledge Guru 工具，企业可以创建单通道游戏，向新的销售人员传授基础知识或新产品的知识，或者通过具有业绩挑战属性的扩展游戏向销售人员传授新的销售技能。销售人员可以在智能手机、平板电脑或台式电脑上，以单独或与他人竞争的方式在线或离线玩学习游戏。同时，销售培训师可以跟踪销售人员的学习情况。一些《财富》500 强公司使用 Knowledge Guru 工具为有时枯燥或令人生畏的培训任务增加乐趣和参与度。例如，信息技术网络公司思科系统（Cisco System）将 Knowledge Guru 作为其认证销售助理项目中每个模块的一部分。思科系统公司一位帮助引进 Knowledge Guru 的项目经理指出："新的销售助理与顾客一同工作之前，必须对我们的架构和技术有深刻的了解。Knowledge Guru 对于促进科技知识的学习至关重要，参与者将 Knowledge Guru 视为学习工具。"最为重要的是，这个游戏确实有效果，帮助销售人员在所有思科系统公司的用户中实现了平均 87% 的培训目标完成率。

13.2.4　销售人员的薪酬

　　为了吸引销售人员，企业必须有优厚的薪酬方案。一般来说，薪酬由四个要素构成——固定金额、变动金额、费用津贴和附加福利。其中，固定金额一般为工资，使销售人员有固定所得；变动金额可能是佣金或奖金，根据销售情况来确定，用于奖励业绩优异的销售人员。

销售人员的薪酬计划应该既能激励销售人员，又能指导他们的活动。薪酬计划应能引导销售人员从事与整个团队及市场营销目标一致的活动。例如，如果企业战略是获得新业务、快速成长和取得市场份额，那么薪酬计划就会设置较高的佣金比例和新顾客奖金，以奖励那些销售业绩突出和为企业带来新顾客的销售人员。如果企业的目标是当前顾客利润最大化，那么薪酬计划中底薪所占的比例会较高，并针对当前顾客销售额或顾客满意度进行额外的奖励。事实上，越来越多的企业不再使用高佣金奖励计划，因为这很容易促使销售人员追求短期效益。它们担心过分追求业绩的销售人员会过度打扰顾客，反而破坏顾客关系。许多企业现在设计的薪酬计划旨在奖励那些建立持久顾客关系和发展长期顾客价值的销售人员。在经济不景气的时候，有些企业会通过减少薪酬的方式来降低成本。虽然一些削减成本的方法在商业萧条时期能起到作用，但全面削减销售团队的薪酬常常被视为最后的手段。顶尖的销售人员总是很稀缺的，在最需要他们的时候，一旦给他们支付的薪酬减少，就有可能随时失去他们。因此，削减重要销售人员的薪酬往往会导致重要顾客关系受到损害。如果企业必须减少薪酬开支，只要企业不是全面削减薪酬费用，就应当继续给最优秀的销售人员支付可观的薪酬，当然对较差的销售人员就不必了。

13.2.5　销售人员的监督和激励

新的销售人员并不只是被分配到一个销售区域、给予薪酬和进行培训，还需要监督和激励。其中，监督的目标是帮助销售人员更加聪明地开展工作，以正确的方式做正确的事；激励的目标是鼓励销售人员更努力地工作，并且冲刺销售团队的目标。如果销售人员在工作中既聪明又努力，那么他们就会发挥自己的所有潜能——无论对他们自己还是对企业来说，这显然都是好事。

监督销售人员

各个企业对销售人员监督的程度是不一样的。有的企业会帮销售人员识别目标顾客并且设置拜访标准。有的企业会明确规定销售人员必须花费多少时间用于寻找新的顾客，还会明确规定其活动的先后顺序。在这方面，一种工具是制订拜访计划，用来计划每周、每月或者每年的顾客和潜在顾客的拜访及活动。另外一种工具是时间和责任分析。

除了花费在销售上的时间之外，销售人员还要花费时间做规划、出差、开会、处理订单以及处理杂事。令人惊讶的是，有研究表明：平均来看，主动销售的时间只占销售人员总工作时间的37%。[13]企业总是在寻找节省时间的方法——简化行政职责，制订更好的销售拜访和路线计划，提供更多更好的顾客信息，以及使用电话、电子邮件、在线或移动会议来代替差旅。

许多企业现在采用销售团队自动操作系统，计算机化和数字化的销售团队运作，可以让销售人员在任何时间、任何地点更有效率地展开工作。企业会为销售人员配备笔记本电脑或平板电脑、智能手机、无线网络、视频会议技术和顾客联络与关系管理软件。有了这些技术，销售人员可以更有效率地整理潜在顾客和已有顾客的资料，分析销售并做出预期，吸引顾客，进行产品展示，准备销售和费用报告，开展顾客关系管理。结果是更好的时间管理、改进的顾客服务、更低的销售成本和更好的销售表现。总之，科技重塑了销售人员实现价值和锁定顾客的方法。

激励销售人员

除了监督销售人员以外，管理者还需要激励他们。有些销售人员可能不需要太多敦促就能做得很好。因为对于他们而言，销售本身就是世界上最有吸引力的工作。但销售有些时候非常令人沮丧，销售人员经常单独工作并且远离家庭。他们还可能面临强大的竞争对手和难以相处的顾客。因此，销售人员经常需要特殊的激励才能做得更好。

管理人员可以通过组织气氛、销售配额以及正面激励来提升销售人员的士气和业绩。其中，组织气氛是销售人员感知到的机会、价值和优秀业绩奖励。有些企业并不重视销售人员，所以绩效会变差。还有一些企业把销售人员视作价值的贡献者，并且为销售人员提供几乎无限的加薪和晋升机会。毫无疑问，这些企业的销售额就会提高，人员流动率也会相应降低。

许多企业通过设定**销售配额**（sales quotas）来激励销售人员。它规定了销售人员的最低销售量以及销售额在企业各产品之间的分配比例。销售人员的薪酬往往同他们完成销售配额的情况直接挂钩。企业也使用各种正面激励来鼓舞销售团队。销售会议为大家提供了一种社交场合，让他们可以摆脱日常工作来与高管交流、倾诉感情以及找到归属感。当然，企业也可以举办销售竞赛来激励销售人员达成超越预期的销售额。其他的激励包括荣誉称号、实物或是现金奖励、度假以及员工分红计划等。

13.2.6　销售人员的评价

我们已经阐明了管理层如何与销售人员进行沟通，使他们了解自己的任务并激励他们完成任务。这个过程需要良好的反馈，即定期从销售人员那里获得信息，以便评价他们的业绩。

管理层可以从很多方面获得有关销售人员的信息。其中，最重要的来源是销售报告，包括每周、每月工作计划以及区域长期的市场营销计划等。销售人员还要针对所完成的活动撰写拜访报告，并上交部分或全部报销的费用报告。企业可以监督销售人员所在地区的销售额和利润数据。还有其他一些评价渠道，比如个人观察、顾客调查以及与其他销售人员交谈等。

利用多种销售报告和其他信息，销售经理可以对销售团队成员进行评价。具体而言，评价主要针对两个方面：销售人员规划工作的能力和完成规划的能力。正式评估要求管理层制定并传达明确的业绩评估标准。同时，评估也为销售人员提供了建设性的反馈，促使他们表现得更好。

在更广的层面上，管理层应当将销售团队作为一个整体来评估其绩效。销售团队与顾客的关系如何？销售额和利润目标实现了吗？销售团队与其他市场营销领域和企业的其他部门合作得好不好？销售团队的成本与其成果匹配吗？和其他市场营销活动一样，企业也想要评估销售投资回报率。

13.2.7　社交销售：在线、移动和社交媒体工具

作者点评
就像近来的其他事情一样，数字科技也影响了整个销售大时代。今天的销售团队使用在线、移动和社交媒体工具来吸引顾客、建立关系、达成交易。

增长速度最快的销售趋势是**社交销售**（social selling）的爆炸式增长——使用在线、移动和社交媒体来吸引顾客，建立更强大的顾客关系，并提高销售业绩。数字化销售科技创造了接触和吸引顾客的新形式。一些分析师甚至预言：互联网将是人员推销的终结者，因为销售人员最终会被网站、社交媒体、手机应用程序、视频会议技术、人工智能销售助手和其他直接联络顾客的工具所取代。虽然这种预测过于夸大其词，在线和社交媒体技术不太可能使销售人员被淘汰（参见市场营销进行时 13-1）。然而，数字技术正在迅速改变面对面销售在人员推销中的角色。

| **市场营销进行时 13-1** |

B2B 销售人员：在这个数字和社交媒体时代，谁还需要 B2B 销售人员呢？

很难想象一个没有销售人员的世界。但根据一些分析师的说法：在 10 年之后，销售人员会大幅减少。他们认为，随着互联网、移动设备、社交媒体和其他直接将顾客与企业联系起来的技术的爆炸式发展，谁还需要面对面的销售呢？有些人表示，销售人员正在迅速地被网站、电子邮

件、移动应用程序、博客、视频分享、虚拟贸易展、社交媒体、人工智能代理以及一系列其他数字时代的互动工具所取代。

调查公司 Forrester 最近预测：在未来 5 年内，美国 B2B 销售代表的数量将减少 22%。也就是说，有 1/5 的销售代表将失业。

那么，企业对企业（工业品）的销售真的会消亡吗？互联网、移动技术、社交媒体和人工智能会取代古老的面对面销售吗？大多数销售分析师认为，答案是令人骄傲的"不"。

大多数专家都认同一件事：技术正在彻底改变销售行业。今天，人们的交流方式发生了革命性的变化，这些变化正在影响着商业的方方面面。当然，销售也不例外。但数字技术不会很快取代人与人之间的交易，技术可以极大地改善销售流程，但它并不能取代销售人员的许多职能。

然而，正在消亡的是顾客维护的角色——接单员周五去顾客办公室拜访，并说："嘿，有什么要给我的吗？"同样地，对于那些只是简单地传达产品和服务信息的推销员来说，未来也不会有太大的发展空间，因为这些信息可以在网上更快捷、更容易地获取。这样的销售人员不会创造价值，很容易被自动化取代。然而，擅长新顾客获取、关系管理、问题解决以及与现有顾客共同成长的销售人员，将永远存在大量的需求。数字技术只会让这些销售人员变得更受欢迎。

毋庸置疑，信息技术正在改变整个销售行业。顾客现在可以通过网站、在线搜索、手机应用程序、社交媒体联系和其他渠道，自己进行购买前的研究，而不再依赖销售人员提供基本信息和指引。现在，许多顾客在网上开始销售流程，并在第一次销售会议之前就对问题、竞争产品和供应商做足了功课。

根据一项调查，在与供应商接触时，企业买家至少已经完成了购买过程 60% 的工作。他们并不需要基本的信息或产品介绍，而是需要解决方案和新的见解。所以今天的销售人员需要在解决顾客问题和建立关系方面表现得更加出色。事实上，即使低端的接单员之类的销售工作会在未来几年之内消失，但顾问型销售代表的工作预计仍将以良好的态势保持增长。

除了销售过程机制之外，买卖双方还涉及情感交流和事务性交易。即使新的人工智能应用程序让销售自动化变得近乎人性化，数字技术仍然无法取代人与人之间的接触——同理心、直觉和理解，这对好的销售是至关重要的。与其说技术在取代销售人员，不如说是技术在增强他们的功能。如今，顶尖的销售人员并没有做什么根本性的新工作。他们一直在进行顾客研究、问题解决、社交网络与关系建设。然而不同的是，他们今天使用一套新的高科技数字工具和应用程序来做这些事情。

例如，许多企业已经迅速转向基于在线社区的销售。举例来说，企业软件公司——SAP 就创建了自己的在线社区：社交媒体和移动市场 SAP 社区。SAP 社区是由顾客、SAP 的软件专家、合作伙伴和几乎所有想加入的人组成的。成立还不到 10 年，SAP 社区已经迅速发展至由超过 200 个国家和地区的数百万用户组成，并扩展到广泛的在线范围——专用网站、移动应用程序、推特频道、领英小组、脸书和 Google+ 页面、YouTube 频道等等。SAP 社区已经发展成为数百个"解决方案门店"。在这里，访问者可以"发现、评估和购买"来自 SAP 及其合作伙伴的软件解决方案和服务。SAP 社区还允许用户评价和分享他们从其他社区成员那里得到的解决方案和建议。

随着 SAP 社区的发展，最初被视为顾客讨论问题、难题和解决方案的地方，已经变成了一个重要的销售点。网站上的信息、讨论和对话吸引了顾客，甚至产生了价值 2 000 万～3 000 万美元甚至更大的销售。事实上，SAP 社区催生了 SAP 商店，这是一个巨大的 SAP 市场，顾客可以在这里与 SAP、SAP 的合作伙伴共享信息、发表评论和意见、发现问题、评估和购买 SAP 的解决方案。

　　然而，尽管 SAP 商店吸引了新的潜在顾客，并带领他们经历了产品发现和评估的初始阶段，但 SAP 商店并不能取代 SAP 或其合作伙伴的销售人员。SAP 商店扩大了新的潜在顾客的范围并提高了效率，其真正的价值在于它为 SAP 和合作伙伴的销售人员创造了大量的销售线索。一旦潜在顾客在线发现、讨论和评估了 SAP 的解决方案，SAP 就会邀请他们并开始联系、获取建议或开始谈判，那就是面对面销售的开始。

　　以上所有证据均表明：B2B 销售并没有消亡，它只是在发生变化。现在，销售人员比以往任何时候都更需要将更多的传统方式与新的数字体验结合起来。销售人员在利用、适应数字和社交媒体时代销售的过程中，所使用的工具和技术可能会有所不同。但 B2B 的市场营销人员仍然需要强大的销售团队，由能够吸引顾客、发现顾客需求、解决顾客问题和建立关系的销售人员所组成。

　　资料来源：Tim Colter, "What the Future Science of B2B Sales Growth Looks Like," McKinsey, January 2018, accessed at www.mckinsey.com/business-functions/marketing-and-sales/our-insights/what-the-future-science-of-b2b-sales-growth-looks-like; Ian Altman, "Are Salespeople Becoming Obsolete," Forbes, May 16, 2017, www.forbes.com/sites/ianaltman/2017/05/16/are-sales-people-becoming-obsolete/#198567e03e93; Lain Chroust Ehmann, "Sales Up!" SellingPower, January/February 2011, p. 40; Robert McGarvey, "Sales Up!" SellingPower, March 7, 2011, p. 48; John Ellett, "SAP's Success Formula for B2B Social Selling," Forbes, April 1, 2016, www.forbes.com/sites/johnellett/2016/04/01/saps-success-formula-for-btob-social-selling/#1ecd7ec213cb; Kurt Shaver, "How SAP Is Winning with Social Selling," Vengreso, November 10, 2017, https://vengreso.com/blog/how-sap-is-winning-social-selling; Andy Hoar, "The Death of a (B2B) Salesman," Forrester, May 11, 2017, https://go.forrester.com/what-it-means/ep12-death-b2b-salesman/; and www.sapstore.com/and www.sap.com/community.html, accessed October 2018.

　　如果使用得当的话，数字技术会提高销售人员的生产力和效率。数字技术为销售人员提供了强有力的工具来识别并了解潜在顾客、吸引顾客、创造顾客价值、达成销售并培养顾客关系。社交销售技术给销售团队带来了巨大的组织利益。它们给销售人员节省了宝贵的时间、差旅费用，并且为销售人员销售、服务顾客提供了新的方法。

　　社交销售并没有改变销售的本质。销售团队一直承担着接触和吸引顾客以及管理顾客关系的主要责任。现在，销售团队更多的是采取数字化形式（工具）来做这些工作。互联网和社交媒体正在极大地改变顾客的购买过程和销售过程。在今天的数字世界里，许多顾客不再像以前那样依赖于销售人员提供的信息和帮助，而是自己完成购买过程，尤其是在购买的早期阶段。他们不必与销售人员进行沟通，而是使用在线和社交媒体资源来分析自己的问题、研究解决方案，从同事那里获得建议并且对自己的购买选项进行排序。一份针对企业买家的研究发现：94%的买家会先进行在线搜索。平均来说，买家在与供应商联系之前，就已经完成了 60% 的购买过程。[14]

　　以前顾客所需要的产品手册、价格和产品建议只能从销售代表那里获得，而如今顾客在购买过程中已经掌握了更多的控制权。顾客现在可以通过浏览企业网站和社交媒体来识别卖家并评估卖家。它们可以与其他买家在社交媒体，如领英、推特或者脸书上分享经验、提供解决方案和评估自己正在考虑的产品。

　　结果就是，如果销售人员参与购买过程，顾客对产品的了解经常和销售人员一样多。当顾客打电话给销售人员时，他们更多的是通过数字方式参与购买过程，同时他们期望能实时参与。现在，顾客想从销售人员那里得到的，不仅仅是产品和价格信息，他们想要的是问题得到解决和具体的解决方案。"今天，68% 的 B2B 买家倾向于在网上而不是与一个销售人员做生意，"一位销售顾问指出，"而且当他们参与销售时，他们更加想要以解决问题的、咨询的方式进行体验。"[15]

　　为了适应这种数字化的购买环境，卖方需要根据新顾客的购买流程重新定位自己的销售流程。为了更早地吸引顾客，他们会去顾客常去的地方，如社交媒体、网络论坛、在线社区和博客等。他们不仅要研究顾客的购买地点和时间，还要研究顾客何时何地了解产品和评估顾客将要购买什么。

销售人员也经常使用数字工具来搜集顾客接触的社交媒体，以便追踪销售趋势，识别潜在消费者并了解顾客的喜好、顾客对卖家的评价，以及达成交易的其他重要因素。他们会通过在线数据库和社交网站（如 InsideView、Hoovers 和领英）列出潜在顾客的名单。当潜在顾客访问网页和社交媒体时，可以通过在线聊天方式与销售团队进行交流。他们使用网络会议工具，如 WebEx、Zoom、GoToMeeting 或者 TelePresence 与顾客在线探讨产品与服务。他们也会在 YouTube、脸书上提供视频和其他信息。

当今的销售团队增加了对于数字内容和社交媒体的使用，以便在购买过程中吸引顾客。最近的一项关于企业对企业市场营销人员的研究发现：他们最近虽然在传统媒体和活动上削减了开支，但在社交媒体上投入了更多，从专有的在线顾客社区到网络研讨会，再到社交媒体和移动应用。以领先的金属切削和加工技术制造商 Makino 公司为例[16]：

最近，YouTube 上有一个热门视频在 Makino 机械工具的 YouTube 频道播出。它展示了 Makino 公司五轴立式加工中心的运行情况：当机器铣削一个新的工业零件时，金属碎屑飞溅。听起来很刺激？对你来说可能不是。但对于合适的工业顾客来说，这段视频简直令人着迷。实际上，YouTube 只是 Makino 公司对其销售人员参与和联系顾客并加强顾客关系进行补充的各种社会媒体举措之一。例如，Makino 公司正在举办一系列针对特定行业的网络研讨会，将企业定位为行业思想领袖。Makino 公司还整理了数百个网络研讨会，主题包括如何最大限度地利用顾客自己的机床以及如何进行金属切削加工。网络研讨会的内容是针对特定行业的，如航空航天或医疗产业，并通过精心定位的在线广告和电子邮件邀请来进行推广。网络研讨会有助于建立 Makino 公司的顾客数据库，产生销售线索，建立顾客关系，并通过提供相关信息和在线指导顾客为销售人员做好准备。此外，Makino 公司还利用脸书、YouTube 和推特等向顾客和潜在顾客介绍 Makino 公司最新的创新产品和活动，并展示其机器的运行情况。这些数字内容和社交媒体并不能取代销售人员。相反，它们可以帮助销售人员建立更有成效的顾客关系。Makino 公司了解到：如今，在企业对企业的销售中，社交销售存在着很大的发展空间。

最后，社交销售也让销售团队变得更有效率，且成本低、产出高。技术帮助销售人员做到优秀的销售人员一直在做的事情——通过解决顾客问题来建立顾客关系，而且做得更好、更快、更节省成本。

不过，社交销售也有一些缺陷。对于初学者来说，技术可不便宜。另外，有些事情并不能通过网络来表达或者传授——例如，那些需要人员参与、洞察和互动的事情。由于这些原因，一些高科技专家建议销售主管使用在线和社交媒体技术来捕捉机会、提供信息、维持顾客联系并做初步的销售展示，但在大生意接近成交时，还是要采用传统的面对面方式。

概念应用

这里先暂停一下，让我们重新审视关于销售人员和销售管理的看法。

● 一提到"销售人员"，你会想到什么？经过本章的学习，你对销售人员的看法是否有所变化？如果有，请具体说明。

● 寻找并与一些专业的销售人员进行探讨，询问并记录其所在企业是如何组建销售团队，并进行招聘、选拔、培训、激励、监督和评价的。换作是你，愿意在这样的企业里做销售人员吗？

13.3　人员推销过程

现在，我们从设计和管理销售团队转移到人员推销过程。**推销过程**（selling process）包括销售人员必须掌握的几个步骤。这些步骤聚焦于挖掘新顾客并从他们那里获得订单。但是，大多数销售人员花费大量的时间维护已有的顾客并建立长期的顾客关系。我们会在后面讨论人员推销过程中的关系。

13.3.1　推销过程的步骤

如图 13-2 所示，推销过程主要由七个步骤组成：发现和界定、事先调查、接近顾客、展示和介绍、消除异议、完成交易、跟踪。

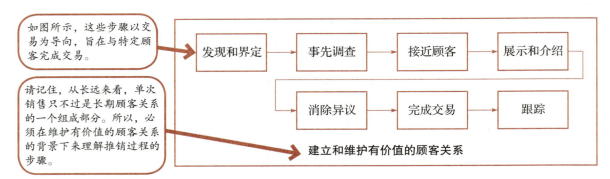

图 13-2　推销过程的步骤

发现和界定

推销过程的第一步是**发现**（prospecting）——确定合格的目标顾客。接近潜在顾客，对于成功销售是非常关键的。销售人员并不想随便拜访潜在顾客，他们想要拜访那些最有可能欣赏并且回应企业价值主张的人。针对这些顾客，企业可以服务得很好，而且可以从中盈利。

销售人员经常接触许多潜在顾客，但只能实现较少的销售。虽然企业提供一些销售机会，但销售人员还得学会自己去发现潜在顾客。其中，最好的来源就是推荐。销售人员可以让现有的顾客推荐并挖掘其他的顾客来源，比如供应商、经销商、非竞争销售人员以及在线或社交媒体联系。他们也可以在电话簿或网上寻找潜在顾客，并利用电话、电子邮箱和社交媒体来联络或追踪，甚至可以不预约就去拜访顾客，即无约拜访（cold calling）。

销售人员同样需要知道如何界定顾客——如何识别好的顾客，筛掉差的顾客。通过考察潜在顾客的财力、营业额、特殊需求、所在位置以及增长的可能性，销售人员可以确定潜在顾客是否合格。

事先调查

在拜访一个潜在顾客之前，销售人员应当尽可能地了解目标企业（它的需求是什么，谁将参与购买决策过程）和目标买家（性格和购买习惯）。这一步称为**事先调查**（preapproach）。一次成功的销售，应该在销售人员与目标顾客首次联系很久以前就开始了。事先调查始于充分的研究和准备。销售人员可以参考一些行业标准和在线资源，向专家或其他人了解目标顾客。他们也可以通过目标顾客的网页和社交媒体网站了解其产品、采购人员和购买过程的信息。然后，销售人员需要根据调查结果制定出相应的顾客战略。

销售人员应当设定拜访目标——界定潜在顾客、收集信息或是马上达成交易。销售人员的另外一项任务是选择最佳接触方式，可能是单独拜访、电话联络、发送电子邮件和短信、使用推特等。同时，销售人员还要确定最佳拜访时间，因为很多潜在顾客在一天或一周的某些时候会很忙。最后，销售人员应该针对顾客制定总体销售战略。

接近顾客

在**接近**（approach）阶段，销售人员应该了解如何会见并问候顾客，以便使彼此的关系有一个良好的开端。接近顾客可能发生在线上，也可能发生在线下，以会面、数字会议或社交媒体等形式实现。这一步需注意的内容包括销售人员的仪表、开场白以及随后的谈话。其中，开场白应该从一开始就积极主动，旨在建立良好的顾客关系。在开场白之后，销售人员可以谈几个关键问题以便了解顾客的需求，或者展示样品以吸引顾客的注意力和激发其好奇心。在销售过程中，倾听顾客是非常重要的。

展示和介绍

在人员推销过程中的**展示**（presentation）阶段，销售人员向买家讲述产品的"价值故事"，即展示企业的方案是如何解决顾客问题的。解决问题的方法往往比强硬推销或过分热情的方法更加符合当今的营销理念。

销售目标应当是展现企业的产品和服务如何满足顾客需求。顾客需要的是解决问题，而不是笑脸；他们需要的是结果，而不是令人眼花缭乱的东西。此外，他们想要的不仅仅是产品，他们想要知道这些产品是如何为他们的生意增加价值的。他们希望销售人员能够倾听他们所关心的事、理解他们的需求，并且用正确的产品与服务进行回应。

在销售人员展示顾客解决方案之前，他们必须制订要阐述的方案。解决方案要求销售人员具有良好的倾听技巧和解决问题的技巧。顾客最不喜欢的销售人员的特征是过分热情、迟钝、不诚实、无准备、无组织和喋喋不休。比较而言，他们最喜欢的销售人员的特征是善于倾听、具有同理心、诚实、可靠、周全和坚持不懈等。优秀的销售人员应该明白如何去销售。更重要的是，他们知道如何去倾听和建立良好的顾客关系。正如人们平常所说的，"人之所以长两个耳朵一张嘴，是因为要多听少说"。一则来自办公用品制造商 Boise Cascade 公司的广告强调了倾听的重要性。广告中展现了一位长着大耳朵的 Boise Cascade 公司销售员。"与 Boise Cascade，尤其是与我们的销售团队在一起，你能马上注意到不同之处，"广告指出，"在 Boise Cascade……我们的顾客代表拥有独特的能力去聆听你们的需求。"

最后，销售人员还必须规划自己的展示思路。想要吸引顾客并进行有效的销售展示，良好的人际沟通是非常重要的。但是，当下丰富的媒体选择和混乱的交流环境，为销售人员展示带来了新的挑战。如今，已经信息过载的顾客，往往期望展示人员有更丰富的经验。展示人员在展示期间面临着多个干扰因素：移动电话、短信和其他数字手段等。结果就是，销售人员必须将他们的信息以一种更加引人注目的方式加以展示。

今天的销售人员引入先进的展示技术，可以向一个人或少数人进行完整的多媒体演示。过去的销售演示图表已经被平板电脑、复杂的演示软件、在线演示技术、互动电子白板、数字投影仪所取代。

消除异议

在销售人员讲解产品或是被要求下订单时，大多数顾客常常会有这样或那样的异议。这些异议有些是逻辑上的，有些是心理上的，然而顾客不会明说出来。在**消除异议**（handling objections）阶段，销售人员应该采取积极的态度，寻找顾客异议背后隐含的意思，请求买家把异议说清楚，把异议当作顾客提供更多信息的机会，然后将这些异议转变成购买动机。每个销售人员都需要学习一些消除异议的技巧。

完成交易

在消除了顾客的异议之后，销售人员应该设法达成交易。但是，有些销售人员无法按时进入**完成交易**（closing）阶段，或者不能把它处理好。他们可能对自己缺乏信心，也可能因为向顾客索要订单而感到愧疚，或者没有掌握好成交的时机。销售人员应当学会识别买家发出的特定的交易信号，包括肢体动作、评论或者询问等。例如，顾客可能往前坐、不断点头赞许、询问价钱或提出付款条件等。

销售人员可以使用各种达成交易的技巧。他们可以向顾客询问是否要下订单，复述购买协议的要点，主动帮助顾客填写订单，询问顾客想要的型号，或者提醒购买者机不可失。此外，销售人员也可提供一些优惠条件，如特价、免费赠品或附加服务等来促成交易。

跟踪

人员推销的最后一步，是顾客**跟踪**（follow-up）。如果销售人员希望顾客满意并重新购买，这一步就非常重要了。在完成交易之后，销售人员应该确定送货时间、购买条款等一切细节问题。然后，销售人员应该在买方收到货物后安排一次拜访，以确保产品的安装、指导以及服务都正确无误。这次拜访可能会发现新问题，但是能体现销售人员对顾客的关心，解决新问题可以减少顾客的担心。

13.3.2　人员推销和管理顾客关系

我们刚刚讨论的人员推销都是交易导向的——它们的目标是帮助销售人员与顾客达成交易。在许多情况下，企业并不仅仅是追求一次销售成功，它追求在长期范围内吸引顾客并与其建立起有利可图的关系。在建立顾客关系的过程中，销售团队常常扮演着重要的角色。如图 13-2 所示，销售过程必须在建立和维护有价值的顾客关系的背景下推进。此外，正如上文所讨论的那样，购买阶段的早期，顾客在今天完全可以自己进行，而不是靠与卖家打交道。销售人员必须调整自己的销售过程，以便匹配新的购买过程。这意味着发现和吸引顾客是以关系而不是交易为基础的。

成功的销售组织意识到，要想赢得并维系顾客，需要的不仅仅是好的产品和销售团队。如果企业只希望达成交易并且获得短期业务，就可以通过简单的降价或打败竞争对手来实现。然而，大多数企业都希望它们的销售人员进行价值销售，即展示并且传递高水平的顾客价值，并且收获一个既对顾客公平也对企业公平的回报率。

遗憾的是，为了快速达成交易，销售人员总是简单地降低价格，而不是进行价值销售。销售管理的挑战，是如何将销售人员从善于降价销售转变为善于价值销售。下面是 Rockwell Automation 公司如何进行价值和关系销售（而不是降价销售）的例子。[17]

在沃尔玛要求降低价格的压力下，一家调味品生产商向包括 Rockwell Automation 公司的销售代表杰夫·波利奇基奥（Jeff Policicchio）在内的几位相互竞争的供应商代表发出请求，希望帮助其找到降低运营成本的方法。在顾客的工厂待了一天之后，波利奇基奥很快指出了该公司的主要问题：其 32 个大型调味品罐的泵运转不佳，导致停工，从而使生产受到了影响。通过快速收集成本和运作数据，波利奇基奥利用自己在 Rockwell Automation 公司笔记本电脑上的价值评估工具，为顾客的问题开发了一个有效的解决方案。

第二天，在提出关于降低工厂管理成本的建议时，波利奇基奥讲述了如下价值主张：Rockwell Automation 公司的泵解决方案可以减少停机时间、减少采购管理成本以及维修部件的支出。与最强大的竞争对手的解决方案相比，在 32 台泵的前提下，它提出的解决方案可以使每台泵节省 16 268 美元。但与竞争对手的解决方案相比，波利奇基奥的解决方案的初始成本较高。不过，竞争对手对于预估所能节省的成本做出的承诺都是模糊的，大多数企业只是说能够降低成本。

尽管初始成本较高，工厂经理还是被波利奇基奥的价值主张所打动，最终选择购买并试用一台 Rockwell Automation 公司的泵。当泵的性能超出预期时，顾客订购了所需的剩余的泵。通过展示有形的价值，而不是进行简单的价格销售，波利奇基奥不仅获得了销售订单，而且赢得了一个未来的忠诚顾客。

因此，价值销售要求销售人员倾听顾客，理解他们的需求，并与整个企业共同努力，创造基于顾客价值的持久关系。

➡ 13.4 销售促进

人员推销和广告常常与另外一种促销手段——销售促进密切配合。其中，**销售促进**（sales promotion）主要由各种短期的激励工具组成，用来促使消费者更多、更快地购买产品和服务。广告为购买产品和服务提供了理由，而销售促进提出了立即购买的理由。

> **作者点评**
> 销售促进是最短期的促销组合工具。广告或人员推销让人"去买"，销售促进则让人"现在就买"。

销售促进的例子随处可见：一份周日报纸中夹了一张 2 美元的 Seventh Generation 品牌洗衣粉的抵扣券；另一份周日报纸中有一则当地 Orange Leaf 冻酸奶的广告，上面写着"买一送一"和"下次购买有八折优惠"；一家当地超市的通道尽头堆了一堆可口可乐来刺激消费者购买——4 包 12 瓶装只需 12 美元；买一台新的三星笔记本电脑可以免费升级内存；如果一家五金连锁店同意在当地报纸上给 Stihl 的草坪和花园设备打广告，它在进货时可以享受九折优惠。销售促进包括各式各样的促销工具。这些工具的设计初衷，就是刺激市场更早或更强的反应。

13.4.1 销售促进的快速发展

销售促进的应用范围极广，包括制造商、分销商、零售商和非营利组织等。它们的目标是最终顾客（消费者促销）、零售商和批发商（商贸促销）、企业顾客（业务促销）以及销售团队成员（销售团队促销）。据估计，在一般的消费品公司中，销售促进支出占整体营销支出的 54%。[18]

销售促进的迅猛增长，尤其是在消费品市场上的增长，是由几方面的因素所导致的：首先，在企业内部，产品经理提升销售额的压力较大，而销售促进一直被管理部门看作一种有效的短期工具；其次，在企业外部，企业面临更为激烈的竞争，互相竞争的品牌的差异越来越小，销售促进有助于使他们的产品与众不同；再次，由于成本上涨、媒体的混乱和法律管制，广告的效率日益低下；最后，顾客趋向于交易导向，要求物美价廉。销售促进可以帮助企业吸引更多当今以价值为导向的顾客。

日益增加的销售促进活动，带来了类似于广告混乱的促销混乱。当今众多的商品被特价销售，一次特定的销售促进会被淹没在茫茫的促销大潮中，削弱刺激消费者立即购买的能力。制造商正在寻求摆脱这些干扰的方法，如提供更大额度的优惠券、设计更具吸引力的购买点展示，或者是通过数字、移动和社交媒体进行促销。数字促销既可以帮助推动店内销售，也可以帮助推动线上销售。

在开发一个销售促进项目时，企业必须首先设定销售促进目标，然后选择最优工具来实现这些目标。

13.4.2 销售促进的目标

销售促进的目标各有不同。卖方可以使用消费者促销来增加短期销售额，或者提升顾客的品牌参与度。商贸促销的目标包括说服零售商接受新的产品和更多的库存，提前购买，或鼓励它们宣传产品并给予更大的货架空间。业务促销被用于产生业务线索、刺激购买、回馈顾客并激励销售人员。对于销售团队来说，销售目标包括得到更多销售人员对现有和新产品的支持，或者让销售人员开发新的顾客。

销售促进通常和广告及人员推销、直复营销或其他促销工具结合起来使用。消费者促销应加大广告宣传力度，同时消费者促销能给广告和其他营销内容增加兴奋点和推动力，而商贸促销和业务促销支持着企业的人员推销过程。

当经济紧缩、销售滞缓时，企业更倾向于提供大幅折扣来刺激消费者。通常来讲，促销应当帮助企业强化其产品定位和建立长期的顾客关系，而不仅仅是创造短期销售额或暂时的品牌转换。如果设计合理，每个促销手段都有潜力做到既保证短期热点，又维持长期的顾客浸入和顾客关系。市场营销人员应当注意避免只顾价格的快速成交，选择旨在建立品牌资产的促销活动。类似的例子还包括各种频繁的市场营销计划和会员卡。大多数酒店、超市和航空公司都提供常客／购买者／飞行者计划，这些项目为顾客提供奖励，以使他们再次光顾。这些促销活动可以通过增加价值，而不是折扣价格来建立顾客忠诚。

以户外用品零售商 REI 公司为例，顾客可以一次性支付 20 美元的费用成为终身会员。一旦成为会员，他们就可以获得仅限会员使用的优惠券和交易，可以使用独家限量版产品和参与专有活动，还能以特价购买一些 REI 公司赞助的旅行、服务和课程等。会员的另一项福利是 REI 公司的返利——每年年底，会员都可以获得自己所购买的、符合条件商品的 10% 返利。除了这些福利，REI 公司的会员项目的成功之处还在于，它能够让会员感觉自己真正是 REI 户外探险社区的一分子。

13.4.3　主要的销售促进工具

很多销售促进工具可以用来实现销售促进目标，下面我们将讨论消费者促销、商贸促销和业务促销。

消费者促销

消费者促销（consumer promotions）包括很多方式：样品、优惠券、现金返还、特价、赠品、购买点促销、竞赛、抽奖及赞助等。

样品是产品的试用品。赠送样品是最有效的，也是最昂贵的介绍新产品或为现有产品增加兴奋点的方法。一些样品是免费的，一些收取少量的工本费。样品可以通过邮寄，在商店或售货亭分发，随同另一产品附赠，随广告、电子邮件、移动服务附赠等方式发送。有时，样品被整合成样品包，用来促销其他产品和服务。样品可以是一个强有力的促销工具。例如，在过去的 37 年时间里，本杰瑞公司每年都会留出一天作为免费冰激凌日（Free Cone Day），并在这一天邀请顾客到冰激凌店免费品尝各种品牌的、经典口味的冰激凌。这种独特的样品促销活动在全国范围内大获成功，大多数商店门口和街区都排起了长龙。本杰瑞公司使用"免费冰激凌日"来感谢顾客们的支持。样品计划催生了话题热度，并吸引了新顾客到其商店进行消费。本杰瑞公司希望这种做法能够成为一种习惯。

优惠券是一种凭证，当消费者购买特定商品时，可以享受一定的优惠。多数消费者都喜欢优惠券。2017 年，美国的日用消费品公司发放了 3 020 亿张优惠券，消费者兑换了超过 21 亿美元的优惠券，一共节省了至少 31 亿美元。[19] 优惠券可以增加新品牌的试用，或者增加成熟品牌的销售额。为了应付越来越混乱的赠券现象，很多日用消费品公司开始减少发放优惠券，并更谨慎地定位优惠券的发放对象。

市场营销人员也正在尝试分发优惠券的新方法，比如超市货架优惠券分发机、销售点优惠券电子打印机以及在线和移动优惠券计划。其中，数字化优惠券是增长最快的优惠券。数字化优惠券可以锁定个人并且可以实现个性化定制，这是普通优惠券所不能比拟的。无论是可以在家里打印的、下载到会员卡上的，还是通过智能手机或其他移动设备兑换的，数字优惠券兑换都比传统优惠券兑换的增长速度快得多。[20]

返利或现金返还与优惠券相似，不同之处在于购买之后才退款，而不是在零售店内减价。消费者将购买证明发送给制造商，制造商再将部分购买金额返还给消费者。例如，Toro 公司为其扫雪机做了一次高明的季前促销：如果购买者的市场区域内积雪低于平均水平，就给予现金返还。由于竞争对手在短时间内无法推出相应的宣传活动，因此这次促销非常成功。

特价，又称象征性促销，可以让消费者以低于常规的价格购买产品。生产厂家直接将优惠价格写在标签或包装上。特价品可以是折扣价格（例如买一赠一）的单独包装产品，也可以是被捆绑在一起销售的两件相关的产品（如牙膏和牙刷）。在短期促销方面，特价品甚至比优惠券更为有效。

赠品是指将免费或价格相对较低的商品作为购买特定商品的奖励，赠品的范围从儿童玩具到电话卡，再到 DVD 光盘。赠品可能在产品包装内、包装上或邮寄给消费者。例如，这些年来，麦当劳公司在开心乐园套餐中提供多种赠品——从 Shopkins 到 Pokemon 角色玩偶。顾客也可以登录 www.happymeal.com 来玩游戏、阅读电子书以及观看开心乐园套餐赞助商的广告。[21]

特制广告品，也称为促销产品，是指将印有广告商的名字、商标等其他信息的物品作为礼物送给消费者，典型的特制广告品有 T 恤、其他服装、钢笔、咖啡杯、日历、钥匙环、大手提袋、高尔夫球和帽子等。2017 年，美国企业在特制广告品方面花了 210 亿美元。这类东西的效果非常好。[22]

购买点促销包括购买点陈列与展示。想一想自己上一次去开市客门店、沃尔玛商店、Bed Bath & Beyond 商店的经历。当读者经过陈列品通道、促销标识、货架或者免费特色食品品尝区时，购买时机便出现了。不过，许多零售商并不喜欢处理每年从制造商那里收到的数百个展品、标志和海报。因此，制造商要提供更好的展示材料，主动帮零售商安装，并将它们与电视、印刷品或在线信息等结合起来。

竞赛、抽奖和游戏为消费者提供了赢得一些奖项，如现金、旅游或商品的机会，这种机会的获得可能仅凭运气或需要付出额外的努力。竞赛要求消费者提交参赛作品，例如广告歌曲、谜语的谜底或建议，由评审小组选出最佳参赛者。抽奖要求消费者提交自己的名字进行抽奖。游戏是指消费者每次购买产品时可以参与游戏（如猜数字或字母），幸运的话可以赢得奖品。

很多企业都使用抽奖和竞赛来增强品牌的吸引力，并刺激消费者参与。例如，家具零售商 West Elm 公司举办"5 000 美元房间改造竞赛"，该比赛邀请参与者发送短片来展示他们和他们的房间，参与者有机会赢得价值高达 5 000 美元的完整的房间改造。第四届谷歌涂鸦（Doodle 4 Google）比赛邀请孩子们设计一个谷歌标识，主题可以是"如果我能发明一件东西使世界变得更好""是什么给了我灵感"等等，奖品从 T 恤、平板电脑，到 3 万美元的大学奖学金或者是为获胜者学校或机构的科研项目提供 5 万美元的资金。[23]

最终，市场营销人员可以通过**事件营销（事件赞助）**（event marketing（event sponsorships））来推广他们的品牌。他们可以创造自己的品牌营销事件，也可以独家冠名或是与其他赞助商一起赞助活动。市场营销事件包括很多活动，从移动品牌之旅到节日、聚会、马拉松、音乐会或其他聚会等。事件营销拥有广阔的前景，有可能会成为促销工具增长最快的领域。有效的事件营销将事件和赞助商与品牌的价值定位联系在一起。随着当今数字媒体的社交分享能力的增强，即使是当地发生的事件也会产生深远的影响。例如，Delta Faucet 公司利用一个富有想象力的活动，向以健身和家庭为导向的目标顾客推广其 H2Okinetic 低流量淋浴喷头，与竞争对手的高流量淋浴喷头使用效果相同，但耗水量却降低了 40%。[24]

Delta Faucet 公司的 #HappyMess 促销活动基于这样的市场洞察力：一些顾客最幸福的时刻来自制造和解决大麻烦。为了向目标消费者直接展示其低流量淋浴喷头在恶劣的条件下是如何工作的，Delta Faucet 公司与 Warrior Dash 公司合作，于夏季在全美范围内赞助了几场 5 公里泥泞跑比赛。在每场比赛中，Delta Faucet 公司都建造了一个巨大的定制淋浴站，配有 184 个淋浴喷头，被泥浆浸湿的选手可以在赛后集中冲

洗泥浆。在使用了这种淋浴喷头后，75% 接受调查的跑步者表示，他们会考虑购买一个。这次活动将 Delta Faucet 公司 #HappyMess 活动的社交媒体活跃度提高了 85%，并使该品牌的销售额提高了 50%。

现在，各种品牌都会举办活动。但临时性的活动很少像精心策划的活动那样有效，后者能与品牌更广泛的促销和定位相结合。被某位商业记者称为"事件营销之母"的红牛公司，每年都会在全球举办数百场活动，旨在将红牛公司的高亢世界带给其爱好者群体（参见市场营销进行时 13 - 2）。

| 市场营销进行时 13 - 2 |

红牛公司：事件营销之母

毋庸置疑，可口可乐和百事主导着全球饮料行业。它们几乎在每个类别都拥有领先的品牌，从碳酸软饮料、强化型果汁饮料到瓶装水。2017 年，可口可乐在全球销售了价值超过 350 亿美元的饮料，百事以近 300 亿美元稳居第二。两家公司每年都要在繁杂的市场营销和广告项目上花费数亿美元。那么，一家规模较小的企业如何有效地与这些全球巨头竞争呢？最好的答案是：至少不要直接竞争。较小的企业可以采用独特的市场营销方式，在大型企业并未触及的地方运营。

这就是红牛公司的做法。在 30 多年前，当红牛公司第一次推出其能量饮料时，几乎没有人想到它会像今天这样每年成功创收 65 亿美元。红牛公司成功地避免了与可口可乐和百事等巨头的正面促销大战。相反，它通过独特的产品、品牌个性和活动营销方式，为其品牌注入了活力。

早在 1987 年，能量饮料还根本不存在。如果你想快速提神，唯一的选择就是含咖啡因的软饮料或一杯上好的咖啡。但是红牛公司推出了一种新饮料，含有大量的咖啡因以及鲜为人知的成分，如牛磺酸和葡萄糖醛酸内酯。它味道很糟糕，但效果很好，能够补充体力并使头脑清醒。为了让这种新饮料更加与众不同，创始人还给它起了一个独特的名字（红牛），并把它包装在一个 8.3 盎司的银蓝色罐子里，罐子上有明显的红黄标识。这样，一个全新的饮料类别即能量饮料诞生了，当然红牛公司是唯一的玩家。

独特的红牛公司的产品同样需要独特的品牌定位和个性，以此宣告红牛公司的饮料不是普通的饮料。红牛公司的市场营销并没有让人失望。该品牌的第一个也是唯一的口号——红牛，给你一双翅膀（Red Bull Gives You Wings）——传达了该产品的能量诱发优势。更重要的是，它挖掘了推动该品牌狭窄目标群体的力量——寻求在肾上腺素激增的快车道上驰骋的顾客。

为了强化品牌承诺，并匹配新品牌早期惨淡的财务状况，红牛公司避开了当时饮料行业常见的大预算、大众媒体的广告宣传。相反，它依赖于草根的、高强度的体育和事件营销。它赞助了被大型饮料竞争对手所忽视，但在红牛公司的目标顾客中却人气高涨的极限运动项目和运动员，如单板滑雪和自由式摩托车越野赛以及肖恩·怀特（Shaun White）和特拉维斯·帕斯特拉纳（Travis Pastrana）等运动员。

在此后的几年时间里，红牛公司把事件营销变成了一门科学。如今，该品牌每年在全球数十个体育项目中举办数百场赛事。每项活动都有不受限制的体验，旨在将红牛的高亢世界带给其热情的爱好者群体。红牛公司还拥有 FI 车队和足球俱乐部。红牛的名字出现在各种赛事上，比如红牛破冰世锦赛（Red Bull Crashed Ice World Championship）和一年一度的山地自行车比赛——红牛坠山赛（Red Bull Rampage）。除了体育，该公司还赞助音乐、舞蹈、时尚和艺术等方面的活动。

红牛公司最为人熟知的，或许是其大规模、高强度的推广活动，旨在吸引尽可能多的观众。红牛平流层（Red Bull Stratos）项目就是一个典型的例子。在这个项目中，极限跳伞运动员菲利克斯·鲍姆加特纳（Felix Baumgartner）从距离地面 12.8 万英尺（超过 24 英里）的氦气球上一跃而下，在这个过程中打破了音障和许多其他记录。这一跳，也创下了消费者品牌参与的纪录。鲍姆加特纳的跳伞完全符合红牛"给你一双翅膀"的品牌信息。而且鲍姆加特纳的太空舱和他的太空时代连身衣上都印着红牛的名字和标志。超过 800 万人通过 40 家电视台和 130 个数字频道观看了现场直播。在比赛前后的几个月里，无论是看到还是听到任何关于鲍姆加特纳的消息，顾客都会想到红牛公司。据估计，全球有 9 000 万人在社交媒体上关注了这一活动，创造了 6 000 万个可信的品牌印象。在传统媒体中，是买不到这种消费者参与效果的。

尽管红牛公司以大规模病毒式传播而闻名，但真正的"面包和黄油"（指成功）来自它持续不断的小规模活动。在红牛公司成为不停歇的事件机器背后，更大的目的是为其庞大的视频库创造充满动感的素材。访问该品牌网站 www.redbull.com，顾客可能连一张红牛饮料的照片都找不到。相反，顾客会发现设计简洁的、精心策划的视频，其中的海量视频剪辑似乎是按事件、运动员、情绪和季节组织的。人们可以浏览每一个视频，从在挪威格里姆斯塔的 27 米海洋悬崖跳水系列，到在科罗拉多山峰的红牛寒冷冲刺活动中的敢死队自由滑雪表演，再到关于极限运动英雄的纪录片以及在墨西哥蒙特雷等地举行的绝对令人惊叹的翼装飞行活动。

单独来看，较小的活动和视频并没有红牛跳伞项目那样的冲击力。红牛视频在发布的头 30 天里平均有 50 万的点击量。但这些事件累积起来，就会产生巨大的影响。在最近的某一年的时间里，红牛公司在 23 个频道上传了 4 331 个视频。这些视频总共产生了超过 25 亿次的点击量和超过 5 000 万的用户参与。这相当于每年 60 次以上的高空跳伞，使得红牛公司在一年的 12 个月中有 9 个月成为美国浏览量最高的品牌。

红牛公司不仅仅是一家饮料公司，如今它已经成为紧密相连的品牌社区。红牛公司的事件营销产生了源源不断的品牌内容，进而吸引品牌粉丝并给他们带来快乐。在过去的几年时间里，红牛公司旗下的 Media House 已经拍摄了电影，与 NBC 签署了节目协议，还与大牌制作人合作开发了真人秀节目，成为 YouTube 和脸书上最大的原创内容制作者之一，并创建了具有独特内容特征的自有网页和手机网站。

红牛公司无法直接与像可口可乐和百事这样的大品牌全面竞争，它甚至没有尝试过。然而，考虑到红牛公司在饮料领域所占一席之地的深度消费者参与和消费者忠诚度，可口可乐和百事都发现：在能量饮料领域与红牛公司竞争非常困难。红牛公司拥有全球能量饮料市场 40% 的份额，而可口可乐和百事也在该领域经营业务。

红牛公司的活动吸引了大量的人群和媒体报道，不仅关于活动本身，还有顾客的参与。事件营销与创造触觉参与相关，人们可以感受、触摸、品尝和面对面地体验品牌，而不仅仅是阅读或观看。红牛公司不只是赞助一个活动，它本身就是一个活动。品牌体验往往和事件本身一样重要。通过巧妙的事件营销，红牛公司给它的顾客和它自己都插上了新的翅膀，注入了巨大的能量。正如一位观察者所说的，红牛公司是"事件营销之母"。

资料来源：Mack Collier, "The Power of Being Second: How Red Bull Is Winning the (Content) Marketing Wars," *MackCollier.com*, February 1, 2018, http://tubularinsights.com/red-bull-video-marketing-strategy/; Greg Jarboe, "How Red Bull Quietly Changed Its Video Marketing Strategy," *Tubular Insights*, January 13, 2017, http://tubularinsights.com/red-bull-video-marketing-strategy/; Bruce Weinstein, "Do Not Dump: Make Your Marketing Strategy Story-Based, Not Fact-Based," *Forbes*, April 4, 2018, www.forbes.com/sites/bruceweinstein/2018/04/04/do-not-dump-make-your-marketing-strategy-story-based-not-fact-based/#2bef49bd5427; and www.coca-colacompany.com/investors, www.pepsico.com/investors, and www.redbull.com, accessed October 2018.

商贸促销

大众消费品制造商在商贸促销上的花费，几乎是消费者促销 4 倍。[25] **商贸促销**（trade promotions）可以说服经销商销售某一品牌、给予该品牌货架空间、通过广告进行推广，并将它推向消费者。如今货架空间如此稀缺，以至于制造商常常不得不向零售商和批发商提供降价、补贴、回购保证或免费物品等，以便让自己的产品陈列在货架上，并保持之后的继续上架。

制造商使用多元化的商贸促销工具，许多消费者促销工具也可用于商贸促销，如竞赛、赠品、陈列等。制造商可以直接提供价格折扣，即在某段时间之内，每次购买都给予折扣，也称为降价、直接折扣或价目表折扣。当然，制造商也可以提供补贴，以便使得零售商同意以某种方式突出展示制造商的产品。比如，广告补贴是对零售商宣传制造商产品所给予的补偿，陈列补贴则是补偿零售商对产品进行的特别陈列。

此外，制造商还可以提供免费物品，即向购买一定数量、某种口味或型号的中间商提供额外数量的商品。类似地，制造商也可以提供推销佣金，即给经销商或其销售人员现金或礼物，让他们"推销"自己的产品。最后，制造商也可以给零售商提供特制广告品，即印有公司名称的钢笔、日历、记事本、手电筒、手提袋等。

业务促销

每年，企业在面向工业顾客促销上的花费都高达数十亿美元，**业务促销**（business promotions）可以产生业务线索，刺激购买，回馈顾客并激励销售人员。业务促销包括很多与消费者促销或商贸促销相同的手段。这里，我们重点关注两种主要的业务促销手段——会展和贸易展览以及销售竞赛。

许多企业和行业协会都会组织会展和贸易展览来推广自己的产品。面向工业销售的企业会在贸易展览上展示自己的产品。参展的厂商可获得很多好处，包括发现新的销售线索、维系与顾客的联系、介绍新产品、结识新顾客、向现有顾客出售更多产品以及通过出版物和视听材料来指导顾客。而且，贸易展览还能帮助企业接触销售人员难以接触到的许多潜在顾客。

一些贸易展览规模盛大。例如，在一届国际消费类电子产品展览会（International Consumer Electronics Show）中，有超过 4 000 家参展商，吸引了 18 万名专业参观者。更有甚者，在德国慕尼黑举办的 Bauma 采矿与建筑设备展会上，来自 58 个国家或地区的 3 400 个参展商，向 210 多个国家或地区的超过 58 万参会者宣传了它们的最新创新产品。整个展览场地达 650 万平方英尺，比 112 个足球场还要大。[26]

销售竞赛（sales contest）的目的在于促使销售人员或经销商在一段特定时期内提高销售业绩。销售竞赛激励和表彰优秀的企业员工，他们可获得免费旅行、现金或礼物。有的企业采取根据业绩积分的方法，达到一定积分可以兑换不同的奖品。销售竞赛在与可量化、可达到的销售目标（如发现新顾客、维系老顾客或者增加顾客利润率）结合到一起时，效果最好。

13.4.4 制订销售促进方案

除了选择销售促进类型，市场营销人员还要设计完整的销售促进方案并做出几种决策。首先，市场营销人员必须确定激励的规模。销售促进要想获得成功，一定的规模是必需的，较高水平的激励将产生更多销售额。

市场营销人员必须制定参与条件，激励对象可以是所有人，也可以只限于某些特定群体。市场营销人员必须决定如何推广并开展销售促进活动。例如，一张 2 美元的优惠券可以通过以下途径分发：放入产品包装内、印在广告中、在店内分发、通过网络或社交媒体分发或者通过手机下载。每种方法的接触程度和成本各不相同，越来越多的市场营销人员将几种媒体手段组合成一个整体的宣传活动。销售促进时间的长短也很重要。如果销售促进的时间过短，许多潜在顾客（他们在那段时间里可能并不购买）将会错过机会。如果销售促进的时间过长，将会失去刺激"马上购买"的功能。

评估也很重要。企业应当评估它们在销售促进上的投资回报率，就像评估其他市场营销活动的回报率一样。最常见的评估方法是比较销售促进活动之前、之中、之后的销售额。企业应该问：销售促进是吸引了更多新顾客，还是让现有顾客买得更多？我们能维持这些新顾客和他们的购买力吗？长期的顾客关系和销售收入能够证明资源投入是值得的吗？

显而易见，销售促进在整个促销组合活动中发挥着重要作用。为了更好地使用它，市场营销人员必须明确销售促进的目标，选择最佳工具，设计销售促进方案，实施销售促进方案，并评估结果。另外，销售促进必须与整合营销传播方案的其他元素协调一致。

学习目标回顾

本章是本书阐述市场营销组合中最后一个要素促销的第二章。前一章介绍了整合营销传播、广告及公共关系问题。本章主要介绍人员推销和销售促进。其中，人员推销是营销传播组合中的人际交往工具；销售促进主要由各种短期激励工具构成，用来促使消费者更快、更多地购买产品或服务。

学习目标1　讨论在吸引顾客、创造顾客价值和建立顾客关系过程中，企业销售人员所起到的作用。

大多数企业会雇用销售人员，并让其在市场营销组合中扮演重要角色。对于直接销售商品的企业而言，销售团队直接面向顾客展开工作。通常的状况是：销售团队作为顾客与企业唯一的联络点，被顾客视作企业的代表。另外，对于通过中间商销售商品的企业来说，顾客通常不与销售人员见面，甚至对他们一无所知。销售团队在幕后开展工作，与批发商和零售商打交道，以赢得它们的支持，帮助它们更有效地销售企业的产品。

作为促销组合中的一部分，销售团队在实现某个市场营销目标和执行发现、沟通、销售、服务和信息收集等活动时，显得十分有效。随着企业越来越以市场为导向，一个以顾客为核心的销售团队，既要让顾客满意，也要为企业带来利润。销售团队在吸引、开发和管理有利可图的顾客关系中扮演着关键角色。

学习目标2　识别并解释销售团队管理的六个主要活动。

销售团队的高成本，要求有效率的销售团队管理过程必须包含如下六个活动：设计销售团队的战略和结构，销售人员的招聘和选拔、培训、薪酬、监督和激励、评价。

在设计销售团队的过程中，销售管理必须解决几个问题，包括采取哪种销售团队结构最好（地区型、产品型、顾客型或复合型），销售团队规模应多大，哪些人会参与销售，不同的销售人员和销售支持人员如何在一起工作（内部或外部销售团队和团队销售）。

招聘和选拔销售人员必须谨慎。在招聘销售人员的过程中，企业可能会根据工作职责和最成功的销售人员的性格特征来确定自己想要的销售人员的特征，然后通过现有销售人员、广告、网络、社交媒体以及

大学招聘/就业中心来寻找合格的申请者。在选拔过程完成之后，培训项目让新的销售人员不仅熟悉销售的艺术，而且熟悉企业的历史、产品和政策以及顾客和竞争对手的特点。

销售团队的薪酬系统可以帮助奖励、激励并指导销售人员。除了薪酬之外，所有的销售人员还需要监督，需要持续的激励，因为他们在销售过程中需要做出许多决策并面临诸多挫折。企业需要周期性地评价销售人员的业绩，并帮助他们更好地开展工作。在评价销售人员的时候，企业从销售报告、个人观察、顾客调查和与其他销售人员交谈中获得信息。

使用在线、移动和社交媒体等社交销售手段，逐渐成为最流行的销售趋势。数字技术为销售人员提供了强大的工具，帮助他们识别并了解潜在顾客、吸引顾客、创造顾客价值、达成交易以及建立顾客关系。今天的许多顾客不再像以前那样依赖于销售人员的帮助。他们越来越多地利用网络和社交媒体资源来分析问题，研究解决方案，从同事那里获得建议，并在与销售人员交谈之前对购买方案进行评估。作为回应，卖家正在围绕新的顾客购买过程重新调整自己的销售过程，包括利用社交媒体、移动设备、网络论坛、在线社区、博客和其他数字工具更早、更全面地吸引顾客。最终，在线、移动和社交媒体技术帮助销售团队变得更加高效、划算、多产。

学习目标3　讨论人员推销的过程，区分交易导向型营销与关系营销。

推销过程主要包括七个步骤：发现和界定、事先调查、接近顾客、展示和介绍、消除异议、完成交易、跟踪。这些步骤有利于市场营销人员完成销售，因此是交易导向的。但是，卖家与顾客的交易应当是由更大的关系营销概念来指导的。

销售团队应当精心安排整个企业的活动，以此来与关键顾客发展长期有利的互动关系。当然，这是建立在卓越的顾客价值与满意的基础之上的。

学习目标4　解释销售促进活动是如何制定与执行的。

销售促进活动要求设定销售促进的目标（通常来说，销售促进应当是与顾客建立关系）；选择销售促

的工具；通过使用消费者促销工具（优惠券、现金返还、赠品、购买点促销、竞赛、抽奖、赞助等）、商贸促销工具（降价、补贴、免费物品、推销佣金等）和业务促销工具（会展和贸易展览、销售竞赛等）来设计和执行销售促进项目；确定激励的规模、参与条件、如何推广并开展促销活动以及销售促进的时间。在这个过程完成之后，企业还必须评估其销售促进的效果。

关键术语

人员推销（personal selling）

销售人员（salesperson）

销售团队管理（sales force management）

地区型销售团队结构（territorial sales force structure）

产品型销售团队结构（product sales force structure）

顾客型（市场型）销售团队结构（customer（market）sales force structure）

外部销售团队（现场销售团队）（outside sales force（field sales force））

内部销售团队（inside sales force）

团队销售（team selling）

销售配额（sales quotas）

社交销售（social selling）

推销过程（selling process）

发现（prospecting）

事先调查（preapproach）

接近（approach）

展示（presentation）

消除异议（handling objections）

完成交易（closing）

跟踪（follow-up）

销售促进（sales promotion）

消费者促销（consumer promotions）

事件营销（事件赞助）（event marketing（event sponsorships））

商贸促销（trade promotions）

业务促销（business promotions）

问题讨论

1. 定义人员推销，讨论人员推销在企业促销组合中的作用。（AACSB：书面和口头交流；反思性思考）

2. 说出并解释销售团队管理的主要步骤。（AACSB：书面和口头交流）

3. 什么是社交销售？销售人员如何利用数字技术为他们的企业带来好处？（AACSB：书面和口头交流；反思性思考）

4. 描述推销过程的各个步骤。这一过程是如何吸引顾客并建立顾客关系的？（AACSB：书面和口头交流；反思性思考）

5. 什么是销售促进？讨论它作为短期消费者促销工具使用的增长趋势。（AACSB：书面和口头交流；反思性思考）

6. 讨论消费者促销、商贸促销和业务促销之间的差异。举例说明在每次促销活动中可以使用的不同促销工具。（AACSB：书面和口头交流；反思性思考）

营销伦理

放弃顾客

在过去的几年里，史泰博公司的员工面临着具有挑战性的工作环境。据《纽约时报》报道，史泰博公司拥有一个绰号为"市场篮子"（Market Basket）的内部报告系统，该系统仔细地追踪每位销售人员所售出的设备和增值的保护计划。史泰博希望每名销售人员都能够通过额外的商品和保修合同将每笔交易提高 200 美元。史泰博的销售人员接受了培训，要坚持推销直到至少遭遇三次拒绝。这是一种典型的强行推销技巧。没有达到目标的销售人员都接受了培训。如果不奏效，表现不佳的员工将面临纪律处分，可能会导致更多的夜班和周末轮班，减少工作时间，甚至被解雇。

商店经理也面临着严格的审查。他们得到了一个明确的信息：为了避免降低商店"市场篮子"的平均值，如果销售人员不能成功地提高销售额，他们就应该"放弃顾客"。顾客会被告知该商品没有存货，然后空手离开商店。销售人员还有另外一种选择：他们可以陪同顾客到店内进行网上订购。在线订单不受史泰博公司关键绩效指标（KPI）的影响，也没有报告给商店的"市场篮子"。（欲了解更多信息，请参见大卫·哈格勒（David Haggler）的《再加些东西卖，或者干脆不卖》，www.nytimes.com/2012/09/09/your-money/sales-incentives-at-staples-draw-complaints-the-haggler.html。）

1. 企业的销售团队通过吸引顾客和建立顾客关系来创造和交付顾客价值。根据"市场篮子"策略，史泰博公司是否专注于建立顾客价值和关系？请解释一下。（AACSB：书面和口头交流；伦理理解和推理）

2. 在网上寻找并阅读史泰博公司的道德准则。上述销售政策是否与史泰博公司的道德政策一致？"放弃顾客"是否违反了该公司的道德准则？提供具体的例子。（AACSB：书面和口头交流；伦理理解和推理）

营销计算

买一赠一！

Mountain Goat Cyclery 是科罗拉多州的一家独立的自行车零售商，专门经营山地自行车。它为成人和儿童提供全品类的山地自行车，并提供配件和自行车维修服务。与许多当地的零售商一样，Mountain Goat Cyclery 在报纸、广播、杂志等当地媒体上进行广告宣传。店主正在考虑花费 500 美元来宣传夏季促销活动：每购买一辆 Diamondback Lux 自行车，该零售商就提供一个免费的 Fox Flux 山地自行车头盔。自行车售价为 500 美元，头盔的零售价为 100 美元。

1. 如果 Mountain Goat Cyclery 在销售价格上加价 35%，那么在优惠期间，它能获得的每辆自行车的利润是多少？在此优惠的前提下，Mountain Goat Cyclery 公司需要额外卖出多少辆自行车才能达到收支平衡？请参考附录 3 "营销计算"中的"盈亏平衡和利润分析"，以便了解如何进行这一分析。（AACSB：沟通；分析推理；反思性思考）

2. Mountain Goat Cyclery 开展了促销活动。在促销期间，共销售了 15 辆自行车。假设在广告上花费的 500 美元是与这次促销有关的唯一营销成本，请计算促销的净营销贡献。这次促销是否成功？请参考附录 3 "营销计算"中的"净营销贡献"，以便了解如何进行这一分析。（AACSB：分析推理）

企业案例

适合本章的案例见附录 1。

企业案例 13　宝洁：通过顾客业务开发进行销售。 宝洁公司采用了"顾客业务开发"的销售策略，通过确保其零售顾客的成功而获得成功。

企业案例 11　Bass Pro Shops：为讨厌购物的人打造自然主题公园。 Bass Pro Shops 通过一些吸引顾客的体验活动（包括特别活动）来吸引客流量。

复习题

1. 什么是社交销售？它如何影响组织中的销售职能？（AACSB：沟通；反思性思考）

2. 什么是团队销售？为什么团队销售变得越来越重要？这种方法有什么缺点吗？（AACSB：沟通；反思性思考）

注释

第14章

14

直复营销、在线营销、社交媒体营销和移动营销

学习目标

学习目标 1 定义直复营销和数字营销，并讨论直复营销和数字营销的快速发展及其给顾客和企业所带来的好处，参见"直复营销和数字营销"部分。

学习目标 2 识别并讨论直复营销和数字营销的主要形式，参见"直复营销和数字营销的形式"部分。

学习目标 3 阐述企业是如何应用各种网络营销策略来应对互联网和数字时代的，参见"数字时代的营销"部分。

学习目标 4 讨论企业是如何使用社交媒体营销和移动营销来吸引消费者并创建品牌社区的，参见"社交媒体和移动营销"部分。

学习目标 5 识别并讨论传统的直复营销的形式，概述直复营销所面临的公共政策和伦理问题，参见"传统的直复营销的形式"部分。

概念预览

在之前两章中，你已经学习了如何通过整合营销传播来吸引顾客和传播顾客价值以及营销传播组合的四个要素：广告、公共关系、人员推销和销售促进。在本章中，我们将解释什么是直复营销以及发展最快的直复营销形式：数字营销（在线营销、社交媒体营销和移动营销）。现如今，随着互联网使用和网络购物的兴起以及数字技术的迅速发展——从智能手机、平板电脑和其他数字设备到大量的在线、移动和社交媒体——直复营销也经历了戏剧性的转变。当学习本章时，请记住虽然直复营销和数字营销被作为独立的工具，但是这两者之间以及它们与促销要素和市场营销组合之间必须严谨地进行整合。

让我们从可口可乐的案例入手来开始本章的学习。可口可乐是一家以广告闻名的企业。几十年来，其经典的大众媒体广告活动为几代消费者提供了信息和快乐。但随着数字时代的到来，可口可乐与消费者沟通和接触的方式也发生了变化。虽然可口可乐仍然严重依赖于大规模的广告活动来定位品牌和讲述品牌故事，但它也利用数字营销直接吸引消费者，引发消费者与品牌的对话，并使品牌成为消费者生活的一部分。

可口可乐公司的数字营销：让品牌成为消费者故事的一部分

在过去的几十年里，可口可乐一直是大众媒体广告和大众媒体营销方面无可争议的大师。这家公司围绕着经典口号运作了一系列令人印象深刻的高预算活动，比如"可乐在手，万事如意"（Things Go Better with Coke）。这些活动往往带有一些令人记忆深刻的符号，从迈克尔·乔丹、圣诞老人到标志性的可口可乐北极熊。每年，可口可乐在全球范围内的广告支出更是达到令人瞠目结舌的40亿美元，占其总收入的10%。

可口可乐巨大的广告影响力，使可口可乐成为世界上最知名的品牌之一。对于这一点，你可能已经知道了，但是你可能还没有意识到：随着数字化转型在世界范围内如火如荼地进行，可口可乐也必然参与其中。尽管这个品牌仍然是大众媒体营销之王，但可口可乐已经与时俱进，并成长为一家领先的数字、社交媒体和移动营销企业。

在过去，可口可乐的广告目标是通过大众媒体的影响来建立其品牌形象和定位，使其品牌信息从企业流向目标消费者。在"超级碗"比赛上投放的一则广告，可以在全球范围内影响数以亿计的消费者。时至今日，这依然很重要。但今天的数字媒体提高了消费者的品牌参与度。除了创造影响之外，可口可乐现在还寻求创造消费者的"表达"、进行品牌相关的交流和回应，如评论、转发、照片上传、宣传品牌以及在社交媒体上分享品牌内容等。

可口可乐已经意识到：如今，由权力越来越大的消费者产生的品牌内容，往往比企业所产生的还要多。例如，可口可乐估计，每年在YouTube上与可口可乐相关的内容，有数亿次的浏览量。其中，只有18%是可口可乐自己制作的，另外的82%则来自用户所创造的内容。因此，可口可乐的许多营销活动都旨在激发与品牌相关的消费者表达，而不是单纯的媒体曝光。

例如，可口可乐将20盎司可乐瓶上的公司标志替换成了1 000多个在美国最受欢迎的人名，以此来鼓励可口可乐爱好者与朋友和家人分享可乐瓶子。消费者也可以在网上订购带有定制标签的组合包装的可乐产品，或者创建虚拟定制的可乐瓶，并进行保存、发布或分享。此外，消费者还可以用#ShareaCoke标签在线分享他们的可口可乐照片、故事和体验，并在品牌网站和公司的广告牌上发布帖子。

该活动已成为可口可乐有史以来最成功的活动之一。仅仅一年的时间，就创造了超过50万张照片和600万个虚拟可乐瓶的在线分享，可口可乐在脸书上的粉丝也增加了近2 500万左右。在第五个年头的时候，这个活动又有了新的变化。瓶子上的标签变成了可撕掉的贴纸，顾客可以把它撕下来贴在自己的衣服、背包、手机、汽车或其他任何地方。这一举措为顾客提供了更多机会以在社交媒体上分享自己的品牌对话和照片。

可口可乐努力打造一个"互联的可口可乐"，并鼓励消费者共同创造和分享品牌内容。因此，可口可乐保持了庞大的数字足迹。除了全球数百个网站之外，该品牌还拥有70个脸书页面、35个推特账户、21个Instagram账户和10个YouTube频道。其中，其脸书主页拥有1.07亿粉丝、推特拥有350万粉丝、Instagram拥有250万粉丝、YouTube拥有230万订阅者。可口可乐的网站和社交媒体页面上充满了互动内容，旨在将消费者与品牌联系起来，并让消费者分享自己的品牌体验。

例如，在几年之前，可口可乐还将其公司网站转变成了一本动态的数字杂志，名为可口可乐之旅（Coca-Cola Journey）。这个高度新闻化的网站包含了杂志风格的专题报道，用引人注目的摄影、视频和音频以及引人入胜的图片记录生活。无论哪一天，顾客都可以找到关于公司时事、新产品的内容，以及公司对于当前社会热点问题的看法。顾客也会发现由员工和顾客所撰写的专题报道，内容涵盖了可口可乐广告口号的历史演变、如何订购印有顾客名字的可乐瓶、在可口可乐工作的感受、如何烤可口可乐蛋糕（配有视频）等。

该网站还邀请访问者"加入这一旅程"，以便"分享顾客的可乐瞬间"，并通过上传照片或视频"传播幸福"。"撒娇……在林中漫步……与朋友分享冰激凌和欢笑——这些都是我们的旅行采编者最喜欢的事情，"网站指出，"因此，我们想知道令你感到开心的是什么。"被选中的粉丝所提交的内容将在"可口可乐之旅"中出现。因此，与以往呆板的、老掉牙的企业网站不同，"可口可乐之旅"充满了引人入胜的、值得分享的品牌内容。

可口可乐还广泛地应用移动营销。例如，它提供了十几种移动应用程序，从占主导地位的 Coca-Cola 应用程序到 Coke Studio（流媒体音乐）、Coca-Cola Happy Shopmate（在移动设备上查找和兑换令人兴奋的当地可乐优惠、福利和免费赠品）、Simply Tasty（提供日常食谱和"美食冒险"）、Coca-Cola Freestyle（一款可乐调配应用程序，可让顾客混合并保存喜欢的可口可乐混合物，然后在当地 Coca-Cola Freestyle 自动售货机上以数字方式进行订购）。

可口可乐还源源不断地推出自己的移动广告，旨在为如今时间紧迫、高度移动化的消费者提供快餐式、便携性的内容。例如，可口可乐几年前发起的、首批以数字为主导的活动——主要针对移动设备进行优化，提供易于理解的、适合移动设备的内容，旨在吸引世界上的青少年——一个以注意力短暂而著称的受众群体。"想想青少年只会花几秒钟浏览以获取信息的有趣的视频和动图，以及他们只会玩两三分钟的简单游戏。"一位数字营销分析师指出，"他们进去又出来，并继续刷新。"可口可乐的一位主管市场营销的高管说，"如果你看看青少年使用推文、帖子和文本的方式，你就会发现那就是他们的行为方式。"活动内容不仅来自可口可乐，也来自青少年自己，并且会定期进行更新，"不断挖掘青少年对探索、不断的刺激以及新奇的事物的渴望"，市场营销人员指出。

因此，可口可乐仍然是一个多产的传统大众媒体广告商，它以大规模的广告活动来定位品牌，并讲述自己的品牌故事。但同时，可口可乐在创造数字、社交媒体和移动内容方面也处于领先地位。数字内容不只是讲述品牌故事，还让品牌成为消费者故事的一部分，直接以个性化的方式吸引消费者、促进品牌对话，并使品牌成为消费者生活的一部分。[1]

前面几章所讨论的很多市场营销和促销工具都是在大众营销的背景下发展起来的：用标准化的信息瞄准广阔的市场，通过中间商分销产品。然而如今，随着目标市场不断变小以及数字化和社交媒体技术的快速发展，很多企业开始将直复营销作为其主要的市场营销方法，或者将其作为对其他市场营销方法的一种有益补充。在下面的内容中，我们将探讨直复营销的爆炸式增长和发展最快的直复营销形式——数字营销，它使用网络营销、社交媒体营销和移动营销等多种渠道。

➡ 14.1　直复营销和数字营销

> **作者点评**
> 对于大多数企业而言，直复营销和数字营销是辅助渠道或媒介。但是对于今天的很多企业而言（如亚马逊、盖可保险和脸书），直复营销是其经营的重要方式。

直复营销和数字营销（direct and digital marketing）是指与仔细筛选的单个消费者和用户社区直接接触以获得即时响应，并建立持久的顾客关系。企业使用直复营销来定制产品和内容，以满足利基市场或个人购买者的需求和兴趣。企业通过这种方式来实现与顾客的互动和构建品牌社区并增加销售。

例如，亚马逊直接通过其网站或移动应用程序与消费者进行互动，帮助他们在网上搜寻和购买所有的东西。同样，盖可保险也通过电话、官网、移动应用程序或脸书、推特和 YouTube 等与消费者直接进行互动，以此建立个人品牌关系、提供保险报价、销售保单或为顾客提供服务。

14.1.1 新型直复营销模式

早期的直复营销者——目录公司、直邮者和电话营销者——主要通过邮件和电话来收集顾客姓名和销售商品。随着互联网使用和网络购物的激增以及数字技术的快速发展——从智能手机、平板电脑和其他数字设备到大量的在线社交和移动媒体——直复营销经历了戏剧性的转变。

在前面几章中，我们将直复营销作为直接分销渠道，也就是不包含中间商的市场营销渠道。我们还在促销组合的构成要素中加入了直复营销和数字营销——作为吸引消费者和创建品牌社区的方法。事实上，直复营销所能做的，远不止前面说的这两点。

大多数企业仍然将直复营销作为一种辅助渠道或媒介。因此，大多数百货商店，如梅西百货或科尔士百货，主要是在店内出售其商品，但它们也通过网站和在线目录、直邮和社交媒体网页来进行销售。百事的激浪品牌，通过大众媒体广告和零售合作伙伴渠道来大量销售产品。然而，百事也使用直复营销来对这些渠道进行补充。例如，该品牌在"超级碗"比赛期间播出了轰动一时的电视广告。同时，在大型赛事之前和之后的几周里，百事也在数字媒体上投入巨资，以吸引其热情忠诚的粉丝群。"我们接近 40% 的投资都是关于数字化的，因为那是消费者进行社交的地方。"百事首席营销官指出，"我们在'超级碗'比赛期间花费了大量资金，但这本身不足以与消费者进行双向对话。"[2]激浪品牌也通过大量的网站和社交媒体来吸引粉丝。

然而，对于今天的很多企业来说，直复营销和数字营销不仅仅被用作辅助渠道或广告媒介，它们还构成了相对完整的企业经营模式。采用直复营销模式的企业将其作为唯一的手段。亚马逊、网飞、盖可保险以及 Expedia 集团等网络巨头已经围绕直复营销和数字营销建立了完整的市场模式。

例如，Expedia 集团是一个庞大的在线旅游企业，旗下有像 Expedia、Travelocity、Hotels.com、Hotwire、Trivago、Orbitz 和 HomeAway 这些为人所熟知的品牌。该公司在 2017 年的总收入为 101 亿美元，经营着超过 200 个旅游预订网站和超过 150 个移动网站的业务。该集团旗下的 Travelocity 是最早的在线旅游公司之一，该公司让顾客在没有旅行社或经纪人的帮助下，自己进行旅行安排。作为世界上最大的旅游品牌之一，Travelocity 和它著名的漫游小矮人（Roaming Gnome），可以帮助顾客留下简单但令人难忘的旅行经历。[3]

14.1.2 直复营销和数字营销的快速增长

直复营销和数字营销已经成为增长最快的市场营销形式。随着直复营销继续向网络的转移，数字直复营销在市场营销支出和销售中占据了越来越大的份额，包括在线展示和搜索广告、社交媒体、移动、视频、电子邮件等在内的数字广告支出占据着媒体广告支出的最大份额。据统计，数字媒体支出比排名第二的电视支出要高出 20%。随着消费者在平板电脑和智能手机上花费的时间越来越多，移动媒体上的广告支出也在激增。目前，移动广告支出占所有数字广告支出的70%。[4]

14.1.3 直复营销和数字营销对企业和顾客的好处

对于买方来说，直复营销和数字营销更加便利、简单和私密。它们使买方可以在任何地方、任何时间访问几乎无限量的各种各样的商品，并获取丰富的产品和购买信息。例如，亚马逊网站和手机应用程序所提供的信息令人目不暇接，从十大产品列表、广泛的产品描述、专家和用户对产品的评论到基于顾客之前的购买体验所提供的建议等。

通过直复营销，买方能够通过电话、卖方网站或移动应用程序与卖方进行互动，指出他们需要的信息、产品或服务配置，并当场进行预订。最后，对于有需要的消费者来说，数字营销通过在线、移动和社交媒体培养了顾客的品牌参与意识，并提供了品牌社区——与其他品牌爱好者分享品牌信息和体验的地方。

对于卖方来说，直复营销则提供了一个低成本、高效率的快速进入市场的选择。今天的直复营销者可以瞄准小群体或个体顾客。基于直复营销的一对一特点，企业能够通过电话或网络与顾客进行互动，更多地了解他们的需求，并根据顾客的具体要求来提供个性化的产品和服务。反过来，顾客也能够提出问题并自愿给予反馈。

直复营销和数字营销还为卖方提供了更大的便利性。它们允许市场营销人员对价格和计划进行持续的调整，或是给出直接的、及时的和个性化的声明与建议。例如，家装零售商劳氏的在线"How-Tos Library"，使消费者可以获取几乎所有项目的数百个详细的教程视频、项目规划指南、成本计算器和其他有用信息，从建造后院露台、安装草坪洒水系统和悬挂石膏墙板，甚至是消灭老鼠，应有尽有。只要有项目出现，这些指南就可以使用。当然，还包括在附近的劳氏商店可以买到的详细的用品清单。[5]

尤其是在今天的数字化环境中，直复营销为实时营销（real-time marketing）提供了机会，而后者将品牌与顾客生活中的重要时刻和趋势事件紧密地联系起来。它是一个强大的工具，可以通过购买过程推动顾客进入下一个流程，并激发顾客的参与、建立社区和强化个性化的关系。例如，在一些地方，唐恩都乐利用移动广告吸引人们在手机上使用谷歌或谷歌地图搜索"我附近的咖啡"，并在广告上写着"找到最快的咖啡"。点击这则广告，就会显示出地图和附近的唐恩都乐门店所需的等候时间。在更广泛的层面上，从本杰瑞、星巴克到 Red Cross 等都使用推特或 Instagram 与消费者实时沟通重要事件、促销活动、公告甚至是热点新闻。

➡ 14.2　直复营销和数字营销的形式

> **作者点评**
> 直复营销的工具有很多种，从传统工具，如直邮和产品目录到令人眼花缭乱的新型数字化工具——在线、移动和社交媒体。

直复营销和数字营销的主要形式如图 14 - 1 所示。传统的直复营销工具包括面对面销售、直邮营销、目录营销、电话营销、电视直销和售货亭营销等。然而，近年来，新型数字直复营销工具在市场营销场景中不断出现，包括在线营销（网站、在线广告、电子邮件、在线视频和博客等）、社交媒体营销和移动营销。

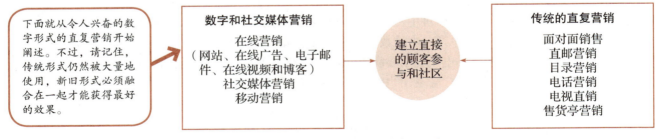

图 14 - 1　直复营销和数字营销的主要形式

我们首先介绍这些最近备受关注的数字和社交媒体营销工具，然后回顾现在仍然大量使用且非常重要的传统的直复营销工具。切记，所有这些新的数字营销形式和更为传统的营销形式必须融合成整合营销传播计划。

如前所述，**数字和社交媒体营销**（digital and social media marketing）是直复营销中增长最快的形式。通过使用数字营销工具，如网站、在线视频、电子邮件、博客、社交媒体、移动广告和应用程序以及其他数字平台，企业可以随时随地通过电脑、智能手机、平板电脑、可联网的电视和其他数字设备直接接触到消费者。互联网和数字技术的广泛使用，对购买者和为他们提供服务的市场营销人员都产生了重要的影响。

概念应用

请在这里暂停一下，思考直复营销和数字营销对我们日常生活产生的影响。

● 回想一下上次通过直复营销或数字营销进行购物的经历。你购买了什么？为什么直接购买？回想一下最近在商店进行购物（而不是通过直复营销进行购物）的经历。为什么不用直复营销渠道？基于这些经历，你会对直销人员提出哪些建议？

● 在接下来的一周，关注所有通过邮件和目录、电子邮件和移动广告、在线和社交媒体营销等方式出现在你面前的商品，然后对其类型、来源、你喜欢与不喜欢的地方及交付方式进行分析。哪一种商品最适合目标人群（你）？哪一种商品与目标人群相距最远？

➡ 14.3 数字时代的营销

目前，人们几乎可以在任何时间、任何地点，与信息、品牌以及彼此之间实现数字化连接。在物联网时代，似乎每件事、每个人都将很快通过数字方式与其他事和个人互联互通。数字时代从根本上改变了顾客对便利、速度、价格、产品信息、服务和品牌互动的看法。因此，它为市场营销人员提供了一种为顾客创造价值、吸引顾客浸入并建立顾客关系的全新方式。

作者点评
直复营销和社交媒体正在快速发展，占据了近期所有的头条新闻。所以，我们将从这些内容展开学习。但是，传统的直复营销工具仍然被大量使用，我们会在后面的章节再深入地加以介绍。

数字技术的使用和影响力在持续稳定地增长。超过 88% 的美国成年人使用互联网，美国的互联网用户平均每天花费近 6 小时在数字媒体上，主要是通过移动设备进行的。在世界范围内，超过 54% 的人口已经可以使用互联网，有 32% 的人可以使用移动互联网。[6]

超过一半的美国家庭现在经常在网上购物，数字化购买继续以两位数的速度增长。2017 年，美国在线零售额为 4 540 亿美元，同比增长了 16.6%，占总零售额的 13%。到 2027 年，随着消费者继续将他们的支出从实体店转向数字商店，在线销售额预计将增长到超过 1 万亿美元。也许更重要的是：据估计，超过一半的美国零售要么是直接在网上进行，要么是不可避免地受到互联网调研的影响。[7] 随着今天的全渠道消费者越来越擅长在线购物、移动购物和实体店购物，数字渠道在他们的购物过程中将会发挥越来越大的作用。

为了进入这个快速增长的市场，许多企业现在都通过网络进行营销。还有一些企业只在线上运营，从通过网络直接将产品或服务销售给最终购买者的电子零售商（如亚马逊、Quicken Loans 和 Expedia.com），到搜索引擎和门户网站（如谷歌、必应和雅虎）、交易平台（eBay、Craigslist）、内容网站（《纽约时报》、ESPN.com 和维基百科）和在线社交媒体（脸书、推特、Instagram、YouTube 和 Snapchat）。

当今，很难找到一家没有实质性线上业务的企业。即使是在线下开展传统业务的企业，也都建立了自己的线上销售、市场营销和品牌社区渠道。传统商店零售商在线上销售中所获得的份额越来越大。例如，梅西百货现在是全球第十大电子零售商，近 18% 的收入来自线上交易。塔吉特有大约 23% 的销售额来自线上交易；对于诺德斯特龙而言，这一比例也高达为 22%。[8]

事实上，采用**全渠道零售**（omni-channel retailing）的企业在线上渠道取得的成功，并不亚于只经营线上渠道的竞争对手。例如，家装零售商家得宝公司在美国拥有近 2 000 家门店，但它近年来增长最快的领域是在线销售，2017 年增长了近 22%。[9]

虽然很难想象在网上销售胶合板、洗碗机或乙烯基壁板，但家得宝如今却正在做这些事情，而且销售的产品种类越来越多。2017 年，家得宝在网上销售了价值 68 亿美元的商品，这一数额相当于史泰博、巴诺书店、蒂芙尼或威廉姆斯－索诺玛之类的零售企业零售收入的总和。现在，家得宝是全美十大电商之一，其在线库存清单中包含超过 100 万种商品。相比之下，传统的家得宝商店只有大约 3.5 万种商品。

家得宝现在为顾客提供多种接触点和送货方式。顾客可以在家得宝商店的货架上买到现成的产品，也可以在家里、工作地点或两者之间的任何地方通过电脑或智能手机在线订购，然后等待收货或到商店提货。现在，家得宝超过 46% 的在线订单都是在商店内完成的。在商店里，配备平板电脑的员工也可以帮助顾客订购缺货的物品，以便日后提货或送货。总之，家得宝将网络作为一种销售渠道，通过提供产品、项目和其他信息，推动线上和店内销售，持续地改善顾客体验。"我们的顾客正在改变其购物和与我们打交道的方式。"家得宝公司指出。其目标是提供"无缝和无摩擦的体验，不管我们的顾客是在数字世界、我们的实体店、家里还是工作地点进行购物。顾客在哪里，我们就需要出现在哪里"。

数字和社交媒体营销的几种形式，如图 14-1 所示。这些形式包括在线营销、社交媒体营销和移动营销。下面依次对每一种形式进行阐述。

在线营销

在线营销（online marketing）是指利用网站、在线广告、电子邮件、在线视频和博客进行网络营销。社交媒体和移动营销也发生在线上，且必须与数字营销的其他形式密切协调。然而，鉴于它们的特点，我们会在后面专门对这些快速发展的数字营销方法展开描述。

网站和品牌网络社区

对于大多数企业来说，实施在线营销的第一步是创建网站。不同的网站在目的和内容方面大相径庭。有些网站主要是**营销网站**（marketing website），企业设计这类网站就是要与消费者进行互动，促使消费者直接购买或带来其他营销成果。

例如，以现代公司（Hyundai）为代表的汽车公司运营营销网站。一旦潜在顾客点击现代公司的网站，这家汽车制造商就会不遗余力地将咨询转化为销售，然后转化为长期关系。顾客打开网站的促销消息，网站会提供丰富且有用的信息和进行交互式的销售，包括对当前现代汽车型号的详细描述、提供工具便于顾客设计自己的现代汽车、提供用于计算已有汽车折价价值的板块、提供经销商的位置和服务信息，甚至是提供在线请求报价的板块。库存搜索和安排试驾，则会鼓励顾客大胆尝试并访问现代汽车的经销商。

相比之下，**品牌社区网站**（brand community website）不仅仅是出售产品。它们的主要目的是展示可以吸引消费者并创建顾客品牌社区的品牌内容。这些网站通常会提供丰富多样的品牌信息、视频、博客、活动和其他特色内容，以便建立更为紧密的顾客关系，并在品牌与顾客之间产生互动。以 ESPN.com 为例，顾客不能从该网站购买任何东西。该网站创建了一个巨大的品牌体育社区。[10]

在 ESPN.com 上，体育爱好者可以访问包含各种内容的数据库，其中包括体育信息、数据统计和赛事更新等。体育爱好者可以按照运动类型、团队、球员和作者等定制符合自己兴趣和偏好的网站内容。该网站使体育爱好者参与到比赛和有趣的运动中来（从吸引人的足球、棒球、篮球到曲棍球和扑克等，网站应有尽有）。来自全世界的体育爱好者都可以在体育赛事的前、中、后三个阶段参与同其他爱好者和体育明星的讨论。他们可以在留言板和博客中结交朋友，可以给其他用户发送信息并发表评论。通过下载各种移动应用程序，爱好者还能定制他们自己的 ESPN 体验，而且无论身在何处，都可以随时访问。总之，ESPN 的网站创建了一个没有围墙的虚拟品牌社区，必备的体验使得体育爱好者不断访问该网站。2017 年 3 月，超过 7 300 万球迷在 ESPN 的数字网站上花费了 59 亿分钟的时间。

创建网站是一回事，让人们访问这个网站是另外一回事。为了吸引访问者，企业会通过印刷和广播广告以及其他网站上的广告和链接来积极地推广自己的网站。但是今天的网络用户会快速抛弃任何不符合标准的网站。关键是要建立足够的吸引力和提供富有价值的内容来让消费者点开网站、浏览网站并在以后继续访问网站。网站应该易于使用，并在视觉上具有吸引力。然而最根本的问题是网站必须实用。当浏览和购物时，大多数人喜欢内容多于形式，喜欢功能多于浮华。例如，ESPN 的网站一点儿都不花哨，页面布局看起来相当紧凑。但是，它能够迅速有效地为用户提供所需要的体育信息，并实现与用户的互动。因此，有效的网站应该包含深刻的、有用的信息，有助于找到感兴趣的内容、其他相关网站的链接、不断变化的促销优惠以及带来相关刺激的娱乐功能等。

在线广告

随着消费者在线上所花费的时间越来越多，企业逐渐将更多的市场营销预算转移到了**在线广告**（online advertising）上，以便促进品牌销售或将访问者吸引到它们的网站以及移动和社交媒体网站上来。在线广告已经成为一种主要的促销媒介，主要形式包括展示广告和搜索广告。总体来看，展示广告和搜索广告占据了企业数字营销预算的最大部分。

在线展示广告可能出现在互联网用户屏幕上的任何地方，它经常与用户正在浏览的信息相关。例如，当用户在一个温暖的夏日浏览 ESPN.com 时，可能会看到网页的顶部和两侧都显示着 RTIC 冷却器的大型横幅广告，宣传该产品的耐用性和冷却能力。点击该横幅或附近的内嵌显示广告，就可以进入该品牌网站。

近年来，展示广告在吸引和推动消费者购买方面取得了长足的进步。今天的富媒体（rich media）广告包含动画、视频、声音和互动等。例如，波音公司最近发布了一个展示广告，展示了旋转着的、令人叹为观止的国际空间站 3D 视图。又如，Sonic 餐厅希望为夏季促销活动创造知名度和预期，因此它决定让其奶昔和冰激凌在晚上 8 点以后以半价进行出售。为此，它创建了一个在线展示广告，具有实时的、每日倒计时的时钟。广告将时钟与互动问答结合在一起，以便帮助顾客提前决定他们最喜欢的口味，同时显示的商店位置，帮助顾客找到最近的 Sonic 餐厅。"换句话说，"Sonic 的市场营销人员指出，"我们让人们很容易接受 Sonic 的半价夏日大餐。"[11]

使用搜索广告或内容关联广告，文本和图像广告及链接会出现在谷歌、雅虎和必应等搜索引擎的搜索结果的顶部或侧面。例如，在谷歌网站上搜索"LED TVs"，顾客会在搜索结果列表的顶部和侧面发现来自十个或更多广告顾客的、不显眼的广告，这些广告顾客包括三星、松下、百思买、亚马逊、沃尔玛、Crutchfield 和 CDW 等。2017 年，在谷歌公司 1 109 亿美元的收入中，有 86% 来自广告销售。搜索引擎是一种永远在线的媒介，而且搜索结果很容易被衡量。[12]

广告顾客从搜索网站购买搜索词条，仅当消费者从该网站的广告链接点击进入时才需付费。谷歌网站搜索网络关键词的每次点击成本平均约为 2.70 美元。最昂贵且最有竞争力的关键词每次点击的费用可能高达 50 美元或更多。搜索广告是大多数品牌数字广告组合的一个重要组成部分。每年，大型零售商都可能在付费搜索广告上花费 5 000 万美元或更多。总之，搜索广告占所有数字广告支出的 42%。[13]

电子邮件

电子邮件营销（email marketing）仍然是一种重要并不断发展的数字营销工具。全世界的人们每分钟发送超过 1.86 亿封电子邮件。一项调查显示：77% 的消费者更喜欢通过电子邮件，而不是直邮、短信或社交媒体获得许可式营销信息。76% 的消费者认为，零售品牌发送的相关电子邮件准确地反映了他们的购物偏好、地点或购买历史。电子邮件是一种重要的 B2B 工具，有86% 的商务专业人士在进行商务交流时更喜欢使用电子邮件。对于 B2B 用户来说，电子邮件是第三大最具有影响力的信息来源。更重要的是，如今电子邮件是一种移动媒介，有 55% 的电子邮件是在移动设备上打开的。毫不奇怪，鉴于其低成本和具有目的性，电子邮件可以产生非常高的投资回报。[14]

　　如果使用得当，电子邮件可以成为最基础的直复营销媒介。今天的电子邮件绝不是过去那种呆板的纯文本信息。相反，它们是丰富多彩的、诱人的和可互动的。电子邮件让市场营销人员可以发送高度针对性、高度个性化、能建立关系的信息。例如，玩具制造商费雪使用电子邮件向订阅者及时发送签到、更新和生日祝福。一位母亲可能会在她的孩子一岁生日时收到一封彩色的、个性化的生日邮件，里面有与年龄有关的娱乐想法、育儿技巧和产品信息的链接等。[15]

　　同样，眼镜品牌 Warby Parker 也会向在家试戴的顾客发送一系列的 9 封信息和促销邮件。每封邮件都针对试用过程中的各个步骤，从最初的注册和订单确认，到提供选择帮助和退货说明。"最神奇的部分是感觉到 Warby Parker 好像就在那，和我一起经历整个过程。"一位顾客指出。Warby Parker 还会发送令人愉悦的购后跟进和通知邮件。例如，它会在顾客购买后一周年的时候向顾客发送个性化的电子邮件："你已经拥有你的 Warby Parker 眼镜一年了。生日快乐！我们希望这 365 天让你感到愉悦。"考虑到顾客可能的额外需求，这封邮件还包含了 Warby Parker 网站的链接。[16]

　　但是电子邮件营销也有负面影响。那些塞满电子邮箱的**垃圾邮件**（spam）——自动发送的、不受欢迎的商业电子邮件的泛滥，往往会令消费者感到愤怒和沮丧。全世界每天发送的电子邮件中垃圾邮件约占 55%。美国的办公室职员平均每天会收到 200 封电子邮件，并且要花费近两个半小时来阅读和回复这些邮件。[17]电子邮件营销人员陷入为消费者增加价值和具有侵入性与令人烦躁的两难困境。

　　为了解决这些问题，大多数的合法营销人员现在都采用基于许可的电子邮件营销，只向那些"选择接收"的消费者发送电子邮件。很多企业使用可调整设置的电子邮件系统，这个系统允许消费者选择他们想要得到的信息。例如，亚马逊用有限数量的、具有帮助性的"我们认为你想知道"的信息来定位选择接收的顾客，这些信息是基于顾客表现出的偏好和之前的购买行为而产生的。很少有顾客会反对，实际上很多顾客欢迎这种促销信息。亚马逊通过较高的回报率和避免发送顾客不想接收的电子邮件来获益。

在线视频

　　在线营销的另外一种形式，是在品牌网站或 YouTube、脸书、Instagram、推特等社交媒体网站上发布数字视频内容。有些视频是为网页和社交媒体制作的，视频内容涵盖从入门教学和公共关系内容到品牌促销和与品牌相关的娱乐活动等。其余的视频是广告，是企业主要为电视和其他媒体制作的，在线投放可以在广告宣传活动之前或之后进行，目的在于扩大广告的覆盖范围和影响力。

　　好的在线视频能够吸引数千万的消费者。在线视频的观众数量正在飙升，当前有 58% 的美国人观看在线视频。现在，YouTube 用户每分钟会上传超过 300 小时的视频。在全球范围内，脸书每天都有超过 300 亿次的视频浏览量，Snapchat 则有 100 亿次的浏览量。据估计，在线视频占据了互联网流量的 69%。"在过去的一些年里，"一位分析师指出，"互联网从基于文本的媒体进化为新的电视。"[18]

　　许多品牌都推出了多平台视频活动，将传统的电视、网络和移动媒体联系起来。例如，大多数"超级碗"广告的视频版本和促销活动在大型比赛播出前后都吸引了大量观众。想想亚马逊公司在第 52 届"超级碗"比赛期间播放的幽默广告。在这则广告中，当科技巨头的人工智能助手失声而无法满足用户的需求时，会有一群大牌明星帮助其完成任务。这则时长 90 秒的广告在《今日美国》（*US Today*）广告收视率排行榜上排名第一，在比赛当天更是获得了超过 8 100 万次的电视广告曝光量和 800 多万次的在线观看。在比赛的前几天，这则广告的预告短片和预发布版本吸引了 2 000 多万次在线浏览，在随后的几天里又有数千万的浏览量。据统计，亚马逊公司的广告和相关视频在比赛前的在线"Digital Buzz"中排名第四。[19]

市场营销人员希望他们的视频能够像病毒一样进行传播。**病毒营销**（viral marketing）即口碑营销的数字化版本。病毒营销涉及创建视频和广告，以及其他具有传染力的营销事件，以便使顾客愿意进行搜索或将其传递给他的朋友们。因为是由顾客找到并传递这条信息或促销内容的，所以病毒营销的成本非常低。当视频或其他信息来自朋友的时候，接收者更可能去查看或阅读。

所有类型的视频都可以像病毒一样进行传播，进而带来品牌参与和正面的品牌影响。例如，谷歌公司的安卓系统发布了一部引人注目且可分享的视频，名为《永远的朋友》（*Friends Forever*），其中展示了一些不太常进行配对的动物——猩猩和狗、熊和老虎、猫和鸭子——成为朋友并一起享受生活。这段视频是安卓系统的市场营销活动。该活动强调了不同的人在一起可以变得更强大，这与安卓能够在不同设备上运行的核心竞争力一致。这段感人的视频在网上疯传。在发布后的 9 个月里，这段视频在 YouTube 上的浏览量就超过了 2 400 万次，在脸书、推特和博客空间被分享了 640 多万次，成为有史以来分享次数最多的视频之一。[20]

尽管这些病毒式传播取得了成功，但值得注意的是，市场营销人员通常无法控制病毒式传播信息的最终去向。他们可以在网上播下内容的种子，但除非信息本身能够引起消费者的共鸣，否则这没什么用处。[21]

博客和其他在线论坛

品牌也可以通过各种能够吸引特殊兴趣群体的数字论坛来进行网络营销。其中，**博客**（blog）或网络日志（web log）属于在线论坛，个人和企业都可以在这里发表自己的想法和其他内容，而这些想法和内容通常都是关于一些特定主题的。博客可以和任何事情相关，从政治或棒球到诗词、汽车维修、品牌或最新的电视剧等。很多博主使用推特、脸书、Tumblr、Instagram 等社交网络来推广自己的博客，此举使博客的普及率得到了巨大的提升。这些能够让博客具有很大的影响力，对于那些有大量忠实粉丝的博客来说，更是如此。

现在，大多数市场营销人员都可以利用自己的品牌博客来接触顾客群体。例如，在网飞公司的博客上，网飞的团队成员（他们自己也是狂热的影迷）会讲述公司最新的专题报道，分享从网飞的体验中获得最大利益的技巧，并收集来自用户的反馈。由西南航空公司员工撰写的、富有创意的"Nuts About Southwest"博客，促进了双向的对话，让顾客进一步了解了该公司的文化和运营。与此同时，它也让西南航空公司可以直接与顾客接触，并从顾客那里获得反馈。

除了自己的品牌博客，许多市场营销人员也使用第三方博客来帮助他们传播信息。例如，一些时尚博主已经积累了数百万粉丝，其粉丝基础甚至超过了主要时尚杂志的博客和社交媒体账户。例如，26 岁的丹妮尔·伯恩斯坦（Danielle Bernstein）在纽约时装技术学院（Fashion Institute of Technology）读本科时就创办了"We Wore What"时尚博客。现在，这个博客和 Instagram 账户已经成为 170 多万粉丝日常着装的灵感来源。由于具有如此庞大的粉丝群，品牌商与伯恩斯坦和其他时尚博主，如 BryanBoy、The Blonde Salad、Song of Style 和 Gal Meets Glam 合作，向他们支付 1.5 万美元或更多的费用，让他们在博客、脸书和 Instagram 网站上发布产品图片并贴上品牌标签。伯恩斯坦发布的图片包含 Schultz Shoes、Revolve Clothing 等小品牌的产品，也包含兰蔻、诺德斯特龙等大品牌所赞助的产品。[22]

作为一种市场营销工具，博客具有很多优势。它为企业进入消费者在线对话和社交媒体对话提供了新颖的、原创的、个性化和廉价的方法。但博客空间是五花八门、难以控制的。尽管企业有时候能够利用博客使顾客参与到有意义的关系之中，但是消费者仍将掌握着控制权。无论消费者是否积极地参与博客，企业都应该密切关注消费者，聆听他们的意见。市场营销人员应该利用对顾客在线交流的洞察，来优化自己的市场营销计划。

➡ 14.4　社交媒体和移动营销

> **作者点评**
>
> 正如在我们生活中的其他领域一样，数字媒体和移动技术在市场营销界也掀起了一阵风潮。它们提供了一些令人惊叹的营销可能性。但是事实告诉我们：很多市场营销人员仍然为如何有效使用它们而感到困惑。

14.4.1　社交媒体营销

正如我们所讨论的，互联网使用的激增以及数字技术与设备的发展催生了一系列令人眼花缭乱的**社交媒体**（social media）和数字社区。无数独立和商业化的社交网站应运而生，它们给消费者提供了一个聚集、社交以及分享信息、意见、图片、视频和其他内容的网络空间。如今，似乎每个人都在脸书上交友、在推特上互相问候、在 YouTube 上观看最热门的视频、在 Pinterest 上贴图或是在 Instagram 上分享照片。无论消费者在哪里聚集，市场营销人员都会跟随而来。大多数市场营销人员都在利用这一巨大的社交媒体浪潮。几乎所有的企业，无论规模大小，都至少使用一种社交媒体渠道。大品牌通常在社交媒体上拥有巨大的影响力。例如，一位消息人士透露：耐克公司拥有至少 108 个脸书页面、104 个推特账户、16 个 Instagram 账户和 41 个 YouTube 频道。[23]

有趣的是，正如市场营销人员正在使用社交媒体来吸引顾客一样，社交媒体本身也在学习如何以一种既有利于社交媒体用户，又有利于品牌的方式，使其社区成为更适合营销内容的平台。大多数社交媒体，甚至是最成功的社交媒体，仍然面临着盈利问题：如何在不吓跑忠实用户的情况下，利用庞大社区的营销潜力来盈利。脸书是个例外，它旗下的 Instagram 取得了巨大的成功（参见市场营销进行时 14 - 1）。

| 市场营销进行时 14 - 1 |

Instagram：企业、广告顾客和用户的三赢

2012 年，社交媒体巨头脸书以令人震惊的 10 亿美元收购了一家成立不久的、名为 Instagram 的初创公司，这打破了收购应用程序的价格纪录，且远远超过了脸书在收购方面的最高花费。专家们感到震惊，一些批评者嘲笑脸书不够理智。当时，Instagram 的收入为零，且只有 3 000 万用户，没人知道它将如何盈利。但脸书看到了刚刚起步的 Instagram 被别人忽视的潜力。

随着世界迅速转向社交化和移动化，社交网络发挥了巨大的作用。无论是利用脸书、推特、YouTube 等大型平台，还是利用不太知名的小众网站，现在随处可见人们低着头、拿着设备交流、发帖、发信息和分享。仅在脸书的 22 亿活跃用户中，每天就有 15.7 亿用户观看 80 亿个视频，产生 45 亿个赞，分享 47.5 亿条内容。

然而，即使社交媒体网络在用户数量和内容数量上取得了惊人的成功，一个令人烦恼的问题仍然困扰着他们，即所谓的货币化——如何盈利。社交媒体如何才能在不丢失大批忠实用户的情况下，通过挖掘其庞大社区的营销潜力而盈利？大多数社交媒体仍在为盈利而挣扎。2017 年，推特损失了 1.08 亿美元，Snapchat 损失了 7.2 亿美元。尽管每个都产生了收入，但都没有盈利。

脸书是第一个解决盈利问题的社交媒体，也是唯一一家继续大规模盈利的社交媒体。2017

年，脸书的收入刚刚超过400亿美元，但获得了160亿美元的利润，利润率达到了惊人的约40%。尽管脸书才开始盈利不久，但其收入每年平均增长都超过了50%，利润每年增长89%。脸书是如何在其他社交媒体仍在为盈利问题苦苦挣扎的情况下取得成功的呢？这一切都与广告有关。脸书通过为企业提供有效的方式，帮助其用相关广告和其他品牌内容锁定和吸引庞大的用户群体，并从中获利。

也许，这种货币化的成功，最明显的莫过于Instagram。Instagram是2010年作为一家私营初创公司推出的，Instagram与其他应用程序的区别在于以下两个方面：一是仅适用于移动设备，二是在设计时只考虑到了简单的功能，那就是分享照片。Instagram的简单和通过图片交流的广泛吸引力，使它迅速走红。仅仅两个月的时间，这款照片分享应用程序就积累了第一批100万用户；不到一年的时间，它就拥有了1000万用户。Instagram迅速成为当时正年轻的千禧一代的首选社交网络。

在Instagram成立不到两年的时间里，脸书就将其收购了。虽然当时规模不大，但Instagram的年轻受众群体与脸书较年长的受众群体形成了互补。在一年以后，Instagram推出了付费广告。这一决定引发了争议。与大多数社交媒体用户一样，Instagram的用户珍视数字社区中免费分享（且不含商业内容）的文化。如果考虑不周，商业内容将是一种不受欢迎的入侵，并且可能会导致Instagram远离用户，并被用户抛弃。就像所有社交媒体一样，Instagram面临的挑战是：如何在用户内容中注入品牌内容，同时又不扰乱社区的活力。

但是，即使有越来越多的广告顾客加入Instagram，Instagram的用户群仍在持续地爆炸式增长，先是数百人，然后是数千人，最后是数百万人。事实上，Instagram的规模仍然很小，但其增长速度却可以同其母公司脸书相媲美。现在，每天有8亿Instagram用户分享1亿多张照片和视频，点赞超过42亿次。Instagram的广告顾客群与其用户群和谐发展。Instagram是世界上首屈一指的数字、社交媒体和移动广告渠道之一。现在，它每个月吸引200万家广告顾客，涵盖了从迪士尼、宝洁等营销巨头到本地餐馆或健身中心等。

Instagram独特的用户基础使它成为许多品牌内容策略的理想选择。Instagram的用户群体庞大且年轻，有59%的Instagram用户的年龄在18～29岁之间，用户的地理分布范围也相当广泛，并且可以实现精准定位。Instagram的用户也是品牌的忠实用户，有80%的用户关注一个或多个品牌，有60%的用户表示他们在Instagram上发现了新产品。此外，有大约75%的Instagram用户在看到广告后会采取行动，如访问网站或查看报价。

Instagram的设计，使广告顾客很容易将自己的品牌内容自然地与用户内容相融合。因此，品牌内容非但没有破坏Instagram用户的体验，反而对其有所提升。除了自己的Instagram订阅，广告顾客还可以选择多种内容形式。使用照片广告（Instagram的首选与最基本的广告形式），广告顾客可以在Instagram"干净、简单和美丽的创意画布"上发布有影响力的图片。视频广告在长达60秒的品牌视频中，注入了声音和动作。旋转木马（Carousel）广告带来了更好的深度，让用户通过滑动来查看单个广告中的其他照片或视频。最后是故事广告，广告顾客可以像Instagram用户一样使用"故事"功能来展示品牌内容，把照片和视频编辑在一起，添加文字和涂鸦效果，并24小时全屏展示它们。

Instagram的展示方式专为分享照片和视频设计，能够让用户快速有效地处理视觉内容，并产生更多的情感影响，符合当今移动一代的需求。与其他社交媒体相比，Instagram的广告内容创造了高水平的消费者参与度。例如，作为最接近的竞争对手，Snapchat的消失式内容使得品牌与消费者之间的联系转瞬即逝，而Instagram的方式则可以让消费者根据自己的时间安排滚动浏览、仔细阅览和分享内容。最近的一项研究显示，品牌在Instagram上的参与度是推特的30倍、脸书的3倍。比如，梅赛德斯最近在社交媒体上发布了新款A级掀背车的全球首发预告。在脸书上，该帖子获得了不错的1万个赞。然而，相比之下，Instagram上同样的照片却获得了15万个赞。因此，Instagram 所获得的参与度是旧的、基于文本的社交媒体所无法比拟的。

除了用有影响力的品牌内容吸引消费者之外，Instagram 现在正把目光投向顾客旅程的下一步——购买。现在，各个品牌可以在 Instagram 上创建自己的店面，用户可以点击进入公司网站或手机网站下订单。Instagram 甚至正研究在不离开网络的情况下接受付款和下单的方法。

因此，脸书没有花费多长时间就把 Instagram 变成了摇钱树。尽管脸书没有单独公布 Instagram 的财务信息，但有人估计，Instagram 将产生约 70 亿美元的广告年收入。另外一项分析认为，作为一家独立公司，Instagram 的估值超过了 1 000 亿美元，是脸书收购它时的 100 倍。简而言之，没有人再去嘲笑脸书收购 Instagram 了。

Instagram 之所以能够飞速发展，是因为它找到了将广告与消费者内容整合在一起的方法，并让所有人都感到满意。许多 Instagram 用户非但不反感品牌内容的侵入，反而对其表示欢迎，这使得社交媒体广告成为 Instagram、广告顾客和用户的三赢模式。

资料来源：Ryan Holmes, "As Facebook Shifts, Instagram Emerges as a New Home for Brands," *Forbes*, February 1, 2018, www.forbes.com/sites/ryanholmes/2018/02/01/as-facebook-shifts-instagram-emerges-as-a-new-home-for-brands/#567780a37834; Yoni Heisler, " Once Mocked, Facebook's $1 Billion Acquisition of Instagram Was a Stroke of Genius," *BGR*, December 29, 2016, http://bgr.com/2016/12/29/facebook-instagram-acquisition-1-billion-genius/; David Meyer, " Instagram Is Starting to Take Payments—but Not for Products Just Yet," *Fortune*, May 4, 2018, http://fortune.com/2018/05/04/instagram-app-payments-e-commerce/; Jessica Wade, "20 Instagram Statistics Every Marketer Should Know About for 2018, " *Smart Insights*, February 2, 2018, www.smartinsights.com/social-media-marketing/instagram-marketing/instagram-statistics/; Mary Lister, " Instagram Is Worth Over $100 Billion," *Mediakix*, http://mediakix.com/2017/12/how-much-is-instagram-worth-market-cap/#gs.unG4ykE; and www.statista.com/statistics/271633/annual-revenue-of-instagram/, https://business.instagram.com/blog/welcoming-two-million-advertisers, and https://business.instagram.com/advertising/, accessed October 2018.

使用社交媒体

市场营销人员可以通过两种方法参与社交媒体：他们可以使用现有的社交媒体或建立他们自己的社交媒体。其中，使用现有的社交媒体好像是最容易的方法。因此，大多数品牌——无论是大品牌还是小品牌——在许多社交媒体网站上开设了自己的商店。看一下品牌网站，从可口可乐到维多利亚的秘密（Victoria's Secret），再到芝加哥公牛队（Chicago Bulls）甚至是美国林务局，你会发现它们都能链接到品牌的脸书、推特、Instagram、YouTube、Spotify 或其他社交媒体页面。这种社交媒体往往能够创造出大型品牌社区。例如，芝加哥公牛队就拥有 1 800 万脸书粉丝，可口可乐公司在脸书上拥有 1.07 亿粉丝，这些数字令人震惊。

一些主要的社交网络规模庞大。每个月，有近 22 亿人访问脸书，几乎是美国人口的 5 倍。类似地，推特拥有超过 3.3 亿月活跃用户；YouTube 超过 10 亿的用户每分钟上传共 300 小时的视频。这个名单还在继续：Instagram 有 8 亿活跃用户、领英有 5 亿用户、Snapchat 有 1.87 亿用户、Pinterest 有 1.75 亿用户。[24]

虽然这些大型大众社交媒体抢占了大多数的头条，但是无数小众和基于兴趣的社交媒体也纷纷涌现出来。这些在线社交网络满足了由志趣相投的人组成的小型社区的需要，成为那些以特殊兴趣群体为目标的市场营销人员的理想工具。至少一个社交网络能够对应某一种兴趣、爱好或群体。Goodreads 是一个社交网络，在这里，6 500 万书迷可以"与下一本最喜欢的书相遇"，并与朋友进行讨论。妈妈们可以在 CafeMom.com 上分享建议和表示同情。FarmersOnly.com 为现实中的"乡下人"——他们喜欢"蓝天，在开阔的空间自由平和地生活，饲养动物，欣赏大自然"，"这些是城里人无法得到的"——提供在线约会服务。在 Birdpost.com 网站上，热爱观鸟的人可以在网上记录他们亲眼看到的鸟类，并使用现代卫星地图与其他成员分享观鸟情况。[25]

社交媒体营销的优势和挑战

使用社交媒体营销既有优势，也存在着挑战。从有利的一面来看，社交媒体具有针对性和个性化特征——它允许市场营销人员创建相关的品牌内容，并与个体消费者和顾客社区分享定制的品牌内容。社交媒体还具有互动性，这使其成为发起和参与顾客对话以及倾听顾客反馈的理想选择。此外，社交媒体也是即时和及时的，人们可以使用它们来随时随地、便利地触达自己的目标顾客，并第一时间与目标顾客分享有关品牌事件和活动的营销内容信息。正如本章前面所讨论的，社交媒体应用的快速增长，导致了实时营销的激增，这种营销方式允许市场营销人员触发并加入同目标顾客的对话中来，就周围刚刚发生的情况和事件展开对话。下面来看一看捷蓝航空公司的做法。[26]

有位乘客在机场候机的时候在推特上提问：捷蓝航空公司为什么要对乘坐早班飞机的乘客收取 50 美元？捷蓝航空公司在几分钟内回复了他的推文，这位顾客似乎很满意。但捷蓝航空公司的社交媒体工作人员并没有就此止步。相反，它将这一交流转发给机场的工作人员。机场工作人员仔细研究了这名男子在推特上的个人照片，然后在航站楼里四处走动，直到找到这位乘客，亲自跟进反馈。在另外一个案例中，一名捷蓝航空公司的乘客在推特上开玩笑地说，她希望当她到达波士顿的时候，在登机口会有个"欢迎仪式"。令这位顾客感到惊讶的是，当她到达目的地的时候，捷蓝航空公司的机场工作人员真的用行进管乐队的演奏和手工制作的标语欢迎她。

当然，捷蓝航空公司不可能以这种方式让每一位顾客都感到惊喜。然而，该公司以其在社交媒体互动的速度和质量而闻名。捷蓝航空公司每天都会收到 2 500 ～ 2 600 条相关推文，社交媒体团队会阅读并回复每一条推文，平均回复时间为令人印象深刻的 10 分钟。除了吸引顾客并让他们感到满意之外，这种社交媒体互动还提供了宝贵的顾客反馈。

社交媒体还具有较高的性价比，非常划算。尽管创建和管理社交媒体内容可能投入较大，但是很多社交媒体都可以免费或低价使用。因此，与电视或印刷等昂贵的传统媒体相比，社交媒体投资的回报往往是很高的。对于那些无法承受巨额市场营销活动所带来的高成本预算的小型企业和品牌而言，社交媒体的低成本容易使它们积极参与其中。

社交媒体最大的优势，也许是它们的参与性和社交分享能力。社交媒体特别适合触发顾客参与和创建顾客社区，以便使顾客参与到品牌塑造当中，并与其他顾客进行互动。与任何其他方式相比，社交媒体在使顾客参与塑造和分享品牌内容、体验、信息和想法等方面都更胜一筹。

专门经营手工艺品的在线企业 Etsy 利用其网络和移动站点以及大量的社交媒体，创建了一个 Etsy 生活方式社区。在这里，买家聚集在一起了解、探索、交流和分享关于手工制品和复古产品以及相关主题的想法。除了活跃在脸书、推特和 YouTube 等社交媒体之外，Etsy 还在照片分享网站——Instagram 上吸引了 170 万的品牌追随者。在那里，Etsy 分享创意和有关项目的照片。此外，它还在社交剪贴簿网站——Pinterest 上吸引了超过 100 万的粉丝，论坛上的话题从"DIY 项目""娱乐""我们喜欢的东西"到"Etsy 婚礼"甚至是"美味！食谱分享"。在这里，社区发布最受欢迎的食谱。Etsy 只出售食谱中很少的原料，但这是 Etsy 生活方式的一部分。通过其广泛的在线和社交媒体，Etsy 已经创建了一个活跃的参与性全球社区，该社区共有 3 340 万购物者和 190 万卖家。[27]

社交媒体营销也面临种种挑战。首先，大多数企业仍在试验如何有效地使用社交媒体营销，但结果很难测量；其次，这些社交网络更多由使用者所控制。企业使用社交媒体的目标，是使自己的品牌成为消费者对话和生活的一部分。然而，市场营销人员却不能强行闯入消费者的数字互动——他们需要赢得在那里存在的权利。市场营销人员必须通过开发稳定的、吸引参与者的内容流，成为在线体验中有价值的一部分，而不是入侵者。

此外，由于消费者在很大程度上控制着社交媒体的内容，所以即使是看似无害的社交媒体活动也有可能会适得其反。社交媒体的道路上充斥着许多善意的宣传活动，但有些活动却被消费者控制，他们把某个话题的标签变成了猛烈抨击的标签。很明显，使用社交媒体，"你正进入消费者的后院。这是他们的地方。"一位社交媒体营销人员说。"社交媒体是一个高压锅。"另一位社交媒体市场营销人员说，"数十万或者数百万人在那里准备采纳你的观点，并且打算分享它，或者把它拆开，看看其中哪些是经不起推敲的或愚蠢的。"[28]

整合社交媒体营销

使用社交媒体可能像在一个品牌的脸书或推特页面上发布信息和促销活动，或者像在 YouTube 或 Pinterest 上用视频或图片打造口碑一样简单。然而，大多数大型企业正在设计整合社交媒体营销——整合并支持一个品牌的营销内容以及战略和策略中的其他要素。不仅仅是付出零散的努力和追求消费者的点赞与推文，那些成功使用社交媒体的企业正在整合广泛的多元媒体，以便创建与品牌相关的社交分享、参与和顾客社区。

可以说，对品牌的社交媒体工作进行管理，是一项重大的任务。例如，世界上最成功的社交媒体营销者之一星巴克，其核心社交媒体团队在 5 个不同的社交平台上与粉丝们进行互动。仅星冰乐（Frappuccino）产品就在脸书、推特和 Instagram 上拥有 1 400 多万粉丝。管理和整合全部社交媒体内容具有挑战性，但也是值得的。数以千万计的顾客可以通过数字方式与星巴克公司接触，而不必亲临星巴克的实体店。最近的一项研究发现，星巴克在脸书和 Instagram 上的用户参与度是实力相近的竞争对手唐恩都乐的 17 倍。[29]

不仅仅是创造在线参与和顾客社区，星巴克的社交媒体也帮助鼓励顾客走进其线下门店。例如，在几年前的首次大型社交媒体促销活动中，星巴克为清晨购买饮品的人提供了一份免费的点心。当时，有上百万人参与了这项活动。在最近的一次"Tweet-a-Coffee"促销活动中，顾客在推特上同时输入 #tweetaccoffee 和朋友的账号，就可以向朋友赠送一张 5 美元的礼品卡，这个活动在一个多月的时间里就带来了 18 万美元的购买。星巴克还推出了独角兽星冰乐（Unicorn Frappuccino）活动，独角兽星冰乐是一款可以在晃动时改变颜色的限时饮料，它吸引了 Instagram 用户的注意力，在短短一周内他们就在 Instagram 上发布了大约 18 万张关于这款饮品的照片。虽然限时销售一周，但很多星巴克门店很快就断货了。社交媒体"并不仅仅是关于参与、讲述故事和连接，"星巴克的全球数字营销主管说，"它们能对企业产生实质性影响。"[30]

14.4.2　移动营销

移动营销（mobile marketing）的特色之处在于：通过移动设备将市场营销信息、促销活动和其他内容发送给旅途中的消费者。在顾客购买和与顾客建立人际关系的过程中，市场营销人员可以随时随地使用移动营销与顾客进行互动。移动设备的广泛应用和移动网络流量的激增，使得移动营销成为大多数品牌必备的市场营销工具。

最近，随着移动电话、智能手机和平板电脑使用的激增，移动设备在美国的普及率已经超过了 100%（很多人拥有不止一个移动设备）。其中，有超过 75% 的美国人拥有一部智能手机，有超过一半的美国家庭目前只使用手机，没有固定电话。手机应用程序市场的出现仅十几年，但在全球范围内发展迅猛：有数百万个应用程序可供顾客选择，智能手机用户平均每天要使用 9 个手机应用程序。[31] 实际上，大多数人都很喜欢并非常依赖手机。根据一项研究结果，有近 90% 拥有智能手机、电脑和电视的消费者，在手机和其他屏幕设备之间会优先选择前者。平均而言，美国人每天要查看其智能手机 80 次，每天要花费 5 个小时在移动设备上使用应用程序、聊天、发短信和浏览网页。尽管电视仍然是人们生活中的一个重要组成部分，但是手机已经迅速成为他们的"第一屏幕"。只要外出，手机就会成为他们唯一的屏幕。[32]

对于消费者来讲，智能手机或平板电脑是一个方便的购物伴侣。它能够在旅途中提供产品信息、价格比较、来自其他消费者的建议和评论，并为消费者提供即时交易以及购买产品的快速且方便的渠道。最近的一项研究发现，有超过 90% 的智能手机购物者在购物时使用手机，有 62% 的购物者使用移动设备购物。现在，移动购买占所有电子商务销售的近 40%。[33] 当顾客通过移动广告、优惠券、短信、应用程序和移动网站等工具来完成购买过程时，手机可以为顾客提供内容丰富的平台，让消费者更深入地参与到购买过程中来。

在美国，移动广告支出正在飙升，并将持续增长。2018 年移动广告支出占所有数字广告支出的 75% 以上。[34] 从宝洁、梅西百货到各地的超市，再到红十字会等非营利组织，几乎每一家组织都在将移动营销整合到自己的直复营销计划中来。

企业利用移动营销来刺激直接购买，使购物变得更加简单，并进一步丰富了顾客的品牌体验。有时，企业可以同时实现上述目标。它使市场营销人员在消费者表现出购买兴趣时或要做出购买决策时，及时为顾客提供信息、激励和选择（参见市场营销进行时 14－2）。今天的移动富媒体广告能够产生重要的影响，并吸引人们广泛地参与其中。例如，佳得乐（Gatorade）在最近的"超级碗"比赛中就很好地利用了移动营销的及时参与潜力。[35]

佳得乐不仅想要重现象征性的佳得乐"灌篮"时刻——在一场大胜之后将冰镇的佳得乐浇在教练身上的传统，还想要进一步，想让其成为一个特别的个人时刻——让球迷个人可以在比赛中和比赛后享受和分享的特殊时刻。因此，佳得乐与 Snapchat 合作，创建 Snapchat 滤镜并使上述场景看起来就像是一杯冷饮浇在用户头上似的，背景则是球迷的欢呼。结果是什么呢？粉丝们创造了超过 820 万个视频，在 48 小时内获得了超过 1.65 亿的点击量。尽管从未出现在电视上，但它却是"超级碗"比赛中观看次数最多、互动最多的广告。"我们对使用'灌篮'有些犹豫，因为它是比赛中的很自然的时刻。"佳得乐的市场营销人员指出。但是"我觉得这是个好机会，因为它不仅是比赛场地中发生的事情，而且能让粉丝参与其中"。

｜ 市场营销进行时 14－2 ｜

移动营销：在关键时刻吸引顾客

现在，无论顾客想做什么，都有移动应用程序可以帮到他们。近年来，手机应用程序市场呈现出爆炸式增长趋势。苹果应用商店现在号称有 220 万个应用程序；谷歌商店拥有超过 280 万个应用程序。移动设备已经成为当前新的市场营销先驱，尤其是对于那些瞄准年轻顾客的品牌而言。移动设备是非常个性化的，永远存在，永远在线，这使其成为对个性化的、时间敏感的报价做出快速反应的理想媒介。移动营销让品牌能够在关键时刻吸引顾客。

一些移动应用程序是针对品牌的——它们帮助顾客浏览特定品牌的产品、服务、特别优惠和社区等。例如，Chick-fil-A One 应用程序使订餐变得更加容易，使顾客不用排队就可以扫描付款，而且能给顾客一些惊喜。嫌 Redbox 自助售货机太慢吗？下载 Redbox 应用程序，顾客可以利用移动设备在 Redbox 应用程序中查找并预订 DVD，并让售货亭提前准备好等着顾客随时去取。

其他应用程序帮助顾客浏览市场，并获得企业的优惠。Angie's List 应用程序提供了随时随地对当地最佳服务供应商的名单、评级和评论进行访问的服务，从屋顶工、水管工、机械师到医生和牙医等；Flipp 应用程序每周都会向消费者的手机发送商店促销传单，甚至在他们购物的时候也进行发放；AwardWallet 应用程序可以帮助用户跟踪和管理所有账户的积分和奖励。

在当今混乱的移动环境中，成功的移动营销远不止发送优惠券或购买链接。相反，移动营销可以通过相关的功能和优惠来吸引顾客，从而增强品牌关系和购买体验。谷歌公司的 Waze 应用程序不仅帮助用户从 A 点导航到 B 点，并找到沿途的站台，还能实时精准确定交通堵塞、事故、超速监控和燃油价格等。目前，Waze 应用程序有 1 亿活跃用户，他们可以获取可靠的实时信息。另外，REI 公司的 Powder Project 应用程序为用户提供美国和加拿大的滑雪场信息。除了雪况、开放缆车数量和雪道地图等基本信息外，该应用程序还提供网络摄像头视图、GPS 路线规划、海拔概况、论坛和一系列互动功能。同时，在顾客觉得一套新的 K2 滑雪板或者双人 Hubba Hubba 帐篷必不可少时，它也会向顾客提供 REI 的购买链接。

消费者已经开始期待由亚马逊等市场营销巨头提供的无障碍移动购买体验。但是，随着最近移动功能的快速发展，越来越多的企业正在成为各自行业的"亚马逊"。以旅游公司——TripAdvisor 为例，其最初主要是一个酒店和餐厅的评论网站，现在已经成为顾客的最佳旅行伙伴。TripAdvisor 移动应用程序可以让用户在旅行的时候随时随地获得全面的大众点评、照片和视频、地图，以及关于酒店、餐厅、航空旅行选择、可去之处和可看之处的描述性信息。这款易于使用的应用程序包括很多有用的功能，比如智能手机锁屏通知、在顾客旅行时提醒附近的名胜古迹等。而且只需轻轻一点即可完成酒店、餐厅和航班的预订。

一位用户把 TripAdvisor 应用程序比作自己最好的朋友——它是一个知识渊博的旅行专家，可以帮助游客制定所有的假期旅行安排。在度假时，它可以作为私人导游陪伴游客一起出行，与用户分享有关当地名胜的正确信息，寻找并评价好的餐馆，而且还会为用户提供电子地图，帮助用户到达目的地。反过来，TripAdvisor 也为旅游和酒店相关品牌提供了绝佳的平台，让其每个月可以与 3.75 亿正在旅行或计划旅行的用户建立起联系。2017 年，TripAdvisor 从移动广告和预订业务中获得了 15 亿美元的收入。

移动营销也让品牌能够将促销活动个性化，并将其融入日常的用户体验当中。例如，Kiip 是一个移动奖励程序，专门帮助品牌企业根据顾客的日常活动在适当的时间提供适当的奖励。首先，Kiip 将其技术嵌入视频游戏应用程序当中，对达到新游戏级别或达到其他目标的玩家提供他们最喜欢的品牌（如可口可乐）的优惠券，作为一种奖励。现在，Kiip 还帮助不同类别的品牌使用移动奖励，在与品牌相关的关键时刻精准地吸引顾客。Kiip 与可口可乐、家乐氏、强生、麦当劳、塔可贝尔和万事达信用卡等 500 个品牌启动了密切的合作。现在，它已经嵌入了 6 000 多个移动应用程序。

Kiip 与各大品牌展开合作，帮助它们确定"需求时刻"——也就是消费者最容易接受品牌参与和信息的时刻。然后，它利用移动设备的即时能力，在顾客行为发生时让特定的品牌第一时间出现在那里。对于像 MapMyRun 这样的健身应用程序和 Any.do 这样的任务管理应用程序而言，Kiip 常常把奖励与顾客现实生活中的成就挂钩。当用户从他们的待办事项列表中划掉一些事情或完成一个跑步目标时，他们会从相关品牌那里得到奖励。例如，宝洁的 Secret 止汗剂为女性用户提供了免费的歌曲下载服务，可以在她们锻炼的时候播放；零食巨头亿滋国际则为 Any.do 用户提供奖励，当他们创造新的个人记录时，可以免费获得一包 Trident 品牌的口香糖。

Kiip 还帮助烈酒公司 Campari America 开展了一项企业责任活动，旨在将消费者与该品牌联系起来，同时推广负责任的饮酒行为。Kiip 确定了可能饮酒的时刻，例如顾客在手机上搜索快乐时光（happy hours）、查阅鸡尾酒配方或凌晨时分在体育酒吧查看比赛比分时。然后，Campari America 向用户提供打折甚至免费的乘车服务——来福车的优惠券，以帮助他们安全回家。

与典型的横幅广告、弹出式广告或电子邮件不同，Kiip 的优惠活动为用户的常规活动提供了进一步的便利，而不是去干扰他们。Kiip 的创始人兼首席执行官表示，Kiip "更少的是关于实时营销，而更多的是关于实时需求寻址"。Kiip 并不是真正从事移动广告业务，而是从事"快乐"（happiness）业务，"我们希望投资于快乐事业"，"在快乐的时候，万事皆好"。实际上，移动的及时性、相关性和幸福感，也的确赢得了消费者的反应并获得了相应的回报。在其整个网络中，Kiip 的平均用户参与率（包括用户要求给予奖励、点击奖励或观看相关视频）是 10%，最高达到了 50%。鉴于典型的应用程序广告的参与率低于 1%，这一结果令人印象十分深刻。

许多消费者最初对移动营销持怀疑态度。但是，如果移动广告提供了有用的、即时的品牌和购物信息、娱乐内容或及时的优惠券和折扣价格，消费者往往会改变主意。大多数移动营销工作只是针对那些自愿加入或下载应用程序的用户。但在日益混乱的移动营销领域，除非顾客看到了真正的价值，否则他们不会这样做。为此，市场营销人员面临的挑战是：开发有价值的移动优惠、广告和应用程序，让顾客愿意打电话来咨询。

资料来源：See Henry Burrell, "The Best Travel Apps for Android & iOS," *Tech Advisor*, April 26, 2018, www.techadvisor.co.uk/feature/software/best-travel-apps-3676191/; "Kiip CEO: Engage Consumers in the Moments that Matter," *Wall Street Journal*, January 9, 2018, http://deloitte.wsj.com/cmo/2018/01/09/kiip-ceo-engage-consumers-in-the-moments-that-matter/; John Corpuz, "25 Essential Travel Apps," *Toms Guide*, December 13, 2017, www.tomsguide.com/us/pictures-story/491-best-travel-apps.html#s16; Felicia Tanasoiu, "Mobile App Success Story: How TripAdvisor Did It," *Appsamurai*, September 25, 2017, https://appsamurai.com/mobile-app-success-story-how-tripadvisor-did-it/; and information from www.powderproject.com/, www.kiip.me/brands/, www.sephora.com/mobile, and www.tripadvisor.com/MediaKit, accessed October 2018.

许多企业都创建了自己的移动网站，其他企业则创建了有用或有趣的移动应用程序，以便使顾客参与到他们的品牌当中并为顾客购物提供帮助。例如，Benjamin Moore Color Capture 应用程序让顾客可以拍摄彩色物体的照片，然后将其与 3 500 种 Benjamin Moore 颜料中的任何一种进行匹配；星巴克的移动应用程序可以让顾客把自己的手机当作星巴克卡来使用，以便快速和方便地购买；Charles Schwab 的移动应用程序让顾客可以随时获取最新的投资新闻、监控自己的账户，并随时随地进行交易，帮助"顾客与自己的资金保持实时联系"。

然而，就像直复营销的其他形式一样，企业必须认真负责地使用移动营销。否则，就会有激怒对广告感到厌烦的消费者的风险。大多数人都不希望经常被广告打扰，所以市场营销人员必须聪明地了解如何在移动设备上吸引用户。其中，最关键的是要提供真正有用的信息和能够吸引消费者的商品。而且许多市场营销人员在使用移动营销的时候，都坚持顾客自愿加入的方式。

总之，数字直复营销——在线、移动和社交媒体营销——既提供了美好的前景，也提出了诸多挑战。其忠诚的倡导者在想象这样一个时代：互联网和数字营销将取代杂志、报纸甚至是商店，进而成为信息、参与和购买的主要来源。然而，大多数市场营销人员都持有一个更加现实的观点。对于大多数企业来说，在线、移动和社交媒体营销仍然是一种接近市场的重要手段，需要与市场营销组合中的其他方法结合起来加以运用。

概念应用

请在这里暂停一下，并思考这样的问题：在线、移动和社交媒体营销是如何影响你的品牌购买行为和偏好的？

● 你有多少次产品研究、购物和实际购买是在线上完成的？又有多少次是在移动设备上完成的？在店内的购买活动是如何与数字购买活动相互影响的？相互影响的程度有多大？

● 你遇到过多少次在线、移动和社交媒体营销？自己是否从这些营销方式中获益？或者是否觉得这是一种你欢迎的打扰？以何种方式？

● 你通过网站、社交媒体或手机应用程序直接与品牌或品牌社区建立关系吗？在线、社交媒体或移动交互是否影响了你对品牌的偏好和购买？请对此进行评论。

14.5　传统的直复营销的形式

近年来，尽管快速发展的在线、移动和社交媒体营销工具占据了大多数头条新闻，但传统的直复营销工具仍然非常活跃并被大量使用。下面看一下图 14-1 右侧所示的传统的直复营销形式。

传统的直复营销的主要形式是面对面销售（或人员推销）、直邮营销、目录营销、电话营销、电视直销和售货亭营销等。第 13 章已经深入研究了人员推销。在这里，我们将研究传统的直复营销的其他形式。

14.5.1　直邮营销

直邮营销（direct-mail marketing）涉及向某一特定地址的个体消费者发送报价、产品信息、商品动态提示或其他产品内容。通过使用经过精心筛选的邮件列表，直邮营销人员每年会发送数百万封邮件，包括信件、目录、广告、宣传册、样品、视频和其他营销宣传材料。在美国，市场营销人员每年在直邮上的支出超过 420 亿美元（包括目录和非目录邮寄），这项支出占直复营销总支出的 26%。[36]

直邮营销很适合直接的一对一的传播。它允许对目标市场进行精心筛选，具备个性化、灵活性的特点，并且能够比较容易地检测出市场反应。尽管直邮营销的千人成本比电视或杂志等大众媒体要高，但直邮到达的人群通常都是更好的目标群体。事实已经证明，直邮营销可以成功地促销所有种类的产品，从书籍、保险、旅游、礼品、食物、服装和其他消费品，到所有种类的工业品。此外，慈善机构每年也大量地使用直邮营销来筹集数十亿美元的善款。

一些分析师预测，随着市场营销人员转向新的数字形式，如电子邮件以及在线、移动和社交媒体营销，传统形式的直邮营销最终将在未来几年内消亡。与美国邮政署的"蜗牛"速度相比，新的数字直复营销方法以难以置信的速度传送信息，并且耗费的成本更低。

尽管传统的直邮营销数量在过去十年里有所减少，但它仍然被大多数市场营销人员大量地使用。直邮营销具有一些显著的优势，它为人们提供了一些有形的产品来持有和保存，它还可以用来发送样品。"直邮使它真实"，一位分析师说。它"创造与顾客的情感连接，而数字形式不能。人们持有它、审视它，以一种不同于数字化体验的形式与它接触"。相比之下，电子邮件和其他的数字形式很容易被忽视、过滤或屏蔽掉。垃圾邮件过滤器和广告拦截器，会过滤掉电子邮件和手机广告。一位直邮营销人员指出："有时候你不得不贴几张邮票。"[37]

传统直邮可以是更为广泛的整合营销活动的有效组成部分。例如，盖可保险公司在很大程度上依靠电视广告来建立广泛的顾客认知和定位。然而，该公司也应用大量经典的直邮方式来突破电视上杂乱无章的保险广告局面。盖可保险公司使用直邮方式，邀请精心瞄准的顾客立即行动起来，通过访问 geico.com 网站、拨打热线电话或联系当地的盖可保险代理，为他们的汽车保险省钱。盖可保险公司使其直邮广告像电视广告和数字广告一样，不可跳过。例如，潜在顾客可能会收到一封个性化的邮件，信封正面写着"省钱"的信息和可扫描的代码，邀请他们看看里面的内容或者直接使用智能手机扫码。在扫码之后，他们会进入盖可保险公司的移动网站。在那里，顾客会获取额外的信息和购买邀约。

邮件若寄给了对此不感兴趣的人，可能会被视为垃圾邮件。出于这个原因，聪明的市场营销人员正在仔细确定他们的直邮目标，以免浪费自己的金钱和收件人的时间。他们正在设计基于许可的程序，只向那些愿意接收邮件的人发送邮件。

14.5.2 目录营销

技术的进步，再加上个性化和一对一营销的发展，使得**目录营销**（catalog marketing）发生了令人激动的变化。《目录时代》杂志将产品目录定义为"打印的至少八页的装订件，销售多元化产品，并提供直接预定机制"。现在，这个定义需要进行适当的修改，以便适应不断变化的时代。

随着互联网营销和数字营销的迅猛发展，越来越多的产品目录正在数字化。各种只在网上经营的产品目录商已经出现，大多数印刷产品目录商都把网络产品目录和智能手机产品目录购物应用程序添加到了自己的市场营销组合当中。例如，梅西百货、Anthropologie、里昂比恩、威廉姆斯－索诺玛、Restoration Hardware、J. Crew、Bonobos 或 West Elm 等公司的产品目录，只需要在移动设备上用手指一划就能找到。

数字产品目录减少了印刷和邮寄成本，还实现了实时销售。印刷产品目录是一成不变的，而数字产品目录可以让卖家根据需要增加或删除产品和功能，并根据顾客需求立即调整价格。印刷产品目录的空间是有限的，而在线产品目录可以提供几乎无限数量的商品。顾客可以随身携带数字产品目录，即便是在实体商店购物时。数字产品目录可以是互动式的，它们可以提供更为广泛的展示形式分类，包括搜索、视频和 AR 等。例如，宜家的目录应用程序包含 3D 和 AR 功能，可以让顾客试验房间设计和调整配色方案，甚至可以让其在家里虚拟地放置家具和其他宜家公司的产品，从而看看它们可能是什么样子，或者通过社交媒体与他人分享自己设计的效果。

尽管数字产品目录有这么多的优点，但是，正如经常被塞满的邮箱所表明的那样，印刷产品目录仍然十分流行。2017 年，美国直销商寄出了近 100 亿份产品目录。[38]虽然这还不到十年前邮寄数量的一半，但仍然是一个很高的数量。

纸质产品目录不仅能推动即时销售，而且能建立与顾客的情感联系。如今的大多数产品目录并不仅仅是显示产品图片和价格的册子。例如，Anthropologie 公司把其产品目录称为期刊，并在其中插入展现美好生活的图片。虽然这家零售商一直在扩大数字营销的规模，但它意识到"当你手里拿着一本美丽的图册时，会有一些特殊的东西"。Anthropologie 的市场营销人员说："几年前，产品目录是销售工具，现在，它成为灵感的来源。"另一位 Anthropologie 的市场营销人员说："我们知道我们的顾客喜欢触觉体验。"[39]

重要的是，印刷目录是推动店内、在线和移动销售的最佳方式之一。例如，一项调查发现，Lands' End 公司 75% 的购物者表示，他们在前往零售商的在线或移动网站购买之前，会查看商品目录；男装公司 Bonobos 发现，其 30% 的首次在线顾客在收到产品目录后会去那里购物，而且这些顾客的消费金额比那些没有收到产品目录的购物者要高 50% 左右；家具零售商 Restoration Hardware 公司把它的产品目录称为"源书"（source books），并认为它对该公司的网站和零售店都很重要，是其销售的重要驱动力之一，据统计，产品目录和在线销售共占 Restoration Hardware 公司收入的 45%。[40]因此，当前目录营销的关键，是将产品目录与在线营销和商店营销努力有机地结合起来。

14.5.3 电话营销

电话营销（telemarketing）使用电话直接向消费者和企业顾客进行销售。我们都很熟悉针对消费者的电话营销，其实 B2B（工业品）营销人员也在广泛地使用电话营销。市场营销人员使用呼出电话营销，直接面向消费者和企业进行销售，同时也使用免费呼入号码接收电视和印刷广告、直邮、产品目录和手机应用程序带来的订单。

设计得当、定位准确的电话营销会带来很多好处，包括购买便利性以及更加丰富的产品和服务信息。不过，一些不请自来的电话营销活动使消费者十分恼火，他们讨厌几乎每天都有的"垃圾电话"。针对这种情况，在 2003 年美国的立法者设定了谢绝来电登记，由美国联邦贸易委员会负责管理。它禁止大多数电话营销拨打登记的电话号码（人们仍然能够接到来自非营利团体、政治家和近期有业务往来的企业的电话）。对此，消费者做出了积极回应。到目前为止，超过 2.29 亿个固定电话和移动电话号码被登记。[41] 那些违反谢绝来电登记的企业每次违规都要被处以 4 万美元的罚款。结果，该举措非常成功。

　　谢绝来电登记对部分面向消费品行业的电话营销造成了损害。近年来，呼出型消费品电话营销已大幅减少。然而，两种主要的电话营销形式——拨入的消费品电话营销和拨出的工业品 / B2B 电话营销仍然保持着强劲的增长势头。电话营销仍然是非营利组织和政治团体主要的资金筹集工具。有趣的是，谢绝来电登记对于一些直复营销者来说似乎更有帮助，而不是损害了他们的利益。很多市场营销人员正在开发选择呼叫系统，而不是拨打消费者不想接听的电话。通过这个系统，市场营销人员可以提供信息并指出是谁邀请企业通过电话或电子邮件联系顾客。这种选择呼叫模式为市场营销人员提供了比以前的侵入式模式更好的回报。

14.5.4　电视直销

　　电视直销（direct-response television（DRTV）marketing）指直销商播出电视广告，通常为 60 ～ 120 秒，然后在这段时间有说服力地描述一种产品，同时向顾客提供一个可免费拨打的电话号码或在线网站以方便订购。电视直销广告也包括为单一产品播放完整的 30 分钟或更长时间的广告节目，这样的广告节目称为专题广告。

　　成功的电视直销广告活动能够带来巨大的销售额。例如，鲜为人知的专题广告制作商 Guthy-Renker 公司帮助推动了 Proactiv 痤疮治疗、Crepe Erase、Meaningful Beauty 和其他"变革性"美容产品的发展，帮助它们成为具有数百万美元价值的实力品牌。同时，Guthy-Renker 公司还将电视直销与脸书、Pinterest、推特和 YouTube 等社交媒体的宣传相结合，创建起了一个强大的整合直复营销渠道，以此带动了消费者的参与和购买。[42]

　　电视直销广告经常与清洁剂、去污剂、厨房小工具以及一些无须花很大力气就能保持身材的巧妙方法有关。例如，在过去的几年里，像安东尼·沙利文（Anthony Sullivan，销售 Swivel Sweeper、Awesome Auger）和文斯·奥夫尔（Vince Offer，销售 ShamWow、SlapChop）这样的"边叫边卖"的电视推销员，已经为电视直销产品创造了数十亿美元的销售额。像 OxiClean、ShamWow 和 Snuggie 这样的品牌，已经成为电视直销中的经典品牌。直销商 Beachbody 公司每年都通过大量的健身视频获得超过 13 亿美元的收入。该公司在电视上利用健身前后的故事、视频片段和创作者的鼓励话语做广告。[43]

　　然而，最近几年，许多大型企业，从宝洁、迪士尼、露华浓（Revlon）、苹果到丰田、可口可乐、西尔斯百货、家得宝、《经济学人》等都开始使用专题广告片来售卖商品，为零售商推荐顾客，招募会员或将买家吸引到它们的在线、移动和社交媒体上来。

　　随着电视和其他屏幕之间的界限变得越来越模糊，直接回应广告和专题广告不仅出现在电视上，还出现在移动、在线和社交媒体平台上，增加了更多类似电视的互动直复营销场景。此外，如今大多数电视广告都有在线、移动和社交媒体链接，让多屏幕消费者实时连接，以便获取和分享更多有关广告品牌的信息。

14.5.5　售货亭营销

　　随着消费者越来越适应数字和触屏技术，很多企业在商店、机场、酒店、高校和其他地方安放了可查询信息和订购产品的机器，即售货亭（kiosks）（类似于自动售货机，但功能更多）。如今，售货亭出现在每一个角落，从自助服务酒店和航空公司值机设备，到商场中无人的产品和信息售货亭，再到店内订购设备，顾客可以不用去商店就能够直接购买商品。很多现代的"智能售货亭"具有无线功能。有些机器甚至可以使用面部识别软件来判断使用者的性别和年龄，并根据这些数据进行产品推荐。

柯达、富士和惠普的店内售货亭都可以让顾客从存储卡、手机和其他数字存储设备中传输照片，并对照片进行编辑，然后生成高质量的彩色照片。杂货店、药店和大宗商品商店内的 Coinstar 售货亭，则可以将顾客堆积如山的硬币兑换成纸币、亚马逊和家得宝等零售商的礼品券，或捐赠给慈善机构。Redbox 公司在麦当劳、沃尔玛、沃尔格林、CVS 药店、Family Dollar 和其他零售店经营着 4 万多家电影和视频游戏租赁亭。顾客可以在触摸屏上进行选择，然后刷信用卡或借记卡进行支付，以每天不到 3 美元的价格租借 DVD 和游戏。

ZoomSystems 公司还为零售商创造了名为 ZoomShops 的小型独立售货亭，这些零售商包括高伦雅芙（Proactiv）、优衣库（Uniqlo）、Nespresso、梅西百货和百思买等。例如，遍布全美的 100 个百思买 Express ZoomShops 售货亭，位置便利，分布在机场、商场、零售店和度假村等地，它们可以自助发售各种便携式媒体播放器、数码相机、游戏机、耳机、手机充电器、旅游小配件和其他流行产品。[44]

零售商也可以使用店内的售货亭来改善顾客的购物体验或帮助销售人员。在这方面，一个例子是家得宝店内的"电器查询"虚拟库存售货亭。由于家电是大笔支出，消费者通常会在网上进行调查，以便确定自己的品牌和特性偏好，然后再到家得宝购买。然而，家得宝店铺只能储存大约 5% 的可供出售的家用电器，因此顾客可能光顾了商店但找不到自己想要的电器。家得宝店内的"电器查询"则可以帮助这些顾客当场找到并购买他们想要的产品。顾客可以通过数字方式浏览家得宝公司的整个产品目录，查看包括照片和视频在内的信息内容，缩小能够满足顾客需要的产品范围，然后支付并选择送货方式。销售人员也可以使用售货亭作为销售工具。采用了"电器查询"的家得宝商店，其家电销售额增长了 10% ～ 12%。[45]

14.5.6 直复营销和数字营销中的公共政策问题

直复营销人员及其顾客一般都很喜欢这种互惠的关系。但是，直复营销也存在一些弊端。有些直复营销人员十分强势，有时甚至会采用欺骗性策略，去骚扰或伤害顾客，这给整个行业带来了消极的影响。直复营销滥用的范围从简单地激怒顾客到不公平的行为，甚至是公然的欺诈和欺骗行为。直复营销行业面临着越来越多的隐私问题，网络营销人员必须处理好互联网和手机安全问题。

激怒顾客、不公平、欺诈和欺骗

有时，直复营销会骚扰或冒犯消费者。例如，我们中的多数人都不喜欢过于嘈杂、时间太长而且没完没了的电视直销广告。我们的信箱和电子邮箱塞满了不需要的垃圾邮件，我们的电脑和手机屏幕上闪烁着不需要的在线或移动显示广告、弹出窗口或弹出式广告。

除了激怒消费者，一些直复营销者甚至被指责不正当地利用了冲动型购买者或没有经验的购买者。电视购物频道、吸引人的网站和瞄准电视购物爱好者的专题广告，似乎成了罪魁祸首。这些节目充斥着能说会道的主持人、精心策划的表演，宣称大减价、限时抢购、"售完即止"以及无与伦比的购物便利性等等，这些都在煽动对宣传缺乏抵抗力的消费者。

近年来，投资诈骗或虚假的慈善募捐等骗局也在成倍增加。网络诈骗，包括身份盗窃和金融诈骗，已经成为相当严重的问题。互联网犯罪投诉中心的数据显示：自 2005 年以来，网络诈骗投诉增加了 2 倍有余，达到了每年 28 万起。2017 年，此类诈骗导致的财产损失超过了 13 亿美元。[46]

作者点评
尽管在大多数情况下，我们受益于直复营销和数字营销，但是像生活中的大多数其他事情一样，它们也有弊端。市场营销人员和顾客必须防范令人烦恼的甚至有害的直复营销和数字营销行为。

网络诈骗的一种常见形式是网络钓鱼——一种使用欺骗性电子邮件和欺诈网站等诱使用户泄露个人数据的盗窃行为。例如，消费者可能收到一封声称来自银行或信用卡公司的电子邮件，邮件上说消费者的账号安全受到威胁，消费者需要登录一个网站，并确认他们的账号和密码，甚至是他们的社会保险号码。如果按照指示操作了，用户实际上就将这些敏感信息透露给了骗子。尽管很多消费者现在都意识到了这些骗局，但是网络钓鱼对于那些受骗的消费者来说可能代价极高。这也损害了合法的网络营销人员的形象，这些人一直致力于在数字互动中赢得用户信任。

很多消费者还担心网络和数字安全。他们害怕不法入侵者会窃取他们的网络交易和社交媒体信息，以获取个人信息或拦截信用卡和借记卡号码。尽管在线和移动购物现在已经很普及了，但是一项研究结果显示：有 75% 的参与者仍然担心信息泄露问题。在这个零售商、社交媒体、电信服务、银行、医疗保健服务提供商和政府等机构的大量消费者数据遭到泄露的时代，这种担忧是合理的。据一位消息人士透露，仅在 2017 年一年，美国就发生了近 1 600 起重大数据泄露问题，比上年增加了 45%。[47]

消费者对网络营销的另一个担心，就是易受到伤害或未经授权群体的访问权限问题。尽管脸书、Snapchat、推特、Instagram 和其他社交媒体都不允许 13 周岁以下的儿童注册账户，但是所有这些网站实际上都有大量的未成年用户，他们尤其容易受到身份盗窃、个人信息泄露、负面经历和其他网络危险的伤害。相关州和联邦立法者正在讨论制定法律，以更好地保护喜欢上网的儿童。但遗憾的是，这需要技术解决方案的发展。正如脸书所指出的："这并不是一件容易的事情。"[48]

消费者隐私

隐私被侵犯可能是直复营销行业面临的最棘手的公共政策问题。消费者往往受益于数据库营销，他们可以获得更多符合他们兴趣的商品信息。然而，很多批评者担心市场营销人员对消费者的生活过于了解，从而可能会利用这些知识对消费者实施不公平的市场营销活动。他们声称，在某种程度上，对数据库的广泛使用可能侵犯了消费者的隐私，消费者也同样担心隐私问题。虽然消费者现在更愿意通过数字营销和社交媒体跟市场营销人员分享自己的信息和偏好，但是他们仍然担心自己的隐私会被侵犯。最近的一项调查发现，有 78% 的美国互联网用户担心他们的在线隐私。另外一项调查则发现，有 70% 的美国人认为他们已经失去了对企业收集和使用个人数据和信息的行为的控制。[49]

在这个大数据时代，似乎每当消费者在社交媒体上发布信息或推文、访问网站、参加抽奖、申请信用卡、通过电话或网络订购产品，他们的姓名、个人资料和行为就会被录入企业已经爆满的数据库当中。利用先进的计算机技术，直复营销人员能够对这些数据库进行挖掘，以便调整和优化自己的销售努力方向。例如，SAP 公司的 Consumer Insight 365 部门，就利用移动运营商提供的移动电话数据，从 2 000 万至 2 500 万移动用户中每一个人每天多达 300 次的接打电话、网络冲浪和短信发送中收集并销售顾客洞察信息。[50]

大多数市场营销人员都可以非常熟练地在线上和线下收集与分析详细的消费者信息，甚至专家有时也会感到惊讶，市场营销人员知道得太多了。例如，你有谷歌账户吗？想想仅谷歌就可能知道的你的情况。[51]

谷歌知道用户在所有设备上搜索过的一切。它知道用户去过哪里——每次用户打开手机，它都会存储用户的位置；它知道用户使用什么应用程序、什么时候使用以及使用的频率；它还存储了用户的 YouTube 历史记录，从中可能会收集到用户的家庭状况、宗教信仰、喜欢的体育运动、政治倾向以及用户最近询问过如何修理洗碗机等。此外，谷歌还会根据用户的地理位置、年龄、性别、兴趣、职业、收入和许多其他变量来创建用户的广告档案。用户可以在 google.com/takeout 网站上下载谷歌所存储的、关于自己的所有

数据。一名记者惊讶地发现：他下载的文件有 5.5GB（大约 300 万个 Word 文档）。"这些数据包括你的书签、电子邮件、联系人、谷歌驱动文件、YouTube 视频、在手机上拍摄的照片、购买商品的企业以及从谷歌上购买的商品。"报告者称。谷歌还可以"从你的日历，以及你的谷歌环聊会话、历史位置、听的音乐、购买的谷歌图书、参与的谷歌小组、创建的网站、拥有的手机、分享的页面、每天走多少步中获取的数据。"他指出："设法接近某个人的谷歌账户？或许，你有那个人所做的一切的记录。"

脸书和其他许多社交媒体都可以建立起类似的档案。当然，亚马逊和大多数其他卖家，也在跟踪消费者在线浏览和购买交易的详细信息。再加上最近被攻破的 Equifax 等信用报告机构所掌握的数据，消费者信息被滥用的可能性实在令人恐惧。

采取行动

为了遏制直复营销的过激行为，各个政府机构不仅在研究"谢绝来电"名单，而且在研究"请勿邮寄"名单、"请勿在线追踪"名单和反垃圾邮件法等等。对于在线隐私和安全问题，联邦政府正在考虑制定大量的法规来规范在线、社交媒体和移动运营商获取和使用的消费者信息。例如，美国国会正在起草一部法律，以使消费者可以更好地控制其网络信息的使用情况。除此之外，联邦贸易委员会在维护网络隐私方面正发挥着更加积极的作用。

在立法者介入之前，所有这些问题都需要市场营销人员采取强有力的行动去监控，并防止隐私信息被滥用。例如，为了避免日益增加的政府监管，六个广告团体——美国广告代理商协会、美国广告联盟（American Advertising Federation）、全美广告商协会（Association of National Advertisers）、数据与营销协会（Data & Marketing Association）、互动广告局（Interactive Advertising Bureau）和网络广告促进会（Network Advertising Initiative）最近通过数字广告联盟（Digital Advertising Alliance）发布了一系列在线广告原则。其中，自律原则要求收集在线数据或将在线数据用于基于兴趣的定向广告的时候，在线和移动营销人员要向消费者提供透明度和选择权。广告行业使用了广告选项图标——三角形中有一个小"i"——它将被添加到有行为针对性的在线广告当中，以告诉消费者为什么他们看到的是一个特殊广告，并允许他们自由选择退出广告。

儿童的隐私权特别受到关注。1998 年，美国国会通过了《儿童在线隐私保护法》。该法要求以儿童为目标群体的网络运营商在它们的网站上公布隐私政策。网络运营商还必须告知父母它们正在收集的任何信息，并在收集 13 岁以下儿童的个人信息之前获得父母的同意。随着社交媒体、手机和其他数字技术的不断出现，美国国会在 2013 年扩展了《儿童在线隐私保护法》。主要原因是第三方从社交媒体中挖掘了大量数据，且社交媒体的隐私政策非常模糊。[52]

很多企业也在用自己的行动对消费者隐私和安全问题做出回应。另外一些企业仍然采用行业内的做法。例如，TRUSTe——一家非营利的自我监管组织，与很多大型企业赞助商，如微软、雅虎、AT&T、脸书、迪士尼和苹果等进行合作，审核这些公司的隐私和安全措施，以便确保消费者安全地浏览互联网。根据 TRUSTe 的网站资料，为了让消费者放心，它会将自己的 TRUSTe 隐私标识发给那些满足其隐私和安全标准的网站、手机应用程序、电子邮件营销和其他网络与社交媒体渠道。[53]

整个直复营销行业也正在忙于解决公共政策问题。例如，为了在直复营销购物中建立起消费者信任，数据与营销协会——从事直复营销、数据库营销和互动营销的规模最大的协会，包含将近一半的《财富》100 强企业——做出了"美国消费者隐私承诺"。该隐私承诺要求所有会员企业遵守一系列精心制定的消费者隐私规则。会员企业必须同意在出租、出售或与他人交换任何个人资料时会事先通知消费者。而且，它们必须尊重消费者的要求，让消费者能够拒绝进一步的广告邀请或不同意将他们的联系方式交给其他市场营销人员。最后，这些企业也必须遵守协会的优先服务原则，删除那些不希望接收邮件、电话或电子邮件信息的消费者的姓名。[54]

　　直复营销人员深知，如果置之不理，这种直复营销滥用必将导致消费者更加消极的态度、更低的响应率与参与率，并将面临更加严格的州立法和联邦立法的限制。大多数直复营销人员与消费者有着共同的需求：将真诚的、精心设计的市场营销信息有针对性地发送给那些重视这些信息并做出响应的消费者。直复营销的成本很高，不能无的放矢。

学习目标回顾

　　本章是有关市场营销组合元素（即促销）三章内容中的最后一章。前面几章探讨了广告、公共关系、人员推销和销售促进，本章则阐述了直复营销和数字营销（包括在线营销、社交媒体营销和移动营销）。

　　学习目标 1　定义直复营销和数字营销，并讨论直复营销和数字营销的快速发展及其给顾客和企业所带来的好处。

　　直复营销和数字营销是指与仔细筛选的单个消费者和用户社区直接接触以获得即时响应，并建立持久的顾客关系。企业使用直复营销来定制产品和内容，以满足利基市场或个人购买者的需求和兴趣，建立其直接的顾客互动、品牌社区和实现销售。如今，随着网络购物以及数字技术的迅速发展——从智能手机、平板电脑和其他数字设备到大量的在线、社交和移动媒体——直复营销经历了戏剧性的转变。

　　对于买方来说，直复营销和数字营销更加便利、简单和私密。它们使买方可以在任何地方、任何时间访问几乎无限量的各种各样的商品，并获取丰富的产品和购买信息。同时，直复营销也具有直接性和互动性，它允许买方准确地指出自己需要的信息、产品或服务配置，并当场进行预订。最后，对于有需要的消费者来说，数字营销通过在线、移动和社交媒体培养了顾客的品牌参与意识，并提供了品牌社区——与其他品牌爱好者分享品牌信息和体验的地方。对于卖方来说，直复营销和数字营销是实现顾客浸入，建立起紧密的、个性化的、互动式的顾客关系的有力工具。此外，它们也提供了更大的便利性，允许市场营销人员对价格和计划进行持续的调整，或者给出直接的、及时的和个性化的声明与建议。

　　学习目标 2　识别并讨论直复营销和数字营销的主要形式。

　　直复营销和数字营销的主要形式包括传统的直复营销工具和新型数字直复营销工具。其中，传统的直复营销工具包括面对面销售、直邮营销、目录营销、电话营销、电视直销和售货亭营销等。现在，这些传统工具仍然被大量使用，而且在大多数企业的直复营销工作中依然非常重要。近年来，一系列新型数字直复营销工具出现在各种各样的市场营销场景当中，包括在线营销（网站、在线广告、电子邮件、在线视频和博客等）、社交媒体营销和移动营销。本章首先讨论了快速发展的新型数字直复营销工具，然后对传统工具进行了概述。

　　学习目标 3　阐述企业是如何应用各种网络营销策略来应对互联网和数字时代的。

　　互联网和数字时代从根本上改变了顾客对便利、速度、价格、产品信息、服务和品牌互动的看法。因此，它为市场营销人员提供了一种为顾客创造价值、吸引顾客浸入并建立顾客关系的全新方式。现在，互联网影响了很大一部分销售额——包括在网上交易以及那些借助线上查询被吸引到线下完成的交易。为了进入这个快速增长的市场，现在大多数企业都进行在线营销。

　　在线营销采用的几种形式包括网站、在线广告、电子邮件、在线视频和博客等。当然，社交媒体和移动营销也发生在线上。但是，由于它们具有一些特点，因此我们在其他部分讨论这些快速发展的数字营销方法。对于大多数企业来说，实施在线营销的第一步是创建网站。对于成功的网站来说，关键是要创造足够多的价值和承诺以便吸引消费者登录、浏览网站，并在以后继续访问网站。

　　在线广告已经成为一种主要的宣传媒体，主要形式包括展示广告和搜索广告。电子邮件营销也是数字营销的一种重要形式。如果使用得当，电子邮件可以让市场营销人员发送具有高度针对性、极具个性化、有助于关系建立的信息。在线营销的另外一个重要形式是在品牌网站或社交媒体网站上发布数字视频内容。市场营销人员希望他们的视频能够像病毒一样进行传播，以便吸引数千万的消费者。最后，企业可以将博客作为接触顾客社区的有效手段，企业可以创建自己的博客、在现有博客上发布广告或影响其内容。

学习目标 4　讨论企业是如何使用社交媒体营销和移动营销来吸引消费者并创建品牌社区的。

在数字时代，无数独立和商业化的社交网站应运而生，它们给消费者提供了一个聚集、社交以及分享意见和信息等的网络空间。大多数的市场营销人员都在利用这一巨大的社交媒体浪潮。品牌可以使用现有的社交媒体或建立它们自己的社交媒体。使用现有的社交媒体似乎是最容易的方法。因此，大多数品牌——无论是大品牌还是小品牌——在许多社交媒体网站上开设了自己的商店。一些主要的社交网络规模庞大，其他的小众在线社交网络可以满足由志趣相投的人组成的小型社区的需要。除了这些独立的社交媒体，很多企业还创建了自己的网上品牌社区。不仅仅是付出努力和追求消费者的点赞与推文，大多数企业正在整合广泛的多元媒体来创建与品牌相关的社交分享、参与和顾客社区。

使用社交媒体既有优势，同时也存在挑战。从有利的一面来看，社交媒体具有针对性、个性化、互动性、直接性、及时性和成本效益性。社交媒体最大的优势也许是它的参与性和社交分享能力，进而可以有效地创建顾客社区。比较而言，不利的一面是，消费者控制着社交媒体的内容，这使市场营销人员很难对社交媒体进行有效的控制。

移动营销通过移动设备将市场营销信息、促销活动和其他内容发送给旅途中的消费者。在顾客购买和与顾客建立人际关系的过程中，市场营销人员可以随时随地使用移动营销与顾客进行互动。移动设备的广泛应用和移动网络流量的激增，使得移动营销成为大多数品牌必备的市场营销工具，几乎每个市场营销人员都将移动营销纳入其直复营销计划之中。此外，很多市场营销人员还创建了他们自己的移动网站，其他市场营销人员则创建了有用或有趣的移动应用程序，以便使顾客参与到他们的品牌当中并为顾客购物提供帮助。

学习目标 5　识别并讨论传统的直复营销的形式，概述直复营销所面临的公共政策和伦理问题。

近年来，尽管快速发展的数字营销工具占据了大多数头条新闻，但传统的直复营销工具仍然非常活跃并被大量使用，其主要形式包括面对面销售（或人员推销）、直邮营销、目录营销、电话营销、电视直销和售货亭营销等。

直邮营销指企业向某一特定地址的个体消费者发送报价、公告、提醒或其他内容。一些市场营销人员依靠目录营销——向列表上的顾客邮寄产品目录来实现销售，产品目录可在实体店获取，也可在线获得。电话营销是使用电话直接向消费者进行销售。电视直销通过电视广告努力描述一种产品，并给顾客一个可免费拨打的电话号码或一个在线网站以方便订购。售货亭是可查询信息和订购产品的机器，市场营销人员一般将其放在商店、机场、酒店和其他地方。

直复营销人员及其顾客一般都很喜欢这种互惠的关系。但是，直复营销也存在一些弊端。有些直复营销人员十分强势，有时甚至会采用欺骗性策略骚扰或伤害顾客，这给整个行业带来了消极的影响。直复营销滥用的范围从简单地激怒顾客到不公平的行为，甚至是公然的欺诈和欺骗行为。直复营销行业面临着越来越多的隐私和互联网安全问题。这需要市场营销人员和公共政策制定者采取强有力的行动，以便遏制直复营销的滥用。最后，大多数直复营销人员与消费者都有着共同的需求：将真诚的、精心设计的市场营销信息有针对性地发送给那些重视这些信息并做出响应的消费者。

关键术语

直复营销和数字营销（direct and digital marketing）

数字和社交媒体营销（digital and social media marketing）

全渠道零售（omni-channel retailing）

在线营销（online marketing）

营销网站（marketing website）

品牌社区网站（brand community website）

在线广告（online advertising）

电子邮件营销（email marketing）

垃圾邮件（spam）

病毒营销（viral marketing）

博客（blog）

社交媒体（social media）

移动营销（mobile marketing）

直邮营销（direct-mail marketing）

目录营销（catalog marketing）

电话营销（telemarketing）

电视直销（direct-response television（DRTV）marketing）

问题讨论

1. 将新型直复营销模式与传统的直复营销模式进行比较和对照。（AACSB：书面和口头交流）
2. 列出直复营销和数字营销的主要形式，市场营销人员使用直复营销的方式是否发生了转变？（AACSB：书面和口头交流）
3. 描述两种类型的企业网站，并探讨当市场营销人员使用网站来推销自己的产品和服务时面临哪些挑战？（AACSB：书面和口头交流）
4. 市场营销人员如何使用社交媒体营销和移动营销来吸引顾客？市场营销人员面临着哪些挑战？（AACSB：书面和口头交流）
5. 讨论传统的直复营销形式是如何持续成为重要的促销工具的。（AACSB：书面和口头交流）
6. 市场营销人员在其公司的直复营销活动中是如何解决消费者隐私问题的？（AACSB：书面和口头交流）

营销计算

优衣库的数字营销活动

优衣库是一个日本零售品牌。通过数字营销活动，优衣库已经成长为一个在 15 个国家或地区经营业务的全球品牌。其创始人柳井正（Tadashi Yamai）继承了一家定制男装零售连锁店，因此他对时装零售并不陌生。但他希望把平价、时尚、休闲的服装带给所有人。所以，他在 1984 年创办了优衣库。优衣库专注于其标志性的创新服装系列，如 HeatTech、UV Cut、LifeWear 和 AIRism。在 2007 年，其开创性的“Uniqlock”病毒营销活动赢得了数十个广告奖项，包括令人垂涎的夏纳的 Grand Prix 奖项。该公司继续开展数字营销活动，获奖是好事，由此带来的效益更是令人愉快。如下表所示，市场营销人员衡量各种与数字活动相关的指标，从曝光数、点击量到购买量。该公司最近在美国开展了一项数字宣传活动，以提高 LifeWear 系列服装的品牌知名度和销量。

衡量指标	数值
曝光数	4 000 000
网站点击率	150 000
活动成本	45 000 美元
订单数	10 250
产生的收入	750 000 美元

续表

衡量指标	数值
被放弃的购物车数	650
平均销货成本（%）	45%
运输和处理费用（每个订单）	8.50 美元

绩效指标	计算公式
点击率（CTR）	（点击次数 ÷ 曝光数）× 100
每次点击成本（CPC）	活动成本 ÷ 点击次数
转化率	（订单数 ÷ 点击次数）× 100
平均转化成本	活动成本 ÷ 订单数
平均订单价值（AOV）	产生的收入 ÷ 订单数
购物车放弃率	（被放弃的购物车数 ÷ 点击次数）× 100

1. 计算上表中所列出的绩效指标。基于上述这些参数对该活动进行评价。（AACSB：书面和口头交流；分析推理；反思性思考）
2. 计算净营销贡献率（NMC）、市场营销销售回报率（marketing ROS）和市场营销投资回报率（marketing ROI），并论述该项活动是否获得了成功？请参考附录 3“营销计算”中的“市场营销盈利能力指标”，学习如何进行分析。（AACSB：书面和口头交流；反思性思考；分析推理）

企业案例

适合本章的案例见附录 1。

企业案例 14　OfferUp：移动时代的移动解决方案。通过专注于本地二手市场的纯移动方式，并克服 Craigslist 的缺点，OfferUp 现在对分类广告的领导者构成了真正的威胁。

企业案例 2　脸书：让世界更加开放和互联。脸书通过专注于自己的使命——“给人们分享的力量，让世界更加开放和互联”，积累了超过 20 亿的月活跃用户。

企业案例 4　Qualtrics：管理完整的顾客体验。Qualtrics 是在线调查的先驱。现在，它利用在线调查来管理顾客体验。

复习题

1. 比较一个市场营销网站和一个品牌社区网站。（AACSB：沟通）

2. 请访问 www.ftc.gov/os/2013/03/130312dotcomdisclosures.pdf，查看美国联邦贸易委员会关于在线、社交媒体和移动广告中信息披露的指导方针。美国联邦贸易委员会关于广告和代言的要求会降低推特作为广告媒介的有效性吗？

注释

第 **4** 篇

扩展市场营销领域

第 15 章　全球市场

学习目标

学习目标 1　讨论国际贸易体系和经济、政治 – 法律、文化环境如何影响企业的国际市场营销决策，参见"当今的全球市场营销"部分。

学习目标 2　描述进入国际市场的三种主要方式，参见"决定如何进入市场"部分。

学习目标 3　解释企业如何调整其市场营销战略和市场营销组合以适应国际市场，参见"决定全球市场营销方案"部分。

学习目标 4　确定全球市场营销组织的三种主要形式，参见"决定全球市场营销组织"部分。

概念预览

我们已经学习了企业为了吸引顾客、创造顾客价值和建立长久的顾客关系而制定竞争性的市场营销战略的一些基本内容。在这一章里，我们把这些基本内容延伸到全球市场。尽管我们在前面的每一章中都探讨过全球化主题（因为很难找到一点都不包含国际元素的市场营销领域），但本章将重点关注企业在全球范围内营销其品牌时需要考虑哪些因素。通信、交通和数字技术的进步，使世界变得越来越小。今天，几乎所有企业，无论是大企业还是小企业，都面临着国际市场营销问题。在本章，我们将阐述市场营销人员走向全球化时需要做出的六个主要决策。

为了开始对全球市场营销的探索，让我们先来看看斯堪的纳维亚的家具和家居用品零售商宜家。宜家在 50 多个国家或地区成功运营，吸引了在经济、语言和文化等方面极为不同的各类消费者。宜家遵循一种高度标准化的国际运营模式，旨在以低廉的价格来创造人们每天都能够买得起的、高质量的功能性家具。然而，宜家已经认识到，在全球市场上，单一模式很难适合所有人。

宜家：在全球标准化和本土化之间实现良好平衡

全球最大的家具零售商之一宜家是典型的受人推崇的全球品牌。2017 年，这家斯堪的纳维亚零售商在 50 多个国家和地区的 400 多家门店的客流量超过了 9.36 亿人次，创造了超过 470 亿美元的收入。平均每家店的年销售额超过了 1 亿美元，是沃尔玛单店平均销售额的两倍有余。宜家规模庞大，而且仍在不断发展壮大，在过去十年里，它的收入翻了一番。

宜家为如何在全球环境下开展业务提供了经典的模式。宜家不仅仅是一家大型家具商，它还通过吸引不同国家和文化的消费者取得了全球性的成功。从北京到莫斯科，再到俄亥俄州的米德尔敦，消费者都被宜家所倡导的生活方式所吸引，这种生活方式是以时尚、简洁、实用且价格合理的家具为基础的。

宜家在全球标准化与本土化之间实现了良好的平衡，从而在全球范围内取得成功。无论你在哪个地方的宜家门店购物，你都会发现规模庞大的商店、熟悉的蓝－黄品牌标志、多种多样的现代斯堪的纳维亚设计风格的家具以及可承受的价格。与此同时，宜家还精心调整其商品分类、商店运营和市场营销，以便满足在全球不同市场中的顾客的独特需求，不同的市场以极为不同的市场营销方式、语言和文化为特征。

宜家战略的许多方面在全球范围内都是标准化的。首先，它所经营的全部产品都植根于瑞典的当代设计，其经典、简洁的设计总是具有永恒的、近乎普遍的吸引力。低价是宜家全球经营模式的另外一个不变的因素。作为基准，宜家的每一款产品售价都是同类竞争产品的一半。宜家通过不懈地削减成本来保持低价，在全球范围内销售标准化程度较高的产品也有助于降低成本。节省空间的"扁平包装"方式，即把家具分装出售，然后由顾客自己在家完成组装，也帮助宜家进一步压缩成本。

宜家在世界各地的门店都采用标准化的设计，而且所有门店的规模都非常大。每个宜家门店的平均面积为 30 万平方英尺，比沃尔玛门店的平均面积大出了 50%。为了应对如此巨大的规模，各地的宜家门店都分为三个主要部分：陈列室展示在真实房间中摆放的家具，大卖场存放小件物品，仓库则提供扁平包装的商品，便于顾客提货，并用手推车推着它们去结账。在世界上的任何一家宜家门店，父母都可以把孩子放在游乐区，并在小吃店或餐厅为全家人购买食物，这可以使顾客很容易就在门店逛上好几个小时。

尽管宜家试图尽可能地规范其运营，但它也已经意识到：在全球市场营销中，单一模式很难适合所有人。实际上，宜家早在 20 世纪 80 年代初就发现了这一问题，当时它在费城开设了第一家美国门店，并通过进口在欧洲销售的商品来备货。然而，美国人对此并不买账。例如，宜家的床又小又硬，无法满足美国人的需求。因此，销售受到了严重影响，宜家考虑完全退出美国市场。

但宜家最终并没有这么做，取而代之的是做出了一个决定：认真研究市场并做出相应调整，这个决定成为其向所有新的国际市场扩张的基石。在对美国消费者有了更好的了解之后，宜家改变了床垫的组成，并增加了特大号床。在全店范围内进行了类似的调整之后，宜家的销售额开始飙升。现在，美国已经成为宜家仅次于德国的第二大市场。

如今，宜家会在全球范围内定期调整其产品设计和分类，以便满足当地消费者的独特需求和品位。例如，尽管宜家在中国出售的许多商品与世界其他地方的商品相同，但它们也大量出售电饭煲和筷子。中国人喜欢优质的硬床垫，所以宜家在中国销售的床垫大多都比较硬。再如，在日本拥挤的城市中，平均生活空间比欧洲和美国要小得多，因此宜家日本公司所销售的家用电器和家居产品的尺寸都更小，以此来节省空间和方便家居搭配。

但是，在不增加成本的情况下，宜家调整产品设计和分类的能力是有限的。因此，宜家通常不会在全球范围内对其产品进行大规模的调整，而只是简单地调整其市场营销和推销方式，向当地人展示宜家的标准产品是如何适合他们的生活和文化的。例如，日本和荷兰的陈列室可能会配备相同的床和橱柜，但日本的陈列室可能会展示榻榻米，而荷兰的陈列室则会装有倾斜的天花板。在美国，同样的床上还会摆上装饰性的枕头。类似地，大量流通的宜家产品目录（每年印刷超过 2.03 亿份）都是定制的，以展示本地化的宜家的标准产品。宜家以 32 种语言出版了 67 个版本的产品目录，而且每一个版本都经过了精心的准备，很好地反映了当地消费者的品位和偏好。

除了调整设计、分类和商品销售以外，宜家还经常调整其基本的门店运营方式，将当地文化的细微差别转化为自己的竞争优势。例如，宜家在中国的门店对新兴的中国消费者有着巨大的吸引力。但是，中国顾客希望从宜家商店获得更多的东西，而不仅仅是价格实惠的斯堪的纳维亚风格的家具。因此，一家宜家中国门店甚至还举办过几场婚礼。

基于对中国文化的理解，加上具有竞争力的价格，宜家中国公司现在增长快速。全球最大的 10 家宜家门店中有 8 家在中国。中国消费者对瑞典肉丸有什么看法？宜家中国区营销总监说："他们很喜欢。"[1]

在过去，美国企业很少关注国际贸易。如果它们能通过出口获得一些额外销售的话，就已经很好了。国内市场是巨大的，而且充满了机会。相比之下，国内市场也更加安全。管理者不需要学习其他语言，也不需要应对陌生和不断变化的货币，更不需要面对政治和法律的不确定性，以及调整他们的产品来适应顾客的不同需求和期望。但是，当今的情况已大不相同了。从可口可乐、苹果，到谷歌、爱彼迎甚至是 NBA，各种各样的组织都走向了全球化。

➡ 15.1 当今的全球市场营销

> **作者点评**
> 迅速变化的全球环境既提供了机会，也带来了威胁。现在，很难找到一个不受全球发展影响的企业了。

随着数字通信、交通和资金流动的加快，世界正在迅速地变小。在一个国家开发的产品——麦当劳的汉堡、网飞的视频服务、三星的电子产品、Zara 的时装、卡特彼勒的建筑设备、德国宝马汽车、脸书的社交网络——在其他国家也可能大受欢迎。如果听说一个穿着意大利西装的德国商人在一家日本餐厅和一个英国朋友见面，然后他回家一边喝着俄罗斯出产的伏特加，一边看电视上的《生活大爆炸》，同时还查看世界各地朋友在脸书上发布的帖子，这一点也不奇怪。

在过去 30 年中，国际贸易得到了蓬勃发展。自 1990 年以来，世界上跨国公司的数量增加了两倍多，达到 10 万多家。在这些跨国公司中，有一些是真正的跨国巨头。事实上，在全球最大的 150 个经济体中，只有大约一半是国家，其余的都是跨国公司。沃尔玛是世界上最大的公司（基于销售、利润、资产和市场价值的加权平均值），其年收入超过了世界上 25 个最大国家以外国家的 GDP。[2] 2017 年，全球产品和服务贸易价值超过了 20 万亿美元，约占全球 GDP 的 25%。[3]

长期以来，可口可乐、麦当劳、星巴克、肯德基、通用电气、谷歌、卡特彼勒、波音和其他数十家美国企业将其市场推向了全世界。在美国，丰田、三星、雀巢、宜家、佳能等非美国企业已经家喻户晓。其他一些看似美国的产品和服务，实际上是由外国企业所生产或拥有的，如本杰瑞冰激凌、百威啤酒、普瑞纳宠物食品、7-11、环球影城和 Motel 6 等。颇具法国特色的轮胎制造商米其林公司，现在有 36% 的业务在北美；强生公司——邦迪创可贴和强生婴儿洗发水等典型的美国人都在使用的产品的制造商，其几乎一半的业务都在国外。美国本土的卡特彼勒公司拥有更大比例的全球业务，其 53.5% 的销售额来自北美以外的地区。曾经是美国本土品牌的麦当劳，其在国外市场的收入占其总收入的近 2/3。在中国上海或日本东京，肯德基的桑德斯上校几乎与他在艾奥瓦州博伊西一样为人所熟知。最受美国人喜爱的可口可乐在全球拥有 4 100 多种产品，每天能让 200 多个国家的消费者"品尝"超过 19 亿次。[4]

但随着全球贸易的增长，全球竞争也在加剧。外国企业正在积极地向新的国际市场扩张，而国内市场的机会也不再那么多了。目前，几乎没有哪个行业能够免受外国竞争的影响。如果企业迟迟不采取国际化措施，它们就有可能被西欧和东欧、中国和东南亚、俄罗斯、印度、巴西以及其他不断增长的市场拒之门外。那些为了安全而坚守国内市场的企业，不仅会失去进入其他市场的机会，还会面临失去国内市场的风险。从未考虑过国外竞争对手的本土企业会突然发现：这些竞争对手已经出现在了自己的后花园。

具有讽刺意味的是，尽管进入国际市场的机遇很诱人，但风险也很高。走向国际的企业可能面临着高度不稳定的政府和货币、限制性的政府政策和法规以及高度的贸易壁垒。最近低迷的全球经济环境也带来了巨大的全球性挑战。此外，腐败也是一个日益严重的问题，一些国家的官员经常把业务交给行贿最多的贿赂者，而不是出价最高的投标者。

全球公司（global firm）指的是通过在一个以上的国家运营，在市场营销、生产、研发以及财务方面获得国内企业所不能获得的优势的公司。全球公司将世界视为一个市场，削弱了国家边界的重要性，强调全球品牌。全球公司在全球范围募集资金、采购材料与组件、寻找制造商伙伴，并向任何一个适合的市场推销自己的产品。

比如，世界上最大的电梯制造商之一奥的斯电梯（Otis Elevator）将总部设在康涅狄格州的法明顿。它在 200 多个国家或地区销售和维护电梯及自动扶梯，超过 80% 的销售额是由美国以外的市场创造的。奥的斯电梯使用法国的电梯门系统、西班牙的小齿轮部件、德国的电子产品以及日本的特殊电机系统。该公司在美洲、欧洲和亚洲都设有制造工厂，并在美国、奥地利、巴西、中国、捷克、法国、德国、印度、意大利、日本、韩国和西班牙设有工程和测试中心。奥的斯电梯是全球商业和航空巨头美国联合技术公司（United Technologies Corporation）的全资子公司。[5] 当今的很多全球公司，无论其规模大小，实际上都已经成为真正的无国界企业。

然而，这并不意味着每家企业都必须在几十个国家运营才能够获得成功。小企业可以瞄准全球利基市场。世界变得越来越小，每一家在全球化行业中运营的企业，无论其规模大小，都必须评估并确立自己在国际市场上的地位。

快速走向全球化，意味着所有企业都要回答这样一些基本问题：企业尝试在本国、所属经济地区和全球确立一个什么样的市场地位？企业的全球竞争对手是谁？它们的战略和资源是什么？企业应该在哪里生产或采购产品？应该和世界上的其他企业建立起什么样的战略联盟？

如图 15-1 所示，企业在国际市场营销中面临着六个主要决策。我们将在本章依次探讨这些决策。

图 15-1 国际市场营销中的主要决策

15.1.1　全球市场营销环境要素

在决定是否走向全球化之前，企业必须了解全球市场营销环境。在近几十年里，环境的变化很大，带来了新的机遇和问题。

国际贸易体系

企业若要走出去，必须先了解国际贸易体系。当企业将产品销往其他国家时，会面临国家之间的贸易限制。政府可能会对进口商品收取关税，目的是提高收益和保护国内企业。关税通常用于强制其他国家采取有益于本国的贸易行为。

例如，为了控制与他国的巨额年度贸易逆差，美国最近开始对进口的太阳能电池板和家用洗衣机征收 30% 的关税。它还对进口的钢铁和铝征收进口关税。作为回应，出口国将 128 种美国产品的关税提高了 28%。这种国家之间的贸易争端，是更为广泛的国际动态的一部分。然而，这会给那些试图跨国销售产品的企业造成很大的困阻。[6]

各国可以设置配额，用以限制某种产品的进口数量。设置配额是为了减少外汇支出并保护当地工业和就业。企业还可能会面临外汇管制，即限制外汇数量和兑换其他货币的汇率。

企业也可能会面临非关税贸易壁垒，比如针对投标的偏见、更高限制性的产品标准或者东道国的过度监管及要求。例如，沃尔玛最近缩减了曾经雄心勃勃的计划，即在印度开设数百家沃尔玛门店，以便在印度庞大而分散的零售市场实现扩张。除了电力不稳定、道路不佳等市场营销环境要素之外，印度还设置了非关税壁垒以保护本国主要的小型零售商，这些零售商控制着印度 6 700 亿美元零售总额的 91%。[7]其中一个壁垒，是印度政府规定外国零售商在印度必须从当地小型企业那里购买 30% 的商品。这样的要求，对沃尔玛来说几乎是不可能的，因为小型供应商无法生产出这个零售业巨头所需的商品数量。此外，印度为数不多的大型国内零售商却不受这一规则的约束，这使得沃尔玛公司难以在竞争中获利。沃尔玛收购了印度最大的电子商务公司 Flipkart，以此弥补其门店增长缓慢，并帮助其打入庞大的印度市场。[8]

同时，某些其他因素也会促进国家之间的贸易，如世界贸易组织（WTO）和各种区域自由贸易协定。

世界贸易组织　《关税与贸易总协定》（GATT）签订于 1947 年，在 1994 年进行了修订，其初衷是通过降低关税和其他国际贸易壁垒来促进世界贸易。随后，WTO 成立，它在 1995 年取代了 GATT，现在监管最初的 GATT 条款。WTO 和 GATT 成员在八轮谈判中，对贸易壁垒进行了重新评估并为国际贸易制定了新的规则。WTO 还实施国际贸易制裁，调解全球贸易争端。这些行动颇有成效。前七轮谈判将产成品的全球平均关税从 45% 降低到了仅 5%。WTO 的贸易争端解决机制也得到了广泛的应用。在过去的 20 年里，各成员提出了 500 多起争端，其中大多数都是在 WTO 框架内解决的。[9]

区域性自由贸易区　有些国家已经建立了自由贸易区或者**经济共同体**（economic community）。这些国家被组织起来，为国际贸易规则的共同目标而努力。其中一个共同体就是欧盟（EU）。欧盟成立于 1957 年，旨在减少阻碍成员国之间产品、服务、资金和劳动力自由流动的壁垒以及制定与非成员国之间的贸易政策，创造一个单一的欧洲市场。现在，欧盟是世界上最大的单一市场之一，进出口额占世界进出口总额的近 20%。[10]欧盟为美国和其他非欧洲企业提供了很多贸易机会。

近 20 年来，有 19 个欧盟成员国使用欧元作为共同货币。欧元的广泛使用，大大降低了在欧洲开展业务的货币风险，使得先前货币疲软的成员国成为更具吸引力的市场。然而，使用统一货币也带来了相应的问题，因为德国和法国等欧洲经济大国不得不介入支持希腊、葡萄牙和塞浦路斯等较弱的经济体。这场持续的"欧元危机"导致一些分析师预测：如果像现在这样的话，欧元区可能会解体。[11]

让有二十几种语言和文化并时常伴有紧张关系的共同体团结起来并由此形成一个单一实体，也会面临很多困难。例如，在 2016 年的全民公投中，英国人民投票决定退出欧盟。2020 年初，英国正式"脱欧"，这在欧洲和世界范围内造成了余震，引发了人们对欧洲经济和政治统一的未来的担忧。尽管如此，英国脱欧之后，欧盟的年度 GDP 总和仍超过 15 万亿美元，欧盟仍是一股强大的经济力量。[12]

1994 年，《北美自由贸易协定》（NAFTA）在美国、墨西哥和加拿大之间建立了一个自由贸易区。该协定创造了一个 4.87 亿人的单一市场，他们每年生产和消费价值 23.5 万亿美元的商品和服务。在过去的 20 多年里，《北美自由贸易协定》消除了三国之间的贸易壁垒和投资限制。三国之间的贸易总额从 1993 年的 2 880 亿美元，增加到每年超过 1.2 万亿美元。[13]

随着 NAFTA 的显著成功，《中美洲自由贸易协定》（DR-CAFTA）于 2005 年在美国、哥斯达黎加、多米尼加共和国、萨尔瓦多、危地马拉、洪都拉斯和尼加拉瓜之间建立了自由贸易区。拉丁美洲和南美洲也建立了其他自由贸易区。举例来说，在欧盟之后形成的南美洲国家联盟（UNASUR）成立于 2004 年，在 2008 年正式缔结条约。UNASUR 由 12 个国家组成，是继北美自由贸易区和欧盟之后最大的贸易集团，人口超过了 4.2 亿，经济总量超过了 6.5 万亿美元。与北美自由贸易区和欧盟类似，UNASUR 旨在消除国家之间的所有关税。[14]

世界上另外两个主要的贸易协定是《全面与进步跨太平洋伙伴关系协定》（CPTPP）和《跨大西洋贸易与投资伙伴协议》（TTIP）。最近签署的《全面与进步跨太平洋伙伴关系协定》承诺减少贸易壁垒，并加强 11 个环太平洋国家之间的经济合作，这些国家是澳大利亚、文莱、加拿大、智利、日本、马来西亚、墨西哥、新西兰、秘鲁、新加坡和越南。美国和欧盟之间的《跨大西洋贸易与投资伙伴协议》仍在谈判当中。这些重要的贸易协定将产生重大的，有时具有争议的经济和政治影响。例如，《全面与进步跨太平洋伙伴关系协定》有 11 个成员，5 亿人口，超过《北美自由贸易协定》所涉人口总数，所产生的贸易额占世界贸易总额的 13%。[15]

每个国家都有自己独有的特征，必须加以了解。一个国家对不同的产品、服务的接受度以及作为一个市场对外国企业的吸引力，往往取决于这个国家的经济、政治和文化环境。

经济环境

国际市场营销人员必须清楚每个国家的经济情况。一般而言，两个主要的经济因素——产业结构和收入分配可以反映出一个国家作为目标市场的吸引力。

其中，国家的产业结构决定了该国家的产品和服务需求、收入水平和就业水平。例如，在自给自足型经济体中，大多数人从事简单的农业劳作，消费他们自己创造的大部分产出，其余的则以物易物换取简单的商品和服务。这些经济体提供的市场机会很少，许多非洲国家都属于这一类经济体。在另外一个极端，工业经济体是制成品和服务的主要进出口国，它们多样化的生产活动和庞大的中产阶层使其成为拥有各种商品的富足市场。美国、日本和西欧国家都是这类经济体的典型代表。

新兴经济体是那些经历着快速的经济增长和工业化的经济体。例如金砖国家（巴西、俄罗斯、印度、中国和南非）以及中东和北非国家。工业化通常会创造出新的富裕阶层和不断壮大的中产阶层，两者都需要新型的商品和服务。随着发达市场的停滞和竞争的加剧，许多市场营销人员开始瞄准新兴市场中的增长机会。

第二个经济因素是收入分配。工业化国家可能有低等、中等和高等收入的家庭。相反，自给自足型经济体则主要由收入很低的家庭所组成。还有一些国家的家庭收入要么非常低，要么非常高。即使是贫穷的或新兴的经济体也可能成为各种商品的诱人市场。近年来，随着美国国内和新兴市场的增长放缓，许多企业都将目光转向了所谓的"经济金字塔底层"，即由世界上最贫穷的消费者所组成的庞大的、尚未开发的市场（参见市场营销进行时 15-1）。

| 市场营销进行时 15-1 |

国际营销：以经济金字塔底层为目标

许多企业现在都意识到一个令人震惊的统计数字：地球上有 70 多亿人口，其中超过 30 亿人每天的生活费不足 2.5 美元。这类群体被称为"金字塔底层"，他们可能看起来并不是一个有前途的市场。然而，尽管收入微薄，但作为一个群体，他们的年购买力却高达 5 万亿美元，这一数据令人瞠目结舌。而且这一广阔的市场在很大程度上尚未被开发。世界上的穷人往往很少或根本得不到比较富裕的消费者认为理所当然的、最基本的产品和服务。企业正越来越多地转向"金字塔底层"，以便寻找新的增长机会。

但是，企业怎样才能向收入在贫困线以下的消费者有利可图地销售产品？首先，价格必须是合适的。一位分析师表示：在这种情况下，"合适"意味着"比你想象的要低"。考虑到这一点，许多企业仅是通过提供包装更小或技术含量更低的现有产品，以便使自己的产品变得更加便宜。例如，在尼日利亚，宝洁出售的吉列剃须刀的售价为 23 美分，1 盎司包装的 Ariel 洗涤剂售价为 10 美分，一晚只需用一片的 10 片装帮宝适纸尿裤售价为 2.3 美元。虽然低价产品没有多少利润，但宝洁却通过大量销售获得了成功。

以帮宝适品牌为例，仅尼日利亚每年就有大约 600 万新生儿出生，几乎比人口是其两倍的美国还要多出 50%。尼日利亚惊人的出生率为宝洁最畅销的品牌——帮宝适纸尿裤创造了一个巨大的、尚未开发的市场。然而，典型的尼日利亚母亲每月在所有家庭用品上的支出仅为 5 000 奈拉（约 30 美元）。宝洁的任务，就是让这些母亲买得起帮宝适，并让她们相信：帮宝适是值得她们从每个月仅有的花销中支出一些来购买的。为了在尼日利亚等市场上保持低成本和低价格，宝洁发明了一种功能较少的吸水性纸尿裤。虽然价格便宜很多，但这款纸尿裤的性能仍然很不错。换句话说，纸尿裤的价格必须低廉，但它也必须做到其他廉价纸尿裤所做不到的事——让婴儿在 12 小时内保持舒适和干爽。

即使消费者可以以合适的价格购买到合适的纸尿裤，但帮宝适纸尿裤在尼日利亚的销售仍然面临挑战。在西方，婴儿通常每天要使用多个一次性纸尿裤。然而，在尼日利亚，大多数婴儿都穿着尿布。为了让帮宝适纸尿裤更容易被尼日利亚人接受，甚至让他们更容易负担得起，宝洁在市场上推出了"一天一用"的纸尿裤。该活动告诉妈妈们：让婴儿在夜间保持干爽，可以帮助他们睡个好觉，这有助于他们的成长。宝洁公司的研究人员发现，这一信息触动了尼日利亚人的深切情感，即他们的孩子应该比他们拥有更好的生活。因此，得益于实惠的定价、能够满足顾客需求的产品和合理的定位，帮宝适纸尿裤的销量迅速增长。在尼日利亚，帮宝适已经成为纸尿裤的代名词。尽管最近出现了许多竞争产品，但宝洁的帮宝适仍然是那里的主导品牌。

正如宝洁所了解到的一样，在大多数情况下，向"金字塔底层"销售产品并从中获利，需要的远不止开发一次性包装和每包几便士的定价。它需要基于广泛的创新，这种创新不仅可以降低价格，还可以创造出新产品，使贫困者的钱花得更物有所值，而非让他们感到不值得。再举一个例子，看看印度的家电制造公司 Godrej & Boyce 是如何利用以顾客为导向的创新的，该公司成功在印度开拓了低价冰箱市场。

由于购买和操作成本都很高，传统的压缩机驱动式冰箱在印度市场的份额仅为 18%。但 Godrej & Boyce 公司并没有仅仅生产其高端冰箱的廉价版，而是指派了一个团队去研究缺少或没有冰箱的印度消费者的需求。研究团队观察到：半城市化和农村人口通常每月的收入为 5 000～8 000 卢比（约合 125～200 美元），住在有 4～5 名家庭成员的单间住房中，且经常更换住所。由于买不起冰箱，这些消费者只能使用公用冰箱，通常还是二手的。但即使是公用冰箱，里面通常也是只装几样东西。这些用户倾向于每天购物，只购买少量的蔬菜和牛奶。此外，电力也是不稳定的，即使是他们想要冷藏的少量食物，也随时处于不能被冷藏的风险之中。

Godrej & Boyce 公司认为，低端市场对传统的高端冰箱几乎没有需求，它需要的是一种全新的产品。因此，Godrej & Boyce 公司发明了 ChotuKool 冰箱，这是一种糖果红色的、于顶部打开的、高度便携的、适用于宿舍空间大小的设备，可以存放用户想要保鲜一两天的少数物品。这个小设备使用的是一种芯片，而非压缩机和制冷剂，芯片在通电时就会制冷，而且盖子打开时，其顶开式设计能将冷空气保持在内部。总而言之，ChotuKool 冰箱使用的能量还不到传统冰箱的一半，而且在农村常见的停电情况下可以依靠电池进行供电。最棒的是，ChotuKool 冰箱仅售88 美元，价格只有最基础的传统冰箱的一半，却能够更好地满足低端消费者的需求。ChotuKool 冰箱推向市场的第二年就销售了 10 万台。

因此，"金字塔底层"为那些能够以合适的价格开发出合适产品的企业，提供了大量尚未开发的机会。宝洁等公司正在采取积极行动，以便抓住这些机会。宝洁公司为自己在亚洲和非洲的发展中经济体中获得新顾客，设立了远大的目标。但要成功地开发这些新的发展中市场，仅仅依靠推出现有产品的廉价版本是远远不够的。

资料来源：See "Co-Creating with Rural Consumers Helps Achieve Inclusive Growth," *Innosight*, www.innosight.com/client_impact_story/godrej/, accessed July 2018; Purvita Chatterjee, "Godrej Appliances to Go Rural to Get Growth Back Post-Demonetization," *Hindu Business Line*, February 22, 2017, www.thehindubusinessline.com/companies/godrej-appliances-to-go-rural-to-get-growth-back-postdemonetisation/article9555646.ece; Erik Simanis and Duncan Duke, "Profits at the Bottom of the Pyramid," *Harvard Business Review*, October 2014, pp. 87-93; Matthew J. Eyring, Mark W. Johnson, and Hari Nair, "New Business Models in Emerging Markets," *Harvard Business Review*, January-February 2011, pp. 89-95; Mya Frazier, "How P&G Brought the Diaper Revolution to China," *CBS News*, January 7, 2010, www.cbsnews.com/8301-505125_162-51379838/; David Holthaus, "Health Talk First, Then a Sales Pitch," April 17, 2011, *Cincinnati.com*, http://news.cincinnati.com/article/20110417/BIZ01/104170344/; Danielle le Clus-Rossouw, "Baby Diapers in Nigeria," *Nonwovens Industry*, January 5, 2018, www.nonwovensindustry.com/issues/2018-01/view_features/baby-diapers-in-nigeria; and "The State of Consumption Today," *Worldwatch Institute*, www.worldwatch.org/node/810, accessed October 2018.

如今，各行各业的企业——从汽车到电脑再到软饮料企业——都越来越多地瞄准自给自足和新兴经济体中的中等收入或低收入消费者。例如，随着北美和欧洲的软饮料销售增长失去了活力，可口可乐公司不得不将目光投向其他地方，以便实现其雄心勃勃的增长目标。因此，该公司将目光投向了非洲，带来了充满希望同时又富有挑战的长期增长机会。许多西方公司都将非洲视为未被开垦的最后疆域，那里饱受贫困、政治不稳定、交通不可靠、淡水和其他基本资源短缺的困扰。但可口可乐从风险中看到了巨大的机会。非洲大陆有超过 13 亿人口、刚刚兴起的中产阶层、3.3 万亿美元的 GDP 和消费能力。全球增长最快的 10 个市场，非洲就占了5 个。[16]

可口可乐从 1929 年开始在非洲展开经营活动，在非洲和中东拥有 29% 的市场份额，而百事的市场份额仅为 15%。然而，可口可乐在那里仍有很大的增长空间。例如，北美的可乐和其他软饮料的年人均消费量比非洲多 13 倍。不过，在非洲的市场营销与在更发达地区的市场营销有着很大的不同。除了在非洲大城市通过传统渠道进行市场营销之外，可口可乐正在采用更多的草根策略来占领较小的社区。

小型商店在帮助可口可乐在非洲的发展中发挥了重要作用。在整个非洲大陆无数的贫困社区中，拥挤的街道两旁都是涂着可口可乐的红色的商店，它们用可口可乐提供的冷藏箱来出售低价的可口可乐产品。这些商店由一个简陋但有效的可口可乐公司分销商网络来供货，其工作人员经常用手推车运送成箱的可口可乐产品，甚至每次用头来搬运一箱产品。由于道路不畅、交通拥挤，用手搬运饮料往往是最好的选择。

该公司的首条规则是使其产品"凉爽和便利"。"如果他们没有道路供车辆长途搬运产品，我们将使用船、独木舟和手推车。"可口可乐南非地区总裁说。例如，在尼日利亚的 Makako 地区（拉各斯潟湖上的棚屋迷宫）里，妇女们划着独木舟在水道上穿梭，直接向居民出售可口可乐。

政治 – 法律环境

每个国家的政治 – 法律环境有很大不同。无论是否将业务拓展到某个国家，企业都要考虑这些因素，比如这个国家对国际采购的态度、政府官僚作风、政治稳定性和货币监管等。

一些国家以非常开放的态度对待外国企业，另一些国家则不那么开明。例如，印度倾向于通过进口配额、货币监管、外国投资限制和其他手段来约束外国企业，这些都给企业在印度的经营带来了挑战。相比之下，新加坡、越南和泰国等邻近的亚洲国家则对外国投资者持有更加积极的态度，并为他们提供激励措施和有利的经营条件。政治和监管的稳定性是另外一个问题。例如，地缘政治冲突使得在相关国家和地区做生意既困难又有风险。[17]

企业还必须考虑国家的货币监管问题。卖方想要以对其有价值的货币来获取利润。在理想的情况下，买方可以用卖方国家或者其他国家的货币来进行支付。如果做不到这一点，卖方可能会接受一种冻结货币——该货币的流出会受到买方政府的限制——如果他们能够在该国购买其他商品，或者为了需要的货币而将商品销往其他地方。除了货币监管，不断变化的汇率也会给卖方带来高风险。

大多数国际贸易都涉及现金交易。然而，许多国家的硬通货太少，无法支付从其他国家所购买的商品。它们可能想用其他物品而不是现金来进行支付。易货贸易是指商品或服务的直接交换。例如，印度尼西亚最近用咖啡、茶叶、橡胶和棕榈油来换取军用飞机；韩国则用苹果交换咖啡，以便帮助平衡苹果的过剩和不断增长的咖啡需求。[18]

文化环境

每个国家都有自己的习俗、规范和禁忌。制定全球市场营销战略时，企业必须明白文化是如何影响每个国际市场的消费者行为的。反过来，企业也必须明白战略是如何影响当地文化的。

文化对市场营销战略的影响　在制订市场营销计划之前，卖方必须了解不同国家的消费者对特定产品的看法和使用方式。这样做经常会发现惊喜。例如，法国男人平均使用的化妆品和美容用品，几乎是他们妻子的两倍。与意大利人相比，德国人和法国人会消费更多包装好的品牌意大利面。[19]

忽略文化规范和文化差异的企业，可能会付出高昂代价。

商业规范和行为在国家与国家之间是不同的。例如，美国高管喜欢立马谈论业务，并进行快速而艰难的面对面谈判。日本商人和其他亚洲商人则觉得这种行为具有侵犯性。他们更喜欢以礼貌的谈话作为开端，在面对面的交谈中很少说"不"。

还有一个例子，在大多数西方国家，有力的握手是一个普遍的、具有礼节性的动作；然而，在一些中东国家，握手可能会被拒绝。微软的创始人比尔·盖茨曾在与韩国总统握手时引发了一系列国际争议，因为他握手时用的是右手，同时把左手放在口袋里，韩国人认为这样做是非常无礼的。在一些国家，当被邀请吃饭时，没有吃完所有食物会被认为是不礼貌的。然而，在其他一些国家，吃完所有食物会被视作不太礼貌，让主人觉得没有提供足够多的食物。[20]美国企业的管理者在其他国家开展经营活动之前，需要了解这些文化的细微差别。

同样，企业还必须了解文化差异并利用这些差异在国际市场中取得优势。举例来说，当英国服装零售商玛莎百货（Marks & Spencer）决定开设第一家独立内衣和美容用品店时，令许多人吃惊的是，它绕开了巴黎、伦敦和纽约，而是选择了沙特阿拉伯。在沙特阿拉伯经营，往往需要进行一些重大且必要的文化调整。[21]

沙特阿拉伯的零售市场正在蓬勃发展，该国拥有快速增长的富裕的消费阶层。这个国家有很多文化和宗教习俗。

在向沙特阿拉伯妇女出售商品时，玛莎百货公司必须遵守需要严格执行的规定。例如，其内衣商店必须只雇用专门的女性销售人员；使用更为温和的店内市场营销照片和视频；取消了背景音乐；等等。得益于这些以及很多其他的文化适应措施，沙特阿拉伯已经成为玛莎百货公司收入最高的新兴市场之一。在那里，投入额外的运营成本也是非常值得的。玛莎百货公司现在在沙特阿拉伯有 6 家内衣和美容用品店以及 16 家百货商店。

因此，了解文化习俗、偏好和行为，不仅能够帮助企业避免犯低级错误，而且能帮助企业利用跨文化的机会来取得成功。

市场营销战略对文化的影响　一些市场营销人员担心全球文化对市场营销战略的影响，而另外一些市场营销人员则可能担心市场营销战略对全球文化的影响。举例来说，社会评论家认为，一些大型美国跨国公司（如麦当劳、可口可乐、星巴克、微软、迪士尼和脸书）不仅使它们的品牌全球化，而且让全球文化美国化。美国文化的其他元素在世界上无处不在。

评论家担心，在这种"支配浪潮"下，一些国家会逐渐丧失自己的文化特征。土耳其的青少年会观看全球音乐电视台（MTV），要求父母给他们购买更多欧美风格的衣服及其他反映美国流行文化和价值观的商品。住在欧洲小农庄的老妇人不用每天早晨去当地市场采购晚餐食材，在沃尔玛门店就可以便利地购买到。沙特阿拉伯的妇女会看美国大片，对她们的社会角色感到疑惑。在星巴克进入中国市场之前，很多中国人都不喝咖啡。现在，不少中国消费者喜欢去星巴克。

有时候，某些事情会拖美国企业全球化的后腿。在一些国际市场上比较出名的美国品牌，已经成为人们联合抵制的目标。作为美国资本主义的象征，可口可乐、麦当劳和肯德基等，被世界各地的抗议者和政府挑选出来，特别是在反美情绪高涨的时候。

尽管存在上述问题，全球化的拥护者依然认为，人们过分夸大了对美国化的担忧和美国品牌所带来的潜在危害，美国品牌的国际化总体来说做得不错。在 Millward Brown 公司最近发布的 BrandZ 全球消费品牌价值调查中，全球前 25 个品牌中有 21 个是美国品牌，其中包括谷歌、苹果、IBM、微软、麦当劳、可口可乐、通用电气、亚马逊和沃尔玛等。[22]

美国很多标志性品牌都在进行全球化。以日本的肯德基为例，肯德基在日本的一家餐厅推出了一款令人瞠目结舌的双层三明治，该三明治用两块厚厚的炸鸡饼代替面包，中间加上了培根、芝士和秘制酱料。在新品推出的当天，粉丝们就排起了长队，为的就是能够品尝一下这款双层三明治。更广泛地说，肯德基已经成为日本自己的文化机构。例如，长期以来，肯德基的食品一直都是日本圣诞节中领导性的传统餐饮之一，标志性的桑德斯上校代替了日本圣诞老人的形象。[23]

日本的肯德基圣诞传统始于 40 多年以前。当时，该公司在日本发起了一场名为"圣诞肯德基"的广告宣传活动，以帮助该品牌起步。现在，吃肯德基已经成为日本最受欢迎的节日传统之一。每家肯德基门店都展示着真人大小的桑德斯上校雕像——穿着传统的毛边红色套装、戴着圣诞老人的帽子。日本顾客会提前一个月预订他们特别的圣诞大餐——一桶配有红酒和蛋糕的特别炸鸡，价格约为 40 美元。每年，大约有 360 万日本家庭会购买肯德基的圣诞大餐。那些不提前预订的人，可能要冒着排长队的风险，或者不得不放弃肯德基用 11 种调味品和香料秘制而成的令人垂涎的美味。平安夜是肯德基在日本一年中最成功的销售日，12 月的销售额比其他月份要高出 10 倍。

从根本上讲，文化交流是双向的，美国在影响外界的同时，也受到外来文化的影响。好莱坞的确影响着全球电影市场，但是英国电视台原创的节目也被引进美国，如《英国偶像》《与明星共舞》《地狱厨房》等热门节目。虽然其他国家的很多年轻人都穿着 NBA 超级球星的球衣，但在美国日益受欢迎的英式足球却有着深厚的国际根基。

甚至美国青少年也逐渐受到了欧洲和亚洲文化的影响。大多数美国青少年都知道一些外来的东西，如 Kitty 猫、精灵宝可梦以及任天堂公司（Nintendo）或世嘉公司（SEGA）所推出的游戏中的角色。J. K. 罗琳的小说《哈利·波特》影响了美国年轻一代的思维方式，更别说数百万痴迷于小说的年长一代人了。目前，英语仍然是网络的主导语言，网络和移动设备让第三世界的年轻人有更多的机会接触到美国流行文化，同样的技术也让在美国留学的东欧学生可以听到来自波兰、罗马尼亚或白俄罗斯的新闻和音乐。

因此，全球化是一条双行道。如果全世界正在吃巨无霸、喝可口可乐，那么人们也正在用三星智能手机进行通话、在宜家门店购买家具、驾驶丰田凯美瑞汽车以及通过 LG 有机发光二极管电视（OLED）观看着英国的电视节目。

15.1.2　决定是否走向国际市场

并非所有企业都需要冒险进入国际市场才能生存。例如，大多数企业只要在当地市场上经营好就够了。在国内做生意，往往更容易，也更加安全。管理者不用学习新的语言和法规，不用处理波动的汇率，不用面对政治和法律的不确定性，也不用针对不同顾客的需求和期待来重新设计产品。然而，如果在全球行业中运营的话，企业在特定市场上的战略地位很大程度上会受到其在全球地位的影响。因此，它们必须在地区或全球的基础上竞争以便取得成功。

任何因素都可能将企业推向国际市场。例如，全球竞争对手可能会通过提供更好的产品或更低的价格，来进攻某企业在国内的市场。该企业可能想进入这些竞争对手的本土市场，进而对它们进行反击，由此阻断它们的资源。该企业的顾客可能正在向海外扩张，因此需要企业提供国际化的服务。或者更有可能的是，国际市场提供了更好的发展机会。例如，正如前面所提到的，可口可乐近年来一直强调国际增长，以抵消美国软饮料销售的停滞或下滑。如今，非北美市场已占可口可乐总销量的 80%，该公司正在大举进军 90 个新兴市场，如中国、印度和整个非洲大陆。[24]

在决定走向国际市场之前，企业必须权衡几种风险，并回答有关其全球运营能力的若干问题：企业能够理解国外消费者的偏好和购买行为吗？能够提供有竞争力的产品吗？能够适应国外的商业文化并妥善地与外国公民打交道吗？企业的管理者具有必要的全球化经验吗？管理层是否考虑到了其他国家的法律、政治环境的影响？

15.1.3　决定进入哪些市场

在决定走出国门之前，企业还需要确定其市场营销目标和策略。企业应该确定在国外市场实现的销量规模。大多数企业在拓展海外市场时，往往从小做起。有些企业计划保持小规模，将国外销量视为总销量的一小部分。然而，另外一些企业则有远大的计划，把国外市场摆在了同国内市场同等甚至更为重要的位置上。

企业同样需要清楚应该进入多少个市场。企业必须把握好扩大市场的尺度，不要过小，也不要过大。接下来，企业需要决定进入哪类国家。一个国家是否具有吸引力，往往取决于产品本身，但也会受到这个国家的地理位置、收入、人口数量、政治环境和其他因素的影响。近年来出现了很多新兴市场，这些市场在提供大量机会的同时也带来了巨大的挑战。

在列出可能的国际市场之后，企业必须认真评估每一个市场。在评估过程中，企业要考虑很多因素。例如，亚马逊进军印度市场的决定，似乎是显而易见的。这一在线商家已经在德国、日本和英国等全球市场取得了不俗的表现。当前，亚马逊的国际销售额已经占到了其总收入的近1/3，并且每年以大约 25% 的速度在增长。印度现在是世界上增长最快的经济体，拥有 13.93 亿人口，是美国人口的 4 倍，欧洲人口的 2.5 倍。更重要的是，目前只有 1/4 的印度人口可以上网，只有一小部分印度人有在网上购物的经历，这些都为网上购物创造了爆炸性的增长空间。[25]

然而，在考虑向印度等新市场扩张的时候，亚马逊还必须思考一些重要的问题：它能有效地与当地竞争对手竞争吗？它能够掌握印度消费者的不同文化和购买差异吗？它能够成功应对每个国家的环境和监管障碍吗？它能够克服一些令人生畏的基础设施问题吗？

在进入印度市场之后，亚马逊面临许多挑战。例如，它在印度面临两家成熟的本土竞争对手（Flipkart（现为沃尔玛所有）和 Snapdeal）以及一大批规模较小的印度初创企业的竞争。其中，Flipkart 目前是印度电子商务领域的领导者，亚马逊正在其后进行追赶。亚马逊还面临一系列印度法规的牵绊，其中包括禁止外国公司直接向印度人销售产品的法律。因此，与在美国购买和转售商品的做法不同，亚马逊在印度只是一个供应商平台，类似于它在西方的"亚马逊物流"（fulfillment by Amazon）业务。

物流是另外一个主要障碍。印度交通的特点是泥泞、坑坑洼洼的乡村道路和拥挤的城市街道，还有晦涩难懂的地址系统，而且没有像联邦快递、UPS 或美国邮政署这样可靠的邮递服务。为了实现快速配送，亚马逊不得不建立自己的摩托车配送服务，由成千上万背着黑色大背包的摩托车骑手驰骋于印度各地来运送包裹。还有一个问题就是支付。20% 的印度人没有银行账户，只有一小部分人拥有信用卡。因此，大多数顾客在送货上门时或从各地经营提货和付款业务的当地商店提取包裹时，都会使用现金进行支付。当地的小型商店也为大多数无法使用互联网的印度消费者提供了在线订购服务。店主会引导顾客浏览亚马逊的网站，写下他们的订单，并在他们从商店取货时向他们收取现金。因此，亚马逊进入印度市场的决定实际上是理所当然的，但这也是一项非常庞大而复杂的任务。[26]

我们可以从市场规模、市场增长率、经营成本、竞争优势和风险等几个方面对可能的国际市场进行排序。可以利用如表 15-1 所示的指标判断每个市场的潜力。然后，市场营销人员必须弄清楚哪个市场可以得到最大的长期收益。

表 15-1　关于市场潜力的指标

人口统计学特征	社会文化因素
教育 人口数量和增长率 人口年龄构成	顾客生活方式、信仰和价值观 商业规范和方法 文化和社会规范 语言
地理特征	**政治和法律因素**
气候 国家规模 人口密度——城市、农村 运输结构和市场通达性	国家优先事项 政治稳定性与兼容性 政府对全球化的态度 政府官僚作风 金融和贸易规则
经济因素	
GDP 规模和增长率 收入分配 工业设施 自然资源 财政和人力资源	

➡ 15.2　决定如何进入市场

一旦企业决定进入一个国家的市场，它就必须决定进入市场的最佳方式。可供选择的方式包括：出口、合资和直接投资。图 15-2 展示了三种市场进入策略，而且每种策略都有几种不同的选择。如图 15-2 所示，这三种方式都涉及更多的承诺和风险，但也有更多的支配权和潜在利润。

15.2.1　出口

进入国际市场最简单的方法就是**出口**（exporting）。企业可能不得不出口剩余的产品，当然也可能主动向具体的市场出口。但不管哪种情况，企业都是在国内生产所有的产品。它可能会针对出口市场而对产品进行调整，也可能不会。出口方式对企业的生产线、组织、投资和任务的影响最小。

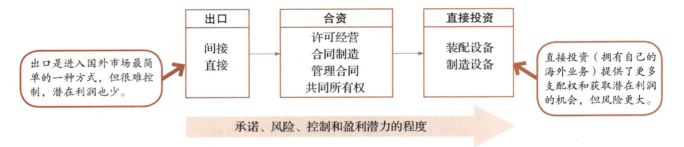

图 15-2　市场进入策略

企业一般从间接出口开始，与独立的国际市场营销中间商合作。间接出口一般投资少，因为企业不需要组建国外销售队伍和网络。当然间接出口的风险也比较小，因为国际市场营销中间商提供的技术和服务可以使出口企业少犯错误。企业也可能逐渐转向直接出口，以此掌握自己的出口业务。在这个战略中，投资和风险会加大，但是潜在回报也会随之增加。

15.2.2　合资

第二种进入国外市场的方法是**合资**（joint venturing），即与国外企业合作生产或营销产品或服务。与出口不同的是，合资是企业与东道国合作伙伴一起向国外销售或营销产品。与直接投资不同的是，合资是与国外公司建立一种联系。一般而言，合资有四种类型：许可经营、合同制造、管理合同和共同所有权。

许可经营

许可经营（licensing）是进入国际市场的一种较为简单的方法，企业与国外市场的受许方达成协议。许可方通过收取费用或版税从而授权受许方使用某种生产流程、商标、专利、商业秘密或其他项目。企业只需要冒很小的风险，就可以进入国外的当地市场，而受许方不用从头做起，就可以生产某种知名产品或使用某个知名品牌。

在日本，百威啤酒是由麒麟啤酒集团（Kirin）生产的，新奇士柠檬汁、饮品和甜点则是由 Mizkan 公司生产的。东京迪士尼度假区由东方乐园公司（Oriental Land Company）拥有和运营，它获得了迪士尼的许可。凭借这份为期 45 年的许可证，迪士尼可以向东方乐园公司收取许可费以及一定比例的门票收入、食品和商品销售收入。可口可乐为世界各地的瓶装厂商颁发许可证，并提供生产所需的糖浆，以此将产品销往全球。可口可乐的全球瓶装合作伙伴包括沙特阿拉伯的可口可乐瓶装公司（Coca-Cola Bottling Company）、非洲的啤酒制造商 SABMiller 公司以及可口可乐希腊公司（Coca-Cola Hellenic），它们提供并销售 136 个可口可乐公司的品牌，产品遍及 28 个国家和地区，从意大利和希腊到尼日利亚和俄罗斯，供全球 6 亿人饮用。[27]

许可经营也存在一些潜在劣势。特许方对受许方的控制程度，远远比不上对自己的生产和销售机构的控制。如果受许方十分成功，说明特许方放弃了一部分利润。一旦合约到期，特许方会发现自己培养了一个新的竞争对手。

合同制造

另外一种策略选择是**合同制造**（contract manufacturing），即企业与国外市场的制造商签订合同，让其来生产产品或提供服务。例如，宝洁公司通过在印度的 9 个代工工厂为 6.5 亿消费者提供服务。大众汽车公司与俄罗斯最大的汽车制造商 GAZ 集团签订合同，生产面向俄罗斯市场的大众捷达汽车，并销售斯柯达公司（Škoda）（大众汽车公司在捷克的子公司）的明锐（Octavia）和 Yeti 车型。[28] 合同制造的缺点是：降低了对制造过程的控制，同时也面临着潜在的制造利润损失。比较而言，这样做的好处是：有机会以较低的风险更快起步，之后还有机会与当地制造商建立合作关系或收购其全部股份。此外，合同制造还可以减少工厂投资、运输和关税成本，同时有助于满足东道国的本地制造需求。

管理合同

管理合同（management contracting）是国外企业提供资金、国内企业提供管理技能的一种合资方式。换句话说，国内企业提供的是管理服务，而不是产品。希尔顿集团就利用这种策略来管理世界各地的酒店。比如，希尔顿集团在英国、意大利、秘鲁、哥斯达黎加、中国、俄罗斯和坦桑尼亚等国家建立了逸林酒店，所有权归当地企业所有，但希尔顿集团利用其享誉全球的酒店管理专业知识来管理酒店。[29]

管理合同是进入国外市场的一种风险较低的策略。从一开始，这种策略就可以产生利润。如果合同企业在后期购买了一些管理企业的股份，这种策略就会变得更加具有吸引力。然而，如果当地企业可以更好地利用其管理能力，或者可以通过承担所有风险来获取更多的利润，这个方法就不明智了。管理合同也可以防止合同企业建立自己的业务。

共同所有权

共同所有权企业（joint ownership venture）是指企业与国外投资者在当地联手创建的企业，双方共享对该企业的所有权和控制权。国外投资者可以购买当地企业的股份，或者双方可以成立一家新的企业。共同所有权的形成，可能是出于对经济或政治原因的考虑。例如，国外企业可能缺乏在当地独立运营一家企业所需要的财力、物力或管理资源。又或者，当地政府把合资作为国外企业进入本地市场的条件。迪士尼旗下的香港迪士尼乐园和上海迪士尼乐园，就是迪士尼公司与中国的一家国有企业共同组建的合资企业。迪士尼拥有上海迪士尼度假区 43% 的股份。[30]

在通常情况下，企业会通过共同所有权企业来整合互补优势，以便开发全球市场营销机会。例如，沃尔玛收购了印度线上市场的领导者 Flipkart 公司 77% 的股份，以此来帮助自身避开印度对外国投资的严格限制。这项安排也让沃尔玛在印度的市场份额和在线零售专业知识领先于亚马逊。反过来，Flipkart 公司也受益于沃尔玛雄厚的财力和丰富的分销经验。同样，共同所有权企业也帮助凯洛格公司迅速而有力地进入了西非的新兴市场。例如，家乐氏收购了在尼日利亚和加纳领先的包装食品生产商 Tolaram Africa Foods 公司和最大的食品分销商 Multipro 公司 50% 的股份。共同所有权投资，将帮助家乐氏更好地了解西非消费者，并掌握该地区复杂的分销环境。[31]

然而，共同所有权模式也有一些缺点。合作者可能在投资、市场营销和其他政策上持有不同意见。一方面，美国企业可能希望将利润再投资以达到增长的目的，但当地企业则希望获得更多的收益；另一方面，美国企业看重市场营销活动，而当地企业更看重销售。

15.2.3　直接投资

进入国外市场参与度最强的形式就是**直接投资**（direct investment），即在国外直接设立生产或组装厂。例如，除了在中国建立合资企业以外，英特尔还在中国大量投资并建立自己的制造和研究设施。该公司斥资 16 亿美元对其位于中国成都的、已有十余年历史的芯片工厂进行升级改造，并斥资 25 亿美元在中国东北的港口城市大连建造了一座崭新的制造工厂。[32]

如果企业有足够的出口经验且国外市场足够大，那么在国外设厂就有很多优势。企业可以享有更低的成本，如更廉价的劳动力或原材料、国外政府对投资的鼓励、节省出来的运费等等。企业由于创造了就业岗位，可以在当地塑造较好的形象。一般来说，和当地的政府、消费者、供应商和渠道商建立更深厚关系的企业，往往可以使其产品更好地适应当地的环境。最后，这样的企业对其投资具有完全的控制权，能够制定有利于长期国际发展的投资和市场营销战略。

直接投资的主要不利之处在于：企业要承担巨大的投资风险，如进入受阻、货币贬值、市场恶化甚至是政权更替等。企业想要在国外直接运营，就必须承担这些风险。

概念应用

请在这里暂停一下，让我们思考麦当劳公司的全球市场营销问题。

● 麦当劳在中国市场上的标准化程度如何？哪些市场营销战略和组合与美国及其他西方国家相似？哪些必须进行调整？请详细说明。

● 麦当劳在加拿大市场上对其战略、产品和计划进行标准化的程度如何？哪些因素可以标准化？哪些因素必须进行调整？

● 麦当劳的"全球化"努力在多大程度上促进了世界各国及其文化的"美国化"？这种文化发展有什么利弊？

➡ 15.3　决定全球市场营销方案

作者点评

全球市场营销决策可以归结成：企业应该在多大程度上调整其市场营销战略和方案以适应当地市场？波音和麦当劳的答案会有什么不同？

那些在一个或更多国外市场运作的企业，必须决定在多大程度上调整自己的市场营销战略和方案以便适应当地的情况。一种极端情况是企业直接采用**标准化全球市场营销**（standardized global marketing）战略，即在全球范围内使用相同的市场营销战略和市场营销组合；另外一个极端是采用**适应性全球市场营销**（adapted global marketing）战略，在这种情况下，生产者调整其市场营销战略和组合要素，以便适应每个目标市场。虽然后者会提高成本，但有可能得到更大的市场份额和回报。

是采用标准化全球市场营销战略还是适应性全球市场营销战略，已经争论了很多年。一方面，一些全球市场营销人员深信：科学技术会拉近世界各国的距离，各个国家的消费者的需求也会变得更加相似，从而为全球品牌和标准化全球市场营销奠定基础。此外，品牌国际化和标准化也会产生更大的品牌影响力和更少的花费。

另一方面，市场营销理念则认为，如果根据每个目标顾客群体不同的需求来制订市场营销方案，往往效果会更好。如果这一理念适合某个国家，那么它就应该适合国际市场上的更多国家。尽管有全球趋同的趋势，但是不同国家的消费者在文化背景上仍然存在着很大的差异。他们在需求、消费能力、产品喜好和购买方式上都不尽相同。由于这些差异很难改变，如今大多数市场营销人员都通过调整自己的产品、价格、渠道和促销手段来满足每个国家的差异化需求。

然而，全球化并不完全是"是或非"的选择，而是一个程度上的问题。大多数国际市场营销人员建议，企业应该"放眼全球、立足本地"。具体而言，企业应该在标准化和本土化之间寻求适当的平衡，既要利用全球品牌知名度，也要调整自身的市场营销、产品和运营以便适应特定的市场。

以全球最大的化妆品制造商之一欧莱雅为例，欧莱雅和它的品牌在范围和吸引力上都实现了真正的全球化。该公司的知名品牌起源于六种或更多种文化，包括法国文化（巴黎欧莱雅、卡尼尔、兰蔻）、美国文化（美宝莲、科颜氏、SoftSheen-Carson、拉夫·劳伦、Urban Decay、Clarisonic、Redken）、英国文化（美体小铺）、意大利文化（阿玛尼）和日本文化（植村秀）等。但该公司在国际上所取得的杰出成功，则是源自其实现了全球化与本土化之间的平衡，即在对欧莱雅公司的知名品牌进行调整和差异化以满足本地市场需求的同时，也将这些品牌整合到全球市场，并因此优化该公司的全球影响力。[33]

借助从家庭拜访到对配有高科技装置的"浴室实验室"的观察，欧莱雅深入研究了美容对于世界各地消费者的意义。中国女性花多长时间进行晨间美容？在曼谷，人们怎么洗头？日本女性或法国女性在使用睫毛膏时要刷上多少笔？然后，欧莱雅根据这些详细的市场调研结果为当地市场开发产品，并为其品牌进行定位。例如，欧莱雅的上海研究中心有 260 多名科学家，他们根据中国人的偏好来为中国消费者定制从口红到草本清洁水，再到黄瓜爽肤水等各种产品。

欧莱雅也会根据国际市场的需求和期望来调整自己的品牌定位和市场营销方案。例如，在 20 多年以前，该公司收购了古板的美国化妆品生产商美宝莲公司。为了使该品牌重新焕发活力并实现全球化，欧莱雅将美宝莲公司的总部从田纳西州搬到了纽约市，并在标签上加上了"纽约"字样。由此而塑造的都市化的、街头时尚的"大苹果"（纽约的别称）形象，跟该化妆品品牌在全球的中档价格定位很相称。这一改造很快为美宝莲赢得了西欧同类产品 20% 的市场份额。这种年轻的城市定位在亚洲也取得了成功。很少有亚洲女性意识到时尚的"纽约"美宝莲品牌属于一家法国化妆品巨头。欧莱雅的首席执行官总结了公司的全球化方法："我们拥有全球品牌，但我们需要适应当地需求。"当其前任首席执行官在联合国教科文组织发言，将欧莱雅描述为"美丽联合国"时，没有人对此持反对意见。

总的来说，本土品牌还是占据了大部分市场份额。大多数消费者，无论他们住在哪里，都过着非常本土化的生活。因此，一个全球品牌必须在当地吸引消费者，尊重当地文化，并努力成为其中的一员。例如，7-11 已经成为世界上最大的连锁便利店，它在每个全球市场都巧妙地调整了自己的业务，以适应不同地区对"便利"的定义（参见市场营销进行时 15-2）。

| 营销营销进行时 15-2 |

7-11：让全球人的生活更加便利

美国人喜欢便利店。几乎在街边的每个拐角处都会有一家便利店。它们每天的营业时间很长，而且一周 7 天都在运营。无论是 7-11 和 Circle K 这样的大型连锁店，还是以伊利诺伊州的 Moto-Mart、内布拉斯加州的 Bucky's 或是明尼苏达州的 Pump N Munch 等为代表的更本土化、更受欢迎的便利店，都已经成为美国人购买零食、燃气或在大型杂货店无法购买到的商品的最佳去处。很难想象便利店还会是其他什么样子。

但事实证明，便利店的概念并不能以一种标准化的方式在全球范围内进行解释。问问横扫全球的 7-11 连锁店就知道了：7-11 是美国最大的连锁便利店，在美国 34 个州拥有 9 000 多家店面。同时，它也是世界上最大的连锁便利店，在 17 个国家或地区拥有超过 6.6 万家门店，全球年销售额近 960 亿美元。7-11 之所以能在全球取得成功，在于它认真地调整了整体的便利模式以便适应各个市场的独特需求。

7-11 成立于 1927 年。当时，"约翰尼叔叔"（Uncle Johnny）——杰夫森·戈林（Jefferson Green）开始在自己工作的 Southland Ice 公司所在的码头上销售牛奶、面包和鸡蛋。而且，通常在周日和晚上也会营业，而那时普通的杂货店都已经关门了。在 10 年的时间里，Southland Ice 公司开设了 60 家这样的门店，销售从罐装食品到冰镇西瓜等各种基本食品。随着连锁店的发展，便利店的概念开始萌芽，这一概念包括位于便利的地点、能够提供有限的高需求产品、快速交易和友好服务的小商店。

1946 年，这家快速发展的连锁店大胆地延长了营业时间——你猜对了，从早上 7 点到晚上 11 点——这在当时是前所未有的做法。为了巩固其便利定位，它把名字改成了 7-11。为了支持其快速扩张，7-11 还采用了特许经营模式，加盟商分担了连锁店成长所带来的部分财务和运营负担。作为回报，7-11 给予加盟商很大的灵活性，以迎合当地消费者的需求。该公司称之为"零售商计划"，并认为这是一个关键的竞争优势。迎合当地消费者的需求，后来成为 7-11 进行国际扩张的基石。

在 1969 年，7-11 成为第一个走向全球的连锁便利店。首先是在加拿大，然后是在墨西哥，接下来很快进入日本和亚洲其他市场。在每个全球市场，这家连锁店都保留了其关键的战略元素——小型商店的形式、便利的定位和全球品牌标识——读者可以在世界上任何地方的 7-11 便利店看到熟悉的 7-11 标识以及橙色、红色、白色和绿色的条纹。乍一看，东京的 7-11 和新泽西州蒂内克市的 7-11 很像。不过，7-11 遵循其"零售商计划"理念，巧妙地调整了其在全球每个市场中的运营，以便适应各地对"便利"给出的广泛且不同的定义。

以日本的 7-11 为例，它是 7-11 首批国际合资企业之一。日本到处都有 7-11 便利店，共计两万多家，仅东京就有 2 300 家。目前，日本是 7-11 最大的市场。虽然日本的 7-11 依然拥有熟悉的标识，就不难发现店内有一些相当鲜明的特色。在日本，7-11 已经不仅仅是一个可以吃面包、喝饮料，或购买常用商品的地方，它已经成为日本最受欢迎的"餐馆"。

在用餐时间，每家日本 7-11 便利店的过道里都排满了顾客，他们可以品尝到世界上最好的熟食。典型的菜品包括配黄油和酱油的三文鱼米饭、红酒多明格拉斯酱、多利亚碎牛肉、姜末鸡肉和凉拌菜。这里有很多新鲜的寿司，还有裹着海苔的饭团，其包法既能让海苔酥脆，又能让米饭湿润。日本的 7-11 也提供多种饮料，包括软饮料、啤酒、清酒、香槟、单麦芽苏格兰威士忌、葡萄酒和 20 多种冰咖啡。

这可不是典型的美国 7-11 便利店。商店每天都会收到几次食品配送，货架上摆满了新鲜的食品，并确保所有东西都是当地制造的。在开放的展示柜里供应食物的方式更像是 Trader Joe's（美国的一家食品连锁超市）等非便利店所采用的方式。日本顾客甚至可以在网上订购食品和杂货，然后让快递员送到工作地点或家里。该连锁便利店还满足了顾客的其他服务需求。在 7-11 连锁店，顾客可以交电话费或水电费，取邮件和包裹，甚至可以在自助机上购买棒球票。

对于 7-11 来说，日本现在所代表的远不止一个蓬勃发展的国际市场。自 20 世纪 90 年代初以来，日本已成为 7-11 的本土市场。1991 年，当时总部位于美国达拉斯市的 7-11 遭遇了财务困难，其非常成功的日本子公司收购了多数股权，为其纾困。2005 年，7-11 日本公司创建了总部位于东京的 Seven & I Holdings 公司，该公司收购了 7-11 剩余的股份。然后，在学生成为老师的情况下，新的母公司运用其完善的"零售商计划"理念对美国分部进行了强化。

无论在哪里运营，7-11 都试图成为当地文化的一部分。例如，在夏威夷，人们痴迷于午餐肉罐头，7-11 连锁店便供应一种非常受欢迎的食物，叫作午餐肉饭团，就是在米饭上放一片炸好的午餐肉，再用海苔包裹起来。在丹麦，注重健康的顾客更喜欢香脆的格兰诺拉烤麦片和原味沙拉。美国顾客喜欢五颜六色的思乐冰、高热量的重量杯和热狗卷（roller dogs），而丹麦的 7-11 连锁店则提供用手工面包制作的新鲜三明治和新鲜烹制的烤肉串。零食包括富含蛋白质的燕麦坚果能量棒、鹰嘴豆泥、各种健康沙拉以及许多其他的快速且健康的选项。

因此，7-11 经过微调的全球市场营销战略，使其成为全球最大的连锁便利店。无论 7-11 连锁店在哪里展开运营，它的整体品牌标识和对便利的定位都是不变的。但是，7-11 知道：在不同的市场中，一切都可能发生差异性的巨大变化。因此，7-11 成功的真正秘诀，就是将全球战略融入每个当地市场的文化中。

资料来源：See "Reitan Servicehandel (7-Eleven HQ)," www.facebook.com/pages/Reitan-Servicehandel-7-Eleven-HQ/304390909574505, accessed July 2018; "Seven & I: The World's Best Convenience Stores Are in Denmark," *Seeking Alpha*, April 7, 2016, https://seekingalpha.com/article/3963695-seven-worlds-best-convenience-stores-denmark?page=2; Taryn Stenvei, " What 7-Elevens in Tokyo Taught Me about Japan," *AWOL*, September 11, 2014, http://awol.com.au/what-7-elevens-in-tokyo-taught-me-about-japan/98; Justin Moyer, " In Honor of 7/11: How Japan Slurped Up 7-Eleven," *Washington Post*, July 11, 2014, www.washingtonpost.com/news/morning-mix/wp/2014/07/11/in-honor-of-711-how-japan-slurped-up-7-eleven/; Margot Huber, " Hangout Haven," *Business Today*, May 26, 2013, http://businesstoday.intoday.in/story/london-business-school-case-study-on-7-eleven/1/194769.html; Kelsey Richardson, " Around the World in Seven 7-Elevens," *Klook*, September 1, 2015, www.klook.com/blog/around-the-world-in-seven-7-elevens/; and http://corp.7-eleven.com/corp/7-eleven-profile, www.sej.co.jp/company/en/g_stores.html ; and http://franchise.7-eleven.com/franchise/our-iconic-brand, accessed October 2018.

15.3.1 产品

如图 15-3 所示，有五种策略可供企业选择来调整自己产品和营销传播策略，以便适应全球市场。[34] 下面就先来讨论其中的三种产品策略。

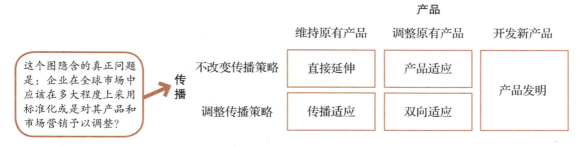

图 15-3 五种全球产品和传播策略

直接延伸（straight product extension）指的是产品不需要进行重大改变就直接进入国外市场。一些顶尖的管理人员会告诉企业的市场营销人员："产品就是这样的，去找需要它们的消费者吧。"然而，第一步应该是确定国外消费者是否使用这个产品，他们更喜欢什么形式的产品。

在有些情况下，直接产品延伸可能会成功，但在另外一些情况下，可能是灾难性的。苹果的 iPad、吉列的剃须刀和百得（Black & Decker）的工具在世界各地都卖得很好，这些产品在各个地区是完全相同的。但是，当通用食品公司（General Foods）将标准化的果冻粉销往英国市场时，却发现英国消费者更喜欢固体薄片状或块状的果冻。类似地，飞利浦在将咖啡机和剃须刀缩小之后，才开始在日本市场盈利。松下电器为了适应中国厨房，将冰箱的宽度削减了 15%，此后其冰箱在中国的销量在一年内飙升了 10 倍。[35] 直接延伸方式看起来很诱人，因为它没有额外的产品开发费用，没有制造流程的改变，不需要开发新的推广模式。但从长远来看，如果产品不能满足特定的全球市场中消费者的需求，企业将会付出很大的代价。

产品适应（product adaptation）是指根据当地情况或消费者需求调整产品。例如，在美国，亚马逊 Echo 音箱的虚拟语音助手 Alexa 说的是一种柔和且精确的美式英语，而且 Alexa 知道美国人喜欢在感恩节吃火鸡。但是当 Alexa 走向全球市场时会发生什么？亚马逊公司必须对 Echo 音箱和 Alexa 进行认真的调整，以便适应每一种新的全球文化的特点。我们一起来看印度市场的 Echo 音箱。[36]

在把 Alexa 引入印度之前，由语言学家、语音科学家和开发人员组成的团队对 Alexa 进行了明显的本土化改造。在印度市场，Alexa 说的是印度英语，即印度语和英语的混合，带有明显的印度口音。

掌握印度英语至关重要。尽管许多印度人既懂英语又懂印度语，但他们觉得使用发音与他们一样的 Alexa 会更加舒服。随着亚马逊向印度大城市以外地区的扩张，让 Alexa 了解印度英语以及当地亚文化等方面的细微差别尤为重要。较大比例的印度农村人口只会说印度语或另外一种当地语言，较低的识字率意味着与打字相比，语音控制会受到更多人的欢迎。

产品发明（product invention）指的是创造新东西来满足特定国家的消费者的需求。随着市场全球化进程的推进，从电器和汽车制造商到糖果和软饮料生产商，各大企业都纷纷开发出了满足发展中国家低收入消费者特殊购买需求的产品。

例如，中国家电制造商海尔为非洲、印度和其他新兴市场的农村用户开发了更耐用的洗衣机。该公司发现，在这些地方，当农民用轻型洗衣机清洗蔬果和衣服时，轻型洗衣机往往会被泥土所堵塞。太阳能照明制造商 d.light 公司已经为发展中国家数以亿计无法获得可靠电力的消费者开发了价格可承受的太阳能家庭照明系统。d.light 公司的吊灯和便携式灯具除了太阳以外，不需要任何能源，一次充电可以持续 15 个小时。该公司已经在 62 个国家或地区销售了近 2 000 万台太阳能照明和电力产品，用户数量达到 8 200 万。[37]

15.3.2　促销

企业可以在国外市场继续运用本国市场的传播策略，也可以针对每个当地市场进行调整。想一想广告信息：一些跨国公司在世界各地使用标准化的广告主题。例如，可口可乐统一了其在全球范围内的广告。当然，即使在高度标准化的传播活动中，也可能需要根据语言和文化上的差异对传播策略做出一些调整。可口可乐的传播活动在世界各地都有相似的表现形式，但仍然针对不同的全球市场进行了调整，以充分融合当地的消费者、语言、名人和事件等等。

全球公司一般很难冲破语言的障碍，轻则带来略微的尴尬，重则导致彻底的失败。有一些看起来无伤大雅的品牌名称和广告语在翻译成其他语言时，可能会有意想不到或隐含的意义。市场营销人员必须保持警惕以避免此类错误的发生。在针对特定的全球市场进行品牌名称和信息的本地化时，要格外小心。在中国等重要的但文化差异较大的市场中，能否开发合适的品牌名称可能决定一个品牌的成败。

理想的情况是，为了保持全球的一致性，品牌的中文名称应该听起来与原名称相似，同时使用有意义的象征性词语来传达品牌利益。宝洁的 Tide 在中国被翻译成"汰渍"，意思是"去除污垢"，这是强效洗涤剂的完美名称。其他中国消费者听起来很舒服的名称也都传达了各自品牌的精髓，包括零食品牌 Lay's——乐事（"快乐的事情"）、Reebook——锐步（"快速的步伐"）和 Colgate——高露洁（"彰显卓越的清洁力"）。[38]

还有一些企业并没有在全球范围内使用标准化的广告，而是采取了**传播适应**（communication adaptation）策略，即针对当地市场来调整广告信息。

例如，美国玩具制造商调整了它们在中国的宣传活动，强调游戏如何通过提高孩子的知识水平、技能和创造力来帮助他们在生活中取得成功。例如，乐高集团在微信上分享了一篇帖子，内容是一位硅谷工程师父亲用乐高积木来教儿子数学技巧。绘儿乐公司的活动则以虚拟的儿童艺术画廊为特色，展示了孩子们将如何成长。美泰公司的活动重新定义了游戏的价值，如展示了风火轮（Hot Wheels）如何教授孩子们物理知识。美泰公司在亚洲拍了一个关于芭比娃娃的视频，通过展示玩芭比娃娃如何让女孩更自信、更有创造力和更有情商，打破了很多人对于玩游戏是在浪费时间的刻板印象。该视频获得了 750 万的点击量。[39]

由于每个国家的媒体的可用性和相关规定各不相同，因此也需要在国际上对媒体进行调整。在美国，几乎没有什么与电视广告有关的规定；而在欧洲，电视广告的时间则非常有限。例如，法国已禁止零售商在电视上做广告，瑞典禁止向儿童做电视广告。然而，手机广告在欧洲和亚洲比在美国更广泛地为消费者所接受。报纸在英国是全国发行的，但在西班牙只可以在部分地区发行。同时，报纸是德国最主流的广告媒介。印度有近 300 种报纸，但由于纸张短缺，如果想打广告，必须提前 6 个月预订。[40]

15.3.3　价格

企业在设定国际价格时也会面临很多问题。例如，日本牧田公司（Makita）如何在全球范围内为其电动工具定价？企业本可以设定一个统一价格，但这个价格对一些贫穷国家来说过高，而对于富裕国家来说又过低。企业也可以设定一个各个国家的消费者都能承受的价格，但是这种策略又忽视了市场不同所导致的成本差异。最后，企业也可以采用成本加成定价法，但是这种方法可能会使在成本偏高国家的定价远高于市场均价。

无论企业采用何种定价策略，同等产品在国外市场的定价往往比国内市场要高。为什么在美国售价 649 美元的苹果公司 10.5 英寸 iPad Pro，在英国却卖到了 888 美元？苹果公司面临价格上涨问题，因为它需要在出厂价的基础上加上运输成本、关税、进口商毛利、批发商毛利和零售商毛利。由于这些成本的增加，有些产品在另一个国家可能会卖到原价的 2 ～ 5 倍，这样才能让生产商获得相同的利润。

向新兴市场中不太富裕的消费者销售产品时，很多企业专门设计产品的简单版本或者低规格的版本，从而以更低价位进行销售。例如，苹果仍然在印度以不到 250 美元的价格在网上销售老款 5S 机型，以此与摩托罗拉、小米、联想和三星等其他竞争对手进行竞争。在印度，苹果公司的音乐服务订阅费每月仅为 2 美元，而在美国则为 10 美元。同样，为了与印度尼西亚、印度、巴基斯坦和其他新兴经济体中提供低端产品的竞争对手展开竞争，三星开发了低价的 Galaxy J 系列，Galaxy J 系列的定价在 150 美元以下，沿用了 Galaxy 的名称和风格，但几乎没有什么高端功能。[41]

经济和技术力量会影响全球定价。比如，互联网使得价格更加透明，当企业进行网上销售时，消费者可以看到不同国家的价位，他们甚至可以直接从价位低的市场订购产品。这也推动了企业的全球定价越来越标准化。

15.3.4　分销渠道

全球公司必须用一个**整体渠道视角**（whole-channel view）来看待将产品配送给终端用户的问题。图 15-4 展示了销售商和终端购买者之间的两个主要环节。其中，第一个环节是各国间渠道，也就是将企业产品运到国境线外；第二个环节是国内渠道，也就是将产品送到终端购买者手中。整体渠道视角把整个全球供应链和市场营销渠道考虑进去，它指出，若想在国际市场上展开竞争，就必须设计和管理一个有效的全球价值交付网络。

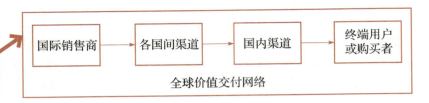

世界各地的分销渠道可能存在很大差异。例如，在美国，可口可乐通过复杂的零售渠道销售其产品，但在欠发达国家，可口可乐则用手推车和驴车运送产品。

国际销售商 → 各国间渠道 → 国内渠道 → 终端用户或购买者

全球价值交付网络

图 15－4　国际营销的整体渠道视角

在某些市场中，分销系统复杂、竞争激烈且难以渗透。例如，很多西方企业发现印度的分销系统难以驾驭。大型折扣店、百货商场和超市零售商仍然只占据庞大的印度市场的一小部分。相反，大多数购物都是在被称为 kirana shop 的小型社区商店里进行的。这些商店由店主经营，由于它们提供个人服务和信贷服务，因此很受当地人的欢迎。此外，西方大型零售商在应对印度复杂的政府法规和落后的基础设施方面也存在困难。

有时，当地条件会极大地影响企业在全球市场上分销产品的方式。例如，在巴西的低收入社区，消费者进入超市的机会有限。于是，雀巢公司壮大了自己的配送队伍。这些人都是个体经营的销售人员，他们挨家挨户地销售雀巢公司的产品。在亚洲和非洲的大城市中，拥挤的街道和高昂的房地产成本使驾车穿行变得不切实际。针对这一情况，麦当劳和肯德基等快餐店提供送餐服务。大批身穿彩色制服的摩托车送货员将巨无霸和炸鸡桶送到顾客的手中。

因此，国际市场营销人员面临着广泛的渠道选择。在各国市场之间和市场内部设计高效、有效的渠道系统，是国际市场营销人员需要应对的一项艰巨挑战。

➡ 15.4　决定全球市场营销组织

> **作者点评**
>
> 无论来自哪个国家，很多大型企业都将自己视为一个真正的全球组织。它们将世界视为单一市场。例如，即使总部在芝加哥，波音也能将飞机销售给汉莎航空和中国国际航空。

企业可以通过三种形式来组织国际市场营销活动：多数企业首先建立一个出口部，然后建立国际部，最后成立一个全球组织。

企业往往仅通过出口货物来进入国际市场。随着国际市场的扩张，企业可以组建由销售经理和几位助理组成的出口部。随着销售额的增加，出口部逐渐提供各种市场营销服务，以便帮助企业更加积极地开展国际业务。如果企业进一步组建合资公司或者进行直接投资，出口部就不足以管理国际化运作了。

许多企业在不同国家拥有不同的投资项目。企业可能会向第一个国家出口，在第二个国家进行许可经营，在第三个国家建立合资企业，在第四个国家设立子公司。它们迟早需要组建国际部来管理国际业务。

国际部可以有多种组织形式。国际部的员工包括市场营销、制造、研发、财务、计划和人事专员等。它为不同的运营部门提供服务，运营部门可以通过三种方式进行组织：区域性组织，国别经理管理各自国家的销售人员、销售分支机构、分销渠道和许可证发放；全球产品单元，负责不同产品的全球销量；全球子公司，负责自己公司的销量和利润。

许多企业已经跨越了国际分工阶段，进而成为真正意义上的全球组织。例如，如前所述，虽然化妆品制造商欧莱雅起源于法国，但其不再拥有一个明确定义的"国内市场"。同时，它也没有所谓的"国内"办公人员。取而代之的是，该公司以建立全球品牌团队而闻名，这些团队的管理者具有多种文化的深厚背景。欧莱雅来自世界各地的管理者为该公司的品牌带来了不同的文化视角。正如一位在东南亚推出的男士护肤品系列的印度－美国－法国团队管理者所说的："我不能以一种方式思考问题。我看不同语言——英语、印度语和法语的参考资料，我读三种语言的书，会见不同国家的人，吃不同文化背景下的食物，不一而足。"[42]

全球组织不会将自己视为向海外销售的国内市场营销者。相反，它们将自己视为全球市场营销者。企业的最高管理层和员工对全球范围内的生产设施、市场营销政策、资金流和物流系统进行规划。全球业务部门直接向该组织的首席执行官或执行委员会报告，而不是向国际部的主管报告。高管们接受的是全球业务培训，而不仅仅是国内或国际业务培训。全球公司从许多国家招聘管理人员，在成本最低的地方购买零部件和供应品，并在预期回报最高的地方进行投资。

如今，大型企业若想变得更有竞争力，就必须进行全球化。随着国外企业成功进入国内市场，国内企业也必须竭力进入国外市场。它们不再将国际化运营放在第二位，而是将世界视为单一的无国界市场。

学习目标回顾

无论企业规模是大还是小，都不能只关注国内市场。很多行业都是全球化行业，企业需要将低成本和高品牌影响力作为目标。同时，由于变化的汇率、不稳定的政府、关税和贸易壁垒及其他因素的存在，全球市场营销又是有风险的。鉴于国际市场的潜在机遇和风险，企业需要以一种系统的方式做出全球市场营销决策。

学习目标 1 讨论国际贸易体系和经济、政治－法律、文化环境如何影响企业的国际市场营销决策。

企业必须了解全球市场营销环境，尤其是国际贸易体系，还必须了解每个国外市场的经济、政治－法律和文化特点等。在考虑了潜在的风险和利润之后，企业决定是否开拓国外市场。企业还必须确定期望达到的国际市场销量、想要进入多少个国家的市场以及想要进入哪些特定的市场。这些决策的制定，都需要权衡收益与风险。

学习目标 2 描述进入国际市场的三种主要方式。

企业必须决定如何进入所选择的市场，即通过出口、合资还是直接投资的方式。许多企业一开始选择出口，然后转向合资，最后采用直接投资。如果采用出口方式的话，企业通过国际市场营销中间商出口产品（间接出口），或者通过自己的部门、分支机构、销售代表或代理商出口产品（直接出口）。在建立合资关系时，许多外国投资者与当地企业共同建立合资企业以便生产或营销产品和服务。如果采用许可经营的方式，企业通过签订许可协议进入国外市场。许可方通过收取费用或版税从而授权受许方使用某种生产流程、商标、专利、商业秘密或其他项目。

学习目标 3 解释企业如何调整其市场营销战略和市场营销组合以适应国际市场。

企业必须确定自己的市场营销战略、产品、促销、价格和分销渠道在多大程度上适应国外市场。其中，一种极端情况是全球公司在世界范围内采用标准化全球市场营销战略，另外一个极端情况是采用适应性全球市场营销战略——调整市场营销战略以适应当地市场。虽然使用后者要承担更多的费用，但企业有可能得到更大的市场份额和回报。然而，全球化并不完全是"是或非"的选择，而是一个程度的问题。大多数国际市场营销人员建议：企业应该"放眼全球、立足本地"，也就是在标准化和本土化之间寻求适当的平衡。

学习目标 4 确定全球市场营销组织的三种主要形式。

企业必须为国际市场营销建立有效的组织。大多数企业从建立出口部开始，然后建立国际部。大型企业最终成为全球组织，由企业的最高层管理者计划和管理全球市场营销。全球组织将整个世界视为一个单一的无国界市场。

关键术语

全球公司（global firm）
经济共同体（economic community）
出口（exporting）
合资（joint venturing）

许可经营（licensing）
合同制造（contract manufacturing）
管理合同（management contracting）
共同所有权企业（joint ownership venture）

直接投资（direct investment）

标准化全球市场营销（standardized global marketing）

适应性全球市场营销（adapted global marketing）

直接延伸（straight product extension）

产品适应（product adaptation）

产品发明（product invention）

传播适应（communication adaptation）

整体渠道视角（whole-channel view）

问题讨论

1. 讨论企业在快速变化的全球环境中所面临的机遇和挑战。（AACSB：书面和口头交流）

2. 在进入国外市场时，国际市场营销人员必须考虑哪些环境因素？（AACSB：书面和口头交流）

3. 说出并解释企业针对国际市场的市场进入选择。（AACSB：书面和口头交流）

4. 列举并讨论全球公司可以用来适应国外市场的两种市场营销战略。每种战略的好处是什么？（AACSB：

书面和口头交流；反思性思考）

5. 简要概述使产品适应全球市场的策略，并为每种策略提供一个示例。（AACSB：书面和口头交流）

6. 解释在全球价值交付网络中销售商与最终购买者之间的两个主要联系。为什么整体渠道视角对一家企业的分销选择很重要？（AACSB：书面和口头交流；反思性思考）

营销伦理

未授权和假冒产品

假冒产品占世界贸易的 5% ～ 7%，包括从假冒的电子产品、药品、盗版 DVD 和电脑软件，到玩具、化妆品和家庭用品等所有产品。其中，假冒的名牌服装、运动服、鞋子和配饰极为常见。根据《2018 年全球品牌假货报告》，全球每年的假冒产品总额已达到 1.2 万亿美元。路易威登、香奈儿、莫罗·伯拉尼克（Manolo Blahnik）和克里斯提·鲁布托（Christian Louboutin）等奢侈品牌的商标侵权和假冒产品在市场中激增。

假冒产品形成了全球性的大生意。事实上，正是由于规模如此之大，以至于一些行业监管机构甚至犹豫是否要"叫停"这种做法；假冒商品市场提供了急需的工作岗位。但据估计，企业每年因假冒商品而

损失的收入可达到 200 亿美元。此外，许多世界各地的消费者并没有得到与他们所支付的价格对等的产品——消费者得到了自己想要的品牌名称或标签，以及劣质产品。

1. 对协助企业制定和遵守有关市场营销、消费者保护和法规遵从的全球性标准的世界组织进行讨论。（AACSB：书面和口头交流；反思性思考）

2. 假冒产品可以创造当地就业机会，并向消费者提供他们通常无法购买到的产品，那么企业通过制造假冒产品从中获利是否有任何正当的理由？请举例来支持你的观点。（AACSB：书面和口头交流；伦理理解和推理）

营销计算

Peloton "骑"到了英国

Peloton 对于美国群众和运动狂热者来说具有重要的意义。他们愿意花 1 995 美元买一辆与互联网连接的室内健身自行车，并愿意每个月花费 39 美元通过与自行车相连的平板电脑来观看 Peloton 纽约工作室所提供的直播和点播课程。Peloton 每天提供 12 小时的直播内容，并提供超过 8 000 个按需骑行课程和其他"骑行之外"的课程，如瑜伽以及手臂、腿部和核心力量训练等。骑手可以选择他们最喜欢的教练、课程长度、课程类型甚至音乐类型，他们可以关注他

人账号并和他人比赛。Peloton 的成功不仅仅是因为它的健身车、健身房或骑行课程，Peloton 所带来的体验创造了一种狂热的追随者氛围。Peloton 的内部脸书群组拥有 9 万多名成员。在 Peloton 的 Home Rider Invasion 周末期间，超过 3 000 名会员来到纽约市，他们热切地支付 50 美元参加鸡尾酒会，并与 Peloton 的明星教练一起上两节课程。现在，Peloton 希望从世界第二大健身市场英国开始，在全球范围内扩张。借助当今的技术，Peloton 可以从它的纽约工作室向全

世界的消费者提供服务。但与此相反，该公司打算利用伦敦的工作室、英国的讲师和零售陈列室在英国重新打造像在美国一样的全部体验。自行车的售价为1 995 英镑，课程订阅费为每月 39.50 英镑。Peloton 以成本价出售自行车，因为它知道利润来自销售相关的服务。

1. 假设以 1 995 英镑的价格购买自行车的消费者也会以每月 39.50 英镑的价格订阅 12 个月的流媒体服务。如果总的固定成本是每年 3 000 万英镑，可变成本是每辆自行车 1 995 英镑（Peloton 以成本价出售），每月服务的可变成本是 5 英镑，那么 Peloton 必须出售多少辆自行车才能在国际扩张中实现盈亏平衡？请参考附录 3 "营销计算" 中的 "盈亏平衡和利润分析"，了解如何进行分析。（AACSB：分析性思考）

2. 问题 1 的答案是什么？请使用货币兑换计算器，将英镑兑换成美元。（AACSB：分析性思考；信息技术）

企业案例

适合本章的案例见附录 1。

企业案例 15 欧莱雅：美丽联合国。 通过在将品牌标准化以实现全球影响力和对品牌进行调整以满足当地市场的需求与期望之间实现最佳平衡，欧莱雅公司已经成为世界上最大的化妆品公司。

企业案例 7 MINI：专注于本质——最大化体验。 MINI 是世界上最具标志性的汽车品牌之一，通过六个所有者的共同努力，已经蓬勃发展了 50 余年。

复习题

1. 什么是世界贸易组织？它的目的是什么？它已经实现了什么？（AACSB：沟通）

2. 请访问 www.ikea.com，将一个国家和另外一个国家的产品目录进行对比，并注意某些产品的价格。将一些其他国家的价格转换为美元，然后将其与美国产品目录中的价格进行比较。两个价格相等吗？其他国家的价格始终是更高还是更低？（AACSB：书面和口头交流；反思性思考）

注释

第16章

可持续营销：
社会责任和伦理道德

学习目标

学习目标 1 定义可持续营销并讨论其重要性，参见"可持续营销"部分。

学习目标 2 确定对市场营销的主要社会批评，参见"对市场营销的社会批评"部分。

学习目标 3 定义消费者保护主义和环保主义，并解释它们是如何影响市场营销战略的，参见"促进可持续营销的消费者行为"部分。

学习目标 4 描述可持续营销的原则，参见"实现可持续营销的企业行为"部分。

学习目标 5 说明道德在市场营销中的作用，参见"市场营销道德和可持续发展的企业"部分。

概念预览

在最后一章中，我们通过对社会和环境负责任的市场营销活动来探究满足消费者、企业以及社会现在和未来需求的可持续营销的概念。首先，本章从定义可持续营销开始，然后考察对市场营销的一些常见批评及其对个体消费者的影响，以及能够促进可持续营销的消费者行为。最后，重点分析企业是如何从给个体消费者和整个社会同时带来价值的可持续营销活动中获益的。可持续营销活动不仅是一件正确的事，而且会给企业的发展带来积极的影响。

首先，让我们来看一个可持续营销活动的实例。作为世界第三大消费品公司，联合利华连续19年被道琼斯可持续发展指数评为食品和饮料行业可持续发展的领导者。2010年底，联合利华推出了可持续生活计划，打算将其规模扩大一倍，同时减少对地球的影响并增加其活动产生的社会效益。这是一个雄心勃勃的目标。

联合利华公司的可持续发展：创造更美好的未来

2009年，当保罗·波尔曼（Paul Polman）接任联合利华的首席执行官的时候，这家食品、家居和个人护理产品公司还是一个沉睡的巨人。尽管拥有众多的明星品牌——包括多芬、Axe、Noxzema、Sunsilk、奥妙（OMO）、Hellmann's、Knorr、立顿和本杰瑞等，但联合利华还是经历了十年的销售和利润停滞不前。该公司需要新的活力和目标。波尔曼说："为了让世界恢复理智，我们需要知道我们为什么而存在。"

为了回答"我们为什么而存在"这一问题，并寻找一个更有活力的使命，波尔曼把目光投向了销售、利润和股东价值增长等企业通常目标之外的地方。他断言，企业成长来自完成更广泛的社会和环境使命。他指出，联合利华的存在，是"为了消费者，而不是为了股东"。"如果我们与消费者的需求以及运营所处的环境同步，并对我们的社会影响负责，我们的股东也将获得回报。"

评估和致力于可持续发展的影响，对于联合利华来说并不新鲜。在波尔曼掌权之前，该公司已经有多个项目来管理其产品和运营的影响。尽管这些计划和结果已经很好，但对波尔曼来说还是远远不够。因此，在2010年底，联合利华推出了可持续生活计划——一个积极的长期计划。根据该计划，公司着手"每天为世界各地的人——为我们工作的人，与我们做生意的人，使用我们产品的数十亿人以及生活质量取决于我们今天保护环境的方式的后代——创造更加美好的未来"。波尔曼认为，联合利华的长期商业成功，取决于它对其行动的社会和环境影响的管理程度。

可持续生活计划设置了2020年将要完成的三个主要的社会和环境目标："第一，帮助超过10亿人采取行动以改善他们的健康和福祉；第二，使制造和使用我们产品的环境足迹减半；第三，在发展我们的企业的同时改善数百万人的生活。"可持续生活计划将联合利华已经开展的所有工作都集中起来，并制定了雄心勃勃的、新的可持续发展目标。这些目标涵盖了整个价值链，从企业如何采购原材料到消费者如何使用和处理其产品。

在"上游供应方"，联合利华有一半以上的原材料来自农业。因此，该公司正在帮助供应商开发可持续的耕作方式，以便满足其对环境和社会影响的高度期望。联合利华根据两套标准对供应商进行评估。第一套是《联合利华供应商守则》，它要求在劳动实践、产品安全和保护环境方面采取对社会负责的行动；第二套是专门针对农业供应商的《联合利华可持续农业准则》，它详细地描述了联合利华对可持续农业实践的期望，以便它和供应商"能够共同致力于可持续发展旅程"。

联合利华的可持续生活计划远远超出了创建更负责任的供应链和分销链的范畴。在联合利华的产品中，约有68%的总温室气体足迹和约50%的水足迹发生在消费者购买之后的使用过程中。因此，联合利华也在与顾客合作，改善其产品在使用过程中的环境影响。在任何一天，全球190个市场中约有25亿人使用联合利华的400多个品牌中的某些产品。因此，消费者每天的小行动，汇集起来就可以产生很大的变化。联合利华用这个等式来概括它："联合利华品牌 × 日常小行动 × 数十亿消费者 = 大不同"。

例如，全球几乎有1/3的家庭在使用联合利华的洗衣产品进行洗涤——每年约进行1 250亿次洗涤。因此，根据其可持续生活计划，联合利华正在创造更加环保的洗衣产品，并激励消费者改善自己的洗衣习惯。

例如，在全球范围内，联合利华正在鼓励消费者用较低温度的水洗衣服，并使用正确剂量的洗涤剂。联合利华的产品，如奥妙品牌和Persil Small & Mighty品牌的浓缩洗涤剂，使用了更简单的包装，降低了价格，减少了运输污染。更重要的是，它们经过重新配制，可以在较低的温度下有效地进行洗涤，使用更少的能源和水。联合利华估计，这些变化已经使温室气体排放量减少了 15%。联合利华的另一款产品——Comfort One Rinse 织物护理剂是为发展中市场和新兴市场的手洗衣服而设计的，这些市场的水资源经常短缺。这种创新性的产品只需要一桶水（而不是三桶水）就可以完成漂洗，为消费者节省了时间和精力，每次洗涤可以节省 30 升的水。

这种能源和水的节约，并没有显示在联合利华的收益表上，但它们却对人类和地球极为重要。该公司指出："只有当我们激励世界各地的人都采取日常的小行动，从而为世界带来巨大的变化时，我们才会成功。"为了实现这一目标，联合利华已经确定了"变革的五个杠杆"——其市场营销人员可以做的事情，以激励人们采取特定的可持续行为。这五个杠杆分别是：让其理解、让其便利、让其渴望、让其得到益处和让其成为习惯。

联合利华的可持续生活计划会给企业带来成果吗？到目前为止，情况很好。联合利华在其总体使命和 79 个积极的可持续生活计划目标方面正在取得巨大进展。该公司已经实现了 16 个具体目标，目前正朝着另外 56 个目标前进，并在其他 7 个目标方面取得了良好进展。尽管全球市场出现了波动，但联合利华的利润仍在增长。仅在过去的两年时间里，联合利华的收入就增加了 22%，利润则激增了 48%。更有说服力的是，联合利华的 26 个可持续生活品牌的增长速度比其他业务快了 46%，其中 22 个品牌处于该公司的排名前 40 个品牌之列。

因此，波尔曼称，可持续发展计划不仅对人类和环境是正确的，而且对联合利华也是正确的。对可持续发展的追求，通过减少能源使用和最大限度地减少浪费来节省资金。它推动了创新，产生了新产品和新的消费者利益。同时，它还创造了新的市场机会。联合利华一半以上的销售额来自发展中国家，而这些国家正是面临最大的可持续性挑战的地方。

波尔曼预测，总的来说，可持续发展计划正在帮助联合利华将规模扩大一倍，同时也为数十亿人创造更美好的未来，而不会增加环境负担。"我们不认为可持续性和利润增长之间存在冲突。"他说。"制造和销售消费品的日常行动，推动了经济和社会进步。世界上有数十亿人，他们应该得到肥皂、洗发水和茶叶等日常产品所能提供的更好的生活质量。可持续性生活不是一个白日梦。它是可以实现的，而且几乎没有什么坏处。"[1]

负责任的市场营销人员会去发现消费者需要什么，并通过相应的市场供应物为消费者创造价值，同时获取价值的回报。市场营销理念是一种创造顾客价值并与顾客实现双赢的哲学。市场营销实践通过一只看不见的手来满足消费者不断变化的需求，从而带动经济的发展。

并非所有的市场营销人员都遵循市场营销理念。事实上，一些企业使用有争议的市场营销手段服务于它们自己，而不是服务于消费者的利益。此外，即便是能够满足部分消费者需求的善意的市场营销活动，也可能会立即或在未来某一时间给其他消费者或社会带来损害。负责任的市场营销人员必须考虑自己的行为从长远来看是不是可持续的。

本章将探讨可持续营销和个体营销活动对社会和环境的影响。首先，我们要思考的问题是：什么是可持续营销？为什么它很重要？

➡ 16.1　可持续营销

作者点评
市场营销人员不仅要考虑消费者当前的满意程度和企业的绩效表现，而且要注意为后代保护地球。

可持续营销（sustainable marketing）呼吁对社会和环境负责任的行为，这样的行为既能满足消费者和企业的当前需求，又能够保持或提高后代满足其需求的能力。图 16-1 把可持续营销理念与我们在前面章节所学习过的市场营销理念进行了对比。

图 16 - 1 可持续营销

市场营销理念认为，组织繁荣是因为它确定了目标消费者的当前需求，并能够比竞争对手更加有效地、高效地满足这些需求。它关注的是通过给予消费者他们想要的东西来满足企业短期销售和利润增长的需求。然而，满足消费者的当前需求和愿望，并不总是符合消费者或企业未来的最佳利益。

例如，麦当劳早期推出的好吃但富含脂肪和盐分的快餐食品提高了消费者的满意度，也增加了企业的销售额和利润。然而，批评者指出，麦当劳和其他快餐连锁店引发了全美性的肥胖问题，损害了消费者健康，并加重了卫生系统的负担。他们担心，麦当劳快餐店的开心乐园套餐会让孩子们养成不良的饮食习惯，并一直延续到他们的晚年。于是，很多消费者开始寻找更加健康的饮食选择，这导致快餐行业销售收入和利润的下滑。

除了道德行为和社会福利问题，麦当劳还因其庞大的全球业务对环境造成的巨大影响而受到批评，从产品包装的浪费、固体废弃物的产生到连锁店中能源利用效率的低下等，都对环境产生了重大影响。因此，从消费者或企业的角度来看，麦当劳公司的战略是不可持续的。

如图 16 - 1 所示，社会营销理念考虑了消费者未来的需求，战略规划理念考虑了企业未来的发展需要，可持续营销理念则兼而有之。可持续营销呼吁对社会和环境负责任的行动，它满足了企业和消费者当前和未来的需求。

例如，在过去的十多年里，麦当劳制定了更加可持续的战略来应对这些挑战，推出沙拉、水果、烤鸡、低脂牛奶和其他健康食物。该公司还赞助了大型教育活动，以帮助消费者更好地理解生活平衡的关键，并倡导积极的生活方式。麦当劳制定了一份"承诺提供更好的营养选择"菜单，并一直与"健康一代联盟"（Alliance for a Healthier Generation）合作，对开心乐园套餐进行改进，提供更为均衡的膳食和更简单的原料。麦当劳指出，其美国菜单上 80% 的食物都属于"400 卡路里以下的最爱"类别——从基本的芝士汉堡到枫糖水果燕麦粥以及由 8 克全谷物、100% 蛋白和特级加拿大培根制成的蛋白三明治（Egg White Delight McMuffin）等产品。[2]

麦当劳的可持续发展战略也关注了环境问题。例如，它倡导食品供应的可持续性、简化的可持续包装材料、重新利用和回收以及负责任的商店设计等。例如，麦当劳已经承诺到 2025 年，所有包装都来自可再生或经认证的资源，并在所有地点实现回收利用。[3] 因此，麦当劳现在已经为实现可持续盈利的未来做好了准备。

真正的可持续营销需要建立起平稳运作的市场营销体系。在这个市场营销体系中，消费者、企业、公共政策制定者和其他人通力协作，以确保开展对社会和环境负责任的市场营销活动。但遗憾的是，整个市场营销体系并不总能顺利地推进。下面的内容将重点探讨可持续发展的几个问题：对市场营销最常见的社会批评是什么？普通公民采取哪些措施才能遏制市场的顽疾？立法者和政府机构应该采取哪些措施促进可持续营销？明智的企业采取了哪些措施开展富有社会责任且符合社会道德的市场营销活动，为个体消费者和整个社会创造可持续的价值？

➡ 16.2　对市场营销的社会批评

市场营销受到过很多批评，其中有些是公正的，有些则不是。社会评论家认为，某些市场营销活动损害了个体消费者、整个社会和其他企业的利益。

16.2.1　市场营销对个体消费者的影响

消费者对于美国市场营销体系如何有效保护他们的利益存在着很多担忧。调查结果显示：消费者对市场营销活动褒贬不一，甚至持有不太欢迎的态度。消费者权益保护组织、政府机构和其他批评者指责市场营销活动通过高价格，欺骗行为，高压销售，劣质、有害或不安全的产品，计划报废，以及对弱势消费者的差劲服务对消费者的利益造成损害。诸如此类存在问题的市场营销做法，从消费者和企业长期利益的角度来看都是不可持续的。

高价格

许多批评者指责美国市场营销体系使产品价格高于合理的市场营销体系下的产品价格。如此高的价格，使人们难以接受，在经济低迷时期，更是如此。批评者指出有三个因素造成这个现状——高成本的物流、高额的广告和促销费用、过高的溢价。

长期以来，人们指责贪婪的渠道中间商的加价超出了它们所提供的服务的价值。造成的结果就是分销成本太高，消费者需要以更高的价格为这些过度的成本买单。零售商回应说，中间商不去做这些事情则必须由制造商或消费者来做。消费者接受中间商加价，意味着消费者希望得到更多的便利、更大的商场、更多样的产品、更多的服务、更长的营业时间、退货的权利以及其他服务。零售商认为，事实上，零售业的竞争是如此激烈，以至于利润率其实已经很低了。低价商场，如沃尔玛、开市客和其他折扣店会迫使竞争对手提高运营效率，并压低其价格。

现代市场营销也被指责因为投资于大量的广告和促销活动而推高了价格。例如，大力推广的全国品牌产品的售价，往往比几乎相同的非品牌或商店品牌的产品价格高出许多。批评者指责说：很多包装和销售推广带来的只是心理作用，并不能增加产品的价值和功能。市场营销人员回应说：虽然广告增加了产品的成本，但同时通过告知潜在消费者产品的性能和优点而增加了产品价值。品牌产品可能价格更高，但可以给予买家一贯的质量保证。此外，尽管消费者通常以较低的价格购买具有类似功能的产品，但他们仍愿意付更多钱来购买那些能够给他们带来心理满足感的产品——这些产品会让他们觉得自己是富有的、有魅力的或独特的。

此外，批评者还指责一些企业的产品溢价过高。他们指出，在制药行业，制造一颗药丸仅花费 5 美分，但让消费者花 2 美元去购买它。汽车维修和其他服务也存在高收费现象。市场营销人员回应说：大多数企业尽量公平地对待每一位消费者，因为它们想要建立顾客关系和实现更多的业务往来。市场营销人员同时也回应说，消费者往往不理解产品高溢价的原因。例如，药品的价格必须涵盖采购、推广和分销现有药物的费用以及高额的研发投入和测试新药品的费用。

欺骗行为

有时，市场营销人员被指责存在欺骗行为，引导消费者相信他们会获得更多价值，事实上并没有。一般来说，欺骗行为分为三类：欺骗性促销、欺骗性包装和欺骗性定价。其中，欺骗性促销包括夸大产品的功能和性能，或用缺货的便宜产品来吸引顾客光顾商店等行为；欺骗性包装包括通过精妙的设计夸大产品的内容，使用误导性标签或产品描述等。

欺骗性定价包括虚假宣传“工厂”或“批发”价格，或者在虚假的高额零售“标价”基础上大幅降价等做法。例如，从杰西彭尼和科尔士百货到内曼·马库斯和诺德斯特龙等零售商都遭遇诉讼，被指控使用虚高的原价。针对梅西百货的集体诉讼则指控该零售商欺骗顾客。[4] 最近，加利福尼亚州一家法院对 Overstock.com 处以 680 万美元的罚款，原因是加利福尼亚州 8 个县的总检察长所提起的欺骗性定价诉讼。诉讼指控该网络巨头经常将其价格宣传得比捏造的 "标价" 低。它列举了一个例子：Overstock.com 以 449 美元的价格出售一套庭院用品，声称其标价为 999 美元。当商品送到顾客手中时，顾客竟然发现该商品上有一张沃尔玛的贴纸，上面写着 247 美元的价格。[5]

欺骗行为的存在，推动了一些立法和其他消费者保护措施的诞生。例如，1938 年美国国会通过的《惠勒－李法》赋予美国联邦贸易委员会对 "不公平或欺骗行为、做法" 的监管权，联邦贸易委员会自此公布了若干准则并列举了一些欺骗行为。

尽管有了相关的法规，但一些批评者认为，误导性的言论仍然普遍存在，即使是知名品牌也是如此。例如，身份盗窃保护公司 LifeLock 最近就联邦贸易委员会所指控的欺骗性广告支付了创纪录的 1 亿美元罚款。联邦贸易委员会指控 LifeLock 虚假宣传，该公司声称 "倾尽全力保护顾客的身份"，它以与金融机构相同的高级保障措施保护顾客的敏感数据。同时，该公司还虚假声称，它 "一旦" 发现任何有问题的迹象，就提供警报服务来 24 小时保护顾客的身份。[6]

最棘手的问题是定义什么是欺骗性的。例如，广告顾客声称其口香糖将 "摇滚你的世界"，这不是从字面上去理解的。此外，广告顾客可能声称这只是 "一种夸张"，是对效果的夸张。然而，有些人则认为吹捧夸大和诱人的图像可以以微妙的方式损害消费者的利益。想想那则流行的、长期播出的万事达卡的 "无价" 广告，描绘了消费者实现其无价的梦想。这些广告暗示信用卡可以让顾客做到这一点。但批评者指责说：信用卡公司这样的描绘，鼓励一种先消费后支付的态度，导致不少消费者过度使用自己的信用卡。

市场营销人员认为，大多数企业会避免欺骗行为。因为从长远来看，这种做法会损害企业的业务，是不可持续的。可获利的顾客关系是建立在产品价值和信任的基础之上的。如果消费者没有得到他们所期望的产品，他们将转而购买更加可靠的产品。此外，消费者通常会保护自己不受欺骗。大多数消费者能够识别市场营销人员的销售意向，购买时也比较小心谨慎，有时甚至不相信完全真实的产品声明。

高压销售

销售人员有时被指责实施了高压销售，说服人们购买本来不想购买的一些商品。人们经常说保险、房地产和二手车是被卖出去的，而不是被买走的。销售人员被训练得能说会道，想方设法吸引顾客购买。他们销售起来很卖力，因为在销售竞赛中出售最多产品的人会获得高额奖励。同样，电视广告主持人使用 "叫卖" 方式促使消费者产生一种紧迫感，只有拥有强大意志力的顾客才能抵制住这种诱惑。

但在大多数情况下，市场营销人员通过高压销售获得的收益很少。这种策略可能在一次性出售以便获得短期收益的情况下比较有效，但大多数销售涉及与有价值的顾客建立长期友好的合作关系，而高压或欺骗性销售则会严重损害这种关系。例如，想象宝洁的一名经理试图对沃尔玛的采购员进行高压销售，或 IBM 的销售人员试图吓唬通用电气的一名信息技术经理。显然，没有效果。

劣质、有害或不安全的产品

另外一种批评是产品质量或功能低劣，主要的抱怨一是产品和服务不尽如人意；二是由于企业不重视、产品复杂性增加和较差的质量控制导致产品的安全性不尽如人意；三是许多产品几乎没有提供什么好处，甚至可能是有害的。

考虑一下软饮料行业。多年以来，业内批评者指责高糖分、高热量饮料的大量供应使美国国内肥胖人群快速增长。在他们看来，饮料产品贪婪的市场营销人员利用弱势的消费者赚钱，把美国变成了一个软饮料消费大国。近年来，尽管美国软饮料的消费有所下降，但饮料企业现在正

在寻找新兴市场的增长。根据公共利益科学中心（CSPI）的一份题为《碳酸化世界》的报告，在
2008 年，中国、印度和墨西哥等新兴市场的软饮料消费刚刚超过全球软饮料消费的一半，然而
如今，全世界近 70% 的软饮料是在这些市场上销售的。CSPI 指责饮料公司的行为很像烟草业，
向已经努力为其公民提供医疗保健的国家推销有害产品。[7]

　　软饮料行业积极向新兴市场上不知情的消费者过度推销，是对社会不负责任，还是该行业
只是提供满足消费者口味的产品，同时让消费者自己做出选择？是不是该行业的工作就是要迎合
公众的喜好？关于社会责任的很多问题，正确与否可谓仁者见仁，智者见智。在一些分析师批评
的同时，另外一些人则认为责任在于消费者，也许企业不应该过度倡导软饮料的消费，但话说回
来，没有人被迫购买和饮用饮料。

　　大多数制造商都希望能够生产出优质的产品。一家企业处理产品质量和安全问题的方式，可
能会损坏或提升其声誉。企业销售劣质或不安全产品，往往会面临与消费者团体和监管机构产生
破坏性冲突的风险。不安全的产品可能会导致产品责任诉讼和大额损失赔偿。更为重要的是，不
满意的消费者未来不会再购买企业的产品，并说服其他消费者也这样做。因此，质量缺陷不符合
可持续营销理念。市场营销人员都知道，优质的产品将提升顾客价值和顾客满意度，这反过来又
可以创造可持续的顾客关系。

计划报废

　　批评者也指责说：有些企业采用计划报废措施，从而导致它们的产品在真正需要更换之前
就变得过时。他们指责生产厂商使用的材料和部件比正常水平更早损坏、磨损、锈蚀。如果产
品本身的磨损速度不够快，企业就会让消费者感知到产品过时了——不断改变消费者的消费观
念和方式，以鼓励购买得更多、更早。其中，一个明显的例子就是快时尚行业。有些批评者声
称：不断变化的服装时尚，创造了一种浪费的、一次性服装文化。"太多的衣服被扔进了垃圾填
埋场，"一位设计师哀叹，"它们在美学上被认为是多余的，并在季末被丢弃，尽管它们还能再
穿上几年。"[8]

　　还有一些企业被指责为了有计划地推出新产品而使老款产品被淘汰，把消费者变成了"连
续更换者"。批评者声称：这主要发生在电子消费品和计算机行业。如果你和大多数人一样，你
可能有一个抽屉，里面装满了以前最热门的科技小玩意，从移动电话和数码相机到 iPod 和闪存
驱动器，现在它们几乎都成为古董了。看起来，任何超过一两年的产品都会无可救药地过时。
最近，苹果公司被指控故意通过软件更新来减慢旧版 iPhone 的速度，以鼓励顾客升级到较新的
型号。苹果公司承认降低了某些手机的速度，但表示这样做是为了"延长"电池等老化设备的
寿命。[9]

　　市场营销人员回应称：消费者喜欢风格的变化，他们厌倦了旧商品，想要一个新的时尚外
观。或者他们想要最新的高科技产品，即使老款产品仍然正常工作，他们也有这种需求。没有人
必须购买新产品，如果喜欢新产品的人太少，这款新产品就会失败。最后，大多数企业不会去设
计新的产品来替代之前的产品，因为它们不想失去顾客，不想让顾客转移到其他品牌。相反，它
们寻求产品的持续改进，以便确保产品能够不断满足或超过顾客的期望。

　　很多所谓的计划报废是在自由竞争和技术力量的推动下，厂商不断完善产品和服务的结果。
例如，如果三星生产的新款 Galaxy 手机或平板电脑可以使用 10 年的话，那么很少有消费者会想
要它。相反，顾客希望接触到最新的技术创新。"报废不是因为有些公司正强迫我们，"一位分析
师指出，"这是进步，这是我们非常需要的东西。通常，市场给了我们所想要的。"[10]

对弱势消费者的差劲服务

　　最后，美国市场营销体系被指责对弱势消费者的服务较为差劲。例如，批评者称：城市贫民
常常不得不在出售劣质商品的小商店里购物，却被收取更高的价格。大型全国连锁商店如果开在
低收入社区里，将有助于压低价格。然而，批评者指出主要的连锁零售商在弱势社区周围画了一

条红线，避免把商店开在那里。

例如，美国贫困地区的超市数量比富裕地区少了 30%。因此，许多低收入消费者发现自己生活在食品荒漠当中，周围充斥着提供冷冻比萨饼、膨化食品和可乐的小市场，但难以买到水果、蔬菜、新鲜的鱼或鸡肉等。美国农业部已经在美国农村和城市地区确定了 6 500 多个食品荒漠。目前，有 1 700 多万美国人——占人口的 5.6%——生活在低收入地区。在这些地区，城市地区的超市一般在一英里以外的地方，而农村地区的超市则在 20 英里以外的地方。反过来，难以获得健康的负担得起的新鲜食物，对缺乏相关服务的地区的消费者的健康产生了负面影响。[11]

许多全国连锁企业，如沃尔玛、沃尔格林、SuperValu，甚至全食超市最近都同意在缺乏服务的社区设立更多可以提供有营养的、新鲜食物的商店。其他零售商已经发现：它们可以通过关注被其他企业忽视的低收入地区，并采取负责任的行动，展开可盈利的经营。例如，现在，星巴克正在低收入城市地区开店（参见市场营销进行时 16 - 1）。下面可以思考一下费城的 ShopRite 商店。[12]

当杰夫·布朗（Jeff Brown）在费城西南的一个低收入地区开设第一家杂货店时，大多数人认为他是疯了。他怎么可能在一个食品荒漠区赚钱呢？但布朗现在在费城及其周边的低收入地区经营着 7 家盈利的 ShopRite 商店。布朗知道，为低收入地区的消费者提供服务，不仅仅是开一家商店和储备健康食品那么简单。价格必须低，而且食品质量和服务也要好。因此，布朗借鉴了高端杂货商的做法，如手工堆放新鲜水果和农产品，以便避免挤压并使其更加醒目。他的 ShopRite 商店还雇用了熟练的屠夫、鱼贩和店内厨师，以便吸引购物者选择更加健康的产品和服务，如在店内直接烹制的"烤鸡"等。

也许最重要的是，布朗的 ShopRite 商店已经成为其所在社区的一部分。布朗和他的同事们甚至在商店开业前就与当地领导人展开了合作，了解他们对社区杂货店的确切需求。他们研究这些社区的人口统计学特征，并根据社区人群的喜好调整所经营的产品。布朗的 ShopRite 商店也是社区聚会的场所，商店里为当地会议和活动提供了社区中心空间。该公司甚至与当地非营利组织合作，提供免费服务，如信用社、社会工作者和健康诊所等。这样的服务不仅有助于社区，也有助于布朗的 ShopRites 商店建立起更加频繁和忠诚的顾客群。

显然，更好的市场营销体系必须建立在服务弱势群体的基础之上。事实上，许多商家通过为这类目标消费者提供可以创造真正价值的合法产品和服务来获利。商家如果不介入来填补这一空缺的话，政府就可能会采取行动。例如，联邦贸易委员会已经采取行动来解决卖家虚假宣传产品价值、不正当地拒绝服务或向弱势顾客群体收取过高费用等问题。

┃ 市场营销进行时 16 - 1 ┣

星巴克：为未得到服务的人服务——做好事、做得好

长期以来，星巴克一直以其昂贵的优质咖啡和高档的"星巴克体验"而闻名，主要针对富裕的专业人士。星巴克在美国的门店中，约有 83% 位于以白人为主的中产阶层或高于中产阶层的社区。在少数族裔聚居的最低收入地区，星巴克门店的比例明显较低。然而，近年来，星巴克一直尝试在这些服务不足的社区开店。在某种程度上，这一举措源于星巴克长期坚持的社会责任使命。但是，除了做好事之外，星巴克认为，这种商店也提供了良好的增长和利润机会。

星巴克进入服务不足的社区，始于 20 世纪 90 年代中期。当时，该公司与退役的洛杉矶湖人队篮球巨星——埃尔文·约翰逊（Earvin Johnson，绰号为"魔术师"）合作。约翰逊的任务是将大型企业带入贫困的城市地区。这不仅仅是"回馈"的慈善尝试，约翰逊还在城市内部的"商业荒漠"看到了真正的市场营销机会，而这些机会基本上被大品牌忽视了。他从几个百事可乐装瓶厂开始，然后扩展到购物中心和电影院。

　　约翰逊很快就在星巴克创始人兼执行官霍华德·舒尔茨那里找到了认同。在看到约翰逊的城市影院获得成功之后，舒尔茨同意将星巴克的门店开在服务不足的低收入社区，并认为这是很有商业意义的。于是，两人达成协议，星巴克和约翰逊各出资一半，在城市社区建立星巴克门店。

　　瞄准城市消费者需要调整星巴克的经营模式，从菜单到音乐都是如此。"我不得不把我的烤饼从星巴克拿走，然后在菜单上加上甜土豆派和 sock-it-to-me 蛋糕之类的东西。"约翰逊说。在接下来的12年时间里，星巴克建立了105家"魔术师约翰逊企业"（Magic Johnson Enterprise）门店。这些门店都取得了无与伦比的成功。在几年前，当约翰逊清算他的企业股份时，星巴克支付了一大笔钱，获得了105家门店的全部所有权。

　　对于星巴克来说，星巴克与约翰逊的门店并不是什么大动作。从最早期开始，该连锁店就保持了强烈的社会责任的企业文化。舒尔茨认为："做好事"是"做得好"的一个重要前提条件。我们急切需要"在利润、社会影响和道德责任上实现微妙的平衡。"舒尔茨指出。企业必须"改善员工和所服务社区人们的生活"。产生强大社会影响的最佳方式，就是实现强大的财务业绩。

　　为了进一步服务弱势群体，星巴克最近承诺在低收入城市地区开设15家"社区门店"，如东巴尔的摩、纽约皇后区的牙买加社区和芝加哥南区的恩格尔伍德等。星巴克社区门店计划，是在2014年密苏里州弗格森发生骚乱之后开始的，弗格森是大城市圣路易斯的一部分。舒尔茨带领星巴克高管团队参观了弗格森，这个社区70%的人口为非洲裔美国人，22%的居民生活在贫困线以下，年轻黑人男性的失业率接近50%。舒尔茨告诉高管们："我们不在这个社区……但我们有责任和机会在这。"

　　从社会责任的角度来看，在弗格森开店是合理的。但从商业角度来看，大多数分析师都持怀疑态度。他们认为，弗格森是一个城市的经济死角。骚乱只是让事情变得更糟，留下了37家受损的企业，其中17家被完全摧毁。在增加风险的同时，星巴克在当地也遇到了巨大的阻力。"许多人告诉我们：'你们在这起不到什么作用。'"星巴克的全球责任主管说。事实证明，弗格森店是星巴克当年开设的数百家新店中表现最好的一家，第二年的销售额增长了15%。如今，星巴克认为，弗格森店是其社区店的"未来蓝图"。

　　一家大多数企业都不愿意开设的门店，是如何取得成功的？参观一下这家门店就知道了。墙上挂着一张有相框的照片，上面是一个商店标牌，写着"我们喜爱弗格森的一切"。一个无家可归的女人经常把她的购物车停在外面，她睡在一张桌子上。迪德里克·库克（Diedric Cook）（一个21岁的咖啡师，在一年前被雇用，之前一直住在自己的车里）在她的桌子上放了一杯茶，供她醒来时饮用。在午餐时间，十几个男人和女人聚集在门店特定的社区房间里，参加由城市联盟（Urban League）成员领导的免费工作技能培训课程。这个房间作为一个社区中心，举办招聘会、学校董事会会议和诗歌朗诵会。年轻的、身穿绿色围裙的员工将鲜明和充满希望的个性与对街头生活的深刻认识相结合，创造了一个他们之间以及与顾客之间自然互动的环境。

　　通过成为首批在服务不足的社区开店的企业之一，星巴克已经激励其他企业纷纷效仿。自从星巴克弗格森店开业以来，其他41家新企业也在那里开业了，创造了一个充满活力的经济中心。"当一个人从人群中走出来，另一个就会跟着走出来，"一位当地市议会的议员说，"星巴克说：'我们打算去弗格森。我们将帮助社区复兴。'一旦星巴克从人群中走出来，其他企业都将跟随。"

　　对于在世界各地富裕社区拥有庞大网络的星巴克来说，15家社区店几乎没有什么影响，105家前"魔术师约翰逊企业"门店也是如此。但这只是一个开始。星巴克的快速扩张，已经导致了许多市场的饱和。如果该公司想要继续增长，它就必须找到新的机会。当星巴克考虑在未来5年内计划开设的1万家新店的位置时，星巴克社区店的成功表明：它可以通过服务于服务不足的社区来做好事、做善事。纽约布鲁克林贝德福德－史岱文森（Bedford-Stuyvesant）地区的新社区店经理说："这里有一个更大的目标，而不仅仅是咖啡。"

资料来源：Tanya Mohn," Howard Schultz, Starbucks, and a History of Corporate Responsibility," *New York Times*, November 15, 2015, www.nytimes.com/2017/11/15/business/dealbook/howard-schultz-starbucks-corporate-responsibility. html; Biz Carson," The Vital Lesson Magic Johnson Taught Starbucks CEO Howard Schultz," *Business Insider*, February 9, 2016, www.businessinsider.com/magic-johnson-nba-star-to-businessman-2016-2; Vince Dixon," What Do Starbucks Locations Really Say about Income and Diversity in America?" *Eater*, November 20, 2015, www.eater. com/a/starbucks-income-map; Kate Taylor," As the American Middle Class Shrinks, Starbucks Sees Ferguson Store as a Blueprint for the Future," *Business Insider*, April 27, 2017, www.businessinsider.com/starbucks-in-ferguson-is-a-blueprint-for-the-future-2017-4; Chris Isidore," Starbucks Says Ferguson Store Is One of Its Top New Locations," *Money*, September 7, 2016, http://money.cnn.com/2016/09/07/news/companies/ferguson-starbucks-schultz/index.html; Karen Valby," Starbucks Is Bringing Hope—and Profit—to the Communities America's Forgotten," *Fast Company*, July 31, 2017, www.fastcompany.com/40438365/starbucks-is-bringing-hope-and-profit-to-the-communities-americas-forgotten; Jennifer Warnick," A Dream Grows in Brooklyn: Starbucks Opens Tenth Community Store in Bed-Stuy," March 8, 2018, https://news.starbucks.com/news/starbucks-opens-tenth-community-store-in-bed-stuy; and www.starbucks.com/about-us/company-information/starbucks-company-timeline, www.starbucks.com/responsibility, and www.starbucks.com/about-us/company-information, accessed October 2018.

> **概念应用**
>
> 在这里先暂停一下：很少有市场营销人员想不公平地对待消费者或激怒消费者，这不是一个好的商业实践。尽管如此，有些不好的市场营销行为仍在发生。
>
> ● 回想过去三个月里的情况，列出自己所遭遇的不好的市场营销行为。分析自己的列表：涉及哪些类型的企业？它们是故意的吗？遭遇的情形有没有共同点？
>
> ● 举一个例子，并加以详细阐述。应该如何纠正这种错误？请制订一个行动计划，然后做点什么来纠正这种错误。如果我们在受到不公正对待时都采取这样的行动，需要纠正的错误就会减少。

16.2.2　市场营销对整个社会的影响

美国的市场营销体系被指责加深了美国社会的一些弊端，如创造了太多的物质主义、太少的公共物品和大量的文化污染。

虚假需求和太多的物质主义

批评者指责美国市场营销体系使人们对物质产生太多的兴趣，美国人这种对身外之物的痴迷是不可持续的。人们常常根据他人所拥有的东西去评判这个人，而不管这个人是谁。批评者并不认为这种唯物心态是一种自然的心态，而认为这是一种由市场营销和市场营销人员所造成的虚假需求。他们声称，市场营销人员刺激了人们对商品的欲望，并创造出美好生活的物质范本。因此，市场营销人员基于一个扭曲的"美国梦"创造了一个大众消费的无限循环。

根据这一观点，市场营销的目的就是促进消费，成功的市场营销不可避免的结果就是不可持续的过度消费。有评论指出：更多并不总是更好。有些批评者直接向公众表达了他们的担忧。例如，非营利组织"新梦想"（New Dream）通过教育视频、服务和市场营销活动，致力于抵制文化的商业化，促进商品生产和消费方式的积极变化。[13]

市场营销人员回应说：这种批评夸大了企业创造需求的能力。他们认为，消费者对广告和其他市场营销工具具有强大的抵制力。市场营销人员在满足顾客已有的需求时往往最有成效，而在试图创造顾客新的需求时就不那么有成效了。此外，人们在做出购买重要物品的决定时，往往并不依赖于单一的信息来源。即使一小部分购买可能会受到广告信息的影响，并导致重复购买，但也只有当产品提供了所承诺的顾客价值时才会这样。最后，新产品的高失败率也表明：企业并不能控制顾客需求。

从更深的层面上讲，我们的需求和价值观不仅会受到市场营销人员的影响，同时也会受到家庭、同龄群体、宗教、文化背景和教育等因素的影响。如果美国人是高度唯物主义者，那么基本的社会化进程所催生的这些价值观一定远比企业和市场营销所产生的价值观更为深刻。此外，消费模式和消费态度也会受到更强有力的因素，如经济因素的影响。

如今，消费者也更加支持企业在环境和社会可持续发展方面的努力。因此，市场营销人员正在努力帮助人们以更少的花费去寻求更大的价值，不再鼓励如今更明智的消费者过度消费。例如，近几年来，REI 公司在黑色星期五会关闭商店，同时它的 #OptOutside 活动则进一步敦促顾客享受户外活动，而不是购物；里昂比恩公司的 When 活动则鼓励顾客购买并坚持使用可持续的产品，而不是总是购买新产品。它问道："什么时候一次性使用成了我们的默认方式？"它指出："在里昂比恩，不会有这样的事情。当你从我们这购买了某些东西，我们希望你长久地喜欢它们。"[14]

太少的公共物品

企业一直被指责以消耗公共物品为代价来过度销售私人物品。私人物品的增加，意味着人们需要更多的公共服务，但通常配套的公共服务还没有着落。例如，增加汽车保有量（私人物品），往往需要更多的高速公路、交通管制、停车位和警察部门（公共物品）。私人物品的超量销售，会带来更多的社会成本。对于汽车来说，社会成本包括交通拥堵、汽油短缺和空气污染等。例如，美国驾车者每年在堵车过程中平均要浪费 42 小时，给美国造成 1 600 亿美元以上的损失——平均每名驾车者要花费 960 美元。在等待过程中，他们浪费了 31 亿加仑燃料。[15]

因此，必须找到一种恢复私人物品和公共物品的平衡的方法。一种选择是让生产者承担其业务的全部社会成本。例如，政府要求制造商所生产的汽车采用更高效的发动机和更好的污染控制系统。这样，制造商将提高汽车的价格以支付额外的费用。但如果买家发现一些车型的价格太高，这些车型将会消失，然后需求就会转移到那些可以支付私人和社会成本的生产商那里。

另一种选择是让消费者承担社会成本。例如，世界各地的许多城市正在征收拥堵费，以便缓解交通拥堵状况。岛国新加坡已经把这种措施做到了极致。[16]

为了控制交通拥堵和污染，新加坡政府对汽车所有权征收了非常昂贵的费用。购买新车的税率为其市场价值的 100% 或更高，而且购买者必须购买"权利证书"，其费用高达数万美元。因此，在新加坡购买一辆丰田花冠汽车的价格接近 96 000 美元；一辆丰田普锐斯汽车的价格约为 154 000 美元。再加上高额的汽油费和汽车在全国各地行驶时自动收取的"电子路费"，大多数新加坡人拥有汽车的成本高得吓人。只有约 15% 的人口拥有汽车，这使得拥堵、污染和其他汽车弊端降至最低，并使新加坡成为亚洲最环保的城市之一。

文化污染

批评者指出美国市场营销体系正在制造文化污染。他们觉得，消费者的感官不断地被市场营销和广告所攻击。电视广告打断了正式的节目、杂志中的广告使其他内容变得不起眼、广告牌破坏了美丽的风景、垃圾邮件充斥着我们的电子邮箱。更为重要的是，批评者认为，这些物质主义、性、权力和地位等方面的信息，会持续污染人们的思想。有些批评者呼吁彻底改变这种现状。

对此，市场营销人员回应说：首先，他们希望自己的广告主要接触的是目标受众。由于采用的是大众传播渠道，一些广告必然会传播给对产品不感兴趣的人群，而这些人会感到烦恼或恼火。在购买自己喜欢的杂志或选择接收邮件、社交媒体和移动营销项目的人群中，很少有人会对广告产生抱怨，因为他们对广告中的产品和服务是感兴趣的。

另外，广告的存在使许多电视、广播节目和网站对于用户都是免费的。广告还有助于降低杂志和报纸的成本。很多人认为，为了这些好处而收看广告是值得的。此外，消费者发现很多电视广告富有娱乐性，例如，"超级碗"比赛期间的广告收视率通常等于或超过比赛的收视率。最后，今天的消费者还有其他选择。例如，他们可以通过付费的有线电视、卫星电视和网络渠道跳过或删除录制节目中的电视广告。因此，为了提高消费者对广告的关注，广告顾客努力使自己的广告更富有娱乐性和知识性。

16.2.3　市场营销对其他企业的影响

批评者还指责说，企业的市场营销行为可能会损害其他企业并减少竞争。他们列出了三个主要问题：对竞争对手的收购、采用市场营销手段为新进入者设置壁垒以及不公平竞争的市场营销手段。

批评者称，当企业收购竞争对手并不是要发展自己的新产品，而是进行扩张时，其他企业会遭受损害，同时竞争程度会削弱。在过去几十年里，大量的收购和加快的行业整合速度引起了人们的担忧，充满活力的年轻竞争对手会被兼并，结果降低了竞争程度。几乎在所有主要的行业里，如零售、娱乐、金融服务、公共事业、交通、汽车、电信和医疗保健等，主要竞争对手的数量都在减少。

收购是一个复杂的话题。在某些情况下，收购可以对社会有益。通过收购，企业可以获得规模经济，产生更低的成本和更低的价格。此外，管理良好的企业在取代一个管理不善的企业之后，可能会提高其效率。一个不是很有竞争力的行业，在收购发生之后也可能会变得更具竞争力。但收购也可能是有害的，因此需要政府密切监管。

有批评者还指责说，一些市场营销手段将新企业阻拦在行业之外。大型销售企业可以通过使用专利和庞大的促销开支，或与供应商或经销商进行整合来驱赶竞争对手。那些关心反垄断监管措施的人也意识到：大型企业因大规模开展业务而拥有了经济优势，所以对新进入者的壁垒是一种自然结果。现有或新的法律可以挑战其他一些壁垒。例如，有些批评者建议对广告支出征收累计税，以减弱销售成本作为新进入者主要壁垒的作用。

事实上，一些企业使用不公平竞争的市场营销手段，意图损害或破坏其他企业。它们可以设置低于成本的商品价格，威胁中断与供应商的业务往来或阻止消费者购买竞争对手的产品等。尽管各种法律努力防止这样的掠夺性竞争行为，但掠夺性意图或行为往往很难得到证实。因此，实践中通常很难将掠夺性行为与有效的竞争战略和战术区分开来。

近年来，搜索巨头谷歌被指控使用掠夺性行为，以驱赶小型竞争对手。例如，欧盟委员会发现谷歌公司利用其搜索主导地位，操纵谷歌购物搜索比较服务的结果，并以牺牲竞争对手为代价，偏袒自己的购物服务。该委员会对谷歌的违规行为处以创纪录的 27 亿美元的罚款。谷歌已对该判决提出上诉。[17]

16.3　促进可持续营销的消费者行为

可持续营销呼吁企业和消费者双方采取更负责任的行动。有些人认为：企业是许多经济和社会问题的源头，草根运动会时不时地出现以防止企业误入歧途。在这方面，两个主要的运动是消费者保护主义和环保主义。

> **作者点评**
> 可持续营销不仅是企业和政府的事，通过消费者保护主义和环保主义运动，消费者也在其中扮演了重要的角色。

16.3.1　消费者保护主义

消费者保护主义（consumerism）是一种有组织的公民和政府机构运动，旨在改善买方相对于卖方的权利和权力。传统的卖方权利包括以下几个方面：

● 有权引入任何尺寸和样式的产品，只要它不会危害人身健康或安全。如果有害，应该给予适当的警告和控制。

- 有权对产品收取任何价格，只要在相似类型的买家中不存在价格歧视。
- 有权花费任何成本来推广产品，只要不被定义为不正当竞争。
- 有权使用任何产品信息，只要不存在内容上或执行上的误导与不实现象。
- 有权使用购买激励计划，只要不存在不公平或误导性的信息。

传统的买方权利包括以下几个方面：

- 有权不购买所提供或出售的产品。
- 有权期望产品是安全的。
- 有权期望产品具有宣称的功能。

许多人认为，如果将上述这些权利进行比较的话就会发现：天平是倾向于卖方的。诚然，买方可以拒绝购买。但批评者认为：买方在信息、教育和自我保护方面的欠缺，使其在面对有经验的卖方时难以做出明智的决策。消费者权益保护组织呼吁赋予消费者以下额外的权利：

- 有权充分了解有关产品重要方面的信息。
- 有权受到保护，免遭有问题产品和市场营销活动的损害。
- 有权以提高"生活质量"的方式去影响产品和市场营销活动。
- 有权以一种为了子孙后代而保护世界的方式进行消费。

每项权利都被消费者保护主义和政府主导的消费者保护行动转化为更为具体的提议。例如，被告知的权利包括有权知道贷款的真实利息（贷款的真相）、某一品牌的单位真实成本（单位定价）、产品的成分（成分标签）、食品的营养价值（营养成分）、产品的新鲜度（生产日期）和产品的真正好处（广告的真实性）等。

有关消费者保护的提议包括增加消费者权益，以便避免商业欺诈和保护财产，要求更高的产品安全性、确保信息保密以及赋予政府机构更多的权力等；有关生活质量的提议包括对某些产品和包装的成分进行控制、减少广告"噪声"等；为了未来可持续消费而保护世界的提议则包括促进使用可持续原材料、回收和减少固体废弃物并控制能源消耗。

可持续营销不仅适用于企业和政府，也适用于消费者。消费者不仅有保护自己的权利，也有保护自己的责任，而不是将这种权利和责任统统扔给政府或其他人。消费者知道如果自己经历了糟糕的交易，就会有一些补救措施，包括与企业或媒体进行接触；联系联邦、州或地方相关机构；或者向法院进行起诉。消费者也应该做好消费选择，奖励那些负责任的企业、惩罚那些不负责任的企业。最终，不负责任的消费向可持续消费转移的决定权，掌握在消费者的手中。

16.3.2 环保主义

消费者保护主义者考虑的是整个市场营销体系是否有效地满足了消费者的需求，环保主义者关心的则是市场营销对环境的影响和为满足消费者的需求所产生的环境成本。**环保主义**（environmentalism）是由相关公民、企业和政府机构发起的有组织运动，旨在保护和改善人们当前和未来的生活环境。

环保主义者并不反对市场营销和消费，他们只是希望人们和相关组织能够给环境更多的关怀。他们呼吁抵制可持续发展倡导者和联合利华首席执行官保罗·波尔曼所说的"盲目消费"。波尔曼指出："通往幸福的道路不是通过减少消费，而是通过更负责任的消费来实现的。"[18] 环保主义者认为，市场营销体系的目标不应该是最大限度地消费、使消费者的选择最大化，或使消费者的满意度最大化，而应该是最大限度地提高生活质量。其中，生活质量不仅意味着消费产品和服务的数量和质量，也包含现在以及未来后代们生活环境的质量。

环保主义者关注全球气候变暖、资源枯竭、有毒固体废弃物、垃圾和其他问题（休闲区域的减少、恶劣的空气、污染的水和经过化学处理的食物所带来的健康问题等）对生态系统造成的破坏。

在过去的几十年里，这种担忧促使联邦和州政府颁布法律来规范影响环境的工业生产行为。一些企业对这样的环保法律表示强烈不满，声称这使它们的生产成本太高，并使它们的行业竞争力下降。这些企业只是做那些可以避开新管制或是让环保主义者无话可说的事，来回应消费者对环境问题的关注。

近年来，大多数企业承担起责任，不对环境造成破坏。它们正从保护转向预防、从被监管转向主动承担责任。越来越多的企业采用**环境可持续性**（environmental sustainability）政策。简单地说，环境可持续性是指在获取利润的同时帮助保护地球。现在，开明的企业会采取行动保护环境，不是因为有人强迫它们这样做或为了获得短期利润，而是因为这是一件正确的事——这是为了顾客的福利、企业的福利和地球的未来。

图 16－2 是企业用来评估其在环境可持续性方面进展的矩阵。它包括内部和外部的绿色化活动，这些活动会使企业和环境在短期内收到成效。从长远来看，超绿色化活动也会使企业和环境收到成效。

	今天：绿色化	未来：超绿色化
内部	**污染防治** 在废弃物产生之前，减少或消除废弃物	**新的清洁技术** 开发新的环保技术和技能
外部	**产品管理** 尽量减少在整个产品生命周期内对环境的影响	**可持续发展愿景** 制定未来可持续发展的战略框架

这个矩阵强调的不仅仅是自然环境的挑战。它还指向通过环境可持续战略和实践，创造可持续的市场和企业价值的机会。

图 16－2　环境可持续性矩阵

资料来源：Based on Stuart L. Hart, "Sustainable Value," www.stuartlhart.com/sustainablevalue.html, October 2016.

在最基本的层面上，企业可以进行污染防治。这不仅涉及污染控制，即污染产生后的清理工作，还意味着在污染产生之前就使污染最小化或提前予以消除。强调污染防治的企业已经制订了内部的绿色营销计划——设计和开发生态安全产品、可回收和可降解的包装以更好地控制污染、更节能地进行运营。

例如，在创造新产品时，运动鞋和服装制造商阿迪达斯在生产之前就考虑了它们对环境的影响。这就产生了低浪费的鞋类和服装，如 Duramo 鞋，它的性能和可持续性都比较好。简化的设计（鞋面仅由四部分组成）使鞋更轻巧，为运动员提供了更自然的跑步体验，同时也减少了生产中的材料和能源的使用。在更广泛的范围内，阿迪达斯为产品设计和制造制定了一份限制性物质清单：不使用聚氯乙烯（PVC），不使用来自濒危或受威胁物种的材料，并减少来自非可持续来源的材料。阿迪达斯还为了减少温室气体排放和运营中的能源、水和纸张消耗制定了宏大的内部目标。它在世界各地建立了绿色团队，其成员在阿迪达斯内部推广环保项目，并敦促同事们展开"绿色思考"，如减少进入垃圾填埋场的办公室垃圾等。[19]

在更加深入的层面上，企业也可以进行产品管理——不仅在产品设计和生产过程中减少污染，而且在整个产品生命周期中减少对环境的影响，并降低成本。许多企业都采取环保设计和从源头预防污染的行动。这要求在产品设计之前，就考虑到产品在使用后更容易重复利用、回收或回归自然，从而成为生态循环的一部分。环保设计和从头预防污染行动，不仅有助于保护环境，而且可以为企业谋取高利润。

例如，IBM 开始一项新业务——IBM 全球产品回收服务，计划对回收的大型机和其他设备的零件进行重新利用。2017 年，IBM 在全球范围内处理了超过 133 万件报废的 IT 产品，对从旧设备上拆下来的芯片和贵重金属进行了回收。自 1999 年以来，它已经处理了超过 1 750 万件报废产品。在 IBM 全球产品回收服务中回收的废品中，有 99% 都能够再利用，只有不到 1% 的废品被送去填埋和焚烧。这项起初以保护环境为目的的尝试，现在已经发展成为 IBM 一项价值数十亿美元的业务，其业务遍布于全球 22 个网点。[20]

今天的绿色化活动通过改进企业的已有行动来保护环境。图 16-2 所示的超绿色化活动关注未来。首先，在企业内部，可以规划采用新的清洁技术。许多企业在可持续发展过程中都取得了良好的进展，但受到了现有技术的限制。要实施完全的可持续发展战略，企业需要开发创新性的技术。例如，能源技术巨头西门子已经承诺到 2030 年实现完全碳中和。显然，要实现这一目标，需要大量的创新。[21]

拥有 150 年历史的西门子在 200 个国家或地区拥有超过 34 万名员工，正在通过从"燃烧"到"电气化"的转变来减少其碳足迹。仅举一例，它在印度卡拉瓦有 50 年历史的生产设施，现在使用 6 000 块太阳能电池板来供应 25% 的电力，相当于新种植了 62 000 棵树。为了减少员工的瓶装水消耗，该工厂还安装了一个高科技水处理设施，进一步净化水，使其可以饮用，并在工厂周围的 50 个地点向员工分发，每年可以节省 200 多万个一次性塑料水瓶。该水处理设施还处理了工厂的所有工业用水，并将其回收用于从清洁街道和冲洗厕所到浇灌绿地等。最后，工厂最先进的垃圾分类仓库将垃圾分为 45 类，并准备由回收商进行处理。西门子的碳中和创新不仅有助于拯救环境，而且能为企业节省资金。该技术项目将在短短五年内收回成本，此后每年将产生 2 000 万美元的节约。

最后，企业可以制定可持续发展愿景，作为未来发展的指导原则。它展现了企业应该如何改进产品、服务、生产流程和政策以及开发哪些新技术来实现这一愿景。可持续发展愿景为企业在污染控制、产品管理以及新型环保技术方面设立了大致的框架。它不仅解决了自然环境中的挑战，也解决了利用环境战略为企业及其市场创造可持续价值的战略机会。

大多数企业目前都专注于如图 16-2 所示矩阵的左上象限，主要投资于污染防治。一些有前瞻性的企业实行产品管理并开发新的清洁技术。然而，仅仅强调一个或两个象限有点短视。仅投资于矩阵的左半边，可以让企业处于一个很好的地位，但在未来企业会变得脆弱。对矩阵右半边的关注则表明企业有着良好的环保愿景，但缺乏实现企业愿景所需要的技能。因此，企业应该同时关注环境可持续性四个象限的发展。

例如，乐斯菲斯就通过自己的环境可持续发展行动及其对供应商和消费者行动的影响，做到了这一点。[22]

乐斯菲斯位于加利福尼亚州阿拉米达的总部大楼配备了太阳能电池板和风力涡轮机，其发电量超过了大楼的使用量。该建筑采用了蒸发式冷却系统，不需要排放大量的冷却剂。该公司的其他区域总部和分销中心也采用了太阳能或具有节水功能。在制造方面，乐斯菲斯与供应商紧密合作，以便实现使用 100% 可回收的聚酯纤维（占其服装系列的 80%）的目标。同时，乐斯菲斯还与供应商合作，减少了工厂的废物和化学品、水和能源的使用。自 2010 年以来，乐斯菲斯的供应商已经从其生产过程中减少了可装满 100 多辆油罐车的化学品和 230 多个奥林匹克游泳池的水。

此外，乐斯菲斯还致力于激励顾客减少当今快时尚时代所产生的浪费。该公司的服装和装备终身保修政策，使得每年都有 80 000 多件产品被退回和维修。乐斯菲斯还开展了一个名为"衣服循环"（Clothes The Loop）的项目。通过该项目，乐斯菲斯从顾客那里收集任何品牌的破旧衣服或不需要的旧衣服，以便回收或更新。被投入收集箱的物品，会被送到公司的回收中心，在那里进行分拣，然后得以重新利用以延长使用寿命，或回收为原材料然后用于制造其他产品。该项目的收益用于资助基于社区的活动，以保护共享的荒野和休闲区域。

对于乐斯菲斯来说，环境可持续发展不仅仅是做正确的事情。还具有良好的商业意义。更有效的运作和更少浪费的产品，不仅对环境有利，而且能为乐斯菲斯公司节省资金，帮助它向顾客提供更多的价值，这是一个多赢的组合。[23]

16.3.3　规范市场营销的公共行为

市民对市场营销实践的关注，通常会引起公众的注意或形成立法提议。有关影响市场营销的许多法律，在本书其他章节中都有所涉及。这些法律应该转化为一种市场营销高管能够理解的语言，因为最终是由他们对竞争关系、产品、价格、促销和分销渠道等做出决策的。图16-3列出了市场营销管理面临的一些主要法律问题。

销售决策
贿赂？窃取商业机密？蔑视顾客？歪曲事实？披露顾客的权利？不公正歧视？

产品决策
产品增减？专利保护？产品质量与安全？产品保修？

广告决策
虚假广告？欺骗性广告？诱售广告？促销优惠和服务？

包装决策
合理的包装和标签？过多的成本？稀缺资源？污染？

渠道决策
独家经营？独家区域分销？搭售协议？经销商的权利？

价格决策
固定价格？掠夺性定价？价格歧视？最低价格？物价上涨？欺骗性定价？

竞争关系决策
反竞争的收购？进入壁垒？掠夺性竞争？

图16-3　可能受到法律质疑的主要市场营销决策领域

资料来源：Wavebreakmedia/Shutterstock (photo).

➡ 16.4　实现可持续营销的企业行为

起初，许多企业都反对消费者保护主义、环保主义和可持续营销的其他内容。它们认为，相关批评既不公平，也不重要。但是现在，大多数企业开始支持可持续发展原则，借此创造当前和未来的顾客价值，并强化顾客关系。

> **作者点评**
> 市场营销人员必须对可持续营销承担起责任。这意味着要以一种负责任和道德的方式来展开经营，为顾客创造当前和未来的价值。

可持续营销的原则

根据可持续营销理念，企业的市场营销活动应该支持市场营销体系长期的优良表现。它们应该遵循五个可持续营销的指导原则：以消费者为导向的市场营销、顾客价值营销、创新营销、使命感营销和社会营销。

以消费者为导向的市场营销

以消费者为导向的市场营销（consumer-oriented marketing）意味着企业应该站在消费者的角

度来看待和开展自己的市场营销活动。企业应该努力感知、服务并满足现在和将来顾客群体的需求。我们在前面已经讨论过，优秀的市场营销的共同点是这样的：能够投入所有激情为精心挑选的顾客提供卓越的价值。只有通过顾客的眼睛来看世界，企业才能够建立起有利可图的顾客关系。

顾客价值营销

顾客价值营销（customer value marketing）原则要求企业把大部分的资源投入顾客价值创造的市场营销活动当中。市场营销人员做的很多事情——单次促销活动、产品外观变化、直复营销广告——可能会在短期内提高销售量，但与产品质量、功能、便利性方面的实际改善相比，这样做所能增加的价值很少。具有前瞻性的市场营销人员呼吁通过产品的推出不断增加顾客获得的价值，进而建立起长期的顾客忠诚度和顾客关系。通过创造顾客价值，企业也可以从顾客身上获取回报。

创新营销

创新营销（innovative marketing）原则要求企业不断地寻求真正的产品和市场营销改进。那些忽视采用新的、更好的方法来做事的企业，其顾客最终将会流失到另外一家采用更好的方法做事的企业。

创新的市场营销人员从未停止寻找新的、更好的方法来创造顾客价值。例如，快速和可靠的交付对网上购物者来说是非常重要的。因此，亚马逊通过率先创新，对超过50美元的订单实行免费送货，这让顾客感到满意。但亚马逊并没有就此止步。接下来，该公司推出了Prime服务，顾客可以在两天内收到他们的包裹，且不需要额外的费用，或者只需支付少量的额外费用就能在一天内收到包裹。亚马逊对此仍不满足，又推出了Prime服务的升级版——Prime Now服务，在主要的大都市地区提供超快的当日送达服务，甚至一小时送达服务来交付数万件商品。为了不断缩短送货时间，亚马逊甚至在无人机、无人驾驶汽车和机器人的研究方面投入了大量资金。多年来，这一点以及其他看似无穷无尽的创新——从"为您推荐""顾客评论""一键订购"功能到亚马逊集市（Marketplace）、Kindle电子阅读器和亚马逊云服务等——已经帮助亚马逊提升了顾客的购物体验，并使其主导了在线零售业。

使命感营销

使命感营销（sense-of-mission marketing）意味着企业应该以广泛的社会术语，而不是狭隘的产品术语来定义其使命。当一家企业定义了自己的社会使命之后，员工会对自己的工作感觉更好，并有着更为清晰的方向。将品牌与更广泛的使命结合起来，往往可以更好地服务于品牌和消费者的长期利益。

例如，宝路（Pedigree）生产优质狗粮，但这并不是该品牌的全部意义所在。相反，该品牌的核心是对狗狗的爱和关怀。根据这一广泛的品牌理念，除了生产营养丰富的狗粮以外，宝路还为有需要的狗狗提供巨大的帮助。基于其"您购买，我们捐献"的计划，顾客每购买一次，该品牌就向收容所的狗狗捐赠一定量的健康食物。为了进一步履行其品牌承诺，该品牌还创立了宝路基金，同时发起宝路收养活动，募集了数百万美元帮助流浪狗找到好的归宿。使命感营销使宝路成为世界头号狗粮品牌。[24]

一些企业以广泛的社会术语来定义自己的使命。例如，在"买一赠一"的模式下，制鞋商TOMS既追求利润，又要使世界变得更加美好。因此，在TOMS，"做好事和做得好"是紧密相连的。为了实现其社会变革的使命，TOMS必须赚钱。与此同时，该品牌的社会使命则给了顾客一个强有力的购买理由。

然而，平衡价值和利润不容易。多年以来，一些因把原则放在利润之前而被人们所熟知和尊重的品牌，如本杰瑞、添柏岚、美体小铺和Burt's Bees等，有时会陷入不尽如人意的财务困境。近年来，新一代的社会创业者已经出现，富有经验的企业管理者知道：要想做好事，必须先做好盈利的商业服务。

此外，如今开展富有社会责任感的业务，不再仅仅是小型企业和有社会责任感的企业的专属活动。许多大型的成熟企业和品牌，像沃尔玛、星巴克、可口可乐和 CVS 健康等，也都开始履行自己对社会和环境负责任的使命。目的驱动的使命不是与收入和利润相冲突，而是可以推动它们。例如，使命感营销和为顾客做正确的事，已经帮助 CVS 健康转变为美国最大的医疗保健公司（参见市场营销进行时 16 - 2）。

| 市场营销进行时 16 - 2 |

CVS 健康公司：平衡目标与利润

2014 年，CVS 健康做出了一个大胆的决定：停止销售香烟和其他烟草产品。这是一个危险的决策。虽然它赢得了健康倡导者和公共官员的高度赞扬，但停售这类产品会导致每年损失 20 亿美元的烟草销售额，而且有可能使 CVS 健康的大部分吸烟顾客流失到竞争对手那里，如沃尔格林、沃尔玛或克罗格等，这些公司都将继续销售香烟。

但对 CVS 健康来说，放弃烟草是顺理成章的。销售香烟和帮助人们走上更健康的道路，兼顾两者似乎太具有讽刺性了。所以，CVS 健康把烟草产品从货架上撤下来。

停止烟草销售，是 CVS 健康的一个里程碑式的时刻。这也是一件成为新闻头条的事情。然而，对烟草的舍弃只是总体的目标驱动转型中的一步。与其更为广泛的使命相一致，CVS 健康已经进行了长达十年的转变，从传统的街角药店转变为多领域的医疗保健公司。事实上，CVS 健康不再认为自己只是一家零售药店。相反，它认为自己是一家医药创新公司。"我们正在重塑药店，以便在每个人独一无二的健康体验和更好的医疗保健环境中扮演更加积极和更具支持性的角色。"该公司指出。

为了强调这一承诺，在 CVS 健康暂停烟草销售的同时，它将其名称从 CVS Caremark 更改为 CVS Health（CVS 健康）。忠实于其使命和新名称，CVS 健康现在提供全方位的产品和服务，帮助人们走向更加健康的道路。当然，这一切都始于 CVS 健康的 9 800 家零售药店网络，这些药店销售种类繁多的处方药和非处方药、个人护理产品、健康和美容辅助产品以及一般商品。CVS 健康经营的处方药比其他任何连锁药店都要多，处方药占其连锁店零售额的 71%。1 100 多个网点还设有一分钟诊所，医疗专业人员在那里治疗轻微的健康疾病，并提供其他无需预约的护理服务。

CVS 健康对其"更健康的道路"使命的追求，远远超出了零售药店的范围。例如，该公司的 CVS Caremark 部门提供传统的药房福利管理（PBM）服务，帮助大型企业和保险公司管理其处方药计划。CVS Caremark 部门帮助顾客管理成本，同时为 9 400 万 Caremark 会员改善健康状况。最近，CVS 健康收购了为居家病人提供家庭输液服务的 Coram 公司以及为疗养院和辅助生活设施提供处方药的分销商——Omnicare 公司。

该公司还扩大了其顾客联系活动的范围，包括为管理慢性病和特殊健康状况的顾客提供量身定制的店内和电话咨询。总而言之，近年来，CVS 健康喜欢把自己看作一站式的医疗保健服务提供商。事实上，零售额现在只占该公司年收入的 43% 左右。

除了这些产品和服务以外，CVS 健康还通过研究、消费者宣传和教育以及支持与健康有关的项目和组织，在保健管理方面发挥了积极作用。例如，它已经与各种组织联合起来，努力遏制美国的烟草使用。它与美国癌症协会（American Cancer Society）和国家城市联盟（National Urban League）合作，为反烟草立法进行游说，并与美国儿科学会（American Academy of Pediatrics）、无烟儿童运动（Campaign for Tobacco-Free Kids）和 Scholastic 公司合作开展烟草相关教育。

CVS 健康最近发起了一项为期五年、耗资 5 000 万美元的"成为第一"（Be the First）活动，它将与国家健康组织和青年团体合作，通过教育、宣传、烟草控制和健康行为计划来抵制吸烟。

"我们正处于我们国家努力终结烟草使用的流行的至关重要的时刻。烟草威胁我们下一代的健康和幸福，"CVS 健康的首席医疗官说，"我们与整个公共卫生界的专家合作……我们离实现第一代无烟人口又近了一步。"

那么，使命感营销是如何为 CVS 健康做出贡献的呢？在该公司停止了销售烟草产品之后，发生了一件很有趣的事情。虽然那一年的店面销售额下降了，但 CVS 健康的整体收入却增加了近 10%。而在接下来的一年里，其收入又跃升了 10%。由此可见，来自烟草产品的收入损失已经被新的收入来源所抵消了，包括那些因决定放弃销售香烟而损失的收入。

虽然听起来很奇怪，但新的销售来源之一是吸烟者本身。事实证明，70% 的吸烟者想要戒烟。CVS 健康在将香烟下架的同时，推出了一个"让我们一起戒烟"的援助计划，以帮助吸烟者戒除烟瘾，并在一个信息丰富的网站上提供提示、推荐和其他资源。到第一年年底，CVS 健康公司的戒烟产品处方增长了 63%，CVS 健康的戒烟中心接待了近 100 万人次的访问。CVS 健康现在正成为寻求戒烟产品和服务的人的首选服务商。它的一分钟诊所的"开始戒烟"（Start to Stop）项目提供店内的个人咨询，由执业护士和其他服务人员来帮助吸烟者戒烟。

然而，可能更重要的是，CVS 健康下架烟草产品的决定使其声誉大增，一方面从不吸烟的消费者那里赢得了新业务，另一方面也从 PBM 合作伙伴和顾客那里赢得了新业务。尽管很难追踪来自这些方面的好处，但在烟草被下架之后的几个月里，CVS 健康的 PBM 服务收入增长了 12%，该公司为其 PBM 业务排定了价值 110 亿美元的新合同。

戒烟的决定可能迎来了 CVS 健康的另一个重要机会。大约在一年之后，当塔吉特寻找合作伙伴来购买和经营其 1 700 家商店的"药房"时，CVS 健康就成为顺理成章的选择了。几乎是在十年前，塔吉特就已经停止销售香烟和烟草产品。CVS 健康的新形象和使命感营销战略，与塔吉特及其顾客志同道合的"无烟草"心态完全吻合。

因此，CVS 健康肩负着自己的使命，其对"帮助顾客走上更健康的道路"的真正关注，远远超出了对收入和利润的关注。CVS 健康的崇高使命不但没有影响其零售额，反而推动了新的成长和利润增长。CVS 健康不再只是"街角的药店"，它现在是一家价值 1 850 亿美元的医疗保健巨头，在《财富》500 强榜单中排名第七，是美国最大的医疗保健公司。不过，CVS 健康的转型仍在进行当中。它以 690 亿美元收购了管理式医疗保健公司 Aetna，这是它在履行其使命方面迈出的最大一步，使 CVS 健康成为全球最大的医疗保健公司。

至于停售烟草的决定，"我想不到在美国的其他例子，一个公司为了它认为正确的事情牺牲20 亿美元的收入，"CVS 的首席市场营销人员指出，"这是一件令人震惊的事情，但事实上我们是对的。"他说，对于 CVS 健康来说，成功意味着"每一天将正确的东西以创造企业经济价值的方式交付给人们"。

资料来源：Bruce Japsen, "CVS Kicks In Another \$50 Million for Anti-Tobacco Push," *Forbes*, March 10, 2016, www.forbes.com/sites/brucejapsen/2016/03/10/cvs-kicks-in-another-50m-to-anti-tobacco-push/#41c6eb5f11f3; Phil Wahba, "She Thanks You for Not Smoking," *Fortune*, September 11, 2015, http://fortune.com/2015/09/11/cvs-health-helena-foulkes/; Kristina Monllos, "CVS Health's Marketing Chief on Turning the Pharmacy Brand into a Healthcare Player," *Adweek*, March 28, 2016, www.adweek.com/print/170437; Emma Court, "CVS-Aetna Merger Is Not about the Minute Clinic," *Market Watch*, May 22, 2018, www.marketwatch.com/story/cvs-aetna-merger-is-not-about-the-minute-clinic-aetna-ceo-says-2018-05-22; and information from www.cvs.com/shop/health-medicine/stop-smoking, www.cvs.com/minuteclinic/resources/smoking-cessation, cvshealth.com/about/facts-and-company-information, http://investors.cvshealth.com, and https://cvshealth.com/about/purpose-statement, accessed October 2018.

社会营销

根据**社会营销**（societal marketing）原则，企业在做市场营销决策时需要考虑消费者的需求、企业的要求、消费者的长远利益与社会的长远利益。企业应该意识到，忽视消费者和社会的长远利益会给消费者和社会造成损害。企业应将社会问题视为自己的成长机会。

可持续营销要求产品对于消费者来说不仅是合意的，而且是有益的，其中的区别如图 16-4 所示。根据即时满意度和消费者长远利益，可对产品进行分类。

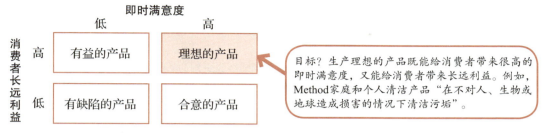

图 16-4　产品的社会分类

其中，**有缺陷的产品**（deficient products），如难吃且无效的药，既没有直接吸引力，也不能给消费者带来长远利益。**合意的产品**（pleasing products）给予消费者很高的即时满意度，但从长远来看有可能损害消费者利益。例如，香烟和垃圾食品等。**有益的产品**（salutary products）具有较小的直接吸引力，但从长远来看可能会使消费者受益，如自行车头盔或某些保险产品。**理想的产品**（desirable products）既能给消费者带来很高的即时满意度，又能给消费者带来长远利益，如美味又富有营养的早餐食品。

企业应该努力把所有产品都变成理想的产品。合意的产品所面临的挑战是：它们卖得很好，但最终可能会伤害到消费者。因此，产品的机会是在不减少产品的悦目性的情况下增加长远利益。有益的产品面临的挑战是增加一些令人愉悦的品质，使它们在消费者心目中变得更加可取。

让我们看一下 Method 的例子——一个帮助顾客解决"肮脏"问题的家用和个人清洁产品的品牌。许多有效的家用清洁产品都含有化学品甚至有毒成分，可能对人和环境有害。但 Method 的产品是用自然衍生的、可生物降解的、无毒的成分配制的。"我们倾向于来自草本植物而非化学品工厂的成分。"该品牌指出。Method 还使用可回收、可循环的包装，并与供应商合作，减少生产其产品的碳强度；Method 使用可再生能源，如风力涡轮机和太阳能树，为其芝加哥的生产设施提供动力。"总而言之，Method 清洁产品去污时不对人类、其他生物和地球造成伤害。"该品牌指出。不过，Method 联合创始人指出："当创造一件产品的时候，杰出的设计和环境责任同等重要，我们不应该用可持续性来换取功能。"[25]

➡ 16.5　市场营销道德和可持续发展的企业

16.5.1　市场营销道德

良好的职业操守，是可持续营销的基石。从长远来看，不道德的市场营销将会危害消费者和整个社会，最终损害企业的声誉和效率，进而危及企业的生存。因此，为消费者和企业创造长期福利的可持续营销目标，只能通过有道德的市场营销行为才能实现。

尽责的市场营销人员通常会面临很多道德困境，可最好的办法却经常是不明确的。由于不是所有管理者都有道德感，企业需要制定自己的市场营销道德政策，即组织中的每个人都必须遵守的指导方针。这些指导方针应该包括分销商关系、广告标准、顾客服务、定价、产品开发和一般的道德规范。

最好的指导方针，并不一定能够解决所有市场营销人员所面临的道德困境。表 16-1 列出了市场营销人员可能在其职业生涯中面临的一些棘手的道德问题。如果市场营销人员在所有情况下均选择直接促成销售的行为，那么这种市场营销行为是不道德的。如果他们不采取行动，那么可能就会因为承受持续的道德压力而工作低效且不开心。因此，市场营销经理需要衡量每种情况下道德的重要性，并制定一系列准则来决定在道德的道路上到底能够走多远。

表 16 - 1　市场营销中的一些道德困境

1. 企业研发部门对一件产品略加改动，这不是真正意义上"更新和改进"。但你知道，如果把这个声明放在包装上和广告中，肯定会增加销售量。你应该怎么做？

2. 你被要求添加一个精简版产品到产品线当中，这样就可以登广告把顾客吸引到商店里。虽然精简版产品不是很好，但销售人员能够使那些冲着价格更高的产品来的消费者改变主意。如果被要求给精简版计划开个绿灯，你会怎么做？

3. 假设你正在考虑雇用一个刚离开竞争对手企业的产品经理，她很乐意告诉你来年竞争对手的所有计划。你应该怎么做？

4. 你所在的企业在某重要市场区域的一个主要经销商最近遇到了家庭问题，销售额因此下滑。看起来，他还需要一段时间才能解决其家庭问题。同时，企业的销量正在大幅减少。从法律上讲，考虑到绩效，你可以终止该经销商的特许经营权并替换他。你会怎么做？

5. 现在有机会赢得一个海外大客户，这对你和你所在的企业都有重要的意义。采购代理暗示如果送给客户一个礼物的话，很可能会影响他的决策。在这个海外市场上，诸如此类的礼物很常见，而且竞争对手很可能也在这么做。你应该怎么做？

6. 听说竞争对手有一个新的产品功能，这会使其销售额大幅提高。竞争对手将在一年一度的行业展览的私人经销商会议中展示该产品的功能。你可以轻松地安插一个窥探者去了解该产品的新功能。你会怎么做？

7. 你需要在由广告代理提出的三种广告活动中做出选择：（a）软推销，真诚、直接的宣传活动；（b）利用顾客的情感诉求，夸大产品的好处；（c）使用嘈杂甚至有点恼人的商业广告，但能引起观众的注意。预测试表明，活动有效程度按以下顺序排列：c，b，a。你会怎么做？

8. 你正在面试一位有能力的女性应聘者，应聘岗位为销售。她比你面试过的任何男性更能胜任。不过，你知道所在行业的一些重要客户喜欢与男性打交道，如果你雇用她，可能会失去一些销售额。你会怎么做？

应该使用怎样的原则来引导企业和市场营销经理处理道德和社会责任问题？一种观点是：由自由市场和法律体系来决定这些问题的处理方法。在这个观点的指导下，企业及其管理人员不用负责做出道德判断。企业可以凭良心做任何市场和法律制度所允许的事情。

另一种观点认为，责任的履行不在于规章制度，而掌握在个别企业和管理者的手中。这个更加开明的观点认为，企业应该有社会良知。企业和管理者应该制定高标准的道德规范，而不仅仅是看系统要求做什么。

每个企业和市场营销经理都必须制定出一套社会责任和道德行为准则。管理者必须超越法律所规定的合法性内容，基于个人诚信、企业良心和消费者长远利益制定出高标准。

以一种开放和坦诚的方式处理道德和社会责任问题，往往有助于建立和维护基于真诚和信任的顾客关系。例如，想一下庄臣（SC Johnson），它是人们熟悉的家庭产品品牌，如 Pledge、Shout、Windex、Ziploc 和 Saran Wrap 等品牌的制造商。该公司有着做正确的事情的悠久传统，甚至可以以牺牲销售为代价。下面以 Saran Wrap 品牌为例，它是所在市场的长期领导者，也是庄臣最知名、最大的品牌之一。[26]

---

50 多年来，Saran Wrap 品牌一直使用聚偏二氯乙烯（PVDC）来制造产品，这种成分决定了该产品具有两个主要的差异化特征：气味阻隔性和卓越的微波加热性。如果没有 PVDC，Saran Wrap 品牌就不会比不含 PVDC 的 Glad 品牌和 Reynolds 品牌的保鲜膜更具有竞争优势。然而，21 世纪初，监管机构、环保人士和消费者开始对含氯材料，特别是 PVC 表示担忧。事实上，庄臣自己的绿色清单（Greenlist）分析报告根据产品成分对环境和人类健康的影响对其进行了评级，也证实了 PVC 的危害，该公司很快承诺在其产品和包装中去除 PVC。

但庄臣在这方面又向前迈进了一步。2004 年，该公司还消除了 PVDC，尽管这一重要成分当时还没有受到审查。为此，该公司专门开发了一种不含 PVDC 的聚乙烯版 Saran Wrap，这是一种公认的效果较差的产品。果然，Saran Wrap 品牌的市场份额从 2004 年的 18% 下降到了现在的 11%。然而，多年以来，尽管这种决定有时会损害销售，但它们却帮助庄臣赢得并保持了顾客的信任。"我不后悔这个决定，"庄臣首席执行官说，"尽管付出了代价，但它是正确的事情，而且因为它，我在晚上睡得更好了。我们对公司是什么样的以及想要庄臣公司代表什么，有了更加明确的认识。"

与环保问题一样，道德问题也给国际市场营销人员带来了特殊的挑战。国家之间的商业标准和实践差异很大。例如，贿赂和拿回扣对于美国企业来说是非法的，美国已经与 60 多个国家签署了有关反贿赂和腐败的条约。然而，贿赂和拿回扣在许多国家仍然是正常的商业行为。据世界银行估计，每年全球范围内收受贿赂的总额超过 2 万亿美元。[27] 问题在于：企业是否应该在相关标准较低的国家中降低它们的道德标准，以便更有效地参与竞争？答案是否定的。企业应该在全球范围内承诺采用一套通用的共同标准。

许多行业和专业协会对道德准则给出了一些提议，许多企业现在则采用自己的道德准则。例如，美国市场营销协会——一个由市场营销管理者和学者组成的国际协会，就制定了一系列道德准则，呼吁市场营销人员遵从这些道德准则。[28]

● 无伤害。这意味着在我们做出选择时，应有意避免伤害行为和疏忽，体现出高度的道德标准，遵守相关法律和规定。

● 在市场营销体系中培养信任。这意味着为真诚而努力和公平交易，以提高交换过程的有效性，避免产品设计、定价、传播以及交付或分销中的欺骗性。

● 遵守道德价值。这意味着在整合营销中通过树立诚实、负责任、公平、尊重、透明和公民权等核心价值来建立关系和提高顾客信任度。

企业也制订计划来告知管理人员一些重要的道德问题，帮助他们找到相关问题的对策。它们举办道德讲习班和研讨会，并建立道德委员会。此外，大多数美国的大型企业会专门任命高级别的主管来管理道德事务，并帮助解决道德问题和员工的担忧。而且，大多数企业都制定了自己的道德准则。

例如，《安德玛公司行为准则》就道德和社会责任问题，敦促所有员工"保护他们的家——做出正确的决定"。所有的安德玛员工每天做出的决定能够影响品牌的发展。该准则的核心内容是"这就像听起来这么简单"，该准则指出，"当你面临一个决定的时候——无论是大是小——始终做你所认为道德上正确的，当然，始终遵守法律。"

安德玛的行为准则涵盖了广泛的主题，从礼物和贿赂到诚实、公平地进行交易。但公司也强调，其准则不可能涵盖每一个问题。因此，员工"应当对环境和活动保持敏感，并知道，如果有些事情看起来或者给人的感觉是错误的，那么它们很有可能就是错的"。如果员工看到或听到任何可能违反道德准则的情况，可向管理层、人力资源部门的高层领导，或直接向安德玛公司全球道德与合规团队的任何人报告。或者，他们可以通过安德玛公司的电话热线或热线网站来报告问题，它们每周七天，每天 24 小时都有监控，并可以选择匿名报告。"我们是一个积极进取的品牌，我们想保持这种方式。"安德玛的首席执行官和创始人凯文·普朗克 (Kevin Plank) 在介绍准则时说。"我们所有人都希望能赢——这是我们存在的原因。但是我们承诺使用正确的方式去赢。"[29]

尽管如此，书面准则和道德计划并不能确保道德行为。道德和社会责任需要企业的全面承诺，并且需要成为整个企业文化的一个组成部分。

16.5.2　可持续发展的企业

市场营销的基础在于相信能够满足顾客需求和欲望的企业必将茁壮成长。比较而言，那些不符合顾客需求，有意或无意地伤害了顾客、社会中的其他人或子孙后代的企业将会衰败。

一位观察者说："可持续是一个新兴的商业大趋势，就像电气化和批量生产一样，将深刻影响公司的竞争力甚至是生存。"另一位观察者说："越来越多地，对公司及其领导者的评估不仅关注其即刻的绩效，而且关注其对社会福祉采取的行动的最终影响。这一趋势在小范围内已出现多年，现在正在涌动。因此拿起你装有公平贸易咖啡的可回收的杯子，并做好准备吧。"[30]

可持续发展的企业会通过对社会、环境和道德负责任的行为来为顾客创造价值。可持续营销意味着不仅要关心顾客今日的需求，还要关注顾客未来的需求以保证企业、股东、员工的生存和成功，同时更要对更为广泛的、我们所生活的世界予以关注。这意味着可持续营销的使命有三重含义：人、地球、利润。可持续营销能够使企业在现在和将来与顾客建立起一种有利可图的密切关系，在为顾客创造价值的同时从顾客身上获得价值回报。

学习目标回顾

在这一章，我们讨论了与市场营销对消费者个人、其他企业和社会的影响有关的重要的可持续营销概念。可持续营销要求企业在社会、环境和道德层面采取负责任的行动，不仅为现在的消费者和企业带来价值，而且为子孙后代和社会这一整体创造价值。可持续发展的企业是那些在现在和将来都采取负责任的行动，进而为顾客创造价值并从顾客身上获得价值回报的企业。

学习目标1 定义可持续营销并讨论其重要性。

可持续营销要求在满足消费者和企业的当前需求的同时，保持或提高后代满足其需求的能力。市场营销理念认为企业通过满足消费者的日常需求得以发展，而可持续营销则呼吁在实施对社会和环境负责任的行动的同时满足消费者和企业现在及未来的需求。真正的可持续营销需要建立起平稳运作的市场营销体系。在这个市场营销体系中，消费者、企业、公共政策制定者和其他人通力协作，以确保采取负责任的市场营销行动。

学习目标2 确定对市场营销的主要社会批评。

市场营销对个体消费者产生的不利影响包括高价格，欺骗行为，高压销售，劣质、有害或不安全的产品，计划报废，对弱势消费者的差劲服务等；对社会产生的不利影响包括虚假需求和太多的物质主义、太少的公共物品、文化污染等。批评者还指责市场营销对其他企业也产生了影响，如通过收购来打击竞争对手、降低竞争强度、设置进入壁垒以及采取一些不公平竞争的市场营销手段等。其中有些担心是有道理的，有些则没有什么道理。

学习目标3 定义消费者保护主义和环保主义，并解释它们是如何影响市场营销战略的。

对市场营销体系的担忧引发了公民行动。消费者保护主义是一种有组织的社会运动，旨在改善买方相对于卖方的权利和权力。敏感的企业认为这是一个通过提供更多的信息、知识和保护来更好地为消费者服务的机会。环保主义是另外一种有组织的社会运动，它通过市场营销活动，使市场营销对环境和生活质量的损害最小化。大多数企业现在都主动承担责任，不做任何对环境有害的事情。它们采用环境可持续发展的相关政策，并制定企业战略使其既保护环境又为企业创造利润。消费者保护主义和环保主义都是可持续营销的重要组成部分。

学习目标4 描述可持续营销的原则。

许多企业最初抵制这些社会活动和相关法律，但大部分企业现在都认识到了为消费者提供良好的消费信息、知识和保护是有必要的。根据可持续营销理念，企业的市场营销活动应该支持市场营销体系长期的优良表现。具体而言，企业应该以下面五个可持续营销原则作为指导：以消费者为导向的市场营销、顾客价值营销、创新营销、使命感营销和社会营销。

学习目标5 说明道德在市场营销中的作用。

越来越多的企业正在回应一种需要，即通过制定相关的政策和准则，以帮助管理者处理市场营销道德问题。当然，即使是最好的指导方针，也不能在所有的道德困境中帮助个人和企业做出相关决策。但市场营销人员可以选择一些观点。其中，一种观点是由自由市场和法律体系来决定这些问题的处理方法；另一种是更加开明的观点，强调责任的履行不在于规章制度，而掌握在个别企业和管理者的手中。每个企业和市场营销经理都必须制定出一套社会责任和道德行为准则。管理者必须超越合法性这一界限，基于个人诚信、企业良心和消费者长远利益制定出高标准。

关键术语

可持续营销（sustainable marketing）
消费者保护主义（consumerism）
环保主义（environmentalism）
环境可持续性（environmental sustainability）
以消费者为导向的市场营销（consumer-oriented marketing）
顾客价值营销（customer value marketing）

创新营销（innovative marketing）
使命感营销（sense-of-mission marketing）
社会营销（societal marketing）
有缺陷的产品（deficient products）
合意的产品（pleasing products）
有益的产品（salutary products）
理想的产品（desirable products）

问题讨论

1. 解释可持续营销如何满足消费者的需求。（AACSB：书面和口头交流）

2. 对市场营销的主要社会批评是什么？市场营销人员是如何应对这些批评的？（AACSB：书面和口头交流；反思性思考）

3. 市场营销活动如何影响社会？请同时讨论相应的积极影响和不利影响。（AACSB：书面和口头交流；反思性思考）

4. 讨论两个致力于使企业可持续发展的草根运动（消费者保护主义和环保主义）。（AACSB：书面和口头交流）

5. 描述市场营销人员可用于以负责任和道德的方式运作的可持续营销的原则。（AACSB：书面和口头交流）

6. 企业在制定自己的市场营销道德政策时应该遵循哪些准则？（AACSB：书面和口头交流）

营销伦理

挤占国际市场

自 20 世纪 70 年代以来，雀巢公司和其他企业在向发展中国家的家庭推销婴儿配方奶粉时，遭到了批评，其市场营销将配方奶粉定位为优于母乳，是一种更现代的喂养方式，尽管新的研究发现，母乳通常能够使婴儿更健康。一些不发达国家的妇女越来越依赖婴儿配方奶粉，但为了让奶粉用得更久、更省钱，她们开始用水冲淡奶粉，而且经常用的是受污染的水。这往往导致儿童营养不良和其他严重的健康问题。在某些情况下，甚至会导致死亡。

雀巢公司被一些儿童监督组织指责使用过于激进的市场营销战略来销售其婴儿配方产品。雀巢公司以许多新妈妈为目标，采用了提供样品、在医院和社区直接推广产品、向医护人员和新妈妈赠送礼物等策略。其他婴儿配方奶粉企业甚至还雇用了穿着护士服的女销售员，不经意地到顾客家里来，向潜在顾客推荐使用婴儿配方奶粉，而不是母乳喂养。

在 2012 年 4 月，雀巢公司收购了辉瑞公司的婴儿营养部门，使其成为婴儿配方奶粉市场的最大参与者。据《卫报》报道，这个业务部门大约 85% 的收入来自新兴市场，这表明雀巢和其他婴儿配方奶粉企业仍然在利用新兴经济体的消费者。为了解决这一全球性问题，国际雀巢抵制委员会（International Nestlé Boycott Committee）于 1984 年成立，至今仍在积极开展工作。

1. 在小组讨论中，对这一主题进行研究，并为在全球范围内营销婴儿配方奶粉制订一个可持续的、负责任的市场营销计划，然后展示自己的计划。（AACSB：书面和口头交流；信息技术；伦理推理）

3. 市场营销人员为了赚取利润而在市场上不存在需求的地方创造需求，这样做有错吗？请给出解释。（AACSB：书面和口头交流；伦理推理）

营销计算

眼睛外置

MyEye 2.0 是一个 U 盘大小的设备，重量不到一盎司，可以通过磁力吸附在几乎所有眼镜的镜架上。它可以帮助视力受损的人"看见外部世界"。它能够识别纸币图案，可以识别基于存储图像的人脸、周围环境以及用户用手指指向的几乎任何东西。MyEye 2.0 可以阅读菜单或包装标签，并通过靠近用户耳朵的一个小扬声器轻声地告诉佩戴者信息。对于近 800 万美国视力障碍者和全球 2.53 亿视力障碍者来说，这可能是一个游戏规则改变者。然而，对许多人来说，4 500 美元的价格让他们望而却步。许多配备了人工智能技术的智能手机应用程序可以做许多与 MyEye 2.0 相同的事情，尽管它们不是可佩戴的。一些人认为，可佩戴所带来的价值不足以证明 MyEye 2.0 的"天价"是合理的，尤其是考虑到在美国有严重视力障碍的成年人中有 58% 处于失业状态，而这一比例在全球可能更高。苹果公司的 iPhone X 拥有 Face ID、Siri 及其他人工智能传感器、摄像头、扬声器和应用功能，可以做许多 MyEye 2.0 能够做到的事情。它的标价为 999 美元，预计销售成本为 360 美元。相比之下，每件 MyEye 2.0 的销售成本估计为 200 美元。

1. 计算 MyEye 2.0 和 iPhone X 的毛利和百分比。参考附录 3 "营销计算"中的"利润表和市场营销预算"，学习如何计算毛利率。（AACSB：分析性思考）

2. 讨论 MyEye 2.0 定价如此之高的利与弊。该公司是否遵循了社会营销的原则？它应该遵循吗？（AACSB：书面和口头交流；分析性思考）

企业案例

适合本章的案例见附录 1。

企业案例 16　乐高：一砖一瓦让世界更美好。乐高集团已经成为世界上最大的玩具公司之一，同时也成为最具社会责任感的公司之一。

企业案例 12　领英：用整合营销传播打破白领刻板印象。通过发起第一次大众媒体整合营销传播活动，领英致力于打造一个多元化和包容形象。

复习题

1. 什么是消费者保护主义？消费者有什么权利？为什么一些批评者认为买家需要得到更多的保护？（AACSB：沟通）

2. 讨论可能给面临道德问题的市场营销人员提供指导的观点。（AACSB：书面和口头交流）

注释

附录1
企业案例

➡ 企业案例1　福乐鸡：先更好，再更大

福乐鸡正在逐步占领美国快餐市场。当麦当劳、赛百味、汉堡王和塔可贝尔在市场中艰难前行时，福乐鸡已经从东南地区的宠儿悄然成长为全美最大的鸡肉连锁店和第八大快餐供应商。福乐鸡每家门店的食品销售量都明显高于其竞争对手。例如，单店销售量是塔可钟和温迪的3倍，是肯德基油炸食品销售量的4倍多。它甚至在星期天不营业的情况下达到这样的业绩。这家来自亚特兰大的鸡肉销售冠军年收入高达80亿美元，年均增长率为16%，而且丝毫没有放缓的迹象。

福乐鸡是怎样做到的呢？答案是：以顾客为中心。自从20世纪60年代末第一家福乐鸡门店开业以来，其创始人一直坚守这样的理念：最可持续的经营方式是提供尽可能好的顾客体验。

施加一些压力

福乐鸡的创始人特鲁特·凯西（S. Truett Cathy）对餐饮业并不陌生，他于20世纪40～60年代在佐治亚州拥有并经营过餐厅。在此期间，凭借自己的经营经验，他研究了一种更好（也更快）的烹饪鸡肉的方法。同时，他还发现了一种压力油炸锅，可以用烹饪一个快餐汉堡所需的时间炸好一块鸡胸肉。他将鸡肉三明治作为汉堡的替代品，与此同时注册了"福乐鸡公司"，并于1967年开了第一家福乐鸡门店。

该公司从成立之初就开启了自己的扩张之路，但扩张的速度比当时的市场领先者要慢得多。即使是在今天，福乐鸡每年只是新增100家左右的门店。尽管目前在全美拥有2 200多家门店，但与肯德基的4 100家、麦当劳的14 000家和赛百味的27 000家相比，福乐鸡门店的数量仍然相对较少。福乐鸡对增长速度的控制，与其"顾客至上"的理念息息相关。作为一家家族企业，该公司始终没有偏离其核心价值，并采取缓慢增长战略以使得公司具有"变得更好"的能力。

作为完善其业务的另一种方式，该公司还坚持使用有限的菜单。最初的裹着面包屑的鸡肉三明治仍然是今天福乐鸡菜单的核心。事实上，尽管该公司谨慎且有策略地在菜单上增加了其他菜品，但标志性的鸡肉三明治才是推动该品牌形象和公司收入的主要因素。这种专注使得公司年复

一年地给顾客提供他们想要的东西，而不会受到诱惑去开发"每月新品"。

把事情做对

尽管福乐鸡的使命看起来是一项艰巨的任务，但这种情感也渗透到了公司业务的方方面面。不久前，福乐鸡现任首席执行官丹·凯西（Dan Cathy）被妻子贴在冰箱上的一张纸条深深影响。在最近一次光顾当地的福乐鸡门店时，她不仅收到了错误的订单，还被多收了钱。她在收据上圈出金额，然后把它贴在冰箱上，让丈夫能看到。

这张纸条促使丹·凯西在顾客服务上加倍努力。他发起了一个项目，让所有福乐鸡的员工再次接受培训，以便他们在为顾客提供服务时迈出"第二英里"。"第二英里"不仅意味着符合清洁和礼貌等基本标准，还意味着超越这些标准，将每份订单送到顾客的餐桌上，并提供额外的服务，如送上鲜花或者提供用于沙拉的胡椒粉。

最近一位顾客的经历，说明了福乐鸡的顾客所期望的服务水平以及使这种服务成为可能的创新精神：

> 在回家的路上，我和女儿在福乐鸡门店门口停了下来。停车场满了，免下车通道也人满为患……但我们太喜欢鸡肉三明治和华夫饼薯条了！所以我们觉得等待是值得的。当我们走在人行道上时，有两名工作人员在免下车通道迎接每一辆车，并在平板电脑上点餐。当汽车离开时，一位经理正在外面的大楼里微笑着向他们挥手。
>
> 当我们进来的时候，整个餐厅挤满了人！收银员立即向我们打招呼。赛斯碰巧接了我们的订单。他笑容满面，举止得体，表达清晰，活力四射！他给了我们一个号码牌，说他马上就给我们拿饮料来。当其他客人离开之后，有了空余的位子我们就可以座。我们还没有安顿好，我们的饮料就已经摆在桌子上了！当赛斯离开的时候，另外一个非常友好的服务员送来了我们的食物。我和 15 岁的女儿都觉得太快了。我们非常震惊，于是开始对后面排队的人就此事发表评论，人们惊讶地看着这一切，不仅是店内的人，连店外的人也被这一场景所震惊。
>
> 柜台后面的每个人都同他人一起工作，并礼貌地微笑着。这里的团队合作太棒了！罗恩，一个头发花白、友好的人，从一张桌子旁走到另一张桌子旁，接待客人，给饮料续杯，把小朋友的涂色书拿开，递上冰激凌甜筒。他两次来查看我们的用餐情况，还给我们倒了一次饮料。

最近，该公司推出了"家长优质服务"，邀请带小孩的父母通过免下车通道、下单、停车，然后进入店内。当这家人进入店内时，他们的餐品已经摆在餐桌的餐垫上了，并且餐桌旁放好了高脚椅。但是，除了作为标准政策传授的服务技巧之外，福乐鸡还培训员工提供其他特殊服务，比如从垃圾箱里找回牙科器械，或者送回顾客落下的智能手机和钱包等。

给他们找点事做

除了高水平的店内服务，福乐鸡还专注于其他品牌建设元素，以改善顾客体验。当福乐鸡的吉祥物——奶牛以三维形象在广告牌上首次亮相时，福乐鸡品牌得到了极大的推动。这些受人喜爱的奶牛在 20 多年的时间里一直贯穿于福乐鸡的宣传材料。它们也是福乐鸡顾客体验提升战略的另一个关键——通过让顾客做一些事情来吸引他们。

当谈到给顾客"找点事做"时，福乐鸡绝不敷衍。首先，每年 7 月都会有"奶牛感恩日"。在这一天，装扮成奶牛的顾客去任何一家福乐鸡门店都能得到一份免费的主菜。在这一活动的 12 周年纪念日，约有 180 万名穿着奶牛服的顾客享受了这一奖励。

对于品牌忠诚者而言，另一个传统就是在新店开业之前露营。福乐鸡餐厅通过"前 100 名"促销活动来鼓励这项传统——这是一项官方批准的活动，在每一家新店开业时，该公司会向排队的前 100 名顾客赠送全年的福乐鸡套餐代金券。众所周知，丹·凯西本人经常和顾客一起露营，在 T 恤上签名，摆姿势拍照，并亲自向获胜者发放优惠券。尽管一些以顾客为中心的赠品是常规操作，但其他的互动和赠品是随机出现的。以最近的"家庭挑战"为例，任何就餐的顾客只要在用餐期间将智能手机放到"手机小屋"里，就可以免费获得冰激凌甜筒。

为了让不在店内的顾客也能够参与到活动当中，福乐鸡变成了社交和数字媒体方面的专家。它的移动应用程序"福乐鸡一号"（Chick-fil-A One）在发布几小时之后，就成功跃居 iTunes 的榜首。在 9 天之后，超过 100 万名顾客下载了该应用程序，这一程序使顾客能够在线下单以及定制订单，提前付款，不用在收银台排队。在社交媒体追踪机构 Engagement Labs 最近的一项调查中，福乐鸡在所有主要社交媒体平台（包括脸书、推特和 Instagram 在内）上排名第一，被评为最受欢迎的美国品牌。

从逐年增多的荣誉中可以看出，福乐鸡以顾客为中心的文化并不只是空谈。最新的美国快餐连锁店顾客服务满意度指数（ACSI）显示，在众多竞争对手中，福乐鸡在顾客服务方面的得分排名第一。在 Temkin 集团和《消费者报告》的调查中，福乐鸡餐厅也位居榜首。取得这些成就的最主要原因是员工被描述为"举止友好"，进行眼神交流，并说"请"和"谢谢"。

经历了几十年的现象级增长和成功，福乐鸡打算让"奶牛们"休息一下。"奶牛是品牌必不可少的一部分。它们是我们的吉祥物，如果你愿意的话，"福乐鸡的首席营销官约翰·布里奇斯（John Bridges）说，"但它们不是品牌本身，品牌比这些要宽泛得多。""奶牛"并没有消失，它们只是换了个牧场，因为品牌的促销信息已经转向讲述关于食物、人和服务的引人入胜的故事。这是一个冒险的举动。由于福乐鸡的增长比其他主要的快餐连锁店都快，这就引出了一个问题：品牌象征意义上的巨大变化会在未来几年维持目前的增长，还是会让顾客感到头疼？

在此之前，有人估计福乐鸡会超越塔可贝尔、汉堡王、温迪和赛百味等，成为仅次于星巴克和麦当劳的美国第三大快餐连锁店。显然，这种增长并非偶然。只要福乐鸡继续把顾客放在第一位，我们就可以期待有越来越多的机会和渠道来享用这些美味的鸡肉三明治。

问题讨论

1. 举例说明福乐鸡顾客的需要、欲望和需求，并区分这三个概念。

2. 请描述福乐鸡为顾客提供的价值。福乐鸡是如何吸引顾客的？

3. 评估福乐鸡的业绩与顾客期望之间的关系。

4. 五种市场营销管理导向中哪一种最适用于福乐鸡？

5. 福乐鸡促销策略的改变会影响其增长和成功吗？

资料来源：Cheyenne Buckingham, " Fast Food Chains with the Best (and Worst) Service," *24/7 Wall St.*, July 26, 2018, https://247wallst.com/special-report/2017/07/26/fast-food-chains-with-the-best-and-worst-service/2/; " The QSR 50," www.qsrmagazine.com/content/qsr50-2017-top-50-chart, accessed June 2018; Jessica Wohl, " Chick-fil-A Drops the Richards Group after 22 Years," *Advertising Age*, July 21, 2016, http://adage.com/article/cmo-strategy/chickfil-a-drops-richards-group-after-22-years/305057/; Michael Bartiromo, " Chick-fil-A to Become Nation's Third-Largest Fast Food Restaurant by 2020, Analysts Say," *Fox News*, April 3, 2018, www.foxnews.com/food-drink/2018/04/03/chick-fil-to-become-nations-third-largest-fast-food-restaurant-by-2020-analysts-say.html; " Consumer Conversations about Chick-fil-A, Wendy's and In-N-Out Heat Up," *Engagement Labs*, November 16, 2017, www.engagementlabs.com/press/consumer-conversations-chick-fil-wendys-n-heat-coffee-chains-starbucks-dunkin-donuts-freeze/; Cameron Sperance, " ' Everybody Wants Chick-fil-A ' : Why the Chicken Chain Is Dominating Fast Food," *Bisnow*, June 7, 2018, www.bisnow.com/national/news/retail/how-2020-will-be-the-year-of-the-chick-fil-a-89287; Alicia Kelso, " Chick-fil-A's Growth Trajectory Fueled by Demand for Simplicity," *Forbes*, April 3, 2018, www.forbes.com/sites/aliciakelso/2018/04/03/chick-fil-as-growth-trajectory-fueled-by-demand-for-simplicity/#4a963905612b; and www.chick-fil-a.com/About/Who-We-Are, accessed October 2018.

➡️ 企业案例 2　脸书：让世界更加开放和互联

世界已经迅速走向在线化、社交化和移动化，脸书在这一潮流中首屈一指。尽管社交媒体的选择越来越多，但脸书仍然占据主导地位。在 10 年多的时间里，脸书已经积累了 22 亿月度活跃用户（约占世界人口的 30%），其中约 17 亿人通过移动设备上网。据统计，有超过 15 亿的用户每天都会登录，每秒钟就有 8 个新用户注册。在美国，用户花在脸书上的时间比花在其他任何网站上的时间都要多。脸书社区每天共上传 3.5 亿张照片，有 58 亿条"点赞"，分享 47.5 亿条内容。

在如此短的时间内取得如此巨大的影响，脸书的成功可以归因于对其使命的执着追求，这是一个朋友和家人见面、分享故事和照片、传递信息并能够记录生活的地方，大家都把脸书当成了全天候的数字家园。

从简单的事情开始

脸书最初是以一种相对简单的形式出现的，首席执行官马克·扎克伯格和他的朋友们在 2004 年创建" thefacebook.com"，这个网站最初只对哈佛大学的学生开放。凭借其简洁的设计，这个羽翼未丰的网站吸引了大量的关注，在第一天就有 1 200 多名用户注册；在第一个月里，超过一半的哈佛大学本科生选择加入进来。巨大的反响表明了存在很大的潜在需求，没过多久脸书就向公众开放了，有数百万人注册。

随着脸书的发展，它的界面也一直在不断完善，通过添加和修改功能吸引每一个人。这个社交网络的成长和发展赋予了它为特定人群提供特定内容的能力。然而，脸书以"所有东西面向所有人"的方式让许多用户，尤其是年轻用户，减少了对其产品的使用，并转移到了更加专业的其他社交网络那里。为了应对这种日益严峻的威胁，脸书从"一个网站服务所有人"的方式逐渐转变成"为每个人提供特定服务"的多应用程序战略。根据扎克伯格的说法，"我们对脸书的愿景是创建一系列产品，帮助分享任何事情给目标受众"。

作为其多应用程序战略的第一步，脸书以 10 亿美元收购了发展迅速的照片分享应用程序 Instagram。尽管脸书已经有了自己的照片分享功能，但收购 Instagram 还是为脸书公司带来了 2 700 万的年轻用户。脸书并没有将 Instagram 整合为自己的一项产品功能，而是将其作为一个独立的品牌，使其拥有自己的调性和用户基础。Instagram 和脸书的用户都可以自由选择他们对于两个应用程序的整合程度。例如，Instagram 的用户不需要拥有脸书账户。扎克伯格表示："Instagram 与其他服务相关联时可以跳出脸书的范围，这给用户提供了很宝贵的体验。"这一策略促使 Instagram 的用户在短短 6 年时间里就暴增至 8 亿多。

在收购了 Instagram 之后，脸书又以 190 亿美元的巨款收购了即时通信应用程序 WhatsApp。脸书公司本身的通信用户已经迅速增长到了 2 亿，WhatsApp 则锦上添花，给脸书公司带来了拥有超过 4.5 亿国际注册用户的独立品牌。在收购了 WhatsApp 4 年后，全球共有 15 亿的 WhatsApp 用户，每天发送信息高达 600 亿条。

通过开发和获取这些新产品和应用程序，脸书公司正在做它最擅长的事情——增加其用户数量，并为其多样化用户提供更多联系和参与的方式和理由。它丰富的投资组合让用户能够在不断扩大的脸书大家庭中满足他们的个人需求。

到达平流层

随着脸书找到更多的理由让更多的用户连接和参与，它还追求一些让观察家摸不着头脑的科技。例如，在几年前，脸书斥资 20 亿美元收购了虚拟现实初创公司 Oculus VR。在过去一年里，开发了具有 17 个镜头的 360 度立体 3D 摄像机，被称为 Facebook Surround360。扎克伯格表示，这些收购和发展与"第一步"有关。

当扎克伯格走出自己的第一步时，他的父母用文字记录了这一时刻。后来，当他的堂兄弟开始走路的时候，爸爸妈妈用相机抓拍了这一刻。当他的侄女学会走路的时候，摄像机记录下了一段视频。对于自己的女儿，扎克伯格则希望能够更进一步。

扎克伯格想要让大家知道他女儿迈出的第一步，这是脸书不断专注于其核心使命——连接世界的又一个例子。脸书预计，这种视频可能会带来一种全新的交流模式，这种模式可能会延伸到自己所创造的 Oculus 虚拟现实头戴设备上。

虽然 3D 虚拟现实视频听起来仍然很遥远，但与脸书目前最大的项目相比，它还是很容易实现的。扎克伯格的足迹遍及全球，他与全球领导者和企业家们交流，并为他自己认为最关键的社会事业和我们所在的时代进行辩护，即让互联网成为一项基本人权，这就像医疗保健或清洁用水一样。正如他所说的，缺乏自由开放的信息获取渠道，是世界贫困人口走向繁荣的最大障碍。但是，目前仍然有 35 亿人没有接入互联网。扎克伯格和脸书团队的目标，就是通过让所有人都能访问互联网来消除这一障碍。

为此，脸书还创建了自己的创新智库"连接实验室"。该团队正在致力于将卫星送入轨道，以向世界偏远地区提供宽带互联网服务。但是卫星花费不菲，所以该小组也在做其他研究，其中最具希望的选择是一个回旋镖形状的无人机 Aquila，它的翼展比波音 737 更宽，在 31 英里半径内的高度可达 90 000 英尺，而且一次可以在空中停留三个月。它从地面基站接收无线电信号，通过激光将这些信号转发到地面的转发器，然后将信号转至 Wi-Fi 或 4G 网络。Aquila 已经成功完成了多次试飞，脸书的愿景是最终让成千上万的无人机在地球周围的天空中飞行。

全力以赴

尽管脸书花了 5 年多的时间建立用户基础，几乎没有关注创收，但它现在正在弥补这些损失。在过去的几年中，脸书的年收入从 78.7 亿美元上升到 406.5 亿美元，增长 4 倍多，利润率接近 40%。尽管脸书已经尝试了各种创收方式，但其中绝大部分收入来自可靠的在线广告。

随着无人机、激光、虚拟现实和 3D 视频等先进技术的不断发展，你可能会认为脸书打算进军能够产生现金和利润的新业务。但事实并非如此，当推出这些技术时，脸书免费提供设计。几年前，当脸书建立自己的服务器和数据中心时，它迅速开放了设计的源代码，让全世界免费使用，接着对 Cassandra 和 Hadoop 等大数据分析工具也采取了同样的做法。虽然看起来像是在浪费钱，但这恰恰符合脸书的使命。大多数公司通过工艺来定义自己，比如制作最好的电子产品或解决企业的效率问题，但脸书一直围绕一个目标，即连接世界上每个人，给他们提供"以自然的方式分享任何事情"的工具。

因此，脸书专注于"成为最好的社交网络"这件它最想做成的事。它没有因为开发多个业务部门和通过多样化的方式赚钱而分心，而是继续专注于建立自己的用户群，并将其核心社交媒体产品视为正在进行的工作。针对那些认为连接实验室的项目与此无关的人，扎克伯格指出："他们实际上非常专注于使命。真正的目标是创建社区。很多时间里，推进这项技术的最好方法就是作为一个社区来开展工作。"

已经有许多公司在开发脸书正在推进的技术，因此脸书并不需要提供太多服务。但扎克伯格并不满足，他觉得科技世界发展得太缓慢了。脸书的激光无人机将能够以极高的带宽和速度为整个农村地区、村庄和城市提供服务，比目前电信公司正在使用和开发的系统更经济实用。"我们需要特定的技术存在于这个世界，所以我们创建了这些，"扎克伯格说，"我们不卖服务器或提供相机和连接服务，但如果没有人创建它们，我们会去做。"

不管未来怎样，脸书在完成使命时几乎从不浮于表面。多应用程序、多细分战略，结合其庞大紧密的社会结构，赋予了脸书惊人的潜力，它推动世界向人人都能上网的方向发展，这将让所有人都能使用脸书的应用程序和产品组合。几年来，在脸书上的一个流行说法是"我们的任务完成了 1%"。现在，脸书的管理者可能会发现，他们有了进展——或许完成了 2%。至于怀疑论者，想想脸书公司是怎么创建的吧：

> 这是扎克伯格发布网站后的几个晚上。他和他的计算机科学方面的朋友正在吃比萨和交谈。扎克伯格告诉他的朋友，有人将创建一个社交网络，因为它太重要了，不能不存在。但当时他并不认为他就是做这件事的人。有更年长的人和更大的公司可以做。所以，为什么扎克伯格成了创建脸书的人？"我认为这是因为我们在乎，关心一些事情，并相信它胜过一切，"他说，"我无法从一开始就把脸书上的点连接起来。对于我来说，那也是许多关于脸书未来的故事。"

问题讨论

1. 脸书的使命宣言是市场导向的吗？请做出分析。
2. 脸书的战略是如何受其使命驱动的？
3. 脸书免费提供技术是明智之举吗？为什么？
4. 在完成使命的过程中，脸书未来会面临哪些挑战？

资料来源：Based on information from Eric Mack, "Is Facebook Secretly Building an Internet Satellite?" *CNET*, May 3, 2018, www.cnet.com/news/is-facebook-secretly-building-an-internet-satellite-athena/;Luke Stangel, "Facebook Wants to Test Experimental Internet Drones in New Mexico," *Silicon Valley Business Journal*, April 23, 2018, www.bizjournals.com/sanjose/news/2018/04/23/facebook-internet-drones-aquila-project-new-mexico.html; Cade Metz, "How Will Zuckerberg Rule the World? By Giving Facebook's Tech Away," *Wired*, April 12, 2016,www.wired.com/2016/04/mark-zuckerberg-giving-away-facebooks-tech-free/; Josh Constine, "WhatsApp Hits 1.5 Billion Monthly Users. $19 B? Not So Bad," *Techcrunch*, January 31, 2018, https://techcrunch.com/2018/01/31/whatsapp-hits-1-5-billion-monthly-users-19b-not-so-bad/; and information from https://zephoria.com/top-15-valuable-facebook-statistics/, accessed October 2018.

➡ 企业案例 3　Fitbit：乘着健身浪潮走向辉煌

那是 2009 年。詹姆斯·帕克（James Park）和埃里克·弗里德曼（Eric Friedman）处于一个重要的转折点。数个月以来，他们一直在亚洲各地奔波，为该公司的第一款产品——Fitbit 追踪器建立供应链。他们筹集了资金，准备推出这款仅有一块电路板的装在轻木盒子里的产品。现在，即将按下启动装配线的按钮。但是，当接到数千笔订单时，他们却发现设备的天线无法正常工作。于是，他们把一块泡沫黏在电路板上，并认为"足够好"了。有 5 000 名顾客在节日期间及时收到了崭新的 Fitbit 追踪器。

让一家初创公司起步是具有挑战性的，让一家硬件创业公司获得成功几乎是不可能的，尤其当这家企业是先锋者的时候。但是，随着市场环境日新月异的变化，帕克和弗里德曼知道他们有一些特别之处。顺应个人健身和健康的趋势，计步器已经销售了很多年，但这些设备技术含量低，提供给消费者的信息十分有限。伴随着人们对高科技设备似乎永无止境的需求，帕克和弗里德曼发现了在小型可穿戴设备中使用传感器的巨大潜力。

这两位企业家是对的。Fitbit 公司目前已经推出了十几种产品，销量达数百万件。在推出首款设备的 6 年以后，该公司一共出售了 2 100 万件设备，年收入达 18.6 亿美元，利润为 1.16 亿美元。Fitbit 公司创造了一个快速增长的细分市场——可穿戴技术。2015 年，Fitbit 公司以 41 亿美元的首次公开募股（IPO）上市。这家公司是如何发展成为一个飞速发展的行业的顶端企业的呢？帕克说："我们不过是在正确的时点以正确的价格推出了正确的产品。"

一个神奇的装置

尽管帕克的回应看起来可能过于简单，但它却是正确的。在消费者需要的时候，正好推出一款能够给他们带来好处的产品，这是推出任何新产品的关键。在 Fitbit 公司的例子中，消费者非常期待这款小型设备，它不仅能记录步数，还可以计算步行距离、燃烧的卡路里、上楼梯的次数以及运动时长和强度，所有这些都可以通过夹在裤子口袋上的一个不起眼的微型追踪器来实现。更重要的是，Fitbit 追踪器还可以根据辗转反侧时间、睡着前的时间和实际睡眠时间来跟踪睡眠质量。

更吸引消费者的是，这款设备可以将数据上传到电脑上，并在 Fitbit 公司的网站上发布。在该网站上，用户可以概观自己的身体活动，设定和追踪目标，并记录所吃的食物和设备无法跟踪的其他活动。最重要的是，社会化媒体和分享个人信息的爆炸式发展与用户上传的内容密切相关。帕克和弗里德曼意识到，像 Garmin 这样的硬件设备公司在软件方面存在缺陷，因此，相比于硬件设备，他们在 Fitbit 公司的软件中投入更多的精力。

但 Fitbit 公司的成功也可以归因于新的型号。Fitbit 公司意识到电子产品的寿命有限，竞争对手也会试图改进其产品，因此将开发变成了一个持续的过程。从最初的追踪器到现在拥有 GPS、心率监视器，显示智能手机来电、短信，具有日历提醒功能的 Blaze 智能手表，Fitbit 公司在满足消费者需求方面一直处于领先地位。

一个出乎意料的机会

尽管如此，Fitbit 公司的成功之路充满了挑战。该公司从一开始就面临的一大挑战是顾客保留。就像许多饮食和运动设备一样，用户会被某些能改善他们健康状况的"惊喜"因素所吸引，但这些因素很快就会失效。而且，如果用户不再使用某个设备，他们就不太可能购买"改良"版本，更不可能向其他人推荐它。但在 Fitbit 公司运行过程中发生了一件有趣的事情：Fitbit 公司接收到了大量来自其他企业人力资源部门的电话和信息。疑惑于为什么企业想要大量购买 Fitbit 公司的设备，于是 Fibit 公司派了一个人去了解情况。

事实证明，美国企业正在推动员工参加健康项目。这种推动的原因不仅仅是对员工健康和福祉的担忧。健康的员工为企业带来了巨大的利益，如果员工能够更少请病假，那么企业通常就会更有效率，在医疗保健方面也会花费较少。虽然饮食和运动不能消除所有的不良健康状况，但它们会对血压、胆固醇和血糖等指标产生重大影响，这些因素与常见疾病，如心脏病、中风和糖尿病相关。因此，难怪企业会尽其所能来激励员工更好地照顾自己。

Fitbit 公司与各企业交谈时发现，大多数企业很难让员工参加健康计划，许多企业的合规率不到 20%。其中一个问题是，即使 Fitbit 公司及其竞争对手的最新可穿戴健身设备在办公室里随处可见时，参加企业的健康项目往往需要使用大型追踪器，也就是模拟计步器。"你能想象让工程师们戴上一个破旧的计步器并写下他们的步数吗？" Fitbit 公司的负责人艾米·麦克多诺（Amy McDonough）若有所思地说。Fitbit 公司提供了一个更高科技的选择，让个人可以轻松追踪更复杂的数据，也让人力资源部门可以轻松地汇编和分析数据。因此，Fitbit 公司的企业批量销售开始滚滚而来。

更让 Fitbit 公司感到惊喜的是，面向企业销售的 Fitbit 公司产品的留存率明显高于面向个人销售的产品。企业健康项目中的健身追踪器经常被用于健康挑战——每天保持至少 1 万步，就能获得免费假期，或者在健康保险费上有折扣。一旦挑战结束，人们就会停止使用他们的设备，这似乎是合乎逻辑的。但是，当在两年的时间里向其员工发放 4 万个 Fitbit 公司的设备时，IBM 发现，不仅 96% 的员工会定期记录自己的健康数据和饮食习惯，还有 63% 的员工在挑战结束后的几个月里会继续佩戴 Fitbit 公司的设备。

其他公司甚至指出了更大的有形利益。云服务初创公司 Appirio 为自己的 400 名员工购买了 Fitbit 公司的设备。借助可穿戴设备提供的数据，Appirio 公司能够说服其医疗保险提供商 Anthem，增加的健康福利正在转化为更低的医疗成本。通过谈判降低保费，Appirio 公司每年的账单减少了 28 万美元。

如今，Fitbit 公司的健康部门提供专门为雇主设计的工具，比如仪表盘、专门的服务支持和网络研讨会。公司客户包括英国石油美国分公司（BP America）、金佰利、时代华纳和巴克莱银行（Barclays）。塔吉特向 33.5 万名员工提供了 Fitbit Zip 追踪器。公司销售额目前占 Fitbit 公司营业收入的 10%。但由于该领域的应用增长速度快于消费品市场，公司销售额所占份额将会增加。创始人帕克声称，在员工健康项目中使用 Fitbit 公司的设备，不仅对健康和福祉产生了影响，而且对工作安全产生了重要影响。由于同事们共同努力实现健身目标，公司的办公室文化也得到了改善，这也可能会提高公司员工的挽留率。

遇到的障碍

鉴于公司的高增长率和巨大的市场潜力，似乎 Fitbit 公司的发展是无极限的。但事实是，Fitbit 公司仍然面临着诸多障碍。首先，随着科技创造了收集和共享信息的新方式，隐私问题也在增加。在早期，Fitbit 公司的用户记录信息默认是公开的。这意味着，随着用户将自己的信息整合到社交网络中，他们的健身、饮食、睡眠都会被发布出来供所有人观看。通过将"隐私"设置为默认选项，这个问题就能很容易得到纠正。尽管 Fitbit 公司保证不会分析个人数据，也不会出售或分享个人数据，但人们依然对上传个人数据存在担忧。

但其他隐私问题就没那么容易解决了。健身追踪器及其生成的数据是不受监管的。这意味着，任何受 HIPAA 法案（Health Insurance Portability and Accountability Act）约束的组织在采用数字跟踪设备时都必须谨慎行事。Fitbit 公司一直在隐私和信息安全问题上积极主动，通过与国会合作制定该领域的法律，引领行业。Fitbit 公司最近达到了 HIPAA 标准，这大大缓解了雇主对隐私和安全的担忧。

但雇主和雇员仍有其他担忧。就在 Fitbit 公司及其企业客户尽其所能缓解对隐私的担忧时，许多员工表示，担心公司会滥用数据。由于不确定哪些数据被收集以及这些数据是如何被使用的，一些员工不禁怀疑 Fitbit 公司是否会告诉雇主他们正在从狂欢之夜中恢复、在没有生病的情况下请病假、在会议中感到焦虑甚至是怀孕了。

尽管将 Fitbit 设备整合到健康项目和相关挑战中的整体好处显而易见，但也有负面的结果。健康专家指出，"做"和"不做"之间可能存在文化差异。有残疾、慢性病甚至不健康习惯的员工可能会选择不参加这类项目。特别是在使用排行榜和群体激励的项目中，其结果可能是为健康的人喝彩，但打击了那些不健康的人的士气。奖励那些参与的人和成功的人会被视为对那些选择退出的人的惩罚。

作弊也是一个问题。没错，一些参加健康项目的人已经找到了欺骗 Fitbit 设备的方法。例如，如果在一只狗的颈圈上系上 Fitbit 设备，每天可以走 1.3 万～ 3 万步，轻而易举地超过了 1 万步的标准目标。社交媒体网站上出现了大量共享行为。"想骗过你的 Fitbit 设备吗？试试小狗或者电钻"，一条推文建议道，并附有说明链接。其他"刷数据"的方法包括把它放在烘干机里、晃动拳头、把设备系在小孩身上、弹钢琴、指挥音乐，以及搅拌一碗巧克力饼干面糊，甚至骑哈雷摩托车或割草机产生的振动也能做到这一点。

除了这些阻碍 Fitbit 设备得到更广泛的接受和使用的担忧之外，Fitbit 公司最大的挑战或许是竞争压力。Fitbit 公司在其创造的快速增长的产品类别中占据了主导市场份额，它似乎已经成功了。然而，随着数字技术在各个方面的进步，健身追踪器已经成为热门目标。在 Fitbit 公司的尖端产品推出后的短短几年里，小米和 Garmin 等企业纷纷推出了更为便宜的设备，从而使这一市场彻底商品化了。当苹果公司和三星公司推出价格昂贵、内置健身追踪功能的智能手表时，人们意识到，"健身追踪"可以缩小到作为一个更复杂设备的功能之一。而在软件和分析方面，Apple Health 和 Google Fit 也都具有跨移动平台的兼容性。

2017 年，Fitbit 公司的营业收入暴跌了 25%，只有 16 亿美元，并陷入与小米公司争夺市场领导者地位的僵局。但 Fitbit 公司正在努力打造与众不同的产品，并将自己定位于不仅仅是一家健身追踪设备制造商。最近，Fitbit 公司推出了首款全功能智能手表 Ionic，这款产品以更低的价格和更长的电池寿命与苹果公司竞争。它的"下一个大飞跃"是超越健身追踪，进入医疗诊断领域。通过与一些将 Fitbit 公司的产品与更详细的临床研究联系起来的组织合作，Fitbit 公司的设备可能很快就能取代血糖仪，甚至能够提醒用户注意危险的健康状况和某些疾病。如果 Fitbit 公司能够成功地将自己的优势定位在竞争对手很难复制的地方，那么它的发展可能仍然是无限的。

问题讨论

1. 自 Fitbit 公司创立以来，哪些微观环境因素影响了它？
2. 影响 Fitbit 公司的宏观环境因素是什么？
3. Fitbit 公司应该如何克服它所面临的威胁和障碍？
4. 在这个案例中未提到的哪些市场营销环境因素会影响 Fitbit 公司？

资料来源：Based on information from Matthew Lynley, "Fitbit Posted a Weaker-Than-Expected First Quarter and Its Shares Are Crashing," *Techcrunch*, February 26, 2018,https://techcrunch.com/2018/02/26/fitbit-posted-a-weaker-than-expected-quarter-and-its-shares-are-crashing/; "Fitbit Gains from Partnerships, Market Share Loss a Concern," *Nasdaq*, January 2, 2018, www.nasdaq.com/article/fitbit-gains-from-partnerships-market-share-loss-a-concern-cm899734; Leo Sun, "Why 2017 Was a Year to Forget for Fitbit," *The Motley Fool*, www.fool.com/investing/2017/11/03/why-2017-was-a-year-to-forget-for-fitbit-inc.aspx; Christina Farr, "Fitbit at Work," *Fast Company*, May 2016, pp. 27-30; Robert Hof, "How Fitbit Survived as a Hardware Startup," Forbes, February 4, 2014, forbes.com/sites/roberthof/2014/02/04/how-fitbit-survived-as-a-hardware-startup/#5e2a544e4f42; and Jen Wieczner, "Fitbit Users Are Finding Creative Ways to Cheat," *Fortune*, June 10, 2016, http://fortune.com/2016/06/10/fitbit-hack-cheat/.

企业案例 4　Qualtrics：管理完整的顾客体验

在过去的几十年里，随着新技术可以让市场营销人员挖掘得更深，收集顾客反馈数据的做法也一直在发生变化。例如，以顾客满意度调查为例。一个常见的场景就是零售收银员通过指出收据上的链接向顾客推广在线调查，通常也都伴随着礼品券等诱人的激励措施。

事实上，无论顾客走到哪里，零售商和品牌企业都在向他们发送电子邮件、短信，并分发在线调查的链接，希望顾客能为其提供有价值的反馈。但大多数顾客不知道的是，这些企业很少（如果有的话）自己来管理相关的调查。相反，许多市场营销人员求助于少数专业人员来全方位地进行在线调查，并分析这些调查如何融入其顾客情报计划的更大蓝图之中。

对于像劳氏、福特、威瑞森、3M 和迪士尼这样的企业来说，它们求助的专业人员往往是 Qualtrics 公司——快速增长的在线调查行业的领导者。事实上，超过 8 500 个世界领先品牌都依赖 Qualtrics 公司来支持顾客数据的收集，其中包括《财富》100 强中的 80 个和排名前 100 的商学院中的 99 个。但将 Qualtrics 公司的服务定义为"在线调查"过于简单化了。如果询问 Qualtrics 公司的任何一位员工他在从事什么行业，他会说是"体验管理"。

开创在线调查的先河

如今，在网上收集调查数据似乎是轻而易举的事。但是，要完全理解 Qualtrics 是一家什么公司以及它为顾客做了什么，还必须回到 20 多年以前——在线调查还不存在的时候。该公司的创立是世纪之交科技初创企业的一个典型例子。但 Qualtrics 不是在硅谷，而是在犹他州普罗沃一栋房子的地下室中成立的。

这栋房子是杨百翰大学（BYU）市场营销学教授斯科特·史密斯（Scott Smith）的。1997 年，他提出了开发一个数字调查引擎的想法，这将有助于他自己的研究。当时，收集调查数据的标准流程是个人直接或者通过邮件分发纸质版问卷。因此，从时间和金钱的角度来看，创建一个调查、收集回答者的反馈、编码数据和将数据输入计算机的系统是一个成本高昂的过程。"第一个在线收集的调查在 48 小时内就将我们的数据保存在电脑里了"，史密斯指出，而使用传统方法，这个过程通常会花费数月的时间。"突然间，灯亮了。这真是一件美好的事情。它快速、简单并且更加精确。"

史密斯雇用了他的儿子瑞安（Ryan）和贾里德（Jared）帮助他开发这一服务，这也是第一批在线调查服务之一。2002 年，最初的服务变成了 Qualtrics。在线调查最初针对学术界，该团队很快认识到其软件作为营销调研工具的潜力。经过几年的磨砺，Qualtrics 在 2008 年扩大了顾客群，包括各种各样的组织——商业的和学术的、营利的和非营利的。没过多久，Qualtrics 的大部分业务都来自企业。

从一开始，Qualtrics 通过其用户友好性而变得与众不同。它的目标是帮助任何非技术背景的人快速轻松地创建和管理在线调查。借助 Qualtrics 的服务，顾客可以使用简单的问题生成工具，从各种类型的问题中提取答案，包括端点为"快乐"和"悲伤"或从"A"到"F"的分数的滑动量表。Qualtrics 早期的一项创新是热图，让受访者点击零售设施中的特定位置，显示对特定类型产品或服务体验的偏好，例如剧院中的首选座位。用户也可以选择多种类型的图表来总结结果。

Qualtrics 是最早使用在线模式的公司之一，它不需要在个人电脑上安装软件。注册后，顾客可以开发、调整和修改他们自己的定制调查，而无须让 Qualtrics 为他们做这件事。在此过程中，Qualtrics 增加了一些功能，不仅提高了调查创建的灵活性，而且更容易收集和分析数据。与传统方法相比，在线自助方法不仅为用户节省了大量时间，而且成本也大大降低。

体验管理——继续作为先驱者

今天，最初的基本 Qualtrics 调查引擎已经发展成为公司所说的体验管理平台：一套产品，允许顾客使用单个界面来管理四种核心业务体验——顾客体验、品牌体验、产品体验和员工体验。Qualtrics 全球洞察力主管迈克·莫恩（Mike Maughan）表示：这四种核心业务体验过去通常都是由企业单独管理的，Qualtrics 的体验管理平台集成了上述功能并对上述四种体验进行有效管理，帮助企业获得顾客的整体视图并开发准确的顾客档案。

"每一次，关注点都是分解数据库以确保组织能够提供可能的最佳体验，"莫恩说，"例如，我们都知道员工行为直接影响顾客体验。一个常见的说法是，漠不关心的员工正在疏远你的顾客。"

单一、集成的 Qualtrics 数据分析平台使组织能够"弥合体验差距"。举例来说，2005 年贝恩公司（Bain and Company）的一项研究显示：80% 的首席执行官认为他们的企业提供了更好的顾客体验。然而，莫恩说："当他们的顾客被问到是否获得了高质量的顾客体验，只有 8% 的人认为是。"Qualtrics 的体验管理平台通过衡量利益相关方的体验来建立基准，预测和优先考虑利益相关方的需求，启动行动计划，并跟踪在缩小基准和需求之间的差距方面的进展，以便缩小这种体验差距。如果使用得当，体验管理平台还可以推动持续的体验改善。

人工智能走进体验管理

在几年前，该公司又推出了 Qualtrics iQ 并将其作为体验管理平台的一部分。这种创新的产品使用人工智能来自动识别趋势，从统计上确定关键的顾客驱动因素，并确定应该用于交付结果的适当统计测试。

通过体验管理和 Qualtrics iQ 等创新，Qualtrics 的顾客看到了市场营销投资真正的结果和强大的回报。美国捷蓝航空公司选择了 Qualtrics，就是因为后者提供了对顾客体验管理所有阶段的全面控制。通过将关系型数据（品牌购买驱动因素）和交易型数据（体验和满意度）整合到一个中心枢纽，捷蓝航空能够轻松识别出最大的顾客影响领域，并立即执行有所作为的调整。

例如，捷蓝航空发现，绝大多数乘客不在乎免费行李，而是更喜欢便宜的票价。根据这些数据，捷蓝航空通过推出不同的费率结构和定价选项来增加收入。在费城，捷蓝航空成功将不满归因于缺乏机场商店和能在凌晨开放的便利设施。解决办法很简单——在门口分发水、果汁和咖啡。在另外一个机场，特定登机口的负面顾客评论和低于正常的满意度分数则归因于一个有缺陷的航站楼扬声器，等待的乘客无法听到登机口工作人员的公告。于是，捷蓝航空立即向该机场维护人员发送了自动警报。这个问题在当天就得到了解决，调查问卷的回复也恢复了正常水平。

顾客利用 Qualtrics 的体验管理平台获得成功的案例比比皆是。2018 年，摩根士丹利公司将其享有盛誉的 CTO 创新奖授予了 Qualtrics。"我们在做任何事情时都把顾客放在第一位，Qualtrics 已经成为我们旅程中不可或缺的合作伙伴，"这家全球金融服务公司的常务董事克里斯·科维尔（Chris Kovel）指出，"一开始我们使用 Qualtrics 的产品作为机构客户的满意度评分工具，现在我们利用它们的洞见来衡量我们外部和内部客户对整个业务的看法，这最终将塑造和改善我们作为一家公司的整体表现。"

如今，日益壮大的体验管理行业成为许多企业都在争夺的市场。如 IBM，它将沃森人工和预测智能能力应用于体验分析。但 Qualtrics 认为，IBM 的技术过于复杂，而平台所提供的预测智能系统更容易为顾客体验群体所接受。

顾客似乎很认可这一观点。通过使市场调查更全面、更容易获得，该公司自从向公众提供其在线调查软件以来，每年都实现盈利，收入翻了一番。该公司曾多次拒绝另外一家公司的收购条件，即使它们开出了高达 5 亿美元的报价。这一决定被证明是富有远见的——Qualtrics 最近估值为 28 亿美元。只要 Qualtrics 继续以有意义的方式创新其体验管理产品，它就将继续是其他公司所效仿的对象。

问题讨论

1. Qualtrics 公司是如何适应大数据趋势的？
2. 讨论 Qualtrics 公司的服务是如何促进客户洞察方面的发现的。
3. Qualtrics 公司的工具促进了营销信息系统的哪些功能？
4. 请从研究方法的角度，围绕 Qualtrics 公司的相关工具展开讨论。
5. Qualtrics 公司未来将面临哪些挑战？

资料来源："Qualtrics Selected for Prestigious Innovation Award by Morgan Stanley," *PR Newswire*, June 07, 2018, www.prnewswire.com/news-releases/qualtrics-selected-for-prestigious-innovation-award-by-morgan-stanley-300661768.html; Ee Chien Chua, "Professors Find Success," *Daily Universe*, March 12, 2013, universe.byu.edu/2013/03/12/nutty-wealthy-professors/; Alex Konrad, "Qualtrics Inches Closer to IPO by Acquiring the Startup Behind Ratings for Postmates and Uber," *Forbes*, April 12, 2018, www.forbes.com/sites/alexkonrad/2018/04/12/qualtrics-acquires-delighted/#4cff93eb27a2; Jennifer Post, "Experience Management Software: What Small Businesses Need to Know," *Business News Daily*, May 18, 2018, www.businessnewsdaily.com/10791-experience-management-software-small-business.html; and information from www.qualtrics.com/customers/jetblue/ and www.qualtrics.com/about/, accessed October 2018.

➡ 企业案例 5　Spanx：改变行业对内衣的看法

当萨拉·布莱克利（Sara Blakely）准备去城镇度过一个夜晚时，她站在自己的衣柜前挑选服装。衣柜里有她最喜欢的衣服——一条出自设计师阿登（Arden）之手的优雅的无里衬奶油色休闲裤。她很喜欢这条裤子，以至于她花了全价——98 美元买下它，考虑到她向企业出售传真机所赚取的微薄收入，这实在是一笔不小的数目。但是它挂在衣柜里，几乎没有被穿过，而在那个晚上，它仍然会在她的衣柜里。

为什么萨拉很少穿她最喜欢的衣服？"每次我穿它的时候，你都能看到内衣的痕迹，"布莱克利透漏，"塑身衣则又厚又夸张！"粗腰带会勒出小肚子，笨拙的绑带也会留下皱褶。

一定有什么东西能够让布莱克利的身形变得平顺，让她舒服地穿上她喜欢的衣服。这一思路促使她发明了 Spanx 塑身衣，从而彻底改变了女性内衣和其他服装。

布莱克利并不是唯一一个经历服装与身体相容性困境的人。各种体型的女性都深有同感，这种进退两难的局面并不是什么新鲜事。几个世纪以来，女性一直在为如何让自己的身体适合时髦的服装而挣扎。16 世纪到 19 世纪，西方女性通常使用布料制成的紧身胸衣，并用木头、鲸鱼骨甚至钢铁加固。这种内衣把女性的腰绑得太紧，影响了她们正常呼吸，甚至可能导致一两根肋骨骨折。到了 20 世纪，束腰给了女性一些安慰，成为标准内衣。但它们仍然厚重、不舒服、不方便，不能适应 20 世纪后期不断变化着的时装。

作为一名职业人士，布莱克利每天都穿着连裤袜上班。但是，在私人外出时间，像大多数女人一样，她厌恶连裤袜。虽然从 20 世纪 20 年代到 60 年代，连裤袜一直是女性的标准服装，但随着女权运动赋予女性掌控自己着装的权力，它的流行程度开始下降。由于太热、不方便、容易滑动，而且按照现代标准看来通常被认为不好看（特别是在与露趾鞋一起穿时），袜类在 20 世纪末开始了漫长而缓慢的衰落。

这时，布莱克利开始思考。美体连裤袜提供了一个很有价值的帮助。虽然不太完美，但能够收紧腰部使她漂漂亮亮地穿上她最爱的奶油色休闲裤。但是怎么处理丑陋并且通过露趾鞋暴露出来的脚尖接缝？布莱克利只是简单地剪掉了脚部部分。这对裙子不适用，但对裤子来说，这是最好的办法。所以为什么不设计一种内衣，将美体连裤袜的理念提升到更高水平来塑造完美腰线而不包含脚部和腿部呢？

一个焦点小组访谈

由于没有好的选择，许多女性往往选择不穿甚至不买某些衣服。所以布莱克利开始着手制作她的精品服装。她进行了详尽的专利研究，以确保没有其他人拥有她心目中的服装的专利。在确保道路通畅之后，她对潜在市场进行了调研和测试。她走进当地一家内曼·马库斯门店的女装部，问一位女售货员是否需要她所设想的那种塑身衣。那位女士的脸一下子就亮了起来，她告诉布莱克利，有不少顾客已经通过将美体连裤袜的脚部裁掉自制了这种款式的内衣。

这就是布莱克利设计原型所需的全部数据。原型制作完成了，但她没有钱进行生产。于是，她开始寻找愿意冒险尝试的制造商。她吃了一个又一个闭门羹。"制造工厂根本就不明白它，"布莱克利回忆说，"我发现很有趣的是，我会见的都是男性，然后我明白为什么女性这么长时间都感到不舒服——那些制作内衣的人没有整天穿着它们！"布莱克利面临着这样一个挑战：她的想法有可能颠覆产品销量连年下滑和陷入思维定式的整个行业。

丝袜制造商 Highland Mills 的共同拥有者萨姆·卡普兰（Sam Kaplan）在问了三个成年女儿对布莱克利的样衣的看法之后，给布莱克利回了电话。尽管卡普兰仍然不能完全理解这个想法，但布莱克利的信念和女儿们的反应足以让他去赌一把。

布莱克利的下一个挑战是寻找零售店。她的第一站是内曼·马库斯公司总部。但在最初的销售会议上，布莱克利并没有接触到负责为这家高档零售商采购丝袜的女士。所以布莱克利冒着很大风险。她邀请购买者和她一起去洗手间。那位女士很吃惊，在洗手间里，布莱克利以那条开启了整个项目的奶油色裤子为范例，对比穿上了 Spanx 和没有穿 Spanx 的效果。内曼·马库斯公司的购买者当场下单，要求 Spanx 在它们的 7 家连锁门店进行试销。

情境为重

有了优质的产品、响亮的品牌名称和优质的零售商，人们可能会认为，消费者将争相购买，毕竟，世界各地的女性都在渴求这种产品。但布莱克利发现，改变顾客的心态和与制造商、零售商沟通一样具有挑战性。布莱克利把 Spanx 送到了内曼·马库斯，产品包装由她的一位朋友设计，印有鲜红时尚的插图和"别担心，会盖住你的臀部"的宣传语。内曼·马库斯公司把 Spanx 放在袜子的商品区，在货架的底部分配了一个单独的位置。再加上比最贵的连裤袜高出许多倍的标价，Spanx 就像布莱克利的奶油色裤子被雪藏在衣柜里一样，无人问津。

如果 Spanx 要改变女性对内衣和着装的看法，布莱克利就得自己动手。未经许可，布莱克利走进了这 7 家内曼·马库斯门店，把它们从裤袜部搬到成衣部。毕竟，袜类产品是为女性的腿部设计的，Spanx 则是针对女性腹部设计的。布莱克利用她购买的货架做了一个小展示，上面有"穿前/穿后"的图片，她将她的产品放在收银机旁边。Spanx 打开了销路。

布莱克利意识到，要改变人们的观念，不仅要向女性展示 Spanx 能做什么，还展示 Spanx 能发挥作用的情境。由于没有钱做广告，布莱克利想方设法推销她的产品。她给每一位名人都发去了样品，希望她们能试穿 Spanx，并且把这件事情传出去。她给奥普拉·温弗瑞（Oprah Winfrey）送了多个礼盒，终于有一天，奥普拉的理发师在奥普拉的化妆室的椅子上放上了一条 Spanx。奥普拉不仅穿着这款产品并在其国际发行的节目中对其高唱赞歌，还选择了 Spanx 作为她今年最喜爱的产品。在经历与体重的多年斗争后，奥普拉在 Spanx 上找到了舒适和自信。

在奥普拉的支持下，Spanx 迅速走红。其他一线明星，如凯特·温斯莱特（Kate Winslet）和波姬·小丝（Brooke Shields）等人开始在媒体上大摇大摆地展示她们穿着塑身衣的身材，赞美这种塑身衣可以在"苛刻"的高级定制礼服下掩饰内衣线条。在一次红毯采访中，格温妮丝·帕特洛（Gwyneth Paltrow）甚至声称 Spanx 能让她产后的身材看起来更好。

内曼·马库斯公司在它所有的门店都陈列了 Spanx，紧随其后的是萨克斯第五大道和其他零售商。但是布莱克利知道她需要吸引更多的顾客。于是布莱克利将 Spanx 带到 QVC。尽管许多人认为这样做将扼杀 Spanx 品牌只在高端百货公司销售的品牌形象，但是布莱克利并不赞同他们的看法，她自己去了家庭购物商店以确定她可以掌握一手信息。在第一次亮相 QVC 时，Spanx 在 5 分钟内售出 8 000 件。

现在，仅仅过了 20 年，布莱克利拥有她创办的公司 100% 的所有权。今天，Spanx 公司生产各种塑身衣，包括紧身衣、背心、袜子和紧身裤、文胸、内裤、短裤、牛仔裤——更不用说其子品牌 Bra-llelujah！和 Slim Cognito 等——Spanx 现在是一个全线女装品牌。这家公司甚至已经开始为男士生产塑身衣。尽管收入数据并未公开，但布莱克利的个人资产净值就是公司成功的标志。2012 年，在 Spanx 公司首次上市 14 年之后，《福布斯》将她评为最年轻的白手起家的女性亿万富翁。

更重要的是，Spanx 给一度衰落的行业注入了新的活力。有专家预测，到 2022 年，全球塑身衣市场的年产值将达到 55 亿美元。从传统内衣品牌到安德玛，每一家服装公司都在生产塑身衣，Spanx 已经改变了企业对服装的看法和女性购买服装的方式。Spanx 和塑身衣给那些在女性衣橱里沉睡的不合身的衣服带来了新的生命。

问题讨论

1. 在影响消费者行为的因素中，哪一类（文化、社会、个人或心理）最能解释 Spanx 公司的成功？为什么？

2. 选择最能说明 Spanx 被市场接受的具体消费者行为因素（例如文化、家庭、职业、态度）。

3. 以消费者行为原理为基础，解释 Spanx 早年所面临的挑战。

4. 讨论与女性和购买服装相关的购买决策过程。Spanx 是如何改变女性购买决策过程的？

5. Spanx 改变了世界吗？请加以解释。

资料来源：Danielle Wiener-Bronne, "She Was Too Short to Play Goofy.Then She Invented Spanx. Now She's a Billionaire," *CNN Money*, April 2, 2018, http://money.cnn.com/2018/04/02/news/companies/sara-blakely-rebound/index. html; Ali Montag, "How an Embarrassing Moment Led to Spanx Billionaire Sara Blakely's Huge Success," *CNBC*, August 15, 2017, www.cnbc.com/2017/08/15/billionaire-sarah-blakelys-embarrassing-moment-led-to-spanx-success.html; Lynn Yaeger, "The Bottom Line: A Profile on Spanx Founder Sara Blakely," *Vogue*, March 19, 2012, www.vogue.com/ article/the-bottomline-spanx-founder-sara-blakely; Guy Raz, "Spanx: Sara Blakely," *How I Built This*, September 11, 2016, https://one.npr.org/?shared MediaId=493169696:493311384; "Compression Wear and Shapewear Market to Reach $5,576 Million, Globally, by 2022," *Allied Market Research*, www.alliedmarketresearch.com/press-release/compression-wear-shapewear-market.html, accessed October 2018.

➡️ 企业案例 6　5 小时能量：无需饮料即可获得数小时的能量

你肯定听说过"5 小时能量"（5-Hour Energy）——装满能量药剂的红色小瓶，摆放在大多数杂货店和便利店收银台附近的糖果和口香糖旁边。很有可能你已经尝试过。在过去的 7 天里，美国有 400 多万人总共消费了 900 万瓶"5 小时能量"，你可能也是其中之一。这个新贵品牌对饮料行业产生了巨大的影响。"5 小时能量"是如何迅速壮大起来的？答案是通过瞄准正确的顾客群体，在正确的时间为他们提供想要的东西。

发现未满足的需求

这一切都始于 21 世纪初。出生于印度的马诺杰·巴尔加瓦（Manoj Bhargava）卖掉了他的户外家具零部件制造公司，带着妻子和儿子搬到密歇根。但仅仅过了几个月，他就厌倦了无所事事，开始寻找一种他可以经营的产品，并把它变成"下一件大事"。抱着这样的想法，他参加了在加利福尼亚州阿纳海姆举行的自然产品贸易展。

在与许多公司的会议中，他偶然发现了一个由一群博士开发的能量饮料的售货棚。他们声称这种 16 盎司的混合物可以持续几个小时补充能量。那天巴尔加瓦得知要开会到晚上 10 点，他担心自己无法保持清醒，更不用说集中注意力了。所以他尝试了一罐能量饮料。饮料几乎瞬间就起效了。"在接下来的六七个小时里，我的状态非常好。"巴尔加瓦回忆道。他不仅头脑清醒，而且注意力水平也得到了提高。

但是，巴尔加瓦与饮料所有者讨论潜在的合作伙伴关系时，发现他们对销售甚至许可该产品的权利都不感兴趣。他看了看标签，在脑海中记下了它的成分，心想："能有多难？"虽然大多数没有营养学相关背景的人绝不会想到要打造自己的配方，但巴尔加瓦并没有被吓倒。他开始建立自己的实验室，并成立了一家名为"生活要素"（Living Essentials）的公司。

巴尔加瓦很快意识到，在一个充斥着历史悠久的品牌的市场上，一杯 16 盎司的饮料是不会成功的，因为这个市场被财力雄厚的公司瓜分了。作为一种能量饮料，这种新产品将不得不与以红牛为首的越来越多的品牌争夺冰箱和货架空间，它还将与可口可乐和百事等公司推出的一些成熟的品牌展开竞争。

但是巴尔加瓦的新混合物不一定是 16 盎司的饮料，或者说，根本不是饮料，巴尔加瓦沉思道。毕竟，泰诺没有销售 16 盎司一份的止痛产品。当他通过反复实验开发配方时，他总是亲自尝试实验版本，并且考虑了他试图接触的顾客以及如何定位产品以吸引他们。

未被满足的顾客的特征

在定义顾客时，巴尔加瓦想到了自己在展会上的表现。他需要精力来保持清醒，在会见来自不同公司的人时，他也需要集中注意力，关注正在发生的事情。他需要迅速集中精力和注意力，最好是通过一种不会给他带来负担或产生不想要的副作用的方式。一旦他从这些方面考虑，他就会考虑其他也需要这些益处的人，例如做两份工作来维持生计的人、一次开几个小时车的卡车司机、每天工作 16 小时的华尔街交易员，或者在好莱坞影片拍摄地工作的人。这些人都有两个共同点：工作时间长，并且需要专注于自己的工作。

根据巴尔加瓦自己的经验和观察，他知道能量饮料、含咖啡因的软饮料，甚至咖啡都专注于提供能量和使人保持清醒。但是，摄入足够的这些饮料来获得适量的能量会使人们的肚子里有大量的液体，这往往会给他们增加负担，并使他们感到迟钝。此外，含糖产品可能会产生最初的能量提升，但这种刺激是短暂的，随后是碳水化合物引起的昏昏欲睡的崩溃。

考虑到目标顾客，巴尔加瓦设计了一种无糖的两盎司液体，其中含有足够的咖啡因——据估计为 200 毫克——可产生大量的能量，同时还含有能够提高大脑专注力的维生素和氨基酸混合物。这种小剂量的液体与其说是一种饮料，不如说是一种能量供应系统。

通过市场营销组合进行定位

随着产品形式的确立，巴尔加瓦创造了"5 小时能量"这个名字——简单实用，准确地传达了产品的益处。该产品的形式对于易于消费和区别于其他饮料非常重要。但对于巴尔加瓦的市场营销组合战略的另一个关键组成部分来说，有必要将产品放在专属的地方，即放在收银台旁边并且远离冷藏饮料。

"5 小时能量"营销团队瞄准分销的第一家零售连锁店是 GNC——全美最大的维生素和营养连锁店。"5 小时能量"非常适合 GNC 连锁店的顾客——注重健身和健康的人，他们每天除了工作和其他生活追求之外，还要花几个小时进行锻炼。GNC 连锁店的采购人员也同意将"5 小时能量"放在收银台旁边的小型货架上。

然而，第一周过后，"5 小时能量"在 GNC 的 1 200 家商店只卖出了 200 瓶。超过 3 美元的溢价是一个障碍。但是巴尔加瓦并不担心。他知道产品是可靠的，位置是完美的，价格是合适的，可以树立优质产品的形象。他的预感是对的。6 个月后，"5 小时能量"每周的销售量达到 1 万瓶。

这一成功使"5 小时能量"进入了沃尔格林、CVS 和全美各地的各种连锁便利店。随着分销量的增加，公司开始在电视和互联网上投放广告。这些广告很简单，预算也很低，但信息是恰到好处的。"你知道下午两点半是什么感觉吧？困吗？东倒西歪？想睡个午觉？"一位年轻时髦的白领在办公室里走来走去时说道。"你做些什么？跑去买咖啡？来一瓶苏打水？但这能持续多久？"在详细介绍了"5 小时能量"提供的好处后，广告以"现在就能获得持续数小时的能量，以后不会再有两点半的感觉"结尾。

"5 小时能量"新增了多种口味，如超浓以及无咖啡因等口味，并且在沃尔玛和美国其他主要连锁杂货店的分销也达到了新的高度。那时，许多公司都注意到了这个新贵品牌和能量饮料领域的新机遇。如果说"5 小时能量"是由一个没有商业背景的人创造的，他们实际上可以做得更好。

很快，可口可乐、百事、红牛、Monster 和许多其他老牌饮料制造商开始分销它们自己的两盎司装液体，争夺收银台旁边有限的柜台空间。它们不是仅有的新加入者。市场上一度出现了上百种两盎司装的液体，大多数来自寻求快速获利的机会主义小公司。几乎所有产品都以比"5 小时能量"更便宜的价格出售。财力雄厚的老品牌将它们的力量投入分销渠道，推广它们的最新产品。

最初，新的竞争影响了"5 小时能量"的发展。几个月内，该品牌的市场份额从 93% 下降到 67%。"人们尝试了它们的产品，"巴尔加瓦说，"然而，它们都忘记了一件事，即你必须有一种伟大的产品。"巴尔加瓦仍然坚信产品质量。"不是小瓶子的问题，不是位置的问题，是产品的问题。你可以骗别人一次，但没有人会付两次 3 美元。"

随着能量市场的发展，巴尔加瓦被证明是正确的。尽管市场总量持续增长，但竞争对手已经出局。即使是大品牌也认为这场战斗不值得，因为其产品几乎没有被重复购买，它们自然没有足够的动力留在游戏中。

如今，"5 小时能量"再次占据了它所创造的类别的 90% 以上的市场份额。哪个品牌排行第二呢？是 NVE 制药公司的 Stacker，市场份额刚刚超过 3%。当被问及"5 小时能量"最像哪个品牌时，巴尔加瓦回答说："WD-40。"他认为这两个品牌是很相似的，因为它们都是没有类别的品牌。"通常，一个类别至少要有两个主要参与者。这个液体领域……与其说是一个类别，不如说是一个品牌。"

作为一家私人企业，生活要素公司并不披露业绩。但对扫描数据的分析显示，"5 小时能量"的年零售额超过了 12 亿美元，并且自该品牌成立以来，这一数字每年都在上升。大约 25% 的零售数据最终转化为生活要素公司的净利润。这足以让巴尔加瓦积累起 15 亿～ 40 亿美元的净资产。然而，凭借其快速的增长和市场的主导地位，巴尔加瓦在市场趋于饱和之前看到了更多的潜力。"如果我们把'5 小时能量'卖给每个需要它的人，我们的销售量将是现在的 20 倍。"

问题讨论

1. 考虑通常用于细分市场的各种变量，哪一种最能代表"5 小时能量"制造者的市场细分？
2. "5 小时能量"遵循哪种市场定位战略？请加以论证。
3. 为"5 小时能量"写一份产品定位声明。
4. "5 小时能量"在未来会面临哪些潜在的挑战？

资料来源："Do 5-Hour Energy Shots Actually Work?," *Stack*, June 29,2018, www.stack.com/a/do-5-hour-energy-shots-actually-work; Clare O'Connor, "The Mystery Monk Makes Billions with 5-Hour Energy," *Forbes*, February 8, 2012, www.forbes.com/sites/clareoconnor/2012/02/08/manoj-bhargava-the-mystery-monk-making-billions-with-5-hour-energy/#30b89c0927ae; Robert Klara, "How This Tiny, Caffeine-Packed Bottle Became the Boost of Choice for 7 Million Americans," *Adweek*, October 3, 2016, pp. 35-36; and information from https://5hourenergy.com/facts/, www.statista.com/statistics/477374/5-hour-energy-consumption-usa/, and https://one.npr.org/?sharedMediaId=519514841:519712175, accessed July 2018.

企业案例 7 MINI：专注于本质——最大化体验

长期品牌面临着一种平衡。一方面，它们必须忠实于那些让大批忠诚顾客喜爱的特征。另一方面，品牌保留的时间越长，就必须开发出越多吸引新一代顾客的新属性。在一致性和相关性之间保持平衡是很难的。品牌可以数十年如此确实很难得。宝马公司的 MINI 品牌，是英国人的标志性汽车的现代代表。MINI 持续生产超过了 60 年。MINI 品牌不仅保持了其原有品牌的内核，同时跟上了不断变化的顾客动态，尽管它曾被六家不同的公司所拥有。

一个经典的诞生

1956 年，苏伊士运河危机引发了全球范围内严重的燃油短缺，对小型节能汽车的需求因此而激增。英国汽车公司（BMC）委托设计师亚历克·伊西戈尼斯（Alec Issigonis）设计了具有独特挑战性的车辆，该车辆拥有最小化的尺寸和极大的便利性，同时将其效率和实用性最大化。这一挑战成为 MINI 品牌的核心和灵魂。

最初 MINI 车身只有 10 英尺长、4.5 英尺宽、4.5 英尺高，并有 10 英寸的小车轮。但是，由于其车轮被推到了车身的最角落处，并且有侧向安装的 40 马力发动机，这辆微型汽车可以轻松地容纳四个人，后面还留有装货物的空间。该汽车燃油效率高，拥有坚固的构架和悬架。最初 MINI 的创新设计在于它具有与卡丁车相似的反应灵敏度，同时也有多种颜色供顾客选择，并提供可调节座椅、可打开的后侧窗、橡胶垫和加热器等可选配件。

顾客被 MINI 小尺寸、多功能的设计所吸引。通过 BMC 与杰出的一级方程式赛车手、赛车设计师约翰·库珀（John Cooper）的合作，该品牌最初的特征很快得到了进一步增强。MINI 体积小、重量轻且底盘坚固的特点让其具有成为赛车的潜力，因此，库珀对其传动系统、悬架和制动器进行了性能改进。库珀的预感是对的。MINI 在 1958—1962 年期间三次击败法拉利、玛莎拉蒂和莲花等老牌汽车，赢得了蒙特卡洛拉力赛。随着库珀的性能调整被添加到选项列表，MINI 准备提供比以往更多的价值。

基于其设计和选择，该品牌的关键特征开始浮出水面。圆头灯和"笑脸"保险杠有助于展现友好有趣的品牌个性。随着 BMC 和售后服务公司提供的选择逐步拓展，MINI 很快成为最具可定制性的汽车品牌之一，对于那些想要通过汽车来展现自身个性的人来说，MINI 是极具吸引力的。

MINI 很快成为年轻人和心态仍然年轻的人的最爱，因为它实用性和酷炫外观的完美融合，无论阶层和文化如何，每个人都无法抗拒。当极具代表性的名人成为 MINI 的粉丝时，它的人气开始真正上涨。模特崔姬（Twiggy）和演员史蒂夫·麦奎因（Steve McQueen）也被拍到驾驶 MINI，此外，该车还在 1969 年迈克尔·凯恩（Michael Caine）的电影《偷天换日》中扮演着重要角色，并且甲壳虫乐队的四名成员也是 MINI 车主。

在 BMC 旗下的第一个十年，MINI 作为不同品牌的子品牌（Morris MINI-Minor 和 Austin Seven MINI 等），以双门小轿车、旅行轿车和面包车的形式出售。1969 年，MINI 成为独立品牌。但由于 BMC 在 20 世纪 60 年代末出现财务困难，MINI 在 25 年的时间里从一家公司辗转到另一家公司——先是英国汽车控股公司（British Motor Holdings），然后是英国利兰公司（British Leyland），之后是罗孚集团（Rover Group）。罗孚集团被英国宇航公司（British Aerospace）收购后，MINI 于 1994 年在宝马公司找到了最后的安身之处。

虽然 MINI 的血统是混乱的，但是汽车本身变化很少，一直延续其最初的设计。但 41 年后，安全和排放法规以及耗水需求的变化使 MINI 暂时停止了生产。2000 年 10 月，一辆编号为 5387862 的 MINI——一辆红色库珀跑车——被撤出生产线，然后立即出现在英国盖登的汽车遗产中心（Heritage Motor Center），致敬有史以来最受欢迎的英国汽车。就在一年前，由 32 个国家的 126 名汽车专家组成的评审团将福特 T 型车评为世纪之车时，MINI 屈居亚军。

重新设计标志性品牌

尽管 MINI 遭遇了挫折，宝马公司依旧在努力设计其替代品。该品牌拥有太多的价值以至于不可能消亡。然而，宝马公司在重塑这款有史以来最具标志性的汽车上面临着挑战。现代顾客需求更多了——更强的动力、更大的尺寸、更安全的设计，以及更多的功能和选择。但品牌的传统要求新千年的汽车必须保有 MINI 的内核。

2001 年，英国第一辆双门 MINI 掀背车在英国下线，出现在展厅。虽然新 MINI 的长度和宽度都比原来的更大，但与当时的大多数车辆相比，新的 MINI 非常小。发动机提供了 75～245 马力的不同选择。宝马重新塑造了燃油效率、实用性和驾驶性能。MINI 所拥有的灵敏度和拉力赛车的操控性，使其易驾驶、易停放。同时，即使身高高于平均水平的驾驶人也会发现有足够的头上空间和腿部空间，更不用说在任何方向都有极佳的视野。圆头灯和"笑脸"保险杆的设计外观，毫无疑问是人们熟悉的 MINI。

为了保留最初 MINI 对顾客个性化的吸引，宝马公司提供了一长串的选择，包括各种轮包、喷漆方案、可以用来装饰屋顶的乳胶贴花、镜子、引擎盖等不同的外观选择。短短几年内，这种双门设计衍生出了敞篷车和旅行轿车等车型。

为了实现新的品牌目标，MINI 推出了 Let's Motor 活动，采用了丰富的非传统的媒体组合，精心整合以创造汽车的个性，在消费者中引起轰动。公司把 MINI 放在了各种富有想象力的地方。公司将其置于福特 SUV 之上，并驾驶它环绕周边的 22 个主要城市，突出了汽车的合理尺寸。它在百货公司外设置了"MINI Ride"展览，虽然看起来像一个儿童游乐场，但其实是展示了一个实际的 MINI。机场候机厅中，超大号的报纸自动售货机展示着不太大的 MINI，并宣称"它让其他一切都显得太大了"。

这款车还在互联网、城市建筑和棒球卡上刊登广告，就像车展上的宣传册一样。此外，宝马公司还制作了 MINI 游戏、MINI 小册子和 MINI 行李箱。它与选定的杂志密切合作，创建令人难忘的印刷广告，如《连线》杂志中 MINI 的折叠纸板，鼓励读者组装它，并让它在他们的办公桌上行驶，发出"噗噗"的声音。

Let's Motor 活动不仅赢得了奖项，而且在实现目标方面取得了巨大的成功。再加上公司赞助的车主活动，MINI 发展出了一批忠诚的追随者。虽然新的 MINI 并没有取悦所有的纯粹主义者，但依旧令许多人印象深刻。像最初的 MINI 一样，尽管事实上宝马公司的目标群体是享受驾驶乐趣的 20～30 岁的司机，但新的 MINI 吸引了几乎所有年龄的驾驶者。2012 年，MINI 销量开始迅速增长，当年售出 30 多万辆，这个数字可以与经典 MINI 有史以来最佳销售年份的销量相媲美。

品牌灵魂永存

随着 MINI 的受欢迎程度超过以往任何时候，2015 年夏天，宝马公司宣布它将再次重塑品牌，完成汽车新的设计、新的标志、新的定位。"MINI 的发展非常顺利，为什么现在要进行自我改造？"宝马公司的董事彼得·史瓦森波尔（Peter Schwarzenbauer）在回答人们心中的问题时说，"为了解释这一点，我们必须对比 2001—2005 年的数据。"宝马公司发现，它的目标顾客——享受乐趣、自由和个性的二三十岁的富裕的城市居民已经发生了很大的变化。"在世界经济蓬勃发展的时期，消费者充满信心，但快速的技术变革、地缘政治的不确定性以及 2008 年的金融危机从根本上改变了消费者的行为，"史瓦森波尔解释道，"人们更关注'本质'，我相信，在满足这种对重要事物的新的关注方面，没有其他汽车品牌比 MINI 处于更好的位置。"

新 MINI 的标志从 3D 版本调整为更简单的 2D 黑白渲染。MINI 的广告方式也进行了简化。打破常规的刁钻创意已经一去不复返了，取而代之的是更加简洁的广告，着眼于汽车的特性和功能。MINI 网站还更新了视频和视觉效果，可帮助顾客更好地了解汽车的优势。这些品牌变化旨在传达 MINI 的真实性、实用性，并准备在社会中发挥更大的作用。

作为新品牌理念的一部分，宝马公司计划推出其五款车型的更新版——现在将它们称为"五大超级英雄"——硬顶双门车型、硬顶四门车型、敞篷车型、旅行轿车式的 Clubman 车型和四轮驱动 Countryman 越野车，所有型号都将有大量的技术更新。与过去不同，每款新车型的品牌设计都将强调特性，包括为每辆车量身定制的配色方案和美学。这种方法的目的是创建一个有五条产品线的 MINI 品牌，吸引更广泛的顾客群体。例如，Clubman 车型旨在吸引更多的家庭购买该品牌。广告聚焦于汽车的功能性和优雅的设计，其长度超过 14 英尺，宽度超过 6 英尺，这是 MINI 有史以来最大和最宽敞的汽车。

品牌的重新设计是否意味着放弃 MINI 品牌最初的价值观？MINI 品牌主管马克·伦宁（Marc Lengning）表示不会。"通过这'五大超级英雄'，我们想让每一辆车都有自己的个性，"伦宁解释道，"Clubman 是最极端的例子，但你仍然可以期待，当具有不同个性时，不同的车型能带来很多乐趣。"该公司强调，MINI 的品牌价值仍然符合伊西戈尼斯最小化、实用性的本能，与库珀的最大化、性能驱动策略形成鲜明对比。

"MINI 一直都有新的想法、灵感和激情，这些东西不会改变。"史瓦森波尔说。MINI 继而增加了顾客 MINI 互联礼宾（Connected Concierge）服务、无线智能手机充电和其他选择，如带矩阵远光灯的防炫自适应大灯，这在小型城市汽车中是罕见的。还有更大胆的举措，新 MINI 的购买者可以自定义设计车辆内部配件，如仪表盘嵌件、舷窗和门框，这些都是在 3D 打印机上生产的，并在购买者购买之前安装在汽车中。

根据 MINI 最近的销售数据，从收入来看这似乎是正确的方向。在过去三年中，MINI 每年都创下新纪录，2017 年将超过 37 万辆 MINI 移入世界各地的顾客的车库中。MINI 正大胆地走向未来，并努力在不断变化的世界中保持相关性，但它也必须坚守使之成为长久标志性产品的品质。MINI 的设计者们似乎明白这一点。

问题讨论

1. 讨论一下 MINI 品牌是如何在被不同公司拥有的情况下作为一个品牌坚持了 60 多年的？
2. MINI 是否具有高品牌资产？请做出解释。
3. 多年来，MINI 品牌的定位是基于特性、收益还是价值？请做出解释。
4. 你认为宝马公司目前的品牌战略是否将 MINI 品牌带向了正确的方向？为什么？

资料来源：Jonathan Bacon, "Mini: Reinventing a Brand Icon," *Marketing Week*, July 8, 2015, www.marketingweek.com/2015/07/08/how-mini-is-reinventing-itself-to-remain-iconic/; Nargess Banks, "New MINI as Personal Gadget: Tech Advanced with Novel 3D Print Service," Forbes, January 10, 2018, www.forbes.com/sites/nargessbanks/2018/01/10/new-mini/#7b93db3177d8; Hannah Elliott, "Fifty Years of Mini Love," *Forbes*, July 29, 2009, www.forbes.com/2009/07/29/bmw-mini-cooper-lifestyle-vehicles-mini-car-50.html#2a21eb2ccb74; Gabriel Bridger, "2017 MINI Sales Had a Record Year," *Motoring File*, January 12, 2018, www.motoringfile.com/2018/01/12/2017-mini-sales-hit-record-worldwide/.

➡ 企业案例 8　博世：通过专注于产品本身创造更好的产品

品牌策略公司 Lippincott 的一项调查显示，消费者最信任的电子产品品牌不是苹果，也不是三星、索尼或微软，而是博世。这家规模相对较小的私营公司，50 多年来一直在生产创新音频设备。在消费电子产品领域，博世公司每年 40 亿美元的耳机、扬声器和其他产品的销售额"并不高"——想想苹果公司，其科技产品和其他一些好的产品的销售额高达 2 280 亿美元。但说到消费者对品牌的热情，这家总部位于马萨诸塞州的科技公司甚至超过了苹果。博世公司在品牌设计的简洁性和出色的功能基础上建立了与消费者的深厚联系。

博世公司笃信一套从公司创立之初就一直指导公司的价值观。如今，大多数公司都把注意力大量集中在创造收入、利润和股票价格上。它们试图用其他公司不具备的特性和属性来区分产品线，从而超越竞争对手。虽然博世公司并没有忽视这些因素，但它的竞争优势植根于其独特的企业理念——产品第一。从成立之初，博世公司的战略就一直是通过专注于研究和设计，制造最具创新性的产品。

博世公司的理念

要了解博世公司，首先要走近其创始人。20 世纪 50 年代，创始人阿马尔·博斯（Amar

Bose）在麻省理工学院攻读他的第三个学位。他对研究有浓厚的兴趣，学习了电气工程各个领域的知识。他对音乐也有极大的热情。当他购买他的第一套高保真音响系统时——他认为这是规格最好的型号——他对该系统再现真实声音的能力感到非常失望。就在那时，博斯开始深入研究这个问题，以找到解决方案。他的一系列研究最终促成了 1964 年博世公司的成立。

从早期开始，博斯就围绕着指导公司理念的某些核心原则工作。在进行第一次关于扬声器和声音的研究时，他做了一直坚持的事情，即无视现有技术，完全从零开始，这在产品开发策略中并不常见。

另一个与典型企业战略不同的做法是，博斯将这家私人控股公司的利润全部投入研发，这种做法反映了他对研究的热情和生产最高质量产品的追求。在这个过程中，他还绕过了弄清顾客需求的过程。相反，博斯将研究局限在实验室里，并专注于创造卓越产品的技术规格。

如今，这种方法在创新领域被视为异端。博斯这样做是因为他有这个能力。他经常指出，上市公司有一长串限制条件，而私有公司则不同。他说："如果我在另一家公司工作，我早就被解雇了。"出于这个原因，博斯发誓他永远不会让公司上市。"对我来说，上市就意味着失去公司。我真正的兴趣是研究，这令人兴奋。华尔街会阻碍我工作，我将无法做长期项目。"

创新博世之路

创立之初，这家公司表现平平，如今，除了核心的家庭音频产品线外，它的其他产品线也很广泛。其他产品线针对的是多年来吸引了博斯的创造性注意力的各种应用，包括军事、汽车、住宅建筑 / 改造、航空、专业和商业音响系统。它甚至有一个部门，向世界各地的研究机构、大学、医疗设备公司和工程公司销售测试设备。以下是该公司创新突破的几款产品。

扬声器

博世公司的第一款产品是 1965 年推出的扬声器。博世公司预计第一年就能卖出价值 100 万美元的扬声器，他们生产了 60 台，最后却只卖出了 40 台。最初的博世扬声器演变成了 1968 年推出的 901 直接 / 反射扬声器系统。该扬声器系统的设计理念是，声音可以通过直接或反射的渠道（从墙壁、天花板和其他物体上）传到人耳。扬声器的配置完全不同寻常。形状像八分之一的球体，安装在一个房间的角落，声波经墙壁反射使得整个房间充满了似乎无处不在却实际来源于角落的声音。扬声器没有低音或高音，而是由 8 个 4.5 英寸的中音驱动器组成。与当时的高端扬声器相比，这些扬声器非常小。这个设计比市场上的任何东西都更接近现场音乐的本质和情感影响，立即赢得了业界的好评。这种声音反射方法在当时具有开创性，今天的家庭影院系统大多使用这种方法。

然而，当时的博世公司很难让顾客相信这些创新的扬声器的优点。在那个扬声器尺寸就是一切的时代，901 系列最初是失败的。1968 年，一名零售销售员向博斯解释这些扬声器不畅销的原因。

> 我喜欢你的扬声器，但我不能推销它，因为它会让我失去作为推销员的信誉。我无法向任何人解释为什么 901 产品没有低音或高音。一个男人走进来，看到了这个小尺寸的扬声器，他开始找扬声器箱。我走向他，他问道："你们把低音扬声器藏哪儿了？"我对他说："没有低音扬声器。"他说"你是个骗子"，然后就走了。

为了解决这个问题，博世公司开发了另一项核心能力：识别和锁定合适的顾客，并提供比已有最好的产品更出色的产品。对于博世公司来说，这通常意味着瞄准那些高收入顾客，他们不是音响发烧友，但是想要一个好的产品，并且愿意为此支付高昂的价格。对于 901 产品来说，其中包括使用创新的展示和演示策略。纵观其历史，这种方法对 Bose 公司很有帮助。虽然音响发烧友嘲笑博世公司的产品不过是些糊弄人的东西，但对于那些没有被这种先入为主的看法所影响的

企业案例 | 附录1 | **489**

顾客而言，博世公司的产品是非常出色的。就 901 而言，该产品非常成功，以至于博斯将公司的建立都归功于扬声器系列。

博世公司主要的扬声器产品有很多创新。在 20 世纪 70 年代，该公司在书架大小的 301 直接 / 反射扬声器系统中引入了音乐会般的声音。博世通过 14 年的研究，开发了声学波导扬声器技术，如今在获奖的 Wave 音乐系统中也使用了这项技术。

20 世纪 80 年代，该公司再次改变了人们对扬声器大小和声音之间关系的传统看法。Acoustimass 系统采用了远程低音炮，使手掌大小的扬声器能够产生相当于更大的高端系统的音频质量。随着低音炮 / 卫星扬声器配置成为家庭影院系统的标准，这一概念成为博世公司影响行业的又一个例子。

最近，博世公司再次推出了最先进的电脑音乐监视器（Computer Music Monitor），这是一对小巧的电脑扬声器，其声音可与三件套低音炮系统媲美。此外，博世公司在开发无线扬声器系统方面也处于领先地位，这很快被竞争对手所效仿。这些扬声器系统不仅在推出之初都是开创性的，而且在技术上都非常先进，以至于博世公司至今甚至仍在销售最初的 901 系列。凭借智能扬声器、可穿戴扬声器、便携式扬声器、多房间扬声器、家庭影院等领域的尖端产品，博世公司将继续引领潮流。

耳机

在近 20 年的时间里，博世公司投入了数千万美元开发耳机技术，但从未售卖过一副。现在，耳机是该公司的核心产品之一。起初，博世公司专注于降噪技术，为飞行员制造可以屏蔽飞机产生的高强度噪声干扰的耳机。博世耳机不仅隔音，还能通过电子手段消除环境噪声，使飞行员只听到从耳机里传出的声音。博世公司很快发现，航空公司的乘客可以和飞行员一样从其耳机技术中受益。如今，各种消费者用途的 Bose QuietComfort 系列耳机成为降噪耳机的标杆。一位记者认为这种产品非常重要，将其列入了他的"改变世界的 101 种小发明"清单——与阿司匹林、纸张和灯泡并列。

汽车悬架

自 1980 年以来，博世公司爱钻研的创新文化甚至引领公司走上了开发汽车悬架的道路。博斯对悬架的兴趣可以追溯到 20 世纪 50 年代，当时他购买了一辆雪铁龙（Citroen）和一辆庞蒂亚克（Pontiac），两辆车都采用了非常规的空气悬挂系统。此后，他痴迷于在不牺牲平稳行驶的情况下实现良好的转弯性能这一挑战。

博世公司开发的系统基于安装在每个轮子上的电磁马达。基于道路传感监视器的输入，马达几乎可以瞬间缩回和伸展。颠簸时，悬挂系统会"跳"过去。对于凹凸不平的路面，悬挂系统可以让车轮向下延伸，并迅速收回，使乘客感觉不到凹凸不平的路面。除了这些，车轮马达也经过一番设计，使得汽车在转弯或停车时能够始终处于水平状态。该系统实现了博斯的愿景，即提供比任何跑车都更好的操控性，同时为车内乘客提供最舒适的乘坐体验。

博世公司在 30 年的时间里为这一突破性的悬挂系统投资了 1 亿多美元。最后，这个系统对于乘用车来说太重而且太贵了。然而，博世公司并没有把产品搁置，而是做了它经常做的事情。它找到了一个市场，在那里，这项技术可以用来提供真正的顾客价值。博世公司现在销售一种更小、更轻的博世悬挂系统，作为重型卡车的 Bose Ride 座椅系统。它在性能上超过了目前的空气悬架和其他传统技术，其 6 000 美元的价格也比目前的卡车座椅价格高出 5 ~ 10 倍。虽然大多数公司和司机一开始都持怀疑态度，但司机们表示，使用 Bose Ride 座椅系统是一种革命性的体验，可以忽略路面崎岖程度，就好像脱离卡车，悬浮在高速公路上。

出于对研发的承诺，博世公司已经生产出最先进的产品，这也使顾客信任博世公司。顾客知道，公司更关心他们的利益，更关注生产最好的产品，而不是利润最大化。但对于一家不以利润为导向的公司来说，博世公司在利润方面也做得很好。在个人耳机市场，5 家公司控制了全球

2/3 的市场份额。博世公司仅次于 Beats 公司，是市场领头羊之外唯一一家拥有两位数市场份额的公司。

博斯几年前去世了，享年 83 岁。带着真正科学家的热情，他每天坚持工作，一直到 80 多岁。这种职业精神体现了他的激情，他塑造了当今最具创新性和最值得信赖的公司之一。他的理念为博世公司带来了一长串突破性的创新。即使在今天，该公司仍通过遵循博斯的基本理念取得成功。

问题讨论

1. 描述促成博世公司新产品获得成功的主要因素。
2. 博世公司的产品研发过程是否以顾客为中心？解释一下。
3. 在产品生命周期管理方面，博世公司有何独特之处？
4. 在产品生命周期方面，博世公司在管理其产品组合时面临着哪些挑战？
5. 没有了博斯，博世公司能否继续保持其创新文化？

资料来源："Apple's Next Big Thing Could Be High-End Headphones to Rival Beats and Bose," *Time*, March 5, 2018, http://time.com/5185613/apple-headphones-beats-bose/; " The Global Earphones and Headphones Market," *PRNewswire*, January 22, 2018, www.prnewswire.com/news-releases/the-global-earphones-and-headphones-market-is-expected-to-grow-at-a-cagr-of-731-during-20172023-300585974. html; DavidCarnoy, " Bose's New Beat," *CNET*, February 3, 2016, www.cnet.com/news/bose-new-beat-ceo-maresca-profile/; Brian Dumaine, " Amar Bose," *Fortune Small Business*, September 1, 2004, http://money.cnn.com/magazines/fsb/fsb_archive/2004/09/01/8184686/; Olga Kharif, " Selling Sound: Bose Knows," *Bloomberg*, May 14, 2006, www.bloomberg.com/news/articles/2006-05-14/selling-sound-bose-knows;and http://bose.com/en_us/about_bose.html, accessed October 2018.

企业案例 9　Trader Joe's：廉价美食——在价格－价值等式上做出特殊调整

如今，苹果商店并不是唯一让人排长队的地方。夏日的清晨，一群人聚在一起急切地等待 Trader Joe's 新店的开业。等待的人们谈论着关于 Trader Joe's 的事情，包括他们最喜欢的商品。一位顾客表示，虽然附近已经有很多杂货店，包括各种高档食品精品店，但这家连锁店的开业对社区还是有好处的。

每当位于南加州的 Trader Joe's 公司开设新店时，这一幕就会上演——这种情况每年只会发生几次。开张后，顾客如洪水般涌来，几乎塞满店内的过道。顾客们在收银处排了 10 个队，购物车里装满了 Trader Joe's 独家的 2.99 美元查尔斯·肖（Charles Shaw）葡萄酒——又名"两美元查克"（Two-Buck Chuck），以及其他各种价格低得令人难以置信的独家美食。在悬挂着的塑料龙虾和手绘招牌的中间，身穿夏威夷衬衫的"船长"（经理）和"船员"（员工）向第一次来这里的人解释说，这些价格并不是开业特价，而是日常价格。

到底是什么让各地的消费者宁愿排长队也愿意在 Trader Joe's 购物呢？Trader Joe's 公司似乎已经通过完美融合利益与价格，破解了顾客价值的密码。

高收益

Trader Joe's 并不是一家真正的美食店，也不是一家折扣食品店，它实际上两者兼有。作为美国最热门的零售商之一，Trader Joe's 在食品价格－价值等式上有自己独特之处，即"廉价美食"。它以低廉的价格提供美食家水准的、独一无二的商品，所有这些商品都在店内节日般的、度假般的气氛中呈现，让购物变得有趣。Trader Joe's 既不是低端零售商，也不是高端零售商，当然也不是主流零售商。无论你如何定义它，Trader Joe's 创造性的价格－价值定位都为它赢得了近乎是崇拜者的忠诚顾客，他们喜欢从 Trader Joe's 花钱购买商品。Trader Joe's 将自己描述为一个"岛上天堂"。在这里每天都有"价值、冒险和美味的珍宝被发现"。购物者在雪松木板砌成的墙壁和假棕榈树之间来来往往，结账时，偶尔会有轮船的铃声响起，提醒他们有特别通知。身穿阿罗哈衬衫的员工乐此不疲地与顾客谈天说地，从天气到晚餐聚会的菜单建议，可谓无所不谈。顾客不只是在 Trader Joe's 购物，更多的是体验这一过程。

货架上摆满了各种各样的美食。Trader Joe's 大约只有有限的 4 000 种商品（相比之下，普通超市有 45 000 种）。然而，这些商品是独一无二的，包括特殊调制的包装食品和酱汁、即食汤、新鲜和冷冻主菜、零食和甜点——所有这些都不含人工色素、香料和防腐剂。

Trader Joe's 是美食家的最爱，从有机西兰花沙拉、有机草莓柠檬水、奶油瓦伦西亚花生酱、公平贸易咖啡，到带有玉米、辣椒的番茄调味汁和三倍姜汁的姜饼（triple-ginger ginger snaps），应有尽有。Trader Joe's 出售的各种商品与其他商店相媲美，如有机香草酸奶、杏仁牛奶、特浓橙汁、烟熏高达奶酪和烤大蒜鹰嘴豆泥。不过，这家另类的食品零售商也通过销售具有 Trader Joe's 特色的产品来维持定价权。你可以试着在其他商店寻找一下姜猫饼干、藜麦和黑豆玉米片或者芒果椰子爆米花。

该店 80% 以上的品牌都是自有品牌，由 Trader Joe's 独家销售。如果有人问起，几乎每个顾客都能列出一张在 Trader Joe's 的最爱商品清单，清单上的商品都是他们生活中不可缺少的，而且这份清单还在快速"加长"。人们走进商店，打算买一些自己喜欢的东西，然后迅速装满了购物车。"我认为顾客看到它们时会想，其他地方可买不到，"一位食品行业分析师表示，"它们似乎能让顾客兴奋起来。"

低价

特殊的商店氛围、独家的美食商品、服务周到的员工——这一切听起来像是高价的配置。但在 Trader Joe's 却并非如此。尽管像全食超市这样的高端竞争对手收取与它们的商品相匹配的高价，Trader Joe's 却以其相对低廉的价格令顾客惊叹。从绝对意义上讲，价格并不低，但与你在其他地方买到的同样质量和风格的东西相比，这确实是一笔划算的交易。"在 Trader Joe's，我们既重视美味的食物，也重视价值，"该公司指出，"所以你可以在不倾家荡产的情况下冒险。"

所有关于低价的言论以及消费者的看法都是有道理的。德意志银行最近的一份报告比较了 Trader Joe's 和全食超市的 77 种产品——包括易腐食品、自有品牌产品和非食品产品的价格。平均来看，Trader Joe's 比全食超市便宜 21%，其中，有 78% 的商品价格低于全食超市。即使在比较自有品牌时，Trader Joe's 的价格也要便宜 15%。更重要的是 Trader Joe's 的价格优势一直在增加，这一点特别能说明问题，因为全食超市（现在隶属于亚马逊）在过去几年里一直把战略重点放在降低价格上。

Trader Joe's 是如何将价格维持在如此低的水平的呢？是通过维持一个基于价格的合理战略，并相应地调整市场营销组合中的非价格因素。首先，Trader Joe's 精简经营和近乎狂热地节省资金。为了降低成本，Trader Joe's 通常会将门店设在低租金、偏僻的地方，比如郊区的购物中心。众所周知，Trader Joe's 商店的小停车场总是塞满了车。Trader Joe's 指出，宽敞的停车场需要更多空间，而这需要花钱。商店有小型仓库和有限的产品种类，从而减少了设施和库存成本。Trader Joe's 省去了大型农产品区和昂贵的现做面包店、肉店、熟食店和海鲜店。对于自有品牌，Trader Joe's 直接从供应商处采购，并在价格上与之进行艰苦谈判。

最后，这家节俭的零售商几乎不花任何广告费。此外，它也不提供优惠券、折扣卡或任何种类的特别促销。Trader Joe's 的产品与低价独特地结合在一起，产生了如此多的口碑推广，以至于公司其实根本不需要做广告。最接近官方推广的是公司的 The Fearless Flyer 网站页面和每月寄给经选择的人的通讯。

在没有传统广告的情况下，Trader Joe's 最有力的促销武器就是其忠诚的追随者队伍。如果你怀疑 Trader Joe's 狂热粉丝的重要性和影响力，只要看看众多的粉丝网站（比如 traderjoes-fan.com、whatsgoodattraderjoes.com、clubtraderjoes.com、livingtraderjoes.com 和 cooktj.com），忠诚顾客在那里团结一致，讨论新产品和商店、交换食谱以及交流他们最喜欢的 Trader Joe's 故事。

额外的东西

尽管价格上的收益能创造出强大的价值，但还有更重要的东西对 Trader Joe's 很有利。除了精妙绝伦的商品、友好的员工和特别的商店设计之外，所有这些事物的结合产生了协同效应。这就形成了一种氛围和信任，而这是大多数公司所不能企及的。一位不喜欢在杂货店购物的行业观察员这样总结：

> 走进 Trader Joe's，我的举止明显与我在其他地方购物时不同。不知为什么，我不介意去那里购物。有时候，我还是很难相信，自己会这样期待购物。Trader Joe's 让我觉得很愉快，就像它对其他数百万人做的那样。我和 Trader Joe's 的交易，比在其他地方更加透明。真实性是你能感觉到的东西——它对热闹的气氛至关重要。Trader Joe's 证明，即使你把体验的其他要素都做对了，以人为本仍然是最重要的。

找到合适的价格 - 价值公式，使 Trader Joe's 成为美国发展最快、最受欢迎的食品零售商之一。一位分析师估计，该公司在 48 个州（加上哥伦比亚特区）的 504 家门店目前的年销售额至少为 130 亿美元（这家私营公司对其财务业绩守口如瓶），这一数字在过去 10 年翻了两番。Trader Joe's 商店每平方英尺收入高达 1 750 美元，是超市行业平均水平的两倍多。在《消费者报告》的 "最佳连锁超市" 评比中，过去 5 年 Trader Joe's 每年都能跻身前三。

这一切都与价值和价格有关——你花多少钱就能得到多少东西。问问 Trader Joe's 商店的常客克里斯·赖特（Chrissi Wright）就知道了。一天早上，她在俄勒冈州本德市的 Trader Joe's 闲逛。

> 克里斯·赖特希望她在离开 Trader Joe's 时，腋下会夹着 8 瓶售价为 2.99 美元的查尔斯·肖葡萄酒。"我喜欢 Trader Joe's，因为它们让我像雅皮士一样吃东西，而不用拿走我所有的钱，" 赖特说，"它们的产品是美食，通常环保且美观……当然，还有 '两美元查克' ——这可能是我们这个时代最伟大的创新。"

问题讨论

1. 基于顾客价值定价的理念，解释 Trader Joe's 为何能够取得成功。
2. Trader Joe's 采用的是产品价值定价还是附加价值定价？请解释。
3. Trader Joe's 的定价策略能否真正将其与竞争对手区分开来？
4. Trader Joe's 的定价策略是可持续的吗？请解释。
5. 你会建议 Trader Joe's 商店做出怎样的改变？

资料来源：Megan McArdle, " What's Not to Love about Trader Joe's," *Washington Post*, March 30, 2018, www.washingtonpost.com/blogs/post-partisan/wp/2018/03/30/whats-not-to-love-about-trader-joes/?noredirect=on&utm_term=.cd7f8ae8939d; Tom Foster, " Whole Foods' Latest Gamble? Go After Trader Joe's an a Big Way," *Inc.*,April 28, 2017, www.inc.com/tom-foster/inside-whole-foods-big-bet-to-turn-around-slowing-sales.html; Kathryn Vasel, " Price Wars: Trader Joe's Is Beating Whole Foods, " *CNNMoney*, March 31, 2016,http://money.cnn.com/2016/03/31/pf/trader-joes-whole-food-sprices/; David DiSalvo, " What Trader Joe's Knows about Making Your Brain Happy," *Forbes*, February 19, 2015, http://forbes.com/sites/daviddisalvo/2015/02/19/what-trader-joes-knows-about-making-your-brain-happy/#27f0f6f41539; Sarah Berger, " The Surprising Story Behind Trader Joe's 19 Cent Bananas, " *CNBC*, May 3, 2018, www.cnbc.com/2018/05/03/why-trader-joes-sells-cheap-bananas.html; Alan Liddle, " Meet the 2018 Top 75, " *Supermarket News*, February 27, 2018, http://supermarketnews.com/rankings-research/top-75-retailers-wholesalers;and www.traderjoes.com, accessed October 2018.

企业案例 10　塔吉特：当日送达业务强有力的竞争者

曾经，有两股主要力量主导着折扣零售市场：沃尔玛和塔吉特。这两家零售商提供非常相似的商品种类，它们的商店彼此靠得很近，往往在道路的两侧。二者经常被拿来比较，媒体在报道其中一家时很少不提及另一家。

沃尔玛无疑是市场领导者。但是，尽管塔吉特是远远落后的亚军，其"廉价时尚"的定位和"期望更多，支付更少"的口号使其也成为市场领导者，并成为沃尔玛一直以来最低价格定位的有力挑战者。事实上，塔吉特多年来的增长速度都超过了沃尔玛，蚕食了巨头的市场份额，构成了真正的威胁。

但是，十年来的变化很大。自从 2008 年经济大萧条以来，沃尔玛公司的年收入增长了 1 200 亿美元，而塔吉特的收入几乎没有变化。事实上，塔吉特公司 2017 年的总销售额为 720 亿美元，比在此六年前还低。不仅沃尔玛提高了竞争力，来自亚马逊、开市客、科尔士百货和一元店的竞争也打压了塔吉特的增长。尽管如此，塔吉特并没有放弃。它已经加倍努力改善其顾客体验，同时削减企业成本。然而，到目前为止，它的努力似乎并没有起到多大作用。

这一切可能很快就会改变。如今，塔吉特正在进行大规模投资，希望借此重新获得零售业的优势，并恢复增长。塔吉特最近以 5.5 亿美元的现金收购了 Shipt 公司，这家成立四年的初创公司在美国 80 个市场拥有强大的当日送达网络。零售业的未来青睐于那些能够快速、便宜地交付货物的公司，而塔吉特则认真考虑在交付方面获得竞争优势。通过这次收购，塔吉特不仅计划增加目前库存的销售量，而且计划在其一直徘徊不前的零售领域——食品杂货领域——成为一个主要的参与者。

新的送货方式

Shipt 公司于 2014 年创立，很快就成为送货上门业务的一支力量。经历了几次失败的模式之后，它把注意力都放在了杂货上。会员只需每年支付 99 美元，就可以不受限制地享受 35 美元或以上订单的当日送达服务——现在第一年的费用降至 49 美元。Shipt 的应用程序和网站为用户提供了订购和接收食品杂货与一般商品的无缝体验。

但 Shipt 不是杂货店，它没有在商品库存方面投资，而是与克罗格、Publix，当然还有塔吉特等杂货连锁店合作。当顾客下订单时，合作商店的员工不需要做任何事。取而代之的是，Shipt 的一名买手——现在已经是一支超过 4 万人的名副其实的采购大军——走进商店，从货架上取下产品，然后把它们送到顾客家中。Shipt 的买手们穿着印有公司标志的绿色 T 恤。但与优步和来福车类似，他们是独立的承包商。他们开自己的车，想干什么就干什么。一名个人买手平均每小时赚 22 美元。

在过去的 20 年里，专家们已经预测了一个可靠的家庭食品杂货配送模型。然而到目前为止，这些努力进展缓慢，造成了许多亏损。今天，食品杂货当日送达是一个快速增长的领域，许多大型零售竞争对手加入了竞争。由于移动设备的爆炸式增长，以及消费者对现有商品的期望，当日送达的需求比以往任何时候都要多。根据最近的一份报告，在未来 10 年内，网上杂货购物可能会扩大 5 倍。这意味着届时美国消费者将在食品杂货方面花费超过 1 000 亿美元。

既然可以收购，为什么还要合作?

虽然收购 Shipt 对塔吉特来说可能有点突然，但实际上这是一个漫长的过程。塔吉特一直致力于通过提供更高端的顾客体验，从折扣零售业的其他领域脱颖而出。随着亚马逊和沃尔玛迅速建立起当日送达的杂货配送能力，塔吉特知道自己必须有所行动，否则就有可能进一步落后。但是为什么要收购 Shipt，而不是简单地与之合作呢？对于创业者而言，此次收购向竞争对手和顾客发出了一个强烈的信号，即塔吉特对食品杂货业务是认真的，并且立志比大型竞争对手更好、更快地交付商品。

收购而不是合作，也给塔吉特更多的控制权。此次收购让该公司在整个商店网络中充分利用了 Shipt 技术平台，为各种商品提供更快捷、更方便的当日送达服务。在收购后仅仅六个月，塔吉特的顾客就可以通过 Shipt 公司接收杂货、家庭用品、电子产品等。

在收购之前，塔吉特已经在和 Shipt 的竞争对手 Instacart 公司合作。但是塔吉特和 Shipt 之间的强大兼容性对两家公司来说都是显而易见的。"让我们与众不同的，也是我们被塔吉特吸引的主要原因之一，是我们重视为顾客提供优质、个性化的体验，" Shipt 的创始人指出，"我们的本地化网络……为了确保我们的顾客得到良好的服务，买手付出了很多。"

比赛中还是遥遥领先？

收购 Shipt 的主要原因，是塔吉特的主要竞争对手的发展。当时沃尔玛只在美国 6 个市场提供当日送达服务。但是它宣布，到 2018 年年底，将把服务扩大到 100 个市场的 800 家店面，覆盖 40% 的美国家庭。对于当日送达，沃尔玛顾客只需要支付 9.95 美元的统一费用，最低订单金额为 30 美元。与 Shipt 类似，沃尔玛也使用个人买手来采购订单。但这些买手实际上是沃尔玛的员工，他们也为路边取货挑选订单产品。所有的订单都被送到商店前面指定的等候区。不过，虽然 Shipt 在整个系统中使用相同的配送机制，但沃尔玛门店到家庭的配送仍然是零散的。它正在采用多种方式来推动其送货服务的快速增长，包括优步、Postmates，甚至自己的子公司 Jet.com。

亚马逊也在成为当日送达的领导者。作为全食超市的所有者，这家占主导地位的电子商务零售商在食品杂货业拥有更大的份额。通过其亚马逊生鲜服务，每月额外支付 14.99 美元的 Prime 会员可以获得最低 50 美元订单的当日送达服务。顾客甚至可以让订单每两周自动送达。亚马逊生鲜在美国的许多市场都有供应，它在自己的仓库中储存杂货。在一些市场，送货员是亚马逊司机和亚马逊生鲜的绿色大卡车车队。在其他市场，亚马逊生鲜是由美国邮政署配送的。

到目前为止，亚马逊生鲜配送的质量一直参差不齐，引发了亚马逊忠诚的顾客对订单延迟、漏单和丢失物品的抱怨。"我觉得亚马逊现在有两个非常分裂的部门，"一位洛杉矶用户说，"虽然我喜欢亚马逊 Prime，甚至是 Prime Now，但我不知道亚马逊生鲜怎么了。它真的给我留下了不好的印象，因为有其他公司在食品杂货方面做得更好。"这些导致亚马逊暂时撤退，在依赖美国邮政署的 9 个州停止了生鲜服务。但亚马逊向公众保证，它正在重组，承诺随着时间的推移，将会在全食超市、亚马逊生鲜、Prime Now 之间进行更多的合作。

虽然塔吉特收购了 Shipt 公司，但这家总部位于伯明翰的初创企业业务照旧。塔吉特允许 Shipt 公司继续独立经营，Shipt 将继续为其他顾客和塔吉特的竞争对手提供服务。目前为止，这对塔吉特来说是件好事。它通过市场上最强大的参与者之一，在当日送达业务方面获得了立竿见影的优势。对于 Shipt 来说，此次收购为其正在增长的网络提供了巨大的推动力。

那么塔吉特如何与其较大的竞争对手相抗衡？在所有杂货商中，塔吉特现在可能处于建立可靠的当日送达服务的最佳位置。根据对普通家庭的计算，与沃尔玛和亚马逊相比，Shipt 的服务是最便宜的。目前为止，Shipt 还向更多的市场提供服务。最重要的是，Shipt 配送系统的一致性和可靠性给塔吉特公司带来了最高质量的顾客体验。

拥有了以更现代、更灵活的方式扩展其服务的能力，塔吉特正在明确一件事：它不会简单地消失，它将继续不惜一切代价为顾客服务。当日送达食品杂货行业的竞争为那些寻求节省时间和便利的消费者提供了更多的选择。对顾客来说，这是个好消息。对于零售商来说，只有时间才能证明。

问题讨论

1. 尽可能完整地描绘出塔吉特从原材料到成品消费品的价值交付网络。

2. 塔吉特是生产商、消费者还是中间商？Shipt 呢？请解释。

3. 讨论塔吉特的渠道管理流程。

4. 鉴于当日送达服务，为什么塔吉特的合作关系很重要？

5. 塔吉特收购 Shipt 会在未来几年带来收入增长吗？请解释。

资料来源：Anne D'Innocenzio, "Walmart Prepares to Roll Out Online Same-Day Grocery Delivery to 100 Cities," *Chicago Tribune*, March 14, 2018, www.chicagotribune.com/business/ct-walmart-online-same-day-grocery-delivery-20180314-story.html; Sarah Berger, "How This 32-Year-Old High School Dropout Built a Business that Sold to Target for \$550," *CNBC*, March 29, 2018, www.cnbc.com/2018/03/29/how-bill-smith-founded-shipt-and-sold-it-to-target.html; Dennis Green, "Amazon's Struggles with Its Fresh Grocery Service Show a Huge Liability for Prime," *Business Insider*, July 1, 2018, www.businessinsider.com/amazon-fresh-struggles-show-a-huge-liability-in-prime-2018-7; Matthew Boyle "Target to Buy Shipt for \$550 Million in Challenge to Amazon," *Bloomberg*, December 13, 2017, www.bloomberg.com/news/articles/2017-12-13/target-to-buy-shipt-for-550-million-in-bet-on-same-day-delivery;Yoni Blumberg, "Amazon, Walmart and Target Are Competing to Deliver Your Groceries—Here's How Their Offers Stack Up," *CNBC*, March 19, 2018, www.cnbc.com/2018/03/19/how-amazon-Walmart-and-target-compare-on-grocery-delivery-services.html; "Here's How Acquiring Shipt Will Bring Same-Day Delivery to About Half of Target Stores in Early 2018," December 13, 2017, https://corporate.target.com/article/2017/12/target-acquires-shipt.

➡ 企业案例 11 Bass Pro Shops：为讨厌购物的人打造自然主题公园

近 50 年来，户外产品大型零售商 Bass Pro Shops 似乎一直在打破零售业的规则，并因此享受到了好处。这家位于密苏里州斯普林菲尔德市的私营公司在美国和加拿大拥有超过 95 家零售店，最近几年的收入达到了 46 亿美元，每家店的收入接近 5 000 万美元，成为最大的户外产品零售商。与一般的零售观念相反，Bass Pro Shops 的商店规模庞大，而且人头攒动。更为大胆的是，这家连锁店通过瞄准不喜欢购物的顾客取得了零售业的成功！Bass Pro Shops 的主流顾客是那些不喜欢购物的人。典型的 Bass Pro Shops 顾客是深居简出的男性户外运动者，他们渴望户外的美景，但讨厌拥挤的人群和购物。

在过去的几十年里，Bass Pro Shops 已经从一个受欢迎的邮购目录商发展成为美国最热门的商店零售商之一。尽管 Bass Pro Shops 通常位于偏远地区，但顾客还是会涌向其商店，购买狩猎、钓鱼和户外装备。每年有超过 1.2 亿人光顾 Bass Pro Shops，几乎是现场观看 NFL、NBA 和 MLB 比赛人数总和的两倍。在真正的"目的地零售"展示中，顾客平均驱车 50 英里到达 Bass Pro Shops（有些人驱车数百英里），平均停留两个小时。一些机构甚至用大巴送人来光顾。

填补市场空白

那该如何解释 Bass Pro Shops 攀上顶峰呢？Bass Pro Shops 能够吸引大批原本不情愿的购物者来其商店购物，是公司成立之初就采取的双钩战略（double-hook strategy）的一部分。首先，每家商店都保证有像密西西比河一样宽、像马里亚纳海沟一样深的产品种类。1971 年，约翰尼·莫里斯（Johnny Morris）——一名锦标赛钓手，也是一名狂热的户外运动爱好者，对体育用品商店缺乏像样的钓具感到沮丧。他刚拿到大学文凭，就租了一辆 U-Haul 旅行拖车，开始了越野自驾游，在拖车里装满了最新和最好的优质渔具。回到斯普林菲尔德后，他在父亲位于泰布尔罗克湖附近的酒铺里开了店。就这样，Bass Pro Shops 诞生了。

第一家 Bass Pro Shops 很快就超过了这家酒铺的规模。在几年之内，莫里斯有关 Bass Pro Shops 的愿景开始成形。当时，体育用品零售业是分散的，有许多独立的零售店，满足了不同的户外活动。为了满足各地顾客的需求，Bass Pro Shops 于 1974 年印制了第一本产品目录。从那以后，该公司的目录产品业务一直是其支柱。

但与此同时，该公司开始着手填补实体零售领域的空白。由于没有全国性的连锁店可以为户外运动的大众提供服务，Bass Pro Shops 迅速将业务拓展到钓鱼以外的方面，增加了狩猎、露营、户外烹饪用具，户外鞋类与服装以及以自然为主题的礼品。在这一扩张过程中，Bass Pro Shops 不仅销售领先的全国品牌，还开发了一系列的商店品牌，包括它的第一个品牌 Bass Tracker——第一款专门的路亚艇，至今仍是市场领导者。通过直接生产和销售，Bass Pro Shops 不仅可以为顾客节省大量成本，而且可以与几乎任何一家公司在价格上竞争。

在整个 20 世纪 70 年代，Bass Pro Shops 迅速发展。随着其总部附近的第一个户外世界展厅的开设，其战略目标的第二阶段也得到了巩固。从那一天起，Bass Pro Shops 显然将不仅仅是一个销售很多新奇玩意儿的连锁店，它是一个为所有来访者提供吸引人的顾客体验的地方。为此，Bass Pro Shops 为户外爱好者打造了一个自然历史主题公园——体育用品的"迪士尼世界"。

自然主题公园

以田纳西州孟菲斯市的商店——金字塔内的 Bass Pro Shops 为例。这座占地 53.5 万平方英尺、32 层玻璃钢材结构的金字塔，曾经是孟菲斯灰熊队的主场，现在是最大的 Bass Pro Shops 商店。店内以各种野生动物的表现形式为主，从印在混凝土地板上的鹿、鸭、火鸡、熊、山猫和狼的足迹，到知名艺术家根据当地的地理环境绘制的壁画，应有尽有。

金字塔也将野生动物带到了三维空间当中。每家商店都有栩栩如生的博物馆级动物标本，从草原土拨鼠、鹿、麋鹿和驯鹿，到棕熊、北极熊、麝牛和山羊，都被放置在自然立体模型中，让顾客感觉自己身处最引人注目的户外景观之中。虽然这些动物都是标本，但金字塔商店拥有 60 万加仑的水景，里面有活鱼和其他野生动物。以柏树沼泽为例，那里有 84 000 加仑的短吻鳄栖息地（每周六进行现场喂食），周围有 100 英尺高的树木、各种水族馆和活鸭舍——一个有五种鸭子的四池的多栖地。

精心策划和安排的野生动物展览为世界上最具活力和魅力的零售冒险活动之一奠定了基础。游客可以乘坐全美最高的独立玻璃电梯到达瞭望台——位于金字塔顶端的令人惊叹的玻璃地板悬臂式观景台。从那里，游客可以看到店外和店内的景色。里面有很多值得一看的地方，包括游乐场射击馆、射箭和手枪靶场、软糖店、互动式水禽中心和拥有 103 间客房的大塞普勒斯旅馆。

由于到金字塔店的游客通常会花上一整天的时间，所以这里有两家提供全方位服务的餐厅，包括 Uncle Buck's Fishbowl & Grill。作为该公司旗下的六家连锁餐厅之一，该餐厅是一家以航海为主题的餐厅，餐厅周围环绕着一个水族馆，为顾客提供异国情调和热带鱼全景。餐前或餐后，食客们都可以在餐厅的 13 道海洋主题保龄球馆中消耗热量。在这里，保龄球是直接从鲨鱼张开的大嘴里返回。

一半的规模，所有的乐趣

虽然金字塔中的 Bass Pro Shops 比其他任何连锁店都更大、更梦幻，但 Bass Pro Shops 每个户外世界商店都设计为顾客提供同样有吸引力的体验。大多数商店只有一家餐厅，没有酒店，面积不到 20 万平方英尺——大约是沃尔玛超级购物中心的大小。但是，在北美众多的 Bass Pro Shops 门店中，设计发挥着出色的作用。一位母亲总结了 Bass Pro Shops 的体验：

> 最近我们"组团"参观了 Bass Pro Shops，其中有两个 5 岁的孩子。他们非常喜欢 Bass Pro Shops 之旅！一半是零售店，一半是野生动物博物馆。对于任何户外运动爱好者来说，都有很多可以看的东西。孩子们喜欢看真正的鱼和鸭子，以及许多展品。他们可以坐在船

上，也可以躲在"树"里。他们为每个预算提供大量的商品，但你真的不需要花钱来享受参观。强烈推荐！

由于其零售设计将剧院和娱乐融入每个商店，Bass Pro Shops 不仅是不愿出门的男性的避风港，也服务于每个人。"首先，我不是一个喜欢户外活动的人，所以 Bass Pro Shops 对我来说不是一家商店，"一位最近光顾该商店的顾客说，"尽管如此，我还是很喜欢这家店。我感觉自己像是在博物馆和水族馆。"

Bass Pro Shops 通过各种特别活动，如家庭夏令营、专业骑牛者活动、秋季和万圣节巴斯风格活动，为顾客提供更多的参观理由。每个项目都有演示和活动，包括由国家和地方专家主持的钓鱼和狩猎研讨会。但是，没有活动能够与"圣诞老人的仙境"（Santa's Wonderland）相提并论，它是一场为期六周的盛会，它将每个 Bass Pro Shops 都变为真正的圣诞村，里边有乡村小屋、移动的火车模型、动画圣诞人物、可互动的会说话的驯鹿以及生活在白雪覆盖的山丘和点亮的圣诞树之间的小精灵。孩子们可以自由地在游戏区闲逛，并亲身体验老式火车模型、遥控卡车、轨道赛车以及激光和泡沫飞镖。家庭可以在各种活动桌旁制作能带回家的装饰品和工艺品。他们还可以享用各种时令佳肴。当然，如果没有圣诞老人本人的到访，"圣诞老人的仙境"是不完整的，这是活动的主要特色，参观者还能获得一张免费的高质量的照片。

尽管 Bass Pro Shops 的卖场设计令人惊叹，但这家连锁店并不是唯一一家营销户外运动的公司。总部位于内布拉斯加州的 Cabela's 公司比 Bass Pro Shops 早起步，拥有几乎一样多的店铺，收入也差不多。除了表面的相似之处，Cabela's 公司的零售体验几乎与 Bass Pro Shops 一模一样，从水族馆，到动物立体模式和射击馆。事实上，这两家连锁店有如此多的共同点，以至于 Bass Pro Shops 在两年前收购了 Cabela's 公司。没错，排名第一的户外产品零售商收购了排名第二的户外产品零售商。尽管 Bass Pro Shops 在经济上一直蒸蒸日上，但 Cabela's 公司却遇到了销售额下降和亏损的问题。由于同时拥有两家连锁店的市场不多、规模经济优势的前景，以及最大竞争对手的淘汰，Bass Pro Shops 满怀信心地收购了 Cabela's 公司，扭转其局面。

之后怎么样了？到目前为止，还是不错的。虽然 Bass Pro Shops 肯定会利用合并后的公司整合其运营，但它仍然将 Cabela's 门店作为独立的连锁店来经营。合并后的 Bass Pro Shops 总共拥有 177 家门店，年收入 100 亿美元，成为零售业增长最快的业务之一。抛开招牌上的品牌不谈，该公司几十年来的经营方式是一以贯之的，都以其自然主题公园无与伦比的零售体验来赢得顾客的青睐。"人们去那里的时候会花时间，"莫里斯说，"他们迫不及待地想看看下一个通道会有什么。这是一种关于创造记忆，关于和朋友、家人在一起的体验。这是为了获得乐趣。"

问题讨论

1. 界定 Bass Pro Shops 的目标市场选择战略。它是否提供了真正的差异化体验？
2. 请描述 Bass Pro Shops 如何在零售市场营销组合的基础上成为美国领先的户外产品零售商。
3. 根据零售商的主要类型，你如何对 Bass Pro Shops 进行归类？
4. 为什么 Bass Pro Shops 能成功而 Cabela's 公司却举步维艰？
5. Bass Pro Shops 收购 Cabela's 公司是个好主意吗？请解释一下。

资料来源：Taylor Stanton, "Bass Pro Shop's $5 Billion Acquisition Nets Fastest-Growing Online Outfitter," *Slice Intelligence*, April 25, 2018,http://intelligence.slice.com/blog/2016/bass-pro-shops-5-billion-aquisition-nets-fastest-growing-online-outfitter; Matt Olberding, "Bass Pro Give Details on Buyouts, Cabela's Future in Sidney," *Lincoln Journal Star*, March 8, 2018, https://journalstar.com/business/local/bass-pro-gives-details-on-buyouts-cabela-s-future-in/article_dbd7e03f-74f9-58f3-8b31-209f13185017.html; Lee Tolliver, "Money Hasn't Change Humble Bass Pro Founder," *The Virginian-Pilot*, January 16, 2011, http://pilotonline.com/sports/outdoors/money-hasn-t-changed-humble-bass-pro-founder/article_939a1378-026d-517b-9875-dd01ddc69b8e.html; and http://tripadvisor.com, www.cabelas.com, and http://basspro.com, accessed October 2018.

➡️ **企业案例 12　领英：用整合营销传播打破白领刻板印象**

如今，社交媒体网络似乎数不胜数，但只有少数早期起步者生存了下来。领英就是其中之一，这是一个 2002 年推出的社交媒体网站。如今，领英不仅存活下来了，而且在蓬勃发展。这个专业的社交媒体网络平台为公司和个人提供了一个在繁忙中互动的场所。它逐年增长，在 200 多个国家和地区聚集了超过 5.6 亿会员。如今，只有少数几个社交网络规模较大。而在当今活跃的主要社交媒体平台中，没有一个平台存活得比领英更久。

在几年之前，领英的市场营销人员意识到，他们广受欢迎的专业社交平台存在问题。它形成了一种压抑的形象，最恰当的描述是"白领聚会的地方"。这里的"白领"往往被局限在"白种人""男性""老年人"。在这个群体中，成功被定义为"在企业的阶梯上不断前进"。换句话说，领英被大众认为是僵硬和拘谨的。尽管领英的会员是不同的人群和企业，但这种形象仍然根深蒂固。随着公众认知逐渐深入人心，领英公司的很多员工认为，公司已经偏离了自己的初衷。

为了纠正这种刻板印象，领英做了一件以前从未做过的事。尽管传统上很少做广告，但该公司还是发起了有史以来第一次大型媒体整合营销沟通活动"在一起"（In It Together），这个沟通活动的目标是通过电视、户外广告、广播、在线视频、数字展示、播客、搜索引擎和其他媒体渠道传递多元化的信息，重塑职业社交网络的品牌形象。

开发信息

当领英的市场营销人员开始开展品牌重新定位的活动时，他们首先问自己，工作对他们来说意味着什么，工作有多重要。该公司还聘请调研人员向领英用户询问同样的问题。结果令他们震惊。几乎所有的回答都是独一无二的。随着调研人员梳理数据，某些主题开始出现。对一些人来说，工作象征着一种使命感。对其他人来说，这包含着一种深层的激情。一些成员将工作定义为一种回馈的方式。另一些人则更务实地看待工作，把它看作提供生活所需的一种手段。

不管人们工作的动机或原因如何，都出现了一个压倒一切的主题。"没有人想单打独斗，"领英品牌营销和企业传播副总裁梅丽莎·塞尔彻（Melissa Selcher）说，"不管你是为了什么，你都想知道有一群人能帮助、支持、激励和推动你。"随着数据显示越来越多的人拥有非传统背景，主题也变得清晰起来。对于成功的含义，人们有不同的看法。然而，无论每个人如何定义成功，成功的重要性似乎是普遍存在的。

从这些想法中，领英公司的市场营销人员开发出了一个核心的活动信息。简而言之，领英公司将一个庞大而复杂的概念归结为一个简单的主题：成功的多样性取决于想要实现它的人。因此，该活动需要传达专业网络的关键定位点——领英公司提供了一个人们见面、理解和相互支持的社区。领英不仅是一家提供专业会议场所的独立公司，它还与组织和个人成员合作，帮助他们取得成功。为了建立"合作伙伴"的形象，这项活动表明，领英并不想把人们塑造成另一种人，而是为会员提供必要的工具，让他们开辟自己的个人道路。领英和它的整个社区"一起"创造会员的成功。

执行主题

为了使这种"在一起"的定位融入生活，领英的市场营销人员决定展示真实的会员。该活动视频内容的负责人史黛西·佩拉尔塔（Stacy Peralta）解释道：

> 我知道这是一个难得的机会。他们要求我们讲述真实人物的真实故事；他们想拍摄照片；他们需要参与者的活力、热情和坦率。我们发现并记录了许多使用该平台的独特用户。我们发现了先锋音乐家、格斗选手、物理老师、动画师、厨师和现实生活中的牛仔，他们不

仅使用领英，而且对领英对他们职业生涯的影响赞称不已。

在开发"在一起"活动时，领英邀请了其 11 000 名员工访问一个微型网站，分享他们"参与"的原因。他们还要求员工提名领英会员作为活动内容的主题。

被选中参加活动的领英会员都是无偿自愿参加的，有人在收到邀请时以为他只是收到了一封群发邮件。"我不是典型的财务顾问，"泰勒保险和金融服务公司（Taylor Insurance and Financial Services）的创始人兼总裁泰勒（Taylor）说，"我仍然年轻。我是非洲裔美国人。我的故事不太常见。"作为一个自认的是非典型的人，泰勒很兴奋地"分享我所做的事背后的原因，以及我在人们生活中扮演的角色"。

为了监测活动的效果，领英在不同市场先后推出了"在一起"活动，最初为期 12 周的活动主要是针对亚特兰大、费城、洛杉矶和旧金山这四个核心市场。领英将这些市场的结果与没有接触过该活动的控制市场进行了比较。接下来，它在金球奖颁奖典礼上发布了电视广告，展示了一个不寻常的媒体频道和媒介，领英认为它完美地向人们阐释了它要打破现有品牌形象认知的意图。

第一个广告以及其他视频内容，结合了原始的黑白视频和纪录片风格的照片。它们以各种各样的领英会员为主角，讲述了他们在自己独特环境中获得成功的故事。此外，领英公司还制作了不同版本的广告，以便每个市场的人都能看到来自该市场的人。简单的广告制作方法让强大的信息闪闪发光。

"在一起"的信息通过个人的蒙太奇片段展现出来。"格斗简直是我一生中做过的最难的事情。"会员科琳·施耐德（Colleen Schneider）在看到她锻炼和对练的照片时说。物理研究员兼讲师拉马尔·格洛弗（Lamar Glover）看着黑板上的公式说："知道自己能够帮助人们拓展知识，我感到非常自豪。""成为农场主不是我努力去做的，我就是这样的人，"麦克·威廉姆斯（Mike Williams）在一个寒冷的早晨放牛，"这真的很简单。"其他的发言包括："我过着我自己的生活，做着我喜欢的事来谋生""我的家人没有人尝试过这种信仰的飞跃，所以我决定去做""我对成功的定义是让生活变得更好"。

广告接着回答了施耐德提出的一个问题。"我在这里干什么？"各个成员的回答很快就来了——"因为我相信科学""因为它在我的血液中""粉碎它""激发灵感""因为我喜欢解决问题""创造魔法""做一个先锋""做我喜欢做的事情"。广告接近尾声时，一个声音讲述了结论性的口号："无论你追求什么，我们都在一起。"

这场运动受到了营销媒体的广泛关注。2018 年 4 月，数字营销协会（Digital Marketing Institute）将其列为年度最具创意的三大市场营销活动之一。该活动的部分成功可归因于完美的时机。在推出领英的伙伴关系和信任信息前不久，全球媒体广泛报道了性骚扰案件，并演变成了"MeToo"运动。在这项活动推出后不久，全世界都知道了涉及脸书和剑桥分析公司（Cambridge Analytica）的数据泄露事件。

度过了开始的 12 周，领英将活动的范围进一步扩大到了北美、欧洲和印度。尽管这一活动已经走向全球，但它仍然通过展示每个地区的人和故事来保持本土化。对于那些不熟悉领英的人来说，这项活动为领英塑造了多样化和合作关系形象。对于那些已经熟悉该品牌的人来说，这个活动消除了他们对该品牌的不良印象。

问题讨论

1. 根据案例中概述的广告信息创建过程，对"在一起"活动进行分析（参见 www.youtube.com/user/LinkedIn/playlists）。

2. 讨论"在一起"活动的媒体选择问题，这一过程与其他公司的活动有何不同？

3. 根据案例的信息，领英如何衡量"在一起"活动的有效性？

4. "在一起"活动是否有效？为什么？

资料来源："Three of the Most Creative Marketing Campaigns of 2018 (So Far),"*Digital Marketing Institute*, May 2, 2018, http://digitalmarketinginstitute.com/en-us/blog/05-02-18-3-of-the-most-creative-marketing-campaigns-of-2018; David Cohen, "LinkedIn's New Integrated Marketing Campaign Seeks to Smash Its'White Collar'Stereotype," *Adweek*, January 8, 2018, www.adweek.com/digital /linkedins-new-integrated-marketing-campaign-seeks-to-smash-its-white-collar-stereotype/; Emily Tan, "LinkedIn Readies Consumer Ads Featuring Real Members," *Campaign*, June 15, 2018,www.campaignlive.com/article/linkedin-readies-consumer-ads-featuring-real-members/1485051; and www.ourstory. linkedin.com/, accessed October 2018.

➡ 企业案例 13　宝洁：通过顾客业务开发进行销售

当涉及个人销售时，"双赢"一词被广泛使用，以至于成了陈词滥调。但在宝洁，"只有顾客受益，公司才能受益"的销售理念早已成为一种生活方式。自从 1837 年威廉·普罗克特（William Procter）和詹姆斯·甘布尔（James Gamble）成立一家家庭经营的肥皂和蜡烛公司以来，宝洁公司就明白，顾客和公司是相辅相成的。

因此，尽管宝洁自诩拥有一支庞大的销售队伍，仅在美国就有 5 000 多名员工，但宝洁很少提及"销售"这个词。在宝洁，他们称之为顾客业务开发（customer business development, CBD）。这个称呼已经说明了一切。宝洁的理念不仅仅是销售洗涤剂或牙膏，它通过发展顾客的业务来发展自己的业务，即发展成千上万在全球分销宝洁品牌的零售商和批发商。对于这些顾客来说，宝洁不仅仅是一个供应商，也是一个战略商业伙伴。

顾客业务开发的核心竞争力

随着大型零售商变得越来越大，它们也越来越复杂。以沃尔玛、克罗格或亚马逊等零售商为例，像宝洁这样的供应商，怎么可能完全了解这群庞大的顾客呢？这些复杂的组织有如此多的分支，以至于几乎不可能完全和稳定地掌握它们的运作和需求。

为了应对这种复杂的顾客问题，宝洁将其销售代表整合进了顾客业务开发（CBD）团队。它不是将销售代表分配到特定的地理区域或产品，而是将每个 CBD 团队分配给宝洁公司的顾客。对于公司最大的顾客沃尔玛（占宝洁销售额的 16%）来说，CBD 团队由 300 多名员工组成。对于美国第二大一元连锁店 Family Dollar 这样的顾客而言，CBD 团队的员工相对较少，只有 30 人。

无论团队的规模如何，CBD 概念的强大之处在于，每个团队本身都是一个完整的顾客服务单元，每个重要的业务功能至少包含一个支持专家。除了一个总揽全局的 CBD 经理和几名业务代表（每个业务代表负责宝洁产品的特定类别），每个 CBD 团队还包括市场营销战略、运营、信息系统、物流、财务和人力资源方面的专家。这种"多功能"结构使每个团队能够满足其顾客的多样化和广泛的需求，无论这些需求围绕着首席财务官还是整个 IT 部门。

CBD 团队的一个真正优势是，团队成员作为一个协作的整体而不是单独执行自己任务的个体来工作。团队成员共享信息、组织能力和技术。"在这里有我需要的所有资源，"医疗保健和化妆品顾客主管艾米·福斯奇诺（Amy Fuschino）说，"如果需要的话，我可以径直走到大厅的另一头，和市场营销部门的人谈一些促销事宜。就是这么简单。"

但是 CBD 团队的多功能特性也意味着协作远远超出了内部互动的范围。每次 CBD 团队成员与顾客联系时，他都代表整个团队。例如，如果在顾客电话中，CBD 经理收到了有关促销、物流或财务方面的问题，该经理将充当与对应的 CBD 专家联络的人员。因此，尽管不是每个

CBD 成员都拥有每个领域的专业知识，但作为一个单元的 CBD 团队却拥有。

竞争对手已经试图实施宝洁多功能方法的某些方面。然而，宝洁是 CBD 结构的先驱。而且它拥有一些独特的特点，这些特点使它能够从团队结构中获得比竞争对手更多的力量。

真正的优势

首先，宝洁的 CBD 结构更广泛、更全面，比其他公司采用的类似团队结构功能更多。但或许更重要的是，宝洁公司的结构是为了实现四个关键目标。这些目标是如此重要，以至于它们在内部被称为 CBD 的"核心工作"。这四个目标是：

- 联合战略：通过合作制定战略，为宝洁公司和顾客创造获益的机会。
- 创造需求：通过顾客价值和顾客满意度，为宝洁公司和顾客建立可盈利的销量。
- 优化供应：最大限度地提高从宝洁公司到采购点的供应链效率，以优化成本和响应能力。
- 促进组织：开发能力，通过创造频繁突破的能力来最大化业务结果。

这不仅仅是记在员工手册上的公司口号，对于 CBD 员工来说，这些都是要遵守的格言。宝洁公司对销售人员进行培训，让他们了解实现每个目标的方法，并评估他们实现目标的效果。事实上，CBD 的概念是通过这样一种认识而产生的：为了与每个顾客发展真正的双赢关系，宝洁公司需要完成第一个目标。CBD 高级顾客主管比尔·沃伦（Bill Warren）说："真正的竞争优势是通过采取从基本销售到战略顾客合作的多功能方法实现的！"

战略合作始于年度联合业务规划。宝洁的团队和顾客谈判时都集中在最重要的事情上：各自如何最好地为终端消费者提供价值？在这个规划阶段，团队和顾客非常关注如何将产品最好地呈现在零售环境中。这是因为宝洁和它的顾客知道，终端消费者在看到货架上的产品前 3 ~ 7 秒内就会评估价值。在宝洁，这被称为"赢得第一个关键时刻"。如果消费者迅速感知到一种产品能够满足他们的需求，他们就会购买它。

CBD 团队的成员非常善于向零售商展示，赢得第一个关键时刻的最佳方式往往是使用宝洁产品。但是宝洁如此致力于将开发顾客业务作为发展自己的一种手段，以至于它有可能通过竞争对手的产品来服务顾客。CBD 团队的主要目标是帮助顾客在每个产品类别中获胜。某些时候，分析表明，对顾客来说最好的解决方案是"别家的产品"。对宝洁来说，这没什么。宝洁知道，为零售商创造最好的环境最终会带来更多的客流量，这进而会导致宝洁在同一类别的其他产品的销售增加。由于宝洁的大多数品牌是市场领导者，宝洁比竞争对手更能从增加的流量中获益。这是一个双赢的局面。这种诚恳也有助于建立信任，加强公司和顾客之间的关系。

宝洁和它的每一个顾客之间的合作努力通常不仅仅涉及联合规划和信息共享。它们还可能涉及合作努力，以分担不同活动的费用。"我们会帮助顾客运行这些广告或做这些促销活动，但必须有投资回报，"艾米·福斯奇诺解释说，"也许这有助于我们建立新的分销渠道，或增加衣物护理的空间。如果这项努力能在为顾客和用户创造价值的同时为我们自己创造价值，我们非常乐意。"

如果 CBD 团队能够有效地达成第一个目标——联合战略，那么完成其他三个目标将会更加容易。例如，如果战略规划能够赢得第一个关键时刻，不仅消费者受益，零售商和宝洁公司也能获得更高的收入和利润。通过适当的战略规划，宝洁和顾客更有可能在供应链中创造更大的效率。

最好是给予……然后获取

通过与顾客的合作，宝洁得到的和给予的一样多，甚至得到的比给予的还要多。其中，宝洁收到的信息有助于实现 CBD 的第四个目标，使组织能够实现创新。在研究和开发过程中，这意味着创造更好的产品。这就是为什么在纽约举行的 2017 年度产品奖上，宝洁在其参与竞争的 13

个类别中赢得了 5 个奖项。

近年来，由于经济不景气和商店品牌的流行，消费品行业受到了沉重打击。但宝洁经受住了这场风暴。在过去的几年里，宝洁为了巩固其最好的品牌，剥离了大多数表现不佳的品牌。宝洁仍然是世界上最大的消费品公司，年收入 650 亿美元，旗下拥有 23 个品牌，每个品牌每年的收入都超过 10 亿美元。2017 年，帮宝适产品的销售额就超过了 85 亿美元，单凭这个数字，这个领先的纸尿裤品牌就能跻身《财富》全球 500 强榜单第 344 位。

许多因素促成了宝洁的成长和成功，但 CBD 所起的作用怎么估计都不为过。随着公司的前进，宝洁全球业务发展副总裁魏德曼（Weedman）所说的"我们依赖他们，他们也依赖我们"听起来越来越真实。随着宝洁的大型顾客规模和实力的增长，发展宝洁的业务意味着首先发展顾客的业务。而 CBD 销售组织是这项工作的核心。

问题讨论

1. 本书所讨论的销售团队结构，哪一种最能描述宝洁的 CBD 结构？
2. 从团队销售的角度，讨论 CBD 销售组织的积极和消极的方面。
3. 讨论在人员推销过程的每一步骤中，CBD 结构可能比单个销售代表更有效的方法。
4. 在同行业中，宝洁似乎拥有最有效的销售团队结构。为什么竞争对手无法与之匹敌？

资料来源：Based on information from numerous P&G managers; Jen Birkhofer, "These Are the 2018 Product of the Year Award Winners," *Today*, February 21, 2018, www.today.com/home/these-are-2018-product-year-award-winners-t122831; with additional information from "Selling Power 500 Largest Sales Forces (2017)," *Selling Power*, www.sellingpower.com/resources/2017/selling-power-500, www.pginvestor.com/Custom Page/Index? keyGenPage=1073748359, and www.pg.com/vn/careers/our_functions/customer_business_development.shtml, accessed October 2018.

企业案例 14　OfferUp：移动时代的移动解决方案

当人们想到在本地进行在线买卖时，大多数人都会联想到 Craigslist，过去 20 年里，这个分类广告网站一直主宰着这个行业。但是，当世界上其他企业纷纷移动化的时候，Craigslist 却没有移动化。事实上，这种熟悉但杂乱的蓝色的超链接集合多年来几乎没有什么变化。一些评论家认为，Craigslist 已经将其垄断地位视为理所当然。一位业内观察者将 Craigslist 称为"一个丑陋但有效的电子商务平台……却毫发无损地摆脱了 Netscape 和雅虎等更强大的同时代公司的技术变革"。

在数字颠覆的新格局中，有一件事似乎是肯定的：今天占主导地位的事物明天可能就会受到威胁。对 Craigslist 来说，这个"明天"可能已经到来，因为已经出现了许多用户友好的竞争对手来挑战这个分类广告的冠军。OfferUp 是一款相对较新的用于买卖物品的移动应用程序，它正在数字市场上掀起风暴。OfferUp 不仅在挑战 Craigslist 作为个人和企业在本地市场销售商品和服务的首选平台的地位，还开始挑战 eBay 甚至亚马逊这样的公司，将其业务拓展到本地市场之外。出人意料的是，就用户花费的时间而言，OfferUp 现在可以与最受欢迎的社交媒体应用程序相媲美。

大约在十年之前，当移动设备革命开始爆发时，西雅图居民尼克·胡扎（Nick Huzar）为即将出生的女儿准备婴儿房，试图淘汰不需要的家居用品，这让他感到头大。他没有时间把这些东西都发布到 Craigslist 网站上，这需要很多步骤，且必须使用一台台式机或笔记本电脑才能完成。他最后选择去了慈善机构，在那里他总能找到一条捐赠的渠道。有了智能手机，他意识到在线市场的潜力，这个市场可以像社交媒体互动一样简单地发布、监测和浏览当地市场的销售物品。这促成了他与朋友瑞恩·范维伦（Arean van Veelen）的合作，并最终在 2011 年推出了 OfferUp。

一个与众不同的市场

OfferUp 与 Craigslist 及其他传统在线市场平台的主要区别在于，它是专门为移动渠道设计的。对于卖家来说，这意味着发布商品就像在脸书上发布一张照片一样简单，点击、拍照、添加描述，然后点击。每个本地广告的默认半径为 30 英里，标准广告是免费的。OfferUp 的目标是让这个过程不超过 30 秒。对卖家来说，这个过程是轻松的，几乎没有风险。

对于购物者来说，界面也很吸引人，视觉效果类似 Pinterest 的氛围。没有尽头的滚动页面吸引着用户，引诱他们进入一个虚拟的寻宝旅程。人们通常会访问 OfferUp 应用程序寻找一样东西，但会发现一些意想不到的好东西。这种惊喜元素让用户平均每天在 OfferUp 上花费 25 分钟，这几乎与花在 Snapchat 和 Instagram 上的时间相同。胡扎说："它不像亚马逊，亚马逊是非常基于意图的，你知道你想要什么。OfferUp 更注重发现。你走进去，环顾四周，发现了你认为自己不想要的东西，但最终还是买了下来。"

除了给人类似 Pinterest 应用程序的感觉之外，OfferUp 还拥有强烈的社区意识，而这通常是专门的社交媒体网站才有的。这个社区的基础是信任和声誉。以用户档案和评分系统为例。用户不是随机的匿名用户，而是社区成员。用户可以创建个人档案，上传照片。此外，用户还可以进一步申请 TruYou 认证，提交手机号码、照片和身份证明。

除了 TruYou 之外，用户的状态还可以通过各种成就来提高，比如积极评价、平均响应时间、可信任关系等等。用户还可以个性化他们的背景图片和个人资料描述，就像他们在社交媒体网站上那样。在交流方面，OfferUp 提供了类似聊天的信息功能，用户可以在不透露个人联系信息的情况下进行交流。如果这还不够，OfferUp 还为用户提供了一个社区聚会地点，让他们进行交流。社区聚会地点与当地企业和警方合作，提供灯光明亮、视频监控的场所，让买卖双方可以安全地进行交易——这与 Craigslist 平台传统的自由放任的方式形成了鲜明的对比。

这一切不仅仅是帮助人们感觉与 OfferUp 公司有联系，甚至是在 OfferUp 平台内发展社交网络。它消除了 Craigslist 平台的最大的安全问题。首先，由于电话号码和电子邮件地址在 Craigslist 平台上通常是共享的，用户通常成为诈骗者的目标。更重要的是，与人当面交易会导致抢劫、袭击甚至谋杀情况的发生。这是真实发生过的。数十人死于他们为进行 Craigslist 交易而见面的人手中。

在最初的五年里，OfferUp 专注于建立自己的用户基础，而很少花精力创造收入，这是在线市场的典型策略。事实上，OfferUp 应用程序的下载量高达 1 800 万次，五年的交易总额超过 140 亿美元，但它并没有为自己赚到一分钱。凭借极高的市场营销费用和早年超过 Craigslist 和 eBay 的增长率，OfferUp 得以通过投资者筹集资金——先是几千万美元，然后是几亿美元。

从移动应用程序到移动营销

OfferUp 最终开始着手解决如何从这些用户和交易中赚钱的问题。像 Craigslist 平台一样，OfferUp 自然而然地发展成为消费者对消费者交易以及企业对消费者甚至企业对企业交易的平台。OfferUp 的创收渠道虽然有多种选择，但它首先关注的是企业。首先，它设计了两个可选的高级功能——Bump 功能和 Feature 功能，以方便锁定顾客。通过 Bump 功能，卖家可以将商品放在浏览和搜索结果的首位。而 Feature 功能允许卖家推销商品，使其出现在搜索、浏览和分类结果前 50 名中的特殊推广位置。这两个功能都可以购买，期限为 3 天、7 天或 14 天。虽然这些功能主要对企业卖家有吸引力，但任何人都可以选择购买。

最近，OfferUp 采取了两项重大举措，以提高其对全国品牌的价值，并增加公司的收入基础。首先，它引入了付费广告。市场营销人员现在可以根据他们的网络、浏览和发布活动来锁定特定的用户。因此，当用户在个人和企业提供的本地产品中搜索家庭影院系统时，购物者可能会看到 eBay、亚马逊和沃尔玛等在线零售商以及索尼、三星等直接销售其产品的营销商的相关广告。

OfferUp 迄今最大的一项举措是通过增加送货选项，将其市场范围扩展到本地之外。当一件商品通过这个新的覆盖全国的运输功能出售时，卖家需要支付 7.9% 的费用，这比 eBay 或亚马逊要低。根据产品的大小，买家需要支付 5～20 美元的运费。这项新的交易费为各种规模和地点的公司以及品牌提供了更大的价值，同时也增加了该平台对购物者的实用性。对于 OfferUp 来说，相对于用于促销商品的付费服务而言，广告和交易费用是更为可观的新收入来源。OfferUp 公司的策略似乎正在发挥作用。Craigslist 称其最近一个月有 5 500 万独立访问者，这是一个庞大的用户群，但与上年相比下降了 10%。当然这种下降并不全是因为 OfferUp。其竞争对手 LetGo 也提供类似的移动市场，在美国的业务量与 OfferUp 不相上下。虽然 OfferUp 计划最终将其应用程序推向国际，但 LetGo 已经在多个国家开展业务。LetGo 筹集的风险资本几乎是 OfferUp 的两倍，并且正在积极地进行广告宣传，而 OfferUp 则更多地依靠口口相传。除了 LetGo，其他新的市场应用程序也在争夺本地在线市场。甚至脸书也开始加入，随着其快速增长的市场成为本地买卖的渠道，它只需要吸引一小部分的用户就能在市场上大展拳脚。

尽管胡扎意识到 LetGo、脸书、Craigslist 等所带来的竞争，但他的观点与大多数人不同。他相信在线市场的业务——无论是本地的、全国的还是全球的——都不是一个零和游戏。在他看来，OfferUp 的发展并不需要从 Craigslist 那里窃取业务。相反，与 LetGo 和其他进入者一起，OfferUp 需要吸引新一代美国移动设备用户，这些用户甚至从未将 Craigslist 视为一个购物或销售的平台。胡扎也许是对的。虽然几乎不可能计算出流经 Craigslist 的销量，但 OfferUp 和 LetGo 2018 年在美国销售的商品和服务总价值估计超过 400 亿美元。相比之下，eBay 2017 年的全球总交易额为 610 亿美元，亚马逊的北美销售额也刚刚超过 1 000 亿美元。新进入者正在产生重大影响。

最终，虽然 OfferUp 面临着一些严峻的挑战，但它的未来看起来是光明的。凭借其专注于为现今的移动用户打造的易于使用的界面，以及不断增长的、安全的社区，OfferUp 将继续颠覆数字市场的世界。胡扎很认真地对待这些挑战，但尽量不受其困扰。事实上，胡扎希望 OfferUp 在十年后当他的女儿要买第一辆车的时候还能存在。

问题讨论

1. 作为移动市场的经营者，OfferUp 如何为消费者提供价值？通过卖家吗？

2. 分析 OfferUp 的商业模式与本书所涉及的不同形式的数字和在线营销的关系。

3. 请描述一下 OfferUp 作为一个移动营销渠道对全国品牌和零售商的价值。OfferUp 是否也对这些公司构成了威胁？

4. 比较 OfferUp 和 LetGo、优步和来福车的竞争关系。基于这个比较，OfferUp 的未来会是什么样的？

5. 你同意胡扎的观点吗？OfferUp 可以在不抢走 Craigslist 业务的情况下获得成功吗？解释一下。

资料来源：Sarah Perez, "Local Marketplace OfferUp Takes on EBay with Launch of Nationwide Shipping," *TechCrunch*, May 1, 2018, http://techcrunch.com/2018/05/01/local-marketplace-offerup-takes-on-ebay-with-launch-of-nationwide-shipping/; Jason Del Rey, "OfferUp Went Head to Head with Craigslist to Build a Following. Now It's Going after Ebay to Build a Business," *Recode*, May 1, 2018, www.recode.net/2018/5/1/17305648/offerup-shipping-feature-ebay-letgo-facebook-marketplace; and Ryan Mac, "Can Craigslist Be Killed? These Startups Are Taking Aim," *Forbes*, May 2, 2017, www.forbes.com/sites/ryanmac/2017/05/02/offerup-letgo-killing-craigslist/#5ed619256ff7.

➡ 企业案例 15　欧莱雅：美丽联合国

　　一家法国公司如何在澳大利亚成功营销一款法国品牌的美版韩国化妆品？可以问问欧莱雅公司，它每年在 150 个国家销售价值超过 300 亿美元的化妆品、护发产品、护肤品和香水，是世界上最大的化妆品销售商之一。欧莱雅公司的成功基于一个它称之为"普遍化"的概念。欧莱雅公司通过了解其品牌如何在特定的当地市场上吸引不同文化的细微之处，将其品牌销往全球。然后，它在品牌标准化生产以提高全球影响力和满足当地需求中找到了最佳平衡点。

　　欧莱雅公司是一家全球化的公司。由于公司办公地点遍布世界各地，超过一半的销售额来自欧洲和北美以外的市场，它的国内外市场边界变得模糊。欧莱雅公司的 34 个品牌起源于六种或更多种文化，包括法国（巴黎欧莱雅、卡尼尔、兰蔻）、美国（美宝莲、科颜氏、SoftSheen-Carson、拉夫·劳伦、Urban Decay、Clarisonic、Redken）、英国（美体小铺）、意大利（阿玛尼）和日本（植村秀）文化。凭借这些和许多其他知名品牌，这位全球营销大师在化妆品、护肤和染发方面是无可争议的世界领先者，在头发护理方面仅次于宝洁公司。

因为我值得拥有

　　欧莱雅公司的全球化战略与其使命——"让所有人拥有美"（Beauty for All）紧密相连。如果欧莱雅公司对世界各地的女性有什么发现的话，那就是她们对提升自我满足感的渴望。她们的自我满足感与她们对自己和外表的看法有着内在的联系。无论种族、文化、年龄或社会经济地位，这一普遍特征都适用。正因如此，"让所有人拥有美"让欧莱雅公司专注于为大众提供极致的美。

　　尽管这家总部位于巴黎的化妆品巨头已经销售化妆品一个多世纪了，但它的使命在 20 世纪 70 年代才得以彰显。该公司推出了 Superior Preference 染发剂，并在广告中让一位女性表达她的观点，并以"你值得拥有"作为结束语。这些话引起了女性的共鸣。欧莱雅公司向大众传达了女性对自信、个人决定和个性的想法。

　　最初，"你值得拥有"只是一句口号，但在后来产生了超乎想象的影响，甚至成为社会结构的一部分。它们已经被写进了全球语言，被女性用于任何想维护自我、宣扬自我价值的场合。今天，全世界 80% 的女性以积极有力的方式认识并回应这句话。今天，欧莱雅公司将"你值得拥有"融入每天的行动中。

多角度的美

　　为了在全球范围内实现"让所有人拥有美"，欧莱雅公司从培养一群高度多元文化的管理者着手。该公司致力于建立全球品牌团队，而其核心是拥有深厚文化背景的管理人员。许多跨国公司在世界各地建立由子公司、部门和管理团队组成的国际结构，但欧莱雅公司认为这样的结构无法在全球标准化和本土化之间取得平衡，这在当今化妆品行业至关重要。于是，该公司建立了全球化团队，其核心是拥有多元文化背景的管理者，这些管理者能够在文化的普遍性和特殊性之间轻松地进行转换。

　　一个真正的多元文化管理者能够从多个角度看待事物，他可以在任何时候都像德国人、美国人或中国人一样思考，或者同时以这三种人的思维模式思考。正如一位在东南亚推出的男士护肤品系列的印度－美国－法国团队管理者所说的："我不能以一种方式思考问题。我看不同语言——英语、印度语和法语的参考资料，我读三种语言的书，会见不同国家的人，吃不同文化背景下的食物，不一而足。"

　　例如，一位从事护肤工作的法国－爱尔兰－柬埔寨经理注意到，在欧洲，面霜往往要么"上色"（彩妆）要么"美肤"（护肤品）。但在亚洲，许多面霜则同时结合了上述两个特点。这位经理认识到亚洲美妆潮流将在欧洲走红，于是带领他的团队为法国市场开发了一款具有护肤功效的有色面霜，该产品获得了成功。全球化环境对这种跨文化知识整合的需求日益增加，欧莱雅公司对多元文化管理者的战略性运用，为提高其在全球市场所占份额提供了内在的捷径。这种管理结构也使欧莱雅公司在新产品开发中获得了关键的竞争优势。

深入挖掘美丽

欧莱雅深入挖掘和理解美丽对世界不同地区的消费者意味着什么。它在研发方面的花费超过了所有的主要竞争对手，对特定地区特有的美容和个人护理行为进行了细致的研究。其全球研发工作的目标之一就是深入了解世界各地的男性和女性的美妆和个人护理行为。欧莱雅为这种世界性美容行为的必要性做出了解释：

> 中国女性花多长时间进行晨间美容？在曼谷，人们怎么洗头？日本女性或法国女性在使用睫毛膏时要刷上多少笔？这些重复了数千次的美容行为，本质上是一种文化。继承传统，受气候和当地生活条件影响，人们努力追求理想化的完美形象，这些形象又因地域的不同而有所区别。这些给欧莱雅公司的研究提供了极其丰富的信息。在这些行为背后，蕴含了生理因素，例如，细、直、短的睫毛和粗、卷、长的睫毛的化妆方式有一定区别。

为了推进这项重大的研发工作，欧莱雅在世界各地建立了研究中心，开发了一种被称为"地理化妆品学"（geocosmetics）的地域观测科学。家庭访谈的观察结果以及在"浴室实验室"中进行的观测推动了这项研究的发展。这些实验室配备了高科技设备，使团队能够研究世界各地的消费者行为。

欧莱雅公司的研发项目提供了非常精准的信息，包括当地卫生和美容习惯，以及影响产品使用的地方条件和限制因素，如湿度和温度。为当地市场开发产品的过程中，这些洞察力为研发团队提供了参考。结合来自全球各地的洞察力，产品可以适用于多个市场。

例如，Eléve Total Reparação 是一种头发护理产品，最初由里约热内卢的欧莱雅实验室所开发，用于解决巴西女性的特定头发问题。巴西潮湿的气候、猛烈的阳光，以及女性频繁洗头和拉直头发的习惯，使得当地超过半数女性的长发都是干枯、暗淡无光和卷曲的。Eléve Total Reparação 一出现，便风靡整个巴西护发市场，欧莱雅迅速将其推广到整个拉丁美洲市场。随后，公司在全球寻找具有与巴西相似的气候特征和护发习惯的地区，如欧洲、印度和东南亚，并推出了同类护发产品。在这些市场，这些护发产品同样大受消费者欢迎。

这种情况经常在多个欧莱雅品牌中上演。让我们回到了开篇所提到的在澳大利亚以法国品牌销售的美版韩国化妆品。遮瑕霜（BB 霜）最初是由韩国的皮肤科医生发明的，用来舒缓皮肤和隐藏小瑕疵。它很快成为一个流行的韩国美妆用品。然而，通过对世界各地肤色、治疗方法和化妆品的深入了解，欧莱雅研究人员成功开发了新一代的 BB 霜，它更适合美国市场条件和美国人的肤色，并通过美宝莲纽约品牌推出。然而事情还未结束，欧莱雅为欧洲市场开发了另一个本地版本的卡尼尔品牌，还在包括澳大利亚在内的其他市场推出。

欧莱雅在全球的研发工作形成了一张"肤色地理图"，这是一种特殊的世界地图，使化妆品适应世界各地女性的需求成为可能。类似地，欧莱雅基于对卷曲特征，包括曲率直径、卷曲指数、波浪数和卷须的科学测量，将三种头发类型（非洲、亚洲和欧洲）的传统分类扩展到八个不同的类别。

欧莱雅不仅仅调整全球各地的产品配方，还调整它们的品牌定位和市场营销战略，以满足国际需求和期望。例如，20 多年前，该公司收购了美国传统化妆品生产商美宝莲。为重振该品牌并使其全球化，它把美宝莲的总部从田纳西州搬到纽约市，并在名称中增加了"纽约"的标签。由此而塑造的都市化的、街头时尚的"大苹果"（纽约的别称）形象，跟该化妆品品牌在全球的中档价格定位很相称。这一改造很快为美宝莲赢得了西欧同类产品 20% 的市场份额。这种定位在亚洲也取得了成功。在那里，很少有女性意识到时尚的 "纽约" 美宝莲品牌属于一家法国化妆品巨头。欧莱雅的首席执行官总结了公司的全球化方法："我们拥有全球品牌，但我们需要适应当地需求。"

通过收购美宝莲等品牌，欧莱雅不仅获得了有市场认可度的品牌，还获得了为特定市场准备的产品。这给了公司一个直接进入市场的机会，成本比从头开始建立品牌要低。羽西化妆品就是一个例子，这家中国公司在面霜中添加了中草药成分，被欧莱雅收购后，它的销量不断攀升。

欧莱雅和它的品牌是真正全球化的，当推出增强现实的数字美容助手时，它进一步全球化。这项新服务将使世界各地的女性能够通过视频直播进行咨询，旨在模拟欧莱雅化妆柜台提供的服务。这种为大众提供奢侈美容的持续努力正在奏效。即使在西欧市场增长放缓，市场不景气的情况下，欧莱雅的收入在过去 7 年中每年都在增长，总增幅达 30%。

欧莱雅在国际上取得的巨大成功，基于它找到了全球化与本土化间的平衡点，在当地市场调整和区分品牌，同时优化品牌在全球市场的影响力。欧莱雅是为数不多的同时实现本土品牌响应和全球化品牌整合的公司之一。当其前任首席执行官在联合国教科文组织发言，将欧莱雅描述为 "美丽联合国" 时，没有人对此持反对意见。

问题讨论

1. 五种全球产品和传播策略哪一种最符合欧莱雅的策略？

2. 在 1 ~ 5 的区间内，欧莱雅在全球市场上对其产品进行了多大程度的调整？回答并解释说明。

3. 欧莱雅的全球化战略有哪些缺点？

4. 欧莱雅在进入新市场时采用了哪种战略？公司如何从这种方法中获益？

5. 欧莱雅会继续在高水平上取得成功吗？回答并解释说明。

资料来源：Based on information from Kristina Monllos, "L'Oreal Is Bringing the Makeup Counter Experience into Your Home with AR and Livestreaming," *Adweek*, June 18, 2018, www.adweek.com/brandmarketing/loreal-is-bringing-the-makeup-counter-experience-into-your-home-with-ar-and-livestreaming/; "Our Mission Is 'Beauty for All'," Says L'Oréal Global CEO Jean-Paul," *The Economic Times*, January 30, 2015, https://economictimes.indiatimes.com/magazines/corporate-dossier/our-mission-is-beauty-for-all-says-loreal-global-ceo-jean-paul/articleshow/46053691.cms; Hae-Jung Hong and Yves Doz, "L'Oréal Masters Multiculturalism," *Harvard Business Review*, June, 2013, pp. 114-119; Liza Lin, "L'Oréal Puts on a Happy Face in China," *Bloomberg Businessweek*, April 1-7,2013, pp. 25-26; "A Worldwide Approach to Beauty Rituals," www.loreal.com/research-innovation/when-the-diversity-of-types-of-beauty-inspires-science/a-world-wide-approach-to-beauty-rituals.aspx, accessed June 2018; and additional information and quotes from www.lorealparisusa.com/en/about-loreal-paris/overview.aspx and www.loreal-finance.com/eng/annual-report, accessed October 2018.

➡ 企业案例 16　乐高：一砖一瓦让世界更美好

70 多年来，经典的乐高塑料积木一直是世界各地家庭的常驻配置。十几年前，乐高集团濒临破产，（销售额）急剧下降，以每天 100 万美元的速度亏损。但是，在进行大规模重组和实施新的战略计划之后，乐高集团重新崛起。事实上，乐高集团是现在世界上最大的玩具公司之一，超过了实力雄厚的美泰公司和孩之宝公司。2017 年，乐高集团生产了 3 700 种乐高积木，积木总量达到了创纪录的 750 亿块，足以环绕地球 27 圈。这些积木被制成了 1 亿多套乐高积木，这些乐高产品被送到 140 个国家的消费者手中，为乐高集团带来了超过 56 亿美元的收入。

也许比成为全球玩具市场领导者更值得注意的是，乐高集团在取得这一成就的同时，也建立了对社会责任的卓越承诺。事实上，在《福布斯》发布的一份年度研究报告中，根据 15 个国家消费者对社会责任的评级，乐高集团在 2017 年名列前茅，比 2016 年的第五名有所提升。在声誉研究所（Reputation Institute）进行的研究中，乐高集团在行为合乎道德、运营透明、公平开展业务、保护环境和支持有价值的事业等方面超过了所有其他公司。这些消费者的看法反映了乐高集团的行动。声誉研究所首席研究官斯蒂芬·哈恩－格里菲斯（Stephen Hahn-Griffiths）表示，乐高集团"从上到下都承担了企业社会责任"。

当乐高集团制订了从破产边缘反弹的计划时，它也借此机会重新评估公司价值。因此，在希望对世界产生更积极影响的驱使下，社会责任战略成为乐高集团转型计划的关键组成部分。为了证明其承诺，乐高集团成为第一家加入联合国全球契约——这是世界上最大的社会责任倡议——的玩具公司，并承诺支持联合国 17 项可持续发展目标。

这是给孩子们的

乐高集团的社会责任目标分为三个关键领域：儿童、人和环境。乐高集团一直试图通过用游戏的力量促进孩子自然的学习方式，来启发孩子。这样做的目的是让孩子们在享受乐趣的同时培养有价值的生活技能。

乐高集团的所有权结构表明了它对儿童的承诺。乐高基金会拥有该公司 25% 的股份。乐高基金会致力于实现乐高集团的愿景，作为一个内部监督机构，确保从每一款乐高产品中获得的利润都有助于儿童通过游戏学习。为此，乐高基金会在世界各地进行研究，并开展当地社区参与活动。这些活动包括与合作伙伴合作执行幼儿计划、启动游戏实验室和建立幼儿中心。

认识到"玩耍"是儿童的权利，乐高集团与乐高基金会和合作伙伴联合国儿童基金会合作，在世界儿童节期间让孩子们发声，让孩子们扮演关键角色。此外，乐高集团还鼓励员工自愿与世界各地的儿童一起工作，让他们参与环境和社会问题，并帮助他们形成让世界变得更美好的想法。通过这些和其他活动，乐高基金会 2017 年资助了 130 万名儿童。

关爱他人：公司的价值观

乐高集团还关注对人的责任。在上述活动中，乐高集团邀请员工和当地社区成员参与。例如，乐高集团鼓励员工成为"游戏代理"，培训和教育他们了解游戏的作用和意义，并通过"当地社区参与"活动，为他们提供激励儿童所需的工具。2017 年乐高基金会培训了近 1 200 名游戏代理，培训总人数达到 3 000 人。乐高集团相信，让员工参与公司使命和愿景是创造"最佳工作场所"的重要组成部分。

但是当谈到关心他人时，乐高集团所做的远远不止于将工作和娱乐结合在一起。乐高集团在尊重员工、支付合理工资、维护安全的工作环境和确保合理的工作时间方面有着高标准。这些标准并不仅限于公司自己。根据《乐高集团行为准则》，所有供应商都必须遵守童工、强迫劳动、歧视、工资和福利、健康和安全以及善待员工道德等方面的准则。在过去一年中，乐高集团对所有供应商进行了《乐高集团行为准则》审计，其中包括高风险国家的供应商。此外，乐高集团要求每个供应商提供书面保证，确保它们的供应商符合相同的标准。

为了孩子的明天，让地球变得更美好

乐高集团社会责任战略的最后一个组成部分是对环境的关怀。尽管如今设定目标来减少公司对环境的破坏几乎是强制性的，但乐高集团认为这是其使命的延伸。也就是说，乐高集团通过游戏激励儿童并帮助他们充分发挥潜力的工作，既适用于今天的儿童，也适用于未来的儿童。乐高

集团认识到，子孙后代必须继承一个拥有健康环境的地球。与社会责任准则的其他部分一样，乐高集团在最大限度地减少二氧化碳排放、浪费和污染方面对自身和供应商都有很高的标准。它还制定了开发可再生能源和可持续材料的目标。

第一批由可持续植物塑料制成的乐高积木上市，标志着该公司在环保方面的一个重大里程碑。具体来说，聚乙烯是一种柔软、耐用、易弯曲的塑料，由从甘蔗原料中提取的乙醇制成，是制造植物零件（如树叶、灌木和树木）的唯一塑料。作为一种生物塑料，这些部件也将是可回收和可生物降解的。

直到现在，乐高零件一直都是完全由石油基塑料制成的。第一批上架的生物塑料乐高积木只占所有乐高积木产量的 2%。然而，根据乐高集团环境责任副总裁蒂姆·布鲁克斯（Tim Brooks）的说法，"这是我们雄心勃勃的使用可持续材料制造所有乐高积木的第一步"。为了实现这一目标，乐高集团与世界自然基金会（World Wide Fund for Nature）和生物塑料原料联盟（Bioplastic Feedstock Alliance）联手，支持和建立对可持续塑料的采购需求，确保生物塑料行业原材料的完全可持续采购。

就在几年前，乐高集团制定了这样一个目标：在 2030 年之前，实现积木和包装材料的 100%可持续。然而，它最近把包装材料的最后期限提前到了 2025 年。在包装使用的纸板中，已经有75% 来自可回收材料。此外，该公司还关注通过包装创新可以实现的其他环境效益。例如，在过去的四年里，乐高盒子的平均尺寸缩减了 14%，节省了 7 000 吨纸板，随之也减少了对 3 000 辆卡车的需求。

当一家大型跨国公司做出哪怕是很小的社会或环境改进时，公司的规模都会放大其影响。但乐高集团并不满足于通过小的改进来实现大的影响。你能想象 7 亿个乐高轮胎由生物塑料而不是石油基塑料制成的影响吗？乐高集团可以做到这些。乐高集团希望，这些行动的影响不仅会带来直接的好处，还能在整个玩具行业和其他领域产生影响。

问题讨论

1. 尽可能多地举例说明乐高集团是如何克服社会对市场营销的普遍批评的。
2. 文中讨论的五个可持续营销的原则中，哪一个最能说明乐高集团的做法？
3. 使用产品的社会分类（见图 16 - 4）分析乐高集团的业务。
4. 如果乐高集团不那么专注于社会责任，它在财务上会更成功吗？请解释一下。

资料来源："First Sustainable LEGO Pieces to Go on Sale," *The Guardian*, March 2, 2018, www.theguardian.com/lifeandstyle/2018/mar/02/first-sustainable-lego-pieces-to-go-on-sale; Karsten Strauss, "The Companies with the Best CSR Reputations in 2017," *Forbes*, February 8, 2018, www.forbes.com/sites/karstenstrauss/2018/02/08/the-companies-with-the-best-csr-reputations-in-2017-#788c20333873; Simon Mainwaring, "How LEGO Rebuilt Itself as a Purposeful and Sustainable Brand," *Forbes*, August 11, 2016, www.forbes.com/sites/simonmainwaring/2016/08/11/how-lego-rebuilt-itself-as-a-purposeful-and-sustainable-brand/#2bbd44e46f3c; and additional information from www.lego.com/en-us/aboutus/news-room, www.lego.com/en-us/aboutus/lego-group/code-of-conduct, and www.lego.com/en-us/aboutus/responsibility/story/report, accessed October 2018.

附录 2
市场营销计划

➡ **市场营销计划：简介**

市场营销人员往往都需要一份好的市场营销计划，为自己的品牌、产品或企业提供方向和重心。有了详尽的计划，任何企业都可以为推出一种新产品或提高产品销量做好更为充分的准备。类似地，非营利组织也可以利用市场营销计划来规范筹款和外联工作。即使是政府部门，也会为一些举措而制订相应的市场营销计划，如让公众树立正确的营养理念和刺激地方旅游业等等。

市场营销计划的目的和内容

市场营销计划不同于商业计划，商业计划为整个组织的使命、目标、战略和资源分配提供了总体概览。比较而言，市场营销计划的范围通常比商业计划要小，它服务于企业的战略目标，以消费者为出发点，指明了企业的战略目标是如何通过特定的市场营销战略和策略实现的，并与组织内其他部门的计划息息相关。例如，如果市场营销计划要求每年卖出 20 万件产品，那么生产部门必须保证生产这些数量的产品，财务部门必须安排足够的资金来保证开支，人力资源部门则必须准备好雇用和培训足够的员工等。没有适当水平的组织支持和资源，任何市场营销计划都不会取得成功。

虽然不同企业的市场营销计划在确切的时间跨度和安排方面会有所不同，但市场营销计划通常包括本书第 2 章所描述的各个部分。较小的企业倾向于制订简短或不太正式的市场营销计划，大型企业经常需要高度结构化的市场营销计划。为了有效地贯彻实施，必须对市场营销计划的各部分进行详细的描述。有时，企业会把自己的计划放到内部网络中，让不同区域的管理者和员工商议特定的部分，并就增加或变动内容展开合作。

调研的作用

市场营销计划不是凭空产生的。为了制定成功的战略和行动方案，市场营销人员需要掌握关于环境、竞争和细分市场的最新信息。通常，分析内部数据是评价市场现状的起点，并且常常要以营销情报和对市场整体情况、竞争局面、关键问题、威胁与机会的调研作为补充。在计划实施的过程中，市场营销人员要使用各种调研方法来测量目标的进展情况。若结果达不到预期，就必须找出需要改进的地方。

最后，营销调研能够帮助市场营销人员进一步了解顾客的需求、期望、感知和满意度。对这些问题更为深入的理解，往往有助于关于市场细分、目标市场选择、差异化和定位的决策，从而为获取竞争优势奠定基础。所以，市场营销计划应该概述未来将实施什么样的营销调研以及如何应用调研的结果。

顾客参与和顾客关系的作用

市场营销计划展示了企业如何建立并维持可以让企业获利的顾客参与和顾客关系，在这个过程中会形成大量的内部和外部人际关系：第一，市场营销计划影响着市场营销人员之间、市场营销人员与其他部门之间如何合作来交付价值并满足顾客的需求；第二，市场营销计划影响着企业如何与供应商、分销商和战略联盟伙伴合作，以便实现市场营销计划的目标；第三，市场营销计划影响着企业如何处理与其他利益相关者（如政府管理者、媒体和社区）之间的关系。这些关系对于组织的成功非常重要。在制订市场营销计划的时候，应该将上述因素考虑在内。

从市场营销计划到市场营销行动

虽然一些市场营销计划的时间跨度很长，但企业一般都会制订年度市场营销计划。为了顺利实施市场营销计划，市场营销人员通常会在计划执行之前留出时间进行营销调研、深入分析、管理审查和协调各部门的行动。在计划开始实施之后，市场营销人员需要不断地对结果进行评估，与原来的预测进行对比，分析现实与预测的差异，并在必要时采取相应的改进行动。另外，市场营销人员也会为特殊情况制订相应的备选计划。由于存在着不可避免的、有时不可预测的环境变化，所以市场营销人员必须时刻准备更新和改变市场营销计划。

为了有效地执行和控制，市场营销计划应该明确如何衡量实现目标的进度。管理者通常使用预算、日程安排和绩效标准来监控和评估结果。其中，通过预算，他们能够比较一周、一个月或其他时间段内的计划支出与实际支出；日程安排可以让管理者看到什么时候可以完成任务以及完成任务的实际时间；绩效标准则可以时刻监测市场营销项目的结果，以便观测企业是否朝着预定目标前进。在实践中，比较典型的绩效标准包括市场份额、销售量、产品盈利和顾客满意度。

➡ 市场营销计划案例：Chill Beverage 公司

行动纲要

Chill Beverage 公司准备开发一种富含维生素的饮料，叫作"NutriWater"。尽管瓶装水的市场已经饱和，但是富含维生素的饮料种类仍在不断增加。NutriWater 以"期待更多"的广告宣传语进行定位，旨在表明该品牌在提供更多产品特点和好处的同时有着相对的价格优势。Chill Beverage 公司正在其已有的千禧一代忠诚顾客（这些顾客消费其 Chill Soda 软饮料）中充分利用现有的体验和品牌价值。NutriWater 的目标顾客也是千禧一代，他们日趋成熟，并且正在寻找一种可以代替软饮料和高热量含糖饮料的产品。

Chill Beverage 公司主要的市场营销目标是第一年在美国市场的销售额达到 5 000 万美元，大约占功能饮料市场的 2% 左右。基于这个目标，该公司预计第一年的销量将超过 2 600 万瓶，甚至能在年末实现盈亏平衡。

当前的市场形势

Chill Beverage 公司成立于 2010 年，主要销售饮料行业的利基产品和新兴产品。Chill Beverage 公司并没有直接挑战可口可乐和百事等老牌饮料巨头，而是将重点放在了饮料行业的边缘。它的 Chill Soda 软饮料品牌以六种独特的口味成功地打入玻璃瓶饮料市场。该公司现在销售几十种口味的 Chill Soda，其中许多都是该品牌所独有的。在过去几年里，Chill Beverage 成功地推出了包括天然果汁饮料和冰茶在内的新系列。自成立以来，Chill Beverage 的业务每年都在增长。最近一年，该公司的收入达到了 2.3 亿美元，净利润为 1 860 万美元。作为其未来发展战略的一部分，该公司还计划推出新的饮料系列，以便继续迎合行业的新趋势。目前，该公司正准备推出一系列维生素强化饮料。

多年以来，美国消费者摄入的碳酸软饮料比其他任何瓶装饮料都要多。但在过去的 13 年里，对健康和肥胖的担忧已经让碳酸饮料市场逐渐失去了活力，碳酸饮料的销量已经连续下降。与此同时，瓶装水消费正处于增长态势，并且没有放缓的迹象。事实上，两年前瓶装水就已经超过了碳酸软饮料，成为销量第一的饮料。美国人现在饮用的瓶装水比其他任何饮料都要多，其中包括碳酸软饮料、咖啡、啤酒和牛奶。

目前，美国人均每年饮用超过 42 加仑的瓶装水。而且根据专家预测，到 2020 年这一数量将增至 50 加仑。相比之下，碳酸软饮料的人均消费量则下降到了 37.5 加仑，并且呈现出继续下降的趋势。相关报告也为支持瓶装水成为新晋市场领导者提供了依据。根据最近的一项研究结果，对于美国消费者而言，瓶装水是他们最喜欢的饮料。作为一个 185 亿美元的市场，美国瓶装水的收入预计在未来四年会增长 40% 以上。

随着行业整合和新型瓶装水的出现，现在的竞争比以往任何时候都更加激烈。美国瓶装水市场主要由三家跨国公司主导。其中，雀巢在全球拥有 50 多个品牌（包括波兰泉（Poland Springs）、雀巢优活（Nestlé Pure Life）、Arrowhead、Deer Park、Ice Mountain），该公司引领着饮用水市场（包括气泡水、功能水、风味水等），占有 28% 的市场份额；可口可乐以超过 24% 的份额处于第二的位置；百事以约 13% 的份额位居第三。

瓶装水市场整体表现强劲，功能水这一子类的市场尤为突出，最近一年增长了 11%。在目前的市场环境下，功能水已经蓬勃发展起来了，它承诺通过注入维生素、矿物质（包括电解质）、草药和其他成分，为注重健康的消费者带来附加价值。因此，功能水具有标准的口感和方便性，强调对生活方式和健康的诉求。大多数功能水都是加糖和调味的，这不同于运动饮料——运动饮料的主要目的是通过补充电解质来最大限度地补充水分。

要打入这一由大型跨国公司所主导的、充斥着数十家其他小型企业的市场，Chill Beverage 公司必须谨慎地对待目标细分市场所重视的属性和价值。

市场描述

瓶装水市场的产品种类多样，如泉水、纯净水、矿泉水和蒸馏水等。这些不同类型的水可以作为消费品直接进行销售，也是各种功能水的主要成分。实际上，瓶装水作为一个品类的灵活性似乎是无穷无尽的。

有些消费者认为不同品牌的产品之间并无太大差异，其他消费者则关注不同品牌的产品特性和优点。例如，有些消费者认为泉水比其他种类的水更健康，有些消费者可能会倾向于水合作用更充分的水，还有些消费者追求瓶装水为打造品牌所宣传的营养成分，包括维生素、矿物质、草药和其他添加物。当然，也有消费者依据口味做出选择。最近的一项调查研究显示，促使人们选择瓶装水的最重要因素，分别是全天然成分（57%）、强化维生素（33%）、抗氧化剂（31%）和口味（31%）。

整个行业将瓶装水定位为软饮料、运动饮料、功能饮料或其他各类饮料的低热量健康替代品。这种定位是有效的，有 94% 的美国人认为瓶装水比苏打水更加健康。而且，各瓶装水品牌也通过瓶身大小和形状、组合包装及销售点的制冷设备等方式实现了与众不同。

Chill Beverage 公司的 NutriWater 产品主要面向那些消费单人份瓶装饮料的顾客群体，这类顾客正在寻求一款既健康又有味道的可以替代饮料的新型饮品。这里所说的"健康"，是指在提供低热量的同时包含多种营养成分。NutriWater 产品既可以满足喜欢软饮料的老顾客对健康的要求，又可以为非软饮料消费者提供多种口味选择。Chill Beverage 公司第一年的目标顾客群体包括运动员、有健康意识和社会意识的消费者以及钟情于特定企业的千禧一代。Chill Soda 拥有强大的忠诚顾客作为后盾，尤其受到千禧一代的喜爱。随着这一代人越来越成熟，并开始追求高热量软饮料的替代品，这一群体成为该公司的首要目标顾客群体。表 A2-1 介绍了 NutriWater 是如何满足目标顾客群体的消费需求的。

表 A2-1　NutriWater 细分市场的需求和产品特征 / 好处

目标顾客群体	顾客需求	产品特征 / 好处
运动员	• 水合作用，补充人体必需的矿物质 • 提供能量	• 电解质和碳水化合物 • 维生素 B、碳水化合物
有健康意识的人	• 维持最佳体重 • 优化营养水平 • 避免有害化学物质和添加剂 • 希望品尝比水更好喝的饮料	• 其热量是全糖饮料的一半 • 比其他产品有更多的维生素 A、B、C、E，锌，铬，叶酸；还有在其他产品中难以获得的维生素 • 纯天然成分 • 六种新口味
有社会意识的人	• 支持解决世界性的社会问题的事业	• 每卖出一件产品，向维他命天使（Vitamin Angels）组织捐赠 25 美分
千禧一代	• 厌恶大众传媒广告技术 • 反主流文化的态度 • 基于快节奏生活方式的饮食改善	• 采用不富有侵犯性的在线和社交网络推广策略 • 小型、私人控股公司 • 提供人体所需的维生素和矿物质

产品评估

Chill Beverage 公司的新产品 NutriWater 具有以下几个特征：

• 六种新口味，包括桃子芒果味、浆果石榴味、猕猴桃火龙果味、橘子味、蓝莓葡萄味和青柠味。

• 每瓶 20 盎司，使用 PET 可回收瓶。

• 配方健康，补充能量。

• 补充人体每日所需摄入的维生素和矿物质（包括电解质）。

• 富含维生素——维生素含量是市场领先产品的 2 ～ 10 倍，与其他品牌产品相比含有更多的维生素和矿物质。

• 其他维生素——包括维生素 A、E、B2 以及叶酸，这些在市场领先产品中是没有的。

• 纯天然——不添加人工香料、食用色素和防腐剂。

• 用纯蔗糖、甜菊糖（天然零热量的甜味剂）来增加食品甜度。

• 每卖出一件产品，捐赠 25 美分给维他命天使——一个以保护缺乏维生素的高危儿童为使命的非营利组织。

竞争性分析

在 Chill Beveroge 推出首款产品之前的十多年里，瓶装水市场进入了强劲的成长阶段。新的种类开始出现，并出现了新的子类，包括风味水（如纯水乐 Flavorsplash）和功能水。其中，功能水的出现弥补了软饮料和水之间的空白，吸引了那些明知要多喝水少喝软饮料但仍想要味道的消费者。SoBe 和 Vitaminwater 的创造者 Glacéau 等初创和精品饮料企业针对该类产品的变化开发出相应的品牌。在 21 世纪初，主要的饮料企业收购了最成功的小品牌，从而奠定了这些大型企业在该类产品上的稳固市场地位，并实现了瓶装水领域的总体多元化。在领先的饮料企业的市场营销专业知识和预算的支持下，功能水的成长速度超过了普通水的成长速度。

可口可乐的 Vitaminwater 一度成为第四大瓶装水品牌，仅次于雀巢优活、可口可乐的达萨尼（Dasani）和百事的纯水乐。在受到媒体的冲击之后，大部分品牌被报道维生素增强水中的维生素含量低、糖分含量高，Vitaminwater 的销量出现了暂时下滑。但可口可乐此时却毫无损失，原因就是该公司的 Smartwater 填补了空白。据业内人士预计，在未来几年里，功能水品类的增长将超过非功能水品类。

这个品类的分化再加上市场领先者的主导作用，最终导致了非常激烈的市场竞争。虽然各种类型的瓶装水，甚至其他类型的饮料（软饮料、能量饮料、果汁、茶和风味饮料）形成了间接竞争，但这里的竞争分析更侧重于功能水品牌的直接竞争。功能水要么加糖调味或是只调味，要么既不加糖也不调味。加糖的类型可以使用传统的糖和零热量的甜味剂混合，在使用的甜味剂类型方面可能存在一定的差异。而且其含糖量、碳化化合物和热量至多是普通软饮料和其他含糖饮料的一半，甚至低至零。

该产品的定价在不同品牌之间基本是一致的，但也会因零售店的类型而发生变化。其中，便利店的价格往往要比杂货店高。一瓶 20 盎司产品的价格为 1.00 ～ 1.99 美元，一些小众品牌的价格会稍高一些。Smartwater 是一种添加电解质的水，是领先的功能水品牌。比较而言，Chill Beverage 公司的 NutriWater 饮料专注于风味水和强化水品牌的竞争，其竞争对手主要包括：

● Vitaminwater：Vitaminwater 创建于 2000 年，是 Energy Brands 公司 Glacéau 系列中的新产品。Glacéau 也是 Smartwater（含电解质的蒸馏水）的开发者。2007 年，可口可乐以 41 亿美元收购了 Energy Brands。具体而言，Vitaminwater 分为常规型、零热量型和活力型三类。Vitaminwater 旗下有 22 种瓶装水类型——10 种常规型、9 种零热量型和 3 种活力型，所以 Vitaminwater 提供了比市场上任何品牌都多的选择。尽管 Vitaminwater 的品种因口味不同而有所差异，但其命名是为了唤起人们对诸如提神、能量、专注和恢复等益处的认识。该品牌目前的口号是"自由饮用"。Vitaminwater 经过蒸汽蒸馏、去离子或过滤，并用结晶果糖（玉米糖浆）和蔗糖或赤藓糖醇以及甜菊糖增甜。目前，Vitaminwater 的年销售额超过了 7 亿美元，约占功能水市场的 1/3。

● Propel：佳得乐于 2000 年创立了 Propel，一年后，百事收购这家领先的运动饮料销售商。最近，百事将其健身水品牌与市场领先的运动饮料品牌捆绑在一起。最初，Propel 有普通饮料和零热量饮料两种类型，现在仅保留零热量饮料。具体来说，Propel 总共有 10 种口味。每种类型都含有相同的多种维生素 B、维生素 C、维生素 E、抗氧化剂和电解质，使用三氯蔗糖增加甜度。Propel 有多种规格供消费者选择，如 16.9 盎司和 24 盎司 PET 瓶装，以及多瓶包装产品。Propel 也以可添加到瓶装水中的粉末形式进行销售。在过去三年里，Propel 的收入超过 2 亿美元，实现了两位数的增长，是仅次于 Smartwater 和 Vitaminwater 的第三大功能水品牌。

● SoBewater：2000 年，百事收购了 SoBe，并在 2008 年推出了 Lifewater，作为对可口可乐的 Vitaminwater 的回击。现在，该品牌改名为 SoBewater，包括多种零热量产品，每种产品都承诺采用维生素、矿物质和草药配方。SoBewater 使用以甜叶菊为基础的甜味剂，不含人工香料或色素。SoBewater 以 20 盎司 PET 瓶装和多瓶包装进行出售。SoBewater 的年收入超过了 1.5 亿美元，是第四大功能水品牌，占有 7% 的份额。

● 利基品牌：功能水市场至少包括四家在小范围内通过独立分销商来销售产品的企业，分别是 Assure，Zico，Ayala Herbal Water 和 Skinny Water。一些品牌使用来自他国的添加物，或采用艺术玻璃瓶包装。

尽管竞争十分激烈，但 NutriWater 认为，它能够创建出独特的品牌形象并在目标群体中获得认可。该品牌以更高和独特的维生素含量、全天然成分、支持相关社会事业等为差异化优势。凭借这些以及其他战略资产，Chill Beverage 公司有信心建立起使 NutriWater 品牌在市场中获得成长的竞争优势。表 A2-2 描述了主要竞争对手及其产品。

表 A2-2 竞争产品示例

竞争对手	品牌	特征
可口可乐	Vitaminwater	常规型、零热量型和活力型；22 种类型；每种口味在富含多种维生素和矿物质的基础上具有不同的功能；蒸汽蒸馏、去离子和／或过滤；添加结晶果糖和赤藓糖醇等；20 盎司瓶装或多瓶包装，喷流或液滴。
百事	Propel	零热量型；10 种口味；"健身补水"的定位；维生素 B、维生素 C、维生素 E、抗氧化剂和电解质；添加三氯蔗糖；16.9 盎司和 24 盎司的 PET 瓶装和多瓶包装；粉末形式；液体增强剂。
百事	SoBewater	零热量、维生素、矿物质和草药；纯正——口味清淡，加入甜菊糖；20 盎司单瓶包装和多瓶包装。

渠道和物流概述

对于可口可乐和百事目前拥有的三大主打品牌而言，独立分销系统方面存在漏洞。于是，NutriWater 通过独立分销商进入美国零售商网络。这一战略不仅可以避免与可口可乐和百事的产品在货架空间方面形成正面交锋，而且能直接瞄准 NutriWater 品牌的潜在目标顾客。和 Chill Soda 的核心部署一样，这一战略将重点放在了零售商冷柜上，使其只存放 NutriWater 品牌的产品。这些零售商包括：

● 杂货连锁店：区域内的杂货连锁店，比如中西部的 HyVee 超市、东部的韦格曼斯和西部的 WinCo。

● 健康和天然食品店：全食超市这样的连锁店以及当地的健康食品合作社。

● 健身中心：国内的健身中心连锁店，如 24-Hour Fitness、Gold's Gym 以及其他区域连锁店。

随着品牌逐渐得到认可，品牌渠道将会扩大到更大的杂货连锁店、便利店以及目标顾客聚集的其他地点。

SWOT 分析

NutriWater 有几个强大的优势，但其主要劣势是缺乏品牌知名度和形象。同时，其机会主要包括不断增长的市场和消费者对 NutriWater 产品特性的关注，其威胁主要包括有限的零售空间所带来的进入壁垒以及瓶装水行业的形象问题。表 A2-3 总结了 NutriWater 品牌的优势、劣势、机会和威胁。

表 A2-3 NutriWater 品牌的 SWOT 分析

优势	劣势
● 卓越的品质 ● 在替代饮料营销上的专业性 ● 社会责任 ● 反传统形象	● 缺乏品牌知名度 ● 有限的预算
机会	**威胁**
● 增长的市场 ● 分销网络的空白 ● 健康趋势 ● 反传统形象	● 有限的货架空间 ● 强化水的形象 ● 环境问题

7

6

8

优势

NutriWater 品牌主要依赖以下几个重要优势：

1. 卓越的品质：NutriWater 在所有的强化水中拥有最高的维生素含量，含有达到建议日摄量水平的多种维生素。而且它是纯天然的，没有任何人造香味剂、色素或防腐剂，其甜味源于纯蔗糖和天然的零热量甜味剂（甜菊糖）。

2. 在替代饮料营销上的专业性：Chill Soda 从名不见经传的品牌到成为增长最迅速的、拥有一批忠诚顾客的软饮料品牌，只用了十年的时间。这种成功是从低起点开始并聚焦市场空白实现的。

3. 社会责任：每个顾客都将为全世界营养不良的儿童贡献一分力量。尽管 NutriWater 的价格与其他竞争对手持平，但较低的促销成本使其在保持利润的同时还能够从每瓶饮料的销售收入中拿出 25 美分进行慈善捐赠。

4. 反传统形象：大品牌有良好的产品和强有力的分销关系，同时也建立了大企业形象。Chill Beverage 公司一直保持着私营身份，并以一种弱者的形象获得了成功。Vitaminwater 和 SoBewater 是建立在同样形象基础之上的，但它们都由大型跨国公司所有。

劣势

1. 缺乏品牌知名度：作为一个全新的品牌，NutriWater 在进入市场时知名度有限，甚至根本没有品牌知名度。而且为了防止人们把 NutriWater 同软饮料联系起来，还必须尽可能与已有的 Chill Soda 保持最低水平的关联。当然，这一问题可以通过促销和分销策略来解决。

2. 有限的预算：作为一家小型企业，Chill Beverage 公司没有把太多的资金用于促销与研究活动。

机会

1. 增长的市场：功能水这个品类保持了每年 12% 的增长率。在六大饮料类型中，软饮料、啤酒、牛奶和水果饮料的销量都在下降，咖啡的增长低于 1%。

2. 分销网络的空白：市场领导者将产品直接分销给零售商，这使它们在国内大型连锁店占有优势。然而，目前尚没有主要的强化水品牌通过独立分销商销售。

3. 健康趋势：体重和营养仍然是美国消费者关注的问题。美国人的肥胖率为 34%，居发达国家之首。依照相关标准，60% 以上的美国人"超重"，而且这一数字仍在增加。另外，美国人每天大约 21% 的热量都来自饮品，这一数字在 30 年内增长了两倍。虽然消费者仍然喜爱风味饮料，但已经开始寻求较低热量的饮料。

4. 反传统形象：与 X 世代和"婴儿潮"一代相比，千禧一代（出生于 1981—1997 年）往往更讨厌大众营销信息和全球公司。

威胁

1. 有限的货架空间：一般来讲，竞争对任何种类的产品而言都是一种威胁，零售饮料领域的竞争因为有限的零售空间尤为激烈。零售商每增加一款新饮品，就需要减少其他饮料品牌可使用的货架或冷藏空间。

2. 强化水的形象：强化水的形象目前遭到了质疑。最近，可口可乐在应对一项集体诉讼，该诉讼称其违反了 FDA 的相关规定，夸大了 Vitaminwater 对健康的益处。该诉讼指出，头号瓶装水品牌是营养价值极低的糖水。每个主要品牌都在加强其零热量系列，不再在标签上宣传对健康的益处。尽管这是一个潜在的威胁，但其也是 Chill Beverage 公司可以利用的机会。

3. 环境问题：环境组织一如既往地教导公众关注瓶装水的环境成本，其中包含废弃物填埋、制造和运输过程中的碳排放以及塑料制品中化学物质的有害影响。

目标和问题

Chill Beverage 公司为 NutriWater 进入市场的第一年和第二年制定了富有挑战性但有望实现

的目标。

第一年目标

在进入市场的第一年，Chill Beverage 公司力求使 NutriWater 占据功能水市场 2% 的份额，或实现接近 5 000 万美元的销售额，并在第一年年底实现盈亏平衡。Nutriwater 每瓶零售价为 1.89 美元，意味着总销售量将达到 26 455 026 瓶。

第二年目标

第二年，Chill Beverage 公司将推出 NutriWater 的其他口味产品，其中包含零热量产品。第二年的目标是将第一年的销售额翻一番，达到 1 亿美元。

问题

在推出这个新产品的过程中，面临的主要问题包括：如何针对品牌定位的目标顾客群体树立品牌知名度和有意义的品牌形象。Chill Beverage 公司将采用非传统的促销方式和激发良好的口碑来实现市场营销目标。而且，为了能够让公司的产品为目标顾客便利地购得和加强购买点的交流，构建密切的经销商和零售商关系也是至关重要的。同时，Chill Beverage 公司将对品牌知名度和品牌知识进行测量，以便在必要时对其市场营销工作进行调整。

市场营销战略

NutriWater 的市场营销战略将围绕"加量不加价"的定位加以展开，并以提供超越价格的额外利益为基础。同时，NutriWater 将建立渠道差异化，努力把渠道延伸到一些主要竞争品牌未触及的地方。

NutriWater 的主要目标群体是千禧一代——出生在 1981—1997 年的顾客人群。NutriWater 将特别关注年轻人市场。该群体的亚群体包括运动员、有健康意识和社会责任感的群体等。

定位

NutriWater 将"期待更多"作为其价值主张，产品特征（期待更多的维生素和天然成分）、理想的效果（期待更多营养价值）和价值（为社会事业做更多的事情）使该品牌与众不同。市场营销将主要推广这一理念——NutriWater 不仅仅是一种饮料，它通过各种方式为顾客提供物有所值的产品。

产品策略

随着产品知名度的增加和零售量的提高，更多的产品种类即将上市。该公司将增加一款零热量饮料，这款饮料将契合消费者所寻求的健康效果。Chill Beverage 公司在品牌建立方面的大量经验，也将作为 NutriWater 产品营销战略不可或缺的部分，其市场营销组合的各个方面都将同品牌定位保持一致。

定价

强化水的价格几乎没有变化，尤其是在领先品牌中。因此，NutriWater 品牌将遵循基于竞争定价的策略。考虑到 NutriWater 所宣称的高品质，它不能将自身定位成低成本的替代产品。对于这类产品制造者不明码标价，价格在很大程度上取决于特定的零售店类型和产品是否需冷藏。通常，一瓶 20 盎司的同类饮料在折扣店的价格为 1 美元，在便利店的价格为 1.99 美元。由于一开始 NutriWater 不会在折扣店和便利店进行出售，所以 Chill Beverage 公司会把产品的价格定在同一经销店内同类产品的平均至高端水平。在连锁食品杂货店，每瓶的价格约为 1.69 美元，而在价格普遍偏高的健康食品店和健身中心，每瓶的价格为 1.99 美元。

分销策略

NutriWater 将面向知名的地区杂货店、健康和天然食品店、健身中心采用选择性分销策略。鉴于没有其他主要品牌的强化水采用这一策略，这一策略将通过独立饮料分销商网络来执行。Chill Beverage 公司的核心产品 Chill Soda 就是运用这一策略取得成功的。Chill Beverage 公司还为滑冰、冲浪、滑雪用品商店，文身店，时尚商店，唱片店等独特的渠道提供带有品牌标志的冰柜，这些地方可以把 NutriWater 品牌展示给目标顾客。通过与一些零售商（如 Panera、巴诺书店、塔吉特和星巴克）签约，软饮料品牌得以扩张。类似地，NutriWater 也将采取相同的措施，从小规模连锁店逐步扩展到更大的连锁店。NutriWater 品牌的目标签约门店不会和 Chill Soda 品牌完全重叠，Chill Soda 的很多门店有其独特的定位和目标顾客。

营销传播策略

与核心品牌 Chill Soda 一样，NutriWater 品牌的营销传播策略不会依靠传统的大众传媒广告。在初期阶段，该公司不会使用广播或印刷广告。具体而言，NutriWater 的宣传资源将集中在以下三个领域：

● 在线和移动营销：NutriWater 典型的目标顾客在线花费的时间，往往比在传统媒体上所花费的时间多。该策略的核心是建立网站和移动品牌网络，通过在社交网络（如脸书、推特、Instagram 和 Snapchat）上的曝光来增加流量。同时，NutriWater 也将采用 Foursquare 和脸书提供的基于位置的服务，以便帮助提高零售店的客流量。此外，手机上的广告活动也将为在线活动提供额外的支持。

● 贸易促销：与核心品牌 Chill Soda 一样，NutriWater 的成功也依赖于与零售商建立的关系，以便让消费者可以便利地获取相关产品。对零售商的主要激励包括购买点展示、品牌冷柜、数量奖励与竞赛等。这样推式策略将与其他拉式策略共同发挥作用。

● 事件营销：在发生一些重大事件，如滑雪和滑板比赛、高尔夫锦标赛及音乐会等时，NutriWater 品牌会安排团队开着带有品牌标识的房车去分发样品。

营销调研

为了保持与在线促销方式的一致性，并使用那些能够有效作用于目标顾客的调研方法，Chill Beverage 公司将监测在线讨论。通过这种方式，该公司会监测顾客对品牌和产品的看法及其总体满意度。为了进一步开发产品和开拓新的销售渠道，该公司还将采用众包措施。

行动方案

NutriWater 品牌产品将于 2 月投放市场。为达到预期目标，当年上半年将采取的行动方案概括如下：

● 1 月：Chill Beverage 公司的销售代表会围绕贸易促销、奖励措施及优势等，对独立分销商和零售商进行培训。销售代表要确保这些分销商和零售商充分了解相关产品的特点、好处以及购买点的宣传资料、展示采购点的材料和有关冰柜的说明。品牌网站及其他网站（如脸书）会把与产品有关的信息、有效日期及生产地等信息展示出来。公司通过将样品提供给选定的产品试用者、意见领袖、网红及名人来提高产品的人气。

● 2 月：在活动当天，确保产品冰柜和购买点展示资料摆放在零售商那里。完整的品牌网站和社交网络活动将在脸书、推特、Instagram 和 Snapchat 上全力开展宣传活动。活动将以"期待更多"为口号，阐释 NutriWater 更加关注产品特征、预期收益、向维他命天使组织捐款的金额以及由儿童缺乏维生素引起的社会问题等。

● 3 月：为推进在线及社交营销活动，利用 Foursquare 和脸书基于位置的服务来增加零售商的客流量。购买点展示资料和招牌会不断更新，以便为相关活动和零售商提供支持。同样，这些活动的消息将聚焦于"期待更多"的方方面面。

● 4 月：手机上的广告活动将提供额外的帮助，以此来增加品牌网站和社交网站的流量及零售商的客流量。

● 5 月：销售竞赛将给那些在四周时间内出售最多 NutriWater 产品的分销商和零售商提供额外的奖品和奖金。

● 6 月：开展事件营销活动，NutriWater 的销售代表开着房车前往音乐会和体育赛事，以获取额外的品牌关注，并给顾客和潜在顾客提供试用样品的机会。

预算

Chill Beverage 公司设定了第一年 5 000 万美元的零售目标，预期以每瓶 1.89 美元的售价出售 26 455 026 瓶产品。由于每瓶批发价格为 95 美分，这会带来超过 2 510 万美元的收益。Chill Beverage 公司期望在第一年年末就实现盈亏平衡。实现盈亏平衡需要假定每瓶的收入为 95 美分，每瓶的可变成本为 22 美分，第一年的固定成本预计为 1 250 万美元。基于以上假设，盈亏平衡点的计算如下：

$$12\,500\,000/(0.95-0.22)=17\,123\,287\,(\text{美元})$$

控制

为了密切监控产品质量、品牌知名度、品牌形象及顾客满意度，Chill Beverage 公司将采取严格的控制措施，这使该公司在面临突发问题时可以快速地做出调整。其他受到监控的早期预警信号包括月销量（按照细分市场和渠道）和月支出。考虑到市场的动荡性，该公司还应该制订相应的应急计划，以便应对消费者偏好的变化、新产品及新竞争对手的出现等瞬息万变的市场环境。

资料来源："Bottled Water Holds Steady at No. 1," *Beverage Industry*, July 2018, p. SOI 15; "Global Flavored and Functional Water Market: Growing Incidence of Obesity to Stimulate Growth," *Transparency Market Research*, June 2017, www.transparencymarketresearch.com/pressrelease/flavored-functional-water.htm; Jeff Beer, "Propel Water's New Brand Strategy Is Hyping Its Gatorade Roots," *Fast Company*, March 29, 2018, www.fastcompany.com/40551566/propel-watersnew-brand-strategy-is-hyping-its-gatorade-roots; and product and market information obtained from http://vitaminwater.com, http://propelwater.com, and http://nestle-watersna.com, July 2018.

附录 3
营销计算

市场营销管理者对与其行为有关的财务绩效承担着越来越大的责任。本附录对如何计算营销的财务绩效做了基本介绍。这样的财务分析为市场营销管理者制定合理的市场营销决策以及评估这些决策的效果提供了有效的指导。

本附录是围绕着一家假想的家庭自动化产品制造商——Wise Domotics 公司（"Domotics"指的是家庭中的信息技术）展开的。该公司正在推出一种设备，允许用户控制家中所有连接互联网的智能设备。通过它，用户将能够控制照明、温度、多媒体、安全系统、电器、门窗、电话以及家中其他任何可以连接到互联网的智能设备。在本附录中，我们将分析 Wise Domotics 公司的市场营销管理者在新产品发布前后必须做的各种决策。

本附录分为三个部分。其中，第一部分介绍了定价、盈亏平衡和利润分析，用以指导 Wise Domotics 公司新产品的投放。第二部分讨论需求预测、市场营销预算和市场营销绩效指标。首先，讨论对市场潜力和企业销售额的预测。然后，通过预计利润表和实际利润表来介绍市场营销预算。最后，讨论市场营销绩效指标，重点是帮助市场营销管理者从财务角度更好地捍卫自己的决策。第三部分将分析各种市场营销策略所产生的财务影响。

在上述每个部分的结尾处，都有一组练习题。这些练习题为你提供把在 Wise Domotics 公司情境中所学的市场营销概念付诸实践的机会。

➡ 定价、盈亏平衡和利润分析

定价的考量

定价是市场营销组合中最重要的决策之一。有关的限制因素是需求和成本。其中，需求因素决定了价格的上限，如买方感知价值，而企业的成本则决定了价格的下限。在这两个因素之间，市场营销人员必须考虑竞争对手的价格和其他因素的影响，如经销商的要求、政府法规以及企业的目标等。

目前，大多数具有竞争力的自动化家居产品的零售价都介于 100 ～ 500 美元之间。首先，从成本的角度来考虑 Wise Domotics 公司的定价决策。然后，再考虑消费者价值、竞争环境以及经销商的要求。

确定成本

回想一下本书第 9 章的内容，成本有着不同的类型。其中，**固定成本**（fixed costs）是指不随产量或销售量变动的成本，包括房租、利息、折旧费用以及普通职员和管理人员的薪资等。无论产出水平如何，企业都必须支付这些成本。虽然固定成本总额不会随产量增加而变动，但每单位的固定成本（或平均固定成本）会随着产量的增加而降低，这是因为总固定成本被均摊到更多的产出单位之中。**可变成本**（variable costs）的变化直接与生产水平相关，包括与产品直接生产相关的成本（如销售成本）以及与销售相关联的众多市场营销成本。虽然生产每件产品的成本是相同的，但总成本会随着生产的总量而发生变化，因此称为可变成本。**总成本**（total costs）是任意给定生产水平下的固定成本与可变成本之和。

Wise Domotics 公司投资 1 000 万美元用于翻新现有设施，以便制造新型家庭自动化产品。一旦开始生产，该公司预计每年将产生 2 000 万美元的固定成本。估计生产每台产品的可变成本为 125 美元，根据设备的产出能力，可变成本预计将维持在这一水平上。

基于成本定价

Wise Domotics 公司决定使用本书第 9 章中讨论过的基于成本定价。**成本加成定价法（加成定价法）**（cost-plus pricing（markup pricing））是在产品的成本中加上一定比例的加成。然而，要使用此方法，Wise Domotics 公司还必须明确指出预期的销售量，以便确定单位产品的总成本。无论产量如何，单位可变成本都将保持不变，但是单位固定成本将随着产量的增加而减少。

为了说明这个方法，我们假设 Wise Domotics 公司有 2 000 万美元的固定成本，单位可变成本为 125 美元，预计销量为 100 万台。因此，单位成本计算如下：

$$单位成本 = 单位可变成本 + 固定成本 / 销售量 = 125 + 20\ 000\ 000/1\ 000\ 000 = 145（美元）$$

请注意，我们没有将初始投资的 1 000 万美元计入总固定成本。由于它属于相关成本，因此不被视为固定成本。**相关成本**（relevant costs）是指那些预期将来发生并且随可选方案变化的成本。Wise Domotics 公司翻新工厂设备的投资是不会在将来再发生的一次性费用。这种过去的成本是沉没成本，在未来的分析中可以不做考虑。

还要注意的是，如果 Wise Domotics 公司的产品价格为 145 美元，这个价格等于单位成本。这是**盈亏平衡价格**（break-even price）——总收入等于总成本并且利润为零时的价格。

假设 Wise Domotics 公司不仅想要达到盈亏平衡，还想赚取销售额 25% 的利润。那么 Wise Domotics 的成本加成价格为[1]：

$$成本加成价格 = 单位成本 /（1 - 期望的销售回报率）= 145/（1 - 0.25）= 193.33（美元）$$

这是 Wise Domotics 公司将产品出售给批发商或零售商等经销商并赚取 25% 的销售利润的价格。

Wise Domotics 公司也可以使用另外一种方法——**投资回报定价法（目标收益定价法）**（return on investment（ROI）pricing（target-return pricing））。在这种情况下，为了确定利润目标，该公司需要考虑最初投资的 1 000 万美元。假设该公司希望获得 30% 的投资回报率，那么满足这一要求的价格可由下式来确定：

$$ROI 价格 = 单位成本 +（ROI × 投资）/ 销售量 = 145 +（0.3 × 10\ 000\ 000）/1\ 000\ 000 = 148（美元）$$

也就是说，如果 Wise Domotics 公司以 148 美元的价格销售其产品，将会在初始 1 000 万美元投资的基础上实现 30% 的投资回报率。

　　在这些定价的计算中，单位成本与预计 100 万台的销售量形成了一定的函数关系。但是，如果实际销售量偏低呢？那么，单位成本会更高，因为固定成本会被分摊到较少的单位当中，并且销售实现的比例加成或投资回报率也会降低。另外，如果销售量高于预计的 100 万台，那么单位成本将低于 145 美元，所以较低的价格将会带来所需的销售加成或投资回报率。要注意，这些基于成本的定价方法关注的是内部，并且不考虑需求、竞争对手的价格或经销商的要求。由于批发商和零售商在将产品销售给消费者的同时，还提供竞争品牌的产品，因而 Wise Domotics 公司还必须从这个角度考虑成本加成定价法的应用。

基于外部因素定价

　　尽管成本决定了价格的下限，但 Wise Domotics 公司必须在制定价格时考虑外部因素的影响。Wise Domotics 公司对产品的最终定价并没有最终决定权——决定权掌握在零售商手中。因此，该公司还必须从建议零售价开始，然后倒推求值。在此过程中，Wise Domotics 公司必须考虑向消费者销售产品的经销商所要求的价格加成。

　　一般来说，一美元的**加成**（markup）是公司产品的销售价格与其制造或购买成本之间的差额。对于零售商而言，加成是它向消费者索取的价格与零售商必须支付的产品成本之间的差额。因此，对于任何层级的经销商而言：

　　　　加成 = 销售价格 − 成本

加成通常以百分比来表示，有两种方式来计算加成——按成本或按销售价格计算：

　　　　成本的加成比例 = 加成 / 成本
　　　　销售价格的加成比例 = 加成 / 销售价格

　　若要进行经销商利润分析，Wise Domotics 公司还必须先设置建议零售价，然后倒推出它销售给批发商的价格。假设零售商预计获取 30% 的利润，批发商则希望基于它们的销售价格获取 20% 的利润。此外，假设 Wise Domotics 公司给产品设置的制造商建议零售价（MSRP）为 299.99 美元。

　　Wise Domotics 公司之所以选择 299.99 美元为建议零售价，是因为这个价格既低于大多数竞争对手，又不至于让消费者认为产品质量可能很差。此外，该公司的研究还表明，这个价格低于更多消费者愿意为该产品支付的价格上限。通过利用购买者的价值感知而不是卖方的成本来确定建议零售价，Wise Domotics 公司使用的是**基于价值定价**（value-based pricing）的方法。为了简单起见，本书将在进一步分析中使用 300 美元作为建议零售价。

　　为了确定 Wise Domotics 公司向批发商的要价，就必须先从零售价格中减去零售商的利润，以便确定零售商的成本（300 −（300 × 0.30）=210）。零售商的成本是批发商的价格，因此 Wise Domotics 公司再减去批发商的利润（210 −（210 × 0.20）=168）。因此，代表 Wise Domotics 公司新产品在每个渠道层级的加成顺序的**加成链**（markup chain）如下：

建议零售价格：	300（美元）
减去零售利润（30%）：	−90（美元）
零售商成本 / 批发商价格：	210（美元）
减去批发商利润（20%）：	−42（美元）
批发商成本 /Wise Domotics 价格：	168（美元）

　　扣除加成链中每个层级的加成，Wise Domotics 公司卖给批发商的产品价格为 168 美元。

盈亏平衡和利润分析

前面的分析得出 Wise Domotics 公司基于价值的产品价格为 168 美元。虽然这个价格比盈亏平衡价格 145 美元更高，并且弥补了成本，但这个价格是以 100 万台需求为前提的。然而，Wise Domotics 公司必须达到什么水平的销量和销售额才能在 168 美元这个价格上实现盈亏平衡？为了实现各种利润目标，必须达到什么样的销量呢？这些问题可以通过盈亏平衡和利润分析来回答。

确定盈亏平衡销售量和销售额

基于成本、顾客价值、竞争环境以及经销商的需求，Wise Domotics 公司决定将对批发商的售价定为 168 美元。在这个价位上，Wise Domotics 公司需要什么样的销售水平才能达到盈亏平衡，或者从产品中盈利呢？**盈亏平衡分析**（break-even analysis）确定了特定价格和成本结构下盈利所需的销售量和销售额。在盈亏平衡点上，总收入等于总成本，并且利润为零。高于这一点，该公司将会盈利；低于这一点，该公司将会亏损。Wise Domotics 公司可以使用下面的公式来计算盈亏平衡销售量：

盈亏平衡销售量 = 固定成本 /（价格 − 单位可变成本）

其中，分母（价格 − 单位可变成本）称为**单位贡献**（unit contribution）（有时称为边际贡献），表示的是每个单位用于支付固定成本的金额。盈亏平衡销售量代表支付所有（可变和固定）成本的产出水平。在 Wise Domotics 公司的案例中，盈亏平衡销售量是：

盈亏平衡销售量 = 固定成本 /（价格 − 单位可变成本）= 20 000 000/（168 − 125）= 465 116.3（台）

因此，在给定的成本和定价结构下，Wise Domotics 公司在销量为 465 117 台时，才能达到盈亏平衡。

要确定盈亏平衡销售额，只需将盈亏平衡销售量乘以价格：

盈亏平衡销售额 = 盈亏平衡销售量 × 价格 = 465 117 × 168 = 78 139 656（美元）

另外一种计算盈亏平衡销售额的方法，是使用边际贡献百分比（以下简称**边际贡献**（contribution margin）），它由单位贡献除以售价得出：

边际贡献 =（价格 − 单位可变成本）/ 价格 =（168 − 125）/168 = 0.256 或 25.6%

然后：

盈亏平衡销售额 = 固定成本 / 边际贡献 = 20 000 000/0.256 = 78 125 000（美元）

请注意，这两个盈亏平衡销售额计算之间的差异是由四舍五入引起的。

这种盈亏平衡分析有助于 Wise Domotics 公司明确支付成本所需的销量。如果生产能力不能达到这一产量水平，那么该公司就不该投放此产品。然而，这个盈亏平衡销售量恰好在 Wise Domotics 的产能范围之内。当然，更大的问题是 Wise Domotics 公司能否以 168 美元的价格达到这个销量。我们稍后将解决这个问题。

理解边际贡献对于其他类型的分析也是有用的，尤其是当价格和单位可变成本未知时，或者当一家企业（如零售商）以不同的价格出售许多产品，并且知道总可变成本占销售总额的百分比时。而单位贡献是价格和单位可变成本之间的差额，总贡献是销售总额和总可变成本之间的差额。总边际贡献可以用下式计算：

总边际贡献 =（销售总额 − 总可变成本）/ 销售总额

无论实际销售水平如何，如果企业知道可变成本占销售额的百分比，就可以计算出边际贡献。举例来说，Wise Domotics 公司的单位可变成本为 125 美元，或售价的 74%（125÷168＝0.74）。这意味着 Wise Domotics 公司每一美元的销售收入中有 0.74 美元是可变成本，其差额（0.26 美元）表示弥补固定成本的贡献值。但是，即使该公司不知道它的价格和单位可变成本，它也可以根据销售总额和总可变成本或是总成本结构的信息计算出边际贡献。可以不考虑实际绝对量，设销售总额为 100%，那么边际贡献的计算如下：

$$边际贡献 =（100\% - 74\%）/100\% =（1 - 0.74）/1 = 1 - 0.74 = 0.26 \text{ 或 } 26\%$$

需要注意的是：这与根据价格和单位可变成本的信息来计算的百分比相匹配。这种计算方式在以后分析各种市场营销决策时非常有用。

为利润目标确定"盈亏平衡"

虽然知道盈亏平衡点很有用，但大多数企业更感兴趣的是盈利。假设 Wise Domotics 公司想要在第一年就获得 500 万美元的利润，那它必须在 168 美元这个价格下出售多少产品才能支付固定成本并获得相应的利润呢？为了解决这一问题，Wise Domotics 公司可以简单地在利润目标基础上加上固定成本，再除以单位贡献来确定销售额：

$$销售量 =（固定成本 + 利润目标）/（价格 - 单位可变成本）=（20\,000\,000+5\,000\,000）/（168-125）$$
$$= 581\,395.3（台）$$

因此，为了赚取 500 万美元的利润，Wise Domotics 公司必须卖出 581 396 台产品。这个数量乘以价格就是要达到 500 万美元利润所需的销售额：

$$销售额 = 581\,396 \times 168 = 97\,674\,528（美元）$$

或者使用边际贡献来计算：

$$销售额 =（固定成本 + 利润目标）/ 边际贡献 =（20\,000\,000 + 5\,000\,000）/0.256$$
$$= 97\,656\,250（美元）$$

请注意这两个销售额计算之间的差异是由四舍五入引起的。

如前所述，利润目标也可表述为目标投资回报率。例如，Wise Domotics 公司希望其 1 000 万美元投资的回报率为 30%，那么其绝对利润目标为 300 万美元（10 000 000×0.30）。这个利润目标的处理方式与前面的例子相同[2]：

$$销售量 =（固定成本 + 利润目标）/（价格 - 单位可变成本）=（20\,000\,000+3\,000\,000）/（168-125）$$
$$= 534\,884（台）$$
$$销售额 = 534\,884 \times 168 = 89\,860\,512（美元）$$

或者

$$销售额 =（固定成本 + 利润目标）/ 边际贡献 =（20\,000\,000 + 3\,000\,000）/0.256$$
$$= 89\,843\,750（美元）$$

最后，就像之前我们在定价分析中所看到的那样，Wise Domotics 公司可以用销售额的百分比来表示其利润目标。假设 Wise Domotics 公司想要 25% 的销售额作为回报。为了确定实现这一目标所需要的销售量和销售额，计算与先前两个例子略有不同。在这种情况下，我们将利润目标作为附加可变成本引入单位贡献当中。这样来看，如果每笔销售额的 25% 必须作为利润，那么只剩下 75% 的销售价格来承担固定成本。因此，公式变为：

$$销售量 = 固定成本 /[价格 - 单位可变成本 -（0.25 \times 价格）]$$

或者

固定成本 /［（ 0.75× 价格 ）－单位可变成本 ］

所以

销售量 = 20 000 000/［（ 0.75×168 ）－125 ］= 20 000 000（台）
需要的销售额 = 20 000 000×168 = 3 360 000 000（美元）

因此，鉴于目前的价格和成本结构，Wise Domotics 公司需要超过 30 亿美元的销售额才能实现 25% 的销售回报。它有可能实现这个水平的销售额吗？主要观点是：虽然盈亏平衡分析可以确定弥补成本或实现既定利润目标所需要的销售水平，但它并没有告诉企业是否有可能在指定价格下真正实现这种销售水平。为了解决这个问题，Wise Domotics 公司还需要估计该产品的需求。

在继续探讨之前，让我们练习一下到目前为止所涉及的主要概念。到此为止，你已经明白了定价和盈亏平衡分析在 Wise Domotics 公司投放新产品中的实际应用，下面的几个练习可以让你在其他情境下应用所习得的知识。

营销计算练习一

既然你已经通过 Wise Domotics 公司的新产品投放学习到了有关定价、盈亏平衡和利润分析等知识，接下来请将这些概念应用到下面的练习之中：

1.1　Lawn King 公司是一个割草机制造商，产品的单位生产成本为 450 美元。它的总固定成本为 600 万美元。如果该公司生产 100 万台产品，请计算：

a. 单位成本。

b. 如果公司希望获得 30% 的销售额回报，则加成价格是多少？

c. 如果公司希望通过投资 200 万美元获得 60% 的回报，ROI 价格是多少？

1.2　一个运动品商店老板采购商品在店内进行销售。她购买了一艘价格为 250 美元的皮艇，并以 625 美元的价格出售。请计算：

a. 加成价格。

b. 成本的加成百分比。

c. 售价的加成百分比。

1.3　一名消费者从零售商那里以 150 美元的价格购买了一辆自行车。零售商的加成是 40%，批发商的加成是 15%，两者都基于销售价格。那么制造商卖给批发商的价格是多少？

1.4　一个家具制造商的餐桌的单位成本为 100 美元，并希望在售价基础上获得 60% 的利润。假设制造商直接销售给零售商，零售商之后在售价基础上增加 50% 的利润，请计算卖给消费者的零售价格。

1.5　Home Solutions 公司生产互联网门铃，并以 55 美元的价格通过分销渠道出售给中介商。每个门铃的制造成本是 15 美元，固定成本 55 万美元。

请计算：

a. 单位贡献和边际贡献。

b. 盈亏平衡销售量和销售额。

c. 当 Home Solutions 公司的利润目标是 300 万美元时，销售量和销售额是多少？

d. 当 Home Solutions 公司的利润目标是销售额的 10% 时，销售量和销售额是多少？

➡ 需求预测

市场潜力和销售估计

Wise Domotics 公司已经计算出新产品实现盈亏平衡和各项利润目标所需要的销售额。然而，该公司需要更多的需求信息，以便评估达到所需销售水平的可行性。而且生产和其他决策也需要这些信息。例如，开发生产计划和规划市场营销策略。

产品或服务的**市场总需求**（total market demand）是指在一个限定的地区和时间段内，在特定的市场环境下，通过一定的市场营销活动及其组合，由特定的消费群体购买的总量。市场总需求不是一个固定的数字，而是所规定条件的函数。例如，对于某种类型的产品，下年的市场总需求将依赖于其他生产商花在品牌营销上的费用。当然，这也取决于许多环境因素，如政府法规、经济条件以及消费者对特定市场的信心水平等。一般把市场需求的上限称为**市场潜力**（market potential）。

Wise Domotics 公司可以用一个普遍而实用的方法来估计市场总需求，该方法使用了三个变量：（1）潜在买家数量；（2）平均每个买家每年购买的数量；（3）平均单位价格。

使用这些数字，Wise Domotics 公司可估计出市场总需求如下：

$$Q = n \times q \times p$$

式中，Q 为市场总需求；n 为市场中买家数量；q 为平均每个买家每年购买的数量；p 为平均单位价格。

这种方法的一种变形是**连锁比率法**（chain ratio method）。该方法是将一个基数乘以若干个调整百分比。举例来说，Wise Domotics 公司所设计的产品旨在实现家庭中多个联网智能设备的自动运行。因此，只有在家中拥有宽带网络和 Wi-Fi 的消费者才能使用该产品。但是并非所有拥有宽带网络和 Wi-Fi 的消费者都愿意并且能够购买这种产品。Wise Domotics 公司可以使用以下一系列的计算来估计美国市场的需求：

$$美国家庭总数 \times \frac{拥有宽带网络的}{家庭百分比} \times \frac{拥有 Wi\text{-}Fi 的}{家庭百分比} \times \frac{愿意并且有能力购买该}{设备的家庭百分比}$$

美国人口普查局估计，美国大约有 1.2 亿个家庭。Wise Domotics 公司的研究表明，有 70% 的美国家庭拥有宽带网络，其中又有 71% 的家庭拥有 Wi-Fi。[3] 同时，该公司的研究表明，35% 的家庭拥有所需的可支配收入，并愿意购买此商品。于是，愿意且能够购买这款产品的家庭总数为：

$$120\ 000\ 000 \times 0.7 \times 0.71 \times 0.35 \approx 20\ 900\ 000$$

每个家庭只需要购买一台设备就可以控制家里所有的智能设备。假设这个产品的所有品牌的平均零售价为 350 美元，对市场总需求的估算如下：

$$20\ 900\ 000 \times 1 \times 350 = 7\ 315\ 000\ 000（美元）$$

上述这个简单的计算只是为 Wise Domotics 公司提供对潜在需求的粗略估计。如果考虑更多因素和条件，将会得到更加准确和细致的估计。不过，这些都只是对市场潜力的估计，它们在很大程度上依赖于对调整百分比、平均数量和平均价格的假设。因此，Wise Domotics 公司必须确保它的假设是合理的、不易被推翻的。正如我们所看到的，与销售额有关的整体市场潜力可能会因为使用的平均价格而发生很大变化。正是出于这个原因，Wise Domotics 公司会利用销售额的潜力来确定下年的销售量的预测。就销售量而言，市场潜力是 20 900 000 台（20 900 000 户 ×1 台 / 户）。

假设 Wise Domotics 公司预计投放该产品之后，第一年将占有 3.56% 的市场份额，那么它可以预测销售量为 20 900 000 台 × 0.035 66 = 744 040 台。当售价为每台 168 美元时，销售额达到 124 998 720 美元（744 040 台 × 168 美元 / 台）。为简单起见，接下来将使用 1.25 亿美元的预测销售额进行下一步分析。

这个估计销售量恰好在 Wise Domotics 公司的生产能力范围之内，不仅超过之前计算的盈亏平衡销售量（465 117 台），而且超过了实现 500 万美元的利润（581 396 台）或者 30% 的投资回报（534 884 台）所需的销售量。然而，这一预测远远低于实现销售额 25% 的回报所需要的销售量（2 000 万台），并可能要求 Wise Domotics 公司调整其预期。

为了评估预期利润，现在必须着眼于投放这款产品的预算开支。要做到这一点，需要构建一个预计利润表。

利润表和市场营销预算

所有的市场营销管理者都必须考虑市场营销战略对利润的影响。预测该影响的主要工具是**预计利润表**（pro forma profit-and-loss statement）（或预期利润表，也称**损益表**（income statement）或**营业报表**（operating statement））。预计报表显示预计收入减去预算开支以及在一个具体的规划期（通常是一年）内预计的组织、产品或品牌的净利润。其中，包括直接生产成本、为达到销售预测所需的市场营销开支以及给组织或产品分摊的管理费用。利润表通常由几个主要部分组成，如表 A3 - 1 所示。

表 A3 - 1 截至 2019 年 12 月 31 日的预计利润表 　　　　　　　　　　　　单位：美元

			占净销售额的比例
净销售额		125 000 000	100%
商品销售成本		62 500 000	50%
毛利		62 500 000	50%
市场营销费用			
销售费用	17 500 000		
促销费用	15 000 000		
运输费用	12 500 000	45 000 000	36%
一般及行政费用			
管理人员工资和费用	2 000 000		
间接费用	3 000 000	5 000 000	4%
税前净利润		12 500 000	10%

● 净销售额：总销售收入减去退货及折扣（如交易、现金、数量和促销折扣）。根据之前的分析，Wise Domotics 公司在 2019 年的净销售额预计为 1.25 亿美元。

● 商品销售成本（有时称为销售成本）：制造商或经销商销售商品的实际成本，包括库存成本、采购成本以及与制造产品相关联的其他成本。估计 Wise Domotics 公司所售商品的成本是净销售额的 50%，即 6 250 万美元。

● 毛利（或总利润）：净销售额和所售商品成本之间的差额。Wise Domotics 公司的毛利估计为 6 250 万美元。

● 营业费用：在营业过程中所发生的费用，包括除所售商品成本之外开展业务所需的其他所有花销。营业费用可按照全部或部分明细加以展示。在这里，Wise Domotics 公司的市场营销费用和一般及行政费用被包含在营业费用当中。

市场营销费用包括销售费用、促销费用和运输费用。新产品将通过 Wise Domotics 公司的销售队伍进行销售，该公司预计销售人员工资为 500 万美元。然而，由于销售代表将获得净销售额 10% 的佣金，Wise Domotics 公司必须在 1 250 万美元（1.25 亿美元净销售额的 10%）的销售费用中增加一个可变部分，总预算销售费用因而变为 1 750 万美元。Wise Domotics 公司将促销费用定为 1 000 万美元。然而，该公司还准备从净销售额中提取 4% 的金额，即 500 万美元作为给那些在其广告中推销 Wise Domotics 公司新产品的零售商的合作广告津贴。因此，促销费用的总预算为 1 500 万美元（广告 1 000 万美元，外加 500 万美元的合作津贴）。最后，Wise Domotics 公司将净销售额的 10%，即 1 250 万美元作为运输费用。总之，总的市场营销费用估计为 1 750 万美元 + 1 500 万美元 + 1 250 万美元 = 4 500 万美元。

一般及行政费用估计为 500 万美元，细分为管理人员工资和费用 200 万美元以及由公司会计分配给这个产品的间接费用（如折旧、利息、维修和保险费用）300 万美元。那么，一年的总支出估计为 5 000 万美元（4 500 万美元的市场营销费用 +500 万美元的一般及行政费用）。

- 税前净利润：扣除所有成本后获得的利润。Wise Domotics 公司估计税前净利润为 1 250 万美元。

总之，如表 A3－1 所示，Wise Domotics 公司预计新产品的利润为 1 250 万美元。还要注意的是，利润表的每个组成部分占净销售额的百分比位于表格的右列。这些百分比由成本除以净销售额来确定（比如 4 500 万美元 ÷1.25 亿美元，得到市场营销费用占净销售额的比例为 36%）。可以看出，Wise Domotics 公司预计投放该产品后的第一年税前净利润为净销售额的 10%。

市场营销绩效指标

现在，让我们快进一年。假如 Wise Domotics 公司的产品已经上市一年了，管理人员想要评估其销售和利润绩效。这种评估方法是利用 Wise Domotics 公司的**利润表**（profit-and-loss statement）（也称**损益表**（income statement）或**营业报表**（operating statement））来计算绩效比例。

预计利润表给出了预计的财务绩效，表 A3－2 显示了过去一年里 Wise Domotics 公司基于实际销售、商品销售成本和支出的实际财务绩效。通过比较不同周期的利润表，Wise Domotics 公司可以根据目标衡量绩效，发现有利或不利的发展趋势，并采取适当的纠正措施。

表 A3－2　截至 2019 年 12 月 31 日的利润表 　　　　　　　　　　　　　　　　　单位：美元

			占净销售额的比例
净销售额		100 000 000	100%
商品销售成本		55 000 000	55%
毛利		45 000 000	45%
市场营销费用			
销售费用	15 000 000		
促销费用	14 000 000		
运输费用	10 000 000	39 000 000	39%
一般及行政费用			
管理人员工资和费用	2 000 000		
间接费用	5 000 000	7 000 000	7%
税前净利润		-1 000 000	-1%

利润表显示 Wise Domotics 公司亏损了 100 万美元，而不是预计利润表里的盈利 1 250 万美元。为什么？一个显而易见的原因是：净销售额比预计净销售额低了 2 500 万美元。较低的净销售额导致与产品市场营销相关的可变成本也降低了。然而，固定成本和商品销售成本占净销售额的百分比都超出了预期。因此，产品的边际贡献是 21%，而不是估计的 26%。也就是说，可变成本占净销售额的 79%（商品销售成本 55%，销售佣金 10%，运输费用 10%，以及合作津贴 4%）。回想一下，边际贡献可以通过 1 减去可变成本部分来计算（1 - 0.79 = 0.21）。总固定成本为 2 200 万美元，比估计值多 200 万美元。因此，在这个成本结构下，Wise Domotics 公司达到盈亏平衡点的净销售额为：

盈亏平衡净销售额 = 总固定成本 / 边际贡献 = 22 000 000/0.21 = 104 761 905（美元）

如果 Wise Domotics 公司的净销售额增加 500 万美元，那么它将会盈利。

虽然 Wise Domotics 公司的净销售额低于预期，但销售此产品的整个行业都是如此。行业总销售额只有 25 亿美元。这意味着 Wise Domotics 公司的**市场份额**（market share）为 4%（1 亿美元 ÷25 亿美元 = 0.04 = 4%），这高于预测。因此，Wise Domotics 公司实现了高于预期的市场份额，但整体市场销售量却不如预期那么高。

分析比率

利润表提供了计算一些关键**运营比率**（operating ratios）——运营报表的项目与净销售额的比率值所需的数据。这些比率可以让市场营销人员对比企业这一年和过去几年的绩效（或与行业标准和竞争对手当年的绩效进行对比）。最常用的运营比率是毛利率、净利润率以及营业费用率。类似地，存货周转率和投资回报率经常用来衡量管理的效果和效率。

其中，**毛利率**（gross margin percentage）指的是除去销售成本以后，可以计入营业费用和税前净利润的剩余净销售额百分比。该比率越高，说明企业有越多资金支付费用进而赚取利润。Wise Domotics 公司的毛利率为 45%。

毛利率 = 毛利 / 净销售额 = 45 000 000/100 000 000 = 0.45 = 45%

请注意，这一比率低于估计值，该比率可以在表 A3 - 2 的占净销售额的百分比一列中看到。在利润表中，这一栏是各项目占净销售额的百分比，它可以帮助管理者快速发现成本随时间的推移而发生的异常变化。如果产品的这个比率和以往相比有所下降，那么管理者应该仔细地进行检查，确定降低的原因（是由于销售量或价格降低，还是成本增加，或者两方面原因都有）。在 Wise Domotics 公司中，净销售额比预期低 2 500 万美元，而商品销售成本高于预期（55% 而非预期的 50%）。

净利润率（net profit percentage）显示每销售一美元转化为利润的百分比。它的计算方法是净利润除以净销售额：

净利润率 = 净利润 / 净销售额 = -1 000 000/100 000 000 = -0.01 = -1%

这个比率可在表中的占净销售额的比例一列中看到。Wise Domotics 公司推出新产品的第一年就亏损，考虑到产品上市前所估计的税前净利润超过 1 200 万美元，因此这不是一个好的情况。后面将会讨论想要推广产品的市场营销管理者应该做的进一步分析。

营业费用率（operating expense percentage）表示净销售额中计入营业费用的比率。一般而言，营业费用包括市场营销费用和其他与产品市场营销间接相关的费用，比如分配给该产品的间接费用等。它的计算方法是：

营业费用率 = 总费用 / 净销售额 = 46 000 000/100 000 000 = 0.46 = 46%

这个比率也可以通过将利润表中占净销售额的比例一列的营销费用百分比加上一般及行政费用百分比来确定（39% + 7%）。因此，每销售 1 美元有 46 美分用于营业。虽然 Wise Domotics 公司希望尽可能降低该比率，并且 46% 也不算很多，但它是否会随着时间的推移而增加，或者是否导致了亏损，就非常值得关注了。

另外一个有用的比率是**存货周转率（库存周转率）**（inventory turnover rate（stockturn rate））。所谓存货周转率是库存在指定时间（通常是一年）内周转或出售的次数。这个比率表示企业通过组织转移库存的速度。一般而言，比率高表明对库存的投资较低，从而腾出资金用于其他投资。它可以基于成本、售价或单位来计算。基于成本的计算公式为：

存货周转率 = 商品销售成本 / 平均库存成本

假设 Wise Domotics 公司期初和期末的库存分别为 3 000 万美元和 2 000 万美元，则存货周转率为：

存货周转率 = 55 000 000/[（30 000 000 + 20 000 000）/2]=55 000 000/25 000 000 = 2.2

也就是说，2019 年 Wise Domotics 公司的库存周转 2.2 次。在一般情况下，周转率越高，管理效率和企业的盈利能力也就越高。但是，只有将这个比率与行业平均水平、竞争对手的比率和过去的绩效相比较，才能够确定 Wise Domotics 公司是否经营得足够好。一个具有相似销售额但存货周转率更高的竞争对手，其库存占用的资源较少，因此可以投资其他业务领域。

企业经常使用**投资回报率**（return on investment，ROI）来衡量管理的效果和效率。对于 Wise Domotics 公司而言，投资回报率是净利润占制造新产品所需总投资的比例。这些投资包括土地、建筑物和设备投资（这里，最初的 1 000 万美元用于翻新工厂设备），加上库存成本（Wise Domotics 公司的平均库存总计 2 500 万美元），共计 3 500 万美元。因此，Wise Domotics 公司该产品的投资回报率是：

投资回报率 = 净利润 / 投资 = −1 000 000/35 000 000 = −0.028 6 = −2.86%

投资回报率常用于比较备选方案，企业期望看到投资回报率是一个正值。具有最高投资回报率的方案，往往要优于其他备选方案。Wise Domotics 公司应该关心投资回报率的实现。Wise Domotics 公司要提高投资回报率，一个显而易见的方法就是通过减少开支增加净利润，另外一种方式则是降低投资，比如减少在库存方面的投资和加快周转。

市场营销盈利能力指标

鉴于上述财务结果，你可能会认为 Wise Domotics 公司应该放弃这种新产品。但是，市场营销人员决定保留或放弃产品的依据是什么呢？放弃该产品最明显的理由是：第一年的净销售额远低于预期水平以及产品亏损，导致投资回报率为负。

如果 Wise Domotics 公司放弃这一产品会发生什么呢？令人惊讶的是，如果该公司放弃了这个产品，整个组织的利润将减少 400 万美元！怎么会这样？市场营销管理者需要密切关注利润表中的数字，以便确定该产品的净营销贡献。对于 Wise Domotics 公司而言，该产品的净营销贡献为 400 万美元；如果公司放弃了该产品，这一贡献也将消失。下面再来仔细看看这个概念，以了解市场营销管理者如何才能更好地评估和捍卫自己的市场营销战略和计划。

净营销贡献

净营销贡献（net marketing contribution，NMC）以及从中衍生的其他市场营销指标，衡量了市场营销盈利能力。它只涉及由市场营销控制的盈利能力部分。尽管先前在利润表中关于税前净利润的计算包括了不受市场营销控制的营业费用，但净营销贡献却不包括营业费用。再参照表 A3 - 2 所给出的利润表，我们可以计算出该产品的净营销贡献：

净营销贡献＝净销售额－商品销售成本－市场营销费用

$$= 100\ 000\ 000 - 55\ 000\ 000 - 41\ 000\ 000 = 4\ 000\ 000（美元）$$

此处市场营销费用包括销售费用（1 500 万美元）、促销费用（1 400 万美元）、运输费用（1 000 万美元），以及管理人员工资和费用（200 万美元），总额为 4 100 万美元。

因此，该产品实际为 Wise Domotics 公司带来的净营销贡献为 400 万美元。正是分摊给该产品的 500 万美元的间接费用导致了最终的亏损。而且，分摊的金额比预计利润表的估计值还多 200 万美元。事实上，如果只是按照估算的金额进行分摊，该产品将赚取 100 万美元的利润，而非损失 100 万美元。如果 Wise Domotics 公司放弃了这个产品，500 万美元的间接费用不会消失，它只会分摊到其他地方，公司最终将损失 400 万美元的净营销贡献。

市场营销销售回报率和市场营销投资回报率

要更深入地了解市场营销战略对利润的影响，需要考察和衡量市场营销效率的两个指标——市场营销销售回报率（市场营销 ROS）和市场营销投资回报率（市场营销 ROI）。[4]

其中，**市场营销销售回报率（市场营销 ROS）**（marketing return on sales（marketing ROS））表示净营销贡献占净销售额之比。对于案例中的产品而言，市场营销 ROS 是：

$$市场营销 ROS = 净营销贡献 / 净销售额 = 4\ 000\ 000/100\ 000\ 000 = 0.04 = 4\%$$

因此，Wise Domotics 公司每 100 美元的销售额中有 4 美元的产品回报。一般而言，市场营销 ROS 越高越好。但是，要评估绩效水平，Wise Domotics 公司还必须将该产品现在的市场营销 ROS 与以往的市场营销 ROS、该公司投资组合中其他产品的市场营销 ROS 以及竞争产品的市场营销 ROS 进行比较。

市场营销投资回报率（市场营销 ROI）（marketing return on investment（marketing ROI））衡量了市场营销投资的效率。在 Wise Domotics 公司的这个例子中，市场营销投资在总开支中占有 4 100 万美元。因此，市场营销投资回报率是：

$$市场营销 ROI = 净营销贡献 / 市场营销费用 = 4\ 000\ 000/41\ 000\ 000 = 0.097\ 6 = 9.76\%$$

与市场营销 ROS 一样，市场营销 ROI 也是越高越好，但市场营销 ROI 应该与该产品以前的市场营销 ROI 以及竞争产品的市场营销 ROI 进行比较。请注意，上述等式中市场营销 ROI 可能会超过 100%，这可以通过获得更高的净营销贡献和 / 或更低的市场营销费用来实现。

在本部分，我们估计了市场潜力及销售额，开发了利润表并考察了财务绩效指标。下一部分将讨论用于分析各种市场营销策略的方法。在这之前，下面的练习可帮助你将所学知识应用到其他情境中去。

营销计算练习二

2.1　某产品存在 1 000 万潜在购买者，平均每人每年购买 5 件产品，产品的平均售价为 5 美元，请确定该产品的市场潜力。

2.2　为一家去年净销售额为 5 000 万美元的公司编制利润表。该公司销售成本占净销售额的 45%。市场营销费用包括销售费用、促销费用和运输费用。销售费用包括每年 200 万美元的销售人员工资以及销售佣金（销售额的 10%），该公司去年在广告上花费了 200 万美元，运输费用占销售额的 5%。其他费用包括管理人员工资和费用 50 万美元，及其他间接费用 200 万美元。

2.3　使用你在问题 2.2 中编制的利润表，并假设该公司的期初库存是 1 500 万美元，期末库存是 600 万美元，包括库存在内的总投资为 3 000 万美元，计算以下比率：

a. 毛利率。

b. 净利润率。

c. 营业费用率。

d. 存货周转率。

e. 投资回报率。

f. 净营销贡献。

g. 市场营销销售回报率。

h. 市场营销投资回报率。

i. 该公司经营得好吗？请解释。

➡ 市场营销策略的财务分析

　　尽管在第一年，Wise Domotics 公司新产品的利润比预期的要少，但是管理层认为这个极具吸引力的市场具有良好的发展机会。虽然 Wise Domotics 公司产品的销售额比最初预计的要低，但是考虑到当前的市场规模，这个销售额是合理的。因此，Wise Domotics 公司希望探索新的市场营销策略，以便帮助企业增加产品的市场份额并提升销售额。

　　例如，该公司可以通过增加广告投入来提升新产品的知名度，还可以增加销售人员以保障更大范围的产品分销，或者降低产品价格，让更多的消费者买得起。此外，Wise Domotics 公司可以在原来高价销售模式之外引入低价模式来扩大市场。然而，在实施这些市场营销策略之前，Wise Domotics 公司必须分析每一种策略可能引起的财务变化。

增加广告支出

　　Wise Domotics 公司正在考虑通过增加广告投入的方式，使更多人认识到这个产品的优点，提升品牌的知名度。假设 Wise Domotics 公司的市场营销人员建议增加 50% 的全国性广告，使广告费用达到 1 500 万美元，结果会是什么样的（假设促销支出中的可变合作部分没有变化）？这意味着增加了 500 万美元的固定成本。那么销售额需要增加多少，才能在这增加的 500 万美元固定成本基础上实现盈亏平衡？

　　一个能够回答这个问题的简洁方法，就是用增加的固定成本除以边际贡献，在前面的分析中，我们计算出边际贡献为 21%。

$$销售额的增加量 = 固定成本的增加量 / 边际贡献 = 5\,000\,000/0.21 = 23\,809\,524（美元）$$

　　因此，增加 50% 的广告支出意味着必须使销售额增加近 2 400 万美元才能实现盈亏平衡。这 2 400 万美元的销售额的增加量可以转化为大约 1% 的市场份额的增加量（25 亿美元的总市场规模的 1% 相当于 2 500 万美元）。也就是说，为了在增加广告支出基础上实现盈亏平衡，Wise Domotics 公司必须将其市场份额从 4% 提高到 4.95%（123 809 524 美元 ÷25 亿美元 = 0.049 5 或 4.95%）。这一切都是以整个市场不会增长为前提，这可能是一个合理的假设，也可能不是。

增加分销覆盖率

　　Wise Domotics 公司也在考虑雇用更多的销售人员来开发新的零售客户，并通过更多的零售店增加产品的分销。尽管 Wise Domotics 公司将产品直接销售给批发商，但它的销售代表仍然呼吁零售商履行除销售之外的其他职能，如培训零售人员等。目前，Wise Domotics 公司雇用了 70 名销售代表，他们可以拿到平均 60 000 美元的工资，外加 10% 的销售佣金。目前，产品通过 1 875 家零售店卖给消费者。假设 Wise Domotics 公司想要将零售店的总数增加到 2 500 家，即增加 625 家零售店。Wise Domotics 公司还需要多少额外的销售代表？在这种成本增加的基础之上实现盈亏平衡需要达到怎样的销售水平？

一种用于确定 Wise Domotics 公司需要多少销售代表的方法，是**工作量法**（workload method）。一般而言，工作量法可以使用下面的公式来确定销售代表的规模：

$$NS = (NC \times FC \times LC)/TA$$

式中，NS 为销售代表的数量；NC 为顾客数量；FC 为访问每位顾客的平均频率；LC 为访问顾客的平均时长；TA 为每个销售代表每年用于销售的时间。

Wise Domotics 公司的销售代表通常每年拜访顾客 20 次，每次拜访 2 小时。尽管每个销售代表每年工作 2 000 小时（50 周 / 年 × 40 小时 / 周），但是他们每周会将大约 15 小时用于非销售活动，如行政职责和出差等。因此，每个销售代表每年用于销售的平均时间为 1 250 小时（50 周 / 年 × 25 小时 / 周）。这样就能够计算出 Wise Domotics 公司需要多少销售代表才能覆盖预期的 2 500 家零售店了。

$$NS = (2\ 500 \times 20 \times 2)/1\ 250 = 80\ （人）$$

因此，Wise Domotics 公司需要再雇用 10 个销售代表。雇用这些销售代表的成本为 60 万美元（10 个销售代表 × 60 000 美元的工资）。

需要增加多少销售额才能够实现固定成本增加情况下的盈亏平衡呢？10% 的佣金已经计入边际贡献中，所以边际贡献仍维持在 21%。因此，为了填补增加的固定成本，销售额的增加量可以通过以下公式来计算：

销售额的增加量 = 固定成本的增加量 / 边际贡献 = 600 000/0.21 = 2 857 143（美元）

也就是说，Wise Domotics 公司的销售额必须增加大约 300 万美元才能在这一市场营销策略下实现盈亏平衡。那么，该公司需要确保增加多少新的零售店才能实现销售额的这种增长？目前每个零售店产生的平均收益为 53 333 美元（1 亿美元的销售额除以 1 875 家零售店）。为了达到盈亏平衡，Wise Domotics 公司需要大约 54 家新店（2 857 143 美元 ÷ 53 333 美元 = 53.6 家零售店），或者每个新销售代表覆盖 5 ～ 6 家零售店。考虑到目前每个销售代表覆盖约 27 家零售店（1 875 家零售店 ÷ 70 个销售代表），Wise Domotics 公司能够在这一市场营销策略上实现盈亏平衡似乎非常合理。

降低价格

Wise Domotics 公司也可以考虑通过降低产品的价格来增加销售量，从而进一步增加销售额。通过研究发现，大多数消费类电子产品的需求是有弹性的。也就是说，需求量增加的百分比比价格降低的百分比更大。

如果价格降低 10% 的话，那么销售额需要增加多少才能实现盈亏平衡呢？即销售额需要增加多少才能维持 Wise Domotics 公司在更高的价格上所实现的总贡献？当前总贡献可以用边际贡献乘以销售额来确定[5]：

当前总贡献 = 边际贡献 × 销售额 = 0.21 × 100 000 000 = 21 000 000（美元）

价格的改变会导致单位贡献和边际贡献的改变。回想一下，21% 的边际贡献建立在占销售额 79% 的可变成本的基础之上。因此，单位可变成本能够通过初始价格乘以这个百分比来确定：168 美元 × 0.79 = 132.72 美元。如果价格降低 10%，那么新价格为 151.2 美元。然而，单位可变成本不会仅仅因为价格降低而发生改变，所以单位贡献和边际贡献的减少如下：

	旧	新（降低 10%）
价格（美元）	168	151.20
单位可变成本（美元）	132.72	132.72
单位贡献（美元）	35.28	18.48
边际贡献	35.28 美元 /168 美元 = 0.21 或 21%	18.48 美元 /151.20 美元 = 0.12 或 12%

所以，价格降低 10% 会导致边际贡献从 21% 降到 12%。[6] 为了确定在该价格下降的情况下，实现盈亏平衡所需要的销售额水平，我们计算了在新的边际贡献下实现 2 100 万美元的初始总贡献必须达到的销售额水平：

$$新的边际贡献 \times 新的销售额水平 = 初始总贡献$$

所以，

$$新的销售额水平 = 初始总贡献 / 新的边际贡献 = 21\,000\,000/0.12 = 175\,000\,000（美元）$$

因此，销售额必须增加 7 500 万美元（175 000 000 美元 − 100 000 000 美元）才能在价格下降 10% 的情况下实现盈亏平衡。这意味着 Wise Domotics 公司必须将市场份额增加到 7%（175 000 000 美元 ÷ 2 500 000 000 美元）才能实现当前的利润水平（假设总体市场销售额没有增加）。然后，市场营销管理者必须评估这个目标是否合理。

延伸产品线

Wise Domotics 公司也可以考虑通过提供一个低价模式来扩展其产品线作为最后的策略选择。当然，这种新的低价产品会从高价产品那里夺走一部分销量。这就是所谓的**自相蚕食**（cannibalization），即一家企业的某种产品夺走了该企业其他产品的部分销量。如果新产品的贡献比原产品低，该公司的总体贡献将会因为同类产品的销售而下降。然而，如果新产品能够产生足够多的新销量，那么还是值得考虑的。

为了对自相蚕食情况进行评估，Wise Domotics 公司必须观察同时拥有两种产品时的增量贡献。在前面的分析中，我们确定了单位可变成本为 132.72 美元，单位贡献略高于 35 美元。假设下一年的成本不变，Wise Domotics 公司可以预期每销售 1 单位原产品将会带来大约 35 美元的单位贡献。

假设 Wise Domotics 公司提供的第一个产品模式称为 Wise Domotics1，而新的低价产品模式称为 Wise Domotics2。Wise Domotics2 将零售价定为 250 美元，并且零售商会采用与高价模式相同的价格加成百分比。因此，Wise Domotics2 给批发商的价格将为 140 美元，如下所示：

零售价：	250 美元
减去零售利润（30%）：	−75 美元
零售商成本 / 批发商价格：	175 美元
减去批发商的利润（20%）：	−35 美元
批发商成本 /Wise Domotics2 价格：	140 美元

如果 Wise Domotics2 的可变成本预计为 120 美元，那么它的单位贡献将为 20 美元（140 − 120 = 20）。这意味着 Wise Domotics2 每从 Wise Domotics1 夺取一个单位的销量，Wise Domotics 公司将损失 15 美元对固定成本和利润的贡献（即贡献 Wise Domotics2 − 贡献 Wise Domotics1 = 20 − 35 = −15）。这时，你可能会得出这样的结论：Wise Domotics 公司不应该采用这个策略，因为如果引入低价模式，该公司的情况会变得更糟。然而，如果 Wise Domotics2 可以获得足够多的额外销售量，

即使 Wise Domotics1 的销售量被蚕食，Wise Domotics 公司的情况也会变得更好。因此，该公司必须考察总贡献会发生什么变化，这就要求估计两种产品的销量。

最初，Wise Domotics 公司估计下一年 Wise Domotics1 的销售量将达到 600 000 台。然而，随着 Wise Domotics2 的引入，该公司现在估计这些销量中的 200 000 台将会被新产品模式所蚕食。如果 Wise Domotics 公司只销售 200 000 台 Wise Domotics2 新产品（从 Wise Domotics1 中蚕食的全部销售），那么该公司将损失 300 万美元的总贡献（200 000 个单位 × 每蚕食 1 单位损失 15 美元 = -300 万美元），这并不是一个理想的结果。然而，Wise Domotics 公司估计 Wise Domotics2 不仅会产生 200 000 台通过蚕食得到的销售量，还会有 500 000 台额外的销售量。因此，Wise Domotics2 的额外销售量的贡献将为 1 000 万美元（即 500 000 单位 × 20 美元 / 单位 = 10 000 000 美元）。引入 Wise Domotics2 的最终结果是，Wise Domotics 公司将会获得 700 万美元的总贡献。

下面对引入和未引入 Wise Domotics2 的情况进行比较：

	只有 Wise Domotics1	Wise Domotics1 和 Wise Domotics2
Wise Domotics1 的贡献	600 000 单位 ×35 美元 / 单位 = 21 000 000 美元	400 000 单位 ×35 美元 / 单位 = 14 000 000 美元
Wise Domotics2 的贡献	0	700 000 单位 ×20 美元 / 单位 = 14 000 000 美元
总贡献	21 000 000 美元	28 000 000 美元

在这两种情况下，总贡献的差额为 700 万美元的净收益（28 000 000 美元 -21 000 000 美元）。基于这个分析，Wise Domotics 公司应该引入 Wise Domotics2，因为它会带来正增量贡献。但是，如果添加这种产品模式导致固定成本增加额超过了 700 万美元，那么此时的净收益将为负值，Wise Domotics 公司就不应该采用这种策略。

到目前为止，你已经通过 Wise Domotics 公司推出新产品的例子了解到了这些市场营销策略分析概念的实际应用情况，下面通过几个练习来帮助你将自己所学知识应用到其他情境中去。

营销计算练习三

3.1 Synegys 公司通过美国南部地区的零售商向消费者销售应急灯。该公司的销售额为 100 万美元，边际贡献为 30%。该公司考虑以下措施来提高销量：

a. 市场营销管理者建议在消费者广告上增加 5 万美元的支出，针对这项支出，需要增加多少销售额才能实现盈亏平衡？这代表着销售额多大比例的增加？

b. 全面降价 5%，需要增加多少销售额才能维持 Synegys 公司目前的贡献？（参考注释［6］计算新的边际贡献百分比）这代表销售额多大比例的增加？

3.2 一家公司目前在行业内拥有 2 000 个顾客，并希望通过扩张到另一个地区市场再获得 3 000 个以上顾客。目前公司有 10 名销售代表，每人年收入 6 万美元，销售佣金为 5%。销售代表对每个顾客每年拜访 6 次，每次花费 1.5 小时。一个销售人员平均每年工作 2 000 小时（50 周 / 年 ×40 小时 / 周），但每个人每周将花费 10 小时从事非销售活动，如行政任务和出差。公司的贡献利润率为 40%，每位顾客平均为公司带来 5 万美元的销售额。

a. 企业需要招募多少位销售代表？

b. 增加一位销售代表所产生的成本费用需要增加多少销售额才能弥补？要想在公司雇用全部所需销售代表的基础之上达到盈亏平衡，销售额必须增加多少？

c. 企业需要获得多少顾客才能在这一策略下达到盈亏平衡？

3.3 专做牙齿美白产品的 BriteSmile 公司正在考虑在常规牙膏产品之外添加一种改良产

品——凝胶产品。公司提供给批发商的可变成本和价格为：

	目前的膏体产品	新的凝胶产品
单位销售价格（美元）	4.00	4.5
单位可变成本（美元）	1.7	2.5

　　BriteSmile 公司预计新产品投放市场的第一年销售量能够达到 100 万件，公司估计这些销量中的 45% 来自那些不经常购买 BriteSmile 产品的顾客（即新顾客）。BriteSmile 公司估计，如果不引入新的凝胶产品，原产品将会售出 150 万件。如果投放新凝胶产品的第一年的固定成本是 250 000 美元，BriteSmile 公司是否应该将新凝胶产品加入其产品线中呢？请说明理由。

注释

附录 4
市场营销职业生涯

你可能已经决定要从事市场营销职业，因为它提供了持续的挑战和有刺激性的问题、与人合作的机会以及极好的晋升机遇。但是你仍然可能不知道市场营销的哪个部分最适合自己——因为市场营销是一个非常广泛的领域，提供了多种职业选择。

本附录可以帮助你发现最适合自己特殊技能和兴趣的市场营销工作类型，向你展示如何进行求职以获得所需职位，描述向你开放的市场营销职业道路，并给出其他信息资源的建议。

➡ 当今的市场营销职业

市场营销领域正在蓬勃发展，近 1/3 的美国人现在从事与市场营销相关的职位。市场营销人员的薪酬可能因公司、职位和地区而异。一般来说，入门级市场营销人员的工资通常仅略低于工程和化学行业，等于或超过经济、金融、会计、一般商业和文科人员的起薪。此外，如果读者在入门级市场营销职位上取得了成功，那么很可能很快就被提升到更高级别的职位和薪资水平。此外，由于在工作中获得了有关消费者和产品的知识，市场营销职业经验也为晋升到某个组织的最高级别提供了极好的培训。

整体市场营销现状和趋势

在进行求职时，请考虑以下持续变化的市场营销现状和趋势：

关注顾客　越来越多的企业意识到，只有吸引顾客并为他们创造卓越的价值，才能在市场竞争中取胜。为了从顾客那里获取价值，企业必须首先找到更好的新方法来吸引顾客、解决顾客问题和提升顾客的品牌体验。这种对顾客的日益关注，使市场营销人员站在当今许多企业的最前沿。作为面向顾客的首要职能，市场营销的使命是让企业所有部门"思考顾客"。

技术　科技正在改变市场营销人员的工作方式。例如，互联网、社交媒体、移动和其他数字技术正在迅速改变市场营销人员与顾客互动和服务顾客的方式。市场营销人员也在改变一切，从创造新产品和广告宣传的方式，到获取信息和招聘人员的方式。在传统上，广告公司在顾客管理方面都会招聘"多面手"，而通才现在已经具备了全新的含义——广告顾客主管现在必须具备广泛且专业的知识。

多样性　从事市场营销的女性和少数族裔人数继续增加，女性和少数族裔也在迅速进入市场营销管理领域。例如，现在担任广告顾客主管的女性人数已经超过了男性。随着市场营销变得更加全球化，对多样化市场营销职位的需求将会持续增加，从而带来更多新的机会。

全球化　可口可乐、麦当劳、谷歌、沃尔玛、IBM、脸书和宝洁等已经成为跨国公司，在多个国家中拥有制造和市场营销运营业务。事实上，这些企业在美国境外的销售中所获得的利润通常都多于从国内销售中所获得的利润。参与国际市场营销的不仅仅是大型企业。各种规模的组织现在都登上了全球舞台。许多新的市场营销机会和职业将与不断扩大的全球市场直接相关。商业的全球化也意味着在 21 世纪的市场营销世界中，你将会需要更多的文化、语言和人际交往技能。

非营利组织。越来越多的大学、艺术团体、图书馆、医院和其他非营利组织都认识到了需要有效地向各种公众推销自己的"产品"和服务。这种观念催生了新的市场营销职位——这些组织会任命市场营销总监和营销副总裁或者聘请外部营销专家。

➡️ 在当今的市场营销世界中寻找工作

为了选择和找到合适的工作，你需要运用自己在本课程中所学到的市场营销技能，尤其是市场营销分析和计划。一般而言，可以按照以下八个步骤进行自我营销：（1）进行自我评估并寻求职业咨询；（2）查看职位描述；（3）探索就业市场并评估机会；（4）制定搜索策略；（5）准备简历；（6）撰写求职信并准备证明文件；（7）面试；（8）后续面试。

进行自我评估并寻求职业咨询

如果你难以确定哪种市场营销职位最适合自己，请先进行自我评估或寻求职业咨询。自我评估要求你诚实彻底地评估自己的兴趣、优势和劣势，包括自己擅长什么（最擅长和喜欢的技能）？自己不擅长什么？最大的兴趣是什么？职业目标是什么？是什么让自己从众多求职者中脱颖而出？

这些问题的答案可能会提示你应该寻求或避免哪些市场营销职业。以下书籍有助于完成有效的自我评估：尼古拉斯·罗尔（Nicholas Lore）的《探路者：如何选择或改变自己的职业以实现终生满意和成功》（*The Pathfinder: How to Choose or Change Your Career for a Lifetime of Satisfaction and Success*，Touchstone，2012）和理查德·博尔斯（Richard Bolles）的《你的降落伞是什么颜色的？（2018）》（*What Color Is Your Parachute? 2018*，Ten Speed Press，2017；www.eparachute.com）。另外，许多在线网站还提供自我评估工具，如 Keirsey Temperament Theory 和 Temperament Sorter，这是 Keirsey.com 提供的免费但广泛的评估。CareerLeader.com 提供了由哈佛商学院设计的、完整的在线企业职业自我评估计划，可付费使用。

如需寻找职业顾问来指导自己的职业评估，可以参阅理查德·博尔斯的《你的降落伞是什么颜色的？（2018）》，其中包含了针对不同州的、富有帮助性的样本信息。此外，CareerLeader.com 还提供个人职业咨询。（一些顾问也可以帮助你进行实际求职。）当然，你也可以使用所在学院或大学的职业咨询、测试和就业指导服务。

查看职位描述

在确定了自己的技能、兴趣和愿望之后，你需要查看哪些职位跟自己是最匹配的。当地图书馆或在线提供的两份美国劳工部出版物《职业展望手册》（www.bls.gov/ooh）和《职业名称词典》

（www.occupationalinfo.org）描述了各种职业所涉及的职责、所需的具体培训和教育、各领域的工作机会以及晋升的可能性和可能的收入。

最初设置的职业清单应该相当广泛且具有灵活性，并寻找不同方法来实现自己的职业目标。例如，如果你想从事市场营销管理工作，可以考虑公共部门、私营部门、地方和区域以及国内外企业等。起初，可以开放地探索多种选择。然后，可以专注于特定的行业和工作，同时列出自己的基本目标，并以此来指导自己做出选择。例如，你的职业清单中可能包括"在西海岸一个大城市附近的一家初创企业工作，为一家计算机软件公司做新产品规划工作"。

探索就业市场并评估机会

在这一阶段，你需要研究就业市场，看看哪个职位是实际可行的。而且你不必仅凭个人力量来做这件事，以下任何一项都可能对你有所帮助。

职业发展中心

所在大学的职业发展中心及其网站通常是很好的起点。例如，本科职业服务中心的网站提供了职业链接列表，可以帮助你集中精力检索所偏好的工作。大多数学校还提供职业教练和职业教育课程。同时，你还可以查阅全美大学与雇主协会（National Association of Colleges and Employers）网站（www.naceweb.org），其中发布了一份对雇主招聘意愿的全国性预测，提供最新的大学毕业生招聘意向（搜索："就业前景"（Job Outlook））。

此外，通过咨询公司网站、商业杂志和在线网站、年度报告、商业参考书、教练、职业顾问等，也可以了解自己感兴趣企业的相关信息，尝试分析行业和企业未来的增长和盈利潜力、晋升机会、薪资水平、进入的职位、出差时间和其他对你重要的因素。

招聘会

职业发展中心经常与企业招聘人员合作，组织校园招聘会。你可以上网查看自己所在地区即将举行的招聘会。例如，访问 www.nationalcareerfairs.com 或者 https://choicecareerfairs.com。

关系网

关系网——你可以向朋友、家人、社区里的人寻求工作机会，职业中心也是一个寻求市场营销工作职位的良好途径。有研究估计，60%～90% 的工作是通过关系网找到的。在这方面，重要的是扩大自己的关系网，尽可能联系每个人。

实习

实习有很多好处。例如，在某个感兴趣的特定领域获得经验，并建立联系网络。最大的好处是：有可能在毕业前或毕业后不久就获得一份比较理想的工作。根据全美大学与雇主协会最近的一项调查，雇主将上一年 51% 以上的实习生招聘为全职员工。在有过带薪实习经历并申请工作的大学生中，62% 的人至少获得了一份工作机会。相反，没有实习经历的求职大学生中，只有 43% 的人得到了工作机会。此外，有调查结果显示，对于高年级学生而言，有带薪实习经验的往往比没有实习经验的可接受的薪资中位数要高出 27%。

许多企业网站都有单独的实习板块。例如，可以查看 Internships.com、InternshipPrograms.com、MonsterCollege（college.monster.com/education）、CampusCareerCenter.com、InternJobs.com 和 GoAbroad.com（www.goabroad.com/intern-abroad）等网站了解相关信息。如果想了解一家自己想要求职的企业，你还可以访问该企业的网站，进入其人力资源部门查看是否有实习机会。如果没有列出来，还可以尝试发邮件给人力资源部门，询问是否提供实习机会。

网上求职

提供求职服务的网站数量在不断增加。你可以通过互联网与那些可以帮助自己获得企业信息的人和感兴趣的调研企业建立起联系。CareerBuilder、Indeed、Monster 和 ZipRecruiter 等都是很好的求职网站。此外，其他有用的求职网站还有 Disability.gov 和 Diversity.com，分别包含有关残障人士和少数族裔的就业机会信息。

大多数企业都通过自己的在线网站发布相关招聘信息。如果你有特定的、数量有限的目标单位，可以访问其在线网站，这往往是很有帮助的。但如果不是这种情况，那么要想找到企业自己发布的市场营销职位信息，就可能需要访问数百个企业的网站了。

专业网站

许多企业现在已经开始利用社交网络来寻找有才华的应聘者。从领英到脸书再到 Google+，诸如此类的社交网络都已经成为专业网络。例如，从宝洁到巴斯夫（BASF）等企业在领英上都有招聘页面（www.linkedin.com/company/procter-and-gamble/jobs/ 和 www.linkedin.com/company/basf/jobs/），以便寻找入门级职位的潜在候选人。美国公共关系协会（Pubcic Relations Society of America）和美国广告联盟等专业组织，也都在自己的网站上有相关的职位列表。对于求职者来说，与传统互动方式相比，在线专业网络提供了更有效的求职方式，降低了参加招聘会和面试、打印简历等成本。

然而，尽管互联网为寻找完美工作提供了丰富的资源，但这是一条双向道路。正如求职者可以通过互联网寻找工作机会一样，雇主也可以搜索求职者的信息。有时，求职搜索会被潜在雇主从在线社交网站上挖掘出来的信息所干扰，这些信息可能会泄露令人意想不到或尴尬的事件和照片。网络搜索有时也会发现与简历不一致的信息。最近的一项研究发现，超过一半的受访招聘人员已经决定根据候选人的社交形象重新考虑候选人。

制定搜索策略

一旦确定了自己感兴趣的企业，就需要与其取得联系。其中，最好的一种方法是通过校园面试。然而，并不是你感兴趣的每家企业都会来到你所在学校进行校招。在这种情况下，你也可以直接给企业写信、发邮件或打电话，或向市场营销教师或校友询问联系方式。

准备简历

简历是一份简明而全面的关于个人资历的书面总结，包括学术背景、个人信息和专业成就，以便说明为什么你是这份工作的最佳人选。一般而言，雇主往往平均只花费 15 ～ 20 秒来审阅一个人的简历，所以一定要确保自己准备了一份好的简历。

在准备简历的时候请记住，所有信息都必须准确且完整。通常，简历的开头是申请人的个人信息，包括全名、电话号码、邮件和电子邮件地址。接下来，是对职业目标做出简单的直接陈述，然后是工作经历和学术数据（包括奖励和实习），然后是适用于目标职位的个人活动和经历。

有时，简历会以雇主可能需要的参考资料清单结尾（参考资料也可以单独列出）。如果自己的工作或实习经验有限、不存在或者不相关，那么最好强调自己的学术和非学术成就，展示出色工作表现所需要的工作能力就是一个好主意。

简历的版式主要分为以下三种类型：第一种是倒序式简历，强调职业发展，从最近的工作开始，按倒序加以排列。此时，需要着重描述自己在组织内部的职位，描述每个职位的职责和自己在该职位上的成就。第二种是职能式简历，较少关注职称和工作经历，更注重资产和成就。如果自己的工作经历很少或不连续，这种版式的效果最好。第三种是混合或组合式简历，它融合了前面两种版式。首先，需要列出适用于特定工作的技能，然后说明职位名称。这种版式最适合那些过去在其他领域工作或工作经验看似与职位无关的申请人。有关上述类型简历的进一步解释和示例，可以参阅 Résumé Resource 版式页面（www.resume-resource.com/format.html）。

许多书籍都可以供你参考来准备自己的个人简历。其中，莫莉·梅普斯（Molly Mapes）的《破解密码：成功应聘实用指南》（*Cracking the Code: A Practical Guide to Getting You Hired*，Difference Press，2016）就是一本很受欢迎的指南。像 MyPerfectResume（www.myperfectresume.

com）等网站也提供了简历样本和现成的简历措辞，指导你完成简历准备过程。另外，CareerOneStop（www.careronestop.org/resumeguide/introduction.aspx）提供了一个循序渐进的简历教程，Monster（http://career-advice.monster.com）提供简历咨询和写作服务。最后，你甚至可以在 optimalresume.com 等网站上创建自己的个性化在线简历。

在线简历

如今，互联网已成为广泛使用的一种求职途径，所以为在线环境准备好简历是个好主意。你可以通过电子邮件将简历转发给网络联系人或专业招聘人士。当然，你也可以将其发布在在线数据库中，以期雇主和招聘人员能够看到它。

通常，成功的互联网简历需要不同于纸质简历的策略。例如，当搜索简历库时，企业会搜索描述某项技能或每项工作所需要的核心工作的关键词和行业流行语，因此名词比动词重要得多。两个很好的准备互联网简历的网站是 GCF（www.gcflearnfree.org/resumewriting/9/print）和 LiveCareer（www.livecareer.com/career/advice/resume/e-resumes）。

写完在线简历之后，你需要把它发布出来。事实上，脸书和领英都是很好的发布在线简历的平台。但是，在各种网站上发布简历时要特别小心。在这个身份可能被盗用的时代，你需要谨慎选择网站，以保护自己的隐私。你应该对自己的个人联系信息设置访问限制，不要使用那些向网络空间完全开放简历的网站。

简历提示

- 用具体的方式向潜在雇主显示自己的价值，尽可能使用例子。
- 简洁直接。
- 使用主动动词来表明自己是一个行动者。
- 不要谦虚，但也不要追求噱头，要不遗余力地呈现自己的专业经历。
- 让他人帮助检查自己的简历，一个打字错误很可能就使自己被雇主排除掉。
- 为特定雇主定制简历，强调自己拥有与目标职位相关的优势。
- 保持简历的紧凑性，最好是一页。
- 文本格式应该具有吸引力、专业性和可读性。Times New Roman 通常是首选字体，而且要避免过多的"设计"或花样。

撰写求职信并准备证明文件

求职信

在发简历给雇主时，通常要附上一封求职信。但求职信的作用远不止于此，它还可以用一两段话来概括简历的内容，并解释为什么你认为自己是这个职位的合适人选。求职信的目的是说服雇主查看更详细的简历。一般而言，典型的求职信结构如下：（1）你所联系的人的姓名和职位；（2）一份声明，说明你申请的职位，你是如何得知该职位空缺的以及自己感兴趣的原因；（3）你对这份工作的资格总结；（4）描述你打算进行哪些跟进，如两周后打电话询问是否收到简历等；（5）对有机会成为该职位的候选人表示感谢。

CareeroneStop 网站（www.careronestop.org/ResumeGuide/Writeeffectivecoverletters.aspx）提供了一个关于如何撰写求职信的分步教程，Susan Ireland 的网站中包含了 50 多个求职信样本（susanireland.com/letter/cover-letter-examples）。此外，另一个受欢迎的网站 Resume Genius（https://resumegenius.com/cover-letter-builder）也可以为读者制作求职信。杰瑞米·席林（Jeremy Schifeling）的《搞定：撰写求职信》（*Get It Done: Write a Cover Letter*，Adam Media，2016）就是一个很受欢迎的求职信指南。

跟进

你一旦通过雇主喜欢的方式（电子邮件、网站或邮件）将求职信和简历发送给潜在雇主，跟进通常是一个很好的主意。在当今的市场上，求职者不能等待面试上门。高质量的简历和有吸引力的求职信固然是至关重要的，但是适当的跟进可能是获得面试的关键所在。但是，在你接触到潜在雇主之前，一定要研究一下目标企业的情况。了解这家企业及其在行业中的地位，必将有助于你大放异彩。当打电话、发邮件或写信给企业的联系人时，一定要重申自己对该职位的兴趣、检查简历的状态，并向雇主询问可能遇到的任何问题。

推荐信

推荐信是由教授、前任和现任雇主或其他人撰写的，能够证明求职者的性格、技能和能力的信件。有些企业可能会要求推荐信与简历一起提交或面试时提交。即使不要求推荐信，带着推荐信去面试也是个很好的主意。一封好的推荐信能够说明你为什么会成为这个职位的优秀候选人。在选择写推荐信的人时，要相信这个人会给自己提供很好的推荐。但是，千万别认为他能够知道有关目标职位的一切。因此，你需要把自己的简历和其他相关数据材料提供给对方。出于礼貌，至少给推荐信的作者留出一个月的时间来完成推荐信，并附上一个贴上邮票并写好邮寄地址的信封。

在包含简历、求职信和推荐信的文件包中，你可能还需要附上其他支持自己候选资格的相关文件，如成绩单、图片、作品集和写作样本等。

面试

"简历让人得到面试；面试让人得到工作。"面试为求职者提供了收集有关组织更多信息的机会，同时也允许组织收集更多有关求职者的信息。无疑，所有求职者都希望展现出最好的自己。一般而言，面试过程包括三个部分：面试前、面试中和面试后。如果成功通过这些阶段，求职者就有机会脱颖而出并进入后续面试环节。

面试前

在准备面试之前，往往需要做好以下工作：

1. 面试官的风格多种多样，有的喜欢"闲聊"，通过聊天让彼此互相了解；有的喜欢提问，通过一个又一个的"为什么，为什么，为什么"强势探究求职者；等等。所以，求职者要为此做好准备。

2. 和朋友一起练习面试并互相点评与学习，或者在练习面试时给自己录视频，这样你就可以评价自己的表现。你所在大学的就业服务也可以通过模拟面试来提供帮助。

3. 准备至少五个在企业文库中不易找到答案的好问题。例如："企业未来的发展方向是什么？""企业如何与竞争对手区别开来？""该企业有新媒体部门吗？"

4. 预测可能的面试问题。例如："你为什么想为这家单位工作？"或者"我们为什么要雇用你？"在面试之前，准备好可靠的答案。想清楚为什么自己有兴趣加入这家企业及其所属行业。

5. 避免背靠背的面试，这会让人精疲力竭，而且无法预测每次面试的持续时间。

6. 准备好相关文件来支持自己的候选资格，如成绩单、推荐信、图表、作品集和写作样本等。而且在面试时记得准备多份复印件。

7. 着装正式、专业，保持干净、整洁。

8. 提前 10 分钟到达，以便有足够的时间整理自己的所有想法并回顾打算讨论的问题要点。在面试时间表上，核对自己的名字，记下面试官的名字和房间号。此外，对办公室职员应该彬彬有礼。

9. 热情地面试，展示自己的个性。

面试中

在面试过程中，要努力做到以下几点：

1. 与面试官握手致意。介绍自己，使用和面试官一样的形式。专注于创造良好的第一印象。

2. 保持冷静。放松，合适的时候微笑，自始至终保持乐观。

3. 保持眼神交流，姿态端正，吐字清晰。不要紧握双手或摆弄首饰、头发或衣服。要舒适地坐在椅子上。

4. 准备好支持自己候选资格的相关文件副本，携带简历复本。

5. 讲清楚自己的故事，展示自己的优点和卖点，直接回答问题。避免过于简短或过于冗长的回答。

6. 让面试官掌握主动权，但不要被动应对。找机会把谈话引向自己希望面试官听到的关于自己的事情。

7. 要铿锵有力地结束，在面试的最后提出最重要的观点或提出自己觉得最中肯的问题。

8. 不要犹豫"结束"。你可以说："我对这个职位很感兴趣，我很高兴参加这次面试。"

9. 获得面试官的名片或地址、邮箱、电话，以便后续跟进。

面试小贴士：在开口之前，先了解做品牌经理、销售代表、市场调研人员、广告顾客主管、社交媒体分析师的感觉或对其他面试职位的感受。看看自己是否能够找到一个"导师"——一个来自类似职位的人，也许他就职于另外一家企业。与这位导师谈谈工作和行业的具体情况。

面试后

面试后，需要做到以下几点：

1. 记录出现的关键点。一定要注意谁将跟进以及何时可以做出决定。

2. 客观地分析面试，包括提出的问题、对这些问题的回答、自己的总体表现以及面试官对某些特定方面的反应。

3. 立即发送一封感谢信或电子邮件，提供补充项和说明你愿意提供更多信息。

4. 如果在规定的时间内没有收到雇主的来信，可以致电、发邮件或写信给面试官以确定自己的求职状态。

后续面试

如果第一次面试是在企业外进行的，例如在自己的大学或招聘会上，初次面试成功后，你可能会被邀请参观企业。企业内面试时间可能会持续几个小时到一整天。企业会考察你的兴趣、成熟度、工作热情、自信心、逻辑性，以及对企业和工作相关知识的了解程度。你应该问一些对自己来说很重要的问题，了解工作环境、工作角色、职责、晋升机会、当前行业问题以及企业特性。企业想发现求职者是否适合这份工作，而求职者想知道这份工作是否适合自己。关键是要确定自己和企业之间能否很好契合。

➡ 市场营销工作

本部分内容旨在介绍一些关键的市场营销职位。

广告

广告是市场营销中最令人兴奋的领域之一，提供了广泛的就业机会。

职位描述

主要的广告职位包括广告文案撰稿人、艺术总监、制作经理、客户开发主管、客户主管、客户规划师、数字和社交媒体内容经理以及媒体策划师 / 采购员等。

● 广告文案撰稿人撰写广告文案，帮助寻找广告文字和视觉形象背后的概念。

● 艺术总监，创作团队的一部分，将想法转化为视觉效果。广告艺术工作者会确定印刷布局、包装设计、电视和视频布局（称为"故事板"）、企业标识、商标和符号。

- 制作经理负责实际制作广告，可以是内部制作，也可以通过与外部制作企业签订合同来制作。
- 客户开发主管研究和了解客户市场和客户，并帮助制定影响客户的市场营销和广告策略。
- 客户主管充当客户和机构之间的联络人。他们为客户协调广告活动的策划、创作、制作和实施。
- 客户规划师在机构中充当消费者的代言人。他们研究消费者以了解他们的需求和动机，并以此作为开展有效广告活动的基础。
- 数字和社交媒体内容经理主要负责规划、安排数字和社交媒体营销及广告内容，并将其与传统媒体内容进行协调。
- 媒体策划师 / 采购员为广告活动确定电视、广播、报纸、杂志、数字和其他媒体的最佳组合。

所需技能、职业道路和薪酬概况

广告工作往往需要很强的人际交往能力，以便与通常难对付和高要求的客户进行密切互动。同时，广告还吸引了在计划、解决问题、创造力、沟通、主动性、领导力和表达能力方面有很强技能的人。广告工作通常需要承受截稿期限带来的巨大压力。经常要经过长时间的工作，广告商才能在最后期限前完成演示。但工作成果是非常明显的，成千上万甚至数百万人能观看到这些创造性策略的成果。

广告行业的职位有时需要 MBA 学位。但大多数工作只需要商科、平面艺术或文科学位。广告职位通常是通往更高级别管理层的门户。此外，随着大型广告公司在世界各地开设办事处，它们有可能经常开展全球性的宣传活动。

由于入门级广告工作的竞争十分激烈，与其他一些市场营销工作相比，入门级广告职位起薪相对较低。随着升任客户主管或其他管理职位，薪酬会迅速增加。更多事实和数据请参阅重要的广告行业出版物《广告时代》网站（www.adage.com，点击工作（Jobs）链接）和美国广告代理商协会网站（www.aaaa.org）。

品牌和产品管理

品牌和产品经理计划、指导和控制其产品的业务和市场营销工作。他们参与研发、包装、制造、销售和分销、广告、促销、市场研究、数字营销以及业务分析和预测。

职位描述
一个企业的品牌管理团队主要包括以下重要职位：
- 品牌经理指导特定品牌的市场营销战略的制定。
- 品牌经理助理负责品牌的某些战略组成部分。
- 产品经理监督产品线或产品组合内的多个品牌。
- 产品类别经理指导某产品类别中的多条产品线。
- 市场分析师研究市场并向项目经理提供重要的战略信息。
- 项目主管负责收集有关市场营销或产品项目的市场信息。
- 调研主管监督所有组织调研的计划、数据收集和分析。

所需技能、职业道路和薪酬概况
品牌和产品管理往往需要高超的问题解决能力、分析能力、表达能力、沟通能力、领导力以及团队合作能力。产品管理通常需要很长时间，而且涉及管理大型项目的高强度压力。在消费品企业里，通常需要拥有 MBA 学位的新人加入品牌团队担任助理，进行数值分析和协助高级品牌人员来学习相关诀窍。个人有机会晋升为团队领导，进而可能会管理一个更大的品牌乃至多个品牌。

许多工业品企业也有产品经理。产品管理是未来企业管理人员的最佳培训领域之一。产品管理也提供了进入国际市场的好机会。产品经理的薪水一般相对较高，因为这类工作鼓励或要求硕士学位，所以起薪往往会高于广告或零售等其他市场营销类别的职位。

销售和销售管理

销售和销售管理机会广泛地存在于营利和非营利组织以及产品和服务组织之中，包括金融、保险、咨询和政府组织。

职位描述

主要职位包括消费品销售、工业品销售、全国客户经理、服务支持人员、销售培训师和销售管理。

- 消费品销售包括通过零售商销售消费品和服务。
- 工业品销售包括向其他企业销售产品和服务。
- 全国客户经理监管一些非常大的客户。
- 服务支持人员在产品销售期间和之后为销售人员提供支持。
- 销售培训师培训新的员工，并为所有销售人员提供进修培训。
- 销售管理包括从地区经理到销售副总裁的一系列职位。

销售人员享受积极的职业生活，经常在办公室外开展工作，并需要与他人互动。他们往往自行管理自己的时间和活动。成功的销售人员可以获得很高的报酬，顶级职位的竞争可能很激烈。每个销售工作都会有所不同，有些职位需要经常出差、长时间工作和在压力下开展工作。你还可以期望在公司总部和地区办事处之间多次调动。然而，大多数企业现在都在努力为其销售人员和销售经理创造良好的工作与生活平衡。

所需技能、职业道路和薪酬概况

销售是一种与人打交道的职业，你几乎每天从早到晚都要与人打交道。除了人际交往技能之外，销售人员往往还需要销售和沟通技巧。大多数销售职位也需要很强的解决问题、分析、表达和领导能力，以及创造力和主动性。同时，团队合作能力也变得越来越重要。

职业成长道路包括从销售人员到地区、区域和更高级别的销售管理人员。在许多情况下，可以通往企业的高层管理岗位。如今，大多数初级销售管理职位都需要大学学位。越来越多的寻求销售工作的人，在毕业前就通过实习或兼职获得了销售经验。销售职位是通往领导职位的绝佳跳板，跟任何其他入门级职位相比，更多的首席执行官都是从销售工作开始做起的。这或许可以解释为什么顶级销售职位的竞争如此激烈。

销售人员的起薪可能适中，但薪酬通常由可观的佣金、奖金或其他激励计划来补充。此外，许多销售工作的待遇还包括公司汽车或汽车津贴。成功的销售人员是大多数企业薪酬最高的员工之一。

其他市场营销工作

营销调研

营销调研人员通常要同管理者进行互动来界定问题，并确定解决问题所需要的信息。他们设计调研项目、准备调查问卷和样本、分析数据、准备报告，并向管理层提出调研结果和建议。他们必须了解统计学、数据分析工具、消费者行为、心理学和社会学等。随着越来越多的营销调研走向数字化，他们还必须了解获取和管理在线信息的来龙去脉。在这一点上，硕士学位往往会有所帮助。在制造商、零售商、批发商、贸易和工业协会、营销调研公司、广告公司、政府和私人非营利机构中，都有着广泛的就业机会。

营销数据科学

营销数据科学家的工作是分析市场营销数据，以便获得可操作的顾客洞见。营销数据科学家收集大数据集，并应用市场营销分析来发现企业可操作的见解和市场营销解决方案。他们与市场营销经理分享这些见解和解决方案，帮助他们做出更好的市场营销决策。一名营销数据科学家通常需要数学、统计学、数据分析和计算机科学技能，以及对市场营销策略的理解。大多数数据科学家至少都要有硕士学位。

数字和社交媒体管理

数字和社交媒体的爆炸式普及，也创造了广泛的市场营销职位和职业，从数字和社交媒体策略师和经理到社交媒体规划师、数字内容制作人、数据科学家和大数据分析师以及在线社区经理。这些职位往往会涉及不同程度的数字和社交媒体活动、开发和管理跨社交媒体平台的数字内容、管理在线品牌社区、从社交媒体数据中挖掘出顾客见解，以及通过网站、移动设备和社交媒体与顾客进行互动。这些职位往往都需要了解数字技术和社交媒体平台，例如推特、脸书、Instagram、YouTube、领英、Pinterest 和 Snapchat 等。

零售

零售业为承担市场营销的责任提供了早期机会。主要职位包括店长、区域经理、采购员、部门经理和销售人员等。其中，店长指导单个商店的管理和运营；区域经理管理多个州的门店，并向总部汇报业绩；采购员选择并采购商店所需的商品；部门经理是一个部门的商店经理，例如服装部，但限于部门级别；销售人员把商品卖给零售顾客。零售业可能会涉及搬迁，但通常很少会有出差，除非是专门负责买家业务。同时，零售业往往需要很高超的人际和销售技能，因为零售商经常要与顾客保持联系。热情、意愿和沟通技巧，对零售商也很有帮助。

零售商的工作时间较长，但他们的日常活动往往比某些类型的市场营销职位更有条理。零售业的起薪往往很低，但随着逐渐进入管理层或转向零售专业工作，薪水会逐渐增加。

新产品规划

对新产品规划感兴趣的人，可以在许多类型的组织中找到工作机会。他们通常需要良好的市场营销、营销调研和销售预测背景；他们需要组织技能来激励他人，与他人协作；他们也可能需要技术背景。通常，这些人在加入新产品部门之前会先在其他市场营销岗位上工作。

营销物流（物流配送）

营销物流，或称物流配送，是一个巨大且充满活力的领域，有着许多职业机会。主要的运输公司、制造商、批发商和零售商都会聘请物流专家。越来越多的市场营销团队也都有自己的物流专家，市场营销经理的职业发展也包括营销物流方向。定量方法、金融、会计和市场营销课程将为你提供进入该领域的必要技能。

公共关系

大多数组织都有公关人员来预测各种公众问题、处理投诉、与媒体打交道和建立企业形象。对公共关系感兴趣的人应该能够清晰表达、有力说服，而且他们应该有新闻、传播或文科的背景。这份工作的挑战是多种多样的，而且是以人为本的。

非营利服务

非营利组织的关键职位包括营销总监、开发主管、活动协调员、出版专家和实习生/志愿者。其中，营销总监负责组织的所有市场营销活动；开发主管负责组织、管理和指导筹款活动，以维持非营利组织的存在；活动协调员负责指导筹款活动的各个方面，从最初的规划到实施；出版专家负责监督旨在提高组织意识的出版物。尽管实习生/志愿者通常是无薪职位，但他们也履行着各种各样的市场营销职能，这项工作可能是获得全职职位的重要一步。

非营利组织通常不适合那些经济导向的人。相反，大多数非营利组织都在寻找具有强烈的社区精神和帮助他人的意愿的人。因此，起薪通常低于其他市场营销领域。然而，非营利组织规模越大，进入高管层时快速增加收入的机会也就越大。

➡ 其他资源

专业市场营销协会和组织是职业信息的重要来源，市场营销人员存在于许多这样的社会机构当中，在求职时，你可能需要联系这些机构。

术语表

适应性全球市场营销（adapted global marketing） 一种全球市场营销方法，根据每个国际目标市场来调整市场营销战略和组合要素，会产生更多成本，但有希望获得更大的市场份额和回报。

采用过程（adoption process） 一个人从第一次听到某项创新到最终采用的心理过程。

广告（advertising） 由特定的赞助商围绕观念、产品或服务进行的、以付费方式存在的非人员展示和推广。

广告公司（advertising agency） 协助企业计划、准备、投放和评估其全部或部分广告的市场营销服务公司。

广告预算（advertising budget） 分配给产品或公司广告项目的资金和其他资源。

广告媒体（advertising media） 广告信息传递给目标受众的媒介。

广告目标（advertising objective） 在特定时间内与特定目标受众完成的特定传播任务。

广告策略（advertising strategy） 企业实现其广告目标的策略，主要包括两个元素，即创造广告信息和选择广告媒体。

量力而行法（affordable method） 将促销预算设定在管理层认为企业可以承受的水平。

代理商（agent） 长期代表买方或卖方的批发商，只执行一些功能，不拥有商品的所有权。

补贴（allowance） 制造商支付给零售商的促销资金，以换取以某种方式展示其产品的协议。

接近（approach） 销售人员第一次与顾客见面的推销步骤。

人工智能（artificial intelligence，AI） 通过这种技术，机器以一种看起来和感觉起来像人类的方式进行思考和学习，但其分析能力更强。

态度（attitude） 一个人对某个事物或观点一贯有利或不利的评价、感觉和倾向。

"婴儿潮"一代（baby boomers） 出生在第二次世界大战后并持续到 1964 年的 7 400 万人。

行为细分（behavioral segmentation） 根据消费者对产品的了解程度、态度、使用情况或反应将市场分成若干个子市场。

行为定位（behavioral targeting） 利用在线消费者跟踪数据和分析来针对特定消费者投放广告和营销产品。

信念（belief） 一个人对某一事物的描述性看法。

利益细分（benefit segmentation） 根据消费者从产品中所寻求的不同利益，对市场进行细分。

大数据（big data） 由当今复杂的信息产生、收集、存储和分析技术生成的巨大而复杂的数据集。

博客（blog） 个人和企业发表其想法和其他内容的在线论坛，通常与狭义的主题相关。

品牌（brand） 标识、名称、术语、标志、符号、设计或它们的组合，用以识别卖方的产品或服务，并使其有别于竞争对手的产品或服务。

品牌社区网站（brand community website） 一个展示品牌内容的网站，以便吸引消费者，并围绕该品牌创建顾客社区。

品牌资产（brand equity） 知悉品牌名称的顾客对其产品或市场营销的不同反应。

品牌延伸（brand extension） 将现有的品牌名称扩展

到新的产品类别。

品牌价值（brand value） 品牌的全部财务价值。

盈亏平衡分析（break-even analysis） 在特定的价格和成本结构下，确定盈利所需要的销售量和销售额的分析。

盈亏平衡价格（break-even price） 总收入等于总成本并且利润为零时的价格。

盈亏平衡定价（目标利润定价）（break-even pricing（target return pricing）） 设定价格以使生产和销售产品的成本达到收支平衡，或设定价格以实现目标利润。

经纪人（broker） 不拥有商品所有权的批发商，其职能是将买方和卖方聚集在一起并协助谈判。

商业分析（business analysis） 对一种新产品的销售额、成本和利润进行审视，以查明这些因素能否满足企业的目标。

组织购买行为（business buyer behavior） 指组织购买产品或服务，是为了用于生产、销售、出租或提供给他人，即 B2B 购买行为。

组织购买过程（business buying process） 组织顾客决定他们的组织需要购买哪些产品和服务，然后在可供选择的供应商和品牌中进行寻找、评估和筛选的决策过程。

业务组合（business portfolio） 组成企业的业务和产品的集合。

业务促销（business promotions） 用来产生业务线索、刺激购买、奖励顾客和激励销售人员的一种销售促进工具。

购买中心（buying center） 在购买决策过程中起作用的所有个人和团体。

副产品定价（by-product pricing） 确定副产品的价格，以便抵消其处理成本，并使主体产品的价格更具竞争力。

自相蚕食（cannibalization） 企业销售的一种产品从自己的其他产品中夺走一部分销量。

附属产品定价（captive-product pricing） 为必须与主体产品一起使用的附属产品设定价格，如剃须刀片和视频游戏机的游戏。

目录营销（catalog marketing） 直接营销，通过印刷、视频或数字目录，邮寄给选定的顾客，在商店中提供或在网上进行展示。

品类杀手（category killers） 规模庞大的专卖店，往往有着非常深的产品线。

因果性调研（causal research） 检验假设的因果关系的营销调研。

连锁比率法（chain ratio method） 用基数乘以一系列调整百分比来估计市场需求。

完成交易（closing） 销售人员要求顾客进行订购的推销步骤。

联合品牌（co-branding） 在同一产品上使用不同企业的品牌的做法。

认知失调（cognitive dissonance） 买方购买后的不适。

商业化（commercialization） 将新产品推向市场。

传播适应（communication adaptation） 一种使广告信息完全适应当地市场的全球传播策略。

基于竞争定价（competition-based pricing） 根据竞争对手的策略、价格、成本和产量来设定价格。

竞争优势（competitive advantage） 通过提供更低的价格或通过提供更多的利益证明更高的价格是合理的，从而提供更大的顾客价值，获得相对于竞争对手的优势。

竞争性营销情报（competitive marketing intelligence） 系统地监测、收集和分析关于消费者、竞争对手和市场发展状况的公开信息。

竞争均势法（competitive-parity method） 制定与竞争对手相匹配的促销预算。

聚焦性（利基）市场营销（concentrated（niche）marketing） 一种市场覆盖策略，指企业在一个或几个细分市场或利基市场上占有很大份额。

概念测试（concept testing） 在一群目标消费者中测试新产品概念，以确定这些概念是否对消费者有强烈的吸引力。

消费者购买行为（consumer buyer behavior） 终端消费者的购买行为，即为自身消费而购买产品和服务的个人和家庭。

消费者市场（consumer market） 购买或取得供自身消费的产品和服务的所有个人和家庭。

消费品（consumer product） 最终消费者为个人消费而购买的产品和服务。

消费者促销（consumer promotions） 用于促进短期购买和参与或增进长期顾客关系的促销工具。

消费者生成内容营销（consumer-generated marketing） 由消费者自己创造的品牌交流——无论是邀请的还是未被邀请的——通过这些交流，消费者在塑造自己和其他消费者的品牌体验方面发挥着越来越大的作用。

以消费者为导向的市场营销（consumer-oriented marketing） 一家企业应该从消费者的角度来看待和开展其市场营销活动。

消费者保护主义（consumerism） 一种有组织的公民

和政府机构运动，旨在使权力从卖方转移到买方。

内容营销（content marketing）通过付费、自有、赢得和共享等多种渠道，创建、激发和分享品牌信息，并与消费者进行交流。

合同制造（contract manufacturing）企业与国外市场的制造商签订合同，生产其产品或提供其服务。

边际贡献（contribution margin）单位贡献除以售价。

便利商品（convenience product）顾客经常立即购买的消费产品，并且很少进行比较。

便利店（convenience store）一种小型商店，位于居民区附近，每周 7 天长时间营业，提供有限的快速周转的便利商品。

公司连锁店（corporate chains）两个或两个以上被普遍拥有和控制的网点。

基于成本定价（cost-based pricing）以产品的生产、分销和市场营销成本为基础，加上努力和风险的合理利润回报来确定价格。

成本加成定价（加成定价）（cost-plus pricing（markup pricing））在产品成本上加上一定比例的利润。

创意理念（creative concept）引人注目的"大创意"将以独特和令人难忘的方式使广告信息战略在生活中呈现。

众包（crowdsourcing）邀请社区中的人——顾客、员工、独立科学家和研究人员，甚至广大群众——参与新产品创新过程。

文化环境（cultural environment）影响社会基本价值观、认知、偏好和行为的制度和其他因素。

文化（culture）社会成员从家庭和其他重要机构中学到的一套基本价值观、观念、需求和行为。

以顾客为中心的新产品开发（customer-centered new product development）关注寻找解决顾客难题的新方法，创造令顾客满意的卓越体验。

顾客浸入营销（customer-engagement marketing）让品牌成为消费者对话和生活中有意义的一部分，促进消费者直接和持续地参与塑造品牌对话、品牌体验和品牌社区。

顾客感知价值（customer-perceived value）顾客的一种主观评价——对市场供应物的所有收益和所有成本跟竞争供应物之间的差异的评价。

顾客型（市场型）销售团队结构（customer（market）sales force structure）一种销售团队组织，其中的销售人员只向特定的顾客或产业进行销售。

顾客资产（customer equity）企业所有顾客的终身价值的总和。

顾客洞见（customer insights）以信息为基础的对顾客和市场的较新的了解，这构成了创造顾客价值、顾客侵入和顾客关系的基础。

顾客终身价值（customer lifetime value）顾客一生中所有购买的价值。

顾客关系管理（customer relationship management）通过提供卓越的顾客价值和赢得顾客满意来建立和维持有利可图的顾客关系的整个过程。

顾客满意（customer satisfaction）产品感知效能与购买者期望相符的程度。

顾客价值营销（customer value marketing）企业应该将大部分资源投入创造顾客价值的市场营销活动当中。

基于顾客价值定价（customer value-based pricing）定价是基于买家对价值的感知，而不是卖方的成本。

衰退阶段（decline stage）一种产品的销售逐渐消失的产品生命周期阶段。

有缺陷的产品（deficient products）既没有即时吸引力也没有长远利益的产品。

需求曲线（demand curve）一种曲线，表示在给定时间内顾客将以不同的价格购买的单位数量。

需求（demands）是由购买力支撑的欲望。

人口统计学细分（demographic segmentation）根据年龄、生命周期阶段、性别、收入、职业、教育、宗教、族裔和代际等变量对市场进行细分。

人口统计学（demography）对人口规模、密度、区域、年龄、性别、族裔、职业和其他统计特征的研究。

百货商店（department store）经营多种产品线的零售商店，每个产品线都是由采购专员或业务员管理的独立部门。

派生需求（derived demand）组织需求最终来自对消费品的需求。

描述性调研（descriptive research）为了更好地描述市场营销问题、情况，或者市场，如产品的市场潜力或消费者的人口统计学特征和态度，而进行的市场营销调研。

理想的产品（desirable products）既能带来高即时满意度又能带来长远利益的产品。

差异化（细分）市场营销（differentiated（segmented）marketing）一种市场覆盖策略，指企业同时经营几个细分市场，并为每个细分市场分别设计不同的市场供应物。

差异化（differentiation）使市场供应物真正与众不同，以便创造卓越的顾客价值。

数字和社交媒体营销（digital and social media marketing）

使用数字营销工具，如网站、社交媒体、手机应用程序和广告、在线视频、电子邮件和博客等随时随地地吸引消费者（通过他们的电子设备）。

直复营销和数字营销（direct and digital marketing） 与经过认真筛选的目标顾客和顾客社区直接接触，以便既能获得即时响应，又能建立持久的顾客关系。

直接投资（direct investment） 通过发展在国外的组装或制造设施进入国外市场。

直邮营销（direct-mail marketing） 向特定地址的人直接发送要约、公告、提醒或其他产品内容的市场营销方式。

电视直销（direct-response television（DRTV）marketing） 通过电视对产品进行有说服力的描述，并向顾客提供免费拨打的电话号码或在线订购网站的直接营销。

折扣（discount） 在规定的时间内或在数量较大时的直接降价。

折扣店（discount store） 以较低的价格销售标准商品的零售业务，往往产生较低的毛利润和较高的销量。

多元化（diversification） 通过启动或收购企业现有产品和市场以外的业务来实现成长。

动态定价（dynamic pricing） 不断调整价格，以便满足个体顾客的特点、需要和情况。

电子采购（e-procurement） 通过买家和卖家之间的电子联系进行购买——通常是在线进行。

经济共同体（economic community） 在管理国际贸易方面为实现共同目标而组织起来的国家集团。

经济环境（economic environment） 由影响消费者购买能力和消费模式的经济因素组成。

电子邮件营销（email marketing） 通过电子邮件发送具有高度针对性、高度个性化、建立关系的市场营销信息。

环境可持续性（environmental sustainability） 制定既维持环境又为企业创造利润的战略的一种管理方法。

环保主义（environmentalism） 一个由关心环境的公民、企业和政府机构发起的有组织运动，旨在保护和改善人们当前和未来的生活环境。

民族志研究法（ethnographic research） 一种观察研究形式，是指派遣训练有素的观察员在消费者的"自然环境"中观察并与之互动。

事件营销（事件赞助）（event marketing（event sponsorships）） 创造一个品牌营销事件，也可以独家冠名或参与赞助由他人所创造的事件。

交换（exchange） 通过提供某种东西作为回报从别人那里获得想要的东西的行为。

执行风格（execution style） 执行广告信息的方式、风格、语调、用词和形式。

实验研究法（experimental research） 通过选择匹配的受试者组，给予它们不同的干预方法，控制相关因素，并检查实验组和对照组的反应差异来收集原始数据。

探索性调研（exploratory research） 通过营销调研收集初步的信息，帮助确定问题和提出假设。

出口（exporting） 通过销售本国生产的产品进入国外市场，通常不做任何调整。

厂家直销店（factory outlet） 低价零售一种由制造商拥有和经营的低价零售业务，通常出售制造商的剩余、停产或不合格商品。

潮流（fad） 由于消费者的热情和产品或品牌的迅速普及而引起的短暂的销售高峰。

时尚（fashion） 当前在给定的领域中被接受的或流行的风格。

固定成本（间接费用）（fixed costs（overhead）） 不随产量或销售量变动的成本。

焦点小组访谈（focus group interviewing） 邀请一小群人聚在一起，同一个训练有素的访谈者共同谈论一个产品、服务或组织的人际访谈。访谈者让焦点小组的讨论集中在重要问题上。

跟踪（follow-up） 销售人员在销售后进行跟进，以确保顾客满意和重新购买。

特许经营（franchise） 制造商、批发商或服务组织（特许方）和独立商人（受许方）之间的契约联系，后者购买了在特许经营系统中拥有和经营一个或多个业务的权利。

性别细分（gender segmentation） 根据性别将市场划分为不同的子市场。

X世代（generation X） 1965～1980年出生的5 500万人，是"婴儿潮"之后生育率低下阶段的一代人。

Z世代（generation Z） 1997～2016年出生的人，他们构成了儿童和青少年市场。

地理细分（geographic segmentation） 将市场划分为不同的地理区域，如国家、地区、州、县、市或者是社区。

地理定价（geographical pricing） 为位于国家或世界不同地区的顾客设定价格。

全球公司（global firm） 通过在多个国家开展业务，在研发、生产、市场营销和财务方面获得纯国内竞争对手所无法获得的优势的公司。

产品价值定价（good-value pricing） 以合理的价格提供优质产品和服务的正确组合。

毛利率（gross margin percentage） 扣除销售成本后剩余的净销售额所占的百分比，计算方法是毛利除以净销售额。

成长阶段（growth stage） 产品的销售开始快速攀升的产品生命周期阶段。

成长－份额矩阵（growth-share matrix） 一种根据市场增长率和相对市场份额来评估企业战略业务单位的投资组合的规划方法。

消除异议（handling objections） 推销的一个步骤：销售人员寻找、澄清并解决顾客对购买的任何反对意见。

创意的产生（idea generation） 系统地寻找新产品创意。

创意筛选（idea screening） 筛选新产品创意，发现好的创意，尽快摒弃不好的创意。

收入细分（income segmentation） 根据收入水平将市场划分为不同的子市场。

独立廉价零售商（independent off-price retailer） 独立拥有和经营或作为大型零售公司的一个分支的廉价零售商。

个性化市场营销（individual marketing） 根据单个顾客的需求和偏好量身定制产品和市场营销方案。

工业品（industrial product） 个人或组织为进一步加工或用于经营业务而购买的产品。

影响者营销（influencer marketing） 招募已有的影响者或创造新的影响者来传播企业的品牌。

创新营销（innovative marketing） 一家企业应该寻求真正的产品和市场营销改进。

内部销售团队（inside sales force） 在办公室通过电话、在线和社交媒体互动或接待潜在买家来访来开展业务。

整合营销传播（integrated marketing communications, IMC） 认真整合和协调企业的许多沟通渠道，以提供关于企业及其产品的清晰、一致和令人信服的信息。

互动营销（interactive marketing） 培训服务人员与顾客互动的艺术，以满足顾客的需求。

市场间（跨市场）细分（intermarket（cross-market） segmentation） 形成来自不同国家但有相似需求和购买行为的细分消费者。

内部数据库（internal database） 从企业网络内的数据来源中收集有关消费者和市场的信息。

内部营销（internal marketing） 引导和激励与顾客接触的员工和支持服务员工作为一个团队工作，以提供顾客满意度。

导入阶段（introduction stage） 新产品首次推出并供顾客购买的产品生命周期阶段。

存货周转率（库存周转率）（inventory turnover rate（stock-turn rate）） 存货在一定时期（通常为一年）内的周转或销售次数，根据成本、销售价格或单位来计算。

共同所有权企业（joint ownership venture） 一种企业与外国市场上的投资者共同建立的本地企业，这些投资者共同拥有该企业的所有权和控制权。

合资（joint venturing） 通过与国外企业合作生产或营销产品或服务进入外国市场。

学习（learning） 由经验引起的个人行为的变化。

许可经营（licensing） 通过与外国市场的受许方达成协议进入外国市场。

生活方式（lifestyle） 一个人的生活方式表现在其活动、兴趣和观点之中。

产品线延伸（line extension） 将现有品牌名称扩展到现有产品类别的新款式、颜色、尺码、配料或口味上。

本地化市场营销（local marketing） 量身定制品牌和市场营销，以满足当地顾客——城市、社区甚至专卖店的需要。

宏观环境（macroenvironment） 影响微观环境的人口、经济、自然、技术、政治和文化的更大的社会力量。

麦迪逊和藤街（Madison & Vine） 这个术语代表了广告和娱乐的结合，旨在打破混乱，创造新的渠道，以更吸引人的信息接触顾客。

管理合同（management contracting） 由国内企业向提供资金的国外企业提供管理技能的合资方式。其中，国内企业出口的是管理服务，而不是产品。

制造商和零售商的分支机构和办事处（manufacturers' and retailers' branches and offices） 由卖家或买家自己，而不是通过独立批发商完成批发业务。

市场（market） 产品或服务的所有实际和潜在买家的集合。

市场开发（market development） 为企业现有产品识别和开发新的细分市场。

市场供应物（market offerings） 为满足市场需求而提供的产品、服务、信息和体验的组合。

市场渗透（market penetration） 企业在不改变产品的情况下通过增加现有产品对当前细分市场的销售来

实现的增长。

市场潜力（market potential） 市场需求的上限。

细分市场（market segment） 对特定的市场营销活动有相似反应的消费者。

市场细分（market segmentation） 将市场分成不同的购买者群体，他们有着不同的需求、特点或行为，可能需要不同的市场营销战略和组合。

市场份额（market share） 企业销售额除以总的市场销售额。

目标市场选择（market targeting） 评估每个细分市场的吸引力，进而选择一个或多个细分市场进行服务。

市场渗透定价（market-penetration pricing） 为新产品设定较低的价格，以吸引大量的购买者和获取较大的市场份额。

市场撇脂定价（撇脂定价）（market-skimming pricing（price skimming）） 为新产品设定高价，从愿意支付高价的细分市场中逐层获取最大收益。采用这种定价策略的企业销售额减少了，但利润却增加了。

市场营销（marketing） 指企业与顾客接触、建立牢固的顾客关系并创造顾客价值，以便从顾客身上获取价值的过程。

市场营销分析（marketing analytics） 市场营销人员通过分析工具、技术和流程，从大数据中挖掘出有意义的模式，以便获得顾客洞见和衡量市场营销绩效。

市场营销观念（marketing concept） 一种理念，即实现组织目标依赖于了解目标市场的需要和欲望，并比竞争对手更好地满足顾客的要求。

市场营销控制（marketing control） 衡量和评估市场营销战略和计划的结果，并采取纠正措施以确保企业目标的实现。

市场营销环境（marketing environment） 影响市场营销管理以及与目标顾客建立并维持关系的外部因素和力量。

市场营销执行（marketing implementation） 将市场营销战略和计划转化为具体的市场营销行动，以便实现战略营销目标。

营销信息系统（marketing information system） 致力于评估信息需求的人员和程序，开发所需的信息并帮助决策者利用这些信息来生成和验证可操作的顾客洞见和市场洞见。

营销中间商（marketing intermediaries） 帮助企业促销、销售并将产品分配给最终买家的服务机构。

市场营销管理（marketing management） 选择目标市场并与之建立有利可图的关系的艺术与科学。

市场营销组合（marketing mix） 一套策略性市场营销工具——产品、价格、渠道和促销，企业将其组合在一起，以便在目标市场产生它想要的市场反应。

营销近视症（marketing myopia） 把注意力更多地放在企业所提供的特定产品，而不是这些产品所带来的好处和体验上。

营销调研（marketing research） 系统地设计、收集、分析和报告与组织面临的特定市场营销决策相关的数据。

市场营销投资回报率（市场营销 ROI）（marketing return on investment（marketing ROI）） 市场营销投资的净回报除以市场营销投资成本。

市场营销销售回报率（市场营销 ROS）（marketing return on sales（marketing ROS）） 净营销贡献占净销售额的百分比——用净营销贡献除以净销售额计算。

市场营销战略（marketing strategy） 企业希望用来创造顾客价值并构建有利可图的顾客关系的市场营销逻辑。

市场营销战略开发（marketing strategy development） 根据产品概念设计新产品的初始市场营销战略。

营销网站（marketing website） 吸引消费者，以便让他们直接购买或带来其他市场营销成果的网站。

加成（markup） 企业产品的销售价格与其制造或购买成本之间的差额。

加成链（markup chain） 渠道中各企业在每一层所使用的加成序列。

成熟阶段（maturity stage） 产品的销售增长放缓或平稳的产品生命周期阶段。

商业批发商（merchant wholesaler） 独立拥有的批发企业，拥有其所经营商品的所有权。

微观环境（microenvironment） 与企业关系密切、影响其顾客服务能力的行动者——企业自身、供应商、营销中间商、顾客、竞争对手和公众。

小众市场营销（micromarketing） 根据特定的个人和当地顾客群体的需要定制产品和市场营销方案，主要包括本土化市场营销和个性化市场营销。

千禧一代（Y一代）（millennials（generation Y）） 出生于 1981～1997 年的至少 7 500 万人。

使命宣言（mission statement） 组织目标的陈述——想在更大的环境中实现什么。

移动营销（mobile marketing） 营销信息、促销和其他内容通过移动设备传递给移动消费者。

修订重购（modified rebuy） 一种组织购买情况，即买方希望修订产品规格、价格、条款或供应商。

动机（驱动力）（motive（drive）） 一种强烈的需要，足以引导人们去寻求满足自己的需求。

原生广告（native advertising） 广告或其他品牌制作的在线内容，其形式和功能与网络或社交媒体平台上的其他自然内容相似。

自然环境（natural environment） 可以作为市场营销人员投入或受市场营销活动影响的物理环境和自然资源。

需要（needs） 感到匮乏的一种状态。

净营销贡献（net marketing contribution，NMC） 仅包括由市场营销控制的那一部分利润的一种市场营销盈利能力指标。

净利润率（net profit percentage） 每笔销售额占利润的百分比，用净利润除以净销售额计算。

新产品（new product） 一些潜在顾客认为新颖的产品、服务或概念。

新产品开发（new product development） 企业通过自身研发力量开发原创产品，进行产品改进、产品改造和形成新品牌。

全新购买（new task） 一种组织购买情况，指买方首次购买某种产品或服务。

目标任务法（objective-and-task method） 通过：（1）确定具体的促销目标；（2）确定实现这些目标所需的任务；（3）估算执行这些任务的成本。上述费用的总和就是拟议的促销预算。

观察研究法（observational research） 通过观察相关的人、行为和场景来收集原始数据。

时机细分（occasion segmentation） 根据购买者产生购买想法、实际购买或使用购买的物品的时机对市场进行细分。

廉价零售商（off-price retailer） 以低于批发价的价格买进、以低于零售价的价格卖出的零售商。

全渠道零售（omni-channel retailing） 创造一个无缝的跨渠道购买体验，整合店内、在线和手机购物渠道。

在线广告（online advertising） 消费者在线浏览时出现的广告，包括展示广告和搜索广告。

在线焦点小组（online focus groups） 在网上召集一小群人同训练有素的主持人聊天，讨论产品、服务或组织，并获得关于消费者态度和行为的定性见解。

在线营销（online marketing） 利用企业网站、在线广告和促销、电子邮件、在线视频和博客进行网络营销。

在线营销调研（online marketing research） 通过互联网和移动调查、在线焦点小组访谈、消费者跟踪、实验、在线小组和品牌社区收集原始数据。

在线社交网络（online social networks） 利用博客、在线社交媒体、品牌社区和其他在线论坛等进行社交或交换信息和意见。

营业费用率（operating expense percentage） 纳入营业费用中的那一部分净销售额，用总费用除以净销售额来计算。

运营比率（operating ratios） 所选经营报表项目与净销售额之比率。

意见领袖（opinion leader） 社会影响者参考群体中的人，由于特殊技能、知识、个性或其他特征，可以对他人施加社会影响。

可选产品定价（optional-product pricing） 与主体产品配套的可选或附件产品的定价。

外部销售团队（现场销售团队）（outside sales force（field sales force）） 到外地拜访顾客的销售人员。

包装（packaging） 为产品设计和生产容器或包装物的活动。

伙伴关系管理（partner relationship management） 与企业的其他部门及企业之外的合作伙伴紧密合作，共同为顾客带来更大的价值。

销售百分比法（percentage-of-sales method） 将促销预算设定为当前或预测销售额的一定百分比，或单位销售价格的一定百分比。

感知（perception） 人们选择、组织和解释信息以形成对世界有意义的描述的过程。

人员推销（personal selling） 企业销售团队为吸引顾客、进行销售和建立顾客关系，与顾客进行人际互动。

个性（personality） 区分一个人或一群人的独特心理特征。

合意的产品（pleasing products） 那些在短期内给消费者带来高满意度，但从长远来看可能会损害消费者利益的产品。

政治环境（political environment） 在特定社会中影响和限制各种组织和个人的法律、政府机构和压力团体。

业务组合分析（portfolio analysis） 管理部门评估企业产品和业务的过程。

定位（positioning） 在目标消费者的心目中，为自己的产品选定相对于竞争产品而言明确的、独特的、理想的位置。

定位陈述（positioning statement） 以如下形式概括的企业或品牌定位：面向 +（目标市场和需求）+ 我们

（品牌）体现了什么样的（概念）+（差异点）。

事先调查（preapproach） 销售人员在打销售电话之前尽可能多地了解潜在顾客的销售步骤。

展示（presentation） 销售人员向买家讲述产品的"价值故事"的销售步骤，展示企业的方案如何解决顾客的问题。

价格（price） 为一种产品或服务收取的费用，或顾客为获得或使用该产品或服务而交换的价值之和。

价格弹性（price elasticity） 一种衡量需求对价格变化的敏感性的指标。

原始数据（primary data） 为当前目标而专门收集的信息。

产品（product） 任何可以提供给市场以供关注、购置、使用或消费的，可能会满足顾客的需要或需求的事物。

产品适应（product adaptation） 使产品适应当地情况或国外市场的需求。

捆绑产品定价（product bundle pricing） 组合几种产品并以优惠价格进行捆绑销售。

产品观念（product concept） 消费者会青睐质量最优、性能最好和特点最多的产品。因此，企业应该把精力投入持续的产品改进中。

产品开发（product development） 通过向当前的细分市场提供改进的或新的产品来促进企业的发展。

产品发明（product invention） 为国外市场创造新的产品或服务。

产品生命周期（product life cycle，PLC） 产品的销售额和利润发生变化的生命周期过程。

产品线（product line） 一系列相关的产品，因为其功能相似而销售给相同的顾客群，通过相同类型的销售点进行销售，或在给定的价格范围内进行销售。

产品线定价（product line pricing） 根据产品之间的成本差异、顾客对不同功能的评估以及竞争对手的价格而设定同一产品线中的不同产品的价格。

产品/市场拓展方格（product/market expansion grid） 通过市场渗透、市场开发、产品开发或多元化来确定企业成长机会的投资组合规划工具。

产品组合（product mix or product portfolio） 特定卖家提供的所有产品线和产品的集合。

产品定位（product position） 消费者根据重要属性——在消费者心目当中相对于竞争产品的独特位置来界定产品的方式。

产品质量（product quality） 一种产品或服务的特性，它与满足既定或潜在顾客的需求的能力有关。

产品型销售团队结构（product sales force structure） 一种销售团队组织，其中的销售人员专门负责销售企业的部分产品或生产线。

生产观念（production concept） 认为消费者会青睐那些既容易买到又价格低廉的产品，因此企业应注重提高生产和分销效率。

预计（预期）利润表（损益表或营业报表）（pro forma (projected) profit-and-loss statement (income statement or operating statement)） 一种报表，显示一个组织、产品或品牌在一个特定规划期间（通常为一年）的预计收入减去预算支出和预计净利润。

促销组合（营销传播组合）（promotion mix (marketing communications mix)） 促销工具的具体组合，企业用来有说服力地传递顾客价值和建立顾客关系。

促销定价（promotional pricing） 暂时使产品定价低于标价，有时甚至低于成本，以增加短期销售。

发现（prospecting） 销售人员或企业识别合格的潜在顾客的推销步骤。

心理细分（psychographic segmentation） 根据生活方式或个性特征将市场划分为不同的细分市场。

心理定价（psychological pricing） 考虑心理学而不仅仅是经济学的定价方法，用价格来体现产品的某些方面。

公众（public） 任何对组织实现其目标的能力有实际或潜在兴趣或影响的团体。

公共关系（public relations） 通过获得良好的宣传、建立良好的企业形象、处理或制止不利于企业的谣言、报道和事件，与企业的各类公众建立良好的关系。

拉式策略（pull strategy） 一种促销策略，即在消费者广告和促销上投入大量资金，引导最终消费者购买产品，进而创造出大量需求并拉动产品经由各渠道环节进行交付。

推式策略（push strategy） 一种促销策略，即利用销售人员和贸易促进来推动产品经由各渠道环节进行交付。生产者向渠道成员推广其产品，渠道成员又向最终消费者推广产品。

参照群体（reference group） 在形成一个人的态度或行为时，作为直接或间接的比较点或参照点的群体。

参照价格（reference prices） 当买家看到一个给定的产品时，他们脑海中会想到的价格。

相关成本（relevant costs） 未来将产生的成本以及因正在考虑的各替代方案而发生变化的成本。

零售商（retailer） 销售主要来自零售业务的商业企业。

零售（retailing） 直接向最终消费者销售产品或服务

以供个人使用的所有活动。

广告投资回报率（return on advertising investment） 广告投资的净收益除以广告投资的成本。

投资回报率（return on investment，ROI） 衡量管理效果和效率的一个指标，即税前净利润除以总投资。

投资回报定价法（目标收益定价法）（return on investment（ROI）pricing（target-return pricing）） 一种基于成本的定价方法，根据特定的投资回报率来确定价格。

销售团队管理（sales force management） 分析、计划、执行和控制销售团队的活动。

销售促进（sales promotion） 短期激励以鼓励购买或销售产品或服务。

销售配额（sales quotas） 一种规范，用来规定销售人员应该销售的产品数量和如何在企业的产品中分配销售。

销售人员（salesperson） 代表企业向顾客进行以下一项或多项活动的个人：发掘、沟通、销售、服务、收集信息和建立顾客关系。

有益的产品（salutary products） 这些产品在短期内吸引力不高，但从长远来看可能使消费者受益。

样本（sample） 市场调查中选择的、代表整体人口的部分人口。

二手数据（secondary data） 已经存在的数据，是为了其他目的而收集的数据。

细分定价（segmented pricing） 以两种或两种以上的价格销售产品或服务，其中价格的差异不是基于成本的差异。

推销观念（selling concept） 除非企业进行大规模的推销和促销活动，否则消费者不会购买足够的企业产品。

推销过程（selling process） 销售人员在推销时所遵循的步骤，包括发现和界定、事先调查、接近顾客、展示和介绍、消除异议、完成交易和跟踪。

使命感营销（sense-of-mission marketing） 企业应该用广泛的社会术语而不是狭隘的产品术语来定义它的使命。

服务（service） 用于出售的、无形的、不导致任何所有权转移的活动、利益或满足。

服务的不可分割性（service inseparability） 服务是同时生产和消费的，难以与其提供者分开。

服务的无形性（service intangibility） 服务在被购买之前是看不到、尝不到、感觉不到、听不到或闻不到的。

服务的易逝性（service perishability） 服务难以储存起来供以后出售或使用。

服务利润链（service profit chain） 连接服务企业利润与员工和顾客满意度的链条。

服务零售商（service retailer） 其产品线实际上是服务的零售商，如酒店、航空公司、银行、大学等。

服务的异质性（service variability） 服务的质量可能会有很大不同，主要取决于由谁提供服务，何时、何地以及如何提供服务。

顾客份额（share of customer） 在特定的产品类别中，顾客从特定的企业所购买的那一部分（相对于购买竞争对手的产品而言）。

购物者营销（shopper marketing） 在整个市场营销过程中，无论是在店内、网上还是移动购物，都努力将购物者转变为实际的购买者。

购物中心（shopping center） 将多个零售商作为一个整体进行计划、开发、经营和管理的场所。

选购品（shopping product） 在选择和购买的过程中，消费者通常从适用性、质量、价格和款式等方面进行比较的一种消费品。

社会阶层（social class） 社会中各成员形成的相对固定和有序的分化，其成员拥有相似的价值观、兴趣和行为。

社会营销（social marketing） 使用传统的商业营销概念和工具来鼓励能够创造个人和社会福祉的行为。

社交媒体（social media） 独立的商业在线社交网络，人们聚集在这里进行社交，分享信息、观点、图片、视频和其他内容。

社交销售（social selling） 利用在线、移动和社交媒体吸引顾客、建立更牢固的顾客关系和提高销售业绩。

社会营销（societal marketing） 企业应该考虑消费者的需求、企业的要求、消费者的长远利益和社会的长远利益来做出市场营销决策。

社会营销观念（societal marketing concept） 企业的市场营销决策应该考虑消费者的需要、企业的要求、消费者的长远利益和社会的长远利益。

垃圾邮件（spam） 未经请求、不需要的商业电子邮件信息。

特殊品（specialty product） 具有独特特征或品牌识别度的一种消费品，有相当一部分购买者愿意为之付出特别的努力。

专卖店（specialty store） 拥有很窄的产品线，但产品种类却很丰富的一种零售商店。

标准化全球市场营销（standardized global marketing） 一种全球市场营销战略，基本上是在企业的所有国际市场上使用相同的市场营销战略和市场营销组合。

商店品牌（自有品牌）（store brand（private brand）） 品牌由产品或服务的经销商创造和拥有的品牌。

直接延伸（straight product extension） 在国外市场上销售一种产品而不对产品做任何改变。

直接重购（straight rebuy） 一种组织购买类型，在这种情况下，买家经常不加修改地重新订购某种产品。

战略规划（strategic planning） 在组织的目标和能力与其不断变化的市场营销机会之间实现和保持战略匹配的过程。

风格（style） 一种基本而独特的表达方式。

亚文化（subculture） 基于共同的生活经历和处境，拥有共同价值观的一群人。

超级市场（supermarket） 大型的、低成本的、低利润的、高容量的自助式商店，出售各种各样的杂货和家用产品。

超级商店（superstore） 一种比普通超级市场大得多的商店，提供各种日常购买的食品、非食品和服务。

供应商开发（supplier development） 系统地开发供应商－伙伴关系网络，以便确保产品和材料的适当和可靠供应，用于制造产品或转售给他人。

调查研究法（survey research） 通过了解人们的知识、态度、偏好和购买行为来收集原始数据。

可持续营销（sustainable marketing） 对社会和环境负责任的市场营销，既能满足消费者和企业的当前需求，又能保持或提高子孙后代满足他们需求的能力。

SWOT 分析（SWOT analysis） 对企业的优势（S）、劣势（W）、机会（O）和威胁（T）的整体评估。

系统销售（解决方案销售）（systems selling（solutions selling）） 从单个卖家那里购买问题的打包解决方案，从而避免复杂购买情况中涉及的所有单独决策。

目标成本法（target costing） 以一个理想的销售价格为起点进行定价，然后以成本为目标，以便确保达成这一价格。

目标市场（target market） 具有企业决定为之提供服务的共同需求或特征的一群买家。

团队销售（team selling） 利用销售、市场营销、工程、财务、技术支持甚至高级管理人员组成的团队为大型复杂顾客提供服务。

基于团队的新产品开发（team-based new product development） 在新产品开发中，企业各部门紧密合作，减少产品开发过程中的重复步骤，以节省时间和提高效率。

技术环境（technological environment） 那些创造新技术、新产品和市场机会的力量。

电话营销（telemarketing） 通过电话直接向顾客进行销售。

地区型销售团队结构（territorial sales force structure） 一种销售团队组织方式，将每个销售人员分配到一个特定的地区，使其在该地区销售企业的全部产品。

营销测试（test marketing） 新产品开发的一个特定阶段。在此阶段中，在现实的市场环境中对新产品及其拟定的市场营销方案进行测试。

总成本（total costs） 任意给定生产水平的固定成本和可变成本的总和。

市场总需求（total market demand） 特定的消费群体在特定的地理区域、特定的时间、特定的市场营销环境、特定的水平和行业营销努力组合下的购买总量。

全面营销战略（total market strategy） 在品牌的主流营销中整合族裔主题和跨文化视角，吸引亚文化部分的消费者相似性，而不是差异。

商贸促销（trade promotions） 用来说服经销商推销某个品牌、给它提供货架空间并在广告中进行推广的一种销售促进工具。

无差异（大众）市场营销（undifferentiated（mass）marketing） 一种市场覆盖策略，指企业决定忽略细分市场中的差异，面向整个市场只提供一种供应物。

单位贡献（unit contribution） 每一单位所占的固定成本——价格和可变成本之间的差额。

非渴求品（unsought product） 消费者不知道或知道但通常不考虑购买的一种消费品。

附加价值定价（value-added pricing） 附加增值功能和服务以便把企业供应物同竞争对手的区分开来并收取更高的价格。

基于价值定价（value-based pricing） 以合理的价格提供质量和优质服务的正确组合。

价值链（value chain） 企业每个部门都开展价值创造活动以设计、生产、营销、交付和支持企业产品。

价值交付网络（value delivery network） 由企业、供应商、分销商以及最终顾客组成的网络，彼此之间密切合作以提高整个系统在交付顾客价值方面的绩效水平。

价值主张（value proposition） 品牌的完整定位——它

所定位的所有利益的完整组合。

可变成本（variable costs）　直接随产出水平的变化而变化的成本。

病毒营销（viral marketing）　数字化版本的口碑营销：视频、广告和其他具有传染性的市场营销内容，顾客会主动找到它们或者把它们传递给亲朋好友。

欲望（wants）　由文化和个性所塑造的需要。

仓储俱乐部（warehouse club）　一种折扣零售商，向缴纳年费的会员提供有限的品牌杂货、电器、服装和其他商品的折扣。

整体渠道视角（whole-channel view）　设计国际渠道，考虑整个全球供应链和市场营销渠道，打造有效的全球价值交付网络。

批发商（wholesaler）　主要从事批发活动的企业。

批发（wholesaling）　向那些为转售或出于商业用途而进行采购的买家出售产品和服务的所有活动。

口碑效应（word-of-mouth influence）　信赖的朋友、家人、同事和其他消费者的个人评价和推荐对购买行为的影响。

工作量法（workload method）　一种根据所需要的工作量和可供销售的时间来确定销售代表的规模的方法。

图书在版编目（CIP）数据

市场营销学：第 14 版 /（美）加里·阿姆斯特朗，
（美）菲利普·科特勒著；王永贵等译. -- 北京：中国
人民大学出版社，2022.12
（工商管理经典译丛）
ISBN 978-7-300-31234-7

Ⅰ. ①市⋯ Ⅱ. ①加⋯ ②菲⋯ ③王⋯ Ⅲ. ①市场营
销学 - 教材 Ⅳ. ① F713.50

中国版本图书馆 CIP 数据核字（2022）第 220668 号

工商管理经典译丛

市场营销学（第 14 版）

［美］ 加里·阿姆斯特朗
菲利普·科特勒 著

王永贵　陈晓易　等 译

Shichang Yingxiaoxue

出版发行	中国人民大学出版社			
社　　址	北京中关村大街 31 号		**邮政编码**	100080
电　　话	010 - 62511242（总编室）		010 - 62511770（质管部）	
	010 - 82501766（邮购部）		010 - 62514148（门市部）	
	010 - 62515195（发行公司）		010 - 62515275（盗版举报）	
网　　址	http://www.crup.com.cn			
经　　销	新华书店			
印　　刷	北京七色印务有限公司			
规　　格	215 mm×275 mm　16 开本		**版　　次**	2022 年 12 月第 1 版
印　　张	36 插页 2		**印　　次**	2022 年 12 月第 1 次印刷
字　　数	1 120 000		**定　　价**	158.00 元

尊敬的老师：

您好！

为了确保您及时有效地申请培生整体教学资源，请您务必完整填写如下表格，加盖学院的公章后以电子扫描件等形式发我们，我们将会在 2～3 个工作日内为您处理。

请填写所需教辅的信息：

采用教材				□ 中文版　□ 英文版　□ 双语版
作　者			出版社	
版　次			ISBN	
课程时间	始于　　年　月　日		学生人数	
	止于　　年　月　日		学生年级	□ 专科　　□ 本科 1/2 年级 □ 研究生　□ 本科 3/4 年级

请填写您的个人信息：

学　校			
院系/专业			
姓　名		职　称	□ 助教 □ 讲师 □ 副教授 □ 教授
通信地址/邮编			
手　机		电　话	
传　真			
official email（必填） （eg：×××@ruc. edu. cn）		email （eg：×××@163. com）	
是否愿意接受我们定期的新书讯息通知：　□ 是　□ 否			

系/院主任：_____（签字）

（系 / 院办公室章）

____年____月____日

资源介绍：

——教材、常规教辅资源（PPT、教师手册、题库等）：请访问 www. pearsonhighered. com/educator。（免费）

——MyLabs/Mastering 系列在线平台：适合老师和学生共同使用；访问需要 Access Code。（付费）

地址：北京市东城区北三环东路 36 号环球贸易中心 D 座 1208 室（100013）

Please send this form to：copub. hed@pearson. com

Website：www. pearson. com

中国人民大学出版社　管理分社

教师教学服务说明

中国人民大学出版社管理分社以出版经典、高品质的工商管理、统计、市场营销、人力资源管理、运营管理、物流管理、旅游管理等领域的各层次教材为宗旨。

为了更好地为一线教师服务，近年来管理分社着力建设了一批数字化、立体化的网络教学资源。教师可以通过以下方式获得免费下载教学资源的权限：

★ 在中国人民大学出版社网站 www.crup.com.cn 进行注册，注册后进入"会员中心"，在左侧点击"我的教师认证"，填写相关信息，提交后等待审核。我们将在一个工作日内为您开通相关资源的下载权限。

★ 如您急需教学资源或需要其他帮助，请加入教师 QQ 群或在工作时间与我们联络。

中国人民大学出版社　管理分社

🔔 教师 QQ 群：648333426（仅限教师加入）

☎ 联系电话：010-82501048，62515782，62515735

✉ 电子邮箱：glcbfs@crup.com.cn

📍 通讯地址：北京市海淀区中关村大街甲 59 号文化大厦 1501 室（100872）